WORLD MASTERCARD FOR BUSINESS
5116 9899 9999 9999
WAN SHI DA
VALID THRU 08-12
MasterCard
MasterCard

支持中小企业　致力改善民生

——国家开发银行中小企业融资业务简介

一、开发银行概况。国家开发银行是我国中长期投融资主力银行，贯彻国家宏观经济政策，重点支持基础设施、基础产业、支柱产业以及高新技术等重大领域建设，不断加大力度支持中小企业、新农村建设、低收入家庭住房、节能环保、医疗卫生、微贷款、助学贷款、应急贷款等与百姓生活息息相关的领域，促进社会主义和谐社会建设，在经济社会发展中发挥了重要而独特的作用。

二、中小企业贷款业务工作进展。近年来，国家开发银行积极建立完善覆盖全国的中小企业融资服务体系，努力缓解中小企业融资难问题。通过制度建设、市场建设和信用建设，形成以“开发银行融资推动、政府组织协调、企业主体承贷和协助管理、担保公司担保、信用协会等群众组织民主评议与监督、中小金融机构代理结算”为主要内容的特色贷款模式。截至 2010 年 9 月末，国家开发银行中小企业贷款余额 1.22 万亿元，融资支持了制造业、农林牧渔业等近 20 个行业，惠及中小型企业、微型企业、个体工商户、创业青年、城市下岗职工及农村劳动妇女等各类社会群体。

三、中小企业贷款业务特色模式与服务创新。开发银行积极开展金融创新，完善业务模式，推出了“抱团增信”、乡村妇女联保贷款等业务模式，探索以批发方式解决零售问题，满足不同类型、不同发展阶段的客户融资需求，致力建立多元化、个性化的金融产品体系。

在浙江，开发银行把分散的小担保公司组织起来，形成了共同评审、联合担保的信用共同体，发挥了“1+1>2”的作用，支持了数百家中小企业，被形象地称为“抱团取暖”。

在河北滦平，开发银行与国务院扶贫办合作，采取“龙头企业＋合作机构＋农民信用促进会＋养殖农户”的运行模式，初步解决了农业产业链过长且信用缺失的问题。

在天津蓟县，开发银行创新实践了农户小额贷款运行模式，将小额贷款直接发放给农户和农民专业合作社。该模式以“政府组织推动＋农民组织化＋融资推动”为主要特征，全面、系统地解决县域和农村地区经济发展所需的技术、市场和管理等问题。

在内蒙扎赉特旗，充分发挥各级政府的组织优势和妇联协调优势，向当地妇女发放“巾帼致富星火工程”小额贷款，用于支持农业种植、牲畜养殖、商贸经营等微小生产经营活动，增加了农户的家庭收入。

在青海，开发银行与共青团组织合作，向有一技之长、有创业梦想的撒拉族青年发放青年创业小额贷款。其中一批青年还将拉面馆开到了省外，被社会各界称为“拉面经济”。

在河南，开发银行与劳动保障部门合作构建小额担保贷款服务网络，与省市各级小额贷款担保中心合作，为下岗再就业人员提供“小额担保贷款”，有效推动了以创业带动就业的多层次融资服务体系建设。

贷款通 审批快捷 担保多样
结算通 及时到账 安全便利
理财通 巧用资金 财富增值
服务通 贵宾尊享 品质生活
生意成长 一路畅通
兴业银行面向自雇人士、个体工商户、合伙人和私营业主等“成长型经营业主”群体量身定制综合金融服务方案——“兴业通”，集“贷款融资、支付结算、理财规划与贵宾服务”为一体，扶持成长型经营业主事业成长，并助其建立科学的财务规划，实现财富与生活品质的同步提升。
兴业银行
INDUSTRIAL BANK CO.,LTD.
真诚服务 相伴成长
兴业通
BUSINESS EXPRESS
热线兴业：95561 在线兴业：www.cib.com.cn 无线兴业：wap.cib.com.cn

SONY
make.believe
Windows®。我在，阻隔不再。索尼推荐使用 Windows 7 操作系统。
英特尔™，
强劲电脑的芯！
intel CORE i7 inside™
英特尔™
酷睿™ i7
处理器星级
以轻巧 应万变
S系列
VAIO S 系列 便携与性能的平衡点
• 英特尔® 酷睿™ i7 处理器*
• 正版 Windows 7 专业版操作系统*
• 13.3" 宽屏贵丽屏 (LED 背光源)
• NVIDIA GeForce 310M 显卡 (512 MB 独立显存)
• DVD 刻录驱动器
• 轻薄机身，仅重约 2.0 Kg
• 五款机身颜色*：黑、粉、绿、多维黑、次元白
* 配置和颜色视主机型号不同而异
产品定制服务花纹外观新款上市
多维黑
次元白
Vaio-online.sony.com/cn
VAIO个人电脑服务热线：400 810 2228
"SONY"、"make.believe"，"VAIO" 等是索尼公司的商标或注册商标。英特尔、英特尔标识、Intel Inside、英特尔酷睿和 Core Inside 是英特尔公司在美国和其他国家的商标。有关英特尔处理器评级的更多信息，请参阅 www.intel.com/cn/rating。Microsoft、Windows 为微软公司在美国及其他国家拥有的商标或注册商标。本文中提及的其他商标及商号名称是指拥有该商标及名称的机构或其产品。本文提供之信息以付诸印刷时为准，在公司政策下对产品所做的细小改动调整可能未必在规格表中出现。索尼公司保留更改产品设计与规格的权利。所有资料经过小心核对，以求准确。如有任何印刷错漏或在翻译中可能产生之误差，索尼公司不承担因此产生之后果。图片与实物可能有细微区别，产品的规格、外观（包括但不限于颜色）以实物为准。
智 动 人 心
VAIO

中融信佳投资担保有限公司

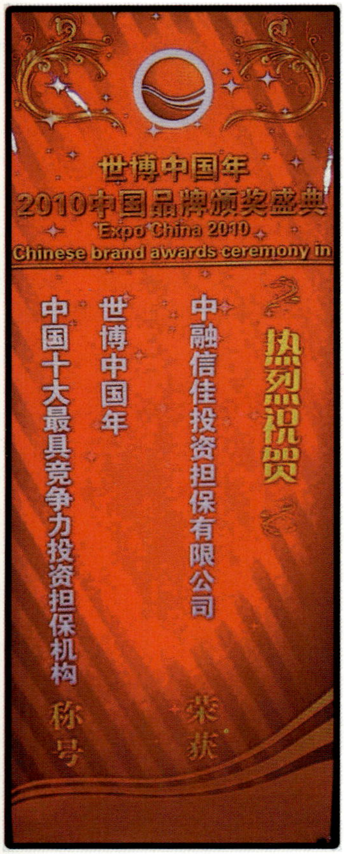

中融信佳投资担保有限公司成立于2004年7月，注册资本10000万元，位于南京市中山南路501号通服大厦15楼。

中融信佳投资担保有限公司是由省、市行业背景深厚、主营业务清晰、经营业绩突出的数家大中型企业共同发起组建而成。控股股东江苏汇鸿国际集团是省属型企业集团。汇鸿集团拥有雄厚的资金实力，净资产总额近100亿元，2009年进出口总额达18亿美元，居省属外贸企业集团第一位，经济效益在省级外贸企业中名列前茅。在主业快速增长的前提下，汇鸿集团大力发展准金融业，涉足证券、保险、担保等领域，培育新的经济增长点，对中融信佳的发展起到了极大的促进作用。

中融信佳秉承“经营信用、管理风险，为中小企业服务”的经营宗旨，本着“诚实守信、秉公重义、求真务实、和谐共赢”的信念，重点关注管理团队优秀、成长性良好、有高科技含量的中小型制造企业和联系广大民生的第三产业企业，以市场化的运作模式架起企业和银行之间的合作桥梁，为解决中小企业融资难提供全方位的综合服务，营造商业银行、中小企业和担保公司的多赢格局。

自成立以来，中融信佳凭借强大的股东背景、专业的人才队伍、雄厚的资金实力、科学完善的管理机制，坚持风险管理与市场拓展有机统一的经营理念，在担保市场中打造了自身的品牌，在南京市场上实现了标杆的作用。公司已与数十家银行确立了战略合作关系，与政府机构及中介机构建立了良好合作。公司在省、市政府的支持下，于2006年10月牵头组建了“南京市担保行业协会”，并被选举为会长及秘书长单位，为南京市内众多担保机构、中介机构、合作银行、中小企业提供了良好的融资合作平台。公司将进一步整合和优化资源配置，推动社会信用体系和担保融资体系的建立。公司还将在股东的支持下，持续对公司增资，不断扩大公司自有资金的实力。

公司系列化的服务帮助企业在激烈的市场竞争中稳步发展，取得了良好的经济、社会效益。六年来，公司先后为五百余家中小企业提供信用担保，累计担保额达40亿元，未发生一笔不良。公司自成立以来，业务量每年以30%以上的速度递增，在服务中小企业的同时尽力回报社会。

公司着力打造百年企业、品牌企业，精心培养和锻造高水平职工队伍，全方位提高职工爱岗敬业、业务钻研、职业操守的基本素质，树立服务企业、服务社会的理念，推崇“创新发展、诚实信用”的正面形象和高尚的价值观，努力营造公司要发展、发展靠大家，职工与公司共成长的和谐氛围。

全体员工

中融信佳期望与社会各界加强合作，共创美好未来！

主要经营范围

信用担保、抵押物处理、企业重组、转让、收购、兼并托管的策划、咨询、企业资产受托管理、高新技术产业、生物工程项目的投资咨询、策划。

成都合力創业担保有限公司

Chengdu Helichuangye Guarantee Co.,Ltd.

董事长：石建昌

总经理：邵宏斌

成都合力创业担保有限公司成立于2003年12月，系经四川省人民政府副省长黄小祥批示，并取得《四川省担保机构备案登记证书》的省内首批商业性担保机构，注册资金30063万元，信用等级AA+。公司以担保融资为主导，涵盖资产管理、投融资顾问、风险投资、股权投资等诸多领域。

公司优秀的金融团队达50余人，其中，来自国内外各著名高校的硕士、博士占员工总数的30%以上。公司管理团队均具本科以上学历和中、高级职称，行业经验深厚；业务团队由一批诚实高效、富有开拓创新精神的注册会计师、经济师、会计师、律师等专业人士组成。截至2009年底，公司累计为1100余家中小企业提供融资担保服务，为企业提供融资80多亿元，其中融资担保在保余额近20亿元，代偿损失率不足0.5%。公司先后与中国农业银行、中国农业发展银行、农村信用联社、中国建设银行、招商银行、兴业银行等一大批国有商业银行、政策性银行、股份制银行建立了良好合作关系，并与四川省、成都市工商联和省市中小企业局保持着富有成效的交流与合作。

作为四川省、成都市两级中小企业信用与担保业协会副会长单位和理事单位、成都建筑业协会常务理事单位、工商业联合会会员单位，公司先后获得“全国服务行业明星单位”、“四川省星级信用担保机构”、“四川省担保机构孵化培训基地”、“成都市中小企业融资工作先进单位”、“成都市中小企业信用担保机构示范单位”和“成都市诚信担保机构”等殊荣。

公司秉承“严谨、用心、尚行、积强”的经营理念，承载“经营信用、管控风险、创造价值、多赢共享”的服务中小企业的使命，架设起银企之间沟通的桥梁，探索缓解中小企业融资困境的对策，依托银、担、企三方资源构成合力点，提供高效和便捷的专业化、一站式融资担保服务，帮助中小企业在残酷的市场竞争中有效抵御风险和成长壮大。为建设西部经济高地、推动中小企业信用担保体系再上新台阶和促进中小企业与非公有制经济又好又快的发展作出贡献。

市金融办领导到我司考察

不让土壤，泰山能成其高；不择细流，江河方就其深。展望未来，兼容并蓄；客户至上，信用第一；勇于创新，持续学习。通过孜孜以求地有效提升金融服务核心竞争力，合力公司正向全国一流商业担保机构的目标阔步迈进！

地　址：四川省成都市东大街100号商会大厦A-18F　　邮　编：610061

电　话：028-61301099　028-61301017　　网　址：www.hlcydb.com

黄石市中小企业信用担保有限责任公司

坚持“两个服务”实现“三大突破”

黄石市担保公司高管层

在湖北省经信委和黄石市委、市政府的正确领导与大力支持下，黄石市中小企业信用担保有限责任公司（以下简称黄石担保公司）坚持服务企业、服务社会的经营理念，为中小企业和下岗失业人员创业再就业提供担保贷款31.4亿元，其中，累计为532家中小企业提供28.39亿元的信用担保，上缴税金926万元，累计提取风险准备金2310万元，代偿率为1‰，代偿损失为零。累计为29989名下岗失业人员提供3.05亿元小额担保贷款。实现了资本金、中小企业担保业务、小额担保业务的“三大突破”，风险控制、信用等级、公司队伍也有了新发展。

一是扩大规模，注册资本有了新突破。充裕的资本，是担保公司发展做大的前提条件。2009年，我们继续积极争取政府和有关部门的支持，市财政等部门给予了大力的帮助，公司注册资本金从2008年的10210万元迅速扩充到20689万元，并形成了多元化的资本结构，其中财政出资占56.5%，国企出资占19.2%，十七家民营企业出资占24.3%，实现了从1个亿到2个亿的历史性突破。一年一大步，我们在做好两个服务的同时，自身也在迅速发展壮大。如今，黄石担保公司注册资本已达到30319万元。

二是服务企业，担保业务有了新突破。面对金融危机带来的挑战与机遇，我们采取切实措施，服务全市中小企业一是推出“六大举措”，帮助企业渡难关。即调查摸底，对有产品、有市场的中小企业主动提供贷款担保支持；调整担保结构，将工业企业的担保比例增加10—20个百分点，占比达70%；降低门槛，根据项目不同，降低担保抵押条件服务提速，一周办结；展期服务，再担保一年；以大带小，发挥地区担保龙头作用。二是优先支持园区企业。为推进黄石市“三大战略”，我们为黄金山工业园、西塞山工业园、大冶城西北工业园等园区内45家企业提供担保贷款3.2亿元。三是扶持重点行业。我们主动与黑色金属、有色金属、机械制造等八大产业中的中小企业对接，为我市50家模具钢及机械设备制造等行业企业提供担保贷款3.5亿元。四是加强银保合作，我们与各合作银行签订合作协议，最高放大倍数达到10倍。五是降低保费，让利企业，去年我们把担保费降低1个点，让利企业1000万元。通过以上措施，2009年我们共为320家中小企业提供担保贷款10.2亿元，是2008年4.2亿元的2.4倍。企业担保业务总量实现了10个亿的跨越式突破。

三是服务社会，小额担保有了新突破。下岗失业人员创业再就业小额担保业务是政府着力打造的民生工程，我们以高度的政治责任感，狠抓小额贷款担保，服务全市创业就业工作，促进和谐黄石建设。去年在工作中主要采取三项举措：一是“扩面”：将小额担保贷款服务对象由下岗持优惠证再就业人员扩大到待业青年、大学毕业生、复员军人、进城农民工。二是“扩额”：将小额贷款额度由原来的2万元扩大到5万元；对组织联合创业提供小额担保贷款最高可达30万元；劳动密集型企业最高可申请200万元担保贷款。三是协作有力，简化手续：根据市政府专题会议精神，会同有关部门对减免房产抵押担保所需房产评估费用、扩大信用社区规模和提供信用担保、简化公务员担保手续、简化联合创业贷款审批手续等问题进行了逐个落实。2009年共为2785名下岗失业人员办理了小额担保贷款1.3亿元，是2008年的4.3倍，小额担保业务也实现了历史性突破。

四是完善措施，风险控制有了新进展。控制风险是担保公司生存发展的生命线。几年来，我们通过学习借鉴，完善了风控体系。一是健全“六道风险墙”，即与银行风险共担，强化财产或产品的反担保措施；实行会员制，收取一定额度的信用风险保证金；签订无限连带承诺书；按规定提取“两金”，增强自身抗风险能力；实行风险管理，公司全员交纳风险金。二是规范审批程序。公司在担保审批决策上严格按公司制定的《担保审批规程》办事，从客户经理到部门负责人、分管领导、再到担保审查委员会，层层审查，层层把关。三是定期检查。风险部定期对相关工作进行检查，督促整改，这些都有效地控制了风险。

五是打造品牌，信用等级有了新提升。八年来，我们在业务活动中十分注重信用建设，强调以信用为公司立身之本。由于公司严格风险控制，信誉度不断提升，获得了黄石各银行的高度信任，我们与银行的合作关系从成立之初的1家即黄石银行发展到目前的13家，覆盖了黄石现有的所有银行。与此同时，在由省经信委、省人行指定的中介机构信用评级中，我们由过去没有等级逐年上升直至AA+级，成为目前省内担保行业最高信用等级的担保公司之一，有力地打造了黄石担保公司这个信用品牌。

六是重视人才，担保队伍有了新力量。公司高层十分重视企业的可持续发展，将吸纳人才作为重要的发展战略。我们通过公开招考录用多名较为优秀的年轻同志。他们在工作实践中边干边学，同时我们还通过专业培训、学习、考试，淘汰不适应担保工作人员等措施，逐步形成了有金融、产业、财务与法律背景的人才结构，为公司稳步发展提供了人才支撑。

黄石担保公司以其完善的法人治理结构、稳健的经营团队、政府的信用背景、完备的风控体系、顺畅的融资渠道、独特的企业文化，成为黄石担保市场的开创者、领跑者，推动了黄石经济社会的发展。

柳州市中小企业信用担保有限公司

公司总经理姚仁伦（左二）到企业调研。

曾保三副总经理（左三）、罗元斌副总经理（右五）陪同市领导到企业调研。

市领导到我公司调研、指导工作。

公司开展员工思想教育活动。

柳州市中小企业信用担保有限公司是由柳州市人民政府全额出资于1999年8月成立的专业担保机构，是广西第一家由政府出资建立的担保机构，也是全国首批试点的信用担保机构，公司现有资本保证金3.82亿元。

公司宗旨： 不以盈利为目的，积极扶持符合国家产业政策的，有产品、有市场，有发展前景的，有利于扩大城乡就业的劳动密集型和有利于技术进步与创新的技术密集型中小企业的经济发展。

经营范围： 用自有资金为柳州市各类中小企业、事业单位及个人提供融资担保、履约担保业务，并进行项目投资和提供管理咨询服务。

业务品种： 流动资金贷款担保、项目贷款担保、对单融资担保(针对产品销售合同的短期融资)、信用证打包贷款担保、即期付款交单出口业务贷款担保、经济合同履约担保、诉讼保全保证金担保、设备租赁以及下岗职工再就业小额贷款担保等。

团队素质： 公司现有员工45人，均为大专以上文化，其中：博士硕士3人，学士（含本科）37人，知识结构涵盖会计、金融、工商、法律、工程技术、国际贸易、技术、政治思想等多个领域。

公司本着“打造信用、担保未来”的经营理念，按照“积极发展、注重质量、严防风险”的经营方针，始终以认真严谨的工作态度，积极贯彻落实市委、市政府支持我市中小企业发展的政策措施，致力于为柳州市广大中小企业和个人创业解决融资难、担保难问题提供资金扶持，积极通过整合自身及客户的资源优势，实现银行、客户和担保公司的三方共赢，最终实现公司资本的稳定增值和可持续发展。

中国中小企业年鉴

YEARBOOK OF CHINA SMALL AND MEDIUM ENTERPRISES

(2010)

《中国中小企业年鉴》编委会 编

经济科学出版社

图书在版编目（CIP）数据

中国中小企业年鉴．2010/《中国中小企业年鉴》编委会编．—北京：经济科学出版社，2010.12
ISBN 978－7－5141－0168－3

Ⅰ.①中… Ⅱ.①中… Ⅲ.①中小企业－中国－2010－年鉴 Ⅳ.①F279.243

中国版本图书馆 CIP 数据核字（2010）第 234347 号

责任编辑：吕 萍 张 辉
责任校对：杨晓莹
版式设计：代小卫
技术编辑：邱 天

中国中小企业年鉴（2010）
《中国中小企业年鉴》编委会 编
经济科学出版社出版、发行 新华书店经销
社址：北京市海淀区阜成路甲 28 号 邮编：100142
总编部电话：88191217 发行部电话：88191540
网址：www.esp.com.cn
电子邮件：esp@esp.com.cn
北京中科印刷有限公司印装
889×1194 16 开 36.75 印张 1500000 字
2010 年 12 月第 1 版 2010 年 12 月第 1 次印刷
ISBN 978－7－5141－0168－3 定价：360.00 元
（图书出现印装问题，本社负责调换）

ISBN 978-7-5141-0168-3

中国中小企业年鉴（2010）

中国中小企业年鉴编委会（2010）

欧阳晓明　　全国工商联经济部部长

（工业和信息化部）

许科敏　　工业和信息化部中小企业司副司长
王建翔　　工业和信息化部中小企业司副司长
狄　娜　　工业和信息化部中小企业司巡视员
田　川　　工业和信息化部中小企业司综合处处长
周　健　　工业和信息化部中小企业司综合处调研员
王海林　　工业和信息化部中小企业司政策规划处处长
吴义国　　工业和信息化部中小企业司非国有经济处处长
周平军　　工业和信息化部中小企业司融资担保服务处处长
韦向群　　工业和信息化部中小企业司创新服务处处长
王　磊　　工业和信息化部中小企业司交流合作处处长
毛伟忠　　工业和信息化部中小企业发展促进中心综合处处长
莫　郁　　工业和信息化部中小企业发展促进中心国际合作一处处长
黄殿文　　工业和信息化部中小企业发展促进中心国际合作二处处长
姜　梅　　工业和信息化部中小企业发展促进中心国际合作三处副处长
宋新力　　工业和信息化部中小企业发展促进中心管理咨询处处长
陈　新　　工业和信息化部中小企业发展促进中心信息调研处处长
张晓辉　　工业和信息化部中小企业发展促进中心培训处处长
林文滢　　中国中小企业国际合作协会专务委员
韩　健　　中国中小企业国际合作协会秘书处处长
周　丰　　中国中小企业国际合作协会会展部副处长

（国家统计局）

耿　勤　　国家统计局工业交通统计司副司长
邢俊玲　　国家统计局工业交通统计司行业指导处处长

（各地中小企业主管部门）

荆甫智　　北京市经信委中小企业处处长
薄　云　　天津市经委副主任
孙际林　　河北省中小企业局副局长
王克建　　山西省经信委副主任、山西省中小企业局局长
张树德　　内蒙古自治区中小企业局副局长
吴野松　　辽宁省中小企业厅厅长
毕长泉　　大连市经委副主任、中小企业局副局长
白绪贵　　吉林省工业和信息化厅（中小企业局）副厅长
王　磊　　黑龙江省工信委中小企业局主任

周敏浩	上海市经信委秘书长
张乐夫	江苏省中小企业局副局长
吴家曦	浙江省中小企业局局长
杨甘霖	宁波市经委副主任
常启斌	安徽省经信委副主任、中小企业局局长
郑李亭	福建省经贸委副主任
罗晓芹	厦门市经济发展局企业处处长
吴治云	江西省中小企业局党组书记、局长
徐田军	山东省中小企业办公室党组成员、副三任
王　勇	青岛市经信委中小企业发展局局长
程　瑜	河南省工信厅中小企业服务局副局长
刘进文	湖北经信委副主任
蒋志方	湖南省经委副主任
张文献	广东省经信委党组成员、广东省中小企业局局长
顾宏伟	深圳市中小企业服务中心主任
方乃纯	广西壮族自治区工信委副主任
赵莉莎	海南省政协副主席、海南省工信厅厅长
王任林	重庆市中小企业发展指导局副局长
梁治辉	四川省中小企业局副局长
龙超亚	贵州省中小企业局局长
许　坚	云南省工信委巡视员、省非公办常务副主任
杨谦让	西藏自治区经委中小企业局处长
诸秀文	陕西省中小企业促进局副局长
杨利斌	陕西省中小企业促进局政策法规处处长
姜义德	甘肃省工信委副主任
董　璞	青海省经委副主任
王永耀	宁夏回族自治区经信委党组书记、主任
任光华	新疆维吾尔自治区经信委党组副书记、副主任（正厅）
赵世民	新疆生产建设兵团发展改革委副主任、工业局局长

联络员

李　方	工业和信息化部中小企业发展促进中心信息调研处副处长
宋烜懿	工业和信息化部中小企业发展促进中心信息调研处
刘耀东	国家统计局工业交通统计司行业指导处副调研员
魏　颖	北京市经信委中小企业处主任科员
刘　亢	天津市经委经济运行处主任科员
赵玉山	河北省中小企业局人事人才处处长
原晋军	山西省中小企业局主任科员
胡瑞芬	内蒙古自治区中小企业局处长
姚东辉	辽宁省中小企业厅经济运行处副处长

徐长义	大连市经委中小企业处副处长
胡志森	吉林省工信厅中小企业处处长
梁其娟	黑龙江省工信委中小企业局局长
宋晓辉	上海市促进小企业发展协调办公室副主任
马　健	江苏省中小企业局综合管理处主任科员
刘树林	浙江省中小企业局办公室处长
董其岳	宁波市经委调研员
齐　晓	安徽省经信委中小企业局（中小企业培训中心）副主任
王　丰	福建省经贸委中小企业处主任科员
张朝迸	厦门中小在线信息股份有限公司董事长
黄　苏	江西省中小企业局局办副主任科员
王功永	山东省中小企业办公室政策调研处副调研员
王怀伟	青岛市经信委中小企业发展局规划发展处副处长
杨华垓	河南省工信厅中小企业服务局副科长
雷培德	湖北经信委中小企业发展处处长
聂　霞	湖南省经委中小企业发展处科长
何佐贤	广东省中小企业局改革发展处处长
刘　广	深圳市中小企业服务中心
黄　加	广西壮族自治区工信委中小企业处副调研员
唐　明	海南省工信厅中小企业处副处长
廖　冰	重庆市中小企业发展指导局政策法规处处长
刘　凯	四川省中小企业局政策法规处副调研员
周　航	贵州省中小企业局综合处处长
张云江	云南省工信委中小企业处副主任科员
尼　玛	西藏自治区经委中小企业局主任科员
乔洪英	陕西省中小企业促进局干部
陈建设	甘肃省工信委中小企业处主任科员
马新洲	青海省经委中小企业发展局副局长
马　莉	宁夏回族自治区经信委中小企业处副主任科员
游　炜	新疆维吾尔自治区经信委企业处副调研员
帅　英	新疆生产建设兵团发展改革委中小企业处处长

编辑说明

一、《中国中小企业年鉴（2010）》（以下简称《年鉴》）收录内容为2009年1月1日至12月31日间的相关文献、资料，记述了这一阶段我国中小企业改革与发展的重大事件和主要成就。

二、本《年鉴》收录范围为除香港、澳门、台湾三地外全国31个省、自治区、直辖市、5个计划单列市以及新疆生产建设兵团。各地相关资料按最新发布的全国行政区划顺序编排。

三、本《年鉴》以工具书形式编排，分成重要文献、综述、国家扶持中小企业政策与措施、各省市中小企业改革与发展、中小企业统计资料、政策法规、调研与实践、附录等八篇。

四、2009年中小企业主要经济指标由国家统计局特别提供，包括除香港、澳门、台湾三地外全国规模以上中小工业企业的主要经济指标。地方统计数据由各地中小企业管理部门协助提供。《年鉴》始终将推进中小企业统计体系建立和完善作为重要工作目标，但中小企业统计资料仍是《年鉴》的薄弱环节，特别是规模以下企业的统计分析工作亟待加强。

五、附录中"年度推荐企业"由各地中小企业管理部门推荐，是宣传展示优秀中小企业的公益性平台。

六、2010年5月，在工业和信息化部中小企业司的大力支持下，编委会在江苏省苏州市召开了工作会议。中小企业司有关领导出席会议并讲话，对年鉴工作提出了要求；各省市参会代表认真总结了上一年《年鉴》编辑工作，提出加强和改进《年鉴》工作的意见和建议。

七、本书的编辑出版得到了工业和信息化部领导和中小企业司领导的重视，得到国家统计局等部门的大力支持，也得到各省市中小企业主管部门和服务机构的大力配合和支持。在各方共同努力下，《年鉴》稿件质量不断提高，使本书能够比较全面地记录我国中小企业事业发展情况和取得的成就。在此我们向支持、参与本书工作的所有同志致以深深的敬意。

八、对于本书存在的不足、疏漏与错误请大家批评指正。让我们共同努力，不断提高《年鉴》的质量和水平，为我国中小企业事业的发展做出贡献。

《中国中小企业年鉴》编委会

2010年12月1日

中国中小企业网新春座谈会在京举办

▲ 2009年1月16日，工业和信息化部欧新黔副部长出席了中国中小企业网新春座谈会，听取了中国中小企业信息网情况的汇报。中小企业司王黎明司长、郑昕副司长、王建翔副司长、狄娜巡视员以及各处长参加了汇报。

李毅中部长亲切看望中小企业司全体同志

▲ 2009年1月24日下午，工业和信息化部李毅中部长在党组成员陈小筑、办公厅、机关党委、机关服务局等有关负责同志的陪同下，到中小企业司看望并慰问全司同志。李毅中部长走进每一个处室，亲切地与同志们交谈，对中小企业司在2008年取得的成绩表示祝贺。李毅中部长指出，今年是中华人民共和国成立60周年，保持中小企业平稳健康发展意义重大。希望全司同志在新的一年里，紧紧围绕我部中心工作，深入学习实践科学发展观，将国际金融危机挑战转化为促进中小企业发展的机遇，着力解决影响和制约中小企业发展的突出问题，促进中小企业和非公经济平稳较快发展。并祝大家春节快乐，吉祥如意，全家幸福！

全国中小企业工作经验交流座谈会在广州召开

◀ 2009年2月19日，工业和信息化部在广州召开全国中小企业工作经验交流座谈会。

工业和信息化部副部长欧新黔出席会议并做重要讲话。▶

欧新黔副部长赴粤考察

◀ 2月17–21日，工业和信息化部欧新黔副部长率中小企业司、产业政策司、运行监测协调局、消费品工业司有关负责人一行赴广东考察。在粤期间欧新黔副部长出席了广东省中小企业信用再担保有限公司揭牌仪式，并赴佛山、东莞和深圳市考察了中小企业发展情况。广东省政府副秘书长林英，省经贸委主任杨建初，省经贸委副主任、中小企业局局长刘焕泉参加了考察活动。

中小企业司为应对金融危机开展专题调研活动

◀ 2009年2月，工业和信息化部中小企业司领导，就应对金融危机，促进中小企业和非公有制经济发展政策措施等有关问题率调研组分赴各地开展调研。图为中小企业对外合作协调中心秦志辉副主任受中小企业司委托率队赴江西调研。

2009中国(苏州)国际中小企业交易会在苏州隆重举行

▲ 2009年5月23～25日，2009中国（苏州）国际中小企业交易会在苏州国际博览中心隆重举行。工业和信息化部总工程师朱宏任、江苏省副省长史和平、工业和信息化部中小企业司司长王黎明、中国中小企业国际合作协会常务副会长许孔让等领导出席开幕式。

◀ 工业和信息化部总工程师朱宏任参观展馆。

第六届中国国际中小企业博览会暨中西中小企业博览会在广州举办

▲ 2009年9月22日，第六届中国国际中小企业博览会暨中西中小企业博览会在广州国际会议展览中心隆重开幕。中共中央政治局委员、广东省委书记汪洋，广东省省长黄华华，中国银行业监督管理委员会刘明康，国家质量监督检验检疫总局副局长刘平均，商务部部长助理仇鸿，中国个体劳动者协会会长甘国屏等领导出席开幕式。中博会组委会主任、工业和信息化部部长李毅中，西班牙工业旅游贸易大臣塞巴斯蒂安先生分别致辞。开幕式由中博会组委会副主任、广东省副省长佟星主持。

◀ 工业和信息化部部长李毅中在开幕式上致辞。

2009年9月22日，中博会组委会主任、工业和信息化部部长李毅中参观了第六届中国国际中小企业博览会暨中西中小企业博览会。 ▶

▲ 2009年9月22日，第六届中博会中西中小企业高峰论坛在广州东方宾馆召开。论坛由工业和信息化部、国家发展改革委、财政部、商务部、工商总局、质检总局、中国银监会和广东省人民政府共同举办。工业和信息化部部长李毅中，银监会完善小企业金融服务领导小组办公室主任杨家才，北京大学国家发展研究院院长周其仁，广东省经贸委副主任、中小企业局局长刘焕泉以及西班牙工业旅游贸易大臣塞巴斯蒂安，西班牙工业旅游贸易部中小企业司司长埃斯特拉加列戈，西班牙对外贸易发展局出口和企业培训部部长司嘉伟，西班牙电信集团亚洲首席地区官马里奥马丁出席论坛并演讲。来自中国政府有关部门、行业协会，各省市中小企业管理部门、中小企业协会、中小企业代表以及西班牙政府有关部门、中小企业商会、中小企业代表450余人参加了论坛。

▲ 工业和信息化部部长李毅中出席论坛并演讲。

中国（沈阳）国际中小企业大会在沈阳召开

◀ 2009年10月15日，由工业和信息化部、辽宁省人民政府主办，沈阳市人民政府、中国中小企业国际合作协会、辽宁省中小企业厅共同承办的中国（沈阳）国际中小企业大会在沈阳隆重召开。来自美国、日本、韩国等国家和地区政府机构高层人员和代表，国家有关部委负责人和省、市领导人，各省（市）、自治区、计划单列市和省会城市中小企业厅局（经委、经信委）负责人，相关行业协会负责人，中小企业服务机构负责人等参加了开幕式。李毅中部长发表了题为“树立信心，把握机遇，促进中小企业健康发展”的讲话。

全国人大外事委副主任、中国中小企业国际合作协会会长郑斯林会见出席中国（沈阳）国际中小企业大会的美国国会中小企业委员会代表团。▶

◀ 2009年10月16日，在中国（沈阳）国际中小企业大会期间召开了全国中小企业服务机构座谈会，同时成立了全国中小企业服务联盟，工业和信息化部中小企业司郑昕副司长出席会议并讲话。

中德合作项目第二次指导委员会会议在江苏召开

▲ 2009年10月27～28日，由中国工业和信息化部与德国联邦经济技术部共同主办的中小企业经营管理者培训中德合作项目第二次指导委员会工作会在江苏省常州市召开。指导委员会中方主席、工业和信息化部中小企业司司长王黎明，德方主席、德国联邦经济技术部副司长文德凌共同主持会议并分别致辞；工业和信息化部中小企业对外合作协调中心副主任秦志辉代表执行单位对项目进行总结。来自工业和信息化部中小企业司、国际合作司、人事教育司和德国联邦经济技术部、德国国际继续教育与发展协会及江苏省有关部门负责人和部分学员代表出席了此次会议。

中德政府签署第二期中小企业培训项目合作备忘录

◀ 2009年12月7日，工业和信息化部李毅中部长和德国经济技术部布律德勒部长在北京共同签署了中德合作中小企业经营管理者培训项目2011～2013年合作备忘录。

支持中小企业发展合作备忘录在人民大会堂签署

▲ 2009年12月1日，工业和信息化部与中国工商银行、中国农业银行、中国银行、中国建设银行四大商业银行在人民大会堂签署支持中小企业发展合作备忘录。工业和信息化部部长李毅中、中国工商银行行长杨凯生、中国农业银行行长张云、中国银行董事长肖钢、中国建设银行董事长郭树清出席签字仪式并讲话。工业和信息化部中小企业司司长王黎明主持签字仪式，工业和信息化部有关司局负责同志及工、农、中、建四大商业银行中小企业业务部门负责人参加签字仪式。

工业和信息化部部长李毅中出席签字仪式并讲话。▶

李毅中部长看望中小企业司全体同志

◀ 2009年12月14日下午，工业和信息化部李毅中部长在党组成员陈小筑、刘利华，中小企业司司长王黎明、副司长郑昕，以及办公厅、机关党委、机关服务局等有关负责同志的陪同下，到中小企业司在民航大厦的办公新址看望全司同志。王黎明司长代表全司同志表示一定不辜负部领导的期望，尽职尽责，开创性做好各项工作。

中小企业信息化推进工作总结会暨信息发布会在京召开

▲ 2009年12月23日，工业和信息化部中小企业司、信息化推进司在北京召开中小企业信息化推进工作交流总结会暨信息发布会，总结2009年度中小企业精益研发、管理升级和电子商务应用信息化服务平台试点和“两化”融合试验区工作，向新闻媒体发布2009年度中小企业信息化调查和发展报告，交流地方、行业协会、大企业、服务机构中小企业信息化推进工作经验，听取意见和建议。工业和信息化部副部长杨学山、总工程师朱宏任出席会议并讲话。部分省市、行业协会、服务机构和大企业的代表130多人参加交流总结会。40多家媒体的代表参加了中小企业信息化调查和发展报告信息发布会。

▲ 工业和信息化部副部长杨学山出席会议并讲话。

全国中小企业工作座谈会在京召开

▲ 2009年12月24日，工业和信息化部中小企业司在京组织召开了全国中小企业工作座谈会。工业和信息化部党组成员、总工程师朱宏任，中小企业司司长王黎明出席会议并讲话，出席此次会议的中小企业司领导还有副司长郑昕、王建翔、陈海，巡视员狄娜等。来自全国各省、自治区、直辖市及计划单列市、新疆生产建设兵团、副省级城市中小企业管理部门、工业和信息化部中小企业对外合作协调中心，中小企业协会等部门的130多位代表参加了会议。

▲ 工业和信息化部党组成员、总工程师朱宏任出席座谈会并讲话。

深切缅怀欧新黔同志

▲ 2009年7月18日，工业和信息化部副部长、党组成员欧新黔同志遗体告别仪式于在八宝山革命公墓举行。欧新黔同志因病医治无效，于2009年7月12日在北京逝世，享年59岁。欧新黔病重期间及逝世后，党和国家领导人胡锦涛、吴邦国、温家宝、贾庆林、李长春、习近平、李克强、贺国强、周永康、王刚、王岐山、回良玉、刘延东、李源潮、汪洋、张德江、朱镕基、曾庆红、华建敏、梁光烈、马凯、张榕明和吴仪、曾培炎、成思危、顾秀莲、盛华仁、陈锦华、王忠禹以不同方式表示慰问和哀悼。党和国家有关领导同志，国务院办公厅、工业和信息化部、国家发展改革委、住房和城乡建设部、国务院国有资产监督管理委员会、部属高校等部门的领导和同志们，广东省等省市的有关领导和同志们，各地经信委（厅）以及中小企业管理部门的同志，企事业单位领导和同志及各界群众等一千多人参加了遗体告别仪式，深切悼念欧新黔同志。

▲ 2009年7月18日，工业和信息化部部长李毅中出席欧新黔同志遗体告别仪式。

目 录

代序

坚定信心　狠抓落实　促进中小企业持续健康发展
——在全国中小企业工作座谈会上的讲话
工业和信息化部党组成员、总工程师　朱宏任 …… 1

第一篇　重要文献

一、中央领导关于中小企业工作的讲话及论述

在第三届全国非公有制经济人士优秀中国特色社会主义事业建设者表彰大会上的讲话
中共中央政治局常委、全国政协主席　贾庆林 …… 7
在第四届“民营经济发展·天津论坛”上的讲话
全国政协副主席、全国工商联主席　黄孟复 …… 10
在“变革、挑战与民营经济发展论坛”上的讲话
全国政协副主席、全国工商联主席　黄孟复 …… 12
在“首届（2009）中国中小企业金融服务高层论坛”上的讲话
全国政协副主席　李金华 …… 14
在“如何破解中小企业融资难”大型国际论坛上的讲话
全国政协副主席、致公党中央主席、科学技术部部长　万钢 …… 16
改革创新　科学发展　努力开创科技型中小企业技术创新基金工作新局面
——在科技型中小企业技术创新基金实施10周年总结大会上的讲话
全国政协副主席、致公党中央主席、科学技术部部长　万钢 …… 17

二、部委领导讲话及论述

在“如何破解中小企业融资难”大型国际论坛上的致辞
工业和信息化部部长　李毅中 …… 22

在“第六届中博会”开幕式上的致辞

工业和信息化部部长　李毅中 …… 22

加强政策引导，促进中小企业健康发展

——在第六届中国国际中小企业博览会暨中西中小企业博览会和中西中小企业高峰论坛上的演讲

工业和信息化部部长　李毅中 …… 23

树立信心　把握机遇　促进中小企业健康发展

——在中国（沈阳）国际中小企业大会上的讲话

工业和信息化部部长　李毅中 …… 25

向全国人大常委会报告促进中小企业发展情况

工业和信息化部部长　李毅中 …… 27

在2009年中小企业信息化推进工作交流总结会上的讲话

工业和信息化部副部长　杨学山 …… 30

在广东省中小企业信用再担保有限公司成立大会上的致辞

工业和信息化部副部长　欧新黔 …… 33

在中国创业板开板仪式上的致辞

工业和信息化部党组成员、总工程师　朱宏任 …… 33

在第三届中小企业节开幕式上的讲话

工业和信息化部党组成员、总工程师　朱宏任 …… 34

在中国移动通信集团公司、中国中小企业协会举办的2009中小企业信息化推进大会上的致辞

工业和信息化部党组成员、总工程师　朱宏任 …… 35

着力推动中小企业技术创新　增强经济增长的动力和活力

——在创新基金实施十周年总结大会上的讲话

财政部副部长　丁学东 …… 36

在“如何破解中小企业融资难”大型国际论坛上的讲话

中国银监会主席　刘明康 …… 37

三、省市领导讲话

在全区中小企业工作会议上的讲话

内蒙古自治区政府主席　巴特尔 …… 39

在全省中小企业成长工程暨信用担保体系建设工作会议上的讲话

湖北省副省长　段轮一 …… 42

在全省非公有制经济发展经验交流暨表彰大会上的讲话

湖南省委副书记　梅克保 …… 45

保增长　调结构　推动全省非公有制经济平稳健康发展

湖南省人民政府副省长　陈肇雄 …… 49

在全省加快中小企业发展工作会议上的讲话
四川省省长　蒋巨峰 …… 52
在全省民营企业表彰大会上的讲话
河南省省长　郭庚茂 …… 58

第二篇　综述

2009 年中小企业工作情况及 2010 年工作重点 …… 69
2009 年中小型工业企业发展状况分析 …… 73

第三篇　国家扶持中小企业政策与措施

2009 年中国中小企业信息网服务和网络建设情况 …… 81
2009 年银河培训工程 …… 83
2009 年政府资金支持 …… 83
2009 年中国非公有制经济发展情况概述 …… 85
2009 年全国中小企业信用担保机构发展情况 …… 86
2009 年中小企业公共服务平台建设 …… 88
2009 年中小企业对外合作与市场开拓进展情况 …… 89

第四篇　各地中小企业改革与发展

北京市 …… 93
天津市 …… 95
河北省 …… 97
山西省 …… 101
内蒙古自治区 …… 103
辽宁省 …… 106
吉林省 …… 114
黑龙江省 …… 117
上海市 …… 121
江苏省 …… 124
浙江省 …… 126
安徽省 …… 129

福建省……134
江西省……136
山东省……139
河南省……141
湖北省……143
湖南省……145
广东省……148
广西壮族自治区……149
海南省……149
重庆市……150
四川省……154
贵州省……161
云南省……163
西藏自治区……166
陕西省……170
甘肃省……173
青海省……175
宁夏回族自治区……177
新疆维吾尔自治区……180
大连市……181
宁波市……183
厦门市……195
青岛市……201
深圳市……203
新疆生产建设兵团……205

第五篇　中小企业统计

各行业规模以上工业企业主要指标（2009）……212
各地区规模以上工业企业主要指标（2009）……214
2009 年内蒙古全部中小工业分盟市增加值……216
2009 年 1～12 月内蒙古规模以上中小工业企业增加值表（分行业）……216
2009 年辽宁省民营经济主要经济指标对比表（一）……217
2009 年辽宁省民营经济主要经济指标对比表（二）……218

2009 年辽宁省民营经济主要经济指标对比表（三） …… 218
2009 年辽宁省民营经济主要经济指标对比表（四） …… 219
2009 年辽宁省民营经济主要经济指标对比表（五） …… 219
2009 年辽宁省民营经济主要经济指标对比表（六） …… 220
2009 年辽宁省民营经济主要经济指标对比表（七） …… 221
2009 年辽宁省民营经济（企业）主要经济指标表 …… 221
2009 年辽宁省民营经济主要经济指标表（一） …… 222
2009 年辽宁省民营经济主要经济指标表（二） …… 223
2009 年辽宁省民营经济主要经济指标表（三） …… 223
2009 年辽宁省民营经济主要经济指标表（四） …… 224
2009 年辽宁省民营经济主要经济指标表（五） …… 224
2009 年辽宁省民营经济主要经济指标表（六） …… 225
2009 年辽宁省民营经济主要经济指标表（七） …… 225
2009 年辽宁省民营经济主要经济指标表（八） …… 226
2009 年辽宁省民营经济主要经济指标表（九） …… 227
2009 年辽宁省民营经济主要经济指标表（十） …… 227
2009 年吉林省民营经济主要指标完成情况表 …… 228
2009 年黑龙江省非公有制经济总量增幅统计表 …… 229
2009 年黑龙江省非公有制经济增加值占地区生产总值比重表 …… 229
2009 年黑龙江省非公有制经济统计表 …… 230
2009 年上海市中小企业情况（快报数） …… 231
2009 年上海市中型法人企业情况（快报数） …… 232
2009 年上海市小型法人企业情况（快报数） …… 233
2009 年江苏省规模以上中小工业主要经济指标 …… 234
2009 年江苏省规模以上中小工业主要经济指标（分地区） …… 234
2009 年江苏省规模以上中小工业主要经济指标（分行业） …… 235
2009 年江苏省私营企业注册情况（分市） …… 235
2009 年江苏省个体工商户注册情况（分市） …… 236
2009 年浙江省规模以上工业中小企业——经济效益 …… 236
2009 年浙江省规模以下工业中小企业——统计指标 …… 237
2009 年浙江省规模以下个体工业中小企业——统计指标 …… 237
2009 年福建省全社会中小工业分行业产值 …… 237
2009 年福建省全社会中小工业分行业增加值 …… 238
2009 年福建省全社会中小工业分区域产值 …… 239

2009 年福建省全社会中小工业分区域增加值 …… 239
2009 年福建省规模以上中小工业分行业产值 …… 240
2009 年福建省规模以上中小工业分行业增加值 …… 241
2009 年福建省规模以上中小工业分设区市产值 …… 242
2009 年福建省规模以上中小工业分设区市增加值 …… 242
2009 年福建省规模以上中小工业分行业出口交货值 …… 243
2009 年福建省规模以上中小工业分设区市出口交货值 …… 244
2009 年江西省非公有制经济上缴税金统计情况表 …… 244
2009 年江西省非公有制经济上缴税金统计情况表 …… 245
2009 年江西省个私企业单位数、注册资金统计情况表 …… 246
2001～2009 年江西省工业园区主要经济指标统计表 …… 246
2009 年江西省非公有制经济增加值、从业人员、固定资产投入统计表 …… 247
2009 年江西省非公有制经济规模企业增加值、出口创汇统计表 …… 247
2009 年江西省非公有制固定资产投资完成额 …… 248
2009 年江西省分县（区）非公有制经济增加值 …… 248
2009 年江西省分县就业人数 …… 251
2007～2009 年河南省非公有制经济主要指标汇总表 …… 254
2009 年河南省分省辖市中小企业主要指标 …… 254
2009 年重庆市非公有制经济主要指标 …… 255
2009 年重庆市各区县非公有制经济主要指标完成情况 …… 256
2009 年重庆市中小企业主要经济指标完成情况 …… 257
2009 年重庆市中小企业主要经济指标（按行业分） …… 257
2009 年重庆市中小企业主要经济指标（按登记类型分组） …… 258
2009 年重庆市各区县中小企业主要指标完成情况 …… 259
2009 年陕西省中小企业主要经济指标统计表 …… 260
2009 年陕西省中小企业主要经济指标统计表 …… 261
2009 年宁夏回族自治区非公有制工业企业主要经济指标（千元） …… 261
2009 年宁夏回族自治区中小工业企业主要经济指标（千元） …… 261
2009 年宁夏回族自治区中小工业企业主要经济指标（千元） …… 262
2009 年新疆维吾尔自治区分地区中小企业主要经济指标 …… 263
2009 年新疆维吾尔自治区分行业中小企业主要经济指标 …… 264
2009 年新疆维吾尔自治区分地区非公有制主要经济指标 …… 266
2009 年大连市民营企业营业收入前 10 名（按大连市综合实力百强民营企业排序） …… 266
2009 年大连市民营企业纳税前 10 名（按大连市民营经济统计排序） …… 267

2009 年大连市民营经济主要经济指标表 …… 268
2009 年大连市民营经济主要经济指标 …… 269
2009 年宁波市规模以下中小企业及个体工业单位主要经济指标 …… 269
2009 年深圳市规模以上中小型工业企业区域分布情况 …… 270
2009 年深圳市规模以上中小型工业企业分行业情况 …… 270

第六篇 政策法规

一、相关法律、法规、部门规章及规范性文件

工业和信息化部、国家税务总局关于中小企业信用担保机构免征营业税有关问题的通知…… 273
工业和信息化部办公厅关于开展中小企业集合债券发行工作情况调研的通知…… 274
工业和信息化部办公厅关于请报送产业集群发展情况做好产业集群建设工作的通知…… 274
财政部 国家税务总局关于执行企业所得税优惠政策若干问题的通知…… 275
国家税务总局关于实施创业投资企业所得税优惠问题的通知…… 276
关于进一步加大对科技型中小企业信贷支持的指导意见…… 277
财政部办公厅、商务部办公厅关于 2009 年度中小商贸企业发展专项资金使用管理有关问题的通知…… 278
国务院法制办公室关于公布《个体工商户条例（征求意见稿）》公开征求意见的通知 …… 280
关于印发《中小外贸企业融资担保专项资金管理暂行办法》的通知 …… 281
工业和信息化部办公厅关于做好 2009 年中小企业服务体系专项补助资金使用和管理工作的通知…… 283
国务院关于进一步促进中小企业发展的若干意见…… 284
关于进一步促进个体私营经济发展的若干意见…… 287
商务部关于加快流通领域电子商务发展的意见…… 288
关于小型微利企业有关企业所得税政策的通知…… 290
工业和信息化部关于做好减轻企业负担工作的指导意见…… 290
人力资源和社会保障部 财政部 国家税务总局关于进一步做好减轻企业负担 稳定就业局势有关工作的通知…… 292
关于推荐 2009 年度中小企业公共（技术）服务示范平台的通知 …… 293
国务院办公厅关于成立国务院促进中小企业发展工作领导小组的通知…… 293
国家知识产权局 工业和信息化部关于实施中小企业知识产权战略推进工程的通知…… 294

二、地方性法规、规章及规范性文件

北京市帮扶企业应对国际金融危机的若干措施…… 297
北京市人民政府办公厅转发市金融办等部门关于北京市小额贷款公司试点实施办法的通知…… 299

北京市小额贷款公司试点实施办法…… 299
天津市人民政府关于整合提升发展区县示范工业园区的若干意见…… 303
支持中小企业发展若干财税政策…… 305
河北省人民政府关于进一步促进中小企业发展的实施意见…… 305
山西省人民政府办公厅转发山西银监局省中小企业局关于山西银行业小企业金融服务工作指引的通知…… 309
山西银行业小企业金融服务工作指引…… 309
内蒙古自治区人民政府关于进一步促进中小企业发展的意见…… 310
黑龙江省人民政府关于鼓励和促进民间投资发展的指导意见…… 313
关于印发《上海市政府采购促进中小企业发展暂行办法》的通知 …… 316
上海市政府采购促进中小企业发展暂行办法…… 316
山东省人民政府关于贯彻国发［2009］36 号文件进一步促进中小企业发展的实施意见 …… 318
河南省工业和信息化厅河南省邮政管理局　河南省邮政公司关于开展邮政速递物流服务中小企业活动的通知…… 322
河南省邮政速递物流服务中小企业活动实施方案…… 323
河南省人民政府关于以财政为依托建立健全融资性中小企业担保体系的意见…… 325
中共湖南省委湖南省人民政府关于大力推动全民创业的意见…… 326
湖南省人民政府关于进一步支持中小企业融资的意见…… 328
关于帮扶中小企业开拓国内市场的意见…… 330
四川省人民政府关于加快中小企业发展的决定…… 332
中共贵州省委贵州省人民政府关于大力推进个体私营等非公有制经济又好又快发展的意见…… 334
云南省委省政府关于加快非公有制经济发展的决定…… 339
陕西省加快县域工业化发展纲要（2009～2012 年） …… 341
《甘肃省促进中小企业发展条例》 …… 344
关于促进联合重组做强做大中小企业的意见（试行） …… 347

第七篇　调研与实践

2009 年北京市帮扶企业应对国际金融危机的工作总结 …… 351
进一步加强小企业创业基地建设…… 354
提高中小企业创新能力加快科技成果转化工作…… 355
中小企业创新的四个要领…… 357

团结合作　外修环境　内练功夫　危中求存
——关于金融危机下的中小企业如何求发展的思考……360
营造优良环境推动民营经济跨越式发展
——关于黑龙江省民营经济发展情况的调研报告……362
紧密围绕建设哈大齐工业走廊战略部署　积极引导扶持非公有制经济发展配套产业……367
大金融如何对接中小企业
——湖北省中小企业融资难情况调查……369
海南省产业集群发展情况……373
保民生　促发展　竭力打造“民”“企”双赢发展格局
——发展中小企业促进农民工就业增收的调研报告……386
非公有制经济是加速我省工业化、城镇化进程的重要突破口……387
云南省中小企业融资情况调查分析及建议……389
生产性服务业成为上海市经济转型的强大引擎
——上海市生产性服务业发展调研报告……392
加快结构调整　推进产业升级　努力提高工业经济增长的质量和效益……395
宁夏回族自治区30户非公骨干企业成长性评价研究……402
关于支持中小企业渡过难关的报告……403
完善我区服务体系　建设助推中小企业平稳健康发展……405
金融危机下国外贸易救济措施对厦门市企业的影响与对策……407
完善服务体系　促进厦门中小企业发展研究……409
厦门市破解中小企业融资难的实践与探索……414

第八篇　附录

工业和信息化部中小企业司……421

工业和信息化部中小企业发展促进中心……423

各地中小企业主管部门……425
北京市经济和信息化委员会中小企业处……425
天津市中小企业发展促进局……425
河北省中小企业局……426
山西省中小企业局……426
内蒙古自治区经济委员会中小企业与开发区处……428

辽宁省中小企业厅…… 428
吉林省工业和信息化厅（吉林省中小企业局） …… 429
黑龙江省工业和信息化委员会…… 430
上海市促进中小企业发展协调办公室…… 430
江苏省经济和信息化委员会（中小企业局、乡镇企业局） …… 431
浙江省中小企业局…… 431
安徽省经济和信息化委员会暨中小企业局…… 432
福建省经济贸易委员会…… 433
江西省中小企业局…… 434
山东省中小企业办公室…… 435
河南省工业和信息化厅中小企业服务局…… 435
湖北省经济和信息化委员会中小企业发展处…… 436
湖南省经济委员会…… 436
广东省中小企业局…… 437
广西壮族自治区经委（中小企业局） …… 438
海南省工业和信息化厅中小企业处…… 438
重庆市中小企业发展指导局…… 438
四川省中小企业局（四川省乡镇企业局） …… 439
贵州省经信委中小企业办公室…… 440
云南省中小企业局…… 440
西藏自治区经委中小企业局（非公有经济办公室） …… 441
陕西省中小企业促进局（省乡镇企业局） …… 441
甘肃省工业和信息化委员会（甘肃省国防科技工业局甘肃省中小企业局） …… 442
青海省经济委员会中小企业发展局…… 443
宁夏回族自治区经济和信息化委员会中小企业处…… 444
新疆维吾尔自治区经信委企业处…… 444
大连市经信委…… 444
宁波市经济委员会中小企业处…… 445
厦门市经济发展局…… 446
厦门市民营经济工作领导小组办公室…… 447
厦门市中小企业管理办公室…… 447
青岛市经信委中小企业发展局…… 447
深圳市中小企业服务中心…… 448
新疆生产建设兵团发展改革委中小企业处…… 448

各地服务机构汇总 …… 449
北京市中小企业服务中心 …… 449
北京中小企业协会 …… 449
天津市城市集体经济联合会 …… 449
天津市科智时代网络技术有限公司 …… 450
天津市乡镇企业协会 …… 450
天津市中小企业服务中心 …… 450
河北省中小企业信用担保服务中心 …… 451
河北省中小企业服务中心（中小企业管理与科技杂志社） …… 451
河北省中小企业信息中心 …… 452
河北省新技术推广站（河北省中小企业模具技术中心） …… 453
内蒙古自治区中小企业协会 …… 454
内蒙古农牧业装备工程技术服务平台 …… 454
内蒙古中小在线信息服务有限责任公司 …… 455
通辽市中小企业服务中心 …… 455
锡林郭勒盟中小企业信用担保和咨询服务中心 …… 455
吉林省促进中小企业发展服务中心 …… 456
黑龙江省中小企业服务中心 …… 456
黑龙江省中小企业技术创新服务中心 …… 457
上海中小企业社会化服务体系 …… 457
江苏省中小企业发展中心 …… 458
江苏省中小企业协会 …… 458
福建省中小企业服务中心 …… 458
河南中小在线信息服务有限公司 …… 458
湖北省化学工业研究设计院 …… 459
湖北省中小企业信用担保协会 …… 459
湖北中企投资担保有限公司 …… 460
湖北省中小企业培训中心 …… 460
湖北省中小企业服务中心 …… 460
武汉市经济技术市场发展中心 …… 460
武汉光谷联合产权交易所 …… 461
湖南省中小企业服务中心 …… 461
湖南省企业技术创新服务中心 …… 461
湖南省中小企业信用与担保协会 …… 462

长沙市中小企业服务中心……462
湘潭市中小企业服务中心……462
衡阳市中小企业服务中心……462
岳阳市中小企业服务中心……462
常德市中小企业服务中心……462
郴州市中小企业服务中心……463
中国国际中小企业博览事务局……463
广东省技术推广站（广东省中小企业服务中心、广东省技术创新服务中心）……463
广东省中小企业发展促进会……463
广东中小在线信息服务有限公司……463
广西中小企业联合会……463
广西民营企业商会……464
广西壮族自治区乡镇企业培训中心……464
广西壮族自治区乡镇企业建材产品质量监督检验站……465
广西中小企业信用担保公司……466
广西中小企业网……466
柳州市中小企业服务中心简介……468
重庆市中小企业发展服务中心……468
贵州省中小企业服务中心……469
惠水县中小企业服务中心……469
黔西南州中小企业服务中心……469
贵州匠心多彩文化产业有限公司……469
云南省中小企业服务中心……470
昆明高新技术创业服务中心……470
中国中小企业云南网……470
楚雄开发区创业服务中心……470
云南省中小企业发展协会……471
甘肃省中小企业服务机构设置情况……471
固原银海科技有限责任公司……473
宁夏经济管理干部培训中心（自治区中小企业服务中心）……473
宁夏经信委新技术推广站……473
石嘴山市中小企业服务中心……474
银川高新技术产业开发总公司……474
大连中小企业服务中心……475

厦门市中小企业社会化服务体系相关单位……475
深圳市商业联合会……476
深圳市中小企业发展促进会……476

大事记（2009 年）……477

中小企业工作大事记（2009）……477

工业和信息化部中小企业发展促进中心工作大事记（2009 年）……485

大事记（2009 年）……488

地方中小企业工作大事记……488
北京市……488
天津市……488
山西省……489
内蒙古自治区……490
黑龙江省……491
上海市……494
江苏省……495
福建省……496
山东省……496
河南省……497
湖南省……498
广东省……499
重庆市……500
贵州省……501
云南省……502
陕西省……502
甘肃省……503
宁夏回族自治区……504
厦门市……504

年度推荐企业汇总 …… 507

中小企业融资服务案例 …… 554

中小企业信息化服务案例 …… 569

代序

坚定信心　狠抓落实
促进中小企业持续健康发展

——在全国中小企业工作座谈会上的讲话

工业和信息化部党组成员
总工程师　　朱宏任

一、中小企业发展面临的形势

即将过去的一年，是新世纪以来我国经济发展最为困难的一年，也是中小企业形势最为困难、经历最严峻挑战的一年。刚才，大家的发言已介绍了不少这方面的内容，我们都是感同身受，广大中小企业感受更深。从2008年下半年开始，随着国际金融危机影响的日趋严重，东部沿海地区许多外向度高、劳动密集型中小企业，遇到了订单减少、出口形势迅速恶化、生产经营困难等问题。对此，党中央、国务院高度重视，中央和国务院领导多次对缓解中小企业困难做出重要指示，数次深入“长三角”等地区调研，召开专题座谈会，研究部署破解中小企业发展难题。

在国际金融危机扩散蔓延、外部经济环境急剧恶化的背景下，我国实体经济开始受到严重影响，发展中面临的形势日益严峻。去年上半年，规模以上工业企业保持了16%以上的工业增长，但到当年11月份，增速已经下滑到5.4%，12月份增速下滑到5.7%。我国中小企业发展同样面临着严峻的形势和挑战，可以用三个“最”来概括。

第一，下滑幅度最深。从去年下半年工业增速大幅下滑之后，到今年1～2月，整个规模以上工业增速下滑到近年来的最低点，仅为3.8%。同时，中小企业反映的情况更加突出，到今年1～2月，规模以上工业中小型企业完成工业总产值同比增长5.9%，增速较上年同期回落22.9个百分点。这样大幅度下滑的程度，是多年来中小企业发展中前所未有的。

第二，企业效益最差。主要体现在规模以上工业中小型企业的实现利润上，今年1～2月，规模以上工业中小型企业实现利润同比下降19.3%，利润下降的幅度与上年同期相比，回落了52.3个百分点。

第三，下岗职工最多。从去年年底到今年年初，许多生产企业处于停产或半停产状态，效益大幅下降，下岗职工急剧增多。在受影响最严重的时候，下岗职工多达15%甚至更多，部分地区的下岗职工近1/3。在浙江、广东、江苏等出口为主的一些产业聚集区，不少中小企业因关停造成大量职工下岗。

面对历史罕见的国际金融危机影响，党中央、国务院领导全国人民、工业战线和广大中小企业做出了艰苦卓绝的努力。中央领导用“砥砺奋进”一词形容当时的状况，体现了在严重危机前，全国人民紧密团结在党中央、国务院周围所做的积极努力。中央审时度势，果断决策，把保持经济平稳较快发展作为经济工作的首要任务，确定了“出手要快、出拳要重、措施要准、工作要实”的总体要求，及时调整宏观经济政策取向，从去年底就迅速出台并逐步丰富和完善了应对国际金融危机冲击的“一揽子”计划和政策措施。

首先，实施了扩大内需的政策措施。这是中央采取的最重要、最有力的措施之一。通过全面扩大内需，加大财政投入，加大投资力度，实行结构性减税，切实增强了投资和消费需求对经济增长的拉动力。中央实施的4万亿元投资、积极的财政政策和适度宽松的货币政策，带动了整个经济的较快增长。

其次，制定了十大产业调整和振兴规划。通过制定规划，全面推进产业结构调整和优化升级，推动兼并重组，淘汰落后产能，防止重复建设，发展先进生产力。这些措施，着眼于解决当前各个产业发展中所遇到的突出矛盾和困难，促进各个产业形成新的增长点。其中的许多政策措施，都使广大中小企业从中获益。

最后，加大了技术进步和结构调整力度。通过增加技术改造投资，对促进工业企业调整结构、转变发展方式起到了至关重要的作用。通过大力推进科技进步和创新，鼓励和支持企业广泛应用新技术、新工艺、新设备、新材料，开发适销对路产品，将进一步增强企业的市场竞争能力。今年中央预算安排的200亿元技术改造资金中，专门切出30亿元用于中小企业；在切块地方的120亿元技改专项投资中，82亿元用于中小企业。在各地安排的中小企业资金中，也有相当大的比重用于了中小企业的技术改造和产品创新。

另外，积极推动改革，采取了一系列惠民生的重要举措。中央采取的各项扩大内需政策，除4万亿元投资更多地用于了支持民生方面，解决了农业、林业、住房等一些历史欠账问题外，在结构调整、自主创新等方面，广大中小企业也都直接或间接受益。通过深化养老、医疗、失业等社会保险改革，大幅度提高了社会保障水平。中央实施的鼓励汽车、摩托车、家电和农机下乡政策，使广大中小企业受到鼓励和获得支持。通过调整信贷结构，保持了市场流动性合理充裕，切实支持了农业和中小企业等薄弱环节。

二、2009年中小企业工作取得显著成效

2009年，在党中央、国务院的正确领导和决策下，在部党组的坚强领导下，广大中小企业战线的同志和中小企业迎难而上，开拓进取，奋力拼

搏，中小企业各项工作取得显著成效。

第一，工业增速止跌回升企稳向好。到 11 月份，工业增速已回升至 19.2%。虽然这与去年的基数较低有关，但从整个经济增长情况看，全国经济企稳向好的势头逐渐明朗和基本稳定。扭转了工业经济运行的大幅下滑势头，实现了工业和中小企业的回升向好，这些都体现了党中央、国务院"一揽子"计划作用的逐渐显现，体现了广大中小企业战线同志们的艰辛努力。

第二，企业效益的降幅逐渐收窄。尽管到 10 月底，工业企业实现利润同比下降 3.4%，还是呈现下降的态势（这不是全部工业，主要是 22 个省规模以上工业的统计数字），但增长趋势与全国工业增长趋势的方向一致。与年初下降 37% 相比，幅度已经大大收窄。根据目前经济增长趋势，估计到年底，企业回升的势头将会继续保持，企业实现利润的情况有可能实现持平。企业的亏损面也由上半年的 20% 缩小到 16.9%，上缴税金总额同比增长 9.9%。

第三，结构调整和节能减排取得了新进展。全年炼钢、炼铁、水泥等行业分别淘汰落后产能 1 691 万吨、2 113 万吨、7 416 万吨。前三季度，规模以上单位工业增加值能耗同比下降 9.2%，预计全年下降 9% 以上。环保方面，化学需氧量和二氧化硫排放量继续呈下降趋势。

第四，中小企业发展出现了良好势头。从工业看，1～11 月，全国规模以上中小工业企业实现工业总产值占全国规模以上工业总产值比重 69.8%，同比增长 12.3%，其中 11 月份当月同比增长达到 28.2% 的较高速度。整体来看，中小企业回升向好的态势非常明朗。应该说，中小企业回升向好为保持我国经济平稳健康发展，实现全年"保八"和就业目标，作出了重要贡献。

可以说，没有中小企业的复苏，就不会有国民经济的复苏。在外部环境十分困难的情况下，能够取得这样的成绩，非常不易。这是党中央、国务院正确领导和决策的结果，是部党组坚强领导的结果，是各地各部门及时实施中央"保增长、扩内需、调结构、惠民生""一揽子"计划的成果。在这里，我代表工业和信息化部党组，向广大中小企业系统的全体同志表示诚挚的感谢！

三、关于明年经济形势和主要工作

在肯定取得成绩的同时，我们也要认识到当前的经济形势还存在一些需要高度关注的方面。总的来看，明年我国经济发展中面临许多有利因素，也面临一些不确定的复杂因素。主要是，世界经济复苏的基础还比较脆弱，导致危机爆发的主要矛盾和制度性根源还没有彻底消除。经济回升的内在动力仍然不足，保持经济平稳较快发展、推动经济发展方式转变和结构调整的难度增大。明年中小企业的工作充满了挑战，充满了机遇，也充满了希望。我们要把对明年中小企业工作所面临形势的认识统一到中央对国内外形势的判断上来，统一到部党组对形势的分析和工作部署上来，扎实做好各项工作。具体来说，明年大家要重点把握好以下几方面的工作：

（一）关于明年形势的总体把握

在今年中央经济工作会议上，中央明确提出了明年工作的总体要求，有针对性地分析了当前面临的有利形势，以及存在的一些不确定性因素。明年的宏观经济政策，将保持政策的持续性和稳定性，继续坚持实施积极的财政政策和适度宽松的货币政策，同时针对工作中出现的新情况和新问题，将更加强调工作的灵活性和针对性。要更加注重提高经济增长的质量和效率；更加注重转变经济增长的方式和调整经济结构；更加注重自主创新和改革开放，增加经济增长的活力和动力；更加注重有关民生的相关问题，通过改善民生来保持经济社会的和谐和稳定；更加注重统筹国际和国内两个大局，以保持国民经济持续平稳较快的发展。

在这次全国工业和信息化工作会议上，部党组也对明年工作作出了具体部署，提出要以结构调整和发展方式的转变为主线，切实提高工业增长的质量和效益，突出抓好四方面工作：第一，突出抓好技术改造和自主创新；第二，突出抓好节能减排、淘汰落后和兼并重组；第三，突出抓好培育战略性的新兴产业；第四，突出抓好信息化和工业化融合，努力实现工业通信业平稳较快发展。"一条主线和四个突出"是与中小企业工作密切相关的，也是中小企业工作必须紧紧围绕和牢牢把握的总要求。

在结构调整和转变发展方式方面。今年，我们最重要的目标是保增长。明年要在继续保持经济平稳较快增长的同时，更加注重调整结构和转变经济发展方式，主要包括控制总量、兼并重组、淘汰落后、节能减排等几项重点工作。广大中小企业战线的同志们，对这一任务要更加予以关注和高度重视。今年中央投资预算安排，对中小企业的技术改造给予了很大的支持。在明年工作中，要把握这一方向，加大中央财政和地方财政的资金支持力度，稳步扎实地推进中小企业的结构调整和发展方式的转变。

在淘汰落后和兼并重组方面。关于淘汰落后，主要针对的是落后产能，是按技术标准划分的，而不是针对企业规模的大小。大企业的落后设备要坚决淘汰，一部分发展中的小企业，也可能面临这方面问题。我们一定要持积极的态度，只有淘汰了落后产能，淘汰了落后设备，我国经济发展的基础才能更加坚实，才能给优势企业包括优势中小企业提供更好的发展空间，给整个社会提供更好的发展环境。关于兼并重组，目标不是要把小企业变成大企业，因为无论任何时候，中小企业都是我国经济发展的重要基础，是吸纳就业的最主要领域，是自主创新的主要场所和保持经济社会稳定的最重要方面。我们的目标，主要是针对工业发展中缺少自主知识产权、缺少核心竞争力的情况，要使企业通过兼并重组，引导企业做得更强。部分有条件的中小企业，可以通过重组逐步做强做大，更多的中小企业则可以通过发展“专、精、特、新”的技术，在与大企业合作中，得到广阔的发展空间，取得蓬勃的发展。

在推动工业化和信息化融合方面。在促进结构调整和转型升级中，要更加重视工业和信息化部提出的积极推动两化融合的任务。信息技术是经济增长的倍增器，是发展方式的转换器，是产业升级的助推器。在两化融合过程中，中小企业是信息化应用最广泛的领域。在前天的中小企业信息化推进工作座谈会上，许多地方在经验介绍中提到，当前有很多工作，可以通过信息化使中小企业技术水平得到极大的提升，使中小企业管理水平得到逐步的提高，使中小企业发展方向更加明确，这些生动而鲜活的实例，说明我们下一步还要高度关注工作中的两化融合。

在培育战略性的新兴产业方面。战略性的新兴产业代表着今后我国工业经济发展的主要方向，也是我国工业发展中的一个新的支柱产业。广大中小企业在这方面可以大有作为：一方面，中小企业是自主创新的最活跃领域，大量新技术都是在中小企业中诞生和产生的；另一方面，大企业在逐渐形成战略性新兴产业，或者在逐渐确立方向的时候，中小企业通过为大企业配套，通过为大企业提供服务，可以形成更多新的增长点。

（二）关于明年中小企业重点工作

刚才，黎明司长对明年工作做了具体阐述，我都同意。这里，再强调几点：

第一，要做好国发 36 号文件贯彻和实施工作。这是我们明年各项工作的重中之重。36 号文件是国务院根据当前中小企业发展形势需要制定的政策措施，对于做好当前和今后较长时期促进中小企业发展的各项工作，都具有十分重要的意义。工信部负责牵头支持中小企业发展的工作，我们肩负的责任重大。国务院已经梳理出 16 项重要工作分工，明确由工信、财政、银行、税务等部门牵头并负责落实。其中，由工信部直接牵头的 8 项，参与牵头的 4 项，配合其他部门的 4 项。在落实这 16 项工作分工中，系统上下都要保持同一步调，同一工作体系，各地中小企业部门也要结合本地实际，加强与各有关部门的协调和配合，逐步分解任务，确保涉及的各项分工内容在本地区取得积极进展，确保各项任务扎扎实实地落到实处。

第二，要继续做好 36 号文件学习和宣传工作。我们要把这项工作作为一个重要任务，提到重要议程上来。要通过深入学习和宣传，把各方面的思想认识和行动真正统一到党中央和国务院关于促进中小企业发展的大政方针上来，使各级政府都能够高度重视中小企业发展，不仅仅是中小企业部门的重视。在这次中央经济工作会议上，党中央国务院的领导同志多次强调中小企业的重要性。张德江副总理在全国工业信息化工作会议上的讲话，对中小企业工作提出了专门要求。李毅中部长在工作报告中，也反复强调了中小企业工作的重要性。

要通过进一步地学习宣传，把 36 号文件作为各部门的工作指南。文件 29 条措施涉及的 16 项重点工作，几乎涉及经济领域的各个部门。不仅包括中小企业管理部门，还包括了各级政府的相关部门。国务院将成立国务院促进中小企业发展工作领导小组，领导小组包括了中央国务院的十几个部门。在各部门工作中，要抓好 36 号文件相关配套政策的研究制定。

要通过进一步地学习宣传，使 36 号文件真正成为中小企业的“百宝囊”和“护身符”，体现宣传效果。29 条措施作为中央各项政策的梳理和集中体现，具有很高的“含金量”，实际就是要打造一个有利于中小企业发展的客观环境。

要通过进一步地学习宣传，使鼓励和促进中小企业发展成为全社会的一致看法和统一行动，这也是我们宣传的一个标准。也就是说，中小企业工作不只是中小企业系统、不只是工业系统，也不只是经济系统的工作，要使全社会都关心和关注中小企业工作，真正推动中小企业健康发展。

再强调一点，促进中小企业发展工作领导小组计划明年以国务院名义召开全国中小企业工作会议。这将是全面落实国发 36 号文件，推动全系统工作新进展的重要会议，将是各地工作的重要推动力。从现在开始，希望大家和我们一起高度重视这项工作，多提供一些鲜活的情况和生动的实例，集中力量做好各项准备工作。

第三，要抓好配套政策研究制定工作。要抓紧研究出台中小企业信用担保管理办法、国家中小企业发展基金管理办法，加快修改中小企业划型标准，制订中小企业发展规划。进一步研究落实准入、财税、融资、公共服务等政策法规。同时，各地要结合本地实际，制定贯彻落实 36 号文件的具体办法。有些地方动作比较快，已经出台了相应的落实措施。希望大家加大工作力度，尽快出台本地贯彻 36 号文件的方案和政策措施。

第四，各地要加强调查研究。明年是“十一五”规划的最后一年，国家正在研究编制“十二五”规划。要抓住机遇，通盘考虑“十二五”规划中小企业的前瞻性研究。各地要针对后金融危机对中小企业发展的一些影响，密切跟踪形势，掌握新情况，及时总结和宣传，营造全社会关注和重视中小企业发展的良好氛围。

第五，要引导中小企业加强管理。中小企业要有竞争力，除了营造良好的政策、市场和法制环境外，更重要的还是要靠企业自身。企业管理水平很大程度上决定了企业的市场竞争力。引导和支持中小企业加强管理，是我们促进中小企业发展的一项重要工作，也是应对金融危机的重要措施，明年要摆在更加突出的位置上。要在继续开展管理咨询活动、实施中小企业银河培训工程、中小企业信息化推进工程等方面加大工作力度，不断提升中小企业市场竞争能力。

第六，要大胆创新做好各项工作。在这次政府机构改革中，中小企业的管理机构也有所调整。总的来看，我们要从更大更远的角度来看待这个问题，这次机构改革的主要方向就是大部制改革，就是要集中各方面资源，在工业和通信业领域形成工作合力，减少部门之间的职能交叉。目前，许多地方的中小企业职能划入到了新组建的工业和信息化部门。随着职能统一到大部门中，必将有一个更宽的工作领域，更大的工作平台，形成更集中的力量。在下一步工作中，我们要能够逐渐体现这种新格局，更好地在新变化中做好工作。只要积极适应新变化，坚定信心，抓住机遇，大胆创新，我们下一步工作就一定能够做得更好。

同志们，新的一年里，我们的工作任务仍然十分繁重，责任更加重大。我们要根据中央经济工作会议精神和全国工业和信息化工作会议的部署，进一步坚定信心，再接再厉，狠抓落实，确保中小企业工作取得新进展，为经济和社会发展作出应有的更大的贡献！

第一篇

重要文献

一、中央领导关于中小企业工作的讲话及论述

在第三届全国非公有制经济人士优秀中国特色社会主义事业建设者表彰大会上的讲话

中共中央政治局常委
全国政协主席　贾庆林

在全党全国各族人民深入学习贯彻党的十七届四中全会精神之际，我们在这里隆重召开优秀中国特色社会主义事业建设者表彰大会，对为我国改革开放和社会主义现代化建设作出重要贡献的100名非公有制经济人士和其他新的社会阶层人士进行表彰。首先，我代表党中央、国务院，向受到表彰的优秀建设者，表示热烈的祝贺！

表彰优秀中国特色社会主义事业建设者，是促进非公有制经济健康发展和非公有制经济人士健康成长的一项重要举措。自2006年第二届表彰大会以来，广大非公有制经济人士积极参加争当优秀中国特色社会主义事业建设者活动，又涌现出了一大批优秀建设者，充分展现了心系国家、情牵人民的爱国情怀，百折不挠、锐意进取的拼搏精神，诚实守信、遵纪守法的优良品格，致富思源、服务社会的贡献意识。为了进一步增强优秀建设者的代表性和社会影响力，这次表彰在总结前两届表彰工作经验的基础上，扩大表彰范围、完善评选条件、提高公示层次、加大宣传力度，使优秀建设者评选工作更加公开、公平、公正，人选涵盖面更加广泛，社会效应更加显著。我相信，在优秀建设者的示范和带动下，广大非公有制经济人士一定能够积极进取、奋发有为，在建设中国特色社会主义事业伟大征程中创造新的业绩，不辜负党和人民的期望。

下面，我就非公有制经济人士学习贯彻党的十七大和十七届四中全会精神，争做优秀中国特色社会主义事业建设者，为促进国民经济平稳较快发展、保持社会和谐稳定作贡献，谈三点意见。

一、我国非公有制经济快速发展，为改革开放和社会主义现代化建设作出了重要贡献

党的十一届三中全会以来，在推进改革开放和社会主义现代化建设的历史进程中，我们党对非公有制经济的思想认识不断深化，对发展非公有制经济的方针政策不断完善，经历了从非公有制经济是公有制经济的必要补充，到非公有制经济是社会主义市场经济的重要组成部分的转变；从国家对非公有制经济实行引导、监督和管理，到毫不动摇地鼓励、支持和引导非公有制经济发展的转变；从非公有制经济人士为建设中国特色社会主义事业贡献了力量，到非公有制经济人士是中国特色社会主义事业建设者的转变。在党和国家方针政策的指引下，我国非公有制经济在改革开放的时代大潮中异军突起，在社会主义现代化建设的广阔舞台上蓬勃发展，为坚持和发展中国特色社会主义发挥了重要作用。

第一，非公有制经济为推动国民经济又好又快发展作出了重要贡献。经过30多年的快速发展，我国非公有制企业数量不断增加，规模不断扩大。截至今年6月，全国登记注册的私营企业692万多户，占全国实有企业数的70%左右；注册资本近13万亿元，占全国企业注册资本的27%以上，成为我国最大的企业群体。登记在册的个体工商户3 063万多户，资金数额9 850多亿元。非公有制经济创造的国内生产总值已超过全国的一半以上。上缴国家的税收比重不断增加。面对国际金融危机的冲击，广大非公有制企业同党和政府风雨同舟、共克时艰，积极转变发展方式，踊跃投身现代农业、现代服务业、基础产业、文化产业和高新技术产业，有力地促进了我国经济结构的调整，推动了经济实力的增强。

第二，非公有制经济为提高自主创新能力作出了重要贡献。广大非公有制企业努力增强科学发展理念，加强自主创新，大力开发具有自主知识产权的产品和技术，积极培育和发展知名品牌，成为提高自主创新能力、建设创新型国家的生力军。目前，我国65%的专利、75%以上的技术创新、80%以上的新产品开发，都是由非公有制经济完成的。

第三，非公有制经济为建立和完善社会主义市场经济体制作出了重要贡献。非公有制企业自觉按照国家经济建设的总体要求，踊跃投身西部大开发、东北地区等老工业基地振兴、促进中部地区崛起等发展战略，参与国家一系列大型建设项目；通过承包、租赁、参股、兼并等多种形式，参与国有企业改组改造；积极参与市场竞争，推动市场建设，加速了产权、土地、劳务、资本、信息和技术等多种要素市场的形成，推动了统一、开放、竞争、有序现代市场体系的建设，促进了现代企业制度的建立。

第四，非公有制经济为保障和改善民生作出了重要贡献。长期以来，广大非公有制企业积极安排就业、吸纳下岗职工再就业、安置城乡富余劳动

力，成为安排社会就业的主渠道。特别是在国际金融危机的冲击下，许多非公有制经济人士倡议并坚持不裁员、不欠薪，积极增加就业岗位、吸纳就业。今年1~9月，全国城镇实现新增就业851万人，其中90%以上是非公有制企业解决的。积极参与国家扶贫开发特别是光彩事业、温暖工程和社会公益慈善事业，为实施国家区域发展总体战略、缩小东西部发展差距发挥了重要作用。尊重员工的主体地位，维护员工的合法权益，保证员工共享企业发展成果，努力构建社会主义和谐劳动关系，促进了社会和谐稳定。

第五，非公有制经济为提高我国对外开放水平作出了重要贡献。广大非公有制经济人士认真贯彻对外开放的基本国策，主动顺应经济全球化的趋势，广泛开展与国际知名企业、跨国公司和民间组织的交流与合作，充分利用国际国内两种资源、两个市场发展企业，为提高我国对外开放水平、增强国际竞争力发挥了积极作用，也为世界经济发展贡献了力量。一方面积极“引进来”，大力引进资金、技术、先进管理经验和高素质人才，为增强我国经济、科技实力提供了有力支持。另一方面主动“走出去”，广泛开展境外投资建厂、合作开发资源、境外加工贸易、工程承包等，拓展了对外开放的广度和深度。2008年，民营和外资企业进出口总计19 506亿美元，占全国进出口总额的76.1%。

改革开放以来的实践充分证明：我们党关于非公有制经济的理论方针政策是完全正确的，必须坚定不移地贯彻落实；公有制为主体、多种所有制经济共同发展的社会主义基本经济制度，符合我国社会主义初级阶段的基本国情，必须坚持和完善；个体、私营等非公有制经济是我国社会主义市场经济的重要组成部分，具有独特优势和作用，必须毫不动摇地巩固和发展公有制经济，毫不动摇地鼓励、支持、引导非公有制经济发展；非公有制经济人士是中国特色社会主义事业的建设者，必须在促进非公有制经济健康发展的同时，促进非公有制经济人士健康成长。

二、在新的历史起点上提升非公有制经济发展水平，为保持经济平稳较快发展作贡献

发展是硬道理，是我们党执政兴国的第一要务。我们要实现全面建设小康社会的宏伟目标，需要包括非公有制经济在内的各种所有制经济的相互促进、共同发展，需要包括广大非公有制经济人士在内的全国人民团结一心、共同奋斗。当前，我国正处在改革发展的关键阶段，应对国际金融危机冲击、保持经济平稳较快发展、促进社会和谐稳定的任务十分繁重。非公有制经济发展面临着严峻的困难和挑战。受国际金融危机冲击的影响，国际市场需求下降的趋势短期内难以改变，世界贸易保护主义有抬头倾向，国际贸易摩擦不断加剧，我国出口形势还很严峻，中小企业“出口难”的问题一时还难以解决。我国经济回升的基础还不稳定、不巩固、不平衡，市场需求不足，产能过剩，一些深层次矛盾特别是结构性矛盾仍然突出，对企业发展的影响还很大。中小企业融资难、担保难问题依然突出。要看到，非公有制经济面临的问题是发展中的问题，必须通过改革和发展的办法才能解决，也一定能够通过改革和发展的办法得到解决。

同时，我们更要看到，非公有制经济发展已经站在新的历史起点上，面临着一系列有利条件。我国经济增速下滑趋势得到了较快扭转，整体向好态势趋于明显。前三季度，我国GDP同比增长7.7%，全国规模以上工业增加值同比增长8.7%，固定资产投资增加33.4%，社会消费品零售总额实际增长17%。可以说，实现全年8%的经济增长目标已无悬念，这为非公有制经济发展提供了坚强后盾。党中央、国务院高度重视发挥非公有制经济的重要作用，制定了《中小企业促进法》和《关于鼓励支持和引导个体私营等非公有制经济发展的若干意见》。最近，国务院专门下发了《关于进一步促进中小企业发展的若干意见》，出台了29项扶持政策和措施。备受瞩目的创业板正式启动，有效改善了中小企业的融资和发展环境。这些都为非公有制经济实现又好又快发展提供了强劲动力。非公有制企业特别是中小企业具有产权清晰、机制灵活、决策高效等优势，具有较强的竞争意识和危机意识，有利于应对危机、渡过难关。广大非公有制经济人士既要看到当前的困难和挑战，更要善于从危机中捕捉发展机遇，从逆境中把握有利条件，进一步坚定信心、振奋精神，促进非公有制经济加快发展、提高质量，为应对国际金融危机、保持经济平稳较快发展发挥更大的作用。

第一，着力优化产业结构，提升非公有制经济的发展质量。当今世界，经济结构调整加快，全球生产要素流动和产业转移加快。我国非公有制企业绝大多数是劳动密集型企业和加工贸易型企业，仍然处于国际产业链的低端，推动产业结构优化升级的任务十分迫切。要抓住国家实施十大重点产业调整和振兴规划的契机，重点培育发展现代物流、金融保险、电子商务、文化创意、信息咨询等生产性服务业，以及就业吸纳能力强和市场需求大的生活性服务业，努力改造提升传统产业，搞好产品升级换代，不断提升我国在国际产业体系中的地位。要鼓励具有竞争优势的非公有制企业开展战略重组，加强产业横向联合，发展上下游关联产业，延长产业链，推动优势资源向重点企业集中，发挥集聚效应，发展壮大一批主业突出、品牌知名、核心竞争力强的非公有制企业集团。要顺应世界产业技术革命和结构调整的趋势，瞄准新能源、新材料、生物医药、节能环保等战略性新兴产业，开展科研攻关，尽快实现产业化、规模化，力争形成新的经济增长点，推动我国在世界产业结构调整中赢得先机。

第二，着力加强自主创新，提升非公有制经济的核心竞争力。经过改革开放30多年的发展，我国大多数非公有制企业创新意识明显增强，技术不

断进步，适应市场变化的能力和竞争能力也有很大提高。从应对这次国际金融危机来看，掌握核心技术、拥有自主品牌的企业，往往受国际市场波动的影响较小，保持长期持续发展的动力较强。广大非公有制企业要把自主创新作为强筋壮骨、赢得优势的根本途径，大力加强技术研发，深化产学研结合，推进原始创新、集成创新和引进消化吸收再创新，着力解决制约经济发展的一些重大科技问题，形成一批具有自主知识产权的关键技术和产品，增强非公有制经济整体素质和发展后劲。要加快利用高新技术和先进适用技术改造提升传统产业，特别是加大高耗能、高污染企业的技术改造力度，积极应用新工艺、新设备、新材料，促进相关技术和产品的开发和升级。要推进节能减排，围绕形成低投入、低消耗、低排放和高效率的节约型发展方式，全面推进资源节约和综合利用，积极发展低碳经济和绿色经济，优化能源结构，推广节能降耗，努力实现经济效益、社会效益、生态效益的有机统一，为建设资源节约型、环境友好型社会和创新型国家作出积极贡献。

第三，着力实施“走出去”战略，提升非公有制经济的发展层次。国际金融危机使发达国家和地区经济发展速度放缓，不少企业面临困难，资产大幅贬值缩水，这对于国内有实力的非公有制企业来说，是“走出去”进行国际合作的难得机遇。要坚持出口市场多元化和以质取胜的战略，千方百计地巩固传统市场，大力开拓新兴市场，在更大范围、更广领域、更高层次上参与国际经贸交流合作。有条件的企业要积极在国外投资办厂，设立国外研发中心，着重推进我国急需的稀缺资源和关键技术领域的对外合作，并购拥有先进技术、知名品牌和营销网络的境外企业，培育国际知名品牌，提升非公有制企业国际竞争力和国际化经营水平。要注重研究有关国家的政治、经济、法律、文化，适应复杂多变的国际市场，加强对海外投资风险的跟踪评估、监测预警，防范国际经济风险，努力形成经济全球化条件下参与国际经济合作和竞争的新优势。

第四，着力完善治理结构，提升非公有制经济的发展活力。建立规范科学的治理结构是企业提高管理水平、增强素质和活力的重要环节。要根据现代企业管理理念和自身实际，积极探索有利于企业更快更好发展的产权制度，完善内部激励约束机制，创新战略规划、成本核算、绩效考核等管理方式，努力实现企业规模扩大、资源优化配置和效益显著增强的有机统一。要把握当前国际金融危机条件下海外高层次人才回流趋势，积极吸引学有所成的留学人员和企业发展急需的各类专业人才，大力培养高层次的经营管理人员，完善研发人才、技能人才、经营人才、管理人才队伍，为非公有制企业发展壮大提供人才和智力支撑。要按照中央有关要求，以“促进科学发展、构建和谐非公有制经济组织”为主题，扎实开展深入学习实践科学发展观活动，努力扩大党组织和党的工作覆盖面，积极培育企业文化，践行社会主义核心价值体系，切实把党组织的政治优势转化为企业的发展优势，把党员先锋模范作用转化为促进企业发展的力量，推动非公有制企业科学发展上水平。

三、大力弘扬“优秀建设者”精神，努力做合格的中国特色社会主义事业建设者

随着非公有制经济的发展，非公有制经济人士队伍不断壮大，涌现出一批政治上有觉悟、经济上有实力、社会上有影响、对人民有贡献的代表人士，培育了以“爱国、敬业、诚信、守法、贡献”为核心的“优秀建设者”精神。这是以爱国主义为核心的民族精神和以改革创新为核心的时代精神在非公有制经济人士身上的集中体现，也是进一步推动非公有制经济健康发展和非公有制经济人士健康成长的强大动力。希望广大非公有制经济人士大力弘扬“优秀建设者”精神，积极服务科学发展，自觉承担社会责任，在建设中国特色社会主义伟大事业的历史进程中建功立业。

第一，秉持爱国情怀，做民族振兴的推动者。热爱祖国、报效祖国是每个公民的神圣职责。中华民族之所以历经磨难而生生不息，就是因为强烈的爱国情怀和报国理想，激励着一代又一代中华儿女为之不懈奋斗。在当代中国，爱国主义与社会主义本质上是一致的，建设中国特色社会主义是新时期爱国主义的主题。广大非公有制经济人士要大力弘扬爱国主义精神，坚定不移走中国特色社会主义道路，自觉学习中国特色社会主义理论体系，学习党和国家关于非公有制经济发展的方针政策，始终坚持我国的基本经济制度和基本政治制度，在实现中华民族的伟大复兴中体现价值，在建设富强民主文明和谐的社会主义现代化国家的宏伟事业中作出贡献。在开展对外经济交流交往中，要坚持国家利益、民族利益至上，自觉维护国家形象和民族长远利益。

第二，砥砺敬业品格，做敢为人先的开拓者。爱岗敬业是成就事业的基本条件，是中国特色社会主义事业建设者应该具备的基本素质。广大非公有制经济人士在竞争激烈的市场经济环境中，始终敬业、乐业、勤业，培养了百折不挠、敢为人先的顽强意志。当前，面对国际金融危机的冲击，广大非公有制经济人士要知难而进、迎难而上，在困境中坚定信心，在挑战中抢抓机遇，努力实现又好又快发展。要把开拓创新作为事业发展的持久动力，不断创新发展理念，转变发展方式，提升发展水平。要遵循企业发展规律，把大胆创新与科学态度结合起来，以科学方法提高管理效能，以科学技术提升质量效益。

第三，恪守诚信美德，做义利兼顾的实践者。诚实守信是中华民族的传统美德。我国历来有“商道即人道”的说法，强调不论是为人处世还是经商办企业，都要讲诚信、守信用。特别是在社会主义市场经济条件下，信用更是不可或缺的资源和要素。广大非公有制经济人士要继承中华优秀文化

传统，弘扬诚信理念，培育诚信经营的企业文化，守信用、讲信誉、重信义，以高度的责任感面向社会，以严格的自律应对市场，以良好的信誉提高竞争力，推动形成与社会主义市场经济相适应、与中华民族传统美德相承接的道德规范和行为规范，展现当代中国特色社会主义事业建设者的良好精神风貌。

第四，强化守法意识，做依法经营的自律者。社会主义市场经济是法制经济，依法经营是社会主义市场经济健康运行的内在要求。只有诚实劳动、遵纪守法，才能受到社会的尊重，得到法律的保护，也才能实现事业的可持续发展。广大非公有制经济人士要强化法治观念，自觉做到学法、懂法、知法、守法。要依法生产经营、公平竞争，遵守国家的财政税收、环境保护、安全生产和劳动保护等政策法规，遵循市场规则和行业规范，维护正常的经济秩序。要尊重和维护员工的各项合法权益，善待和关爱员工，不断增强企业的凝聚力。

第五，树立贡献理念，做共同富裕的促进者。一个人价值的大小，不在于拥有财富的多少，而在于对社会贡献的大小。长期以来，广大非公有制经济人士把个人富裕与全体人民的富裕结合起来，积极参与光彩事业和其他公益慈善事业，为促进共同富裕做了大量工作。要致富思源、富而思进，继续将贡献的理念体现在事业发展过程中，通过扩大生产规模、延伸产业链、挖掘市场潜力等方式，进一步增加就业岗位，积极吸纳下岗职工、大学毕业生和农村剩余劳动力，替百姓解难、为政府分忧。要通过项目扶贫、开发扶贫、技术扶贫等方式，帮助贫困地区人民群众早日脱贫致富，共享改革发展的成果。要继承和发扬中华民族扶危济困的传统美德，积极参与社会公益慈善事业，更多关心和帮助困难群体，使他们切身感受到社会主义大家庭的温暖。

这次受表彰的优秀建设者中，有11位其他新的社会阶层人士。他们来自社会中介组织、外商投资企业和民办非企业单位，是自由择业知识分子的优秀代表。在建设中国特色社会主义事业中，广大自由择业知识分子积极参与经济、政治、文化、教育、科技、卫生、法律等方面的建设，为促进改革开放、完善社会主义市场经济体制、维护社会公平正义、促进社会和谐稳定作出了重要贡献。随着我国社会结构的深刻变化和社会组织的快速发展，自由择业知识分子的队伍将不断壮大，社会作用和影响也将不断增强。希望广大自由择业知识分子发扬“优秀建设者”精神，把个人的前途命运同党和国家的前途命运联系起来，把自身事业的发展同人民群众的幸福安康结合起来，深入了解社情民意，积极建言献策，努力运用自己掌握的知识和技能造福人民，在全面建设小康社会事业中施展才华，在建设中国特色社会主义伟大实践中健康成长。

加强党的领导是非公有制经济健康发展和非公有制经济人士健康成长的根本保障。各级党委和政府要充分认识非公有制经济在国民经济中的重要地位和作用，认真贯彻中央关于鼓励、支持和引导非公有制经济发展的各项方针政策，及时出台针对性和操作性强的具体措施，帮助非公有制企业提高市场应变能力和抗御风险能力，特别是要下大气力解决非公有制企业市场准入难、融资难、引进人才难等实际问题，进一步挖掘非公有制企业的投资潜力，最大限度地调动它们的积极性、主动性和创造性。党委统战部门要发挥自身优势，切实履行职责，加强与非公有制经济人士和其他新的社会阶层人士的联系，认真做好思想政治工作，不断增强他们坚持走中国特色社会主义道路的信心和决心。

工商联是党领导的以非公有制企业和非公有制经济人士为主体的具有统战性、经济性、民间性的人民团体和商会组织，是党和政府联系非公有制经济人士的桥梁纽带，是政府管理非公有制经济的助手。各级工商联组织要注重加强对非公有制经济人士的团结、帮助、引导、教育，及时反映他们的意见诉求，切实维护他们的合法权益，支持和帮助他们发展事业，为促进非公有制经济健康发展、非公有制经济人士健康成长营造良好的社会环境。

同志们、朋友们，我国正处在进一步发展的重要战略机遇期，非公有制经济发展前景广阔，非公有制经济人士和其他新的社会阶层人士大有可为。让我们紧密团结在以胡锦涛同志为总书记的党中央周围，高举中国特色社会主义伟大旗帜，以邓小平理论和“三个代表”重要思想为指导，深入贯彻落实科学发展观，大力弘扬“优秀建设者”精神，再接再厉、开拓进取，为夺取全面建设小康社会新胜利、开创中国特色社会主义事业新局面，作出新的更大的贡献！

在第四届“民营经济发展·天津论坛”上的讲话

全国政协副主席　全国工商联主席　黄孟复

尊敬的黄市长、崔市长，尊敬的各位来宾，非常高兴能够在天津和大家共同探讨当前的经济形势；共同分析民营经济遇到的挑战；共同寻找民营经济发展的新机遇。

我想主要讲两点，第一点，谈一下对当前形势的判断和认识。第二点，谈一谈民营经济发展的新机遇。对当前的经济形势首先是国际上的经济形势，遇到了百年不遇的金融海啸，也就是金融危机。金融危机我认为比经济危机来得更严重，持续的时间更长，影响更深刻。因为世界的经济发展很大程度上是由金融的发展影响决定的。我们现在的金融体系基本上都是遵照着西方的资本主义发达国家的多年发展的规律形成的制度，但是这种制度现在遇到了金融危机这样的一个冲击，它是从根本上对金融体制的冲击，所以它的影响应该是非常深刻的。世界各国的银行在世界各国政府的全力的救助下，现在是喘了一口气，因为这些年金融的衍生产品有上百万亿美元的金融衍生产品，充斥在各个金融的领域，其中有相当一部分的金融衍生产品是有毒的资产，它困在金融衍生产品之中，使整个的金融衍生产品失去了吸引力和活力。凡是沾上了金融衍生产品的银行、企业都陷入了巨大的困境之中。

现在，金融喘了一口气，但是金融向实体经济蔓延的这样一种态势还是没有改变，实体经济受到金融危机的冲击的影响逐步显现出来。

美国通用的破产保护实际上就是一个最典型的例子，这些西方的巨头的企业，当年我们看它们是不可动摇的泰山，但是今年它倒下去了。这些金融的产品也延伸到了这样一些大企业的身上，我看了有些资料，有很多美国的一些巨型的企业，它们的利润的50%以上实际不是通过它们的实体经济取得的，是通过它们的资本运作，也就是所谓衍生产品的利润获得的。当这些衍生产品产生亏损的时候，那这个企业就面临着巨大的危机，再加上现在美国西方以超前消费模式动摇，现在很多人都收缩钱袋，进行储蓄。所以，我认为这种情况不是一两年就可以恢复过来的，可能还需要相当长的时间，所以对于我们国内的企业来讲指望继续扩大出口，以出口来拉动国内经济增长这样的一种模式，在最近这几年是不可能实现的，我估计今后也不可能实现。

国内现在的情况，是受到了世界金融危机和我们中国经济发展拐点的双重影响，出现了出口严重下滑、生产严重过剩、中小企业普遍遇到困难，失业严重，财政收入大幅下降，这样一些非常严峻的局面。党中央和国务院在当前的形势下果断地采取了有力的措施，使中国经济的发展在世界经济发展的层面上来看，我们是稳住了。从去年四季度到今年1~4月份的情况来看，中国经济的底部已经触到，现在出现了一些反弹的迹象。这些反弹的迹象是不是能够代表我们的经济会一路继续突飞猛进，可能还存在很多值得认真研究的问题。

第一个问题就是我们的4万亿元投资能不能够撬动起我们民间的十几万亿元的投资，如果我们的4万亿元的投资只是政府包括各级政府，一部分国有企业积极参与，而广大的民间的投资不能够积极响应，很可能会出现触底反弹之后的又一次下降，所以这也是一个非常关键的问题。

第二个问题就是我们现在所有的这些措施，能不能使中国当前面临的最严峻的就业问题得到缓解，那也就是说我们这4万亿元的投资和我们的就业有什么困难。我看奥巴马在美国国会争取贷款的时候，他首先给议员们开出的条件是，你给我钱，我来给你创造几百万个就业机会，那么我们的4万亿元的投资，应该跟就业联系起来，如果我们4万亿元的投资只是一些大项目，机械化、电气化、自动化，而我们的人都在旁边看着没事干，这样投资的效果是不可持续的，就业问题是不好解决的。

第三个问题就是我们经济的增长，是不是能够摆脱过去增长的模式，如果我们前30年增长的模式主要是对外出口，拉动经济增长。对内投资，拉动经济增长，而相对来讲消费是比较薄弱的，消费对经济增长的拉动作用明显地降低。如果这次的反弹不能够适度地依靠启动国内消费来拉动经济增长，这种经济的增长我认为仍然会触底反弹后再进一步地下降。所以这个问题还是比较严峻的，所以我们的措施是中央综合权的措施，要各种措施一起上，4万亿元投资要拉动民间的投资，要千方百计地启动消费，所以中国经济发展的基本态势是已经触底，开始反弹，最终的发展趋势是一个无形趋势，还是有形趋势，第一，取决于政府的导向，第二，取决于广大企业的创新精神和发展的信心，如果这两个方面都能够有效地结合起来，我们经济发展的前景完全可以甩脱以出口导向为主的发展模式，充分发挥我们13亿人的这样一个巨大市场的潜力，充分地挖掘我们社会主义现代化建设许多现在急需解决的一些问题。如果能够把这些问题顺利地解决，我认为我们的经济就可以真正地实现从保增长转到调结构和促内需上面来，这样才是把发展权掌握在自己的手中，是对形势的分析和判断，这是一点认识。

第二点我想谈谈，我们在座有很多民营企业家，这次受金融危机和国内经济拐点的影响，可能是影响最大的一个群体，因为从2008年开始，从紧的措施政策在很大程度上出现中小企业的积压，在去年的6月份的时候，中央的各级领导就已经感觉到了这个问题，所以中央出台了一系列的放宽对民营企业贷款的措施。但是，根据我们了解的情况来看，愿望是愿望，现实没有达到。因为，我们当前的金融危机主要是为大项目、大企业服务的经营体系，它一下子转向了为千千万万的民营企业服务，为几十万元贷款服务，这种经营体系就跟不上了。所以虽然有各个银行的总行发出了一些指示，但是实际情况是中小企业的融资状况没有改善的。

今年以来，我们实行了较为宽松的货币政策，今年前五个月，我们基本把新增贷款全部放光。但是根据我们的了解，新增贷款对中小企业基本没有什么影响，仍然是集中在大企业、大项目上，所以目前中小企业的状况出现了继续困难的这样一个局面。在春节前我们的了解是大概还有20%的中小企业可能面临着这样一种关闭的状态。现在我们了解，大约有30%的中小企业是处于亏损的状态，或者严重亏损状况。所以中小企业也就是我们民营企业的一个主题，在当前这种形势的促进下，主体相对更困难一些。我们民营企业的发展从来就是在困境中求生，在逆境中成长的这样一批群体，我们现在呼吁的是给民营经济平等的政策待遇，民营经济解决了我们国家新增就业的80%，因此，国家的资源应该适度地向中小企业向民营企业倾斜，这是天经地义的事情。

如果我们的民营企业在这次经济危机中能够渡过，我们中国的就业问题就能解决；如果我们的民营企业继续困难，继续加大亏损，将会有更大一批民营企业倒闭。我们政府所采取的解决就业的政策无济于事，企业不招工、企业裁员，那将造成严重的社会问题，所以我们民营企业应该获得更多的生产要素资源的配置。现在中央政府认识到这个问题，最近还会陆续出台一些支持中小企业、支持民营经济发展的具体的政策。我们的经济是由一统天下这种体制转变过来的，这种企业要人们为民营企业服务是要有耐心的。所以我们相信这些政策终究是会落地的，所以我们要相信，这是一个非常重要的问题。

另外，民营经济也应该遇到当前经济发展的新机遇，很多企业现在搞技术创新，搞技术改造，它的成本相对于去年和前年来说要低很多，所以有条件的民营企业应该抓住那个地方，应该使自己的产品升级换代，不要看现在市场暂时是在这样一种时代，首先应该有品牌、有质量，现在我们的企业应该尽早地做这些准备。我们的民营企业也看到，我们经济发展地区发生了重大的困难，但是相对来讲中西部地区、东部地区，包括环渤海湾地区面临着新的发展机遇。

刚才黄市长讲了“天津 GDP 的增长已经达到 16% 以上”，中西部很多的地区经济发展在今年仍然能够保持在 12% 以上的水平，这个态势也为我们民营经济向这样的一些后发地区发展创造了条件，所以民营经济还是有自己发展的很多机遇的，我们很多的企业经过 30 年的高速发展之后，有这样一个时间停下来，认真地分析一下企业发展的思路、战略的调整，也是非常必要的。

我记得傅军副主席当时跟我也在讨论，民营企业多元化的问题。有的企业也讲我多元化，否则的话我就死定了，那个不行我这个发展模式行。但是也有一些搞专业化的企业跟我讲，说你别看我现在处于一个困难时期，但是我在这个行业里是技术强，品牌响得起，当经济出现复苏的时候，肯定是我第一个走出去，我将会获得更多的市场份额，所以每一个民营企业都有自己发展的思路和态势。因此，对自己的企业的经营模式的这样一种研究和探讨也是非常重要的。

吴杰跟我讲了一个故事，就是一个研究生毕业了以后去找工作，投了 N 次的简历，没有一家要他，后来他变换了一个策略，他说我不是研究生，我是大学毕业生，我是有两年工作经历的大学毕业生，很快就收到成效，就可以把自己推销出去。我们的企业经营模式也需要创新和改变。

另外，现在我们的国家在世界上来看，人家看到中国的国家、中国的企业都认为是好的，所以现在中国的企业走出去，西方国家前些年对我们国家的企业走出去是千方百计地诋毁。现在它的声音弱了，因为它从那边抽回资金救它自己本土的企业户去了，如果我们国家“走出去”的战略和我们民营企业这种创新结合在一起，我们把这样一种精神带到世界的市场上去，我们可以获得很多意想不到的成绩，所以我们的民营应该在当前这样一种变化不定的经济发展的态势下，坚定信心、寻找机遇、谋得今后的更长久的发展，我相信经过这次锻炼以后，我们会有更多的民营企业能够在中国经济的发展中，发挥更大的作用，我希望这次天津论坛能给我们民营经济的发展出谋划策，提供新的发展的方案，谢谢大家！

在“变革、挑战与民营经济发展论坛”上的讲话

全国政协副主席　全国工商联主席　黄孟复

1996 年，在全国工商联的领导下，59 家民营企业联合发起成立了全国的第一家股份制的商业银行——中国民生银行。民生银行的成立是中国民营经济发展的一件大事，它说明了在金融领域民间资本的进入是完全可行的。十几年来，民生银行的业绩已经向各方面展示了这样一个道理，今天中国的民营经济已经占据中国 GDP 的相当大的一部分，超过了 50% 以上，我们发展的态势更好。

今天我们在这里共同探讨在金融危机之下，在中国经济复苏之后民营经济的发展之路，我认为是非常重要的一件事情。昨天国家统计局已经公布了第三季度的 GDP 增速，达到了 8.9%，说明什么呢？说明我国的经济已经率先走出了复苏，不仅走出了复苏，而且步入了较快发展的轨道。这在世界各大经济体中是独一无二的，我们为取得这样的成绩而高兴。但是我们在高兴之余应该认真地考虑一下，我们还有什么问题、怎么应对。

所以我想第一个先讲一下形势的认识问题。形势好，好在我们的速度，就是我们的速度已经跃居世界第一了。但是这个速度是不是可持续的速度，在这个速度的背后还有一些什么因素需要我们警惕。国家统计局公布的数据显示，投资拉动经济的增长占到了 GDP 的 7.3 个百分点，消费占据 GDP 的 4 个百分点。应该说外需是负拉动的，今后的情况会不会有所变化。首先是外需，很多人指望世界经济逐步的恢复，我国的对外出口将又会出现一个新的增长。因为中国的东西物美价廉，人家必须要的，但我不认为。

从现在的迹象来看，世界各国为了走出金融危机，纷纷强调自己国家生产能力的提升，抵制外国货，所以出现了很强烈的贸易保护主义，我认为这不是个别现象和短期现象，可能在很多国家包括发展中国家，在相当长的一段时期内会奉行这种不能讲的政策，这对我们出口会造成很大的影响。

第二，我们持续的外贸的赢，外贸的顺差导致了我们国家外汇储备即使在经济危机的情况下仍然高速增长。所以我估计，对人民币升值的压力，从长期、短期来讲都是存在的。在人民币升值的长期趋势下，我国外贸出口将会遇到很大困难。

第三，年底在哥本哈根世界贸易会议上将讨论减排问题，我们国家现在的基本政策是，我们国内大力推进减排的各种测试，但我们不承担减排的责任。西方现在那些减排的国家提出了碳关税，如果不是承担减排的，你出口到我们这里的产品将给你增收碳关税，虽然现在说说，但我看这个趋势几年

之后就会实行。如果实行碳关税，我们大量的出口的东西有很多是排二氧化碳很多的产品，也会受到影响。

第四，新的经济刚刚复苏，全面复苏油价可能又进一步上涨，油价上涨会极大地提高运输成本，尤其是长距离运输的成本，这样我国的低附加值的大量产品通过长途运输到达彼岸的时候，运输成本将有很大的提高，所以如果维持低附加值的大量产品长途运输将来也是不可持续的。我对出口的分析认为中国经济不能依托在出口进一步增长来拉动，当然我们希望出口不要成为拉动经济负增长。

出口不行那就是国内的问题了，我国拉动内需的方针是非常有力、有效的，结果已经表现出来。但是我们要看到，我们拉动内需的主要方面仍然是投资，可以这样说，我们这段时期把我们的投资拉动经济的增长发挥到了极致，一个月增加一万亿元新增贷款，明显标志是新增贷款八万亿元，已经到了极限，我们的财政的赤字包括地方财政的发债已经到了极限。后面的政策取向应该是回归适度宽松的货币政策。所以投资拉动经济的增长在明年仍然是起主要作用，今年上万元的投资项目不可能停下来，一上来就必须干下去，所以投资仍然可以继续拉动中国经济的增长。但是我们看这些投资，投资的目的不是国家投，也不是国有企业投，我们投资的目的是起杠杆作用，也就是说用国家的钱来撬动民间资本投入，从这个角度看我们的投资还不能说完全成功。

据我了解，民间投资还没有受到我们的四万亿元投资的拉动迅猛增长。从我们的新增贷款的投资的去向可以看到，这些贷款的去向基本是向政府部门和一些大型工程，可以产生多少经济效益很难讲，而我们知道民间投资是要产生效益的，没有效益我相信诸位企业家是不可能投的。效益产生以后就会产生持续的、不断地增长投资，而如果投资是没有效益的，它只是一时性修一座桥、建一个路那只是一次性投资，是不可持续的。所以投资要可持续，必须要民间投资跟上去，所以现在的问题是如何拉动民间投资。

另外投资是不是能拉动就业问题的解决，你看奥巴马在美国国会的时候，许诺给我多少钱解决几百万人就业，投资和就业拉动。但我们现在的投资拉动多少就业，我没有这个数据，但我认为，这个拉动就业的能力是有限的，所以我们的投资方向、着力点在明年要改变。

最后谈一下消费问题，我们已经使出了消费措施刺激消费，但消费占 GDP 增长份额还不到 40%，什么原因？高收入的人不敢消费，低收入者没有能力消费。如果不解决消费的问题，也就是说我们三十多年形成的庞大的市场能力、生产能力是为外国人服务的，实际我们这些东西完全可以为中国人服务，中国人也需要这些服务，玩具、袜子都需要的，但我们没钱买。所以我们一定要想办法把庞大生产能力生产出的产品为中国 13 亿人所消化。这个题比较难了，但这个问题必须解决，因为只有解决这个问题，我们才能把中国经济增长的动力真正转移到我们的手中，而不是别人手中。所以我觉得消费问题对高收入人群讲，要刺激消费，他有钱不消费，为什么？因为我们对高消费的东西实行了一些错误的政策，结果这些有钱的人，可能在座也有很多人到国外消费去。我们应该鼓励合法劳动收入以后，愿意高消费应该鼓励他，不要让他到国外去消费。

而没有钱的问题刺激，无非是把明年后年的消费拉到今年，只有提高收入才能提高消费能力，提高收入谈何容易。我看国务院推出了农产品提高一毛三分钱，我认为这是非常对的。应该种田就可以赚钱，为什么在自己土地上辛勤劳动的人赚不到钱而要去工厂里呢？要使广大农民在田地上就可以富裕起来，不要把田地当为副业，把打工当为主业。农产品价格提高有一个时机、物价的问题，现在正好是好时机，CPI 还是负值，逐步地适当地提高农产品的价格，来提高农民的消费能力，将农民消费能力提高之后，我们国家的总体消费能力就提高了。

另外提高消费的重要方向就是对广大中低收入者，如何提高他们的消费问题，因为 50%、60% 的就业者是在小企业工作的，如果他们的小企业状况没有明显改善，那小企业工作的职工收入就不可能大幅度提高。这样一大群人的收入不能提高，我国消费能力就不能提高。所以政策的趋向应该是一次分配上改变。所谓一次分配上的改变是国家、企业、个人，这样一个分配关系的比例要改变。首先应该国家降低税负，让利给民间，现在我们国家还是很强大，财政收入这些年是直线上升，远远超过了 GDP 的增长。但是老百姓的收入水平不及国家财政收入的水平，也不及企业增长的水平，所以中国总是一个以低工资为竞争力的国家，这种面貌应该逐步改变，我们要朝这个方向努力。

企业应该给员工更多的福利和工资，我觉得在这样的情况下，大政策调整情况下，职工工资能够有较快增长，所以我建议十二五规划的目标不要再建立在 GDP 翻番这些指标上，在“十二五”提的主要指标是国民收入成倍增加，我们要听了五年计划要使我们的国民收入成倍增长，这是具有重要意义的。刚才讲了，我们经济增长必须靠中国消费来拉动，但收入不增长，我们的消费能力就不够，消费能力不够，我们只有靠出口、投资。结果出口、投资造成了世界矛盾的增加，投资的增加造成了环境污染，所以必须要改变。

我们分析经济的形势，我们应该看到好的方面，但也要看到问题所在。根据刚才谈的我的观点来看，回到民营经济来讲，中国的民营经济经过了 30 年的曲折的、不断地发展，现在已经是非常有活力、非常有竞争能力的。根据工商联统计，今年上半年从增长速度来看，我们按所有制来分，分为国有、外资、民营的。根据我们的统计数据来看，民营的发展速度在资源配置不公平的状态下，仍然远远高于外资企业，高于国有企业。这说明了我们的经济的活力，它没有得到多少配制，占 70% 的民营经济只获得了30%的贷款，而且资源大部分在国有企业中，但民营经济仍然获得了比其他所有制还快的发展速度。

从税收来看，今年上半年各种所有制企业的税收都下降，但民营企业税收下降幅度小于其他所有制的企业，这说明什么？这说明我们民营企业是具有市场意识的、具有灵活的经营机制的，在市场中非常有韧性的群体。在这样困难的情况下，虽然税收下降，但我们仍然比其他所有制企业下降的少。根据全国工商联的统计，从2003年到2008年每一年我们都对上规模的民营企业进行统计。五年来我们上规模的民营企业前500家，平均的销售收入在这五年间增长五倍，说明什么？说明每一年几乎都是以60%、70%的增长速度往上增长。

这些都说明我们民营经济是具有市场灵活的机制，它是中国经济发展的重要推动力量。在当前经济形势下，我们民营经济何去何从，我听到一些企业家跟我讲，是不是现在存在国进民退现象？我们民营企业是不是要收收手了？我认为只要我国实行社会主义市场经济，中国民营经济的发展就具有广阔的天地。当前在局部地区、局部行业出现的一些国进民退现象，不是中央的政策，中央高层领导已经就这个问题讲了，中央没有这样的国进民退的政策。因此我们民营企业要坚信自己发展的信心，实际上我们的企业从来都是在磕磕绊绊中发展起来的，我们承受压力的能力很强。中国改革开放的政策不变，我们的发展就会不断加速，这是毫无疑问的。

所以，第一，我们民营企业首先要坚定发展信心。第二，往何处发展，怎么发展。过去三十年民营经济的发展走了曲曲折折的道路，我们积累了市场经验，我们积累了队伍、人才，有了新的发展战略，尤其是一些代表性企业，在当前形势下，并且认清世界发展、中国发展的潮流，我们看到美国克服危机提出了一些我们应该认真思考的问题，他们在新的技术、新的领域内进行发展，抛弃了一些传统的旧的行业。

所以有可能在今后五年和十年之后，在新兴行业中，它又占据领导地位。所以我们民营企业要认清这个形势，在新能源、高新技术第三产业、一系列的新兴领域内，我们有广阔的发展经验，要向这些方面努力。在传统领域内已经是非常激烈的竞争了，所以有代表性的企业家应该研究一下自己的发展方面，不是说现在哪有钱赚到哪去，要从长远发展角度看一些新兴行业发展，占领我们的制高点。我们在科技创新方面，民营经济还是弱的，我们一些科技创新的企业都是一些规模比较小的企业，大型企业真正肯拿出销售收入10%、20%的投入研发的企业还是很少的。但如果想成为国际上的大公司，没有自己的研究队伍，只是靠人家搞一个东西就挖一个人才过来弄上去了，这是过去走的路。今后的路我们民营企业要有自己的研发、科研经费保证，可能要五年磨一剑，也可能十年磨一剑，但这一剑必须要磨。

现在走出去也确实是一个机遇，我们庞大的外汇储备不能老买美国国债，政府鼓励民营企业走出去，有强大的国家、外汇支撑，有民营企业在国内多年的市场拼搏的经验、队伍，我们应该摸索走出去的道路。现在有相当一批民营企业已经到国际舞台上试水，我相信今后会有更多的民营企业到国际舞台上展示。我支持民营企业走出去的战略已经定下来了，但具体支持的方式、方法我们还要逐步摸索、探索，但这是一条非常重要的道路。我说民营企业的发展，在当前形势下应该坚定信心。

民生银行作为民营企业、金融领域的一支标兵，我希望你们能够在支持民营企业方面发挥更大的作用。第一要支持中小企业的发展，中国消费能力的提高取决于中国的中小企业的盈利状况，如果中小企业的盈利状况好了，在中小企业工作的人收入就提高了。但是据我了解，现在中小企业的状况很糟糕。除了关闭的中小企业以外，其他的中小企业可能还没有恢复到危机之前的盈利水平。因此我们一定要大力支持中小企业的发展，国务院常务会议各部委已经出台了一系列支持中小企业发展的方针，我们民生银行已经在这方面进行了有效的探索，而且取得了一定的成效，但我觉得力度还要加大，对中小企业的金融支持必须加强。根据全国工商联调研，大概70%以上的中小企业渴望得到贷款，这批企业中不是这些企业没有贷款资格，而是它们没有贷款的机构。

我们一些大型企业不愿意为这些中小企业的十几万元、几十万元贷款而工作。所以我们必须建立大批的草根金融体系，以草根的金融来对草根的企业。希望你们继续努力，另外民生银行对大型民营企业也应该制订一个扶持计划，我相信再过二三十年，在跨国公司中有更多的中国民营企业，但它们需要资金支持、培养，民生银行应该为有条件成为跨国公司的大型企业提供金融的巨大支持。

我希望这次研讨会能够使我们民生银行和民营企业共同发展，谢谢！

在“首届（2009）中国中小企业金融服务高层论坛”上的讲话

全国政协副主席　李金华

各位领导、朋友们，这次有关部和单位在杭州召开“中小企业金融服务高层论坛”，首先我对本次论坛召开表示祝贺，我非常高兴有机会来出席这个论坛，对我来说也是一个很好的学习机会，我觉得在浙江杭州召开这个论坛时机地点选择都非常好，浙江确实是我国民营企业、中小企业发展比较快、比较稳定，在这方面创造很多好的经验的发源地之一。而且浙江金融业对中小企业服务有很多好的经验，在这儿开始总结这方面经验，为今后这方面工作创造良好的经验交流、合作发展的机遇。

我这是第三次来，了解到很多情况，学习到很多知识，对中小企业在我们国家经济社会发展中占有的重要作用有深刻认识，刚才介绍了很多情况，我先去浙江，后来到上海、江苏、福建等地进行有关调研，对于调研谈一些认识，不一定对。

第一点，中小企业稳步健康发展，对我们国家发挥着非常重要的作用，李子彬会长也讲了，讲得都很充分，在认识上应该是逐步形成一种共识，对于我们国家“三农”问题和建设新农村都是非常重要的，大家都有一个体会，凡是哪个地方农村经济发展比较好，农民比较富裕，哪里必然有一个或者几个中小企业在支撑，可以说是没有任何依赖的，要把新农村和中小企业结合起来，没有中小企业的催化、带动是不可能的。

第二点，凡是老百姓的收入比较高，或者说是比较富裕的地方，往往是中小企业发展比较好的地方，最典型的是浙江，昨天他们跟我讲，浙江按照人口计算，40 个人就有 1 个企业，国有企业对老百姓富裕程度没有直接关系，它增加财政收入，对国家稳定起作用，真正惠及老百姓的、解决就业问题的是中小企业，最近说 80% 以上，我说甚至比例更高，农村劳动力转移到城市绝大多数在中小企业，国有企业的不多。

现在我们整个社会新增就业主要载体是中小企业，所以老百姓跟国家民生问题，提高老百姓生活水平问题，解决“三农”问题，我觉得是一个直接关系，对今后的经济社会发展确实有一个至关重要的作用，这是我的第一个看法。

第二个看法，要看到目前中小企业尤其是小企业生存发展仍然在外部环境方面存在很多障碍，归结起来主要是有关扶持中小企业的政策不完善、不落实，党中央、国务院出台很多政策、很多规定，但是很多是不落实的，大家都讲重要，实际上落实在具体工作当中，由于许多政策不配套或者实际问题没有得到妥善解决，落不到实处。比方说金融服务问题、中小企业贷款问题，银监会早就有文件，央行都有这样的规定要求，到基层了解实际上落实是很困难的，为什么困难？有很多不配套，很多利益关系没有完全理顺。

出台一些政策没有落实，突出表现在税收、金融、市场准入等方面受到歧视，这个问题一直很突出，有的人不愿意讲，客观是这样的情况，中小企业是现在整个经济细胞当中的弱势群体，金融危机爆发以后，我们国家实施了一系列保增长、促内需的政策措施，这些措施已经正在发挥它的作用，对克服金融危机带来的影响起了很大作用，但是这些问题当中如果有一些问题不引起我们高度重视，如果不去深刻认识到目前中小企业的困难，有些措施实施以后可能对中小企业产生一种挤出效应，这个问题也必须认识清楚，任何事情有利也有弊。

第三点，我原来认为在金融服务方面最弱势或者最困难的是两部分，一部分是中小企业，另一部分是农民的小额贷款。我曾经到福建、吉林等地方对中小企业、农民融资问题进行调查，调查结果跟我原来估计的相差很多，根据我了解，由于农行、信用社、邮政储蓄等共同努力，目前农民小额贷款问题解决得非常好，创造了很多好的经验，像信用村加农户，银行加合作村加农户，银行加合作企业等多种方式，我在吉林看到创造很多好的经验，有很大的启示，但是地方领导讲当前最难的是中小企业贷款，这是最近一直没有意识到的，包括了吉林市委书记谈到当前最紧迫的问题是中小企业贷款。

过去我们老讲农民贷款风险比较大，实际上我个人认为农民贷款消费比较低，风险比较低，农民贷款基本上 100% 是按时归还的，我了解是这样的，很少发生烂账，农民收入很稳定，农民贷款很小，这样贷前的审查也是很严格的，但是中小企业贷款风险相对高一些，稳定性比较差，质押财产少一些，加上本身管理水平低，信息不对称，所以隐含的风险因素比较多，难度也比较高。

我走了一些地方，包括省地市领导都认为当前最难的是中小企业贷款问题、金融服务问题，刚才我看了很多经验，有很多好经验是值得推广的，我也比较关注中小企业信贷问题，根据我的认识，关键要由以下几个方面来共同使这个问题逐步得到解决，逐步向前推进。

一是政府要起主导作用，中小企业贷款问题解决政府要起主导作用，政府对这个问题不重视，要想把问题解决很难，政府首先从政策、法规进行协调，中小企业是弱势群体，关注弱势群体、照顾弱势群体，第一个责任就是政府，所以这次我到这些地方，地方政府也非常重视，他们采取很多办法，最近我看了一下，2006 年 11 月 23 日国家发改委、财政部、中国人民银行、国家税务总局、银监会关于加强中小企业信用担保体系建设的意见，这个意见是很好的，现在很多关键问题没有得到落实，所以我在吉林的时候，当时汪民书记讲了，政府一定要下决心，财政进行投入，积极调动各方面力量、各方面积极性，因为中小企业有一个风险分担和风险补偿问题，政府在里面不起到主导作用或者说引导作用就很难做了。中小企业既不是国有企业，又不是中央企业，是草根经济，政府如果不重视这个问题，中小企业要发展很困难。

二是金融机构，商业银行傍大款，商业银行是要傍大款，因为它本身是一个企业，要考虑它的效益，要抓住投入少、效益高的项目很正常，但是确实有一个问题，作为国有控股的商业银行如何从国家长远发展来考虑，为弱势群体提供金融服务也是一个责任，成本高、效益低、风险大，基本上是这样的，有的人跟我讲，你在城市里给大企业、大集团贷款，在一起吃饭、喝咖啡，可能要不了多长时间几亿元、几十亿元出去了，给中小企业贷款、农民贷款要费多大的力气，有的银行信贷人员走家串户，白天得不到休息，晚上还要去进行调查，弄下来能贷几十万元就很不简单了，一个小额贷款五万元的话，你找一千个才五千万元，中小企业也是这样，但是要看到中小企业往往在资金得不到及时支持的时候，资金链断裂以后就会功亏一篑，金融机构应该针对中小企业的金融服务采取特殊、有效办法，包括考核办法。中小企业贷款不仅是经济风险，还有政治风险，给国有企业贷款，拿多少反正是公对公，对中小企业贷款、民营企业贷款，出了问题，脑子里还是姓社姓资起作用，过去我在审计局时也有这个问题，一查到银行里贷给民营企业，出了问题就是你的原因，这种思维方式没有改变，我们好多国有企业贷款损失有的都是几百万元、几千万元，甚至是几十亿元的，我就一个问题，银行的不良资产那么多，有多少是中小企业造成的，东北有句土话，狼吃了看不见，兔子吃了撵不死，我说你们审计署要注意这些问题，毕竟在准入的比例当中还是很小的，对中小企业贷款的绩效也不能跟大企业去比，如何在现有框架体系下做一些改革，有一些创新方案，更多地拿出自己的力量为中小企业服务，不一定是经济效益最高的，但是社会效益很大，这里恐怕还有一个理念问题，体制机制方法的问题。

还要关注一个问题，中小企业贷款难跟中小企业本身信誉度以及管理不够规范都有密切关系，面临如何提升自身管理水平的问题，这次金融危机使当前中小企业发生倒闭，当然有来自国际的原因，但是自身也有问题，在市场竞争当中总是优胜劣汰的，我到一些中小企业，我第一次到浙江来考察是民营企业内部审计，我发现凡是管理水平比较高、做的比较大比较强的企业，内部审计都是比较健康的，而且是发挥作用的，但是大量民营企业没有内部审计，它是家族企业，自己说了算，没有规范的内部路径，作为政府、作为行业协会、作为相关组织，我觉得很有责任帮助中小企业提升管理水平，比方说加强培训、加强指导等各方面，不要让中小企业自生自灭，要像对待国有企业那样，从外部给予很多帮助、指导，这些中小企业只有通过金融危机抓住机遇，更好地提升自己，提高自身管理水平，提高自己抗风险管理能力，才会有一个发展内在动力。事物发展内部是根本原因，外部只是条件，这一点是重要的，如果中小企业自身水平不提高，外部再搞好服务，恐怕也是无法发展壮大起来。

这是我对这个问题的三点看法，当然中小企业问题通过一次论坛、一次会议解决不可能的，大家非常关注这个问题，而且有很多经验进行交流，现在很多问题不是理论问题，是实践问题，在论坛里面要讲理论，但不要都讲理论，要多讲实践，怎么做更有效，这个实践不是一个模式的，中国这么大，各地经济发展水平不一样，甚至文化不一样，各地都应该有自己的经验，这样互补，共同交流，互相学习，经验共享，由于我们论坛时间不长，我希望我们把时间放在交流经验上，这一点主旨很好，我们不是论道，现在很多讲道理很多，但是做不到，确确实实现在我们的理论已经很多了，多得不能再多了。开药房的人很多，但是谁去抓药，谁去熬药，谁去把药送到病人嘴里头，这样的人太少，希望在座诸位你们“多抓点药，多熬点药，把药送到病人床头”，这是最重要的，所以我预祝这次论坛能够取得圆满成功，对中小企业发展将起到积极推动效果，谢谢大家。

在“如何破解中小企业融资难”大型国际论坛上的讲话

全国政协副主席、致公党中央主席、科学技术部部长　万钢

各位来宾，女士们，先生们，上午好！非常高兴有机会来参加中央电视台主办的如何破解中小企业融资难的国际论坛，和大家共同探讨中小企业融资难的问题。

改革开放 30 年来，我国的中小企业得到了迅速发展，刚才的电视片说明了占 99% 的中小企业为我们国家 GDP 贡献超过 60%，税收超过 50%，提供了近 70% 的进出口和 80% 的城镇就业岗位。我这里还想补充的是，中小企业同样是我们国家自主创新的一支重要力量，66% 的发明专利、82% 的新产品开发都来自于中小企业。中小企业已经成为繁荣经济、扩大就业、调整结构、推动创新和形成新的产业的重要力量。

我们国家科技型中小企业创建于改革开放之初，在北京中关村（8.57%，0.05%，0.59%）成立了我国第一个高新科技企业园。中小企业的共同特点是以高新技术为核心资源，通过技术创新来开拓市场，实现跨越性发展。科技型中小企业承载着把握机遇、发展的责任。中小企业成长出如中兴、华为、浪潮等一批大型的科技企业，它们的成长性和快速发展已经成为举世瞩目的一个焦点。

2008 年 55 家国家高新企业工业总产值超过 5.5 万亿元，增长幅度达到了 17.6%。工业增加值达到了 13 000 亿元，增长幅度超过了 16%，在国家高新区 5 万多家企业中，中小型企业占 87% 左右。国际金融危机袭来，实体经济受到下行压力，这些中小企业同样感受到了这一点，尤其是一些粗放型的中小企业，它们成长性好，但是具有一些特点，比如占地比较小，物理资产比较少。从传统意义说起来，它们的融资、它们可抵押的资金更少，所以它们具有成长的困难。

为了帮助这些中小企业能够迅速抵抗金融危机，能够迅速逆势发展，国务院专门出台了关于发挥科技支撑作用、促进经济平稳较快发展的意见，特别强调要在发展高新企业集群，推动科技资源整合和开发共享，推动集中科技力量支持中小企业创新方面作出具体的贡献。

第一，我们通过科技体制的改革，创新科技投入方式，综合利用政府资助、科技贷款、资本市场、创业投资、发放债券等方式，加强对科技型中小企业的融资支持。首先科技型中小企业的创业投

资、创业投资的引导资金支持了109家创业机构，今年中央财政特别安排了将近1.6亿元的资金，开展股权投资的试点。最近新设了6家创业投资机构，带动超过10亿元的社会资金进入创新领域，给科技型中小企业提供贷款担保，有力支持了科技型中小企业的成长。

第二，科技型中小企业的创新资金，通过补偿资助、贷款支持等方式，提供了资金支持，促进了中小企业的技术改造和产品创新，而且带动了社会资本的跟进。

第三，通过资本市场来支持科技型中小企业发展，积极培育和引导科技型中小企业，进入资本市场融资，在273家中小企业板中，高新技术企业所占比例已经超过75%，180家拥有核心专利技术。

第四，科技部和中国银监会制定了关于进一步扩大对于科技型中小企业的信贷支持的指导意见，通过开展科技、金融、合作模式的创新试点，加强对科技型中小企业的信贷支持和金融服务，建立银行业支持科技型中小企业的发展的长效机制。为此，银监会吸收了将近1千多名专家作为科技型中小企业的咨询专家。

第五，为中小企业开拓了债券融资的渠道，发行了高新区融资债券。中关村科技园、深圳市、大连市借鉴集合发债模式，发行了中小企业集合债券。

通过一系列措施，使我们国家中小企业在应对金融危机的时候，呈现了高增长性和高抗风险性。根据我们调查，我们国家创意产业、信息产业、软件产业以及外包服务业都呈现了逆势上涨的趋势。当前面向于新能源、信息产业和生物企业以及现代制造业、服务业方面的中小企业已正在逐步度过困难时期，走向上涨时期。

当然目前全国科技型中小企业数量还比较小，全国总共也就是16万家左右，占国家中小企业的比例还是比较小的。在发达国家当中，美国科技型中小企业占了中小企业的10%，以色列科技型中小企业占了17%。我们希望能够通过一系列措施，帮助科技型企业、科技型中小企业迅速发展，使它们成为国家创新的一个组成部分。

总体来说，我们制造型和外向型中小企业在人才、技术、资金、市场、环境等方面，面对了金融危机带来的巨大发展压力，根本原因是企业的科技含量不够高，创新能力比较弱，进入市场的门槛比较低，市场竞争激烈。为了支持广大中小企业的发展，科技部积极贯彻国务院关于发挥科技支撑作用，促进经济平稳较快发展的意见，通过一系列手段进一步帮助中小企业来提高创新能力。

第一，整合现有科技资源，建立起大中小产学研紧密结合的面向企业的创新服务平台，在企业建立一批国家重点企业、国家重点实验室、国家工程技术研究中心和技术中心，建立为中小企业创新服务的共享技术平台，实现科技资源的共享，面向重点产业和新兴产业，建立大中小结合的产业创新联盟，沿产业链进行创新。

第二，我们实施科技人员服务企业行动，会同教育部、中科院等七个部门制定了动员广大科技人员服务企业的意见。从科研院所和全国各地的高校选派了10万名科技人员带着技术、带着产品、带着知识进入中小企业，鼓励科技人员以现有的专业技术帮助中小企业来提升它们的竞争能力，来进行技术改造，进行产品创新，使它们能够在未来的市场上占有一席之地。

总之，我们从科学技术角度上，大力支持中小企业发展它们的创新能力，能够使它们在应对金融危机的过程中，不但要渡过危机，还要增强科技发展的能力，增强创新能力，来应对这场罕见的金融危机。

各位来宾，历史经验告诉我们，每一次经济危机都带来了科学技术的新突破，面临着新的产业和经济的增长点，从而促使新一轮的经济攀升。从这点上讲，我国抵御金融危机的冲击，解决经济的深层次矛盾，最有效的途径是加快科技创新，发展新的社会增长点。科技部将与社会各界共同携手，进一步优化融资环境，支持中小企业的创新发展，努力使中小企业团结起来，战胜危机，使我们国家在经历了这场国际金融危机的风雨之后，展现出一个崭新的发展局面。

改革创新　科学发展　努力开创科技型中小企业技术创新基金工作新局面

——在科技型中小企业技术创新基金实施10周年总结大会上的讲话

全国政协副主席　致公党中央主席　科学技术部部长　万钢

科技部与财政部共同召开科技型中小企业技术创新基金实施十周年的总结表彰大会，认真总结创新基金实施十年以来所取得的成绩和经验，研究今后一个时期的工作方向，对于促进科技型中小企业技术创新，加快培育战略性新兴产业，推进产业结构调整和经济发展方式转变，加快创新型国家建设具有十分重要的意义。党中央、国务院高度重视和关心创新基金工作，中共中央政治局委员、国务委员刘延东同志特地发来了贺信。刚才，财政部、科技部对实施创新基金的先进单位、先进个人和优秀企业进行了表彰，丁学东副部长也代表财政部做了讲话。下面，我结合创新基金十年来实施情况谈两点意见：

一、创新基金实施10年取得显著成效

1999年5月，我国政府在反思亚洲金融危机、借鉴发达国家先进经验并结合中国国情的基础上，由国务院批准设立了创新基金，这是我国第一只以支持科技型中小企业技术创新为政策着力点的政府专项基金。十年来，在党中央、国务院的亲切关怀和正确领导下，在各部门和地方政府的积极参与支持下，创新基金积极发挥财政资金的引导作用，努力探索具有中国特色的政府专项资金，支持中小企业技术创新的运行机制和支持模式，培育了一大批具有创新活力和发展潜力的科技型中小企业，为提高中小企业的竞争力，推进高新技术产业发展，促进产业结构调整，推动创业就业作出了重要贡献。实践表明，国务院设立创新基金的决策十分正确，成效十分显著。主要表现在五个方面：

（一）培育了一大批具有创新能力的中小企业，为我国经济发展注入了新的活力

创新基金重点扶持初创期和成长初期的科技型中小企业。十年来，共立项资助了12 000多家科技型中小企业。在受资助企业中，有33%是成立不足18个月的初创型企业，有59.5%是员工人数在100人以内的企业。在完成验收的项目中，初创期企业项目的失败率只有13.6%，远远低于国际同类资金支持的项目失败率。据有关资料显示，硅谷风险资金投资项目的成功率不足50%。我们通过创新基金的支持，辅以相应的政府政策保障、监管措施以及配套服务，使中小企业的成长率和成功率要明显高于国际水平。

通过创新基金的早期培育，一批具有自主知识产权的科技型中小企业迅速成长壮大。以无锡尚德、“龙芯”CPU、开米股份、中航惠腾等为代表的一批中小企业已经成长为行业的“领头羊”。一批中小企业陆续登陆资本市场，在2009年创业板上市的第一批28家企业中，有24家是高新技术企业，候选的106家企业中有94家是高新技术企业，其中一半在创业初期曾经获得创新基金的支持。

（二）促进了科技成果转化和产业化，有力推动了产业转型升级和经济结构调整

创新基金重点支持了国家科技计划成果的转化应用，在创新基金资助的项目中，有22.3%来自于“863”、“973”、科技支撑等科技计划项目成果。这些成果被引入中小企业，使得一大批科技成果得到商业化和产业化应用。创新基金始终坚持明确的产业导向，在电子信息、生物医药、新能源、节能环保、新材料等八大领域进行了重点部署。创新基金还创造性地将网络服务、创意产业、游戏开发、服务外包等高新技术服务企业纳入支持范围。经过多年培育和发展，在这些领域涌现出一批以科技型中小企业为主体的产业集群，产业规模不断壮大，市场竞争能力不断增强，形成了一批富有潜力的新的经济增长点，为所在区域的经济结构调整和发展方式转变作出了重要贡献。

（三）增强了企业自主创新的意识，提升了企业技术创新的能力

在创新基金的帮助下，受资助的企业大力加强研究开发，积极推动产学研合作，不断提升管理水平和创新能力。截至2008年底，立项项目中处于研发阶段的项目有97.3%进入了中试或者批量生产阶段。通过对执行期内2 738个项目的调查，已经获得专利技术的有4 202个，其中获得发明专利授权的有1 334个。一些企业研发的技术成果达到了国际先进水平，或在国家重大工程建设和国际标准制定中发挥重要作用。如大连路明科技集团率先攻克了世界蓄能发光材料研发难题，处于该行业的国际领先水平，北京佳讯飞鸿、科通电子、康比特等一批企业参与了神舟飞船、北京奥运会、青藏铁路等国家重大工程建设，天元网络公司参与制定了10项国际标准、5项3GPP标准以及80%以上的国内行业标准。

（四）缓解了企业技术项目融资难，推动形成多渠道支持中小企业技术创新的新格局

创新基金着力支持技术实施和市场风险比较大、社会资金不太愿意介入的初创型科技企业，有效缓解了企业技术融资、项目融资的困难。近年来，创新基金按照企业不同成长阶段的特点，探索实施“科技型中小企业成长路线图”，主动与各个部门合作，引导和带动全社会的投入，有效利用多种金融资本和多层次资本市场支持中小企业的技术创新。十年来，创新基金规模不断扩大，中央财政投入创新基金达到了88.4亿元，带动建立起37家地方创新基金，引导地方、企业和其他社会资金投入超过了400亿元，形成了多渠道、多层次共同支持中小企业技术创新的新格局。

（五）拓宽了就业渠道，带动了高端人才的创新创业

创新基金开创了我国高学历人才职业发展的新方向。以国家科技资金为导向，扶持各类高学历人才到技术创新的第一线和国民经济发展的第一线，在企业技术创新活动中实现自己的理想和抱负。创新创业的科技人员大多以前没有物质积累，也缺少土地等资源条件，他们的财富就是所拥有的知识和技术。创新基金凭着对知识和技术的敏感，不断探索适应这些人才和企业发展所需要的政府支持方式，努力开拓以创新创造财富、以创新创造就业岗位的新方向。十年来，通过国家创新基金支持的中小企业，新增就业岗位45万个。在受资助企业中，超过80%是大学本科以上人员创办的，34.2%由硕士以上学位的科技人员创办，其中博士创办企业近10%，留学人员创办企业达到1 099家。对于很多归国创业人员，创新基金往往是他们回国以后得到国家支持的第一桶金。

创新基金十年发展历史表明，政府支持科技型中小企业技术创新，促进中小企业提高自主创新能力，这是一项具有战略性意义并且发挥了巨大作用的重要举措。创新基金的实践给我们带来了一些重要体会和启示，主要体现在以下四个方面：

第一，必须坚持以体制机制创新为动力，不断

完善政府对企业技术创新的支持方式。创新基金的诞生和发展，是深化科技体制改革的重要成果。在创新基金设立之初，科技部和财政部共同研究、密切合作，积极探索公共财政资金支持创新的新模式，使之成为我国中央财政管理体制改革创新的试验田。对政府来说，这也是一个管理创新。以前，大多数政府支持科技创新的资金主要以科技项目的形式投入到高校、科研机构，也有一部分投入到企业，但是主要是国有企业。对于大量由科技人员创办的中小企业，如何支持它们的创新，是一个大的改革课题。十年来，两部门共同努力，不断完善创新基金的支持方式，在原有资助企业技术开发项目的基础上，陆续增设了引导社会中介机构服务于中小企业技术创新的公共技术服务补助专项和支持初创期中小企业技术创新的创业投资引导基金等多种支持方式。同时，通过创新基金建立起政府部门决策、专家委员会咨询和专业化机构执行的三位一体管理模式，形成了“公开、公平、公正”和互相约束、互相监督的一整套颇具特色的链式管理工作流程，搭建起面向全国的企业申报、评审与跟踪监理的网络工作系统。通过不断尝试新的政府专项资金管理模式，创新基金成为我国公共财政资金使用方式改革与创新的积极探索者。创新基金的设立，使国家每年用于公共科技财政的支出，特别是用于重大专项、科技计划和各类科研项目的资金所产生出的成果，有了可以转化的载体，使科技成果转化阶段中的企业发展有了可以依靠的支持机构。十年来，在一大批中小企业成长起来的同时，科技孵化器、生产力促进中心等专门面向中小企业发展的科技中介机构也发展壮大起来，形成了既有政府支持，又能得到市场关注的具有中国特色的创新支持模式。

第二，必须坚持以市场为导向，充分发挥政府资金的引导作用。创新基金从设立之初就以推动科技成果的产业化、促进经济和科技的结合为己任，注重与863计划、科技支撑计划等取得的创新成果相衔接，注重与火炬计划等产业化计划项目密切结合，注重与国家高新区产业聚集和科技服务功能相结合，努力发挥市场在科技资源配置中的基础作用。一方面，在选择项目的时候，以其市场前景、市场占有率等作为重要的评审指标；另一方面，又针对创新创业活动中存在的“市场失灵”进行政策设计，推动建立起符合市场经济规律的支持科技型中小企业技术创新的新型投资机制。创新基金充分发挥引导和带动中小企业发展的作用，也逐步改变了我国中小企业的结构，增加了科技型中小企业和服务型中小企业的比重，改善了中小企业的整体素质。我们越来越多地看到，中小企业的领军者已经由过去的乡镇企业为主体，逐步转变到以高学历的科技人才创办的创新型企业为主体的新格局。

第三，必须高度重视发挥科技型中小企业在促进经济增长和培育新兴产业中的重要作用。科技型中小企业主要分布在高新技术以及传统产业当中技术含量比较高的产业链环节，是新兴产业形态和新经济形式天然的追逐者，是培育战略性新兴产业的重要载体。在这次应对国际金融危机的过程中，许多科技型中小企业逆势增长，表现出了很强的抗冲击能力。在一些地区，大批以中小企业为主体的创新产业集群，成为了支撑区域经济发展的重要力量。据近期对广东省21个地级市865家科技型中小企业抽样调查，企业的产值、增加值和出口额平均比上年同期增长33.18%、34.84%和27.89%，明显高于全省的平均水平。在众多中小企业承受金融危机压力、经济运行相当困难的情况下，这些科技型中小企业逆势增长，而且增幅超过以前，一枝独秀，成为了缓解危机、加快经济复苏的重要力量。

第四，必须综合运用多种手段，加强对中小企业技术创新活动的政策引导和支持。2006年全国科技大会以来，按照《规划纲要》的要求，国家科技计划投入逐渐向以企业为主体、市场为导向、产学研相结合的技术创新体系建设方面倾斜，综合采取税收抵扣、基金资助、政府采购等方式支持企业自主创新。通过实施技术创新工程，建立起产学研紧密结合的技术创新战略联盟，由大企业牵头做产品，一系列配套技术都可以逐步转移到中小企业去，使中小企业获得发展空间。支持企业技术创新，不光是要从科技创新方面加大投入，对于企业在市场成长过程当中的投入也要给予高度关注。创新基金就是在扶助、支持企业面向市场的成长和创业方面发挥了重要的作用，树立了一个成功范例，带动了社会资本、资本市场对技术创新的重视。把社会资金包括私募资金都吸引聚焦于国家重大科技项目所产生的技术成果方面，支持成果转化过程中的市场行为，推动全社会更加关注创新、支持创新，形成了一个上下互动、共同支持创新的良好局面。

十年磨一剑，创新基金实施取得的巨大成效，是科技部门和财政部门共同深入贯彻落实党中央、国务院的战略部署，通力合作、努力奋斗的结果，是全国创新基金工作战线上同志们开拓创新、奋勇拼搏的重要成果。在过去十年中，从事创新基金工作的全体同志用智慧和汗水，为推动我国科技型中小企业的技术创新，优化创新创业环境作出了重要的贡献。在此，我谨代表科技部向刚刚获得表彰的创新基金工作先进单位、先进个人和优秀企业表示热烈的祝贺！并借此机会，向长期坚持在创新基金工作岗位上辛勤耕耘的全体同志和长期关心支持创新基金工作的老领导、老专家和社会各界的朋友们表示衷心的感谢！

二、充分认识面临的新形势和新任务，努力开创科技型中小企业技术创新基金工作的新局面

当前，在应对国际金融危机的大背景下，我国经济处在了调整经济结构、转变发展方式的关键时期。胡锦涛总书记最近强调：“必须痛下决心、狠下工夫，坚决打好转方式、调结构这场硬仗，为当前保增长提供强有力推动，为长远发展打下坚实基础”。温家宝总理也强调指出，要“逐步使战略性新兴产业成为经济社会发展的主导力量”。刚刚闭

幕的中央经济工作会议提出，“要保持经济平稳较快的发展，就必须更加注重提高经济增长质量和效益，真正把保持经济平稳较快发展和加快经济发展方式转变有机统一起来”。面对国际科技和经济竞争日趋激烈的新形势，面对我国经济结构调整和发展方式转变的新需求，需要我们进一步加大对科技型中小企业的扶持力度，加快建立以企业为主体、市场为导向、产学研相结合的技术创新体系，促进经济社会又好又快发展。

发展战略性新兴产业已经成为我们现阶段发展高新技术产业的重要内容。当前，一些新兴产业形态如三网融合、网络商务、新能源产业等兴起，带来生活方式的巨大变革，也将创造很大的就业空间和创新空间。新兴产业的发展，会产生一批重大科技创新成果，随之带来巨大的市场发展空间。这一过程需有一大批企业，特别是中小企业来推动。新兴产业的发展前景十分美好，但发展过程也非一帆风顺。发展新兴产业涉及产业链条上的各个环节，如发展风电、太阳能，就必须解决并网传输的问题。由于新兴产业初期整体发展的不平衡，处于产业创新链不同环节的中小企业发展会面临一个艰难的创业过程，一定会经历所谓“市场失灵”的阶段。在帮助中小企业发展新兴产业的过程中，技术创新基金应当发挥重要作用。

经过多年的发展，我国科技型中小企业技术创新能力和市场竞争能力有了较大的提升，在国民经济和社会发展中的地位和作用日趋显著，但科技型中小企业的自身发展仍然面临着巨大压力：技术创新资金短缺，融资难问题依然突出；技术创新能力还不强，人才建设面临挑战；企业管理效率不高，市场经营能力弱；获得的公共技术服务还不足，部分扶持政策尚未到位。近期，国务院发展研究中心对科技型中小企业技术创新基金十年发展的绩效评价，有一些问题应引起我们重视。一是创新基金的资助额度相对比较小，与发展形势相比，我们的资助额度还无法完全满足企业的需求。二是需要进一步提高基金运转效率，简化评审和立项程序。三是更多地吸收金融界、产业界的专家参与创新基金的工作，发挥基金资助和金融信贷的协同支持作用。

为适应新形势的需求，进一步发挥创新基金的引导作用，必须采取更为积极有效的政策措施，帮助科技型中小企业克服技术创新过程当中面临的一些困难，提高企业的创新能力，主要有下面几点：

（一）面向国家战略的需求，在加快培育战略性新兴产业方面发挥生力军作用

国际金融危机冲击带来了新兴产业快速崛起的新机遇，世界各主要国家都在加强这方面的部署。我们也要充分发挥创新基金在培育、壮大科技型中小企业群体方面的重要作用。战略性新兴产业更多萌芽于科技型中小企业聚集的行业，聚焦这些行业领域，将有助于培育战略性新兴产业。根据国家战略需求，创新基金要以实施有影响和带动作用的关键技术、关键创新产品为手段，在重点领域支持一批具有高成长潜力科技型中小企业的快速发展。要加强对新能源、节能环保、电动汽车、生物技术、信息网络、新材料和先进制造等战略性新兴产业发展中的科技型中小企业的支持，加快高新技术成果的转化和产业化，提高中小企业的技术创新能力。

发挥中小企业在战略性新兴产业发展中的重要作用，需要综合集成各方面的力量和优势。一是在国家重大专项的实施中，要充分考虑发挥中小企业的作用，注意国家重大专项与创新基金有机结合，使重大专项的成果能够在中小企业的创新创业活动中得到推广应用。二是通过建设以企业为主体、市场为导向、产学研紧密结合的技术创新的体系，促进基础研究成果与关键技术攻关成果的结合，使创新成果能够为企业所用。三是积极借助于高新技术开发区、大学科技园等有效载体，主动把本地区承担的重大专项或者科技项目成果嫁接到中小企业去。四是通过财税、金融方面的政策支持措施，激励青年人才特别是博士生、硕士生毕业后创新创业。为此，要进一步加强创新基金抚育科技型中小企业“育苗”工程与培育新兴战略性产业的“造林工程”的衔接，全方位支持企业的成长，加速培育和发展我国战略性新兴产业。

（二）进一步加强科技与金融相结合，引导和支持创新资源向企业聚集

在应对国际金融危机，落实国务院 9 号文件的过程中，我们与财政、金融等部门的共同努力，创建和完善了支持科技型中小企业发展的五个方面的科技金融措施：一是创新基金通过补贴资助、贷款贴息支持企业产品开发；二是中小企业创业投资引导基金通过阶段参股支持创业投资公司；三是很多地方科技管理部门和高新区都成立了提供科技担保的公司，为中小企业提供科技贷款担保；四是支持国家高新区发行科技型中小企业集合债券，帮助企业市场融资；五是推进创业板，试点非上市企业股份报价转让机制。通过这些探索，逐步形成了支持中小企业创新的新机制，取得了很好成效。

今后，政府财政支持中小企业创新还要进一步作系统安排。在中小企业的发展过程中，从政府层面要有种子基金、天使基金、创新基金、政策性公司等支持。与之相配合，在资本市场这一侧需要有风险投资和社会基金的支持，以及创业板、中小企业板等投入和退出机制。当前，创业板已实现成功上市，我们要给予极大的关注和呵护，使它能够成为社会资本支持科技型企业发展的一支重要力量。我们正在研究科技型中小企业的成长路线图，一个重要目的就是综合利用政府的资金支持、资本市场的机构投融资、银行的贷款担保系统等手段，在财政、金融、担保等方面进行制度性安排，形成科学完整的体系，使中小企业在成长壮大的各个阶段都能得到支持。要通过扶持创新创业活动，把国家重大专项、863 计划和支撑计划所研发的成果与中小企业的发展紧密结合起来，使这些创新成果转化为市场价值。市场价值不仅仅体现创新成果被转化为具体的商品，也体现为社会资金通过进入股票市场形成的资本增值。在此意义上讲，引导社会资金的投入方向也是一个经济结构调整的重要措施。为此，创新基金需要进一步发挥财政专项资金的杠杆效应，借鉴国内外有关经验，解放思想，大胆探索更加符合科技企业特点的投融资新工具。

（三）建立和完善创新创业的培育体系，为中小企业发展创造良好的环境

中小企业的发展不仅需要资金支持，也需要政策引导，更需要各个方面的中介服务。一是需要加强技术交易服务。近年来，科技成果越来越多表现为专利形式。专利的价值有三种体现形式，包括专利转让、专利许可和利用专利对外提供的服务，这三者正好是技术交易市场可以发挥作用之处。技术交易过程就是科技成果传播、推广、集成过程。通过技术交易，可以更好地促进技术成果在中小企业中的传播和流动，提高科技成果的转化率。二是需要建设公共技术服务平台。中小企业的特点是机制灵活、创新积极性比较高、成长性比较好。但由于资金有限，不愿或不能投资大型的研发设备，这种情况下发展公共科技服务平台就显得更加重要。三是需要加强对技术创新全过程服务的专业水平。进一步发挥大学科技园、科技企业孵化基地、生产力促进中心、技术转移中心等科技中介服务机构的作用，探索和创新服务模式，提升专业服务能力。从技术创新全链条和科技企业成长全过程出发，整合多方资源，优化科技型中小企业技术创新环境，集聚创新资源、完善创新创业抚育网络。

（四）进一步创新政府投入方式，不断提高创新基金管理水平和使用效率

随着创新基金规模的不断扩大，需要我们更好地建立与之相适应的制度，形成科学合理的管理体制和有效的监督机制。创新基金作为政府的一只有形的手，要与市场这只无形的手紧密结合。要以为中小企业服务为工作的基本立足点，采取科学合理而又高效运转的管理体制机制，防止腐败现象产生；要确定正确的战略导向，与国家确定战略方向相切合，与地方资源和产业结构特点相适应，促进协同发展；要按照中小企业创新成长的规律和特征，从市场和企业发展的需求出发，不断创新政府投入的方式，强化创新基金的引导力和杠杆效应；要进一步建立和完善政府专项扶持资金的稳定增长机制，切实加强财政资金的管理，提高政府投入的效率；要加强中央和地方的配合，充分发挥中央投入的引导作用，发挥地方在创新投入方面的积极性；要重视引导调动社会各方面积极性，开创政府、金融机构、社会团体以及相关行业组织共同推进科技型中小企业创新发展的新局面。

同志们，经过十年发展，创新基金站在了一个新的历史起点，承担着新的使命和责任，创新基金要有勇气肩负起新的历史责任，继续奋发努力、开拓创新，真正成为引导科技型中小企业技术创新的一面旗帜。我们相信，在党中央、国务院的正确领导下，在相关部门和地方政府的大力支持下，在社会各界的积极配合下，通过科技部、财政部通力合作、共同努力，创新基金一定能够在推进我国产业转型升级和经济结构调整中发挥更大作用，为建设创新型国家，全面建设小康社会做出更大贡献。

二、部委领导讲话及论述

在“如何破解中小企业融资难”大型国际论坛上的致辞

工业和信息化部部长　李毅中

尊敬的万钢副主席，各位来宾，上午好。很高兴有机会参与中央电视台举办的如何破解中小企业融资难的国际论坛，与大家一起共同探讨求解中小企业融资难的问题。

促进中小企业健康发展是工业和信息化部的重要职责，借此机会我代表工信部向各位来宾及长期以来关心中小企业发展的各界人士表示衷心感谢。

目前中小企业数量占到我国企业总数的99%，创造我国近6成的经济总量，近1万亿元财税收入，提供了近8成的就业岗位，作用日益增强。特别在当前国际金融危机还在继续蔓延加深的形势下，加快中小企业健康发展，对促进经济增长，增加财税收入，维护城乡稳定，都具有十分重要的意义。

在国际金融危机的冲击下，中小企业受影响，应当说是首当其冲的，中小企业碰到反映最强烈的问题就是资金短缺、融资难、贷款难。例如2008年全国新增小企业贷款只有225亿元，比上年只增长了1.4%，而全国贷款增加了14.9%。今年头三个月，全国信贷规模总量增加了4.8万亿元，其中中小企业贷款增加额度只占不到5%，这样的数字说明中小企业贷款增长没有达到同步增长，中小企业资金非常困难。目前融资难、贷款难已经成为制约中小企业发展的瓶颈，引起了中央领导高度重视和社会各界的广泛关注。

中小企业融资难、贷款难也是一个世界性难题。这既有体制机制的问题，也有中小企业自身方面的问题。有四个方面的原因。

第一，中小企业自身的问题。大家知道中小企业规模小、实力弱、信誉度不太高。

第二，银行对中小企业贷款条件更加严格，因为银行大部分是商业银行，它也要考虑自身的风险、自身的利润。

第三，中小企业信用担保体制机制不健全。这方面做了很多工作，中央财政、地方财政拿出资金建立担保机构，但是覆盖面不太够。

第四，中小企业融资渠道太窄。

说到底，中小企业融资难就是贷款难，工业和信息化部将积极推动这一问题得到有效解决。我们从四个方面努力。

第一，进一步完善中小企业信用担保体系，因为中小企业客观讲，本身的信誉不是太高，为了让银行给它贷款，必须要有担保。下一步我们建议中央财政、地方财政进一步加大对担保机构的投入，使他们实力更强一点儿，覆盖面大一点儿，担保的倍数更高一点儿。另外支持地方用各种渠道建立地方的中小企业担保机构，我们有信心今年能够为中小企业担保6千亿元人民币的贷款。

第二，积极推动对中小企业金融服务创新和体制机制的创新，我们鼓励和支持银行和金融机构开展工业产权、非专业技术和股权等无形资产的质押贷款，开办多种为中小企业服务的融资业务。鼓励民间资本能够参股地方区域性中小企业金融机构，大力发展小额贷款公司和促进村镇银行的发展，适当发展民营中小银行，建立适合中小企业需求的服务体系，推动金融机构把向中小企业倾斜作为一个重要的举措，我们希望银行对中小企业信贷投放增速不要低于全部贷款的增速，增量不要低于去年。

第三，推动建立多层次的直接融资体系。创业板市场很快就要形成，建立起来，我们希望更多符合条件的中小企业能够上市，我们要扩大中小企业板的规模，努力与各地创业投资机构加大对中小企业的投资力度。

第四，指导中小企业提升自身的素质。解决中小企业融资难、贷款难的问题，最根本在于企业自己要练好内功，加强管理，提高自己的实力，提高自己的信誉度，这样让银行愿意给你贷款。工信部将履行自己的职责，为中小企业搭建更多的技术平台、管理平台、培训平台和走向市场的平台，同时及时发现总结先进经验，做好宣传推广交流。

同志们，朋友们，我相信有党中央、国务院高度重视，有相关各方的协同努力，中小企业融资难的问题一定能够得到有效解决。中小企业一定能够渡过难关，走出困境，为促进经济发展、社会和谐做出更大的贡献。

谢谢大家。

在“第六届中博会”开幕式上的致辞

工业和信息化部部长　李毅中

尊敬的西班牙工业旅游贸易大臣塞巴斯蒂安先生，
尊敬的各主办单位领导，各位来宾，
女士们，先生们！

大家上午好！

在这个金秋送爽的九月，第六届中国国际中小企业博览会暨中西中小企业博览会隆重开幕了。我代表“第六届中博会”组委会，向远道而来的西班牙代表团和各位中外嘉宾表示热烈的欢迎！

中小企业作为经济社会发展中最活跃的因素之一，日益受到各国的普遍关注和重视。众所周知，中小企业在繁荣经济、推动创新、扩大出口、增加就业等方面都发挥着积极作用，随着经济全球化的深入发展，中小企业的国际交流与合作日益频繁。推动世界各国中小企业的交流合作，实现互利共赢，具有重要意义，也是世界各国中小企业的迫切愿望。

当前，中小企业经受着国际金融危机的冲击和影响，克服生产经营困难、增强市场竞争力和应变力，成为中小企业发展面临的突出问题。举办中国国际中小企业博览会，就是要构建一个“展示、交易、交流、合作”的平台，推动各国中小企业在更大范围、更广领域、更高层次上加强合作，应对危机，携手发展，为促进世界经济繁荣做出积极贡献。

我们热诚地欢迎西班牙作为主宾国，与中方共同主办本届“中博会”。中国—西班牙建交36年来，双边经贸合作发展快速，中国是西班牙在欧盟之外的最大贸易伙伴，双方在经济上互补性强，合作领域宽广。在中小企业方面，中西两国政府都高度重视中小企业，双方有许多可以相互借鉴的经验和做法。

本届中博会期间，还继续专设了“亚欧中小企业合作交流馆”，以便利亚欧会议成员与世界各国中小企业之间加强合作交流，不断寻找商机，增进经贸往来。

中国政府高度重视发展中小企业。去年下半年以来，为应对国际金融危机的影响，中国政府采取了“保增长、扩内需、调结构、惠民生”的“一揽子”计划，取得了积极效果，也惠及广大中小企业。中国经济企稳回升的态势已经明朗，但还不牢固、不稳定、不平衡。中小企业发展中还需要克服各方面的困难。为此，最近国务院专门做了研究部署，提出要继续落实促进中小企业发展的六个方面政策措施：一是完善政策法律体系，为中小企业发展营造公开、公平竞争的市场环境和法律环境。二是切实缓解中小企业融资难。三是加大对中小企业的财税扶持。支持中小企业技术创新、结构调整、扩大就业。四是加快中小企业技术进步和结构调整。鼓励大型企业加强与中小企业协作配套。五是支持中小企业开拓国内外市场。六是加强和改善对中小企业的服务。这些政策措施的实施，将进一步提升中小企业应对国际金融危机的能力，为中小企业乃至整个经济的发展注入新的动力和活力。

我们相信，通过“中博会”这个平台，一定能够加强世界各国在中小企业领域的交流与合作，进一步发挥中小企业的积极作用，促进经济平稳健康发展！

谢谢大家！

加强政策引导，促进中小企业健康发展

——在第六届中国国际中小企业博览会暨中西中小企业博览会和中西中小企业高峰论坛上的演讲

工业和信息化部部长　李毅中

尊敬的西班牙工业旅游贸易大臣塞巴斯蒂安先生，

女士们，先生们，朋友们：

在成功举办前五届中国中小企业博览会的基础上，第六届中国国际中小企业博览会暨中西中小企业博览会今天开幕了。这是中国和西班牙中小企业界的一次盛会，是两国中小企业发展进程中一项很有意义的活动，也是中西两国政府为促进中小企业发展做的一件实事。当前正值世界各国同心协力应对国际金融危机，促进世界经济复苏的关键时期，举办上述活动更有特殊的意义和作用。借此论坛，我就中国政府加大政策引导，促进中小企业健康发展等问题向大家做一介绍。

一、中国、西班牙中小企业合作意义重大，影响深远

综观世界，中小企业已经成为推动世界经济发展的重要力量，在繁荣地区经济、增加社会就业、推动技术创新、扩大产品贸易和促进社会发展等方面，发挥着越来越重要的作用。与大企业相比，中小企业在信息、技术、资金、人才、市场等方面有自身的特点，有些处于弱势地位。因此，采取各种政策措施扶持和促进中小企业发展，已成为世界各国的共识。中小企业扶持政策也成为众多国家与地区社会经济发展中重要的基础性政策。西班牙在促进中小企业发展等方面，有很多经验和做法值得中国学习和借鉴。

中西两国经贸合作源远流长。自两国建交以来，双边关系发展平稳，经贸活动日益频繁，交流合作的广度和深度不断拓展。中小企业是中西经济合作的重要领域，有着广阔的合作空间。中西两国政府高度重视中小企业的合作与交流，积极推动建立双方中小企业合作机制，温家宝总理在今年1月初访问西班牙期间，中西双方发表的《关于进一步深化两国全面战略伙伴关系的联合声明》中确定，双方“共同办好2009年中国国际中小企业博览会，将此作为两国中小企业加强合作的平台”。今天上午博览会已开幕，这是促进中小企业合作的一项重要活动，对于深化两国中小企业交流与合作，促进两国的经贸合作与发展，有着重要意义。为了充分利用中博会这一平台，第六届中博会特别

安排了中西中小企业产品和技术展示、洽谈和交易等内容，西班牙方面组织了200多家企业和机构参会，并与中方共同举办了本次中小企业高峰论坛。这充分表明了中西双方加强中小企业合作，共同促进两国中小企业发展的良好意愿。加强中西两国中小企业合作，有利于巩固和发展中西经贸合作关系，深化中西全面战略伙伴关系；有利于增进两国中小企业间的相互了解与沟通，加强合作与交流，促进贸易往来与投资。因此，我希望与会各方充分利用中小企业博览会这个“展示、交易、交流、合作”的平台，在更大范围、更广领域、更高层次上开展经济技术交流与合作，共同提升中小企业发展水平，促进中小企业健康发展。

二、引导和促进中小企业健康发展，是中国必须长期坚持的重要政策

中小企业是中国国民经济和社会发展的重要力量。促进中小企业发展，是保持国民经济平稳较快发展的重要基础，是关系国计民生和社会稳定的重大战略任务。目前中国中小企业占全部企业总数的99%，创造的最终产品和服务价值约占国内生产总值的60%、上缴税收的50%，提供了75%以上的城镇就业岗位。中小企业以其灵活的运行机制和市场适应能力，成为推动中国经济社会发展的重要力量。同时应当看到，我国中小企业发展面临着新的挑战。国内外市场竞争日趋激烈，使中小企业生存与发展的压力加大。技术进步和产业升级加快，对中小企业科技创新提出了更高的要求。深入实施可持续发展战略，节约资源、保护环境、履行社会责任，需要更多的成本付出。特别是去年以来，国际金融危机给我国实体经济带来严重影响，尤其对外向度较高的沿海地区和劳动密集型的中小企业更为突出。因此，在应对金融危机的严峻形势下，促进中小企业共克时艰、健康发展，必须全面落实科学发展观，着力转变发展方式，解决当前困难与着眼全面发展相结合，保持平稳较快发展与推进结构调整和技术进步相结合，改善外部环境与引导企业加强管理相结合，注重提高企业素质，走可持续发展之路。

一是要注重提高发展的质量和效益。从发达国家所走过的道路来看，中小企业都有一个从数量扩张转变为质量提升的阶段。目前中国中小企业数量和规模不小，已经到了以提高素质为主的发展阶段。既要抓住机遇，促进中小企业加快发展；又要提升水平，引导中小企业依靠质量求生存，依靠管理求效益，依靠创新求发展。

二是注重可持续发展。节约资源、保护环境是我们必须长期坚持的基本国策。中小企业要进一步发展，必须彻底摒弃高消耗、高污染的生产方式，结合自身实际采取有效措施，努力提高资源利用率，节能降耗、减排治污，改善安全生产条件，走节约发展、清洁发展、安全发展和可持续发展的道路。

三是注重协作配合。中小企业不能因小而散、因小而乱，必须适应市场、有序发展。现代经济组织方式对企业生产活动关系提出了精细的专业分工协作要求。市场细分要求中小企业扬长避短，找准定位，建立分工协作关系，形成产业链，可以为中小企业提供一个相对稳定的市场环境，形成发展合力，提升竞争能力，共同抵御市场风险。

四是注重社会责任。中小企业必须遵纪守法、讲求诚信、履行社会责任。企业要对产品负责、对员工负责、对市场负责、对社会负责。要严格执行劳动保护、最低工资、社会保障等国家法规和制度，规范劳动关系，保障劳动者的合法权益。

三、采取积极有效的政策措施，促进中小企业健康发展

受国际金融危机冲击，去年下半年以来，中小企业生产经营困难。与大企业相比，突出的困难表现在：一是资金短缺、融资难贷款难问题突出；二是各种负担较重，政策法制环境有待改善；三是一些中小企业在经营水平、创新能力、市场竞争力和抗风险能力上存在较多问题。中国政府及时出台了相关政策措施，加大财税、信贷等扶持力度，改善中小企业经营环境，中小企业生产经营出现了积极变化，但发展形势依然严峻。必须采取更加积极有效的政策措施，帮助中小企业克服困难，转变发展方式，实现健康发展。《国务院关于进一步促进中小企业发展的若干意见》今日已经公布。

工业和信息化部承担了牵头负责指导协调中小企业发展的职责，肩负着对中小企业发展的宏观指导和扶持等方面的任务。贯彻实施《中小企业促进法》，鼓励支持引导中小企业健康发展，是政府各部门义不容辞的职责。工业和信息化部将会同国务院有关部门，围绕《中小企业促进法》的施行，继续落实促进中小企业发展的政策措施，按照《国务院关于进一步促进中小企业发展的若干意见》的部署，进一步落实各项扶持措施：

（一）完善政策法律体系，为中小企业发展营造公开、公平竞争的市场环境和法律环境。扩大市场准入范围，降低准入门槛。制定政府采购扶持中小企业发展的具体办法。对困难中小企业实行阶段性缓缴社会保险费或降低费率政策。

（二）切实缓解中小企业融资难。鼓励各地建立中小企业贷款风险补偿基金，对金融机构中小企业贷款按增量给予适度补助。对商业银行开展中小企业信贷业务实行差异化的监管政策。加快创业板市场建设，增加对中小企业直接融资规模。稳步扩大中小企业短期融资券和集合债券的发行规模。设立包括中央、地方财政出资和企业联合组建的多层次中小企业贷款担保基金和担保机构。支持设立村镇银行和小额贷款公司等。

（三）加大对中小企业的财税扶持。逐步扩大中央财政预算扶持中小企业发展的专项资金规模，重点支持中小企业技术创新、结构调整、扩大就业。加快设立国家中小企业发展基金，引导社会资

金支持中小企发展。研究实施对小型微利企业的税收扶持政策。坚决清理和禁止不合理收费，减轻中小企业社会负担。

（四）加快中小企业技术进步和结构调整。中央预算内技术改造专项投资和地方政府都要安排专项资金，支持中小企业技术改造。鼓励大型企业加强与中小企业协作配套。支持中小企业在科技研发、工业设计等生产服务业和软件开发、网络动漫等新兴产业发展。

（五）支持符合条件的中小企业参与家电、农机、汽车摩托车下乡和家电、汽车以旧换新等业务。落实出口退税等政策，支持中小企业开拓国际市场。

（六）加强和改善对中小企业的服务。积极培育各类中小企业服务机构，加快建设中小企业公共服务平台、中小企业创业基地和中小企业信息服务网络。全面清理并进一步减少、合并行政审批事项，为中小企业提供便捷服务。此外，要引导和支持中小企业加强内部管理，提升生产经营水平。

女士们、先生们、朋友们：

推动世界各国中小企业加强交流与合作，实现互利共赢、共同繁荣，是各国中小企业的迫切愿望。随着中国西班牙战略伙伴关系的不断发展，必将为两国中小企业的交流与合作开辟广阔天地，交流增进了解，合作推动发展。让我们携手并进，为促进中西两国中小企业发展、经济繁荣和人民福祉，做出更大的贡献。

最后，预祝第六届中国国际中小企业博览会暨中西中小企业博览会和中西中小企业高峰论坛圆满成功，祝各位嘉宾在广州工作和生活愉快！

树立信心　把握机遇
促进中小企业健康发展

——在中国（沈阳）国际中小企业大会上的讲话

工业和信息化部部长　李毅中

尊敬的各位来宾，

女士们，先生们，朋友们：

首先，我代表中国工业和信息化部对中国（沈阳）国际中小企业大会的召开表示热烈的祝贺。在共同应对国际金融危机之中，中小企业一直是各国政府、社会各界支持、帮助、关注的重点。相关国家的政府官员、企业家和专家学者聚集沈阳，围绕“交流、合作、创新、发展”这一主题，共同探讨帮助中小企业克服困难的举措，探索促进中小企业发展之道，有重要的现实意义。

去年下半年以来，国际金融危机对中国经济造成了严重影响，特别是工业经济受冲击最大。工业经济增速明显放缓，月度工业增加值增幅从去年6月份的16%大幅下滑到今年1月份、2月份的3.8%，一些大企业受到重创，一大批中小企业陷入困境。

面对危机，中国政府果断决策，及时调整宏观经济政策取向，实施积极的财政政策和适度宽松的货币政策，迅速出台并逐步丰富和完善了促进经济平稳较快发展的一揽子计划。加大财政投入，全面扩大内需，加大投资力度，实行结构性减税，增强投资和消费需求对经济增长的拉动力；调整信贷结构，保持市场流动性合理充裕，重视对农业、中小企业等薄弱环节的支持；制定十大产业调整振兴规划，全面推进产业结构调整和优化升级，推动兼并重组，淘汰落后产能，防止重复建设，发展先进生产力；加快企业技术改造，大力推进科技进步和创新，鼓励和支持企业广泛应用新技术、新工艺、新设备、新材料，开发适销对路产品；深化养老、医疗、失业等社会保险改革，大幅度提高社会保障水平。

由于应对措施及时坚决有力，中国工业经济运行扭转了去年下半年到今年年初增速大幅下滑的局面，特别是进入6月份以后，工业生产增长加快、效益状况好转、产品价格回升、节能减排取得新进展，8月份工业增速已达到12.3%，累计增速达到8.1%，9月份继续保持持续增长。

中小企业在我国国民经济中占有重要地位，企业数量占99%，经济总量占60%左右，上缴税金占一半左右，容纳就业人数75%以上。中小企业的复苏稳定，对战胜国际金融危机的影响，促进国民经济的健康发展至关重要。随着中国工业经济企稳回升的渐趋明朗，中小企业发挥自身优势，主动适应市场变化，在国家一系列保增长、扩内需政策带动下，出现的积极变化不断增多。

一是中小企业生产稳定增长。1～8月，规模以上中小工业企业完成工业增加值同比增长11.1%，高于全国规模以上工业企业平均增幅3个百分点。二是企业经济效益出现回升。实现利润增长1.6%，增幅高于全国平均水平12.2个百分点；亏损企业亏损额增幅下降，虽然亏损总额增长10.6%，但增幅比上半年回落30个百分点；上缴税金总额增长10.4%。三是去年年底抽样调查停产半停产企业数量一度达到15%，随着工业经济企稳回升，陆续恢复生产经营，更多企业努力做到少裁员、不裁员，开拓新就业岗位，保持社会稳定。

在看到这些进展的同时，我们也深刻地认识到，世界经济前景还存在着许多不确定因素，复苏的道路将是缓慢、曲折的。中国当前经济回升向好的势头还不稳定、不巩固、不平衡。中小企业发展形势依然严峻，突出困难依然存在，集中表现为：一是资金短缺、融资难、贷款难问题没有根本缓解；二是相关政策落实不够，各种负担较重，政策法制环境有待进一步改善；三是许多中小企业经营管理、创新能力、市场竞争力和抗风险能力上存在较大差距和较多问题。可以说，没有中小企业的复苏，就不会有经济的复苏，就不会有国民经济平稳较快的发展。

各位来宾，女士们，先生们，朋友们：

中国政府高度重视中小企业发展，2003 年施行《中小企业促进法》，2005 年出台《鼓励支持和引导个体私营等非公有制经济发展的若干意见》（即非公经济 36 条）。国际金融危机爆发后，又出台了一系列应对金融危机惠及中小企业的政策措施，帮助中小企业克服困难。在以往政策的基础上，经过较长时间的调查研究，今年 8 月 19 日，国务院常务会议专题研究了中小企业发展问题，批准了《国务院关于进一步促进中小企业发展的若干意见》，9 月 21 日发布了国发 36 号文件。这个文件是中国政府应对国际金融危机“一揽子”计划的重要组成部分，不仅政策“含金量”高，而且传递了重要信息，那就是：党中央、国务院非常关心和重视中小企业的发展，帮助中小企业克服困难，支持中小企业调整结构，鼓励民间资本投入。这无疑有助于提振中小企业战胜困难的信心，有利于中小企业尽快走出困境。

针对当前中小企业面临的突出矛盾和问题，也为推进中小企业结构调整，转变发展方式，全面提高企业整体素质和市场竞争力，36 号文件提出了八个方面共二十九条政策意见。这些政策意见既有对过去政策的完善、展开和细化，也体现了新的亮点、思路和措施，更加强调可操作性。从文件内容来看，具有以下特点：

一是进一步完善了促进中小企业发展的法律政策体系。在对以往相关法律政策全面梳理的基础上，36 号文件提出了进一步扶持中小企业发展的政策措施，丰富和完善了扶持中小企业发展的法律政策。同时，文件还分别从扩大市场准入范围、完善政府采购制度、加强对中小企业的权益保护、明确对小型企业的扶持，以及对困难中小企业实行阶段性缓缴社会保险费或降低费率政策等方面，提出一些新的政策。

二是将缓解融资难作为促进中小企业发展的突破口。融资难是制约中小企业发展的瓶颈。缓解中小企业融资难问题，需要政府、银行以及社会各界的共同努力，这方面已经做了大量工作。36 号文件着重强调体制机制方面的创新，并提出了一些新的政策措施。

（1）在推动体制改革方面，要求国有商业银行和股份制银行建立小企业金融服务专营机构；加快小额贷款公司、村镇银行、资金互助社等新型中小金融机构的发展，支持民间资本参与发起设立股份制金融机构；完善财产抵押制度和贷款抵押物认定办法；对商业银行开展中小企业贷款实行差别化监管政策。

（2）在对金融机构政策引导方面，鼓励建立小企业贷款风险补偿基金，对金融机构发放小企业贷款按增量给予适度补助，对小企业不良贷款损失给予适度风险补偿。

（3）在中小企业信用担保方面，落实对符合条件的担保机构免征营业税、准备金提取和代偿损失税前扣除等政策，要求设立多层次中小企业贷款担保基金和担保机构。

（4）在拓宽融资渠道方面，强调加快创业板市场建设；支持开展区域性中小企业产权交易市场试点；扩大中小企业短期融资券和集合债券的发行规模。

三是集中规定了促进中小企业发展的财税政策。在财政支出方面，要求中央和地方财政逐步扩大扶持中小企业发展的专项资金规模，其中，中央财政去年 39 亿元，今年增加到 95 亿元；依照《中小企业促进法》的要求，加快设立国家中小企业发展基金，引导社会资金投向。在税收政策方面，2010 年对年应纳税所得额低于 3 万元的小型微利企业减半征收所得税；不能按期纳税的中小企业，可以依法申请延期缴纳；缴纳城镇土地使用税确有困难的，可按规定提出减免税申请。另外，文件还提出了清理和禁止不合理收费的规定，以减轻中小企业社会负担。强调凡未按规定权限和程序批准的行政事业性收费项目和政府性基金项目，均一律取消。

四是着眼长远，引导中小企业转变发展方式。支持中小企业以市场为导向，加大研发投入，研制适销对路的新产品，提高产品质量，创建自主品牌。强调运用专项资金安排以及财税优惠等经济手段，引导中小企业加快技术改造步伐，提高企业技术、装备和工艺水平，明确中央预算内技术改造专项投资中和地方政府投资中，都要安排中小企业技术改造资金。同时，完善相关政策，积极推进中小企业节能减排和清洁生产，淘汰落后技术、工艺、设备和产品，发展循环经济，履行社会责任。

文件对中小企业结构调整提出了明确的要求。鼓励中小企业与大企业建立稳定的供应、生产、销售等协作关系；改善产业集聚条件，引导中小企业集聚发展，提高集群的专业协作化水平；支持中小企业在科技研发、工业设计、现代物流等生产性服务业和软件开发、网络动漫等新兴产业发展，培育新的经济增长点。

五是支持中小企业开拓市场的措施可操作、见效快。设立了中小企业国际市场开拓资金，加大落实出口退税、出口信用保险、出口信贷等政策，支持中小企业稳定和开拓国际市场。支持外向型中小企业适应性改造，适度转向国内市场；创造条件，支持中小企业参加各种展览展销活动。支持符合条件的中小企业参与家电、农机、汽车摩托车下乡和家电、汽车以旧换新等业务。加大对销售渠道稳定、市场占有率高的中小企业支持。提升改造商贸流通业，推广现代经营方式，促进扩大消费。

六是突出强调了加强和改善对中小企业的服务。在中小企业社会服务体系建设方面，充分发挥行业协会作用，大力培育服务机构，支持开展信息、培训、技术、创业、质检、管理咨询等服务业务，建设公共服务平台。在政府服务方面，文件要求进一步转变政府职能，清理、减少、合并行政审批事项，为中小企业提供更加便捷的服务。同时，成立国务院促进中小企业发展工作领导小组，以形成国务院各部门之间、中央和地方之间合力促进中小企业发展的工作局面。

七是引导中小企业不断提高经营管理水平，提高企业综合素质。引导和支持中小企业加强管理是促进发展的重要方面，也是应对金融危机的重要措施。文件提出，要支持专业管理咨询机构开展中小企业咨询活动，引导中小企业借用“外脑”提高经营管理水平；要大力开展对中小企业各类人员的培训，3 年对 100 万家成长型中小企业的经营管理者全面培训一次；要实施中小企业信息化推进工程，在重点区域、重点行业试点，引导中小企业用信息化技术提高研究、管理、制造和服务水平。

各位来宾，女士们，先生们，朋友们：

国务院 36 号文件是我国当前促进中小企业发展的主要政策依据，学习、宣传、贯彻、落实好这个文件，充分发挥文件的政策效应，是今后一段时期我国促进中小企业发展的工作重点。要充分利用报纸、电视、网站等新闻媒体，宣传和介绍 36 号文件主要内容，扩大文件的政策影响力，帮助中小企业和有关方面全面了解文件内容，形成社会各界共同关心和支持中小企业发展的良好社会氛围。

中国工业和信息化部承担了牵头负责指导协调中小企业发展的职责，肩负着对中小企业发展的宏观指导和扶持等方面的任务，责任重大。我们将按照国务院的部署，加强部门间的协调与配合，细化和落实文件明确的各项工作分工，全面贯彻落实文件规定的 16 项工作。由我部牵头的，要联合有关部门，抓好工作落实；我部参与的，要积极配合牵头部门，主动做好相关工作。各地区要结合本地实际，制定贯彻落实 36 号文件的具体办法，我们将及时总结交流辽宁省和其他地区好的做法和经验。也希望广大中小企业在外部环境改善的同时，更要加强管理，苦练内功，依靠广大员工共同努力，克服困难，自强不息，不断增强生存能力和市场竞争力。

各位来宾，女士们，先生们，朋友们：

促进中小企业发展是各国政府促进经济发展面临的共同课题，也是应对国际金融危机，实现世界经济复苏的重要措施。我相信，本次大会将会产生丰硕的成果，凝聚更多的共识，为我们做好促进中小企业发展工作，提供相互的借鉴和有益的帮助。让我们携起手来，为促进中小企业发展、经济繁荣和人民福祉，做出更大的贡献。

最后，祝世界经济早日走出危机进入复苏大道，祝中小企业抓住机遇，迎来更好更快发展的明天！

谢谢！

向全国人大常委会报告促进中小企业发展情况

工业和信息化部部长　李毅中

工业和信息化部部长李毅中受国务院委托，12 月 24 日向全国人大常委会报告促进中小企业发展情况。报告全文如下：

一、我国中小企业发展的基本情况

改革开放以来，特别是进入新世纪以来，我国中小企业不断发展壮大，已成为我国国民经济和社会发展的重要力量，在繁荣经济、增加就业、推动创新、改善民生等方面，发挥着越来越重要的作用。截至今年 9 月底，全国工商登记企业 1 030 万户（不含 3 130 万个体工商户），按现行中小企业划分标准测算，中小企业达 1 023.1 万户，超过企业总户数的 99%。目前，中小企业创造的最终产品和服务价值相当于国内生产总值的 60% 左右，缴税额为国家税收总额的 50% 左右，提供了近 80% 的城镇就业岗位。

中小企业在快速成长中，发生了一些重要变化，已经从采掘、一般加工制造、建筑、运输、传统商贸服务业等行业，发展到包括基础设施、公用事业、高新技术和新兴产业、现代服务业等在内的各行各业，从分散经营开始向工业园区和产业集聚区集中，从早期的以国内市场为主发展为面向国内外市场。量大面广的中小企业广泛参与市场竞争，促进了市场配置资源基础性作用的发挥，为建立和完善社会主义市场经济体制发挥了重要作用。

国际金融危机爆发后，中小企业受到严重冲击，亏损、停产和半停产企业增多，经济效益大幅下降。今年 1 ~ 2 月，是中小企业最困难的时期，规模以上工业中小企业完成总产值同比增长 5.9%，比上年同期回落 22.9 个百分点；实现利润同比下降 19.3%，增速较上年同期回落 52.3 个百分点。随着中央宏观经济政策调整和应对金融危机“一揽子”计划的实施，中小企业生产经营出现了企稳回升态势。今年 1 ~ 8 月实现利润和上缴税金同比分别增长 1.6% 和 10.4%。

二、促进中小企业发展所采取的措施和取得的成效

我国的中小企业大部分属于非公有制经济。党中央、国务院高度重视中小企业的发展，先后就促进中小企业发展作出一系列决策部署。各地区、各部门认真贯彻落实，积极采取有效措施，不断改善

发展环境，推动中小企业发展。

（一）出台扶持中小企业发展的法律和政策措施

2002年6月29日，第九届全国人民代表大会常务委员会第二十八次会议通过了《中华人民共和国中小企业促进法》，标志着我国促进中小企业发展走上规范化和法制化轨道。有关部门相继出台配套文件50多个，各省（区、市）出台配套文件200多个，21个省（区、市）制定了地方法规。2005年，《国务院关于鼓励支持和引导个体私营等非公有制经济发展的若干意见》（国发［2005］3号）印发，提出了36条鼓励支持和引导个体私营等非公有制经济发展的政策措施。十届全国人大四次会议通过的《国民经济和社会发展第十一个五年规划纲要》提出，实施中小企业成长工程，推动中小企业提高整体素质和市场竞争力。此外，有关方面还就加强中小企业信用担保体系建设、规范设立与运作创业投资引导基金、推动中小企业技术创新等提出指导意见。目前，落实国发［2005］3号文的配套文件已基本制定完毕，非公有制企业开始进入能源、通信、军工、民航、铁路、文化、旅游以及公用事业等领域。为帮助中小企业克服金融危机带来的困难，保持稳定发展，今年8月19日，国务院第77次常务会议专题研究部署中小企业发展工作，会后经修改印发了《国务院关于进一步促进中小企业发展的若干意见》（国发［2009］36号），提出了进一步促进中小企业发展的29条政策意见。

（二）加大对中小企业的财税支持力度

按照中小企业促进法的规定，中央财政预算设立了中小企业科目，安排了扶持中小企业发展的专项资金，并逐年增加资金规模。2008年，中央财政安排专项资金49.9亿元，较上年增长75%。2009年，中央财政安排专项资金108.9亿元，用于支持中小企业发展；在中央预算内企业技术改造专项投资中，安排30亿元支持中小企业特别是小企业技术改造，在切块地方的技术改造专项投资中，68%的资金用在了中小企业。为发挥财政资金对社会资金的引导作用，积极探索和实践中小企业基金的设立和运作，2007年中央财政设立了科技型中小企业创业投资引导基金，一些地方也设立了扶持中小企业的创业投资引导基金。

在税收政策方面，对符合条件的小型微利企业和高新技术企业，分别减按20%和15%的税率征收企业所得税，对小规模纳税人增值税征收率统一下调到3%。出台了创业投资企业股权投资税收优惠政策。同时，按照正税清费的原则，深入开展减轻企业负担工作。从2008年9月起，在全国统一停止征收个体工商户管理费和集贸市场管理费，今年1月起取消和停止征收100项行政事业性收费，合计每年减免金额约360亿元。各地区也对本地区出台的收费项目进行全面清理，减轻了企业负担。

为应对国际金融危机，去年下半年以来，国家七次提高部分劳动密集型商品、附加值和技术含量高商品的出口退税率。为扶持中小企业发展，决定自2010年1月1日至2010年12月31日，对年应纳税所得额低于3万元（含3万元）的小型微利企业，其所得减按50%计入应纳税所得额，按20%的税率缴纳企业所得税。为帮助困难企业渡过难关，鼓励企业尽量不裁员或少裁员，采取了允许困难企业在一定期限内缓缴社会保险费、阶段性降低四项社会保险费率、使用失业保险基金支付社会保险补贴和岗位补贴、鼓励和引导职工与企业依法平等协商等措施，帮助企业稳定劳动关系、稳定就业。上述政策，受益主体大多是中小企业。

（三）采取积极措施缓解中小企业融资困难

一是改善对中小企业的金融服务。加强宏观信贷政策指导，引导银行业金融机构从利率风险定价、独立核算等六项机制入手，建立小企业金融服务专营机构。放宽金融机构中小企业贷款呆账核销条件，落实中小企业贷款税前全额拨备损失准备金政策。推动村镇银行、贷款公司等地区性中小金融机构发展。中小企业信用体系建设取得新的进展，累计补充完善了190万户中小企业的信用信息。去年下半年以来，多次下调存款准备金率和贷款基准利率，明确提出2009年小企业信贷投放增速不低于全部贷款增速、增量不低于上年的目标。截至今年三季度末，小企业银行贷款比年初增长26.98%，占企业贷款增加额的22.4%，高于全部企业贷款增长1.87个百分点。

二是支持建立和完善中小企业信用担保体系。通过营业税减免、各项准备金税前提取、资本金注入、担保费用补贴等扶持政策，中小企业信用担保体系取得了迅速发展。据不完全统计，预计到2009年底，全国设立各类中小企业信用担保机构4 800多家，共筹集担保资金2 500多亿元；累计为115万户（次）企业提供担保总额2.6万亿元。

三是不断拓宽中小企业的融资渠道。2004年5月推出中小企业板以来，为306家成长性较好的中小企业上市融资1 203亿元。今年10月，创业板挂牌，首批挂牌上市的28家企业共募集资金155亿元。同时，推进中小企业发行短期融资券和集合债券等，启动了中小企业集合票据试点以及区域性中小企业产权交易市场试点等工作。

（四）积极推进中小企业结构调整和优化升级

实施了中小企业成长工程和中小企业信息化推进工程，开展了以创业带动就业工作，支持和引导中小企业加快调整结构、加强技术创新、实现集聚发展和开展节能减排，提高信息化应用水平。不少中小企业新技术、新产品研发能力提高，质量、专利、名牌意识增强，促进了产业结构的优化升级。一些地区利用区域优势，引导中小企业集聚发展，全国已形成一定规模的产业集群2 000多个。一批中小企业在“专、精、特、新”发展方面迈出了步伐。2004年以来，中央财政资金支持中小企业专业化、与大企业协作配套等技术进步项目2 468个，技术改造项目3 978个。截至2009年底，中央财政累计支持中小企业技术创新项目20 297项。支持利用闲置厂房和场地，建设小企业创业基地143个，带动小企业创业基地建设。

（五）大力加强服务体系建设

加快发展为中小企业提供职业培训、管理咨询、信用评价、创业辅导等服务的各类机构，积极发挥协会、商会及工商联等组织的作用。自2003年以来，组织实施了中小企业银河培训工程，累计对30万名小企业经营者进行了政策法规以及工商管理知识等培训，对12万户新创办的小企业提供了创业辅导服务。在产业集群或中小企业集聚区，支持建设了中小企业公共服务平台152个，带动了地方中小企业公共服务基础设施的建设。全国建成留学人员创业园130多家，科技企业孵化器674家，生产力促进中心1 497家。强化中国中小企业信息网的服务功能，组织开展了中小企业管理咨询服务活动。连续7年举办全国中小企业网上招聘高校毕业生活动，约有4万户中小企业和24万名高校毕业生免费发布了招聘和求职信息。成立全国以及区域性中小企业协会95家，各类中小企业服务中心425家。

（六）积极推进中小企业国际交流合作

加强与有关国家和国际组织在中小企业领域的合作与交流，先后签署合作协议12个。批准成立了中国—东盟中小企业投资基金、中国—比利时直接股权投资基金和中意曼达林基金。举办了APEC中小企业部长会议和首届亚欧会议中小企业部长级会议。在中小企业国际市场开拓资金、出口退税以及出口信用保险等政策的支持下，中小企业出口产品规模和质量稳步提高。截至2008年底，近2万家中小企业出口从无到有，4 700多家企业出口业绩快速增长。先后举办六届中国国际中小企业博览会，境内外参展企业累计2.15万家，举办五届APEC中小企业技术交流暨展览会。今年9月举办的第六届中国国际中小企业博览会暨中国西班牙中小企业博览会，促成合作项目961个，合作金额1 240亿元。

总体看，促进中小企业发展的各项工作取得积极成效。中小企业快速发展，环境不断优化，企业素质不断提高，竞争力明显增强。以工业为例，2008年末，规模以上工业中小企业户数、全部从业人员年平均人数、工业总产值、主营业务收入与2003年相比，分别增长118%、55%、262%和261%。在应对国际金融危机中，中小企业发挥了重要作用。

三、存在的主要问题

在各方面共同努力下，中小企业发展条件和环境有了明显改善，发展质量和水平有较大提高，但面临的困难和问题还不少，特别是在全球经济复苏过程缓慢曲折，国内经济回升的基础还不稳定、不巩固、不平衡，资源环境约束压力不断加大的情况下，中小企业发展面临诸多问题和困难。

（一）发展环境仍需进一步改善

落实中小企业促进法的配套政策尚不完善，部分已出台政策措施落实不到位，一些深层次的体制机制障碍没有根本消除。不重视中小企业的观念和做法在个别地方和领域仍然存在，中小企业进入垄断行业和领域、实现公平准入还存在一些障碍，参与政府采购还比较困难，侵犯中小企业及其职工合法权益的现象仍有发生。

（二）中小企业特别是小企业融资供需矛盾依然突出

中小企业中长期贷款不足，小企业贷款规模和比重仍然过低。贷款抵押品单一，金融产品和服务尚需进一步创新和完善，为中小企业服务的中小银行发展滞后。资本市场发育程度不高，直接融资渠道还需进一步拓宽。

（三）结构调整和转变发展方式困难较大

中小企业中劳动密集型、资源型、加工贸易型和“贴牌”企业数量较多，在当前资源和环境约束明显，经济全球化加速，新兴产业发展步伐加快的形势下，其技术装备和生产工艺落后、结构不合理、产能过剩、资源利用率低、污染环境和管理水平不高等问题更加突出。受资金、人才以及市场等因素影响，中小企业自主调整能力不足，产品和产业调整优化升级难度大。

（四）社会化服务体系还不完善

中小企业创业辅导、管理咨询、法律援助、技术推广以及企业融资、信息、培训等社会服务体系不健全，公益性服务不足。一些服务机构服务功能不完善，服务水平和效率不高，特别是部分提供企业生产经营所必需服务的中介组织，服务意识较差，行为不规范，收费较高。

（五）政府对中小企业的扶持尚需进一步加强

中小企业发展专项资金规模总体偏小，资金使用较为分散，支持领域有限，对小企业支持不足。政府对中小企业的公共服务仍需改善和加强，特别是中小企业统计监测工作还比较薄弱，相关制度还不健全。中小企业社会负担较重，“三乱”现象仍然存在。

四、下一步的重点工作

促进中小企业发展，是保持国民经济平稳较快发展的重要基础，是关系民生和社会稳定的重大战略任务。要全面贯彻落实科学发展观，采取更加积极有效措施，帮助中小企业克服困难，营造有利于中小企业发展的良好环境，促进中小企业又好又快发展。

（一）继续加大中小企业促进法和有关政策规定的实施力度

以全面贯彻国发［2009］36号文件为重点，抓好各项政策措施的落实。抓紧研究制定中小企业信用担保管理办法，加快修订中小企业标准暂行规定，制订中小企业发展规划。清理不利于中小企业发展的法律、法规和规章制度。深化垄断行业改革，扩大市场准入范围，降低准入门槛，进一步营造公开、公平的市场环境。抓紧出台鼓励和促进民间投资的政策意见。

（二）加大财税等政策扶持力度

逐步扩大中央财政预算扶持中小企业发展的专项资金规模，重点支持中小企业技术创新、结构调整、节能减排、开拓市场、扩大就业，以及改善对中小企业的公共服务。加快设立国家中小企业发展基金，充分发挥财政资金的引导作用，带动社会资金支持中小企业发展。争取在今年年底前出台政府采购扶持中小企业管理办法，提高采购中小企业货物、工程和服务的比例。落实和完善对中小企业的各项税收优惠政策，特别是要把明年小型微利企业所得税减半优惠政策落实到位。全面清理整顿涉及中小企业的收费，严格执行收费项目公示制度，进一步规范执收行为，凡未按规定权限和程序批准的行政事业性收费项目和政府性基金项目，均一律取消，进一步减轻中小企业负担。严肃查处对中小企业乱收费、乱罚款、各种摊派及侵权行为，切实保护中小企业及其职工的合法权益。

（三）切实缓解中小企业融资困难

全面落实支持中小企业发展的金融政策，重点完善小企业金融服务，积极引导银行业金融机构创新体制机制，创新金融产品、服务和贷款抵质押方式，积极发展中小金融机构，扩大对小企业的贷款规模和比重。加快推进创业板市场建设，大力发展创业投资和融资租赁企业，稳步扩大中小企业集合债券和短期融资券发行规模，积极推进区域性中小企业产权交易市场试点，进一步拓宽中小企业融资渠道。加大财政支持力度，综合运用资本注入、风险补偿和奖励补助等多种方式，提高担保机构对中小企业的融资担保能力。改进对担保机构抵质押登记服务，推进银保平等互利合作。推动中小企业信用制度建设，建立和完善中小企业信用信息征集机制和评价体系。

（四）大力推进中小企业结构调整和优化升级

支持中小企业加大研发投入，加强产学研联合和资源整合，提高中小企业技术创新能力和产品质量。扩大中小企业技术改造专项资金规模，支持中小企业采用新技术、新工艺、新设备、新材料进行技术改造。按照发展循环经济和低碳经济的要求，充分发挥市场机制作用，综合运用金融、环保、土地、产业政策等手段，推进中小企业节能降耗、减排治污，实现节约生产和清洁生产。积极引导中小企业走“专、精、特、新”的发展路子，与大企业建立多种形式的协作配套关系。按照布局合理、特色鲜明、用地集约、生态环保、资源共享的原则，引导中小企业集聚发展。加强东中西部中小企业合作交流，实现产业有序转移。大力引导支持发展软件、物流、服务外包、电子商务等现代服务业，扩大生产服务业领域和规模，支持中华老字号等民间特色工艺、传统商贸服务业提升服务质量和水平。

（五）健全中小企业社会化服务体系

加强规划指导，健全投入机制，形成层次合理、分工明确的中小企业社会化服务体系。按照市场化、专业化、社会化的发展方向，建立和完善财政分级补助机制，引导和支持各类中介服务机构拓展服务领域，提高服务能力，开展信息、培训、技术、创业、投融资、质量检验、企业管理等服务。通过引导社会投资、财政资金支持等多种形式，重点支持带动能力强、具有共性服务功能的中小企业公共服务平台。建立健全中小企业统计监测制度，加强对中小企业生产经营的监测和分析。

（六）引导和支持中小企业加强管理

广泛开展管理咨询等活动，引导中小企业加强基础管理，健全经营机制，完善治理结构，推进管理创新。积极引导各类中小企业采用先进的管理方法和技术，不断提高经营管理水平和抗风险能力。继续实施中小企业信息化推进工程，完善中小企业信息服务网络，提高中小企业信息技术应用水平。严格执行规章制度，保障员工安全健康，维护劳动者合法权益。继续实施中小企业银河培训工程，提高中小企业经营管理人员的素质。

在2009年中小企业信息化推进工作交流总结会上的讲话

工业和信息化部副部长　杨学山

同志们：

大家上午好！

今天，由我部中小企业司和信息化推进司召开的2009年度中小企业信息化推进工作交流总结会，是在刚刚结束的全国工业和信息化工作会议之后召开的重要会议。贯彻落实全国工业和信息化工作会议精神和国务院“关于进一步促进中小企业发展的若干意见”（国发36号文）是当前工信部的重要任务。刚才，中小企业司对2009年中小企业信息化的工作做了总结，服务平台试点单位、两化融合试验区等地方的同志介绍了情况、大企业的代表也就支持中小企业信息化问题提出了很好的建议。下面，我讲几点意见。

一、推动两化融合是促进我国中小企业健康发展的重要基础

（一）充分认识推动两化融合的重要性与紧迫性

信息化是我国加快实现工业化和现代化的必然选择。推进信息化与工业化融合是党中央、国务院在新的历史时期做出的重大战略决策和部署，对于促进结构调整，转变发展方式，缩短工业化进程，实现走新型工业化道路的目标具有重要意义。

与经济发达国家不同，我国是在工业化中期开始推进信息化，并在尚未完成工业化的条件下提出促进信息化与工业化融合。20世纪90年代以来，随着信息技术的快速发展和应用的普及，信息化已

经成为全球经济社会发展的重要推动力。进入21世纪，信息化对经济社会的影响更加深刻。世界经济发达的国家，依靠科学技术的领先优势，抢占了世界经济的制高点；发展中国家为摆脱贫困，实现跨越式发展，就必须加快自主创新和工业化、现代化建设的步伐。当前，我国的经济总量虽然位居世界前列，但工业化水平与发达国家相比还有较大差距，资源与环境的约束日益突出；人力资源的优势还没有充分发挥；缺乏核心、关键技术和自主知识产权的产品；尤其是量大面广的中小企业利用信息等高新技术改造传统产业任重而道远。因此，充分发挥信息技术的先导和拉动作用，促进信息化与工业化融合，解决经济社会发展中的重大问题和关键需求，以推广普及和深化应用为要点，使信息技术成为改造传统产业、缓解资源环境压力、提高经济运行效率、增强企业，特别是中小企业竞争力、改善公共服务的有效途径，是当前形势和未来发展对信息化提出的迫切要求。

（二）推动两化融合是帮助中小企业应对国际金融危机的有效手段

去年下半年以来的国际金融危机，对我国实体经济产生了严重冲击，工业经济增速大幅下滑，特别是中小企业和非公有制经济，生产经营成本增加，效益下滑，停产倒闭现象增多，对我国经济社会发展造成了严重影响。为应对国际金融危机，党中央、国务院采取了一系列保增长、扩内需、调结构、惠民生，保持经济平稳较快发展的措施，着力解决制约发展的突出困难，取得了明显成效。但是，必须清醒地看到，当前，我国经济回升的基础还不牢固，工业化和现代化的道路还很漫长，转变经济发展方式已刻不容缓。在这种背景下，党中央、国务院做出推动两化融合的战略决策，就是要坚定信心，坚持以信息化带动和改造传统工业，通过推进生产设备数字化、生产过程智能化和企业管理信息化，提高研发设计、生产制造、物流库存和市场营销的信息化水平，实现精准、高效生产，强化生产过程的在线监测、预警和控制，实现产业升级、产品换代，探寻新的经济增长点，推动企业技术进步，挖掘市场机会，逐步走出困境。

（三）信息化是中小企业转型升级的现实要求

改革开放30年来，我国经济取得了举世瞩目的成就，同时，中小企业和民营经济也得到了迅猛发展，涌现出一批从小到大、由弱到强的知名企业。在珠三角、长三角地区，一大批劳动密集型行业的中小企业通过贴牌生产、专业化协作，以低成本、低价格和专业化批量生产优势参与国际竞争，进入新世纪，我国的纺织、服装、箱包、鞋帽等产品成为了世界第一生产和出口大国，在国际市场占据着重要份额，使我国在世界贸易中的排名迅速递增。但是，这种优势随着经济全球化和国际产业分工的变化，面临着严峻挑战，特别是国际金融危机的冲击，使中小企业长期存在的深层次矛盾凸显，遇到了前所未有的生存压力，如何提高发展质量、增强竞争力、实现转型升级已现实地摆在中小企业面前。

信息技术是提升传统产业，促进中小企业转型升级，推动企业技术创新、管理创新、市场拓展和扩大合作的有效手段。运用信息技术，可以有效弥补中小企业信息不对称，营销管理人员和网络的不足，可以有效缩短产品的设计、研发周期，可以提高管理水平，有效降低管理和运营成本。据调查，在金融危机中，一些信息技术应用好、技术含量高、产品变化快，能够利用信息技术及时调整经营策略与模式的企业，表现出较高的应变能力和抵御危机的抗风险能力。应用信息技术改造和提升传统产业，是中小企业实现转型升级的现实要求，提高信息化应用水平，也是中小企业应对市场挑战，增强竞争力的有效途径。

二、推动两化融合，促进中小企业发展的探索与实践

（一）推动两化融合是工业和信息化部的职责

推动两化融合，坚持走新型工业化道路是工业和信息化部的重点任务，也是落实中央经济工作会议提出的转变发展方式，调整经济结构，提高经济发展质量和效益目标的要求。为此，部里成立了促进两化融合工作组，进行了工作分工，召开工作会议，研讨试点方案，明确工作重点，将应对金融危机，促进工业由大变强作为两化融合的目标，司局间加强协调配合，共同推进。

两化融合工作主要从企业、行业和区域三个层面进行推进。一是企业层面。包括推动研发、设计等信息技术应用；实现生产过程自动化；人力资源开发；推进企业管理信息化；促进电子商务和现代物流发展。二是行业层面。包括建立信息服务平台，实现行业内信息资源的互通共享；总结推广典型经验；开展工业信息化运行监测工作等。三是区域层面。在8个两化融合试验区，把促进两化融合纳入本地区的经济社会发展规划，重点围绕传统产业改造提升、特色优势产业发展、现代物流发展、工业园区建设，做强主导和优势产业，建立中小企业公共服务平台等内容进行经验总结和探索实践。

（二）开展区域试点是两化融合的重点任务

目前确定的上海、重庆、内蒙古的呼包鄂和乌海地区、广东的珠三角地区、广州、南京、青岛和唐山8个试验区，是首批区域试点城市，涉及东部、中部和西部地区，涵盖了我国不同发展水平、不同发展阶段、不同产业结构的工业经济类型。一年来，每个试验区都制订了试点方案，根据本地区的经济社会发展特点与需求，确定了各具特色的试点内容，工作取得了重要进展。主要表现在：一是领导高度重视。各市成立了领导小组，确定了牵头部门，建立了协调机制，并把推动两化融合作为应对金融危机，促进城市整体发展的重要组成部分，如，重庆市、广东省提出要打造“信息重庆”、“数字珠三角”的总体目标，给两化融合提出了高定位、高水准的要求。二是工作积极主动。各试验区在实施方案和2009年工作计划的基础上，加强

调查研究，落实各项任务。如，上海市人民政府召开两化融合工作会议，出台了《关于推进信息化与工业化融合　促进产业能级提升的实施意见》；重庆市人民政府召开试验区建设推进大会，出台了《关于加快推进信息化与工业化融合的意见》。三是措施务实有力。各试验区不断提高认识、理清思路、明确重点，很多城市根据各自的实际情况充实自选动作，加强政策体系和支撑体系建设，总结推广一批典型经验，并遴选出一批信息化建设项目，落实资金，给予支持，取得了很好的效果。

（三）中小企业信息化为推动两化融合提供了有益经验

这几年，各地中小企业管理部门在推进中小企业信息化工作中积极探索，落实8部委文件要求，实施中小企业信息化推进工程，成效明显。工信部成立之后，信息化推进司是部里两化融合工作的牵头司局，中小企业司是中小企业信息化推进工作的责任司局，地方中小企业主管部门是负责组织实施中小企业信息化推进工程的责任部门。当前正在进行机构改革，更需要系统内外、上下加强沟通、协调配合、明确责任、形成合力，通过建立联合工作机制，共同完成好促进两化融合，推动中小企业信息化的工作任务。行业协会要充分发挥社会团体的优势，为行业企业提供专业化服务和技术支持。要通过政策引导、典型示范、大规模培训等培养企业的主体意识，促进供需互动，实现合作双赢。

三、中小企业信息化推进工作的目标和任务

（一）中小企业信息化的发展目标

中小企业是市场经济的主体和两化融合的基本载体。大力推动中小企业信息化是《2006～2020年国家信息化发展战略》和《国民经济和社会发展信息化“十一五规划”》提出的重点任务，中小企业信息化的长期发展目标是，到2020年，我国骨干企业网上订单的比例将达到70%，经常性应用电子商务的中小企业数量占全国中小企业总数的比例提高到40%，网上零售额占社会零售总额的比例较2005年翻两番。近期发展目标，到2012年，中小企业信息化的相关政策要基本配套，发展环境要明显改善，社会服务能力要显著提高；中小企业利用互联网发布和获取信息的比例超过90%，利用信息技术开展生产、管理、创新活动的比例超过40%，利用电子商务开展采购、销售等业务的比例超过30%，尽快缩小与经济发达国家的差距。在今年9月发布的《国务院关于进一步促进中小企业发展的若干意见》（国发36号文）中，第二十七条进一步明确，要加快推进中小企业信息化。继续实施中小企业信息化推进工程，加快推进重点区域中小企业信息化试点，引导中小企业利用信息技术提高研发、管理、制造和服务水平，提高市场营销和售后服务能力。鼓励信息技术企业开发和搭建行业应用平台，为中小企业信息化提供软硬件工具、项目外包、工业设计等社会化服务。要落实好文件精神，实现中小企业信息化的各项发展目标，不但是政府部门的责任，也需要社会各方面的积极参与和支持，在这方面，近几年，很多大企业、行业协会、社会服务机构和新闻媒体都做出了积极的努力和贡献。

（二）中小企业信息化的主要任务

各国企业信息化建设的历程大多是从大企业开始，取得经验后在中小企业推广。我国自20世纪80年代以来，不同行业的大企业开展信息化建设，积累了大量宝贵经验。中小企业信息化的历史还较短，基础薄、资金少、人才缺是制约中小企业信息化的三大“瓶颈”，中小企业的信息化需求和解决方案与大企业也有明显不同，因此，在推动中小企业信息化过程中更要坚持以市场和需求为导向，以企业为主体，充分发挥市场配置资源的基础性作用。同时，政府要加强宏观引导和协调，组织和调动社会各方资源，支持中小企业应用信息技术，降低成本，提高效率，增强竞争力。

中小企业信息化推进工作涉及的企业面广，需求复杂，工作有难度。加快推进中小企业信息化是工业和信息化主管部门、中小企业主管部门的共同责任，同时需要供需双方企业和社会各方面的努力和支持。各有关部门要发挥专业优势、分工协作、密切配合，联合推进。

一是要贯彻落实有关促进中小企业发展和信息化的法律、法规和政策措施，协调落实相关财税支持政策。完善相关法律法规和标准，消除网络信息安全隐患，建立监督保障机制，促进服务市场的形成和健康发展。

二是要针对当前制约中小企业信息化的热点难点问题，加强调查研究和宏观指导，建立信息化投入与应用绩效评估体系，提高中小企业信息化的综合效益，激发中小企业信息化建设的积极性、主动性和创造性。

三是支持中小企业公共服务平台建设，形成宽领域、多层次、多功能的信息化服务体系。加强信息共享和公示，建立公共服务平台的认证和监管体系，提高服务商的服务质量和公信力，解除中小企业利用公共服务的后顾之忧。

四是各方协作配合，发挥大企业资源优势和带动作用，为中小企业提供优质解决方案，提高供给能力。推动供应链管理和客户关系管理，增强中小企业的配套协作能力。开拓多元化的投融资渠道。要加大财政支持，完善基础设施。鼓励金融机构对中小企业实施信息化、软件开发与应用、信息化服务平台建设等提供支持。

五是加强培训和咨询指导，提高中小企业的信息化意识和能力，通过树立典型、试点示范，总结经验，交流推广。

同志们，我国中小企业面临着新的发展机遇，从现阶段实际情况出发，走中国特色的中小企业信息化发展道路，没有现成的经验可循。信息、网络和通信技术的不断发展和高度融合能否成为促进中小企业成长的“助推器”，使中小企业享受到信息化的实惠，还需要在实践中不断摸索和总结。让我

们为推动两化融合，促进中小企业健康发展而共同努力。

谢谢大家！

在广东省中小企业信用再担保有限公司成立大会上的致辞

工业和信息化部副部长　欧新黔

尊敬的宋海副省长、佟星副省长，各位来宾：

经过各方努力，广东省中小企业信用再担保有限公司今天正式成立了，我代表工业和信息化部致以热烈祝贺！

改革开放以来，中小企业迅速成长，已成为繁荣经济、增加就业、推动创新、结构调整和催生产业的重要力量。同时中小企业发展还面临不少困难。特别是去年以来，国际形势急剧变化，金融危机爆发严重冲击全球经济，金融动荡和经济减速对我国经济影响进一步显现并日益加重，使一些中小企业生产经营遇到不少困难，突出的是融资难贷款难担保难。推进中小企业信用担保体系建设，是缓解当前中小企业融资难的有效途径，也是各国扶持中小企业发展的通行做法。

经过近10年的积极探索和规范发展，以中小企业为服务对象的中小企业信用担保机构发展迅速，业务水平与运行质量稳步提高，服务领域不断拓展，担保成效不断显现，经济和社会效益突出。截至2007年底，全国各类中小企业担保机构达到3 729家，累计为70万户中小企业提供贷款担保总额达到1.35万亿元。据不完全统计，2008年注册1 000万元以上近2 400家担保机构共为近13万户中小企业提供担保贷款5 200多亿元。广东有近190家担保机构为1万户中小企业提供408亿元担保贷款。为解决中小企业在金融危机中遇到的困难，加大信贷支持力度，发挥了积极作用。

广东省委、省政府高度重视中小企业工作，为应对国内外经济形势变化带来的不利影响，扩大内需，促进增长，出台了一系列增加财政投入、扩大信贷支持、调整振兴产业等促进中小企业发展的政策措施。广东省政府出资20亿元成立中小企业信用再担保机构，就是缓解当前中小企业融资难，促进广东中小企业发展的重要举措，这必将对提升全省担保整体信用能力与水平，解决广东中小企业当前生产经营困难，保持广东经济平稳健康发展，产生积极的作用，也会为面上有效推进中小企业信用再担保工作，完善全国担保体系，积累经验，探索模式。

希望广东省中小企业管理部门及中小企业信用再担保有限公司按照国务院关于进一步明确融资性担保业务监管职责，促进融资性担保业务健康发展的有关精神要求，与有关部门密切协作，深入践行科学发展观，牢固树立为中小企业服务宗旨，突出专业化再担保业务，健全内部管理制度，完善操作流程，创新服务方式，开拓进取，积累经验，切实提高中小企业信用担保机构防控风险能力和对中小企业的融资服务能力。

严冬就要过去，春天即将来临。我们有在改革开放30年形成的强大的物质基础和良好体制，有一个稳健的金融和市场体系，有国内市场不断增长的广阔潜力，更重要的是，我们有党中央、国务院坚强领导和正确决策，就一定能战胜当前的困难和危机，保持经济持续健康发展。让我们按照党中央、国务院的统一部署和要求，振奋精神，坚定信心，锐意进取，团结协作，共同为促进中小企业又好又快发展做出应有的贡献。

谢谢大家。

在中国创业板开板仪式上的致辞

工业和信息化部党组成员
总工程师　朱宏任

尊敬的汪洋书记，尊敬的尚福林主席，各位来宾，大家下午好！值此机会，我谨代表工业和信息化部对创业板的正式启动表示最热烈的祝贺。

融资难是中小企业发展过程中反映最为突出的问题，在应对国际金融危机的过程中，帮助中小企业克服融资障碍，形成解决体制机制一直是中央企业的着力点，也是社会各界关注的重要方面，《国务院关于促进中小企业发展的若干意见》明确要求，要进一步拓宽中小企业融资渠道，加快创业板建设。今天，创业板正式启动，这是贯彻落实国务院文件精神的重要举措。创业板推出，将成为新兴企业的摇篮，结构调整的推手，自主创新的平台。

一是完善了多层次资本市场，优化中小企业资金供应结构。

二是通过培育、改制、上市，提升上市中小企业的综合素质。

三是进一步规范市场，发育中介，进而实现科技成果与资本市场的结合，传统产业与新兴产业间的配置。

作为我国多层次资本市场的重要组成部分，创业板的启动必将进一步启动我国科技创新的科学发展，在创业板正式开板后，我们仍然要注意以下几个问题：

一是注重与产业政策的结合，符合创业板“两高六新”，也就是成长性高，科技含量高，新经济，新服务，新农业，新材料，新能源和新商业模式特征的上市公司。在有望分享创业板高估值的同时，更须注重企业投资建设的项目，要与国家产业政策，国家可持续发展战略相吻合。

二是注重培育上市资源，要逐步建立和完善中小企业上市预成机制，加大对优强中小企业的培育，积极支持和鼓励一批专、精、特、新的中小企业通过资本市场实现科学发展，为创业板市场不断提供优良的上市资源。

三是注重防范风险，目前创业板上市企业平均发行市盈率约为50倍，投资者面临上市企业经营风险、诚信风险、股价波动风险，都可能高于主板市场。为此，上市企业要进一步加强企业诚信体系的建设，不断提升企业的自身素质，努力实现企业又好又快地可持续发展，以不辜负投资者的期望，各方面都要积极配合证监部门严密监控风险，坚决杜绝创业板的过度炒作和股价操纵行为，及时纠正市场异常，及时稽查和处罚违法违规行为。同时，希望证券市场要不断加强研究，吸收利用国外相关市场发展的成功经验，特别是各方面的教训，积极探索适合我国国情和企业现状的创业板市场发展与监管方式、模式，搞好风险防范和风险管理，支持中小企业融资事业健康发展。

我们相信，中国工业扫除国际金融危机阴霾将以中小企业的蓬勃发展为标志，创业板市场也将随之取得更大的发展空间，创业板还将使中国多层次资本市场取得新的进展，除主板、中小企业板、创业板外，将来还会有场外市场多层次资本市场的建设，将会兼顾大型企业，传统产业和新兴产业，兼顾实体经济和新兴业态，推出创业板，整合市场资源，进一步改善中小企业直接融资和间接融资的结构，希望今后一段时间内成为各方积极努力的方向和工作重点，最后，预祝创业板开板启动取得圆满成功！谢谢大家！

在第三届中小企业节开幕式上的讲话

工业和信息化部党组成员
总工程师　　朱宏任

尊敬的子彬会长，尊敬的各位来宾、女士们、先生们：下午好！

由中国中小企业协会和上海市人民政府举办的第三届中小企业节在这里隆重召开，这是我们970万家中小企业的盛大节日。对我们贯彻落实国务院关于进一步促进中小企业发展的36号文件，对增强中小企业战胜国际金融危机的信心，加强企业之间的交流与合作，推动中小企业健康发展，将发挥积极重要的作用。我谨代表工业和信息化部向本届中小企业节表示热烈的祝贺。

中小企业是我国国民经济和社会发展的重要力量，促进中小企业发展是保持国民经济平稳较快增长的重要基础，是关系民生和社会稳定的重大战略任务。自去年以来受国际金融危机的影响，我国中小企业，特别是外向度比较高和劳动密集型的中小企业生产经营困难，为此，党中央国务院及时出台了一系列的政策措施加大财税、信贷等扶持力度，努力改善中小企业的经营环境，在中央一系列政策措施的持续作用下，我国工业经济已经止住了大幅下滑的趋势，回升势头更加明朗。前三季度，全国规模以上工业增加值同比增长8.7%，6~9月已经连续四个月工业增加值增速超过10%，9月份规模以上工业增加值增长13.9%，12个主要工业行业全部实现了正增长，其中机械、建材、医药行业增加值同比增长超过两位数，工业价格连续六个月环比，节能减排取得新进展。

中小企业在各方面的大力支持下，生产经营中也出现了一些积极的变化，一是中小企业的生产稳定增长，1~8月规模以上中小工业企业完成工业增加值同比增长11.1%，高于全国规模以上工业企业平均增幅3个百分点。二是企业经济效益出现回升，实现利润增长1.6%，增幅高于全国的平均水平，12.2个百分点，亏损企业亏损额增幅比上半年回落30个百分点，上缴税金总额增长10.4%。三是随着工业经济企稳回升，停产半停产企业陆续恢复生产，更多企业努力做到不裁员少裁员，开拓更多新的岗位保持社会稳定。经济社会整体向好的背景下，中央继续加大了对中小企业的扶持力度。

9月22日，国务院在2003年中小企业促进法，2005年鼓励支持和引导个体私营经济等非公有经济发展若干意见的基础上印发了关于进一步促进中小企业发展的意见，就是国发36号文件，文件对进一步促进中小企业健康发展的政策措施进行了完善，36号文提出了8个方面共29条政策意见。一是进一步完善促进中小企业发展的法律政策体系。二是将缓解融资难作为促进中小企业发展的一个突破口。三是集中规定了促进中小企业发展的财税政策。四是着眼长远，引导中小企业转变发展方式。五是支持中小企业开拓市场。六是突出了加强和改善对中小企业的服务。七是引导中小企业不断提高经营管理水平，提高企业素质。八是加强组织领导和工作协调。这些都是针对当前中小企业面临的突出问题制订的。为解决中小企业融资难，金融机构采取了一些体制、机制的改革措施，引导社会资金支持中小企业发展，制订政府采购扶持中小企业发展的具体办法等，有很多是首次提出或者着重强调了政策点。

36条文既有政策亮点，也有体系构建，既有马上或者很快可以实施的措施，也有需要形成细则加以落实的重要政策。促进中小企业健康发展既是一项长期的战略任务，也是当前保增长、扩内需、调结构、促就业、惠民生的紧迫任务，必须由政府、中介组织、社会各界和企业形成合力，工业和信息化部负责牵头支持中小企业发展工作，我们将在已确定要成立的国务院支持中小企业发展工作小组的组织领导下牵头协调配合有关部门落实36号文件中近期的16项加快推进各项政策的落实。促进中小企业非常重要的一环就是充分发挥中小企业协会在内的协会、商会、中介组织等作用。尽管中小企业协会成立才短短三年时间，但是在李子彬会长的领导下，形成了一支朝气蓬勃、甘于奉献的团队，在管理咨询、技术创新、人才培训、国际经济合作等服务平台，积极为广大中小企业提供服务，尤其在破解中小企业融资难方面，中国中小企业协会也开展了卓有成效的工作，组织发行了2009年大连中小企业集合债。希望中小企业协会继续壮大，完善服务体系，丰富服务内容和服务措施，继续为中小企业提供多层次、全方位的服务，以帮助我国中小企业提升整体实力，工业和信息化部也将大力支持协会的各项工作。

今天第三届中小企业节的举办为关心中小企业发展的社会各界搭建了一个高端平台，本届中小企业节期间，还将分别举办大陆与港、澳、台地区中小企业的高峰论坛，高新技术产业与中小企业发展论坛的互动交流活动，相信，上述一系列活动将有助于中小企业开阔视野，更新观念，结交朋友。

各位来宾、朋友们，中小企业是战胜国际金融危机不利影响的中坚力量，如果说这次金融危机影响的主要是中小企业，也可以说中小企业克服障碍战胜困难重新蓬勃发展，将会成为我国战胜金融危机影响的重要标志。让我们共同努力，为中小企业发展建言献策，营造环境，给中小企业更多的关注，给中小企业创造更多的市场机会，给中小企业发展的旗帜上增添更多的光辉，推动我国中小企业的全面繁荣与发展。

谢谢大家！

在中国移动通信集团公司、中国中小企业协会举办的2009中小企业信息化推进大会上的致辞

工业和信息化部党组成员、总工程师　朱宏任

尊敬的王建宙总裁、李子彬会长，尊敬的王军民副省长，各位来宾：

大家上午好！

昨天晚上到达济南，初冬的泉城已让人感到阵阵寒意，但是今天的会场却显示着热流涌动。我们欣喜地看到中国移动通信集团公司、中国中小企业协会携手中国工商银行、中国农业银行、民生银行、用友软件和浪潮集团联合举办的2009中小企业信息化推进大会顺利召开，我谨代表工业和信息化部向大会表示热烈的祝贺，并预祝会议取得圆满成功！

中小企业在我国经济社会发展中发挥着积极而重要的作用，我国城镇就业岗位近80%都是由中小企业创造的。同时，中小企业也为促进结构调整、推动技术创新和专业化生产、活跃和丰富市场、发展高新技术产业和现代服务业做出了积极的贡献。

自去年国际金融危机以来，我国中小企业面临严峻挑战，特别是劳动密集型和出口型企业，出现了订单萎缩、资金链断裂、生产经营困难甚至停产倒闭现象，随之给经济社会带来就业岗位减少、产业链断裂、出口缩水等问题。党中央、国务院和各级政府对中小企业始终予以高度重视。帮助中小企业应对挑战、共克时艰，是中央为应对国际金融危机出台的“一揽子”计划和政策措施的重要方面。最近，国务院印发了“关于进一步促进中小企业发展的若干意见”（国发36号文），集中体现了党中央、国务院对促进中小企业发展的充分关心与大力支持。36号文件明确提出，要加快推进中小企业信息化。继续实施中小企业信息化推进工程，加快推进重点区域中小企业信息化试点，引导中小企业利用信息技术提高研发、管理、制造和服务水平，提高市场营销和售后服务能力。鼓励信息技术企业开发和搭建行业应用平台，为中小企业信息化提供软硬件工具、项目外包、工业设计等社会化服务。

落实好文件提出的要求，提高中小企业信息化应用水平，是全社会的共同责任。中小企业信息化是我国信息化发展战略的重要组成部分。信息化对转变中小企业发展方式，提高经营管理水平、生产能力和市场竞争力具有促进和支撑作用。中小企业信息化程度低直接影响着企业的健康成长。

去年工信部成立以来，在应对国际金融危机的总体部署安排下，部里多次组织调研，配合财税、金融等部门，制定落实各项扶持政策的措施，增加财政资金的支持，扩大信贷规模，缓解融资难，努力解决中小企业生存发展的突出困难，组织开展了信息化公共服务平台试点，推动区域中小企业信息化，促进工业化和信息化的融合，这些工作取得了重要进展。通过实施中小企业健康成长计划和电子商务服务业支持中小企业发展特别行动计划，宣传推广典型案例、支持中小企业技术创新和信息化建设等措施，使中小企业信息化推进工作更加务实。

中国移动公司、中国中小企业协会正联合软件企业、银行业等多方力量共同开展百万中小企业信息化体验活动，准备通过举办数百场研讨会、上千场培训和组织超百万家中小企业的体验活动，探索解决中小企业在通信、营销、办公以及财务、管理等方面的实际需求。我们认为，这是落实文件精神，发挥多方面人才、技术等资源优势，支持中小企业信息化的具体行动，也是大企业社会责任的体现。我们将积极支持，推动完成好这项任务。

各地方组织开展的推进活动，为利用信息化手段解决制约中小企业发展问题提供了丰富的经验。山东省的中小企业信息化推进工作在全国位居前列，各级领导的高度重视、良好的工作基础、务实的推动措施提供了重要的工作保障。近几年，中小

企业办与省信息产业厅、财政厅等部门联合发布了《关于加快中小企业信息化建设促进中小企业快速健康成长的意见》，通过实施中小企业信息化推进工程，并结合省政府关于实施促进中小企业成长计划的精神，明确全省中小企业信息化建设的发展目标、工作重点和政策措施，围绕中小企业网建设、信息化培训、信息化示范企业和示范区培育、信息化辅导站建设出台了系列配套文件，做出了工作部署，取得了显著成效，我们也衷心希望山东省在推动中小企业信息化方面作出更大成绩。

促进中小企业健康发展，是保稳定、保增长和维护社会和谐进步的需要，实施信息化是中小企业生存发展和提高竞争力的内在要求，也蕴涵着重要的商机。我们希望社会各个方面，有远见的企业要把握住近千万中小企业实现信息化的现实需求，大胆开拓，不断创造新的需求与服务形式。紧紧围绕企业实际，充分发挥无线通信技术和网络结合的独特优势，在加强法律法规和政策措施的研究制定，推动形成规范、有序的服务市场，努力营造让中小企业放心和满意的信息化支持环境方面加大工作力度，使信息化真正成为助力中小企业成长的“加速器”，帮助中小企业渡过危机，保持持续稳定发展。

在政府营造环境、中介组织搭建桥梁、大企业搭建平台和提供服务的格局下，我们衷心期待，广大中小企业的倾心投入将能够谱写中小企业信息工作的新篇章。我们相信在大家的共同关心共同努力下，中小企业信息化将获得更好的发展，中小企业将获得更快的发展，中国工业将获得更好更快的发展！

谢谢大家！

着力推动中小企业技术创新 增强经济增长的动力和活力

——在创新基金实施十周年总结大会上的讲话

财政部副部长　丁学东

尊敬的万钢副主席，各位来宾，大家好！

科技部和财政部共同召开科技型中小企业技术创新基金成立十周年总结表彰大会，总结经验、鼓励先进、共商未来，对于深入贯彻落实科学发展观，进一步完善中小企业扶持政策，推动企业依靠科技创新抵御国际金融危机冲击并获得持久增长动力，将具有十分积极的意义。谨此我代表财政部对十年来辛勤培育科技型中小企业的同志们表示衷心的感谢！

当今世界正在发生广泛而深刻的变化，全球信息化、数字化、网络化浪潮风起云涌，能源、生态、人口、健康等问题不断向人类赖以生存的环境发出挑战，需要依靠科技进步创造新的生产方式、生活方式和发展模式。因此，提升科技创新能力已成为世界各国提高国际竞争力、保障国家安全和实现未来发展的战略基点。

近年来，我国经济保持平稳较快发展，经济实力显著增强，但长期形成的结构性矛盾和粗放型发展方式尚未根本改观，资源和生态环境代价过高。此种发展模式将难以为继，必须转向创新驱动、内生增长的轨道。为此，中央及时部署了“增强自主创新能力，建设创新型国家”的重大战略任务，一系列指导科技创新工作的纲领性文件相继出台。

为支持企业自主创新，近年来，中央财政认真贯彻党中央、国务院的战略部署，不断完善公共财政政策体系，综合运用税收、资金投入、政府采购等政策工具，积极促进建立以企业为主体、市场为导向、产学研相结合的技术创新体系。

在资金政策方面，设立了科技型中小企业技术创新基金、产业技术研发资金、中央国有资本经营预算重大技术创新资金等专项资金，积极鼓励企业开展新技术和新产品开发，促进科技成果产业化。同时，通过改进和创新国家科技计划及其经费支持方式，促进产学研有机结合。

在税收政策方面，中央财政不断完善支持方式，采取多种措施，为企业营造公平、宽松的技术创新环境。如：对国家需要重点扶持的高新技术企业，对科技成果转让，以及对创业投资企业投资于中小高新技术企业等，均出台了相应的税收优惠政策。

此外，中央财政还运用政府采购等政策工具，鼓励购买自主创新产品，完善企业自主创新激励分配制度。上述政策的实施，有效激发了企业技术创新的热情和潜能，产生了良好的经济效益和社会效益。

中小企业是国家创新体系中最能动、最活跃和最具效率的元素，是技术创新的重要源泉和技术转化的主要载体。为扶持、促进中小企业技术创新，经国务院批准，1999 年中央财政设立了科技型中小企业技术创新基金。截至目前，累计安排 104.5 亿元，其中 2009 年资金规模比 2008 年翻了一番，达 28 亿元。

十载耕耘，十年收获。作为国家支持企业技术创新的重要公共财政政策，创新基金在国家相关部门、地方各级政府及社会各界的悉心关怀和协同努力下，政策内容不断丰富，管理手段逐渐规范，支持方式不断完善，作用成效日益显现。为促进技术创新和创业，加速科技成果转化，构建以企业为主体的创新体系发挥了重要作用。

一是扶持了一大批创新型企业和技术成果，促进了产业结构优化升级。创新基金以国家科技规划及产业政策为指引，围绕电子信息、新能源与高效节能、新材料、生物医药和高新技术服务业等重点领域，以科技型中小企业为载体，积极促进技术创新成果产业化，加速了我国产业结构的调整和优化。截至目前，创新基金累计支持了 20 297 个中小企业技术创新项目。据统计，2000～2008 年，在创新基金执行期内的科技型中小企业共获得专利授权 4 202 件，发明专利授权 1 334 件。在中小板上市的企业中有近三分之一曾经得到过创新基金的资助，科技型中小企业群体由十年前的 2 万家发展壮大到目前的 15 万家。

二是鼓励高端人才就业和创业，培育了新的经济增长点。创新基金以鲜明的政策导向，吸引和扶持各类高学历人才、留学人员到技术创新第一线，鼓励他们创办科技型中小企业，开展科技成果转化和产业化。10 年来，创新基金约创造了 45 万个就业岗位。据对 2008 年底已验收的 7 900 多个项目统计，在获得创新基金资助后，这些项目共实现销售收入 2 092 亿元，上缴税金 225 亿元，出口额 34 亿美元。

三是带动了多方资金参与，促进了企业创新环境的改善。10 年前，当创新基金作为我国第一支扶持中小企业的专项资金应运而生，它便成为一面旗帜，引领中小企业技术创新，呼唤人们的创新意识，同时对社会资金产生了较强的示范作用。随着支持方式的不断调整和完善，创新基金逐步从单一支持技术项目向培育企业综合创新能力转变，从支持企业创新向改善创新环境转变。目前，全国 37 个省级单位均设立了创新基金，总规模约 36 亿元。初步形成了“上下互动、服务创新”的良好工作局面。

当前，国际金融危机的阴霾尚未散尽，世界经济复苏正处于关键时期。历史证明，经济危机孕育着新的科技革命，并推动经济结构的重大调整，提供新的增长引擎。因此，抓住机遇，抢占经济科技制高点，是实现跨越式发展的必然选择。根据当前新形势，党中央、国务院进一步强调要更加注重提高经济增长质量和效益，更加注重推动经济发展方式转变和经济结构调整，更加注重自主创新、增强经济增长活力和动力。中央财政将继续贯彻实施积极的财政政策，逐步扩大支持中小企业的专项资金规模，重点支持技术创新、结构调整和扩大就业，引导社会资金支持中小企业发展。

借此机会，我想对今后创新基金工作提出几点希望：

一是围绕党中央、国务院关于 2010 年经济工作的总体要求，指引和推进中小企业创新工作。要进一步突出创新基金工作重点，扩大支持范围，优化支出结构，加大对战略性新兴产业技术创新的支持力度，落实重点产业调整和振兴规划确定的工作任务，充分发挥创新基金在国家经济结构调整中的作用，促进提高经济发展的质量和效益。

二是围绕转变经济发展方式的要求，引导中小企业通过技术进步提高竞争力。针对中小企业发展中的突出问题，要充分发挥产业集群的优势，促进企业围绕产业链条进行集约化生产。要积极改善中小企业公共技术服务环境，引导企业加大技术投入，走科技含量高、资源消耗低、环境污染少的新型发展道路，在实现自身可持续发展的同时，为产业结构优化升级做出贡献。

三是围绕我国提出的节能减排目标，着力提升清洁环保技术创新水平。要积极鼓励开展新能源、可再生能源、循环经济、控污减排、生态保护和环境治理等技术创新活动，开发资源节约型、环境友好型社会急需的关键技术和产品，培育节能环保产业，为经济社会全面协调可持续发展提供更加有力的支撑。

四是围绕解决就业和促进中小企业发展，建立更加完善、便利、高效的创业服务体系。我们要搭建更加广阔和发达的创业服务平台，进一步完善对科技人员、大学生、留学归国人员等高端人才技术创新创业的扶持政策，鼓励创办高新技术、现代服务业等技术密集型、知识密集型企业，为高素质、高技能劳动者创造更多的就业岗位，通过鼓励创业，实现增加就业。

五是围绕建设创新型国家的要求，培养全民创新意识。要通过政策引导、树立典型、加大宣传等多种方式，倡导敢于创新、勇于竞争、宽容失败的创新精神，弘扬创新文化，完善创新激励机制，激发全社会创新活力。

创新基金十年硕果，凝聚着大家的辛勤劳动，今天表彰的先进单位和个人，就是其中的杰出代表。对创新基金工作进行总结表彰，就是要鼓励社会各界更加关注科技型中小企业的成长，让一株株小苗在阳光、雨露的滋润下长成满目青翠、茁壮挺拔的参天大树，成为建设创新型国家的栋梁。

昔日辉煌成历史，今朝伟绩续新篇。在未来创新基金事业的征途上，我们任重而道远，希望大家再接再厉，同心协力，共谱华彩乐章。我相信，创新基金工作在社会各界的关注和共同努力下，必将迎来更为灿烂的明天。

谢谢大家！

在“如何破解中小企业融资难”大型国际论坛上的讲话

中国银监会主席　刘明康

女士们、先生们，早上好！

占全国公司总数 99% 的中小企业作为我国社会主义市场经济当中最具生机和活力的群体已经成为我国经济增长的重要动力之一，在产品的技术创新，产业结构调整，区域经济的崛起，解决就业和农村劳动力的转移等方面发挥着重要的作用。实际上，服务于中小企业对我们现代银行业，在调整自己的战略结构，调整自己客户的结构和业务组合结构，提升自己业务组合的竞争能力方面，也将起到很大的作用。银监会从成立以来，一直非常高度重视中小企业的融资，组织银行业金融机构探索了以 6 项机制建设为基础，以总行层面上成立专门的机构为抓手，以随手回应中小企业需求的产品开发为重点这样的一个工作路子。在金融危机再次爆发以后，党中央、国务院果断的决策出台了一系列的经济刺激计划，并从保增长、保民生、保就业的战略高度出发，要求加大对中小企业和“三农”的扶持力度，银监会和银行业的金融机构积极地响应，广大银行业金融机构将中小企业的业务作为自己改善业务结构、客户结构和调整战略方针，履行社会责任，支持经济发展，增加社会就业，构建和谐社会的重中之重来推进。我们的银行业明确提出了两个不低于的努力方向，加大了工作力度，使得中小企业的融资状况出现了和开始出现了持续积极的变化，中小企业贷款的满足率不断上升，中小企业的贷款覆盖率也都达到并且超过了发展中国家的平均水平。

但是，金融服务于中小企业的现状还远非理想，面对中小企业的快速发展，我们任重而道远。我们将按照出手要快，出拳要重，措施要准，工作要实的精神，按照专业化经营的一个思路，强化4项基本功夫。

第一，深化思想认识，进一步提高银行业从业工作者和高级管理者的思想认识，从保增长、保民生、保就业和促进银行业可持续发展的高度，真正地认识到做好中小企业金融服务工作的重大战略意义和做好这项工作是双赢战略的真正含义。

第二，深化组织机构的改革，进一步推进和完善在总行层面上建立起中小企业金融服务的专门机构，来指导整个的战略部署和我们的工作方针，对工作流程、风险管理进行改造，并且注重队伍培养。

第三，搞好机制创新，光有重视，光有组织架构还不行，还需要在机制上进行一个常态化的持续的建设，来推动这项工作。因此，我们就要完善利率风险定价的机制、内部独立核算的机制、高效审批试验原则的机制，激励约束的机制和专业化人员培训的机制，以及诚信建设、加强对违约信息通报这6项机制，来革新我们整个银行业的规则体系，使得支持中小企业融资不再是一个合规性的困难。同时我们要提高工作效率。

第四，在机制建设以后就要有一批人能够做这件事情，而且把它做得很好，这就要加强我们的培训，进一步加强中小企业、微小企业贷款以及高新技术的中小企业的贷款工作的培训和交流的力度，加大整个产品应变研发的力度，用新的激励约束的办法来培养一支专业的队伍和新的服务文化。

最近我们银监会和科技部合作，由科技部推介了1 183名国家科技计划的专家，经过遴选我们决定向各界银行推介，使他们在商业自主的基础上来聘任这些国家科技计划的专家，为自己科技型中小企业信贷评审的咨询专家，为科技型中小企业贷款审批提供科技内涵、行业内涵方面的独立的审批意见，一个专业性的咨询意见，这个就是我们在中小企业融资建设当中人力资本问题解决的一个实力。在这方面，中国的银行业决心还有很多的内容将会进一步推出，推出这些内容，搞好我们的建设。

总之，我们的银监会的角色和在座的政府各个部委局大致是相当的，主要是在创造一个有利于金融市场发展的环境，适时回应市场的需求，加大力气消除一切可能发生的障碍，只要能促进中小企业融资的环境改善，包括它的会计制度，包括它的财税制度，包括它的法规制度，包括对它的监管制度等，我们将不遗余力地进行创新来推动发展。

中小企业的融资是一个全球性的难题，也是一项系统工程，确实需要各方的共同努力，也更需要中小企业自身的管理进步，这件事情不管它的前进道路上有多大的困难，但正如鲁迅先生早就说过的一样：“世上本没有路，走的人多了也便成了路。”我们相信，只要我们大家积极的贯彻科学发展观，只要我们银行业的广大同仁同社会各界一道共同努力，为破解中小企业的融资难题贡献自己的智慧和力量，那么在这一条道路上我们就会越走越宽广，我们的前景也会越来越美好，谢谢大家。

三、省市领导讲话

在全区中小企业工作会议上的讲话

内蒙古自治区政府主席　巴特尔

同志们：

在自治区党委八届九次全委会召开前夕，我们请各盟市和有关部门负责同志，召开这次全区中小企业工作会议，研究部署推进我区中小企业发展工作。对中小企业的发展问题，储书记多次在会议、调研讲话中强调。7 月 10 日，自治区政府常务会议研究了《关于进一步促进中小企业发展的意见》。7 月 13 日，在自治区党委常委会进行上半年经济分析时，许多领导同志又突出强调了应大力发展中小企业的问题。自治区党委、政府之所以高度重视中小企业，原因就在于中小企业的发展关系我区应对金融危机的成效，关系就业这一重大问题的解决，关系城乡居民收入的提高，关系经济社会的可持续发展。因此，加快推进我区中小企业发展，是摆在我们面前亟待解决的一个重大课题，也是实现“保增长、扩内需、调结构、惠民生”的重要突破口。刚才，一些盟市、部门作了大会发言，进行了中小企业融资签约。下面，我讲几点意见。

一、充分认识加快中小企业发展的重要性

中小企业作为最富活力的经济群体，量大面广，遍布一、二、三产业，几乎覆盖国民经济各个领域，是推动经济发展，调整经济结构，深化改革开放，建立市场经济体制，构建和谐社会的重要力量。近年来，我区中小企业快速发展，为自治区经济社会发展作出了重要贡献。截至 2008 年底，全区中小企业数量达到 11.7 万个，占企业总数的 99%以上，中小企业增加值占全区生产总值的 60%以上，创造了 50%以上的税收，提供了 75%以上的就业岗位，65%的技术创新和 70%的新产品出自于中小企业。但从总体上讲，我区中小企业发展水平还不高，企业规模比较小，整体素质较低，自主创新能力不强，与发达地区存在着比较大的差距，对全区经济增长的贡献与其应发挥的作用还不相称。

进入新世纪以来，我区通过引进国有大企业特别是中央企业，有力促进了经济的快速增长。应当讲，这是符合自治区实际的，也是我区发展的一条成功经验和始终应该坚持的原则。但是，这也使很多人产生了“重大轻小”的思想，关注点和着力点多集中在引进大企业、大项目上，在很大程度上忽视了对中小企业的支持和帮助，导致中小企业发展严重不足，由此也产生了经济发展与城乡居民收入、就业增长不协调等问题。这里需要特别强调的是，随着形势的发展变化和市场需求的约束，继续依靠能源、化工等优势产业大规模、高投入建设来促进我区经济快速增长将十分困难。从目前掌握的情况看，明年投资 50 亿元以上的大项目很少，今后再寄希望于电力、煤炭、化工的大规模投入也不现实，尽管我们最近出台新的政策鼓励装备制造业和高新技术产业的大发展，但是为了有效地调整产业结构和所有制结构，我们还必须寻找和培育新的经济增长点。通过应对国际金融危机的实践和对我区产业发展的分析判断，使我们深刻地认识到，保持经济的持续快速发展，解决日益严峻的就业问题，不断提高城乡居民的生活水平，增强县域经济的整体实力，加快中小企业发展将成为一个非常现实的突破口和推动经济快速增长的重要力量。

发达国家和国内发达地区的实践充分证明，发展中小企业不仅能够促进经济增长，创造税收，而且能够有力推动科技创新。目前，我国中小企业完成了全国 65%的发明专利和 80%以上的新产品开发，很多中小企业向高新技术领域拓展，成为创新不可忽视的力量。特别是中小企业在吸纳就业方面发挥着举足轻重的作用。中小企业投资少，经营活，对劳动者技能要求相对较低，大多属于劳动密集型产业，吸纳劳动力容量比较大。据测算，同样的资金投入，中小企业比大企业多提供 4 倍的就业岗位；同样的产值，中小企业的就业容量为大企业的 1.4 倍。像美国这样的发达国家，有大量世界知名的大型企业，但仍然非常重视发展小型企业，其目的在于创造更多的就业岗位，以充分解决就业问题。目前，美国小企业占雇主单位总数的比例达 99%，提供了 100%净新增工作机会。从我国的情况看，中小企业不仅安置了大量城市就业人口，还吸纳了大批农村剩余劳动力，有效缓解了劳动力供需矛盾，也促进了城乡居民收入的增加，对拉动消费、改善民生、统筹城乡发展、维护社会稳定发挥着重要作用。

当前，进一步促进我区中小企业发展的时机已经成熟。从发展基础看，通过大力实施“双百工程”，引导中小企业与大企业和大项目协作配套，围绕优势特色产业推动产业多元、产业延伸和产业升级，已初步形成一批具有一定产业集聚规模和循环经济特色的产业集群，一批工业园区成为全区工业经济的重要支柱，为中小企业搞延伸、协作和配套奠定了基础。从发展空间看，我区的中小企业无论是规模、数量还是技术、管理，还有很大的提升空间。

总之，加快我区中小企业发展，已成为当前和

今后一个时期工作的重中之重。各地区、各部门一定要增强紧迫感和责任感，把加快中小企业发展作为一项重大战略任务，把握机遇，应对挑战，以全新的视角谋划工作，以饱满的精神抓好落实，努力推动中小企业又好又快发展。

二、着力推进中小企业又好又快发展

近年来，自治区党委、政府不失时机地制定出台了一系列促进非公有制经济、工业中小企业发展等的指导性意见，现在又专门出台了促进中小企业发展的意见。各地区、各部门一定要把握《意见》的精神实质，明确方向，突出重点，努力在中小企业发展上取得新突破。

（一）明确中小企业发展的目标、任务和原则

根据今年自治区政府第9次常务会议的部署，我区中小企业发展要深入贯彻落实科学发展观，以实施“双百工程”为抓手，鼓励和引导中小企业围绕优势特色产业搞延伸，围绕重点项目搞协作，围绕大型基地搞配套，促进中小企业进园区集群化发展，积极承接优势产业延伸配套项目、劳动和资本密集型项目、高新技术项目和现代生产型服务业项目，力争到2012年，中小企业生产总值年均增长20%以上，中小企业产值占全部企业产值的比重超过75%，累计新增就业60万人以上，全面提升中小企业整体发展水平。

为实现这些目标和任务，在具体工作中要做到“三个坚持”：一是坚持“量”、“质”并举。清醒分析当前和今后的形势，把握积极因素，一手抓保增长、促发展，一手抓调结构、促转型，在努力扩大中小企业数量和规模的同时，不断提升中小企业发展的质量和效益。二是坚持有“进”有“退”。鼓励中小企业运用现代信息技术、现代经营方式和新型业态改造和提升传统产业，积极向现代服务业、装备制造业和高新技术产业领域拓展，同时坚决淘汰落后产能、工艺、设备，走节能减排、循环发展、清洁发展、安全发展道路。三是坚持又“好”又“快”。加快中小企业由粗放增长向依靠科技进步、管理创新和提高劳动者素质的集约增长转变，坚持在“好”的前提下依靠创新加快发展。

（二）加大对中小企业融资的支持力度

融资难是制约中小企业发展最为突出的问题，也是一个世界性的难题。发达国家和部分新兴市场经济国家，经过较长时间的市场经济发展过程，逐步建立了一套在完善信用体系基础上的包括信用机构、担保机构、中小银行、创业投资体系和创业板市场在内的中小企业直接、间接融资的市场体系和政府政策支持、扶持体系，给中小企业融资提供了全方位的支持服务。这些经验和做法说明，通过政府、金融机构、信用担保机构、企业间的合作，通过完善信用体系、业务创新和建立担保体系来搭建融资平台，完全可以为中小企业营造良好的融资环境。我国由于扶持中小企业发展的市场体系和政策体系尚不完备，加之中小企业自身存在信用缺失、财务制度不健全、抵御市场风险能力弱等问题，导致中小企业融资难问题十分突出。据2008年11月中国人民银行调查结果显示，中小企业贷款覆盖率仅为18.7%，与发达国家50%的水平有很大差距。这说明，80%以上的中小企业无法从作为融资主渠道的商业银行获得直接贷款。从我区情况看，2008年全区新增贷款879亿元，中小企业贷款只占到15.9%。针对这种情况，国家出台了一系列扶持政策，自治区也在这方面进一步加大了支持力度。就拿信用担保来讲，往年自治区信用担保机构资本金投入不过几千万元，今年仅自治区政府就投入20亿元。最近，初步确定先下到盟市10亿多元，盟市初步确定十几亿元，这样几级可形成54亿元的规模，可调动银行信贷资金250多亿元。希望各盟市再加大力度，以调动更多资金支持中小企业大发展。此外，这次制定的《意见》共20条，其中有7条就是金融支持方面的。希望各地区、各有关部门和各级金融机构抓好落实，力争在加大信贷支持力度、推进金融产品创新和中小企业融资机构多元化、加强中小企业信用担保体系建设和拓宽中小企业融资渠道等方面取得新突破，齐心协力地破解中小企业融资难题。

（三）积极推进中小企业集群化发展

产业集聚是现代经济发展的一般规律，是经济发展到一定阶段的必然产物。培育产业集群既是推动中小企业又好又快发展的必然要求，也是提升区域经济竞争力的重要途径。浙江省中小企业集群化发展达到较高水平，目前拥有800多个中小企业集群，年产值超亿元的产业集群区有500多个，囊括了纺织、机械、电子、塑料、医药等175个大小产业，是浙江省经济增长的主要动力之一。江苏省加快推进产业集聚，计划到2010年产业聚集度达到60%以上，形成30亿元以上的产业集群200个，其中100亿元以上产业集群50个。四川省大力推进中小企业产业集群分级培育，今年力争形成200个以上中小企业产业集群。我区目前只有36个产业集群初具规模，无论是经济规模还是竞争能力都亟待提高。对此，要突出抓好三个环节：一是积极引导和支持中小企业自主创新。充分发挥国家和自治区科技型中小企业技术创新基金的作用，支持和引导中小企业加大技术创新投入，提高技术创新能力，积极开发新材料、新能源、高新技术产品和自主知识产权产品。加快搭建技术供需对接、技术培训与交流服务平台，开展项目、技术对接和人员培训。组织引导中小企业依托大企业、科研院所、研发机构，进行产学研联合，开展技术攻关。支持中小企业培育知名品牌，走专、新、特、精之路，提高自主创新能力和核心竞争力。二是引导中小企业协作配套。通过贷款担保和贴息等举措，鼓励中小企业进行产业间协作配套和产业链延伸，在参与企业间和产业链条间的分工协作上做文章、在优势特色产业和骨干企业延伸加工上做文章、在大型基地和特色园区的配套生产上做文章，拉长产业链和产品链，全力推进“双百工程”，实现以小补大、以专配套，构筑产业发展集群。现在全区已有3 300

多个中小企业为大企业配套。从目前我区大企业发展的势头看，这还远远不够，中小企业的分工协作还大有可为。三是积极承接发达地区产业转移。以培育新的增长点、促进产业延伸升级、加快集群化发展为目标，以工业园区为主要载体，根据各地的禀赋条件、比较优势和产业布局，紧紧围绕有色金属延伸加工、机械装备制造、PVC 延伸加工、稀土研发、陶瓷生产和“大电子”配套六个重点领域，加大招商引资和承接产业转移工作力度，壮大优势特色产业，培育新型产业。

（四）大力促进服务业领域中小企业发展

除了工业领域外，中小企业大多数集中在服务业领域，服务业发展的规模和空间很大程度上决定着中小企业发展状况。因此，加快发展服务业，既是保增长、调结构的必然要求，也是加快中小企业发展的现实需要。从现代经济发展规律来看，工业化推进到一定阶段，二产的比重逐步下降，三产比重逐步上升。按照 GDP 与产业结构的相关性理论，当一个国家和地区的人均 GDP 超过 3 000 美元后，第三产业在经济结构中所占比重应达到 50% 以上。目前，全球服务业在整体经济中的比重已达到 60% 左右，发达国家在 70% 以上。去年我区人均 GDP 达到 4 600 多美元，第三产业比重为 33.3%，比全国平均水平低 6 个百分点，与理论标准值相差 17 个百分点。由此可以看出，我区第三产业发展还具有很大空间，同时发展仍然相对滞后，是我们应着力解决的一个重大问题。自治区党委、政府清醒地认识到这个问题，在大力推进新型工业化进程的同时，一直高度重视第三产业发展，分析制约我区经济社会发展的“三条软肋”、“八个不足”、“五个薄弱环节”，其中都有服务业发展不足的问题。

为了加快服务业发展，自治区制定出台了一系列政策措施，促进了传统服务业的优化升级，现代服务业发展步伐也逐步加快。应该说，服务业领域中小企业分布的领域广，与群众的生产生活息息相关，具有很强的成长性。特别是物流、金融、信息、旅游、科技、商务、文化产业等方面的中小企业，随着整体经济发展和群众收入水平提高，具有广阔的发展空间，并且已经显现出良好的发展势头。比如，目前全区现代物流业登记注册的企业达 1 300 多家，巴运、呼运、中昊等一批企业快速成长，正在形成自主物流品牌，包头九原公铁、赤峰红山、通辽煤炭等一批物流园区在区域经济发展中发挥着越来越重要的作用。在文化产业方面，呼和浩特文化创意产业园、包头文化传媒产业园、鄂尔多斯江源文化创意产业园等文化产业项目建设进展顺利，内蒙古万德、国迅富通等企业不断成长壮大，金融业、房地产业、信息服务、研发设计等新兴服务业领域的中小企业也具有良好的发展前景。

现在看，服务业领域的中小企业发展既有现实的需求，又具备了一定的基础和条件，只要我们在政策、融资、环境等方面进一步加大支持力度，就能够实现新的提升。因此，各级必须高度重视服务业领域中小企业发展，像抓工业一样抓服务业，像抓工业大企业一样抓服务业中小企业。一是要抓好重点项目建设，鼓励各类资金投资服务业，特别是现代服务业领域，以项目建设带动服务业发展。二是加大招商引资力度，突出金融、现代物流、文化创意、会展、旅游、商务服务等领域的招商，重点引进总部型、连锁型和品牌型企业，培育新的增长点。三是促进服务业集聚，借鉴发达地区推动服务业发展的经验，集中力量规划、建设一批服务业聚集区，尽快形成集聚效应，促进服务业向规模化、集约化方向发展。

三、努力为中小企业发展创造良好环境

第一，加强对中小企业发展的组织领导。各地区、各部门要切实把中小企业发展摆在全局工作的重要位置，围绕全区中小企业发展目标，进一步细化配套政策，制定具体实施意见，明确职责任务，强化责任落实，充分发挥各方面支持中小企业发展的作用。各级职能部门要进一步健全完善中小企业统计监测体系，密切注视中小企业生产经营状况和发展趋势，加强监测预警分析，搞好综合调度。这次自治区政府机构改革中专设了中小企业局，目的就是要加强对中小企业的组织、协调、支持和服务，希望能够尽快履行职责，发挥作用。要坚持依法行政，引导和监督企业依法经营、诚实守信，认真履行社会责任。加强对中小企业安全生产、环境保护、资源开采、土地使用等方面的监管，规范企业劳动关系，依法维护企业和职工的合法权益。

第二，加大对中小企业的财税支持力度。加大财税支持力度是帮助中小企业解决困难和问题、实现又好又快发展的重要措施。各级财政要继续加大支持中小企业发展的专项投入。自治区本级预算继续安排中小企业技术进步贴息资金、开发区基础设施建设补助资金、节能专项资金、农牧业产业化专项资金，还将增设中小企业信用担保风险补偿资金，奖励和补贴中小企业节能技改项目、循环经济项目，支持开发区（园区）建设，支持农牧业产业化龙头企业技改，支持信用担保机构提高抗风险能力。各盟市、开发区和有条件的旗县要根据实际情况设立相应配套资金，并根据财政收入增长逐年扩大专项资金规模。要认真落实支持中小企业发展的税费优惠政策。凡是国家和自治区政策规定减免的税费，一定要不折不扣地落到实处。

第三，大力优化中小企业发展环境。建立健全服务体系，为中小企业创造良好的发展环境，是推动中小企业健康发展的重要手段。各级政府要切实转变职能，精简审批事项，简化审批程序，提高办事效率，为中小企业发展开辟“便捷通道”。要理顺开发区（园区）管理体制，完善配套服务功能，优化园区发展环境，把开发区（园区）打造成中小企业的创业基地、承接产业转移的主要载体、新型产业和特色产业的聚集区和区域经济的增长极。要加快建立健全面向广大中小企业的综合服务机构和社会化专业服务平台，大力发展各种社会中介组

织和服务组织，着力构建以信息服务、融资担保、技术支持、人才培训、管理咨询、创业辅导、市场开拓、法律咨询为重点的服务平台，为中小企业发展提供优质社会化服务。要不折不扣地执行国家和自治区已出台的清理各种不合理收费的政策，严禁组织由企业出资的各类评奖活动，坚决杜绝各种形式的摊派，切实减轻企业负担。

同志们，新形势、新任务对中小企业发展提出了新的更高要求，也赋予了我们光荣而艰巨的历史使命。我们一定要以科学发展观为指导，把握新形势，立足新起点，求真务实，扎实工作，努力开创中小企业发展新局面，为全区经济社会又好又快发展作出新贡献！

在全省中小企业成长工程暨信用担保体系建设工作会议上的讲话

湖北省副省长　段轮一

同志们：

今天召开的全省中小企业成长工程暨信用担保体系建设工作会议，是一次非常重要的会议，会议的主要任务是，研究部署2009年实施全省中小企业成长工程和信用担保体系建设工作。刚才，欧阳万坤同志通报了情况并提出了下一步工作意见，省中企投资担保公司游家驹同志介绍了省担保和再担保平台建设的总体方案和进展情况。省统计局、湖北银监局、十堰市经委、仙桃市经委的负责同志在会上交流了经验和做法，大家讲得都很好。这次会议尽管只有半天时间，但安排紧凑，开得很成功。下面，我讲几点意见。

一、充分肯定成绩，正确分析形势，增强做好中小企业发展工作的责任感和使命感

2008年，全省经济社会发展经受了历史罕见的自然灾害和国际金融危机等挑战，继续保持了平稳较快发展。全省GDP实现11 330亿元，比上年增长13.4%，连续五年保持两位数增长；全社会固定资产投资达到5 798亿元，增长27.9%；地方一般预算收入完成710亿元，增长20%。全省工业经济克难奋进，为保增长做出了重要贡献。全省规模以上工业企业达到10 998家，净增1 970家，提前两年完成省政府确定的10 000家企业“进入规模”工作目标；规模以上工业完成增加值3 842亿元，增长21.6%；全省工业投资完成2 223亿元，增长38.5%。中小企业成长工程取得显著成绩。2008年，全省中小企业完成增加值5 660亿元，比上年增长19.4%；规模以上中小企业实现主营业务收入5 725亿元，增长37.5%，在全省规模以上工业新增2 611亿元销售收入中，60%来自中小型工业企业。今年1～4月，全省规模以上工业完成增加值1 182亿元，同比增长11.7%，其中3月、4月单月增速分别为15.6%、15.4%。全省工业经济实现了平稳开局，出现了新的积极变化，增速下滑局面基本稳住，企稳回升趋势明显。在应对国际金融危机的背景下取得这样的成绩的确来之不易，中小企业为之重要作用。试想一下，如果中小企业垮了，就会失去80%的就业岗位，这对于保持社会稳定是不可想象的。

中小企业是推动经济发展的重要力量和最具活力的群体，是社会稳定的重要基础。实施中小企业成长工程，是省委、省政府为加快推进工业兴省战略和新型工业化进程，促进湖北中部崛起的一项重大举措，是全省经济工作的重要内容。自2004年实施中小企业成长工程以来，全省规模以上工业企业主营业务收入由5 097亿元增加到10 848亿元，实现利润由280亿元增加到633亿元，上缴税金由293亿元增加到571亿元，分别增长了1.13倍、1.26倍和94.9%；企业总数由6 488家增加到10 998家，5年间增加了4 510家，增长70%。2008年，我省经济在极为困难的情况下仍能保持平稳较快发展，中小企业功不可没。

目前，全省经济虽有回暖的趋势，但国际金融危机尚未见底，负面影响还在蔓延，经济回升的基础还不够稳固，保增长的压力还很大，仍面临严峻考验。尽管我省中小企业总体发展态势良好，但与发达省市比，我们的差距还很大。广东、浙江、江苏三省的规模以上企业都达到4万家以上，广东达到7万家，我们还需要加倍努力。特别是自去年9月以来，中小企业盈利能力大幅下滑，亏损企业亏损额大幅增加。今年以来，中小企业面临资金更加紧缺、生产经营困难加大等问题，出口企业仍继续受到较大冲击。一季度，全省工业品出口交货值下降13.1%，工业投资增幅同比回落28.7%，工业新产品产值下降12%，企业利润减少。

中小企业当前既面临挑战，同时也面临不少有利条件和机遇。一是中央政府一系列宏观调控保增长、扩内需的政策措施和十大产业振兴规划密集出台，将对经济发展和中小企业形成利好，彰显了国家保增长的信心和决心。今年的全国人代会，又进一步加强了对中小企业的政策扶持力度，提出了产业振兴的“一揽子”计划。二是沿海地区“腾笼换鸟”、加快产业转移，我省面临承接转移、加快发展的难得机遇。三是我省正处于工业加快发展的工业化中期阶段，近几年工业投资力度持续加大，工业增长的内生动力不断增强。四是国家促进中部崛起战略实施和武汉城市圈两型社会建设全面展开，中部各省呈现出竞相发展的态势。五是当前煤电运要素供应较为宽松，为我省工业发展创造了有利条件。这些，将为中小企业新一轮的发展提供难得的历史机遇。

二、明确目标任务，坚定信心决心，全力以赴保增长促发展

2009年，是我们应对危机保增长、促发展的关键年。保增长是今年经济工作的首要任务。危机当前，只有保住并不断培育新的市场主体，才能够保工业发展，从而保就业，保稳定，保大局。应对危机保增长，既需要有顶天立地的大企业、大集团，也需要有铺天盖地的中小企业。抓好中小企业成长工程，事关就业和稳定大局，事关扩内需、保增长决策部署的落实。中小企业占全省企业总数的99%以上、全省工业增加值的50%以上、发明专利的60%以上、新产品的70%以上、安置就业的80%以上，这组数据充分体现了中小企业的重要地位和作用，表明中小企业的发展深刻地影响着全省经济发展的速度和质量。正是因为中小企业的快速发展，我省在应对金融危机时才不致受到重创。因此，加快中小企业发展和成长，仍然是湖北今后一个时期的重要任务。

（一）坚定发展信心和工作目标不动摇

省人代会确定今年成长工程的目标是：在提高质量和效益的前提下，确保新增规模以上企业800家。实际工作中按新增1 000家来安排。这个目标是积极的、可取的。各地要以“跳起来摘桃子”的劲头确立积极进取的工作目标。经委系统广大干部职工要充满信心、勇挑重担，指导和协助各地狠抓落实，奋力推进中小企业平稳较快发展。

（二）坚持实行分类指导

当前，实施中小企业成长工程要突出抓好四个重点：一是“催生”，通过改善创业环境，加大招商引资力度，支持省内外创业者投资兴业，催生一大批中小企业。二是“育苗”，对有望“进规”的企业和项目进行调查摸底，分类排队，为它们的成长创造更好的外部环境，努力培育更多的规模以上企业，壮大规模以上企业的整体实力。三是“助长”，依托工业园区和产业集群选择一批成长性好的企业和项目，在技术改造、人才培训、市场开拓和投资融资等方面搞好服务、重点扶持，培育一大批中型企业，使之成为延伸产业链和壮大产业集群的重要支撑，在助长企业的同时，助长产业集群。四是“培优”，精选一批在省内同行业或同类产品领域处于领先地位的企业，支持它们推广新技术，开发新产品，创造精品名牌和驰名、著名商标，使之成为核心竞争力强的行业龙头、产业骨干，成为大型企业的“预备队”、产业集聚的“领头羊”。

（三）积极推进产业转型和结构优化升级

要全面贯彻落实国家扩内需、保增长、调结构的总要求，把中小企业成长与结构调整、产业转型、技术进步与创新有机结合起来，充分发挥中小企业船小好掉头的优势，及时根据市场需求调整产品结构，提升技术水平。要进一步整合中小企业发展专项资金、技改贴息资金、产业集群发展资金、中小企业科技创新基金等各类扶持资金，优先扶持省级认定的各类园区和重点产业集群内的中小企业加快产业升级。要依托开发区、工业园区和各类创业孵化器建设创业基地，引导中小企业高起点创业，通过优化增量来改善总量。通过贷款担保和贷款贴息等措施，鼓励和支持中小企业积极参与国家和省产业振兴规划的组织实施，壮大优势产业和特色产业集群。要继续加强产学研合作，办好产学研合作项目洽谈会，组织高等院校、科研院所帮助企业攻克技术难题，增强企业开发新产品、新技术的能力。要继续加大培训力度，有针对性地为中小企业培养技术创新和经营管理人才以及大批熟练员工，增强企业核心竞争力。要继续支持中小企业节能减排，逐步关停高消耗、高污染、低效益的“十五小”企业，支持企业转向、转型。

（四）切实加强服务体系建设

抓紧研究出台《关于加快全省中小企业社会化服务体系建设的意见》，按照“统筹规划、分步推进，政府引导、市场化运作”的原则，整合社会服务资源，突出创业辅导、融资担保、技术创新、信用评价、人才培训、信息咨询、法律维权、协会商会等八大服务功能，重点加强各级中小企业服务中心和信用担保机构建设，实现“政府扶持中介，中介服务企业”，促进中小企业公共服务体系建设。

（五）不断改善发展环境

各级政府要进一步转变政府职能，改进工作作风，提高办事效率，贴近企业服务。省经委作为全省中小企业的主管部门，要完善工作目标和规划措施，切实加强组织协调，及时研究解决企业成长中的突出矛盾和问题。科技部门要进一步强化科技扶持措施，积极安排和组织申报创新型科技项目，支持成长型、科技型中小企业技术创新。财政部门要确保省财政支持中小企业发展的各类专项资金落实到位。金融部门要建立完善符合中小企业特点的信用评级、业务流程、风险控制等制度，加大对中小企业的信贷支持力度，确保中小企业的贷款增幅高于全省贷款的平均增幅。

三、统一思想认识，合力打造融资担保平台，促进全省中小企业信用担保体系快速健康发展

（一）融资难、贷款难对中小企业发展的瓶颈制约日益突出

中小企业在成长过程中，普遍面临着资金、技术、人才等多方面的压力，特别是在金融危机的背景下，对中小企业影响最大的还是资金短缺。危机之中，现金为王。对中小企业来说，渡过本次危机，化危为机，最迫切需要的就是获得融资帮助。我听到企业反映最多的就是融资困难，主要原因是缺乏担保。近年来，为了解决中小企业融资担保瓶颈，省财政先后拿出3.6亿元支持全省72个县（市、区）建立了担保机构，省财政还对市县当年新增税收增量的50%返还当地政府，用于补充市

县担保机构的资本金，另外还有一些对担保机构的专项补贴。在各方的共同支持下，覆盖全省的中小企业信用担保网络已经基本建立并初具规模，为缓解中小企业融资困难、改善中小企业信用环境、支持中小企业成长发挥了积极作用。客观地讲，我省担保体系建设是开好了头、起好了步，但是，由于担保机构普遍规模小、实力弱、缺乏抗风险能力，部分担保机构的担保资格得不到银行的认可，而银行认可的担保机构，担保放大倍数也普遍较低，部分担保机构在提供担保时甚至需要向银行存入100%的保证金，担保资金应有的放大与撬动功能没有得到发挥。造成这一现状的主要原因就是资金投入分散，没有形成合力，担保机构之间很少进行联合与协作，更缺乏长久稳固的合作机制。当然这些问题，并非我省独有，许多兄弟省市都面临着这样的共性问题。

（二）建立再担保合作体系是缓解中小企业融资难、担保难的有效途径

再担保合作体系最主要的功能有两个：一是增信，二是分险。增信就是增加地方担保机构的信用能力，在再担保模式下，通过发挥资金集中的优势，省担保平台的再担保放大倍数可以达到10～20倍，地方担保机构的放大倍数可以达到5～10倍，整个担保行业的信用担保能力可得到很大的提升。分险就是通过提供再担保分担银行的信贷风险和担保行业的系统风险，使中小企业融资多了一道防火墙，既增强了银行放贷的信心，又提升了担保行业的整体发展能力。各级政府是再担保合作体系的主导力量，通过利用公共财政所形成的信用资源，发挥再担保合作体系的政策导向职能，引导中小企业发展。这有利于进一步缓解中小企业融资难和担保难问题，有利于有效解决现有担保体系担保能力不足的问题，有利于提高现有财政资金的使用效率，特别是对于积极应对国际金融危机、促进全省经济平稳较快发展具有重要意义。事实上，北京、安徽、江西、广东、江苏、东北三省和内蒙古等省市已纷纷开始构建以再担保为核心的担保合作体系，并取得了良好的效果。

（三）合力打造省融资担保平台，确保按时完成对省担保平台的增资目标

为了有效解决中小企业融资难、担保难问题，切实解决担保机构担保能力不足问题，省政府决定下大力建立再担保合作体系，引入再担保机制，总的指导思想是：整合资源，放大倍数，回馈基层，良性循环。为此，省政府于今年年初组织专班专程赴安徽和江西学习考察中小企业信用担保体系建设工作，省政府常务会议专题听取汇报，明确提出全省中小企业信用担保和再担保体系建设要按照"政府引导、市场化运作、企业化管理"的基本原则进行。李鸿忠省长、李宪生常务副省长多次听取专题汇报，省政府印发了《关于研究全省中小企业信用担保体系建设有关问题的会议纪要》（省政府专题会议纪要2009年第27号），明确要求以省中企担保公司为基础平台，以再担保业务为纽带，通过资源整合、多元投资、规范管理，逐步形成市县共同参与、省市县三级联动、覆盖全省、良性循环的再担保合作体系。

1. 省融资投资平台增资目标

省政府明确要求，2009年、2010年两年时间使省级担保资本金规模达到20亿元，其中2009年达到10亿元，2010年达到20亿元。2009年上半年投入不低于5亿元：一是省财政筹措1亿元；二是省国资委划转相当于1亿元的国有资产和国有股权；三是由省经委、省财政厅协调县（市、区）政府将税收返还县域的增量中，按自愿的原则筹集资金1亿元；四是由省政府金融办协调开发银行省分行等金融机构投资入股1亿元；五是省中企担保公司争取吸引省属企业等社会资金1亿元。到2009年底，以上五个方面再各筹集1亿元，使省担保平台担保资本金达到10亿元。2010年，按照2009年的资金筹措渠道，五个方面再各筹2亿元，使省担保平台担保资本金达到20亿元。

省经委、省财政厅、省国资委、省政府金融办、省中企投资担保公司要密切配合，齐心协力按时完成要求，列出具体的筹资计划和方案，抓紧落实再担保资金。

2. 积极支持和鼓励市县政府投入省担保平台

按照省政府2009年27号专题会议纪要的精神，要在两年内从市县财政组织筹措4亿元资金投入到省担保平台。各市县政府对所投入的资金拥有所有权，获得省担保平台的放大额度，专项用于辖区内企业的担保和再担保。省担保平台按照各市县政府出资额给予1∶1的担保额度配比。省重点项目由省担保平台提供直接担保；地方重点项目由市县担保机构直接受理并提供担保。此项措施是提高财政资金使用效率、增强使用效果的重要举措，可以保证各方获得稳定的收益，担保放大功能十分明显，资金可持续发挥作用，且有利于引导银行资金解决本地区重点企业的资金需求。希望各级政府算大账、看长远，积极筹措资金，参与省担保平台的建设。在参与方式上，既可以是市县政府直接投入，也可以通过地方担保机构向省担保平台进行投入。打个比方，今年3月，财政部安排我省2009年中小企业信用担保业务补助资金5 950万元，已由财政部门拨付到22家中小企业信用担保机构，各有关地方担保机构就可将这笔资金投入省担保平台。

（四）加强组织领导，建立完善再担保合作机制

一是省政府金融办、人民银行武汉分行、湖北银监局要协调各银行积极参与再担保合作体系建设，尽快形成再担保合作关系。二是省经委、省财政厅等有关部门要积极动员和组织地方担保机构积极加入再担保合作体系，加强对担保机构运作的监管，及时将监控信息与银行共享，解决信息不对称的问题，确保担保行业规范运作。三是市县政府要积极推荐再担保项目，协调处理项目实施过程中的有关问题。四是按照风险与收益相匹配的原则建立合理的风险分担机制，由银行、地方担保机构、省担保平台、省财政、地方财政五方共担再担保项目损失的风险。五是逐步建立补偿和补充机制。要逐步推动建立围绕再担保合作体系的财政专项补贴机制，对纳入再担保合作体系的担保机构，优先通过税收增量返还、国有资本经营预算收益安排、支持企业发展专项资金整合等多种途径，建立风险补偿机制；同时对纳入再担保合作体系的项目，鼓励各级政府采取资金补贴、保费补贴、利息补贴等多种补贴形式予以支持。通过发挥财政资金的引导功能，鼓励更多的担保机构参与再担保合作体系，推进再担保合作体系的发展壮大。

建立全省再担保合作体系，是一项惠及中小企业的创新之举，体现了省委、省政府对中小企业发展的关心与支持，大家要认真研究，仔细揣摩，加快行动。当然，困难是难免的，但我相信，有省委、省政府的高度重视，有大家的群策群力，就一定能够尽快把再担保平台搭建起来、发挥效能。

（五）尽快组织实施一批再担保合作项目

目前，中小企业的融资需求十分迫切，已经形成再担保合作体系的地区，要尽快启动再担保项目，缓解企业的资金压力。同时，各市县政府要围绕当地产业政策优选再担保项目，积极向担保机构和银行推荐，建立专门的审批通道以加快审批流程，协调有关部门加快办理再担保项目中涉及的抵押或质押手续等企业用款条件。

同志们，面对当前严峻复杂的经济环境，我们一定要确立“等不起”的紧迫感，“慢不得”的危机感，“坐不住”的责任感，以大开放的姿态、大开发的作为、超常规的措施，坚定信心保增长、促发展，大力招商引资，深入推进工业兴省战略，切实抓好中小企业成长工程，促进工业经济和中小企业平稳较快发展，以优异的成绩向建国60周年献礼！

谢谢大家！

在全省非公有制经济发展经验交流暨表彰大会上的讲话

湖南省委副书记　梅克保

同志们：

这次会议开得很好，既是一个表彰先进、交流经验的会议，也是一个总结工作、部署任务的会议，还是一个深化认识、凝心聚力的会议。首先，我代表省委、省政府向受到表彰的先进集体和个人表示热烈的祝贺！长沙市等五个单位的代表介绍的经验很有特色和价值，希望大家认真学习借鉴。特别是肇雄副省长作了一个非常全面的工作报告，指导性、针对性都很强，我完全赞同，请大家抓好贯彻落实。

近年来，省委、省政府始终将发展非公有制经济作为推进“一化三基”战略、加快富民强省的重要举措来抓，不断完善政策措施，加大推进力度；各级各部门深入贯彻中央和省里的决策部署，齐心协力开展工作，全省非公有制经济取得长足发展。一是经济规模不断扩大。非公有制经济增加值占生产总值的比重逐年上升，2008年达到56%。截至去年底，全省私营企业达13.57万户，注册资金2 769.81亿元，同比分别增长17.8%、24.9%。二是质量效益逐步提升。109户“小巨人”企业快速发展，三一集团迈入百亿元企业行列。三是发展活力有所增强。非公有制经济产业升级步伐加快，新型特征日益明显，涌现了一批高科技企业，开发了一批自主品牌，形成了一批特色产业基地。四是社会贡献率不断提高。非公有制经济创税能力增强，实缴税金占全省的比重去年达到48%，接近“半壁江山”；非公有制经济二、三产业年末从业人员占比超过85%，吸纳就业作用更加突出。今年上半年，全省非公有制经济实现增加值增长14.7%，比生产总值增速快1.9个百分点，个体工商户和私营企业分别新增14.78万户、1.48万户。非公有制经济为全省经济保增长、保就业和“弯道超车”作出了突出贡献。

在充分肯定成绩的同时，我们也要清醒地看到，我省非公有制经济发展还存在明显不足。第一，经济总量不大。2007年我省非公有制经济实现增加值仅占全国的3.1%，仅相当于浙江的41.9%、广东的37.6%、江苏的38.5%。第二，企业规模较小。截至2007年底，全省注册登记的私营企业中，注册资金在100万元以下的占77%，注册资金过亿元的只有78家，我省没有一家民营企业跻身全国民营企业100强。第三，创新能力不强。全省拥有自主知识产权的中小企业仅占总数的0.05%，缺乏品牌和核心竞争力。第四，结构不尽合理。主要集中在传统制造业和服务业，进入先进制造业、高新技术产业和生产性服务业的较少。

而从全国来看，根据中央统战部、全国工商联等部门2008年对全国私营企业抽样调查数据显示，近两年来，全国个体私营等非公有制经济继续保持较大增长，但发展势头开始放缓。这既与能源、原材料价格上涨、劳动力成本上升、银根地根紧缩等外部因素有关，也与东部沿海地区经过多年充分发展后指标基数变大、增速难以保持高位有关。这从另一个侧面说明，包括我省在内的中西部地区非公有制经济发展还不充分，劳动力、原材料、土地等要素成本相对较低的优势将日益凸显，发展的潜力和空间很大。各级各有关部门要审时度势，加快非公有制经济发展步伐。下面，我再强调三点意见。

一、以推动全民创业为重点，进一步强化非公有制经济的造血功能

非公有制经济是创业经济、富民经济。发展非公有制经济，首先必须推动全民创业，增强造血功能，不断做大企业基数。近年来我省出台了一系列政策措施，特别是去年专门出台了《关于大力推

动全民创业的意见》；各级各部门也纷纷采取措施促进全民创业，全省创业氛围日渐浓厚。但总体来讲，相比浙江人那种“走遍千山万水、历尽千辛万苦、不怕千难万险”的开拓精神，“白天当老板、晚上睡地板”的拼搏精神，我省全民创业的意识仍不够强，还没有沉淀为一种普遍的社会心理，形成一种底蕴深厚的崇商文化。各级各有关部门要继续解放思想，在更广泛深入地营造创业氛围的同时，进一步加大工作推进力度，努力掀起全民创业的热潮。

第一，要大力培育创业主体。这是推进全民创业的核心。一是要扩大创业主体总量。目前，我省创业队伍与沿海发达地区相比，差距仍然非常明显。个体私营企业户数，不到浙江和江苏的3/5、广东的2/5。我们必须通过政策扶持、典型示范等多种手段，尽可能创造有利条件，鼓励、引导和支持一切有创业愿望、创业能力和创业经验的公民积极投身初次创业和二次创业，加快壮大创业主体规模。二是要优化创业主体结构。与外省相比，我省发展的差距在工业，潜力在工业，希望也在工业，在处于工业化中期的现阶段尤其如此。因为第一产业附加值低，第三产业依附于第二产业的发展。但从全省创业主体构成来看，主要集中在第三产业，个体工商户数和私营企业数分别占到总量的91.8%和68.1%；从事第二产业的户数仅为7.8%、27.9%。我们必须进一步突出新型工业化的主导地位，着重培育工业创业主体，不断提高其在三次产业结构中的比重。三是要丰富创业主体层次。创业主体的层次越丰富，经济发展的领域就越宽广，空间就越大，后劲就越足。我们既要大力培育初次创业主体，支持社会能人、社会中介组织创办、领办各类企业，又要重视培育二次创业主体，鼓励大企业大集团和优秀企业通过裂变、延伸产业链等方式，推进主辅分离，围绕我省装备制造等优势产业配套，衍生新创企业，或者走出去，开拓新的市场和领域；既要重视培育本地创业主体，引导省内民间资本投向创业领域，加快当地企业发展，又要重视引进外来创业主体，加强央企对接和承接产业转移工作，吸引省外、境外资本来湘创业；既要重视培育传统产业领域的创业主体，又要重视培育新兴产业和政策新准入领域的创业主体，不断丰富我省产业发展层次，激发经济发展活力。

第二，要切实加强创业引导。这是规避创业风险、提高创业成功率的关键。一是要引导创业者集中创业。实践表明，集中创业可以有效降低创业成本。各级各有关部门要加强创业基地和创业公共服务平台建设，提高创业资源、创业服务共享程度，引导创业者进入各类开发区、物流园区、工业小区、产业基地等特定区域集中创业，集约利用资源能源，降低创业成本。二是要引导创业者选择性创业。各级各有关部门要从实际出发，及时发布《创业产业指导目录》、创业风险提示等信息，引导创业者避开高耗能、高污染、高密度行业，审慎进入传统制造业和传统服务业，理性选择科技含量高、污染少、能耗低、可持续的行业，特别是投资密度小、发展空间大、风险相对较低的领域。三是要引导创业者规范化创业。忽视长远发展，片面追求眼前利益，是许多创业者失败的共同教训。一定要引导创业者正确处理投入与产出的关系、眼前利益与长远发展的关系，树立战略眼光，走规范化发展的道路，严防拖欠工资、非法用工、忽视安全生产、经营假冒伪劣、侵犯知识产权、污染环境、坑蒙拐骗等不良行为，确保企业创得下、成长快、发展好。

第三，要不断完善创业服务。万事开头难。初创企业是经济幼苗，不但需要培土、浇水，更需要除草、施肥，精心呵护，方能打牢根基，顺利成长。一是要落实政策抓服务。各级各部门要严格贯彻中央和我省有关非公有制经济发展特别是全民创业的政策要求，完善配套措施，在财政、金融、政府采购等方面给予大力支持。要以全民创业推进新型城市化，努力从工资福利、教育、医疗、户口、住房等方面着手解决进城创业农民工扎地生根的问题，帮助用工企业消除后顾之忧。二是要完善平台抓服务。要广泛搭建创业基础性平台，把推进全民创业与小城镇建设、市场建设有机结合起来，不断加快创业基地的基础设施建设，充分利用闲置土地、厂房，有计划地建造一批标准厂房。要积极搭建创业通用平台，在创业主体集中的园区和区域，建设一站式政务服务场所和通用式电子商务系统。三是要健全体系抓服务。要从信息服务、创业培训、创业辅导、公共技术、市场开拓等方面，建立健全全民创业的服务体系。及时发布和宣传国家与地方的政策法规，系统收集产品、技术、市场等信息，供创业者决策参考。依托专业机构和社会中介机构，深入开展中小企业特别是初创企业的经营诊断、咨询管理等创业辅导活动。进一步整合、利用大中专院校和社会培训资源，建立创业培训基地和师资队伍，大力培训各类有创业愿望和创业条件的创业者，不断提高已创业者的创业能力。

二、以加快转型升级为重点，进一步提高非公有制经济的竞争实力

多年来，全国包括我省在内的非公有制经济都一直面临着转型升级的难题。去年爆发的国际金融危机对中小企业冲击最大，从而使这一难题更加凸显，同时也使解决这一难题的必然性和紧迫性进一步加剧。我省广大非公有制企业必须主动适应新形势新任务的要求，立足资源、技术、人才等特色和优势，加快转型升级步伐。

1. 转变经营理念

观念一变天地宽。非公有制企业应主动转变经营理念，打牢转型升级的思想基础。一要开阔视野，强化合作共赢意识。现代社会，全球经济一体化势不可当，市场半径空前扩大，市场竞争日趋激烈，单打独斗开拓市场的方式已越来越难以有所作为。浙江、广东等地区非公有制经济之所以快速发展，很大程度上得益于他们通过组建市场开拓专业

公司和联合体等方式，建立起遍布全国乃至全球的营销网络。我省广大非公有制企业必须学习和借鉴浙江、广东等地的经验，切实转变各自为政的传统营销理念，牢固树立大市场、大营销观念，强化合作共赢意识，联手开拓国际国内市场。各级各部门也要积极采取措施，鼓励、支持和引导同类企业、相近行业组建销售联盟，拓展销售半径，提高市场占有率，实现抱团发展。同时，要举一反三，通过开展联户担保、加强产学研结合、订单培训等形式，将合作共赢意识渗透到企业融资、技术研发、人力资源培训等企业发展的各个方面。二要严格标准，强化质量安全意识。质量是企业的生命。随着生活水平的提高，广大消费者对产品质量的追求越来越高。三鹿等大企业一夜之间轰然倒下，最直接的原因就是缺乏质量安全意识。非公有制企业大多处于初创和成长阶段，容不得半点闪失，必须把质量安全摆在企业发展的首位。要充分发挥企业主体作用，完善全过程、全方位的质量安全管理体系。各级各部门要以国家开展“质量安全年”活动为契机，大力宣传关于质量工作的方针政策，想方设法帮助非公有制企业解决质量安全建设中的困难和问题，督促他们建立健全相关制度，落实工作责任，真正依靠质量安全赢得顾客，占领市场，增强竞争力。三要着眼长远，强化品牌经营意识。一流的企业做标准，二流的企业做品牌，三流的企业做产品，这已经成为现代社会的共识。可以说，没有品牌的竞争是无力的竞争，没有品牌的市场是脆弱的市场；有品牌才有长远竞争力。如 LV、爱玛仕这些从事服装、箱包等传统产品生产的中小企业，都是通过实施品牌战略成为世界知名企业的。广大非公有制企业一定要着眼长远发展，搞好品牌策划，大力开发具有自主知识产权和浓郁地方特色的名牌产品，把小企业做出大文章；已经创建了品牌的企业，要加大现有品牌的包装和营销力度，努力打造国内国际知名品牌，提高品牌溢价水平。各级各部门要积极做好非公有制企业创建品牌的扶持工作，落实有关优惠政策，大力开展相关辅导、培训与咨询服务，力争每年打造一批省级和国家级知名品牌，推动“湖南制造”向“湖南创造”转变。

2. 优化发展方式

发展方式粗放，是导致我省非公有制经济整体竞争力弱、抗风险能力不强的根本原因之一。必须加快转变发展方式，提升科学发展水平。一要走专业化、精细化的发展路子。广大非公有制企业和中小企业大多规模较小、产品较为单一，与其他企业特别是大企业大集团相比，走专业化、精细化发展路子，既是优势所在，更是生存之道。必须根据产业发展导向和市场需求，寻求差异化发展，自觉按照“专、精、特、新”的要求，在专业化、精细化上下工夫，努力做到人无我有、人有我优、人优我特、人特我精。二要走高端化、高新化的发展路子。自主创新能力决定企业核心竞争力。各级各部门要鼓励、支持和引导具备一定规模的非公有制企业，特别是龙头骨干企业，加大创新投入和技术改造力度，努力形成自己的知识产权和核心技术，尽快跨越低层次、低水平的发展阶段。要积极搭建科技成果转化平台，鼓励、支持科研人员采取技术入股等方式，加快科研成果转化步伐，创办一批高新企业，一开始就走高端化、高新化的发展路子。三要走信息化、系统化的发展路子。当今时代是“快鱼吃慢鱼”的信息时代。要大力实施信息化发展战略，引导广大非公有制企业加大信息化建设投入，建立健全供应、生产、管理、销售的信息化系统，以速度争资源、抢市场、强管理，走速度制胜之路。四要走集群化、集约化的发展路子。集群化、集约化是降低发展成本、形成规模效应的重要手段。要支持同类企业以资源、技术、产品为纽带，向特色园区、特定区域集聚，形成集群效应；要优化集群内部的资源配置，推动产业循环式组合，降低生产消耗，提高土地、资源等各类生产要素的集约利用水平。广大非公有制企业和中小企业要主动靠大联强，建立“嵌入式生存”和“协作式生存”方式，围绕龙头骨干企业开展专业化协作配套，进入产业生态链的天然保护之中，以此推动形成龙头企业带动、关联企业集中、协作配套紧密的产业集群，使松散的“点状”经济向联系紧密的“链条”经济、“块状”经济和特色鲜明、竞争力强的“带状”经济升级。

3. 提高管理水平

没有先进的管理，企业便难以实现高效有序发展。广大非公有制企业要与时俱进、因企制宜，不断提高科学管理水平。一是不断优化企业产权治理结构。要坚决摒弃“肥水不流外人田”的陈旧观念，积极推行股份制改革，逐步完善归属清晰、权责明确、保护严格、流转顺畅的产权治理结构，实现单一产权的“家族式”企业向产权多元化的混合型企业转变，加快建立现代企业制度，走规范化管理之路。二是加快企业内部管理创新。大力引进国内外先进管理经验，创新战略目标管理，以企业文化建设为重点，把战略目标渗透到职工的日常工作和生活之中。创新管理技术手段，以设计、生产、质检、物流等流程和现场管理为重点，开源节流，挖潜增效，提高企业管理精细化程度。创新市场营销方式，以加强市场调查和分析为重点，既实施“蓝海开拓”战略，积极开拓未知市场；又实施“红海颠覆”战略，努力抢占已知市场。三要大力培育和引进高素质的管理人才。俗话说，兵熊熊一个，将熊熊一窝。培养、引进和使用高素质的管理人才特别是优秀企业家对企业的生存发展至关重要。要努力克服家族企业所有权和经营权难以分离的现象，大力推行职业经理人制度，用事业、用感情、用待遇吸引和留住高级管理人才，推动企业管理水平全面提升。各级各部门要高度重视企业家和职业经理人队伍建设，为企业培养和引进高素质管理人才创造良好条件。

三、以健全长效机制为重点，进一步夯实非公有制经济的发展基础

推动非公有制经济发展已有多年，无论是从国家政策导向看，从与发达省份的发展差距看，还是从加快富民强省的目标任务看，这项工作都只能加强，不能削弱。各级各部门必须立足当前，着眼长远，在建立健全长效机制上下工夫，进一步夯实非公有制经济的发展基础。

1. *注重统筹指导*

要站在全局和战略的高度，逐步强化非公有制经济在国民经济和社会发展整体规划中的地位，将扶持和促进非公有制经济发展作为统筹区域发展、城乡发展的重要措施，与推进新型工业化、新型城市化、农业现代化紧密结合起来，大胆探索适合湖南区域特色和产业特点的非公有制经济发展路子。要加强对非公有制经济发展的动态监测分析，及时发布产业政策、发展规划、投资重点和市场需求等方面的信息，加强宏观指导，引导非公有制企业科学发展、错位发展、规范发展、联合发展，防止产能过剩，避免重复建设和恶性竞争。

2. *加强组织领导*

各级党委、政府要进一步加强对非公有制经济发展的组织领导，把非公制经济发展列入重要议事日程，及时研究解决非公有制经济发展中遇到的新情况、新问题。要着力消除多头管理、政出多门的现象，充分整合部门职能，探索建立上下对口、全省统一的非公有制经济指导、管理和服务机构，切实理顺行政管理体制。要将发展非公有制经济的目标任务层层分解落实到具体部门和责任人员，作为干部绩效考核的重要内容，加强督促检查，促进各项政策措施落到实处。各相关职能部门要加强联系沟通，进一步健全工作协调机制，形成推动非公有制经济发展的强大合力。

3. *破解发展瓶颈*

当前制约非公有制经济发展的瓶颈因素很多，其中最突出、最普遍的还是融资问题。破解融资难题，应从以下三方面着手。一要完善信用体系。加强非公有制经济征信体系建设，建立企业信用档案，完善企业信用信息数据库，扩大信用信息使用范围。加强企业信用建设，引导广大非公有制企业增强信用意识，依法规范经营，严格财务管理，强化信用自律，树立重信用、守合同的企业形象。二要拓宽融资渠道。鼓励金融机构针对中小企业经营特点、融资需求，进一步细分信贷市场，为非公有制企业量身定做创新型融资产品，探索和推广知识产权、股权质押贷款及供应链融资，帮助非公有制企业通过资产证券化、兼并重组、发行短期融资债券和集合债券、股权私募等方式融资，鼓励和扶持一批优质中小企业到创业板直接融资。积极推进村镇银行的组建，扩大小额贷款公司试点。三要增强担保能力。要按照4月29日省委常委扩大会议精神，进一步加强中小企业信用担保体系建设，支持和引导各级各类信用担保机构加快增资扩股步伐，壮大资本金规模；鼓励各类担保机构通过整合、引资、并购等方式做大做强，不断增强担保再担保能力。完善融资风险分担和补偿机制，继续扩大中小企业担保机构风险补偿资金规模，适当安排奖励资金，提高其抗风险能力。此外，各级各部门还要在土地、能源、人才、基础设施等方面强化保障，全面破解非公有制经济发展瓶颈。

4. *优化发展环境*

环境的优劣对非公有制经济发展至关重要。各级各部门要把优化环境作为发展非公有制经济的重要任务，积极为非公有制经济发展营造沃土。一是营造宽松优惠的政策环境。要坚决落实中央和省扶持非公有制经济及中小企业发展的各项政策措施，因地制宜制定优惠政策，不断加大对非公有制经济发展的扶持力度。二是营造廉洁高效的政务环境。要以深入开展“企业服务年”活动为抓手，进一步转变政府职能，改革审批办法，提高办事效率，规范收费行为，减少重复检查，切实减负松绑，全力帮助非公有制企业应对金融危机，解决实际困难，加快突围发展。三是营造公平公正的法治环境。执法部门既要依法行政、严格执法、公正执法，维护法律法规政策的严肃性，又要科学监管、和谐执法，倾注人文关怀，切实为各类工商企业健康规范发展保驾护航。四是营造规范有序的市场环境。要大力倡导诚信、守法、文明经营，鼓励公平竞争，反对垄断和地方保护主义，强化市场监管，加大对专利侵权、制售假冒伪劣产品等违法行为的查处力度，切实维护正常的市场秩序。五是营造创富光荣的舆论环境。要充分利用各级各类媒体，大力宣传非公有制经济的重要地位和作用，宣传非公有制经济发展中涌现的先进典型及其社会贡献，营造发展光荣、创富光荣的良好风尚，形成全社会关心、参与、推动非公有制经济发展的舆论环境。

国家对优化非公有制经济发展环境高度重视，近期将发布支持非公有制经济发展的20条意见。这对非公有制经济发展是重大利好，将激活巨量的民间资本，为经济增长注入持久动力。各级党委、政府要抓住这一历史机遇，像重视国有企业一样重视非公有制经济发展，进一步提高其“国民待遇”；要加快构建“政府扶持中介机构，中介机构服务中小企业”的发展机制，坚持社会化、专业化、市场化、规范化原则，依法放手放权，鼓励支持信息服务、技术支持、人才培训、管理咨询、资产评估、诉讼代理等各类中介机构发展，进一步健全社会化服务体系，为非公有制企业提供更加优质、高效的服务；要大胆借鉴浙江等地的成功经验，探索解决“官办”行业组织问题，着手推进行业商（协）会市场化改革，加快“政会分开”，激发发展活力，使其真正成为非公企业的“娘家”，充分发挥提供服务、反映诉求、规范行为的作用。

同志们，加快发展非公有制经济，事关富民强

省大局，影响弯道超车速度。我们一定要以科学发展观为指导，切实增强加快非公有制经济发展的紧迫感和责任感，开拓进取，务实创新，不断开创全省非公有制经济发展新局面，为加快科学跨越、富民强省作出新的更大贡献！

保增长　调结构
推动全省非公有制
经济平稳健康发展

湖南省人民政府副省长　陈肇雄

同志们：

省委、省政府决定召开这次会议，主要目的是，总结近年来我省非公经济发展成效，交流经验，表彰先进，围绕保增长、调结构部署下一阶段非公经济发展工作重点。刚才，会上表彰了第三届发展非公经济先进集体和个人，介绍了典型经验。过会儿，克保副书记还将作重要讲话，请大家认真领会，贯彻落实。下面，我先讲几点意见。

一、总结经验，充分肯定近年来我省非公有制经济发展取得的成效

近年来，全省非公经济加速发展，在经济社会发展中的地位和作用日益突出。2008 年，我省非公经济尽管年初遭受冰灾影响，下半年又受到国际金融危机严重冲击，仍然保持了平稳较快发展，在保增长、扩内需和促就业等方面作出了重要贡献。

一是非公经济成为保增长和扩内需的强力支撑。全省非公经济实现增加值 6 252.27 亿元，同比增长 14.4%，比全省地区生产总值增速快 1.6 个百分点；占全省地区生产总值的比重达 56%。非公经济实际完成投资 3 526.63 亿元，占全省全社会固定资产投资额的 62.4%。非公有制第三产业实现增加值占全省第三产业增加值的 57.2%。各行业非公经济蓬勃发展，有力促进了经济繁荣，成为我省保增长、扩内需的重要推动力量。

二是非公经济成为推进新型工业化的主体力量。全省非公有制工业实现增加值 2 653.47 亿元，比上年增长 21.6%，比全省工业增速高 5.6 个百分点，总量占全省工业的 62%。非公经济高新技术产业加速发展，为推进新型工业化提供有力支撑。高科技企业中非公企业占 80% 以上。我省专利的 65%、技术创新的 75%、新产品的 80% 都来自以非公经济为主体的中小企业。

三是非公经济成为居民和财政增收的重要来源。非公经济实缴税金 489.46 亿元，比上年增长 25.7%，占全省实缴税金的 48%。在县域经济发展中，非公经济成为地方财税的主要来源。全省城乡居民总收入的 45% 以上来源于非公经济。2008 年，全省城镇居民人均可支配收入 1.3 万元，扣除物价因素，增长 6.3%；农村居民人均纯收入 4 512.5 元，增长 8%。非公经济的快速发展，促进了居民收入的较快增长。

四是非公经济成为促进城乡就业的主要渠道。非公经济二、三产业年末从业人员数达 1 870.7 万人，比上年增长 3.1%，占全部二、三产业从业人员的 85.4%。部分行业非公经济促进就业的作用更加突出。如，全省公路和水路运输行业近 70 万个岗位中，非公有制经济占 90% 以上；全省 4 000 多家具有一定规模的休闲农业庄园直接从业人员达 12 万多人等。

全省各级各部门以及非公企业在积极应对金融危机、渡难关、促发展中采取一系列有效的措施，有力地推动了非公有制经济平稳较快发展。主要工作有以下几个方面：

一是强化政策扶持。省委、省政府历来高度重视非公有制经济发展，出台了一系列促进非公经济发展的政策法规，完善了政策支持体系。特别是去年国际金融危机爆发以后，省委常委会研究制定了促进经济增长的 10 条措施，省政府先后出台了促进工业企业平稳较快发展的若干意见、进一步支持中小企业融资的意见等文件。省直各部门和各市州也相应出台具体的政策措施，如省财政厅等 5 个部门联合制定了缓解中小企业融资困难的若干意见，省工商局出台了促进经济平稳较快发展的若干措施等。这一系列政策措施的制定出台，从市场开拓、融资担保、项目建设、减轻负担等方面，为全省非公有制经济发展提供了有力帮扶。

二是转变发展方式。通过政策引导、财政支持等多种措施，促进非公企业转变发展方式、实现优化升级。其一是坚持优势优先，发展特色优势产业，省委、省政府启动实施“四千工程”，促进优势资本、资源、要素向优势产业和企业集中，实现工业集约发展和结构调整优化。上半年工程机械、电子信息、生物医药等行业增幅都达到 28% 以上。高新技术产业实现新产品产值同比增长 10%，新产品产值率达到 13.7%。其二是淘汰落后产能，推进节能降耗。截止到 2008 年底，全省已关停小火电机组 106 万千瓦，水泥行业淘汰落后产能 1 100 多万吨，拆除关闭造纸企业 214 家。2008 年，全省单位规模工业增加值能耗下降 11.8%。其三是开展挖潜增效，加强企业内部管理。广大非公企业积极应对，开展“自救”。根据市场变化调整产品和市场结构，开发适销对路的新产品，开拓新市场，强化内部管理，开展自主创新，提升自身素质和核心竞争力。

三是推进全民创业。省政府对全民创业工作加强了指导和服务，对 30 个省重点创业基地进行引导和扶持。2008 年，30 个省重点创业基地入驻企业 1 465 户，涉及从业人员 5.4 万人，同比分别增长 21.6% 和 20%。同时，在全省范围内开展了全民创业巡回报告活动。充分发挥报纸、电视、网络等传媒的作用，采取多种形式，广泛宣传创业政策和典型事迹，营造浓厚的创业氛围。通过大力开展

创业，我省企业个数大幅增加。今年1～6月，全省新登记注册各类企业1.67万户，增长13.6%；新登记注册个体工商户14.78万户，增长16.9%。

四是加大服务力度。扎实开展“企业服务年”活动，采取对口联系企业等各种方式，为企业解决实际困难和突出问题，各市州也组织开展了“两帮两促”、“联手帮扶企业行动”等一系列服务企业专题活动，企业反响很好。积极帮助企业开拓市场，去年以来，我省开展了一系列有针对性的产品产需对接洽谈活动，如“汽车下乡”活动、长株潭装备工业配套洽谈会、钢铁产需合作对接会等，深受企业好评。加强了中小企业担保体系建设，中小企业信用担保风险补偿资金由2 000万元增加到4 000万元，省财政安排14亿元专项调度资金支持市州建立或充实中小企业担保机构，目前全省中小企业信用担保机构达134户，注册资本达60亿元。完善了信息服务、融资服务、技术支持、人才培训、管理咨询、创业辅导、市场开拓、政策法律等非公有制经济和中小企业社会服务体系。

五是优化发展环境。在强化政策扶持和服务工作的同时，针对受金融危机影响企业生产经营困难增加的情况，扎实推进“一法一办法”执法整改工作，从法制、政务、市场、舆论4个方面优化非公有制经济发展环境。去年，省人大常委会在全省范围内开展了“一法一办法”执法情况检查。今年省政府成立了省贯彻执行“一法一办法”工作领导小组，制订了整改工作方案。省直相关部门和各市州根据方案内容，积极整改，做了大量工作，在降低注册门槛、加大财政扶持、推进服务体系建设、清理收费、提高行政效能等方面取得了明显进展，创造和形成了一批行之有效的成功经验和做法，进一步优化了非公有制经济和中小企业发展环境。

二、深化思想认识，进一步把握当前我省发展非公有制经济的任务

去年以来，全省认真贯彻落实中央促进经济平稳较快发展的战略部署，科学应对国际金融危机的冲击，深入推进“一化三基”，有效地避免了经济增速的下滑，总体形势企稳向好。今年上半年全省地区生产总值同比增长12.8%，其中，第二产业增加值增长16.3%，规模工业增加值增速达17.4%，位居全国第4位。8月份，全省规模工业增加值增速达20.4%。非公经济也保持了平稳较快发展，上半年完成增加值3 158.47亿元，同比增长14.7%，比全省地区生产总值增速高1.9个百分点，占全部地区生产总值的59%。

一是冷静分析当前非公有制经济发展面临的形势和机遇。2009年，是经受严峻挑战而又抢抓重大机遇的一年。今年我国经济总体形势企稳向好，我省经济发展逆势上扬，但当前经济发展中不确定、不稳定因素仍然很多，世界经济衰退的格局尚未改变，对我国的冲击还会继续加大，我省受到金融危机的影响还比较严重。同时，我省非公经济还存在结构不优、产业集中度较低的问题，部分企业管理粗放、创新能力不足、核心竞争力不强等，生存和发展仍然面临着严峻的挑战，加快转型升级，提升竞争力迫在眉睫。

在冷静分析不利形势的同时，我们也要看到金融危机给我们带来后发赶超和科学跨越的难得机遇。一是国家为应对金融危机出台的一系列保增长、扩内需和促进中小企业发展的政策措施，正在有力地拉动我省非公经济发展。二是我国沿海发达省份大量产业在经济结构调整的过程中正在加快向我国中西部转移，这给我省承接产业转移发展非公经济带来了更多机遇。三是金融危机引发的倒逼压力，为调整产业结构提供了难得的契机，将进一步促进我省非公经济转变发展方式，提升整体水平，实现优化升级。

二是科学把握新形势下发展非公有制经济的方向和目标。我们要进一步深化对发展非公有制经济的认识，抢抓机遇，乘势而上，化“危”为“机”，始终做到坚持“三个结合”，推进“五个转变”，实现“五个提高”。即立足当前与着眼长远相结合，保持平稳较快发展与推进结构调整、促进转型升级相结合，改善外部环境与引导企业自身做优做强相结合。从主要依靠资源等先发性优势，向主要依靠制度创新、科技创新和管理创新转变，着力提高非公经济的综合实力；从主要集中在传统制造业和商贸业，向全面进入高技术含量、高附加值的先进制造业、基础产业和新兴服务业转变，着力提高非公经济的产业层次和发展水平；从主要依靠国内资源和国内市场，向充分利用国际国内两个市场、两种资源转变，着力提高非公经济的外向度；从现有的块状经济、小规模经营向高层次的集群化、规模经营转变，着力提高非公经济的集约化和规模化水平；从比较粗放的经营方式向注重信用、质量、节约、生态的经营方式转变，着力提高非公经济的整体素质和可持续发展能力。促进非公有制经济又好又快发展。

下一阶段，要重点抓好“百、千、万”工程的实施，即每年全省新增销售收入过亿元非公有制工业企业100户以上，新增规模以上中小工业企业1 000户以上，新增非公有制企业10 000户以上。到2010年，要实现全省非公经济增加值占到我省地区生产总值的60%以上的目标。

三、突出工作重点，努力促进我省非公有制经济平稳健康发展

加快非公有制经济发展，对于调整经济结构、转变发展方式、拓展就业空间、增加居民收入，具有举足轻重的作用，直接影响着全省的发展大局。要按照省委、省政府提出的“保增长、扩内需、调结构、促就业、强基础”总体要求，突出重点，努力做好以下几个方面的工作：

一是要坚持在扶创业中壮大经济总量。市场经

济在某种意义上就是“民本经济”、“百姓经济”，全民创业是壮大非公有制经济发展总量的必然要求和有效途径。

要强化创业扶持，继续采取政策、经济和法律等多管齐下的综合措施，在准入条件上进一步放宽，在市场门槛上进一步放低，在税费政策上进一步放活，千方百计加大对全民创业的扶持力度，全力以赴促进非公有制经济加快发展。

要完善创业服务，坚持政府主导、市场运作，分级设立创业指导服务中心，培育发展专业服务机构，以培训辅导、融资担保、政策咨询、项目开发和税费减免等为重点，把创业服务拓展到更宽领域、扩大到更广人群、延伸到更深层次。要充分发挥各级工商联、个私协、商会和行业协会的作用，健全不同创业群体的服务体系。

要构建创业平台，重点扶持50个创业基地建设，加强工业园区、物流园区、商业街区建设，以标准化厂房建设为重点，大力建设创业基地和孵化器，完善基础设施和配套条件，提高园区和创业基地的吸纳、承载、培育能力，低价、免费提供创业场地，降低创业成本。

二是要坚持在调结构中促进转型升级。转变经济发展方式既是提升我省非公经济发展质量的迫切需要，又是当前非公经济应对金融危机的有效手段。要科学规划、积极引导，帮助非公经济转变发展方式，实现转型升级。

要围绕优势产业加快结构调整。把调结构放在重中之重，结合国家十大产业振兴规划和我省的“四千工程”，加快推进新型工业化，促进经济结构调整。要坚持立足资源优势和产业基础，加快产业内部整合，引导和支持非公经济向优势产业转移。进一步淘汰落后技术、工艺、设备和产品，促进重点节能减排技术和高效节能环保产品、设备在非公企业的推广应用。加快推进资源节约型、环境友好型社会建设进程。引导非公经济进入高新技术、新能源和可再生能源、软件与信息服务等优势产业和新兴产业，选择和发展战略性新兴产业。加快发展生产性服务业，鼓励支持中小企业在科技研发、工业设计、技术咨询、信息服务、现代物流等生产性服务业领域发展。

要围绕区域经济特色发展产业集群。产业集群是实现经济高效发展之路。要继续依托比较优势，围绕区域特色，以工业园区或工业集中区为载体，按照布局合理、特色鲜明、用地集约、生态环保的原则，支持和培育一批特色产业生产基地，加强环境建设，改善产业集聚条件，完善服务功能。扶持特色产业龙头企业做大做强，充分发挥带动作用。引导中小企业在生产基地聚集发展，提高企业之间分工协作、配套互补的能力和水平，着力形成具有一定规模和品牌效应的产业集群。

要围绕产业链的延伸开展协作配套。与经济发达省份相比，我省的产业配套能力相对较弱，产业集群发展时间不长，还没有形成完整的产业链条。要引导和鼓励大型企业通过专业分工、服务外包、订单生产等方式，加强与中小企业的协作配套。引导大企业实行主辅分离，将一些非核心产业进行剥离，或将零配件扩散出去，将部分工序转移，从而形成一批与之配套的中小企业。要鼓励中小企业与大企业开展多种形式的经济技术合作，建立稳定的供应、生产、销售等协作关系。引导和支持中小企业主动嵌入产业链分工，为大企业进行专业化生产和配套服务，延伸产业链，壮大产业集群。

三是要坚持在促联合中形成规模优势。在经济全球化、区域经济一体化的大背景下，企业并购、重组与联合，是整合资源、提高产业集中度、扩大市场占有率的战略措施。如果单打独斗、自成体系，很难做大做强，最终难免被淘汰出局。要坚持走联合发展之路，以集优聚强来壮大规模实力，形成市场优势。

要通过股权重组实现联合。通过股份制改造加大整合力度，鼓励优质非公有制企业间互相参股、交叉持股，实现股权多元化，还可以实行大股东发起、组建企业股份制集团等多种形式实现联合。

要围绕产业链的配套和延伸实现联合。要围绕龙头企业制订产业发展规划，加速上下游配套企业的引进与集聚，大力支持大企业建设新项目、开发新产品，催生裂变新的配套企业。要鼓励中小企业主动与大企业配套，参与大企业生产合作，并追随大企业开拓市场，加速形成关联度高、产业链长、协作性强的“联合舰队”。

要围绕市场、资源等要素实现联合。要引导在空间上接近，经济活动高度密集，生产工艺相近或产品相关、市场接近，以及具有厂房、设备、土地等资产优势的中小企业进行兼并联合。要促进中小企业间的分工协作，资源与信息的互补和共享，实现低成本扩张，产生规模经济效应，提高品牌辐射能力。

四是要坚持在强创新中提升竞争能力。创新是一个地区、一个产业、一个企业永葆发展活力的核心和灵魂。缺乏创新支撑，调结构、提水平就没有动力。

要鼓励非公企业开展制度创新。引导非公有制企业根据自身特点和发展阶段，有条件的要通过互相参股、职工持股、引进外资等多种形式进行股份制改造，建立多元和开放的产权结构。要加快推进所有权与经营权分离，实现职业经理人聘用经营，健全法人治理结构，形成科学规范的现代企业制度，为企业健康稳定发展和长远发展提供制度保障。

要支持非公有制企业开展技术创新。加大对科技型中小企业的支持。落实各项扶持科技型中小企业的政策措施，用好科技发展资金，支持非公企业申报各类科技计划，支持企业及其科技人员发明专利的申报和保护工作。鼓励科研院所加强针对中小企业的共性技术研究，推动产学研结合。支持有条件的科技型中小企业通过产学研结合方式，建立技术研发机构。高度重视科技成果孵化，加快已有科研成果的转化、利用和推广，鼓励高等院校、科研机构专业技术人员和管理人员创办科技型中小企业。非公企业要加大研发投入和技术改造力度，狠抓产品创新和技术攻关，开发先进适用的技术、工艺和设备，研制适销对路的新产品，重视自主知识产权和品牌建设，不断提升核心竞争力。

要引导非公有制企业开展管理创新。各级各相关部门要通过组织培训、开展管理咨询等多项服务措施，促进非公企业加强内部管理，提升整体素质和抗风险能力。非公企业要建立现代企业管理制度，自觉练好内功，规范企业内部运作，推进决策科学化，管理精细化。在当前受金融危机影响的新形势下，要注重强化以降本增效和持续改进为核心的精益管理，强化以人为本的人力资源管理，强化以高效协同为目标的供应链管理，强化以风险预警和过程控制为重点的风险管理，强化以可持续发展为目标的绿色管理。靠管理求效益，靠管理提水平。

五是要坚持在优环境中加大帮扶力度。要强化政策扶持。目前，国家和省已经出台了很多促进非公经济和中小企业发展的政策性文件，关键在于抓好落实。重点要贯彻落实国务院新出台的《关于进一步促进中小企业发展的若干意见》和省政府1号文件，各级各部门要进一步研究操作性强的实施办法，并逐条逐项地落实到位。进一步加大财政资金支持力度，落实和完善税收优惠政策。以继续抓好"一法一办法"执法整改为中心，加强对法律、法规和政策落实情况的督促检查。全面清理并进一步减少、合并行政审批事项，为中小企业提供便捷服务。严格查处"三乱"行为，切实减轻企业负担。

要强化服务支撑。国务院成立了促进中小企业发展工作领导小组，加强对中小企业工作的统筹规划、组织领导和政策协调。全省各级要进一步加强领导，部门之间要形成合力，齐抓共管。加强和改善对非公经济的服务，进一步完善非公经济社会服务体系，培育各类中小企业服务机构，加快建设中小企业公共服务平台、中小企业创业基地和中小企业信息服务网络。加强对中小企业的融资服务，支持民间资本参与发起设立村镇银行、贷款公司等股份制金融机构。进一步拓宽中小企业融资渠道，完善担保体系。支持符合条件的非公企业参与家电、农机、汽车摩托车下乡和家电、汽车以旧换新等业务。支持非公企业参加各类展览展销活动，进一步帮助非公企业开拓市场。

要强化舆论引导。广泛宣传非公经济发展的新成就、新经验、新典型，大力宣传优秀非公经济企业家，营造良好的社会氛围，为非公经济发展加油鼓劲，提振信心。

同志们，加快发展非公有制经济，责任重大，任务艰巨。我们一定要在省委、省政府的正确领导下，深入贯彻落实科学发展观，锐意创新，扎实工作，努力推动全省非公经济又好又快发展，为加快富民强省作出新的更大的贡献！

在全省加快中小企业发展工作会议上的讲话

四川省省长　蒋巨峰

为了支持中小企业发展，上个月我们刚刚下发了加快中小企业发展的决定，里面包括不少含金量高的政策举措。今天省政府又召开这次会议，主要任务就是进一步研究分析当前中小企业面临的突出问题，对新形势下中小企业加快发展进行部署。刚才，我们命名了一批中小企业发展基地县，省中小企业局、资阳市、广汉市作了很好的发言。下面，我讲几点意见。

一、进一步增强加快发展中小企业的责任感和紧迫感

我们说中小企业发展事关城乡经济繁荣，事关民生就业，事关社会和谐稳定，并不是说今天开这个会，才说中小企业重要。一直以来，我们都强调要双管齐下：一块是把现有的大企业、成长型企业迅速做强做大、更强更大。另一块就是组织千家万户、千军万马，培育壮大中小企业，包括规模以下企业。只有这块做多做大了，成长型企业才有广泛的来源，从而不断地成长为新的大企业、大集团。据统计，同样的资金投入，中小企业比大企业多提供4倍的就业岗位，相同的产值，中小企业的就业容量为大型企业的1.43倍；有关资料显示，各地的GDP和中小企业状况成明显正比关系，即经济强省也是中小企业强省，经济强县也是中小企业强县，我在浙江工作期间对这一点感受尤为深刻，浙江强就强在县域经济，其县域经济强又在中小企业，中小企业相互聚集，形成块状经济，不仅提供了最大税源，确保了本省基本无失业，还吸纳数百万省外劳动力。

省委、省政府一直高度重视中小企业发展，把加快发展中小企业提升到战略高度进行谋划，出台了一系列政策措施。经过多年的努力，我省中小企业发展取得了较好成效，现有中小企业30.1万户，企业个数占全省的99%，工业增加值占全省工业的64.2%，出口创汇占全省工业的55%以上，已占全省工业经济的大半壁江山。双流县连续8年跻身全国"百强县"行列，也得益于中小企业的蓬勃发展。大家都知道，今年一季度，我省经济实现了开门红，中小企业功不可没。从一季度的数据分析来看，在生产总值中，中小企业占39.1%，对经济增长的贡献率达59.7%；特别是中小工业企业增长18.7%，对经济增长的贡献率为52%；中小工业企业从业人数占整个工业从业人数的77.1%。同时，目前已有120多个县的中小企业入库税金占当地财政收入60%以上，有的甚至超过

80%。从这些省内外情况分析中，我们可以更真切地感受到，中小企业是培育大企业、大集团的基础所在，是保障城乡就业的富民之路，是扩大税基、培育地方财力的源泉，是发展特色产业和培育产业集群的重要依托。

纵向比看到成绩，关键还是要从横向比找到差距：一是数量少。我省中小企业数仅相当于浙江的27%、江苏的30%、广东的29%。其中规模以上企业仅分别相当于这三省的22%、26%、25%。二是规模以下企业发展不足。2008年，数量占90%以上的规模以下企业增加值仅占全省GDP的1.1%。三是档次比较低。据统计，我省多数中小企业设备陈旧，70%以上的产品定位为“大路货”；技术创新投入平均仅占全部企业营业收入的1.2%，80%的企业没有任何技术发明与专利。四是产业集中度不高。产业离散度大，规模聚集效应不强，多数县没有形成自己的特色优势产业。五是从业人员总体素质不高。具有中专、技校、高中以上文化程度的仅占15%。这几方面的差距，集中反映了我省中小企业的培育成长、发展严重不足，特别是规模以下企业发展严重不足。与此同时，融资渠道不畅、市场秩序不规范、发展环境不优、社会化服务体系尚不健全等问题依然困扰着中小企业的发展。

当前，随着国际金融危机对我国经济影响的逐步加深，中小企业陷入了艰难境地。特别是那些市场主要在国外、没有自主知识产权、没有自主品牌、劳动密集型的加工贸易企业，遭受的打击更为严重。我国东部地区不少中小企业停产、半停产，大量农民工失业返乡，使国民经济下行压力增大。而我省中小企业面临比兄弟省（市）更大的困难。虽然现在形势有所回暖，但仍不可掉以轻心。总体上看，当前我省中小企业发展面临着三重压力：一是地震灾害的影响。虽然地震已过了近一年，但地震对中小企业造成的影响仍将持续较长一段时间。比如江油市、什邡市、绵竹市等多举措帮助中小企业复产，目前复产面虽已达90%以上，但产能要全面恢复至灾前水平，任务还很艰巨。二是金融危机的冲击。受国际金融危机影响，去年二季度以来，各地中小企业反映订单持续减少、库存积压严重、产品滞销增多，对外向型中小企业特别是纺织、服装、钢材、机械加工等行业影响较大。三是市场竞争更加激烈。这一点也是由金融危机而延伸过来的，就是东部沿海企业的终端市场由于海外市场受到挤压，也正由海外逐步转向国内，抢占内地市场，对我省中小企业的市场份额、产品订单将产生更深远的影响。

当然，我们要清醒地认识到，当前中小企业面临的严峻形势，不仅仅是企业外部环境变化引起的，也有企业自身存在的问题。比如，许多中小企业经营管理不善、创新能力不强等，这是很难靠政府解决的，需要引导企业创新机制，加强管理，增强发展的动力与活力。不管怎么样，越是困难，越要不怕困难，越要想办法解决和战胜困难；越是生存危机，越要想方设法活下去。温家宝总理反复强调，“信心比黄金和货币更重要”。虽然我省中小企业发展遇到前所未有的困难，但也有诸多现实的机遇：一是国家4万亿元和我省3万亿元应对危机、扩大内需和灾后重建投资，为我省中小企业打好“重建牌”、“内需牌”，争取资源、资金、项目、市场提供了巨大空间。二是国家实行积极的财政政策和适度宽松的货币政策，正好为我省中小企业大上项目、增加融资、提速发展提供了十分重要的条件。三是国家和省对中小企业发展日益重视，已经出台和即将出台许多支持政策。比如针对金融危机对中小企业的影响，国务院专门召开常务会议，及时调整和完善相关政策，要求各地、各部门加强指导和协调，努力解决中小企业发展中的突出问题。又比如工业和信息化部娄勤俭副部长4月22日表示，工信部将从完善中小企业信用担保体系、鼓励中小企业在创业板上市和改善对中小企业服务等方面支持中小企业发展。中央财政已经追加了10亿元风险补偿基金，争取从各方面为中小企业担保贷款达到6千亿元。四是我省中小企业已经有了良好的产业发展基础，有了多年发展累积的成功经验。只要我们抓住并用好危中之机，善于从变化中捕捉发展机遇，在逆境里培育有利因素，一定能够不失时机推进我省中小企业实现新突破、大发展。各级、各部门一定要站在全局高度深刻认识加快发展中小企业的战略意义，全面审视我省中小企业发展的客观现实，准确把握当前面临的形势，增强使命感、责任感和紧迫感，坚定中小企业加快发展的信心，努力推动经济又好又快发展。

二、积极探索中小企业加快发展的路径

当前和今后一个时期，我省中小企业发展要着力于提升总体实力和发展质量，力争每年新增规模以下企业15 000家、规模以上工业企业1 200家，培育发展中小企业产业集群200个，小企业创业基地200个，推动中小企业发展水平再上新台阶。要实现这些目标，企业是主体。我初步梳理了一下，具体是不是可以从这六个方面加大力度。

第一，依托优势资源加快发展中小企业。我省是资源大省，包括矿产资源、水电资源、旅游资源、农业资源等，各地也都有相对较优势的资源。过去这些资源开发，基本上停留在资源性产品开发上，只是卖一些初级产品，现在开始有了粗加工，但是粗加工之后的产业链条还没有很好地延伸，产品附加值不高。要想提高产品的附加值就必须延长产业链，形成产业集群，也就需要有更多的中小企业与之相配套。乐至县作为丘区县，充分利用其农产品资源优势，培育壮大了顺达木业、乐渝纺织、红旗丝绸等一大批省市重点农业产业化龙头企业，带动全县25万余户农户建成了各类优质农产品基地50万余亩、牲畜标准化养殖家园6万余个，农民年新增现金收入1 000余元。我们要坚持开发与保护并举，鼓励和支持中小企业积极利用国内外先进技术，对资源进行深度加工和综合利用，做到既

保护环境，又壮大企业、发展经济。

第二，依托大企业大集团发展中小企业。随着生产的社会化、专业化的发展，我们很多大型优势企业可以从两方面入手：一方面自己不搞大而全，而是实行主辅分离，将一些非核心产业进行剥离；另一方面可以把零配件扩散出去，把某些工序转移出去，这样大型企业可以“收紧拳头”，集中精力抓主导产品、抓核心产品，既做强做大自己，又可以形成一批中小企业。各级政府在这方面要加强引导。同时，从中小企业角度讲，也要主动加强与大型企业的有效对接，发挥自身特点和比较优势，在大企业的生产环节中找准产品定位，主动承接产业转移和技术扩散，围绕大企业大集团、产业和行业龙头企业发展配套产业，与之建立稳定的原材料、零部件的产、供、销及技术开发的合作关系，实现专业化、标准化、规模化生产，形成强大的配套生产能力。德阳市、绵阳市利用国有大企业、大集团搞产品的扩散、搞产业的延伸、搞产业的梯度转移，形成了中小企业群，带动了区域经济发展。如德阳市下决心帮助东汽、二重、东电主辅分离、剥离社会职能，最终带动了几百家中小企业；绵阳市对长虹、九洲也是这样。还有资阳市依托资阳机车、南骏汽车两大龙头，共带动本地配套企业120余户，形成了以机车制造、汽车制造为特色的造车产业集群。这些经验都很好，值得我们总结、推广。

第三，引导支持农民工回乡创业。许多农民工在沿海学到了技术和管理，由于我们现在承接产业转移，很多沿海的企业会转到内地来，很多岗位需要这些有技术、懂管理的农民工；同时不少农民工还积累了资金，有了创业的原始资金积累。泸县通过亲情驱动、服务推动、开放带动，对外出务工的成功人士实行“一对一”跟踪联系，搭建创业平台，2006年以来成功回引200万元以上投资的“归雁”企业86家，共投资21.6亿元；近三年返乡农民工创业经济占泸县工业新增投资、新增产值均达70%左右；其累计投入1.5亿元打造的工业创业园，仅返乡农民工就实现就地就业7千余人。根据新的形势，省对农民工回乡创业制定了一系列优惠政策，如我们明确，农民工回乡创业享受城镇待业人员创业的政策，并对提供担保贷款、一次性创业补贴等方面都有支持政策。各级各部门一定要落实好这些支持措施，包括创业培训、税费减免、场地安排等扶持政策，鼓励农民工返乡创业。

第四，推进科技成果孵化培育科技型中小企业。科技型中小企业，因其拥有自主知识产权，并能依靠灵活的机制和科技优势，在市场竞争中迅速崛起。对科技型中小企业而言，公共服务平台的建设至关重要。绵阳市以强化公共服务供给、改善环境和资源品质、降低成本为目标，大力支持中小企业公共技术平台建设，全市已建成规模较大的综合孵化器4个、专业孵化器5个，为中小企业发展提供了支持和保障。同时利用本地丰富的科教资源，促进企业与中国工程物理研究院、西南科技大学等科研院所、大专院校实现有效对接，形成了以利尔化学、碧馥科技、开元磁材、龙华薄膜、四川艺精等为骨干的科技型中小企业群体。我们要高度重视科技成果孵化，针对关键技术难题，开展联合攻关，加快已有科研成果的转化、利用和推广，鼓励高等院校、科研机构专业技术人员和管理人员创办科技型中小企业。科技人员参与科技项目开发，以科技成果作为股权投资的，可获得与之相当的股权收益。支持有条件的科技型中小企业通过产学研结合方式，建立技术研发机构，并享受相关优惠政策。同时，要积极争取充分利用国家创新基金，发挥其在支持科技型中小企业发展中的引导和促进作用。

第五，围绕一、二产业配套发展中小服务型企业。随着新型工业化的推进和现代农业的发展，生产性、民生性服务业很有发展前景，而服务业又是国家鼓励支持的重点行业，既有优惠政策，又有重大举措和平台，更有大的发展空间，要抓住机遇，着力加以发展。特别是对省已经出台的加快生产性服务业、民生性服务业和服务外包产业发展的三个政策性文件，要继续抓好落实。总的看，社会化服务体系建设滞后是影响我省一、二产业加快发展的突出问题，包括技术服务、资金服务、信息服务以及商务、科技服务等，发展都还比较滞后。但这些不可能由政府包下来，必须运用市场机制。中小企业由于机制灵活能够见缝插针，在这方面具有天然的比较优势。“成都模具工程技术研究中心”这一平台，正是以成都敏捷制造工程有限公司为依托，逐步解决了模具行业“共性技术缺乏，工艺协作难寻”两大难题，目前平台一期四项技术已向包括长虹、二重、五粮液等150多家本地及周边企业提供了技术服务，既服务了社会，又壮大了自己。再比如在资金方面，现在更多社会资本开始进入担保公司，德阳市小汉投资担保有限公司是18家小汉镇商会会员共同出资组建的封闭式、服务型、会员制担保机构，公司从2007年成立至今累计发生担保业务79笔，累计贷款突破2.3亿元，在保余额8 650万元，资金放大倍数近8倍。同时，在家政服务、社区服务、物业服务和社会化养老等民生方面市场需求比较大，这些也为中小企业提供了新的发展空间。

第六，围绕延伸产业链发展中小企业。对于我们有优势的产业，我们要在延伸产业链上做文章，尽可能拉长产业链，从中再进行产业细分，通过引导和支持，在各个环节培育更多的从事专业化生产的中小企业。眉山市以四川启明星铝业公司为龙头，吸引铝加工企业投资眉山，完善、延伸产业链，原铝产能占全省的近一半。双流县围绕优化产业结构，抢抓我省打造“成都—乐山—绵阳硅产业带”契机，做大做强光伏光电及新能源产业集群，发展具有高附加值的光伏产业中下游产品，依托天威新能源等重大项目，引进近50家配套企业相继落户双流，总投资超过100亿元，构筑了县域经济发展新的增长极。江油市充分发挥特钢产品优势，以攀长钢、六合汽轮机等龙头企业，着力延伸产业链条，发展模具、钛材制品等特钢下游产品，带动了100家以上中小企业发展。这些经验都值得我们借鉴。

三、发展中小企业中要注意把握的几个问题

我把刚才大家的发言作简单梳理，结合这些年对我省中小企业考察总结的经验和借鉴外地中小企业发展的一些措施办法，认为这样八个方面具有共性，请大家研究。

第一，重视中小企业发展规划与布局。东部发达地区产业规划做得非常好，重点非常突出，特色非常明显。特别是浙江，他们不同的县域都立足于自己的特色，营造自己的比较优势，形成了高度的专业化生产和分工协作的发展格局，培育形成了特色鲜明、具有一定竞争力的县域经济。譬如绍兴县具有悠久的纺织历史，发展基础良好，因此绍兴利用这一优势，选择了纺织业作为突破口，形成了以柯桥轻纺城为龙头的纺织大产业；诸暨市大唐镇从发展护腕、护膝到袜业，围绕袜业发展原料、装备专业市场，开辟出了一条发展块状经济的大道，形成了年产170多亿双的“袜都”。我省许多市（州）包括广汉、双流等县市也在中小企业规划与布局方面取得了长足进步。但总的来看，我省在产业布局上还不尽合理，企业和产品的规划层次、深度不够，产业雷同。所以，在遵循国家产业政策、宏观调控政策、环保政策和土地利用规划等的前提下，我们要从资源、人才、产业基础甚至文化传统等方面来研究中小企业规划与布局，把不断发展的中小企业和规模以下企业吸引到工业集中发展区，形成块状经济，形成产业集群。通过这样的集中和引导，真正形成优势产业带和特色经济区。规划与布局中具体要把握四点：一是立足市场，找准自己的资源要素等支撑条件和比较优势，在对接市场和比较分析中，确定自身发展方向与重点。二是研究分析自身产业基础，在此基础上确定哪些行业可以成长为主导产业、支柱产业和优势产业。三是集中布局、聚集发展，而不能再走村村点火、户户冒烟之路。四是加强配套服务，包括市场的培育、物流的配套、技术的服务等，实现中小企业专业化产业基地、专业市场与城镇化三位一体、良性互动，使推动产业发展的过程成为市场培育的过程，成为人流、物流、资金流、信息流、技术流等要素集聚进而推进城镇化的过程。

第二，立足市场，走“专精特新”发展道路。“专精特新”发展道路，既是世界工业经济发展的成功经验，更是中小企业自身特点所决定。发展最终取决于市场。中小企业既有“船小好掉头”的优势，又受自身规模限制与大企业大集团在直接面对面的市场竞争中处于弱势地位。这就需要我们找准自己的比较优势，进行市场细分，使自己的产品在一些环节上形成比较优势，实现市场细分和产业细化的对接。我省中小企业综合竞争力相对比较弱一些，但也不乏有自己的特色和专长，如机械、化工、家具、饮料食品等传统产业均有一定基础。要先做精做优，然后再做强做大，逐步做成“小巨人”。特别是随着经济的发展和消费水平的提高，生产资料需求和生活资料需求也在发生变化，在需求的拉动下，原来传统的东西需要不断提升功能，并逐步被新的产品所代替。比如我们喝水的暖壶，原来是热水瓶，有竹壳的、塑料壳的、铁皮壳的，后来是气压式的，现在却被饮水机代替了，新的需求也就出来了；更不要说从有线的手摇式电话发展到手机以至3G手机，这创造出了多大的市场呀！因此，我们也要加强对中小企业的引导，准确把握变化的形势，力求捷足先登，前瞻性发展，推进产品升级换代，不断增强企业和产品竞争力。

第三，自主创新，不断强化科技支撑。现在传统产能过剩不仅仅是我们国内的问题，也是全球性的问题，而全球金融危机使产能过剩的问题更加雪上加霜。长期以来，我们中小企业尽管数量众多，但普遍存在“低、散、弱”的状况。一旦外部经济形势疲软，企业的自主竞争力就会下降，从而丧失发展空间。来自各地的企业调研表明，那些拥有自主品牌的企业受危机影响最小，有的订单不降反升。所以，谁能够在技术上、产品上有新的突破，就有新的机会，否则就可能“坐以待毙”。现在，随着经济全球化加速，江浙、广东等发达地区中小企业已开始了新一轮的整合升级，逐步向集约型、节约型、技术型、品牌型、环保型方向发展。我省有丰富的科教资源，但中小企业自主创新能力弱一直是突出问题。为此，必须要加快建立以企业为主体、市场为导向、产学研结合的中小企业技术创新体系和服务平台，鼓励科研院所加强针对中小企业的共性技术研究，鼓励中小企业增加研发投入，推动产学研结合，增强市场开拓能力。当然，我们强调中小企业加强自主创新，并不是说所有的中小企业都要建立自己的研发队伍，这也是不符合中小企业实际的。关键是要能够通过灵活的市场机制，利用柔性人才机制，利用社会研发资源。这一批科技人员不是我的，但是可以为我所用；这个科研单位不是我的，但是可以为我服务。甚至成都的一个中小企业，其研发中心可能在美国的硅谷、在日本的某一个地方，也可能在北京的中关村，在上海、成都的某一所大学、研究院。当然，成果出来了，必须要讲时效，在充分论证的基础上，迅速组织批量生产，尽快扩大市场，提高占有率。同时，自主创新与打造企业和产品的品牌息息相关，而品牌就是市场，品牌就是竞争力。夹江县坚持“创品牌就是树形象”，以技术创新抢占产业发展制高点，近两年在优势陶瓷企业技改和新上高档陶瓷项目投入达7亿多元，并在建辉陶瓷成立了全省唯一的建筑陶瓷工程技术研究中心，打造起企业的高端品牌，目前全县拥有中国驰名商标1个、国家免检产品16个、国家陶瓷行业名牌产品8个，全县陶瓷企业年生产能力占全省的80%、全国的20%，并进而打造出了夹江陶瓷这一区域品牌。

第四，“以小做大”，大力发展规模以下企业。小商品大市场。以小规模的企业创造了大规模的经济总量，是浙江经济的一个突出特点。在我看来，

浙江规模以下企业之所以保持了旺盛的生命力，主要得益于深厚的民间创业文化，得益于经济环境不断改善所带来的推动效应，区域特色经济的不断发展、块状经济的蓬勃发展、规模以上经济的辐射，都成为本身机制较为灵活的小企业发展的肥沃土壤。在很长一个阶段，我国东部地区存在“一个大于、一个快于”的现象，即规模以下工业经济总量大于规模以上工业经济总量，规模以下工业发展速度快于规模以上工业发展，这样规上企业的发展就有了后备资源，而规上企业的发展又进一步带动了规下企业的发展，形成良性循环。所以，我们要把发展规模以下企业作为经济工作的战略重点之一，鼓励创办劳动密集型、科技成长型、专业配套型、综合服务型、高新技术型规模以下企业，努力提供“零障碍、低成本、高效率”的服务，千方百计尽快催生一大批规模以下企业，不断增加企业数量，扩大企业规模，壮大经济总量。在大力发展规模以下企业的同时，我们要对已有的企业进行认真分析，引导有条件的企业以资本为纽带，通过参股、控股或者是兼并、重组等形式实施资源整合、优化重组，既能盘活存量资产，又能促进企业形成规模效应。

第五，聚集发展，培育中小企业产业集群。产业集群发展是现代经济发展的一种重要形式，存在密切产业关联的中小企业大量在特定地区会聚，乃至形成产业集群，是区域经济发展的重要趋势。浙江几乎每个县都在一定的区域集聚了大量中小企业，形成了亿元产值以上的块状经济，这样不仅能够有效整合和科学利用资源，有利于节约社会投入综合成本、实现集聚和规模效应，而且逐步形成了区域特色，打造了区域品牌。比如绍兴的轻纺、大唐的袜业、乐清的电器、温州的打火机、嵊山的领带、义乌的小商品城等，而这样最终也壮大了区域经济实力。所以，如何以工业集中区为载体，把不断发展的中小企业和规模以下企业吸引到工业集中发展区，形成产业集群，并通过这样的集中和引导，真正形成优势产业带和特色经济区，值得我们认真研究。经过近10多年的发展，我省中小企业产业集群已经形成了一定的规模，如泸州白酒、夹江陶瓷、广汉钻机、郫县豆瓣等，产业特色较为明显，广汉钻机和郫县豆瓣更是分别占据了全国33%和40%的市场份额。但总体而言，经济规模偏小、社会协作度低、产业结构严重趋同、技术创新能力较弱、共生环境不尽完善等问题仍未能很好解决。为此，发展中小企业，我们要走出过去“四处布点、遍地开花”的老路，围绕“7+3+1”产业发展规划，立足区域特色，调整产业结构，加强资源整合，发展一批优势产业集群，走集群式发展道路。重点是通过搞好发展规划，引导提升产业集中度；通过发挥资源优势，做强特色产业集群；通过抓好龙头企业、园区建设、市场配套，打造区域品牌，促进产业聚集。特别是要重视加强园区和工业集中区服务配套，充分利用中小企业机制灵活、市场反应灵敏、退出成本低的特点，吸引企业向园区和工业集中区聚集，形成分工协作、配套互补、群居共生的企业群落，使进入园区的企业发挥集合优势，产生聚集效应和规模效应，提升整体竞争力。

第六，重视营销，更加有效地占有市场。生产的产品要进入千变万化的市场，并取得竞争优势，不仅有一个面对市场搞产品研发的问题，也有一个如何占有市场的问题。对营销的重视不能亚于对生产、对技术研发的重视程度。在市场经济条件下，“酒香不怕巷子深”已经不能绝对化了。马克思把商品到市场的过程称为“惊险的一跳”，意思是企业最终要把产品转变成货币，才能实现其价值。这里有很多现代营销的方式方法需要我们学习和把握，包括确立市场营销策略，充分利用连锁经营、物流配送、电子商务等现代营销方式的问题，有建立网络化的营销体系的问题，有研究如何运用第三方物流降低企业销售成本的问题等。这里，我特别强调一下良好的售后服务，用户的售后反映要作为整个营销网络体系把握的关键，这样才能不断地完善、提高产品和售后服务，从而进一步稳固和拓展市场。

第七，创新机制，不断激发中小企业加快发展的内在动力和活力。企业在成长过程中，如何运用市场机制实现低成本扩张、如何引入市场机制解决内部利益分配和激发内在动力等体制机制问题，都需要我们很好地研究。这个问题解决好了，就会产生强大的凝聚力和发展动力。解决这一问题，企业家特别重要。著名经济学家、北京大学教授厉以宁先生曾经讲过，成为企业家有三个条件：一是有战略眼光、能够发现别人没有发现的赚钱机会；二是有胆量、敢于冒一定风险；三是有组织能力、能够高效率地优化组合生产要素，其中第三点就是说我们的体制机制问题。所以，要有意识地在市场磨砺中、在全民创业中培育一大批优秀的中小企业家，引导他们一定要有自己的发展战略，加强战略管理，科学制订企业近期和中长期发展规划，并按照既定部署，主动根据形势的发展不断深化与完善改革。现在我们很多中小企业是家族制形式，家族制经营有它的好处，比如经营理念灵活，亲和力、凝聚力强，决策速度高效等，但随着企业规模的扩大，在市场竞争中就有一个吸引各类人才为自己服务并构建利益共同体的问题。在这一过程中，如何引导企业实行股份制和股份合作制，值得研究。股份制和股份合作制，关键是涉及规模经济或称规模效益的问题，也就是指在一定技术水平条件下，由于生产规模扩大而导致平均成本下降的情况。股份制和股份合作制不仅由于整合了社会资金，打破了单一资本的限制，企业实力壮大了，能够达到最佳的经济规模，实现最大的规模经济效益，而且在增资扩股的过程中，有利于改进企业机制，增强企业活力。虽然企业股权结构多元化后，创业者本人的股比相对下降了，但公司整体实力增强了，抗风险的能力增强了，自然其资本量和收益也相应提高了。所以一定要创新发展思路、创新发展模式、创新经营理念、创新运作机制，以求不断发展壮大，而不能小成即满，小富即安，否则到头来满也满不了，安也安不成。同时，要支持中小企业扩大开放，加强对外交流与合作，注重把引资与引进先进技术和先进管理经验结合起来，达到借力发展的目的。

第八，服务社会，切实加强与就业的对接。今天上午我们刚刚召开了就业工作电视电话会议，对就业工作作出部署。中小企业作为保障就业的主力军，与社会就业息息相关。我们强调，一方面，当前企业特别是中小企业在经营中遇到了困难，政府要帮助企业协同应对困难，用一个新的词叫“抱团取暖”；另一方面，企业也应当担负起社会责任，做到尽量少裁员或不裁员。政府这方面，我们已经采取了一些措施，比如在社会保险方面我们通过采取“五缓、四减、三补贴、两协商”的办法，对企业减轻负担，帮助企业克服当前困难，已经产生了好的效果。总的来讲，要正确处理好服务企业、发展经济和维护劳动者合法权益之间的关系，指导企业依法用工、规范管理。对生产经营遇到暂时困难的企业，引导企业通过与职工集体协商签订协议，采取劳动报酬适当变更、轮换工作、调整工作内容等方式，尽量少裁员或不裁员，稳定劳动关系，避免大规模裁员。

四、着力营造中小企业加快发展的良好环境

中小企业与大企业相比，在市场、融资、人才等方面处于弱势地位。特别是在创业发展初期和面对外在压力下，中小企业发展更难。我们必须在发挥市场机制作用的基础上，加大政府支持、引导和服务力度，帮助中小企业克服困难，营造良好发展环境。当然，这里要严格区分政府行为和企业行为，充分发挥市场这只“无形的手”和政府“有形的手”的作用，调动一切积极因素，推动中小企业加快发展。具体有四条。

第一，抓好政策落实。近几年特别是去年以来，中央和国家各部委出台了一系列有利于中小企业发展的增值税调整、出口退税、信用担保、企业所得税、金融服务、市场准入、行政审批等方面的政策措施。我省也在财政、金融、税收、用地等方面制定了许多优惠政策。今年3月，省政府专门印发了《关于加快中小企业发展的决定》，进一步明确了当前和今后一个时期加快我省中小企业发展的目标、重点和扶持政策。制定政策很重要，落实政策更重要，政策浪费是最大的浪费。对这些政策，希望各级党委、政府及各部门一条一条地认真研究，看看哪些是执行得较好的，哪些是还没有执行到位的，哪些在执行中还存在梗阻，并尽快制定具体配套措施，加强宣传解读，尽快传达到基层，尽快落实到企业。当然，国家和省的政策是面上的，我省地域辽阔，各市（县）发展基础、条件差别很大，比如我们书面材料发言中的成都双流、资阳的简阳和乐至、广安邻水、宜宾高县、遂宁船山区、攀枝花西区等，有的地处平原，有的是丘区县，有的是山区县，一定要注重结合自身实际，创造性地落实政策。同时，还要认真清理不符合市场经济规律、阻碍企业发展的歧视性政策，并加强督促检查。

第二，解决融资难题。中小企业融资难问题这样突出，这既有企业自身素质、资产规模、信用水平等内在原因，也有担保体系不健全、中小企业融资制度不完善如金融信贷条件高、金融创新产品少、上市直接融资门槛高等外在因素的影响。受地震灾害和国际金融危机的双重冲击，现在中小企业融资难问题更加凸显。去年中小企业贷款余额占30.32%，比年初下降1.47个百分点，其中四大银行中小企业贷款降幅达9.62%。有的企业有好的项目却因缺乏资金而致使项目落马，有的企业有丰富的市场资源却因缺乏资金无法扩大生产，有的企业有先进的技术和专利却因缺少资金而无法进入市场。据调查，目前我省中小企业发展中对新增资金的需求总量约为5 000亿元，通过各种渠道融资约3 000亿元，仍有2 000多亿元的资金缺口。随着我省中小企业发展加快、数量增多、规模扩大，加上灾后恢复重建和扩大内需的推进，资金需求量更大。对中小企业来说，一旦资金链断裂，不少企业就可能到了破产的边缘。在今年的金融工作会上，我提出要针对中小企业等重点和薄弱环节，形成专项解决问题的工作方案。目前这项工作还在推进过程中，要抓紧办理。这些年国家和省都安排了中小企业发展专项资金，并且逐年增加，今年我们还专门划拨了“首季止滑回升专项资金”1.5亿元，其中3 000万元就直接用于中小企业生产补贴，2 000万元用于中小企业担保贷款补贴。但仅仅依靠财政支持是远远不够的，总体上看，要在提升中小企业素质和诚信度的基础上，通过政府、银行、担保机构、社会等多方共同努力，为中小企业发展建立多元化的资金支持和融资渠道。遂宁市建立政府、深交所、四川证监局三方合作机制，支持企业上市融资，包括资阳市借鉴畜牧业“6+1”机制扩面推进的“五方联动+信用管理”机制，成效都很不错。在资金紧张的情况下，我们还要特别重视一个问题，那就是如何提高资金使用效率。对企业而言，提高资金使用效率，最关键的就是加强管理，加快资金周转，这样既可以降低生产成本，又可以缓解资金紧张的矛盾。在这方面，我们也要加强引导。

第三，搞好要素保障。土地、资金、能源、原料、运输、人才等是企业生存和发展的基本要素，也是中小企业发展中面对的主要问题。总的来说，要开源节流、集约利用、科学调度、协调保障，切实加强各种要素的综合协调，想企业所想，急企业所急，解企业之难。这里我着重讲三点：一是土地。国家控制严格，要在积极争取政策支持的同时，搞好企业存量土地的集约利用，可建设标准化厂房，既提高土地投资密度、利用强度、产出效率，也为中小企业降低起始资本需求，提高时效。这当中尤其要吃透、用足、用好国家在恢复重建上的土地政策。二是能源。能源既是一个重要的生产要素，也是一个经济增长点。目前我省电力供需情

况较好，主要是天然气供需矛盾突出。要在加强与中石油、中石化衔接，确保更多的天然气留川的同时，做好民用和重点用气保障工作，多渠道提高天然气产出效能。三是人才。搞好一户企业，最关键的是要有一个领军人物，同时要有一套管理、技术、生产、营销团队。我省有丰富的科教人才资源，关键是如何对接，并多途径构建起利益分享机制的问题。同时必须高度重视中小企业人才队伍的建设，加强人才培训、引进和管理，尤其要特别注重对企业领军人物、企业家的培训。

第四，建好服务平台。全力以赴、满腔热情地帮助、支持企业发展，是各级政府的职责。各级政府和各有关部门要认真总结推广中小企业发展过程中的成功经验和做法，并把一些带普遍性、规律性的东西加以整理、加以积累，上升为规律性的认识，更好地指导实践。对在推进过程中涉及很多深层次的矛盾和问题，要不断地进行探索、不断地调整我们某些具体的政策举措和工作思路，不断地根据新的情况加以优化、完善。要积极发展面向中小企业的区域性综合服务机构，发展各种社会中介组织和专业服务组织，发展各种行业协会、商会等社团组织，促进各类服务机构提高服务质量，包括对中小企业就业者的针对性培训，都有进一步改进的空间。要建立健全中小企业统计体系，尤其是要做好规模以下企业发展的动态统计分析，定期报告并向社会发布。加强对法律、法规和政策落实情况的督促检查，严格查处“三乱”，切实减轻企业负担。广泛宣传中小企业的新成就、新经验、新典型，营造良好社会氛围。

新形势、新任务对中小企业的发展提出了新的更高要求，也赋予了更光荣而艰巨的使命。我们一定要深入贯彻落实科学发展观，坚定信心、攻坚破难，群策群力、扎实工作，奋力推动中小企业又好又快发展，努力在现有基础上实现大的突破，为全省推进“两个加快”作出更大贡献！

在全省民营企业表彰大会上的讲话

河南省省长　郭庚茂

同志们：

今天，省委、省政府隆重召开全省民营企业表彰大会。主要任务：一是对优秀民营企业和企业家进行表彰；二是对全省民营经济当前和今后一个时期的工作进行安排部署；三是对全省民营企业决战二季度、实现持续健康发展进行再动员和再鼓劲。

2007年全省民营企业表彰大会以来，特别是金融危机以来，各级各部门坚持“两个毫不动摇”和“三放”工作要求，在产品、规模、技术、经营管理四个方面总体上了一个新水平，为全省保持经济平稳增长、保持跨越式发展的基本态势和社会和谐稳定，发挥了不可替代的重要作用，做出了不可磨灭的重要贡献。主要表现是“八个更加突出”：

一是民营企业占据我省经济重要组成部分的地位更加突出。2008年，全省民营企业占全省GDP的比重由2006年的55%上升到60.1%，实现了由“半壁江山”到“三分天下有其二”的历史性变化。

二民营企业拉动我省经济持续平稳增长的作用更加突出。2008年，全省民营企业实现增加值突破1万亿元大关，达到11 072亿元，同比增长19.79%，高于全省GDP增速7.79个百分点。

三是民营企业加快全省工业化进程的作用更加突出。全省规模以上非公有制工业企业实现增加值实现增加值4 646.32亿元，占全省工业增加值的63.6%；同比增长24.9%，高于全省5.1个百分点。

四是民营企业安排就业再就业主渠道的作用更加突出。2008年，全省民营企业安置劳动力近1 900万人，占全省从业人员的1/3以上；其中，新增就业110万人，占全省新增就业的60%以上。

五是民营企业优化固定资产投资结构的作用更加突出。2008年我省民间投资比重已由2006年的26.1%提高到54.3%，其中民间投资项目占城镇投资项目的65%，对城镇投资的贡献率达75.6%。

六是民营企业促进全省开放型经济快速发展的作用更加突出。2008年，全省发生外贸出口业务的民营企业744家，占全省发生外贸出口业务企业的57%；实现出口10.9亿美元，增长81.8%，高于全省平均水平40个百分点。

七是民营企业支撑县域经济发展的主体地位更加突出。随着国有企业的全面改制，民营企业已成为县域经济发展的主要支柱。巩义、偃师、长垣、许昌、荥阳等一大批县（市），民营经济增加值占县域经济生产总值的比重都超过了60%，税收对县（市）财政收入的贡献也都超过了50%，民营经济已成为当地经济社会发展的主力军。

八是民营企业加快技术创新的重要作用更加突出。目前，我省已认定的高科技企业中，民营科技企业占2/3以上。在此次表彰的企业中，获国家和省双高企业、专利的由2007年的49家、189项，提高到今年的185家和489项；获国家和省名牌产品、驰名和著名商标由2007年的83个、39个提高到今年的196个和115个。

今年以来，全省民营企业继续保持持续较快的发展态势，一季度实现增加值2 423.79亿元，同比增长15.12%；实现利润总额756.93亿元，同比增长10.26%。这些成绩的取得，来之不易，凝聚了民营企业和企业家的心血和汗水。也进一步说明了一个道理，不管外部环境如何变化，民营企业咬定发展不放松，对促进全省经济社会持续发展的重要作用始终没有改变，在保持全省经济跨越式发展基本态势中的历史贡献始终没有改变，民营企业家集中精力战危机、全力以赴保增长的拼搏精神始终没有改变。在应对金融危机影响，保持全省经济跨越式发展的基本态势的攻坚战和持久战中，民营企业再一次展示了坚忍不拔、不屈不挠、越挫越勇的光荣传统和精神面貌，用自己的作为彰显了重要作用，用自己的贡献赢得了尊重。从这次表彰民营企业的标准也可以看出，民营企业的发展速度之快和贡献之大。此次受表彰的民营企业销售收入在10亿元以上的由2007年的33家提高到今年的56家，纳税额在1亿元以上企业由12家提高到40家；对优秀民营企业家的企业由2007年规定纳税额在1 200万元以上，提高到今年的3 000万元以上。在这里，我代表省政府对这次受表彰的民营企业和企业家表示热烈的祝贺和衷心的感谢！

在看到成绩的同时，还要清醒地认识到在应对金融危机和需求不足的实践中，相对发达省份，相对为全省保持跨越式发展的基本态势做贡献的要求，我省民营企业还存在一定的差距和不足。主要表现在：经济总量小，规模企业小，抗风险能力不强；科研投入少，名优产品少，自主创新能力不强；企业诚信度不高，融资难、贷款难、担保难仍是制约发展的“瓶颈”；结构性矛盾突出，经济增长的资源环境代价过大，节能减排任务仍十分艰巨；一些领导干部支持民营企业发展意识不强、决心不大、举措不实，个别职能部门的工作人员对民营企业认识片面，重监管轻服务，重控制轻发展，“两转两提”任务繁重，对企业服务和监管理念的根本转变任重道远。

当前，金融危机的影响仍在继续，全国和全省经济出现回暖的势头还有待稳定和巩固，未来的发展中还存在诸多不确定和不可控的因素。这种严峻的形势，对我省民营企业是巨大的考验。如何应对事关企业兴衰，事关社会和谐稳定，事关全省经济社会发展大局。民营企业要保持快速健康发展的良好势头，为保持全省经济跨越式发展的基本态势做出更大贡献，必须进一步解放思想，更新观念，充分认识到发达国家走过的高消耗、高消费的现代化道路走不通，我们传统的高消耗、高污染的粗放式发展道路也走不通；必须进一步认清形势，及早动手，充分认识到等待观望没出路，畏缩不前丧失机遇，行动迟缓处处被动，方法不对损失惨重，措施不力困难更大，信心动摇死路一条；必须进一步坚定信心，科学谋划，深刻领悟科学发展观的精髓，着眼于应对未来更加激烈的竞争，紧紧围绕增强企业核心竞争力这个关键，把握一切可以把握的机会，调动一切可以调动的资源，利用一切可以利用的条件，在危机中有所作为，在竞争中增强实力，在发展中抢占先机，尽快走出一条符合国情、省情和企业实际的科学发展的新路子。光春书记最后作重要讲话。现在，我讲几点意见。

一、进一步解放思想，尽快形成发展新格局

党的十七大强调，毫不动摇地巩固和发展公有制经济，毫不动摇地鼓励、支持、引导非公有制经济健康发展，坚持平等保护物权，形成各种所有制经济平等竞争、相互促进新格局。这既是党和国家的方针，是实践证明了的符合“三个有利于”的重大举措，也是我们抓住机遇、战胜危机、保持全省经济跨越式发展的基本态势的必然选择。改革开放30年的经验表明，在一般竞争性领域，个体、私营经济有其灵活适应市场的优势；而对投资大、建设周期长、规模效益明显、社会效益突出的重点行业和关键领域，国有经济或国有控股有优势。在我省形成国有企业和民营企业平等竞争、相互促进的新格局，要坚持正确的方向，充分利用国有企业和民营企业的优势，调动其积极性，一方面，民进要做到进而有为，通过民营企业的进入，让市场竞争更加充分，让经济活力更加旺盛，让广大群众得到更多实惠；另一方面，国退要退而有序，在确保国有资产保值增值的前提下，集中力量，收紧拳头，在经济社会的关键环节和领域有所作为，更好地控制国民经济命脉，发挥社会主义制度的优越性。

目前我省民间资本十分雄厚，这些资金是我们发展经济的一大财富，但由于体制性障碍和市场准入中的“玻璃门”现象的限制，无法进入投资领域，一方面造成资金短缺成了经济发展的瓶颈；另一方面巨额民间资本被束之高阁造成有限资本的严重浪费。因此，各级各部门特别是领导同志，一是要进一步转变观念，消除顾虑，始终把发展民营企业入在整个国民经济长远发展的全局来把握，增强发展民营企业的使命意识和责任意识，像支持国有企业发展那样，旗帜鲜明地鼓励、支持和引导非公有制企业，使各种所有制经济都发挥各自优势，平等竞争，相互促进，共同发展。二是要从市场准入着手，全面放开竞争性领域的市场准入和退出，取消一切限制非公有制企业和民间资本投资的不合理的规定和行政审批制度，进一步消除观念和体制障碍，清理取消制约民营企业发展的政策规定。今后凡是国家法律、法规没有明令禁止的行业和领域，都要允许民营企业进入。凡是鼓励和允许外商资本进入的领域，均应鼓励和允许民间资本进入；在实行优惠政策的投资领域，其优惠政策对民间投资同样适用。三是要坚持各种所有制经济公平竞争和一视同仁，凡是国有企业享受的银行贷款、土地使用、劳动用工、人才利用、进出口权限等政策，民营企业同样可以享受。我们提出扩大民间投资，总的原则就是一要坚持全面放开，二要坚持公平竞争，这两条是扩大民间投资，发展民营企业必须遵循的一项基本原则，一定要贯穿我们工作的始终。

二、增强创新能力，加快发展方式转变

创新是时代前进的要求，是企业进步的灵魂，也是企业发展的永恒主题。建设创新型企业、加快转变经济发展方式是民营企业应对当前危机的必由之路，是提升区域和市场主体竞争力的迫切要求，是在未来竞争中占领新的制高点、掌握主动权的必然选择，关系加快建设创新型河南和提升我省区域

竞争力的大局。长期以来，我省经济发展过多地依靠扩大投资规模和增加物质投入，企业创新意识和能力不强，产品科技含量低、附加值低，产业能耗高、污染大的问题表现得仍十分突出，这些严重阻碍着全省民营企业竞争力和持续快速健康发展。在这次危机中，倒下去、停下来的企业提供的教训和逆市而上、跨越发展的企业取得的经验，再次告诫企业，只有坚持以创新推进经济增长方式的转变，才能生存、才能发展。

民营企业建设创新型企业，必须坚持自主创新与合作创新并举，注重提高四种能力：一是注重提高技术研发能力。企业要加大对科技的资金投入，建立各类研发机构，积极开展与大专院校、科研单位的合作，引进先进适用科学技术，加快培育企业自己的科研队伍，着力提高自主研发能力。

二是注重提高制度创新能力。市场经济是法制经济，必然要求企业行业规范化。当前，虽然我省不少企业从形式上看是公司制企业，但远没有达到现代企业制度的要求。对民营企业而言，行为规范化主要应在经营行为合法化、决策行为科学化、管理行为制度化、企业制度现代化等四个方面下工夫，要自觉按照国家法律法规生产经营，努力提高管理水平，全面提高自身素质，真正达到行为规范化的要求。

三是注重提高品牌创新能力。在国际化分工的大形势下，拥有科技优势和核心竞争力的大企业和企业集团，凭借雄厚的资本实力、先进的管理经验，大举向全球扩张。我省是全国第一人口大省，经济总量位居中西部地区首位，这个巨大的市场，是他们瞄准的方向。这无疑给我省的企业带来更为严峻的挑战，民营企业只有把科学技术真正置于优先发展的战略地位，培育一批拥有国际品牌和自主知识产权的名牌产品，才能发挥后发优势，赢得发展的主动权。

四是注重提高管理创新能力。管理职业化是民营企业走向现代化的标志之一，是被国际经验证明了的企业发展趋势，在发达国家管理职业化已较为普及。目前，我省发展到一定规模的民营企业，职业化管理水平不高，制约企业进一步发展。我省民营企业多数是家族式企业，管理人员多数没有受过专门教育，管理工作多处于经验管理阶段，与现代化管理差距较大，这样的企业素质在市场竞争中显然没有优势，对企业的生存和发展十分不利。因此必须在提高管理能力上下工夫。

民营企业必须更新观念，增强转变经济发展方式的自觉性和紧迫感，努力实现“六个转变”。

一是努力实现由多元化向专业化转变。要防止盲目多元化，不能只图一时盈利，而使企业失去长远发展的机会和基础。要专注于主业，大力发展核心主业，把主业做强做大、做精做优，走集约化发展道路。要形成自主品牌，选准时机，向与主业相关联的上下游产品延伸，把企业的产品链拉长，并利用已形成的品牌，在产业分工和市场竞争中，占据关键环节和优势地位。

二是努力实现由封闭型发展向开放型发展转变。在经济全球化的今天，科学技术日新月异，“走出去、请进来”已经成为企业获得信息、技术、市场的必然选择。经济发展与开放度是正相关关系，开放度越高，进来的企业越多，带来的资本、技术、管理经验越多，各种企业之间相互合作的机会越多，发展的空间越大。开放度越高，竞争也越激烈，推动企业发展和提高的动力也越强。目前，我省仍有不少企业处于封闭式发展状态，仅仅满足于现状，不能居安思危，防患于未然，不能及时有效地获得持续发展的各种信息和资源，这势必会带来观念和技术上的落后，使企业丧失发展动力和活力。

三是努力实现由单打独斗向合作共赢转变。随着生产社会化、专业化的发展，大型企业纷纷将非核心业务向外扩散，给广大的中小企业带来了大量的配套发展空间。中小企业要密切关注这一发展趋势，让开大路，占领两厢，把发展配套经济作为主攻方向，采取多种形式，积极加入大企业集团、优势企业的产业分工协作体系，调整结构，围绕其主导产品生产配套零部件，加工品牌产品，扩大市场占有率。要积极发展配套产品和下游产品，带动相关产业发展。中小企业要积极与大企业开展多种形式的经济技术合作，特别是具有地缘优势的中小企业要全力争取为本地的大企业配套，尽快建立稳定的供应、生产、销售、技术开发等协作关系，在市场竞争中发挥各自优势，相互促进，共同发展，不断增强区域经济实力和市场竞争力。

四是努力实现由单纯依靠项目拉动向主要依靠管理和技术推动转变。项目拉动是一个地方繁荣经济的重要途径之一，也是企业对发展模式的一种选择，但仅仅依靠项目发展模式，会给企业带来很大的风险和隐患。依靠管理和技术上的进步，才是企业长期生存和发展的内在动力。民营企业只有不断提高管理水平，增强科技创新能力，才能拥有和增强核心竞争力，才能持续和健康发展。

五是努力实现由只重经济效益向经济效益、社会效益和生态效益并重转变。可持续发展是根本大计，民营企业不仅要快速发展，更要持续健康协调发展。要把发展节能、降耗、污染小、见效快、效益高的项目作为主要方向。要按照国家产业和环保政策的要求，严格控制高能耗、高物耗、高水耗、高污染的项目，防止低水平重复建设，大力发展循环经济，走可持续发展路子。尽快改变以牺牲环境、浪费资源为代价的粗放型增长方式，从保护环境中求发展，从节能减排中求发展，从循环经济中求发展。

六是努力实现由单纯依靠产销产品发展向注重产品、品牌和标准协调发展转变。整体上讲，在当今的全球经济格局中，我们在国际分工和产业链条合作中处于劣势，大多企业仍是依赖附加值低的产品，在国际市场打拼。我们优质的产品卖不上价，主要是因为没有自己的品牌；我们的品牌在国际市场上含金量低，难以对抗同行业的国际知名品牌，则主要是因为标准不在我们手里。对此，我们各级各部门和企业都要做到心中有数，要立足地方和企业实际，着眼长远发展，积极创造条件参与国际、国内的行业标准的制定，在新一轮的发展中占据有利机遇。

三、加快企业集聚，提升竞争新优势

市场竞争已经从企业发展战略向产业集群战略演化，衡量区域经济实力和竞争力强弱的标准，要看经济总量，更要看经济结构，要看产业集聚的程度。产业集群化发展是市场配置资源、合理运用产业要求的客观要求，有利于节约土地资源，有利于技术、市场等公共资源和生产要素共享，有利于产业配套和企业专业化生产，有利于降低单个企业的固定资产投资、科技研发和开拓市场费用，有利于企业发挥自身优势，避免“大而全”、“小而全”，从而增强竞争能力，提高企业创办成功率和回报率，形成创办更容易、生存更简单、发展更健康的生动局面。这种区域性集群经济具有高度社会化分工和专业化协作的产业体系，形成产业集群推动专业化经营，专业化经营依托产业集群的区域经济发展模式，凸显出产业的集群规模、技术和资金等生产要素以及品牌的集聚优势，最终形成集群的成本优势、价格优势和竞争优势。中小企业向产业集聚方向发展，可以形成小商品大市场、小配件大配套、小产品大行业、小企业大协作、小资本大聚集，可以围绕一条产业链条向上提高与科研机构合作和自主研发，有利于科技进步，向下在集群形成自己的拳头产品和品牌，增加经济效益和整体实力。加快产业集聚区的规划建设，积极引导企业特别是中小企业、民营企业向集聚方向发展，是维系我省比较优势和竞争优势的关键，是我省完成保持经济平稳增长、保持跨越式发展基本态势至关重要措施的最基本、最核心的环节，也是提升我省产业集群、区域经济、特色经济竞争新优势的关键。

近年来，全省中小企业、民营经济的产业整合、产业集聚步伐加快。产业集群作为工业经济的助推器，成为我省经济发展的新亮点。濮阳的玻璃制品、郑州的服装加工、巩义的铝电一体化、新乡的新型电池、漯河的食品加工等一批产业集群日益壮大。但是，产业集群存在企业规模偏小、产品档次偏低，公共技术公平建设滞后、自主创新能力不强，产业链条不完善、分工和专业化程度不高等内在不足，同时，土地、资金等要素供给不足，环境治理压力也日益加大。在这种情况下，有些地方通过集聚发展大有成效。近年来，平舆、扶沟等地发挥后发优势，通过兴建标准产房和加快产业集群建设，已经取得了明显的成效，逐步走出一条政府出政策、民间出资金、企业出效益的健康发展道路。

各地要以市场为导向，以科技进步为动力，以产业结构优化升级为重点，坚持因地制宜，科学规划，合理引导，遵循规律，逐步推进；围绕优势资源、优势产业、优势企业，优化产业布局，促进企业聚集和产业聚集，使全省中小企业、民营企业产业集中度明显提高，主导产业带动力明显增强，产业集群的发展明显加快。省政府筹措10亿元财政资金，用以奖代补的形式给每个县投入800万元，帮助建立投融资平台，加快产业集群各项建设。各地也要加大扶持力度，做好规划，增加对产业集群公共要素的投入，通过土地、税收、财政投入、政府采购、项目审批、投融资体制改革等政策手段，吸引和鼓励社会各方面投资，提高本地产业集聚区的规模和实力。

在日益激烈的市场竞争中，民营企业要树立“抱团取暖”的观念，努力实现由分散发展向集群发展转变，通过分工协作，取长补短，优势互补，把单个企业的劣势转变为企业群体的优势；逐步从小规模分散经营为主，向以产业集聚为载体，以主导产品为基础，以骨干企业为龙头，上中下游产品相配套的产业集群方向发展；通过实现生产要素的优化配置和公共服务资源的共享，降低单个企业的生产成本，增强龙头企业的辐射带动作用，增加拳头产品的科技含量和附加值，加速集群产业产品的升级换代，壮大集群产业链条的实力，提升集群的整体竞争力。

四、创建和谐企业，树立良好形象

企业是社会的微观基础，企业和谐是社会和谐的重要组成部分，也是决定企业能不能做好做长的重要基础。企业的经营状况、产品质量、安全生产、污染防治、工资发放、福利待遇等工作的好坏，直接影响到社会的和谐。当前，我省民营企业整体是向和谐方向发展的，但仍有些企业也存在管理不民主、决策不科学、用工不规范、诚信度不高等一些问题。

民营企业要提高对构建和谐企业重要性和紧迫性的认识，要把构建和谐企业作为一种责任、一项关系企业长久发展的重要任务，切实抓紧抓好，以企业自身的和谐为建设和谐社会作出应有的贡献。

一是关爱员工，做到企业与员工和谐。员工是企业的主人翁，企业的生存和发展第一位的就是必须紧紧依靠员工。在危机面前，企业要坚持以人为本，树立与员工协手战危机、抱团渡难关的思想，通过召开党代会、职代会等多种形式，把当前的形势给员工说清楚，把员工紧紧地团结起来，自觉做到不减员、不下岗、不减薪。

二是依法经营，做到企业与政府和谐。遵纪守法，照章纳税，自觉维护国家和集体的利益，是企业义不容辞的责任和义务，也是企业提高企业信誉度，扩大竞争优势的前提和基础。民营企业的每一步都与政府的支持密不可分，在应对危机和今后的发展中，要加强与政府的协同与配合，积极向政府提供真实可靠的企业和行业经济信息，提出切实可行的意见和建议，为宏观经济分析调控和领导决策做出新的贡献。

三是诚信共赢，做到企业与合作伙伴和谐。市场经济也是法制经济、信用经济。民营企业要严格按照现代企业制度的要求，完善现代企业法人治理结构，建立完善各项规章制度，特别是要建立全面、准确、真实的财务制度，不断提高企业管理水平，增强经营决策的民主性和科学性。在与兄弟企业、上下游企业、投资者的合作中，在以诚相待，加强沟通，互为依靠，共渡难关，增强整体的抗风险能力。

四是节能减排，做到企业与自然的和谐。建设生态文明是全国建设小康社会奋斗目标的新要求，生态文明同物质文明、政治文明、精神文明一道，构成和谐社会不可或缺的物质基础、政治保障、精神支撑、生态条件。节约资源和保护环境是我国的一项基本国策，关系每一人的福祉和根本利益。我们每一个企业都要站在这个高度，建立完善节能减排的制度，加大环保设施的投入，加大教育培训力度，自觉做到不牺牲环境，不浪费资源能源，为建设资源节约型、环境友好型社会做出应有贡献。

五是富而思源，做到企业与社会和谐。民营企业要更多地回报社会，主动承担起应尽的社会责任，积极投身社会公益事业。只有得到社会的承认，才能树立良好的形象，不断提高信誉度，才能获取更多的支持，谋求更好更快的发展。此次受表彰的民营企业和企业家，是近两年来全省各行业涌现出的先进代表，希望大家为全省民营企业树立榜样，以构建和谐企业为契机，积极探索，扎实工作，夯实基础，取得实效，为构建和谐中原做出新的贡献。

五、加快担保体系建设，创造良好金融生态环境

企业要战危机、应挑战，资金是血液、是动力、是关键。近年来，通过全省上下的共同努力，我省企业资金困难在一定程度上得到初步缓解，但资金短缺，融资难、贷款难、担保难一直是制约民营企业特别是中小企业的“瓶颈”。在我省目前的金融格局中，最现实、最有效的解决企业资金问题的途径，就是搭建政府、银行、企业、担保机构之间的合作平台，通过担保机构为企业担保来撬动金融资本注入企业，通过政策性担保资金的注入带动社会资体投入担保体系建设，通过省、市两级担保机构开展担保再担保业务打造实力雄厚、链条完整、信誉良好的融资平台。这不仅能有效解决当前企业融资难题，还有利于促进我省金融生态环境的建设，为从根本上解决困扰我省企业发展多年的资金短缺打下坚实的基础。

我省担保机构总体上发展较快、比较健康，2008 年累计担保额达 294 亿元，年末余额 138 亿元。省政府去年一次性拿出 8 亿元作为注册资本加快县一级政策性担保机构的建设，各县按 1∶1 的比例配套，16.5 亿元的资本金已经到位，还极大地调动了社会各方面的积极性。截至今年 4 月 30 日，我省已批准设立各类担保机构 503 家，注册资本 118.12 亿元，其中今年新增 185 家，新增注册资本 34.23 亿元。但信用担保机构少、规模小、能力弱，担保能力与担保需求的矛盾突出；部分担保机构主业不突出，经营运作不够规范；担保机构与金融机构合作不顺畅，担保行业监管机制亟待健全，这是我省担保体系建设存在的主要问题。省政府正在积极组建省中小企业信用担保集团公司，鼓励有条件的省辖市以政策性信用担保机构为依托建立区域性信用再担保机构，运用财政注入资金再融资，增强信用再担保能力，省、省辖市政策性信用担保机构要以信用再担保业务为主业，积极为县（市、区）信用担保机构提供再担保服务，以提升县（市、区）信用担保机构的信用水平，创造与金融机构的合作条件，提高全省信用担保业整体素质、风险控制水平和重大项目融资担保能力。省辖市级、县级担保机构要本着自愿互利的原则，与省级担保机构建立业务关系，开展分保、联保合作，分散融资担保风险，提高信用担保机构的风险控制水平，增强为中小企业融资担保能力。各级政策性担保机构要充分发挥政府财政资金在信用担保机构发展中的积极引导、增强实力、提高信用、风险补偿和降低中小企业融资成本等方面的作用，带动全省中小企业信用担保体系建设整体再上一个新台阶。

为此，需要政府、银行、担保公司和企业都要开明、务实，兼顾各方利益，努力实现共赢。各级政府要坚持市场化运作的原则，不要干预担保公司正常的业务，对政策性担保公司不要下达单纯的盈利指标，要从经济效益、社会效益、风险控制以及财政资金使用成本等情况进行综合评价，主要是对企业的担保总量、批次和效果；银行要与担保公司建立利益共享、风险共担的合作关系，对资信等级较高、风险控制能力较强的信用担保机构，应适当提高信用担保机构的放大倍率；担保机构要在坚持控制风险的前提下，通过多开展业务来增加合理的收入，尽量降低企业特别是中小企业的融资成本；企业要坚持诚信经营，建立公开透明的财务制度，按照制度还本付息。同时，要进一步加强监督管理，建立中小企业信用担保体系建设联席会议制度。联席会议下设办公室，办公室设在省工业和信息化厅，负责中小企业信用担保体系建设日常工作。省财政厅要认真履行国有出资人的监管职责，制定完善财务制度，切实加强对政策性信用担保机构的财务监管，做好担保风险的事前防范、事中监控和事后化解工作；各级财政要按照财政出资额不超过 5% 的比例，在财政预算中安排资金，用于补偿本级财政出资控股或参股的信用担保机构发生的代偿损失和补充风险准备金。省政府金融办、人民银行郑州中心支行、银监局要积极推动金融机构与信用担保机构的合作，加强对担保贷款的运行监控。

六、加大资金支持力度，着力解决资金难题

在社会主义市场经济体制下，加快经济建设和企业发展，说到底是充分发挥市场在资源配置中的

基础性作用，促进各种生产要素向优势企业倾斜，表现最为突出的就是资金支持方面。此次没能挺过危机的企业，很大一部分就是因为资金管理特别是现金流管理不善造成的。

现在，我省民营企业已经占到全省 GDP 的 60% 还要多，又提供了 85% 以上的就业岗位。但是民营企业得到的支持与其所做的贡献远不相称。2008 年上半年，我省中小企业从金融机构获得的贷款余额占全省贷款余额的 21.47%，新增贷款只占全省新增贷款的 14.29%；在金融机构获得贷款的企业仅占企业总数的 2.16%，其中规模以上中小企业仅占 15.7%。目前，全省中小企业、民营企业资金缺口很大，55% 以上的企业因流动资金不足达不到设计生产能力，92% 的企业因自身积累少、贷款难、招商引资有限而难以扩大生产规模和进行技术改造，84.1% 的民营企业希望获得信贷支持，94.1% 的企业反映资金困难是制约发展的最大瓶颈。造成这种情况的主要原因，表面上看是民营企业整体上讲规模较小，力不强，信誉度不高，深层次讲是银行门槛高，热衷于为大企业锦上添花，无视中小企业正常要求，在发放贷款上存在歧视，也就是说现有金融体制无法满足中小企业资金需求。

各级各部门要下大决心、下大力气，千方百计地加大对民营企业资金支持。

一是加大财税支持力度。各级政府用于支持企业发展的专项资金，凡符合条件的民营企业均应给予支持。要兑现国家鼓励支持民营企业的各项税收政策，对于国家没有明文规定、政策权限又在地方的税收项目，要按照省委、省政府的决定，加大支持力度。各级财政、审计等职能部门要改进对中小企业、民营企业服务和监管，进一步提高企业的财务管理水平。同时，民营企业也要密切关注各项扶持资金的动向和变化，积极向有关部门反馈情况，努力把各项政策、资金落到实处。

二是加大信贷支持力度。在现有的金融体制下，企业的发展资金主要仍然是通过金融机构进行间接融资来获得。各金融机构要认真落实支持企业特别是中小企业发展的各项政策措施，建立健全企业融资量化考核制度，确保民营企业和中小企业信贷投放增速不低于全部贷款增长速度。对处于不同行业、不同发展阶段的企业，金融机构要区别对待，做到一企一策。对基本面和信用记录较好、有竞争力、有市场、有订单，但暂时出现经营或财务困难的企业要加大信贷及多元化融资支持，要确保中小企业资金链不断裂、项目建设不停顿，不要因为企业暂时困难降低企业信用等级、抽回信贷资金；对暂时无法按时偿还贷款的成长性好、讲信用的中小企业，要按照规定办理展期。同时，还要鼓励金融机构探索创新融资产品和服务方式，利用授信开证、押汇、保理、融资租赁等多种手段拓宽企业融资渠道，满足多元化的信贷需求。

三是拓宽企业融资渠道。要加快设立小额贷款公司工作，按照“统一组织、积极稳妥、规范管理、健康发展”的总体要求，适当降低小额贷款公司设立的准入条件，调动社会各界的积极性，让更多的社会资本投向小额贷款公司，让更多的自然人发起设立小额贷款公司。要加快中小企业集合债券发行工作。今年上半年，我省已经发行了 8.85 亿元中小企业集合债券，在社会上特别是企业中引起了积极的反响。对符合国家产业政策、成长性好的中小企业发行集合债券、集合中期票据、集合信托计划、集合短期融资券，省、市财政要在债券、票据、信托计划存续期内给予 1% 的财政贴息。要加强企业上市辅导，加快上市步伐，鼓励在有条件的企业到创业板上市融资。

七、加强人才队伍建设，夯实企业发展根基

人才是成就事业的根本，也是企业长盛不衰的基础。民营企业的致命弱点是核心竞争力不强，增强企业核心竞争力的关键是拥有自主知识产权。形成自主知识产权必须有知识，有人才。经过多年的发展，我省民营企业已经逐步建立了覆盖企业管理人才、科技研发人才、熟练技术人才的各个层面的庞大的人才队伍，特别是企业家队伍的素质提升较快。但是，目前的人才队伍建设远远不能满足企业发展的需要，主要是存在结构性的矛盾，突出表现是一般人才多、高层人才少，初级工人多、熟练工人少。

各级政府和有关部门要将创业培训、企业经营者和员工培训纳入当地人才培训总体规划，采取政府扶持与市场运作相结合的办法，整合社会资源，创新培训方式，针对处于不同阶段企业对人才的多元化的需要，有计划地培养造就一支优秀企业家队伍、科技研发队伍、熟练技术人才队伍。

一是加强创业服务指导。对于初创企业和有志于创业的人士，要提供入门的基础知识、有针对性地开展创业辅导工作，首先解决的是指导他们会创业、能创业的问题，努力把创业风险和成本降到最低，不断提高创业的成功率。各级政府要积极落实支持全民创业的政策措施，降低创业门槛，放宽创业领域，凡是国家法律法规未禁止的行业和领域都允许创业者进入。大力支持下岗失业人员、大中专毕业生、自谋职业城镇退伍士兵、自主择业军队转业干部、返乡农民工、省外投资主体等各类有创业愿望和能力的人员，创办各种类型的中小企业。要加大对创业工作的指导，为初创企业者免费提供信息咨询、创业辅导、行政审批、证照办理和开业指导等服务，解决企业初创阶段的突出困难，提高创业成功率。要采取政府引导扶持、多方投资等方式，充分利用各类适合中小企业集聚创业的场所，建设 1 ~ 2 个具有滚动孵化功能的中小企业创业基地。

二是加快企业人才梯次培养。对于正在发展和已经具备一定规模的企业，要灵活地开展多层次的培训，主要提升现有人员和企业的整体素质。对一般职工的培训，要充分发挥“农村劳动力技能就业计划”、“阳光工程”、“雨露计划”、“中小企业

银河培训工程”等政策效应，扩大培训的覆盖面。同时，引导社会各类职业教育培训机构，根据企业用工需求开展有针对性的培训。对技术人员和经营管理人员的培训，要着力推动中小企业与高等院校建立长期稳定的人才培养机制，采取多种形式培养。

三是加强对企业家的培养。企业家是企业的领路人，是决定企业兴衰的关键。各级各部门要下大力气培育一支视野开阔，诚实守信，具有创新能力、合作能力、应变能力、竞争能力的优秀民营企业家队伍；要加大对民营企业家培训的投入，依托知名院校、邀请著名专家，搭建民营企业家培训平台，多渠道多形式地开展企业家教育培训活动，建设有利于企业家成长的服务体系。

四是营造人才成长的良好环境。对做出突出贡献的企业家，要大张旗鼓地给予表彰和奖励，让他们政治上有地位，经济上得实惠，社会上受尊重，在全社会营造尊重人才、尊重创造、尊重企业家的浓厚氛围。同时，还要注意引进高层次人才和领军人物，充分发挥他们的聪明才智，让他们拥有更多的话语权，为全省经济社会发展发挥更大的作用，做出更大的贡献。

民营企业要积极通过调整人才结构，来优化企业的知识结构，坚持以知识和才能为标准，抓住当前省外、国外现成高层次人才和熟练工人较多，引进成本较低的机遇，千方百计网罗人才、储备人才，引进和培养一批高素质的科技人才及技能型人才；要逐步建立完善鼓励和支持创新的工作机制，给员工创新提供必要的条件，进一步激发员工的主动性、积极性和创造性，使想创新者有机会，能创新者有成果，让创新成功者得到奖励和荣誉，创新失败者得到宽容和勉励，在企业营造浓厚的创新氛围。

八、树立“精明增长”理念，解决企业发展场地问题

企业要发展就要有场地，土地资源供给不足是我国的基本国情省情，国家实行最严格的耕地保护制度和最严格的节约集约用地制度的决心不会动摇。在这种形势下，怎样既保证企业发展有充足的土地保障，又能在企业发展中保证土地的充分利用，避免闲置和浪费土地资源。对这一点各级各部门一定要有一个正确的认识，在这个大的原则下，很好研究、认真把握。当前和今后一个时期，要解决企业特别是中小企业对发展场地的要求，必须树立“精明增长”的理念，做到对土地的高效集约利用。

一是引导中小企业集聚发展。省政府已筹措10亿元为各县产业集聚搭建了再融资的平台，市、县也也要科学筹划，加大产业集聚区的建设，引导企业向集聚方向发展，在产业集聚区要为中小企业预留一定用地。要把产业集聚区作为中小企业发展的重要平台，统筹规划和建设，完善道路、供排水、供电、供气、污水垃圾处理、通信网络等基础设施，加快多层标准厂房建设，推动中小企业向产业集聚区发展。在符合土地利用总体规划和年度用地计划的前提条件下，对中小企业依法提交的用地申请和土地使用方案，要加快审批。

二是盘活挖潜存量土地。要结合新农村建设，完善村镇规划，稳步推进农村居民点迁并和村庄整治，逐步缩小农村居民点总规模；加大城镇存量建设用地挖潜力度，盘活“批而未供、供而未用、低效使用”等三类建设用地，深入开展破产倒闭企业、旧城区、城中村和棚户区土地整治，满足企业发展用地。对企业产业集聚区，各市、县政府要从低确定城镇土地使用税土地等级及税额标准。

三是搞好中小企业发展场地规划。城镇新区建设、旧城区改造要规划适量商业性场所，为中小企业发展提供场地。有条件的县市财政可适当给予租金补贴。

四是企业自觉做到集约用地。在用地日益紧张的条件下，企业兴建厂房和开办经营场所要开拓用地视野，不要只会向政府要地、要场所，要学会自己找地，通过上天、入地、进山、上楼等办法；企业要本着务实的态度，特别是作为用地大户的工业企业要立足现有土地，学会集用地，不要摆阔气、讲排场，兴建豪华的大门、办公大楼和“花园式”工厂，要讲究立体化布局，提高土地容积率，增强单位土地的产出率。

九、加强企业对接，提高开拓市场能力

市场是衡量企业业绩的最终标准，市场开拓水平和能力是决定企业成败的关键环节。市场经济让我们告别物资短缺，形成了需要多样化、个性化的消费格局，民营企业较好地适应了由卖方市场向买方市场的这一变化，每家企业都已经建立了自己的营销模式和销售渠道，取得了可喜的业绩和较快的发展。危机的爆发，对民营企业既有的营销模式提出了新的考验。办法只有一个，那就是不断提高营销能力，以营销的创新应对市场形势新的变化。民营企业要站在更高的层面，从国际国内两个市场的变换中，重新审视自己的营销模式，找出存在问题特别是潜在威胁，加快培养营销队伍，及时调整营销方向重点和渠道，坚持走出一条品牌加规模的发展道路，在更高的层次和更多的领域参与国际竞争。

在当前应对危机和危机之后仍可能面临市场需要不足的形势，要求企业必须开阔视野，创新思路，在努力占领国内外市场的基础上，做到三个对接。

一是企业与项目对接。企业要认真研究国家扩内需、保增长出台的一系政策和我省采取的举措，从国家4万亿元的投资项目、十大产业调整振兴规划和我省8 511项目里面，从适合企业发展的政策里面，找到蕴涵的商机，积极做好对接。

二是工业企业与商贸企业对接。工业和商业本

来就是紧密相连，互相促进的。前不久，我们举行一次工业产品产销对接会，参会企业共328家，主要是中小企业和民营经济，来自全省煤炭、电力、钢铁、有色、化工、汽车、食品、纺织等12个行业，共签订合同协议713个，签约金额611.75亿元，取得了很好效果，深受企业欢迎。今后这样的活动还要举办。希望企业在积极参加的同时，也要自主地做好对接。

三是企业与企业之间对接。在一条产业链条上的企业和具有地缘优势的企业，要从自己的小圈子中走出来，相互之间多沟通、多合作，积极进行产品对接、市场对接。这样不仅有利于单个企业降低运输、生产等成本，也有利本地经济实力和竞争力的增强。

十、改进服务方式，切实优化发展环境

企业发展与所处的环境密不可分，在区域竞争中，资金、技术、人才等要素都会向流水一样向环境好的"凹地"流动，民营企业好比"候鸟"，哪里的环境好，哪里的企业就多、发展就快。大力发展和积极引导非公有制经济，改进对非公有制经济的服务和监管，为民营企业发展创造宽松的环境，不仅是各级各部门义不容辞的工作责任，也是检验工作成效的重要标准。

一是要加强对民营经济工作的领导。深入开展"企业服务年"活动，按照"两转两提"的工作要求，把在应对危机中已经证明切实可行且已取得成效的好做法、好经验用法规的形式固定下来，进一步加强公务员队伍建设，强化各级政府为企业服务的意识和责任，主动帮助企业解决生产经营中的困难和问题。要建立部门联席会议制度，召集有关部门定期召开专题会议，听取有关部门和中小企业代表的意见，研究解决中小企业发展中遇到的重大问题，加强部门之间的协调与协作，形成加快中小企业、民营企业发展的工作合力。要把政府职能部门为中小企业、民营企业服务的措施、效率、质量和效果作为政风行风评议的重要内容。

二是规范涉企行政行为。各级政府部门要进一步加强机关效能建设，减少审批环节，简化办事程序，推行联合审批、首问负责、限时办结和"一站式"服务、"一窗式"管理。对中小企业、民营企业符合条件的房产、土地、车辆、设备等动产、不动产及股权、商标等抵押物登记和出质登记，要尽快办理相关登记手续。省政府要对涉企业情况进行检查。

三是切实减轻企业负担。除国家法律法规和国务院有关规定外，行政部门要求企业办理的各种证照，一律免费向企业发放。发证部门对办证企业存在的问题应主动给予指导，尽力使其达到办证条件。各级行政执法部门一律不得下达定额罚款指标，严禁以罚代管、以收代管。禁止任何单位和个人干预企业正常经营。行政部门要求企业参加的各种培训、评估、评价、评比、论证等活动，不得向企业收费，不得要求企业赞助。对个别暂时出现资金困难的企业，可按规定与社会保险机构签订缓缴协议，协商缓缴时间和方式，并免缴滞纳金。采取"政府支持中介，中介服务企业"的方式，引导中介机构降低服务收费标准。

四是切实维护企业合法权益。建立健全全省中小企业维权体系，严肃查处"四乱"、"四难"、"吃拿卡要"、"乱作为"、"不作为"以及损害企业经营环境等问题。对企业的投诉要做到件件有回音，对侵害企业合法权益的案件，要追究责任人，还要追究所在单位相关领导的责任。

同志们，此次表彰的民营企业和企业家，是我省民营企业发展中涌现出来的先进典型和优秀代表，是所在行业的排头兵，是全省民营企业的榜样，为全省经济社会发展做出了突出贡献。省政府和全省人民对你们寄予厚望，希望你们以此为新的起点，永不自满，永不停步，在战危机、保增长、促发展中再立新功，以优异的成绩迎接新中国成立60周年，为实现我省跨越式发展和中原崛起做出更大的贡献！

第二篇

综述

2009 年中小企业工作情况及 2010 年工作重点

受国际金融危机冲击，2008 年下半年以来，我国经济发展受到严重影响。一年多来，中小企业面临的困难和挑战前所未有，全社会对中小企业的关注度前所未有，党中央、国务院和各地方扶持中小企业发展的力度前所未有。今年 1～11 月，规模以上中小企业完成总产值 34.2 万亿元，1～8 月实现利润 1.1 万亿元，上缴税金 7 904 亿元，同比分别增长 12.3%、1.6% 和 10.4%，中小企业的回升向好为保持我国经济平稳健康发展，实现全年"保八"目标做出了重要贡献，可以说没有中小企业的复苏，就不会有国民经济的复苏。张德江副总理和李毅中部长在 21 日召开的全国工业和信息化工作会议上的讲话，对中小企业工作给予了充分肯定。这些成绩的取得来之不易，凝聚了中小企业战线上所有同志的心血和汗水。刚才，十个省市的重点发言总结和交流了经验和好的做法。大家畅所欲言，既谈了成绩又谈了问题，提出了很多很好的建议，很受启发。工信部党组成员、总工程师朱宏任还要作重要讲话。现在结合今年的工作和大家的讨论发言，我讲以下四个方面意见。

一、2009 年主要工作

在部党组的领导下，我们与各省市同志共克时艰，开拓创新，顽强拼搏，积极应对国际金融危机挑战，全力推进中小企业和非公经济改革发展，各项工作取得了新的进展。主要工作可以归纳为："出台一个意见，完成两大汇报，落实用好三项资金，制发四个文件，组织五个重要会议和活动，开展六项专题调研，抓好七项工作"，具体情况如下：

（一）落实国务院领导批示精神，研究出台国发 36 号文件

2009 年以来，温家宝总理，李克强、张德江副总理等国务院领导对中小企业发展情况开展了密集调研并多次做出重要批示，要求抓紧研究扶持中小企业发展的相关政策措施。我们在调查研究的基础上，精心组织，制订方案，集中力量开展政策研究。5 月份向国务院提交了《关于当前中小企业发展情况的报告》，提出扶持中小企业发展的政策建议。按照国务院领导对报告的批示，与国家发展改革委、财政部、国家税务总局等部门进行反复沟通，数易其稿。9 月 21 日，国务院正式印发了《国务院关于进一步促进中小企业发展的若干意见》（国发［2009］36 号）。该文件是党中央、国务院应对国际金融危机"一揽子计划"的重要组成部分和"非公 36 条"的发展延伸，也是当前和今后较长时期指导中小企业工作的纲领性文件，明确提出中小企业是我国国民经济和社会发展的重要力量，促进中小企业发展，是保持国民经济平稳较快发展的重要基础，是关系民生和社会稳定的重大战略任务，将中小企业发展提高到了战略的高度。文件从八个方面制定了二十九条意见，社会普遍反映 36 号文件是近几年来政策最多、最全、最实的文件，含金量高，涉及面广，操作性强。文件的贯彻落实必将为促进中小企业实现又好又快发展发挥重要作用。

（二）全力完成两大报告，各方重视和支持力度增强

一是完成向国务院常务会议的专题汇报。去年下半年到今年年初，东南沿海地区和部分劳动密集型、外向度高的中小企业反映生产经营困难，我们在多次调研后，有针对性地研究提出若干政策建议。先后与国务院 18 个部门多次讨论，部内专门成立中小企业工作小组。李毅中部长、朱宏任总工程师亲自与各部门领导交换意见，争取扶持政策，取得共识。8 月 14 日，张德江副总理专门听取汇报，并进行协调。8 月 19 日，李毅中部长向国务院第 77 次常务会议进行了专题汇报，国务院领导充分肯定了中小企业的重要作用。这次会议讨论形成了 36 号文件，国务院有关部门加大了对中小企业工作的重视和支持力度。

二是完成向全国人大常委会的工作报告。今年年初，全国人大把中小企业工作列入审议专题，要求国务院专题汇报《中小企业促进法》实施近七年的情况。国务院确定报告由我部组织落实。这既是艰巨任务，也是争取各方支持中小企业发展的好机会。部党组十分重视，专门听取报告准备方案。李部长指出这次汇报是政治任务，必须高度重视，全力做好各项准备工作。这项工作涉及面广，既要客观反映问题，又要代表国务院体现各部门几年来的工作，工作难度大。几个月来，我们与各部门多次沟通座谈，汇总情况。在统计数据缺失、工作内容繁杂、业务工作交叉的困难条件下，完成了报告准备工作。国务院有关部门也加大了中小企业工作力度，财政部、银监会等部门数次完善、补充扶持中小企业工作情况和数据。今天下午，全国人大常委会第十二次会议将听取和审议由李部长代表国务院所作的中小企业发展情况汇报。

（三）积极落实安排好国家促进中小企业发展的三项资金

一是落实用好中小企业发展专项资金 28 亿元，资金总规模比去年增长 23 亿元。重点支持中小企业结构调整、产业升级、专业化发展、促进创业就业、推进产业集聚等技术进步项目和中小企业信用担保机构开展中小企业担保服务业务。其中 11 亿元支持 1 038 个固定资产投资项目，17 亿元支持 1 089 个中小企业信用担保补助项目。

二是安排中小企业服务体系补助资金 5 000 万元，重点支持各类社会化服务机构开展培训、创业、信用、管理咨询以及信息服务等业务。

三是在中央预算内技术改造专项投资的 120 亿元地方技改项目中安排 80 亿元用于中小企业。之后，又安排30亿元专项用于支持工业中小企业特别是小企业的技术改造，支持2 800多个工业中小企业技术改造项目。

（四）制发4个文件，明确工作方向和依据

为了缓解中小企业困难，一年来，针对工作难点，先后研究制定了4个部文件。一是引导中小企业加强管理，提高抵御风险能力的《关于做好缓解当前生产经营困难，保持中小企业平稳较快发展有关工作的通知》，是部1号文件。

二是支持中小企业信用担保机构发挥服务功能，支持增加中小企业贷款担保的《关于支持引导中小企业信用担保机构，加大服务力度缓解中小企业生产经营困难的通知》。

三是结合近年已有的工作基础，出台了《关于开展区域性中小企业产权交易市场试点工作通知》，正式启动了产权交易试点工作，为下一步开展多形式的中小企业股权、债权和其他产权交易明确了工作依据。

四是印发《关于推荐2009年度中小企业公共（技术）服务示范平台的通知》，明确了三年完成300个公共技术服务平台建设目标，提出平台认定指南，明确我部评定示范平台的领导职责，为今后中小企业公共服务体系建设创造了条件。

（五）组织五个重要会议和活动，扩大工作影响

一是成功举办第六届中国国际中小企业博览会暨中西中小企业博览会。

二是与中央统战部等五部委共同召开第三届全国非公有制经济人士优秀中国特色社会主义事业建设者表彰大会，授予100名非公有制经济人士和其他新的社会阶层人士"优秀中国特色社会主义事业建设者"荣誉称号。

三是与辽宁省人民政府在沈阳市共同主办了中国国际中小企业大会。

四是组织召开了全国中小企业工作经验交流座谈会，总结和推广广东省扶持中小企业发展的经验和做法。

五是与民建中央、辽宁省人民政府联合召开"2009年中国非公有制经济发展高层论坛"。

（六）开展六项重要专题调研，创造工作条件

一是2009年中小企业发展趋势专题调研，形成了《2008年中小企业经济运行情况和2009年走势预测以及工作安排》、《2009年中小企业重点工作》等报告，为全年工作的开展奠定了基础。

二是对当前中小企业发展中存在的突出问题开展专题调研，并陪同张德江副总理赴浙江调研，形成专题报告上报国务院，温家宝总理，李克强、张德江副总理分别作出了重要批示，为研究起草国发36号文提供了重要依据。

三是开展《中小企业促进法》贯彻落实情况专题调研，基本摸清了《中小企业促进法》实施以来中小企业的发展状况。

四是开展"4万亿元投资对民企产生挤出效应引发网民担忧"的专题调研，形成《关于调查4万亿元投资与民企产生挤出效应的专题报告》上报国务院，报告结论与国家发展改革委的调研结果相互印证，得到了国务院领导的肯定。

五是陪同全国政协副主席王刚、黄孟复、陈宗兴对中小企业发展情况开展调研，为扩大中小企业工作影响，争取各方重视和支持，制定相关政策奠定了基础。

六是对中小企业融资现状开展调研，形成了《2008年中小企业信用担保业发展情况报告》、《当前中小企业融资现状分析和政策建议》等报告，提出了缓解中小企业融资难的政策建议。

（七）重点抓好七项工作

1. 落实行业调整和振兴规划，促进中小企业结构调整

一是参与制定十大行业调整和振兴规划、"十二五"规划。提出一系列支持中小企业发展的长远策略。

二是加大技术改造支持力度，共投入121亿元推进中小企业结构调整。引导中小企业技术改造投资近3 000亿元。

三是促进中小企业集聚发展，印发《关于报送产业集群发展情况，做好产业集群建设工作的通知》，对2 000多个中小企业集群进行了调查摸底，研究提出促进产业集群发展等支持措施。

四是以"两化融合"为重点，继续实施中小企业信息化推进工程。

五是落实国家知识产权战略，与国家知识产权局共同起草了《关于实施中小企业知识产权战略推进工程的通知》，研究提出中小企业知识产权战略推进工程实施方案。

2. 缓解中小企业融资难

一是大力促进信用担保体系建设。今年安排中央财政资金17亿元对中小企业信用担保机构进行补助，这些机构当年为10万户企业提供担保贷款5 229亿元；积极指导和推进区域性中小企业再担保机构设立，截至目前已有12个省（市）建立了中小企业再担保机构。与国家税务总局联合下发《关于中小企业信用担保机构免征营业税有关问题的通知》，汇总评审了335家中小企业信用担保机构获得免税资格。组织召开第十届全国中小企业信用担保机构负责人联席会议，会议总结了十年来我国中小企业信用担保机构做出的贡献，分析了行业当前存在的主要问题，对下一步工作提出了明确要求。

二是进一步改善融资环境。推动我部与工、农、中、建四大银行签订加大中小企业信贷支持的合作框架。配合有关部门积极推动小额贷款公司和村镇银行的设立发展，支持山东、江苏、四川等地搭建多形式中小企业融资服务平台，对符合条件的信用征集、信用评级给予补助。

三是加快建立多层次融资体系。组织召开了区域性中小企业产权交易市场试点工作座谈会。确定在北京、上海、广东等5个省（市）推进区域性中小企业产权交易市场试点。配合证监会，开通创业板市场。积极指导地方中小企业集合发债工作。

3. 完善社会化服务体系，营造良好的发展环境

一是研究出台中小企业服务平台建设指导意见，大力支持公共服务平台建设。在中小企业发展专项资金中安排1.5亿元支持了88个小企业创业环境建设项目；通过对9省（市）66个产业集群的1 216家中小企业、81个平台服务机构的调查，完成中小企业公共服务平台建设与需求研究课题，召开了中小企业服务体系建设座谈会。在中小企业信息网上开通服务导航栏目，推荐1 731多家服务机构信息。举办第七届全国中小企业网上招聘高校毕业生活动，有上万户中小企业和4万多高校毕业生免费发布了招聘和求职信息。

二是大力实施中小企业银河培训工程，支持地方和中央的110个培训机构共完成5万多人次的免费集中培训、近10万人次的远程网络培训和20多万人次的信息化培训。各地中小企业管理部门也申请地方财政资金，支持了约30万人次的培训。在青岛召开专题会，对培训工作总结交流。支持107家服务机构为3.8万个新办小企业和创业者提供了创业服务。在长沙召开全国创业工作座谈会，总结经验，部署工作。继续对管理咨询给予补助。

三是建立中小企业生产经营运行监测平台，在南昌组织培训座谈会，对各地统计监测人员进行了培训，启动对1 000户重点企业的基本情况和生产经营的动态信息数据监测分析，初步建立覆盖全国的监测运行体系。

4. 扶持中小企业开拓国内外市场

为温家宝总理出访欧洲，提供中小企业合作领域的相关材料。与欧盟签署了《中欧中小企业合作共识文件》。组团出席第16次APEC中小企业部长会议。与德国经济和技术部签订《关于继续开展中国中小企业经营管理人员培训合作备忘录》，经过考试筛选，二批完成50名中小企业经营者赴德培训。9月举办的第六届中博会共促成中小企业合作项目961个，合作金额1 240亿元。

5. 改善中小企业和非公有制经济发展的外部环境

一是建立健全工作协调机制，近期将正式成立以张德江副总理为组长，李毅中部长、财政部谢旭人部长和国务院副秘书长肖亚庆为副组长，16个部门领导为成员的国务院促进中小企业发展领导小组，形成合力推进中小企业发展的良好局面。

二是积极贯彻落实“非公36条”和《国务院关于2009年深化经济体制改革工作的意见》。截止到目前，中央有关部门和单位相继出台了近50个配套文件。31个省区市已累计出台促进非公有制经济发展的法规及政策性文件近250多件。

三是配合财政部研究中小企业政府采购办法。开展中小企业划型标准的修订工作。研究提出国家中小企业发展基金的筹备方案。

6. 完成两会建议和提案的办理工作

由于受国际金融危机的影响，中小企业发展状况成为今年“两会”代表关注的焦点和讨论的热点。全年共完成人大、政协的“两会”建议、提案办件206件，数量约占我部“两会”办件总数的四分之一。

7. 加强新闻宣传工作

各项重大活动和会议都制订宣传方案，通过在线访谈、召开新闻发布会、媒体见面会等多渠道宣传中小企业政策，为国务院新闻办组织的李毅中部长就进一步促进中小企业发展新闻发布会准备材料；大力宣传36号文件，与中宣部沟通，研究制定宣传方案，召开媒体见面会。《人民日报》刊发了李部长解读36号文的专访文章，《经济日报》、《工人日报》、新华网、人民网等主流媒体都开辟专栏宣传中小企业政策，配合中央电视台焦点访谈制作了一期中小企业专题；为朱宏任总工程师就“进一步加大扶持力度，实现中小企业又好又快发展”接受中国政府网专访准备材料；中小企业司在中国政府网与网民直接交流，宣传中小企业政策；在《求是》上发表了促进中小企业健康发展的文章。

二、2010年工作思路

目前，国内经济企稳回升，中小企业生产经营出现积极变化。但是我们要清醒地认识到，当前我国经济回升的基础还不牢固，不稳定，不平衡，积极变化和不利影响同时显现，短期问题和长期问题相互交织，国内因素和国际因素相互影响，资源约束的压力越来越大，保持中小企业平稳较快发展、推动中小企业发展方式转变和结构调整难度增大。面对新的形势，我们既要增强忧患意识，做好应对困难的各项准备，更要看到有利条件和积极因素，坚定信心。明年是实施“十一五”规划的最后一年，努力在新的起点上把中小企业各项工作做得更好，为“十二五”开局奠定良好基础具有十分重要的意义。李毅中部长在21日会议上对明年的中小企业工作已经做出了重要部署，我们一定要贯彻落实好。2010年中小企业工作总体要求是：以党的十七大，十七届三中、四中全会精神为指导，深入学习实践科学发展观，认真履行职责，以全力贯彻落实好国发36号文件为主线，以结构调整、转变经济发展方式为重点，以营造中小企业发展的良好环境为基础，着力解决影响和制约中小企业科学发展的突出问题，提高中小企业、非公有制经济的整体素质和竞争力，支持引导中小企业健康发展。明年中小企业工作要更加突出五个坚持。

一是坚持优化服务，创建“三个环境”，即完善的政策法制环境、公平有序的市场环境和完善的公共服务环境。按照建设服务型政府的要求，各级中小企业管理部门要转变职能，重在营造发展环境，完善配套政策和法规。要从注重支持单个企业发展转向为各类企业提供公共服务，从注重支持单个企业向支持公共服务平台转变，从注重对中小企业的直接投入逐步转向间接投入，从支持以“点”为主逐步转向以“面”为主，进一步强化公共服务的能力和水平。

二是坚持把促进发展与推进结构调整和产业升

级有机结合起来。加快发展方式转变和结构调整是明年经济工作的主线。没有中小企业的结构调整和产业升级，就难以在根本上转变我国的经济发展方式。同大企业相比，中小企业管理粗放，创新能力弱，缺乏自主知识产权的品牌和技术，但中小企业既是就业的重要渠道，又是结构调整和产业升级的难点，应通过政策引导和服务支持，制定准入标准和质量标准来实施调整，以实现中小企业由数量向质量、由粗放向集约、由外延向内涵发展的转变。

三是坚持把改善民生与创办小企业，开发新岗位结合起来。就业是民生之本，关系到人民群众的切身利益，关系到改革发展稳定的大局。创办小企业、开发新岗位是保持经济持续增长、加快产业结构调整、增强经济活力的需要，是增加就业岗位的根本途径。中央经济工作会议要求更加关注民生。目前，全国就业形势依然严峻，大学生就业和农民工失业返乡问题没有得到根本缓解，我们要以改善创业环境为重点，以提供完善的创业服务为支撑，促进新企业的创办，实现扩大就业和再就业的目的。

四是坚持把增强创新能力和改造传统产业结合起来，走新型工业化道路。中小企业是创新的主体，是经济发展的活力所在。通过这次国际金融危机反思我们中小企业发展之路，拥有自主知识产权和品牌是中小企业发展壮大的内在源泉和不竭动力。要应用先进适用的技术加大对传统产业改造的力度，大力促进工业化和信息化的融合，坚持创新驱动，培育新的经济增长点，为转变发展方式提供有力和持久的支撑。

五是坚持在品牌、质量、信誉上下工夫，走“专、精、特、新”和与大企业配套路子。结构调整的切入点在哪里，从市场因素方面讲，质量、标准、品牌、信誉是切入点。中小企业要重视创新、品牌、质量和信誉，加大技术改造力度，增强企业竞争能力和抵御风险能力。要坚持与大企业协作配套。鼓励支持大企业、大集团与中小企业建立原材料、生产、销售、技术开发等方面的协作关系，发挥双方优势，提高产业和行业的协作和竞争能力。

三、2010年工作重点

全力贯彻落实好36号文件，完善配套政策措施，进一步营造中小企业发展环境。

（一）切实抓好36号文件的细化落实和宣传

抓紧16项部门分工任务的细化和落实，突出抓好36号文件配套政策的出台。做好文件的宣传与解读，配合中宣部，组织实施好宣传方案。修订中小企业划型标准。编制和发布两个规划，即“十二五”中小企业成长规划和中小企业服务体系建设规划。抓紧设立中小企业发展基金。各地方中小企业管理部门要吃透用足政策，牢牢把握中小企业工作的主动权和话语权，结合本地区实际，主动协调有关部门形成合力，抓紧制定出台贯彻落实36号文件的具体办法，分层次、分重点，先易后难地推动配套措施的出台，确保政策落实到位。同时要注重加强政策宣传，跟踪政策实施效果，及时反映情况和问题，总结和推广基层好的经验和做法。目前“十二五”的规划编制工作已经开始，各地方中小企业管理部门要加强重要问题的研究，结合区域规划，力争将促进中小企业发展的内容突出列入地方规划中。

（二）加大对中小企业的财税扶持

积极争取增加中央财政中小企业专项资金规模，继续安排不少于28亿元的中小企业发展专项资金，扩大中小企业服务体系专项补助资金规模，并完善管理办法，增加服务平台投入的支持。在中央预算内技术改造专项投资中，继续安排落实工业中小企业技术改造资金。落实对3万元以下小型微利企业税收优惠政策。落实好对困难中小企业，阶段性缓缴社会保险费或降低费率政策执行期延长至2010年底政策。

（三）努力缓解融资难担保难问题

全面贯彻落实36号文中支持中小企业发展的金融政策，落实好我部与工、农、中、建四大国有商业银行签订的加大中小企业信贷支持的合作框架。推动建立小企业贷款风险补偿基金。加强对中小企业信用担保机构的绩效考评和统计监管，制定出台中小企业信用再担保指导意见，加快建立全国和区域性再担保机构。继续实施中小企业信用担保机构营业税减免等有关政策。结合创业板市场的开通，积极开展中小企业上市育成工作。鼓励符合条件的中小企业集合发债，稳步扩大发行规模，参与推进中小企业短期融资券和中小企业集合信托、票据的发行工作。实施区域性中小企业产权交易市场试点。利用中小企业信息网的优势，推动建立全国性中小企业信用信息数据库和区域性中小企业信用社会化服务平台。

（四）大力推动结构调整和产业升级

引导中小企业结构调整，提升自主创新能力。引导中小企业集聚发展，开展100个重点产业集群示范。积极推动中小企业产业转移。重点支持产业集群示范区内的工业中小企业和生产性服务业的技术改造。推动军工企业与中小企业合作，鼓励支持中小企业走“专、精、特、新”和与大企业协作配套路子。研究出台推进中小企业质量建设的指导意见。实施好中小企业知识产权战略推进工程和中小企业信息化推进工程，促进工业化和信息化的融合。

（五）切实帮助中小企业开拓国内外市场

重点支持引导中小企业积极开拓国内外市场，提高企业自身市场开拓能力。鼓励支持有条件的中小企业到境外投资，加强对外交流合作。推动第二次亚欧会议中小企业部长级会议的举办。办好第七届中国国际中小企业博览会和第六届APEC中小企业技术交流暨展览会。继续开展中德合作中小企业管理人员培训合作项目。协调组织好第四次中韩中小企业事务级会议、第二次中日中小企业政策磋商、与东盟和欧盟的中小企业政策对话等活动。

（六）建立健全中小企业社会化服务体系

继续支持建立一批中小企业创业基地、公共技术、融资信用、培训、信息服务、管理咨询等公共服务平台。完成150个公共服务平台示范。研究制定小企业创业基地建设指导意见。务实推进中小企业信息网建设规划实施，积极争取国家投资的支持，提高中小企业信息网的技术水平和服务能力。切实加强统计监测工作，我们初步确定在三年时间内，实现对全国中小企业的主要经济指标数据的统计分析，建立中小企业发展景气指数发布机制，及时地掌握当前我国中小企业生产经营基本运行状况，为决策提供参考依据。目前有的地方能够按时报送信息，有的地方信息报送的还不够及时。希望大家高度重视，做好统筹规划。

（七）提高中小企业经营管理水平

继续实施中小企业银河培训工程，加大中小企业培训工作力度，发挥行业协会和各类培训机构的作用，各地方也要加大投入，完成20万以上成长型中小企业经营管理者培训。研究制定关于加强中小企业经营管理的指导意见，支持培育一批中小企业管理咨询机构，规范和扩大中小企业管理咨询活动，引导中小企业加强基础管理，强化营销和风险管理，推进管理创新，提高经营管理水平。

四、几点希望和要求

为了完成好明年工作：

（一）计划在明年1月份召开国务院中小企业工作会议或国务院促进中小企业发展工作领导小组第一次会议，届时邀请领导小组组长张德江副总理出席并作重要讲话，这将是在新的重要时期召开的重要会议，这次会议将凝聚共识，进一步发挥各部门的作用，合力推进中小企业的发展。为了筹备开好这次会议，各地方中小企业管理部门要提前准备，认真总结经验，研究提出政策意见。

（二）目前，地方机构改革已经陆续完成，有些地方同志反映他们的中小企业管理机构的级别降低了，职能削弱了，职责分解了。大家服从大局，更多地看到和利用积极因素，在新的平台、新的环境里，加快机构落实和人员落实，理顺工作关系，创新工作思路。同时将机构调整情况及时通报我们，以便于建立工作联系。

（三）认真做好专项资金的项目申报和监督检查工作。几年来，扶持中小企业发展的专项资金规模逐年增加，但有的地区存在重项目申报、轻项目管理的问题。希望大家回去后认真核对一下，督促企业尽快建成投产。同时我们注意到，近期有的地方出现了一味追求速度和规模、环保“硬杠杠”软了、土地“闸门”松动了、产能过剩和高耗能行业再度抬头的现象。对这些问题我们必须高度警惕。在项目的选择上，必须严格把关，对不符合产业政策的项目要坚决淘汰，所有项目要经得起历史的检验。我想再强调一下，支持中小企业发展的财政资金很有限，我们要珍惜，要用好，切实发挥作用。

促进中小企业平稳健康发展，既是一项长期的战略任务，也是当前“保增长，扩内需，调结构，促发展，惠民生”的一项紧迫任务。引导和支持中小企业发展，责任重大。希望大家继续扎实工作、开拓创新，不遗余力地确保国务院36号文件的贯彻落实，努力开创中小企业工作新局面。

（根据王黎明司长在全国中小企业工作座谈会上的讲话整理）

2009年中小型工业企业发展状况分析

近年来，在党中央、国务院正确领导下，在各地区各部门和广大中小企业的共同努力下，中小企业已经成为我国经济发展的半壁江山，在繁荣经济、增加就业、推动创新和催生产业中发挥的作用越来越大，已成为促进社会生产力发展和推动社会主义和谐社会建设的重要力量。

2009年由于全球金融危机的影响，我国工业发展面临了极大困难，产品出口严峻。我国适时出台了四万亿元投资政策，降低了金融危机对我国经济的影响。

2009年，中小企业继续保持东退势头，中部、西部和东北地区中小企业数量进一步增加，显示出产业结构的梯度升级和转移继续保持良好的势头。

纵观2009年全年，中小企业仍然保持着良好的发展势头，企业数量继续增加，中小企业已经成为我国缓解就业压力的重要力量，各项指标均占规模以上工业企业的一半以上。

一、2009年中小型工业企业发展状况

中小企业在数量上占绝对优势。2009年全国规模以上中小型工业企业[①] 43.1万家，比2008年的42.3万家，增长了1.9%，占2009年全部规模以上工业企业总数的99.3%。这些企业涉足领域遍及全部工业39个大类行业和全国31个地区。

中小企业已经成为我国缓解就业压力的重要力量。2009年中小型工业企业吸纳就业人员6 787.7万，在全部规模以上工业企业8 831.2万就业人员中的比例高达76.9%。

2009年，中小企业完成工业总产值372 498.9亿元，与2008年相比，新增产值34 517.8亿元，增长10.2%，增幅同比大幅下降。占当年全部规模以上工业企业总产值的67.9%，比2007年提高了1.3个百分点。

中小企业继续发挥着国民经济主力军的作用，各项经济指标均占全部规模以上工业企业的一半以上。2009年中小企业资产规模300 568.9亿元，占

① 本文中所有中小企业均指规模以上工业企业，即年主营业务收入500万元以上的企业。

全部规模以上工业企业资产总额的 60.9%；主营业务收入 36 1821.7 亿元，占规模以上工业企业的 66.7%；利润总额 23 644.6 亿元，占规模以上工业企业的 68.5%；上缴税金 14 849.1 亿元，占规模以上工业企业的 56.1%，如表 1 所示。

表 1　2009 年中小型工业企业各项经济指标占全部比重

指标名称	规模以上	中小企业	中小企业占规模以上比重（%）
企业数量（万个）	43.4	43.1	99.3
从业人员（万人）	8 831.2	6 787.7	76.9
资产合计（亿元）	493 692.9	300 568.9	60.9
主营业务收入(亿元)	542 522.4	361 821.7	66.7
利润总额（亿元）	34 542.2	23 644.6	68.5
上缴税金（亿元）	26 486.2	14 849.1	56.1
总产值（亿元）	548 311.4	372 498.9	67.9
出口交货值（亿元）	72 051.7	41 519.0	57.6

同时也要看到，2009 年上半年，全球经济危机、世界经济降温等不利因素给中小企业的发展带来了普遍冲击，尤其是对出口带来了一定影响。2009 年中小企业实现出口交货值 41 519.0 亿元，同比下降 13.1%，占全部工业企业出口交货值的 57.6%，比上年降低 0.3 个百分点。这个趋势值得我们关注。

二、中小型工业企业特点

（一）行业主要集中分布于传统的劳动密集型行业

从企业数量看，2009 年企业数排名前 10 位的大类行业依次是：通用设备制造业、非金属矿物制品业、纺织业、化学原料及化学制品制造业、电气机械及器材制造业、金属制品业、农副食品加工业、塑料制品业、交通运输设备制造业、专用设备制造业，上述 10 个行业中，中小企业数总计 26.4 万家，占全部中小型工业企业的 61.2%。上述数据表明，劳动密集型和技术资本有机构成相对较低的产业仍是中小企业的主体，如图 1 所示。

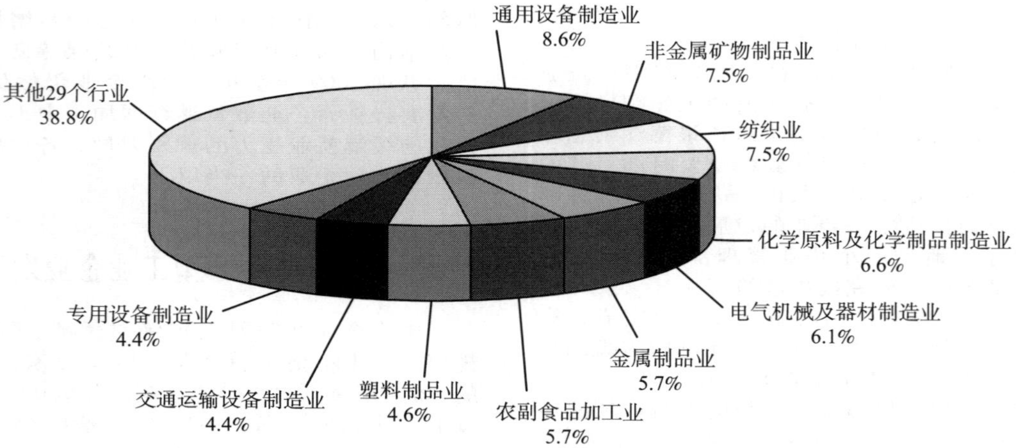

图 1　2009 年 10 大行业中小企业数占全部中小企业的比重

从就业人员所占比例看，39 个大类行业中，除了石油和天然气开采业、烟草制品业、黑色金属冶炼及压延加工业、煤炭开采和洗选业、石油加工及炼焦业、电力热力的生产和供应业、通信设备计算机及其他电子设备制造业、化学纤维制造业、有色金属冶炼及压延加工业、交通运输设备制造业、废弃资源和废旧材料回收加工业等 11 个行业外，其他 28 个行业的中小企业就业人员比例均高于中小企业占全部工业企业就业人员比重的 76.9%。其中，其他采矿业、印刷业和记录媒介的复制、木材加工及木竹藤棕草制品业、工艺品及其他制造业、塑料制品业、非金属矿物制品业、金属制品业、家具制造业、非金属矿采选业、纺织服装鞋帽制造业、文教体育用品制造业等 11 个行业所占比例甚至达到了 90% 以上。换句话说，在这些行业就业的岗位中，90% 是中小企业提供的，如表 2 所示。

表 2　2009 年中小企业从业人员所占比例超过 90% 的 11 个行业

行业	从业人员（万人）		中小企业占规模以上比例（%）
	总计	中小企业	
其他采矿业	0.3	0.3	100.0
印刷业和记录媒介的复制	82.1	78.7	95.9
木材加工及木、竹、藤、棕、草制品业	130.7	125.0	95.6

续表

行业	从业人员（万人）		中小企业占规模以上比例（%）
	总计	中小企业	
工艺品及其他制造业	136.8	130.8	95.6
塑料制品业	259.8	246.4	94.9
非金属矿物制品业	508.9	478.1	93.9
金属制品业	319.3	297.6	93.2
家具制造业	98.6	91.4	92.8
非金属矿采选业	55.1	51.0	92.5
纺织服装、鞋、帽制造业	449.3	415.6	92.5
文教体育用品制造业	122.4	112.4	91.9

此外，按实际从业人员总量容纳劳动力最多的中小企业十大行业为纺织业、非金属矿物制品业、通用设备制造业、电气机械及器材制造业、纺织服装鞋帽制造业、通信设备计算机及其他电子设备制造业、化学原料及化学制品制造业、交通运输设备制造业、农副食品加工业、金属制品业，劳动力吸纳比例最低为通信设备、计算机及其他电子设备制造业，最高的为纺织业，解决了535.4万人的就业问题，中小企业吸收的劳动力为86.8%，如表3所示。

表3　2009年中小企业从业人员总量最多的10个行业

行业	从业人员（万人）		中小企业占规模以上比例（%）
	总计	中小企业	
纺织业	617.0	535.4	86.8
非金属矿物制品业	508.9	478.1	93.9
通用设备制造业	486.5	434.7	89.3
电气机械及器材制造业	535.0	433.3	81.0
纺织服装、鞋、帽制造业	449.3	415.6	92.5
通信设备、计算机及其他电子设备制造业	663.6	387.8	58.4
化学原料及化学制品制造业	440.5	353.4	80.2
交通运输设备制造业	498.3	332.0	66.6
农副食品加工业	337.7	299.3	88.6
金属制品业	319.3	297.6	93.2

从产值来看，39个大类行业中有23个行业中小企业产值所占比例超过80%。其中其他采矿业、印刷业和记录媒介的复制业、非金属矿采选业、工艺品及其他制造业、塑料制品业、木材加工及木竹藤棕草制品业、非金属矿物制品业、文教体育用品制造业、家具制造业、金属制品业、废弃资源和废旧材料回收加工业、黑色金属矿采选业等12个行业的中小企业所占比例均超过90%，如表4所示。

表4　2009年中小企业产值所占比例超过90%的12个行业

行业	总产值（亿元）		中小企业占规模以上比例（%）
	总计	中小企业	
其他采矿业	13.9	13.9	100.0
印刷业和记录媒介的复制业	2 972.9	2 853.7	96.0
非金属矿采选业	2 302.4	2 202.9	95.7
工艺品及其他制造业	4 465.2	4 268.2	95.6
塑料制品业	10 969.4	10 393.7	94.8
木材加工及木、竹、藤、棕、草制品业	5 759.6	5 439.7	94.4
非金属矿物制品业	24 843.9	23 213.3	93.4
文教体育用品制造业	2 630.2	2 452.6	93.2
家具制造业	3 431.1	3 181.4	92.7
金属制品业	16 082.9	14 911.7	92.7
废弃资源和废旧材料回收加工业	1 443.9	1 337.7	92.6
黑色金属矿采选业	3 802.4	3 496.6	92.0

从资产看，中小企业所占比重较大的行业依然是劳动密集型的行业，如其他采矿业、印刷业和记录媒介的复制业、塑料制品业、木材加工及木竹藤棕草制品业、家具制造业、工艺品及其他制造业、金属制品业、文教体育用品制造业、非金属矿物制品业、水的生产和供应业、农副食品加工业、燃气生产和供应业、废弃资源和废旧材料回收加工业、纺织服装鞋帽制造业、非金属矿采选业、纺织业、皮革毛皮羽毛（绒）及其制品业、食品制造业等，中小企业资产所占比例均超过80%，有的甚至超过了90%，如表5所示。

表5　2009年中小企业资产所占比例超过80%的行业

行业	资产（亿元）		中小企业占规模以上比例（%）
	总计	中小企业	
其他采矿业	5.3	5.3	100.0
印刷业和记录媒介的复制业	2 856.0	2 722.5	95.3
塑料制品业	7 624.4	7 121.0	93.4
木材加工及木、竹、藤、棕、草制品业	2 979.7	2 730.8	91.6
家具制造业	2 126.6	1 937.4	91.1
工艺品及其他制造业	2 785.0	2 534.3	91.0
金属制品业	10 954.1	9 913.5	90.5
文教体育用品制造业	1 651.3	1 483.5	89.8
非金属矿物制品业	20 820.6	18 423.8	88.5
水的生产和供应业	4 962.0	4 337.7	87.4
农副食品加工业	13 344.9	11 614.4	87.0
燃气生产和供应业	3 379.4	2 915.9	86.3

续表

行业	资产（亿元）		中小企业占规模以上比例（%）
	总计	中小企业	
废弃资源和废旧材料回收加工业	746.3	639.0	85.6
纺织服装、鞋、帽制造业	5 946.1	4 998.0	84.1
非金属矿采选业	1 531.0	1 263.7	82.5
纺织业	16 330.2	13 221.5	81.0
皮革、毛皮、羽毛（绒）及其制品业	3 295.9	2 660.7	80.7
食品制造业	6 155.0	4 953.1	80.5

从主要经济效益指标看，分别有 29 个、29 个、27 个行业的中小企业主营业务收入、利润总额、上缴税金达到规模以上工业企业 70% 以上的比例，如表 6 所示。

表 6　2009 年中小企业主营业务收入超过 85% 的行业

行业	主营业务收入（亿元）		中小企业占规模以上比例（%）
	总计	中小企业	
其他采矿业	14.2	14.2	100.0
印刷业和记录媒介的复制	2 873.1	2 757.0	96.0
工艺品及其他制造业	4 409.9	4 223.4	95.8
非金属矿采选业	2 237.5	2 133.4	95.3
塑料制品业	10 602.2	10 077.0	95.0
木材加工及木、竹、藤、棕、草制品业	5 619.0	5 307.2	94.5
非金属矿物制品业	24 081.2	22 547.7	93.6
文教体育用品制造业	2 570.3	2 395.2	93.2
金属制品业	15 499.2	14 403.9	92.9
家具制造业	3 353.2	3 105.6	92.6
废弃资源和废旧材料回收加工业	1 453.1	1 333.0	91.7
黑色金属矿采选业	3 608.4	3 281.6	90.9
燃气生产和供应业	1 888.3	1 692.6	89.6
水的生产和供应业	966.3	863.1	89.3
农副食品加工业	27 624.7	24 610.9	89.1
纺织服装、鞋、帽制造业	10 140.5	8 959.8	88.4
皮革、毛皮、羽毛（绒）及其制品业	6 241.3	5 346.4	85.7

从以上数据可以看出，无论是企业数量、从业人员，还是主要经济效益指标，中小企业在劳动密集型行业上都占有绝对优势。

（二）区域间发展不均衡状况有所改善，中小企业东退，挺进中西部的态势已经形成

由于各省份自然条件与资源状况的不同，目前中小企业存在着比较明显的区域发展不均衡的特点，但是在国家大力发展中西部地区的政策带动下，区域间的差距有缩小的趋势。

从中小企业数量分布看，明显呈现出东部多，中西部和东北地区①少的格局。2009 年东部地区拥有中小型工业企业 28.1 万家，占全部中小型工业企业数的 65.3%；中、西部地区和东北地区中小型工业企业数分别只有 7.1 万个、4.6 万个和 3.3 万个，分别占全部中小型工业企业总数的 16.4%、10.6% 和 7.8%。与 2008 年相比，东部地区的中小企业数量和占全部中小企业的比重均有所下降，而中、西部地区和东北地区中小型工业企业数量和比重均有所提高。

分省（市、区）看，2009 年中小企业数超过 1 万家的省份有 13 个，江苏最多，有 6.0 万家，浙江、广东、山东均超过 4 万家，辽宁超过 2 万家，上海、河南、福建、四川、湖南、河北、湖北、安徽各 1 万多家，13 省（市、区）合计中小企业数 36.1 万家，占全部中小型企业的 83.8%；中部地区超过 1 万家的有河南、湖南、湖北、安徽四省，东北和西部地区超过 1 万家的则分别只有辽宁和四川。

从 2004～2009 年各区域中小企业数占全部中小企业数量比重的变化中可以看出，东部地区的中小企业比重在不断降低，而中西部和东北地区中小企业比重则在小幅提高，各区域中小企业数量的差距有逐渐减少的趋势，如表 7 所示。

表 7　2004～2009 年各区域中小企业数量占全部中小企业数量比重　单位：%

地区＼年份	2004 年	2005 年	2006 年	2007 年	2008 年	2009 年
东部	69.4	68.3	67.5	67.3	66.6	65.3
中部	14.1	14.6	14.9	15.2	15.5	16.4
西部	10.3	10.8	10.7	10.5	10.4	10.6
东北	6.2	6.3	6.9	7.1	7.4	7.8

从就业人员比例看，2009 年中小企业东部地区占 64.7%，中、西部和东北地区分别占 16.8%、12.2% 和 6.3%。中西部及东北地区 21 个省（市、区）的就业人数只有东部 10 省（市、区）的 54.5%。东部地区中小企业从业人员数超过 600 万人的省份有 4 个，分别是广东、江苏、浙江和山东，其中广东省的就业人数达到 1 171.8 万人，比中部 6 个省（市、区）的总和多出 34.0 万人，比西部 12 个省（市、区）的总和多出 343.4 万人，而中西部及东北地区 21 个省（市、区）中只有河南、四川、辽宁、湖南四省就业人数超过 200 万

① 东部地区包括：北京、天津、河北、上海、江苏、浙江、福建、山东、广东和海南。

中部地区包括：山西、安徽、江西、河南、湖北和湖南。

西部地区包括：内蒙古、广西、重庆、四川、贵州、云南、西藏、陕西、甘肃、青海、宁夏和新疆。

东北地区包括：辽宁、吉林和黑龙江。

人。从东、中、西部及东北地区区域内中小企业就业人数所占全部规模以上工业企业就业人数比例看，东部地区为 80.9%，中、西部及东北地区则分别为 72.0%、71.8% 和 64.3%。

从资产规模和主要经济效益指标看，区域差距较为明显。2009 年各项主要指标，东部地区企业数、从业人员、主营业务收入、总产值等所占比例均较 64.2% 略高，资产占 62.0%，利润占 61.8%，税金占 57.7%，出口交货值占近九成；中部地区企业数、从业人员、主营业务收入、总产值等所占比例仅略高于 16.1%，资产占 14.8%，利润占 19.0%，税金占 18.6%，出口交货值占 4.6%；西部地区企业数、从业人员、主营业务收入、总产值等所占比例在 10.6% ~12.1% 之间，资产占 16.2%，利润占 12.6%，税金占 16.2%，出口交货值占 2.6%；东北地区单位数、从业人员、资产、主营业务收入、利润总额、税金、总产值、出口交货值所占比例分别为 7.8%、6.3%、7.0%、7.5%、6.6%、7.5%、7.5%、3.4%。

东部地区中小企业经济实力远远强于中西部及东北地区。从东中西部及东北地区内部所占比例看，东部地区的中小企业在区域内发挥的作用也大于中西部及东北地区。上述主要经济指标，东部地区中小企业所占比例基本都在 60% 以上，而中西部基本上在 45% ~60%，东北地区基本上在 20% ~50%，如表 8、表 9 所示。

但是上述这些主要经济指标的区域之间的差距也在不断地缩小。从表 10 中可以看出，2005 ~2009 年五年，东部地区中小企业总资产、主营业务收入、利润、税金、总产值等指标占全部中小企业比例均出现下降，而相应的中部、西部地区及东北地区所占比例稳中有升，尤其是中西部地区，各项指标所占比例逐年都有不同程度的提高。2005 ~2009 年，主营业务收入所占比例，中部、西部、东北地区分别提高了 3.7 个、2.1 个、2.2 个百分点，东部地区下降了 8.0 个百分点；利润所占比例，中部、西部、东北地区分别提高了 6.9 个、2.9 个、3.1 个百分点，东部地区下降了 13.0 个百分点；产值所占比例，中部、西部、东北地区分别提高了 3.0 个、2.5 个、2.2 个百分点，东部地区下降了 7.8 个百分点；资产所占比例，中部、西部、东北地区分别提高了 1.6 个、2.2 个、0.7 个百分点（见表 10），东部地区下降了 7.8 个百分点。

表 8　2009 年东中西部及东北地区中小企业主要指标所占比重　单位：%

指标	企业个数	就业人数	资产	主营业务收入	利润	税金	总产值	出口交货值
全国	100	100	100	100	100	100	100	100
东部	65.3	64.7	62.0	64.6	61.8	57.7	64.2	89.4
中部	16.4	16.8	14.8	16.2	19.0	18.6	16.1	4.6
西部	10.6	12.2	16.2	11.7	12.6	16.2	12.1	2.6
东北	7.8	6.3	7.0	7.5	6.6	7.5	7.5	3.4

表 9　2009 年东中西部及东北地区中小企业主要指标占区域内规模以上工业企业比重　单位：%

指标	企业个数	就业人数	资产	主营业务收入	利润	税金	总产值	出口交货值
全国	99.3	76.9	60.9	66.7	68.5	56.1	67.9	57.6
东部	99.3	80.9	66.1	68.6	71.0	62.4	69.6	57.4
中部	99.2	72.0	53.2	66.1	73.5	52.4	67.5	63.2
西部	98.9	71.8	57.0	62.5	58.9	49.1	64.6	63.8
东北	99.2	64.3	49.0	59.8	55.9	43.1	61.5	52.3

以上数据显示，目前中小企业存在着比较明显的区域发展不均衡的特点，但是差距在逐步缩小。政府要继续加大对中西部及东北地区中小企业的扶持力度，发挥欠发达地区人力和资源的优势，推进产业转移，推动中小企业加快产品结构调整，促进中小企业全面发展。

表 10　2005 ~2009 年东中西部及东北地区中小企业主要指标占全部中小企业比重　单位：%

指标	主营业务收入					利润					税金					总产值					资产				
	2005	2006	2007	2008	2009	2005	2006	2007	2008	2009	2005	2006	2007	2008	2009	2005	2006	2007	2008	2009	2005	2006	2007	2008	2009
东部	72.6	71.9	69.7	66.5	64.6	74.7	71.8	66.0	61.3	61.8	63.2	63.7	60.5	58.4	57.7	72.0	71.4	69.0	66.1	64.2	66.5	66.6	65.4	62.2	62.0
中部	12.5	13.1	14.2	15.6	16.2	12.1	14.4	17.1	20.2	19.0	16.7	17.0	18.5	20.2	18.6	13.1	13.5	14.7	15.7	16.1	13.2	13.1	13.6	14.9	14.8
西部	9.6	9.6	10.3	11.0	11.7	9.7	10.3	12.0	12.6	12.6	14.6	14.0	15.2	15.1	16.2	9.6	9.7	10.4	11.2	12.1	14.0	13.9	14.7	15.9	16.2
东北	5.3	5.4	5.8	6.9	7.5	3.5	3.5	4.9	5.8	6.6	5.5	5.3	5.8	6.3	7.5	5.3	5.4	5.9	6.9	7.5	6.3	6.4	6.3	7.0	7.0

（国家统计局工业统计司行业指导处　刘耀东）

第三篇

国家扶持中小企业政策与措施

2009年中国中小企业信息网服务和网络建设情况

中国中小企业信息网（以下简称“中小企业网”）是贯彻实施《中小企业促进法》，以服务中小企业为宗旨、完善服务体系为目标，运用信息技术从综合和全局的角度对现代市场经济环境下的中小企业运行与发展提供总体指导和信息服务的信息服务网络体系。目前网站的主办单位为工业和信息化部，指导单位为中小企业司。在国家宏观政策导引下，中小企业网协调全国中小企业相互联系、相互依存、相互影响，形成经济有机整体加速经济结构调整，提升国内中小企业竞争力，增加就业，促进经济和社会协调发展。现中小企业网已经建设和开通了1个总站，47个省市一级分站，949个二级分站，具备了一定的规模和影响力。

2009年，中小企业网在中小企业司的指导下，为国内广大中小企业、相关中介机构和各级中小企业管理部门提供了大量的信息服务，并配合有关政府部门组织了包括“网上汶川地震灾后恢复重建投资项目推介”、“2009年全国中小企业网上百日招聘高校毕业生活动”、“中小企业信息化论坛”、“第六届中博会信息化高峰论坛”和部分招展任务等多项具有重大社会影响力的公益活动。为适应新形势的发展，中小企业网开展了适于全网系统共同建设的新政策法规系统，同时，还与部分中国中小企业网分站、中小企业培训中心等中介服务机构，围绕国家中小企业银河培训工程和中小企业信息化推进工程的中心任务组织多场线下活动，如信息化培训、论坛等。为配合中小企业司对中小企业生产运行情况进行监测，协调完成了大量的中小企业生产运行系统开发、相关数据采集、统计和分析等工作。

一、努力为企业、社会和政府管理部门做好信息服务工作

2009年3月25日，工信部中小企业司召集各处室和中小企业网有关工作负责人在中小企业司会议室举行了司务扩大会议，就中小企业网如何更好地为政府和企业做好信息服务这一主题提出了20条需求和建议。根据会议精神，网站将信息服务工作进一步细化，努力提升业务水平，对重要活动及时组织专题进行报道，有针对性地对网站的主要频道进行了升级改造，并根据实际需求研发了一些新的服务系统。重点包括以下几个方面：

（一）进一步提高通讯员的采编能力，增强网站信息可读性

为提升中小企业网整网的信息报道水平，在中小企业司的指导和支持下，2009年组织了首次全网系统的通讯员培训班，对来自全国24个一级分站、5个市县二级分站的50余位通讯、编辑人员进行了业务培训。在培训班上，邀请有关专家和负责人讲授了新闻采编技巧和写作知识，新闻照片拍摄的取景与注意事项，中小企业网频道共建要求，Photoshop的使用及图片处理，政策法规录入说明及采集要求、中小企业网网络体系新闻采集要求及传递新闻信息注意事项等内容。培训取得了良好的效果，也将中小企业网系统的信息服务工作结合得更为紧密，为下一步将全网信息服务打造成一个互联互通的整体平台打下了基础。

按照2009年的工作重点和中小企业司的要求，中小企业网总站对政务、政策法规、政府资金、非公经济、会展、培训、信息化、金融服务、知识产权等频道进行了全新改版，新建设了创业就业、服务资源导航、中小企业博览会（中、英文）等频道，扩充了汶川地震灾区投资项目推荐平台，新建了两会宣传专题和悼念欧新黔副部长专题。全年共发布各类信息24万多条，点击量超过4 000万次，并配合网络信息服务，编发了纸质的《中小企业通讯》7期，《中小企业生产经营运行周报》33期，《互联网中小企业动态摘要》58期，免费提供有关政府部门，社会机构、企业参考。通过为中小企业和各级政府提供大量的信息服务，得到了政府有关部门的认可和企业、社会各阶层人士的高度关注。

（二）规范和改造政策法规信息发布平台

在原中小企业网政策法规信息服务平台基础上，网站从浏览者的角度，反复研究了政策法规类信息的特性，重新确定并开发了基于方便检索查询、全网信息互通、共享的新的政策法规系统。这套政策法规系统解决了检索不方便，文件之间缺乏关联性，存储次序混乱，总网和分网各自为政等问题，较好地实现了政策法规信息资源化的需求，读者可方便地在整个中小企业网系统查询所需政策信息。

新的政策法规系统已于2009年6月初开发完毕，在总网进行试运行，在此基础上，7月选择部分分站进行互联测试，修改存在问题，8月19日召集了20多家分站对政策法规频道建设的有关工作进行了讲解和部署，决定于2010年在全网推广新政策法规系统，力争建设成为我国最全面的中小企业政策法规库。

（三）开展网上汶川地震灾后恢复重建投资项目推介活动

根据中小企业司的工作安排，网站在中小企业网上部署了常设的项目对接平台，重点开展了“汶川地震灾后恢复重建投资项目推介”活动，在2008年项目征集的基础上，补充了2009年的投资项目，共收集发布了四川省和甘肃省的投资项目1 393项，内容涉及现代农业、服务业、恢复生产、冶金建材、生物化工、纺织服装、基础设施、食品饮料、装备制造、资产重组、优势资源、生物医药、汽车制造、钒钛钢铁、油气化工、装备制造、建材、电子信息、能源电力等十几个大类，同时还实时发布更新相关政策、活动、重建家园等信

息，便于浏览者及时了解以做决策。

（四）建立网上中博会中外企业交流展示平台

为更好地为广大企业服务，帮助它们开拓国内外市场，整合了中小企业网“网上博览会”和各届中博会资料，建立了网上中博会常设频道，将有关会议信息、报道，图片新闻与企业形象和产品展示等进行集成，在更好地报道中博会内容的同时，让更多的参展企业能够同步在网上进行展示，未能参展的企业也可以方便地在网上进行交流，并有效地保留参展中外企业资料，在网上实现展会不落幕，成为企业常年对接交流的便利平台。该平台分为以信息报道为主的首页和以展示为主的展示系统，其系统的分类展示与中博会所设展区基本一致，目前收集有参展企业资料 5 000 多条。

二、大力开展创业就业宣传及人才招聘服务

整合中小企业网原有“创业”、“网上招聘”等频道的内容，形成了全新的“创业就业”频道，及时发布有关创业、就业方面的国家政策措施，知识常识，经验交流，创业信息，就业岗位等，内容十分丰富，并以专访的形式，对多个创业成功人士进行采访，介绍他们的成功经验和创业中所走的弯路，对有创业意愿和希望找到合适工作的人给予帮助。同时开展网上创业项目推荐和对接活动，并将创业就业频道与网上招聘系统联通，部分信息在两个页面同时发布，便于查看、检索和使用。

2009 年的 3 月至 6 月间，中小企业网继续承办了由工业和信息化部、教育部联合举办的“2009 年全国中小企业网上百日招聘高校毕业生活动”，工信部中小企业司王黎明司长接受了网站记者就此次活动的专访，对百日招聘活动的情况做了全面说明，并对招聘工作给予了指导，极大地鼓舞了各地组织机构和参与者的积极性。新华网、中国新闻网、中国教育新闻网、人民网、中国政府网、新浪网、搜狐网、工信部网、教育部网、国家人才信息网、中国企业网、高校毕业生就业网等各大新闻媒体和招聘网站对此次活动进行了广泛的宣传，活动一经开展，更得到了各大媒体关注性的跟踪报道。据统计，2009 年的百日招聘活动期间，共有 10 550 家企业在中国中小企业信息网发布招聘信息，提供工作岗位 26 380 个，总需求 141 772 人。有 8 000 余名大中专院校毕业生注册了应聘信息并发布简历，大专以上学历占总数的 90% 以上。其中本科学历超过一半，有 4 770 余人，大专学历近 2 790 人，研究生 240 余人，博士学历 5 人。有 7 950 份来自高校毕业生的简历直接通过中国中小企业信息网递交给了 4 679 家企业。此次活动无论是在参与企业和提供招聘岗位的数量上，还是企业需求人数的总量上，均高于往年，招聘平台已经成为在社会具有一定影响力的功能较为完善的常设人才交流平台。

三、加强网上网下互动，全面为企业提供服务

（一）帮助中介机构和企业对接，开通服务导航

网站协助中小企业司对全国面向中小企业的中介服务机构进行了调研征集，对返回的近 2 000 份各地服务机构调查表进行了整理，在中小企业司的指导下，搭建了“服务导航”专门频道，将所整理出的 1 731 家服务机构资料全部上网，并可按机构的名称、所在地等条件进行检索，方便企业查找和对接。

（二）在网上开通中小企业经济运行监测系统

为帮助政府有关部门及时了解中小企业在国际性金融危机的背景下所面临的困难和生产经营情况，网站组织研发了“中小企业经济运行监测系统”。同时组织人员根据各地的报送材料和我们采集到的有关资料，编写了《中小企业生产经营情况监测周报》供中小企业司和有关部门参考，完成《中小企业生产经营情况监测周报》33 期。这些报告也同时在监测系统中发布，在监测系统中还制作和发布了“统计发布”8 篇，“统计分析”10 篇，“预警监测”7 篇，维护“地方报送”16 篇，具有很高的参考价值。

（三）大力开展培训工作

2009 年，是工业和信息化部自成立以来落实中央“两化融合”的第一年，也是应对全球经济危机，拉动内需、传统产业转型升级，落实系列政策的重要一年。为进一步落实“两化融合”精神，帮助企业更好地应对金融危机，在工信息部中小企业司和各地中小企业管理部门的指导下，中小企业网组织有关分网，分别在北京、江苏、哈尔滨、重庆、陕西、安徽、武汉等地举办了 7 期信息化培训班，共有 844 名装备制造、机械加工类中小企业厂长、经理及管理人员，信息化工作部门负责人和网络管理员等企业代表参加了培训，课程结束后，我们还安排了现场的对话答疑，组织参训人员到当地信息化实施较好的优秀企业去实地参观考察，使参训人员感到培训有实效，受到了代表们的欢迎和好评。

（四）2010 年工作要点

1. 在全网系统全面推广新政策法规系统，力争建设我国最全面的中小企业政策法规库。

2. 全面改版中小企业网，提高原创信息比例，增强信息的可读性。

3. 按照中小企业司的要求，继续全面配合，深入开展中小企业经济运行监测的数据采集、分析工作。

4. 继续做好中博会中小企业信息化高峰论坛的组织工作。

5. 与清华大学合作，继续搭建优秀的网络培训平台。

2009 年银河培训工程

为贯彻落实《国务院关于进一步促进中小企业发展的若干意见》（国发［2009］36 号）提出的“实施中小企业银河培训工程，加大财政支持力度，充分发挥行业协会（商会）、中小企业培训机构的作用，广泛采用网络技术等手段，开展政策法规、企业管理、市场营销、专业技能、客户服务等各类培训。高度重视对企业经营管理者的培训，在 3 年内选择 100 万家成长型中小企业，对其经营管理者实施全面培训”和中央人才工作领导小组《2009 年全国人才工作重点》提出的“加大国家中小企业银河培训工程实施力度”的要求，2009 年工业和信息化部继续实施以中小企业经营管理者和创业者为主要培训对象的国家中小企业银河培训工程，培训内容主要为政策法规、企业管理、创业知识、融资担保、信息化、质量管理、安全生产、社会责任等方面。全年共完成 5 多万人次的免费集中培训、近 7 万人次的远程网络培训。各地中小企业管理部门也拨出专款，支持了约 30 万人次的培训。

一、银河培训工程取得了良好的社会效益

各地普遍反映，银河培训工程作为国家组织的中小企业专项服务工程，体现了政府对广大中小企业的关心和扶持，是中小企业的温暖工程和智力支持工程，受益面广，针对性强，学有所用，学有所成，有效地提升了中小企业人才队伍的素质，带动了地方政府对中小企业人才和培训工作的重视，为中小企业有效应对国际金融危机提供了强有力的智力支持。许多地方新闻媒体对银河培训工程进行了专题报道，使银河培训工程成为国家对中小企业服务的一个特色品牌，取得了良好的社会效益。

二、银河培训工程成为落实中央人才工作的重要抓手

目前，中小企业吸纳了近 80% 的就业人口，银河培训工程按照中组部《关于加强和改进企业经营管理人员教育培训工作的意见》和中央人才工作会议关于加强对经营管理队伍培训的精神，找准切入点，抓核心队伍，抓领军人才，坚持以中小企业经营管理者和创业者为主要培训对象，突出特色，最大限度地发挥财政资金对中小企业发展的促进作用。在银河培训工程的带动下，各地中小企业管理部门把培训工作作为推进中小企业发展的战略性、基础性工作放在重要工作日程上，安排专项资金，制订培训纲要和计划。

三、多层次、多渠道的培训体系已初步建立

银河培训工程积极整合优质的教育培训资源。各地中小企业管理部门根据师资力量、组织水平、基础设施等条件遴选培训机构，平均每个省（市）设立 2～3 个定点培训单位。目前，全国共有 139 家授权培训机构，其中中央直属机构 37 个、地方培训机构 92 个、高校 10 个。一批基础条件好、培训水平高的培训机构成为银河培训基地，覆盖全国的培训网络已初步形成。

四、培训方式不断创新

为满足中小企业对高端培训的需求，充分发挥高等院校的优势教育资源，银河培训工程继续与清华大学联合举办了一年制中小企业 MBA 课程研修班，共培训学员 980 人；中国中小企业信息网向全国中小企业经营者进行了“工商管理基础知识”、“职业经理人职业水平提升”以及“中小企业信息化知识”三个系列课程的免费网络培训；浙江省中小企业培训中心组织外省市学员到浙江省学习培训，并安排到对口企业挂职锻炼，宁波市经委联合浙江大学举办中小企业高层管理者 EMBA 班；河北、黑龙江等省中小企业局选派优秀民营中小企业家上中央党校学习培训；吉林省中小企业服务中心选派优秀中小企业经营管理者赴国外著名高校留学深造；陕西省对创业培训成绩比较好的学员提供获得创业贷款方面的帮助；云南省组织学员到上海等发达地区学习技术创新等经验。

2009 年政府资金支持

一、中央财政扶持中小企业发展资金总体安排

自 2003 年中央财政设立支持中小企业发展和管理支出预算科目以来，相关的专项资金预算规模逐年增长，支持范围不断扩大。中央财政资金在促进中小企业发展工作的开展，改善中小企业发展环境，缓解中小企业贷款难，推动中小企业调整结构、开拓市场，建立和完善中小企业服务体系等方面发挥了积极的引导和促进作用。今年，温家宝总理在政府工作报告中，明确提出要继续落实财政对中小企业支持政策，中央财政扶持中小企业发展专项资金安排 106 亿元，资金规模比去年预算增长了 10%。主要用于中小企业发展专项资金、科技型中小企业技术创新基金、中小企业服务体系发展专项资金、农业科技成果转化资金、中小企业国际市场开拓资金、中小外贸企业融资担保专项资金等方

面。其中，中小企业发展专项资金和中小企业服务体系发展专项资金（以下简称两项资金）由财政部、工业和信息化部负责项目审核工作。2010 年，两项资金共安排预算 27.7 亿元。

二、两项资金项目申报工作安排

（一）工作目标和支持重点

按照中央提出的“加快转变经济发展方式，调整优化经济结构，大力推动经济进入创新驱动、内生增长的发展轨道”总体要求，今年专项资金的工作目标是：贯彻落实《国务院关于进一步促进中小企业发展的若干意见》，支持中小企业结构调整、稳定就业，改善中小企业融资环境及公共服务条件，支持中小企业服务机构建设中小企业公共服务平台、开展中小企业公共服务业务。资金支持方向和重点主要集中在四个方面。

一是调结构。结构调整是转变我国经济发展方式的重要内容，也是今年经济工作的主线，中小企业结构调整是我国经济整体结构调整的重要组成部分。中小企业发展专项资金中的“企业技术改造项目”、“新兴产业建设项目”、“企业提高素质活动补助项目”，主要围绕这项工作展开的。

二是节能减排。节能减排是贯彻落实科学发展观、促进发展方式转变的重要措施。完成全国节能减排“十一五”计划，中小企业责无旁贷。中小企业发展专项资金中的“节能减排项目”，主要是推动节能减排产品在中小企业中的应用；引导生产节能产品的中小企业加快技术改造，提高产品水平和质量；推动中小企业产业集群，开展集中治污减排和节能降耗技术改造。

三是扩大就业。中小企业是解决就业问题的主力军，中小企业的发展，对稳定、增加就业岗位发挥了重要作用。中小企业发展专项资金中的“增加就业岗位项目”，主要是引导产品有市场的劳动密集型中小企业扩大生产规模，增加就业岗位，包括推动增加就业岗位的农产品深加工企业发展。

四是改善中小企业发展环境。建立和完善中小企业服务体系、加强对中小企业的金融支持是今年温总理在政府工作报告中提出的重要任务。中小企业服务体系发展专项资金支持范围为 2008 年、2009 年实施并完成的“中小企业公共服务平台建设项目”、“中小企业服务业务项目”，中小企业发展专项资金中的“服务企业改造项目”，主要是引导服务性企业、中小企业服务机构提高和完善为中小企业服务的能力。此外，中小企业发展专项资金中的“担保（再担保）业务补助项目”，主要是引导发展多层次中小企业信用担保体系，鼓励担保机构为中小企业提供低保费的贷款担保，鼓励再担保机构开展中小企业再担保业务。

（二）工作安排和特点

为做好两项资金项目申报工作，2010 年 5 月 17 日，工业和信息化部办公厅、财政部办公厅已联合印发了《关于做好 2010 年中小企业发展专项资金项目申报工作的通知》（工信厅联企业［2010］93 号）。2010 年 5 月 18 日，工业和信息化部办公厅印发了《关于组织开展中小企业服务体系项目申报工作的通知》（工信厅企业函［2010］340 号），分别对两项资金项目申报工作进行了布置。

2010 年 5 月 25 日下午，工业和信息化部召开了“中央财政中小企业专项资金项目申报工作电视电话会议”。部党组成员、总工程师朱宏任同志出席会议并讲话，强调要将做好项目申报工作作为今年贯彻落实国发 36 号文件，引导中小企业转变发展方式，实现又好又快发展的一项重要工作。要求各地区中小企业管理部门加强对项目申报工作的领导和管理，克服时间紧、任务重、工作难度大等困难，集中精力，全力以赴做好工作。中小企业司司长王黎明主持会议，并就两项资金项目申报工作做了详细说明。会议的主会场设在工业和信息化部，部中小企业司、财务司、产业司、运行局、节能司、消费品司的有关领导参加了会议，各省、自治区、直辖市、计划单列市、新疆生产建设兵团中小企业管理部门的主要负责同志及负责专项资金项目申报工作的同志在当地分会场参加了会议。

与往年相比，今年两项资金项目有“多、广、急”三个特点。“多”指的是资金规模增加。今年两项资金规模比去年增长了 48%。与之相应，各地组织上报的项目数要比年多，项目组织、审核等工作量将会大幅增加。“广”是指专项资金支持领域扩大。中小企业发展专项资金的支持内容更加丰富。固定资产投资类项目在继续支持企业技术改造的基础上，增加了新兴产业建设项目和服务环境改善项目两项内容；中小企业信用担保体系建设项目在继续支持中小企业信用担保业务补助项目基础上，增加了再担保业务补助项目。此外，新增加了企业提高素质活动补助项目，对企业开展提高管理水平和专利开发、申请等活动给予补助。中小企业服务体系专项补助资金改为中小企业服务体系发展专项资金，增加了信息、技术和质量、法律服务和公共服务平台建设等补助内容。“急”是指按照财政部的要求，项目预算资金下达时间从 10 月底提前到 6 月底，项目组织、申报、评审等工作时间紧，任务急。

三、支持项目情况

（一）项目安排

6 月上旬，工业和信息化部、财政部组织专家对各地上报的专项资金项目进行审核。共支持了 2 175 个项目，安排资金 27.7 亿元。

1. 中小企业发展专项资金项目支持情况

共收到各地申报中小企业发展专项资金项目 2 307 个，经审核确定支持项目 2 056 个，占申报项目数的 89%，安排资金 25.2 亿元。其中，固定资产投资类项目 1 131 个，占申报项目数的 89.41%，担保（再担保）业务补助项目 663 个，占申报项目数的88.87%，企业提升素质活动补助项目261个，占申报项目数的88.18%。中国国际中小企业博览会补助项目1个。

2. 中小企业服务体系发展专项资金支持情况

共收到226个服务机构申报的中小企业服务体系发展专项资金项目。其中地方所属机构申报项目219个，中央所属机构申报项目7个。经审核，共有119个服务机构申报的164个项目获得专项资金支持。其中，112个地方所属机构支持平台项目79个，服务业务项目78个；7个中央所属机构支持平台项目5个，服务业务项目2个。

（二）项目成效

1. 中小企业发展专项资金项目

（1）固定资产建设类项目。2010年以补助和贷款贴息方式支持中小企业技术改造、新兴产业建设和服务环境改善项目共计1 131个，拉动社会投资300多亿元，预计可增加就业岗位40万个。其中，10大振兴行业中小企业科研成果转化、产品升级和专业化发展项目498个，占全部固定资产建设类项目的44%；中小企业节能减排项目68个，占6%；增加就业岗位、推动产业集群和区域经济发展项目309个，占27%；中小企业新兴产业建设项目24个，占2%；中小企业服务环境改善项目232个，占20%。在中小企业服务环境改善项目中，安排中小企业创业环境改善项目148个，项目完成后，预计增加创业小企业1.6万个，增加就业岗位23万个。

（2）担保（再担保）业务补助项目。2101年共支持担保（再担保）项目663个。其中662个担保机构共为4.5万户中小企业提供了1 886亿元贷款担保；北京中小企业信用再担保公司共为10家担保机构提供了90多亿元再担保业务。

（3）企业提高素质活动补助项目。2010年共支持企业提高素质活动补助项目260个。其中，提升企业管理水平项目145个，项目实施后的第一年（即2009年）企业存货周转天数比2007年平均缩短21天，应收账款周转率平均缩短20天，营业利润率平均增长3个百分点，销售增长率平均增长19个百分点；申报专利补助项目115个，涉及专利4 040个（含发明专利1 966个），其中3 613个专利已在产品中应用，专利产品销售收入达100多亿元。

（4）中国国际中小企业博览会补助项目。2010年补助中国国际中小企业博览会展位数4 500个，受助企业3 600多家，并对其中的160多家汶川地震重灾区和玉树地震灾区参展企业提高了补助额。中央财政补助资金降低了中小企业参展成本，发挥了引导中小企业积极开拓市场的作用。

2. 中小企业服务体系发展专项资金项目

（1）中小企业公共服务平台建设项目。2010年支持中小企业公共服务平台建设项目84个，重点支持中小企业综合服务平台建设和产业集群或中小企业集聚区内的中小企业公共（专业）服务平台建设项目。建设内容主要包括服务仪器、设备和软件购置，服务场地及相关设施改造。项目建成后，将进一步增强服务功能，提高为中小企业服务的能力。

（2）中小企业公共服务业务项目。2010年支持中小企业公共服务业务项目80个，重点支持服务机构为中小企业提供信息、技术和质量、法律等方面的服务，鼓励和引导中小企业服务机构开展公益性服务，降低服务收费。

2009年中国非公有制经济发展情况概述

非公有制经济是我国国民经济和社会发展的重要组成部分，在繁荣经济、推动创新、扩大出口、增加就业等方面发挥着重要作用。2009年，由于受到国际金融危机的影响，非公有制企业经营遇到前所未有的困难，国内需求不足，出口型企业受到严重冲击，民间投资意愿下降，企业融资难，技术创新投入不足，企业产品和技术结构调整遇到困难，停产、半停产企业增多。对此，中央果断决策，及时实施了“保增长、扩内需、调结构、惠民生”的“一揽子”计划，包括国务院下发《国务院关于进一步促进中小企业发展的若干意见》（国发［2009］36号），对非公有制经济的发展起到了重要的作用。非公有制经济发展由此出现企稳回升并转向平稳较快发展态势。据统计，2009年全国规模以上非公有制工业企业总产值占规模以上工业企业总产值的比重为69%，固定资产投资占城镇工业企业固定资产投资的比重为55%，进出口总额占全国进出口总额的比重为78%。非公有制经济已成为我国促进经济发展、调整经济结构、繁荣城乡市场、增加财税收入和扩大社会就业的重要力量。

一、生产经营持续向好

2009年，规模以上非公有制工业企业总产值为37.7万亿元，同比增长12.5%。2009年全年，非公有制工业企业生产经营呈现逐步好转态势，各季度产值同比增速逐步提高，从一季度的5.2%，到二季度达到6.8%，三季度为11.3%，到四季度同比增长达到了25%，如图1所示。

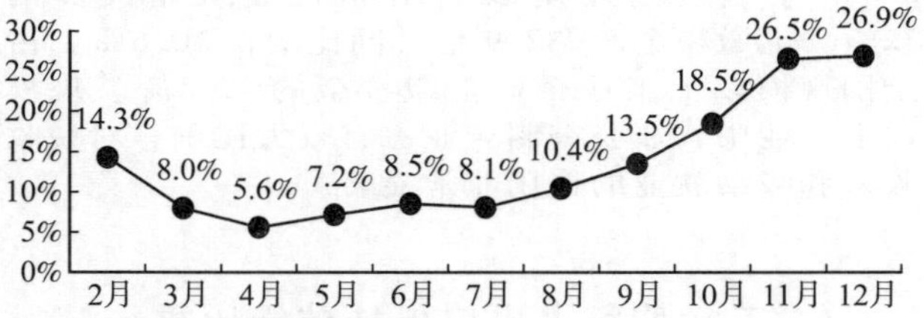

资料来源：国家统计局。

图1　2009年非公有制工业企业总产值增长趋势

二、经济效益继续好转

2009年初，非公有制经济受到国际金融危机的影响，相当一批企业处于停产半停产状态。随着国家相关政策作用和市场逐步好转，多数企业生产经营逐步正常，大部分企业全年仍然保持了市场销售和利润的增长。

从统计数据来看，2009 年 1～11 月，全国规模以上非公有制工业企业共实现销售收入 36.64 万亿元，同比增长 12.5%；实现利润总额 1.84 万亿元，同比增长 14.3%，其中外商及港澳台商投资企业实现利润 7511 亿元，增长 16.9%，私营企业实现利润 6 849 亿元，同比增长 17.4%。

三、固定资产投资逐步增长

2009 年全年，全国非公有制工业企业固定资产投资为 10.76 万亿元，同比增长 26.9%，占城镇工业企业固定资产投资的 55.4%。各个季度同比分别增长 41.4%、66.3%、29.5% 和 27%。二季度增长最大，四季度比一季度增速回落 14.4 个百分点，如图 2 所示。

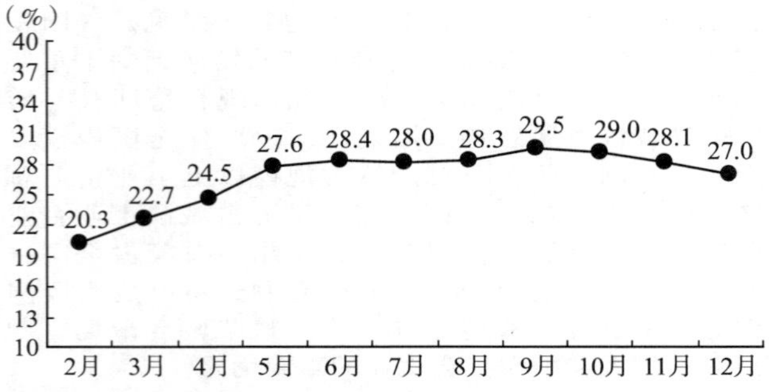

资料来源：国家统计局。

图 2 2009 年非公企业累计固定资产投资同比

四、对税收和就业的贡献进一步加大

2009 年 11 月底，全国规模以上非公有制工业企业共 37.3 万户，占全国规模以上工业企业的 88.3%；从业人员达到 6 007.9 万人，同比增长 0.83%，占全国规模以上工业企业从业人员的 72%。上缴税金 8 982.9 亿，同比增长 10.6%，占全国规模以上工业企业上缴税金的 42.5%。规模以上企业中，非公有制企业占有较大比重，对税收收入和吸纳就业的作用非常显著。

五、外贸进出口保持较大比重

2009 年，非公有制企业进出口总额为 1.73 万亿美元，占全国进出口总额的 78.3%，同比下降 11.4%，降幅较去年同期下降 27.6 个百分点。其中，出口总额为 1.01 万亿元，同比下降 13.7%。外商投资企业出口总额为 6 722.3 亿元，同比下降 15%；其他性质企业出口总额为 3 384.4 亿元，同比下降 11.6%。非公有制企业进口总额为 7 170.9 亿元，同比减少 8%。其中外商投资企业进口总额为 5 452.1 亿元，同比下降 12%，其他性质企业进口总额为 1 718.8 亿元，同比增长 7.9%。

2009 年全国中小企业信用担保机构发展情况

一、发展概况

2009 年度，全国中小企业信用担保机构发展呈现增量、增速加快发展局面，实现担保机构规模、专业优势和增信功能的跨越式发展，为中小企业渡过危机、企稳向好发挥了重要作用。截至 2009 年底，全国中小企业信用担保机构已达 5 547 家，共筹集担保资金 3 389 亿元，当年为 37 万户中小企业提供的贷款担保额达 10 796 亿元，实现收入 180 亿元，纳税 16.4 亿元，实现利润 44.5 亿元。2009 年在保中小企业 27.5 万户，在保责任余额 7 289 亿元。目前中小企业贷款担保额已累计达 2.5052 万亿元，累计担保企业 112 万户。呈现以下特点：

（一）担保机构资本实力和担保能力显著增强

2009 年底全国备案登记担保机构 5 547 家，比上年增长 30.6%，注册资本 3 306 亿元，同比增长 58.4%；当年为 37 万户中小企业提供担保贷款额达 10 796 亿元，突破万亿元大关。受保企业同比增长 60.8%，业务增长 49.5%；由于担保机构的介入，本年新增企业 23.6 万户，增长 56.2%，新增担保额 7 240 亿元，增长 66.8%，担保机构增信和财务杠杆作用明显增大。

（二）过亿元担保机构作用突出

2009 年度注册资本 1 亿元担保机构 1 263 家，同比增加 540 家，增长 75%。尽管过亿元担保机构户数占比 22.7%，但其注册资本额 2 053 亿元，占注册资本总额的 62%，增长 63.4%。同时过亿元担保机构业绩突出，共为 13 万户中小企业提供 27 万笔贷款担保，担保总额 8 037 亿元，占当年担保总额的 74.4%。

（三）政府与民营出资稳健发展

2009 年国有控股担保机构 1 501 家，占 27%；政策性担保资金 866.5 亿元，同比净增 251 亿元，占当年担保资金总额的 25.5%；非政府出资 2 523 亿元，占 74.5%，政府出资与民营出资增幅与去年持平，非政府出资担保机构仍占主体，政策性担保机构户数、资金均稳步增长。

（四）面向中小企业的业务方向明确

担保机构提供担保服务的中小企业户均人数 119 人，在当年提供近 55.8 万笔业务中，单笔 800 万元以下的 52 万笔，占 93.3%，其中 100 万元以下的 29 万笔，占 52.2%，充分体现出担保机构主要为小企业或小额贷款项目提供担保服务。

（五）风险控制仍处较高水平，社会效益突出

2009 年度全国担保机构共发生代偿 5 938 笔，比 2008 年减少 821 笔，降低 21%；代偿总额 29.8 亿元，占当年担保总额的 0.27%；代偿损失 5.2 亿元，占当年担保额的 0.05%。担保机构通过给中小企业提供担保服务，使受保企业经济和社会效益显著增加。2009 年受保企业人数 2 152 万人，销售收入 5.12 万亿元，上缴利税 4 441 亿元，同比分别增长 33.3%、46.8% 和 23.2%。由于担保业务规模扩大，受保企业新增就业 568 万人；销售收入 1.5 万亿元；上缴利税 1 221 亿元。

二、主要做法

（一）党中央国务院高度重视中小企业信用担保工作

为应对金融危机，国务院专题研究部署中小企业工作，切实推进中小企业融资和担保体系建设，工信部等有关部门制定了《关于支持引导中小企业信用担保机构，加大服务力度缓解中小企业生产经营困难的通知》、《关于加强中小企业信用担保体系建设有关工作的意见》等配套政策，进一步明确有关财政支持、税收减免、抵质押登记、银保合作、统计监测和绩效考评、再担保和体系建设等支持政策。今年，经国务院批准，7 部委联合制发《融资性担保公司管理暂行办法》，使担保业进入到一个规范有序监管阶段。

（二）发挥政策导向作用

2009 年在中央财政预算追加 10 亿元信用担保专项扶持资金基础上又增加 7 亿元，专门用于补助 2008 年担保业务，充分发挥财政资金的引导和放大作用，其力度之大、范围之广前所未有。各级地方政府也相应加大对中小企业信用担保机构的扶持力度。北京、陕西、宁波、成都等省市出台中小企业信用担保机构贷款担保风险补偿资金管理办法，积极撬动金融机构扩大对中小企业贷款规模，为推动中小企业发展发挥了积极作用。

（三）中小企业信用担保体系建设取得突破性进展

目前，已有 12 个省市成立了中小企业信用再担保机构（再担保基金），业务覆盖 15 个省市。在体系建设中，再担保机构确立了以提升担保公司信用担保能力、规范担保机构经营管理、分散风险以及创新融资品种的功能定位，初步实现设立再担保公司扩大中小企业融资规模、完善中小企业信用担保体系的政策目标。

（四）中小企业信用担保创新业务品种

担保机构通过业务创新，为中小企业提供量身定做担保服务。四川组建中小企业融资超市，大连市开展中小企业集合债担保，广东推出“速保通”业务，深圳市开展短融担保、“委贷通”、“贷前委贷”业务，浙江推出“集合信托”，杭州市“融资担保一路通”、“订单贷”等金融产品，云南省“仓融通”等创新品种受到中小企业广泛欢迎。

三、存在问题

（一）担保机构区域发展不均衡，总体担保能力还不强

尽管经过 10 年努力，全国担保机构从数量上有了较大发展，但呈现区域不均衡，结构不尽合理局面，单户担保能力相对较弱，注册资本金在 5 000 万元以下有 3 021 家，占总数的 54%，单户担保能力相对较弱，显示担保机构整体实力还待增强。从发展趋势上讲，对担保业重视程度与区域经济发展程度密切相关，经济发达地方重视程度高一些，东部担保机构发展速度快一些，大中城市担保机构运营规范一些，与当前中小企业快速发展的需求还存在差距。

（二）担保业监督管理体制不一，职能交叉

目前地方对担保机构监管体制分别由地方中小企业管理部门、财政、发改、金融办、工商局等部门负责，担保监管上下不一，职能交叉，政出多门。且管理方式各异，有备案管理，有注册管理，有核准管理，有审批管理。而有的对担保机构的设立条件、内控制度、风险防范等具体措施又统得过严过死，一定程度上影响了担保机构的可持续发展。

（三）担保机构与银行业金融机构合作不对称，风险分担机制尚未建立

担保机构普遍反映与银行难以建立地位平等、互利双赢、风险共担的合作关系，银行对担保机构合作门槛过高，大都要求注册资本过 1 亿元；对担保机构已审的项目仍作重复审查；在不分担风险前提下利率仍上浮 10% ~30%，削弱其担保能力的发挥。

（四）促进发展政策不配套

目前不能共享人民银行征信系统，不能查询受保企业信用信息，不利于识别和控制风险，增加了成本。有的地方涉及土地、房管等服务效率低、收费高、手续繁，有的甚至不予办理反担保登记，严重制约担保业务开展和风险防控。

（五）担保机构业务量递增，而盈利能力呈负增长

2009 年度担保业务大幅增加 49.5%，利润为 44.5 亿元，同比减少 0.1 亿元。近 3 年来担保业务递增的同时，担保机构总资产利润率却逐年下降为 2.18%、1.12%、1.11%，表明金融危机对担保业造成的风险仍在持续，同时说明担保业确是微利高风险行业。

（六）少数担保机构业务运作不规范，抗风险能力弱

有的担保机构缺乏风控管理，有的注册资本金不实，有的热衷于大企业、大项目，不从事中小企业贷款担保业务，还有的高比例收取企业保证金等问题加重了担保机构风险。

为促进中小企业信用担保机构可持续发展，提出以下建议：一是进一步改善法制环境。建议修订完善《担保法》，制定《中小企业信用担保机构“十二五”发展规划》，促进担保机构有序健康发展。二是进一步改善政务环境。完善抵质押相关登记制度，对有资质的担保机构开放征信系统，研究制定深化银担利益共享、风险分担机制，从根本上宽松担保机构的政策环境。三是进一步加大对中小企业信用担保机构财政税收等政策扶持。建立健全中小企业信用担保机构风险补偿机制，实现中小企业信用担保机构三年营业税免征的制度化、常态化。四是积极推进中小企业信用担保机构信息化建设。研究开发担保机构风险防范和控制系统，逐步建立在保和拟保中小企业的信用信息档案和数据库，提高中小企业信用意识和信用能力。五是进一步推进再担保机构的发展壮大。研究制定扶持和规范再担保机构的相关政策和规章制度，以政策导向鼓励开展再担保服务。六是建立自上而下的担保机构监管部门沟通协调机制。及时发现解决担保业发展中出现的重大问题，履行扶持和监督职责，促进担保行业繁荣和发展。

2009年中小企业公共服务平台建设

中小企业公共服务平台（以下简称“平台”）是指按照开放性和资源共享原则，为区域和行业中小企业提供信息、技术、融资、质量、节能、环保、创业、培训、管理、商务、现代物流等各类公共服务的工作平台。

近年来，工业和信息化部及各地中小企业主管部门把推进中小企业公共服务平台建设作为促进中小企业又好又快发展的重要抓手，通过加强政策引导，加大资金扶持，典型示范推动，初步形成了一批以政府引导、社会参与、资源共享、市场化运作、面向产业、服务企业的公共服务平台。在解决中小企业共性需求，畅通信息渠道，改善经营管理，提高发展质量，增强市场竞争力，实现创新发展等方面发挥着重要作用。

一、平台建设基本情况

（一）制定文件，加强引导

2004年，通过调研我们了解到长三角、珠三角地区公共技术服务平台的典型做法。这些平台依中小企业需求而设，服务针对性强，有效解决了中小企业因缺少资金买不起高档研发仪器设备，或缺少使用高档仪器设备人员，以及产品检测路途远、成本高、不及时等问题，通过聚合创新资源、提供专业化服务，满足了区域中小企业的共性需求，缩短了企业新产品开发周期，降低了开发成本，增强了企业的技术创新能力和产品的质量技术水平，效果很好。为此，我们加大了推动公共服务平台建设的工作力度。

2006年，国家发展改革委制定了《关于支持中小企业技术创新的工作方案》，将支持建立公共技术服务列入了“十一五”中小企业技术创新工作重点，并组织地方编制了2007～2010年公共服务平台建设工作方案，提出建立千家公共技术服务平台的目标。2007年，国家发展改革委等12部委联合下发的《关于支持中小企业技术创新的若干政策》（发改企业［2007］2797号）中，提出重点支持在中小企业相对集中的产业集群或具有产业优势的地区，建立公共技术支持平台。

2009年《国务院关于进一步促进中小企业发展的若干意见》（国发［2009］36号），提出加快中小企业公共服务基础设施建设。通过引导社会投资、财政资金支持等多种方式，重点支持在轻工、纺织、电子信息等领域建设一批产品研发、检验检测、技术推广等公共服务平台。2010年4月，我部会同国家发展改革委等7部门下发了《关于促进中小企业公共服务平台建设的指导意见》（工信部联企业［2010］175号），明确了平台建设的指导思想、原则和目标，提出了平台建设的基本条件和发展要求。

（二）规范管理，典型带动

当前我国中小企业面临“调结构、转方式、上水平”的发展阶段，加快平台建设意义重大。考虑到目前平台建设总体处于发展初级阶段和区域发展不平衡的状况，拟通过树立一批管理运作规范、业绩突出、信誉良好、公信度高，对企业质量技术水平提升支撑力强的示范平台，发挥典型带动作用，促进平台的快速发展，为中小企业转型升级服务。2010年5月，为了进一步推动平台建设，加强引导、示范带动、规范管理，我部印发了《国家中小企业公共服务示范平台管理暂行办法》（工信部企业［2010］240号）。到今年10月，共收到各地及相关行业协会推荐上报的示范平台252家，经过评审，我部将对符合条件的授予“国家中小企业公共服务示范平台”称号。

（三）资金支持，推动建设

2007～2009年，通过中央预算内资金和中央财政中小企业发展专项资金，采取投资补助方式，共支持了153个中小企业公共服务平台建设项目，国家补助资金2.67亿元。2010年中央财政中小企业服务体系发展专项资金又投入了2.3亿元，支持了85个公共服务平台的建设。

（四）各地重视、全力推动

各地认真贯彻落实国发36号文件，推动平台建设的力度不断加大。据对27个省（区、市）的调查，有21个省出台了推动平台建设的文件；有18个省开展了平台认定工作，已认定公共服务平台858家；有23个省对平台的建设和运营给予了资金支持，2007年以来，共安排资金4.77亿元，支持了1 481家平台。

二、平台建设中存在的主要问题

目前平台建设中存在的主要问题归纳如下：

（1）各地对服务平台内涵与作用的认识还存在差异，需要进一步统一思想，提高认识。

（2）平台总体数量、分布领域和服务功能还不能满足中小企业发展需求。

（3）区域发展不平衡，经济发达和中小企业活跃的地区，平台建设和运营情况相对较好。

（4）政策、资金扶持力度不够，规划指导相对薄弱。

（5）部分平台重硬件建设，人员结构、服务水平和质量还有待提高。

（6）平台税负较重，盈利水平偏低，人才留不住。

三、进一步推动平台建设的几项工作

（1）组织开展2009年度国家中小企业公共服务示范平台的认定工作。

（2）根据《关于编制小企业创业基地和中小企业公共服务平台建设方案的通知》（工信厅企业［2010］81号），完成“十二五”中小企业公共服务平台建设工作方案的编制工作，纳入“十二五”服务体系建设规划。

（3）落实七部委《关于促进中小企业公共服务平台建设的指导意见》，开展中小企业公共服务平台征文活动，完成《中小企业公共服务平台资料汇编》。

（4）年底将举行国家中小企业公共服务示范平台授牌仪式。总结交流情况，安排部署工作。

2009年中小企业对外合作与市场开拓进展情况

2009年，推动并加强与有关国家和地区在中小企业领域的合作与交流，继续探索在中小企业领域的国际合作新途径和新机制，积极搭建“展示、交流、合作、交易”平台，鼓励参加各类展览展示活动，使我国中小企业对外合作与交流和市场开拓工作均取得积极成效。

一、稳步推进对外交流与合作，加强与世界主要经济体的中小企业合作

（一）加强与欧洲相关国家在中小企业领域的合作与交流

温家宝总理访问西班牙期间，两国发表了《关于进一步深化两国全面战略伙伴关系的联合声明》，将共同主办2009年中博会、以此作为两国中小企业加强合作的平台写进了联合声明。王岐山副总理参加中欧经贸高层对话期间，中欧双方明确提出，双方同意加强中小企业合作，适时在华举行第二次中欧中小企业政策磋商。

中国欧盟领导人第11次会议在捷克布拉格召开，双方明确提出，能源、科技和中小企业是中欧深化互利合作的三个重要领域。我部与欧盟企业和工业总司签署了《中欧中小企业合作共识文件》，高度评价了双方在中小企业领域的合作，并将继续推进和加强双方的中小企业政策磋商对话机制。

在“第六届中博会期间”，李毅中部长与西班牙工业旅游贸易部大臣塞巴斯蒂安共同签署了《中华人民共和国工业和信息化部与西班牙王国工业旅游贸易部中小企业合作谅解备忘录》。

（二）积极参加亚太经济组织相关活动

10月份，我部赴新加坡参加了第16次APEC中小企业部长会议和第29次APEC中小企业工作组会议，围绕部长会议主题“帮助中小企业进入全球市场，克服贸易壁垒”，探讨了市场自由化、提高成员经济体中小企业的市场准入、促进跨境商业合作、支持中小企业国际化等议题。国际金融危机的冲击让各经济体更深刻体会到了推动中小企业发展的重要意义，此次APEC中小企业部长会议上，金融危机过后如何更好地推动中小企业发展，成为各经济体关注的焦点问题。将于2010年6月在福建省福州市举办的第六届APEC技展会在第29次中小企业工作组会议上获得通过。

6月份组团出席了在我国台湾地区举行的第28次APEC中小企业工作组会议，与会各方深入讨论了用来评估《2009～2012年战略规划》的关键绩效指标问题，以及下一次中小企业部长级会议的议题与安排，我方还向APEC经济体推介了将于2010年举办的第六届APEC中小企业技展会。

（三）密切与韩国、东盟和“东盟+中日韩”的交流与合作

根据中韩两国中小企业合作机制的安排，7月份在韩国大田市韩国中小企业厅举行了“第三次中韩中小企业合作事务级会议”。会议期间，双方分别介绍交流了中小企业相关政策，就解决在华韩资企业经营问题的建议、资本投资领域的合作、双方电子商务的推进、支持和参加在对方举办的市场开拓等展览展销活动及今后合作等议题广泛交换了意见，一致同意加强合作对双方中小企业和经济发展有益，将继续坚持政策交流和磋商，积极推进企业务实合作的各项活动。期间，考察了韩国中小企业振兴公团、韩国机械和材料研究院等。中小企业司、国际司和机械科学研究总院人员组成的代表团与会，韩国中小企业厅及相关部门、韩国中小企业振兴公团、韩国中小企业团体中央会等参加。继续参加“东盟+3中小企业政策磋商”，今年会议，探讨研究了中日韩与东盟之间开展中小企业的信息与政策交流、可能的合作领域等议题。

（四）推动并扎实做好中德中小企业经营管理培训合作项目的执行和实施

在今年德国联邦经济和技术部部长访华，与我

部李毅中部长续签了《中国工业和信息化部与德国联邦经济和技术部关于继续开展中国中小企业经营管理人员培训合作备忘录》，将项目执行期限延长至2013年。

10月份，在江苏省常州市举办了“中德中小企业经营管理者培训合作项目指导委员会第二次会议”。德国经济技术部司领导出席会议并高度赞赏中方为项目实施所做的工作。指导委员会中方主席、中小企业司司长，德方主席、联邦经济技术部副司长分别致辞并共同主持会议。

继续做好培训合作项目的组织实施工作。在第一批赴德学员培训取得圆满成功的基础上，中德中小企业经营管理人员培训项目完成第二批学员的选拔和培训工作。随着该项目的组织与实施，培训内容更有针对性，培训活动更加丰富，企业的合作意向及项目准备更加务实。

二、引导中小企业提高市场竞争能力，积极开拓国内外市场

一年来，相关部门和各级政府积极搭建中小企业“合作、交流、展示和交易”平台，鼓励和支持中小企业积极开拓国内外市场，不断提高中小企业的市场竞争能力。

（一）继续举办“第六届中博会”并取得积极成效

今年，继续与其他六部一省在广州共同主办了“第六届中国国际中小企业博览会暨中西中小企业博览会”。李毅中部长出席开幕式并致辞。中共中央政治局委员、广东省委书记汪洋，广东省省长黄华华，中国银监会主席刘明康，西班牙工业旅游贸易大臣塞巴斯蒂安等中外嘉宾出席了开幕式。本届中博会，共有来自33个国家和地区的3 935家中小企业和机构参展，其中国际和中国港澳台地区有823家；展示面积超过12万平方米，设标准展位6 187个，其中境内展区展位4 675个，境外展区展位1 512个，西班牙展区展位500个。预登记的参会客商超过17万人，其中境外客商超过1万人。继续设立了亚欧中小企业合作交流馆，并首次召开亚欧中小企业合作与发展研讨会。期间，举办了“第六届中博会汶川地震灾区中小企业投资项目推介会”，来自地震灾区的四川、陕西、甘肃三省，发布了符合产业政策和灾后重建规划的中小企业投资项目833个。

（二）推进中小企业“走出去”，引导赴非洲投资兴业

中小企业司与中国有色集团在广东省深圳市共同举办了招商推介会，推介中国有色集团在赞比亚建设的“赞比亚中国经济贸易合作区”情况，赞比亚国会议员、国会总监察长穆万佳出席推介会。中小企业司将以“赞比亚中国经济贸易合作区”为基础，探索在非洲建立中小企业园区，务实推动中国中小企业到非洲投资兴业和开展经济技术合作。

（三）支持各地举办洽谈会等活动，加强区域交流与合作

一是以工信部名义与江苏省人民政府共同主办“2009中国（江苏）装备产业配套对接洽谈会”，展会取得圆满成功。工信部党组成员、朱宏任总工程师出席开幕式并致辞。据不完全统计，“装洽会”期间成交项目1 256个，合同金额4.86亿元，吸引了逾1万名企业人员到会洽谈采购。同期举办的“中国国际中小企业交易会”，参展企业700余家，其中包括180余家境外企业，展示面积3.5万平方米，吸引参观观众6万余人次。

二是以工信部名义与辽宁省共同在沈阳市主办了“中国（沈阳）国际中小企业大会”。李毅中部长出席开幕式并致辞。本届大会围绕“交流、合作、创新、发展”这一主题，深入研究国际金融危机对中小企业发展的影响，探讨帮助中小企业克服困难的举措，探索促进中小企业加快发展之道，举办了中国国际中小企业发展论坛、中小企业服务体系建设论坛、全国大小企业配套对接、全国中小企业与大专院校科研院所产学研项目对接会等活动。

三是支持无锡市举办“2009中国（无锡）民营企业高新技术洽谈会”。10月份，由我部作为支持单位的“民高会”在江苏省无锡市举行。我部部属高校北京理工大学、哈尔滨工业大学等也组团参加了洽谈会。

（工业和信息化部中小企业司）

中国中小企业年鉴（2010）

YEARBOOK OF CHINA SMALL AND MEDIUM ENTERPRISES

第四篇

各地中小企业改革与发展

北京市

2009年，在市委、市政府的领导下，在社会各界的共同关注下，北京市中小企业工作紧紧围绕贯彻落实《中华人民共和国中小企业促进法》及国务院《关于进一步促进中小企业发展的若干意见》（国发［2009］36号）精神，始终坚持以科学发展观统领全局，不断转变服务观念，强化服务意识，创新扶持方式，切实解决制约中小企业发展的问题，进一步优化中小企业和非公经济的发展环境，本市中小企业发展保持着较好的发展态势。

一、中小企业整体发展状况

（一）中小企业发展概况

目前，北京市有中小企业25.2万户，企业数量占全市企业总量的99.7%，营业收入占全市企业总量的56.6%，营业利润占68.2%；从业人员占企业总量的72.6%，税收占企业总量的62.3%。远郊区县中小企业吸纳从业人员数占远郊区县从业人员数的82.3%；营业收入占远郊区县的58.4%，利润总额占65.0%，缴纳税收占67.5%。我市中小企业在确保经济稳定发展、缓解就业压力、增加财政收入、优化经济结构、推进技术创新、保持社会稳定、促进社会主义新农村建设等方面具有不可替代的地位和作用。

（二）中小企业发展问题

1. 中小企业的发展环境仍需持续完善优化

中小企业发展的核心问题是环境建设问题。近年来，北京市贯彻落实国家相关政策，中小企业的发展环境不断优化。但总体上，北京市在法制环境、政策环境和企业生存环境方面还存在不足。其中，在法制环境建设方面，自2003年1月1日《中华人民共和国中小企业促进法》实施以来，全国大部分省市都完成了地方立法，但北京市至2009年9月才真正启动中小企业地方立法工作。在政策环境建设方面，促进中小企业发展的资金、土地、税收、人才等政策还有待进一步完善。在生存发展环境建设方面，北京的房屋租赁、人工成本等较高，与中小企业在京创业发展的需求不相适应。

2. 中小企业的核心竞争力有待进一步提升

北京中小企业以技术创新为支撑的核心竞争力需要进一步加强。根据国际经合组织的研究表明，企业初步具备自主创新能力，所需研发投入占销售收入比重应达到5%以上，而北京工业中小企业研发投入比重还远低于这一标准。中小企业自主创新能力建设需进一步加强，以实现企业发展从要素驱动型向创新驱动型的转变。

3. 空间分布与城市布局的耦合度尚待加强

中小企业空间分布现状与多中心的城市规划格局不匹配。中小企业主要集聚于城区的发展现状，与北京城市整体规划中提出的“两轴、两带、多中心”的目标不相符，企业分布与城市功能空间耦合程度还需进一步加大，对首都“多中心”城市格局演进升级的支撑作用有待提升。

4. 三产中小企业的资产效益还需继续提高

三产中小企业资产效益较低。北京三产中小企业实现的营业收入、税收、利润和就业在全市中小企业中占比相对于其自身资产占比较低。

5. 工业中小企业还需要高端发展继续做强

建设世界城市的目标需要做强产业支撑；做强二产是北京产业发展的新思路；制造业还需进一步向高端发展。

6. 融资难仍然困扰中小企业发展

北京市针对不同发展阶段的中小企业，已分别建立创业投资引导基金、间接融资服务平台和上市融资服务平台，多元化融资渠道正在形成。但是，中小企业发展仍然面临较大的资金缺口。在信贷融资方面，由于规模较小、资产少、资信度低等因素，中小企业从商业银行获得信贷资金的难度较大，面对庞大的融资需求，担保和再担保平台的作用还需进一步提升。

7. 中小企业利用社会化中介服务平台不够

相对于大企业，中小企业对社会中介服务平台的利用能力和利用程度尚待提高，一定程度上影响了中小企业发展。

二、2009年开展的主要工作

（一）依法制定优惠政策措施，不断促进中小企业发展

2009年，北京市认真贯彻实施《中小企业促进法》和国务院36号文件精神，制定出台一系列促进中小企业发展相关配套政策。市委、市政府出台了《北京市帮扶企业应对国际金融危机若干措施》、《关于实施稳定就业扩大就业六项措施》、《关于金融促进首都经济发展的意见》等政策；有关委办局出台了《北京市小额贷款公司试点实施办法》、《高端制造业担保代偿资金管理办法》、《北京市工业企业流动资金贷款贴息补助政策实施细则》等政策。贯彻落实国务院《关于进一步促进中小企业发展的若干意见》精神，成立了由28个委、办、局组成的《北京市促进中小企业发展工作小组》；完成了本市中小企业地方立法的立项报告及《北京市促进中小企业发展条例（草案）》，促进中小企业发展地方立法已被列入市人大2010年地方立法立项论证项目、市政府2010年立法工作计划（调研项目）。一系列政策措施的制定，优化了发展环境，营造了宽松空间，为促进中小企业发展，提供了坚实的保证。

（二）努力构建融资服务体系，缓解中小企业融资难题

1. 设立的中小企业创业投资引导基金，在解决创业期中小企业股权融资难题上发挥着重要作用

2008年下半年建立的8亿元引导基金，以参

股方式与社会投资机构共同发起成立参股创投企业，对我市创业期中小企业进行股权投资，有效改变创业期中小企业缺少融资渠道的现状。经过一年多的运作，截至2009年底，引导基金已有两批共9家合作机构，引导基金出资近3亿元，总资本金达10.5亿元；9家合作创业投资公司均对北京地区中小企业进行了投资，已实际投资到位项目23个，总投资2.4亿元。2009年下半年，第三批合作创投机构已完成了公开征集和社会公示工作；第三批合作创业投资公司拟注册资金总额9亿元，引导基金协议出资总额为2.2亿元，占总注册资金比例24.4%，引导社会投资6.8亿元，财政资金放大倍数约4.1倍。

2. 充分发挥本市间接融资服务平台和担保公司、再担保机构作用，不断解决成长期中小企业信贷融资难题

一是依托北京中小企业网上贷款项目申报系统和北京高端制造业投融资服务平台，已有多家银行、担保机构加入平台，同时设立了担保代偿资金，累计放大倍数超过10倍。2009年，作为市政府应对国际金融危机、帮扶企业的29项重要措施之一，市经济信息化委借助平台积极做好融资方面的帮扶工作。与区县联合召开融资对接会4次，直接服务企业100多家。

二是本市2008年在全国率先设立了省市级中小企业再担保公司，公司资本金15亿元，已到位10亿元。经过一年运行，截至2009年底，再担保公司业务已覆盖了本市绝大部分开展中小企业信用担保比较活跃的政策性和商业性的担保机构，提供再担保授信326.9亿元，实际承保142.1亿元，承保项目1 507笔。

三是稳步推进担保行业健康发展，据对94家正常运行的担保机构统计，2009年，中小企业贷款担保总额达535.98亿元，较2008年增长28.3%。

3. 积极搭建上市融资服务平台，进一步完善中小企业上市育成工作，解决成熟期中小企业的上市融资难题

建立政府部门推动企业改制上市工作协调机制，解决企业改制上市过程中的共性问题；围绕创业板的推出，开展企业改制上市系列培训；建立企业改制上市辅导师队伍；加大宣传力度，营造良好氛围，引导广大中小企业踊跃参加上市培育，推动更多的中小企业实现上市融资。截至2009年底，我市在深交所中小企业板上市企业12家，募集资金46.14亿元；创业板企业8家，还有20多家企业正处在创业板发行审核阶段。

（三）不断加大对中小企业的财政扶持力度

1. 积极组织申报国家中小企业发展专项资金和技改资金

认真组织推荐本市符合条件的中小企业、各类服务机构、公共服务平台和小企业创业基地等积极申报国家项目。2009年，共申报国家中小企业技术改造及改善中小企业发展环境项目94项，申请金额1.69亿元。

2. 做好本市中小企业发展专项资金申报工作

2009年，本市利用中小企业发展专项资金，共安排项目89个，支持中小企业转型升级，鼓励调整产品结构、进行技术改造和产品创新，支持金额1.3689亿元。同时，安排6 750万元的专项补助资金，支持企业技术中心的创新能力建设，支持企业改造实验室、购置研发设备、技术开发等。支持“三高”企业退出，补助资金1 050万元。

3. 加大对工业企业新增流动资金贷款进行贴息支持

截至2009年底，共有227家工业企业新增流动资金贷款获得共计1.82亿元的贴息支持，涉及企业新增流动资金贷款共计112.65亿元。

（四）完善社会化服务体系，不断提升服务能力

进一步完善“以市和区县中小企业服务中心为骨干，行业协会和中介机构为支撑，社会中介组织广泛参与”的社会化服务体系。一是完善市中小企业服务中心建设，支持14个区县建立中小企业服务中心，指导开展创业辅导、技术支持、信息咨询、人员培训、经营管理、国际合作以及融资筹资等服务工作。二是组建专家顾问团队。聘请中国社科院、中国科学院、北京大学和中国民（私）营经济研究会的专家出任顾问，发挥他们在政策研究、参谋建议和咨询服务等方面的作用，组织了150多名专家，在不同领域提供管理咨询服务。

（五）切实抓好基础工作，建立健全统计监测体系

为及时了解中小企业生产经营情况，进一步增强工作的主动性、预见性，积极应对中小企业发展的困难和问题，本市不断整合社会资源，逐步形成了骨干企业、园区和产业集聚区、中介机构、行业协会、相关部门等信息采集渠道，建立起了以重点骨干企业和重点区域的统计监测体系。以北京市第二次全国经济普查数据为基础，收集整理大量关于中小企业的全面、客观的数据，分析北京市中小企业的发展状况及特点，完成北京中小企业经济普查数据分析报告，编制完成了《北京市中小企业发展报告》。

（六）充分利用媒体资源，加大宣传推介力度

搭建覆盖全市的中小企业网络系统。打造服务中小企业的门户网站。搭建了信息查询平台、办事服务平台、投融资平台、合作交流平台、宣传展示平台等。按照统一建设、分级维护的方针，完成了18个区县分网建设，17个已正式开通，形成了覆盖全市的信息网络服务系统。累计加载各类信息5.9万余条、创建各级频道1 242个、新建各类模板644个、注册用户数量7 180个，企业天地栏目企业总数1 533家，中介服务机构总数165个。

（七）坚持“走出去”方针，促进国内外合作交流

2009年，组织我市41家优秀企业参加了第六届中国中小企业国际博览会（简称中博会），租用展位60个，签订合作意向、洽谈协议项目20个，为广大中小企业构建了“展示、交易、合作”的

平台，提高了中小企业整体形象。

三、今后中小企业工作设想

深入贯彻落实科学发展观，践行“人文北京、科技北京、绿色北京”三大理念，建设世界城市。以体制、机制创新为动力，以结构调整、转变经济增长方式为重点，进一步营造有利于我市中小企业发展的良好环境，切实解决中小企业发展中的诸多矛盾和问题，帮助中小企业克服困难，转变发展方式，实现又好又快发展。

（一）完善政策措施，出台我市实施意见

在前期调研的基础上，本市已多次召开座谈会，现已形成《北京市〈关于进一步促进中小企业发展的若干意见〉的实施意见》（初稿）。“实施意见”针对国务院36号文的相关内容，通过对照、梳理北京市已有的各项政策，力争解决影响和制约中小企业科学发展的突出问题，为中小企业发展营造良好环境，提高中小企业的整体素质和竞争力，支持引导中小企业健康发展。目前，各相关委办局正在根据各自的职能和责任分工，尽快充实完善“实施意见”内容，制定配套的政策措施，形成北京市《关于进一步促进中小企业发展的若干意见》的实施意见，待市政府批准后向社会发布。

（二）制定发展规划，加强产业政策引导

制定《北京市“十二五”时期中小企业发展促进规划》，提出促进中小企业发展的指导原则、发展目标、主要任务和保障措施，提出市委、市政府促进中小企业发展的政策取向，为各级政府部门制定政策措施，解决中小企业发展中遇到的问题，促进中小企业发展提供重要依据。

（三）加强服务机构建设，健全服务体系

按照社会化、专业化、市场化原则，统筹市、区县两级中小企业服务机构，建设覆盖全市的中小企业服务体系。在全市层面，公开认定一批涵盖投融资、创业辅导、信息资讯、培训、技术咨询、质量检验、认证认可、企业管理、人力资源、财务管理、法律咨询等专业内容的服务机构，完善服务网络及相应的信息体系。在中小企业发展集聚区，配套建设面向中小企业的公共服务设施，为中小企业综合服务机构入驻服务提供场所。健全中介服务机构绩效评价机制，加强行业监管与自律管理，为中小企业的专业服务营造良好的服务环境。

（四）拓宽融资渠道，解决融资难题

对不同的中小企业区别对待、分类指导，多渠道融资。对科技类等初创型企业，主要采取创业基金、风险投资支持的方式。逐步扩大中小企业创业投资引导基金规模，提高资金的使用效益。完善中小企业上市育成机制，扩大中小企业上市规模。稳步扩大中小企业集合债券和短期融资券的发行规模，积极培育和规范发展产权交易市场，为中小企业产权和股权交易提供服务。加强北京高端制造业投融资服务平台、北京中小企业融资服务平台的建设，建立“方式多样、覆盖广泛、专业高效”的北京中小企业投融资服务平台。平台将进一步整合银行类、担保类、创投类、券商类、产权服务类等多种融资主体，建成综合性的投融资服务体系。完整地打造企业间接融资、直接融资、产权交易、上市等服务体系。

（五）支持市场开拓，提高竞争能力

建设中小企业合作、交流和展示平台。支持中小企业通过联盟协作等方式参加国内、国际大型展览展销活动。健全政府采购中小企业产品制度，支持更多有条件的中小企业产品进入政府采购目录并定期公布。制定完善北京市中小企业产品政府采购具体办法及相关配套法规措施，积极推动扩大采购中小企业自主创新产品试点范围。研究落实国家关于引导中小企业开拓国内市场和开拓国际市场的相关政策，鼓励有条件的中小企业在国际市场开展并购投资与技术合作等业务。增强中小企业质量、品牌和营销意识，重点加强对自主创新产品与拥有老字号品牌中小企业的品牌建设支持力度，研究相应引导政策。

（六）关注微小企业，建设小企业创业基地

建设一批微小企业创业基地，研究制订基地建设标准与政府扶持认定办法。继续推进科技孵化器建设，完善和扩展孵化服务，为企业快速成长提供支撑。深入推进大学科技园建设，总结大学科技园服务自主创新的新机制和新模式，引导创建一批科技创新型中小企业，进一步支持科研院所推进科技成果的创业转化。实施微小企业摇篮计划，引导微小企业快速成长，研究政府跟进的创业投资政策。

（北京市经济和信息化委员会中小企业处）

天津市

一、2009年天津市中小企业改革发展总体情况

2009年以来，在市委、市政府的正确领导下，我市中小企业系统以科学发展观为指导，按照胡锦涛总书记“五个下工夫、见成效”的重要要求和市委构筑“三个高地”、打好“五个攻坚战”的部署，以推动中小企业转变发展方式、加快产业升级、提升整体素质、增强竞争实力为重点，积极开展“保增长、渡难关、上水平”活动，制定出台了一系列促进中小企业发展的政策措施，切实帮助中小企业解决面临的突出问题，全力为企业搞好服务，取得了较好成效。我市中小企业继续保持了平稳较快的发展态势，为全市经济的持续增长做出了突出贡献。其主要特点有：

（一）中小企业数量明显增加

我市经过工商年检的中小企业14.44万户，与上年相比增加了4 247户，增长3.03%。其中，从事第一产业的企业有1 547户，占1.07%；从事第

二产业的企业有57 107户，占39.54%；从事第三产业的企业有85 752户，占59.39%。从企业所有制结构来看，国有企业5 221户，占3.62%；集体企业9 908户，占6.86%；股份制企业8 516户，占5.90%；私营企业90 856户，占62.92%；外商、港澳台企业10 000户，占6.92%；其他企业19 896户，占13.78%。我市中小企业继续保持快速健康发展的良好态势。

（二）民营企业贡献突出

截至2009年底，民营企业已达12.84万户，同期增加1.12万户，注册资本金4 377.25亿元，同比增长31.37%；其中私营企业11.91万户，增长11.31%；注册资本金4 196.89亿元，增长33.18%。作为民营经济重要组成的个体工商户达21.01万户，增加0.8万户；注册资本金91.45亿元，增长18.95%。2009年，民营企业共实现地方税收228.27亿元，增长34.41%，其中私营企业最为显著，纳税额达211.72亿元，占民营企业纳税总额的92.75%，增长39.3%。规模以上工业民营企业实现工业增加值增长40.6%。民营企业经营领域不断拓宽，涉足高科技、现代服务业等产业，涌现出了一批创新能力强、发展速度快、社会贡献大的成长型企业。

（三）中小企业成为拉动经济增长的主要力量

工业中小企业发展较快，已达50 313户，占中小企业总户数的34.84%，比上年增长了10.94%。2009年全市规模以上工业中小企业完成工业总产值8 556.03亿元，同比增长14.86%，占全市工业的65.35%，拉动全市工业9.26个百分点；完成收入8 120.47亿元，同比增长10.22%，占全市工业的62.88%。建筑业中小企业实现收入1 067.36亿元；批发和零售业中小企业实现收入6 028.61亿元，同比增长2.64%；交通运输和邮政业中小企业实现收入698.34亿元，同比增长2.87%；住宿和餐饮业中小企业实现收入56亿元，同比增长5.90%；社会服务业中小企业实现收入726.26亿元，同比增长24.56%。

（四）以民营经济为主体的郊区工业稳步上升

2009年，区县规模工业实现工业增加值1 123.7亿元，同比增长32.7%，高于全市平均增幅9.9个百分点。完成工业总产值4 766亿元，同比增长16.7%，高于全市平均增幅7.9个百分点。占全市规模工业的比重为36.5%，同比提高2.5个百分点。2009年底，区县规模以上工业企业5 433个，占全市规模以上工业数的72%，完成总产值4 255亿元，同比增长20.2%，高于全市增幅11.4个百分点，拉动全市规模工业增长6个百分点。

总的看，在市委、市政府的正确领导下，在全市各方面的大力支持下，我市中小企业系统做了大量工作，取得了较好成效，中小企业已成为全市经济增长的重要支撑力量。但也应该看到，我市中小企业发展与市委、市政府的要求相比，与实现天津科学发展和谐发展率先发展的目标相比，与先进省市相比，仍有较大差距，还存在着许多困难和问题。从中小企业自身发展状况来看，我市中小企业的数量相对较少，私营企业户数不到上海的1/5、北京的1/3；企业发展速度还不够快，水平还不够高，市场竞争力和整体活力还不够强。特别是2008年以来，由于国际金融危机的冲击和影响，中小企业流动资金紧张、融资难度加大的问题没有解决，订单减少、运行困难、成本上升，生产经营困难还未明显好转。从中小企业发展环境来看，支持促进中小企业发展的政策法律尚需健全和完善，已出台的政策措施有待进一步强化协调落实。这些问题都需要我们下大力气着力加以解决。

二、2009年围绕加快中小企业发展的重点工作方向

（一）加快中小企业发展载体建设

大力支持区县示范工业园区建设。市政府出台了《关于整合提升发展区县示范工业园区的若干意见》，审核批准了首批31个区县示范工业园区。截至2009年底，31个示范工业区已经全面开始了基础设施建设，累计基础设施投入53.7亿元，“七通一平”面积达到48.78平方公里，占起步区面积的39%。招商引资工作势头迅猛，已签约项目502项，计划总投资1 190亿元，其中已开工158项，累计完成投资107亿元。赴深圳举办区县投资环境说明会，共签约39项，协议投资额557亿元。示范工业园区建设对于增强区县经济实力，全面提升中小企业产业层级，带动中小企业集聚发展起到了积极作用。同时，加快推进小企业创业基地建设，研究起草了《天津市小企业创业基地建设指导意见》，支持中小企业创业发展，使我市8个创业基地获得了国家无偿资金资助。

（二）促进民营企业和中小企业做优做强

一是推动区县重大项目建设。继2008年推出两批267个区县重大项目，2009年又推出两批228个区县重大项目，共计495个项目，计划总投资3 841亿元。截至2009年底，已开工493项，开工率达99.6%，累计完成投资1 216.3亿元；竣工投产193项。继续筛选了第五批105个区县重大项目，计划总投资860亿元，项目平均投资8.2亿元，最大单体项目投资额达75亿元。区县重大项目累计推出600个，总投资4 701亿元。重大项目建设带动了郊区工业固定资产投资的快速增长，到2009年底，郊区工业固定资产投资项目达2 903个，全年完成投资857亿元，同比增长38.5%。二是支持企业加大技术改造力度。有68个项目列入市郊区工业企业技术改造贷款贴息项目计划，计划总投资共34亿元，贴息4 651.8万元。同时筛选自主创新、节能减排、产品质量等方面的企业技术改造项目，申请中央投资支持，有46个项目共获得中央投资8 737万元。三是加大对成长型、创新型企业扶持力度。分两批申报国家中小企业发展专项资金固定资产建设类项目，支持重点企业增加研发投入、加快技术创新、调整产品结构，发挥骨干和示范作用，提升企业整体发展实力，有28个

项目获得了国家资金补助。

（三）搭建多层次中小企业融资信用担保平台

通过网上融资服务平台、成长型企业银企对接会等多种形式，强化银企对接服务，多渠道争取内外资银行支持。充分发挥信用担保在缓解中小企业融资难中的重要作用，支持区县担保机构设立，有4家中小企业信用担保机构获得国家中小企业信用担保业务补助资金支持。通过政策引导和资金支持，使我市担保机构在数量、业务规模、风险控制等方面都取得了一定的进展。截至2009年末，全市担保机构累计担保额600亿元，其中当年担保额100亿元。完成对中小企业信用评级费用补贴资金的审核工作，我市3家机构完成114户中小企业信用评级工作，获得资金支持22.8万元。

（四）搭建招商引资和合作交易平台

2009年10月，市委常委苟利军和副市长李文喜率领天津市区县代表团在深圳市举办了天津市区县投资环境说明会，邀请200多名客商，现场签约项目28个，协议投资金额450多亿元；会下签约11个项目，协议投资金额107多亿元。组织了40余家优秀中小企业参加了在广州举办的第六届中国国际中小企业博览会暨中西中小企业博览会；组织有融资需求的中小企业参加了第三届中国企业融资洽谈会；组织我市外向型中小企业参加“服务外向型企业开拓海外市场专题工作会”，帮助中小企业提升合作交流和市场开拓能力。

（五）抓好中小企业科技创新工作

做好科技创新项目的调研、申报及评审工作，确定30个科技创新项目，总投资规模1.09亿元，市财政拨款500万元支持。预计项目竣工达产后，可新增销售收入4.26亿元，利税6 150万元，可产生发明专利19项，实用新型专利10项。组织专家开展了2007年立项的32个项目和2008年立项的15个项目的验收工作。2009年，中小企业认定高新技术企业358家；国家级企业技术中心4家，市级企业技术中心131家；中国驰名商标19个，天津市著名商标413个。抓好职业技能培训，全年累计完成初级工培训22 482人，中高级工培训9 477人。抓职称评审，12个涉农区县共有1 510人申报高、中、初级职称，有1 422名符合申报条件的申报者通过职称审核。

（六）加强中小企业社会化服务体系建设

按照“政府支持中介，中介服务企业”的思路，重点加强了面向中小企业的人才培训、管理咨询、法律援助、信息服务等社会化服务体系建设。一是进一步加大人才培训力度。组织15家服务机构开展中小企业培训184期，培训中小企业经营管理人员25 497人次。二是开展管理咨询。组织5家服务机构，重点开展了市场营销、财务管理、人力资源、节能减排方面等管理咨询服务。三是开展中小企业法律服务。支持中小企业服务中心和律师协会加强法律咨询服务平台建设，为2 000家中小企业提供了法律支持服务。四是加大信息服务和信息化建设工作力度。创办《天津中小企业》月刊，累计发放中小企业杂志36期计18万册；开通中国中小企业天津网，日点击量愈6 000次，累计点击量已突破550万次，支持区县分网建设，已开通8个区县分网。

展望2010年，是进一步落实好胡锦涛总书记关于“五个下工夫、见成效”的重要要求和市委构筑“三个高地”、打好“五个攻坚战”的重大战略关键一年，也是中小企业局成立后开拓进取、不断创新的重要一年。我们要深入贯彻落实《国务院关于进一步促进中小企业发展的若干意见》（国发［2009］36号），继续加大对中小企业的扶持力度，努力为促进我市中小企业发展创造更加良好的发展环境。

（天津市中小企业发展促进局）

河北省

2009年，我省各级党委政府以科学发展观为指导，紧紧把握省委、省政府“保增长、扩内需、调结构、惠民生”的总体要求，认真贯彻落实“国八条”等一系列支持中小企业发展的政策措施，着力调优产业结构、加快技术进步、推动产业升级、扩大国内需求、鼓励全民创业，努力减轻金融危机对民营（非国有）经济发展带来的不利影响，全省民营（非国有）经济企稳回升，并保持了逐月加快增长的态势。

一、2009年民营经济发展基本情况

2009年，国际金融危机继续蔓延，逐步进入后危机时代，经济形势极其复杂，全省民营（非国有）经济遇到了前所未有的挑战，经受着巨大的冲击。扩大内需，拉动消费，调整产业结构，转变发展方式，成为经济发展的主旋律。适度宽松的货币政策和更加积极的财政政策，是保增长的重大举措，民营经济、中小企业得到实惠，国家支持中小企业发展的政策措施实现了重大突破，力度大，效果好，有力地促进了我省民营经济的健康发展。

2009年，全省民营经济单位个数达204.6万个，同比增长3.29%；其中民营企业18.6万个，同比增长11.4%，个体经营单位186万个，同比增长2.8%；民营经济从业人员1 525.3万人，同比增长3.05%，占全省二、三产业从业人员的三分之二以上。民营经济实现增加值9 585.6亿元，同比增长12.5%，占全省GDP比重约56.3%，比上年提高2.6个百分点。实缴税金1 152.3亿元，同比增长10.5%，占全省财政收入比重约57%，与上年基本持平。

二、2009年经济运行主要特点

2009年，民营经济的突出特点是保持低位运

行，逐渐企稳回升，外贸出口大幅下降，降幅逐步收窄；行业发展冷热明显；市场起伏震荡，价格大幅波动，经营风险加大；国际贸易保护现象显现，贸易壁垒增加；民营企业结构性矛盾明显。金融危机带来的困难和机遇并存，形势十分复杂和微妙。

（一）规模企业支撑和拉动作用显著

经过连续几年持续地开展扶持成长型企业活动，一批企业实现快速扩张，总体实力大幅提高，一批企业进入“2009 中国制造业 500 强”。2009 年，全省规模以上民营工业企业达 10 891 家，从业人员 214.9 万人，完成增加值 3 922.1 亿元，同比增长 14.2%。上缴税金 418.7 亿元，同比增长 1.8%。在全省规模以上工业企业中，民营工业增加值的比重达到 62.2%。规模以上民营企业的快速增长，是实现全省保增长目标的中坚力量。

（二）固定资产投资大幅增长，升级加快

在国家“增加投入，拉动内需”的宏观经济政策鼓励下，地方和企业抓住国家适度宽松金融政策和更加积极的财政政策的有利时机，积极淘汰落后产能，加快传统产业升级，开展节能减排改造，加大结构调整，发展新型行业，固定资产投入普遍保持大幅增长，金融支持力度明显加大，表现出很强的危机感和紧迫感。2009 年全省民营经济固定资产投资同比增长 30.5%。其中，民营企业完成固定资产投资同比增长 32.6%，增幅与上年相比上升了 17.8 个百分点。

2009 年，民营经济固定资产投资项目建设呈现出数量增多，规模增大、科技含量提高的态势。2009 年，在建项目 2 万多个。投资项目中，亿元以上项目 1 423 个，千万元以上项目 8 042 个。从资金来源看，企业融资渠道增多，但企业自筹资金仍占主体，比重达 69.2%；贷款比重有所上升，占 12.0%。从投资方向来看，资金投向仍以工业项目为主，各地优势产业、地方特色和传统产业升级是投资重点。

（三）农产品加工业出现新的格局

全省规模以上农产品加工企业 2 977 家，从业人员 59.8 万人，增加 3.5 万人；营业收入、增加值、实缴税金和利润总额，同比分别增长 16.7%、20.3%、18.5% 和 13.7%。

一是面粉、食品加工企业受市场的刚性需求影响，发展较好。隆尧县今麦郎食品完成销售收入 40 亿元，同比增长 18.2%，实现利税 2.41 亿元，增长 121%。邯郸市大名面粉产业拥有“中国名牌”企业，日加工能力已达到 1 万吨以上，日加工小麦 200 吨以上企业有 16 家，小型面粉加工企业 1 500 多个，年处理小麦量 350 多万吨，面粉产量占河北省的 15.3%、占全国的 4%。张家口市食品加工企业数达到 1 648 家，同比增加 102 家，工业增加值增长 16.2%。石家庄正定饲料加工成为华北最大的专业市场，无极县广威农牧有限公司是全省产业化龙头企业，从特种种养、饲料肉类加工、产品出口、餐饮全部自主经营。玉米淀粉加工企业，产品副产品价格大幅降价，环保标准提高，加大治理力度，固定成本加大，保本微利经营。

二是油类加工业出现滑坡。国内市场需求萎缩，产品价格下滑，原燃材料价格居高不下，造成了企业的利润空间缩小甚至亏损。秦皇岛市此类企业亏损面 30%。行业龙头金海粮油产值 67.3 亿元，同比下降 22.3%，实现税金 4 203 万元，同比下降 52.6%。廊坊三河汇福粮油集团实现总收入 54.2 亿元，上缴税金 1.3 亿元，基本与同期持平。大豆加工企业，受进口冲击，国内原料价格过高，到年底一批企业相继停业。康保县 43 家粮油加工企业，受市场需求和产品销售价格的影响，营业收入下降 15%。

三是乳制品行业，没有走出困境。与蒙牛、伊利乳业联盟的企业普遍开工不足。由于市场需求不足、奶源价格上涨，产品积压、资金周转困难。察北圣元为上市公司，受金融危机影响，2008 年底股值从 550 美元降到 10 美元。国外乳业借三鹿事件以低价打入中国市场，国产奶粉每吨 2.25 万元，而进口奶粉为 1.83 万元。

四是棉纺织产业发展整体前低后高，出现弥补性增长。进入 2009 年以来，跌宕起伏的市场行情使纺织业遇到了前所未有的困难，国际市场需求出现严重下滑，国内市场竞争进入白热化，供求关系失衡导致产品严重滞销。进入三季度以后，随着经济形势转暖，纺织业企稳回升，多项指标增速加快，实现了民营纺织业向好发展态势。

五是农副产品加工表现不一。清河县羊绒业增长 20%。制糖业因国际市场的萎缩，增加值同比下降 51%，上缴税金 1 560 万元，同比下降 70%。

（四）工业企业开工不足，产能逐步恢复

自 2008 年四季度以来，受国际金融危机的持续影响，工业原材料和产品价格大幅波动，工业用电量出现负增长，热点企业负荷过剩。钢铁行业的产能过剩，市场不稳，开工不足现象普遍存在。全省有一批工业企业停产或限产，生产形势严峻。尤其是装备制造业的萎缩影响了经济的持续增长，显示了发展预期不确定，企业经营者信心不足。

12 月份当月，唐山市规模以上民营工业实现利润同比增长 11.97 倍。石家庄河冶科技工具钢占全球的 50% 以上，2010 年春节没有放假，上半年订单已满。秦皇岛建筑业增长 63.6%，诸多迹象说明经济开始复苏。

（五）主导产业发展冷热不均，喜忧参半

在市场总体波动形势下，工业企业整体效益下滑，行业发展形势差距明显，一些行业大幅萎缩，一些行业迅猛崛起。规模以上轻工业企业增加了 226 家，实现增加值 1 117.7 亿元，实缴税金 91.8 亿元，分别增长 17.8% 和 10.9%。规模以上轻重工业比重为 28.5∶71.5，轻工的比重有所提升，规模扩大，皮革、金属网、标准件总量居全国第一，塑料制品总量居全国第六，家具制品居全国第九。全省增速较高的几个行业以增加值计，塑料增长 64%、家具 58.6%、皮革皮毛 34.4%、金属制品 17.8%。2009 年，公路、铁路和水利等基础建设工程项目拉动了相关产业发展，如水泥企业同比成本下降 12%，产品价格上涨 22%，企业盈利状况明显好转。石家庄鼎新水泥常年供不应求，利润率增长达到300%以上。

1. 钢铁

全省钢铁行业先跌后涨，总体在震荡中上升。钢材价格一度跌破1994年水平，从4月下旬开始，钢材市场止跌企稳，价格逐步回升。8月份，钢坏、带钢、中板、螺纹钢等价格分别升至3 380元/吨、3 420元/吨、3 460元/吨和3 760元/吨，比4月份平均每吨上涨800元左右。8～9月份，钢铁市场再度震荡下行，进入四季度，出现回升。但与去年前10个月价格相比，由于钢铁主要产品价格整体出现大幅回落，主要原材料价格较同期下降幅度远不及钢铁产品价格下降幅度，钢铁企业利润空间受到严重挤压。民营（非国有）钢铁工业占全省钢铁工业的65.28%。营业收入、实缴税金、利润总额分别实现4 354.3亿元、101.7亿元和167.5亿元，同比均为负增长，分别下降15.3%、22.3%、27.1%。唐山市，钢铁行业完成增加值787.6亿元，同比增长14.2%，利润125.7亿元，同比下降12.1%。

2. 纺织服装

2009年，全行业呈逐步回暖态势，服装加工企业随着国内市场需求增加及沿海服装产业重心转移，适时调整产品品种、提升品质，逐渐成为南方服装原材料采购地和品牌加工地，生产增长逐季加快，呈现前低后高的走势。全省民营（非国有）纺织服装规模以上企业增加了134家，营业收入、增加值、实缴税金和利润总额分别实现781.4亿元、211.7亿元、12.1亿元和57.1亿元，同比分别增长15.9%、15.2%、18.6%和18%。到四季度末进入旺势，保定服装业增加值全年增长16.4%，12月份环比增长23.4%。

纺织业去年三季度以来由于棉花价格大幅上升，影响了企业的效益。但是，一些企业充分利用劳动力成本低的比较优势，加之不断调整产品结构，维持了企业的发展。

3. 装备制造

全省民营（非国有）规模以上装备制造企业数量增加了114家，完成营业收入1 746.2亿元、增长32.6%，上缴税金39.4亿元，增长24.3%。增长较快的两个行业，一是交通运输设备制造业，营业收入、增加值、实缴税金和利润同比分别增长98.6%、53.9%、134.3%和91.8%。二是电气机械及器材制造业，营业收入、增加值、实缴税金和利润同比分别增长49%、36.8%、17.8%和20.7%。

4. 采掘

全省民营经济采矿业实现营业收入1 138.8亿元，上缴税金55.8亿元，同比分别下降3.56%、4.79%和22.37%。

5. 板材家具产业

随着人们生活水平的提高和房地产业的松动，家具行业的需求上升，品味提高。廊坊人造板生产总量占全国的1/6，该市获“中国名优人造板生产销售基地”称号。2009年，发展形势较为平稳，全年实现完成营业收入107.5亿元，实现增加值22.7亿元，上缴税金1.2亿元，同比分别增长11.5%、18.2%和9%。

6. 化工

2009年，全省民营（非国有）化工行业规模以上企业实现营业收入增加值286.1亿元、利润总额75.6亿元，同比分别增长－1.3%、0.1%和－1.7%。衡水市化工产业完成增加值、税金同比增长－16%和－20.6%。

（六）外贸出口形势严峻，持续负增长

在国际需求大幅下降的大背景下，一方面，出口产品缺乏竞争力，出口渠道单一，交易方式落后，结构和管理的不适应显现出来；另一方面，人民币升值，出口退税的政策不稳定和有限性，国际贸易壁垒，东欧的灰色清关等因素，制约了企业出口。而且，在国家刺激消费，拉动内需的政策下，外贸企业由内销赚得更多的利润，出口的积极性不高。外商信心不足，出现“大单变小单”、“长单变短单”现象。

三、存在的困难和问题

（一）市场波动增加经营风险

工业生产原材料价格有所下降，但赶不上产品价格的下滑幅度，企业利润空间被压缩，市场需求下降，产品库存增加，造成流动资金紧张，生产经营困难。如电线电缆所需铜材价格下降导致部分线缆企业库存原材料、半成品价格大幅缩水，从而选择停产观望；纺织行业，棉纱每吨比春节前上涨1 000元，现价约为1.6万元/吨，低弹纱每吨上涨4 000元，现价约为12 000元/吨，最高比最低时期上涨30%左右，而纺织品价格一直呈下滑趋势，企业难以正常生产；2季度钢材价格的上涨导致过剩产能迅速转化为产量，部分钢铁企业由原来限产和半停产状态转入开足马力进行生产，由于钢铁出口及下游行业需求依然不足，钢铁行业整体呈现“产能过剩”，而企业订单不足等因素可能会导致钢铁价格再度波动，民营钢铁行业仍面临巨大挑战。

（二）企业资金不足问题更加突出

一方面在金融危机严峻形势下，金融机构更加谨慎放贷，虽然国家政策对中小企业、民营企业扶持力度在不断加大，通过大力加强银企合作，为企业创造宽松的发展环境，但在具体实施环节中尚有许多限制，未能有效改变企业资金短缺现状；另一方面由于市场需求委靡，同行业间市场竞争加剧，产品销售收入下降，利润空间缩小，导致企业周转资金困难，民营企业缺乏资金与正常生产的矛盾更加突出。据了解，80%以上中小企业存在生产经营资金短缺问题。

（三）结构性矛盾集中显现

长期以来，全省多数民营企业特别是中小企业属于资源型、粗放型和劳动密集型企业，产业结构性矛盾突出，生产效能低下。企业产品结构单一、科技含量低、附加值低、自主品牌少，知名度低，竞争力差，导致市场销售压力大，营业利润少，发展缓慢。在全球金融危机等不利因素冲击下，国内外市场有效需求不足，市场竞争日趋白热化，加之中小企业产品大量存在低水平重复发展，研发能力弱，抗风险能力差，产品库存积压增多，企业生产生存遭遇严重危机。

“用工荒”现象的出现，实质也是结构性的矛盾，一方面就业不充分，另一方面人力资源不足。主要是产品附加值低，劳动力成本比例偏高，队伍素质不适应，导致国际竞争力下降。解决民工荒首先要提高待遇，而泰国、越南、印度等国工资标准比我国低很多，低端产品若提高工资标准，企业就没有利润，使得企业处于两难境地。服装鞋帽行业缺工现象比较突出。

（四）投入领域亟待拓宽

一是产能过剩、重复建设现象依然存在。从低端到高端、从内需到外需、从传统行业到新兴行业产能均不同程度面临过剩问题。如纺织、钢铁、有色、化工等传统行业产能已经过剩，但在建和新建项目仍有较大的规模。部分新兴行业也显露产能过剩迹象。新能源、新材料等新建项目快速增长，产品需求相对滞后，已经出现产能过剩迹象。也有部分投资项目趋同化问题。二是投资增长主要依赖政策拉动，支撑投资增长的内生动力不强。出现了“增长靠投资、投资靠政府”的现象。但是想依靠政府向民营企业投资几乎是不可能实现的理想。

四、对策建议

2010年，全面贯彻落实全省经济工作会议精神、全省工业和信息化会议部署和省工业和信息化厅2010年工作要点，按照科学发展观要求，通过强化指导、优化服务、破解难题、加大扶持力度，促进中小企业、民营经济平稳较快增长和发展方式转变，进一步发挥中小企业、民营经济对全省保增长、调结构、惠民生的重要作用。

（一）继续优化中小企业发展环境

进一步细化国务院、省政府关于促进中小企业发展的文件，完善促进中小企业发展的政策支持体系，深入贯彻落实“国六条”、“国八条”，进一步推动和鼓励自主创业，力争促使全省万人拥有民营经济单位达到290个，万人拥有企业达到25个。出台《关于加强创业辅导服务指导意见》，全年新增创业辅导基地50个，吸纳入驻企业1 000家，完善细化中小企业创业辅导省级示范基地建设标准，培育10个中小企业创业辅导省级示范基地。继续开展“帮企业、保增长”活动。会同有关部门在资金、土地、技术、人才等方面加大对百强民营企业、千家成长型企业的支持力度，维护民营企业合法权益，深入帮扶企业扭亏脱困，继续开展“保增长”活动。

（二）推进中小企业结构调整和产业升级

下大力抓好投入和项目建设。采取有效措施增加民营企业固定资产投入和项目。同时促进在建项目的投产达产，增强持续发展能力。积极落实产业调整振兴规划，抓好省级重点产业集群建设对中小企业技改项目实行动态管理。筛选装备制造、生物医药、信息产业、轻工纺织等重点行业，开展与大企业对接配套活动。努力培育知名品牌，鼓励企业增加研发投入，打造知名品牌，提高市场竞争力，开展首批河北省10个轻工名县、30个轻工名镇确认活动，推动产业、产品升级。积极开展节能减排。配合有关部门开展钢铁、水泥、玻璃、皮革、印染、造纸等行业淘汰落后产能工作，指导帮助企业谋划接续产业，促进区域产业科学发展。

（三）努力解决中小企业融资难担保难问题

认真贯彻省政府《关于加强全省中小企业融资性担保体系建设的实施意见》，整合全省担保资源，创新服务产品，提高担保能力，推动全省担保体系加快发展。大力培育区域性核心担保机构，不断扩大担保资本金规模。积极组织和推进政银和银企保合作，配合有关部门开展中小企业上市育成和债券发行试点工作。

（四）切实帮助中小企业开拓国内外市场

组织3次省内区域性的产销对接活动，开拓特色产品国内市场。组织企业参加国际展会。做好第七届中国国际中小企业博览会暨中澳中小企业博览会和第六届APEC中小企业技术交流暨展览会的参会组展工作，配合有关部门组织出口型企业拓展国外市场。加快中小企业公共技术服务平台建设，力争10个进入国家中小企业公共服务示范平台。深入探索“两化融合”路径。通过市场运作和财政支持，大力探索有利于信息化和工业化融合的体制机制。

（五）推进民营企业优化产业结构，转变发展方式

引导民营企业落实实践科学发展观，转变发展方式，加快由资源依赖向开放创新型转变，增强科技创新和研发能力，进行技术改造，调整产品结构，延伸产业链条，提高产品科技含量和附加值，使企业的产品更好地满足市场需求。培育骨干大企业大集团，发挥龙头企业的示范带动作用，推动全省民营经济新兴产业、接续产业、补链产业的发展和衔接，增强民营企业品牌建设意识，提高企业知名度，培育知名品牌产品，增强开拓国内外市场的能力。狠抓节能降耗，加快淘汰落后产能，深入开展节能监测、监察，引导企业加快节能项目建设和资源综合利用。大力发展循环经济，把废渣、废水、废气、余热、余压的回收利用培育成新的经济增长点，推进资源节约型和环境友好型社会建设。

（六）加强民营经济运行监测

进一步做好全省重点行业企业动态监测，工业企业停产半停产情况调查及百强民营企业和百家成长型企业的运行监测等工作。要加强专题调研、综合分析和信息上报，全面客观地反映和科学预测民营经济的发展现状与趋势，增强民营经济统计信息的科学性、权威性和前瞻性，为各级党委政府指导民营经济、中小企业发展提供宏观决策依据，推进民营经济、中小企业又好又快地发展。

（河北省中小企业局）

山西省

一、2009年中小企业发展情况

2009年是积极应对国际金融危机挑战、共克时艰、实现全省中小企业企稳回升、发展向好的难忘之年，也是山西中小企业系统正确对待机构改革，逆势而上，各项工作取得明显成效的一年。

一年来，山西省中小企业系统紧紧围绕省委、省政府提出的“转型发展、安全发展、和谐发展”的战略部署，千方百计保生产、保增长、扩内需、调结构、促转型，坚持保生产与抓创新相结合，保增长与调结构相结合，保就业与促和谐相结合，科学决策应对，着力破解难题，努力化危为机，使全省中小企业在困境中取得了新的发展。

2009年，全省中小企业累计完成增加值2 427亿元，占到全省生产总值的1/3。上缴税金占到全省财政收入的1/3。提供了57%以上的城镇就业岗位，吸纳了大量的农村转移劳动力。全省中小企业达到8.7万户，从业人员达到560万人。中小企业在繁荣经济、增加就业、推动创新、改善民生等方面，发挥着越来越重要的作用，已经成为全省经济社会发展的重要力量，为全省经济回升向好平稳较快发展做出了重要贡献。总体上看，中小企业和民营经济发展呈现出以下六个特点：

（一）主要经济指标在克服困难中不断回升

受国际金融危机的影响，2009年上半年山西中小企业遭遇了“严冬酷寒”，经济下滑压力较大，山西省认真贯彻落实国家和省里的一系列政策措施，积极应对，强化服务，努力帮助中小企业克服困难、渡过难关，较快扭转了全省中小企业经济大幅下滑的局面。从去年6月份开始，下滑幅度逐月收窄，呈现出缓慢回升的态势。全年中小企业累计完成增加值同比下降8.2%，发展速度虽为同比下降，但与前五个月相比，平均提升了近10个百分点。

（二）中小企业在困境中恢复发展

2009年一季度，全省停产倒闭的中小企业达到8 000多户，下岗失业人数近百万人。由于山西省千方百计保生产、保就业，大力扶持创办中小企业，以创业促就业。目前，全省中小企业数量和从业人员已基本恢复到危机前的状态。复产企业、新办企业数量和就业人数不断增加，生产销售明显好转，发展速度明显加快。就业形势的好转促进了社会的和谐稳定。山西中小企业生产的煤炭、焦炭、生铁、生铁铸件产量分别占到全国的1/10、2/5、1/10和1/4，分别占到全省的1/3、4/5、4/5和4/5。

（三）产业结构调整逐步深化

按照山西省八大产业调整振兴规划要求，着力推进产业结构调整。煤、焦、铁等传统主导产业数量减少，规模扩大，档次、质量有所提升。一大批污染严重、技术工艺落后的企业被关停。转产转型企业数量不断增加，由资源型向资源深加工型转变迈出新步伐，形成了一批煤－焦－化，煤－焦－铁－钢－材，煤－焦－气－电，煤－铁－铸造等循环经济产业链。现在，全省中小企业和民营经济拥有30万吨以上洗煤厂100多个，40万吨以上机焦企业近百个，1 000立方米以上高炉2座、百万吨钢厂6个。新兴产业、第三产业总量扩大，服务业得到了较快发展，医药、旅游、文化、高新技术产业等新兴产业发展加快。初步形成乳制品、食用醋、小杂粮、粮油、饮料、果蔬、畜禽、枣系列产品等八大农副产品加工企业集群；初步形成生物制药、精细化工、磁性材料、新型建材、信息科技五大高新技术企业群体；初步形成餐饮服务、商贸流通、交通运输、文化娱乐、信息服务和旅游等六大第三产业发展重点；初步形成玻璃器皿、玛钢铸造、纺机制造、精密铸造、法兰盘、碳素等一批具有县域特色的块状经济和产业集群。2009年，山西省第三产业增速近7年来首次超过第二产业，近4年来首次超过GDP。

（四）产业集群集聚效应显现

注重发挥特色优势，加大投入力度，培育壮大骨干产业，各类工业园区、技术园区建设步伐加快，区域特色、产业优势、集聚效应逐步显现。运城市积极发挥特色优势，培育壮大汽车和运输设备、铝镁深加工、化工、农副产品加工、文化旅游服务五大产业集群，全市新改扩建的78个项目60%以上集中在这五大产业集群，优化了产业结构，转变了发展方式，延长了产业链条，推进了产业升级换代。临猗县大力加强工业园区建设，60%以上规模企业集中到工业园区，园区工业总产值占到全县工业总产值的72.1%，规模以上工业增加值比上年增长10.7%，明显高于运城市5.2%和全省6.5%的增长水平。晋中市成建制和规模工业园区发展到15个，其中省级园区3个，工业园区的建设，促使中小企业由分散走向集中，集聚效应逐步凸显，企业布局趋向优化。太原市民营企业2009年出口交货值44.12亿元，同比增长86.16%，在传统出口产品严重受阻的情况下，正是由于园区企业出口交货值大幅提升强力带动促使全市出口实现增长。晋城市狠抓企业规模化、集群化发展，多元化产业格局优势明显，2009年，民营经济增加值完成370.14亿元，发展速度仍达到18%以上，经济总量和发展速度分别由2006年的全省第六、第三位跃居第四和第一位。

（五）企业素质不断提升

全省中小企业在技术装备、管理水平、规模档次、科技含量、产品质量、自主创新能力等方面都有了明显进步。大多中小企业在引进技术、人才上有新的突破，在体制、机制和现代管理上有新的进展，在发展潜力、承担社会责任等方面有新的积极变化。名牌企业、名牌产品的数量有所增加，有不少中小企业获得了质量、环境、卫生等国际标准认证。目前，全省中小企业有6种产品被评为中国名牌产品，225个产品被评为山西省名牌产品。形成了一批为大企业协作配套的产业，晋城、临汾、晋中、太原、忻州等地的机械加工制造业和铸造业，优势越来越明显。运城卓里集团、太原南方重型汽车有限公司、长治清华机械厂一同获得了汽车整车出口资质，实现了山西省汽车整车出口“零突破”。涌现出了一批拥有自主知识产权、产学研相结合的科技创新型企业。全省民营科技企业累计达到1 300多家，数百项新产品填补了国家和山西省的空白。山西乐百利特科技有限公司研发的新产品，成为全球最节能、最亮的、可靠性最高的大功率发光二极管光源产品。山西诺成制药有限责任公司非pvc软袋大输液和塑瓶大输液等医药科研产品，成为国内最大的非pvc软袋生产基地。山西大华玻璃实业有限公司受国家相关行业协会委托成为制定玻璃行业节能降耗准入标准制定单位之一。

（六）县域经济发展步伐加快

在中央和省里一系列鼓励支持中小企业和民营经济发展的政策精神鼓舞下，全省以中小企业为主体的县域经济发展热情高涨。许多县市采取了政策扶持、重奖激励等措施，推动全民创业，发展中小企业和民营经济。在2009年第九届全国县域经济基本竞争力评价中，山西省孝义市、河津市两市进入全国百强县行列，位次分别为71位、75位；孝义市、河津市、高平市、襄垣县、泽州县、介休市、清徐县、柳林县、灵石县、洪洞县、怀仁县、长治县、古交市、阳城县、山阴县、沁源县16个县市进入全国中部百强县行列。

山西中小企业在企稳向好的同时，也存在许多制约进一步发展的困难和问题。这些困难和问题，有些是长期积累或长期存在的，有些是宏观环境、政策因素造成的，有些是企业自身素质低产生的，金融危机的爆发更加暴露了这些困难和问题：

（一）发展环境仍不够宽松

突出表现在：一是政策落实不好。中央和省委、省政府近几年出台了不少扶持中小企业发展的政策，但很多政策落实还不到位。一些部门在融资、税收、环保、土地和资源配置等方面对民营企业存在事实上的歧视和不公平现象，抑制了企业发展的信心。二是用地难问题比较突出。随着国家对土地政策的不断调控，相关建设用地审批的程序和要求也更加严格，且多用于城市建设、重要基础设施建设和大型项目发展，中小企业用地普遍较为困难，“用地难”在一定程度上制约着中小企业的发展。

（二）融资难问题依旧突出

主要表现在：一是一些政策性中小企业担保机构对中小企业经营状况和资信情况不完全掌握了解，造成在融资担保过程中不能真正为中小企业提供担保服务，或是担保费用偏高，不能有效帮助中小企业解决融资问题。据典型调查，由担保公司担保后的综合费率高达18%～23%。二是企业经营不稳定，难融到资金。三是有的企业用地属于集体性质或租赁用地，不能作为银行抵押资产，贷款困难。四是一些银行在对企业的资产抵押评估过程中，给予企业的评估值过低，导致企业贷款额有限、变现难，不能从根本上解决资金短缺问题。五是金融部门支持与企业的需求仍有差距。有些金融部门过多地注重风险控制，导致银行对中小企业的放贷规模和进度与中小企业发展对资金的需求仍有较大差距。

（三）技术创新能力偏弱

中小企业人才严重缺乏、引进人才难、留住人才难、人才流动性大，大量中小企业受资金、人才局限，技术研发能力弱。一些企业虽然生产规模较大，产值也较高，但由于产品技术研发跟不上，产品附加值不高，利润很少。据调查分析，全省平均2.5个中小企业拥有1名高级专业技术人员，1个中小企业只有1名中级专业技术人员，中、高级专业技术人员的缺乏，严重制约了企业发展。

（四）企业制度改革滞后

在管理体制上，多数企业基本都是沿用传统的家族制和业主制经营管理模式，投资主体单一化和产权结构一元化，80%企业处于所有者和经营者同一，所有权和经营权合一的状态。这种状况，一是切断了人力资源与货币资本的结合，不利于高级管理人才、技术人才引进。二是不利于盘活社会资金，筹集企业发展资本，家族式产权是一种封闭的产权，产权流动性极差，使企业发展受到个人资本有限性和个人信用有限性的制约。

二、2009年主要工作

2009年主要工作，可归纳为：“代拟一个《意见》，出台两项措施，落实用好三项资金，组织开展四项重要活动和会议，抓好五项工作”。具体讲：

（一）代拟一个《意见》

2009年以来，省委、省政府领导对中小企业发展情况高度重视并多次作出重要批示，要求研究制定扶持全省中小企业发展的有关政策措施。在调查研究的基础上，精心组织、制订方案、集中力量开展政策研究。3月份《关于进一步支持促进中小企业发展的若干意见》草拟稿基本形成，提出了支持中小企业发展的政策建议。按照省领导的批示，省中小企业局与发改委、财政厅等部门进行反复沟通、数易其稿，修改完善后的代拟稿已报送省政府。此《意见》正式出台后，对全省中小企业平稳较快发展将会发挥重要的作用。

（二）出台两项措施

为改善银行金融机构对中小企业的金融服务，建立小企业金融服务长效机制，增强金融机构对中小企业的服务意识，充分发挥服务小企业的功能，解决小企业贷款难题，省中小企业局与山西银监局共同制定下发了《山西银行业小企业金融服务工作指引》，有效增加了小企业贷款。为应对危机，帮助中小企业克服资金短缺的困难，省中小企业局党组研究决定，暂缓回收近年来省里扶持中小企业发展的2.4亿元乡镇企业发展基金，展期14个月，以帮助中小企业渡过难关。

（三）落实用好三项资金

一是落实用好乡镇企业焦化技改资金 9 800 万元。重点支持符合产业政策，用高新技术改造传统产业的重点项目；支持节能减排和产品深加工的重点项目以及出口创汇能力强的重点项目。共计安排项目 26 个，总投资达 57.57 亿元。

二是落实用好煤炭可持续发展资金 5 500 万元。重点支持小企业创办、骨干企业培训、接替产业、新兴产业发展等。共计安排项目 165 个，总投资达 60.96 亿元。

三是落实用好中小企业专项资金 1 亿元。重点支持中小企业专业化发展、技术进步和改善中小企业发展环境、完善服务平台等。共计扶持项目 265 个，有力地推动了中小企业的发展和服务体系的建设。此外，还积极向国家争取中小企业扶持资金，分两批向工信部、财政部申报了 125 个国家中小企业发展专项资金项目，已获批项目扶持资金 3 010 万元。

（四）组织开展"四项重要活动和会议"

为指导帮助中小企业尽快走出困境，省中小企业局积极配合省政府、省政协领导对省内外中小企业进行了考察调研，陈川平副省长、郭良孝、韩儒英、李雁红副主席对帮助支持中小企业克服困难、保生产、保稳定、保发展作出了重要指示，对中小企业提振信心、稳定发展起到了积极的推动作用。开展了认真落实中央和省里一系列优惠政策的督察落实活动，不断为中小企业创造良好的发展环境，不断强化政策落实力度和帮扶力度，收到了比较明显的效果。多次组织召开了"应对危机，促进发展"民营企业家座谈会，了解掌握企业面临的困难和问题，研究应对金融危机的办法措施，帮助企业渡过难关。先后组织企业参加了中国贵阳特色农产品加工业博览会、全国农产品加工业博览会暨全国乡镇企业东西合作经贸洽谈会、第六届中博会等一系列招商引资活动。尤其是第六届中博会，山西省签约项目达 58 个，其中引资项目 27 个，贸易项目 31 个，总投资 49.36 亿元，引进资金 44 亿元，销售资金 5.36 亿元，在各省市名列前茅，获得了组委会颁发的"优秀组织奖"。

（五）抓好五项工作

1. 着力推进中小企业结构调整。按照产业政策和《八大产业振兴规划》的要求，一是加大对技术改造的资金支持力度。二是在钢铁、装备制造、焦化、建材、医药等行业，引导支持其加快兼并重组步伐，组建产业集群，促进集聚发展。三是引导支持煤、焦、铁等传统产业实现转型发展，转变经济增长方式。四是大力支持发展现代服务业和高新技术产业等新兴产业，第三产业、科技型企业得到了较快发展。

2. 努力缓解中小企业融资难。一是大力促进信用担保体系建设。省中小企业局与省财政厅协调配合，进一步建立健全中小企业信用担保机构，指导帮助各市县成立中小企业小额贷款公司。目前有 1/3 的县（市）设立了小额贷款公司，并投入运营。二是不断改善融资环境。省中小企业局与省银监局、省人行等金融机构合作，搭建银行与企业的沟通平台，加强信用征集、评级工作，强化了对中小企业的融资服务，有效增加了中小企业贷款。三是积极指导有条件的中小企业上市融资、集合发债，不断扩大融资区域。目前，山西省已有同德化工一家民营企业成功上市，引导示范作用必将得到显现。四是引导民间资本向中小企业流动。省中小企业局积极参与省政府鼓励民间资本投资基础设施和市政公共领域的政策制定，积极引导民间资金向第三产业和新兴产业投资。

3. 大力实施中小企业成长工程。为应对金融危机的冲击，省中小企业局进一步加强了对中小企业的孵化，对成长性企业的扶持，对骨干企业的培育。千方百计抓创业就业，尽心尽力指导帮扶企业。全年全省新创办小企业 5 000 多个，有近百个具有发展潜力的成长性企业进入亿元以上企业行列，有四分之一的亿元以上企业提升了素质，提高了核心竞争力，成为当地就业、纳税的大户。

4. 不断强化服务体系建设。按照工信部要求，结合山西省实际，2009 年省中小企业局继续强化中小企业社会化服务体系建设。一是大力支持公共服务平台建设，在全省中小企业服务体系专项资金中安排 1 850 万元用于支持市县 76 个服务体系建设项目。二是大力实施"银河培训和蓝色证书培训工程"，累计完成 4 万多人的集中培训。三是支持 22 家服务机构为新办小企业和创业者提供了创业服务。同时，在科技创新、融资服务、管理咨询等方面都有了新的进展。

5. 完成机构改革任务。省机构改革方案出台后，不少同志有想法，思想上有波动，为了不影响主要工作的落实，省中小企业局进行了学习教育，统一思想，提高了服从大局的认识。同时，积极主动地与省编办汇报协商，认真协助省编办制定"三定"方案。按照新"三定"方案的规定和要求，尽快尽早实现了机构、人员到位，基本上保证了队伍的稳定和大项工作的开展。

（山西省中小企业局　原晋军）

内蒙古自治区

近年来，我区深入贯彻落实科学发展观，围绕发展壮大优势特色产业，加快大项目、大基地建设，一批大项目、大企业快速发展，为延伸配套中小企业发展提供了条件和空间。在促进中小企业发展的"双百工程"推动下，我区中小工业企业围绕优势特色产业搞延伸，围绕重点项目搞协作，围绕大型工业基地搞配套，促进了特色中小企业群迅速成长，中小企业结构不断优化。特别是《内蒙古自治区人民政府关于进一步促进中小企业发展的意见》和《国务院关于进一步促进中小企业发展的若干意见》的出台，极大地优化了中小企业的发展环境，为中小企业发展注入了强大的动力，中小企业综合实力和发展后劲明显增强。

一、发展现状

根据自治区工商局提供数据，截至2009年12月底，全区工商注册的中小企业及个体工商户共计82.9万户，比2008年底增加12.8万户（其中中小企业12.9万户，比2008年底增加1.3万户）。创造了全区70%左右的GDP、50%以上的税收，提供了80%以上的就业机会。中小企业发展呈现出数量多、经济贡献多、吸纳就业多、发展趋向集群化、三产企业数量增长快的特点。

其中，2009年，我区中小工业单位数12.24万户，完成工业增加值3 833.86亿元，同比增长25.60%，占全区工业的76.8%；从业人员157.23万人，同比增长8.99%。其中规模以上中小工业企业4 154户，实现工业增加值3 243.92亿元，同比增长27.3%，占全区规模以上工业的73.7%；从业人员77.68万人，同比增长14.22%。

二、我区中小企业发展存在的主要问题

总体上讲，我区中小企业发展水平还不高，企业规模比较小，整体素质较低，自主创新能力不强，与发达地区存在着比较大的差距，这既有中小企业自身的问题，如企业管理者素质较低、管理落后、信息化程度低等原因，另外，中小企业发展环境也有待于进一步优化。突出表现为以下几个方面：

（一）没有真正建立现代企业管理体制

中小企业虽有一部分已采用现代企业管理模式，但就大多数来讲，管理比较落后，家族管理、经验管理居多，未能有效地建立现代企业管理制度，不能适应企业发展的需要。

（二）战略意识模糊

许多中小企业忽视战略的制定，经营活动随意性很强，盲目性也很大。由于缺乏企业战略，包括对企业的发展目标、市场分析、竞争对手研究、产品定位、资源规划等，许多企业陷入盲目发展状态。很多的中小企业在主业发展势头很好，完成了原始积累后，大搞投资多元化，往往出现决策失误，一是放弃专业盲目搞多元化经营，资源配置分散运作，因之费用浩大。二是管理和经营失控容易造成企业瓦解。三是企业资产负债结构失衡，最后形成风险，一败涂地。

（三）职工待遇低，人才招聘难

目前中小企业的发展与人力资源的匮乏之间的矛盾非常突出。中小企业由于规模小、实力小、事业成就感差，使之既难以吸收人才，也难以支付真正人才的高额待遇。同时，中小企业的人才管理制度也存在很多缺陷，如任人唯亲，管理不规范，人才待遇低等问题，使得企业中现有人才也难以稳定，人才源源不断地离开中小企业，带走了企业的核心技术与市场竞争策略，破坏了企业的营销体系，扰乱了企业的管理，削弱了企业的实力。

（四）产品结构不尽合理

中小工业企业产品多数是初级产品，加工层次和附加值较低，经济效益差，尤其是一些矿山企业，多以出售资源为主。中小工业企业普遍存在着粗加工产品多、深加工产品少；一般产品多、名优产品少；低附加值产品多、高附加值产品少的“三多三少”现象。大部分中小企业的产品开发能力弱，升级换代慢，产品技术结构落后，技术含量低，市场竞争和自我发展能力弱，发展缓慢。

（五）技术创新能力差

中小企业的相当一部分经营者缺乏创新意识和专业技术背景，急功近利的经营思想、过强的规避风险意识，使其对技术创新顾虑重重，畏缩不前。同时，企业技术基础薄弱、专业人才匮乏、没有自己的研发机构，也直接导致了中小企业无力开展产品、工艺、设备的技术创新，难以适应市场的急剧变化与调整。而且，中小企业由于资金缺乏，技术创新和技术改造投入严重不足，全区中小企业研发经费占销售收入比重不足1%。以上因素都严重影响了中小企业的技术创新。

（六）中小企业融资难题亟待解决

一是中小企业自身的缺陷制约着信贷业务的发展。中小企业融资规模小、批次多、成本高、风险大的特点与现代金融运行机制不相适应。二是金融机构针对中小企业的专门信贷机构和信贷机制尚待建立健全。部分金融机构没有突破现有的组织架构和经营模式限制，未对中小企业贷款实施单列规模、单独管理，银行贷款权限高度集中，信贷服务手段单一、创新不足，专门针对中小企业的信贷产品依然不多。三是中小金融机构缺乏，服务中小企业的金融主体单一。农村信用社、城市商业银行是中小企业信贷资金的主要提供者，我区仅有包头、呼和浩特、乌海、鄂尔多斯四家城市商业银行，信贷能力不足。四是直接融资渠道狭窄，缺乏相关政策推动。目前我区中小企业融资的主要渠道是银行贷款，通过发行企业债券、信托产品、上市融资等直接融资渠道筹集资金还缺乏相关的政策支持。

（七）中小企业社会化服务体系亟待完善

中小企业由于规模小、实力弱，难以拥有稳定的技术和市场等方面的信息来源和融资渠道，需要社会化服务。目前，很多地方尚缺乏权威的职能管理部门和信息服务机构来为中小企业提供信息、法律、融资、技术、人才等方面的综合服务。现有的社会化服务机构，由于受资金、观念、人才等影响，服务对象狭窄，服务内容单一，难以满足中小企业的发展需求。同时，部分社会化服务机构本身也面临着机构定位、组织形式、经费来源、人员以及管理制度等诸多问题，致使中小企业所获得的支持和服务非常有限。

三、2009 年开展的主要工作

（一）完善政府引导调控体系，促进中小企业结构调整和产业集群的形成

为充分发挥政府的引导和调控作用，推动中小企业在更高层次上实现集群化发展，提高中小企业的自主创新能力和核心竞争力，使我区大型骨干企业的产业链得以完善延伸，中小企业的发展具有强有力的支撑。在 2007 年、2008 年两年工作的基础上，2009 年我区继续全力推进“双百工程”，加大对符合“双百工程”的成长型企业及项目的支持力度。在上半年就提前开展了中小企业技术进步贴息专项资金、国家中小企业发展专项资金项目的组织申报工作。自治区政府 2009 年又安排 8 000 万元中小企业专项贴息资金用于对列入“双百工程”的项目进行扶持。共涉及机械装备制造、电子信息、有色金属加工等 11 个产业。带动银行贷款 31 亿元，新增就业岗位 4 万个。充分发挥了政府专项资金“四两拨千斤”的作用。同时，积极争取国家第一批中小企业发展专项补助资金 3 030 万元，第二批中小企业发展专项补助资金 1 780 万元，争取国家中小企业技术改造资金 9 000 万元，自治区安排中小企业发展专项配套资金 3 000 万元，用于扶持中小企业发展。

（二）完善政策法规体系，加快中小企业环境建设

为积极应对金融危机，创造中小企业健康发展的良好环境，我们代自治区政府起草并出台了《内蒙古自治区人民政府关于进一步促进中小企业发展的意见》，重点围绕解决中小企业融资难题、加大财税支持力度、推动中小企业创业和发展、促进自主创新、加强组织领导和强化服务等方面提出了 20 条具体措施。7 月 15 日，又组织召开全区中小企业工作会议，研究部署了推进我区中小企业发展工作。此外，我们一方面配合自治区人大、政协、党委督察室开展《中小企业促进法》、《内蒙古自治区人民政府关于进一步促进中小企业发展的意见》执法检查、督查活动，推动扶持中小企业发展的相关法律、法规的贯彻落实；另一方面，积极呼吁出台《内蒙古自治区中小企业促进条例》，以进一步维护中小企业的合法权益。同时，为使社会各界更好地了解国家及自治区对中小企业的扶持政策及我区中小企业的发展现状，推动中小企业的发展，我们在去年出版《内蒙古自治区中小企业资料汇编》的基础上，又编写并印发了《内蒙古自治区中小企业资料汇编（续）》。重点收录了 2008～2009 年 5 月国家及自治区新出台的促进中小企业发展的法律法规、规范性文件等。我们还会同党委宣传部组织了中小企业发展论坛，并通过媒体、会议、检查布置工作等多种形式宣传、介绍、推进中小企业工作。

（三）完善融资体系，解决制约中小企业发展的瓶颈问题

除积极利用中小企业技术进步专项贴息资金引导银行给中小企业贷款外，我们利用多种渠道，向金融部门推荐成长性好的中小企业和项目，推动信贷担保机构、金融部门加大对中小企业的担保数额和信贷投入力度。“千户百亿成长性中小企业工程”一直在稳步推进，成长型中小企业名单按照优胜劣汰、动态管理的原则，不断地更新调整，2009 年名单正在调整中。这些成长型中小企业已真正成为构建产业集群、推动县域经济发展的主力，成为中小企业发展的带头兵。为推动中小企业直接融资，我委还联合多部门举办了内蒙古首届风险投资与私募股权投资高峰论坛，400 多人参加了论坛。

（四）完善培训体系，提高中小企业经营管理水平

针对中小企业管理技术人员整体素质不能满足企业经营发展这一现状，我们把中小企业培训工作当做推动中小企业发展的一个重要突破口，调动各部门及中介组织的积极性，利用银河培训工程开展各具特色的培训工作，为中小企业培训人才。今年举办的 6 期银河培训班累计培训中小企业经营管理者 952 人，内容涉及国家宏观调控及产业政策、扶持中小企业政策、融资渠道、应对金融危机、中小企业社会责任（安全生产、节能环保、职业健康、职工权益等）、中小企业服务机构能力提升、创业知识和技能、职业经理人、企业经营管理知识和技能培训等内容。另外，下半年，我们接手了工业重点项目培训就业任务，全年共扶持初始创业企业 393 户，完成全年目标的 197%；工业重点项目新增就业培训人员 32 695 人，完成全年培训目标的 163.48%；工业重点项目新增就业人数 26 549 人，完成全年就业目标的 165.93%；评选“促进就业示范企业”30 个。

（五）助力开拓市场，促进中小企业合作交流

积极推进我区中小企业对外合作交流，组织我区中小企业、工业园区、中介机构和有关管理部门的管理者共 200 多人参加了第六届中国国际中小企业博览会暨中西中小企业博览会等大型国内国际交流贸易会议，搭建了自治区中小企业宣传平台。在参展布置和设计上，力求展示我区中小企业和产品的风貌，参展产品涉及化工、农畜产品加工、生物制药、建材、纺织等行业，并派专人负责招商工作和区内外信息的收集，同时组织相关管理人员参加各类论坛和招商推介活动，大力推介中小企业走出去，通过对外交流开阔了我区中小企业管理者的视野，也从各类交流博览会上获得大量的信息资源。

（六）利用外部资源，服务中小企业

为引导社会服务资源帮助中小企业拓展市场，降低物流成本，提高竞争能力，促进中小企业健康快速成长，我们联合自治区邮政公司下发了《关于利用邮政速递物流业务为全区中小企业服务的通知》、《关于利用邮政国内数据库商业信函加快我区中小企业招商引资和合作步伐的通知》，引导中小企业借助邮政“三网”平台，加快我区中小企业招商引资和合作步伐，提高市场拓展效率。我们还与自治区信息办在全区实施了“内蒙古中小企业健康成长计划”，通过对中小企业进行健康体检，帮助我区中小企业查找经营和管理方面存在的问题，推动我区中小企业管理升级。

同时，充分发挥内蒙古自治区中小企业协会等中介组织和各个服务平台的作用，为中小企业提供传递信息、邀请专家、技术开发、技术咨询、技术培训、产品检测等服务。免费为800多家重点中小企业建立了网站。

（内蒙古自治区中小企业局）

辽宁省

一、2009年辽宁省中小企业厅工作总结

（一）2009年主要工作回顾

2009年是进入新世纪以来我国经济社会发展最为困难的一年。中小企业、民营经济面临的困难和挑战前所未有，全社会对中小企业、民营经济的关注程度前所未有，党中央、国务院和省委、省政府对中小企业的扶持力度前所未有。省厅和全省各地中小企业部门以保持中小企业、民营经济平稳较快发展为首要任务，贯彻落实科学发展观，全面落实国家和省政府促进中小企业发展的政策措施，以加快发展方式转变为主攻方向，以解决影响和制约中小企业科学发展的突出问题为着力点，积极应对国际金融危机，全面实施成长型中小企业发展计划，有效推动了中小企业、民营经济的发展。到2009年3月，2008年下半年以来主要经济指标逐月下滑的不利局面开始得到扭转，主要经济指标增幅止跌回升，去年下半年以来民营经济增加值增幅一路走高。全省民营经济实现增加值8 890亿元，同比增长20%，占全省地区生产总值的59%；实现出口交货值1 388亿元，同比增长6.4%；实现利润2 120亿元，同比增长14.8%；上缴税金998亿元，同比增长13.5%，占全省税收的42%；完成固定资产投资6 490亿元，同比增长32%，占全省固定资产投资的49.9%。中小企业、民营企业从业人员占我省就业人数的76%，新增就业岗位的85%是由中小企业、民营企业提供的。

一年来，在省委、省政府的正确领导下，我们与各级中小企业主管部门一道共克时艰、开拓创新、顽强拼搏，各项工作都取得了新的成绩。主要工作可以归纳为“实施一个计划，召开了两个会议，推进了三项破解融资难题的工作，组织了‘四个对接’活动，全面抓好五项常规工作”。

1. 实施“成长型中小企业发展计划”，支持1 000户重点中小企业加快发展

省政府高度重视此项工作，政高省长多次批示要求实施成长型中小企业发展计划，通过成长型发展计划的实施，一方面促进成长型中小企业的发展，另一方面对其他中小企业发展起到借鉴作用。去年4月厅里专程到浙江考察学习，在借鉴浙江经验的基础上，组织专家反复论证，建立了成长型中小企业指标评价体系，对10 000户中小企业开展了成长性评价工作，评价确认了1 000户成长型中小企业。制定了“成长型中小企业发展计划实施方案”，召开了全省“成长型中小企业发展计划”实施工作动员会。集中了4 800万元的省中小企业发展资金，重点支持了成长型中小企业的200个发展项目；争取国家中小企业技术改造资金1亿元，支持了130个中小企业技术改造项目；争取国家中小企业发展资金1亿元，对60户重点中小企业给予了支持；组织银企对接，协调担保机构支持融资，为成长型中小企业协调落实贷款近300亿元，促进了1 000户成长型中小企业的快速发展。据调查，1 000户成长型中小企业营业收入增长了38.5%；利润增长了47.8%；新产品产值率达到了23%；有103户企业晋级为大企业；146户小企业晋级为中型企业。

2. 组织召开了“两个重要会议”，营造了有利于中小企业发展的良好氛围

一是从2008年10月开始，经过一年多的反复酝酿、精心策划和艰苦细致的筹备工作，10月15日会同沈阳市人民政府、中国中小企业国际合作协会成功承办了由工业和信息化部、辽宁省人民政府共同主办的中国（沈阳）国际中小企业大会，来自美国、日本、韩国等国家和地区的代表和国内各省（区）市中小企业主管部门以及部分中小企业服务组织的负责同志参加了大会。省委书记、省人大常委会主任张文岳出席了开幕式，工业和信息化部部长李毅中、辽宁省人民政府省长陈政高在开幕式上作了重要讲话。组织了以“交流、合作、创新、发展”为主题的主论坛和中小企业厅·局长论坛、中小企业服务体系建设论坛；组织召开了大小企业协作配套项目对接会，签约金额17亿元；组织召开了全国产学研项目对接会，签约金额1.17亿元；组织了中小企业产品“展洽”活动，实现成交额19.28亿元。工信部中小企业司领导认为中国（沈阳）国际中小企业大会具有里程碑意义，南有“中博会”，北有国际大会，争芳斗艳、相得益彰。

二是9月与民建省委在沈阳共同承办了由民建中央、工业和信息化部、辽宁省人民政府主办的“2009中国（辽宁）非公有制经济发展论坛”。从年初开始，厅里抽调力量，会同民建辽宁省委精心策划会议方案，积极参与会议筹备工作，为会议取得圆满成功做出了贡献。全国人大常委会副委员长陈昌智、全国政协副主席张榕明出席了开幕式。省委书记张文岳在开幕式上致辞，省长陈政高和工信部总工程师朱宏任在会议上做了主题演讲。我在大会上介绍了辽宁非公经济发展工作情况，辽宁非公有制经济发展的思路和做法得到了与会代表的一致认同和高度评价。会议期间组织了“非公有制经济发展与应对全球金融危机”主题论坛和“国际金融危机下的投融资策略”、“企业升级转型与可持续发展”、“非公有制经济发展与中国装备制造业振兴”等三个专题论坛；按照将论坛做实的要

求，我厅组织了合资合作项目对接活动，并组织与会的部分企业分别赴沈阳、本溪、营口、辽阳、铁岭、盘锦等地进行考察和项目洽谈，促成我省民营企业与全国各地企业签订了180多亿元的招商引资、合资合作项目协议。两个大会规模大、规格高，参会人员地域广，代表性和国际性强，盛况空前，主题论坛程次和质量高，有很强的权威性，会议内容丰富，成果显著。两个大会进一步加深了全国非公经济和中小企业界对国务院36号文件的理解，交流了各地经验、统一了思想、达成了共识，进一步理清了有效应对国际金融危机的思路，推动了国内外企业的经贸交流和合资合作。两次大会得到了新闻界的广泛关注，中央和我省各大媒体都进行了深入的报道，极大地扩大了两个大会在国内外的影响，为非公经济、中小企业发展营造了十分有利的舆论氛围和社会环境。两次大会的筹备组织工作和所取得的成果，得到了省委、省政府、工业和信息化部、民建中央领导同志的高度评价。

3. 从三个方面破解融资难题，促进了对中小企业资金供给的增加

一是与广发银行合作实施了中小企业百亿元融资计划。制定了《落实中小企业百亿元融资计划工作方案》，并与广发银行沈阳分行共同成立了中小企业融资联合工作组，实行定期例会制度，及时协调解决计划落实过程中遇到的问题。在全省分三批共征集融资项目1 500项，从中筛选优质项目推荐给广发银行，建立并形成了从项目推荐、调查、审批到贷后监管的高效服务机制。组织了包括厅领导和融资担保处、广发银行沈阳分行行长和业务经理组成的20多人的队伍，由厅长和广发银行沈阳分行行长亲自带队，分别深入到各市，上门送融资服务。自百亿融资计划启动实施以来，我们先后在省内13个市举办了15次银企对接会，还专门到本溪石桥子开发区、锦州西海工业园、盘锦经济开发区等工业园区开展了5次小规模专项对接活动，共与近千家企业进行了洽谈对接，取得了很好的工作成果。到2009年底，广发银行沈阳分行新增中小企业授信245户，授信企业达到374户；实际发放贷款59.6亿元，贷款新增额已达到38.1亿元。此外与国家开发银行合作开展中小企业贷款工作，通过“三台一会”融资平台为中小企业实现贷款4.3亿元。

二是促进担保行业发展，积极引导担保机构为中小企业提供贷款担保服务。到去年12月底，全省中小企业信用担保机构比上年新增68家，达到266家；制定了《辽宁省中小企业信用担保机构注资实施方案》，推进担保机构注册资本金增资工作，各市、县区财政共筹措资金61.5亿元，对54家担保机构进行了注资，全省中小企业担保机构注册资本金比上年新增82.4亿元，达到201亿元。去年共争取到国家中小企业发展资金700万元，对9家担保机构给予了重点支持；省中小企业贷款担保风险补偿金对64家担保机构的2008年贷款担保业务给予了风险补偿，帮助5家担保机构享受了免征三年营业税的政策支持。到去年12月底，全省信用担保机构为中小企业提供贷款担保额比上年同期增加32亿元，达到231亿元；受保企业户数为1.1万户。

三是加强与外资银行及境外投资机构的合作，推进中小企业国际融资业务。促成韩国产业银行向5家中小企业贷款2 100万美元，到目前为止，韩国产业银行累计给我省中小企业贷款8 500万美元。此外，还举办了上海远东国际租赁公司、上海一品堂设备投资公司融资租赁、设备抵押贷款业务推介会，帮助25家中小企业通过租赁和设备抵押贷款方式实现融资2.3亿元。

4. 组织“四个对接”活动，推动结构升级和市场开拓

一是组织产学研合作项目对接，为中小企业实现结构升级提供技术支持。5月开始分别在大连、鞍山、锦州召开了3次辽宁省中小企业技术需求与高校科技成果对接大会。辽宁科技大学、辽宁渤海大学、大连理工大学等院校发布最新科技成果65项，辽宁科技大学等高校与参会中小企业签订合资项目600余项，签约金额3亿多元。10月召开中国（沈阳）国际中小企业大会产学研对接会议，会议发布中小企业技术难题1 572项，发布高新技术成果103项，高校和中小企业签订合作项目协议76个。

二是组织大小企业协作配套项目对接，充分发挥大企业对中小企业发展的带动作用。4月在沈阳组织召开了2009年辽宁省大企业与中小企业协作配套对接会议，省内26家大企业、200多家中小企业，共300多人参加了会议，达成初步意向协议110余项，涉及金额近20亿元，签约金额达到11亿元；10月组织召开了中国（沈阳）中小企业大会大小企业协作配套对接会，共有31家大企业和500多家中小企业参加，达成合作意向200余项，涉及金额近40亿元，现场签约金额达到17亿元。

三是组织我省中小企业与国内外企业的商贸对接活动。7月组织中小企业参加第六届中国国际中小企业博览会暨中西中小企业博览会，签署合资合作协议金额近5亿元，其中合同金额5 810万元。8月与韩国中小企业振兴公团、韩国京畿道异业种联合会主办了“辽宁省投资考察洽谈会”。韩国京畿道44户中小企业，我省60多户中小企业参加了洽谈会，我省中小企业与韩国企业签订了20多个合作意向。9月与韩国外交通商部、韩国务安郡等共同主办了“中国辽宁韩国投资说明会”，全省100多家中小企业参加了会议，并与韩国代表进行了合作洽谈。组织中小企业与德国经贸代表团就环保、新能源、装备制造等领域的合作进行了洽谈，达成了多项合作意向。组织17家中小企业参加了日本富山县经贸洽谈会，达成了多项合作意向。完成了核能设备产业园和我省修造船及装备制造企业与三菱重工合作初步方案的制定工作，推进了合资合作项目的落实；积极协调大连经济技术开发区等有关部门，确保了三菱重工叉车项目在大连按时开工建设。推进了铁岭专用车基地、沈阳建筑产业园的招商引资工作和葫芦岛打渔山泵业园区的建设工作。四是推进专利技术项目与中小企业对接，推动中小企业技术创新。6月会同省知识产权局在朝阳市召开了“辽宁省中小企业运用知识产权应对金融危机经验交流会”，国家和省级知识产权示范试点企业和150多家中小企业参加了会议，辽宁奥克等国家级知识产权示范企业介绍了经验，会议发布了一批专利技术，组织了利用专利技术洽谈对接活动。

5. 推进五项常规工作，提升中小企业素质和市场竞争力

一是创新和推进培训工作，提高中小企业经营者素质。联合清华大学举办高级工商管理研究生课程班和辽西北中小企业高层管理人员培训班，共计培训企业家283人；组织实施中小企业银河培训工程，完成了800人的培训任务；开展中小企业高级职业经理资质培训与评价推荐工作，共培训高级职业经理150人。二是开展“三送”活动，帮助企业提高管理水平。组织28家中小企业管理咨询公司，面向中小企业开展“送管理、送咨询、送服务”活动。总结了鞍山市“三送”工作的经验，在鞍山召开了为中小企业提供管理咨询服务现场会。在1 000户成长型中小企业中开展了健康体检工作，帮助一些成长型中小企业制订了个性化的解决方案。三是积极争取国家和省财政支持，加大对中小企业支持力度。经过争取，省中小企业发展资金增加了800万元，达到了8 800万元。认真组织国家中小企业技术改造资金和中小企业发展资金支持项目的申报工作，争取了国家中小企业技术改造资金1亿元；争取了国家中小企业发展资金1亿元。四是全力推动“专精特新”工作，促进中小企业转型升级。组织认定了448项“专精特新”产品（技术），用中小企业发展资金给予了重点支持。在40所高校建立了中小企业服务中心，建立了“1+100”的产学研合作模式。全年完成投资千万元以上技术改造项目797项，投资额达到243.5亿元，新增产值415.5亿元。其中，投资5 000万元以上技术改造项目107项，亿元以上技术改造项目31项。五是加快中小企业服务体系建设，加强和改善对中小企业的服务。支持各地新建了14家省级创业辅导基地。支持各级创业辅导基地对10 000多名创业者进行了创业培训，指导支持各级创业基地孵化小企业15 000多家。完善了省中小企业信息网的服务功能，建设开通了融资信息平台、“专精特新”产品技术开发生产服务平台、大小企业协作配套项目对接平台等八大专业服务平台，改善和加强了对中小企业的信息服务。推进中小企业上网工程实施工作，新增企业网站1.2万个。新建了10个行业性中小企业公共技术服务平台，使省级中小企业公共技术服务平台达到了61个。建立了1 000户企业的维权联系点，强化了对1 000户企业的维权保护。加强了企业投诉案件的处理力度，省、市两级维权投诉机构共受理案件341件，办结292件，办结率为86%。建立了42个中小企业法律援助机构，开展了“保增长、促和谐、司法服务进企业”活动，为423户小企业提供了诉讼服务。

总之，2009年中小企业各项工作都取得了很好的成绩，得到了省委、省政府的充分肯定，在省直机关绩效考核中首次被评为优秀单位。工信部李毅中部长在参加中国（沈阳）国际中小企业大会期间，对辽宁中小企业发展工作的思路、措施和做法给予了充分的肯定，在全国工业和信息化主管部门负责人座谈会和全国中小企业工作座谈会上都被作为典型单位介绍了经验。这些成绩和荣誉的取得，是省厅和各市中小企业局积极配合、共同努力的结果，在这里，我代表厅党组对各市中小企业局为此所做出的努力表示衷心感谢。

回顾一年来我省应对国际金融危机影响和冲击，保持中小企业平稳较快发展的成功实践，主要有以下几点深刻体会。

一是党中央、国务院和省委、省政府对中小企业工作的重视程度空前提高。2008年金融危机发生以来，尤其是去年中央领导同志深入到全国各地中小企业进行专题调研，密度之大、规格之高是从来没有过的；国务院召开常务会议专题研究中小企业发展问题，全国人大专门听取了国务院中小企业发展工作汇报，改革开放以来尚属首次，国家对中小企业在经济社会发展中的地位作用定位之高前所未有，国务院36号文件将中小企业的地位作用定位为“两个重要，一个重大”。即：“中小企业是我国国民经济和社会发展的重要力量，促进中小企业发展，是保持国民经济平稳较快发展的重要基础，是关系国计民生和社会稳定的重大战略任务”。最近，国务院又成立了促进中小企业发展工作领导小组，这是新中国成立以来国务院第一次成立中小企业领导机构；近期国务院还将召开全国中小企业发展工作会议，也将是新中国成立以来的第一次。在全国工业和信息化工作会议上，张德江副总理将中小企业作为今年工业和信息化工作的五项重点工作之一，把中小企业工作提到重点工作的高度，这也是从来没有过的。金融危机以来，省委、省政府主要领导同志对中小企业的批示比建厅以来的批示总和还要多，政高省长多次亲自主持会议研究制定应对危机，保持中小企业平稳较快发展的政策措施，在全省形成了高度重视中小企业发展工作的浓厚氛围。

二是党中央、国务院和省委、省政府对中小企业的扶持力度空前加大。去年中央财政中小企业发展专项资金从39亿元增加到96亿元，增加了146%；从中央技术改造专项资金中安排了30亿元专门用于支持中小企业的技术改造；我省也增加了800万元的中小企业发展专项资金。今年，国家将继续安排不少于28亿元的中小企业发展专项资金，在中央预算内技术改造专项投资中，将继续安排中小企业技术改造资金。各级财政特别是中央财政对中小企业的扶持力度之大，是改革开放以来从来没有过的。

三是中小企业发展环境尤其是融资环境将得到进一步优化。国务院为解决中小企业融资难问题，采取了一系列十分有力的政策措施。实施支持中小企业发展的金融政策，完善小企业信贷考核体系，

提高小企业贷款呆账核销效率。建立完善借贷人员尽职免责机制，鼓励建立小企业贷款风险补偿资金，对金融机构发放小企业贷款按增量给予适当补助，对小企业不良贷款损失给予适当风险补偿；要求国有商业银行和股份制银行建立小企业金融服务专营机构，完善中小企业授信业务制度，逐步提高中长期贷款的规模和比重，对商业银行开展中小企业贷款业务实行差异化监管政策等。去年以来，所有的银行都纷纷建立中小企业金融服务专营机构，各个银行都有考核指标，积极性也都很高。

四是中小企业发展工作的思路日益科学清晰，工作措施的针对性和实效性不断增强。通过近几年来的工作实践和不断的总结经验，我们对中小企业发展规律的认识进一步深化，促进中小企业发展的工作思路逐渐清晰，各项措施也更有针对性，取得的效果也比较明显。概括起来就是"一条主线，两个重点，三项措施，四个对接，五项服务"，即：以实施"成长型中小企业发展计划"为主线，一条主线贯穿全年；以推动政策法规贯彻实施和加大宣传力度两项工作为重点，全面优化中小企业发展环境；以实施百亿融资计划、促进担保机构发展、推进信用体系建设为三项主要措施，全力破解融资难题；务实开展产学研、大小企业配套、信息化技术和国内外合资合作等"四个项目"对接活动，全面提升中小企业科技创新能力和市场竞争力；建设创业、培训、管理、咨询和维权五大服务体系，全面改善和加强对中小企业的服务。

（二）中小企业、民营经济发展工作的总体要求和主要工作

2010年是实施"十一五"规划的最后一年，也是谋划"十二五"发展、加速辽宁全面振兴的关键之年。根据省委十届九次全会暨经济工作会议精神，2010年全省中小企业、民营经济工作的总体要求是：

全面贯彻省委十届九次全会暨经济工作会议精神，全面落实国务院36号文件，深入贯彻落实科学发展观，以促进中小企业又好又快发展为目标，以实施成长型中小企业发展计划为主线，以加快结构调整和转变经济发展方式为重点，以解决影响和制约中小企业发展的突出问题为着力点，实现全省中小企业、民营经济科学发展、创新发展、和谐发展的新突破。

全省民营经济和中小企业发展的主要目标是：全省民营经济实现增加值10 490亿元，同比增长18%；实现出口交货值1 507亿元，同比增长10%；实现利润总额2 505亿元，同比增长16%；上缴税金1 122亿元，同比增长16%；完成固定资产投资8 268亿元，同比增长20%。

1. 继续实施"成长型中小企业发展计划"，扶持成长型中小企业加快发展

按照省第十一届人代会第三次会议省《政府工作报告》的部署，继续实施"成长型中小企业发展计划"，培育实现中小企业、民营经济又好又快发展的骨干企业群体。

"成长型中小企业发展计划"实施工作，要坚持以促进1 000户成长型中小企业高速发展为主要目标，1 000户成长型中小企业营业收入增长30%以上，力争达到50%，上缴税金增长30%以上；力争有100户中型企业成长为大企业，150户小企业成长为中型企业。

筹备召开全省"成长型中小企业发展计划"促进大会，部署成长型中小企业发展计划的实施工作。积极争取国家资金和省财政资金，加大对成长型中小企业扶持力度。加强融资服务工作，加大对成长型中小企业的融资支持力度。加大对成长型企业的技术支持力度，推动成长型企业与国内外企业的合资合作。

2. 实施"中小企业信息化百千万发展计划"，推进中小企业信息化建设

实施"中小企业信息化百千万发展计划"是推动工业化和信息化融合，加快中小企业结构升级和提高中小企业竞争力的重要举措。

在全省启动实施"中小企业信息化百千万工程"，即三年内培育100户全方位信息化示范中小企业，全面实现研发设计、过程控制、企业管理、物流市场、营销服务和办公自动化等全流程、全方位的信息化；培育1 000户在某个领域实现信息化的示范中小企业；培育10 000户初级信息化技术应用示范小型企业，带动中小企业信息化技术应用的逐步普及，逐步提升中小企业的信息化水平。

以装备制造业为重点，分区域、分行业开展形式多样的信息化普及推广活动，推动中小企业信息化规模化发展。建立常态化的信息化推进工作机制，帮助中小企业解决信息技术应用过程中存在的实际问题。针对中小企业对信息化应用的共性需求，推出专为中小企业设计的业务包，以优惠的资费提供给中小企业。以互联网和移动通信为载体，将传统的中小企业财务管理、进销存管理等应用与移动信息化系统相融合。

3. 努力破解融资难题，增加对中小企业的资金供给

加强与银行等金融机构合作，加大银企对接力度。充实完善中小企业融资项目库，积极搭建中小企业融资平台，完善服务功能，夯实与金融机构合作的基础。加大银企对接工作力度，会同省银监局、人民银行沈阳分行组织召开一次全省规模的中小企业融资项目银企对接大会，并分地区、分行业组织系列银企对接活动。继续与广发银行实施中小企业百亿融资工程，支持更多中小型股份制银行开展中小企业贷款业务。加强与五大国有商业银行的合作，促进金融机构中小企业贷款规模的增长。联合辽宁省银监局，共同建立辽宁省中小企业网上融资超市，为中小企业提供便利、迅捷的融资方式和服务。进一步拓宽中小企业融资渠道，积极推动韩国产业银行等境外金融机构，增加对我省中小企业的贷款和信用证业务，力争中小企业国际融资实现2 500万美元。加快推进辽宁中小企业集合债券发行工作，继续推广融资租赁、股权融资等融资模式，依托沈阳中小企业上市基地，开展上市培育工作，帮助中小企业上市融资。

进一步完善中小企业信用担保体系，解决担保难问题。加快推进中小企业信用担保体系建设，鼓励支持民营企业、自然人投资建立担保机构，新增50家信用担保机构；继续推进信用担保机构注册资本增资工作，全省中小企业信用担保机构注册资本金力争增长15%。加大中小企业贷款担保风险的补偿力度，引导信用担保机构为中小企业提供担保服务，担保总额力争增长15%。开展担保机构信用评级工作，提升担保机构信用水平，推动担保机构与金融机构的合作。

推进中小企业信用制度建设，建立和完善中小企业信用信息征集机制和评价体系，提高中小企业的融资信用等级。构建守信收益、失信惩戒的信用约束机制，增强中小企业信用意识。

4. 推进政策创新，全面落实中小企业发展政策

全面推进国务院36号文件精神的贯彻落实。通过电视、电台、报纸、杂志、网络等新闻媒体，大力宣传国务院36号文件，宣传报道国务院各部委的政策实施细则，落实中小企业的政策知情权。配合国务院各部委贯彻国务院36号文件实施细则的出台，协调省财政、工商、地税等相关部门，制定出台我省贯彻国务院36号文件的配套政策。联合省政府督查室等部门，组织开展国务院36号文件贯彻落实情况的监督检查。

全面推进《辽宁省促进中小企业发展条例》实施工作，配合省人大开展贯彻实施《辽宁省促进中小企业发展条例》的执法检查工作，推动各市加大《辽宁省促进中小企业发展条例》的贯彻实施力度。以后国际金融危机、世界经济复苏为背景，组织开展中小企业发展政策专题调研活动，学习借鉴各地中小企业政策创新的经验，制定出台新的中小企业发展政策，为我省中小企业的发展创造良好的政策环境。

加强全省各市中小企业主管部门的合作交流，深入开展政策法规制定的研究工作，指导各市制定中小企业法规或《省促进中小企业发展条例》的实施意见，推动各市根据本地实际，研究制定有本地特色，有较强针对性和实效性的中小企业发展政策。

5. 实施“专精特新”工程，推动中小企业转型升级

实施中小企业“专精特新”产品（技术）项目支持计划，抓好100个重点“专精特新”产品技术项目的开发与生产。围绕我省支柱产业发展，支持一批为大型企业配套的中小企业“专精特新”产品（技术）项目。

组织产学研对接，推动中小企业技术创新。支持高校中小企业服务中心，围绕成长型中小企业发展的技术难题组织科技攻关，开展技术服务工作。围绕促进成长型中小企业向“专精特新”方向发展，分产业、分行业组织产学研合作项目系列对接活动，实现产学研合作项目对接200项。推动中小企业与高等院校、科研院所建立产学研合作联盟，建立产学研合作的长效机制。通过“辽宁中小企业‘专精特新’网”，开展中小企业技术难题招标活动，支持高校、科研院所解决中小企业技术难题200项。

推进专利技术成果应用和转化工作，提高中小企业应用专利技术水平。会同省知识产权局实施中小企业知识产权战略推进工程，召开全省中小企业装备制造、机械加工行业专利技术成果对接大会，帮助中小企业引进一批专利技术，推进我省中小企业重点产业提高产品技术水平。

6. 促进产业集群发展，提高中小企业集聚效应

加强产业集群发展情况的监测和调度，协调解决中小企业产业集群发展中的困难和问题。鼓励支持专业化园区建立创业辅导、技术支持、信息服务、融资担保、市场开拓等中小企业服务机构，不断完善园区的服务功能和项目承载能力。按照省政府的安排，协助葫芦岛和铁岭市政府抓好葫芦岛打渔山泵业产业园、铁岭改装车生产基地的规划、建设工作。

加大招商引资工作力度，为产业集群的发展增加新动力。围绕产业集群发展，组织产业园区和中小企业到长江三角洲、珠江三角洲地区招商，重点推进产业园区企业与日本、韩国、新加坡和中国台湾、香港、澳门等国家和地区企业的合资合作。帮助打渔山泵业产业园招商引资，实现200户企业落户产业园的目标。推动大型企业到打渔山泵业园、铁岭改装车生产基地投资，为园区引进一批龙头企业。

推进大小企业协作配套项目对接工作，建立以大带小的产业集群发展机制。支持中小企业围绕省内大型装备制造企业的配套需求开发生产配套产品，提高中小企业的配套能力；支持中小企业依托省内大型企业生产的原材料发展精深加工业，延伸拉长我省主导产业链。加大对大小企业协作配套项目的支持力度，分产业、分行业组织开展大、小企业协作配套项目对接活动，大小企业协作配套项目签约金额力争超过200亿元。

7. 完善社会化服务体系，改善和加强对中小企业的服务

加强创业基地建设，推进小企业创办工作。继续推进省级创业基地建设，新建省级创业辅导（孵化）基地10家，支持省级创业基地完善服务功能。重点支持县（市、区）建设中小企业创业辅导（孵化）基地。支持和引导创业辅导基地为创业者提供服务，创业辅导基地在孵企业数增加20%。全省创办小企业、微型企业1.5万户，新增就业人数40万人。

加强中小企业培训机构建设，提高培训质量和水平。继续做好国家银河培训工程实施工作，完成800人的培训计划。继续与清华大学合作，举办中小企业高层管理人员研修班。与省行政干部学院合作，培训全省各县区主管中小企业工作的副县（区）长。开展技能培训和鉴定工作，完成3 000人的培训计划。

加强技术服务组织建设，强化对中小企业的技术服务。支持40家高校中小企业服务中心建设，提高技术服务能力。引导高校中小企业服务中心，

不断强化“1＋100”的组织机制，面对中小企业开展“四技”服务。继续推进中小企业公共技术平台建设，新建20个行业性公共技术平台。

加强中小企业管理咨询机构建设，开展中小企业健康体检和管理咨询活动。重点抓好省厅认定的28家管理咨询机构的建设，制定《关于提高中小企业管理咨询服务水平的指导意见》，规范管理咨询工作。支持中小企业管理咨询机构，开展“送管理、送咨询、送服务”活动，促进中小企业管理水平的提升。

加强维权投诉和法律顾问机构的建设，推进维权和法律支援工作的开展。继续巩固1 000家维护民营企业合法权益联络点，做好维权投诉接访工作，建立限期办结制度，力争限期内办结率达到85%以上。加强中小企业法律顾问团建设，支持中小企业法律顾问机构面对困难中小企业和微型企业开展法律支援工作。

同志们，促进中小企业又好又快发展是“保增长、扩内需、调结构、促发展、惠民生”的一项紧迫任务，对我省经济实现科学发展、创新发展、和谐发展的新突破，对实现辽宁老工业基地全面振兴的新跨越具有十分重要的意义。我们要进一步增强做好中小企业发展工作的使命感、责任感，始终保持昂扬的发展激情，开拓创新，扎实工作，以只争朝夕的精神、超常规的节奏推动工作，全面完成2010年的各项工作任务，为加快推进辽宁老工业基地全面振兴做出应有的贡献。

二、2009年全省民营经济运行分析

2009年，面对严峻复杂的国内外环境，在省委、省政府的正确领导下，全省各级民营经济主管部门认真贯彻落实科学发展观，通过积极有效的工作指导，与广大民营企业一道坚定信心，齐心协力、共克时艰，努力消除诸多不利因素的影响，逐渐扭转了困难局面，民营经济企稳向好的势头日趋增强，主要指标增幅全面回升，民营经济增加值增长20%，实现了省委、省政府确定的“两个不低于”的增长目标，为确保全省经济社会较快发展做出了积极贡献。

（一）基本情况

2009年全省民营经济实现增加值8 890亿元，同比增长20%；出口产品交货值1 301亿元，同比下降0.3%；利润总额2 216亿元，同比增长20%；上缴税金1 033亿元，同比增长17.5%；固定资产投资6 910亿元，同比增长40.4%，如表1所示。

表1 2009年民营经济主要指标完成情况

指标名称	指标（亿元）	增幅（%）
增加值	8 890	20
出口产品交货值	1 388	-0.3
利润总额	2 216	20
上缴税金	998	13.5
固定资产投资完成额	6 910	40.4

续表

2009年民营经济运行的主要特点是：

1. 经济增长速度前低后高，总体平稳

今年以来各市在全面落实国家和省政府制定的促进中小企业稳定健康发展的政策措施的基础上，根据本地区实际情况纷纷制定相应的政策措施支持民营经济和中小企业发展。沈阳市通过开展送政策、送服务、帮融资的“两送一帮”工程，为企业排忧解难，取得积极效果；铁岭市制定了《关于扶持培育重点骨干企业（集团）的实施意见》，促进了重点企业较快发展；抚顺市出台了两个加强信用担保工作的规范性文件，全市年内新建担保公司8家，有效缓解了中小企业资金短缺的困难；盘锦市紧紧抓住资源型城市转型战略调整和辽宁沿海经济带开发上升为国家战略的双重发展机遇，加大招商引资力度，已吸引新加坡益海嘉里集团、上海杰事杰公司等一批国内外知名企业到盘锦投资兴业；丹东市制定了《关于全力做好停产和半停产企业启动工作的意见》，促进了停产、半停产企业恢复正常生产。

从全省民营经济增加值各季度增速看，一季度增长19.1%，二季度增长19%，三季度增长20.4%，四季度增长20.8%。民营经济走出困境，企稳向好的趋势已经确立。

2. 工业经济快速增长，领军作用突出

2009年全省民营工业实现增加值5 122亿元，比上年同期增长20.5%，高于民营经济平均增幅0.5个百分点，有力地拉动了民营经济较快增长。

规模以上工业继续领跑，拉动作用突出。2009年全省规模以上民营工业实现增加值4 257亿元，增长31.8%，高于工业总体增长水平。

据对千户重点中小企业营业收入情况调查，2009年纺织服装业增长32.9%，机械工业增长31.9%，采矿业增长31.2%，食品工业增长24.6%，农副产品加工业增长22.2%，石化工业增长14.8%，冶金工业增长1.1%。重点企业在行业复苏中发挥了重要作用。

据对规模以上工业企业停产半停产情况调查，12月份规模以上工业企业停产半停产率为5.3%，比年初降低了3.9个百分点，已恢复正常状态。

据对千户规模以下工业企业停产半停产情况调查，12月份规模以下工业企业停产半停产率为15.8%，比年初降低了18.5个百分点，但比下半年平均停产半停产率高近10个百分点，因规模以下工业企业生产经营活动具有较强的季节性，年底停产半停产率回升也属正常现象。

3. 投资力度加大，发展基础坚实有力

今年以来，面对国际金融危机的冲击，各级政府坚持发展民营经济不动摇，进一步加大招商引资力度，全年全省民营经济固定资产投资继续保持强

劲势头，完成投资6 910亿元，比上年净增1 988亿元，增长40.4%，居主要经济指标增幅之首。为民营经济实现较快增长提供了有效保障。2009年沈阳市引进工业项目394个，到位资金228.2亿元；引进房地产项目152个，到位资金248.2亿元；引进现代服务业项目402个，到位资金136.1亿元。大连市民营经济完成固定资产投资1 458亿元，占全省民营经济固定资产投资总量近四分之一。营口市委、市政府把2009年定为“项目建设年”，投资亿元以上的项目已超过170个，总投资40亿元的新东北电器集团产业园项目建成投产后，年产值将突破300亿元。锦州市民营经济固定资产投资成倍增长，增幅达114.8%。葫芦岛市2009年共实施1 000万元以上工业项目124个，投资1 473亿元，全部建成后可实现年销售收入1 487亿元。

4. 产业集群快速发展，牵动作用不断增强

目前，产业集群、经济园区建设正在成为我省民营经济加快发展的新载体。沈阳市产业集群和工业园区经济快速增长，2009年全市24个工业园区完成产值2 154亿元，十个计划年产值超百亿元规模的产业集群完成产值1 208亿元，不仅占地区经济总量比重持续上升，增速也高于全市平均水平。本溪市药业集群不断壮大，2009年底该集群已聚集企业117户，全部达产后可实现产值307亿元。丹东市大力推动工业园区建设，该市的手表工业园、仪器仪表产业基地、环保产业园区等工业园区项目正在快速有续地建设之中。营口市通过产业集群及工业园区建设积极优化产业结构，实现产业升级，目前已形成石化产业集群、装备制造产业集群、镁质材料产业集群、纺织服装产业集群和新型建材产业集群等五大支柱性产业集群。铁岭市坚持将民营经济由零散分布和经营向集群化、集约化、产业化方向转变，对全市园区进行了科学规划和整合，形成了以铁岭高新技术园区、开原工业园区等18个园区为重点的工业布局。盘锦市的船舶工业基地、石油装备制造基地、精细化工园和新材料产业园等重点园区的基础设施建设水平和功能明显提升，项目承载能力大大提高，已经成为该市最具潜力和活力的新的经济增长点。

5. 科技创新能力提升，助推企业做优做强

在国际金融危机的冲击下，高科技及具有自主创新能力的民营企业经受了考验，表现出较强的抗冲击能力，进一步坚定了广大民营企业走科技兴企之路的决心。今年以来，沈阳市的大型民营企业进一步加大了科技创新投入力度。沈阳远大企业集团与瑞士旭密林建筑设计研发公司联合成立了欧洲设计研发中心，特变电工沈变集团与全俄列宁电工技术研究院建立沈阳分院项目已经签约，沈阳北方交通重工集团建设国家级企业技术中心项目的软硬件设施已基本就绪，为企业的长期稳定发展夯实了基础。本溪市民营企业加大新产品研发力度，全年开发重点新产品230余个，新产品实现销售收入300多亿元，全市企业技术中心已达43个。丹东市的民营企业积极开发新产品，全年共试验新产品480项，投产240项，实现销售收入62亿元。铁岭市大力推进民营企业技术创新和技术改造，已有9个项目列入省技术创新重点项目计划，有7户企业产品获省中小企业专精特新产品（技术）认定。

（二）当前民营经济运行存在的主要问题

1. 流动资金不足仍是制约中小企业发展的瓶颈

受国际经济危机的冲击中小企业面临高价采购的原材料贬值，购销价格倒挂，资产缩水，货款拖欠增多，库存增加，资金占用量加大，流动资金周转困难等一系列问题。而金融机构对中小企业贷款门槛高，环节多，程序复杂导致企业贷款成本过高使中小企业资金短缺的矛盾更加突出。鞍山市反映五大商业银行对中小企业贷款普遍存在“惜贷”和“恐贷”现象。一是受利益驱动，银行认为相对于大企业中小企业贷款金额小，贷款笔数多贷款成本相对较高；二是由于银行审批监控层次多，对产生不良贷款进行责任追究力度不断加大，信贷人员对向中小企业贷款过度谨慎。因此，尽管国家鼓励和要求金融部门增加对中小企业贷款额度，但实际效果并不明显。抚顺市对60户中小企业资金需求情况进行了调查，近70%的企业流动资金不足，户均短缺2 000万元；锦州市对40户有贷款需求的企业进行了调查，只有9户企业得到了银行贷款，仅占调查企业的22.5%。营口市对35户出口企业资金需求进行了调查，共需资金3.6亿元，户均1 000余万元；盘锦市通过对规模以上工业企业资金需求情况调查显示，三季度全市共有405户企业需要资金190多亿元，实际贷款98亿元，尚有近50%的缺口；辽阳市有140余户企业缺少流动资金46亿元，52个项目资金缺口40多亿元。

2. 产业政策调整对部分行业和中小企业的冲击短期内难以化解

受传统产业布局的影响，我省民营工业中资源型企业和高耗能企业比重较大，因此，受国家产业政策调整和安全、环保政策的影响也比较严重，我省关停的中小企业主要集中在矿山、初级产品和“两高一低”产业。到目前为止，鞍山市已关停小水泥、选矿、冶炼及印染等企业298户，并呈扩大的趋势；辽阳市因淘汰落后产能已累计关停中小企业418户；铁岭市共淘汰小炼钢企业25户，水泥企业19户；葫芦岛市连山区有色金属采选企业80%以上处于停产状态；丹东市停产半停产规上工业企业大多数是非煤矿山，启动难度很大。此外，营口、铁岭等市因环保、限制产能等政策影响一些新项目不能建设，已建项目也进行了调整。我省民营经济、中小企业产业及产品结构落后是一个客观存在的问题，结构调整势在必行，但所产生的阵痛短期内难以消除。

3. 价格起伏，成本增加，市场波动导致运行质量下滑

2009年全省民营经济主要指标中效益指标增幅明显低于总量指标增幅以及去年同期水平。其中利润总额增长14.8%，低于增加值增幅5.2个百分点，低于去年同期5.4个百分点；上缴税金增长13.5%，低于增加值增幅6.5个百分点，低于去年同期13.9个百分点。受大宗能源、原材料价格暴

涨暴跌影响，辽阳市民营企业目前潜亏近50亿元；受钢材价格下滑影响，该市冶金及铁矿采选业近50%的企业处与微利或亏损状态。朝阳市的矿业生产是该市税收的重要来源，今年以来，矿产品价格低迷，直接导致该市民营企业利润大幅下降，全市民营企业上缴税金比去年下降11.9%。到今年的11月底，该市的朝阳新源钼业有限公司实现利润仅为去年同期的3.8%；朝阳百盛锆业有限公司实现利润仅为去年同期的11.7%；朝阳海玉通矿业有限公司实现利润17万元，而去年同期为22 218万元；朝阳英达矿业有限公司实现利润21万元，而去年同期为5 709万元。本溪市受劳动用工成本、原燃料价格上涨的影响，中小企业多处于微利状态，纳税额明显减少。从该市各地税入库税收看，采矿业下降57.7%，制造业下降9%，制药业下降20%。盘锦市的部分企业因原材料价格起伏导致企业生产高成本运行。如该市的石化企业年初购入的原材料还没生产，原材料和产品价格就几番下降，使得企业生产成本不断上升，利润空间不断减小，有的企业甚至出现亏损。

4. 贸易保护主义抬头，国际经济复苏缓，出口回升乏力

国际金融危机以来出口企业受到的冲击最为严重，对外出口大幅下滑。2009年全省民营经济出口交货值比增长6.4%，比2008年增幅下将5个百分点。沈阳市民营企业出口交货值比去年下降15.8%，其中重点企业下降明显。该市远大集团出口额下降50%以上；松洋贸易公司和东华制铁有限公司出口额下降80%以上。鞍山市的纺织、滑石及镁砂制品等行业因国际市场需求萎缩出口订单减少，直接影响了企业的经济效益；一些主营来料加工的企业今年订单几乎为零；该市的辽宁康博士制药集团到今年11月出口交货值比2008年同期下降了149%。抚顺市出口大户新钢铁公司出口交货值比去年同期下降了94.3%以上。锦州市的锦泰金属公司全年出口下降了72.5%。2009年全省共有朝阳、本溪、锦州、沈阳、抚顺、葫芦岛和阜新等7个市的民营经济出口交货值为负增长，其中朝阳市以-40.9%居各市降幅之首。

5. 民营经济、中小企业发展环境仍未达到政策规定的水平

近年来各级政府相继出台了一系列促进民营经济、中小企业发展的政策、条例和措施。特别是《国务院关于进一步促进中小企业发展的若干意见》、《辽宁省促进中小企业发展条例》和《关于促进全省中小企业稳定健康发展的意见》的出台给民营经济、中小企业发展以有力的政策支持。但是在宏观政策落实过程中，明显存在以下问题：一是地方缺少具体的实施意见和措施，政策难以落实到位，企业只能“望梅止渴”而难以享受政策优惠；二是个别执法部门存在有法不依，执法不严，导致非法经营有禁不止，给合法经营造成损失；三是一些行政部门服务态度差，工作效率低，审批环节多、难度大，甚至进行有偿服务等问题，给中小企业造成不便，依法行政有待加强；四是在土地、资金等生产要素配置上中小企业还处于弱势地位，制约企业可持续发展。

（三）建议

2010年各级中小企业主管部门要以贯彻落实《国务院关于进一步促进中小企业发展的若干意见》为契机，坚定信心，加强指导，发挥优势，继续做好保增长、促发展的各项工作。

1. 进一步加大政策制定、宣传、落实力度，使各项优惠政策真正惠及广大中小企业

（1）全面贯彻落实省委省政府促进民营经济发展各项政策。各级政府和有关部门要根据职责分工，确保民营企业在市场准入、土地使用、财税扶持、政府采购、技术研发等方面与公有制企业享受同等待遇。各市要加快制定出台落实《辽宁省促进中小企业发展条例》和《关于促进全省中小企业稳定健康发展的意见》等政策法规的具体意见和措施。

（2）健全行政责任追究制度。严肃查处行政机关、事业单位、社会团体及其工作人员损害中小企业发展环境的行为，按有关规定严厉追究责任单位、责任人相关责任。行政执法部门要严格按照法律、法规赋予的职能和权限开展检查，对违反规定擅自对企业检查的，各级监察部门要严肃查处。

（3）清理规范涉企评比达标表彰活动。严厉禁止以收费为目的，损害企业合法权益、加重企业负担的各类评比达标表彰行为。全面清理整顿行政事业性收费，对不合法的收费项目，坚决取消。对虽有收费依据但企业反响强烈的收费项目，按照“能免则免、能缓则缓、能减则减”的原则进行处理。

（4）要进一步简化企业年检手续。全面清理企业年检、年度复核、年度审验事项，除法律、法规和规章有规定的外，一律取消。要简化手续，统一时间、统一地点、集中办理，全面推行网上年检。年检部门不得通过社会商业网站办理年检、登记等行政事务，变相收费和自行设置前提条件。

2. 进一步加大科技研发及科技成果推广转化工作力度，不断增强中小企业的竞争力

（1）发挥政府主导作用，建立和完善中小企业自主创新的激励机制和环境，提高中小企业自主创新意识。要在全社会培育创新意识，形成“崇尚创新、勇于突破”的良好氛围；要定期举办中小型企业创新论坛，在全社会形成推动科技创新的氛围；要建立健全政策法规体系，建立健全知识产权激励机制和交易制度，加大执法力度，打击侵权行为。

（2）健全创新服务体系，加强公共服务能力建设，解决中小企业在自主创新过程中的难题。要建立健全中小企业技术创新支持服务体系，促进各类技术服务机构的发展，为中小企业提供咨询服务、信息服务、技术创新服务、金融服务、财政服务、职业培训服务、产品销售服务等。

（3）要通过技术推广努力提高产品附加值和节能、环保新材料的应用来降低成本。要充分利用资源优势，搞好产品结构调整，提高资源的利用率

和产品质量，引导企业走低消耗，高效益，节能环保的发展道路。大力发展专、精、特、新产品，增强企业竞争力。

（4）积极发展支持中小企业科技创新的投融资体系。通过政府基金、贴息、担保等方式，加强政策性和商业金融机构对中小企业自主创新、科技产业化的支持力度，引导银行和科技型中小企业之间建立起稳定的银企关系，对符合条件的中小企业可开展知识产权和非专利技术等无形资产的质押贷款。

3. 进一步加大以市场为导向的产业结构调整力度，以产业集群带动中小企业集约化发展

（1）各级政府要以科学发展观为指导，将中小企业集群发展列入产业发展规划和重要议事日程，切实把中小企业集群发展工作落到实处。加大财政资金扶持、税收优惠等方面支持产业集群发展的力度。加强对集群产业基地的宣传，努力营造中小企业集群发展的良好环境。

（2）进一步深化改革，促进结构优化，支持鼓励非公有制中小企业参与国有经济布局及结构调整，除国家有明确规定外，所有行业和领域都应允许非公有制经济进入。发挥我省大企业聚集的优势，大力推进中小企业与大企业联合与协作，跨行业、区域性专业化协作，形成大中小企业相互关联、协作配套、互为促进的梯次结构。

（3）加大招商引资力度，不断完善产业体系，提升集群竞争力，是中小企业实现结构优化的重要渠道。要强化产业定向招商以完善产业链。重点开展专业园区招商、产业集中度招商、企业配套招商和上下游产品招商。

（4）大力推进专业市场建设，搭建集约发展平台。产业集群的快速发展带来了专业市场的繁荣，而专业市场的发展又促进了产业集群的壮大。专业市场的信息对产业的发展具有重要的导向作用，各级政府要积极引导在具有一定规模企业集群的地区因地制宜的建设专业市场，促进中小企业集群快速发展。

（5）合理布局，科学管理，引导集群企业入驻园区，实现集群生产园区化。对于园区要科学规划、合理布局，吸引大量包括资金、技术、人才等在内的优势资源进入园区，为集群发展提供保障，通过不断扩张园区规模，带动集群整体发展。

4. 加快构建和完善社会化服务体系为中小企业提供全方位服务

（1）继续加大对各级中小企业级创业基地的支持力度，鼓励引导创业基地为创业者提供创业辅导、创办小企业等服务，以创业带动就业。

（2）积极推进信用担保体系建设，做大担保机构规模，建立担保机构资本金补充和扩充机制，做强做大政府投资和控股的中小企业信用担保机构，鼓励担保机构出资人增加资本金投入，鼓励民营企业和社会自然人投资组建担保公司，以更好地为中小企业日益增长的资金需求服务。

（3）进一步加强共性技术平台建设，完善技术服务体系。在加强现有公共技术平台功能建设的基础上，增强项目承载和服务能力，重点支持行业性、区域性公共技术平台新建项目，为中小企业做优做强提供技术支撑。

（4）加快建立管理咨询工作体系，推进中小企业体制和管理创新。继续推进现有省级管理咨询机构建设，支持管理咨询机构开展经营战略、组织设计、生产质量、成本控制、营销策略、绩效管理等咨询服务活动，帮助中小企业提高管理水平。

（5）大力推动中小企业信息化进程。在不断改进和完善各级中小企业信息服务网站功能的基础上，各级主管部门要广泛利用社会资源，积极与有关 IT 企业合作，通过提供有针对性的信息化产品，共同推进中小企业信息化。

（6）加强投诉机构和法律支援体系建设，强化维权和诉讼服务，巩固和强化维权联络点，建立顺畅、便捷的投诉渠道，提高投诉办结率和办理质量，为中小企业提供法律支援服务。

（辽宁省中小企业厅经济运行处）

吉林省

2009 年是省委省政府实施民营经济三年腾飞计划的最后一年，伴随全国经济的企稳向好，全省上下不断加大组织力度，强化政策扶持，优化发展环境，围绕提升速度、做大总量、提高素质、千方百计谋划发展，使全省民营经济保持了良好的发展势头，圆满完成民营经济腾飞各项指标任务。

一、总体情况

截至 2009 年底，全省中小企业暨民营经济实现增加值 3 384 亿元，占全省地区生产总值的比重较上年提高 5 个百分点；主营业务收入 10 268 亿元，同比增长 26.2%；上缴税金 319 亿元，同比增长 25.1%；私营企业户数达到 10 万户，同比增长 14.3%；个体工商业户达到 109 万户，同比增长 11.4%；从业人员 443.9 万人，同比增长 9.8%。

从发展总体情况看，主要呈现以下几个特点：

一是成为拉动经济增长的主力军。2009 年，全省民营经济增加值占地区生产总值比重达到 47%，提高 5 个百分点；上缴税金占地方级财政收入比重达到 65.6%，较上年提高 5 个百分点；民间固定资产投资达到 4 751.3 亿元，占全社会固定资产投资比重为 68.8%，较上年提高 1.5 个百分点。发展中涌现出了大成集团、修正药业集团、皓月集团、华阳集团有限公司、吉林新能源集团有限公司、长春新大石油集团农安石油化工有限公司、吉林省新天龙酒业、吉林康乃尔集团、吉林神华工贸集团、梅河口市阜康酒精等一批产值大户和大成集团、长春新大石油集团农安石油化工有限公司、松原石油化工股份有限公司、修正药业集团、新天

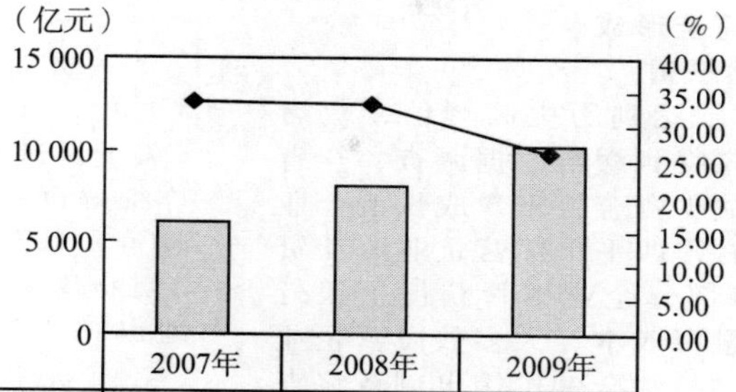

	2007年	2008年	2009年
主营业务收入	6 090	8 134	10 268.7
同比	33.80	33.40	26.20

图 1　2007～2009 年主营业务收入

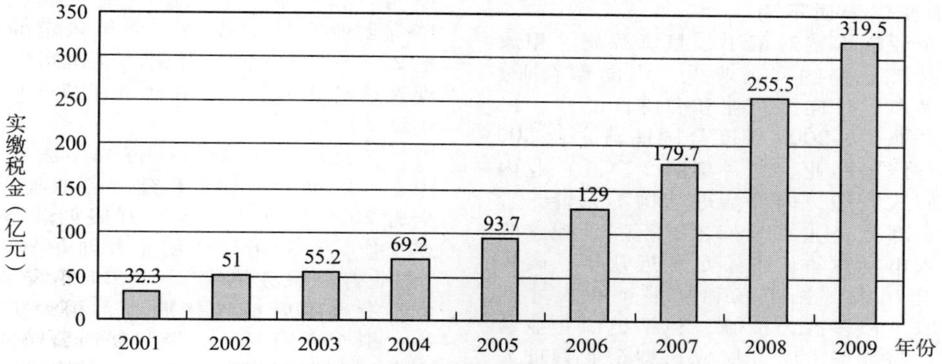

图 2　2001～2009 年吉林省民营经济缴税金

龙酒业有限公司、梅河口市阜康酒精、施慧达药业（吉林）有限公司、利源铝业、吉林敖东延边药业、珲春紫金矿业等一批纳税大户，民营经济已成为拉动经济增长、壮大经济实力的重要力量。

二是成为扩大就业的主渠道。2009 年，全省中小企业暨民营经济从业人员占全省城镇就业人员的 70%，民营企业新增就业人数占全省城镇新增就业的 80% 以上。

三是成为县域经济发展的主体支撑。2009 年，全省 42 个县市中，民营企业纳税超亿元的县市有 40 个，超 3 亿元的有 19 个，县域民营经济上缴税金占县域地方级财政收入的 91%。

四是成为工业经济发展的增长极。2009 年，全省规模以上民营工业实现总产值 4 231 亿元，同比增长 34.9%，高于全省规上工业增速 19 个百分点，占全省规上工业总产值的比重达到 42.4%，较上一年高出 6 个百分点。

尽管近几年来，我省民营经济有了一个好的发展态势，也取得了很大成绩，同时也应清醒地看到，我省民营经济还处于起步阶段，无论是从总量上看还是从质量上看，与全国平均水平特别是与发达省份比还存在较大差距。从社会贡献看，我省中小企业对地区生产总值的贡献仅为 47%，对就业贡献率为 70%，两项指标低于全国 10 个百分点，对全口径财政收入的贡献近 1/3，低于全国 15 个百分点。从私营企业的密度看，我省每万人拥有私营企业数量 37 个，而浙江、江苏均为 89 个，辽宁 49 个；从经济效益水平看，我省规模以上民营工业企业人均主营业务收入相当于江苏的 45.8%，内蒙古的 42.5%，辽宁的 61%。平均每万元资产创造的利润相当于山东的 21.4%，江苏的 36%，辽宁的 35%，黑龙江的 48%。因此来看，我省民营经济、中小企业仍然是块短板。

二、发展中存在的主要问题

（一）政策落实不到位

近年来，国家和省相继出台了支持民营经济发展的政策文件，扶持力度大大增强，但落实环节还不尽如人意。如在市场准入和银行贷款方面，存在着利用“高门槛”规避政策落实的情况，在准入条件和资质上管卡过多过紧，一些领域明放实关，很多政策亮点多、含金量高，舆论宣传很好，但在操作过程中很难落到实处，挫伤企业家的创业热情和积极性。在财政支持方面，国家有关文件规定，各级财政应设立中小企业发展专项资金。我省地市级由于普遍财政偏紧，只有延边设立了 2 000 万元专项资金，白城市 700 万元，长春市 500 万元，多数市和几乎全部县（市）财政至今还没有安排。《关于促进全民创业若干政策》落实上，相关部门口头上说得多，落到实处少，全省上下助推中小企业发展的强大合力尚未完全形成。

（二）资金短缺依然严重

2009年虽然银行贷款达到历史高峰值，仍有很多民营企业资金短缺未得到缓解。据调查，全省40%左右的中小企业都缺少资金，千户成长型企业资金缺口达150亿元左右，四平市民营企业流动资金缺口达30亿元左右。部分企业尽管获得了银行贷款，却负担着很高的融资成本，大多数民营企业通过担保公司取得贷款，一些金融机构也刻意将直接放贷转为通过担保公司放贷，增设环节，加大融资成本，贷款利息达到8%～13%，而我省多数加工型民营企业利润在5%～8%之间，许多需要资金支持的企业望贷兴叹，企业的生存与发展备受资金链考验。

（三）企业整体素质不高

我省民营企业规模普遍偏小，且资源型、粗放型企业多，科技型、集约型企业少，内向型企业、低附加值型产品多，外向型企业和名牌产品少，民营强企、龙头企业少，2009年度全国民营企业500强中，我省仅有修正药业、皓月集团2户。企业内部多为传统家族式管理，内部治理结构不完善，管理缺乏科学性。部分企业家改革意识不强，观念陈旧，对企业融入市场竞争认识不足。近几年，政府在帮助企业"走出去"拓市场和加强企业人才队伍建设方面采取了很多有力措施，包括组织企业参加各类展洽会，与清华大学开展成长型企业管理人才培训，广泛推广电子商务应用技术等，同时财政给予专项支持，但在操作过程中却有很多企业不愿参与，使推动措施不能达到最佳效果。

（四）发展后劲和活力不足

复杂的经济形势使我省民营企业自身的弱点加速显现。我省民营企业创新能力弱，缺乏核心技术和自主品牌。2009年全省规模以上民营工业实现新产品产值286.8亿元，同比增长11%，低于全省规上工业6.5个百分点；规上民营工业新产品产值率达到6.8%，低于全省18个百分点。多数民营企业规模不大，没有专门的研发机构，且科技投入经费支出比例很低，仅相当于全省平均水平的30%，导致科技成果转化率低，企业产品更新换代慢，企业创新能力弱。部分企业家对市场变化的敏感度不高，缺乏对现代企业的驾驭能力，对宏观经济形势分析和对企业未来发展战略研究也还存在较大的欠缺，企业综合竞争力不强，导致发展后劲不足。

三、主要推动措施

2009年，按照省委、省政府的总体部署，全省上下，进一步解放思想，创新工作，迎难而上，通过大力开展全民创业，进一步破解融资难题，强化政策扶持与服务，推动民营企业开拓市场等实际措施，确保全省民营经济腾飞目标任务的顺利实现。

（一）强化服务措施，推进全民创业

一是加强对创业政策的解读和宣传。今年4～5月份，工信厅会同省政府政策研究室对省政府《关于促进全民创业的若干政策》相关条款进行了详细解读，并印发了《关于促进全民创业的若干政策》解读。同时，利用省直各主流新闻媒体对"创业政策"及"解读"进行广泛深入的宣传，各地也对"政策"进行细化、分解和落实。

二是积极推进创业孵化基地建设。2009年省里列支3 000万元孵化基地建设资金，用于支持孵化基地公共服务设施建设、入孵企业房租补贴、公共服务成本支付等项目。完善建设50个创业孵化基地，重点建设了长春、辽源、四平3个大学创业孵化基地，同时提高孵化基地配套服务能力和水平，最大限度地发挥创业孵化基地在培育创业主体的作用，全年认定新的创业孵化基地23个，全省创业孵化基地达到73个，孵化企业规模达到3 500户，在孵企业1 800余户，实现就业近30 000余人。

三是广泛开展创业咨询。建立创业专家培训团，选聘创业辅导师，建立创业辅导师师资库，在全省20个县（市、区）开展创业咨询服务活动试点工作，有效指导初创业者创办小企业。积极筹建"创业咨询服务热线"，96611热线号码已经申请到位，专家坐席或转接服务，相关工作正在积极筹备，拟于近期开通。经与联通公司协商，初步达成建立"创业咨询服务热线"协议。

四是大力开展创业培训。实施"万名创业者、万名小老板"培训工程，重点对应往届大学毕业生和返乡农民工等有创业意愿的人进行培训，年度培训人次达到1.8万人。加强创业人才培训，完成高级技工和紧缺工种工人培训1 000人，国家银河培训近1 000人，企业后备人才培养（与美国伊利诺大学合作）30人，为创业者和企业提供智力和技术支撑。

（二）拓宽融资渠道，缓解企业融资难

一是大力开展银企保对接，有效满足企业融资需求。全年分批次共向各家金融机构推荐项目294个，共有137户企业获得信贷支持16.94亿元，完成年初计划的113%；加大银企保对接力度，全年共组织三次银企保对接大会，共有1 193户企业与各金融机构成功对接，获得信贷支持181.95亿元，完成年初计划的121%。

二是有效实施"万民创业小额贷款"项目，助推全民创业。全年共为28个县（市）发放"万民创业小额贷款"6.4亿元，支持项目近万个，完成年初计划的128%，为推动全民创业、促进小企业生成做出了应有的贡献。

三是积极做好担保机构资本金引入与政策扶持工作。2009年，全省共有担保机构92户，本年新增设担保机构10户，县域担保机构覆盖率达到95%；全省担保机构资本金累计达到65.6亿元，本年新增8.2亿元，资本金规模超亿元担保机构11户；对全省信用担保机构进行了业绩考核奖励，奖励担保机构30户，发放奖励资金500万元；积极协调省财政，建立银行和担保机构风险补偿专项资金2 000万元，对29家担保机构给予了风险补偿。

四是积极推动再担保运营体系构建和省担保公司做大做强。东北再担保公司与省担保及9个市（州）级担保机构签订了战略合作协议，全年已为72户企业提供再担保业务额11亿元。省担保公司与8个市（州）、20个重点县（市）的担保机构签订了联保合作协议。

（三）加大政策供给，强化资金支持

一是推进立法进程。与省法制办、省人大财经委沟通，上报了立法计划，并向政府打了请示报告，计划2010年开展《吉林省促进中小企业发展条例》的调研起草工作。

二是完善政策措施。按照2009年9月国务院下发的《关于进一步促进中小企业发展的若干意见》要求，待省政府起草了吉林省关于促进中小企业发展的若干政策，并已于1月份正式出台。

三是代省政府起草了《吉林省中小企业成长计划（2010～2012年）》，并于1月份以省政府名义印发。同时，积极争取国家专项资金支持，共争取资金支持额度超过5 000万元。认真组织划拨2009年省级中小企业专项资金1.4亿元。

（四）推进中小企业信息化建设，积极开展市场交流与合作

结合我省中小企业电子商务进程较慢的实际，积极推动了与阿里巴巴、启明公司共建“阿里巴巴吉林省分站”，吸引广大中小企业利用电子商务开拓国际国内市场，降低成本，提高效率，增强企业市场竞争能力。7月份，筹备召开了吉林省电子商务应用暨推广大会，工信厅与启明公司组织力量赴9市州、20多个市县，开展企业签约入网工作，目前共有530户企业使用了“诚信通”和“出口通”产品，并正式开通网络。同时积极组织企业走出去开拓市场，主要围绕我省支柱产业，成功组织20户科技型企业参加韩日经贸交流与合作，部分企业与日韩公司签订数百万美元合同或借此达成合作意向；积极组织企业参加中博会，30户企业与国内外客商达成了60项合作意向，金额达6亿多元，其中签订500万元以上的购销合同15个，我省食品药品、建材等企业展区零售额突破100万元。

（五）加强统计运行分析工作，监测发展趋势

完善修订《吉林省中小企业统计报表制度》（简称《报表制度》），并向统计局报批工作。并按照《报表制度》开展了各市州民营经济发展情况的月调度、200户重点企业月调度、11个重点特色园区的季调度及上报国家40户企业的直调工作。每月梳理调度内容，形成分析材料、汇报材料，及时监测运行情况，上报省政府，为领导决策提供可靠依据。

（六）巩固宣传阵地，营造良好舆论氛围

今年初，筹备召开全省民营经济腾飞总结表彰暨实施中小企业成长计划动员大会，对民营经济腾飞进行总结，评比表彰了3个民营经济发展先进市（州）和10个先进县（市、区）、十佳中小企业社会服务机构和百强民营企业，在全省取得很大反响。同时继续办好《吉林中小企业》期刊和民营经济腾飞简报，全年编辑出版《吉林中小企业》期刊12期、简报20期，共计28万多字。通过宣传政策、分析形势、报道各类典型，搭建了交流平台，为推动民营经济发展起到了积极的作用。

四、下一步展望

2010年起，省政府实施中小企业成长计划，到2012年，全省民营经济主营业务收入达到1.6万亿元，增长60%；增加值占地区生产总值比重达到55%以上，提高8个百分点；上缴税金占地方级财政收入的比重达到70%左右，提高5个百分点；从业人员占全省职工和城镇个体劳动者总数比重达到75%，提高5个百分点；企业户数达到12万户，其中规模以上企业达到1万户，年度主营业务收入超亿元企业达到2 000户，科技型民营企业达到6 000户，个体工商业户达到130万户。今年要实现主营业务收入、上缴税金分别增长20%以上，增加值占全省地区生产总值的比重达到50%。重点抓好全民创业，提高中小企业孵化生成能力；突出抓好企业成长，推动中小企业做大做强；加快产业集群发展，提升中小企业整体素质；积极拓宽融资渠道，着力破解融资难题；加大政策扶持力度，切实强化服务保障；大力优化软环境，营造良好发展氛围。全省上下共同努力，合力助推民营经济健康持续快速发展。

（吉林省中小企业局）

黑龙江省

2009年黑龙江省中小企业改革发展总体情况

（一）基本情况

2009年我省非公经济发展取得重大成效，是推动全省经济发展的重要力量。全省非公有制经济增加值总量达4 019亿元，比上年增长16%。全省非公经济投资总额实现增加值2 230.9亿元，同比增长50%左右，高于全社会固定资产投资总额增速10个百分点，占全社会固定资产投资总额的40%。截至2009年底，全省非公经济单位户数193.8万户，比上年增长4.4%。其中：非公有制企业24.2万户，个体经营户169.6万户，分别比上年增长36%、1.1%。全省个体工商户达到92.39万户，同比增长12.02%；私营企业14.05万户，同比增长11.2%，中小企业单位数9.5万户，从业人员307.2万人，全省拥有主营业务收入在10亿元以上的非公企业49户，亿元以上的非公企业782户。形成产业集群89个，集群内企业达

9 856户，从业人员42.6万人，年实现销售收入1 123亿元，完成增加值379.2亿元，实现利润79.1亿元，上缴税金97.6亿元。全省已有560户非公企业设立了研发机构，5 100户企业实施了国际质量管理体系标准，2 312户企业通过了认证。非公经济在促进全省经济增长、增加地方财政收入、安置就业和促进社会稳定等方面发挥了重要的作用。

（二）非公有制企业主要成长特点

1. 总量规模持续增长，整体实力稳步提升

2009年，我省非公有制经济继续保持较快的增长，对我省国民经济发展的支撑作用更加突出。全省非公有制经济单位户数193.8万户，比上年增长4.4%。其中：非公有制企业24.2万户，个体经营户169.6万户，分别比上年增长36%、1.1%。全省非公有制经济增加值总量达4 019亿元，比上年增长16%。

2. 获利能力有所增强，税收贡献明显增加

2009年，非公有制企业积极化解各种不利因素，利用国际国内两种资源、两个市场，着力发展和壮大企业实力，增强企业的获利能力和效益水平。在非公有制经济整体实力显著增强的同时，对全省税收增长的贡献份额也稳步提高。2009年，全省非公有制经济税收收入482.9亿元，比上年增收56.9亿元，增长13.4%，占全部税收的比重达43.7%，比上年提高5.3个百分点。

3. 经营领域逐步拓宽，吸纳就业成效显著

近年来，我省非公有制经济蓬勃发展，经营领域遍布国民经济各行各业，无论是交通运输、贸易餐饮、加工制造等传统行业，还是房地产开发、中介服务等新兴行业，非公有制经济均占据了绝对的优势。在吸纳社会就业方面的巨大潜力得到充分发挥，并日益成为城乡居民就业的主渠道。2009年，全省非公有制经济从业人员687.5万人，比上年增长15.2%，占全社会从业人员的36.6%，其中非公有制企业从业人员314.2万人，个体经营户从业人员373.3万人，分别比上年增长21.8%、10.2%。

4. 发展信心得到提振，民间投资增势良好

2009年，全省积极引导非公有制企业加大有效投入力度，推动科技创新和技术改造，提升竞争发展能力，非公有制企业家对宏观政策环境和企业自身发展的信心不断增强。2009年，全省完成城镇民间投资1 991.9亿元，比上年增长54.4%，增速高出全社会投资16.8个百分点，城镇民间投资占全社会固定资产投资的比重达39.6%，比上年提高4.1个百分点。

5. 规模工企发展迅速，工业效益稳步增长

2009年，规模以上非公有制工业企业主营业务收入2 418.6亿元，比上年增长21.7%；占全省规模以上工业企业主营业务收入的31.5%，提高6.5个百分点。规模以上非公有制工业企业利润总额144.2亿元，比上年增长37.9%；占全省规模以上工业企业利润总额的16.8%，提高9.5个百分点。规模以上非公有制工业企业应缴增值税94.9亿元，比上年增长19.7%；占全省规模以上工业企业应缴增值税的25.2%，提高8.1个百分点。规模以上骨干企业所具有的较强竞争优势和辐射带动能力，成为非公经济增长的重要基础，推动着中小企业整体向前发展。

（三）非公有制企业发展存在的主要问题

1. 设备落后，产品科技含量低，企业核心竞争力不强

目前，我省大多数非公有制工业企业生产设备陈旧落后，产品更新慢、质量无法保障，缺乏市场竞争力。我省非公有制企业设备比较先进，仅占5%左右，一般水平、落后的占很大比重。落后的设备和粗放的管理，导致大多数非公有制企业核心竞争力不强。

2. 融资渠道狭窄，直接制约非公有制企业的发展

企业融资难是各类中小企业发展所面临的共性。非公有制中小企业及个体经营户的投资主要依赖于个人积蓄、民间借贷和合伙人共同出资。要扩大生产经营规模，就必须要取得银行的支持。但有很多业主反映“融资难”。一方面由于民间借贷造成了许多经济纠纷，亲朋好友的钱越来越难借；另一方面银行逐步实行商业化运作，银行信贷更倾向于实力强、规模大的企业，对中小民营企业的信贷资慎之又慎，通过实行贷款抵押（担保）制度把许多非公有制企业挡在获取信贷资金的“门槛”之外；有些企业尽管得到一定的信贷支持，但在额度上受到较大的限制。由于前期资金投入过大，产品见效周期长，投资回收慢，造成资金周转不畅，而银行又贷不到充足的资金，制约了企业发展目标的实现。我省非公有制经济每年的资金投入水平仅是经济发达省份的10%～20%。资金投入严重不足仍然是制约我省非公有制经济发展的瓶颈。

3. 市场开放程度不够，企业投资领域狭窄，限制了我省非公有制企业的多元化发展

从我省市场开放情况来看，其开放的广度和深度还十分有限，城市基础设施及公用事业、金融业、电信业、电力等行业均未开放，而在我国的其他地区部分行业已开放多年。企业的发展壮大，多元化经营是一条必由之路。市场开放程度不够，企业投资领域狭窄使我省非公有制企业被局限在竞争性、非垄断性的行业和产品上，发展受到限制。同时，一些在法律、法规和政策上没有明确规定非公有制企业禁止经营的行业和领域，在市场准入的操作和执行上人为地设置障碍，非公有制企业没有公平竞争的机会。

4. 管理落后，人才缺乏，影响非公有制企业的长远发展

一是我省非公有制企业的管理大多数还停留在“家族式”模式中，企业管理随意、粗糙，缺乏制度和规范。二是非公有制企业创名牌意识不强。虽然我省几年来实施了“精品名牌”战略，企业的品牌意识有所提升，但同先进地区相比，差距还很大。

5. 发展环境不够宽松

一是在舆论环境方面，社会上仍存在一些疑虑和偏见，少数干部有担心、避嫌的思想误区，社会公众对非公有制经济的负面影响看得过多，缺乏正确的理解和评价。二是在市场准入方面，非公有制经济与其他经济类型相比，仍然存在不平等的现象。三是法制环境方面，少数部门以严格执法为名，对非公有制企业敲诈勒索、吃拿卡要，“三乱”现象时有发生。四是企业间无序竞争，恶劣的价格竞争，加之市场机制不够健全，使企业正常经营困难，非公有制企业家的信心不强。

6. 非公有制经济服务体系还不健全

一是缺少为非公有制企业提供无偿或低偿服务的公益性服务机构，直接面向企业的市、县一级服务机构更为薄弱，难以满足企业发展的需要。二是地方政府对为非公经济服务的公益性服务机构支持力度不够，没有为这些公益性的事业单位工作性质定位，也没有给予必要的政策和资金支持，造成为非公经济服务的机构工作开展困难。三是信息渠道不畅，全省非公有制企业信息网络建设刚刚起步，尚未形成完整的信息网络，一些相关信息还不能及时传递到企业。三是社会中介服务组织需要规范和自律。创业辅导、技术开发、技术咨询、人才培训、对外交流、政策法律服务等方面的社会化服务体系还不健全，服务水平有待提高。

（四）我省非公经济发展趋势

2010 年 1 月栗战书省长在“全省大力发展非公经济暨中小企业工作会议上的讲话”中对 2009 年工作进行了回顾和总结，并提出我省非公经济发展的总体思路是：依托省内外各种发展资源，围绕“八大经济区”、“十大工程”战略部署，以增加经济总量、扩大企业规模、调整优化产业结构为重点，以打造区域“民字号”优势产业为着力点，坚持走新型工业化道路，坚持走新型城市化道路，坚持走以工促农，以城带乡，城乡一体的和谐、可持续发展道路，用三至五年时间，把我省非公经济发展由“三分天下”有其一，提升到超过“半壁江山”，真正成为龙江加速老工业基地全面振兴、推动经济赶超、实现发展跨越的主要依靠力量。全省非公经济发展的战略目标是：今年全省非公经济增加值要保持在 18% 以上的增长速度，非公经济固定资产投资同比增长 50% 以上。2010 年加上“十二五”时期共 6 年时间，我省非公经济要实现一个新的发展跨越，基本赶上全国平均发展水平，挤进中部非公经济发达省区行列。主要体现在五个方面：

一是在非公经济规模上，占 GDP 的比重要提升到 55% 以上，规模以上非公有制企业增加值年均增幅到 20% 以上，非公经济发展对固定资产投资、税收、就业的贡献率年增幅分别达到 30%、20% 和 40% 左右。

二是在企业培育上，力争使全省规模以上非公有制企业户数增长 80%，让五年重点培育的千户成长型企业利税年均增幅达到 20% 以上。其中，主营业务收入亿元以上的企业达到 1 000 户，10 亿元以上的达到 100 户，上市达到 10 户以上。

三是在推进全省产业结构优化升级上，要成为战略性新兴产业的发展主体。在新能源、新材料、新兴环保、生物产业、信息产业和先进装备制造等六大战略性新兴产业中，发展速度年均保持在 15% 以上。要成为现代服务业的发展依托，在旅游、物流、房地产、文化产业、创意经济、体育赛事、会展经济、服务外包、职业技能培训、餐饮服务等方面的增加值比重提升到 70% 以上。要成为农产品加工业的发展主力。积极进入装备、石化、能源等主导产业领域，发挥其在传统产业优化升级中的重要作用。

四是在推动科技进步上，要成为重要的支撑力量。开发各类新产品 600 项，其中力争国家级 100 项、省级 100 项，推广应用新技术、新工艺、新成果 300 项，科技对民营企业贡献率达到 60% 以上。加快科技成果转化，培育 30 个国家级品牌、300 个省级品牌、1 000 个省级绿色有机特色品牌。

五是在促进区域协调发展上，要成为“八大经济区”建设的主力军。对园区建设、项目建设、全民创业、吸纳就业、集群发展、以城带乡、节能减排等方面的贡献率提高 30%。要形成 100 个产业集群，其中 30 个专业化名镇、10 个以上新兴产业集群、60 个集群效应突出的产业群。

（五）2009 年主要工作

1. 开展成长型企业评价，大力培育骨干企业群体

2009 年我省共评价扶持 200 户成长型企业，力争到 2013 年评价扶持 1 000 户。4 月开始，以省工信委牵头，三个厅局联合制定了《黑龙江省成长型中小企业评价方法》，聘请有关专家进行了论证和修改。按照评价方法，对全省连续三年进入省统计局数据库的规模以上中小企业前三年经济指标数据进行采集整理，从企业发展状况、盈利水平等六个方面 15 项指标进行定量测评筛选，并组织市（地）中小企业主管部门对筛选出的企业从企业管理、企业信用等四个方面 7 项指标进行定性评价，根据定量、定性评价，初评一批成长性较好的企业。联合多家银行和担保公司成立考察工作组，深入哈尔滨、齐齐哈尔、牡丹江等 12 个市 31 个县，对初评企业逐户进行现场考察，听取企业负责人关于企业情况的介绍，了解掌握企业贷款需求及生产经营情况，于 8 月底完成了评价工作，确定了 200 户成长型中小企业。四家银行能够直接放贷的企业达到 49 户，授信额度达 11.65 亿元；需要进一步与担保机构合作放贷的企业有 21 户。通过黑龙江辰能担保公司与省建行、交通银行、哈尔滨银行、招商银行等金融机构合作，为 45 户成长型中小企业提供了贷款担保 3.3 亿元；有 26 户企业获得国家、省中小企业专项资金支持，额度达 1 575 万元。

2. 强化企业集聚发展，促进结构调整和产业优化升级

省工信委对全省中小企业产业集群发展现状进行深入调研，在调研的基础上，有针对性地指导扶持兰西亚麻、肇源皮革、绥阳木耳、穆棱木业等

10个县域特色园区和产业集群发展。在部分产业集群和企业集中区，指导建立了13个省级中小企业公共服务平台，为集群内中小企业提供研发、检验检测、信息化、培训、交易等多功能共性服务，提升了中小企业整体技术创新能力。组织省内7家金融机构到兰西现场办公，共向兰西中小企业发放贷款8 000余万元。协调人民银行哈尔滨中心支行和省建行，对已经取消的兰西县建设银行重新恢复设立。协调省技术监督局，在兰西亚麻公共服务平台内成立了黑龙江省亚麻产品质量检验检测中心。绥阳木耳产业集群新建6万平方米交易区，预计年底建成。省工信委还积极协调省农行、工商行、信用社，与交易区共同建立电子商务结算系统，开展网上结算。在调研的基础上，共推介了11个服务业绩良好，服务质量、服务信誉优良的公共服务平台和中介服务机构申报纳入国家中小企业网服务导航，为广大中小企业提供更加广泛的共性技术服务。积极争取国家中小企业专项资金支持公共服务平台项目建设，不断完善和提高服务平台的服务功能和水平，今年共有8个公共服务平台获得国家和省级财政资金支持，扶持金额405万元。

3. 积极推进产业配套，大力发展配套经济

加强与中省直等大企业的协调与沟通，积极搭建配套信息交流合作平台，开展大企业与中小企业对接活动。召开了全省中小企业为大企业配套现场会，组织市（地）中小企业主管部门将有配套能力的企业有关资料提供给大企业，促进大中小企业的对接。会上，哈飞等中省直大企业发布了有关配套信息和需求，有8户中小企业与大企业签订了1.8亿元配套协议。工信委还多次组织牡丹江市中小企业与哈飞汽车集团进行对接，经过多方努力，促成了牡丹江市中小企业与哈飞汽车集团的实质性合作。由省工信委、牡丹江市政府、哈飞汽车集团联合主办的“哈飞汽车集团与牡丹江市汽车产业合作洽谈会”6月份在牡丹江市召开。哈飞汽车集团与牡丹江富通汽车空调公司和钻石汽车饰件有限公司签订了配套合作协议。富通公司将为哈飞5种车型配套空调压缩机，钻石公司与康佳公司联合为哈飞配套生产整车系统注塑产品，3户企业一年配套额预计可达1.6亿元左右。为缓解大庆石化产业链配套中小企业流动资金短缺问题，在大庆市举办了两次为大企业配套服务“政银企”对接会。在部分市（地）开展为配套中小企业开发的金融产品“供应链产品”保理和订单融资业务，今年共有50户中小企业通过“供应链产品”保理业务，融资额达7.1亿元。

4. 加强统计运行监测，不断夯实基础工作

一是指导各地中小企业主管部门组织成立了“保增长促发展”专题推进工作组，深入各县区及高新区，摸清企业生产经营情况，帮助企业协调解决各种困难和问题。建立经济运行预测预警机制，按月进行监控，促进企业增产增效，确保全年非公有制经济平稳较快增长。

二是会同省统计局，在原有非公有制经济统计制度的基础上，进一步充实完善了非公有制经济统计监测办法，并创新工作思路，进行中小企业统计监测试行工作。不仅制定了中小企业统计制度，研究了中小企业统计监测办法，而且对统计发布频率及程序进行了周密的安排和部署，从2010年开始试算。

三是按照工信部中小企业司的工作部署，于四季度启动了重点中小企业生产经营运行监测工作。省工信委中小企业局在组织各市（地）中小企业主管部门推荐监测企业名单的基础上，从中评定筛选出30户重点中小企业上报中小企业司，与省中小企业技术创新中心共同开展了月度指标试报送工作，得到中小企业司领导的肯定。同时于12月下旬组织各市地主管部门及30户企业具体负责协同，就统计指标、网上报送程序等进行了专门培训。

四是按照农业部乡镇企业局的统一要求，及时准确地开展了乡镇企业年报统计工作，组织20个统计直报点认真开展统计直报工作。

5. 积极推进项目建设，提升改造传统产业

2009年非公有制企业、中小企业共新上项目440个，为拉动全省工业增长起到了助推作用。积极开展对上项目资金争取工作，全年共申报国家中小企业发展专项资金项目54个，获得补助资金5 980万元；配合申报国家工业中小企业技术改造项目80个，获得国家补助资金7 152万元。省级中小企业发展专项资金导向计划共安排支持资金800万元，先后对中小企业公共服务平台、创业（孵化）基地11个项目进行了资金补助，扶持成长型中小企业发展壮大项目13个，起到较好的示范带动效应，有力地促进了中小企业加快发展。

同时，积极做好项目谋化储备工作。目前，现已储备项目366个，项目总投资198.5亿元，意向性银行贷款54.4亿元。其中：中小企业成长工程项目262个，总投资153.8亿元，意向性银行贷款39.2亿元；成长型中小企业重点项目104个，总投资44.7亿元，意向性银行贷款15.2亿元。

6. 创新完善思路，进一步营造发展氛围

省工信委成立了中小企业专题调研组，深入13个市（地）和部分非公有制企业、中小企业进行调研，并到福建省进行学习考察。通过调研和学习外省经验，进一步查找发展差距，理清工作思路，明确非公有制经济和中小企业加快发展的主攻方向，形成了有情况、有分析、有见解、有对策的《全省中小企业发展情况调研报告》。国务院36号文件正式发布后，我局在前期调查研究及认真学习、深刻领会文件精神实质的基础上着手起草《黑龙江省人民政府关于促进非公有制经济（中小企业）加快发展的实施意见》，省政府第三十五次常务会议原则通过了该意见及相关配套政策措施，即《黑龙江省非公有制经济（中小企业）统计监测办法》、《黑龙江省中小企业公共服务平台认定和扶持办法》和《黑龙江省非公有制经济奖励考核办法》。同时，按照省政府关于实施“十大工程”的要求，研究制定了今后五年的实施方案和行动计划即《黑龙江省非公有制经济加快发展实施方案》，不断完善促进非公有制经济、中小企业发展的政策支撑体系。这些政策措施的出台必将迎

来我省非公有制经济、中小企业发展的黄金时期。

7. 完成的其他工作

一是按照工信部中小企业的工作部署，为保证工信部向全国人大作中小企业工作报告，下年半组织各市地对中小企业工作进行了全面的调研分析，并形成了汇报材料上报了中小企业司。

二是由省工信委会同省人事厅、省财政厅联合开展了县域优秀投资经营者评选奖励工作，共对70个县70名县域优秀投资经营者进行了现金奖励，每户奖励7万元，有效促进了县域经济的进一步发展。

三是省工信委会同省委政研室开展了全省民营经济调研工作，并通过省委政研室向省委书记吉炳轩同志报送了《产业配套工作汇报》、《成长型中小企业工作汇报》、《民营经济发展环境汇报》等专项工作的汇报材料。

四是先后参加了国家部委组织的全国中小企业工作会议、乡镇企业工作会议、全国产业集群工作会议等专项工作会议。

（黑龙江省工信委中小企业局）

上海市

2009年，在党中央、国务院和上海市委、市政府的坚强领导下，面对国际金融危机冲击和自身发展转型的双重考验，在社会各界的大力支持下，上海中小企业振奋精神，加快提高自身素质，增强核心竞争力，积极应对国内外复杂严峻的经济形势，全年保持稳定回升的态势，为上海经济和社会发展作出了积极贡献。2009年全市中小型法人企业（以下简称“中小企业”，不包括非法人企业和个体工商户）呈现“9、8、7、6”的格局。根据市统计局快报数显示，截至2009年底，全市共有中小企业33.8万户，占全市法人企业总数的99.5%，与上年相比基本持平；吸纳从业人员788.5万人，占全市法人企业总数的81.7%，增长0.7%；实收资本总额为21 272.9亿元，占全市法人企业总额的76.5%，增长7.6%；实现营业收入51 130.4亿元，占全市法人企业总额的60.1%，下降0.5%。

一、中小企业发展概况

（一）2009年全市中小企业总体情况

1. 中小企业数量保持稳定。在全市33.8万户中小型法人企业中，中型企业1.1万户，小型企业32.7万户。从近几年看，全市中小企业户数表现为：中型企业数量在全市中所占的比重略有增加，小型企业略有下降。

2. 中小企业从业人员略有增长。全市中小企业从业人员788.5万人。其中，中型企业从业人员258.3万人，占中小企业从业人员总数的32.8%，同比增长0.4%；小型企业从业人员530.2万人，占中小企业从业人员总数的67.2%，同比增长0.8%。中型企业吸纳的从业人员在全市中所占的比重温和上升，小型企业略有下降。

3. 实收资本增长明显。全市中小企业实收资本总额21 272.9亿元。其中，中型企业实收资本7 179.6亿元，占中小企业实收资本总额的33.8%，同比增长1.1%；小型企业实收资本14 093.3亿元，占中小企业实收资本总额的66.2%，同比增长11.2%。中型企业、小型企业实收资本在全市中所占的比重总体保持上升态势。

4. 中小企业营业收入略有下降。全市中小企业实现营业收入总额51 130.4亿元。其中，中型企业实现营业收入16 157.4亿元，占中小企业营业收入总额的31.6%，同比下降2.2%；小型企业实现营业收入34 973.0亿元，占中小企业营业收入总额的68.4%，同比增长0.3%。中型企业营业收入在全市中所占的比重小幅下降，小型企业有所回升。

（二）2009年全市中小企业三次产业情况

1. 企业数量均占9成以上。第一产业、第二产业、第三产业中小企业的户数分别为1 489户、9.9万户、23.7万户，分别占全市一、二、三产业企业数量的99.5%、99.9%和99.4%。三次产业中小企业之间的比例为0.004:0.294:0.702。

2. 从业人员均占7成以上。第一产业、第二产业、第三产业中小企业的从业人员分别为3.8万人、419.0万人、365.7万人，分别占全市一、二、三产业企业从业人员总数的98.0%、85.6%和77.6%。三次产业中小企业之间的比例为0.005:0.531:0.464。

3. 实收资本均占6成以上。第一产业、第二产业、第三产业中小企业实收资本分别为63.8亿元、6 381.3亿元、14 827.8亿元，分别占全市一、二、三产业企业实收资本的65.8%、80.2%和75.0%。三次产业中小企业之间的比例为0.003:0.300:0.697。

4. 营业收入均占4成以上。第一产业、第二产业、第三产业中小企业分别实现营业收入43.4亿元、20 088.5亿元、30 998.7亿元，分别占全市一、二、三产业企业营业收入的49.2%、63.5%和58.1%。三次产业中小企业之间的比例为0.001:0.393:0.606。

（三）2009年中小企业注册类型情况

在全市中小型国有企业，集体企业，私营企业，港、澳、台地区及外商投资企业，混合型企业（除国有，集体，私营，港、澳、台地区及外商投资企业以外的所有企业，以下同）中，中小型私营企业户数和从业人员优势明显，营业收入保持领先；中小型港、澳、台地区及外商投资企业实收资本投入最多。

1. 中小型国有企业。本市共有中小型国有企业6 143户，吸纳从业人员47.9万人，实现营业收入5 489.5亿元，累计实收资本3 781.3亿元，分别占全市中小企业的1.8%、6.1%、10.7%、

17.8%，比上年分别增长 -2.0%、0.03%、-1.6%、-4.8%。

2. 中小型集体企业。本市共有中小型集体企业12 517户，吸纳从业人员39.82万人，实现营业收入1 295.8亿元，累计实收资本418.5亿元，分别占全市中小企业的3.7%、5.1%、2.5%、2.0%，比上年分别增长-1.8%、-1.6%、-3.6%、-7.7%。

3. 中小型私营企业。本市共有中小型私营企业27.5万户，吸纳从业人员406.5万人，实现营业收入19 210.8亿元，累计实收资本4 622.3亿元，分别占全市中小企业的81.6%、51.6%、37.6%、21.7%，比上年分别增长-1.4%、-0.5%、0.2%、-2.2%。

4. 中小型港、澳、台地区及外商投资企业。本市共有中小型港、澳、台地区及外商投资企业25 874户，吸纳从业人员191.2万人，实现营业收入16 214.3亿元，累计实收资本7 125.5亿元，分别占全市中小企业的7.7%、24.2%、31.7%、33.5%，比上年分别增长16.9%、2.8%、-0.9%、7.8%。

5. 中小混合型企业。2009年，本市共有中小混合型企业17 733户，吸纳从业人员103.1万人，实现营业收入8 919.9亿元，累计实收资本5 325.2亿元，分别占全市中小企业的5.3%、13.1%、17.5%、25.0%，比上年分别增长2.1%、2.9%、0.1%、32.6%。

（四）2009年中小企业资本来源情况

1. 中小企业资本来源的总体分布。2009年，本市中小企业累计实收资本21 272.9亿元，占全市法人企业总额的76.5%，与上年相比增长7.6%。其中，国家资本3 626.9亿元，占全市中小企业资本投入总额的17.1%；集体资本702.7亿元，占3.3%；法人资本6 930.1亿元，占32.6%；个人资本4 138.0亿元，占19.5%；港澳台商资本2 012.2亿元，占9.5%；外商资本3 858.5亿元，占18.1%。

2. 中小企业主要资本来源情况。

（1）国有资本。中小企业国有资本为3 626.9亿元，比上年增长1.0%。从三次产业看，国有资本主要投向第三产业，第三产业中小企业国有资本3 179.4亿元，占中小企业国有资本总额的87.7%；从注册类型上看，国有资本主要投向国有企业，资本总额为2 475.3亿元，占68.3%；从行业大类来看，国有资本主要投向商务服务业、房地产业、工业、交通运输业、批发业等，5个行业分别占中小企业国有资本总额的46.6%、19.9%、9.1%、7.4%、6.9%。

（2）法人资本。中小企业法人资本为6 930.1亿元，同比增长20.4%。从三次产业看，法人资本主要投向第三产业，资本总额累计为5 185.4亿元，占中小企业法人资本总额的74.8%；从注册类型上看，法人资本主要投向混合型企业，资本总额累计为3 502.5亿元，占50.5%；从行业大类来看，法人资本主要投向商务服务业、工业、房地产业、批发业、交通运输业等，5个行业分别占中小企业法人资本总额的36.6%、22.0%、18.8%、6.1%、6.0%。

（3）个人资本。中小企业个人资本为4 138.0亿元，同比下降1.9%。从三次产业看，个人资本主要投向第三产业，资本总额累计为2 941.4亿元，占中小企业个人资本总额的71.1%；从注册类型上看，个人资本主要投向私营企业，资本总额累计为3 439.8亿元，占83.1%；从行业大类来看，个人资本主要投向批发业、工业、商务服务业、房地产业、建筑业等，5个行业分别占中小企业个人资本总额的23.4%、20.1%、18.7%、11.0%、8.1%。

（4）外商资本。中小企业外商资本为3 858.5亿元，同比增长3.7%。从三次产业看，外商资本主要投向第二产业、第三产业，资本总额分别为2 109.9亿元、1 746.3亿元，分别占中小企业外商资本总额的54.7%、45.3%；从行业大类来看，外商资本主要投向工业，商务服务业，房地产业，批发业，信息传输、计算机服务和软件业等，5个行业分别占中小企业外商资本总额的54.2%、15.3%、10.9%、8.3%、2.5%。

二、2009年上海中小企业主要工作

2009年，围绕推动落实“服务企业保增长”的系列政策举措，根据“三保三抓（保增长、保就业、保企业，抓基础、抓突破、抓重点）”的工作要求，在促进中小企业发展方面，主要开展了以下五方面工作：

（一）优化中小企业发展环境，推动政策落实

1. 积极推动中小企业地方立法工作

配合市人大开展课题调研，形成调研报告和“上海市促进中小企业发展若干规定”草案建议稿。市人大常委会通过的“市人大常委会2010年度工作要点”中，已将该项工作纳入今年正式立法计划项目。

2. 加大中小企业发展专项资金扶持力度

组织中小企业申报国家中小企业发展专项资金、工业中小企业技术改造专项资金、国家中小企业服务体系专项补助资金、国家中小企业平台式服务体系建设专项资金等各类扶持中小企业发展的专项资金，全年通过中小企业办组织累计获得国家资金1.63亿元。同时，做好本市中小企业发展专项资金管理工作，印发了《上海市中小企业发展专项资金管理办法》（沪经规［2009］258号），2009年本市中小企业专项资金共资助89个项目。

3. 完善政策，加大宣传贯彻力度

牵头相关部门制定本市贯彻《国务院关于进一步促进中小企业发展的若干意见》的“实施意见”。利用各种渠道，加大中小企业相关政策的宣传，推动政策落实。编写了《上海中小企业政策法规汇编》一书，免费向中小企业发放。

（二）进一步完善工作服务体系，加强企业服务

1. 理顺区县中小企业工作对接机制

建立本市“区县中小企业工作双月例会”制度。定期沟通市、区（县）中小企业工作重点、热点、难点，交流中小企业工作经验，部署阶段性工作。形成市、区（县）全覆盖的中小企业工作上下对接机制。

2. 支持中小企业服务体系建设

推动支持普陀、虹口等区（县）成立区中小企业服务中心，为中小企业提供综合性服务。

3. 拓展市级中小企业公共信息服务平台功能

做好“上海中小企业”网站功能拓展工作，支持区县建立分网。提升“上海中小企业114”服务热线功能。

4. 完善中小企业运行监测机制

开展对全市规模以上工业中小企业月度运行情况监测分析。监测分析行业、百家和千家成长型中小企业运行情况，编发工作专报和简报，及时反映发展态势。

5. 做好服务企业保增长工作

网上开通了“企业呼声直通车”，积极协调企业困难和问题，加强对中小企业的协调和服务。配合国家、市各相关部门调研工作。

6. 深化推进“上海市中小企业百千万成长工程”

确定了120家上海市百家重点培育的成长型中小企业和市区联手培育的千家成长型中小企业。编印了《上海市成长型中小企业服务指南》，围绕改制上市、信息化培训、专业化配套对接、银企对接等开展综合服务工作。

（三）拓宽融资渠道，缓解中小企业融资困难

1. 积极推动上海中小企业改制上市培育工作

建立完善工作机制，组织相关培训，协调解决企业困难和问题。2009年，在创业板上市方面，共有3家中小企业过会或上市，另有11家已向证监会提出创业板上市申请并获受理函。在中小板上市方面，共有5家企业上市或过会，另有9家向证监会提交了上市申请并获受理。

2. 进一步完善中小企业融资担保体系建设

开展信用评级，组织落实担保机构营业税免税申报工作，组织开展国家中小企业信用担保业务补助资金项目申报、推荐工作。推动成立再担保公司。2009年末，上海注册的各类担保机构共85家，担保资金共计125亿元，在缓解中小企业融资难、担保难方面发挥了一定作用。

3. 促进银企交流对接

同浦发银行、民生银行各签署了20亿元支持成长型中小企业的融资授信框架协议，鼓励银行推出了“玲珑透”等创新金融产品。此外，联合举办了“2009上海金融业服务中小企业洽谈会”、“上海银行业支持科技型中小企业融资洽谈会”，在徐汇、青浦等区（县）举办融资巡回服务专场，促进银企对接。

4. 探索推进中小企业债券融资和股权融资

指导闵行区成功发行中小企业集合票据，涉及7家中小企业，募集资金5亿元，期限3年，票面利率低于同期银行贷款利率1个百分点，开创了本市中小企业通过债券市场融资的新渠道。推进闵行区先进制造业中小企业集合中期票据发行工作。推动成立“上海五星联盟”，重点解决企业不同发展阶段资金需求问题，解决高新技术产业化（专利转化为产品）所需资金问题。

5. 配合做好小额贷款公司的试点

配合做好小额贷款公司的验收、评审等工作。2009年末，小额贷款公司试点范围已从10个郊区县扩大到全市范围，本市18个区（县）共获批设立小额贷款公司45家，其中开业35家。

6. 推进中小企业信用体系建设

会同有关部门，共同开展中小企业信用征集评价体系建设，开展“市小企业信贷网络服务平台建设”。

（四）支持企业科技创新，推动提升竞争能力

1. 组织做好高新技术产业化专项对接

组织百家成长型中小企业陆续开展了新材料、航空航天、新能源汽车、软件与信息化等高新技术产业化重点领域专项对接活动。

2. 推动中小企业提升产业能级

安排支持中小企业产业升级专项资金，鼓励中小企业使用研发公共服务等各类平台，引导中小企业向“专、精、特、新”方向发展。

3. 推进中小企业信息化建设

举办信息化系列培训，开展“上海中小企业健康成长计划”活动，加大中小企业信息化资金支持和宣传力度，做好中小企业信息化规划，促进中小企业工业化、信息化“两化融合”。

（五）积极搭建合作交流平台，帮助企业拓展市场

1. 联手支持中小企业参与政府采购活动

会同市财政局制定了《上海市政府采购促进中小企业发展暂行办法》，已于2010年1月1日正式实施。办法规定对中小企业参与政府采购进行相关费用减免，对预算金额在200万元以下的政府采购项目规定应当从中小企业采购。

2. 组织企业参加中外合作交流

组织95家企业127个展位参加了第六届中国国际中小企业博览会，与欧、美、日等国中小企业和行业协会、商会对接洽谈，为广大中小企业搭建“展示、交易、交流、合作”平台，帮助开拓国内外市场。

3. 联合举办“第三届中国中小企业节”

市政府与中国中小企业协会于10月30日至31日在上海奉贤区成功举办了“第三届中国中小企业节”。期间，分别举行了“大陆与港、澳、台地区中小企业高峰论坛”和“高新技术产业化与中小企业发展论坛”，发布了《中国中小企业发展蓝皮书》和“2009年度中国中小企业创新成果”。

（上海市促进中小企业发展协调办公室）

江苏省

2009年，我省以民营经济为主体的中小企业遵循科学发展观，围绕“保增长、调结构、促发展”主线，认真贯彻落实中央和省的各项决策部署，积极应对国际金融危机的冲击，加快转变发展方式，着力提高自主创新能力，在推动转型升级，缓解融资难题，完善服务体系、拓展销售市场，坚定发展信心等方面取得明显效果。全省中小企业、民营经济发展企稳向好，主要经济指标增速逐月提高，发展好于预期，保持了平稳健康发展的态势。

一、中小企业运行情况

1. 企业总数增加，规模水平提高

2009年底全省工商登记注册的中小企业（含分支机构）110万个，比上年底增加9万个。全省私营企业累计注册登记91.2万户，比上年底增长11.7%，累计注册资本20 137亿元，比上年底增长28.1%。私营企业平均注册资本221万元，比上年底提高28.4万元。个体工商户累计注册登记261.4万户，比上年增长14.7%，累计注册资本1 581.7亿元，比上年增长31.3%。

2. 工业经济回升基础逐步巩固，发展速度逐季加快

2009年底全省中小工业企业39万家。其中规模以上中小工业企业总数57 384个，比上年底增长26.2%，占全省规模以上工业企业数的99.3%；全年实现总产值51 188亿元，占全部工业的70.1%，同比增长14.7%，高于全省规模以上工业增幅2.6个百分点，增幅分别比一季度、上半年和三季度提高了6.4个、4.3个和3.4个百分点；规模以上中小工业企业实现销售收入49 643.3亿元，占全部工业的69.7%，同比增长13.7%，高于规模以上工业销售收入增幅2.3个百分点，分别比一季度、上半年和三季度提高7.4个、5.6个和3.9个百分点。

3. 运行质量稳步提高，效益增速高于全部工业

2009年全省规模以上中小工业实现利税总额4 723.3亿元，占全省规模以上工业的73.3%，同比增长26.4%，高于规模以上工业增幅5.2个百分点；实现利润总额2 844.3亿元，占全省规模以上工业的73.6%，同比增长31.7%，高于规模以上工业增幅7.4个百分点。至12月底规模以上中小工业亏损企业数为6 705个，比11月末减少967个，同比降低8.6%；亏损企业亏损额同比降低23.3%。

4. 八大主要行业加快回升，效益指标增幅平稳提升

2009年医药、机械和建材行业高位增长，销售收入同比分别增长31.6%、19.5%和16.7%，利润同比分别增长22%、30.9%和19.7%。轻工、石化和纺织行业增幅平稳，销售收入同比分别增长13.5%、12.1%和8.6%，利润同比分别增长28.5%、27.1%和27.5%。冶金（有色）、电子行业有所增长，销售收入同比分别增长6.7%、8%，利润增幅分别为26.4%和-1.5%，其中电子行业利润增幅比上月回升10.8个百分点。

5. 出口下滑趋势得到遏制，降幅继续收窄

2009年全省规模以上中小工业企业实现出口产品交货值7 695.3亿元，同比下降2.4%，分别比一季度、上半年和三季度累计增幅回升6.9个、4.5个和4个百分点。苏南地区实现出口产品交货值5 513.8亿元，同比下降3.8%；苏中、苏北地区出口保持正增长，苏中实现出口产品交货值1 771.9亿元，同比增长1.1%；苏北实现出口产品交货值409.6亿元，同比增长1.7%。

6. 骨干企业强势支撑，增速快于全省水平

1~11月销售收入前100家规模以上中小工业企业实现总产值4 506.5亿元，同比增长20.8%，高于全省规模以上中小工业企业增幅7.1个百分点；实现销售收入、利税总额和利润分别为4 383.5亿元、648.53亿元和383.18亿元，同比分别增长20.2%、47.6%和65.6%，分别高于全省规模以上中小工业销售收入、利税和利润增幅7.7个、22.1个和37.1个百分点。100家企业中，销售收入在50亿~100亿元之间的企业有18家。其中百亿元以上的企业有4家（中天钢铁集团、江苏三房巷集团、海澜集团、亚邦化工集团）。

7. 贡献份额提高，地位作用明显

2009年作为中小企业主体的民营企业，对全省经济发展的贡献明显。全省规模以上民营工业企业增加值为8 288.8亿元，占全省规模以上工业的49.55%，比上年底提高3.43个百分点，同比增长18.9%，高于全省规模以上工业增幅4.3个百分点。全省民营经济上缴国地两税收入共2 499.5亿元，同比增长10.1%，比上半年增幅提高10.8个百分点，缴税总额占全省税务部门直接征收总额的49.3%。2009年全省民间投资为11 746.2亿元，同比增长26.9%，占全省社会投资总额的62.6%。其中私营个体经济完成工业投资4 621.2亿元，同比增长28.5%，高于全省工业投资增幅7.6个百分点；私营个体工业投资占全省工业投资额的比重达46.1%，比去年同期提高2.7个百分点。截至2009年底全省私营和个体工商户累计就业人数1 776.5万人，比上年底增加145万人。

二、推动中小企业健康发展的工作举措

一是积极营造发展环境增强发展信心。以全面落实中央和省委、省政府的各项决策部署为抓手，及时提出应对措施，引导企业克服金融危机影响，恢复加快发展的信心，营造有利于企业发展的环境。省政府出台《促进中小企业平稳健康发展的意见》后，推动相关部门狠抓贯彻落实，从推动经济发展方式转变、加快产业集群建设、加大资金

扶持力度、帮助开拓国内外市场等十个方面，促进企业保持平稳发展。根据省人大常委会组织《中小企业促进法》和我省《条例》的执法检查的情况，结合现行产业发展、税收政策的变化及企业发展中面临的问题，就有关技术开发费抵扣、设立专项资金、担保体系建设等方面的内容提出修改意见，省人大对《条例》进行修订，新《条例》于2009年6月1日起施行。国务院36号文件《关于进一步促进中小企业发展的若干意见》出台后，我们组织力量在全省进行调研，听取基层意见和建议，省政府正在抓紧出台贯彻36号文件的实施意见。为加快走出金融危机的影响，加大对企业资金的扶持力度，改变以往的做法，提早安排年度中小企业发展专项资金项目，于上半年就重点对650多个中小企业技术创新、产业集聚、服务体系建设项目进行扶持，引导和支持中小企业应对危机、平稳发展。

二是努力缓解企业融资难题。加快担保体系建设，截至2009年底，全省纳入中小企业主管部门备案管理的担保机构260户，注册资本总额215.3亿元，同比增长29%，当年新增担保贷款1 047亿元，同比增长41%。全省担保机构市、县（市）覆盖率达到85%以上，部分地区已延伸到乡镇。鼓励银行业金融机构向年销售收入3 000万元以下、贷款余额500万元以下的小企业发放贷款，并进行风险补偿。省财政补助1亿元，对全省239家银行业金融机构发放的238.46亿元小企业贷款增量给予风险补偿。推动银企合作，举办形式多样的推介会，积极争取商业银行对中小企业加大信贷规模的支持，努力缓解企业融资难题。整合金融服务资源，搭建长期、稳定的银企互动平台，开发建设的江苏省中小企业融资服务网，9月开通运行以来，全省已有400多家企业在网上发布融资需求，开展合作的银行30余家，成功发放贷款6.5亿元。拓宽企业融资渠道，推动企业上市融资。对符合上市条件或有上市意向的200家企业进行重点培育和辅导。目前我省已有3家企业上市，11家已经上报材料，68家进入辅导期。

三是加快推进服务体系建设。加快建立健全社会化服务体系，为各类企业的发展提供专业化、社会化的服务，有效降低企业创立、发展的成本，为促进企业转型升级提供保障。根据各级中小企业服务中心建设的目标，到目前已建立中小企业服务中心55家，占市、县总数的85%。部分市的服务中心建设已延伸到乡镇、街道。在全省推出100家中小企业社会化服务体系建设示范单位，示范并引导社会化中小企业服务机构开展工作。积极引导小企业创业基地的建设，培育一批土地利用率高、公共设施齐全、配套服务功能完善、示范带动作用强的小企业创业基地。小企业创业基地已覆盖全省各县（市）区，部分地区已覆盖到重点工业集中镇。大力推进产业集聚区标准厂房建设，为创业搭建平台，降低企业的创业成本和进入门槛。对2008年度标准厂房建设补贴近1 000万元，2009年建标准厂房超过2 000万平方米。组织创业辅导专家，到全省重点培育的小企业创业基地巡回实施企业诊断与辅导服务，对创业人员和初创小企业开展形式多样的创业辅导和培训。

四是推动自主创新促进企业转型升级。大力推进中小企业知识产权产业化，根据《江苏省中小企业专利新产品确定实施办法》，组织认定229个产品为2008年度江苏省中小企业专利新产品，其中发明专利120个，占52.4%。积极推进科技型中小企业创新发展，根据《江苏省科技型中小企业评审推荐办法（试行）》，启动并开展省科技型中小企业评审推荐工作。在2008年首批确定省科技型中小企业209家的基础上，2009年又确定第二批167家。这批企业主要集中在新材料、新能源、新医药及生物工程等新兴产业和光机电一体化、电子信息等高新技术领域。利用现有科技资源，依托产业集群建立区域性公共技术服务平台，全省百家重点产业集群1/3以上已建立公共技术服务平台。省重点培育平台和省示范平台达46家。做好2009年中国（无锡）民营企业高新技术洽谈会各地参展工作，组织征集企业技术难题174项，技术合作项目90项，产学研合作成果64项。

五是大力推进企业两化融合。大力推进企业信息化，开展2009年“电子商务开拓市场促进年”活动，促进企业利用电子商务突破市场瓶颈。启动实施江苏中小企业“百千万”电子商务推进工程。制定下发了《关于实施江苏中小企业“百千万”电子商务推进工程的通知》，确定在2009～2011年三年期间，免费开展“百场万企”电子商务培训；每年扶持5 000家企业、三年引导5万家以上企业利用阿里巴巴电子商务平台开展电子商务；免费为5万家企业提供“旺铺”体验服务。免费开展电子商务培训70场，培训企业2 000家。推荐认定了一批中小企业信息化应用示范单位、服务示范企业和优秀解决方案。支持中小企业信息化建设，在省中小科技型企业发展专项引导资金技术创新项目中，安排700多万元，支持以电子商务平台建设为主的中小企业信息化发展。

六是搭建服务平台加大市场开拓力度。抢抓扩大投资、拉动内需的有利时机，着力构建服务平台，开展多层次、多形式产品营销和推广活动，鼓励引导和帮助企业加大市场开拓力度。5月省政府和工信部在苏州共同主办“2009中国（江苏）装备产业配套对接洽谈会”取得较好成效。6月份组织“2009年中国江苏—意大利经贸合作交流活动”，部分企业远赴意大利开展双边经贸合作，签订经贸合作协议金额10亿元。组织企业参加跨国零售集团采购会、江苏产品万里行（武汉、西安、沈阳）展销会、第六届中博会、第四届中交会等活动。同时积极发挥商业网站作用，利用阿里巴巴电子商务平台，建立“江苏中小企业电子商务专区”，帮助企业开拓市场。目前阿里巴巴江苏分站内总会员数近5万名，2.1万家江苏企业通过各种途径申领了免费“旺铺”。

（江苏省中小企业局）

浙江省

一、浙江省中小企业发展概况

2009年，全省中小企业系统认真贯彻中央和省委省政府工作部署，深入实施“标本兼治、保稳促调”总战略，积极应对国际金融危机的巨大冲击，狠抓工作落实，全省中小企业发展出现了积极变化，急剧下行的势头基本遏制，部分行业和企业止跌企稳回升迹象进一步明显。

至2009年底，全省共有各类工业中小企业（含个体工业户）97.27万家。其中，规模以上工业中小企业5.89万家，同比增长2.99%。规模以下工业中小企业单位数15.05万家，同比增长-11.47%。规模以上工业中小企业主营业务收入3.23万亿元，同比增长2.54%。全部从业人员平均数70.07万人，同比增长-2.34%。

（一）回升比预想要快

2008年下半年以后，我省规模以上工业中小企业增加值同比增幅开始持续下降，到2009年2月底更是降到了-9.9%的历史低谷，直到5月增加值单月同比增幅开始出现正增长，达到5.0%，之后一路回升，第一季度、第二季度、第三季度、第四季度分别为-8.2%、2.1%、4.0%、6.8%，呈现V形反弹，目前企稳向好的势头基本稳定。2009年全省GDP增长8.9%，中小企业的贡献率超过80%。

（二）效益比预想要好

2009年2月底，全省规模以上工业中小企业利润总额同比下降33.5%，达到最低点，此后逐月增长，到8月份开始出现正增长，到12月份利润总额同比增长达到30.71%，基本恢复到经济危机前的水平。规模以上工业中小企业税金总额累计同比增幅在5月出现拐点，达到0.59%，到12月达到7.95%。中小企业亏损面则由一季度的30.1%下降到年底的14.4%。

（三）就业比预想要稳

一年多来，我省中小企业开工状况总体良好，没有出现大幅裁员。2009年，全省规模以上工业中小企业从业人员700.7万人，虽然同比下降2.34%，但从3～12月逐月的用工情况来看，中小企业用工人数一直呈增长态势，几百万被迫返乡的农民工绝大多数又回到了工作岗位，全省不少地区又出现了久违的用工荒现象。

（四）信心比预想要足

虽然遭受金融危机的严重冲击，但我省绝大多数的中小企业主经受住了严峻考验，信心指数逐季攀升，一季度为97.9，二季度为109.7，三季度为118.9，四季度达到131.2点，已接近2008年一季度时的水平，创下了国际金融危机以来的新高。企业景气指数达到134.6点，分别比三季度和上年同期回升了7.9点和26.6点，其中工业企业景气指数回升更为明显。这些表明我省中小企业生产经营状况快速好转，已逐渐步入稳步上升的轨道。

（五）产业集群发展较快

目前全省特色产业集群多数是中小企业聚集区。2009年全省年销售收入在10亿元以上的产业集群有312个，其中50亿元以上的有176个，100亿元以上的有64个，200亿元以上的有26个。312个产业集群的销售收入已突破2.8万亿元，约占全省工业总量的54%。这些各具特色的产业集群的发展壮大，形成了“建一个市场，带一批产品，活一地经济，富一方百姓，兴一个城镇”的局面，支撑了全省经济的“半壁江山”。

二、《浙江省人民政府关于促进中小企业加快创业创新发展的若干意见》正式出台

2009年5月，根据吕祖善省长和金德水副省长的指示，在省政府办公厅的精心指导下，省中小企业局专门成立政策起草工作小组，积极会同相关部门，认真研究起草了《浙江省人民政府关于促进中小企业加快创业创新发展的若干意见》（下简称《意见》）。《意见》在大量调查研究的基础上，历时半年多，数易其稿，反复研究协调。期间，起草组多次召开座谈会，听取省财政、工商、国土、科技、国税、地税、金融、人行、银监、证监、保监等有关部门的意见。金德水副省长先后两次专门听取政策起草工作情况汇报，并亲自召集17个省级部门召开中小企业政策协调会，对政策意见进行逐条研究。去年12月，省政府召开第44次常务会议，审议通过了《浙江省人民政府关于促进中小企业加快创业创新发展的若干意见》（浙政发［2010］4号）。这是省委省政府应对金融危机，实施“标本兼治、保稳促调”战略举措的重要内容，充分体现了省委省政府对中小企业发展的高度重视和关心。

这个文件也是继2005年省政府制定出台的《浙江省促进中小企业发展条例》之后，又一个针对中小企业发展的重要综合性文件。《意见》明确了今后五年我省中小企业发展的指导思想和主要任务，提出了从中小企业数量大省向素质强省转变的发展战略目标，制定了包括：鼓励创业、支持创新、改善融资、强化服务、加强领导等6个方面40条措施，把解决中小企业的现实困难与保持平稳较快发展、推进结构调整和转型升级结合起来，为进一步加快我省中小企业创业创新发展指明了方向。

三、《浙江省促进中小企业发展条例》执法检查圆满完成

为深入贯彻落实省委“创业富民、创新强省”

总战略和“标本兼治、保稳促调”的总体思路，积极应对金融危机，帮助中小企业渡过难关，促进中小企业创业创新，省人大常委会把《浙江省促进中小企业发展条例》列入2009年执法检查工作计划。年初我局就《浙江省促进中小企业发展条例》贯彻实施情况向省人大财经委作了专题汇报。从2月份开始，历时两个月，省局派出三个检查组，配合省人大，对全省11个设区的市和滨江区、萧山区、富阳市、慈溪市、诸暨市、乐清市、永康市、嘉善县、德清县、天台县、岱山县、龙游县、缙云县等13个县（市、区）进行了实地执法检查，全面掌握各地贯彻实施情况，深入了解中小企业发展形势，调研中小企业面临的主要困难和突出问题，收集中小企业的意见和建议，为省政府起草了《浙江省人民政府关于促进中小企业发展条例贯彻实施情况的报告》，进一步推动了《中小企业促进法》和《浙江省中小企业促进条例》的贯彻实施。

省委书记、省人大常委会主任赵洪祝高度肯定了这次执法检查，要求省政府及其有关部门要按照省人大常委会的审议意见，认真抓好有关问题的整改落实，加大中小企业政策扶持力度，着力减轻企业负担，不断改善公共服务，帮助企业渡过难关，为实现我省经济平稳较快发展而努力。

四、多渠道破解中小企业融资难

进一步完善中小企业信用担保体系。截至2009年底，全省为中小企业融资服务的各类中小企业信用担保机构达到360多家，筹集担保资金140多亿元，已为11万家中小企业提供1 900亿元的贷款担保服务，我省中小企业融资担保工作走在了全国前列。

进一步发展壮大中小企业融资平台。三年多来，浙江省中小企业创业融资平台已为570多个中小企业融资项目提供了9亿多元基准利率贷款，融资平台功能得到有效发挥。在此基础上，通过与有关单位反复论证，在借鉴创业融资平台第一、第二组团成功运行经验的基础上，去年6月又成功组建了温州组团和台州组团两个区域性融资平台。

进一步加大小企业贷款风险补偿力度。在保持政策稳定性、连续性的基础上，2009年又重新修订了《浙江省小企业贷款风险补偿办法》，增加了服务业和小额贷款公司的风险补偿。4年来，全省列入风险补偿范围的新增小企业贷款合计达393亿元，30多万家微小企业得到银行业金融机构的信贷支持。

进一步推进银企合作。先后与人行杭州中心支行合作签署了《浙江省“千家成长万家培育”中小企业金融支持计划》；与省工行联合开展中小企业融资“解冻迎春”行动，为成长型中小企业解决100多亿元贷款；与省农行、省移动公司合作开展“e融行动”，为中小企业提供低成本的资金和信息化服务；与省建行、光大银行、中信银行、浦发银行等金融机构联合探索服务中小企业融资的新渠道，在国内率先推动小企业集合债权信托产品融资新模式。目前已成功发行10期、总额6.3亿元的小企业集合信托产品，受益小企业200余家。另外，省局还与省保监局合作，试点成长型中小企业贷款信用保证保险、资产监管责任保险等新的险种，探索保险支持中小企业发展的新渠道。

进一步支持金融部门改善金融服务。支持银行业金融机构建立小企业金融服务专营机构，积极推动5家村镇银行、92家小额贷款公司等地区性中小金融机构的发展。据人行部门提供的数据，截至2009年11月，全省各金融机构为中小企业提供贷款达18 725亿元，占全部企业贷款总额的85%，比年初增加4 255亿元。

五、我省中小企业服务平台建设成绩喜人

重新审定确认了7家省级小企业创业基地，全省省级小企业创业基地总数达到172家，建成创业用房和利用旧厂房面积近300万平方米，入驻小企业7 655家，安排就业48.3万人。加快中小企业创新服务体系建设，重点推进以行业和区域技术服务平台为载体的共性技术服务体系建设，推动成长性好的中小企业加快技术改造。目前已建成省级中小企业技术创新服务中心502个，省级中小企业共性技术服务平台86个，2009年又有20个项目获得工信部和省局近3 000万元的资金支持，全年累计争取国家各类资金补助达到8 000多万元。

六、省级小企业创业基地建设迈上新台阶

经过5年多时间的实践探索推动，全省172家省级小企业创业基地建设，无论从规模还是质量，都在逐年提高，已基本形成一套成熟的管理体制和运行机制，建立了一支开拓、创新、务实、业务素质好、服务能力强的工作队伍，创业基地服务设施不断完备，服务功能不断完善。

（一）融资服务

创业基地内企业优先享受创业资金的扶持，优先推荐信用担保。切实帮助解决入驻企业科研、生产以及流动资金的困难，扶持有市场前景的企业和产品。通过民营投资担保公司，推出创业企业融资担保业务，重点为科技含量较高、市场前景好的企业提供银行贷款担保。必要时，结合信托资金设立中小企业融资担保基金。

（二）技术服务

创业基地与大专院校、科研单位签订技术合作协议，帮助入驻小企业解决技术难题和员工培训，开展技术创新、产品研发。

（三）创业服务

在创业基地小企业提供创业辅导，邀请知名企业家为在孵企业进行创业辅导，并有针对性地进行一对一的诊断与辅导。专业技术培训、订单式人才

培养与服务。引进律师事务所和会计事务所，极大地解决了企业在法律、财务方面的困惑，以免费形式为这些企业提供咨询服务。为企业提供政策服务，并帮助企业进行各类科技项目申报。

（四）市场服务

创业基地成立了产、供、销合作平台，相同及相近产品企业组成一个团体，在材料采购、产品销售等方面实现信息共享，合理使用资源，降低成本，提高抗风险能力。

（五）一条龙服务

创业基地整合服务资源，提高管理人员的服务意识、服务质量和服务水平，做好服务文章，以优化服务来提升创业环境，为入驻企业在政策法律咨询、工商登记、安全生产、劳动人事等方面提供优质、高效、便捷服务。对入驻企业履行一整套服务职能，为企业提供物业管理和水、电供应，免收维修管理费，各企业用水、电分别计算；为企业员工提供住宿、就餐、娱乐、购物等第三产业的有偿服务；为入驻企业做好到当地工商、税务、公安、银行等部门办理证照提供代理服务；配合当地镇政府做好人员管理，并按时与入驻企业签订相关的治安、安全、消防、环保等工作责任制及目标管理责任制及目标管理责任书，为企业提供有序安全的生产、生活环境。

七、扎实开展“服务企业　服务基层”专项行动

根据省委“服务基层、服务企业”活动的统一部署和安排，去年全省各地各部门共有近30万名机关干部深入企业，落实帮扶措施1.6万多条，解决实际问题8万多个，帮助企业融资2 500多亿元。省局由委领导带队组织20多名干部深入温州、台州集中开展为中小企业排忧解难“双服务”活动。服务期间，先后组织召开座谈会139场次，走访企业和基层472家，解决实际问题和落实帮扶措施302个。同时，积极配合参与其他单位牵头的“双服务”活动，答复解决了一批难题。在“双服务”活动的推动下，全省各级认真落实中央和省政府各项政策措施，积极推进企业减负行动，全年累计减轻企业负担1 500亿元，同比多减近500亿元，让中小企业得到了实实在在的支持。

八、微小企业培育信息库建设取得明显成效

继续开展“三年万家”微小企业上规模培育工作，选取14 510家年销售收入500万元以下具有成长性的微小企业进入信息库，已有3 000多家微小企业成长为规模以上企业。在此基础上，经各地推荐认定了2009年度全省100家小企业创业新星。

九、创业辅导工作

2009年，全省共组织了680多场次的创业辅导活动，参加人数达3.5万人次，辅导企业2 200家。

创业辅导与管理创新工作有机结合。组织创业指导师深入萧山、富阳、湖州、台州等地十几家管理创新工作较好的企业，通过听汇报、走现场、看资料，为企业现场“把脉”，切实为企业解疑惑、除难题，受到企业的高度评价。在全省评选出5个管理创新成果，上报中国企业联合会管理现代化办公室参加国家级评审。

创业辅导与“服务企业、服务基层”专项活动有机结合。配合省委“双服务”第三服务组活动，制定并实施了“创业辅导月暨法律服务月”活动方案，五下温州，在温州鹿城区、永嘉、洞头、瑞安、平阳、文成等地组织开展50余场（次）免费创业辅导活动，深入企业开展战略目标、人力资源、现场流程、市场营销、财务管理等方面的现场咨询和诊断，参与的企业家和中高层管理人员累计达3 000余人次。

继续完善中小企业创业辅导体系。继续建立县级中小企业创业辅导中心网络，向有关县市区下发了《关于申报县级中小企业创业辅导中心的通知》，经过县级申报、市级审核，再次确定了龙游县中小企业服务中心等六家单位为县级中小企业创业辅导中心。

不断提升小企业经营者的整体素质。举办了浙江省小企业基地辅导培训班，100余人参加了培训。针对小企业目前在发展中存在的问题，邀请知名专家、教授，讲授国际分工调整与中小企业发展、劳动合同法若干热点难点问题分析及中小企业的税务筹划等课程，帮助小企业主拓展经营思路，解决疑惑问题。

十、浙江省中小企业创业融资平台台州组团成立

2009年6月26日，浙江省中小企业促进中心台州分中心暨浙江省中小企业创业融资平台台州组团揭牌成立。台州组团由台州市规模较大、风险控制良好的6家中小企业信用担保有限公司组成，是省创业融资平台继温州组团之后的第二个区域性融资分平台。

台州组团的成立，是对省创业融资平台的进一步开拓创新。相对于省创业融资平台的其他分平台，台州组团成员的风险准备金都超过了100万元，增强了分平台的抵御风险能力；台州市政府出资300万元作为台州平台的风险准备金，地方政府的资金进入，提升了分平台的信用；台州平台6家成员担保机构注册资本金总额为5.94亿元，较大的资本金实力保证了平台成员的业务能力。

十一、我省首家由央企出资设立的融资性担保机构批准设立

2009 年 5 月，浙江长城国盛担保有限公司在大华饭店举行成立仪式。这是自 2009 年 1 月 29 日，中华人民共和国国务院第 548 号令修改《国务院对确需保留的行政审批项目设定行政许可的决定》颁布以来，按省政府领导的批示精神，在省中小企业局、省金融办、省银监局及杭州市政府等相关部门共同努力下，由省中小企业局审批设立的第一家融资性担保机构。该公司也是我省首家央属国有金融机构出资设立的担保公司，对推动我省担保行业发展将起到积极的作用。

十二、浙江省中小企业"e 融行动"启动暨签约仪式隆重举行

2009 年 12 月 18 日，为了充分发挥浙江省中小企业局的组织与协调优势，中国移动通信集团浙江有限公司的资信与信息化服务优势，中国农业银行股份有限公司浙江省分行的资金与金融服务优势，面向我省中小企业三方联合开展"e 融行动"，积极服务成长型中小企业，努力破解中小企业融资难题，浙江省中小企业"e 融行动"启动暨签约仪式在省人民大会堂宴会厅隆重举行。省人民政府金德水副省长参加了签约仪式并发表重要讲话。浙江省中小企业局高鹰忠局长、中国移动通信集团客户部沈卫中副部长、中国移动通信集团浙江有限公司钟天华总经理、中国农业银行股份有限公司浙江省分行赵忠世行长出席仪式。

十三、浙江省中小企业创业融资平台温州组团正式成立

6 月 12 日，由 9 家担保机构共同参与的浙江省中小企业创业融资平台温州组团在温州正式成立。

多年来，融资难一直是温州中小企业发展的重大难题。根据温州发展实际，省中小企业局与国家开发银行浙江省分行、温州市政府多次研究和沟通，决定借鉴省中小企业创业融资平台第一、第二组团的成功运行经验，建立全省第一个中小企业创业融资的区域性分平台——浙江省中小企业创业融资平台温州组团。该组团的建立，对于缓解温州中小企业融资困难，促进温州中小企业创业创新发展，进一步增强温州市民营经济发展活力将起到积极的推动作用。

十四、我省中小企业积极参与第六届中博会

经国务院批准，由工业和信息化部、国家发展和改革委员会、财政部、商务部、国家工商行政管理总局、国家质量监督检验检疫总局、中国银行业监督管理委员会、广东省人民政府和西班牙王国政府等联合主办，第六届中国国际中小企业博览会暨中西中小企业博览会，于 2009 年 9 月 22 日在广州国际会议展览中心开幕。

我省中小企业在 2008 年金融危机的冲击下，仍以顽强的生命力，保持着旺盛发展，今年共组织了 129 家企业、176 个展位，赴广州参展。行业涉及机械装备、纺织服装、鞋帽箱包、家用电器、玩具工艺品、食品药品、家具灯饰、陶瓷建材等多个领域。

（浙江省中小企业局　刘树林　刘　兵）

安徽省

一、安徽省中小企业发展概况

（一）2009 年安徽省中小企业发展情况

2009 年是新世纪以来安徽省经济社会发展面临挑战最为严峻的一年，席卷全球的金融危机引发的经济危机对我国经济造成深远影响，安徽省经济也遭受严重冲击。全省上下在省委、省政府的正确领导下，认真贯彻落实国家保增长、扩内需、调结构的政策措施，制定出台了一系列有针对性的强有力措施，危中寻机，化危为机，使安徽省经济经过短暂低迷后迅速回升。全省工业经济增速一直保持中部领先、全国前列的发展态势。2009 年全省规模以上工业实现增加值 3 987.92 亿元，同比增长 22.6%；实现销售收入超过 1 万亿元，增长 16%；工业对经济增长的贡献率达到 55%。取得这样的成绩，与中小企业快速发展是分不开的。

2009 年，安徽中小企业发展呈现如下特点：

一是发展速度稳步回升。2009 年安徽省规模以上中小企业实现增加值 2 647 亿元，同比增长 28%。

二是新建企业和新上项目拉动作用较大。2009 年新建企业完成销售产值 700 多亿元，同比增长 408%。

三是信用担保机构实力增强。全省担保机构有 229 家，注册资本 152.74 亿元，累计为 3.98 万家中小企业担保贷款 833.91 亿元。每个县都设立了中小企业担保公司，基本上实现了担保体系全覆盖。

四是小额贷款公司发展较快。自从试点以来，全省已经批准设立的 124 家小额贷款公司中，已有 58 家开业运行，注册资本 57 亿元，全年发放贷款超过 40 亿元。

五是中小企业服务机构建设步伐加快，全省已有各类中小企业服务机构 100 多家，其中，中小企业服务中心已有 44 家，省中小企业服务中心已经注册成立。

在具体工作上，安徽省中小企业工作重点抓了以下六个方面：

1. 抓好政策文件的贯彻落实

联合省监察厅对2009年各市政府和省直有关部门贯彻落实皖发［2008］19号文件促进非公有制经济发展情况进行督查，修改完善《安徽省非公有制经济发展综合考核评价办法》，制定了《安徽省加快产业集群专业镇发展的若干意见》。

2. 大力培育“专、精、特、新”中小企业和成长型小企业

一是组织推荐。下发了《关于组织推荐全省重点调度的500户“专、精、特、新”中小企业和1 000户成长型小企业的通知》，各市上报企业2 000多家。二是甄别遴选。制定了《安徽省“专、精、特、新”中小企业认定办法》，建立了安徽省成长型小企业评价系统，并对各市上报企业进行了甄别打分，遴选出省重点调度的500户“专、精、特、新”中小企业和1 000户成长型小企业。三是建立项目库。对重点调度的企业，建立新建、扩建、技改项目库，实施项目建设跟踪，协调解决项目建设过程中存在的困难和问题。四是监测运行。开发了安徽省重点调度的500户“专、精、特、新”中小企业和1 000户成长型小企业运行直报系统软件，开展了系统软件操作知识培训。

3. 切实缓解中小企业融资难

全年中小企业新增融资过千亿元，有效缓解了中小企业资金链趋紧的局面。其中，新增中小企业贷款900多亿元，贷款余额超4 000亿元；全省已有42家中小企业上市融资，累计募集资金490亿元；有2家企业采取定向增发的方式从资本市场融资15.2亿元；全省已经批准设立的124家小额贷款公司中，已有58家开业运行，注册资本57亿元，发放贷款40亿元；全省典当行有122家，注册资本15.8亿元，为中小企业融资36亿元。全省担保机构有229家，注册资本152.74亿元，累计为3.98万家中小企业担保贷款833.91亿元；2009年为9 821家中小企业担保贷款392.61亿元。

4. 抓好中小企业和非公经济服务机构建设

全省已有各类中小企业服务机构82家，其中，民办非企业的26家，由原事业单位变更的9家。中小企业信用担保机构已有265家，注册资本122亿元，其中，注册资本1亿元以上的有44家。中国中小企业网安徽分网已经建成并正常运行，安徽省中小企业协会和安徽省中小企业服务中心已经成立，并对促进中小企业发展发挥了积极作用。省委出台了《关于推进全省中小企业服务中心建设的指导意见》（皖经中小企［2009］72号），下发了《关于开展全省示范性中小企业服务中心申报工作的通知》，认定了一批示范性中小企业服务中心，召开了全省中小企业服务中心建设电视电话会议，积极引导社会中介机构为中小企业提供创业辅导、企业诊断、信息咨询、市场营销、投资融资、贷款担保、产权交易、技术支持、人才引进、人员培训、对外合作、展览展销和法律咨询等服务。

5. 支持市场开拓，努力提高中小企业产品的商品化能力

支持中小企业与大企业建立稳定的经济技术协作关系，引导大企业从中小企业选购配套件和零部件，鼓励大企业将部分产品、零配件委托给中小企业生产。组织中小企业参加河南驻马店、江苏苏州产品交易会、中部投资博览会、第六届中国国际中小企业博览会暨中西中小企业博览会。在中部投资博览会期间，120家企业分别与三个省对接，现场签约合作项目，成效较好。在中博会期间，举办了皖粤企业对接会，现场签约50个项目，总投资达77.7亿元；合同招商72.6亿元，参展企业获得产品销售订单2.2亿元。

6. 以发展产业集群专业镇为载体，促进企业集聚

加快产业集群专业镇培育，采取各种措施，加大扶持力度，提高产业集群专业镇龙头企业的带动力、影响力、竞争力，进一步提高企业发展水平和产品市场占有率；扶持骨干企业，提高主导产品的市场占有率；集聚配套企业，建立稳定的供应、生产、销售、技术开发等协作关系，延长产业链。建成了铜材加工、高沟电缆、汽车零部件、秦栏电子、博望刃模具、槐林渔网、亳州中药材、桐城包装印刷等一批初具规模、特色明显，在全国市场有一定影响力的产业集群。省政府认定的57个产业集群专业镇集聚“一镇一业”的专业化生产企业4 000多户，实现销售收入近1 000亿元，吸纳就业人员49.5万人。

（二）安徽省中小企业2010年工作打算

1. 进一步营造促进中小企业和非公经济又好又快发展的政策和社会氛围

一是加大《中小企业促进法》、《安徽省中小企业促进条例》、《国务院关于进一步促进中小企业发展的若干意见》（国发［2009］36号）和《中共安徽省委安徽省人民政府关于进一步推动个体私营等非公有制经济又好又快发展的意见》（皖发［2008］19号）落实力度。拟请省人大开展执法检查，督促各市、县安排中小企业发展专项资金，强化对中小企业支持措施。贯彻落实皖发［2008］19号文件，围绕已出台的22个配套政策，抓好贯彻和落实；加大督查力度，在各级、各部门自查的基础上，对相关部门的贯彻落实情况进行督查。起草《安徽省人民政府贯彻落实〈国务院关于进一步促进中小企业发展的若干意见〉的实施意见》上报省政府，并征求相关部门意见和建议。

二是拟请召开全省中小企业工作会议和全省非公经济大会，总结各地应对金融危机、实施“抱团取暖”，促进中小企业和非公经济发展的经验，分析当前中小企业和非公经济发展面临的困难和问题，研究部署进一步推动中小企业和非公经济又好又快发展的工作，营造中小企业和非公经济加快发展和优化提高的良好氛围。

三是协调国土部门积极利用好国土法律和政策，加大土地整理、挂钩、置换的力度，增强对中小企业土地供应总量。

四是进一步清理各类收费，治理“三乱”，切实减轻企业负担。

五是继续组织好2010年度全省非公有制经济发展目标考核工作，争取考核到县。

六是加强对创业典型的宣传。继续开展2010年度创业之星评选活动，进一步扩大宣传，营造发展的环境和氛围。

2. 进一步加快全省中小企业和非公经济产业升级、产品结构调整步伐

为应对国内外经济形势给全省中小企业和非公经济发展带来的严峻挑战，把产业结构调整的重点放在发展新兴产业上，放在发展技术含量高、产品附加值高的高端产品上，加快推动安徽省中小企业和非公经济从主要依靠资源消耗为主向创新驱动为主转变，从传统加工业为主向先进制造业、高新技术产业为主转变，从粗放经营为主向集约经营为主转变，从传统块状经济为主向现代产业集群为主转变，引导和推动全省中小企业和非公经济实现转型升级。

一是大力培育“专、精、特、新”中小企业和成长型小企业。研究制订“引导中小企业向‘专、精、特、新’方向发展切实增强成长型的实施意见”，整合一切可以利用的资源，强化扶持措施，努力提高中小企业的素质和综合竞争力。省级重点抓好500户“专、精、特、新”中小企业和1 000户成长型小企业的培育工作，建立项目库，抓好运行监测和调度，择优选择专项资金重点支持对象。通过典型示范和辐射带动作用，引导中小企业走依靠科技进步和提高劳动者素质的道路。同时，要求市、县也要把培育“专、精、特、新”中小企业和成长型小企业作为工作重点，强化各项措施，切实抓出成效。

二是大力发展特色产业集群。强化规划指导作用。根据产业集群发展的规律和特点，结合各自的资源、产业等优势，按照“高起点、高标准、布局合理、适度超前”的规划原则，选准主导产业，划定发展区域，科学规划，分步实施，促进产业布局与工业化、城镇化、农业产业化及新农村建设协调发展。建设专业化特色基地。以“小产品”构建“大产业”，推动产业集群发展。鼓励各地按照专业化分工和社会化协作的要求，以龙头企业为纽带，突出专业特色园区和产业集聚带建设，引导同类企业聚集，强化专业协作，推动产业优化升级。引导企业专业化分工，培育自身特有的竞争优势。通过财政投入、税费优惠、资金奖励等政策，加快引进、培育一批生产专业化、经营精细化、产品特色化、技术高新化、发展有后劲的“小巨人”和“专、精、特、新”中小企业群体，形成与大企业、大集团分工协作、专业互补的产业集群。

3. 进一步抓好中小企业和非公经济服务体系建设

一是积极协调银行，开展银企对接。在省重点调度的500户“专、精、特、新”中小企业中遴选一批产品有市场、有效益、发展潜力大的企业，向有关银行推荐，召开银企对接会，寻求贷款支持。

二是推动中小企业集合发债。借鉴深圳、北京中关村的经验，采取“政府牵头、企业自愿、集合发行，分别负债，统一担保、统一组织、市场运作”的模式，由省经信委牵头，人民银行、金融办、发改委等单位参加，在全省遴选100家中小企业捆绑发债。

三是支持中小企业上市融资。抓住创业板开市的机遇，支持中小企业改制、重组、包装策划，引入保荐人，规范调整企业组织结构、财务制度等，积极争取在创业板上市。

四是引导担保公司、典当行、投资公司、小额贷款公司积极为中小企业融资服务。

五是启动中小企业征信系统建设。下一步按照工信部要求，抓紧启动安徽省中小企业征信系统建设。通过提升中小企业信用水平，解决中小企业与银行信息不对称问题，进一步推动银行增加对中小企业贷款总量。

4. 进一步抓好中小企业和非公经济运行分析

与省统计局、省工商局、省金融办、人行合肥中心支行、省科技厅、省商务厅、省质量技术监督局、省国税局、省地税局、省发改委等部门进行沟通和合作，及时掌握反映中小企业和非公经济运行状况的数据和资料，通过综合分析，总结经验，寻找差距和问题，研究提出促进中小企业和非公经济平稳较快发展的政策措施。

5. 进一步做好参加第七届中小企业博览会的各项工作

围绕“招展、招商、宣传”三大任务，排出各项具体工作，采取倒计时，责任到人，分工协作，高质量完成各项工作。以此为平台，促进中小企业产品销售，扩大招商引资、项目合作成果，扩大专业镇的影响力。

二、安徽省非公有制经济发展情况

2009年，安徽省上下认真贯彻落实省委、省政府关于进一步推动安徽省非公经济又好又快发展的指示精神，积极应对金融危机，抓项目、调结构、促销售，保工业、保企业、促就业，紧紧抓住非公有制经济发展的战略机遇，进一步解放思想，优化发展环境，落实发展措施，培育发展主体，积极承接产业转移，使我省非公有制经济继续保持了快速、健康发展的态势。

（一）安徽省2009年非公有制经济发展基本情况

1. 培育更多的市场主体，规模实力进一步增强

安徽省注册个体工商户和私营企业户数在继续保持数量较快增长的同时，规模实力不断增强。2009年，安徽省私营企业已达18.95万户，比去年底增长了8.9%；全年新登记私营企业4.16万户；安徽省个体工商户共有125.09万户，比去年底增长了9.54%；全年新登记个体工商户30.33万户；安徽省农民专业合作社已达9 317户，成员总数达7.7万多个，分别比去年底增长了132%和

112.8%。2009年营业收入达亿元的私营企业约400户，其中超过20亿元的有20户，铜陵精达铜材（集团）、安徽楚江投资集团有限公司、安徽长江钢铁有限责任公司的销售收入超过50亿元以上。2009年安徽省非公有制经济实现地方税收350亿元，增长20%，占地方税收的74.13%；国税税收420亿元，增长17.7%，占2009年国税税收的54%。纳税超过1 000万元的各类非公企业有200多家，其中纳税超过1亿元的约20家，安徽大昌矿业集团、安徽天大企业集团公司纳税超过2亿元以上。

2. 非公经济快速增长，经济总量进一步扩大

2009年，全年非公经济增加值实现5 661.9亿元，占安徽省GDP的比重达56.3%，比上年增长15.3%，非公经济对安徽省经济增长的贡献率达73%左右。特别是非公有制经济的快速增长，对县域经济发展起到了加速和领跑的作用，无为、宁国、当涂等经济强县，非公有制经济比重均超过70%。非公经济的快速发展，对经济社会的贡献也越来越大。目前，我省75%的城镇就业岗位和一半以上的税收，均由非公经济组织提供。同时，随着我省对外开放程度的逐步深入以及投资环境的不断改善，港、澳、台地区经济和外商经济发展迅猛，成为非公有制经济发展中的重要力量，为整体经济发展注入了新的活力。

3. 推进科技创新，企业素质进一步提升

随着非公有制经济的不断发展，越来越多的企业开始通过科技创新和品牌创建，形成了一批具有自主知识产权和具有核心竞争力的产品，提升了企业市场竞争力。据相关部门初步统计，安徽省非公有制企业拥有“中国驰名商标”30件、“省著名商标”864件。在电子信息、生物工程、新医药、新材料等领域，涌现出了一大批具有自主知识产权和领先技术水平的高新技术企业，科大讯飞、美亚光电、安科生物等企业在国内外都有一定知名度。一批企业建立了技术中心和工程研究中心，安徽省首批认定的自主创新企业中，非公企业占到60%以上。一批骨干企业快速稳健实施“走出去”发展战略，在境外建立原料基地、生产基地和研发基地，充分利用国外各类贸易平台，在稳定传统市场份额的基础上，不断拓展贸易区域。

4. 搭建服务平台，创业载体建设进一步加强

各类创业平台建设成效显著，安徽省已建成各类创业基地217个，入驻企业近9 000户，从业人数40多万人，基地内有各类服务机构1 400多个。规划建设各类返乡创业园253个，扶持返乡园区建设资金3.7亿元，到2009年安徽省已建成132个返乡创业园。安徽省70多万农民工回乡创业，创办各类企业30多万家，吸纳200多万农村富余劳动力就地就近就业。各地结合创业园区重点项目建设，通过整合、扩容、提升，引导企业、资金、人才、技术等生产要素向园区聚集，进一步提高了园区承载能力和集约化水平，同时也降低创业成本和创业风险，缩短了投资周期，提高了园区企业的创业成功率，为小企业更快投入生产和快速成长提供了良好的平台。

5. 引导产业集聚，专业镇发展进一步加快

通过规划引导、政策支持，专业镇快速发展。目前，省政府认定的57个专业镇已经工商注册登记企业7 000多户，其中规模以上企业1 468个，占安徽省规模以上企业13%。全年实现增加值320亿元，同比增长35.9%；实现营业收入1 115亿元，同比增长11.3%；上缴税金126亿元，同比增长35.8%；实现利润96亿元，同比增长35.7%；从业人员53.25万人，比上年增加3.11万人。经过引导和培育，安徽省还有107个镇已初步形成了产业集群专业镇的雏形，这107个镇主导产业特色明显，产品有一定的市场占有率和知名度，如潜山源潭镇的制刷、寿县板桥的草席、巢湖中埠镇的锚链等，已成为县域经济发展的支柱产业。

总体上看，安徽省对发展非公有制经济的重要性认识进一步深化，发展的环境、氛围进一步优化。我省的非公有制企业呈现新的特点，即：由原来的劳动密集型为主逐步向技术、资金密集型发展；发展的领域由商贸、建筑等行业为主逐步向装备制造、基础设施等领域发展；企业规模由小规模、分散化逐步向规模化、产业化发展；企业体制逐步由家族企业向法人治理结构转化。但是非公有制企业的融资难、土地制约、人才缺乏、非公经济进入其他行业和领域的比重较低等仍然是制约我省非公经济发展的主要因素。

（二）2010年安徽省发展非公有制经济工作计划

1. 目标任务

认真贯彻落实发展非公经济的政策措施，大力营造良好发展环境；进一步拓宽非公经济进入的行业和领域，培育更多的市场主体；承接产业转移，加大招商引资的力度；推进技术创新和品牌建设，引导非公企业提升素质；推进非公有制企业的联合重组，做大做强特色产业。扶持产业集群专业镇发展，培育认定100个产业集群专业镇，在各县和产业集群专业镇建立创业辅导、融资服务等一批公共服务机构。2010年安徽省实现新注册登记企业3.6万户以上；新注册登记个体工商户20万户以上。力争2010年非公经济实现增加值占GDP比重达60%以上。

2. 重点工作

（1）采取多种措施，进一步优化发展环境。

加大对政策落实的督查力度。加大政策的宣传力度，进一步贯彻落实皖发［2008］19号文件精神，把有关政策措施落到实处。报请省人大、省政协，以及联合省监察厅等部门对安徽省贯彻落实发展非公经济相关政策的情况进行督察。联合工商联等部门，加强对发展环境的测评考核。

制定我省贯彻落实国发36号文件和鼓励、支持、引导民营资本投资健康发展的具体实施办法。进一步拓展民营资本投资的领域和范围；推动非公企业加强自主创新和转型升级，帮助建立工程技术研究中心、技术中心，提高企业技术水平和研发能

力；鼓励和引导非公企业通过参股、控股、资产收购等多种方式参与国有企业改制重组，进一步壮大实力；建立健全投资服务体系，加强服务和指导，为民营资本投资创造良好环境。

进一步减轻企业负担。以深化机关效能建设为契机，严格依法行政，进一步清理各类行政性收费项目，严格审核收费标准，切实减轻非公企业负担，维护企业的合法权益。

（2）围绕承接产业转移，加大招商引资力度。

组织非公企业主动参与皖江城市带承接产业示范区的建设工作，组织我省产业集群专业镇和非公企业与长三角、珠三角地区的专业镇进行交流和产业对接。

支持泛长三角、珠三角地区在我省设立各类商会，推动以商招商。多种措施引导支持发达地区的企业家来我省投资兴业。在继续扩大招商引资规模的同时，更加注重引进先进的技术、现代化的管理和优秀的人才，引导外资投向基础设施、环保产业、教育产业、高新技术产业等领域，鼓励内资企业加强与跨国公司及其研发机构的合资合作。通过利用外资带动安徽省产业升级和技术进步，推动安徽省经济持续快速健康发展。

（3）引导企业集聚，促进产业集群专业镇发展。

加强对产业集群专业镇的培育，从资金、技术、人才、土地、信息服务等方面引导、鼓励产业聚集。

贯彻落实《关于进一步加快产业集群专业镇发展的若干政策意见》（皖经信［2009］88号），对产业集群专业镇分批做到“五个一”，即建立一个担保机构，一个典当行，一个小额贷款公司，一个公共服务平台，一个创业园。今年再认定43个专业镇，使安徽省产业集群专业镇总数达到100个。

建立健全产业集群专业镇公共服务体系。鼓励高等院校、科研机构和产业集群专业镇进行合作与对接，选择高校或培训机构在产业集群专业镇设立教学点和培训基地，开设与特色产业相关的专业和学科，加强培训工作，提升产业层次。

召开产业集群专业镇现场会，交流经验、分析问题，研究加快产业集群专业镇进一步发展的措施。

（4）支持民众创业，培育企业发展壮大。

从省重点调度的500户“专、精、特、新”中选择100户，综合运用专项资金、项目支持、技术引进、人才培养、信息化建设、产业对接、与大企业配套、整合重组等多种方式和渠道培育其发展壮大。

推进中小企业信息化。会同中国移动通信集团公司安徽省分公司、省银监局等机构，在安徽省选择100户中小企业，分别制定制造、商贸、交通物流等企业各运营环节信息化解决方案，引导企业提高信息化管理水平。

继续推动各市县的创业工作。今年力争新增规模以上工业企业2 000户以上。

（5）多种途径突破，缓解企业融资难题。

搭建融资服务平台。积极争取国家对担保机构的免税、补偿支持。力争为1万户中小企业争取500亿元的担保贷款。建立中小企业网上融资平台，设立网上融资超市，提供中小企业融资需求和抵押、质押方式等方面的信息。扩大股权、商标权、专利权质押贷款的规模，在授信开证、押汇、保理等方面加大力度，多渠道增强中小企业融资能力。积极协调有关部门加大对小额贷款公司、典当行、投资公司等发展的支持力度。利用创业板的资源，选择一批中小企业予以重点培育和支持，力争使一批中小企业能够上市融资。

（6）明确服务宗旨，加强对企业的服务工作。

督促和帮助各市县建立政府资助的中小企业服务中心，对已经建立的，要求进一步巩固、提高，拓展延伸新的服务内容；对尚未建立的，要求尽快建立并开展有关服务工作。

为民众创业提供信息服务。以省经信委门户网和安徽中小企业网为平台，进一步扩展网络功能，为创业者提供办事指南、政策查询、项目咨询、网上交易、受理投诉等免费服务。

加强服务平台建设，除完善安徽产学研合作网上对接和交易平台外，积极推动建设行业共性技术平台、科技创业公共服务平台、中小企业信息化应用与服务平台等，为非公企业发展提供技术支持。

加大对中小企业经营人员的培训。广泛利用安徽省视频系统，做好对各类人员的培训。计划今年省考核认定创业辅导中心30家，考试认定创业辅导师100名；举办创业辅导（CEFE）培训班5次，举办名师大讲堂17次，通过各种形式培训中小企业经营管理人员4 000人次。

（7）超前谋划，做好我省非公有制经济的发展规划工作。

编制我省“十二五”非公有制经济发展专项规划。按照我省经济发展的总体规划要求，结合皖江城市带承接产业转移示范区、自主创新试点省建设等方面的要求，做好我省发展非公有制经济的规划编制工作。在年底前形成送审稿报省政府审定。

组织做好产业集群专业镇“十二五”特色产业发展规划的编制工作。对被认定为省级产业集群专业镇的，必须做好产业集群专业镇的特色产业专项规划，明确发展的目标和措施，重点发展的产品和龙头企业，配套的企业群体和集群的配套服务体系。

（8）落实目标责任，加大考核表彰力度。

加大对非公有制经济发展的政策落实考核力度。认真落实即将出台的省政府贯彻落实《国务院关于进一步促进中小企业发展的若干意见》的实施意见，以创造环境和提供服务为重点，围绕22个配套政策重点，健全政策落实的贯彻和督察机制，分期分批对贯彻促进非公有制经济发展相关政策的落实情况进行专项督察。

进一步完善非公经济和专业镇统计指标体系，及时准确地反映我省各地非公经济和专业镇的发展情况。

加强对各市非公经济发展进行目标管理，对17个市非公有制经济发展情况进行综合考核评价和表彰奖励，表彰优秀非公企业、优秀非公企业家和优秀创业者。

（安徽省发展非公有制经济领导小组办公室
安徽省经信委中小企业局）

福建省

一、2009年我省中小企业发展概况

1. 经济效益

1～12月，规模以上中小工业企业实现主营业务收入13 176.77亿元，同比增长13.4%，占规模以上工业比重为81.3%。实现利税总额为1 059.39亿元，同比增长22.3%，占规模以上工业比重为81.6%。其中，实现利润总额640.66亿元，同比增长33.6%，占规模以上工业比重为81.7%。

2. 资产和负债

1～12月，规模以上中小工业资产总额为10 373.54亿元，同比增长16.3%，占规模以上工业资产总额比重为78.2%。其中，流动资产平均余额为5 110.46亿元，同比增长16.2%，占规模以上工业流动资产平均余额比重为81.1%。负债总额为5 330.10亿元，同比增长13.6%，占规模以上工业负债总额比重为74.9%。

3. 企业数

1～12月，规模以上中小工业企业数为18 517户，占规模以上工业企业数比重为99.5%。

4. 从业人员

1～12月，规模以上中小工业从业人员为315.17万人，同比增长3.4%，占规模以上工业比重为89.3%。

5. 竞争力

1～12月，我省规模以上中小工业偿债能力提高，资产负债率51.4%，同比下降1.2个百分点。产权比率为105.7%，同比下降5.3个百分点。营运能力与去年同期相比下降。规模以上中小工业总资产周转率为1.27次，比上年同期减少0.03次；流动资产周转率为2.58次，比上年同期减少0.06次。获利能力略有提高，总资产报酬率为6.2%，同比上升0.8个百分点。

二、2009年主要工作

2009年，小企业处工作围绕国家提出的“保增长、保民生、保稳定”的总体部署和省经贸工作会议提出的专项工作要求，在完善中小企业政策法规体系、开展中小企业融资与担保、深化闽港澳中小企业合作、改善乡镇企业管理服务等方面工作取得新进展，主要情况总结如下：

（一）抓好政策的制定、宣传推动与贯彻落实

1. 抓好政策的制定

围绕制约中小企业发展融资难等突出问题，在深入企业调研基础上，会同省财政厅、人行福州中心支行和福建银监局草拟并以省政府办公厅名义转发了《福建省小企业贷款风险补偿暂行办法》，出台了《福建省小企业贷款风险补偿有关问题的通知》。同时，根据9月底国务院颁布的《关于进一步促进中小企业发展的若干意见》（国发［2009］36号），代省政府研究草拟《关于进一步促进中小企业发展的若干意见》，近期拟上报省政府审定。

2. 抓好政策的宣传推动与贯彻落实

去年省政府出台《关于进一步支持中小企业融资的若干意见》（闽政文［2008］401号）、《关于扶持中小企业经营发展的若干意见》（闽政文［2008］276号）后，围绕政策的宣传贯彻落实，及时将有关“意见”转发各地经贸部门；召开相关会议进行具体贯彻部署；在福建电视台、《福建日报》、经贸委门户网站等主流媒体上进行政策解读等宣传推动。目前，围绕贯彻落实省政府出台的“若干意见”，各设区市都以政府的名义出台了具体贯彻实施意见。

（二）深入推进政银企会商

1. 完善政银企会商机制

加强与人行福州中心支行、福建银监局的联系与沟通，通过走访、三方定期召开政银企保协商会等形式，研究解决银、企、保合作中存在的问题，同时，推动各设区市、县成立联席会。各地共召开资金需求对接会、协调会等30余场，并通过召开各种座谈会、专题会近20场共同研究解决中小企业融资问题。

2. 建立银行、担保机构贷款担保信息通报制度

及时与人行、省银监局通报我省中小企业经济运行情况、金融机构资金供给情况以及国家产业、金融政策，引导金融机构加大对我省中小企业信贷投入。

3. 加强中小企业流动资金贷款担保方式探索创新力度，规范企业贷款担保评估登记手续，降低企业融资成本

为切实解决我省中小企业在金融危机冲击下，普遍面临的“先还后贷”而造成的“错过最佳生产经营投资时机、通过民间借贷等渠道高息拆入资金归还贷款增加融资成本，增大经营困难以及银行因重新进行信贷调查、贷款审批、签订合同、办理抵质押担保手续等工作带来的经营成本增加”等突出问题。我处积极会同省直有关部门落实中国银监会《关于创新小企业流动资金贷款还款方式的通知》精神，研究草拟《关于进一步改进企业抵押物评估登记工作完善中小企业融资服务的意见》，以规范企业贷款和担保抵押评估登记管理，降低企业融资成本。目前该意见已上报省政府审定后实施。

4. 创新中小企业融资服务平台建设

借助“中国中小企业福建网”的网络平台，会同福建银监局研究开发“福建省中小企业金融服务网”，通过网络电子信息平台开展“三送一促进”（送政策、送产品、送服务，促进银企资金对接）活动，宣传支持中小企业发展金融政策、推荐银行中小企业融资产品和服务，帮助中小企业增进对融资政策、融资产品的了解；推荐有市场、有前景的中小企业，促进银行和中小企业资金对接，目前该项工作正在有序实施中。

（三）进一步完善融资担保体系建设

1. 完善融资担保激励政策

为充分发挥省财政资金的引导和促进作用，根据省政府去年及今年出台的各项政策意见，研究草拟了《福建省中小企业信用担保机构风险补偿专项资金管理实施办法》，以确保专项资金的规范、安全和高效使用；同时，会同人行福州中心支行、福建银监局制定并出台了《关于进一步促进中小企业信用担保行业发展的意见》，推动全省担保业规范运作，稳步发展。在政策的引导推动下，至今年10月底，全省已备案273家中小企业担保机构，注册资金200亿元，成立至今已累计融资担保额870亿元，今年前10月累计担保额达到372亿元，同比增长54.3%。

2. 积极推动筹建成立省中小企业再担保公司

通过组织人员赴省外调研，积极主动向上级主管部门汇报工作，召开担保、金融机构座谈会等方式，认真草拟组建我省再担保公司筹建方案，供省政府决策提供依据，9月，省中小企业信用再担保公司已正式挂牌成立，并得到福州商业银行和厦门国际银行40亿元的意向授信额度。同时，我处按省政府第26次常务会议精神，认真研究制定《福建省中小企业信用再担保有限责任公司监督管理暂行规定》，正会同省直有关部门联合印发该规定。

3. 组织送政策进担保机构活动和担保机构高管人员培训

通过编辑《福建省中小企业融资担保政策汇编》、举办担保政策专题讲座、走访担保机构、召开担保机构高管人员座谈会等形式，宣传国家和本省鼓励支持担保机构发展的政策措施，取得实效。这几年来，全省担保机构发展迅速，成效显著，在金融危机中，我省中小企业信用担保机构发挥着重要作用，受到工信部、商务部等上级主管部门的充分肯定，商务部姜增伟副部长专程来榕召开商贸企业担保机构座谈会，6月中旬商务部召开全国商务信用工作会议，我省作为全国唯一省份被商务部指定在会上就中小商贸企业融资担保业务扶持政策及实施情况作了典型经验介绍。此外，今年全省共103家担保机构获得省级风险补偿资金5 840.5万元，今年以来，全省已有39家担保机构获得工信部和商务部担保风险专项补偿，补偿金达6 469万元（不含厦门市和工信部和商务部第二批补助资金）。此外，为整体上提高全省担保从业人员素质，规范担保流程，提高担保风险防患能力，根据我省各中小企业担保机构的强烈要求，以我省重点担保机构高管人员现身说法方式，8月和12月分别举办了两期，近3百人参加的全省担保机构业务骨干和高管人员专业培训班。

4. 启动全省担保机构信用评级，规范发展融资性担保业务

5月初，我处联合人行福州中心支行征信处研究草拟了《福建省中小企业信用担保机构信用评级工作的通知》，9月底，与人行福州中心支行联合在全省重点担保机构中部署开展信用评级工作，目前全省已有近20家重点担保机构参加信用评级。此外，为规范我省融资性担保业务监管工作，根据国务院办公厅《关于进一步明确融资性担保业务监管职责的通知》和省政府第32次常务会议部署，牵头草拟《关于进一步明确融资性担保业务监管职责的通知》，已上报省政府审定。

5. 推动担保机构与金融机构合作

在“5·18”上，组织担保机构参加省台办、省银监督局、福州市政府举办的“台资企业融资对接会”，在“6·18”上，组织了10多家担保机构参与银企对接活动，有3家担保机构与省再担保公司签订战略合作协议，为拓宽企业融资担保渠道搭建有效平台。

（四）积极稳妥推进小额贷款公司试点

1. 加强小额贷款试点公司的业务指导和管理

认真做好对小额贷款公司的业务活动和财务状况进行指导和监督，每月对晋江恒诚小额贷款有限公司定期报送的公司业务月报表、利率和资金流向监测月报表等进行跟踪分析，及时了解资金投向，掌握试点中存在的问题以及需要政府有关部门协调解决的问题，确保小额贷款公司长期健康发展，维护社会经济秩序。

2. 及时总结试点工作情况

根据省政府部署，恒诚小额贷款有限公司试点以来，我们对该公司的运行情况及时跟踪，了解经营状况、利率水平和资金流向等，要求公司建立健全各项管理和风险控制制度。对晋江恒诚小额贷款有限公司经营和管理情况进行总结并以闽经贸中小［2009］200号文上报省政府。

3. 拟定小额贷款公司管理办法

根据晋江试点经验和部分已开展小额贷款试点工作的兄弟省市试点经验，对小额贷款公司的设立、经营管理、监督管理和风险防范等多方面进行分析和研究，草拟了小额贷款公司试点暂行管理办法。

4. 开展小额贷款公司试点情况调研，积极稳妥扩大小额贷款公司试点

为稳妥推进我省小额贷款公司工作，我处多次组织对小额贷款公司试点工作进行调研。今年5月31日~6月1日，在省政府鄢副秘书长带领下，我委分管领导和有关处室人员深入晋江恒诚小额贷款公司进行了全面调研，9月份，对扩大全省小额贷款公司试点进行了全面部署，目前已有6个设区市上报扩大试点工作材料，已上报省政府审定后行文批复。

（五）深化闽、港、澳中小企业合作

1. 继续加强人才培训合作

一是针对全球金融危机以来中小企业遭遇的困难和问题，3月份与香港贸发局联合在福州举办了“中小企业如何应对全球金融危机研讨会”，帮助我省中小企业更好地了解当前全球金融市场环境，研讨应对金融危机的对策和措施，参会的中小企业及担保机构管理人员200多人。二是组织我省担保机构管理人员和经贸部门相关负责人35名赴港参加与香港中华总商会联合举办的融资担保培训班，学习香港先进的金融管理经验，同时也为我省中小企业担保机构提供直接与香港金融机构沟通交流平台。三是为推动有条件的中小企业赴港上市融资，组织了25家企业赴港参加与香港贸发局联合举办的“中小企业赴港融资上市培训班”。

2. 配合我省产业振兴规划，搭建产业技术提升平台

一是通过总结第一批辅导计划经验，4月份已与美国AIAG和中国香港生产力促进局签订并实施第二批“福建省汽车零部件企业进入国际采购体系辅导计划”，推动我省汽车零部件企业参与更广泛的国际合作，有10家申报汽车零部件企业列入辅导名单。二是利用香港生产力促进局“升转一站通”平台，合作开展中小企业重点产业技术提升。3月份邀请香港生产力促进局李锡勋副总裁及5名香港专家来闽，分别与我省电子、纺织行业重点企业举行座谈，签订了福建省经贸委与香港生产力促进局联合开展福建电子、纺织行业中小企业技术提升辅导计划合作协议，并于9月份正式启动了辅导计划。三是推动福建华晟钟表开发有限公司与香港生产力促进局合作完成了“EMS技术的复杂精密机芯自动化装配系统”第一期“关键配件自动铆合”的研发，并签订了第二期“轮系自动装配线”合作研发项目。

3. 利用香港会展业的国际影响力，拓展国际市场，开展区域品牌推介

9月份与香港贸发局合作，组织漳州钟表企业38家参加“第二十八届香港钟表展”，开展漳州钟表区域品牌宣传推介，提升了漳州钟表品牌的国际影响力；10月份组织20家莆田电子企业参加香港秋季电子展，开展“莆田电子”区域品牌推介。

4. 组织设区市经贸部门干部和26家中小企业管理人员参加香港贸发局举办的香港中小企国际博览会和创新科技及设计展，学习香港中小企业服务机构在帮助中小企业方面好的经验和做法，同时让我省中小企业了解如何利用香港平台开展国际合作。

5. 按照省政府统一部署，组织我省部分中小企业参加在澳门举办的“第十四届国际投资贸易展览会”，并以“魅力福建，海西风采”为主题设立福建馆，展示我省建设海峡西岸经济区成果、闽澳合作十周年回顾以及福安电机区域品牌，同时开展福建机电产品专题推介，拓展欧洲及葡语系国家市场。

（六）做好乡镇企业管理服务

1. 按照农业部要求，完成了2008年度乡镇企业年报汇编及2008年乡镇企业运行分析，完成并上报了农业部布置的“关于农民工创业情况调研报告”、“2008年度中国乡镇企业志（福建部分）”。

2. 组织开展了2008年度乡镇企业重点项目申报工作。

3. 组织14名我省乡镇企业统计工作人员参加农业部举办的统计培训。

（七）认真做好上级部门部署的有关工作

1. 做好国家中小企业发展专项资金和担保机构征营业税的项目组织申报

根据工信部和财政部《关于做好2009年第一批中小企业发展专项资金项目申报工作的通知》要求，积极配合省财政厅做好我省项目的申报工作。经初步审核和专家评审，共推荐上报符合条件的固定资产建设类项目24个、中小企业信用担保类项目11个。按照工信部和国家税务总局《关于中小企业信用担保机构免征营业税有关问题的通知》精神，今年5月组织全省担保机构进行了免征营业税相关问题的讲解和部署，申报工作正在开展中。

2. 做好应届大学毕业生网上招聘

根据工信部和教育部《关于联合举办2009年全国中小企业网上百日招聘高校毕业生活动的通知》（工信部联企业［2008］376号）、中国中小企业信息网《关于进一步做好2009网上百日招聘活动组织工作的通知》和工信部《关于做好高校毕业生就业工作的通知》（工信部企业［2009］201号）等文件要求，我处积极开展有关招聘工作。及时在由福建金贸科技信息有限公司管理的“福建中小企业信息网（中国中小企业信息网福建分网）”上及时与中国中小企业信息网同步发布有关招聘信息，截至6月初，我省参加招聘活动的统计数据为：企业387家，职位数1 077个，需求人数5 147人。

3. 做好人大、政协提案、议案和建议的答复

根据我委《关于办理2009年省人大代表建议和省政协委员提案的通知》（闽经贸函办［2009］71号）精神，我处认真落实责任，主动与代表、提案者和相关部门沟通，认真倾听代表、提案者的意见和建议，及时办理答复，共计办理人大建议7件，政协提案23件，协助其他处室办理答复9件。

（福建省经济贸易委员会中小企业处）

江西省

一、2009年江西省中小企业改革与发展

（一）2009年基本情况

2009年，全省中小企业工作围绕克服国际金融危机带来的不利影响，不断创新工作思路，园区经济逆势增长，非公企业回升向好，为保增长、保

民生、保稳定提供了有力支撑，为加快江西崛起作出了积极贡献。

1. 工业园区发展基本情况

2009 年，全省工业园区发展态势令人鼓舞，主要体现在以下五个方面：

一是规模总量继续扩大，发展成效更加明显。全省工业园区实现主营业务收入 6 687.3 亿元，比上年增长 19.4%；完成工业增加值 2 102.7 亿元，增长 21.6%；上缴税金 279.7 亿元，增长 15.2%；税收过亿元园区达到 63 个，比上年新增 6 个。主营业务收入过百亿元的园区达到 20 个。2009 年，全省园区 648 个开工投产项目已完成投资 811.9 亿元，其中 122 个重大项目当年开工当年实现投产，为全省园区新增主营业务收入 412.9 亿元、税金 18.54 亿元，拉动全省园区经济增长 7.5 个百分点。

二是生产经营加速向好，经济效益稳步提升。2009 年，全省工业园区平均每天有 7.8 个企业开工建设，现有入园企业 11 900 家，其中投产工业企业 7 936 家，比上年增加 367 家。53 个园区出口创汇保持正增长，其中奉新工业园、吉水工业园区等 8 个园区实现翻番，据统计，全省园区实现出口交货值 664.9 亿元，增长 13.7%，比全省外贸出口平均增幅高出 18.4 个百分点。昌东工业园、贵溪工业园等 36 个园区企业利润保持 50% 以上的速度增长，全省园区实现利润总额 347.9 亿元，增长 34.9%。

三是园区投入增势迅猛，发展后劲显著增强。新开工、投产亿元以上重大项目 648 个。全省园区重大项目总投资 2 865 亿元，单个项目平均投资 4.42 亿元，比上年提高 2 000 万元。127 个投资 5 亿元以上项目投资达 1 460.6 亿元，占全省园区重大项目总投资的 50.9%。园区完成固定资产投资 681.9 亿元，比上年增长 42.3%，单位面积投资强度比上年底增加 3 万元/亩，有 64 个园区基础设施投入在 1 亿元以上。

四是产业集聚日益凸显，特色园区正在形成。园区引进新能源、钢铁、铜、钨和稀土、电子、汽车及零配件等特色产业项目 416 个，占新开工投产重大项目的 64.2%。其中，以光伏和 LED 为主的新能源产业项目 58 个，主要集中在新余、南昌；以铜、钨和稀土为主的精深加工产业项目 68 个，主要集中在鹰潭、上饶和赣州；以电子通信为主的信息产业项目 63 个，主要分布在吉安、南昌和赣州。全省园区有 50 个特色产业占主营业务收入比重超过 30%，高安的陶瓷、武宁的节能灯等 15 个特色产业超过 60%。全省园区主营业务收入超 50 亿元的特色产业有 20 个，其中，南昌高新区的新材料、新余经开区的新能源、鹰潭工业园区的铜加工、萍乡经开区的金属材料、南昌经开区的机电、井冈山经开区的电子信息和生物医药等 6 个特色产业主营业务收入超过 100 亿元。

五是生态创建扎实推进，绿化环保得到加强。首批 10 个试点单位已基本达标，其中南昌高新区建设规划已通过国家有关部委评审论证，成为我省经批准建设的首家国家级生态工业园区。25 个工业园区完成了生态建设规划编制工作并通过专家评审，到 2009 年累计 39 个园区完成了生态建设规划的编制。引导各地抓好园区绿化建设，全省有 40 个园区绿化覆盖率达到 30% 以上。

2. 非公有制经济发展情况

2009 年，全省非公有制经济继续保持平稳较快增长，并在逆境中实现“六个提升”。

一是经济总量平稳增长，占全省 GDP 的比重继续提升。全省非公有制经济完成增加值 4 090.59 亿元，比上年增长 16%，增幅高于全省生产总值 2.9 个百分点；占全省生产总值的 53.9%，比上年提升 0.9 个百分点。

二是规模以上工业企业发展加快，占全省规模以上工业增加值的比重继续提升。全省规模以上非公有制工业企业 6 435 家，比上年底增加 902 家。完成工业增加值 1 897.37 亿元，比上年增长 27.33%；占全省规模以上工业增加值的 72.68%，比重较上年提高 4.13 个百分点。

三是上缴税金增长较快，占全省税收总额的比重继续提升。全省非公有制经济上缴税金 497.43 亿元，比上年增长 31.85%，较全省税收平均增幅快 9.8 个百分点；占全省税收总额的比重达到 60.14%，比上年提高 4.47 个百分点。

四是出口创汇增长平稳，占全省外贸出口的比重继续提升。全省非公有制经济出口创汇 62.83 亿美元，同比增长 3.61%，较全省平均水平高出 8.31 个百分点；占全省外贸出口总额的 85.33%，比上年提高 6.84 个百分点。

五是就业人数增速不减，占全省社会就业人员总数的比重继续提升。全省非公有制经济从业人员达 1 137.51 万人，比上年增加 57.5 万人，增长 5.3%；占全省社会就业人员总数的比重由上年的 44.91% 提升至 46.52%。

六是私营企业数量增速迅猛，占全省个私经济实体的比重继续提升。全省私营企业户数达到 12.39 万家，增长 21.11%；注册资金达到 2 477.1 亿元，增长 29.05%。个体工商户达到 83.96 万户，增长 13.9%；注册资金达到 330.16 亿元，增长 33.44%。私营企业户数比上年增加 2.1 万家，占全省个体私营经济实体的比重由上年的 12.28% 提升至 12.86%。

七是固定资产投资增长持续，占全省社会固定资产投资总额的比重继续提升。全省非公有制经济完成固定资产投资 4 713 亿元，比上年增长 42.2%，占全省社会固定资产投资总额的 70.95%，较上年提高 1.3 个百分点。

（二）主要工作情况

一是抓好各项扶持政策的落实，进一步优化企业发展环境。切实抓好《江西省中小企业促进条例》、《江西省人民政府促进全省经济平稳较快发展的若干意见》的贯彻落实，参与了省人大常委会组织的《江西省中小企业促进条例》执法调研活动，推动各地加大“条例”的落实力度。根据国发［2009］36 号文件精神，起草了我省《关于进一步促进中小企业发展的实施意见》报省政府审定。联合有关部门出台了《关于减轻成长型、就业型工业困难企业税费负担的若干政策意见》，做好了园区困难企业减负工作，仅2009年上半年就为第一批92家园区困难企业缓减免税费5 196.45万元，同时还推动23个省直有关部门新制定和完善了27个有关促进非公有制经济发展的相关配套政策。积极争取国家项目资金扶持，2009年共为全省中小企业发展争取到国家资金5 276万元，重点扶持了65个项目。继续加大“中小企业成长工程”的实施力度，采取为中小企业免费培训员工、提供技术服务、补贴参加经贸活动的费用等多种方式进行帮扶。通过各种政策的扶持，全省中小企业不仅复苏进程加快，生产持续向好，有力地支撑了全省经济的发展，而且规模以上中小工业企业的数量也大幅增加，至2009年底，全省规模以上中小工业企业比上年底新增1 104家，达到7 289家，实现了中小企业的效益和发展水平的总体提升。据估算，2009年全省中小企业完成增加值4 350亿元，比上年增长13.5%，占全省生产总值的57.5%，其中工业增加值2 535亿元，增长21.1%，占全省工业增加值的83.3%；上缴税金490亿元，增长25%，占全省财政收入的59.2%；实现出口创汇65亿美元，增长12.5%，占全省外贸出口总额的88%；从业人员达到740万人，新增40万人。

二是积极破解资金难题，进一步缓解资金压力。积极推广建立担保机构的成功模式，以政府出资为引导，鼓励多渠道筹措担保资金，积极发展政策性、商业性和互助性等多种形式的担保机构，推广奉新工业园区中小企业统借统还、广丰银园保、余江信用共同体和弋阳担保基金等适合我省经济发展水平的融资担保模式，多元化构建中小企业信用担保体系。全省已建立中小企业信用担保机构203家，较上年增加71家，共有担保本金89.6亿元，较去年底增加55.4亿元，增幅达161.7%，其中担保资金超亿元的有9家，5 000万元以上的有50家，3 000万元以上的有92家；全省中小企业信用担保机构共为5 050家“四有三不”企业提供150.2亿元贷款担保，为企业缓解资金压力提供了有力的支持。继续加强与国家开发银行江西分行以及交通银行江西分行的合作，扩大了工业园区中小企业统借统还贷款担保范围，全年共为17个园区150家企业提供2.84亿元贷款担保。同时，切实完善和落实了信用担保的行业管理、风险补偿、评估考核和监管统计等制度，加大了对中小企业信用担保机构的财税扶持力度，积极创造条件为绩效评估等级在优良以上的担保机构申报国家对信用担保机构的无偿资助，有63家信用担保机构得到中央财政6 150万元资金扶持。

三是加强公共服务平台建设，进一步强化服务手段。切实加强技术服务体系建设。以中央财政扶持资金1 605万元为引导，积极吸引企业、银行等方面为陶瓷、特种冶金、稀土、有色金属等8个重点技术服务平台建设投资1.29亿元，目前已完成全部建设任务的77.5%，受到工业和信息化部的通报表扬，全省公共技术服务平台累计为近3 000家企业提供了服务。切实加强创业服务体系建设。根据中央和省委、省政府关于推动创业促进就业的各项优惠政策，修改完善了《江西省省级小企业创业基地管理暂行办法》，下发了《关于进一步加强省级小企业创业基地建设的通知》，加强了督促指导力度，并从省级中小企业发展专项资金中安排400余万元支持小企业创业基地建设，全省已建成省级小企业创业基地67个，新办企业3 702家，安置就业11.5万人，完成销售收入306.01亿元，上缴税金12.7亿元。切实加强人才培训体系建设。充分利用财政资金，实施了园区企业用工培训，免费为企业培训36万名新招用员工，提升了企业员工技能。继续开办了全省非公有制企业高层管理人员MBA培训班，在训人员170人，已毕业50人，取得了良好的社会反响。继续开展了非国有企业专业技术人员的职称评定工作。组织召开了全省工业园区与大专院校毕业生就业岗位对接大会，共为大学生提供1万个就业岗位。切实加强信息服务体系建设，全面完成具备政策发布、信息直报、数据统计等功能的全省数字园区信息化服务平台建设，现已正式投入运行。

二、2009年江西非公有制经济发展情况综述

2009年，我省非公有制经济积极化解金融危机的不利影响，成为推动江西国民经济总量、增速在全国位次“双前移”的重要、决定性因素之一。过去一年的发展情况，主要体现为“六个比重超过50%、一个成长较快”。

六个比重超过50%。一是增加值占全省GDP比重超过50%。全省非公有制经济增加值4年内连上3个台阶，2006年超过2 000亿元，2008年超过3 000亿元，2009年又突破了4 000亿元，达到4 090.59亿元，比上年增长16%，占全省GDP的53.9%，提高0.9个百分点，对GDP增长的贡献率为64.2%。二是规模工业增加值占全省规模以上工业GDP比重超过50%。全省6 435个（比上年增加902个）规模以上非公有制工业企业实现增加值1 897.37亿元，比上年增长27.3%，占全省规模以上工业GDP的72.7%，提高4.1个百分点，对全省规模以上工业企业GDP增长的贡献率多达93.2%。三是上缴税金占全省税收总额比重超过50%。全省非公有经济上缴税金497.43亿元，比上年增长31.9%，分别占全省财政总收入、税收总额的53.6%和60.1%，提高7.4个和4.5个百分点，对全省财政总收入、税收总额增长的贡献率相应为107.4%和80.4%。四是出口交货值占全省出口总额比重超过50%。全省非公有制经济完成出口交货值62.8亿美元，比上年增长3.6%，占全省出口总额的85.3%，提高6.8个百分点，

对全省出口总额增长的贡献率为160.2%。五是新增从业人员相当于全省城镇新增就业总数比重超过50%。截至2009年底，全省非公有制经济共吸纳从业人员1 137.51万人，占全省社会就业总数的46.5%，比上年提高1.6个百分点；增加57.5万人，增长5.3%，相当于本年全省城镇新增就业总数的121%。六是固定资产投入占全省社会固定资产投资总额比重超过50%。全省非公有制经济完成固定资产投入4 713亿元，比上年增长42.4%，占全省社会固定资产投资总额的71%，提高1.3个百分点，对全省社会固定资产投资增长的贡献率为73.9%。

一个成长较快。即个私企业发展较快。截至2009年底，全省实有个体工商户83.96万户，比上年增加10.24万户，增长13.9%；注册资金330.16亿元，增加82.73亿元，增长33.4%。私营企业12.39万户，增加2.08万户，增长20.1%；注册资金2 477.1亿元，增加557.68亿元，增长29.1%。

目前，全省实有个私企业96.35万户，注册资金2 807.26亿元，分别比上年增加12.32万户和640.41亿元，即在金融危机影响的逆境中，2009年全省非公有制经济仍以日均新增个私企业338户、注册资金1.75亿元的速度快速成长。

（江西省中小企业局）

山东省

一、基本情况

2009年山东中小企业保持了平稳健康发展的良好态势。全省各类中小企业发展到63万户，比2008年增加4万户。按经济性质分：私营企业47万户，占74.3%；国有集体股份制企业13.3万户，占20.9%；外资企业3.1万户，占4.8%。按行业门类分：商业占35%，工业占30%，租赁和商务服务业占6%，建筑和信息软件业各占5%，交通运输及仓储业占3%，其他如住宿餐饮、科研、农业企业等仅占2%左右。

2009年，全省规模以上中小企业实现增加值13 681亿元、主营业务收入5 0311亿元、利税4 936亿元，分别比上年同期增长18.3%、20.1%和26.6%；中小企业增加值、主营业务收入、利税占全部规模工业比重达到73%、71%、70%，分别比上年提高3.4个、2.8个和9.6个百分点。与2008年底相比，全省新增规模以上中小企业5 375户，全部从业人员平均人数增加15.3万人，分别达到43 213户和672万人。

2009年，全省个体私营企业户数发展到263万户、就业人员1 035万人、注册资金9 963亿元，分别比上年增加34万户、124万人和1 797亿元。

二、主要工作

（一）加大政策扶持

2009年9月，国务院《关于进一步促进中小企业发展的若干意见》下发后，省政府于11月17日制定出台了《关于贯彻国发［2009］36号文件，进一步促进中小企业发展的实施意见》（鲁政发［2009］127号文件），制定了30条政策措施，在专项资金、信用担保、过桥资金、信贷融资、税收减免等方面有较大突破和创新。12月16日全省中小企业工作会议期间，专门组织对各市、县中小企业局长进行国务院36号文件和省政府127号文件政策解读和培训。针对中小企业发展中存在的实际困难和问题，各地也都加大了政策支持，如济南市出台了《关于解决中小企业融资问题的意见》等6个文件，青岛市出台了《关于进一步改善中小企业发展环境的若干意见》等，对推动全省中小企业平稳较快发展起到了至关重要的作用。

（二）优化发展环境

《中小企业促进法》和《山东省中小企业促进条例》执法检查是省人大常委会2009年度安排的唯一一次执法专项检查，全省以执法检查为契机，加大了依法推动中小企业发展的力度。通过执法检查，进一步强化了各级对中小企业重要地位的认识，加快了从“抓大放小”到“抓大扶小”认识上的飞跃，原来未设立中小企业发展专项资金的市已追加或安排设立，全省有15个市设立中小企业专项资金，2009年省、市设立中小企业专项资金规模达2亿元，比上年增长近一倍。

（三）推进技术进步

充分利用金融危机形成的倒逼机制，鼓励引导中小企业加快推进产学研创新和技术改造，促进中小企业转方式、调结构，提高市场竞争力。2009年全省中小企业固定资产投资同比增长15%，省级以上企业技术中心的科研投入占企业销售收入的比重达到5.2%以上。全省科技型中小企业发展到2万多家，在全省国家级和省级高新技术产业开发区中，中小企业占到开发区企业总数的80%以上。全省国家级创新型企业、知识产权示范创建企业和试点企业中一半以上是中小企业，近2 000家中小企业建立了自己的研发机构。

（四）破解融资难题

一是加快担保体系建设。2009年全省担保机构发展到505家，比上年增加116家；注册资金239亿元，比上年增加90亿元；为近4万家中小企业提供担保贷款612亿元，同比增长45.8%；代偿率为0.5%，代偿损失率为0.7‰。中小企业平均每增加5元贷款，就有1元是通过担保获得。二是加强银企合作。2009年，工、农、中、建四大国有银行全部设立了中小企业金融服务专营机构，开始建立独立的小企业风险定价、成本利润核算、信贷审批、激励约束、违约通报、风险管理

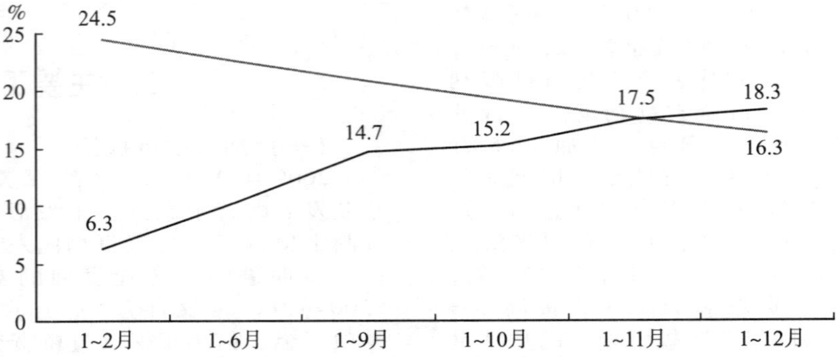

图 1　2009 年与 2008 年规模以上中小企业增加值增长曲线比较

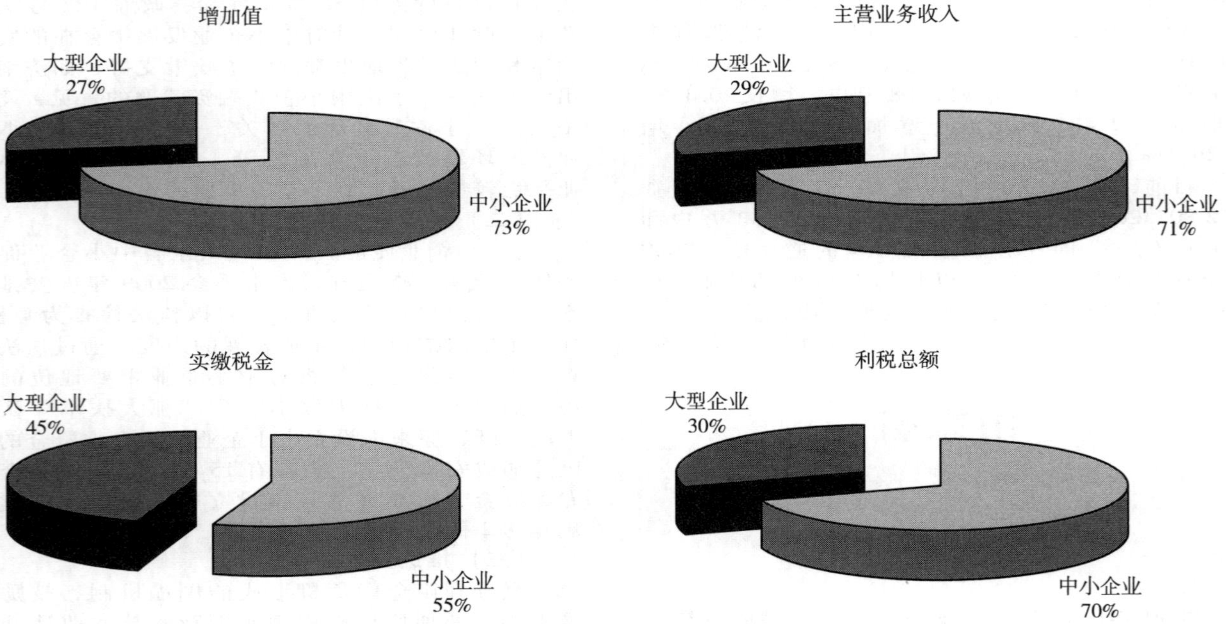

图 2　各项经济指标占全部规模工业的比重

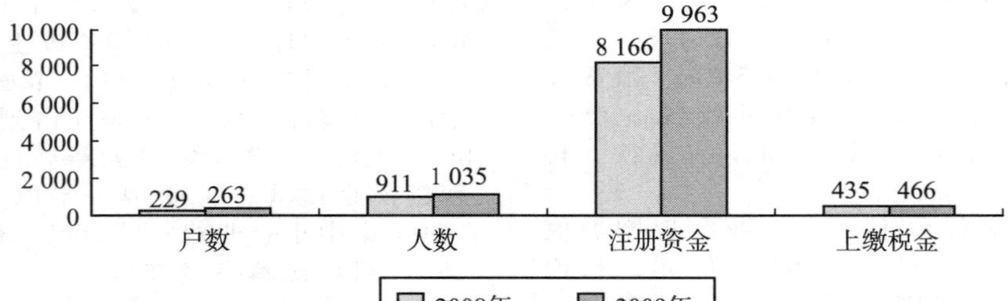

图 3　个体私营企业户、人、资、税情况

“六项机制”，加大对中小企业的信贷投放。2009 年全省金融机构中小企业贷款余额达 9 077 亿元，比上年增加 2 269 亿元，增长 33.5%。三是设立过桥还贷资金。全省 11 个市、28 个县（市、区）政府设立中小企业“过桥还贷资金”17.3 亿多元，累计循环使用 28.6 亿元，为 500 多家基本面好、发展潜力大、符合产业政策的中小企业解决了资金周转困难。四是创新融资方式。临沂市出台《中小企业贷款绿色通道》、《中小企业贷款风险补贴暂行办法》等 4 个文件。青岛市建立中小企业统贷统还、融资对接、信用信息“三大平台”，帮助中小企业政策性融资 200 亿元。枣庄市推行钢结构厂房抵押贷款，累计为中小企业抵押贷款4亿元。诸城市和寿光市成功发行中小企业集合票据，是全国首发的三支集合票据的两家，16家中小企业发行3年期集合票据10亿元。莱芜市出台《莱芜市集体土地房屋抵押贷款管理办法（试行）》，确定在集体土地上的企业厂房、农村宅基地房屋、农村集中居住区房屋和农村临街商住房，依法取得权属证书的，可作为向农村信用社贷款的抵押物，拓展了抵押物的范围。菏泽民营办与莱芜商业银行合作，组建小企业担保融资联盟，有效解决了小微企业贷款难问题。

（五）加快产业集群发展

2009年7月省政府在广饶召开中小企业产业集群工作会议，总结经验、表彰先进、推广典型，进一步明确发展思路和工作重点。2009年11月，《山东省中小企业产业集群发展规划》颁布实施，确立了16个特色产业的发展方向、目标和政策措施。据统计，2009年全省20个省级重点中小企业产业集群实现销售收入4 260亿元、利润383亿元。产业集群已经成为全省中小企业发展的新亮点。

（六）加快服务体系建设

一是加快诚信体系建设。建立符合中小企业特点的信息采集、信用评价、成果应用、信息发布、融资服务和政策扶持体系。全省90%以上未获贷款的中小企业信息纳入了全国统一的企业信用信息基础数据库。在全省开展A级中小信用企业培植试点工作。二是加大创业服务。完善创业辅导基地基础设施，健全服务功能，提高基地创业辅导能力。2009年，全省已创立各种形式的创业辅导基地近百个，入驻企业8 000多家，提供就业岗位20万个，其中，省级创业辅导基地31个，培育企业2 000家，安排就业近6万人。三是推进信息化建设。整合利用IT企业资源，开展“百千万”中小企业信息化管理提升活动。2009年为中小企业优惠提供宽带接入61 238家，为6 795家企业提供网上传真业务，为5 327家企业提供神眼视频监控业务，为5 424家企业提供企业邮箱业务，为11 475家企业提供了企业建站服务，为1 531家企业提供了信息化管理业务，组织开展10万户中小企业信息化免费体验活动，有效提升了中小企业的信息化水平。2009年，省、市、县三级中小企业网达到141个，其中中小企业山东网注册会员企业43 799个，发布供应求购信息60多万条，日均点击量达到7.5万次。四是加强市场开拓。组织中小企业参加第六届中博会，签订合同133个，合同金额14.4亿元，达成协议254个，协议金额28亿元。举办“中小企业直邮国际论坛”，开展“直邮服务中小企业活动”，2009年全省各级邮政部门为1 600多家中小企业提供了直邮服务，寄发直邮信函2 000多万件。

（山东省中小企业办公室　杨亚强　张志勇　王功永）

河南省

近年来，在省委、省政府的正确领导下，我省中小企业呈现出强劲的发展势头，经济总量迅速增长，整体实力不断提高。全省中小企业已驶入快速发展的轨道，已成为我省经济发展最具活力的增长点，成为我省就业再就业的重要渠道，成为推动我省工业化城镇化进程、实现跨越式发展的强大动力，成为实现中原崛起、构建和谐中原的有生力量，为全省保持经济平稳增长、保持跨越式发展的基本态势和社会和谐稳定，发挥了不可替代的重要作用。

一、基本情况

2009年，全省中小企业数达到32.8万个，同比增长10.72%；从业人员达到933.67万人，同比增长10.50%；完成增加值8 194.89亿元，同比增长9.02%；实现利润总额2 692.57亿元，同比增长16.41%；实缴税金685.68亿元，同比增长1.24%。

2009年，全省非公有制经济实现增加值占全省GDP的比重达到60%以上，河南民营经济对全省经济增长的贡献率已超过60%，对县域经济的贡献率达到70%以上，民营经济已成为拉动河南经济发展的重要支撑力量。2009年，全省规模以上工业企业实现利润2 376.99亿元，同比增长10.7%；其中，规模以上非公有制工业企业实现利润2 024.76亿元，占全省规模以上工业企业利润总额的85.18%，同比增长16.9%。全省民营企业出口交货值占全省出口交货值的60%左右。

二、存在的主要问题

（一）中小企业发展环境还不够宽松

小企业出生难、生存难、成长难的状况还没有根本性好转，创业难、办证难、贷款难、用地难等具体问题还没有得到有效解决。

（二）服务体系不健全

一是中小企业信用担保体系大而不强。在810多家中小企业信用担保机构中，注册资本达到1亿元以上的仅有37家，占4.57%。大多数担保机构规模小、实力弱、信誉低，达不到银行业要求的合作条件。还有一些担保机构违规经营，亟待加强监管。二是小额贷款公司发展没有达到预期目标。原定目标是2009年全省设立小额贷款公司150家左右，但实际批准设立的只有65家，其中有35家小额贷款公司获准设立后没有开业。三是社会化服务机构不完善，不能为中小企业提供规范有效的信用评价、人才培养、信息网络、创业辅导、市场开拓等服务。

（三）中小企业服务机构相对弱化

政府机构改革后，一方面中小企业服务局编制人员偏少，而且缺编严重。另一方面，原来为中小企业服务的二级机构，处在整编过程中，职责不明确，关系没理顺，工作不顺畅。

三、主要工作

为应对国际金融危机的影响，打赢促进中小企业又好又快发展的硬仗，一年来，我们重点抓好以下几项工作：

（一）转变思想观念，理清工作思路

针对中小企业局的实际情况，根据杨厅长关于中小企业局要改变工作方式，集中精力抓重点的指示精神，我们提出了“丢掉‘冲锋号’，抓住‘枪和炮’，突出重点闯新路，整合资源搞服务”的工作思路。

（二）召开重要会议，坚定发展信心

在省工信厅组建之初，我们及时召开了全省中小企业局长座谈会，沟通了信息，理顺了关系，稳定了情绪，坚定了信心，促进了全省中小企业工作的正常开展。在全省决战二季度的关键时期，提请省委省政府批准，召开了全省民营企业表彰大会。极大地调动了广大中小企业和民营企业干事创业的积极性，坚定了战危机保增长的信心。这次会议之后，全省中小企业的发展态势止跌回升，一路上扬，年底实现了各项经济指标的大幅增长。

（三）制定政策措施，破解发展难题

为了减轻国际金融危机的冲击，促进中小企业发展，我们组织制定并提请省政府批准，先后出台了《河南省人民政府关于支持中小企业发展的若干意见》（豫政［2009］35号）和《河南省人民政府关于建立健全中小企业信用担保体系的若干意见》（豫政［2009］36号）两部新政策，为解决中小企业创业难、融资难、担保难、用地难、负担重等重点难题，提供了有力支持。

在战危机保增长的过程中，我们又提出了中小企业战危机的10项措施，取得了相应的效果：一是培育和支持了一批创业基地。对搞得好的4个创业基地，给予了47万元的资金支持。二是开创了信用担保体系建设的新局面。2009年全省新设立各类担保机构492家，占担保机构总数的60.74%；新增注册资本121.91亿元，占注册资金总额的59.24%。新增担保机构和新增注册资本双双超过了前8年的总和。三是小额贷款公司试点获得成功。全年共批准设立小额贷款公司65家，注册资本21.04亿元。四是集合发债影响大。我们采取集合担保措施为中小企业发行集合债券的做法，被全国担保业界称为“河南模式”，可复制、可持续。工信部于2009年8月20日，在郑州召开了“全国中小企业集合发债暨融资工作座谈会”，推广河南经验。五是组织中小企业开拓市场效果好。全省各地组织83家中小企业，参加了第六届中国国际中小企业博览会，现场达成2.89亿元的供货合同和7.12亿元的投资合作意向。六是产权交易市场获准试点。经过努力争取，河南省技术产权交易所被工信部批准为全国5个“区域性中小企业产权交易市场试点工作单位”之一。七是专项资金支持数量空前。全年共争取到国家支持中小企业发展的专项资金9 975万元，支持各类项目93个，是历年来最多的。同时还报请国家有关部门批准，为13家担保机构免征3年营业税。八是产业集群建设效果凸显。在388个产业集群中聚集了15万家中小企业，占全省中小企业总数的39.68%，吸纳320多万人就业，占全省中小企业人数的32.36%。九是人才服务效果显著。在完成1 000人“银河培训”任务的同时，完成了全国中小企业网上“百日招聘”高校毕业生任务。我省共有1 912家企业参与招聘，提供了3 115个企业职位和17 284个就业岗位，连续6年获得全国第一。十是减轻企业负担取得新进展。包括从低确定土地使用税的等级和标准；办理证照一律免费；政府职能部门要求企业参加的各种培训、评估、评价、评比、论证等活动，不得向企业收费，不得要求企业赞助等。

（四）采取多种方法，缓解融资困难

1. 积极推动信用担保体系建设

一是建立风险补偿机制，激励担保机构加快发展。目前，全省共有各类担保机构810家，注册资本总额205.8亿元，为中小企业提供融资担保贷款担保额470亿元，担保余额360亿元，使受保企业新增销售收入564亿元，新增利税64亿元，新增就业岗位40多万个，取得了良好的经济效益和社会效益。二是开展担保业务培训，提高人员素质。全年举办培训班3期，培训人员776人，效果良好。三是组建担保集团，提供再担保服务。第一期注册资本13亿元的河南省中小企业担保集团股份有限公司，已于2009年12月29日正式挂牌。四是加强监督管理，防控系统风险。我们主动与省工商局协商，在担保机构准入和退出机制等方面开展合作。对部分县（市）中小企业信用担保机构的违规行为进行了调查整改，并以此为契机，在全省组织开展了中小企业信用担保机构自查自纠活动，加强了对全省中小企业信用担保机构的监督与管理。

2. 积极推动小额贷款公司发展

会同有关部门下发了《关于加快设立小额贷款公司的通知》，加快了小额贷款公司发展步伐，收到了初步效果。2009年，全省设立小额贷款公司65家，注册资金21.04亿元，已经开业30家，其中18家小额贷款公司累计发放贷款3.8亿元。

3. 积极开展中小企业集合融资工作

一是发行集合债券。我们采取集合担保的方式，为13家中小企业发行集合债券8.85亿元。目前发债申报材料已经国家发展改革委审核完毕，只因国家控制发债节奏而待机发行。二是开展集合票据融资工作。我们同中国人民银行郑州市中心支行制定了《河南省涉农中小企业集合中期票据发行工作方案》，并组织有关专家进行了可行性论证。目前，已报人民银行总行审查。三是与省内金融机构就发放集合贷款、集合短期融资券、集合信托计划等进行了理论探讨和可行性论证，并与国开行、广发行、民生行、中信行等金融机构达成合作共识。

4. 积极向金融机构推荐贷款项目

我们会同省直有关单位开展“河南省诚信民营企业”评审活动，并向省内各金融机构推荐“河南省诚信民营企业”的重点建设项目和流动资金贷款项目。先后两次向金融机构推荐716家企业的726个项目，申请贷款486.84亿元。

（五）整合外部资源，强化服务手段

2009年，省工信厅与省邮政部门联合下发了3个文件，开展了3项合作，利用邮政部门的信息流、实物流和邮储资金流，为中小企业提供“三流合一”的服务，取得了显著效果。邮政部门拿出1 000万元专项资金，为1 200多家中小企业提供直邮服务，共发送各类直邮产品3 000多万件。邮政速递物流已为全省5 500多家中小企业发送货物200多万件，配送货物5.6万吨。邮政储蓄银行为中小企业发放各类小额贷款1.27万笔、金额超过22.4亿元。

（六）搭建四个平台，加强宣传工作

为了加强对中小企业的宣传，我们搭建了四个平台：一是与河南电视台联办《河南中小企业》栏目，2010年1月9日正式开播，每周播出一期，每期20分钟。二是与《河南科技报》联办《河南中小企业》专版，每周一版。三是把原《河南中小企业与民营经济》内刊，更名为《河南中小企业》杂志，每月出一期。四是建立覆盖全省的中小企业信息网络服务平台，为广大中小企业提供信息、技术、政策法规、网络课堂和宣传等多种服务。

（河南省中小企业服务局办公室）

湖北省

2009年，全省经信委系统深入贯彻落实科学发展观，大力推进中小企业成长工程，着力优化中小企业发展环境，着力解决制约中小企业发展的突出问题，着力加强对中小企业的扶持和引导，推动中小企业转变发展方式，增强企业自主创新能力，中小企业发展取得新成绩，各项工作再上新台阶。

一、基本情况

生产经营保持平稳较快增长。全省中小企业完成增加值6 510亿元，同比增长15.0%；规模以上中小企业实现销售收入8 730.7亿元，同比增长30.4%；实现利润418.5亿元，同比增长45.2%；上缴税金287.6亿元，同比增长22.9%，保持平稳较快增长。

规模以上工业企业数增幅较大。2009年全省规模以上工业企业数达到13 739家，比上年净增2 741家，在2008年提前两年完成省政府确定的“十一五”末规模以上工业企业达到1万家目标的基础上再上新台阶，是实施中小企业成长工程以来增长最多、增速最快的一年。其中，规模以上工业企业过千户的在原有武汉、襄樊、黄冈三市基础上，又新增荆州、宜昌、荆门、孝感四市，反映出全省各地积极培育市场主体，强力推进中小企业成长工程所取得的新成效。

县域经济成为增长的亮点。全省县域规模以上工业实现增加值2 363.8亿元，增长22.3%，增速比全省快2.2个百分点，占全省规模以上工业增加值由2008年的45.1%提高到49.8%，县域经济成为全省经济增长的亮点。

个体私营企业快速发展。据工商部门统计，全省新登记私营企业4.4万户，新增从业人员31万人，新登记注册资本606亿元；全省私营企业23万户、注册资本4 285亿元，从业人员223万人。

技术创新能力不断提高。全省67%的发明专利、75%以上的新产品开发，是由中小企业完成的。2009年，全省中小企业和县域工业企业技改投资分别完成1 229亿元和1 079亿元，同比分别增长59.1%和55.2%，分别高出同期技术改造投资增速13个和9.1个百分点，占全省技术改造投资总额的比重分别由上年同期的83.8%和78.8%上升到91.8%和80.5%，中小企业和县域企业成为技术改造投资的生力军。

二、存在的主要问题

（一）发展环境有待进一步优化

中小企业比较集中的县域基础设施建设相对落后，工业用地紧缺，难以适应园区经济、产业集群快速发展的需要；轻视甚至歧视民营业主的现象程度不同地存在，尊重企业、尊重企业家、尊重纳税人和宽容失败的社会风尚有待进一步形成。

（二）中小企业融资难依然突出

受多方面因素制约，大多数中小企业难以获得银行贷款；民间金融不发达，限制了中小企业民间融资；资本市场门槛高，只有极少数企业能够上市融资。

（三）社会化服务体系建设滞后

服务机构管理分属多个部门，服务资源相对分散，中小企业服务体系建设尚处于起步阶段，难以满足广大中小企业的服务需求。

（四）中小企业自身素质不高

主要表现在：企业规模小，产业层次偏低，竞争力不强；技术创新能力弱，大部分中小企业产品开发能力弱，企业技术进步迟缓，资源利用率低，发展方式粗放；信息化程度不高，企业管理水平较低。

三、所做的主要工作

（一）强力推进中小企业成长工程

省委、省政府高度重视中小企业的发展，把实施中小企业成长工程作为推动全省经济社会发展的一项重大战略，强调要“一手抓大企业培育、一手抓中小企业成长”；年初的省人大会上，省政府工作报告把大力实施中小企业成长工程，作为全省经济社会发展的一项重要工作进行部署。按照省委、省政府的要求，各地各部门把推进成长工程工作与帮助中小企业应对危机保增长有机结合起来，摆在更加突出的位置，切实加强组织领导。

全省经信委系统作为全省中小企业综合协调和工作部门，积极会同相关部门，强力推进成长工程工作。一是强化目标责任。按照全省每年新增规模以上企业1 000家、重点培养企业100家的目标，省经信委年初与各市州签订目标责任书，分解下达全年成长工程目标任务。各市州党委政府把成长工程纳入政府目标管理和考核体系，按照“跳起来摘桃子”的要求层层签订目标责任书，切实加大政策资金扶持力度，加强重点扶持和分类指导，形成了省、市、县目标责任管理体系，有力推动了成长工程的实施。二是加强重点扶持。合理安排省中小企业发展专项资金，重点支持中小企业专业化发展、与大企业配套协作，技术创新、新产品开发、技术推广及中小企业服务体系建设，培育扶持了一大批创新型、外向型、配套型、品牌型中小企业和中小企业服务示范机构。三是做好跟踪督办。加强对各地成长工程工作进展情况的监督检查，及时掌握工作动态，定期对各地成长工程进展情况进行通报，加大督办力度，有力推动了成长工程工作在各地的实施。四是完善考核奖励机制。每年对全省各县市区成长工程目标任务完成情况进行考核考评，在省政府召开的全省中小企业成长工程工作会议上对先进县市区进行表彰奖励，奖励面达到60%，营造了良好氛围，在全省形成了你追我赶、竞相发展的良好局面。

（二）积极帮助中小企业应对国际金融危机

1. 加强经济运行监测分析。加大对宏观经济形势的跟踪研判，及时召开全省经济形势分析会议，谋划应对措施，分析国家产业调整与振兴规划对中小企业发展带来的机遇，合理引导市场预期。组织工作组对重点企业生产经营情况进行调研，加强信息收集整理和分析，做好预测预警，指导面上中小企业做好应对工作。

2. 扎实做好生产要素保障。上半年，针对需求减少，一手抓扩大电力有效需求，一手抓电煤的有效供应，积极协调电力发供用三方在电力结算价格上相互支持帮助，实现互利共赢。下半年，随着国家经济形势企稳回升速度的加快，供求关系发生了急剧变化，组煤保电工作形势异常严峻，积极争取国家相关部门和产煤省份的大力支持，有力保证了企业正常的生产经营。

3. 积极帮助寻求应对之策。开展多种形式的走访帮扶活动，深入企业调研督导，与企业家座谈，共商应对之策。引导和帮助中小企业辩证分析形势，树立发展信心。着力抓好开门红，通过坚持以旬保月、以月保季、以季保年，督促各地企业提高开工率，引导企业千方百计压缩“两项资金”占用，避免了新的产品积压。

4. 切实缓解中小企业融资难。加强与金融部门的协调沟通，积极向金融机构推荐符合国家产业和环保政策，有市场、有技术、有发展前景的企业和项目。举办不同形式的中小企业银企合作促进会议，积极搭建中小企业银企业合作平台。全省中小企业贷款余额2005～2009年分别达到2 465亿元、2 764亿元、3 542亿元、4 235亿元、5 328亿元，逐年稳步增长，在一定程度上缓解了中小企业融资难。

（三）大力推动中小企业转变发展方式

1. 引导中小企业集群发展。全省各地以民营经济为主体，以园区为载体，以特色为带动，以集群为依托，加快园区建设和产业集群培育力度，突出抓好了全省60个重点产业集群培育和发展，引导中小企业走产业集聚、企业集群、资源集约发展模式。推动集群内企业的重组联合，加大集群内骨干企业的扶持，培养了一批集群领军企业。着力提高园区项目的质量和效益，推进技术创新和管理创新，推动结构调整和优化升级。

2. 推动中小企业技术改造。建立了我省中小企业重点技改项目库，规划项目2 409个，总投资5 402亿元。以该项目库为基础，建立了各级经信委项目跟踪服务制度，及时协调解决项目建设中的突出矛盾和问题，起到了较好的政策推动和导向作用，不少地方新增技术改造专项资金，引导和推动企业加大自主性技改投入。2009年，全省完成技术改造投资1 331.89亿元，中小企业技改投资完成1 229亿元，同比增长59.1%，成为全省技术改造投资的生力军。

3. 引导创新要素向企业聚集。为不断推动科技成果转化，省经信委会同教育厅、科技厅等部门连续五年具体承办了中小企业产学研合作项目洽谈会，搭建产学研合作平台，引导创新要素向企业聚集，促进了产业结构优化和升级。2009年的“第五届中国·湖北产学研合作暨创业投资洽谈会”，共推出大专院校、科研院所科技成果3 200多项，签订产学研合作项目469项，签约项目总投资73.61亿元，技术成果交易金额4.86亿元，成效显著。

4. 促进大中小企业的配套协作。积极推动建立健全大企业与中小企业的配套合作机制，组织中小企业围绕龙头企业发展专业化协作，围绕大型装备企业发展零部件配套，围绕地方特色产品发展一条龙服务，积极引导中小企业走小而专、小而精、小而特、小而新的发展道路。

5. 继续淘汰落后产能。在前几年工作的基础上，继续推进经信委系统承担的小火电和小酒精、小味精、小柠檬酸等淘汰落后工作，2009年又关停小火电机组25.5万千瓦，关停小酒精企业4家

3.8 万吨生产能力。通过淘汰落后产能，引导中小企业发展建立在资源节约、环境友好、绿色增长的基础上。

（四）努力改善中小企业发展环境

1. 进一步减轻中小企业负担。本着“能免则免、能减则减、能缓则缓”的原则，继续加大力度清理涉企收费项目和不利于中小企业发展的制度规定，凡未按规定权限和程序批准的行政事业性收费项目和政府性基金项目一律取消，已经明确免收的收费项目要坚决停止征收，不得变换名目继续向企业收费，已经明确降低收费标准的坚决降下来。健全和完善行政事业性收费许可制度，广泛推行企业缴费“明白卡”制度，严格执行收支“两条线”。将减轻企业负担工作纳入全省“纠风”工作范围，作为专项工作进行部署和检查。加强中小企业维权体系建设，省直各有关部门在网站公布企业维权投诉电话和电子邮箱，直接受理企业投诉，畅通维权渠道，中小企业负担进一步减轻。

2. 积极推动社会化服务体系建设。按照政府扶持中介、中介服务企业的要求，加快建设适应中小企业发展需要的社会化服务体系，着力在全省建立起以政府公共服务为引导、公益性服务为基础、商业性服务为支撑，体系完备、功能健全、服务规范、运转高效，省、市、县三级贯通的中小企业社会化服务体系，形成创业辅导、融资担保、人才培训、技术创新、信用评价、信息咨询、法律维权、协会商会等八大服务平台。全省各地加快整合和优化社会服务资源，结合各地实际，围绕重点平台打造，加强指导和扶持，推动全省社会化服务体系建设，为中小企业提供了各具特色的服务。

3. 加快中小企业融资担保体系建设。把加大担保体系建设，作为缓解中小企业融资难的重要手段，积极协调银保关系，组织担保机构参加各类银企合作会、金融博览会，增强银行与担保机构的信任与了解；加强省级再担保平台建设，积极协调各地落实省再担保平台建设资金筹措方案；切实加强对担保机构的审批和监管工作，促进中小企业信用担保机构健康发展；省财政提前预拨了 2009 年省集中税收增量返还资金，用于各地补充担保机构资本金。2009 年全省中小企业信用担保机构 122 家（不包括担保兼营机构），注册资金 71.06 亿元、在保责任总额 195 亿元，担保机构在缓解中小企业融资难中的作用进一步加强。

（湖北省经信委中小企业发展处）

湖南省

一、基本情况和主要特点

（一）中小企业和非公有制经济平稳较快发展

2009 年，湖南省中小企业和非公有制经济保持平稳健康发展。全省中小工业企业实现增加值（含个体工业户）3 501.08 亿元，同比增长 18.6%；非公有制经济实现增加值 7 099.2 亿元，比上年增长 15.1%，占全省生产总值的 54.9%。非公有制经济实缴税金 572.7 亿元，比上年增长 17%。非公有制经济二、三产业年末从业人员数为 1 921.1 万人，比上年增长 2.7%，占全部二、三产业从业人员的 85.7%。

（二）私营经济增长较快

截至 2009 年底，全省共有私营企业 16 万户，从业人数 223.8 万人，注册资金 3 338.4 亿元，分别比上年增长 17.3%、11.3% 和 20.5%；个体工商户 122.7 万户，从业人员 206.5 万人，资金总额 548.4 亿元，分别比上年增长 10.8%、2.2% 和 25.2%。

（三）二、三产业比重提高

2009 年，全省非公有制经济中，第一产业增加值 558.33 亿元，同比增长 6.3%；第二产业增加值 3 518.55 亿元，增长 22.5%；第三产业增加值 3 022.32 亿元，增长 8.4%。非公有制经济三次产业构成由上年的 12.9∶48.5∶38.6 调整为 7.8∶49.6∶42.6。第一产业比重比上年下降 5.1 个百分点，第二产业和第三产业比重分别比上年上升 1.1 个和 4.0 个百分点。

（四）批发、零售、住宿和餐饮业稳步增长

2009 年，全省非公有制经济批发、零售、住宿和餐饮业实现商品销售总额（营业收入）8 389.88 亿元，增长 18.9%。其中：非公有制批发和零售企业分别实现商品销售总额为 3 563.18 亿元和 4 108.95 亿元，分别增长 22.3% 和 16.0%；非公有制住宿和餐饮业分别实现营业收入 115.76 亿元和 602.00 亿元，分别增长 25.6% 和 17.9%。

（五）非公有制经济贡献突出

2009 年，全省非公有制经济完成增加值占全省生产总值的 54.9%。非公有制经济实缴税金占全社会实缴税金的 49.1%，增速比全省实缴税金增速快 2.4 个百分点。非公有制经济完成投资占全社会实际完成投资额的 63.2%，同比增长 35.4%，增幅比上年快 2.8 个百分点。非公有制经济二、三产业从业人员占全社会二、三产业从业人员的 85.7%，同比增长 2.7%，比全部二、三产业从业人员数增速快 0.3 个百分点。

二、存在的主要问题

（一）整体实力有待加强

近几年来，湖南省非公有制经济虽然发展较快，但横向比较，差距还比较明显。在经济总量上，与浙江、广东等经济发达地区相比还有较大差距。如，我省个体私营企业户数仅为浙江的 30% 左右。在企业规模上，全省销售收入过亿元非公有制工业企业只有 1 924 户，不到 2 000 户。在产业分布上，主要局限于传统产业，进入先进制造业、高新技术产业和生产性服务业的较少，产业层次不高。在管理水平上，中小企业和非公有制企业中家族制、家长式的企业仍然很多，在资源配置、科学决策、人才管理等方面存在弊端，制约企业进一步发展。在创新能力上，非公有制企业技术创新的能力弱、速度慢、效益低。科研投入不足；科研院所合作程度较低；专利授权大多为外观设计和实用新型发明，专利技术所占比重不高；全省拥有自主知识产权的中小企业仅占总数的0.05%，缺乏品牌和核心竞争力。

（二）行业分布过于集中

湖南省非公有制经济主要集中在传统制造业、批发零售业、租赁和商务服务业，以及房地产业，从注册资本上来看，这些行业2009年的新增投资仍然保持了强劲势头，分别达到各行业注册资本总量的14.77%、19.08%、21.04%、13.34%。2009年，国有企业的竞争优势更加明显，对民间投资产生了“挤出效应”，非公有制企业发展空间进一步受到挤压。行业分布的过度集中，不仅引起市场环境的恶化，同时也挤压了企业盈利空间，限制了企业的发展后劲，使企业无力进行技术改造和产品创新。

（三）融资困难仍然存在

近年来，各级政府和金融机构为缓解中小企业和非公有制企业融资难问题做了大量工作，融资环境有所宽松，但中小企业和非公有制企业普遍反映，融资难仍然是制约企业发展的瓶颈。据调查，近五成中小企业感到流动资金紧张。其中，缺口在20%以上的占2.2%，缺口在10%～20%的占10.8%，缺口在10%以内的占35.5%。特别是规模以下中小企业，融资困难是制约企业发展的主要因素。主要表现在三个方面：一是中小企业融资渠道和融资方式比较单一，主要是民间借款、内部集资和银行贷款3种方式。二是银行信贷对中小企业特别是规模以下工业企业发展的支持有限。三是担保机构的担保作用发挥明显不足。全省中小企业信用担保机构虽然近年发展较快，但实力不强，平均注册资本仅为2 000万元左右，将近一半的担保公司找不到合作银行，无法开展担保业务。除了银行信贷体制和担保体系等方面的原因之外，中小企业和非公有制企业自身条件欠缺，企业信用记录不完整，内部管理不规范等也是造成融资难的原因之一。

三、所做的主要工作

2009年，全省以贯彻执行《中华人民共和国中小企业促进法》和《湖南省实施〈中华人民共和国中小企业促进法〉办法》（简称“一法一办法”）为主线，贯彻落实《国务院关于进一步促进中小企业发展的若干意见》、《湖南省人民政府关于鼓励支持和引导个体私营等非公有制经济发展的实施意见》等促进中小企业和非公有制经济发展的相关政策。各级各部门以“保增长、调结构”为重点，结合自身职能，加强指导服务，帮助非公经济和中小企业应对金融危机，促进发展。

（一）进一步完善政策法规促进体系

1. 开展“一法一办法”执法整改工作

在2008年省人大开展为期一年的“一法一办法”执法检查的基础上，2009年省政府再用一年时间做好整改工作。2月，省政府成立了以陈肇雄副省长为组长的执法整改工作领导小组，办公室设省经委。同时，省人大常委会也相应成立了执法检查整改督察领导小组。3月，领导小组制定了整改工作方案，明确了整改内容、责任单位和要求。5月，召开了电视电话会议对执法整改工作进行部署。8月，进行了整改情况督察。9月，召开了执法整改工作情况汇报和评议会议，20项整改工作满意率都在90%以上。11月，省人大常委会第十一次会议听取并审议了省政府《关于省人大常委会中小企业促进法执法检查报告及其审议意见整改落实情况的报告》，对整改落实情况给予了高度评价。在各相关部门的共同努力下，经过一年的整改，各项整改措施基本落实到位，涉及中小企业发展的5大方面20个重要问题已经或正在解决。

2. 及时出台应对金融危机的政策措施

2009年，省委、省政府出台了《关于大力推动全民创业的意见》、《关于促进工业企业平稳较快发展的若干意见》、《关于进一步支持中小企业融资的意见》等一系列文件，促进非公经济和中小企业发展。相关部门围绕促进非公经济和中小企业发展也制定了一系列配套措施。如，省财政厅、省经委、省地方金融证券办、人民银行长沙中心支行、省银监局联合下发了《关于缓解中小企业融资困难的若干意见》，省工商局制定了《关于促进经济平稳较快发展的若干措施》等。

（二）加大对非公经济的财税支持

1. 加大省本级财政资金的支持力度

2009年，省级中小企业发展专项资金增至4 000万元；全省中小企业贷款贴息资金增加到1亿元，用于中小企业贷款贴息和担保机构的风险补偿；省产学研结合专项引导资金安排1 000万元专项用于中小企业转型升级等。各部门项目资金安排重点扶持中小企业和非公经济。

2. 积极争取国家资金支持

2009年，有关部门和财政部门共同努力，为非公经济和中小企业向国家争取资金支持。如，争取国家中小企业发展专项资金和服务体系补助项目84个，资金10 470万元，比往年大幅增加；为32个非公企业项目争取国家重点产业调整振兴资金22 840万元，分别占全省争取项目总数和争取资金总额的76%和55%；争取中央预算内工业中小企业技术改造资金项目152个，资金9 000万元等。

3. 落实税收优惠政策

国税系统认真落实增值税转型、提高出口退税率、企业所得税优惠等一系列结构性减税政策，全年落实各项减税政策直接减税81.8亿元。地税部门落实好“特别保护期”各项税收举措。

（三）千方百计拓宽中小企业融资渠道

融资难一直是制约中小企业发展的瓶颈，金融危机之际，融资问题更加突出。2009 年 5 月，省委、省政府召开了全省中小企业融资工作会议，专题研究中小企业融资问题。省政府及相关部门出台了多项政策措施缓解中小企业融资难问题。具体工作有：

1. 加强担保体系建设

一是推动担保机构组建。省财政安排 14 亿元专项调度资金用于支持担保机构建立，各市州都建立了注册资本金在 1 亿元以上的担保机构。同时，组建了湖南担保有限公司，提升担保实力。二是组织 120 名担保机构从业人员参加培训，提高担保队伍素质。三是积极为担保机构落实相关扶持政策。向国家争取担保机构补助项目资金 7 000 多万元，并为符合条件的担保机构申报免征营业税政策。截至 2009 年底，我省中小企业信用担保机构发展到 142 家，担保资本金达 70 亿元，其中资本金 1 亿元以上的 36 家。全省担保余额达 150 亿元，新增担保贷款 90 亿元。

2. 金融机构加大对中小企业的信贷支持

截至 2009 年末，全省中小企业贷款余额 3 054.98 亿元，占全部企业贷款余额的 54.9%，比上年增长 31.8%。全年新增贷款 736.49 亿元，占全部企业新增贷款的 55.4%。

3. 推动中小企业直接融资

2009 年全省新增 9 家上市公司，均为中小企业或非公企业，首发上市融资 62.42 亿元。106 家进入重点后备上市资源库企业中，90% 以上是中小企业和非公企业。

4. 启动小额贷款公司试点

5 月，《湖南省小额贷款公司试点实施意见》经省政府常务会议通过。8 月，省政府金融办与省工商局制定了《湖南省小额贷款公司监督管理办法（试行）》、《小额贷款公司试点审批工作指导》和《湖南省小额贷款公司登记管理暂行办法》。9 月，全省 33 个县市区获得首批试点。15 家小额贷款公司获批筹建，5 家正式挂牌营业。

5. 积极促进银企对接

一方面组织开展多种形式的银企对接活动。如组织开展“2009 中国湖南（香港）金融合作洽谈会”、“2009 湖南金融博览会”等银企对接活动。另一方面稳定银企合作关系。省工商联与工商银行湖南省分行洽谈、沟通，使工商联会员企业与工商银行建立了长期稳定的金融合作关系。

（四）大力推动全民创业

1. 加大对创业的扶持

一是出台和落实优惠政策。省地税局研究出台了促进创业相关税收优惠政策，明确返乡农民工、大中专毕业生自主创业减征或免征相关税项。省财政厅、物价局下发了《关于对创业人员减免行政事业收费的通知》，省劳动厅下发《关于印发 2009 年全省创业带动就业工作计划的通知》，出台了一系列的优惠政策。二是重点抓创业基地建设和扶持初创企业发展。去年省经委安排了 780 万元省中小企业发展专项资金扶持创业基地建设、初创企业发展和推动全民创业活动。同时，向国家争取了近 800 万元扶持重点创业基地建设项目。三是加大对高校毕业生创业支持力度。省政府设立了 5 000 万元高校毕业生创业专项扶持资金。在政策推动下，2009 年全省有 8 800 多名高校毕业生实现自主创业。

2. 开展创业辅导，营造创业氛围

去年下半年，省经委会同省委宣传部、省教育厅、省劳动厅、团省委、省妇联组织开展了全民创业巡回报告会活动。在长沙举办启动仪式暨首场报告会之后，陆续在其他 13 个市州举办了巡回报告会，共 1 万余人参加，反响强烈，效果很好。同时，在湖南卫视、湖南经视、《湖南日报》等新闻媒体设立创业专题和专栏，营造创业氛围，提升创业文化。

通过努力，全省创业工作初见成效。2009 年全省新登记注册各类企业 3.38 万户，增长 28.6%，其中私营企业 3.04 万户，增长 43.1%；个体工商户 26.5 万户，增长 14.3%。2009 年 12 月中旬，全国创办小企业工作座谈会在长沙召开，对我省创业工作给予了充分肯定。

（五）进一步优化发展环境

1. 减少和简化行政审批事项和程序，提高审批效率

在 2008 年取消、精简和下放了省级行政审批项目 179 项（减幅达 23%）的基础上，2009 年再次下放省本级行政许可项目 74 项，减幅达 12%。各市州也开展了行政审批事项的削减、取消工作。省国土资源厅实施网上审批制，原来需 60 个工作日的行政审批事项，缩短为 30 个工作日。省审改办组织协调开展了全省年检制度改革工作，清理省本级年检项目 78 项。

2. 清理规范收费，减轻中小企业负担

在 2008 年 9 月全省取消和停收的 62 项行政事业性收费和 12 月国家取消和停收的 100 项行政事业性收费，共减轻企业负担 30 多亿元的基础上，2009 年再次取消省本级 7 项、暂停 1 项、降低 10 项事业性收费。

3. 认真受理投诉和严肃查处问责

2009 年，制定下发了《湖南省行政效能投诉处理暂行办法》，全省共受理行政效能和经济发展环境方面的投诉 13 194 件，办结 12 942 件。同时，加大了查处损害经济发展环境案件的力度。据统计，全省查处影响机关效能建设和损害经济发展环境方面的案件 562 件，集中通报典型案件 4 次。

4. 营造良好的舆论环境

省政府对全省第三届发展非公经济先进集体和先进个人进行了表彰，共表彰了 15 个发展非公经济先进县市区，10 个非公经济服务先进单位，30 名优秀非公经济企业家和 30 名创业标兵。省委宣传部、省经委、省工商联等还组织开展了一系列的宣传活动，为非公经济发展营造良好的舆论环境。

（六）加强协调和服务

1. 进一步完善中小企业社会化服务体系

目前，省和 10 个市州、70 个县市区成立了中小企业服务中心。建立了一些中小企业公共技术服

务平台。开通了中小企业信息网和市州分网。开展了信息、咨询等服务活动。2009 年还依托湖南中小企业法律服务中心建立了中小企业法律服务平台。成立了管理咨询服务联盟，组织 31 家管理咨询服务机构为中小企业开展了管理咨询服务。

2. 建立中小企业统计制度

省统计局与省经委、省发改委、省财政厅等单位联合制定了《湖南省中小企业标准暂行规定》。首次认定了 2008 年大中型服务业企业名单。初步建立了中小企业统计制度。

3. 开展“企业服务年”活动

省政府把“服务企业，促进发展”作为应对金融危机、促进企业发展的重大措施，将 2009 年作为“企业服务年”，要求各级各部门派出服务小组，深入企业，及时了解和掌握企业发展中面临的问题，采取“一企一策”、“一企多策”的办法，帮助企业发展。省经委、省发改委等 22 个部门组成 7 个服务工作组，深入 76 家骨干企业和一批中小企业开展对口帮扶，帮助企业解决了一些困难和问题。

4. 组织开展各类培训

2009 年，组织开展了民营及中小企业高层管理人员培训、中小企业银河培训、专业技术人员继续教育远程培训、中小企业员工培训、质量经营管理培训班、民办普通高校董事长、院长和部分民办中等职业学校校长培训班、建筑劳务分包企业管理人员培训班和作业队长培训班等多个培训班。

5. 促进中小企业对外交流

积极推动非公企业“走出去”。组织企业参加了第六届中博会、承接纺织服装产业转移洽谈会、第五届泛珠三角区域商会联席会、第一届海峡两岸全球企业发展论坛、第十届世界华商大会等活动，扩大非公企业和中小企业对外交流。

（湖南省经济和信息化委员会中小企业发展促进处）

广东省

一、总体情况

2008 年金融危机爆发以来，世界经济形势险象环生，全球经济严重衰退，经济发展遇到前所未有的困难。2009 年，广东省各级党委政府高度重视中小企业发展，准确判断、果断决策、迎难而上、坚定信心、共克时艰，努力推进“三促进一保持”，全省中小企业逆势而上，不断迸发生机与活力，实现又好又快发展，成为广东经济社会发展的重要力量和加快转变经济发展方式的生力军。

（一）中小企业在全省经济发展中的地位日益重要

2009 年末，全省私营企业户数达到 81.34 万个，居全国第二位，比上年增加 11.1%。2009 年，以中小企业为主的民营经济实现增加值 16 707.89 亿元，比上年增长 12.3%，占全省 GDP 比重为 42.8%。民营经济实现税收收入 2 305.59 亿元，比上年增长 3.6%，税收贡献率达 28.4%。

（二）中小企业工业生产、投资和对外贸易发展强劲

2009 年，全省中型、小型规模以上工业企业完成工业增加值 11 402 亿元，同比增长 8.4%；民营工业增加值达 6 450.59 亿元，比上年增长 15.2%，增幅快于同期全省工业增加值增幅 6.9 个百分点；民营经济完成固定资产投资 4 688.8 亿元，较上年增长 10%；民营经济完成进出口总额 1 166.79 亿美元，比上年增长 5.1%，增幅快于同期全省进出口总额 15.9 个百分点。

（三）中小企业带动就业的能力日益突出

中小企业是我省吸纳劳动就业的主渠道。2009 年末，以中小企业为主的民营经济单位从业人员达 2 149.14 万人，较上年增长 6.7%，占全社会从业人员的比重达到 37.8%。全省新增就业岗位中 80% 以上由民营企业提供。

（四）中小企业自主创新能力和发展质量显著提升

以中小企业为主的民营科技企业迅速崛起。2009 年末，经各级认定的民营科技企业超过 6 000 家，2009 年实现工业总产值达 5 619 亿元。我省国家级创新型企业、知识产权示范创建企业和试点企业中一半以上是中小企业。我省 75% 左右的发明专利由中小企业申请。一批向“专、精、特、新”方向发展的中小企业迅速崛起。

二、广东扶持中小企业发展的主要工作

（一）出台政策，优化发展环境

2008 年底，省政府出台了《关于促进中小企业平稳健康发展的意见》，为中小企业应对国际金融危机、促进持续健康发展提供了有力的政策保障，全省 21 个地级以上市也先后出台了贯彻意见和实施细则，齐心协力扶持中小企业渡过难关。2010 年 3 月我省出台了《贯彻国务院关于进一步促进中小企业发展若干意见的实施意见》。

（二）多管齐下，改善融资环境

2009 年，省财政安排 2 亿元对中小企业贷款担保业务给予补贴，努力提高担保再担保机构的融资担保能力和风险防范能力。至 2009 年底，全省已经形成省市县三级中小企业信用担保网络，共有担保机构 780 多家。2009 年省财政还安排 10 亿元资本金组建省中小企业信用再担保有限公司，公司陆续与 19 家银行机构进行合作，实现担保规模达 80 多亿元。大力支持中小企业上市融资。2008 年 1 月 1 日至 2010 年 6 月 8 日，我省共有 40 家中小企业的首次公开发行申请被提交中国证监会发行审核委员会审核，其中 39 家获得首次公开发行申请通过，共有 31 家企业在境内发行 A 股并在深交所中小企业板和创业板上市。

（三）增财减税，加大扶持力度

2009 年省财政一次性新增 10 亿元用于“政银

企”合作贷款贴息，支持中小企业开展技术创新与技术改造，拉动了银行贷款近400亿元和社会投资135亿元。截至2009年底，“五缓四减三补贴”政策共为企业减轻负担79.9亿元。

（四）积极帮扶，推动开拓市场

2009年共组织国内经贸交流活动130多场，为广大中小企业开拓国内市场搭建了良好平台。继续高规格办好中国国际中小企业博览会，2009年第六届中博会吸引了35个国家和地区共25.5万人次到会参观、洽谈、采购。

（五）加大力度，优化市场环境

进一步放宽企业名称、住所、经营范围、注册资本、出资方式等限制，营造宽松的准入环境。加快中小企业社会化服务体系建设，制定出台《关于推进我省中小企业社会化服务体系建设的意见》。坚决清理涉企收费，在全省范围内开展治理整顿乱收费减轻企业负担工作。规范中小企业生产经营市场秩序。加大我省中小企业自主创新品牌的保护力度。

（六）加强服务，促进企业发展

成立中小企业法律服务团，促进中小企业减负，为中小企业发展创造良好环境。推动村镇银行试点，多渠道缓解中小企业融资难。建立后备上市企业资源库，培育上市资源。建设大型电子商务平台——广东易发网，有效帮助中小企业开拓市场。

（广东省中小企业局）

广西壮族自治区

2009年，面对百年不遇的全球金融危机的冲击，广西全区各级中小企业管理部门不畏艰辛，上下团结一致，深入基层，问计于民，联合各方，帮助10万多家中小企业（含个体工商户）排忧解难，赢得了发展。2009年底，全区中小企业（含个体工商户）128万户，占全区企业总数的90%以上；从业人员380万人，占全部企业的80%，占全区城镇就业年平均人数的50%以上；全年规模以上中小企业实现销售收入4 456.7亿元，同比增长12.1%；完成增加值1 630.9亿元，同比增长17.2%，对全区工业贡献率达62%。

我们主要做了几方面的工作：

（一）推动制定政策，优化发展环境

2009年，自治区相继出台了《关于进一步支持中小企业融资的意见》、《关于进一步加快非公有制工业经济发展的意见》、《广西壮族自治区中小企业贷款风险补偿专项资金管理暂行办法》、《广西壮族自治区中小企业信用担保机构风险偿管理办法》等4个文件。各市、县（区）也出台了156个有关促进中小企业、非公有制经济发展的文件，从政策上保障了中小企业的发展。

（二）加大财政扶持，推动产业升级

2009年，自治区本级安排中小企业发展专项资金和农产品加工企业扶持资金1.2亿元，共扶持了127个项目，直接带动企业投资582.8亿元。全年中小企业累计投资731.15亿元，促进了企业产品升级和结构调整。

（三）多渠道融资，缓解企业资金困难

自治区工信委与金融机构开展诚信企业建设，将在广西的24家商业银行中小企业融资产品资料汇编成册，免费发给企业。同时，区、市、县（区）还共同搭建了政、银、企合作的中小企业融资服务平台，帮助中小企业获得银行信贷支持。到2009年12月31日止，全区中小企业贷款余额2 091.7亿元，增长57.6%，比年初增加764.4亿元，增幅高于全部贷款增速13.6个百分点，在全国排第二位。

（四）组织企业参展，扩大对外交流

2009年9月，第六届中国国际中小企业博览会在广州举办，自治区和各市、县（区）财政都分别拿出部分资金来补助中小企业参会参展，全区有396人参会，参展展位数达68个。会上签订产品销售协议、合同30份，销售金额8.7亿元；签署经济合作项目41个，引进投资金额72.1亿元。2009年，全区中小企业通过参会参展共引进投资项目187个，投资总额达295.6亿元。

（五）应对新形势，开展专题研究

1. 开展“中国—东盟自由贸易区产品零关税与广西农产品加工对策研究”

2009年12月23日，我委与农业部乡镇企业局共同举办了“中国—东盟自由贸易区建设与广西农产品加工业发展战略论坛”，众多领导、专家和企业出招，理清了我区农产品加工业的发展思路。

2. 开展“中德合作广西行动学习项目——广西中小企业发展研究专题”

通过与自治区党委组织部开展“行动学习”，使学员们对促进中小企业发展的新理论、新方法有了深入的理解。同时，借鉴德国在促进中小企业发展方面的经验，结合广西的实际情况，提出促进中小企业发展的政策和实施方案。

3. 开展“金融危机背景下的广西中小企业生存与发展研究”

通过征文形式，共同寻求中小企业发展新路子。得到了政府有关部门、金融机构、中小企业、专家学者的热烈响应，纷纷投稿。我们从195篇论文中择优55篇编辑出版了《广西中小企业发展战略研究》，自治区党委郭声琨书记欣然作序。

（广西壮族自治区中小企业局）

海南省

一、中小企业工作取得成效

一是政策得力，中小企业发展环境不断改善。为支持中小企业应对金融危机和加快发展，我省相继出台了《海南省鼓励支持中小企业和非公有制经济发展的若干规定》、《海南经济特区促进中小企业发展条例》等十项政策。从市场准入、资金支持、融资担保、创新推动、市场开拓、权益保护等方面加大政策力度，进一步营造良好环境。政策执行调研和问卷调查显示，90%的企业认为我省出台的支持政策是近年来力度最大、执行较好的政策；93%的中小企业认为这些政策有利于提振企业发展信心，有利于帮助企业战胜金融危机冲击。

二是融资难题、中小企业担保贷款快速增长。通过建立担保贷款贴息、担保机构风险补偿、银行担保贷款奖励三项制度，推动中小企业融资服务，担保融资贷款业务有了突破。前三季度，我省担保机构为172家中小企业提供新增贷款8.1亿元，同比增长118%；今年，我厅通过引入融资租赁，帮助威隆造船有限公司获得开行贷款3 000万元，开创了我省建造万吨级船舶历史。

三是加大财政支持，有力推动企业投资。今年，我省安排各类支持中小企业发展的资金近亿元。上半年，我厅支持21家企业获得国家中小企业专项资金2 420万元，带动起企业投资6.23亿元；争取国家中小企业技改资金5 000万元，支持34家企业技改项目投资6.03亿元。

四是开拓市场取得新成果、中小企业服务务实推进。通过全额补贴展位和布展费，我厅组织60多家中小企业参加了中国（国际）中小企业博览会，支持椰仙茶、花梨木等产品销往日、韩、德等国，签订合同及意向29个，总金额达13亿元，成交金额和现场订货都超过往届；今年，我厅安排融资对接、管理课堂、行业调研、创业大赛等各类专项服务活动36项。服务企业1 000多家、培训人员1 500多人。今年省中小企业服务网正式开通，政务业务网上发布，信息公开透明。通过组织政策宣传周活动，印发《中小企业服务指引》、《中小企业政策汇编》等资料2万多册，努力营造全社会关注中小企业发展的氛围。

二、明年工作的初步考虑

以贯彻国务院36号为主线，进一步完善既有政策，力求在推动企业创新、拓宽融资渠道、完善公共服务等方面取得新突破。

一是增加专项资金。支持中小企业发展“专、精、特、新”产品，推动中小企业加快结构调整和产业升级；二是完善贷款贴息、风险补偿和对金融机构奖励的制度。积极推动多层次担保基金的创建。加快培育中小企业担保机构，力争培育5家亿元资本金的担保机构，形成20亿元的担保能力；三是启动中小企业集合债发行，鼓励社会资本发起设立中小企业创投基金，鼓励企业创建融资互助社，探索建立中小企业融资超市；四是建立和完善财政补助制度，支持中介机构开展中小企业服务。五是加强对支持中小企业发展工作的领导和协调，建立完善相关工作机制。

（海南省工业和信息化厅中小企业处　唐　明）

重庆市

2009年，全球金融危机给我市非公有制经济、中小企业生产经营带来了前所未有的影响。在市委市政府的坚强领导下，全市中小企业工作部门全力做好“调结构、保增长、促发展”的各项工作，打赢了“止滑促增”的攻坚战，非公有制经济、中小企业发展继续向好，为重庆经济稳步发展做出了巨大贡献。

一、基本情况

（一）非公有制经济

2008年全市非公有制经济产业活动单位达到86.5万个，比上年末新增9.7万户（其中企业14.5万户，新增1.6万户；个体工商户72万户，新增8.1万户）；实现增加值3 915亿元，同比增长17.4%，占全市GDP的比重达到60%，对全市经济增长的贡献率达到70.5%；其中工业1 680亿元，同比增长20.5%（其中规模以上1 360亿元，同比增长20.5%；规模以下320亿元，同比增长9.8%）；新增从业人员20.5万人，达到676万人；实现利润总额606亿元，同比增长17.5%；实缴税金444亿元，同比增长19.9%；出口产品交货值282亿元，同比下降10.3%；提供劳动报酬1 110亿元，同比增长15.5%。

（二）中小企业

2008年全市中小企业达到18.6万户，比上年末新增1.7万户；实现增加值2 628亿元，同比增长18%，对全市经济贡献率达到48.9%；其中工业1 642亿元（其中规模以上1 324亿元，同比增长19.5%；规模以下318亿元，同比增长9.5%）；新增从业人员10.4万人，达到384万人；实现利润总额403亿元，同比增长15.3%；实缴税金423亿元，同比增长19.6%；提供劳动报酬736亿元，同比增长15.4%。

二、主要特点

（一）一季度经济发展触底，后续恢复性增长趋势明显

与全国情况比较，重庆受金融危机影响属于“后入水，先上岸”，即晚一个季度下滑，早一个季度复苏，而非公有制经济、中小企业则是在全市经济复苏过程中的先导力量。金融危机对我市非公有制经济和中小企业的影响，在一季度最为明显。相比较于2008年1～4季度，非公有制经济、中小企业增速回落幅度分别为10.5个和8.3个百分点，比全市经济回落幅度高3个百分点以上，但增速依然高于全市经济增长速度。从二季度开始，随全市经济复苏，增长速度高于全市经济总体 2.4～4.6 个百分点。截至 2009 年末，全市非公有制经济、中小企业实现增加值分别为 3 915.3 亿元、2 628.3 亿元，分别占全市 GDP 的 60% 和 40.2%，占比比 2008 年分别提高了 3.0 个和 1.8 个百分点；对全市经济增长的贡献率继续提高，分别达到 70.6%、50.8%。由此可见，非公有制经济、中小企业在促进全市经济“企稳复苏”过程中发挥着重要推动作用。

（二）活动单位数目放量上涨，促稳定保就业成效显著

为应对金融危机对实体经济的冲击影响、保障社会就业，自去年四季度以来，我市在支持返乡农民工、大学生创业就业等方面出台了一系列政策措施，目前这些措施的积极效应正逐步显现，非公有制经济、中小企业活动单位数今年呈放量上涨。截至 12 月底，全市非公经济产业活动单位达到 86.5 万户，比上年末增加 9.7 万户。其中，非公有制企业 14.5 万户，比上年末增加 1.6 万余户；个体工商户 72.0 万户，比上年末增加 8.1 万户。新增的企业以中小企业为主。12 月末，我市中小企业数量达到 18.57 万户，比上年末增加了 1.7 万户。非公有制经济和中小企业活动单位新增量创近年最高水平。

表 1　　2009 年末非公有制经济、中小企业活动单位数　　单位：万户

类别	2009 年末	比 2008 年末增加
非公有制经济	86.5	9.7
其中：企业数	14.5	1.6
个体工商户	72.0	8.1
中小企业	18.57	1.7

在金融危机持续性影响的背景下，我市非公有制经济和中小企业市场经营主体发展仍保持活跃势头，为我市下岗及隐性失业人员提供了有力就业保障，维护了社会和谐与稳定。2009 年全市非公有制经济、中小企业新增从业人员分别达 20.5 万人和 10.4 万人，到 2009 年底，非公有制经济、中小企业从业人员总量分别达到 675.9 万人和 383.9 万人，提供劳动报酬分别达到 1 110.4 亿元和 735.7 亿元，分别比去年同期增长 15.5% 和 15.4%，人均年劳动报酬分别达到 16 428 元和 19 164 元，相当于人均月工资比上年分别提高了 197 元和 261 元。

（三）固定资产投资平稳增长，经济效益不断改善

面对金融危机带来的不利影响，我市非公有制经济、中小企业不等不靠，积极利用金融危机影响下，市场要素价格低廉的有利时机，结合市场需求，开展生产结构调整、技术改造，产品升级提档，尽量将不利影响降到最低。2009 年全市非公有制经济、中小企业完成固定资产投资分别为 2 779.5 亿元和 1 591.2 亿元，同比分别增长 29.0% 和 28.8%。正是由于积极主动地适应经济环境中的不利影响，随着生产经营的逐步恢复，全市非公有制经济、中小企业产业活动单位的经济效益也在不断改善。2009 年全市非公有制经济、中小企业实现利润 605.7 亿元和 403.4 亿元，同比分别增长 17.5% 和 15.3%；实缴税金分别为 444.4 亿元和 422.5 亿元，同比增长 19.9% 和 19.5%。与一季度的利、税同比 6% 左右的增速相比，我市非公有制经济和中小企业利税逐季递增趋势明显。

（四）企业不断发展壮大，规模工业继续发挥支撑作用

近年来，我市开展了以促进中小企业做大做强为主要目标的“51311”中小企业成长工程，收到了很好的效果，规模企业不断增加。截至 2009 年底，年销售收入在 500 万～3 000 万元的企业达到 8 678 户，比上年净增 828 户；3 000 万～1 亿元的企业达到 2 639 户，净增 489 户；1 亿～10 亿元的企业达到 786 户，净增 156 户；10 亿元以上的企业达到 53 户，净增 13 户。

非公有制经济、中小企业中，规模以上工业企业实现增加值分别为 1 295.5 亿元和 1 323.8 亿元，占各自工业总量的七成以上，较上年分别增长 20.5% 和 19.5%，增速均高于工业总体水平。规模以上工业无论在确保经济总量持续增长，还在保持其稳定发展方面起到了骨干和支撑作用，尤其是在当前我市正处于工业化和城镇化的关键时期，规模以上工业的复苏对全市经济的回暖和持续性发展起到了至关重要的推动作用。

（五）三产业快于二产业，轻重工业协调发展

受国家拉动内需政策刺激，第三产业取得了快速发展。2009 年，非公有制经济三产业实现产值 4 620.5 亿元，同比增长 21.8%，快于第二产业 2.2 个百分点。随着国家“家电下乡”、“汽摩下乡”政策和“万村千乡市场工程”的稳步推进城乡消费提档升级步伐加快，批发零售业、住宿餐饮业产值同比增长 22.1% 和 22.6%。在工业中，以农产品加为代表的轻工业的快速发展成为亮点，重工业整体复苏迹象明显。2009 年，农产品加工业实现增加值 247.4 亿元，同比增长 31.2%，比中小工业企业增长快 12.6 个百分点。据分析，农产品加工业良好的发展形势，得益于：一是农产品加工业受金融危机影响较小，农产品价格稳中有升；二是因交通改善，潼南、黔江、合川等农产品加工大县区位条件改善，刺激了当地农产品加工积极性；三是农业扶持措施逐步加强，公司＋农户运作模式在垫江、涪陵、忠县、石柱等县成功运作。以南方集团为代表的一批产业资本因规避金融风险投入种养殖业，以小天鹅为代表的一批餐饮大户实施原料基地化带动了种养殖业的快速发展。建材业受国家大力推进基础设施建设的推动，保持了 25% 的增长。汽车、摩托车及其零部件业受小排量汽车购置税减免和汽车摩托车下乡工程的启动也在逐步恢复。2009 年中小企业中的交通运输设备制造业实现增加值 379 亿元，同比增长 23%。在汽摩产业增长带动下、有色金属冶炼及压延、通用零部件、金属制品业，同比增速度亦高于中小工业总体。

三、主要举措

（一）政策刺激为非公有制经济和中小企业恢复性增长提供根本保障

金融危机影响下，从中央到地方、基层政府都出台了一系列刺激经济保增长的措施，起到了明显成效。特别是在扩大内需方面效果显著，主要是刺激内需政策拉动商品批发零售和餐饮服务业，使之成为非公有制经济、中小企业增长的主要动力。我市出台12条保障政策措施，全面提振经济发展，其中惠及到非公有制经济和中小企业的有7条，一是设立5亿元提振经济特别专项资金，拉动工业投资和企业技改，缓解企业融资困难；二是稳定出口，对出口本地汽车摩托车整车及零部件、机电等产品的市内出口企业，每出口1美元给予0.02元企业技改补助；三是减轻企业负担，暂停征收煤炭价格调节基金；四是支持企业并购重组，并购重组涉及税收的实际部分予以返还，免收相关费用；五是支持商贸设施建设，对纳入规划的区县、乡镇商贸设施建设，免征综合规划费、城市建设配套费；六是投入6亿元稳定和增加就业岗位；七是投入2亿元扩大返乡农民工就业创业。

（二）加大融资担保、缓解资金压力，为恢复性发展提供重要驱动

为应对金融危机，我局于2009年初，推出了为中小企业融资担保200亿元的“暖冬计划”，帮助企业渡过金融“寒冬”。积极与市国开行、重庆银行、市农商行、市农发行、建行、光大银行、民生银行、华夏银行、渣打银行和中信银行等联手推进金融合作服务计划。与工商银行合作启动了重庆市小企业金融服务“启明星计划”。重点打造信用担保平台，构建信用担保体系，到2009年底，全市中小企业信用担保机构发展到99家，比2008年增加18家，超过了年初确定全年增加10家的目标；当年发生担保额203.1亿元，比2008年新增的110亿元增加了93.1亿元，增长84.6%；累计担保金额达到553.1亿元，比2008年末增长58.0%。通过争取扶持政策，两次组织担保机构申请国家专项资金补助，为9家担保机构争取国家专项补助资金2 000多万元。

（三）着力招商引资、保障项目落地及推进建设力度，为恢复性发展注入新活力

2009年全市利用园区、都市楼宇工业园、小企业创业基地、农民工创业园进行招商引资，吸引、承接了一大批沿海产业梯度转移项目和创业者创业项目，成效明显。在一年一度的全国知名民营企业重庆行活动中，签约项目69个，投资总额达到619.37亿元。全年全市中小企业引进内资200多亿元，外资2 000万美元。组织企业参加了一系列国内外经贸洽谈活动12次，其中组织企业参加国家主办的一年一度的第六届中国国际中小企业博览会，有67家企业参展，申请国际标准展位70个，超额完成中博会组委会下达的组展任务；有37家参展企业（区县）与来自16个省市、7个境外及地区的82位中外客商进行了商务洽谈，达成意向性协议21份，意向合作金额达到1.16亿元，其中签订代理或购销合同4份，金额3 340万元。还组织中小企业参加了在重庆举办的一年一度的西部农产品交易会。在加强与广东、浙江、四川等省的合作与交流中取得了新的成效。

（四）加强载体建设，为发展拓展空间

加强中小企业发展载体建设，为非公有制经济、中小企业拓展新的发展空间，为城乡劳动力开辟新的就业渠道。2009年当年全市新增12个市级小企业创业基地，使市级小企业创业基地达到103个，入驻企业达3 700户，提供就业岗位26万个，其中解决农民工就业18.5万人，实现销售收入438亿元，税金13.5亿元。全市新增10个市级都市工业园（楼宇），市级都市工业园（楼宇）达到77个，入驻企业1 927家，提供就业岗位11.7万个，全年实现销售收入515亿元，上缴税金17亿元，利润总额26亿元。根据《重庆市中小企业特色产业基地认定办法》，认定了7个特色产业基地。2009年全市有中小企业、非公有制企业产业集群75个，其中销售收入10亿元以下46个，10亿～50亿元15个，50亿～100亿元6个，100亿元以上8个。

（五）加快工业化和信息化融合力度，推动创新，为可持续发展加入新动力

2009年全市非公有制经济和中小企业已完成重点新产品360项，比2008年增加36项，占全年计划任务的90%；获得认定高新技术产品140项，占全市新增数的88%；获得认定高新技术企业360家，占全市新增数的92%；科技进步贡献率达到43%。有91个科技型中小企业技术创新项目获得科技部创新基金扶持5 030万元，占全国该项基金总量的5%，企业数和资金量分别比2008年增长40%和27%。组织重庆市中小企业信息化专家委员会的专家评选，认定了43家企业为我市首批中小企业知识产权试点单位，其中6家被推选为国家级试点单位；评选出了42家企业为2009年中小企业信息化示范企业和第二批中小企业信息化服务产品14个。为加快中小企业信息化建设步伐，整合价值1 600万元的社会资源，开展了为万家中小企业信息化送优惠活动，启动了中小企业健康成长计划，搭建和完善了中小企业信息化建设的技术、管理和电子商务平台。成功举办了第十一届中国科协年会“重庆中小企业发展高层论坛”，形成了部分体现科学性、富有前瞻性、具有操作性的决策咨询报告。启动了中小企业质量标准工作。工业化与信息化融合工作力度的加大，为非公有制经济和中小企业可持续发展加入新动力，推动其创新增效。

（六）加大人才培训，提高从业人员素质，为发展积蓄后劲

2009年我局通过学历教育、短期培训、远程教育等形式，面向企业大力培训各类人才。全年完成各类人才培训13 500人，比2008年增加30%，特别是免费培训创业者从原来的每年800人增加到了2 100人，比上年增加110%。其中，为三峡库区、渝东南地区免费创业培训达600多人，深受创业者的欢迎，社会反响很好。自2003年起，市中小企业培训中心和万州、涪陵、合川、永川分中心及綦江、城口、奉节等地共举办了31期创业培训，共计培训3 942人。据统计，学员培训后有35%的已开展创业。这些培训工作，有效地促进了我市非公有制经济和中小企业从业人员素质的提高，为非公有制经济、中小企业的进一步发展积蓄了后劲。

（七）经营主体积极应对挑战，为发展提供重要支撑

今年以来，我市非公有制经济、中小企业在危机面前不等不靠，部分企业借危机之“机”来促进自身发展。主要有以下几方面举措：

一是借危机拓展市场份额。受危机冲击，产品市场萎缩的同时，一些企业的停产或倒闭，让出了部分市场空间，一些企业便能用较少的成本开拓更大的市场。二是借危机调整产品结构。为应对危机，部分企业及时组织人员对市场进行进一步调研，结合市场需求调整产品结构，增加产品品种或改变产品性能，抢占新的产品市场。三是加大技术改造力度。目前，部分产品价格处于相对低位，利用这一条件进行技术改造和规模扩充，无疑能节省成本。四是积极引进高级管理和技术人才。金融危机使得部分沿海企业倒闭，出现了管理人员和技术工人回流现象，我市一些中小企业及时把握这个机会引进高层管理人员和技术工人。五是借危机打“情感牌”，强化内部管理。在危机面前，我市一些中小企业和职工发扬“不抛弃、不放弃”作风，把危机当做休养生息、苦练内功和促进转型的好机会。一方面企业勇担责任，稳定职工队伍。另一方面职工不言放弃，与企业共进退。同时，企业与职工都在休养生息之时，苦练内功。

四、主要问题

在国家和市“一揽子”提振经济政策的刺激和推动下，我市非公有制经济、中小企业呈现回暖向好发展趋势，现已基本恢复到金融危机前的水平，但仍然面临着不少困难和问题，集中表现为：

（一）固定资产投资相对乏力

由于国家“扩内需”的政策效果主要体现在基础设施等国有经济投资占绝对主导地位的领域，而在民间投资领域，由于受去年全球金融危机影响，民间投资预期收益下降，投资积极性受到一定影响。2009年我市非公有制经济、中小企业固定资产投资增速低于全社会固定资产投资增速，占全社会固定资产投资比重分别为52%、30%，均比去年同期下降了3个百分点左右。

（二）出口全面恢复仍有压力

一方面是为应对金融危机，越来越多的国家采用贸易壁垒来保持国内经济增长，出口贸易摩擦现象在今年显得尤为明显，一些出口型企业为保证货款安全，出口意愿有所降低。另一方面，由于金融危机影响了世界市场的消费信心，部分出口产品价格下滑。如博赛集团出口产品棕刚玉从去年的4 760元/吨跌至3 944元/吨，铝土矿从去年的3 536元/吨跌至3 060元/吨，内销产品氧化铝从去年的3 500元/吨跌至2 500元/吨左右，冶金焦从去年的2 300元/吨跌至1 350元/吨，化工焦从1 500元/吨跌至1 100元/吨。随着经济的复苏，“三类经济”的出口降幅在不断收窄，但从全年情况，仍与上年有较大差距，全面恢复压力较大。2009年，我市非公有制经济、中小企业实现出口分别为261.8亿元和216.6亿元，同比分别下降12.4%和14.7%。

（三）资金紧张，融资难依旧突出

一方面，在金融危机影响下，市场出现一定程度萎缩，企业间的“三角债”现象增多，企业资金流动性降低。如北碚区银鸿铝业、华伟联龙、长江造型材料公司、东阳玻璃、缙云织造等30多户重点成长型企业应收账款同比增长100%。

另一方面，中小企业融资难问题仍未得到根本解决。我市担保行业发展还较为落后，企业的融资主要依靠商业银行贷款。对于广大中小企业而言，在金融危机影响下，自身发展具有更大风险性，银行贷款出于安全考虑，仍重点关注大企业、大项目以及政府性基础设施类贷款，非流动性资金贷款远远高于流动性贷款。同时，目前贷款抵押方式单一。应收账款抵押、设备抵押、仓单质押等抵押方式在我市开发程度不够普遍，特别是一些在农村集体土地上修建的厂房，由于土地性质关系，也不能成为抵押物，增加了抵押融资的难度。此外，一些区县当地银行自主审批权力有限，提请上级审批时限较长，与中小企业资金需求“快、急、频”相矛盾。据九龙坡区测算，2009年该区中小企业资金缺口达20亿元以上；垫江县对两百余户企业调查显示：2009年，这些企业资金缺口37 499万元，平均每个企业资金缺口155万元；万盛区急需融资的25户中小企业流动资金缺口就达1.25亿元，由于金融机构对抵押和担保的要求较高，绝大多数企业由于抵押物不足或缺乏有效抵押资产，2009年涪陵区金融机构人民币贷款余额202.17亿元，比上年末增加51.06亿元，增长33.8%，而当年10大新增贷款户新增贷款余额达55.6亿元，贷款大客户集中度太高，中小企业受益不多；由此可见中小企业融资难问题未能从根本上得到缓解。

（四）要素保障尚有差距

土地方面。一是国家实行了严格的土地政策，新批土地少。而中小企业具有新生多、规模小、传统工艺多、技术含量少的特征，新办企业难以达到园区要求，而在园区外又得不到土地；二是主城区土地有限，优势企业难以扩展，城区改造中的小企业无地安置；三是新一轮的国家调控政策，对农村用地改变租用性质的清理整顿中，部分租地乡镇企业的融资和长期发展规划受到一定影响。如江津区由于土地供应不足，截至2009年底，全区工业园引进的71户企业由于缺少土地27 313.5亩不能开工；南川区，部分企业的技改项目均在租用的集体土地的基础上，由于租用土地无法办证，而引起失地农民养老保险、企业担保融资困难等一系列问题。

能源方面。2009 年夏冬季节，我市电力、天然气供应紧张，各类企业都不同程度出现了拉闸限电、停气现象。如以天然气化工为支柱产业的长寿区，因天然气供应不足企业被迫停产或半停产的现象时有发生，初步估算，其工业用天然气缺口每天超过 240 万方，其对工业所造成的损失每天高达 6 000 万元以上；潼南县 2009 年天然气缺口达 5 000 万立方米，2010 年天然气缺口达 1.5 亿立方米；永川区天然气日缺口在 30 万方左右，年缺口在 1 200 万方；垫江县工业是以天然气为原料的精细化工和以天然气为燃料的机械加工业，天然气生产量在逐年下降，造成天然气供应紧张，影响企业发展。

五、发展趋势

2010 年，我们将在市委、市政府的正确领导下，认真贯彻落实中央和市里一系列方针政策，进一步优化发展环境，提高服务水平，坚持走循环经济和可持续发展道路，坚持扩大开放，调整结构；扶持公众创业，壮大非公经济，做强中小企业，发展都市工业，培育特色产业，构建产业集群；突出抓好中小工业发展，全面完成“十一五”计划目标任务，为“十二五”计划的启动奠定坚实基础。全市非公有制经济、中小企业的主要经济指标将全面实现预定目标。

非公有制经济：实现增加值增长 18%，占全市 GDP 的比重比上年提高 2 个百分点以上，力争达到 62%。其中，工业增加值增长 18.5%。从业人员新增 15 万人，达到 690 万人。为从业人员提供劳动报酬增长 14%，达到 1 260 亿元。

中小企业：实现增加值增长 16%，占全市 GDP 的比重比上年提高 1 个百分点以上。其中，工业增加值增长 18.0%。从业人员新增 10 万人，力争达到 393 万人，为从业人员提供劳动报酬增长 14%，力争达到 790 亿元。

（重庆市中小企业发展指导局）

四川省

一、中小企业

（一）中小企业基本情况

2009 年，四川中小企业 31.03 万户，从业人员 612.11 万人，实现增加值 5 766.93 亿元，营业收入 17 333.98 亿元，实交税金 500.19 亿元，支付劳动者报酬 907.57 亿元。其中，中小工业企业 9.74 万个，从业人员 374.64 万人，实现增加值 4 168.45 亿元，营业收入 12 920.95 亿元，实交税金 386.49 亿元，支付劳动者报酬 605.20 亿元（规模以上中小工业企业 1.30 万个，从业人员 206.81 万人，实现增加值 4 154.90 亿元，营业收入 9 869.59 亿元，实交税金 313.92 亿元，支付劳动者报酬 415.38 亿元）。

2009 年，四川中小企业固定资产投资情况：施工项目 20 737 个，新开工项目 11 663 个，投产项目 10 875 个，完成投资合计 2 745.89 亿元（其中：设备购置 845.89 亿元）。完成投资资金来源：国家及有关部门扶持资金 47.16 亿元，金融机构贷款 392.55 亿元，引进资金小计 360.73 亿元（其中：引进外资 66.24 亿元），自有资金 1 768.60 亿元，其他资金 176.86 亿元。2009 年新增固定资金 1 878.96 亿元。

2009 年，四川中小企业中，有出口企业 998 个，出口交货值 181.98 亿元。其中，年出口交货值 500 万元（含 500 万元）以上的出口企业 701 个，出口交货值 170.17 亿元，有小企业创业基地 152 个。截至 2009 年底，四川省银行业金融机构中小企业贷款余额 5 500 亿元，较年初增长 1 685 亿元，增幅 44.17%，较全部贷款平均增速高出 4.52 个百分点。截至 2009 年末，全省 337 家备案中小企业信用担保机构当年新增担保额 528 亿元，为 1.5 万余户新增中小企业提供了融资担保服务，年末担保余额 562 亿元，拉动担保企业实现新增销售收入 665.7 亿元，利税 54.7 亿元，就业 21 万人，有效地促进和带动了四川工业经济的发展。

（二）中小企业发展主要特点

2009 年，四川中小企业紧紧围绕省委“止滑提速、加快发展”的工作基调，坚定沉着地应对金融危机，全力推动中小企业企稳向好发展，中小企业发展呈现出以下几个特点。

第一，增加值增速“V”形反转。2008 年四季度，四川工业中小企业增加值同比增速延续了二、三季度以来的下降趋势（2008 年二、三季度分别增长 24%、20.5%），跌至 7.5% 的低谷，之后即出现新一轮回调，2009 年一季度增长 18.7%，二季度增长 19%，三季度增长 19.5%，全年增长 20.1%。四川中小企业触底回升的“V”形反转曲线明显，“止滑回升”成果显著。

第二，部分行业出口由负转正。受国际金融危机影响，我国的外需空间急剧缩小，四川部分劳动密集型中小企业的出口面临严峻形势。2008 年下半年以来，四川出口比较集中的劳动密集型产业，如制鞋、服装、家具、农产品、纺织品、丝类等，大多处于 20% ~50% 负增长，截至 2009 年底，制鞋、丝类、纺织品等已全年转负为正，其他行业的降幅明显收窄。

第三，停产半停产企业快速恢复。在金融危机的冲击下，四川部分中小企业生产经营出现暂时困难，停产半停产企业明显增多。2008 年 12 月份为 1 450 户，2009 年 1 月份增加到 4 301 户，从行业看，饮料食品加工和采矿业停产半停产企业最多。这其中不排除春节长假因素的影响。在省上提早谋划，科学应对以及首季“止滑回升”专项资金的支持下，部分停产半停产企业快速恢复生产。2009

年上半年，65%左右的企业已恢度增长19%，三季度增长19.5%，全年增长20.1%。四川中小企业触底回升的“V”形反转曲线明显，“止滑回升”成果显著。

第四，新增贷款直线上升。在国家适度宽松的货币政策下，四川中小企业融资环境得到明显改善，2009年一季度，全省银行业金融机构中小企业贷款余额3 805.97亿元，较年初增加371.56亿元；二季度达到4 947.69亿元，较年初增加1 133.01亿元；三季度增至5 271亿元，较年初增加1 448亿元。2009年全省银行业金融机构中小企业贷款余额达到5 500亿元，较年初增加1 685亿元，较上年贷款增量多增1 226亿元。2009年的新增贷款是2008年的三倍左右，有效地缓解了中小企业的融资困难。

（三）中小企业工作

2009年，按照省委、省政府的总体要求，认真落实科学发展观，立足自身工作实际，紧紧围绕加快恢复重建、应对危机冲击“两条主线”，扎实推进基地县、全民创业、产业集群“三项突破”，着力抓好成长工程、融资担保、农产品加工、对外经济合作、服务体系“五个重点”，着力建设政策、舆论、信息和政务“四大环境”，不断促进非公有制经济发展。重点开展了以下几项工作：

一是加快推进中小企业恢复重建。加强对灾区中小企业恢复重建的指导和帮助，切实解决灾区中小企业面临的困难和问题。截至目前，受灾的3.2万户中小企业，95%以上恢复正常生产。灾后恢复重建规划中的2 933个中小企业项目，累计开工超过90%；已完工项目超过50%。

二是努力促进中小企业止滑回升。采取多种措施应对国际金融危机的影响，争取出台了《四川省人民政府关于加快中小企业发展的决定》。年初，召开了全省中小企业工作会议，省委、省政府领导出席会议并对止滑促升工作作出重要部署。4月份，召开全省加快中小企业发展工作会，蒋巨峰省长亲自部署当前及今后一个时期的中小企业工作。年中，召开中小企业半年工作会，进一步巩固止滑回升成果。前三季度，全省中小企业增加值增速分别达到17.1%、17.8%和17.9%，呈加速回升态势。其中，规模以上中小工业企业增加值连续8个月增速保持20%以上，9月份的当月增速达到25.7%，较1月份的16.8%提高8.9个百分点。

三是加快推进发展基地县建设。加强对中小企业发展基地县建设工作的指导，在《四川省人民政府关于加快中小企业发展的决定》中，对基地县建设工作作出重要部署。4月份，省政府对全省第一批建设培育的10个基地县进行了命名和授牌。11月份，正式启动全省第二批中小企业发展基地县建设工作。

四是大力发展农产品加工业。完成《四川省农产品加工业“十一五”规划》的中期评估工作，查找问题和差距，细化下一步工作措施。认真落实省委下达的工作目标，确保完成“新增12家销售收入上亿元农业产业化龙头企业”的目标任务。大力推动农产品加工示范基地和示范企业建设，新认定全省农产品加工示范企40家、农产品加工示范基地5个，全省加工示范企业和加工示范基地分别达到191家和25个。

五是大力推动全民创业工作。鼓励和支持各类群体积极参与创业，进一步改善对创业者的辅导、咨询、信息等服务。全省新增中小企业38 500户，其中中小工业企业9 100户。进一步健全小企业创业基地的孵化培育功能，提升创业承载能力，全省小企业创业基地达到152家。积极承办全国农民工创业经验交流会，加强对返乡农民工的创业引导，成功将成都金堂县竹篙镇打造成为全国农民工回乡创业示范园。

六是加快推进中小企业产业集群发展。加大对中小企业产业集群建设指导和扶持力度，促进科学规划和布局，全省中小企业产业集群达到175家。围绕产业集群大力发展配套产业和配套企业，引导和鼓励中小企业向大企业大集团、龙头骨干企业、园区和优势资源“靠拢”，中小企业集群积聚发展趋势更加明显。

七是切实有效缓解中小企业融资困难。年初，及时安排下达了5 000万元的中小企业首季“止滑回升”专项资金。进一步完善中小企业信用担保体系，全省新增备案信用担保机构59家，上亿元中小企业担保机构达到46家。在国家新增的10亿元担保风险补偿资金中，积极为我省25家中小企业信用担保机构争取风险补偿资金，总额达全国的近1/10。进一步拓展中小企业融资渠道，在小企业创业基地、园区、产业集群、重点行业开展了搭建融资平台试点。成立了全国首家省级中小企业“融资超市”。与省级有关部门召开了工业止滑回升银企对接会。

八是帮助中小企业开拓市场。召开的全省大企业大集团与中小企业配套发展对接会上，组织300多户中小企业与重点培育的50户大企业大集团签订配套合作合同和协议1 781项，金额达115.5亿元。与重庆市联合召开川渝中小企业合作发展暨产业对接会议，推出项目502个，现场签约23个项目，投资金额21.56亿元。在第六届中博会上，组织110户参展中小企业现场签订合同金额4 913万元，意向协议4.82亿元，招商引资项目签约15.66亿元，总成交额20.97亿元，为历届之最。在第十届西博会上举办了“四川省中小企业汽车产业配套协作会”，推出配套协作项目115个，投资总额195.48亿元；现场签约项目47个，投资总额26.93亿元。

九是进一步改善中小企业发展环境。政策法律方面，出台了《四川省人民政府关于加快中小企业发展的决定》；会同有关部门制定关于贯彻落实《国务院关于进一步促进中小企业发展的若干意见》的具体实施办法。舆论宣传方面，定期召开全省中小企业发展形势专题新闻发布会；制作了我省中小企业应对危机、灾后重建的专题宣传片；开通了四川新闻网“四川中小企业频道”；并借助新华社四川分社、《人民日报》、《四川日报》、《参考消息》等主流媒体，搭建了宣传平台。统计监测方面，建立了全省中小企业预警监测系统，积极联合省统计局完善对规模以下企业的统计工作。服务体系方面，以省服装协会和成都“女鞋之都”为试点，探索在小企业创业基地、产业集群和行业协会建立生产型、技术型、社会型公共服务平台；进一步完善信息、融资、管理、法律、培训等服务平台功能；紧密结合灾后恢复重建和应对金融危机，组织中小企业中介服务机构深入企业提供信息、科技、人才培训、融资等多方面的指导和扶持；深入推动中小企业信息化推进工程，在攀枝花市、自贡市启动了中小企业信息化试点工作。

（四）四川中小企业存在的主要困难和问题

2009年，四川中小企业虽然取得了加快恢复重建和应对危机的巨大成绩，但是中小企业的发展仍还面临一些困难和问题。

一是发展环境仍需进一步改善。特别是灾后恢复重建和金融危机以来国家和省出台的重要政策的配套政策措施尚不完善，部分地方对已出台政策措施落实尚不到位。

二是中小企业融资供需矛盾依然突出。主要表现在中小企业中长期贷款不足，小企业贷款规模和比重仍然过低。贷款抵押品单一，金融产品和服务尚需进一步创新和完善，为中小企业提供直接融资的渠道较少。信用担保体系建设任重道远，中小企业信用担保机构发展需进一步加强。

三是结构调整和转变发展方式困难较大。中小企业中劳动密集型、资源型、加工贸易型和“贴牌”企业数量较多，拥有自主知识产权和自主研发能力的中小企业还较少，特别是受资金、人才以及市场等因素影响，中小企业自主调整能力不足，产品和产业调整优化升级难度大。

四是社会化服务体系还不完善。创业辅导、管理咨询、法律援助、技术推广以及企业融资、信息、培训等社会服务体系不健全，公益性服务不足。一些服务机构服务功能不完善，服务水平和效率不高，特别是综合性服务机构和专业服务机构发展不足。

五是政府对中小企业的扶持尚需进一步加强。政府对中小企业的公共服务仍需改善和加强，对中小企业工作的重视和推动力度还需进一步加大，特别是中小企业统计监测工作还比较薄弱，相关制度还不健全。在财政资金支持、政府采购、权益保护、企业减负等方面的力度还需加强。

（五）四川中小企业发展的对策和措施

1. 突出抓好“三个重点”，促进又好又快发展

一是大力发展规模以下企业。完善对规模以下企业发展的政策和资金支持。继续按照围绕优势资源、大企业大集团、产业集群的工作思路，鼓励和支持各类规模以下企业发展。鼓励和支持发展“专精特新配”的微型和小型企业。

二是大力推动中小企业转型升级和结构调整。支持中小企业加大研发投入和创建自主品牌。积极搭建技术创新公共服务平台和省级中小企业知识产权交易平台。推动中小企业对现有技术、工艺、设备进行技术改造。加强重点技术改造项目的跟踪、指导和扶持。切实抓好重点行业、重点中小企业的节能减排工作，推动资源循环利用。

三是大力推动全民创业和小企业基地发展。引导和鼓励各类社会人才和社会资本积极参与创业。重点指导务工返乡人员、毕业大中专生、个体工商户等群体进行多形式创业。进一步完善小企业创业基地的孵化培育功能，改善创业和发展环境。继续建设一批小企业创业基地。

2. 努力实现“四个突破”，全力提升发展质量和水平

一是努力实现融资模式新突破。学习借鉴其他省市中小企业融资新模式，探索发展我省中小企业融资的“抱团”模式、“草根”模式和“桥隧”模式。进一步推广“五方联动”模式和会员制担保经验。依托工业园区、产业集群、小企业创业基地等搭建多方联动的融资平台。进一步发挥中小企业融资超市的省级平台作用。

二是努力实现配套、集聚、特色发展新突破。搭建大型企业与中小企业协作配套的对接合作平台，建立和完善推进协作配套的工作机制。推动中小企业与大型企业开展多种形式的经济技术合作，建立稳定的供应、生产、销售等协作关系。围绕产业集群、行业龙头企业发展配套型中小企业。立足区域特色和产业特色，重点建设培育一批示范产业集群。改善中小企业产业集群的集聚条件，完善服务功能。进一步推动中小企业集聚、集约、特色发展。

三是努力实现农产品加工业新突破。切实抓好《四川省农产品加工业发展“十一五”规划》的实施。深入推动农产品加工示范企业和示范基地建设。继续培育一批销售收入过亿元的农产品加工企业。加强农产品技术研发中心建设。大力推广“农产品加工企业+基地+农户”的模式。

四是努力实现对外开放和承接产业转移新突破。推动符合条件的中小企业参与家电、农机、汽车摩托车下乡和家电、汽车“以旧换新”等业务。积极支持和引导中小企业“走出去”，进一步开拓境外市场。帮助和引导中小企业加快开拓农村市场，大力支持中小企业发展电子商务，深化区域内和跨区域的中小企业产业合作和相互经贸交流。积极承接国外和东部产业转移，推动劳动密集型产业、精深加工产业、高新技术产业、关联配套产业和外向型产业的中小企业发展。

3. 加快推进“四个建设”，进一步营造良好发展环境

一是加快推进政策、规划和法制环境建设。按照《国务院关于进一步促进中小企业发展的若干意见》的精神，会同有关部门，加快制定具体实施办法。抓紧制定《四川省中小企业发展规划》，引导中小企业合理布局和科学发展。加强对《〈中小企业促进法〉实施办法》、《关于加快中小企业发展的决定》和金融危机以来中央和省关于促进中小企业发展的一系列政策措施的贯彻落实情况的督促检查。进一步减轻中小企业社会

负担。

二是加快推进中小企业基地县建设。将中小企业发展基地县作为推进工业化和城镇化联动、促进城乡统筹、壮大县域经济的重要抓手，扎实推进、不断深化。继续建设培育一批有特色、有潜力的中小企业发展基地县。

三是加快推进中小企业服务体系建设。加快生产型、技术型、社会型三大服务平台建设。积极推动综合服务机构和专业服务机构发展。进一步完善服务体系建设的投融资方式。

四是加快推进中小企业统计体系建设。进一步完善中小企业统计指标体系。加强和改进对规模以下企业的统计分析。建立健全中小企业预警监测体系。

二、非公有制经济

（一）民营经济基本情况

2009 年，四川民营经济增加值突破 7 000 亿元大关，达 7 663.2 亿元，同比增长 17.8%，比 2008 年提高 2.5 个百分点。其中，工业增加值增长 22.7%，个体私营经济作为全省民营经济的主力，增加值达到 7 077.86 亿元。

2009 年，四川省民营经济占 GDP 的比重达到 54.2%，其中，个体私营经济占 GDP 的比重达到 50%。在全省 GDP 增长 14.5% 中，民营经济贡献 64.1%，拉动全省经济增长 9.3 个百分点。其中个体私营经济对 GDP 的贡献率为 58.4%，拉动经济增长 8.5 个百分点。

2009 年，全省民营经济缴纳税收收入 772.8 亿元，比上年增长 21.8%，占全省税收收入的比重为 45.5%，其中个体私营企业实现税收 622.1 亿元，比上年增长 22.9%。2009 年，全省个体工商户、私营企业从业人员达 728.29 万人，比上年增长 9.1%，新增就业人数 60.9 万人。

截至 2009 年 12 月，全省工商登记民营企业有 236.6 万户，比 2008 年增加 20.9 万户，增长 9.7%。主要分布在制造业、交通运输业、批发零售业、住宿餐饮业、金融业、房地产业、社会服务业等行业，并延伸到旅游、教育、医院、养老院、社区服务、电子商务及中介服务等多个领域。通过多年发展，我省已涌现了一批如宏达、蓝光、新希望、蓝剑、剑南春、川威、汉龙、通威、宏华、科伦、金广、富临等上规模上档次的民营企业集团。总体来看，我省民营经济的发展已由早期的分散粗放型向规模集约型和园区聚集化方向发展，其发展水平不断提高。

（二）民营经济主要特点

1. 2009 年四川民营经济加速增长

由于遭受汶川大地震的严重破坏，四川民营经济增速从 2007 年的 21.0% 下滑到 2008 年的 15.3%。四川民营企业坚定信心，充分利用国家灾后重建的政策和机遇，积极开展生产自救，生产能力和经济秩序迅速得到恢复。2009 年四川民营经济增加值增长 17.8%，比 2008 年加快 2.5 个百分点。

分产业看，民营经济第一产业增长 3.8%，第二产业增长 22.7%，第三产业增长 14.9%，增速分别加快 0.1 个、2.6 个和 2.6 个百分点。

从民营经济类型看，个体私营经济增长 17.6%，外商经济增长 20.0%，港澳台经济增长 20.4%，增速分别加快 2.9 个百分点，回落 4.0 个百分点和加快 0.6 个百分点。

2. 民营经济总量站上 7 000 亿元台阶

四川民营经济从小到大、由弱变强、从内到外的发展壮大已经成为四川经济中的一大亮点，一年一个新台阶。2006 年、2007 年、2008 年相继跃过 4 000 亿元、5 000 亿元和 6 000 亿元大关，2009 年，四川民营经济增加值突破 7 000 亿元大关，达 7 663.6 亿元，比上年增净增 1 095.29 亿元，总量上了一个新台阶。分产业看，一、二、三产业民营经济增加值依次为 1 024.1 亿元、4 158.31 亿元和 2 480.75 亿元，民营经济三次产业结构为 13.3∶54.3∶32.4，与我省“二三一”的产业结构一致，这表明民营经济发展与全省经济发展趋势相符合。

民营经济三次产业结构发生了比较明显的变化。第一产业下降了 0.9 个百分点、第二产业比重上升了 0.4 个百分点、第三产业比重上升了 0.5 个百分点，与上年相比，由于畜牧业低增速发展的影响，第一产业民营经济总量增量有限，比重出现下降；受益于 2009 年批发和零售业、住宿和餐饮业、房地产业快速发展的带动，第三产业民营经济总量增长相对突出。在民营经济三次产业结构中的比重上升幅度首次超过第二产业和第一产业，表现出较好的发展势头，产业结构进一步优化。

从经济类型类，个体私营经济是全省民营经济的主力军。2009 年四川省个体私营经济增加值 7 077.86 亿元，外商投资经济增加值为 406.87 亿元，港澳台经济增加值 178.43 亿元。

3. 民营经济占 GDP 比重实现新突破

四川省民营经济总量不断扩张的同时，占 GDP 的比重也稳步提高，到 2007 年超过了 50%，占据四川经济半壁江山。2009 年四川民营经济占 GDP 的比重继续攀升，达到 54.1%，一年提高 2.1 个百分点。成为四川经济中的重要组成部分。

分产业看，一、二、三产业民营经济增加值占一、二、三产业增加值的比重依次为 45.7%、62.0% 和 47.7%。与上年相比，第一产业上升了 3.7 个百分点，第二产业比重上升了 1.2 个百分点，第三产业比重上升了 1.8 个百分点。

从经济类型看，个体私营经济是全省经济的重要组成部分。2009 年四川省个体私营经济占 GDP 的比重达到 50.0%，外商投资经济占 2.9%，港澳台经济占 1.3%。与上年相比，个体私营经济和外商投资经济占 GDP 的比重分别提高了 1.9 个、0.1 个和 0.1 个百分点。

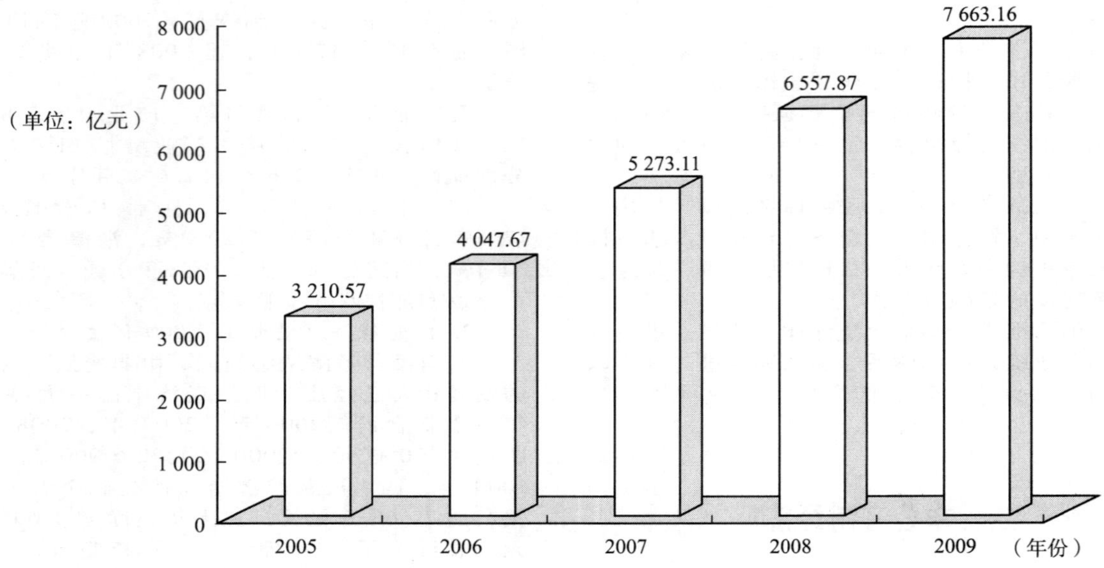

图 1　2005～2009 年四川民营经济增加值

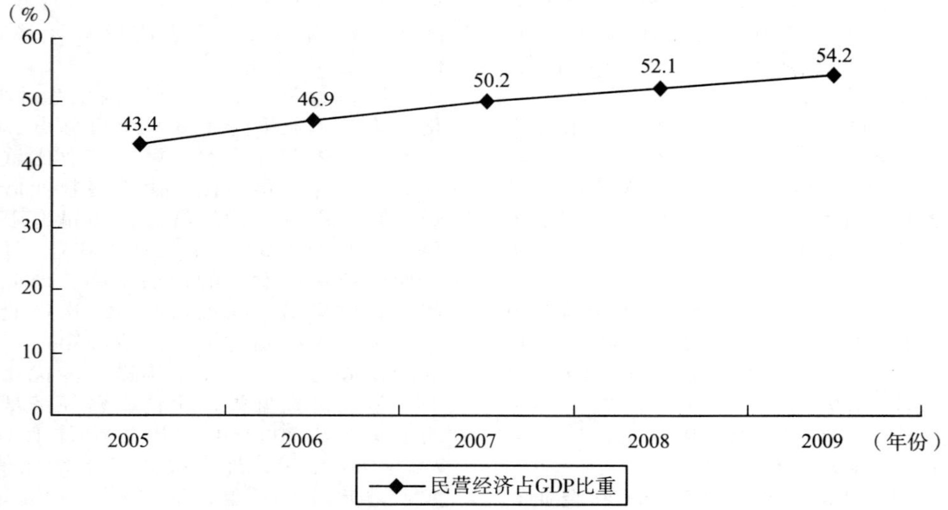

图 2　2005～2009 年四川民营经济占 GDP 比重增长趋势

4. 民营经济成为加快四川经济发展新的增长源

尽管四川省民经济起步晚，但后发优势明显，民营经济发展步伐越来越快，所占比重越来越高，对全省经济发展的贡献尤为突出，2009 年，在全省 GDP 增长 14.5% 中，民营经济贡献了 64.1%，拉动全省经济增长了 9.3 个百分点。从构成看，个体经济是民营经济的主要力量，在四种所有制开展形式中对经济的贡献率为 58.4%，拉动经济增长了 8.5 个百分点；而外商与港、澳、台地区经济贡献率分别为 3.9% 和 1.8%。分产业看，民营第二产业是推动经济增长的主要动力，一、二、三产业民营经济增加值对全省经济的贡献率分别为 1.7%、44.6% 和 17.8%，分别拉动经济增长了 0.2 个、6.5 个和 2.6 个百分点。

5. 经营领域逐步拓宽，工业占据主体地位

民营经济的发展不仅表现在数量上，行业覆盖范围也越来越广。民营企业除了分布在制造业、交通运输业、批发零售业、住宿餐饮业、金融业、房地产业、社会服务等行业以外，还延伸到旅游、学校、医院、养老院、居民服务、电子商务及中介代理等各个领域。

民营工业占据了民营经济的主体地位，对全省经济发展的拉动作用较大。2009 年，我省第二产业民营经济保持持续增长势头，同比增长 22.7%。其中，民营工业增加值增速达到 22.7，是发展最快的行业之一，民营工业对全省 GDP 的贡献率为 40.1%，拉动全省经济增长 5.8 个百分点。由于民营工业的快速增长，民营工业增加值占全省工业增加值的比重大幅提高，在工业增加值 5 678.24 亿

元中，民营增加值完成 3 674.75 亿元，占全部工业增加值的 64.7%，其中，个体私营经济增加值 3 251.45 亿元，外商投资经济增加值 317.83 亿元，港澳台投资经济增加值 105.47 亿元，分别占 88.5%、8.6%和 2.9%。

表 1　　2009 年四川民营经济增加值

	增加值（亿元）	构成（%）	增长速度（%）	对 GDP 增长的贡献率（%）
地区生产总值	14 151.28	100.0	14.5	100.0
民营经济	7 663.16	54.2	17.8	64.1
个体私营经济	7 077.86	50.0	17.6	58.4
外商经济	406.87	2.9	20.0	3.9
港澳台经济	178.43	1.3	20.4	1.8
第一产业	1 024.1	13.3	3.8	1.7
第二产业	4 158.31	54.3	22.7	44.6
工业	3 674.75	48.0	22.7	40.1
建筑业	483.56	6.3	22.9	4.5
第三产业	2 480.74	32.4	14.9	17.8

6. 全民创业助推民营企业队伍不断发展壮大

四川民营经济的发展已由早期的分散粗放型向规模集约化发展，规模实力不断增强，知名企业不断涌现。截至 2009 年底，全省工商登记民营企业 236.59 万户，比上年增加 20.86 万户，增长 9.7%。较 2008 年多增 10.3 万户。其中，个体工商户 203.49 万户，私营企业 32.55 万户，同比分别增长 9.1%、13.7%、4.1%和 7.2%；民营企业户均注册资金 25.68 万元，较上年增长 0.8 万元。其中，港澳台户均注册资金最高，达到 4 492.8 万元，外商企业、私营企业、个体工商户户均注册资金分别为 3 135.5 万元、112.6 万元和 1.9 万元。四川民营企业整体规模明显“长大”的同时，一批规模较大的旗舰型民营企业集团脱颖而出，宏达、蓝光、新希望、蓝剑、剑南春、川威、汉龙、通威、宏华、四川科伦、金广、富临等民营企业集团已经走出四川，全省已确认的四川民营知名品牌产品的不断增多。

7. 民营经济增加了财政收入，为社会创造更多就业机会

民营经济目标已经成为活跃市场的“兴奋剂”，扩大就业的“主渠道”，增加收入的“活源泉”，城乡统筹发展的“推动力”。民营企业经济效益不断提高，不仅创造了大量的财富，增加了税收，还为社会解决了大量的劳动力就业问题，为促进城镇农村剩余劳动力向第二、第三产业转移，维护社会稳定做出积极贡献。2009 年全省民营经济缴纳税收入（含国税和地税）772.75 亿元，比上年增长 21.8%，占全省税收收入的比重为 45.5%，上升 1.5 个百分点。其中个体私营企业实现税收 622.05 亿元，比上年增长 22.9%，外商投资企业税收 122.20 亿元，比上年增长 14.8%，港澳台投资企业税收 28.49 亿元，比上年增长 30.9%，成为四川财政收入的重要组成部分。2009 年，全省个体工商户、私营企业从业人员达 728.29 万人。比上年增长 9.1%，新增就业人数 60.9 万人。个体私营经济已成为吸纳社会新增劳动力就业的重要渠道。民营企业中还出现了一批纳税大户，已成为我省财政收入的重要来源。

8. 优化了资源配置，提高了整体经济活力

民营经济成分在竞争性领域的日益活跃，改变了国有经济的垄断格局，一方面，民营经济同市场经济有一种不可分割的天然联系，促进国有企业中的低效部门迫于竞争压力而提高自身的配置效率，产生内部激励机制和活力，从而大大促进了资源配置效率和整个经济增长效率的提高；另一方面，一些民营企业积极参与国有企业改制、改组、改造，对一些长期经营不善、亏损严重、资不抵债的国有企业，进行收购、兼并、租赁、承包，不仅减轻了政府的负担，而且使国有经济退出一些竞争性行业，集中力量投入到关系国民经济命脉的行业和关键领域，保证了国有资本的优质高效，促进了国有经济的战略性调整。

（三）四川民营经济发展的困难和问题

1. 同沿海发达地区相比较，我省民营经济在总量上和比重上还存在较大差距

由于国家政策倾斜、地理环境、思想认识等原因，我省民营经济相对我国东部地区起步晚，起点低，既比不上广东的“顶天立地”，也与江浙的“铺天盖地”有很大差距；既没有规模效应，也缺乏集约化发展。

2. 民营经济产业层次较低，规模知名企业和品牌产品较少

民营经济主要集聚在一般性竞争领域，产业特色不鲜明，小而全、小而弱现象突出，低水平过度竞争问题比较严重。农业主要集中在以家庭为主的畜牧业，从事生产型、科技型、外向型的不多。规模以下工业民营经济多为劳动密集型的传统产业，且大多数企业设备工艺落后，缺乏拥有自主知识产权的核心技术和自有品牌，在国内外叫得响的产品和具有相当规模的企业寥寥无几。同时由于自主研发风险性高、周期长，很多企业不愿在研发上投入。

3. 民营经济特别是个体私营经济发展机制体制不健全、不完善，制约着民营经济的进一步发展壮大

一是企业自身产权制度不健全，自然主体不清，财产不明，与现代企业制度要求相去甚远。二是管理体制不完善，基本上是家族式、小作坊式管理，与现代企业专业化、产业化、规模化的要求不相适应。三是产业发展不规范，缺乏完整的经营发展规划，大多在容易进也容易出行业，跟风模仿成分较大，产品技术含量低，档次不高，很难实现可持续发展。

4. 民营经济特别是个体私营企业业主整体素质不高，各类人才比较匮乏

不少个体私营经济业主自身文化及政策水平不高，法制意识淡薄，缺乏适应现代市场经济全球化、信息化、知识化的素质和现代企业管理意识。从业人员素质总体也不高，一方面，缺乏职业培训和基本技能；另一方面，由于社会就业观念尚未根本改变、劳动力市场及劳动用工制度的缺陷等原因，限制着民营经济从业人员整体素质的提高。

5. 发展环境有待进一步改善

一是一些行政部门在制定或执行政策时存在服务缺位、管理越位等不利于民营经济发展的现象和行为，还没有真正做到“放心、放胆、放手、放开、放宽、放活”，还没有真正树立“必须毫不动摇地引导、鼓励、支持民营经济发展”的思想。二是社会的认识不够。一方面，社会公众对民营经济的地位和作用认识不到位，在就业选择、创业投资等方面还存在担忧和轻视等现象；另一方面，社会机构对民营经济的发展存有一定疑虑，在经济协作方面还不够积极。三是在某些行业和领域，或者不允许民营企业进入，或者进入的门槛比较高。民营企业的创办和经营，存在审批复杂、摊派多等问题，政策不公平待遇依然存在。四是促进发展服务机制不够完善。服务民营经济发展的金融市场、土地市场、人才市场、劳动力市场以及技术市场等生产要素市场需要加快进程，积极为提供配套服务。

（四）四川省民营经济发展的对策和措施

1. 进一步解放思想，提高认识

牢固树立服务民营经济就是服务发展的理念，紧紧抓住金融危机、灾后重建给我省带来的发展机遇，大力引导、支持民营经济的全面发展。进一步加大力度宣传和落实发展民营经济的各项方针、政策。从战略的高度强化政策引导和社会推动，营造良好的发展舆论环境，形成“敬商”、“亲商”、“重商”、“扶商”的发展氛围。

2. 加大政策扶持力度，做大做强民营经济

一是结合四川实际，制定和完善发展民营经济的法规和制度。同时，认真清理各种不利于民营经济发展的政策规定。二是引导民营经济建立现代企业制度，开展技术创新，提高产品科技含量，进行二次创业。引导民营经济向为一、二产业服务的生产性服务业发展，向以文化、旅游、商贸为主要内容的和以社区、农村市场为重点区域的民生性服务业发展，向以软件开发为主的服务外包发展。引导民营企业参与国有企业改制，发展混合经济，提高民营经济竞争力。三是实行积极的财政税收政策、金融政策，加大扶持力度。四是落实人才政策，主要是对民营经济发展需要的劳动力特别是专业人才制定一定的优惠政策，如通过财政转移支付加强民营企业的劳动力及业主培训工作。鼓励引导大中专毕业生到民营企业工作。五是采取技术信息扶持政策，包括技术低价或无偿转让、技术人员培训、技术指导、信息咨询等。

3. 改善投资环境，激活民间投资

放宽民间资本的市场准入领域，在投融资、税收、土地使用和对外贸易等方面采取措施，实行公平竞争。建立以市场为导向的新型投融资体制，为民间投资创造有利的制度和政策环境。建立创业利益激励机制，有效激活民营资本投向生产领域。鼓励和引导民营资本进入基础设施和公共事业领域、高新技术产业及以兼并、租赁、参股等多种形式参与国有经济的战略性调整。

4. 建立民营经济信用制度，完善企业信用担保体系

从政府、企业、个人三大体系入手，加强信用法制建设，构建由个人信用、企业信用和政府信用于一体的信用法律体系，建立政府主导的信用评价机制，创造良好投融资环境。建立和发展企业信用担保机构，建立银、政、企工作互动机制和有效沟通机制，积极搭建银企合作平台，鼓励支持组建社区银行、村镇银行等民间金融机构，解决企业资金的供需矛盾。鼓励和支持县（市、区）级政策性担保机构与民营担保机构开展联保，逐步实现市、省联保，以进一步发挥担保作用；积极支持民营经济会员制担保机构的建立和发展，并给予资本金贴息、风险激励、补偿等支持；加快建立民营企业贷款风险分担和补偿机制。同时，政府要加强扶持、引导和管理监督，确保企业担保融资工作健康有序发展。

5. 加强培训，提高民营经济从业人员整体素质

加强对企业家的培训，让他们适应现代市场经济全球化、信息化、知识化的要求，建立现代企业管理制度，提高企业经营管理水平。加强技术人才的培养，一方面企业加强专业技术人才的培训并经常化、制度化，保证技术人才队伍的稳定。另一方面，加快完善适应民营经济发展要求的人才制度，通过多种方式吸纳社会专业人才，壮大技术管理人才队伍。加强劳动职业培训，提高职工队伍整体素质，并逐步形成劳动力的自我约束机制。

6. 提升服务，鼓励外商、港澳台企业安家落户

目前，港澳台投资区域和产业布局正从珠三角、长三角、沿海地区向中西部延伸，要整合、发挥我省劳动力、土地、市场等优势，加快提升在交通、商贸、物流、信息、金融等基础服务上的能力和搭建合作平台的步伐，促进外商投资经济、港澳台地区经济的发展。

（四川省中小企业局）

贵州省

一、2009年中小企业、非公有制经济发展基本情况

自2008年9月以来，全球金融危机对我省中小企业、非公有制经济影响逐步显现，随着国家“保增长、扩内需、保民生”等“一揽子”扩大内需政策的出台，以及国家、省进一步加大对非公有制经济发展的扶持力度，我省非公有制经济占GDP比重比2008年有所增长。从工业发展情况看，我省非公有制经济发展走向同全国经济一样，走出了一条鲜明的“V形”曲线。

截至2009年末，全省共有企业数10.6万多户，其中中小企业占99.9%。从工业上看，全省规模以上中小工业企业2 814个，占规模以上工业企业的99%，实现工业增加值722.23亿元，同比增长12.2%，高于规模以上工业增加值增速1.6个百分比。实现工业总产值、主营业务收入、利润分别为2 145.78亿元、1 829.63亿元和83.24亿元，分别同比增长9.7%、8.2%、8.2%，规模以上中小工业企业平均从业人员为53.83万人，占规模以上工业的72.5%。全省规模以上工业非公有制企业2 343个，实现工业增加值451.01亿元，同比增12.8%，高于规模以上工业增加值增速2.2个百分比。实现工业总产值、主营业务收入分别为1 313.52亿元、1 115.8亿元，分别同比增长7.4%、2.8%，但是实现利润66.42亿元，同比下降了11.7%。亏损企业亏损总额24.92亿元，同比增长35.6%。规模以上工业非公有制经济平均从业人员为31.4万人，占规模以上工业的42.3%，如图1所示。

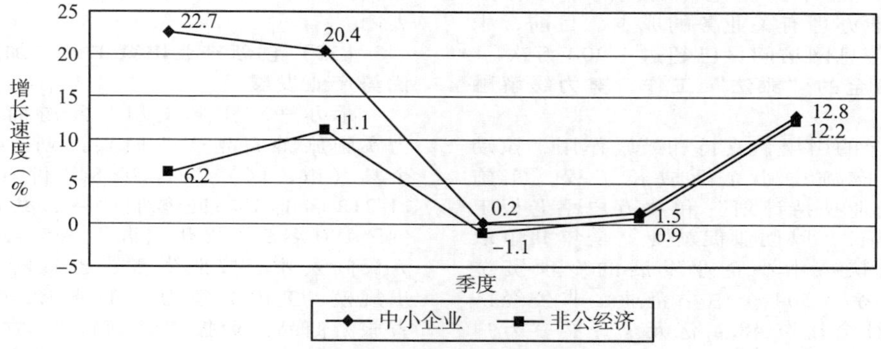

图1 规模以上工业企业发展情况

从注册主体看，全省有私营企业7.17万户、资金数额1 409.56亿元、投资者人数16.18万人、雇工人数51.97万人，与2008年相比分别增长12.4%、48.88%、9.14%、3.65%；个体工商户59.79万户、从业人员88.62万人、资金数额163.11亿元，与2008年相比分别增长8.75%、10.54%、73.09%；农民专业合作社2 954户、出资总额10.75亿元，以2倍以上的速度增长；外资企业622户、注册资本21.37亿美元，与2008年相比增长3.5%和10.88%。去年，全省个体私营等非公有制经济纳税主体纳税275.34亿元，占全省税收总额的40.86%，已成为全省财政收入的重要来源。

我省非公有制经济在食品、医药、旅游商品、化工、建材、装备制造业、煤炭、冶金、商贸流通、批发零售、住宿餐饮、房地产、居民服务及其他服务业等行业中，都占据重要地位，其中在煤炭、农副食品加工、化工、医药、冶金、非金属矿物制品等资源加工行业，以及新材料、旅游商品、软件业、动漫、现代服务业等新兴产业中具有比较优势。一批优秀的非公有制企业通过技术创新、改进工艺，或拥有自主知识产权的特色产品，或采取有效的市场营销手段做大做强。

二、2009年主要工作

（一）做好政策的“加法”工作，加大非公有制经济的政策扶持力度

做好《中小企业促进法》贯彻落实工作。省经信委（原省中小企业局）牵头完成《贵州省中小企业促进条例》的完善、修改工作，已于2010年1月7日省人大常委会审议通过，与2010年3月1日实施；配合省人大完成《中小企业促进法》执法检查和整改建议落实工作。

认真贯彻省委十届五次全会通过的《中共贵州省委贵州省人民政府关于大力推进个体私营等非公有制经济又好又快发展的若干意见》（黔党发［2009］12号）。省经信委与省政法委召开非公有制经济座谈会，听取改进工作的意见和建议，与省司法厅共同下发《关于进一步推进律师服务非公经济中小企业发展的意见》。据不完全统计，目前已有11个省直部门、单位出台了贯彻意见，在放宽市场准入、简化办事程序、加大支持力度、改善服务环境等方面都做出了具体规定。省委督察室、

省政府督察室、省监察厅、省经信委、省目标办、贵州日报组成联合督察组，对有关省直部门、市（州、地）贯彻落实省委促进非公经济发展政策情况进行督察。

（二）做好企业负担的“减法”工作，切实减轻企业负担

在国际金融危机冲击下，企业负担的“枷锁”效应更加明显。我省加强了对非公有制经济的运行调度，帮助企业解决煤、电、油、运等方面的问题和困难，推动有市场、有竞争力的企业加快发展，带动了相关产业和企业发展。各有关部门、单位进一步优化服务，从非公有制经济发展督查情况看，有关部门采取改进服务方式、减少检查次数、减少收费项目等，减轻企业负担，提高服务效率。加大政务公开，降低非公有制经济运营成本。如通过中国中小企业贵州信息网（贵州省非公有制经济网）等网络平台做好政务公开，发布政策信息、会展资讯、工作动态、工作流程，实现了相关审批事项的申报资料电子化、程序公开化，既提高了工作效率，又降低了企业办理有关业务的成本，目前，中国中小企业贵州信息网访问量已超过1 200万次。

（三）做好资金的“乘法”工作，努力缓解融资难问题

发挥财政资金的引导、支持和鼓励作用，拉动社会投资。围绕实施中小企业成长工程，实施“百户优强中小企业扶持计划”和“万户小老板工程”，以项目促增长，以创业促就业。全年共争取国家和安排省级扶持中小企业发展的专项资金2.33亿元，共支持了364个中小企业、非公经济发展项目，拉动社会投资48.4亿元。开展“万户小老板工程”试点工作，与各地签订了《加快推进“万户小老板工程”实施协议》，支持了3个“小老板工程”平台建设项目和264户小老板，新增就业15 049人。

努力构建非公有制经济融资服务体系，以融资促发展。贯彻落实《关于加强中小企业信用担保体系建设的意见》，进一步健全中小企业信用担保体系，2009年，我省新增注册资本亿元以上担保机构5户，我省享受免征营业税担保机构从1户增加到6户，国家、省中小企业发展专项资金安排了33个担保机构66个补助资金项目3 385万元。目前在我省各级中小企业管理部门备案的担保机构达96户，2009年为2 053户中小企业提供担保额近50亿元。积极稳妥有序开展小额贷款公司试点工作，目前已有53户小额贷款公司开业经营，累计贷款16亿元，个体工商户和中小企业贷款占全部贷款的80%以上。加强与金融部门、单位的联系沟通，搭建“政银企保”融资平台，承办了全省中小企业金融服务对接工作会，达成贷款、担保签约项目65个，合同签约金额14.75亿元。与邮政储蓄银行贵州省分行签署信用额度达200亿元的战略合作协议。加强对我省典当公司的监管，全年新增典当公司13户，可增加非公有制经济短期融资供应1.5亿元。

（四）发挥社会化服务的“除法”功能，改善创业、创新环境

社会化服务是非公有制经济低成本战略中的重要一环。我省通过人才培训、搭建公共服务平台和小企业创业基地，把一个企业无力承担或不愿承担的成本由政府承担，或由众多企业共同分担，降低了单个企业的运营成本。我省已扶持建立了78个县级中小企业服务中心、21个公共服务平台、15个小企业创业基地，与三大军工基地分别签署了“军工企业与中小企业合作发展战略协议书”，为非公有制经济提供公共信息、市场开拓、创业辅导、管理咨询、人才培训和技术创新等公共服务。积极开展中小企业“国家银河培训工程”和“贵州星光培训工程”等工作，共免费培训7 457人次，对非公有制企业不同专业的人才进行培训，促进了企业人才提升。组织非公有制企业参加第六届中国中小企业国际博览会暨中西中小企业博览会，共签订合同金额1 590万元，达成意向协议12 289万元，特别增设多彩贵州旅游商品精品展示专区，成为整个中博会展馆最出彩的代表团。

（五）创新产业培育工作，加快推进贵州特色优势产业发展

承办好“多彩贵州”旅游商品两赛一会，大力实施旅游商品产业振兴计划。4年来，全省88个县（市、区）共有20 847件（套）设计作品，11 212名能工巧匠参加比赛，共评选出“贵州名创”190名、“贵州名匠”365名，挖掘出一批优秀民间人才。按照省委、省政府“突出特色、突出规模、突出竞争力”的要求，组织实施《贵州省旅游商品产业振兴计划》，一方面推动我省传统的烟、酒、茶、辣椒等成为优势旅游商品，另一方面鼓励、支持和引导了一批从事旅游商品生产、设计、销售的非公有制企业、个体工商户，促进了旅游商品产业的规模化和商品化。目前，旅游商品数量有了明显增加，初步形成了10多个大类、70多个小类、1 000多个品种的旅游商品体系，涌现出了贵州民族银饰、蜡染、民族刺绣、奇石、雕刻等一批具有市场潜力的旅游工艺品。目前有100多万人从事与旅游商品产业有关的工作。

三、2010年我省非公有制经济发展机遇和工作思路

当前，国际金融危机已经触底，投资者乐观情绪上升，全球贸易和投资呈现恢复性增长，国际货币基金组织估计，2010年世界经济增长3.1%，总体形势可能好于2009年。从国内看，我国经济也趋暖回升，形势向好，中央经济工作会议决定继续实行积极的财政政策和适度宽松的货币政策，“一揽子”计划还将进一步落实和完善，进一步关注民生，注重增加老百姓收入，完善医疗、养老等社会保障制度，继续增加“三农”投入，非公有制经济发展的政策环境将继续完善，这些将为非公有制经济创造良好的市场预期和发展预期。从省内

看，我省开始进入人均 GDP 1 000～3 000 美元的黄金发展期，以高速铁路、高速公路、水路航运、水利建设为重点的基础设施建设进一步加快，政策发展环境将进一步宽松。国际金融危机对非公有制企业带来冲击的同时，也使非公有制企业认识到只有走“重技术、树品牌、优结构、强管理”的发展新路子，创新企业管理体制，才能在市场经济的风雨中立于不败之地。

（一）工作思路

2010 年，我省非公有制经济工作将坚持把发展非公有制经济作为做大做强我省经济的突破口，以贯彻落实《贵州省中小企业促进条例》、《国务院关于进一步促进中小企业发展的若干意见》（国务院 29 条）和《中共贵州省委贵州省人民政府关于大力推进个体私营等非公有制经济又好又快发展的若干意见》为契机，以实现全省经济工作会议提出的经济社会发展目标为方向，进一步落实促进非公有制经济发展的政策措施，进一步加大非公有制经济的扶持力度，进一步破除非公有制经济的发展障碍，尽快加快非公有制经济发展速度，尽快做大非公有制经济规模，尽快做强非公有制经济竞争力，尽快提升非公有制经济整体素质，走科学发展、清洁发展、安全发展和可持续发展道路。

（二）工作重点

为保证 2010 年非公有制经济又好又快发展，主要做好“政策篇、扶持篇、服务篇、产业篇”等四篇文章。

一是政策篇。贯彻落实“国务院 29 条”、省委 12 号文和《贵州省中小企业促进条例》。2010 年将把贯彻落实好“国务院 29 条”作为“全省推动非公有制经济、中小企业发展联席会议”的工作重点，出台落实以上法规及政策的具体措施和办法。继续做好省委 12 号文的贯彻落实和落实情况的督查工作，继续推进我省非公有制经济人士工作，帮助改善我省非公有制经济发展环境。加大对《中小企业促进法》和《贵州省中小企业促进条例》的宣传贯彻力度，在工作中依法行政，按照法律法规的要求来推进全省非公有制经济工作。

二是扶持篇。继续加大对优强非公有制企业和优势产业的支持力度，鼓励和支持企业自主创新、结构调整，增强核心竞争力。按照省委实施“骨干企业培育计划”、“重点领域支持计划”和“产业集聚计划”的要求，以“百户优强中小企业扶持计划”为重点，扶持一批成长性好、产业和就业带动能力强、效益突出、在行业具有领先优势的优强非公有制企业，推动我省的特色食品、民族医药、旅游商品等特色优势产业集聚化、集群化发展。

继续改善非公有制经济融资环境。继续加大与金融机构的合作，搭建“政、银、企、保”融资平台。以扩大小额贷款公司试点、建立或引进创业投资基金、中小企业贷款风险补偿为重点，制定我省信用担保行业暂行管理办法和小额贷款公司风险补偿办法，继续争取国家对我省信用担保的资金扶持，推动我省信用担保行业的信用评级、风险补偿、资本注入等工作，进一步缓解我省非公有制经济的融资难问题。

三是服务篇。继续改善创业环境。按照省委实施“全民创业计划”、“个体经济腾飞计划”和“私营企业倍增计划”的部署，加大对小企业创业基地建设的支持力度，鼓励创业者进入国家和地方优先和重点发展产业或行业，扩大创业领域。继续完善以服务中心、信息化、对外交流与合作、人才培养、公共技术服务平台为重点的社会化服务机构的提升工作，建立中小企业公共服务示范平台，着重加大对成长性非公有制企业经营管理者的培训力度，引导企业加强“内功”修炼，进一步改善我省非公有制经济发展的创新环境。充分利用第六届 APEC 中小企业技展会和第七届中博会的影响力和信息资源，帮助企业“走出去”。进一步完善非公有制经济统计监测体系。认真落实《军工企业与中小企业合作发展战略协议书》，为军地中小企业合作、中小企业为大企业配套工作做好服务。

四是产业篇。继续加大对特色食品、民族医药和旅游商品等特色优势产业的扶持力度，推动三大产业向集聚化、集群化方向发展。继续推进“长田中小企业成长示范园区”建设。继续贯彻实施《贵州省旅游商品产业振兴计划》，以旅游商品“两赛一会”为平台，加快推进旅游商品特色优势产业发展。一方面以实施“万户小老板工程”为重点，推进银饰、刺绣、蜡染等为代表的民族工艺品、民俗产品的商品化、市场化。另一方面鼓励、引导和支持从事旅游商品生产、设计、销售的非公有制企业加大市场开拓，提升整个旅游商品产业的规模化和市场化水平。

（贵州省中小企业局）

云南省

2009 年，受国际金融危机影响，我省中小企业经历了前所未有的困难和挑战。在省委、省政府的正确领导下，全省非公经济和中小企业工作坚持以科学发展观为指导，深入落实国家和省应对金融危机的一系列决策部署，克难奋进、开拓创新，全力推进中小企业和非公经济发展，全省非公经济总体上继续保持了增长势头。

一、运行态势及特点

（一）主要指标完成情况

全省非公经济主要指标均保持增长，其中，非公经济户数、注册资金、上缴税金和社会消费品零售额保持较快增长（见表 1）。但除从业人员外，增加值及税收均未完成省政府下达的年度发展目标（见表 2）。

表1　2009年全省非公经济主要指标完成情况

指标名称	2009年	2008年	增长（%）	
非公经济户数（万户）	112.5	97.6	15.3	
其中：私营企业（万户）	13.7	11.6	18.1	
注册资金（亿元）	4 016.7	3 111	24.3	
非公经济增加值（亿元）	2 411.8	2 191.7	现价	10
			可比价	12.9
其中：第一产业	293.4	236.9	23.8	
第二产业	1 084.6	1 015.4	6.8	
非公工业增加值	812.9	806.1	0.8	
第三产业	1 033.8	939.5	10.5	
上缴税金（亿元）	290	247.8	17	
民间投资（亿元）	2 259.8	2 026.4	11.5	
社会消费品零售额（亿元）	1 715.8	1 420.6	20.8	
外贸进出口总额（亿美元）	41.5	37.4	11	
个私从业人员（万人）	400.2	356.5	12.3	

表2　2009年非公3项考核指标完成情况

指标	完成数	目标数	完成进度(%)
非公经济增加值（亿元）	2 411.7	2 530	95.3
上缴税金（亿元）	290	304.8	95.1
从业人员（万人）	400.2	358.2	111.7

（二）非公经济运行主要特点

从2009年全省非公经济运行情况来看，主要呈现以下特点：

一是非公经济总量继续扩大。2009年，全省非公经济户数达112.5万户，比上年同期增长15.3%；注册资金4 016.7亿元，比上年同期增长24.3%；全年非公经济预计完成增加值2 411.7亿元，现价同比增长10%，可比价增长12.9%，占全省GDP的39.1%，所占比重比2008年提高0.6个百分点。其中，第一产业完成增加值293.39亿元，占全省第一产业增加值的27.6%；第二产业完成增加值1 084.56亿元，占全省第二产业增加值的42%；第三产业完成增加值1 033.83亿元，占全省第三产业增加值的41%。

二是消费需求保持平稳增长。在城乡居民收入增加、居民消费价格水平逐步回落的作用下，全省市场消费额保持较快增长。2009年全省非公经济消费品零售额1 715.8亿元，比上年同期增长20.8%，比全省社会消费品零售额增速高1.5个百分点，占全省社会消费品零售额的83.7%。

三是民间投资有较大回落。2009年，在国家宏观调控政策效果显现及国际金融危机影响下，全省完成民间投资2 259.8亿元，比上年同期增长11.5%，增幅比2008年下降了20个百分点，占全省固定资产投资的49.9%，同比下降1.5个百分点。

四是信贷资金有较大增长。2009年，在适度宽松的货币政策和一系列缓解中小企业融资难措施的推动下，截至12月末，全省对中小企业贷款余额为3 033.58亿元，比年初增加了799.85亿元，占全省新增贷款的36.6%。

五是非公企业成为我省出口贸易的主力军。截至12月底，全省非公企业共完成进出口总额41.5亿美元，比上年同期增长11%，占全省进出口总额的51.8%，比去年增加13个百分点。其中，非公经济进口额完成13.7亿元，同比增长3%，占全省进口总额的39.1%；非公经济出口额完成27.8亿元，同比增长15.9%，占全省出口总额的61.5%。

六是非公企业的经济效益好于国有企业。1～12月，纳入财政快报统计的非公企业实现营业收入878亿元，盈亏相抵后实现利润52亿元，同比增长13%，而国有企业盈亏相抵后实现利润12.5亿元，同比下降72%，非公企业实现利润增速高于国有企业85个百分点，总体效益远远好于国有企业。

七是社会贡献继续加大。2009年，全省非公经济上缴税金完成290亿元，同比增长17%，占财政收入的41.6%；个私经济从业人员达到400.2万人，比上年同期增长12.3%。

二、2009年促进非公经济发展所做的主要工作

（一）做好促进中小企业和非公经济发展的政策制定工作

一是全力以赴做好全省非公有制经济发展大会的组织筹备工作。认真组织开展了以省委、省政府名义出台的大会主体文件《关于加快非公有制经济发展的决定》（云发［2009］9号）的调研起草工作，以及大会会务组织、表彰先进典型和经验交流材料的相关筹备工作，确保大会于6月3日顺利召开。这次大会是省委、省政府应对金融危机，促进中小企业和非公经济加快发展的关键时期召开的，必将对全省中小企业和非公经济发展产生积极的推动作用。

二是认真贯彻落实《国务院关于进一步促进中小企业发展若干意见》（国发［2009］36号）精神，起草了《云南省人民政府贯彻落实〈国务院关于进一步促进中小企业发展的若干意见〉的实施意见》，并已形成征求意见稿送相关部门、企业征求意见。

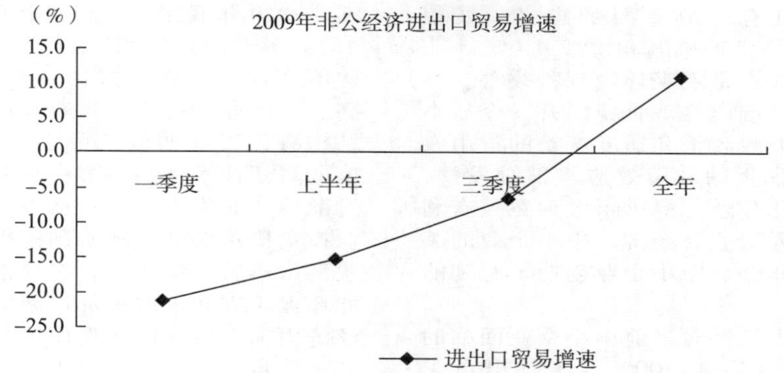

（二）多方入手，积极应对金融危机带来的不利影响

一是针对上半年受金融危机进一步蔓延的影响，全省规模以上停产、半停产中小企业占全部规模以上工业企业的比重较大的实际，积极组成6个帮扶指导组分赴16个州市开展对停产、半停产企业的帮扶工作。截至6月末，全省规模以上停产半停产企业共354户，比去年年底减少278户，同比下降44%。

二是积极推动政、银、企、保四方合作。牵头组织召开了有政府相关部门、金融机构、担保公司和企业共计200多人参加的云南省中小企业融资银企合作座谈会，使部分中小企业与金融、担保机构现场签订贷款、担保协议，意向性协议金额达到27.52亿元，有效帮助中小企业缓解贷款难题。

（三）加大对中小企业和非公经济的扶持力度

一是积极做好国家中小企业专项资金和省非公经济专项资金扶持重点项目的组织、推荐、审核的申报工作。经组织推荐和筛选审定，省非公经济专项资金扶持156个重点项目，安排扶持金额6 800万元；争取国家中小企业发展专项资金扶持项目46个，扶持资金5 740万元；国家中小企业服务体系专项资金7个，扶持资金108万元，国家扩大内需工业中小企业技术改造项目60个，扶持资金9 000万元。有力地支持重点非公中小企业加快技术创新、推进结构调整和保持了正常生产经营。

二是按照省政府新三年“兴边富民”行动计划中确定的产业培育工程要求，认真组织做好扶持特色产业加工项目工作，积极协调委内各项资金向兴边富民地区的产业培育项目倾斜。共安排40个项目，扶持资金2 600万元。

三是认真贯彻落实《中共中央办公厅、国务院办公厅〈关于开展工程建设突出问题专项治理工作的意见〉的通知》（中办发［2009］27号）精神，认真梳理了2008年以来中小企业扶持资金建设项目，并开展了项目资金跟踪、资金到位核查等专项治理工作。

（四）强化对非公经济的运行分析

一是于年初认真研究了全年目标，制定下发了《云南省2009年中小企业暨非公有制经济发展工作指导意见》，并促成省政府与16州市政府在全省工业和信息化工作会议上签订了今年非公经济发展目标考核责任书。

二是做好全省非公经济运行分析工作，并召开了2009年1～9月全省非公经济运行分析座谈会，结合运行中存在的问题和困难，提出第四季度加快非公经济发展的工作措施建议，有针对性地提出解决的对策措施，指导各州市有序推动当地中小企业和非公经济协调快速健康发展。

（五）加强对外交流合作

一是根据中国国际中小企业博览会组委会和省政府的要求，认真做好组织动员我省重点中小企业赴中博会的参会参展工作，制订了组展工作方案，重点推荐我省具有特色的农特产品加工、食品、生物制药等行业中具有代表性的非公中小企业参会参展，有效推动我省中小企业加强对外合作与交流，积极开拓国内外市场。

二是根据中国中小企业协会《关于组织参加“2009中国企业创新成果征集活动”的通知》精神，在自愿原则的基础上组织省内中小企业进行申报，共有玉溪卷烟厂滤嘴棒分厂、云南红塔铝型材厂和玉溪环球彩印纸盒有限公司等12家企业申报。

（六）做好执法检查工作

全力配合人大财经委做好《云南省中小企业促进条例》颁布一年以来的执法情况检查。根据省人大今年执法检查工作计划，组织各州市经委（中小企业局）认真做好贯彻落实《中小企业促进条例》的自查工作和总结，在此基础上形成了汇报材料上报省政府和人大，并随同人大财经委组成的检查团赴地州对执法情况进行检查。

（七）认真组织开展了高校毕业生就业见习基地建立的推荐及指导工作

根据省政府有关工作部署和分工，完成推荐和授牌落实了18家非公中小企业作为省级高校毕业生见习示范基地的任务，并积极协助推进见习基地与高校的对接安排毕业生见习工作。

三、2010年全省非公经济发展展望

2010年是实施“十一五”规划的最后一年，对于顺利完成“十一五”各项目标，为“十二五”

开局奠定良好基础具有十分重要的意义。展望2010年，全省非公经济发展机遇和挑战并存。

从有利因素来看：一是宏观环境有所改善。当前世界经济开始复苏，国内经济企稳回升。今年中央将继续实施积极的财政政策和适度宽松的货币政策，扩大内需和改善民生的政策效应将继续发挥，客观上为中小企业、非公经济提供了较为宽松有利的发展环境，社会各界对非公经济、中小企业的关注度前所未有，也为非公、中小企业创造了有利的舆论环境。

二是政策支持有力。针对当前中小企业面临的突出矛盾和问题，国务院于2009年9月出台了《关于进一步促进中小企业发展的若干意见》（国发［2009］36号），从完善政策法律体系、切实缓解融资难、加大财税扶持、加快技术进步和结构调整、市场开拓、改进服务、加强企业管理、加强组织领导等8个方面提出了含金量高、操作性强的政策措施。省委、省政府于2009年6月召开全省加快非公有制经济发展大会，出台了《关于加快非公有制经济发展的决定》（云发［2009］9号），重点解决制约我省非公经济、中小企业发展的长期性、机制性障碍，突出“三创两到位”的工作思路和重点，从财政、税收、土地、金融等方面提出一系列的政策措施。这些政策的实施，为中小企业发展提供了强大动力。

三是财税扶持力度加大。2009年，国家对中小企业的扶持资金大幅增长，预计今年还将保持同等规模和水平。2009年至2012年，省级财政安排的支持非公有制经济发展专项资金以2008年为基数，每年递增10%。在继续执行原有税收优惠政策的基础上，2010年对小型微利企业还将执行更加优惠的税收政策。

四是市场准入趋于宽松。拉动和扩大民间投资已经形成各方面的共识，为进一步打破垄断，搭建公平的市场环境，国家正在加紧制定《关于进一步鼓励和促进民间投资的若干意见》，将为中小企业向更广阔的领域进军提供新的机会。

五是中小企业信贷愈加受到重视。2009年12月1日，为深入贯彻落实《国务院关于进一步促进中小企业发展的若干意见》，工业和信息化部与工行、农行、中行、建行四大行签署支持中小企业发展备忘录，全力调动各方面积极性，缓解中小企业融资难。2010年中国人民银行工作会议上也明确要大力促进中小企业的信贷支持。从我省情况看，各金融机构均按要求成立了中小企业专营机构，加大了金融服务创新力度，为增加中小企业贷款奠定了良好基础。

从不利因素来看：一是世界经济仍未全面复苏。美、欧、日等主要经济体开始出现复苏迹象，但目前仍面临失业率飙升、财政赤字剧增和消费不振等诸多挑战，经济刺激计划也将收缩或陆续退出，世界经济走势不稳定，可能还会有局部的甚至更大范围的风险和危机显现出来。在国际环境不确定性较大、国内经济回升的基础还不稳定、不巩固、不平衡，资源环境约束压力不断加大的情况下，2010年我国宏观经济将面临更加复杂的环境。

二是结构调整困难重重。目前我省非公经济结构不合理，发展方式比较粗放，经济整体素质不高。从产业结构看，高耗能产业比重偏高；从产品结构看，工业初级产品多，产业链条短，高附加值、高新技术产品不多；从企业组织结构看，布局过散，产业集中度低；从投资结构看，高新技术产业投资比重偏低。随着国家提高产业准入门槛，加快淘汰落后产能步伐，在要素配置、土地使用、节能环保等方面采取更加严格的政策措施，我省非公经济面临着巨大的转型压力。

三是民间投资活力不足。此轮经济增长主要依靠投资拉动，投资又以基础设施建设为主，而参与基础设施建设的多为国有企业，国有经济的投资增速和份额都高于民间投资。民间投资受到挤压，显现出活力不足的态势。

四是社会化服务体系建设滞后。我省中小企业社会化服务体系尚处在形成过程中，中介机构不健全、公共服务不完善，增加了中小企业经营成本，制约了我省非公经济发展质量和水平的提高。

五是中小企业融资难问题仍然突出。根据2009年12月我委对35户重点中小企业融资情况的调查，被调查的中小企业2009年融资需求为10.92亿元，最终从银行获得贷款4.48亿元，仅满足贷款需求的41%。销售收入在1 000万元以下的企业，融资需求满足率仅为32.3%。规模以下企业、微小型企业获得贷款的难度更大，数量更少。

六是中小企业划型标准不明确。非公经济大部分是中小企业，而目前我国在统计口径上没有统一、明确的划型标准，导致无法全面掌握中小企业的基本情况，如规模、行业分布、经济效益等。同时，也影响了优惠政策的贯彻实施。例如，2010年将要实施的所得税优惠政策，仅适用于那些会计核算比较健全、税务机关可以实行查账征收的企业，而很多定期定额缴纳税收的困难中小企业，则没有被纳入优惠政策之列。

（云南省中小企业局）

西藏自治区

西藏地处祖国的西南边陲。由于受特殊历史、自然、气候、地理、交通等种种原因，西藏经济社会发展相对落后，同全国平均发展水平相比还存在很大差距，属欠发达地区。改革开放以来，尤其是中央第三、四次西藏工作座谈会以来，在党中央、国务院的亲切关怀和全国各族人民的无私援助下，在中央各有关部门的关心和支持下，在自治区党委、政府的正确领导下，经过全区各族人民的艰苦努力，西藏经济社会发展取得了举世瞩目的成就。地区生产总值连续保持两位数增长，自我发展能力进一步增强；综合交通和能源体系建设成效明显；农牧业结构不断调整，第二产业水平提高，第三产业快速成长，特色优势产业加快发展；各族群众生活显著改善，社会事业全面进步；反分裂斗争取得重大胜利；生态文明建设得到加强。各项事业蒸蒸日上，各行各业捷报频传，创造了短短几十年，跨越上千年人间发展奇迹。

近几年来，我区全面贯彻落实中央和自治区扩大内需、促进经济平稳较快发展的“一揽子”计划，紧紧围绕“保增长、保民生、保稳定”的中心任务，立足资源优势、政策优势和区位优势，以“调结构、转方式、抓重点、上水平、惠民生”为培育战略支撑产业的出发点和落脚点，沉着冷静、从容应对，迎难而上、统筹兼顾，强化措施，努力化挑战为机遇，加快推动产业结构优化升级，狠抓特色产业项目建设和企业组织结构调整，着力为企业发展排忧解难。全区依然保持了跨越式发展的良好态势，依然保持了社会局势的基本稳定，中小企业发展环境有了更大的改善，特色产业发展步伐加快，新的经济增长点不断涌现。去年，全区实现生产总值441.36亿元，同比增长12.4%；地方财政一般预算收入完成30.37亿元，增长20%；城镇固定资产投资完成370亿元，增长20%以上；一、二、三产增加值分别达到64亿元、136.19亿元和241.18亿元，分别增长3.3%、21.7%和10.3%。

一、我区中小企业发展基本情况

自治区党委、政府历来高度重视我区中小企业发展工作。并专门成立了自治区非公有制经济（中小企业）发展工作领导小组。把中小企业又好又快发展作为我区产业结构优化升级，转变经济发展方式的重要载体和发展战略。多年来，全区上下全面贯彻落实胡锦涛总书记关于我区培育战略支撑产业重要指示精神和国家扶持中小企业又好又快发展的一系列决策部署，大力实施国家“中小企业成长工程”，按照自治区党委、政府确定的“一产上水平、二产抓重点、三产大发展”的经济发展战略，以建立社会主义市场经济和现代企业制度为目标，以优势资源为依托，以政策优势、区位优势为保障，以优化企业发展环境为己任，以企业改革、技术进步为突破口，以招商引资为重点，坚持走清洁发展、节约发展、安全发展、和谐发展和可持续发展道路，加快推动中小企业结构调整。通过这几年努力，不仅培育和发展了一批如西藏银河科技股份有限公司、拉萨饭店、西藏自治区藏药厂、西藏高争集团公司、西藏矿业股份有限公司、西藏奇正藏药集团、西藏山南江南矿业有限责任公司、西藏达氏集团、西藏远征集团、拉萨地毯有限公司、西藏达热瓦建筑有限公司等一批对产业建设和工业经济发展作用突出的骨干企业和企业集团，而且培育出拉萨啤酒、甘露藏药、奇正藏药、5100矿泉水、诺迪康胶囊、高原之宝牦牛奶、西藏神水、虫草饮料、高争牌水泥、藏缘牌青稞酒、圣鹿牌食用植物油、雅谷都牌红景天饮料、雪域圣毯牌地毯、宗山牌地毯等一批“名、优、新、特”产品，打造了一批具有西藏特色的名牌产品。“甘露藏药”、“拉萨啤酒”、“诺迪康药业祥云牌藏药”、“藏缘牌青稞酒”、“5100”矿泉水等已获得国家驰名商标称号。

（一）中小企业发展势头迅猛

随着我区的交通、能源、通信等基础设施建设日趋完善，特别是青藏铁路的通车运营、林芝机场正式通航、直孔电站建成发电，西藏自治区“十一五”规划项目开工建设以及中央给予西藏的一系列特殊优惠政策的全面落实，为我区工业经济和产业建设特别是中小企业发展创造了有利条件。其经济总量和规模逐年扩大、涉足的行业领域逐步拓宽、结构不断优化、经济效益和社会效益日趋提高，呈现出发展速度明显加快、贡献日益显著提高的良好发展势头。

我区中小企业主要分布在旅游业、矿产业、藏医药业、农畜产品深加工业、绿色饮（食）品业、民族手工业、建筑建材业等多个产业及服务业领域。

截止到2010年上半年，全区各类市场主体达到10.3万户，注册资本（金）534.9亿元，其中：各类企业12 488户，注册资本（金）505.27亿元；个体工商户90 588户，注册资金27.55亿元；农民专业合作社共238户，出资总额达2.11亿元。

全区中小企业中：私营企业6 834户，注册资金192.3亿元；农民专业合作社共238户，出资总额达2.11亿元；国有企业1 765户，集体企业1 414户，公司2 142户，股份合作企业8户等，其注册资本达288.94亿元；外商投资企业304户，注册资本达3.6亿美元。

通过这几年的艰苦努力，我区中小企业从无到有、从小到大逐步发展，已成为促进我区社会生产力发展、推动国民经济又好又快发展和建设平安西藏、小康西藏、和谐西藏、生态西藏的重要力量，主要体现在以下几个方面：

一是对经济增长的贡献稳步提高。我区从事特色旅游业、藏医药业、优势矿产业、高原生物产业等特色优势产业中小企业的产量、产值、销售收入的不断增长，保障了国民经济又好又快发展；

二是已成为扩大就业的主渠道。中小企业开始成为高校毕业生就业的重要渠道，农村剩余劳动力、农民工和国有企业下岗失业人员在中小企业务工。去年，我区个体工商户和私营企业创造就业岗位32.1万个；

三是地方税收收入的主要来源。今年上半年，我区税务机关组织收入21.02亿元，其中非公有制经济（中小企业为主）完成税收16.39亿元，占税收总收入的77%；

四是促进了产业结构的调整和优化升级。中小企业是我区特色优势产业建设的主力军，中小企业的蓬勃发展，做大做强了特色优势产业，同时，还带动和催生了新兴产业的发展；

五是我区各族人民生产、生活物资供给者。中小企业生产的产品能满足区内生产、生活消费市场需求，为实现经济社会跨越式发展以及巩固边疆提供强有力的物质保障；

六是逐步成为技术创新的摇篮。我区藏医药业、民族手工业、矿产业等特色优势产业科技成果转化步伐逐步加快，形成产学研一体化发展格局；

七是推进我区经济跨越式发展和社会长治久安的主要力量。由于我区的特殊区情，中小企业不仅是物质财富的创造者，而且是维护社会稳定的中坚力量；

八是招商引资工作的重要载体。中小企业的发展既是改革开放的重要成果，又是促进对外交流与合作的重要载体。通过“走出去，请进来”的办法，逐步提升中小企业核心竞争力。

（二）加快中小企业发展采取的主要措施

为推动中小企业结构调整，我区全面贯彻落实国家扶持中小企业发展的一系列决策部署，积极探索中国特色、西藏特点的中小企业发展的新路子、新途径。

1. 进一步优化中小企业发展环境

为全面贯彻落实《国务院关于进一步促进中小企业发展的若干意见》，去年年底，自治区政府下发了《西藏自治区人民政府关于贯彻〈国务院关于进一步促进中小企业发展的若干意见〉的实施意见》（藏政发［2009］79号）。该文件针对当前我区中小企业发展面临的突出矛盾和问题，进一步推进中小企业结构调整，转变发展方式，全面提高企业整体素质和市场竞争力，从优化中小企业发展环境、着力解决中小企业融资难、加大中小企业财税支持、支持中小企业开拓市场等方面提出了八个部分35条政策意见，这些政策意见不仅有现行政策的完善、延续和细化，而且提出了一些适应中小企业发展的新的思路、政策和措施。是一个当前和今后一段时期指导我区中小企业平稳、健康、快速发展的纲领性文件。今年，以全面贯彻落实好藏政发［2009］79号文件为主线，制定和出台涉及扶持中小企业又好又快发展的财税、金融等相关配套政策，进一步营造良好的政策环境、市场环境和服务环境。前不久，为加快我区中小企业结构调整，我们会同财政厅出台了《西藏自治区中小企业发展专项资金管理办法》（藏财企字［2010］75号），该文件就是贯彻落实（藏政发［2009］79号）文件的又一个重要举措。今年，自治区财政设立2亿元中小企业发展专项资金，专门用于中小企业技术进步、服务体系建设等。

2. 为有效破解中小企业融资难，狠抓中小企业信用担保体系建设

去年，自治区人民政府下发了《西藏自治区人民政府关于推进信用担保体系建设的意见》（藏政发［2009］51号），加快推进自治区、地（市）、县三级信用担保体系建设。充分借鉴国内外中小企业信用担保体系建设成功经验，通过企业出资、广泛吸纳社会资本等多种渠道，鼓励和支持组建商业性担保机构；创造一切有利因素，全面推动信用担保机构和银行业金融机构的互利合作。自治区财政出资2亿元，增加西藏财信担保有限公司资本金，扩大和提升了公司服务功能和综合实力；拉萨市政府出资5 000万元设立了拉萨市信用担保有限责任公司，开创了在地（市）设立信用担保公司的先河。目前，我区已有2家政策性担保公司和2家商业性担保公司。截止到目前，我区4家担保公司累计为中小企业提供2.2亿多元的贷款担保服务。另外，我区首家小额贷款股份有限公司正式成立。并已发放小额贷款700多万元，有效解决中小企业小额贷款需求。

3. 狠抓技术改造和技术创新工作，提升中小企业核心竞争力和整体水平

我区紧紧抓住中央给予西藏的一系列特殊优惠政策和国家加大企业技术改造资金的有利时机，会同相关部门，积极组织申报各类中小企业项目，夯实发展基础，优先对重点行业、重点企业、重点产品和重大先进技术装备进行扶持，集中解决一批促进产品结构、产业结构调整的关键性技术和共性技术。同时，积极利用现有地方财政专项资金，加快先进适应技术改造和提升传统产业步伐，支持中小企业走科技兴企、品牌兴企之路，着力提高企业技术创新能力建设，努力培育对产业建设作用明显的优质中小企业和品牌产品。

4. 积极推进中小企业节能减排和清洁、安全生产

逐步完善发展循环经济和节能减排工作的各项政策措施，加大对发展循环经济和节能减排、安全生产项目的扶持力度，促进工业企业向资源节约型、环境友好型、安全生产型发展方式转变。在矿产、建材、轻工等重点行业中，鼓励使用“（零）低排放”技术、废弃物综合利用技术等再利用技术和再循环技术，推动内循环经济发展。

另外，我区通过建立银企合作机制，加大工业园区（集中区）建设，优化企业结构调整，加快中小企业信息化建设，完善中小企业公共服务体系等有效措施，着力解决中小企业又好又快发展的突出问题。

二、我区中小企业发展存在的主要原因

众所周知，我区中小企业的发展是伴随着西藏和平解放而诞生的，对我区政权建设，改善人民生产、生活水平，维护社会稳定等方面起到了重要的作用。通过这几年的努力，我区中小企业得到了较快的发展。但是，我区中小企业仍处于起步和发展的初级阶段。存在企业布局分散，总体规模较小，产业层次偏低，自我积累少；技术装备落后，自主创新能力不强，品牌意识淡薄；产品科技含量低，产品结构单一；人才资源缺乏，观念陈旧，管理落后；企业信用程度不高，融资难度较大，贷款成本较高；服务体系建设滞后；企业核心竞争力和抗风险能力弱等与兄弟省区相同的共性问题外，我认为还存在一些我区特殊的个性问题。一是围绕中小企业的发展需求，提供市场营销、人才培训、信息咨询、创业服务、管理咨询、财务管理等综合服务机构和社会化专业服务机构几乎空白（屈指可数），中小企业无法得到优质服务；二是电力、通信等能

源严重短缺，影响中小企业正常生产经营活动。去年，由于我区电力供应紧张，水泥、矿产品加工等工业生产型企业正常生产不足半年，其余时间均处在停产、半停产状态，无法按时完成年度生产计划任务，大大降低了企业经济效益；三是扶持中小企业发展地方专项资金额度低、专项门类少，解决中小企业技术进步资金能力有限，严重制约了中小企业结构调整；四是中小企业公共服务基础设施建设严重滞后，影响中小企业平稳健康快速发展。由于我区地广人稀、交通不便等众多原因，矿产加工业等中小企业自身承担道路维修、电力供应、通信保障等基础设施建设，严重增加了企业负担；五是中小企业贷款难、银行难贷款问题十分突出。目前，绝大部分中小企业规模小，自我积累少，贷款抵押能力弱，同时，现有在藏金融机构均属国有商业银行分支机构，受审批权限的限制等诸多原因，中小企业很难及时获得银行的信贷支持。截止到去年年底，我区金融机构本外币存款余额 1 028.39 亿元，贷款余额为 248.35 亿元，其中企业贷款余额 83.15 亿元，占全区金融机构贷款余额的 33.53%。由于银企双方客观原因，国家实施的适度宽松的货币政策很难得到有效落实；六是产业结构性矛盾依然突出。行业分布仍以传统制造业为主，传统优势的劳动密集型产业仍占举足轻重的地位，而技术含量和附加值相对较高的行业比重偏低；七是对产业建设和经济社会发展带动明显的龙头企业、骨干企业偏少，导致自我发展能力弱，经济总量少。仅以我区工业企业为例，规模以上工业企业户数只有 80 多户，其经营规模小、结构松散，而且产业层次低，产品也基本上以低端为主；八是开办企业成本较高。由于我区自然、气候、地理、交通等原因，企业日常生产经营成本、生产资料要素成本远远高于内地平均水平，大大挤压了中小企业盈利空间。

三、我区中小企业发展优势条件

新中国成立以来，党中央、国务院高度重视西藏工作。在党的三代中央领导集体重视和关怀下，党和政府制定实施一系列加快西藏发展、保持西藏稳定的政策措施，推动西藏实现了从和平解放到民族改革、从封闭保守到开放进步，从贫穷落后到快速发展的伟大社会变革。经过民主改革 50 年特别是改革开放 30 多年来的不懈努力，西藏已经实现了基本小康，西藏发展已经站在新的历史起点上。现在的西藏政通人和、百业待兴、社会稳定，为我区产业建设和工业经济发展特别是中小企业发展壮大创造了有利条件。

（一）政策优势

中央第五次西藏工作座谈会明确提出了“大力发展特色优势产业，增强自我发展能力”的决策部署。从西藏资源条件、产业基础和国家战略需要出发，统筹规划，科学布局，着重培育具有地方特色和比较优势的特色旅游业、藏医药业、优势矿产业、高原特色生物产业、特色农牧产品加工业、民族手工业等战略支撑产业。

（二）资源优势

西藏是国家重要战略资源储备基地和重要的高原农产品基地。西藏拥有丰富的自然资源，独特的地理环境、丰富多彩的民族文化。为特色优势产业建设和工业经济发展提供了可靠保障。

（三）区位优势

西藏与印度、尼泊尔、巴基斯坦等多国和地区接壤，有绵延 4 千多公里的边境线，与人口众多、物产丰富的南亚有着传统的经贸联系。随着我区对外开放力度的进一步加大和边贸口岸建设的不断加强，对外通商条件已有了较大改善，近年来边境互市贸易的日益活跃，为今后我区对外大规模经贸合作奠定了基础。

（四）后发优势

目前，我区中小企业处在起步和发展阶段。我区可以充分借鉴和学习内地兄弟省区发展中小企业成功经验和典型做法。取长补短、优势互补，做大做强中小企业。从宏观上看，30 多年改革开放使我国东部发达地区面临产业结构的逐步升级并在结构上向中西部地区的梯次推进，在资金、技术、资源开发和市场需求等方面给我们中小企业带来了许多潜在机会。

（五）自身优势

中央国家机关和全国兄弟省区历来高度重视西藏发展工作，从讲政治、讲大局的高度支持和关心西藏经济社会跨越式发展。今天的西藏正处在最好的发展时期。同时，生长在青藏高原的藏族同胞勤劳勇敢、吃苦耐劳。奋发向上，为西藏经济跨越式发展提供了有力保障。

四、“十二五”期间中小企业发展的思路

西藏地理自然条件和社会条件特殊，不能照搬照抄其他地方的发展模式。必须把中央关于加快西藏发展的决策部署同西藏实际紧密结合起来，转变发展观念，创新发展模式，提高发展质量，充分发挥自身的优势和潜力。今后中小企业发展工作思路是：以中央第五次西藏工作座谈会精神为指导，深入学习实践科学发展观，全面贯彻落实国家和自治区加快中小企业平稳较快发展的一系列决策部署，按照自治区大力实施“一产上水平，二产抓重点，三产大发展”的经济发展战略，认真履行工作职责，以加快推动我区中小企业结构调整、转变经济发展方式为重点，以营造中小企业发展的良好环境为基础，以着力解决中小企业融资难、健全中小企业服务体系建设、加大中小企业培训力度、加快中小企业技术进步为突破口，着力解决影响和制约中小企业科学发展的突出问题，提高中小企业和非公有制经济的整体素质和竞争力，支持引导中小企业健康发展。

今后，中小企业发展工作更加突出以下工作重点：

——坚持把发展中小企业作为全区经济社会跨越式发展的重要战略，举全区之力助推中小企业发展。

以全面贯彻落实国发36号文件和藏政发79号文件为主线，进一步优化中小企业发展财税、金融等优惠政策，毫不动摇地鼓励支持中小企业发展，放心、放手、放开中小企业，推动中小企业总量上规模、结构上档次、质量上水平、管理上台阶。

——坚持把促进发展与推进结构调整和产业升级有机结合起来。

没有中小企业的结构调整和产业升级，就难以在根本上转变我区的经济发展方式。通过政府引导和服务支持，制定准入标准和行业准则来实施调整，以实现中小企业由数量向质量、由粗放向集约、由低端向高端。

——坚持把发展中小企业着力点放在推动中小企业结构以调整和优化升级，促进中小企业又好又快发展。

鼓励和支持中小企业从主要依靠数量扩张向更加注重质量提高转变，从主要依靠增加物质资源消耗向更加注重科技进步、劳动者素质提高、管理创新转变，从单纯的经济效益向更加注重提高经济效益和履行社会责任相结合转变，促进中小企业结构调整。

——坚持以企业为主体，增强自主创新能力建设，不断提高企业的整体素质和市场竞争力。

中小企业是市场经济的主体，也是科学发展的主体。要鼓励、引导中小企业创建拥有自主知识产权的品牌和商标，提升中小企业品牌意识和综合竞争能力。小企业拥有一项专利、一种特长就是形成新的经济增长点。

——坚持推动中小企业服务体系建设，切实解决中小企业发展中的难题。

建立健全中小企业社会化服务体系对中小企业又好又快发展极为重要。围绕融资担保、创业辅导、人才培训、技术创新、市场开拓方面，为中小企业提供贴身服务。

——坚持走“专、精、特、新”道路，培育一批带动能力强的龙头企业、骨干企业。

要加大企业技术改造和技术创新投入力度，充分发挥比较优势和资源优势，加快产品结构调整；整合各类资源，促进企业结构调整，集中资金、集中技术、集中力量培育一批支撑产业发展的骨干企业。

——坚持营造公平的发展环境，为中小企业提供广阔的发展空间。

良好的外部环境是中小企业健康发展的必要条件。按照国务院下发的《关于鼓励和引导民间投资健康发展的若干意见》，抓紧制定出台我区贯彻落实意见。为切实维护企业合法权益，尽快组建自治区中小企业投诉中心、仲裁中心、中小企业维权律师团，给企业提供法律咨询、劳动纠纷调节等综合性法律服务。

（西藏自治区经委中小企业处）

陕西省

2009年，陕西省中小企业在省委、省政府的正确领导下，认真贯彻中央和省委、省政府关于发展中小企业和非公有制经济的方针政策，坚持以邓小平理论和“三个代表”为指导，以科学发展观为统领，积极应对国际金融危机的影响，务实创新，真抓实干，使全省中小企业、非公有制经济经受住了冲击，站稳了脚跟，为我省保增长、保稳定、促就业，推进县域工业化做出了积极贡献。

一、全省中小企业发展的基本情况和主要特点

1. 主要指标平稳较快增长

2009年，全省中小企业实现营业收入96 307.17亿元，增加值3 547.98亿元，同比分别增长18.7%和18.2%，实现利润总额699.91亿元，同比增长16%；实缴税金378.72亿元，同比增长21%，绝对数和增长幅度均超过2008年全年。

2. 企业个数和从业人数持续增加

2009年，全省中小企业发展到135.36万户，从业人员667.44万人；全年新增小企业和个体经营户4.4万个，新增从业人员33.44万人。规模以上中小企业、非公有制企业超过5 000个，同比增加832个。

3. 工业产销回升，农产品加工业、建筑企业和第三产业企业快速发展

2009年，全省中小工业和非公有制工业实现营业收入5 801.50亿元，比2008年增长21.7%，占全省中小企业营业收入的60.2%，规模以上中小工业、非公有制企业3 690个，比2008年增加502个，营业收入占全部中小工业、非公工业营业收入的47.86%，同比提高3.94个百分点。农产品加工业营业收入1 376.62亿元，增长28%，规模以上农产品加工企业963个，同比增加242个，实现营业收入占全部农产品加工业的43.12%，同比增加0.12%。2009年全省农产品加工业支付农民的农产品收购款达250亿元，成为农民增收的重要来源。工业营业收入占全部中小工业营业收入的66.05%，增长33.9%，规模以下工业增长10.1%。农产品加工业营业收入增长24.86%。建筑企业增长34.07%。第三产业的批发零售业增长20.75%，住宿及餐饮业增长24.88%，居民服务、其他服务及娱乐业增长20.53%，房地产开发业增长12.47%。

4. 固定资产投资高速增长，重点项目建设加快

2009年全省中小企业、非公有制企业完成固定资产投资1 914.52亿元，比上年增长42.50%。其中第一产业完成投资266.47亿元，占2%；第

二产业完成投资870.27亿元，占45.45%；第三产业完成投资777.78亿元，占40.64%。技扩改投资1 006.14亿元，占全部固定资产投资的52.55%，比重较上年提高了0.25个百分点。工业完成投资768.58亿元，占40.14%，农产品加工业完成投资86.50亿元，占工业投资的11.25%。2009年全省中小企业、非公有制企业新开工投资50万元以上项目6 103个，建成投产项目4 793个。其中建成投产投资在1 000万~5 000万元的项目491个，5 000万~1亿元的项目140个，1亿元以上项目65个。

5. 县域工业发展加快，县域工业园区建设出现新的生机，聚集效应明显增强

依托区域和资源优势发展起了一批农产品加工、机械配件加工、能源化工、医药化工、生态旅游、商贸服务等特色产业集群和县域园区。园区管理机制逐步建立，规模不断扩大，投资环境和生态环境不断改善，入园企业数量不断增加。2009年全省各类园区（含高新区）中小企业营业收入4 188.29亿元，同比增长28%，占全省中小企业营业收入的43%。县域工业园区发展到187个，聚集中小企业10万户，从业人员103.9万人，企业营业收入占全省中小企业营业收入的38%，比2008年提高3个百分点。成为全省扩大招商引资、加快产业聚集、先进技术转化、发展外向经济和推进城镇化建设的主要载体。

6. 中小企业、非公有制经济总量不断扩大，支撑县域经济快速增长

2009年全省县域工业增加值占国民生产总值的比重超过58%，非公有制经济增加值占全省GDP达到48.6%，比上年提高1.4个百分点。全省有56%的县（市、区）中小企业增加值同比增长超过20%。调查显示，中小企业增加值占县域生产总值最高的府谷、眉县超过70%。

二、全省中小企业发展面临的主要问题和发展趋势

（一）企业数量较少，经济总量偏小，县域经济薄弱

2008年，全省中小企业营业收入只占全国中小企业营业收入的1.36%，总量列全国第19位；中小企业和非公经济增加值占GDP低于全国平均水平10多个百分点。法人中小企业个数占全国的1.6%，列全国第19位，其中规模以上工业企业个数只占全国的0.6%，列全国第26位。全省个体工商户和私营企业数量仅有浙江的50%和25%。从2009年7月公布的第九届全国县域经济基本竞争力评价结果看，全省县域经济发展水平虽较前八届有明显提升，但整体实力依然很弱。

（二）产业层次偏低，管理水平不高，发展质量欠佳

一是产业聚集不够。多数地区企业聚集度低，产业关联度不高，大企业在省内配套率不到30%，对地方小企业的带动和催生效应不明显。产业集群和县域工业园区还处在起步阶段，农业大县、工业小县、财政穷县比较普遍。二是创新能力不强。全省中小企业主要集中在传统产业领域，特色产业不强，科技含量不高。三是管理水平不高。多数中小企业管理粗放，发展模式落后。众多小企业创业容易成长难，往往在产值千万元台阶、亿元台阶停滞不前或夭折，难以形成规模效应和外部经济效应。

（三）瓶颈制约突出，政策落实不力，环境有待改善

一是融资难问题突出。贷款环境始终是“外松内紧”，信贷门槛偏高，激励机制不足，责任追究过度；且担保体系不完善，机制不健全。一些中小企业管理不规范，信用缺失，“贷款难”和“难贷款”问题同时存在。二是企业用地指标紧张。用地困难已成为制约企业发展的瓶颈性因素之一，审批手续烦琐，用地费用较高，致使很多项目不能落地，影响了企业生产能力的扩大和效益的提高。三是涉企服务水平低。政府涉企工作部门办事程序烦杂，运作不规范，服务质量不高。同时社会化服务体系不健全，在很大程度上阻碍了中小企业的发展。近年来，中央和省上陆续出台了一系列有关发展中小企业、非公经济的政策法规，但不少涉企部门没有研究细化，缺乏配套措施和具体办法，使一些政策很难落到实处。

当前和今后一个时期，我省中小企业和非公经济仍处在快速发展的成长期，发展方式转变的机遇期，向全国先进省份跨越的攻坚期。要加速发展和稳步提高，具有许多有利条件：一是党中央国务院及省委省政府对发展中小企业和非公经济高度重视，近年来出台了一系列政策和措施。特别是国务院36号文件和国家相关部委配套政策的相继出台，为中小企业和非公经济发展提供了难得的政策机遇。二是我国将大力发展中小企业和非公经济作为推动发展方式转变，优化经济结构的战略任务，为中小企业和非公经济发展带来重大发展机遇。三是国家实施新一轮西部大开发战略，由10年打基础向大发展转变，以及关中天水经济区开发建设，为我省中小企业和非公经济提供了更大发展空间。四是我省丰富科教优势的转化，产学研企合作交流的加强，为中小企业和非公经济利用新技术、新工艺和新成果增添了更多转变发展方式、进行产业产品升级的机会。五是经过近年来持续快速发展，我省中小企业和非公经济的发展思路更加清晰，发展环境逐步优化，工业园区初具规模，服务体系日趋完善，为今后的大发展、大提高、大跨越奠定了良好基础。

三、2009年主要工作

（一）加大宣传力度，营造发展氛围，增强加快发展中小企业的紧迫感

2009年4月14日，《光明日报》以《秦地商

潮正涌》为题，报道了陕西非公有制经济、中小企业提速发展的调查报告；在《陕西日报》开办“落实《指导意见》加快非公经济发展”专栏，刊登市、县长署名文章以及多篇反映我省中小企业、非公有制经济发展的报道，引起社会较高关注。6月21日，《陕西日报》刊发的《让“草根经济”大行其道——我省家庭工业发展调查》得到了中宣部的关注。在《陕西日报》“中小企业巡礼”专栏上共刊发5篇文章。全省已经形成领导重视、部门支持、社会关心，促进中小企业、非公有制经济发展的新局面。

（二）积极改善中小企业的融资环境，努力解决融资难

一是引导金融机构加大对中小企业贷款支持。与省开发行、省建行、省农信社等三家金融机构签订了贷款合作协议，向全省中小企业、民营企业新增授信额度130亿元，对中小企业实际放贷约371亿元。与华夏银行、光大银行、民生银行、浙商银行、北京银行签订合作协议，年新增中小企业贷款额度20亿元。二是搭建融资服务平台，创新融资服务模式。与省银监局、人行西安分行共同搭建了陕西中小企业融资信息服务平台——融资超市，推出了质押监管融资服务链的新型贷款模式，帮助企业改善质押条件。目前已促成800余户企业、13户信用担保机构、23家商业银行与其他融资机构通过平台实现了信息对接。三是推动中小企业直接上市融资。起草了《关于加强全省中小企业上市培育工作的若干意见》，培育储备上市后备企业45户，有3户企业提出上市申请，其中西安宝德自动化股份有限公司成功在创业板上市。四是完善相关制度，加快中小企业信用担保体系建设。各类担保机构发展到237户，其中在省局备案的有102户，注册资本金亿元以上的16户，累计担保贷款超过126亿元。五是落实政策，引导担保机构为中小企业提供贷款担保和融资服务。通过贴息、补助等方式，撬动金融机构增加信贷资金，加大对中小企业的金融支持力度。

（三）积极推进全民创业、家庭创业和自主创业，大力催生小企业

一是总结推广府谷、高陵、岐山、勉县等县催生小企业的经验和女大学生燕君芳的“本香创业模式”，以及宝鸡市开展创业辅导员制度试点经验，在全省产生了良好的效果。二是在64个县（区）建立中小企业远程创业培训基地，初步形成创业培训体系。2009年举办各类创业培训班1 000余期，培训人数超过25万人次。在全国农民工创业经验交流会上重点发言。三是扶持建设了53个创业基地和小企业“孵化器”，催生创办了一大批小企业。新建了30个市县级中小企业网站，初步形成了以省局网站为核心的网站群。四是确定31个县为创建“发展中小企业、壮大县域经济示范县”，加大支持力度，促其成为带动区域经济发展的骨干。五是积极组织开展招商引资，取得了一定的收获。仅在第十三届西洽会和第六届中国国际中小企业博览会上，来自浙江、福建、深圳等地的企业与我省中小企业签约项目总额达580多亿元。

（四）加快工业园区建设，推进县域工业化进程

2009年3月底参加筹备了全省县域经济工作会议，印发《陕西省加快县域工业化发展纲要》，承办了全省县域经济工作会议工业化分会。初步建立完善了支持县域工业园区发展的政策体系，先后出台了《关于加快推进县域工业园区发展的指导意见》、《关于印发县域工业园区审查认定暂行办法的通知》、《关于做好重点建设县域工业园区有关工作的通知》等政策文件。做好园区发展规划编制工作，有105个县（区）编报了县域工业园区规划，其中74个园区已被省政府确定为重点建设园区。下达2009年县域园区基础设施建设项目贷款贴息资金7 100万元，落实银行贷款12.6亿元。开工建设的74个园区，累计投入基础设施建设资金103.3亿元，部分园区达到了“六通一平”。

（五）推进企业自主创新，促进产业结构优化升级

与陕西农产品加工技术研究院合作，开展相关领域关键和通用技术的集成研究；制定了《陕西省中小企业创新研发中心认定管理暂行办法》，认定了79个省级中小企业创新研发中心。进一步推动技术交流与合作，组团参加了第五届APEC中小企业技术交流展和中国（无锡）民营企业高新技术洽谈会等活动。与省级有关部门联合举办了陕西省科技成果推介对接活动交流会，会同省财政厅、省商务厅、省科技厅研究制定了支持科技成果转化合作项目贷款贴息暂行办法。全省重点推广先进适用技术273项，开发新产品282个，收到了显著的经济效益和社会效益。

（六）建立和完善促进非公有制经济发展联席会议制度，强化协调和服务职能

各市和多数县建立了促进非公有制经济发展联席会议制度，加强了中小企业、非公有制经济的统一规划、协调和管理。初步建立起比较规范的统计及预警工作体系，基本摸清了全省中小企业和非公有制企业的家底。联合财政、税务、工商、物价等部门制定出台具体措施，提高个体工商户营业税起征点，取消了个体工商管理费，有效促进了非公有制经济发展。改善非公有制经济发展环境。制定发展环境评议制度，设立维权投诉中心，收到投诉48件，绝大多数得到了解决。2009年9月，省政府在澄城县召开非公有制经济发展环境建设现场会，总结推广澄城、兴平、岐山县优化发展环境的经验，各地反响良好。

（七）加强自身建设，创建和谐机关

认真实施省政府机构改革方案，明确处室及其工作职能。转变观念，加强作风建设，局领导带队深入基层调查研究，组织干部学习开展培训，邀请有关院校的专家教授讲课辅导，拓展工作思路。我局连续多年被省直机关工委评为“创建学习型组织、争做知识型职工”先进单位。加强政治理论学习，明确工作方向。认真落实党风廉政建设责任制，局分管领导与各处室主要负责人签订责任书，明确目标要求。成功举办了首届全省中小企业系统迎国庆高唱创业歌大型演唱会，展示了中小企业系统的精神风貌。扎实搞好“结对帮扶、传递爱心”活动和老干部工作。作为省级扶贫结对帮扶的牵头单位，我局组织有关部门和机关人员定期去临渭区帮扶办实事，被评为扶贫工作先进单位；为凤翔县齐村筹集资金，做好地震灾后重建，结对帮扶工作，被评为省级机关抗震救灾“结对帮扶、传递爱心”活动先进单位。改善机关办公条件和工作环境，制定完善局机关各项规章制度，使机关工作步入规范化、程序化、制度化。

（陕西省中小企业促进局　乔洪英）

甘肃省

2009 年，是新中国成立 60 周年，也是贯彻我省中小企业和非公经济发展的关键一年。在省委、省政府的正确领导下，全省中小企业行政主管部门深入学习实践科学发展观，按照省委“四抓三支撑”的总体部署，正确对待机构改革，积极应对中小企业发展中存在的困难和问题，采取了一系列措施，支持帮助中小企业保增长、保稳定、保就业，收到了一定的效果。2009 年，全省中小企业已呈现出企稳回升、发展向好的平稳态势。

一、全省中小企业的基本情况

2009 年，我省工业中小企业总数为 7.28 万户（其中规模以上工业中小企业为 1 865 户），占全省工业企业总数的 99.9%；全省工业中小企业从业人员 89.24 万人，占全省工业从业人员的比重为 75.5%；全省工业中小企业完成增加值 645.13 亿元，占全省工业的比重为 50.74%；实现利润总额 70.82 亿元，占全省工业的比重 41%，上缴税金 51 亿元。全省工业中小企业基本保持了平稳的发展态势。

二、2009 年主要工作和特点

（一）完善配套政策机制，加大扶持力度

2003 年，《中华人民共和国中小企业促进法》实施以来，中央和省相继出台了一系列促进和扶持中小企业、非公经济发展的法律法规和政策措施。2009 年 8 月 1 日，《甘肃省促进中小企业发展条例》正式实施；2005 年，国务院出台了《关于鼓励支持和引导个体私营等非公有制经济发展的若干意见》（国发［2005］3 号），省委省政府出台了《贯彻〈国务院关于鼓励支持和引导个体私营等非公有制经济发展的若干意见〉的实施意见》，省直 24 个部门和各市州也出台了相应的实施办法和配套政策。2007 年，省政府办公厅批转了《关于加快推进全省中小企业社会化服务体系建设的指导意见》；2009 年 9 月，国务院出台了《关于进一步促进中小企业发展的若干意见》（国发［2009］36 号）。这些法律法规政策措施的出台，基本构建起了促进中小企业发展的政策体系和机制，为中小企业的健康快速发展提供了强有力的法律和政策支持。

（二）破解中小企业融资瓶颈，解决融资难问题

积极解决中小企业融资难问题，2009 年，组织中小企业与 11 家金融机构和 3 家担保公司签订合作协议 503 亿元。起草了《关于加快中小企业信用担保体系建设的意见》，积极发展中小企业信用融资担保机构，全省各类担保机构已达 78 家，累计为 4 500 多家中小企业提供担保贷款 130 亿元。

（三）健全完善中小企业服务体系建设

《关于加快推进全省中小企业社会化服务体系建设的指导意见》实施以来，我省中小企业服务体系建设得到了加强和较快推进，制定了信用担保、创业孵化、公共技术服务、教育培训等 6 个公共服务平台认定管理办法，首批认定省级中小企业服务平台 31 个，其中创业孵化基地 4 个、信用担保服务机构 9 个、公共技术服务平台 5 个、教育培训基地 13 个。积极整合社会资源，加快推进中小企业创业孵化基地建设。目前，全省初具规模的创业孵化基地有 18 个，在孵企业 1 600 多户，提供就业岗位近 4 万人。广泛开展培训，2009 年，重点依托国家银河培训工程，分 9 期在 9 个市州举办了银河培训班，培训企业家、行政管理人员 1 020 人，超额完成了国家银河培训任务。据统计，2009 年全省各级已累计为企业培训职工 10.4 万人次。

（四）培育壮大优势产业、龙头企业和品牌产品

经过多年的培育发展，我省中小企业已经初步形成了石化、冶金、有色、新能源、装备制造等支柱产业和果蔬、马铃薯、中药材、皮革、油橄榄、牛羊肉、食品加工等特色优势产业，并培育了一批龙头企业和科技型、成长型的重点企业，全省共有全国驰名商标企业 11 家，省级名牌产品近 300 个。

（五）加强招商引资和项目建设

一是通过“走出去，引进来”和“以会招商、以商招商、上门招商”等多种途径，抓住产业梯度转移的有利时机，充分利用全国中小企业乡镇企业东西合作经贸洽谈会、兰洽会等各种节会平台，支持和帮助企业广泛开展招商引资活动；二是积极组织企业外出考察、招商，重点组团参加好中博会。与外省客商在我省的企业家联合会和商会建立起更加紧密的合作关系，并通过他们吸引更多的企业家来我省投资兴业，共谋发展；三是实施“走出去”战略，引导中小企业进一步开拓国内外市场，扩大产品的市场占有率，积极吸引外来资金帮助企业做大做强；四是要抓好项目前期工作，努力做到

论证一批、储备一批、新上一批；继续努力，抓好在建项目尤其是去年乡洽会合同项目的跟踪落实，帮助企业解决项目实施中遇到的具体困难和问题，加快项目建设进度，争取早日投产，发挥效益。

（六）提高企业自身素质

对企业来讲，应对当前危机最根本的办法是苦练内功，全面提高自身素质。一是强化管理，向管理要效益。要引导企业进一步转变经营理念，采用先进的管理思想、管理方式和管理手段，不断提高管理水平，夯实管理基础。二是推进自主创新，靠科技求发展。要积极推动产学研结合，提高企业自主创新能力，鼓励和扶持企业加快技术改造，调整产品结构，提高产品质量，积极开发新产品，培育名牌产品，增强市场竞争能力。三是深化企业改革，以改革增活力。要指导和帮助企业树立改革意识，建立现代企业制度，健全法人治理结构，不断完善内部运行机制；鼓励和扶持企业兼并重组，积极参与国有大企业的改组改造，通过资本运营实现资产的优化重组，壮大企业规模。四是加快人力资源开发，用人才兴企业。要坚持以人为本，实施人才强企战略，积极组织人员参加银河培训、蓝色证书培训、职业技能培训及鉴定、职称评聘等，加快企业人才队伍建设。

三、全省中小企业面临的困难和问题

一是服务体系尚不健全，服务发展的能力不足；二是企业规模小、布局分散，管理水平低、自主创新能力弱，职工素质偏低、人才短缺，“两高一资”现象突出，不能很好地适应环境变化和抵御市场风险，科学发展的基础不够牢固；三是我们在工作中，扶持和服务领域还不够宽，手段相对较少；四是统筹协调社会各方的工作制度、工作方法还显欠缺，整合社会资源、汇集各方力量、形成发展合力的体制机制还没有完全建立。我们一定要正视问题，增强忧患意识，在今后的工作中认真对待，逐步加以解决。

四、下一步的工作思路

紧紧围绕省委、省政府“中心带动，两翼齐飞，整体推进，组团发展”的战略部署，深入贯彻落实科学发展观，认真落实国家和省促进中小企业发展的方针政策，按照我委的统一部署，围绕“稳增长、调结构、抓创新、促发展”，着力改善发展环境，引导企业转变发展方式，全面提升企业的整体素质和市场竞争力，不断开创中小企业发展的新局面。

（一）完善政策体系，优化发展环境

一是认真贯彻落实《国务院关于进一步促进中小企业发展的若干意见》（国发［2009］36号），会同省发改、财政、税务、工商、环保等部门制定我省的具体实施意见。二是加大《甘肃省促进中小企业发展条例》的宣传学习、贯彻落实和督查力度。集中一个时段加大媒体宣传力度，适时组织督查市州落实情况。三是2009年12月国务院决定成立国务院促进中小企业发展工作领导小组（国办发［2009］67号），为加强我省对促进中小企业发展工作的组织领导和政策协调，2010年，我们争取成立甘肃省促进中小企业发展工作领导小组。四是会同省财政制定政府采购扶持中小企业管理办法。五是采取积极措施减轻企业负担，继续帮助企业落实阶段性缓缴社会保险、降低社会保险费率以及减免税收等优惠政策。

（二）强化规划引领，实施成长工程

一是依据全省工业和信息化“十二五”规划的总体部署，制定《甘肃省中小企业发展规划》，确定全省中小企业“十二五”发展目标、产业发展方向，引导和支持中小企业做大做强，做活做多，向“专、精、特、新”领域发展。二是实施中小企业成长工程。制定科学的指标评价体系，每年动态确定一批综合素质好，竞争力强的成长型中小企业，给予重点支持。对最具成长性、最具竞争力的企业进行表彰。

（三）完善服务体系，提高服务质量

一是制定《中小企业社会化服务体系建设专项规划》。省政府已批转《关于加快推进全省中小企业社会化服务体系建设指导意见的通知》（甘政办发［2007］98号），按照意见要求，确定我省“十二五”期间服务体系建设目标、布局和任务。二是制定和完善各类中小企业服务机构市场准入、资质认定办法。在2009年已认定31个服务平台的基础上，2010年再认定一批。三是实施中小企业知识产权战略推进工程，按照国家知识产权局、工信部要求，做好工程申报工作。

（四）健全统计体系，加强运行监测

一是建立全省中小企业运行发布制度。与省统计局建立全省规模以上中小工业企业月度统计、分析制度。加快推进规模以下工业企业的统计分析工作。二是建立重点中小企业生产经营运行月报制度。在已选择80户企业的基础上，将监测点增加到300户，逐步实现对重点中小企业生产经营运行情况的监测分析。三是建立各市州中小企业运行监测定期发布制度。适时掌握各地区中小企业的运行态势及企业生产经营中的突出困难和问题。

（五）推进项目建设，强化市场开拓

一是积极协调加大省级中小企业发展专项资金规模。二是建立动态调整的中小企业项目库（3年期），认真做好项目储备工作。三是制定《国家中小企业专项资金申请管理办法》。继续做好国家中小企业发展专项资金、技术改造资金、服务体系建设补助资金项目的争取和申报工作。四是制定和完善《省级中小企业专项资金管理办法》。做好省级中小企业发展专项资金的审核和下达工作。五是开展专项资金使用情况督查活动。对2003～2009年国家和省扶持项目的资金使用情况进行跟踪落实和专项督查，确保各类项目资金落到实处。六是做好第六届APEC中小企业技术交流暨展览会（6月30

日～7月3日）及有关招商引资、展会的各项工作。七是开展甘肃·瑞士招商论坛，向瑞士推介甘肃的招商引资项目。

（六）理顺管理体制，推进信用担保体系建设

全省担保体系建设工作按照“政府引导、社会参与、多层次构建、市场化运作”的原则，加快机构培育，强化运行监督，引导和规范担保机构健康发展。制订出台全省中小企业信用担保机构管理办法，完善担保风险补偿机制，设立省级再担保平台，推进企业信用体系建设。从2010年起，力争用5年时间，使全省中小企业信用担保机构达到150户以上，注册资本超过50亿元，融资担保业务总量达到300亿元。

（七）改善中小企业融资服务环境，增加信贷规模

以改善中小企业金融服务环境、增加信贷规模为重点，以强化协作服务、开展银企合作、拓宽直接融资渠道为手段，逐步建立服务完善、监管到位、灵活高效的中小企业融资服务体系。强化对银行等金融机构的协调服务，会同有关部门研究制定中小企业贷款风险补偿机制，建立风险补偿基金，制定风险补偿管理办法；建立新型的银证银企合作机制，定期举办各种形式的项目对接和互动交流活动，组织金融部门及时向企业宣传金融政策、信贷产品和运作方式，实现政府、银行、企业之间的良性互动，有效解决信贷双方信息补对称的问题；积极发展多元化融资渠道，引导省内的投融资机构创新投资理念，积极引进民间资本和省外有实力的企业来甘设立创新投融资公司，为我省中小企业发展提供资金支持，利用国家推出的中小企业捆绑发债的试点政策，积极探索中小企业集合债券的发行工作。2010年，中小企业贷款增速不低于银行等金融机构全部贷款增速。

（甘肃省工信委中小企业处）

青海省

2009年，是新世纪以来青海经济发展最为困难的一年，也是青海发展史上不平凡的一年。这一年，民营经济组织经受了国际金融危机带来的严峻考验。全省广大民营经济组织在省委、省政府坚强领导下，坚持以科学发展观为统领，进一步坚定信心、迎难而上、沉着应对、克难奋进，努力化挑战为机遇，民营经济总体呈现企稳向好、持续发展的态势。

一、全省民营经济发展概述

（一）民营经济发展的宏观环境

2009年，国际金融危机迅速扩散蔓延，对我省工业经济和出口贸易冲击较大，许多工业企业生产经营困难，工业生产和经济效益增速大幅下滑。2009年1月份，全省工业生产首次出现负增长，前三季度全省工业经济低位运行；全省年出口总值较上年下降40.1%，进口总值增长24.2%，贸易逆差达8 392万美元。面对工业经济和出口贸易遭受国际金融危机冲击的严峻形势，省委、省政府紧紧抓住国家出台扩大内需“一揽子”政策和支持藏区发展的“双重”机遇，强化投资与消费的拉动作用，不断加大基础设施投资力度，鼓励发展高原特色旅游业、特色农牧业和服务业，通过政策性补贴刺激城乡居民消费需求，从而推动了农业生产、固定资产投资、消费品市场、房地产、建筑等行业良好发展，成为2009年经济发展的亮点。同时，随着扩大内需政策的逐步实施，国内经济形势逐步好转，加之省委、省政府认真落实扶持企业发展的九条政策措施，出台了新能源、新材料等八大产业调整振兴实施意见，使全省工业经济在第三季度呈现出企稳回升并连续增长的良好态势。更为重要的是面对国际金融危机的冲击，国家专门针对增强发展内生动力、扶持中小企业发展、鼓励民间投资等制定了一系列的政策，为民营经济发展创造了更好的发展环境，增强了广大民营企业家的信心。

（二）民营经济发展基本情况

2009年，我省民营经济克服国际金融危机带来的各种不利因素，不断创新发展思路、创新发展模式、创新发展举措，坚持用发展的办法解决前进中的问题，虽然增长速度明显减缓，但在全国经济企稳向好的大趋势下逆势增长。

一是民营企业数量逆势增长，资金实力持续增强。据工商行政管理部门统计，2009年全省非公有制企业达13 220户，较上年增长了4.89%；个体工商户达119 794户，较上年增长了10.8%。全省非公有制企业注册资金达到319.22亿元，较上年增长了17.4%，净增47亿元，户均注册资金达到241万元，较上年增长了12%；个体工商户注册资本达52.05亿元，较上年增长了88.25%，户均注册资金达4.34万元，较上年增长了70%。

二是民营经济增加值逆势增长，但增速明显减缓。据初步统计，2009年全省非公有制经济完成增加值达332.10亿元，较上年增长9%，非公有制经济增加值占全省GDP比重达30.71%，较上年提高近0.8个百分点。由于受国际金融危机的影响，非公有制经济增长速度明显减缓。“十一五”规划实施的前三年，全省非公有制增长值高速增长，均保持在20%以上的增速，最高时增速达到30%，最低时增速保持在26%。2009年，全省非公有制经济增加值较上年增长12%，还不到“十一五”规划前三年平均增速的一半。由此可见，国际金融危机对全省非公有制经济发展的影响较大。同时，全省规模以上民营工业经济效益转好，主营业务收入实现正增长。1～12月，集体企业完成主营业务收入7.48亿元，增长36.9%；私营企业完成133.42亿元，增长14.4%；有限责任公司完成329.65亿元，增长15.1%；港澳台商投资企业完成137.52亿元，增长7.9%；股份有限公司完成296.63亿元，下降15.2%。

三是民间投资逆势增长，扩大内需政策作用显现。据统计，2009年全省完成固定资产投资800.51亿元，比上年增长37.5%。从经济类型看，非国有投资增幅持续回升，完成投资287.91亿元，增长31.5%，其中：民间投资完成280.71亿元，占全省固定资产投资的35%，增长35.1%。可以看出，2008年以来国家出台的一系列扩大内需政策发挥了积极的作用，帮助民间投资者树立了信心，刺激和撬动了民间资本。

四是民营企业进出口值下降，但依然保持主力军地位。2009年，民营企业出口量较大的硅铁、地毯、地产民族服饰等出口商品均呈现不同程度降幅。全省私营企业进出口额22 776万美元，下降28.2%；其中，出口20 245万美元，下降28.7%；进口2 531万美元，下降23.8%。外商投资企业进出口额19 432万美元，下降24.7%；其中，出口364万美元，下降92%；进口19 068万美元，下降10.1%。集体企业进出口额3 748万美元，下降23.3%；其中，出口3 745万美元。民营企业进出口值虽然下降，但进出口贸易主力军的地位依然没有改变。2009年，民营企业进出口值占到全省进出口总值的78%，其中私营企业占38.9%，外商投资企业占33.1%，集体企业占6.4%。

五是责任意识进一步增强，社会贡献率进一步提高。2009年，全省国税税收中，内资民营企业上缴的各类税收占总收入的50.13%，较上年提高7.06个百分点，外商及港澳台企业占7.59%，较上年提高2.84个百分点；全省地税税收中，内资民营企业上缴的各类税收占总收入的79.04%，较上年提高0.61个百分点，外商及港澳台企业占2.34%，较上年提高0.05个百分点。同时，在个体私营等非公有制经济组织从业人员达57.09万人，占到全省城镇就业人员总数的48.3%。其中私营企业从业人员31.21万人，较上年增加1.5%；个体工商户从业人员25.88万人，较上年增加8.3%。据省统计局对全省6 810个私营单位13.92万从业人员工资情况调查显示，就业人员年平均工资达到14 798元，比上年增加1 979元，增长15.4%。面对国际金融危机的严峻考验，广大非公有制经济人士能照章纳税、积极吸纳劳动力就业、足额发放员工工资，充分展现了非公有制经济人士良好的品格。

二、民营经济发展的主要特点

（一）区域发展不平衡

由于我省各地的自然条件差异大，政府在各地经济、社会、生态建设与发展上的侧重点不同，因而全省民营经济发展极不平衡，地区性差异较大。目前主要有三种模式：一是西宁、海东和海西，民营经济发展势头强劲。西宁是青海省的省会，是全省政治、经济、文化中心，民营发展势头强劲；海东地区围绕有色金属、建材、农畜产品加工以及支农工业大力发展民营企业；海西紧紧依托有“聚宝盆”之称的柴达木盆地，实施资源转换战略发展经济，民营经济也得到了长足的发展。二是环青海湖地区，民营经济发展迈出了新的步伐。该地区加快优势资源开发，民营经济在工业、农牧业、建筑业、交通运输业、药业、医疗、教育、旅游业、信息传输等多种行业中相对得到了较好发展。三是青南地区，民营经济发展滞后。该地区的首要任务是加强“三江源”生态保护和建设，民营企业围绕生态畜牧业、民族传统手工业、商贸服务业和特色旅游业迈出了第一步。

（二）产业结构不尽合理

从非公有制经营户数上看，我省非公有制经济产业结构一直呈“三、二、一”的发展格局，非公有制企业中80%以上从事第三产业。2009年个体经济的三次产业中，从事第三产业的占总数的93.1%，第二产业占6.7%，第一产业占0.2%。三个产业之比为0.2:6.7:93.1，第三产业在个体经济中占主导地位。同时，个体经济行业结构发展也不平衡，第三产业中批发零售业仍占较大比重。

（三）园区民营企业发展良好

从1992年开始，我省积极探索建设园区，以优惠的政策和良好的服务吸引了众多民营企业在园区投资置业。到2009年底，全省五大工业园区（甘河工业园、东川工业园、生物产业园、格尔木昆仑经济开发区和南川工业园）内已建成投产工业企业201户，其中80%以上为民营企业。多年来，园区民营经济得到了健康快速发展。特别是在全省工业受金融危机冲击低位运行的形势下，园区工业运行良好，呈现较强增长态势。2009年，五大园区累计实现工业增加值114.78亿元，按可比价计算，比上年同期增长25.0%，高出全省规模以上工业增速14.0个百分点；实现产品销售收入265.84亿元，增长52.0%；实现利润14.7亿元，增长25.4%。

（四）创新意识和品牌意识不断提高

“十一五”期间，广大民营企业把积极实施创新战略和品牌战略，通过采取引进专业人才、革新生产工艺、提高装备水平、强化质量检测、转变发展方式等措施，产品的整体质量水平有了明显的提高，不少企业逐渐摆脱低成本竞争的恶性循环，向品牌竞争、科技创新迈进。目前，全省131家科技型企业中，民营企业占75%；全省12个驰名商标中民营企业拥有11个，全省40个著名商标中民营企业拥有一半以上。

三、制约我省民营经济发展的瓶颈

多年来，我省民营经济虽然得到了较好的发展，但与发达地区相比，差距依然很大。分析制约我省民营经济发展的瓶颈因素，主要有以下四个方面。

一是经济基础薄弱。我省处于高海拔地区，自然条件极其严酷，农牧业结构单一，工业总量小，靠天吃饭因素大，经济发展水平低下，经济总量很小。严酷的自然条件和薄弱的经济基础很大程度上限制了各类经济的快速发展。

二是民众创业意识不强。由于受传统文化的影响，我省民众“小富即安”的思想意识较重，在青海创业的人群中外来人员较多。近年来虽然通过多次开展解放思想大讨论、发展劳务经济开拓群众视野等工作，使这种思想有了较大的改善，但全民创业的氛围仍然不浓。

三是人才极度匮乏。缺乏高级技术人才、咨询人员和高级管理人员是我省民营企业面临的普遍问题。我省对人才的吸引力和教育水平目前还处于较为落后的水平，民营企业内部对于员工的培训也非常有限。

四是企业管理水平较低。我省大多数非公企业实行“家族式”管理，相当一部分企业依然因循初创时期的产权结构与经营决策方式，单纯依赖创业者个人的作用，凭经验决策、管理，跳不出家族化经营管理模式，驾驭社会经济的能力不强，导致企业规模小，市场占有率低，核心竞争力不强，抗市场风险能力差。

五是融资渠道不畅。融资是我省民营企业发展中的老大难问题，也是严重制约民营企业发展的大问题。据统计，我省 90% 以上的民营企业存在着融资难、发展困难的问题。

四、民营经济发展趋势展望及建议

目前，民营经济发展中虽然存在很多困难，但也面临十分难得发展机遇：一是国际、国内经济形势出现好转，为民营经济持续健康快速发展提供了有利的经济环境；二是国务院先后出台了《关于进一步促进中小企业发展的若干意见》（国发［2009］36 号）、《关于鼓励支持和引导民间投资健康发展的若干意见》（国发［2010］13 号），为民营经济持续健康快速发展提供了良好的政策环境；三是中央深入研究实施西部大开发战略，国务院出台了《关于支持青海等省藏区经济社会发展的若干意见》（国发［2008］34 号），进一步加大对西部地区的扶持力度，为民营经济持续健康快速发展提供了更加广阔的空间；四是 2009 年省政府工作报告提出要“坚持把非公有制经济发展摆在更加突出的位置”，并提出了“支持 150 个中小企业扩张项目，打造 10 个中小企业集中区”的具体措施，切实增强了民营企业的发展信心。因此，尽管民营经济发展的困难比预想的多、挑战比预想的大，但我省民营经济发展的基本态势没有改变。只要广大民营企业增强信心、抓住机遇，就能在克服困难中赢得主动，在应对危机中实现转机，切实推动全省民营经济实现又好又快发展。为此，就寻求民营经济发展新的增长点提出几点建议。

一要大力发展绿色经济。绿色经济是以市场为导向、以传统产业经济为基础，以经济、环境和谐为目的而发展起来的一种新的经济形式，是产业经济为适应人类环保与健康需要而产生并表现出来的一种发展状态。当前，发展绿色经济已成为全球经济发展新的增长点。要着眼于民营经济可持续发展，大力引导民营企业树立绿色生产理念，鼓励其参与水能、风能、太阳能等洁净能源的开发和旅游、文化产业的挖掘，并围绕传统农牧业、制造业、服务业等大力发展低碳经济、绿色经济和生物农业经济，积极抢占经济制高点，把我省经济后发的劣势转化为发展绿色经济的优势，以此推动全省民营经济实现跨越式发展。

二要培育科技型中小企业。科技型中小企业，因其拥有自主知识产权，并能依靠灵活的机制和科技优势，在市场竞争中迅速崛起。近年来，我省积极实施旨在推进中小企业成果转化，提高中小企业技术创新能力的“1235”工程，经过两年的实践，取得了显著的效果，加速了我省中小企业的快速成长，提高了中小企业的技术创新和市场竞争能力。为此，要进一步做好推进科技成果孵化和科技型中小企业培育工作，促进中小企业加速成长。

三要鼓励各类人员自主创业。创业是发展之基、富民之本。民众创业是发展民营经济的坚实基础和丰厚土壤。要在鼓励农牧区富余劳动力“走出去”，在发展劳务经济的基础上，引导务工人员返乡投资创业。同时，要鼓励科研人员、下岗人员、回国留学人员、外来人员、高校毕业生、军转干部、自谋职业的城镇退伍士兵创办小企业或从事个体经营。

四要提高中小企业产业集群水平。依托省内经济开发区和工业园区，引导民营企业围绕优势资源和特色产业进行“二次创业”，使不同区域的资源优势进一步显现，产业结构不断优化，企业间的产业关联度不断提高，使“企业数量集聚”模式向“产业关联集群”模式转变，逐步提高中小企业产业集群水平。特别是要结合《青海省“四区两带一线”发展规划纲要》的实施，把握全省产业结构调整的方向，把产业转移和产业升级结合起来，实现区域合理布局和梯度发展。

五要加强对民营企业从业人员的培训。将民营经济人才培训纳入全省人才培训规划，分层次对民营企业管理人员、技术人员和从业人员进行培训。特别是要依托省内教学基地，整合现有培训资源，设立全省民营经济培训基地，政府每年拿出一定数量的培训资金，用于民营企业科研人员、经营管理人员、技术人员和职工的培训，强化民营企业人才队伍建设；组织、引导各类中介培训机构，针对民营企业的人才需求，开发培训教材，提供灵活的培训服务。

（青海省经委中小企业发展局）

宁夏回族自治区

2009 年，宁夏中小企业和非公有制工业在自治区党委、政府的领导下，在国家及自治区一系列“保增长、扩内需、调结构”等政策措施的有力带动下，在企业的艰苦努力下，逐步扭转了全球金融危机造成的不利形势，保持了平稳较快发展势头，为自治区工业经济发展和社会稳定做出了突出贡献。

一、基本情况

2009年，我区中小企业按照国家的统一部署，在自治区党委、政府的正确领导及有关政府部门的大力支持下，积极贯彻落实国家《中小企业促进法》，不断提高自主创新能力，积极转变发展方式，努力克服国际金融危机和国内产业结构调整的不利影响，运行情况不断好转，企业素质进一步提高，地位和作用更加突出，为促进全区国民经济平稳较快发展发挥了重要作用。

1. 中小企业快速发展

2009年，全区共有规模以上中小工业企业951个，比上半年增加51个；累计完成工业总产值937.2亿元，同比增长17.8%；实现利润总额42.2亿元，同比增长26.2%。

2. 非公有制工业运行良好

2009年，全区共有规模以上非公有制工业企业831个，比上半年增加46个，比重为86%，累计完成总产值714.1亿元，同比增长16.4%，占规模以上工业的比重达到49.1%，实现利润总额24.7亿元，同比增长37.3%，比重为31.3%。

3. 中小企业发展的政策法规体系逐步健全

《中小企业促进法》和“非公经济36条”的出台，奠定了中小企业和非公经济政策体系的基本框架。2009年，自治区党委、政府按照国家的统一部署，一直致力于优化非公有制经济发展的政策法规体系，开始起草《宁夏促进中小企业发展条例》和《自治区人民政府贯彻〈国务院关于进一步支持中小企业发展的若干意见〉的实施办法》，中小企业发展环境将得到进一步优化。

4. 中小企业社会化服务体系建设步伐加快

在国家有关部门的大力支持和全区各方面的积极努力下，我区中小企业服务体系已具雏形，人才培训、信息化建设、创业服务、融资担保等方面已初步建立，中国中小企业宁夏网运行正常，中小企业创业孵化基地加快建设，初步建立了政府、企业和银行三方中小企业融资平台。

二、主要特点

（一）企业数量不断增加

2009年，全区共有规模以上中小工业企业951个，比上半年增加51个，占规模以上工业企业总数的98.4%；全区共有规模以上非公有制工业企业831个，比上半年增加46个，比重为86%。

（二）工业生产快速增长

规模以上中小工业企业累计完成工业总产值937.2亿元，同比增长17.8%，增幅比上半年提高14.8个百分点，占规模以上工业的比重为64.4%；规模以上非公有制工业累计完成总产值714.1亿元，同比增长16.4%，增幅比上半年提高15.2个百分点，占规模以上工业的比重达到49.1%。

（三）主营业务收入稳步提高

规模以上中小企业实现主营业务收入843.8亿元，同比增长8.2%，增幅比上半年提高16.8个百分点，占规模以上工业的比重达到61.3%；规模以上非公有制工业实现主营业务收入654.3亿元，同比增长9.3%，增幅比上半年提高20.2个百分点，比重为47.6%。

（四）效益状况逐步改善

规模以上中小企业实现利润总额42.2亿元，同比增长26.2%，增幅远高于上半年水平，占规模以上工业利润总额比重达到53.6%；规模以上非公有制工业实现利润总额24.7亿元，同比增长37.3%，比重为31.3%。

（五）就业主渠道的作用更加突出

规模以上中小企业全部从业人员平均人数16.2万人，同比增长11.2%，增幅比上半年提高8.4个百分点，占规模以上工业的61.8%；规模以上非公有制工业全部从业人员平均人数12.86万人，同比增长13.2%，增幅比上半年提高11.4个百分点，比重达到49.1%。

（六）非公有制骨干企业发展迅速

2009年，自治区30户非公有制工业骨干企业累计实现工业增加值52.38亿元，同比增长18.2%，增幅分别比三季度、上半年、一季度提高14个、14.8个和32.7个百分点。

三、存在的主要问题

1. 发展滞后，经营规模小

从资产规模看，2009年宁夏中小工业企业户均资产为2 930万元，仅为大型工业企业户均资产的0.5%；户均主营业务收入2 958万元，仅为大型工业企业的1.88%。规模以上非公有制企业的户均资产仅为全区规模以上工业企业平均水平的60%；户均工业增加值仅为全区规模以上工业企业平均水平的44%，同发达地区相比差距更大。

2. 初级产品多，产业结构有待优化

宁夏中小工业企业和非公有制工业企业生产的产品主要以资源性、初加工产品为主，主要为大型企业输送原材料、半产品和配套部件，终端产品少，从事小食品、小粮油、小煤炭等劳动密集型的中小企业占40%左右，产品档次低、品种单一，是典型的初级加工型发展模式。宁夏中小企业主要分布在煤炭、食品制造、纺织、化工、冶金等行业，主要产品铁合金、电石、碳化硅等高耗能产业总产能居全国前列，产能过剩问题突出。

3. 管理水平不高，技术人才缺乏

部分中小企业法制观念淡薄，内部管理混乱，财务制度不健全。由于受宁夏地处贫困地区的限制和企业经营方式的制约，既难吸引也难留住大量技术和管理人员，这些大大影响了中小企业的健康发展。

4. 中小企业的社会负担较重

针对中小企业乱收费、乱罚款、乱摊派的现象仍然存在，中小企业普遍反映税率较高，缺少对中小企业在环保、消防、土地等方面的优惠政策。

5. 非公经济发展缓慢

一是比重偏低，目前，我区非公有制经济占GDP的比重仅为45%左右，远低于经济发达的广东、浙江、江苏等省区；二是发展不平衡。我区非公有制经济主要以工业为主，一产、三产所占比重小，从行业看，主要集中在轻纺和石化两个行业，占到了一半左右；三是环境有待改善。一些部门在对非公有制企业的支持上仍然心存疑虑，工作中畏首畏尾，在资金、贷款、优惠政策等方面，不能像对待国有企业那样一视同仁。

四、2009年主要工作

（一）完善中小企业政策法规体系

一是完成了《宁夏回族自治区促进中小企业发展条例（草案）》的起草工作。为进一步贯彻落实《中小企业促进法》，从年初开始，自治区有关部门对全国出台中小企业促进条例或办法的省区进行了调研，在借鉴11个出台条例、9个出台办法的省、自治区、直辖市做法和经验的基础上，于6月中旬制定了起草《宁夏促进中小企业发展条例（草案）》工作方案；成立了由自治区经信委牵头，自治区法制办、财政厅、农牧厅、自治区人大财经委、政协经济委等18个单位共同组成的起草领导小组，6月底形成了《宁夏促进中小企业发展条例（征求意见稿）》，先后五次修改，并将国务院今年出台的各项政策措施精神融入条例，最终形成《宁夏促进中小企业发展条例（草案）》送审稿，10月份正式提交自治区法制办，并被列入2010年自治区立法计划。二是落实《国务院关于进一步促进中小企业发展的若干意见》。根据自治区主要领导的批示精神，按照委领导的要求，拟定了《自治区人民政府贯彻〈国务院关于进一步促进中小企业发展的若干意见〉的实施办法（征求意见稿）》，11月18日印发自治区各有关单位，征求意见，拟于12月初提请自治区政府召开会议，进一步讨论修改，争取早日正式印发。

（二）积极争取国家资金支持

2009年，自治区将调整中小企业产业结构作为应对金融危机的突破口。按照工业和信息化部的要求，围绕国家公布的十大产业调整和振兴规划，以轻工、纺织、电子信息类、采用新技术、生产节能产品等产业结构调整类项目，以及为装备制造、汽车、船舶、钢铁、有色金属、石化行业企业生产配套产品的中小企业技术改造项目和增加就业岗位的技术改造项目等三类项目为重点，先后组织申报了三批中小企业项目，共获得扶持资金6 755万元。其中，上报国家第一批中小企业发展专项资金项目26个，获得专项资金3 140万元；组织申报的2009年工业中小企业技术改造项目15个，国家第一批下达14个，获得中央预算内资金2 675万元；组织申报第二批中小企业发展专项资金项目12个，获得扶持资金约940万元。

（三）切实解决中小企业融资困难

一是推进中小企业融资平台建设。积极和国开行宁夏分行协调，多次召开会议，研究制订了自治区经信委、国开行宁夏分行贷款合作协议，做好银企对接的服务工作，促进金融机构与企业的合作。二是推动企业上市融资。协调解决宁夏多维药业公司上市过程中存在的问题，落实推动上市的相关优惠政策，加快企业上市步伐。三是支持信用担保机构积极开展业务。重点支持符合条件、积极开展业务的中小企业信用担保机构，今年共为宁夏恒大中小企业信用担保公司、银川市中小企业信用担保中心等担保机构申请补助资金870万元；积极为固原广元担保公司申请免征营业税预计30万元。四是推进会员制担保机构发展。自治区经信委会同自治区财政厅制定了自治区羊绒企业担保机构风险抵押金管理办法，并从自治区工业化扶持资金中划出2 000万元，专门用于支持灵武市羊绒企业出资成立的3家会员制担保机构发展。

（四）加强和改进对中小企业的服务

2009年，自治区进一步加大对中小企业服务体系建设的资金支持力度，在自治区中小企业扶持资金中安排330万元、争取到国家中小企业服务体系专项补助资金166万元，用于支持创业、培训、对外合作交流、信息等服务体系建设。具体开展了以下几项工作：一是强化培训工作。依托宁夏中小企业服务中心，完成了2009年国家中小企业银河培训工程下达给宁夏的培训任务，共培训813人；完成其他各类培训近800人；二是推动创业服务。继续实施好国家青年创业国际计划项目，今年申报的项目共通过41个，为41个创业者提供无息贷款200余万元；三是加快中小企业信息网建设。继续开展好千户企业上网工程，制定了中国中小企业宁夏网改版升级方案。

（五）组织对外交流与合作

一是做好宁夏投资贸易洽谈会组织协调工作。制订了宁洽会相关工作方案，提出了综合展区布展重点和布展要求，完成了对湖南、黑龙江等16个省、市、区的招展工作，组织自治区15个工业园区参展；圆满完成了宁洽会各项协调服务工作。二是完成了第六届中国国际中小企业博览会暨中西中小企业博览会组展工作。组织14户宁夏特色中小企业，参加了博览会，参展企业共接待客商413家，达成交易额4 400万元，签订意向性协议1.76亿元。其中，宁夏杞叶青公司生产的枸杞清汁功能饮料成为展会一大亮点，亚运会初步将该产品确定为2010年第十六届广州亚运会指定饮料，签订供货协议200万元。

（六）做好调查研究和重点企业监测分析工作

一是积极应对国际金融危机的影响，加强对全区中小企业和非公经济调查研究和监测分析工作。按照工业和信息化部的要求，经过调查研究，上报了《宁夏中小企业和非公有制经济发展情况的报告》，并完成了2期综合情况及9期重点企业情况报告；按照政府督查室的要求，完成了《关于支持中小企业渡过难关的报告》。二是做好30户非公骨干企业监测分析工作。定期深入重点骨干企业调查研究，了解并协调解决企业在资金、市场需求、铁路运力、项目建设、人才需求等方面的问题，完成了9期30户企业生产经营情况月报，为自治区制定支持企业发展的政策措施提供依据。

（宁夏回族自治区经济和信息化委员会中小企业处）

新疆维吾尔自治区

一、2009年新疆中小企业发展总体情况

2009年，自治区党委、人民政府认真贯彻落实国家和自治区扩内需保增长的各项政策措施，积极应对国内外经济环境变化和“七·五”事件带来的不利影响，我区中小企业基本上保持了平稳的发展态势。截至2009年，全区规模以上中小型工业企业1 985家，占全部工业（2 018家）的98.4%；完成工业总产值1 741亿元，占全部工业（4 001.1亿元）的43.5%；从业人员33.4万人，占全部工业（58.2）的57.4%。

我区中小企业发展的主要特点：

一是中小企业已成为新疆经济社会发展的重要力量。到2009年年底，全区工商登记企业139 137户（不含516 451个体工商户）。规模以上中小型工业企业完成主营业务收入1 644亿元，比上年（1 637亿元）略有增长；实现利润122亿元，比上年（132.1亿元）下降7.6%。实收资本716.5亿元，比上年（631.3亿元）增加85.2亿元，增长13.5%；资产合计2 436亿元，比上年增加497.6亿元，增长25.7%。中小企业在增加财政收入、扩大社会就业、优化产业结构、促进经济增长等诸多方面发挥着越来越重要的作用。

二是中小企业结构调整加快，呈现聚集化发展势头。目前，新疆中小企业分布广泛，涉及门类齐全，逐步从传统的纺织产业、食品加工、机械制造、采选矿、金属冶炼等领域向现代制造加工、特色经济、高新技术行业等发展，中小企业发展向园区集聚的速度加快。截至2009年底，全区经国家、自治区审批的工业园区（开发区）41个，累计入园企业8 762户，园区已成为推进自治区新型工业化的重要载体。

三是中小企业创新能力增强，发展质量和层次进一步提高。近年来，自治区着力用高新技术和信息技术改造传统产业，大力实施品牌带动战略，已形成一批拥有自主知识产权和较强竞争力的品牌企业和产品。如：昌吉州创国家级名牌产品14个，居全疆第一；乌鲁木齐已累计培育出7个中国名牌和3个中国驰名商标、45个省名牌和66个省级著名商标。通过引进国内大企业大集团积极参与自治区经济开发建设，带动区内中小企业配套项目的实施，使全区一批中小企业在参与产业结构调整和创新发展中快速成长起来，如新华能、中油管道等。中小企业自主创新能力不断提高。目前，全区建立自治区认定企业技术中心110家，其新产品收入占全部收入的36%，取得重大科技成果1 167项。新疆驰达电器、新疆第三机床厂、新疆绿色使者、蓝山屯河等一批科技含量高、经济效益好的中小企业依靠技术创新走上了一条快速发展的道路，技术创新已成为促进中小企业发展，提高企业竞争力的重要手段。

四是中小企业落后产能淘汰力度加大。近年来，我区加快推进产能过剩行业结构调整和落后产能淘汰力度，重点监督实施列入年度淘汰落后计划的企业和项目，产业结构调整取得了新的进步。到今年5月，全区已有炼钢、玻璃、造纸、味精和焦炭等5个行业提前完成“十一五”淘汰落后产能目标和任务。2006～2009年，自治区万元GDP能耗、工业增加值能耗呈逐年下降趋势。2009年底，万元GDP能耗降低进度已完成“十一五”目标的一半左右。

虽然我区中小企业保持平稳发展态势，但和内地发达省区相比还有较大差距，仍然存在诸多困难和问题。主要是：中小企业服务的社会化服务体系还不够完善，社会公共服务水平低、质量不高；中小企业大部分基础差、规模小、技术水平低、产品结构单一；共性技术服务平台功能还不完善；担保体系还不健全；中小企业信息化建设尚处在起步阶段，远不能适应加快推进新型工业化进程的新要求。

二、2009年主要工作

（一）着力优化中小企业发展环境

一是开展行政审批《关于进一步清理行政审批和行政许可事项的通知》（新政办函［2009］36号），经过清理，我委决定取消行政审批和行政许可事项2项，缩短行政审批和行政许可办结时限9项，实现行政审批和行政许可网上办理12项。自治区人民政府决定取消27个部门组织实施的13项行政许可事项；将由自治区部门实施的13项行政许可事项的审批权下放给地州市县；压缩100项行政许可事项的办理时限；将13项同类行政许可合并为两项；实现网上办理的行政许可事项25项。

二是加大政策扶持力度。研究提出了《新疆贯彻国务院关于进一步促进中小企业发展若干意见的实施办法》（草案），会同自治区金融办草拟了《自治区中小企业信用担保机构管理暂行办法》，优先发展产业目录和农林牧渔产业初加工目录。这些政策为我区中小企业应对国际金融危机造成的不利影响，进一步改善中小企业发展环境，提供了政策法律依据。

（二）进一步加大财政支持

一是积极争取国家财政支持。争取到国家中小企业发展专项资金 5 570 万元，中小企业技术改造资金 8 610 万元。

二是增加自治区财政支持力度。将自治区中小企业发展专项资金支持额度从 1 500 万元增至 3 000 万元。支持了中小型工业企业 85 个项目，引导社会投资 11.3 亿元。对各地州市符合条件的 8 家中小企业担保机构给予业务补助。

（三）着力缓解中小企业融资难

一是加强中小企业担保机构建设。2009 年自治区财政出资 1 亿元分别注入各地政策性担保公司，增加各地州市担保机构注册资本金，增强担保机构担保能力。目前，我区中小企业信用担保机构 61 户，注册资本金 18 亿元，为近 3 000 户企业提供贷款担保 20 亿元。

二是对全区中小企业信用担保机构进行摸底调查，向工信部上报了《关于新疆中小企业信用担保情况的报告》，并积极争取国家对我区中小企业融资信用担保机构给予支持。

三是按照《工业和信息化部、国家税务总局关于中小企业信用担保机构免征营业税有关问题的通知》精神，组织我区 11 家符合免征营业税条件的中小企业信用担保机构申请国家免征营业税政策支持。

四是积极向金融部门和担保机构推荐有贷款需求的企业 701 户，放贷 187.7 亿元。

（四）加快中小企业科技进步与创新的步伐

一是支持中小企业建立技术开发机构。以提高中小企业的自主创新能力为目标，不断完善制度，规范管理，着力加强中小企业技术中心建设，推进建立完善的中小企业技术创新体系。到 2009 年底，认定企业技术中心 109 家（自治区 99 家，国家 10 家），其中中小企业技术中心 82 家。

二是建立产学研联合开发示范基地。组织开展了产学研联合开发示范基地申报工作，经自治区产学研领导小组成员单位最后审定，目前已有 60 家企业被确认为产学研联合开发示范基地，促进了我区产学研联合开发工作上个新台阶。

三是加强我区公共技术平台建设，集中解决中小企业面临的共性和关键的技术进步问题。

（五）积极引导企业“走出去”

组织企业参加了第六届中国中小企业博览会暨中西中小企业博览会，参展企业主要涉及食品、医药、纺织、化工、机械装备、建材等行业，共有 66 家企业参展，签订意向性协议 21.8 亿元，并对参展企业给予展位补助，为中小企业市场开拓搭建了平台。我区代表团荣获优秀组织奖和先进个人。

（六）加强中小企业社会化服务体系建设

一是推进各地州市中小企业服务中心建设。目前，全区 15 个地州市已有 8 个地、州、市建立了中小企业服务中心。

二是推进中小企业信息化建设。通过对我区 500 户企业的信息化建设情况开展问卷调查等形式，宣传国家、自治区企业信息化的政策法规及《新疆企业网》，了解企业信息化需求，为做好企业信息化工作掌握第一手资料，建立了企业信息化数据库，为扎实推进我区企业信息化工作打下良好基础。

三是积极引导中介机构开展为中小企业的诊断咨询服务工作，争取国家专项资金予以扶持。

四是认真组织实施中小企业银河培训工程。培训各类企业经营管理人员 1 000 人次，提高了中小企业经营者和管理人员的综合素质。

五是推动小企业创业基地建设。引导有条件的地州市开展小企业创业基地建设，为中小企业初创者提供创业支持。积极组织有条件的小企业创业基地争取国家资金支持。

六是积极开展企业基本情况调查和分析。建立了自治区重点监控企业旬报及月报统计监测制度，重点监控企业达 120 户。

（新疆维吾尔自治区经信委企业处）

大连市

一、基本情况

2009 年大连市民营经济实现增加值 2 627 亿元，比上年增长 19.4%，占全市 GDP 的比重为 59.5%；实现营业收入 8 508 亿元，比上年增长 17.3%；实缴税金 246.6 亿元，比上年增长 20.3%；固定资产投资 1 592.9 亿元，比上年增长 35.1%。民营经济和中小企业在大连市“保增长、保民生、保稳定”中显示出巨大的带动作用。

主要特点：

（一）发展速度明显回升

2009 年初，受国际金融危机的影响，民营经济增速大幅下滑，面对严峻的经济形势，围绕着“保增长、扩内需、调结构”，采取了一系列措施，有效缓解了经济运行中的突出问题，确保了民营经济平稳较快发展的势头。2009 年全市新办私营企业 1.2 万户，企业总数超过 8 万户，注册资金达 1 500 多亿元。民营经济实现增加值、营业收入、实缴税金和固定资产投资等各项经济指标都保持了 17% 以上的增长速度，营业收入超亿元的民营企业达 503 户，比上年增长 25%。规模以上民营工业企业 3 852 户，比上年增加 1 500 户。

（二）民营工业增速强劲

2009 年国有及国有控股企业完成增加值 620 亿元，比上年增长 7.6%；民营企业完成增加值 724.7 亿元，比上年增长 35%，经济增长贡献率 71.8%，拉动经济增长 12.5 个百分点；外商控股企业完成增加值 388.4 亿元，比上年增长 8.8%。三者增加值占大连市规模工业总量的比重为 36∶42∶22，民营经济增加值比去年同期增加 11 个百分点。

（三）固定资产投资逆势增长

2009 年，民营企业固定资产投入持续攀高，新开工项目增多，完成生产性固定资产投资

1 592.9 亿元，比去年同期增长 25%，占全社会固定资产投资的 35%。民营企业投资在建的亿元以上的项目达 146 个，比去年同期增加 24 个，投资额 748 亿元，其中超亿元工业项目 66 个，总投资 548 亿元。逸盛大化 PTA、福佳大化 PX 等一批大项目相继竣工投产，奇瑞汽车及曙光汽车项目落户大连保税区。

（四）创新能力显著增强

通过实施以企业为主体、市场为导向，产学研相结合的技术创新体系，民营企业自主创新能力和核心竞争力明显提高。天维科技自主研发的高清数字电视多媒体业务终端服务器及嵌入式系统达到业界领先水平。大机床研制的动梁交换工作台式龙门加工中心和光洋科技研制的 14 轴 5 联动车铣复合加工中心国内领先。大连电瓷研发的高电压等级电站电瓷产品及空心瓷套，填补国内外多项技术空白。民营企业已进入太阳能电池、光电子、微电子、新能源汽车、静脉产业等新兴产业。2009 年全市完成新产品研发项目 200 项新认定大杨集团、大耐泵业等 11 家省级企业技术中心，累计市级以上技术中心 81 户，技术中心的梯队建设已具雏形，层次结构更趋合理。民营经济对全市科技进步贡献率达 65%。

（五）双向开放取得新成果

2009 年民营企业实际利用外资 9.38 亿美元，比去年同期增长 21.8%，引进内资 345 亿元，比去年同期增长 15%。民营企业在开拓国际市场上取得新突破，大连远东工具收购德国维克公司和美国格林菲尔德公司。源盛化工并购美国三融实业公司，亿达集团并购日本爱特佳株式会社等 9 个海外并购项目已经完成。

（六）集群发展步伐加快

在国家振兴东北老工业基地的政策带动下，民营企业向特色园区，特色大厦集群发展，在重大装备、船舶配套、精细化工、汽车零部件、新材料等领域发挥重大作用，专业化协作水平显著提高，形成一批以泵业、阀门、液压件、模具、仪器仪表、铸锻件为代表的关键功能部件，有力支撑石化、造船、装备制造、电子信息四大产业的发展，瓦房店半导体照明产业园，大连湾临海装备制造业产业园等 5 个特色园区被国家命名为“新型工业化产业示范基地”。

二、主要工作

一是加强舆论宣传，增强发展信心。充分发挥新闻媒体和主流网站的宣传作用，多层次、多角度宣传报道市委、市政府支持民营经济发展的优惠政策和重要举措，大力宣传民营企业主动应对、积极转型、稳定发展的成功做法和经验，为民营企业家鼓劲呐喊，振奋精神。同时，在全市范围内举办新政策宣讲会。通过政策宣传，加深了企业对政府政策的了解，提升了企业应对金融风暴的信心和斗志。

二是做好运行分析，支持企业保增长。定期召开民营经济运行工作调度会，在全市范围内开展“千名干部进千家企业、政企联手渡难关”活动。指导各区市县（先导区）全面做好民营经济运行的预警预测分析，分产业、分地区开展专题调研，密切关注民营企业运行变化，帮助企业解决资金、政策、市场等方面问题。同时成立了大连市民营企业紧急事件应对处理工作领导小组，采取了一系列有针对性的工作举措，不失时机地开展帮困工作。

三是落实扶持政策，推动项目建设。加大工作协调力度，督促政府各相关部门加紧落实市政府支持民营经济健康发展的 30 条政策意见。全年为中小企业减免支付成本达 2.86 亿元，帮助中小企业完成出口退税 110 亿元，发放养老医疗事业保险补贴费用 1.5 亿元。积极落实中小企业发展专项资金的政策，全力推进大项目建设，全年，落实国家中小企业专项资金 7 120 万元，支持光洋科技、百孚特线缆、北方互感器等 62 家中小企业项目建设，落实亿元以上大项目 114 个。

四是强化银企合作，解决融资难题。充分利用国家“保增长、扩内需”的金融支持政策，加强与市各大商业银行联系和合作，全年举办三次大型融资对接活动，有力地推动银企对接工作的开展，为商业银行提供企业融资项目 86 个，企业获得贷款 7 亿元。为企业搭建融资平台，扩大融资渠道，目前已设立 2 家村镇银行和 16 家小额贷款公司，发放小额贷款达 18 亿元。大力发展担保机构，加大对企业信用担保机构财税支持力度，新设立担保机构 32 家，累计达 121 家，全年为中小企业提供担保贷款突破百亿元，兑现担保风险补偿资金 3 000 万元，为 609 家中小企业提供信用评价服务。此外，我市还积极推进上市工作，大连威兰德集团、百孚特线缆等 6 家民营企业在境外上市。目前，全市共有 21 家民营企业实现境内外上市，占全市上市企业总数的 55.3%。2009 年 4 月，在深交所成功帮助 8 家企业发行集合债，合计发债 5.15 亿元。

五是强化服务工作，推动创业发展。为帮助民营企业做好培训、法律援助、管理咨询、信息化等方面工作，积极推进服务体系建设，完善服务功能。全市已建立中小企业培训基地 9 个，各级服务中心举办各种培训班 1 600 个班次，免费培训中小企业管理技术人员 15 万人次。围绕食品、软件、农产品加工等行业特点，推进公共服务平台建设，全年认定市级小企业创业基地和公共服务平台各 3 个，省级公共服务平台 3 个。

六是加大开放力度，支持企业开拓市场。针对去年国际市场萎缩、出口企业生产成本上升问题，积极为民营企业搭建“展示、交易、交流、合作”平台，帮助企业抢市场、拿订单。先后组织和资助企业参加珠三角地区、长三角地区项目推介会、“中博会”等经贸洽谈活动，为民营企业抢占市场创造了良好条件。2009 年，民营企业实际利用外资 9.38 亿美元，同比增长 21.8%，引进内资 345 亿元，同比增长 15%。同时，为支持企业参与政府采购，制定出台了《大连市鼓励支持中小企业参与政府采购的实施意见》，提高企业参与政府采购投标活动的能力和水平。民营企业海外并购步伐不断加快，收效明显。远东工具并购德国维克刀具、源盛化工并购美国包装材料公司等9个项目全部完成。

七是实施成长工程，推动企业创新发展。通过落实国家、省优惠政策，积极推动民营企业自主创新，鼓励支持民营企业开发新材料、新能源、节能环保产品，走"专精特新"之路。通过认定百强企业和成长型企业，我市民营企业的创新步伐进一步加快，民营企业品牌意识和综合竞争能力不断提升，民营企业创建的市级企业技术中心10户，省级11户，分别占全市总数的90%以上。民营企业研发的太阳能电池、半导体照明、新能源汽车都走上产业化，民营企业对全市科技进步的贡献率达60%，显现出了巨大的创新带动作用。

（大连市经委中小企业局）

宁波市

2009年是极不平凡的一年，也是新世纪以来宁波市中小企业发展最为困难的一年，面对国际金融危机持续冲击，宁波市中小企业在市委、市政府的正确领导下，以科学发展观为统领，认真贯彻落实中央、省、市政府宏观调控政策，深入实施工业"两创倍增"计划，加快结构调整步伐，创新服务方式，做到"见事早、行动快、创新强"，全力应对金融危机，主动破解难题，审时度势、砥砺奋进，中小企业工业经济在经历年初急速下行到谷底后，呈现出持续企稳向好的可喜发展态势。

一、中小企业基本情况

（一）中小企业工业生产加速回升

全年宁波市规模以上（以下简称"规上"）中小企业累计完成工业产值8 153亿元，全部工业总产值10 310亿元（在未扣除价格指数的情况下同比分别下降3.6%和1.6%），超额完成了市政府提出的保万亿产值的目标。从工业产值的月度走势看，经历1～2月工业产值指标深度下行达到-24%以后，生产增速逐月回升，9月当月工业总产值实现正增长1.4%；进入四季度后，工业产值增长趋势更加明显。10月、11月和12月当月同比分别实现正增长8.4%、28%和31%。工业出口也呈现产值相似的回升曲线，但回升较产值慢，全年规上企业完成出口额2 201亿元，在未剔除价格指数的前提下同比下降11.4%（降幅好于同期我市外贸出口7.7个百分点），其中11月份起当月实现正增长。

按现有统计方法，全部中小企业工业增加值2 007亿元，同比增长4.1%，其中规上工业增加值1 616亿元，同比增长3.0%。

（二）中小企业效益大幅提高

全市规上中小企业累计实现利税总额847亿元，同比大增75.2%；利润总额453亿元，同比大增98.9%；利税、利润总额和增幅均超历史最好年份。在15个副省级城市中名列前茅。十一项经济效益考核指标综合得分225.3分，比上年同期提高26.7分。企业亏损面为17.2%，好于上年同期水平，比一季度下降21.2个百分点；亏损企业累计亏损额48.3亿元，同比大幅下降63.8%。规上企业中停产关闭企业不到总数的2.5%，比上年还低1个百分点。

（三）中小企业创新能力明显增强

全市规上中小企业科技活动经费支出82.6亿元，同比增长9.6%；全市累计专利授权量超过1.58万件，同比增长60.1%，授权量居副省级城市第3位。累计完成新产品产值1 257亿元，同比增长1.8%，高于同期生产增速5.4个百分点，新产品产值率达15.4%，创历史新高。新增省级企业技术中心12家，新增国家级企业技术中心1家。

（四）中小企业投资企稳回升

全市中小企业累计完成工业投资769亿元，同比增长2.1%，增速比上半年提高6.1个百分点；限额以上制造业投资622亿元，同比增长6.2%，增速比上半年提高6.5个百分点，均扭转了负增长的势头。属于我市优先发展的行业投资实现较快增长，其中包括医药（157%）、化学原料及化学制品（98.5%）、纺织服装（37.3%）和电气机械及器材制造业（12.3%）。

（五）中小企业节能任务超额完成

前三季度，全市中小企业单位GDP电耗同比下降7.0%，规上工业万元增加值能耗同比下降3.1%，比一季度下降5.6个百分点。四季度随着工业经济的持续回升，工业企业产能继续提升或达产，经济效益继续高位增长。2009年万元工业增加值能耗和万元GDP能耗同比下降率继续向好，万元GDP能耗和万元工业增加值能耗分别下降6%和5%左右，全年将超额完成年度计划。

（六）中小企业内销比例不断扩大

中小企业在外需严重不足的情况下，抓住国家拓市场的政策举措，积极开拓内销市场，全年内外销比例由上一年的70∶30变化为73∶27，内销比例提高了3个百分点，相当于规上企业新增国内市场销售245亿元。

二、中小企业主要工作

2009年，宁波市中小企业认真贯彻落实中央、省、市一系列决策部署，坚持以"标本兼治、保增促调"为主线，切实抓好以下五个方面工作：

（一）保中小企业增长，合力应对金融危机冲击

一是千方百计拓市场。保增长最大的任务就是抓订单，保市场。为此，我们引导企业大力开拓国

内外市场，抢抓订单。积极鼓励我市中小企业参与“家电下乡”、“汽车摩托车下乡”等产品招投标，我市共有42家家电生产企业中标，位居全国第一。大力培育品牌展会。成功举办了“第十三届中国（宁波）服博会”，并通过了国际展览组织的UFI认证，成为宁波本土展会第一。成功承办“2009中国（宁波）节能环保技术与产品博览会”和“常年特色家电展”等。积极实施走出去战略。以境内外“宁波周”、市外重要会展等合作平台为载体，重点针对我市服博会、能博会、汽车零部件和工业设计与创意产业进行招展招商工作，加大产业对接力度，扩大市场份额。鼓励中小企业抓住有利时机收购国外品牌和营销网络。

二是千方百计保投资。充分发挥中央和地方扩大内需、加大投资和支持技术改造的政策导向作用，努力增强中小企业投资信心。以工业投资加大增量投入为抓手，以技术改造提高存量效益为重点，实施“千亿投资促倍增、百亿技改促转型”工程。编制了《宁波市2009年“千百亿工程”重点技改项目目录》，其中千万以上新开工项目262项、重点在建项目74项，固定资产总投资685亿元。积极争取国家新增投资资金支持，去年我市共有24个重大项目和29个中小企业技术改造项目列入国家重点产业振兴和技术改造项目，可获得国家补贴资金2.26亿元。为了缓解企业尤其是中小企业的资金制约问题，积极搭建企业融资平台。截至目前，纳入管理的全市40家担保机构中注册资本金在亿元以上的有4家，比去年增加3家。去年，这些担保机构为4 000多户中小企业提供了49亿元担保责任余额，同比增长19%。有23家担保机构共获得2 930万元的中央财政补助。

三是千方百计强服务。市、县两级经委系统深入开展“创建服务型机关、促进企业发展”活动，进一步完善工作机制，创新工作方法，加强对口帮扶。去年一年以来，结合学习实践科学发展观活动，市、县（市、区）、镇乡（街道）三级政府部门近7 000名机关干部走访企业近2.8万家次，召开经济形势、政策宣讲会和座谈会3 800场次，参加企业近4.5万余家次，发放政策资料近6.6万册，帮助中小企业进一步理解掌握和用好用足现有政策。解决了中小企业反映的问题8 102件，解决率为81.8%，比去年提高了19个百分点。我委和慈溪市经发局被授予“服务企业示范单位”称号，鄞州经发局长杨奇伦同志被授予“服务企业标兵”称号，并分别记集体和个人三等功一次。同时，还积极探索建立8 718公共服务平台，逐步形成服务企业长效机制。该平台已收录政策法规、办事指南、企业服务信息等基础数据4万多条，注册服务企业17万家，共受理有效咨询服务达176万人次。目前8 718平台已延伸到部分县（市）区。

四是千方百计减企负。以“五项治理”为重点，制定了宁波市中小企业治乱减负三大方面16项工作任务，有力推动中小企业治乱减负的深入开展。会同市有关部门，组织各类专项检查、明察暗访、督查等形式的检查20余次，查处“三乱”案件20余起，涉案金额3 000余万元，进一步净化了经济发展环境。认真结合落实省、市关于取消150余项和暂停37项行政事业性收费项目，继续对现有审批权限内的行政事业性收费项目进行逐项梳理，进一步采取“减、免、缓、停”措施，同时还积极贯彻落实中央增值税转型政策、出口退税政策、高新技术企业税收优惠政策，并结合我市实际临时性下浮社会保险费缴纳比例。去年以来，全市为中小企业减负140亿元以上。

（二）促中小企业调整，推进产业结构优化升级

一是完善转型升级政策和规划体系。制定并以市政府名义发布了《关于实施中小企业创业创新倍增计划的若干意见》的配套政策文件，出台了落实省政府关于加快工业转型升级的实施意见，积极构建推进工业转型升级的政策支持体系。以国家出台的装备、轻工、纺织、汽车等九大产业调整振兴规划为指导，结合我市实际，会同市发改委等部门编制了宁波市九大产业调整振兴三年行动计划。设立了市工艺美术专项资金，评定了首批“宁波工艺美术大师”。组织开展了17个“十二五”工业转型升级规划前期重大研究课题。

二是培育建设产业基地。把培育产业基地作为推进传统块状经济向现代产业集群升级的重要抓手。公布了我市第一批新兴产业和特色优势产业基地，共10类24个基地入选。积极参与对接央企活动，开展产业基地“五个一”调查，选择推介了大型成套设备、船舶、新材料、新能源产业的8个基地。编制产业基地转型升级实施方案，组织召开全市产业基地建设推进会。制定了《重点工业低产田改造项目扶持管理办法》，鼓励企业通过技术改造、优质项目引进等各种方式提高产业基地单位土地产出。我市的家电和服装产业集群入选省首批块状经济向现代产业集群转型升级示范区试点，我市的宁波化工区被列入工信部的现代产业示范基地目录。

三是提升企业组织化水平。重点培育工业“两创”示范企业，并通过举办宁波创业创新风云榜颁奖盛典，对“两创”示范企业进行集中宣传和表彰，发挥其在工业转型升级中的引领示范作用。去年，全市共有161家行业龙头骨干企业获各类“两创”示范企业称号。同时，通过建立完善各类中小企业公共服务体系，着力抓好成长型、科技型、初创型中小企业的培育，引导广大中小企业转型发展。去年我市新申报公共技术服务平台14家，项目涵盖工业设计、产品研发、检测等多个行业领域；新申报小企业创业基地7家，这些创业基地已入驻企业840余家，建造标准厂房107.2万平方米，从业人员达2万余人。去年有5个中小企业服务平台获得工信部570万元的资金支持。

（三）强中小企业内功，加快提升企业竞争优势

一是大力提升中小企业创新能力。加强中小企业和行业技术中心的培育和认定工作。新认定了1家国家企业技术中心、12家省级企业技术中心。

加大新产品扶持力度，分三批下达了2009年度全市1 696项工业新产品试（投）产计划。起草编制了《宁波市工业设计产业发展规划》和《宁波市关于加快工业设计产业发展的若干意见》，为工业设计产业的快速发展建立了完善的产业培育和管理体系。推进工业化与信息化融合，制定2009年度信息化工作扶持办法，认定信息示范项目31个，重点抓信息技术对装备制造、电力、纺织、印染等七大重点行业的改造提升。

二是大力推动中小企业产业技术合作。积极推动兵科院宁波分院和中科院宁波材料所与多家行业协会开展技术合作，推进科技成果转移。与中国汽车技术研究中心开展战略合作，服务我市汽车行业转型升级。贯彻落实军民结合“四个一批”工程，认真组织有关单位进行军民结合产业基地的申报与评定工作，慈东工业区、兵科院宁波分院被列入浙江省第一批军民结合产业发展基地。

三是大力维护中小企业产业安全。去年制定了产业安全工作方案，建立数据库，开展培训，提高了企业预警意识。积极配合商务部参与了对欧碳钢紧固件、对苯二甲酸、锦纶6切片的反倾销立案、调查和核查工作。市紧固件行业协会和会员企业挺身而出，以法律武器捍卫合法权益，促使美国国际贸易委员会同意终止对我国的碳钢紧固件反倾销、反补贴合并调查。

四是大力开发中小企业人才资源。深入实施企业经营管理人员素质提升计划，增强培训的针对性、实用性，举办了汽车及零部件企业高级经营管理人才能力素质提升工程研修班等各类中短期培训班130余期，培训企业各类人员近万人。同时利用宁波职工网络培训学院组织企业相关人员培训，已下发网上学习卡近3 000张。

（四）抓中小企业节能，倒逼经济发展方式转变

一是完善工作机制保障中小企业节能。继续与14个县（市）区政府（管委会）、11个市级主要涉能部门签订节能目标责任书，对167家重点用能企业下达了节能年度目标任务书，层层全面落实节能目标责任制，并创新性地加强对标考核和按产品单耗考核。在此基础上，各县（市）、区政府也与相关部门、乡镇（街道）和重点用能单位签订了目标责任书，形成了一级抓一级、层层抓落实的工作机制。

二是依靠技术进步支持中小企业节能。下达了年度节能投资项目计划，共283项，计划总投资110.7亿元，可实现年节能170.8万吨标准煤；积极组织申报宁波港“龙门吊”油改电节能改造等8个项目为中央预算内补助项目和财政奖励节能改造专项，可实现年节能16.5万吨标煤，其中两个项目可获得1 320万元的中央财政资金补助。充分利用各类平台分行业推介适用节能技术产品，平均每月至少举办一场节能技术（产品）推介会。举办了2009中国（宁波）节能环保技术与产品博览会，有近800家企业参展，1.2万余名专业客商到会洽谈、采购，大力推广了节能新技术、新工艺、新产品。制定出台了《关于推进锅炉等高耗能特种设备节能减排工作实施意见》，积极推进锅炉的能效测试和低效锅炉的改造。制定了我市的《关于加快光伏等新能源推广应用与产业发展的实施意见》，建立完善配套政策。

三是规范管理强化中小企业节能。起草制订了《宁波市节约能源条例》，组建成立了市节能监察中心，大力推进我市节能工作的法制化和节能长效机制的建立。下达了328家重点用能企业（3 000吨标准煤以上）名单，建立重点用能企业能源信息系统，使节能主管部门及时掌握和监管重点企业用能状况。进一步加大节能监测和能源审计工作力度，市本级全年完成80家企业能源监测工作。加大执法监督检查力度，市经委等五部门联合对14个县（市）、区（管委会）和133个重点用能单位进行了节能降耗督察。

2009年对中小企业始终注重把握好以下四点：一是坚持把实现工业保增长作为经济工作的主要任务来抓。我们矢志不渝地实施工业“两创倍增”计划，不断完善政策扶持体系，加大工业的金融财政支持力度，主抓重点工业项目建设；二是坚持加快工业调结构促转型不动摇。大力实施专利、标准、品牌战略，提升企业创新能力；全力推进新兴产业和特色产业基地建设，加快培育现代产业集群；实施“5＋5”产业优先发展战略，不断优化工业产业结构；大力推进节能降耗，实施“低产田”改造，确实加快转变工业发展方式；三是坚持科学调控与发挥市场机制作用并举。市政府出台了一系列“保增促调”政策，科学调控工业产业方向和投资结构；同时，注重发挥投融资等市场机制作用；四是坚持狠抓作风建设不动摇。2009年全市开展了“创建服务型机关、促进企业发展”活动，广大机关干部下基层、进企业，送信心、送政策、送技术、送服务，建立运行8 718公共服务平台，帮助企业解决发展中的难题，增强发展信心。

三、中小企业工业管理

2009年以来，为积极应对国际国内经济危机，宁波市认真贯彻落实中央和省市各级的一系列战略决策，以科学发展观为统领，加强对中小企业进行科学管理。

（一）加大中小企业投资力度，优化中小企业投资结构

以增强中小企业自主创新能力和提高市场竞争力为核心，加大投资力度，优化投资结构，加快实施“两创”倍增计划，促进中小企业产业结构转型升级。

2009年，全市完成中小企业工业投资769.4亿元，同比增长2.1%；完成限额以上工业投资709.4亿元，同比增长－0.4%；限上技术改造投资418.6亿元，同比增长－8.3%，占限上工业投资的59.0%。

1. 工业投资有回升趋势，但整体增长乏力

2009年全市工业投资增速为2.1%，比全社会投资增速低13.9个百分点，远远落后于基础设施投资（增速为15.2%）和房地产投资（增速为21.7%）。工业投资增速自4月份以来呈回升趋势，9月份实现由负转正，到12月达到2.1%（由于去年基数原因，12月份增速略有下降）。

限上技改投资增速为-8.3%，比工业投资增速低10.4个百分点、比全社会投资增速低24.3个百分点，仍是历史同期的最低点，技改投资增速下滑比工业投资显著。

2. 产业之间冷热不均，多数行业投资低迷，但有所好转

1～12月制造业完成限上投资622.2亿元，增长6.2%，比限上工业投资增速高6.6个百分点；电力、燃气及水的生产和供应业完成限上投资86.7亿元，增长-31.5%，回落速度远高于制造业投资。30个制造业二级行业中，工业投资实现正增长的有16个，占53.3%，比三季度时提高13.3个百分点。今年全市工业投资成绩最亮丽的行业是以镇海炼化大乙烯项目为代表的化学原料及化学制品制造业，完成投资162.3亿元，增长98.5%；受“家电下乡”等政策激励，电气机械及器材制造业完成限上投资78.8亿元，居制造业第二位，增速为12.3%，增长态势良好；出口退税率上调等政策使纺织服装、鞋、帽制造业投资增速达37.3%。受外需下滑影响，通信设备、计算机及其他电子设备完成投资33.4亿元，增长-39.0%；装备制造业也受到较大冲击，金属制品业、通用设备制造业分别完成限上投资20.4亿元、41.5亿元，增长-22.2%、-23.4%。

3. 国有资本投资稳步增加，民间资本投资热情回升，外资下降是我市投资不足的主要原因

1～12月国有控股完成限上投资237.8亿元，增长7.0%，占限上工业投资比重的33.5%；民间资本完成限上投资313.5亿元，同比增长7.3%，比全市限上工业投资增速高7.7个百分点，占限上工业投资比重的44.2%。从企业登记注册类型看，内资企业完成限上投资533.9亿元，增长12.7%；港、澳、台商投资企业完成75.8亿元，增长-18.6%；外商投资企业完成99.4亿元，增长-31.1%，外资的显著下降是我市工业投资不足的主要原因。

4. 新开工项目数明显增加，但平均投资规模持续缩减

2009年全年限额以上工业在建项目2 972个，同比增长5.8%；计划总投资2 660.1亿元，增长-2.4%，平均投资规模为8 950.5万元/项目。其中新开工项目1 869个，同比增长24.6%；计划总投资575.1亿元，新开工项目平均投资规模仅为3 077.0万元/项目，大约是在建项目投资规模的1/3。新开工项目数量增加，说明面上企业的投资意愿有所增强，但项目平均投资规模持续缩减，说明企业对投资还是较为谨慎。

5. 资金来源以自筹为主，国家预算内资金、银行贷款、利用外资等大幅回落

1～12月完成的限上投资中，企事业单位自筹资金575.5亿元，增长11.2%，比限上工业投资增速高11.6个百分点，占限上工业投资的81.1%。国家预算内资金3.2亿元，增长-12%；国内贷款75.6亿元，增长-25.2%，说明国家大力度的投资刺激计划和宽松的货币政策对我市以民营经济为主的实体经济的支持极为有限。受外围经济严重影响，利用外资52.0亿元，增长-36.7%。

6. 县市区间差距拉大，区域不均现象明显

2009年各县（市、区）限上工业投资完成情况如表1所示。镇海、慈溪两地完成限上工业投资超百亿，分别为148.8亿元和114.4亿元，居前两位，且增速均高于全市平均水平；鄞州完成的限上投资居第三位，但增速仅为-13.9%。

表1　2009年各县（市、区）中小企业技术改造与技术进步指标完成情况

地区	限上投资（亿元）	限上投资增长（%）	新产品产值（亿元）	新产品产值率（%）
宁波市	709.4	-0.4	1 256.9	15.4
镇海区	148.8	82.7	827.6	6.6
慈溪市	114.4	4.4	2 175.7	21.1
鄞州区	87.5	-13.9	2 633.6	19.0
余姚市	67.9	6.6	1 880.5	22.7
宁海县	41.5	-16.9	871.0	24.0
北仑区	39.3	-33.7	1 408.5	11.7
象山县	34.3	18.3	321.0	9.4
大榭	31.4	43.5	400.2	15.8
奉化市	25.1	-6.4	735.8	24.4
保税区	14.1	-58.4	233.1	6.0
江北区	12.7	-22.2	576.2	21.6
高新区	7.9	17.9	376.7	35.7
江东区	0.5	-71.1	87.5	3.1
海曙区	0.4	-68.5	41.0	1.4

7. 新产品产值逐年增长，新产品产值率创历史新高

近年来，全市规上企业新产品产值逐年增长，2007年一举突破1 000亿元大关，2009年达1 256.9亿元，增长1.8%，高于同期工业总产值增速5.4个百分点，产值为历年最高。新产品产值率逐年提高，2009年达15.4%，也创历史新高。但是受产业结构影响，石油提炼、电力生产等临港工业比重较高，我市新产品产值率一直低于全省水平，而且进一步提高的压力非常巨大。

8. 抓中小企业引导，制定中小企业政策体系

一是明确“5+5”重点产业的发展方向。根据市政府《关于实施工业创业创新倍增计划的若干意见》，以及《转发市经委关于优势产业和新兴

产业投资导向目录的通知》、《关于加快推进新兴产业和特色优势产业基地建设的实施意见（试行）》、《转发市经委关于宁波市工业创业创新示范企业认定和扶持暂行办法的通知》等“倍增”计划系列配套文件，明确发展方向、发展目标和重点任务，提出今后我市促进工业发展的主要工作措施。二是以国家出台的装备、轻工、纺织等重大产业调整振兴规划为指导，结合我市实际，牵头起草了装备、轻工、纺织、汽车、有色等五大产业的调整振兴三年（2009～2011）行动计划，目前均已由市政府审核发布。三是建立工业设计产业培育和管理体系，起草并由市政府发布了《关于加快工业设计产业发展的若干意见》，编制《宁波市工业设计产业发展规划（2009～2012）》已通过专家论证，正在报送市政府审核发布，为工业设计产业的快速发展建立起完善的产业培育和管理体系。

9. 抓中小企业项目，优化中小企业投资结构

以工业投资加大增量投入为抓手，以技术改造提高存量效益为重点，实施“千亿投资促倍增、百亿技改促转型”工程。一是编制《宁波市2009年“千百亿工程”重点技改项目目录》，其中千万以上新开工项目262项、重点在建项目74项，固定资产总投资684.5亿元。二是积极争取国家新增投资资金支持，我市共24个项目列入国家重点产业振兴和技术改造项目，获得国家资金支持1.86亿元；另有中小企业技术改造项目29个，全部通过国家审核，获得国家扶持资金4 000万元。三是加强技改专项项目建设，先后发布新兴产业升级促调、装备和纺织产业改造提升等专项，共73个项目列入，竣工验收60个，竣工率达82.2%；完成固定资产投资19.5亿元；项目达产后预计可新增销售收入130.7亿元，利润19.2亿元，税金8.5亿元；项目的产出/投入比为6.7:1，比上年提高了1.2个单位（2008年为5.5:1）；合计给予财政补助9 592万元，其中市级财政补助5 043.3万元，市级财政财政资金的投资带动率（项目完成固定资产投资/市级财政补助资金）为39:1，比上年提高2.6个单位（2008年为36.4:1）；市级财政财政资金的税收带动率（项目竣工后新增税收/市级财政补助资金）为17:1，比上年提高5个单位（2008年为12:1）。四是强化项目管理，印发了《关于建立重点技改项目联系制的通知》，建立领导联系制，共列入101个项目，总投资214.4亿元；深入推进“创建服务型机关，促进企业发展”活动，完善项目库建设。

10. 抓中小企业基地，提高中小企业集群水平

市政府于2009年4月公布了我市第一批新兴产业和特色优势产业基地，共10类24个基地入选。围绕基地建设，开展各项工作。一是积极推荐宁波化工区参加国家新型工业化产业示范基地创建活动，最终成功列入首批62个国家产业示范基地名单，目前已经结束公示，正在行文发布。二是发布《关于宁波市新兴产业和特色优势产业基地报送产业规划和发展信息的通知》，建立信息联系报送制度，确定责任领导和联络员，定期报送基地发展数据和动态信息。三是开展土地调查，明确发展方向和重点，经汇总，近期可用于招商引资的工业用地有14.5平方公里、规划可用于工业的土地67.0平方公里。四是积极参与对接央企活动，开展产业基地“五个一”调查，选择推介了大型成套设备、船舶、新材料、新能源产业的8个基地，活动已于7月8日在北京成功举行。五是编制产业基地转型升级实施方案，明确编制规划的重要意义，确定编制的基本原则，提出编制程序和要点，目前编制工作基本完成。六是组织召开全市新兴产业和特色优势产业基地建设推进会，毛光烈市长及各地各部门、行业、企业等约230人参加，取得良好效果。七是发布《关于印发宁波市级重点工业低产田改造项目扶持管理办法的通知》、《关于建立宁波市产业基地建设责任体系开展评价考核工作的通知》等文件，进一步完善产业基地的考核、激励等管理体系。

11. 抓中小企业示范，培育重点中小企业

根据“突出重点、引导方向；分类指导、整体推进；动态调整、优化完善”的原则，开展综合性示范企业和技术创新、模式创新、创业发展、节能减排、公共技术服务五类专项性示范企业的评定和表彰奖励，着力培育一批在自主创新、节能减排、公共服务等领域绩效显著、引领带动作用明显的示范企业。根据《关于宁波市创业创新示范企业认定和扶持暂行办法的通知》、《关于组织申报2008年度宁波市创业创新示范企业的通知》等文件，经企业申报、各地推荐，市经委牵头组织相关部门和专家审核、综合评价、公示，市政府于2009年4月公布表彰了161家“两创”示范企业，其中综合示范企业22家、技术创新示范企业76家、模式创新示范企业5家、创业创新示范企业58家，合计给予3 880万财政奖励，其中市级财政2 080万元。2009年，161家“两创”示范企业实现销售收入915.7亿元，占全市规上工业的11.6%；增长4.3%，比全市高7.9个百分点；实现利税147.8亿元，增长2.9%；完成技改投资38亿元，增长25.3%，比全市增速高33.6个百分点。

12. 抓中小企业氛围，营造中小企业创新环境

一是公布工业新产品试产计划，分三批共列入1 696个新产品，全部投产后，预计当年将新增产值143.1亿元，利税19.1亿元。二是开展重点工业新产品评选，共有25个产品获得重点工业新产品称号，其中“最具市场竞争力新产品”11个，“最佳自主创新新产品”14个，同时编制了《新产品、新市场——宁波市重点工业新产品汇编》，宣传推介重点新产品。三是发布《关于组织申报2009年度宁波市先进装备制造业重点领域首台（套）产品的通知》，开展首台套产品的申报认定，目前申报评审工作基本结束。四是开展2008年度装备重点企业考核评价，共18家重点企业获得表彰奖励。五是成功举办“浙江省工业转型升级系列报告会——新材料产业专题”，中国科学院及业内专家、省市政府和有关部门领导、省重点培育发

展新材料行业龙头企业、省市相关行业协会等单位共350余人参加，取得良好效果。六是开展送政策下乡活动，分鄞州、北仑、宁海、余姚四个片区，对倍增计划和产业基地、示范企业等政策进行解读，共有相关部门和重点企业负责人1 000余人次参加，场场爆满，反响热烈。

13. *正视中小企业存在问题，深感任重而道远*

企业层面，世界经济彻底摆脱危机的迹象有待进一步强化，外需严重萎缩、内需真正启动尚需时日，需求不足成为制约我市工业增长的突出症结，影响企业投资创新、转型发展的信心和能力。

产业层面，我市劳动密集型、低附加值产业仍然占有较大比重，依赖于高投入、高消耗、低效益的粗放型方式，技术以引进、模仿为主，缺乏具有自主知识产权的关键核心技术。产业实现集约式发展、内涵式发展、创新式发展的转变仍有较长的路要走。

政府层面，各级各部门把工业领域作为经济建设的主战场、把工业企业作为转型升级主力军的观念有待进一步强化，以创新设计为引领、以工业投资和技术改造为推动力、以产业基地为平台的思路有待进一步明晰，政策资源和要素资源向工业投资和技术改造、产业基地集聚的观念有待进一步深化。

（二）加强中小企业节能降耗，努力建设资源节约型社会

2009年，面对国际金融危机对实体经济的冲击，宁波市中小企业节能降耗工作，围绕“保增长、抓转型、促稳定”这一主线，积极贯彻落实国家、省、市有关节能降耗工作意见和部署，取得了显著的成效。

1. *中小企业节能降耗成效显著*

一是全市万元GDP能耗稳定向好。全市万元GDP能耗一季度同比下降5%、二季度同比下降5.2%、三季度同比下降5.8%，预计全年可下降5.5%以上。

二是规上工业增加值能耗快速好转。全市规上工业增加值能耗一季度同比上升2.5%、二季度同比下降0.5%、三季度同比下降3.1%，预计全年可下降4.5%左右。

三是重点用能企业能耗有所下降。1～9月，列入责任书计划的155家重点工业用能企业，完成工业总产值（现价）2 070.4亿元，同比下降18.2%，能源消耗总量（等价）832万吨，同比下降4.8%。如扣除PPI因素，万元产值能耗同比实现下降。

四是全社会用电逐步回升。从下半年起，单月用电实现了正增长，2009年全市全社会用电量411.6亿千瓦时，同比增长4.45%，其中第二产业用电同比增长3.03%，第三产业用电同比增长11.32%。

2. *落实节能目标，强化节能目标责任考核评价*

一是考核对象创新高，达192家。市政府继续与14个县（市）区政府（管委会）、11个市级主要涉能部门和167家重点用能企业（其中工业企业155家）签订和下达了年度节能减排目标责任书，其中列入市级考核的重点用能企业数量比2008年增加55%。二是考核方法更趋科学合理。采用对标考核和按产品单耗考核的企业占50.3%；修订完善并发布了“关于印发2009年度宁波市节能目标责任评价考核指标及计分标准（试行）”（甬节能办［2009］48号），采取定性考核与定量考核相结合、节能结果与节能工作相结合的办法，增强节能目标评价考核指标及计分标准的规范性、可操作性和导向性。三是完成了全市2008年度节能目标考核工作，总体情况良好。2008年度的133个考核对象，考核等级为“超额完成”、“完成”和“基本完成”的有91个，占总考核对象的68.42%；考核等级为“未完成”的42个，占总考核对象的31.58%。108家重点用能企业净节能54.9万吨标准煤。

3. *控制增量淘汰落后，加大节能投入力度*

一是淘汰落后有新突破，继去年宁波庆丰热电厂24MW机组关停后，今年宁波热电股份公司和镇海节能发电有限公司实行了关停，总关停机组76.5MW，年可节标煤约5万吨；特别是宁波热电股份有限公司关停后，供热转由北仑电厂负责，既发挥了大机组的高效率，又促进了区域的产业结构调整和供热模式优化；共完成对全市185家企业的并网和不并网火电机组（共25.76MW）实施了关停；鄞州、宁海等地加大对铸造行业中低、小、差企业的淘汰和整改，取得了明显的成效。二是严格执行“宁波市固定资产投资项目节能评估和审查管理暂行办法”，市节能办共对东港电化二期项目、林德气体项目、四明化工二期项目等12项技改项目进行了能效评估工作，从源头控制新上项目的能效水平。制订发布了“关于进一步明确宁波市固定资产投资技术改造（改建、扩建和更新改造）项目合理用能评估和审查有关程序的通知”（甬节能办［2009］26号）。三是加大企业节能改造投入，全市计划改造项目共283项、计划总投资110.7亿元，当年完成投资30多亿元，项目全部实施后，预计年可实现节能170.8万吨标准煤。四是积极组织申报国家节能专项，宁波港“龙门吊”油改电节能改造、宁波明耀环保热电有限公司余热利用污泥干化节能技改、宁波太阳能电源有限公司和日升东方能源有限公司的太阳能屋顶发电等4个项目列入国家专项计划，共争取到国家专项扶持资金2 800多万元。

4. *强化节能法制建设，加大节能监督工作力度*

一是《宁波市节约能源条例》已于10月上报省人大，并于12月底省人大表决通过，将于2010年3月份正式实施，为省内首个制定地区性节能条例的城市，也居全国副省级城市前列。二是宁波市节能监察中心由市政府批准成立，于2009年12月底已正式挂牌运作，对推进我市节能法制化、规范化、长效化将起到积极的作用。三是开展节能执法检查。市经委、统计局、质监局联合开展了能耗千吨以上的900多家工业企业节能执法检查；市节能中心完成了80家企业（单位）的能源监察；市节能办对海关、银行、商场、机关等20多个公共单位开展了夏季空调温度设置专项检查等。开通了“宁波市能源信息利用系统”（www.nbeisn.com），将重点用能企业纳入能源月报制，动态跟踪重点用能企业的能源利用状况。

5. 积极开展国际国内合作，推广节能新技术新产品，推进中小企业节能

一是大力推广节能新技术新产品。市节能办全年共组织举办了变频螺杆空压机、高压变频器、节能涂料、替代燃料油、锅炉节能技术等六期节能新技术（新产品）推广会；其中，宁波德曼压缩机有限公司的变频螺杆空压机产品，是省经信委第一次在全省范围内推广的节能产品，共有来自全省130多家重点企业、节能中介机构和政府部门的180多位代表参加了现场推介会，受到企业的广泛关注，效果良好。二是节能合作有新突破。市政府与中国节能协会签署了开展节能降耗全面合作备忘录；北仑区政府与中控科技、西门子公司，江北区政府与中控科技、施耐德公司签署了节能战略合作协议；日立公司的节能诊断工作有序推进。三是大力推广高效节能照明产品，全年共完成134.65万只节能灯的推广任务，超额完成国家下达的计划任务，推广量居省内领先，预计年可实现节电9 000万度，折3万吨标准煤，两年内累计推广节能灯达250多万只。

6. 组织实施节能宣传月，营造全民节能氛围

宁波市政府办公厅转发了市节能办“关于2009年宁波市节能宣传月活动方案”，组织开展了“1+8+X”系列节能宣传活动，即：1个主题活动——2009中国（宁波）节能环保技术与产品博览会，8个系列活动——节能宣传月新闻发布会及167家重点用能企业节能倡议书发布、节能金点子征集、节能短信、节能资料及产品发放、节能专版、节能公益广告、百名节能专家咨询、节能直通车开通，X个县（市）区及部门活动。活动内容丰富、针对性强、参与度广。

7. 以能博会为载体，打造节能环保产业专业交易平台

由浙江省人民政府主办，国家发改委和工信部支持，宁波市人民政府等单位联合承办的2009中国（宁波）节能环保技术与产品博览会，在全市各级、各部门和社会各界的共同关心支持下，于6月19～21日在宁波国际会展中心隆重举行，展出面积达35 000平方米、参展企业近800家、展位1 800个，其规模、档次、专业化程度已居国内同类展会领先水平。还有来自40多个国家的1 000余名外商、国内50多个城市100多个贸易团组的1.2万余名专业客商到会洽谈、采购，参观人数达6.1万人次。据统计，能博会达成采购与合作意向3 500余个，意向金额5 000万元以上，现场成交和签订合同交易金额1 500余万元。其中宁波企业现场订单金额600多万元，预订单金额300多万元。金融危机背景下，本届展会亮点纷呈，为企业掘金节能产业实现逆势飘红开启了一扇拓市之门。

（三）加强服务中小企业力度，加快促进中小企业发展

1. 推进中小企业信用担保机构发展，解决中小企业融资难问题

2009年国家实施适度宽松的货币政策，但融资难仍然是制约中小企业发展的重大瓶颈。为此，围绕不断增强担保机构资本实力和服务能力，实行管理规范和扶持引导两手抓，推进信用担保机构加快提高整体实力，强化服务意识，优化服务方式，扩大社会效益，努力促进危机之年的全市中小企业平稳发展。

一是以实施备案登记制度为抓手，加强管理，壮大担保机构整体实力。至2009年底，备案登记的担保机构达到40家，注册资本为19.32亿元，比上年末增长19.4%。其中：注册资本在1亿元以上的4家，比上年增加3家；注册资本超过5 000万元的25家，新增8家。备案登记管理制度的实施，促进了全市担保机构实力快速增强，并在规范担保机构运行方面发挥了重要作用，目前要求接受备案登记管理的担保机构不断增加。

二是进一步营造政府资本和民营资本共同参与信用担保事业的良好格局。2009年，县（市）区发展信用担保事业的积极性进一步提高，政府资本投入到担保机构的股本增加1.36亿元，增长73.9%。由国有资本控股的担保机构进一步强化创新，在应对危机之年发挥了突出作用。象山县中小企业信用担保中心年末在保责任余额为9.2亿元，注册资本担保放大倍数达到7.8倍。宁海县担保中心年末在保责任余额为6.2亿元，放大倍数为5.9倍。与此同时，民营担保机构继续得到较快发展。

三是积极举办担保机构特别服务日活动。6月16日、8月5日，分别在宁海、鄞州举行了南三县和市区中小企业信用担保机构特别服务日活动。南三县和市区的23家担保机构、56家银行支行单位、360多家企业共600多人参加了活动。活动日现场签订贷款担保合同1.49亿元，签订意向性贷款担保合同9 715万元。各担保机构对签订合同的担保贷款项目减半收取担保费，对签订意向性合同的项目，按现行标准80%收取担保费，同时还对参加活动并在一年内签订贷款担保合同的企业，同意给予其中一笔500万元以内的担保贷款，也按现行标准的80%收取担保费。据统计，仅现场签订合同的担保贷款，担保公司就让利160多万元。

四是加强资金扶持，增强担保机构风险控制能力。2009年，市政府加大了对担保机构的扶持，安排担保机构风险补偿资金2 500万元。经过严格审计，全市一批符合条件的担保机构及时得到了风险补偿资金。

2. 加强企业人才培训，提升中小企业管理素质

2009年，通过创业辅导培训和EMBA研修班两种形式，推进中小企业人才培训工作。

一是举办小企业创业辅导短期培训班。注重实用性，围绕“更加专业化、技术化”，着眼于“提高创业成功率”，坚持“无共性需求不设班、无稳定生源不设班”原则，科学把握企业培训需求，

紧密结合市和县（市）区经济工作重点，合理设置培训课程，优化培训方案，通过公开招标，继续为企业开展每期2～4天的小企业创业辅导免费培训。全年共开设25个课程28期培训班，培训人员3 000多人次，课程涉及危机管理、财务管理、精益生产、知识产权保护、电机设计等多个领域。自2005年以来，已累计举办包括模具设计制造、生产现场管理、危机管理、财务总监、产品创新与研发等80多个专业的创业辅导短期免费培训班130余期，为8 000多家中小企业培训人才1.8万多人次。

二是开展全市成长型中小企业领导高级工商管理EMBA班研修学习。与浙江大学合作开办第八期成长型中小企业EMBA班，培训企业老总56人；完全面向成长型中小企业总经理（董事长）的浙大第九期EMBA班。我市已与浙江大学、复旦大学、宁波大学、浙江万里学院开办成长型中小企业EMBA班12期，参加学员600余人，其中前8期学员440多人已顺利结业。

三是完成工信部下达的银河工程培训任务。根据工信部中小企业司确定的培训项目，圆满完成了2期国家银河工程培训任务，培训企业人才300人次。

3. 推进公共服务平台和创业基地建设，营造中小企业创业创新发展的良好环境

强化政策引导，着力发挥财政扶持资金的牵引作用，推动各地和相关部门、企业，加强公共技术服务平台和小企业创业基地建设。

一是做好2008年度项目的申报、审核工作。下发《关于申报2008年度宁波市中小企业公共服务平台和小企业创业基地补助项目的通知》，审核通过了24个公共技术服务平台、小企业创业基地，下发扶持资金569.5万元。

二是依托产业集群，积极培育一批新的公共技术服务平台和小企业创业基地。制定文件，推动各地挖掘一批运作比较规范、收费比较合理、服务效率较高的公共技术服务平台和小企业创业基地。在企业申报、县（市）区经发（发改、科工）局核实基础上，经实地考察和专家评审，去年新认定市级中小企业公共技术服务平台3家、小企业创业基地6家。

三是加强学习培训，努力提升建设水平。全市已认定中小企业公共技术服务平台23家，其中检测类13家、加工类4家、研发类4家、市场拓展和信息服务类各1家；注册资金达到10 643万元，工作场地5.72万平方米，从业人员669人。到2009年末，已认定的小企业创业基地33家，建造标准厂房532.9万平方米，利用闲置厂房43.9万平方米，共入驻小企业4 257家，从业人员达到21.1万人，创业成功率在90%以上。

4. 全力争取国家扶持资金，积极帮助中小企业开拓市场

为应对国际金融危机的挑战，国家进一步加大了对企业的扶持力度，中小企业发展扶持资金大幅增加。我处强化工作创新，加强实地考察，精选项目，全力争取国家资金支持。全年有44个项目获得国家资金补助4 768万元，增长220%，是历年来获得国家中小企业发展专项资金资助金额最多的一年。其中：23个信用担保机构获得风险补偿资金2 930万元，12家中小企业争取到技术改造扶持资金1 230万元，5个公共技术服务平台获得扶持资金570万元，4个培训项目和服务体系建设项目共获得补助资金38万元。

（四）打造四大服务平台，扩展中小企业市场空间

1. 成功举办以中小企业为主的第十三届宁波国际服装服饰博览会。

2. 维护产业安全，构建产业损害预警机制。

3. 积极宣传推介，帮助工业企业拓展市场。

4. 组织产业对接，广泛参与“宁波周”工作。

5. 推介宁波产业，举办甬港经济合作论坛的首场活动。

四、个体私营（民营）企业发展情况

2009年，面对经济环境中不确定因素影响，我市的个体私营企业为顺应复杂多变的经济环境，增强忧患意识，坚定信心，以“变”应变，走出了一条逆势发展之路。全市个私企业发展保持总量平稳增加，新开业增势明显见好，行业结构转型趋好，规模型企业增多，资本投入增大，企业发展呈现良好的态势。

2009年，宁波市有私营企业（含分支机构）11.44万户，投资者22.27万人，雇工142.25万人，注册资本2 021.86亿元，户数同比增长了8.49%、9.77%（2.68%）、9.33%（-4.24%）、23.27%（15.27%）。个体工商户27.46万户、从业人员56.13万人、资金数额115.64亿元，同比分别增长3.97%、4.83%、11.76%。

（一）个体总量突破新高，新开业明显增加

个体工商业受新开业增势强有力的影响，总量从2008年创下26万户以来，2009年又突破27.46万户，再创历史新高。总户数的增幅也由去年的2.64%上升到3.97%，同比上升1.33个百分点。个体从业人员56.13万人，同比增长4.83%。

从总量上看，镇海区成为增长最快的地区，增幅为23.45%。高新园区、奉化市、江北区增幅也较喜人，同比分别增长为22.65%、15.40%、14.43%，本年度有5个地区保持1%～9%的低增幅。同时也有6个地区呈现不同下降走势，其中大榭和保税区成为下降较大的区域，同比分别负增长高达55%和32.65%。

2009年有5.44万户个体工商户新开业，户数比2008年同期增长10.18%，上升了2.22个百分点。新增个体工商业户数主要是受奉化市和江北区高增幅的拉动，两地分别同比增长了96.51%和66.91%；高新园区、鄞州区也是2009年户增的主导力量，分比同期增幅为24.5%和18.50%；2009年度还有6个地区增幅在1%～8%之间运行。但是，新开业中也有7个地区表现出不同程度的下

降，降幅最大为保税区、直属所和大榭开发区，同比分别下降为80.81%、71.74%和24.80%。

（二）私营企业户数再创新高，新开业增幅明显上升

全市的私营企业总户数突破11万户，又创历史新高，但全增幅仅有8.49%，同比下降了1.84个百分点。从各地总量增幅走势看，私营企业现有户数（含分支机构）显示，全市各地区均呈上升趋势，总量增势最好的地区是大榭开发区同比增长57%，江东、海曙、江北、高新园四个地区增幅保持了30%～39%，还有6个地区增幅在5%～9%之间，进而改变了去年的下降格局，形成了今年增长的新格局。

2009年，我市新开业明显见好，新开了1.93万户，投资者3.68万人，同比分别增长25.47%和23.29%，分别比同期上升了29.6个百分点和37.9个百分点。全年除市本局登记的以及保税区呈负增长外，高新园区、慈溪出口加工区增幅分别达117.75%和91.83%，增幅在40%～50%之间的有慈溪、北仑、大榭三个地区，增幅在20%～37%之间的有7个地区。企业发展逆势运行，逐渐走出世界金融危机的包围。

以公司制企业为主导地位依然明晰，私营公司总量较去年有较大的递增。截至2009年底，全市累计私营有限公司突破7万户大关，上升到7.69万户，注册资本增加到1 819.75亿元，分别比去年同期增长12.85%和25.35%，同比分别上升了5.47个百分点和9.08个百分点。

表1　　2008～2009年个私企业实有户数指标增长对比

	私企户数（万户）	投资者（万人）	雇工（万人）	注册资金（亿元）	个体户数（万户）	从业人员（万人）	资金数额（亿元）
2009年末	11.44	22.27	142.25	2 021.89	27.46	56.13	115.64
2008年末	10.55	20.29	130.11	1 640.19	26.41	53.54	103.48
净增	0.89	1.98	12.14	381.7	1.05	2.59	12.16
同比增长率（%）	8.49	9.77	9.33	23.27	3.97	4.83	11.76

表2　　2008～2009年个私经济新开业指标增长对比

	私企户数（万户）	投资者（万人）	雇工（万人）	注册资金（亿元）	个体户数（万户）	从业人员（万人）	资金数额（亿元）
2009年末	1.93	3.68	16.28	264.97	5.44	11.62	28.80
2008年末	1.54	2.98	13.25	189.97	4.91	9.11	22.64
净增	0.39	0.7	3.03	75	0.53	2.51	6 016
同比增长率（%）	25.47	23.29	22.90	39.48	10.86	27.58	27.25

新设个体工商户增幅较好的原因主要有以下几点：一是管理费取消以后登记手续便捷，无须注册资本要求，投入少，风险较小，备受注目；二是受国际金融危机影响以来，有部分企业关闭停业，从这类企业中出来的员工部分申办个体工商户，加入个私队伍；三是今年工商部门在对无照经营查处中疏导了一批无证照户，引导办理个体工商营业执照的注册登记。

新设私营企业在困境中出现增势较好，主要有以下几方面原因：一是我市的私营企业在国家宏观“保增长”举措下，积极的财政政策和适度宽松的货币政策，贷款利率的多次下调以及政府积极改善融资环境，融资难的困境逐步得到改善。二是国家确定扩大内需、促进经济增长的十项措施，加大投入基本建设，很大程度上拉动了相关企业投资者积极性。三是企业在当前经济形势下调整转产、扩大投资组建新设企业较多。

（三）产业结构逐渐得到优化，第三产业成为发展主流

1. 以第三产业发展为主导的产业结构占比稳步增大

2009年，我市的个体工商业三产分布比重排列为：0.87%、20.60%、78.53%。私营企业三大产业布局的比重分别为0.96%、53.41%、45.63%。

从产业结构调整来看，个体工商业一产较去年回落0.03个百分点，二产下降0.4个百分点，三产仅下降0.37个百分点。私营企业的一产同比继续走低0.04个百分点，二产下降3.36个百分点，三产扩增了3.4个百分点

形成全年个体工商业、私营企业三大产业比重调整格局，表现为第一、第二产业缩减。主要原因包含了国际势力对中国出口商品所采取的贸易壁垒加重，使我市的企业在国际市场上占有率有较大的减少，还包含了生产企业所需支付的生产要素类支出的增加，很大程度上影响着大量的制造企业的生存。当前大多数企业生产盈利仍未出现根本好转，关闭时有发生。

第三产业增长加快的原因：一是主要表现在我市为顺应国家产业结构调整和升级的要求，在加强了区域功能转型中对服务业发展高度重视，不但积极制定服务业发展的宏伟规划，各地主动招商选资，着力培育符合各区域发展特点的服务行业，尤其是对现代服务业的引进步伐加大。二是以依托我市的港口优势，集装箱吞吐量的增加，运输、仓储

及相关货运代理、物流业继续发展，江北、镇海、北仑、保税等地现代物流园区的形成，为全年私营及个体交通运输仓储业创造了发展的空间。

2. 竞争领域扩大，新型行业成为投资热点

按行业分，主导行业稳步增长。个体工商业总量较多排前三位仍是批发零售业、制造业、居民服务和其他服务业。这3个行业的个体户数上升到23.32万户，占总户数的84.92%，比上年上升1.17个百分点。其中，批发和零售业以56.62%，增长0.85个百分点主导"半壁江山"。个体新型行业总量增幅较好有：房地产业同比增长61.21%，增长30.32个百分点，建筑业虽则回落了5.27个百分点，但增幅仍在前列，为16.01%。

私营企业前三名排列的行业分别是制造业、批发零售业、租赁和商务服务业合计9.53万户，同比上升0.65个百分点，其中，私营企业制造业仍以5.67万户的数量位于前列。私营企业新型行业总量增幅较好的是科学研究技术服务和地质勘查业、房地产业、文化体育和娱乐业、租赁和商务服务业、信息传输计算机服务和软件业，同比分别增长为63.26%、20.64%、16.07%、15.29%、14.65%。

新设个体工商业以制造业、批发零售业、居民服务业和其他服务业三大行业为代表，今年仍以其绝对数量占据重要位置，同比增幅分别为21.20%、4.59%、17.61%。2009年新开批发零售业因基数较大的原因，同比下降了14.18个百分点，达到3.17万户。

新设私营企业排除基数较低的行业，以及金融业和其他行业负增长外，今年各个行业均呈现上升走向。新型行业表现为以科学研究技术服务和地质勘查业、房地产、住宿餐饮业、信息传输计算机服务和软件业同比分别增长108.71%、89.72%、66%、56.60%。建筑、交通、电力、租赁商务增幅均在20%~35%之间。如慈溪出口加工区新设19户科技类企业中，有9户从事光电技术研发，5户从事电子或电器技术研发，3户从事新材料或新能源技术研发，2户从事网络技术或工程技术研发。

分析新型行业发展中，以房地产业、建筑业、科学研究技术服务和地质勘查业、文化体育和娱乐业等为代表的增势较好，主要源于国家在金融危机下所采取的一系列宏观经济措施的出台，如对基础建设的投入增大，拉动本国内需的需要，低碳经济发展的需要下发展高科技企业等一系列举措，带动和运生一批与其相关产业链的企业发展，促使这些行业户数增长。

表3　　2008~2009年个体工商户行业新开业增长情况对比表

行业分类	其中：本期开业					
	2008年户数	2009年户数	同比增长（%）	2008年资金数额（万元）	2009年资金数额（万元）	同比增长（%）
	49 104	54 436	10.86	226 390.00	288 072	27.25
农、林、牧、渔业	477	484	1.47	10 325.00	13 998	35.57
采矿业	7	12	71.43	236.00	1 355	474.15
制造业	7 613	9 227	21.20	56 110.00	67 942	21.09
电力、燃气及水的生产和供应业	3	7	133.33	19.00	58	205.26
建筑业	350	400	14.29	4 311.00	6 777	57.20
交通运输、仓储和邮政业	2 322	3 460	49.01	12 503.00	20 700	65.56
信息传输、计算机服务和软件业	129	96	-25.58	676.00	377	-44.23
批发和零售业	30 281	31 670	4.59	91 827.00	118 929	29.51
住宿和餐饮业	2 552	2 522	-1.18	20 835.00	25 160	20.76
金融业	4	4	0.00	128.00	256	100
房地产业	139	320	130.22	495.00	1 046	111.31
租赁和商务服务业	544	639	17.46	2 848.00	4 375	53.62
科学研究、技术服务和地质勘查业	27	43	59.26	139.00	216	55.40
水利、环境和公共设施管理业	6	6	0.00	36.00	114	216.67
居民服务和其他服务业	4 281	5 035	17.61	18 193.00	21 034	15.62
教育	5	1	-80.	33.00	20	-39.39
卫生、社会保障和社会福利业	50	57	14	1 256.00	1 319	5.02
文化、体育和娱乐业	293	441	50.51	6 312.00	4 309	31.73
其他	21	12	-42.86	108.00	87	-19.44

表 4 2008～2009 年私营企业行业新开业情况对比表

行业分类	其中：本期开业					
	2008 年户数	2009 年户数	同比增长（%）	2008 年注册资本（万元）	2009 年注册资本（万元）	同比增长（%）
	15 379	19 296	25.47	1 899 712.00	2 649 666	39.48
农、林、牧、渔业	141	194	37.59	16 393.00	20 218	23.33
采矿业	5	11	120	840.00	990	17.86
制造业	5 662	6 183	9.20	504 488.00	665 849	31.99
电力、燃气及水的生产和供应业	7	9	28.57	272.00	220	-19.12
建筑业	729	885	21.40	68 009.00	110 775	62.88
交通运输、仓储和邮政业	443	566	27.77	112 458.00	114 860	2.14
信息传输、计算机服务和软件业	318	493	56.60	26 907.00	44 918	66.94
批发和零售业	5 066	6 752	33.28	477 518.00	647 540	35.61
住宿和餐饮业	150	249	66	8 781.00	18 543	111.17
金融业	52	38	-26.92	89 788.00	76 803	-14.46
房地产业	253	480	89.78	114 870.00	333 431	190.27
租赁和商务服务业	1 674	2 050	22.70	397 488.00	421 527	6.05
广告业	290	369	27.24	9 391.00	17 019	81.23
科学研究、技术服务和地质勘查业	402	839	108.7	55 454.00	161 215	190.72
水利、环境和公共设施管理业	41	44	7.32	4 516.00	6 396	41.63
居民服务和其他服务业	340	371	9.12	12 920.00	18 369	42.17
教育	2	5	150	60.00	80	33.33
卫生、社会保障和社会福利业	5	8	60	120.00	299	149.17
文化、体育和娱乐业	73	105	43.84	5 344.00	7 583	41.90
其他	16	5	-68.75	3 486.00	50	-98.57

（四）规模型企业不断壮大，整体竞争力明显提升

1. 注册资本总额增幅十分明显

2009 年，我市私营企业注册资本（金）总量达 2 021.86 亿元，净增 381.67 亿元，净增额接近去年的 2 倍，同比增长 23.27%，上升 8 个百分点。其中新设企业注入资金 264.97 亿元，同比增长 39.48%。私营企业总量户均注册资本（金）为 176.74 万元/户，个体工商业户均资金 4.21 万元/户，户均较去年同期分别增长 7.88 万元和 0.29 万元。

2. 实力型企业数增多，同比呈上升趋势

注册资本 500 万～1 000 万元的私营企业 4 022 户，同比增长 12.47%，1 000 万～1 亿元的企业 4 063 户，同比增长 16.09%，亿元以上的企业 148 户，同比增长 45.10%，期末实有私营企业集团 191 户，同比增加 11 户，股份有限公司 518 户，同比增长 120.43%。在评定 2008 年度省百强企业中我市有 14 家企业入选。

据各地反映，资本总额增幅明显，一部分是企业新设立时投入注册资本较大的缘故，也有一大部分是增资活跃，多为有资质要求的行业，如大多集中在投资、担保、房地产、建筑、物流等。究其企业增资主要原因是与当前经济形势有着不可分割的联系：一是有些企业为发展需要，加大基础性建设的投资。二是为产业结构调整，进行增资的也显而易见。

3. 科技创新，绿色产业发展趋于向好

随着创新型城市建设步伐的加快，“品牌、标准、知识产权”三大战略方针大力实施，科技进步对我市的经济发展支撑引领作用日益明显。

2009 年，个私企业累计行政认定的驰名商标 12 件，省著名商标 264 件。

2009 年科技创新主要表现在：研发节能产品，抢抓绿色产业商机上的企业在增长。如北仑区在生产太阳能发电、风能发电、太阳能空调、太阳能路灯等新型节能型产品以及配套产品的企业，瞄准了节能环保为主的“绿色产业”中蕴藏的巨大商机。一是从传统行业逐渐转到节能“绿色产业”，开发高科技产品初创阶段的公司就采取与上海、江苏等地的生产家用电器的大企业合作，借助它们雄厚的科研力量，共同研发太阳能系列家用电器产品。太阳能空调与普通空调相比，节省了 50%～60% 的电能。二是选择生产节能配套产品，如宁波开发区的永祥铸造有限公司最初成立时以生产注塑机零配件为主。现已开发生产风力发电设备零配件，如底座、轮毂等。目前，风力设备行业世界排名前 10 大中有 5 大是该公司的客户。三是直接将节能产品作为主打产品。宁波宁兴金海水暖器材有限公司专门生产欧式高效铝制散热器，现在该公司的铝制散热器获得了9个国家专利，在欧洲市场的占有率达到60%以上。宁兴金海水暖器材公司也成为目前国内最大的水暖器材生产出口企业。高效、节能的产品也得到国家有关部门的肯定，该公司是全国散热器产品相关标准的主编单位，参与国家散热器产品标准的制定。公司的自主品牌LINHIL成为中国采暖器行业知名品牌和中国驰名商标。

4. 奋力拼搏，积极开拓国内外市场

面对席卷全球的金融危机，我市的私营企业力求突破，改变经营思路，奋力拼搏不断开拓国际国内市场。

（五）注（吊）销势头得到缓解，商贸和制造业占比较高

受国际金融危机、企业综合运营成本上升等国际经济综合因素等的影响，不少企业纷纷注销，由此出现了注（吊）销户数高幅增长的现象，今年以来得到有效缓解。

2009年，全市个体工商户的注（吊）销户分别为2.85万户和1.55万户，注（吊）销户数同比增幅分别为13.2%和-10.15%。私营企业注销为5 293户，增幅从去年的53.98%降至3.26%。吊销达到6 252户，增幅从去年的113.88%降至-5.93%。今年个体工商业的注销行业来看，仍然普集在制造、批发零售、居民服务、住宿餐饮业，同比分别占总注销数的14.7%、457.94%、9.5%、5.7%。

私企注销行业依次排列为批零业、制造业、租赁商服业，分别占注销数的37.04%、33.93%、9.94%，私企注销中有40.41亿元的注册资本（金）退出市场，私企注销户数和资本退出均呈下降走势。

（六）为社会排难减压，贡献和效益增大

个体私营企业继续提供大量的就业岗位。全年个体工商业安置下岗职工再就业2 620人，其中持《再就业优惠证》申办个体工商户1 219人，落实国家和地方再就业政策免收工商管理行政性收费22.39万元。私营企业安置下岗失业职工4 576人，其中有1 086人登记为私营企业，2009年有2 970名高校毕业生从事个私营经济，免收工商管理行政收费11.48万元。

五、个体私营（民营）企业存在问题及对策

2009年，宁波市个体私营（民营）企业量的发展在逆境中上实现新飞跃。但是在发展的同时，我们也清醒地看到，经济下行的态势依然严峻，必须采取有力措施，努力保持经济平稳较快地发展。

（一）外向型经济步履维艰，外需仍然低迷

我市经济外向度较高，但出口产品以针纺、机械等加工品为主，在本轮金融危机中欧美等国储蓄率稳步上升，基本消费品需求回升乏力，我市部分外贸企业经营困难，上半年多数产品出口降幅呈扩大的趋势，外资引进和增资的难度继续较大。此外，部分行业产能过剩问题凸现，产业转型升级十分困难，市场竞争日益激烈。

（二）企业盈利下降，居民经营性收入增长乏力

由于企业亏损情况仍比较严重，特别是一些依附于大企业的纯加工型小企业受本轮金融危机的冲击更大，致使企业的自我投资能力和税收贡献能力大大减弱，也使城乡居民个体经营性、投资性收益减少，收入增长渠道变窄。

（三）经济回升的基础并不稳固，实体经济低迷

一方面是房市、车市、股市及金融类指标增长明显，国际市场资源性产品价格较快回升，经济泡沫、通胀预期有所抬头；另一方面处于中下游的生产加工企业经营仍然十分困难，就业人数、出口、企业亏损和利润下降的状况比较普遍，实体经济进一步平稳上升还存在许多矛盾和障碍。

针对个体私营（民营）企业存在的问题，必须采取以下对策：

（一）坚定信心，谨防金融危机“后遗症”

企稳回升并不等于经济形势完全好转，金融危机的负面影响依然存在。中小企业目前，要树立忧患意识，继续打好保增促调的“攻坚战”，着力研究以下问题的解决。如国内消费需求对经济的拉动能力不强，中小型外贸出口企业受全球金融危机影响，订单减少，发展势头受阻，调整经济发展结构，转变经济发展方式等。

（二）继续加大扶持力度，向中小型企业倾斜

各级政府要从市场准入方面出发，抓住当前政府宏观政策下的重大举措，从解决中小企业在经营场所、准入资金、转型升级等方面着手。一方面要鼓励大中型企业以品牌、资本、产品等为纽带组建企业集团，着力解决其在股份制改造、股权结构调整、产业提升等方面的问题。同时，运用资本多元化战略、品牌运作战术等积极支持企业做大做强，帮助企业上市。另一方面要提升我市的中小企业综合实力。政策扶持应相应的倾斜中小型科技成长型企业，鼓励企业加大技改投入，设立专门的研发部门，依靠科技创新增强中小企业产品竞争力，加大对自主品牌的培育扶持力度，鼓励企业从“贴牌”生产到自主研发的转变。

（三）深入产业结构调整优组，重点培育现代新型企业

一是要采取各种有力措施，加快我市现代科技型企业和现代服务业的发展步伐，以培育壮大新兴产业和改造提升传统产业为着力点，逐步改变我市企业的低附加值、低劳动生产率、低企业盈利能力企业的结构调整。二是从着手经济新增长点出发，发展具有前瞻性的新兴行业。我们要全力打造生态和谐人文社会，政府要把好项目引进的源头关，注重改善我市环境质量，加强重化工业污染防治，严格控制新上高能耗、高污染项目，关闭工艺、技术、设备严重落后的企业，用高新技术

来改造传统产业，促进中小企业技术改造和产品升级。倡导循环经济，推行清洁生产，把“以人为本”作为构建和谐社会和企业发展的重中之重工作来抓。

（宁波市经济委员会　董其岳）

厦门市

一、发展情况

根据工商部门以及统计部门提供的数据，初步分析结果显示：截至2009年底，厦门市共有中小企业约67 500家（不含分支机构；全市共有企业80 299家，其中，非分支机构68 879家，分支机构11 420家）；2009年我市新增注册企业8 691家（含分支机构）；中小企业创造的产值占国民生产总产值的56%，出口比重占35%，缴纳的各种税收占46%，技术创新成果占65%，吸纳了全社会就业人口的75%，其中民营企业的上述各项指标分别占全市的25%、21%、15%、30%和41%，中小企业和民营经济正在成为我市经济发展的一支重要生力军，并呈现出以下特点：

（一）数量大，规模偏小

据初步统计结果显示，我市现有中小企业67 500家，占全市企业数的98%，注册资本在500万元以下的企业约占85%（其中0～100万元约占59.55%，100万～500万元的占25.35%），500万～1 000万的占5.84%，1 000万以上的占9.26%。总体表现为数量大，但规模偏小。

（二）行业集中度高，侧重第三产业

目前，我市中小企业、民营企业活跃在电子、化工、机械等支柱性产业，尤其是在提供商务、社区、旅游服务等领域的第三产业占有重要的地位，批发和零售业与制造业是厦门中小企业、民营企业的主体，约占整体的57.93%，其中批发和零售业约占36.77%，制造业约占21.16%。另外，租赁和商务服务业约占12.08%，建筑业约占4.91%，信息传输、计算机服务和软件业约占4.62%，交通运输、仓储及邮政业约占3.80%，房地产业约占3.72%。

（三）数量增长速度逐年加快，近年增长平稳

按企业成立时间来说，近六年即从2003年《中小企业促进法》颁布实施以来，中小企业数呈现出逐年增长、不断加快的态势，其中2003年新增企业数占7.42%，2004年占9.87%，2005年占10.41%，2006年占11.84%，2007年约占11.68%，2008年约占11.36%，2009年新增注册企业数约占11.18%。从2006年开始企业的新增注册数量占比保持相对稳定。

（四）中小企业正在成为社会经济发展的重要生力军

表现在三方面：一是对经济增长的贡献进一步提高。中小企业创造的产值占全市的“半壁江山”，已成为经济增长的重要部分。二是劳动力就业的主要渠道。目前，厦门市中小企业从业人数占我市全社会从业人员总数的75%以上。三是推动科技创新的有生力量。厦门市从事高新技术的中小企业越来越多，从技术成果看，厦门市电子信息、光电技术、新材料应用等高新技术成果产业化都是以中小企业作为载体的，中小企业已成为厦门市新技术推广应用和技术创新的重要力量。

二、主要工作

2009年度，厦门市中小企业发展工作紧紧围绕当时经济形势下中小企业的热点、难点问题，从完善政策体系、加强融资服务、推动企业管理提升、完善服务体系和加强产业安全预警等工作入手，积极引导、帮助民营企业、中小企业顺应当前国内外经济形势，抢抓国家扩大内需、调整产业结构以及大力支持中小企业发展的有利时机，实现平稳的持续增长。

（一）完善政策体系，营造良好的民营中小企业发展环境

1. 出台《厦门市对银行小企业贷款实施风险补偿暂行办法》

根据《福建省小企业贷款风险补偿暂行办法的通知》（闽政办［2009］52号）的精神，结合厦门市的实际情况，由市经发局牵头，联合市财政局、人民银行和银监局出台了《厦门市对银行小企业贷款实施风险补偿暂行办法》，对银行业发放小企业贷款发生坏账损失给予一定的补偿，有力地引导了我市银行业积极开展小企业贷款。

2. 酝酿民营经济考核措施

经过近一年的研究讨论、征求意见和专题考察，借鉴重庆、湖南等地的先进做法，结合我市实际，提出了我市民营经济考核办法的意见和建议，目前该文件正由市政府办公厅面向全市各有关部门征求修订意见。该考核办法的推出将成为我市民营经济发展工作的重要抓手，为有效推动各区、各部门确实加大民营经济发展力度提供保障。

3. 推动中小企业扶持政策的贯彻落实

一方面积极开展送政策下企业活动，为落实国家“保增长　扩内需　调结构”政策措施，引导和帮助企业用足用好各级政府扶持政策，推进我市经济持续健康发展。根据《福建省经济贸易委员会关于开展“送政策进企业”活动的通知》（闽经贸企业［2009］73号）精神，结合我市实际情况，制定了“厦门市送政策进企业活动工作方案”（厦经企［2009］60号），于今年3～6月份开展了“送政策进企业”活动，内容包括税收新政、产业政策和资金扶持等方面，共举办了9场，近千人次参加，成效显著；另一方面积极帮助我市企业申请各级财政支持资金，根据工信部的统一部署，我局积极组织本市中小民营企业申请第一批国家中小企业发展专项资金，10个项目获得了1 070万元的资金补助，第二批5个项目获得220万元专项资金支持，市经发局联合市发改委推荐的44个国家发改委小企业技术改造项目获得4 000万元的专项资助，全年组织申报的国家、省、市财政支持中小企业发展的专项资金达7 408万元，有效地推动了我市民营中小企业积极实施技术创新和产业升级发展战略。

（二）加大融资服务工作力度，缓解中小企业融资困难

1. 发挥厦门市中小企业融资工作联席会的作用

围绕中小企业融资工作，组织召开了四次厦门市中小企业融资工作联席会，贯彻落实《国务院关于进一步促进中小企业发展的若干意见》（国发［2009］36号）和《政银企协商座谈会会议纪要》（福建省人民政府专题会议纪要［2009］39号）精神，研究推进我市中小企业集合发债、互助担保、再担保基金管理、融资性担保业务管理、小额贷款公司试点和银行小企业贷款等融资工作，有针对性地帮助探寻新的融资途径。积极探讨流贷展期、授信期延长、授信规模提高、对当前共性压力下出现阶段性效益下降的企业暂不降低信用等级等措施；提高包括专用设备在内固定资产抵押率、延长贷款抵押物登记有效期限等措施；增加担保机构放大倍数的可行性；中小企业股权质押融资模式；中小企业知识产权抵押融资模式等各种化解中小企业融资瓶颈的方法。融资联席会议的定期召开，在引导银行业开展中小企业贷款、帮助企业解决融资个性需求问题、探索创新的中小企业融资模式等方面发挥了重要的综合协调作用。

2. 调动银行业中小企业贷款积极性

一是与市财政局、银监局等相关部门联合开展银行业中小企业贷款奖励工作，评选出厦门市建行等5家银行为2009年厦门市银行业金融机构小企业授信工作先进单位、10位个人为2009年厦门市银行业金融机构小企业授信工作先进个人，通过加强考核、落实奖励资金，鼓励银行业扩大中小企业贷款规模，创新中小企业融资服务产品，完善中小企业的贷款利率定价机制和考核机制，支持做好中小企业融资服务工作。二是根据《福建省小企业贷款风险补偿办法》（闽政办［2009］52号）和《厦门市人民政府关于进一步支持中小企业融资的实施意见》（厦府［2008］389号）规定，制定《厦门市小企业贷款风险补偿暂行办法》，进一步激发了各商业银行的中小企业放贷积极性，在4月18日的中小企业服务日活动上，建行、中行、商业银行与我局签订支持中小企业合作发展协议，三家银行承诺三年内不少于150亿元信贷额度用于支持中小企业发展。

3. 完善融资担保体系

一是参照国家、省政府有关支持担保机构建设的优惠政策，制定《厦门市中小企业信用担保风险补偿金管理办法》，对中小企业融资担保机构，按年度担保额进行补偿；二是召开区级政策性担保公司经验交流会，对集美区的经验进行总结并加以推广，指导其他各区利用财政资金设立的担保公司开展工作；三是会同税务部门审核我市担保机构免税条件，积极争取我市担保机构享受国家免征营业税政策，今年初审推荐了3家担保公司，上报工信部与国家税务总局审批；四是起草制定厦门市融资性担保业务的监管办法和成立市级再担保机构相关文件；五是根据年初国务院令548号文，与市工商局沟通协调“过渡期”担保机构设立及变更管理工作，商讨“政策过渡期”的应对措施并达成一致意见，为保证担保机构的持续经营创造条件；六是落实担保公司各项扶持政策，帮助担保公司争取国家及省级的担保风险补助资金，我市共有3家担保公司获得国家补助资金880万元，11家担保公司获得省级补助资金769万元；七是做好担保运行数据统计分析工作，拟写季度分析报告及半年分析报告；八是依托厦门市担保典当行业协会，通过开展行业交流、业务培训、银企对接、走访检查等活动，不断提升行业自律、规范行业发展、提高执业水平，为我市担保典当行业发展、拓宽我市中小企业融资渠道做好服务工作。

4. 加强典当行监管服务工作

一是按照商务部的要求，做好典当行业2008年、2009年第一季度、上半年及全年度运行情况总结工作，查找异常情况，予以纠正，并形成典当行运行情况分析报告，及时认真准确地完成商务部、省经贸委年报、季报报表上报任务；按照《商务部办公厅关于报送典当业有关情况的通知》（商办建函［2009］11号）文件要求，对我市典当行逐一进行审查，查找存在问题，制定整改方案，限时整改，并将我市典当业监管和运作情况向商务部进行汇报。二是积极开展典当行年审工作。对本市20家正常营业的典当行（新增8家典当行因2008年底方予批准设立，故无需年审）进行每年一度的审查。按规定要求，严格指定会计师事务所对典当行进行年终审计。联合局综合处、监察室共同走访了各家典当行，依法持证检查了各家典当行当票、续当票使用保管情况、财务账册、凭证和银行对账单，以及监控设备运行保存等安防措施、运作状况和合规性。三是开展厦门市典当行业业绩评价工作。根据各典当行提交的典当年度报表和年度审计报告，主要选择能反映典当运作情况、经营业绩、资金运作能力、风险控制水平、投资回报及社会贡献等具体指标进行分析比较。按评分规则计算得分，依综合得分高低排定名次。并就排名结果和经营业绩给予相应评述，同时通过网络、媒体宣传公布，鼓励典当行做强做大。四是依法履行行政审批职责，办理厦门泛华典当有限公司股权转让的批复，并认真做好森泉典当、福顺祥锦典当、兴资典当和金恒生典当等公司的变更咨询接待。五是做好典当行业发展服务工作。依托市担保典当行业协会，组织典当业统一标识厦门地区作品的征选活动；组织典当行业协会和部分典当行对《典当管理办法（修订稿）》进行认真学习和研讨，提出正式修改意见；组织本市典当公司财会人员参加商务部建设司在南昌召开的典当企业会计制度和信息报送培训会；定期召开担保典当行业协会会长会议，探索研究当前行业发展主要问题；成功完成市担保典当行业协会换届选举。

5. 努力推动中小企业集合发债工作

根据《厦门市人民政府关于进一步支持中小企业融资的若干意见》（厦府［2008］389号）关于大力推动我市中小企业集合发债的要求，市经发局于今年初利用网络面向全市中小企业征集发债试点企业，一批中小企业积极申请参与，涉及物流、电子、食品、网络、机械等行业，申请发债规模达6亿多元人民币。2009年5月5日下午，市经发局牵头，召集市金融办、发改委、银监局、人民银行、国开行、招商银行、市中小企业服务中心、政策性担保公司、兴业证券等相关单位负责人，对如何加快推进我市中小企业集合债券的发行工作进行了讨论和研究，为加快推进中小企业集合发债工作奠定了坚实的基础。2009年6月12日，市经发局邀请了证券公司相关负责人，与我市拟发行集合债和拟上市的16家中小企业就中信证券针对有上市意向的中小企业量身定做的中小企业可转换集合债券项目，进行深入的交流，多家参会企业对此表示了浓厚兴趣。目前，市经发局联合证券逐一走访意向企业，经过几轮深入的交流，两家中小企业参与、首期规模达6 000万元的集合可转换债券项目已进入尽职调查阶段，进展顺利，预计2010年可发行成功。该项目的成功发行将成为全国首批创新型中小企业集合发债的典范，为下一步我市优质中小企业通过前期发债融资到最终上市融资探索出一条新路子，进一步拓宽了我市中小企业融资渠道。

6. 积极推进创业投资引导工作

根据《福建省经济贸易委员会关于开展申报2009年度省创业投资引导资金意向调查的通知》（闽经贸函企业［2008］788号）要求，开展我市2009年度新增创业投资调查。编写《厦门市2008年创业投资引导工作开展情况和2009年创业投资工作计划的报告》。起草《厦门市创业投资引导资金管理实施办法（试行）》。协调在厦门召开福建省2009年创业投资论坛，即“困境企业与创业投资机构的机遇与挑战”专题会议；协调研究《福建省2009年创业投资论坛——2009海峡两岸创业投资论坛方案》。

（三）改进培训指导方式，提升中小企业管理水平

1. 设立中小企业发展顾问组

面向社会遴选企业管理提升、资金融通、财务分析、项目评估、技术创新等五个领域专家，确定了由38名产业技术升级服务专家、32名管理咨询服务专家组成的我市中小企业服务专家库。

2. 启动中小企业管理咨询巡回义诊工作

组织重点民营企业、成长型中小企业开展企业治理制度、生产运营管理、人力资源管理、市场营销管理、财务管理和品牌战略管理等方面的咨询、诊断、重点辅导等公益性智力支持活动。

3. 继续做好公益培训工作

出台《厦门市中小企业公益培训资金管理暂行办法》，进一步推动和促进公益培训工作规范化、制度化，加强公益培训资金的管理，提高资金使用效益；在市重点民营企业和成长型中小企业范围内开展“个性化培训”需求调查，根据企业的培训需求，有选择、有针对性地组织公益培训，培训费用由相关财政专项资金资助；指导市中小企业服务中心做好省经贸委中小企业成长培训工作。

4. 举办总裁研修班

为帮助我市中小企业适应新一轮的经济结构调整和产业升级，逐步向建设优势团队、实施技术研发龙头战略转移，打造高效运作的管理体系，培养中小企业管理者的商业新思维，帮助企业探寻成长突破之道，由市经济发展局、市财政局主办，厦门经济管理学院承办，引进清华大学师资的为期一年的“中小企业工商管理总裁高级研修班”，吸引了我市53名企业高管人员参加，已于2009年9月份开班。

5. 支持管理咨询机构发展

经专项审计、项目评审等环节，组织厦门南强同科管理顾问有限公司等17家管理咨询机构的89个企业管理咨询项目申报2009年企业管理咨询平台资金。

6. 做好公共信息服务工作

依托厦门中小在线网站大力开展政策宣传、政务公开服务工作，2009年结合各级政府扶持中小企业发展的需要，重点在建立专题政策宣传栏目、企业困难问题收集整理、人才对接平台以及对接全国中小企业运行监测系统等方面加大了工作力度。同时，继续办好《厦门民营经济与中小企业》期刊，全年共发行12期36 000份，面向各级中小企业政府管理部门、服务机构以及我市的中小企业免费发放，成为政府相关部门及时掌握我市中小企业发展工作情况、中小企业了解政策方向和行业动态的重要参考材料，对厦门中小在线网络平台的信息传导形成了重要的补充。

（四）健全服务体系，支持民营、中小企业发展

1. 不断完善中小服务机构建设

充分发挥市中小企业服务中心的龙头带动作用，引导帮助各区经贸局、工业园区管委会建立健全辖区中小企业服务机构，依托厦门市创业者协会、企业投融资促进会、经济管理咨询协会等行业协会大力开展中小企业服务工作，并通过厦门中小在线实现服务职能的网络化延伸，这是我市2009年中小企业服务体系建设的重要工作。

2. 举办中小企业服务日活动

2009年4月18日，厦门市经济发展局牵头，联合市财政局、厦门日报社共同主办的“2009年厦门中小企业服务日”，在厦门国际会展中心隆重召开。活动以贯彻市政府“保增长、扩内需、调结构、保稳定”为主线，以“整合社会资源、搭建交流平台、提供优质服务、实现多方共赢”为宗旨，以“助力中小企业、逆市寻觅商机”为主题，组织海关、税务、质检、人事、劳动、人行、银监等部门以及有关行业协会（商会）、管理咨询机构、金融机构等共同为中小企业服务，共安排了

9大服务展区202个展位和11个专题论坛，邀请相关政府官员、专家学者、企业家、银行业代表围绕当前最突出的市场需求不足、融资难等问题，为中小企业指点迷津，让我市中小企业“一站式”了解新政策信息，享受金融、技术、管理、信息化、市场等方面专业服务和智力支持，活动吸引了来自我市各行各业3 000多家中小企业、6 000多人次的热情参与，获得圆满成功，受到了叶副市长的高度评价；深受中小企业喜爱和追捧的一年一届的“厦门市中小企业服务日”正成为我市服务中小企业的一块重要品牌。

3. 完成2009年度成长型中小企业评选

4月，评选出2009年度最具成长性中小企业28家，成长型中小企业206家。并设立中小企业成长支持资金700万元，重点支持符合国家产业政策、为大企业协作配套、具有自主知识产权的成长型中小企业的固定资产投资及流动资金贷款项目。同时，2010年成长型中小企业的评选工作也于近日正式启动，利用厦门中小在线网站向社会公开征集，广泛发动我市中小企业积极参与。获评的成长型中小企业既是我市中小企业的行业龙头，又是我市中小企业发展工作的重要抓手，在带动全市近7万家中小企业发展方面发挥了重要的示范作用。

4. 支持开拓国内外市场

积极组织中小企业参加第六届中小企业博览会等，不断拓宽市场发展空间；依托厦门工业经济网、中小企业在线网站开辟厦门地产工业品展示专栏，促进本地企业对接，鼓励企业进行网上采购，帮助符合条件的中小企业纳入政府采购目录，推动政府采购向中小企业产品倾斜；依托市中小企业服务中心、行业协会等平台，加强与专业培训机构合作，聘请优秀营销名师，大力开展营销技能培训，不断提高中小企业营销队伍的专业技能。

（五）加强产业安全预警指导，帮助企业积极应对贸易纠纷

1. 继续做好产业安全数据库扩容工作

一是进一步建立和完善产业安全数据库扩容工作机制。对数据报送体系的建立、直报人员的培训、数据催报和稽核、编制预警报告等数据库扩容工作的各个环节建立相应的制度和规范，明确相关专职人员的目标和责任，确保数据报送的及时性和准确性。二是定期召开产业安全数据库联络员工作会议。每季度召开一次企业数据报送员联席会议，汇报了在数据报送工作中存在的问题，交流工作经验，共同探讨将产业安全数据库扩容工作做得更好更完善的方法。同是利用联席会加强对报送人员有关维护产业安全及贸易救济工作的相关知识的宣讲，提高对数据报送工作的自觉性和责任感。三是及时做好新数据报送员的培训工作。针对数据报送人员流动性较大的特点，及时派人到监测企业对新报送员进行个别培训，使其尽快熟练掌握数据直报的操作方法。

2. 进一步加强产业损害预警工作

一是对重点产品进行预警监测，及时编制相关预警报告。根据国内外贸易形势和我市相关产业的发展情况，对双零铝箔、对苯二甲酸、平板彩电等重点监测产品及时分析其进出口异常情况，编制形成监测分析报告、各类产业安全动态信息和专题报告，提出对策建议，为促进企业稳定发展提供有益参考。二是开展产业安全相关问题研究。针对国际金融危机下维护产业安全面临的新情况和新任务，我们开展了《国外贸易救济措施对厦门企业的影响和对策》等的课题调研，通过调查分析国际金融危机下国外技术性贸易壁垒和贸易救济措施对我市产业的影响，提出应对的具体措施，促进企业平稳度危机。三是进一步完善产业损害预警工作机制。加强与政府相关部门、行业协会、重点企业沟通与协作，逐步建立由主管部门、中介机构、行业协会和企业组成的统一规划、分工合作、各有侧重、信息共享、反应灵敏的产业损害预警工作体系。

3. 不断拓宽服务产业的途径和手段

一是加强地区产业经济分析。通过分析各产业在我市国民经济中的地位和作用，产业内分行业结构、区域分布结构和企业结构，产业生产经营、效益景气等经济运行状况，重大政策或突发事件的影响，产业发展阶段和未来发展趋势等，充分了解企业基本情况，掌握运行规律；引导产业结构调整，提升竞争能力；做强做大产业规模，维护产业安全。二是促进产业转型升级和结构优化调整。国际金融危机对经济外向度较高的我市产生较为直接和严重的不利影响，我市通过实施产业集聚引导、促进大小企业协作配套、推进企业自主创新、鼓励企业实施名牌战略等有针对性的措施，推动我市企业实施产业转型升级和结构优化调整，有效地应对金融危机、促进产业安全发展。三是抓好国家产业发展政策的宣贯。今年国务院陆续出台重要产业调整振兴规划，根据我市产业发展特点，我们及时邀请中国纺织工业协会和中国轻工业联合会等协会的领导和专家为我市企业举办培训班，解读相关产业振兴规划，帮助企业用好用足国家政策，促进企业的平稳发展。

4. 积极配合商务部做好产业损害调查工作

2009年2月12日，商务部决定对原产于韩国和泰国的对苯二甲酸进行反倾销调查，厦门翔鹭石化股份有限公司成为我市第一家对国外进口产品提起反倾销申诉的企业。今年5月14日，商务部产业损害调查局到企业进行实地核查，市经发局积极派人参加调查组，做好配合工作，使商务部调查组顺利完成实地核查工作。

5. 着力促进维护产业安全信息服务和培训工作

一是加强中国产业安全指南厦门子站建设。子站自去年8月正式开通以来，不断完善栏目设置，及时更新信息，有效地承担起数据报送、案件情况查询、预警信息发布、产业竞争力研究、贸易救济知识普及等服务功能，目前已近140万人次的点击，子站在维护产业安全的信息和宣传服务中起到了积极的作用。二是实施“一把手”工程。通过中国产业安全指南厦门子站和我们编制的《厦门市维护产业安全工作信息简报》及厦门产业安全专刊，提供公共信息服务，将贸易摩擦、产业损害预警信息及时送到重点监测企业的“一把手”手中。三是举办各种有关贸易救济、技术性贸易壁垒等的培训班。先后举办贸易救济措施应对、金融危机下的技术性贸易壁垒与应对等培训班，培养企业自觉运用贸易救济措施维护自身合法权益的意识，提高应对各种贸易摩擦的能力。四是做好电话咨询服务。通过贸易救济咨询服务热线，热心、专业地解答了来自本省及全国各地企业的咨询电话。内容涵盖了贸易救济的申诉及应诉、欧盟“两指令”、欧盟 REACH 法规、EUP 指令等技术性贸易壁垒问题。

6. 进一步加强对企业应对和运用贸易救济措施的服务和指导

一是指导企业适时提起反倾销申诉。对第一起由我市企业参与发起的反倾销申诉案——厦门翔鹭石化有限公司对苯二甲酸的反倾销一案，从预警监测、发现和培养案源、加强与行业协会和律师事务所的联系和沟通、帮助企业提起申诉、促成商务部立案调查、参与商务部产业损害调查等各环节，进行全过程服务和指导。二是为遭受国外贸易救济措施的中小企业提供应诉辅导。如今年遭受欧盟铝合金轮毂反倾销的厦门民兴工业有限公司、美国带织边窄幅织带“双反”案的厦门姚明织带饰品有限公司等都是我市中小企业，我局及时走访企业，鼓励企业积极应诉，并就律师聘请、应诉技巧和策略等方面提供指导和帮助。

三、2010 年中小企业工作安排

（一）总体要求

根据国务院《关于进一步促进中小企业发展的若干意见》（国发［2009］36 号）和厦门市人民政府《关于支持中小企业经营发展的实施意见》（厦府［2008］395 号）要求，围绕工作目标，从完善工作机制、引导社会服务、促进结构调整、加强融资服务、推动企业管理提升等工作入手，引导、帮助民营企业、乡镇企业、中小企业把握海西战略机遇，顺应当前经济形势，实现持续发展。

（二）工作目标

1. 进一步完善工作机制和政策体系

根据国发［2009］36 号文要求，成立厦门市民营经济（中小企业）工作领导小组，实现领导小组一元化领导下、多部门协调配合的民营经济、乡镇企业和中小企业领导、工作体制。制定贯彻落实国发［2009］36 号文的具体实施意见，整合、提升切合我市实际、符合企业发展需求的政策措施。

2. 实施 53112 工程打造政策聚焦载体

完成 50 户 2010 年度重点民营企业、300 户 2010 年度成长型中小企业评选工作。培育 10 个创业基地，打造小企业创业发展空间。培育 10 个中小企业公共（技术）服务平台，提升公共服务工作。遴选 200 户有代表性中小企业纳入国家中小企业监测体系，开展企业数据直报和运营状况分析工作。

3. 提升融资服务工作

努力引导银行业金融机构支持中小企业融资，确保全市小企业贷款季均余额增长 5% 以上。大力发展各类融资服务机构，推动全市新设融资性担保机构 10 家、新设立典当行 3 家，形成以银行业金融机构为主渠道、其他融资服务机构为补充的多层次融资服务网。加大对中小企业集合发债、创业投资、融资租赁和上市融资的支持，帮助 5 家中小企业完成发行集合债券的各项工作。

4. 实现企业管理咨询与培训工作的融合

面向重点民营企业、成长型中小企业组织开展 10 场以上管理沙龙活动，选择 60 户企业给予管理咨询义诊服务，选择 6 户最具代表性和管理提升工作成效明显的企业推荐给省经贸委召开现场交流会，在全省范围内推广典型经验。在管理咨询工作基础上，提炼企业家关心、关注的热点问题，通过举办中小企业总裁班，分两期完成 100 名企业家或主要高管人员的培训目标。整合国家、省级公益培训资源，通过联合行业组织或市场化培训资源，分 10 期培训各类企业人员 1 500 人次。

（三）工作措施

1. 建章立制，进一步完善工作机制和政策体系

（1）成立领导机构。根据国发［2009］36 号文有关精神，成立厦门市民营经济（中小企业）工作领导小组，加强对民营经济、乡镇企业和中小企业工作的统筹规划、组织领导和协调服务。领导小组在厦委［2003］54 号确定的厦门市民营经济工作领导小组的基础上建立，有利于对民营经济、乡镇企业和中小企业发展工作的一元化领导，形成各项工作、各部门间的工作合力。

（2）完善政策体系。以贯彻落实国发［2009］36 号文为主线，制定我市的实施意见，从加快产业结构调整、加大财政支持力度、解决融资难题、推进管理提升、完善服务体系等方面出台相应的扶持措施。结合工作实际，对《厦门市中小企业发展专项资金使用管理暂行办法》进行修订，着重增加对信用担保体系、融资服务体系、管理提升等方面的资金支持规范。

（3）推进各项政策的贯彻落实。努力促成市民营经济考核制度正式出台，并通过各区、各部门通力协作，实现民营经济、乡镇企业和中小企业工作的新进步。联合市人大及市委、市政府相关部门以及工商联（总商会）等组成专项督查小组，开展各项法律、规章落实工作的专项调研、督查工作。

（4）健全工作联系制度。完善民营经济、乡镇企业和中小企业相关工作的议事、决策、协同制度，强化各部门间的工作联系。完善市民营（中小）办的协调、联络机制，发挥各相关部门联络员的沟通联系作用，畅通各部门间的信息交换，形成不同领域民营企业、乡镇企业、中小企业发展情况的交流、汇总机制，为最大程度发挥政策效应创造条件。

（5）健全社会化服务体系。强化“政府购买服务”观念，发挥市中小企业服务中心龙头服务机构的平台作用，推动公益性服务机构与市场化服务机

构的结合；聚合各类机构支持企业发展。进一步完善行政部门、行业协会、各区服务机构和社会化专业服务机构的协同配合机制，提升整体服务效能。

2. 加强服务，助力企业快速成长

（1）开展2010年度重点民营企业认定和成长型中小企业评选工作。按照“分类指导、突出重点、梯度扶持”的原则，组织开展2010年度重点民营企业和成长型中小企业评选。并以此为切入点，加大对有市场、有效益、有发展前景重点企业的扶持，培养一批快速健康成长的示范企业，带动更多企业发展。

（2）培育10个创业基地。根据国家鼓励创业产业政策导向，结合我市发展实际，从创业群体的实际需求出发，重点推动培育10个面向创业者的新型综合平台，为初创业者提供创业孵化服务，为推动创业、鼓励创业、成功创业奠定工作基础。

（3）培育10个公共技术服务平台。在做好摸底调查的基础上，重点培育10个中小企业公共（技术）服务示范平台，为我市中小企业提供研发设计、试验试制、检验检测、设备共享、质量管理、信息服务、技术咨询、技术推广、人才培训等技术服务，采取政府认定、动态管理的方式，确保服务平台运作规范、支撑力强、业绩突出、信誉良好、公信度高。

（4）加强企业运营监测。按照工信部的统一部署，做好30户企业网上数据直报工作，并在2010年底前实现200户企业数据直报的目标。以成长型中小企业为主要对象，按照“支柱产业、行业龙头、区域代表”的原则，筛选样本企业，做好经营数据汇总和运行监测报告。按照农业部乡镇企业局的部署，加强与各区及直报点的联系，确保乡镇企业发展数据汇总和运行分析任务的顺利完成。

（5）举办中小企业服务博览会。以“整合社会资源、搭建交流平台、提供优质服务、实现多方共赢”为宗旨，打造中小企业服务博览会品牌活动。2010年度确定以“海峡两岸携手合作，共助中小企业发展”为主题，通过设立8大主题服务展区和举办多个专题论坛、研讨会和报告会的形式，充分展示我市中小企业服务成果，为我市近7万家中小企业提供一站式专业化的服务盛宴。

3. 突出重点，大力推进结构调整

（1）支持企业技术创新。支持企业按照重点产业调整和振兴规划要求，采用新技术、新工艺、新设备和新材料进行技术改造。促进重点节能减排技术和高效能环保产品、设备的推广使用。积极帮助我市企业申报国家、省级技术项目，加强项目征集、专家联审、项目跟踪等各项工作，提升对企业技术创新的引导和帮助工作成效。

（2）推动企业集聚发展。鼓励民营企业、乡镇企业和中小企业与13条制造业产业链（产业集群）的大型龙头企业开展协作配套，充分发挥大企业在技术、人才、设备、资金等方面的优势，带动配套企业发展。借助各类产业园区的规划、发展，拓展产业空间平台，支持配套企业集聚发展。

（3）帮助企业拓展商务空间。鼓励民营企业、乡镇企业和中小企业在电子信息、创意产业、电子商务、现代物流、网络服务等现代服务业开拓领域，不断培植新产业经济和利润增长点；支持企业通过应用电子商务、参加展会、开展区域合作等形式不断拓展国内外市场。

（4）积极探索企业兼并重组新路子。重点研究中小企业强强联合、同业兼并的新模式，努力推动我市重点民营企业、成长型中小企业与重点工业企业、国有企业集团的兼并重组，淘汰落后产能、规避同业竞争，不断提高产业集中度和资源配置效率。

（5）努力推进企业管理信息化水平提高。采取政府引导、社会参与的方式，整合信息化产品、服务资源，积极推动企业在产供销、开发设计、商务运营等领域的信息化进程。充分发挥厦门中小在线网站贴近企业的优势，加大企业宣传、政策宣贯、运行监测、行业分析等方面的内容采编，不断提高《厦门民营经济与中小企业》期刊的权威性和可读性。

4. 破解瓶颈，切实解决融资难问题

（1）进一步发挥中小企业融资联席会议作用。围绕中小企业融资的问题，定期召开联席会，综合协调有关融资服务工作。研究推进我市中小企业集合发债、融资租赁、互助担保、改制上市、创业投资和银行小企业贷款等专项工作的具体举措。针对企业融资的个性需求问题，探索创新中小企业融资模式的有效渠道。

（2）完善银行小企业贷款风险补偿机制。继续安排资金开展小企业贷款风险补偿，引导银行业机构加大对小企业贷款投放。及时总结2009年、2010年开展小企业贷款风险补偿工作经验，努力促成此项工作的常态化，打造调控贷款额度向小企业倾斜的工作抓手。

（3）健全中小企业信用担保体系。发挥中小企业信用担保风险补偿金的引导作用，不断提升融资性担保的份额。积极争取国家、省级风险补偿资金，壮大我市担保机构风险能力。加强行业监管，规范和引导各担保机构健康发展。大力推动行业协会、商会和龙头企业牵头组建会员制互保式的担保机构。

（4）推动创业投资发展。积极搭建创业投资服务平台，促进省内外、国内外创业投资机构与我市创业企业的融资对接；推动设立市级创业投资引导资金，引导创投资金投向我市13条制造业产业链（群）的种子期、起步期、初创期企业。争取省级资金实际投资我市企业的创投机构给予风险补偿和资助我市创业企业接受省外创业投资。

（5）促进典当业规范发展。从新增典当行、鼓励典当行增资扩股和协调质押、抵押登记等三方面，推动典当业加快发展，强化其应急融资服务企业的能力。执行典当业监管规范和强化行业协会的自律功能，促进典当机构守法经营、提升业务、规范经营和防范风险。

（6）推动中小企业集合发债。加快推进首批可转换集合债发行，加强与证券公司合作，在成长型中小企业中继续筛选优质项目，争取把该项发债工作常态化，为我市中小企业通过前期发债融资到最终上市融资探索出一条新路子，进一步拓宽了中小企业融资渠道。

（7）积极探索小额贷款公司试点工作。在学习借鉴外地和本省小额贷款公司试点工作的基础上，逐步推动有条件的区开展小额贷款公司试点。研究制定厦门市小额贷款公司试点暂行管理办法，建立小额贷款动态信息检测、统计分析和监管服务机制，规范管理，稳步推进。

5. 把握关键，推动企业管理提升

（1）融合管理咨询与培训服务。坚持以咨询服务诊断问题、引导更广泛的培训资源服务管理提升的原则，对近年来开展企业管理咨询和公益培训工作加以总结。以实现更多企业管理提升的目标为统领，融合管理咨询和培训服务，通过推进管理诊断服务，把握企业管理提升的难点，通过联合行业性、市场化资源开展更广泛智力服务，拓展公益性管理诊断和培训的受益面。

（2）继续推进企业管理咨询工作。依托厦门市经济管理咨询协会，配合省经贸委开展新一批管理咨询机构的推荐工作。着重将实力强、专业能力卓越、服务信誉好的机构遴选出来，推荐给企业。引导被推荐机构，积极参与面向重点民营企业和成长型中小企业的公益性主题沙龙活动和管理巡回义诊活动。通过这些活动，准确把握企业管理工作中存在的共性或个性问题，开展有针对性的辅导工作，实现重点企业群体的管理提升。

（3）提升公益培训工作。强化培训前期的调研工作，结合公益性管理诊断工作成效，以厦门经济管理学院为平台，以市级公益性培训资金为支持，举办中小企业总裁班，对企业家和主要高管开展有针对性的培训，打造高端公益性培训工作模式。同时，发挥市中小企业服务中心龙头服务机构的作用，以其为平台整合国家、省级公益性培训资金，联合市场化的专业服务，形成更广泛的培训网络，满足企业多层次的培训需求，使更多企业受惠公益性培训资源带来的服务。

（4）塑造典型推广成功管理经验。收集、整理一批体现创新性、实效性、具有推广价值的管理咨询项目，组织专家剖析和评审，向省经贸委推荐以获取相应资助和推广帮助。通过专家评价、阶段跟踪，帮助企业对管理提升工作进行经验总结，及时将取得较大成效的企业整理成典型案例在全市推广。

（5）组织召开企业管理现场交流会。在接受管理咨询义诊服务的企业中选择6户最具代表性和管理提升工作成效明显的企业推荐给省经贸委，组织召开管理经验现场交流会，通过企业自述、专家点评、现场交流、媒体宣传等形式，在全省范围内大力推广典型经验。

（厦门市经济发展局）

青岛市

2009年，我市民营经济和中小企业系统认真贯彻中央扩内需、保增长的政策方针，突出抓好国务院促进中小企业发展若干意见的落实，积极落实市委、市政府关于推动民营经济和中小企业发展的工作部署，努力克服金融危机不利影响，切实转变发展方式，加快产业结构调整，民营经济和中小企业呈现出平稳较快的发展态势。

一、主要指标完成情况

年初，受国际金融危机影响，全市中小企业税收和出口等指标增幅回落，但二季度以来，降幅开始收窄，到三季度，主要指标恢复增长，呈现逐步回暖态势。民营经济和中小企业运行呈现以下特点：

1. 企业规模、吸纳就业不断扩大

截至2009年末，全市以中小企业为主的民营经济注册户数35.9万户，注册资本金2 881亿元，同比增长24%；实现增加值2 525亿元，同比增长13.9%，占全市GDP的51.6%；全市新增个体户6.9万人，私营企业1.9万户，个私企业达到34.74万户。

2. 税收增幅逐渐回升

2009年，以中小企业为主体的民营经济完成税收296亿元，同比增长2%，占全市税收总额的29.1%，扣除海关代征，占全市地方税收的49.6%。

3. 重点监测企业生产经营形势进一步好转

据对百户重点监测的工业中小企业统计，51%的企业产值增长，增长的企业比一季度增加4.9%。百户企业产值增幅由一季度累计下降6%转为增长5.4%。重点监测十大民营企业完成主营业务收入565亿元，同比增长3.3%；完成出口交货值39.4亿元，增长14.1%。

4. 项目建设稳步推进

全市民营经济固定资产投资全年完成1 718.6亿元，同比增长17%。重点跟踪推进的50个民营项目已全部开工建设，全年完成投资59亿元，41个项目建成投产。

二、主要工作措施

2009年，我们紧紧围绕应对国际金融危机，突出在环境优化、产业升级、融资担保、市场开拓等方面下工夫、解难题，帮助和引导企业平稳较快发展，实现了七个“新进展”和“进一步”。

1. 在创新政策措施上取得新进展，发展环境进一步优化

一是完善政策措施。贯彻落实市委、市政府《关于进一步改善中小企业发展环境的若干意见》，

出台了31个配套文件或实施细则。设立了中小企业发展专项资金，出台了中小企业评议涉企政府部门的实施意见，围绕贯彻《国务院关于进一步促进中小企业发展的若干意见》研究制定实施办法。二是注重政策引导。对成长型中小企业项目建设给予资金扶持，为55个企业争取国家中小企业发展专项资金5 677万元。三是加强政企沟通。组织召开全市中小企业座谈会、落实“20条”情况通报会，市委、市政府领导出席会议，与企业家交流思想，帮助企业解决问题，提振应对金融危机信心。调整充实市民营经济发展工作领导小组成员单位，完善市领导联系民营企业制度，市政府有关部门与重点民营企业联系日益增多，效果明显。四是开通了“55585558”中小企业服务热线，开展了家咨询服务日活动，向广大企业提供政策咨询、信息服务、融资援助、投诉受理等服务。

2. 在破解融资难题上取得新进展，企业资金紧张矛盾进一步缓解

一是强化信用担保。落实奖励政策，首次对12家担保机构按不超过新增担保额的1.5%给予奖励补偿，调动了担保公司支持中小企业的积极性。担保机构达到114家，担保贷款突破30亿元，担保机构及担保额均实现翻番。实行担保机构备案制度，对22家申请备案的担保公司进行审查，推动担保行业规范、健康、可持续发展。二是创新融资方式。建立产业链融资激励机制，今年以来，大企业为配套中小企业及时结算货款130亿元。制定过桥资金扶持办法，引导国有投融资公司为流动资金周转困难的中小企业提供支持。300万元财政资金撬动解决过桥资金11亿元，中央电视台和省电视台均对我市做法进行了报道。市南、胶州、即墨等区市也设立专项资金，帮助企业解决还贷周转金困难问题。三是推动多元化融资。召开全市促进中小企业融资工作会议，开展融资洽谈，表彰中小企业融资服务先进单位和个人。构建统借统还、融资对接、信用信息三个平台，改善融资方式。加大对企业直接投资扶持力度，引导私募基金、投资公司对高成长型企业参股注资，通过技改贴息等方式对成长型企业直接扶持。四是加强信贷服务。加快发展村镇银行和小额贷款公司，胶南海汇、即墨诚和等5家村镇银行和3家小额贷款公司相继开业，已发放贷款近亿元。“三个平台、六条路径”的融资模式全年直接解决融资190亿元。

3. 在培育优强企业上取得新进展，产业升级步伐进一步加快

一是加快项目建设。开展招商引资活动，着重引进科技型、配套型、税源型项目，以新项目建设推进产业层次提升。组织50家电子、汽车零部件、化工等有融资需求的企业参加“香港—青岛企业对接会”，与香港的36家企业进行对口洽谈。通过走出去组织产业链招商引资推介活动和督促各区市民营经济主管部门开展招商引资活动，全年引进民营投资项目560个，引进资金252亿元。积极推进重点民营项目建设，重点调度的胶州豪迈齐林、平度宏坤电力化工设备、开发区美光机械造纸机、环海石油化工15万吨气分装置项目、城阳科达威奥轨道、即墨海隆机械汽车零部件技术改造等50个重点民营项目有41个建成投产。二是做强龙头企业。聚焦资金政策、技术改造、融资担保、市场开拓等优势资源向龙头企业倾斜，推动骨干企业加速规模膨胀，通过做强龙头加快产业升级步伐，提升产业整体素质和水平。评选认定了百强农产品加工龙头企业和民营“五百强”企业，百强民营企业实现销售收入同比增长15%以上。三是培育中小企业。滚动实施“中小企业成长工程”，完善促进中小企业成长的支撑体系和育成机制，加大对高成长型企业的政策扶持力度，争取国家对30家企业技改项目给予资金支持。新认定的“200成”企业，总资产合计185亿元。四是提升特色产业。按照“产业集聚、人才集中、科技集成、资源集约”原则，支持老城区搬迁企业向园区集中，鼓励中小企业与大企业协作配套，汽车、家电配套率稳步提升，分别达到55%、40%，37个特色产业板块公共服务能力进一步加强，产业辐射带动能力逐步提高，企业集群集聚发展特色鲜明。

4. 在完善服务体系上取得新进展，创业创新能力进一步增强

一是强化人才培训。完善市、区市、企业三级网络，突出企业家、经理人、创业者三个重点，分类实施。联合清华大学举办第四期EMBA企业家培训班，开办担保业EMBA研修班，中高层工商管理课程班，培训各类人才2 000多人。办好“民营经济大讲堂”活动，举办“中小企业开拓市场研讨会”。“三个层次、三大系列”的人才培训工程，共培训企业经营管理人员2 000多人。二是促进鼓励创业。引导区市企业利用闲置厂房、楼宇建立创业基地，以优惠政策鼓励小企业入驻。目前全市市级创业基地10个，在孵企业1 020家。实施千家小企业创业培育计划，有计划、有针对性地组织系列创业辅导活动，提高其创业能力和核心竞争力。三是加强公共技术平台建设，不断提高服务质量和服务水平，目前，市级平台总数达到8个，年服务中小企业2 000余家。组织企业利用西洽会平台与陕西科研院所开展产学研对接，15个项目进入实质性合作阶段。四是加强信息化建设。升级中小企业信息网，创立“中小企业信息化巡回大讲堂”，联合IBM、慧聪网、雷迅在线等软件公司培训技术人员2 000多人次。开展“电子商务促进月”活动，在中小企业中普及推广电子商务，降低营销成本，提高企业竞争力。

5. 在强化监测分析协调上取得新进展，保持经济平稳较快发展的调控水平进一步提高

创新监测分析手段。围绕应对金融危机，加强对企业运行态势的监测分析，建立了百户重点中小企业月报制度，及时把握国内外市场波动对企业生产经营的影响，认真分析中小企业的投入、成本、负债、订单、效益和稳定等情况，提出应对措施，为领导决策和企业经营提供服务。

6. 在引导企业开拓市场上取得新进展，企业销售进一步扩大

为有效应对国际金融危机对企业的不利影响，积极举办并引导企业参加各种展会，拓市场、增订单，扩内需、保增长。根据市工业经济运行指挥部实施“暖春行动”的总体部署和要求，组织企业参加了第十三届中国东西部合作与投资贸易洽谈会（“西洽会”）和2009中国（苏州）国际中小企业交易会，充分利用国内重要展会平台，借助青岛城市品牌优势，以集中推介方式帮助企业开拓市场取得良好成效。“西洽会”上我市28家参会企业达成合作（投资）意向44个，金额6.24亿元。组织16家中小企业赴广州参加第六届中国国际中小企业博览会，签订意向合同5 500万元，有意合作客商达到100余户。组织百家民营中小企业参加2009中国（青岛）国际时装周暨青岛名优产品交易会以及在长春、成都举办的青岛名优产品交易会，参会企业达成意向采购协议53.7亿元，其中民营中小企业达成采购协议20亿元，实现了“企业得订单、市民得实惠、政府得人心”的目标。

7. 在引进高端服务业上取得新进展，中介服务业发展层次进一步提升

一是加强调研。对全市中介服务业发展领导小组35个成员单位和60多家重点企业进行逐一走访，了解所辖行业的基本情况、发展重点，进一步理顺统计口径，形成全市中介服务业基本情况分析，提出2009年中介服务业发展意见，全年实现“三六一”工作目标。二是着力引进知名中介结构。按照发展“高端”、“新型”中介机构的思路，在引进知名机构上取得了突破。国内唯一外资担保机构富登担保登陆岛城，北京中企华、上海远东、富登担保等知名机构引进工作进展顺利。航运交易、产权交易、商品检验检测平台加快四是加强规范引导。制定了青岛市中介服务类名牌评价标准，《关于加快我市现代中介服务业发展的意见》将于近期以市政府名义下发。五是搭建产业集聚发展平台。立足青岛区位优势，通过搭建走中介服务业的特色化、规模化发展之路。

三、存在问题

突出表现在四个方面：一是创业氛围。受传统文化影响，青岛人经商办企业的意识不强。目前，我市每千人拥有企业仅14家，规模以上企业数量也只有宁波的1/2，私营企业注册资本金和注册资本过千万企业数量仅苏州的2/3和1/3。二是融资手段。虽然我市推出了一些行之有效的融资举措，但手段仍不够多，资金扶持力度偏小。截至2009年12月份，全市小企业贷款余额仅占全部企业贷款余额的16.7%，占全部企业新增贷款的18.5%。担保贷款虽然实现比上年翻番增长，达到30亿元，但也仅为临沂市的1/3。直接上市融资企业不抵江阴一个县级市。三是产业层次。大多数中小企业起点比较低，大都集中在传统的第三产业和传统加工制造业，还存在相当数量的劳动密集型加工贸易企业，处于产业链低端，许多中小企业仍然是贴牌、模仿，附加值低、竞争力弱、发展风险大。产业配套率低，如家电核心零部件配套率尚不足30%，造船、大炼油等产业的配套率更低。四是发展环境。受体制机制和观念影响，社会化服务体系有待完善，事关企业发展的登记注册、审批审核、检查收费等方面，还存在服务效能不高、过多过滥的问题，特别具有行政执法权的基层单位，问题表现得尤为明显。

（青岛市经信委中小企业发展局）

深圳市

2009年深圳市中小企业情况报告

2009年是我市上下一心抗击金融危机的关键一年，也是我市中小企业和民营经济经受严峻考验的一年。面对国际金融危机和国内外复杂多变的经济形势，市委、市政府高度重视中小企业和民营经济发展工作，市领导多次强调保持民营及中小企业健康平稳发展的重要意义，全市上下不断开拓工作思路，创新政策措施，加大服务力度，为中小企业和民营经济发展营造更好的发展环境，千方百计帮助广大中小企业渡过难关。

一、2009年深圳市中小企业改革发展总体情况

（一）中小企业及民营经济发展情况

截至2009年底，我市共有民营企业25.7万家，较上年增加2.7万家，占全市企业总数的83.7%；中小企业30.5万家，较上年增加2.6万家，占全市企业总数的99.2%。其中，规模以上中小工业企业8 101家，占全市规模以上工业企业总数的96.3%。2009年，全市规模以上中小工业企业完成工业增加值1 969.04亿元，同比增长5.9%；全市民营经济实现增加值2 175.9亿元，同比增长13.5%，占全市本地生产总值的26.5%。

1. 我市中小企业和民营经济发展主要特点

我市中小企业和民营经济发展主要呈现以下五个特点：

（1）民营及中小企业发展迅猛。特区建立以来，我市中小企业数量迅速增长。特别是2003年《中小企业促进法》颁布实施以后，我市中小企业更是进入高速发展时期，其数量和质量均迅猛提升，中小企业成为我市不可或缺的经济增长点。截至2009年底，我市中小企业数量较2003年（13.8万家）翻了一番多，民营企业较2003年（8.98万家）增长了近3倍。

（2）民营及中小企业自主创新能力强。主要体现在以下几个方面：一是技术创新。截至2009年底，在全市认定的3 086家高新技术企业中，中小企业占94.75%。我市企业自主创新呈现“6个90%”，即：90%以上的创新型企业是本土企业，90%的研发人员在企业，90%的研发投入来源于企业，90%的专利产生于企业，90%的研发机构建在企业，90%以上的重大科技项目发明专利来源于行业龙头企业。这“6个90%”中，中小企业总体比重较大。二是商业模式创新。一批企业通过销售模式、运营模式和资金模式等方面的创新，实现了资源的有效整合，促使企业飞速发展，如朗科、华视传媒、怡亚通、百丽、人人乐等。三是产业创新。涌现了中青宝网、A8音乐等电子信息企业，新宙邦、拓日等新能源生产企业以及沃尔核材、中航三鑫等新材料生产企业等，这些企业成为我市发展新兴产业的一股重要力量。

（3）民营及中小企业产业集聚化。市场作用和政府引导的双重影响，促成相关产业和行业中小企业的集聚发展。黄金珠宝、服装、家具等大批优势传统产业中小企业进驻产业集聚基地，利用公共技术服务平台进行技术创新和技术改造，促进产品升级，实现跨越式发展。我市以中小企业为主体的四大支柱产业集聚区域和园区也逐渐成形并初具规模。

（4）民营及中小企业是品牌大企业的摇篮。为提高市场竞争力和抗风险能力，我市中小企业努力朝“专、精、特、新”方向发展，逐步打造了一批具有一定影响力的企业品牌。截至2009年底，我市中小企业获得认证的“中国名牌产品”60个，占全市“中国名牌产品”总数的75%；获得“中国驰名商标”25个，占全市“中国驰名商标”总数约60%；全市中小企业拥有注册商标约8万件。中小企业中，不仅孕育出华为、中兴、腾讯、比亚迪等一批具有国际竞争力和影响力的大型企业；一大批掌握了各自领域核心技术的中小企业也迅速崛起，成为细分行业的领头羊，如金蝶、宇顺、玛丝菲尔等，这些企业可望成为我市“新科”品牌大企业。

（5）民营及中小企业规范化发展步伐加快。自2004年实施中小企业上市培育工程以来，我市一大批优秀中小企业通过改制上市实现规范化发展。开展管理咨询也得到越来越多中小企业的重视，通过聘请专家“把脉”，改善企业的运行机制，提高和完善企业管理水平。同时，企业通过信息化的运用，实现全部生产经营管理活动的运营自动化、管理网络化和决策智能化，使其发展更加规范科学，从根本上提高了综合素质和竞争力。

（6）民营及中小企业社会贡献突出。近几年来，我市民营及中小企业上缴税收占全市企业纳税的比重始终保持在50%左右。2009年，全市民营及中小企业共缴纳税收800.98亿元（不含海关代征税收、股票交易印花税和车辆购置税），同比增长3.6%，占全市企业缴纳税收总额的48%。中小企业还是我市劳动就业的主渠道，2009年我市中小企业提供了全市约80%的就业岗位；特别是高新技术中小企业吸纳了大量高素质劳动力和研发人员，成为我市重要的创业就业舞台。

（7）民营及中小企业踊跃上市发展。2009年，我市在境内外上市和过会待挂牌企业总数达36家，首发募集资金268.6亿元。其中，中小板上市10家，10家待挂牌；创业板上市1家，5家待挂牌；上海主板上市2家；境外上市8家。我市中小企业在中小板和创业板已过会（含已挂牌上市）企业数量均占两板全部上市企业总数的11%强。截至2009年底，我市在境内外上市的中小企业共112家，上市总量位列全国大中城市首位。截至2009年底，在市上市培育办备案的企业已达396家，其中处于辅导期的有118家，处于改制阶段的有167家。全市基本符合创业板上市条件的企业超过1 100家。

2. 主要问题

当前，影响我市民营及中小企业发展的突出问题主要体现在以下三个方面：

（1）融资难现象依然突出

目前，我市已经建立了较为健全的直接融资和间接融资体系，为中小企业提供了多层次的融资渠道，一定程度上缓解了中小企业融资难问题。但这些渠道主要是解决了较大规模或成长性较好的中型企业的资金问题，绝大多数的中小企业，特别是小型企业，由于规模相对较小、自有资本和市场实力等不够雄厚等原因，难以达到现有各种融资渠道的标准和条件，融资难问题依然严峻，特别是短期流动性资金短缺现象十分突出。

（2）用地难严重制约企业发展

一是受我市土地资源约束，不少处于快速扩张期的中小企业，在增资扩产时所需的总部、研发及生产用地需求难以解决，不得不放慢发展速度甚至外迁。另外，随着我市上市中小企业的持续快速增加，由于土地资源的分配缺乏向中小企业倾斜的体制和机制，导致上市企业募集资金难以落地问题逐渐凸显，上市企业将募集资金外投的趋势越来越明显。二是受土地历史遗留问题影响，中小企业土地资源盘活困难。由于“以租代征”、“未征未转”等历史遗留问题未能解决，自2007年7月1日起，历史遗留问题须通过招拍挂出让方式解决，不少中小企业难以确保竞得原有地块和办理产权证，从而影响了物业抵押融资和改制上市进程。这种现象在宝安、龙岗两区尤为明显。

（二）主要工作

为更好地服务企业，推动全市经济社会又好又快发展，我市民营及中小企业工作主要体现在：

1. 完善政策，大力推进中小企业立法工作

2008年我市起草完成了《深圳经济特区促进中小企业发展条例（送审稿）》（以下简称《条例》）。2009年，市人大常委会二次会议审议了《条例》。目前，《条例》已经市人大常委会审议通过，并于2010年10月1日颁布实施。

2. 提高效率，做好民营及中小企业发展专项资金管理使用工作

根据市委、市政府"扩内需、保增长"的部署，我市及时调整了专项资金资助结构和比例，修改了部分项目的操作规程，并按照早受理、早下达、早拨付的原则，于3月份即开始项目申报受理工作，使财政资金尽早惠及广大中小企业。至2009年9月底，即完成专项资金近80%的资助计划。全年顺利完成专项资金1亿元预算的审核拨付工作，共资助企业851家，较2008年增加60%。在提高资金使用效率的同时，确保了资金的使用安全并取得了较好的效果。

3. 力推上市，促进中小企业规范化发展

2009年以来，我市抓住IPO重启和创业板开板的有利时机，深入开展中小企业上市培育工作，不断加大培育力度。一是出台《关于扶持我市中小企业改制上市的若干措施》，并印发了配套文件，进一步打造中小企业改制上市的政策高地。二是召开上市培育工作领导小组会议。市政府主要领导和分管领导参加了会议。会议较为全面地总结了近几年我市上市培育工作情况，对中小企业上市培育工作中面临的共性问题进行了深入研究，进一步明确了工作责任机制，为下一步更好地开展中小企业上市培育工作奠定了良好基础。三是深入开展创业板专题培训，详细梳理创业板上市重点培育资源。全年共举办8场创业板专题培训，培训企业近1 200家，人员1 800余人；同时，先后两次召开创业板工作座谈会，形成了创业板首批上市重点培育企业名单，通过紧密跟踪、贴身服务，及时协调解决企业上市过程中存在的困难和问题。四是加大协调服务力度，全年共为拟上市企业开具了4 610份改制上市服务协调函。

4. 拓宽渠道，破解中小企业融资难题

通过深化政银企合作和引导担保机构发展，进一步拓宽中小企业融资渠道。一是提出实施深圳市中小企业贷款联保增信计划。针对中小企业小额短期贷款需求突出的问题，在市财政不提供增信的情况下，协调商业银行深度参与，以成长型中小企业和拟上市企业为主体，拟订了相关管理办法和操作规程，重点解决成长型中小企业两年以内、3 000万元以下的短期小额信用贷款问题。二是建立中小企业金融顾问制度，选聘一批专业金融顾问与中小企业进行"一对一"双向对接，为中小企业融资等金融业务需求提供整体解决方案，提高金融服务的针对性和有效性。2009年已完成首批100名金融顾问的选聘和对接工作。三是积极引导担保机构为中小企业融资提供服务，协助市再担保中心做好再担保工作。截至2009年底，我市登记注册的担保机构总数为265家，注册资本总额超过160亿元。2009年我市担保机构共为7 346家中小企业提供贷款担保超过500亿元；再担保中心共受理审批再担保贷款业务近300笔，贷款金额超过13.6亿元。四是配合做好"重点民营企业池"入池企业贷款审核工作。截至2009年底，"企业池"的合作银行已发展到14家，入池企业332家，通过审核贷款企业160家，贷款金额105.3亿元，有效地解决了重点民营及中小企业中长期贷款问题。

5. 双管齐下，积极帮助中小企业开拓国内市场

根据年初市政府关于支持企业开拓国内市场的政策导向，抓紧开展国内市场开拓项目资助计划的受理申报工作。一是扩大民营及中小企业发展专项资金国内市场开拓项目资助范围。在资金有限的情况下，适度压缩资助比例，尽可能扩大企业受益面。2009年，国内市场开拓项目共资助企业674家，较去年增加68%，资助展会1 805个，资助总额2 400万元。二是积极组织中小企业参加国内重要展会。组织我市157家中小企业参加第六届中国国际中小企业博览会，展位总数达228个，超额完成了上级下达的组展任务，深圳展团成为本届中博会规模最大的地方展团之一。同时，还组织46家中小企业参加本届中博会期间举办的中外企业对接洽谈活动。

6. 搭建平台，大力推进中小企业家培育工作

为进一步加大中小企业家培育工作力度，为更多的民营及中小企业家搭建高层次的学习交流平台，通过企业家素质的提高带动企业整体素质和竞争力的提升。2009年，我市在继续与清华大学、北京大学联合开办民营及中小企业高级工商管理研修班的基础上，首次联合中国人民大学，开设民营及中小企业家卓越领导力培训班，旨在培养更高层次的复合型企业领袖人才。这一举措在完善不同层次的中小企业家培育体系的同时，将培训班的整体招生规模增加到300人，进一步扩大了受益面。

7. 狠抓落实，认真做好人大建议和政协提案办理工作

国际金融危机的冲击引起了我市人大代表和政协委员对中小企业生存和发展问题的强烈关注。今年，市人大重点建议和政协重点提案内容均为促进中小企业发展相关工作。人大重点建议的办理程序复杂，涉及面广，协调工作量大。按照市人大有关要求，成立了王荣（原深圳市代市长，现深圳市委书记）为组长的重点建议办理工作领导小组，完成了《关于促进我市中小企业发展重点建议的办理方案》，于2009年10月23日经市人大常委会主任会议审议通过，市人大常委会对方案内容给予了充分肯定。政协重点提案也已按时完成办理工作，得到市政协和市府办的高度肯定。今年，全市共办理涉及中小企业工作的人大建议13件，政协提案24件，数量为历年之最。

除上述几项主要工作外，我市还完成成长型中小工业企业的评价研究，并评选出成长型中小工业企业500强。

（深圳市中小企业服务中心）

新疆生产建设兵团

兵团中小企业发展报告

2009年以来，兵团中小企业工作坚持以科学

发展观为统领，认真学习十七大及十七届四中、五中全会精神和兵团党委六届四次、五次全委（扩大）会议精神，认真落实国家、自治区及兵团出台的一系列应对金融危机，保增长、保民生、保稳定的措施和办法，积极学习宣传、深入贯彻落实国家《中小企业促进法》和国务院《关于进一步促进中小企业发展的若干意见》，加大了积极争取国家政策支持的工作力度，加大了推进中小企业技术进步和结构调整的扶持力度，加大了中小企业服务体系建设工作力度，中小企业发展环境得到进一步优化，为保持兵团经济持续、平稳、较快发展，奠定了良好基础。

一、兵团中小企业和非公有制经济发展的基本情况及特点

（一）基本情况

2009年，兵团各级认真贯彻党的十七大和中央经济工作会议精神，以科学发展观为指导，深入贯彻落实《中小企业促进法》、《国务院关于进一步促进中小企业发展的若干意见》和《国务院关于鼓励支持和引导个体私营等非公有制经济发展的若干意见》，在工业和信息化部的大力支持下，积极推动实施中小企业成长工程，着力转变经济增长方式，提高企业自主创新能力，完善企业发展的外部环境，全面提高中小企业整体素质和市场竞争力，促进了中小企业及非公有制经济健康快速发展。2009年兵团中小企业数量达到4 892个，其中：一产企业179个，二产企业3 191个，其中工业企业1 368个，三产企业1 522个。2009年兵团工业中小企业数量已占到工业总数的99.56%，完成工业产值402亿元，已占到全兵团工业总产值的81%。兵团中小企业在保证兵团经济的持续、稳定、健康发展，带动区域经济结构调整，增加就业岗位，缓解就业压力，实现科技创新，推动对外贸易发展等方面发挥着日益突出的作用。

兵团非公有制经济发展迅猛。据公布的兵团第二次全国经济普查统计数据，2008年兵团非公有制经济与2004年兵团第一次全国经济普查相比：企业法人2 856个，增加791个，增长38.4%，其中私营企业1 710个，增加655个，增长62.1%；港、澳、台商投资企业6个，增加2个，增长50.0%；外商投资企业17个，增加7个，增长70.0%。在工业企业法人单位中，私营企业442个，占58.6%；港澳台商投资企业、外商投资企业19个，占2.5%；在建筑业企业法人单位中，私营企业52个，占38.4%；其余类型企业54个，占40.9%。个体经营户103 294户，其中有证照的个体经营户较为集中的五个行业是：工业2 238户，占有证照的个体经营户总数的2.9%；交通运输业21 371户，占27.5%；批发和零售业35 965户，占46.3%；住宿和餐饮业7 547户，占9.7%；居民服务和其他服务业7 660户，占9.9%。

2009年兵团非公有制经济实现生产总值已接近兵团生产总值的1/3。受金融危机影响，2009年民营企业实现外贸进出口额33.83亿美元，虽同比下降53%，但仍占到全兵团进出口总额的72.6%。2009年引进兵团以外项目到位资金143.07亿元，增长50%；吸纳就业25万多人，同比增长15%。兵团管辖的农八师石河子市、农一师阿拉尔市、农三师图木舒克市和农六师五家渠市的四城市中非公有制经济税收平均占市税收的45.1%。其中，五家渠市税收的78.1%来自非公有制经济。

（二）主要特点

一是中小企业对兵团经济的贡献率逐年提高。“十一五”以来，按照兵团党委“构建两大基地、壮大六大支柱产业”的工业发展思路，兵团工业实现了历史性跨越。预计“十一五”末完成工业增加值184亿元，比“十五”末增加2.3倍，年均增速22.5%。2009年规模以上工业企业（含五家大型企业）实现利润23.85亿元，比“十五”末增长7.8倍，工业经济效益综合指数161.5，比“十五”末提高63.3个点。“十一五”以来，工业固定资产投资逐年大幅增加。2009年完成工业固定资产投资146.9亿元，同比增长40.9%，比“十五”末提高2.8倍。2009年工业固定资产投资占到全社会固定资产投资比重的46%，实现了兵团提出的“十一五”期间工业投资要达到全社会固定资产投资40%的目标。

2009年，兵团非公有制经济的社会贡献不断提高，民营经济实现税收、招商引资快速增长。兵团四城市中非公有制经济税收平均占税收的45.1%。其中，五家渠市税收的78.1%来自非公有制经济。“十一五”期间，兵团招商引资到位资金174亿元。其中，民营投资124.4亿元，占全兵团到位资金的71%；招商引资民营企业到位资金50.3亿元，同比增长36.4%，占兵团投资到位资金的60.6%，2009年引进兵团以外项目到位资金143.07亿元，增长50%；民营经济已经成为兵团实现就业再就业的主渠道。吸纳就业25多万人。在兵团城镇中75%以上就业岗位是由民营企业提供的，缓解了城镇就业压力，为维护社会稳定做出了重大贡献。

二是中小企业对工业发展的产业支柱地位初步形成。今后一个时期，食品饮料、纺织服装、矿产开发、新型建材、氯碱化工、农牧机械等仍然是兵团重点发展的产业。目前初步形成了石河子市、阿拉尔市棉纺织基地，2009年棉纺锭规模达到230万锭，占全疆的50%以上；水泥产能达到1 250万吨，占全疆的30%以上；聚氯乙烯产能达到120万吨，2010年达到120万吨，占全疆的60%以上，兵团电石法聚氯乙烯生产规模及技术处于全国领先水平；已建成全国最大的节水器材生产基地，服务面积达3 000万亩；番茄酱产能达到110万吨，占全疆的60%；煤炭产能达到930万吨；电力装机容量达到212万千瓦；焦炭产能达到130万吨。

非公经济的纺织、食品工业快速发展，已成为兵团工业发展的主力军。2009年，兵团40多家纺织企业中，非公经济占90%以上，纱锭规模达到

160多万锭，如雄峰纺织、华芳纺织、台湾飞龙纺织、沙特爱立泽纺织、弘生家纺、中圣纺织、华孚纺织、郑氏化纤等一批知名非公有制纺织企业的落户并通过转变经济发展方式和技术改造，使产能、规模和技术不断提升。

三是中小企业对产业结构调整的拉动作用日益显现。优势农产品加工和优势矿产资源转换两大基地建设取得积极进展，六大支柱产业得到发展壮大，产业结构得到优化。到2009年，三次产业结构由“十五”末的39.4∶25.2∶35.4调整为2009年的33∶34∶33（其中工业占到24.3%，比“十五”末提高7.2个百分点），这是近30年来二产比重首次稳定超过一产。重化工产业快速发展，轻重工业比重“十五”末这53∶47，到2009年调整为51∶49。聚氯乙烯、煤制化肥、焦炭等是目前支撑兵团重化工发展的主要产业，企业普遍采用循环经济，综合经济效益明显提高。煤炭、电力等能源产业快速增长，对重化工业的快速发展发挥了支撑和保障作用。通过推进国有企业改革和上市等多种形式，目前组建了一批大企业集团，已设立股份公司24家，其中上市公司13家，企业集团9家。天业集团、青松建化、中基公司、伊力特、天富电力、冠农股份、新农开发已经成为行业龙头企业。先后引进一批国内外知名企业参与兵团支柱产业发展。到2009年共获得国家和自治区级名牌产品、驰名商标69个。工业可持续发展能力不断增强。

2009年兵团非公有制企业资产在亿元以上企业31个，比上年增长12.9%，千万元以上企业137个，比上年增长16%；营业收入500万元以上非公企业230个，比上年增长30%，亿元以上企业20个，比上年增长40%。继2007年年初兵团团场工业经验交流现场会后，兵团一大批团场参与合作经营的股份制企业、有限责任公司、个人独资企业在团场成立。通过团办国有企业改制和招商引资，注重借民营资本促进国有资产快速扩张。据兵团工商联对583家原团办国有企业的不完全统计，改制为私营、民营控股、民营参股的企业已达332家，未改制133家，停产关闭118家，改制企业已占原团办国有企业的57%，一大批企业资产得以盘活，增强了企业活力。

四是非公经济进出口企业继续保持快速增长。2008年实现外贸进出口额72.32亿美元，同比增长50.6%，占全兵团进出口总额的82%；受金融危机影响，2009年民营企业实现外贸进出口额33.83亿美元，占全兵团进出口总额的72.6%。兵团进出口总值超1亿美元中民营企业有15家，占75%，有力推动了兵团外向型经济的发展。

（三）当前中小企业发展中面临的主要困难和问题

一是管理水平较低，企业管理薄弱、运行质量不高，改革不到位的问题与中小企业快速发展的实际不相适应。

二是中小企业创业服务体系还不够完善，“以创业带动就业”的内外部环境尚需进一步完善和优化。

三是中小企业产业转型升级水平不高，规模迅速扩大，潜藏着工艺技术、装备改进缓慢、各种消耗较高，安全生产不达标、环境污染和资源浪费严重，企业竞争能力不强、盲目投资、重复建设，部分行业产能过剩等的问题。

四是中小企业吸引人才缺乏优势，管理人才与技术人才不足，吸纳大学生就业的能力有限。多数中小企业吸纳大学生就业存在困难，受条件所限，企业往往留不住招来的大学生。

五是融资能力不足，融资渠道不畅。由于企业大多规模较小，缺少优良资产作抵押，融资存在很大的困难，难以获得金融机构的支持。尤其有贷款意向的企业贷款额较大，但由于中小企业银行授信度低，很多企业尚未参与资信等级的评价，融资担保十分困难。

二、2009年兵团中小企业工作简要回顾

（一）加快中小企业技术进步和结构调整工作

积极争取国家对中小企业各类补助资金，全年累计争取到各类补助资金6 441万元，共有11个师的47家企业的50个项目得到中央资金的支持，企业和项目涵盖纺织服装、制糖、油脂、乳业、肉制品、冰酒、大枣、香料等特色产业，以及农机、建材、工业园区、小企业创业基地、中小企业服务中心、公共服务平台、中小企业信用担保机构等。主要包括：按照工信部、财政部《关于做好2009年第一批、第二批中小企业发展专项资金项目申报工作的通知》文件精神，专门下发通知对申报工作进行了专门安排，在相关处的配合下，组织有关行业技术、经济、管理等方面专家，按照公开、公平、公正的原则对各师申报项目进行了认真筛选和评审。申请国家中小企业信用担保业务补助资金项目1个，争取国家补助资金170万元。申请国家中小企业服务体系建设补助资金项目2个，争取国家补助资金500万元。申请（第一批）国家中小企业发展专项资金项目12个，争取国家财政部专项资金补助1 280万元；申请（第二批）国家中小企业发展专项资金项目5个，争取国家财政部专项资金补助350万元；组织上报国家工信部2009年工业中小企业技术改造切块资金项目27个，争取国家切块资金4 085万元。申请国家工信部中小企业服务体系补助资金项目3个，争取国家补助资金56万元。

（二）着力推进中小企业服务体系建设

按照国家大力发展中小企业及非公有制经济的总体要求，积极促进中小企业服务体系建设，推进中小企业成长工程。目前，以兵师两级中小企业服务中心为骨干、协会和中介机构为支撑的服务于兵团中小企业及非公有制经济的社会化服务体系得到初步建立。一是积极培育管理咨询、技术支持、人才培训、市场开拓、国际合作、信息咨询等专业化服务机构体系建设；二是积极引导各类服务机构开展业务交流和能力建设，服务质量和从业人员素质

得到提高，创新服务能力得到增强；三是开展了《兵团中小企业服务体系建设课题研究》工作，重点围绕中小企业成长工程，提出了《加强兵团中小企业和非公有制经济工作建立健全兵团中小企业服务体系的建议》，制定了2007年到2010年兵团中小企业公共服务平台建设规划，进一步改善了兵团中小企业和非公经济发展的经营环境。目前农六师五家渠市已建立了中小企业服务中心，石河子市、阿拉尔市、图木舒克市正在运作过程中；国家支持的兵团农产品质量检测公共服务平台、新型农机公共服务平台、化工新技术公共服务平台三个项目已开展服务工作。

（三）积极开展中小企业融资、信用担保体系建设

2009年，兵团认真贯彻落实《工业和信息化部关于中小企业信用担保体系建设有关工作的通知》精神，研究提出了《关于建立兵团中小企业信用担保体系的意见》，并在国家的指导下，逐步开始试点工作，在一定程度上解决了部分中小企业和民营企业融资难、贷款担保难的问题，对促进中小企业的发展起到了积极作用。当年，部分师根据中小企业经济快速发展的需要，相继成立了中小企业担保公司。为增强其贷款担保能力，兵团按照国家政策，逐年加大对中小企业贷款担保机构资本金的注入，并确保其按照公开、公平、透明和股东优先的原则规范运作，使担保机构的作用得到不断发挥和完善。截至2009年底，兵团共有信用担保公司7家，其中有2家注册资本1亿元以上，3家注册资本在1 000万元至5 000万元之间，从业人员共计53人。累计担保企业户数1 788户，担保总额298 863万元。

（四）加强和改善中小企业培训工作

组织编报了《2009年兵团中小企业“银河工程”培训计划（第一批）》，下发了《关于举办国家银河培训工程兵团中小企业经营管理人员培训班的通知》。以“国家中小企业银河培训工程”为平台，克服了7·5事件的影响，在乌鲁木齐市举办了中小企业项目申报管理专题培训班，分别在北屯、石河子两地举办了以中小企业产业政策与宏观调控、中小企业社会责任、职业经理人、创业辅导为主要内容的四期2009年银河工程全免费培训班，一大批中小企业经营管理人员接受了培训，全年共计培训867人次，圆满完成了国家银河培训工程兵团培训班的任务。并对农三师《关于举办国家银河工程企业管理人员、技术人员培训班的请示》进行了批复。

（五）做好中小企业发展的基础性工作

起草了傅书记在兵团劳动创业论坛的专题讲话材料《完善创业政策环境》，起草了郭副主任在兵团工商联五届三次会议上关于中小企业工作和发展的讲话材料。给国家工信部起草上报了《兵团中小企业服务资源调查情况汇报》、《兵团中小企业发展调研情况汇报》、《兵团中小企业开展创业、创新工作情况汇报》、《兵团中小企业公共服务平台建设情况汇报》等材料，在征求兵团金融办意见后上报了《关于兵团中小企业集合债券发行工作情况的调研汇报》。转发了《关于做好缓解当前生产经营困难保持中小企业平稳较快发展有关工作的通知》、《关于开展中小企业信用担保机构情况调查的通知》、《关于开展兵团中小企业服务资源调查的通知》，并向国家工信部中小司上报了相关调查材料。参加了全国小企业创业工作座谈会。

（六）做好兵团参加第六届中国国际中小企业博览会暨中西中小企业博览会的各项工作

第六届中博会9月25日在广州圆满闭幕，兵团参加了为期4天的博览会。本次中博会兵团有5个部门、11个师160人参会，有43家企业169种产品参展。在兵团领导的关心指导下，在机关有关部门、各师、各企业的配合和共同努力下，参展取得了较大成绩。经中博会组委会评定，兵团参展团获第六届中博会优秀组织奖，朱宏敏同志还被评为先进个人。

本届中博会，不论从参展规模，还是签约项目都超过了历届中博会，达到了宣传兵团、扩大影响、招商引资、广交朋友的目的。同时使参会人员开阔了眼界，加强了企业间的交流合作。会后，完成了兵团参加第六届中博会工作总结，并发兵团机关有关部门、各师发改委、工业局。

第一，展品、布展、宣传引起了广泛关注。9月22日上午中博会开幕式当日，工业和信息化部部长、第六届中国国际中博会组织委员会主任李毅中一行，在新疆维吾尔自治区政协副主席王永明、兵团副政委雪克来提·扎克尔的陪同下，参观视察了中博会兵团展位。李毅中仔细询问了兵团中小企业发展的行业特点和优势，并参观了食品饮料、医药保健品等兵团参展产品。他高度赞赏兵团历来重视中小企业工作，把发展中小企业作为调整产业结构、转变经济增长方式的重要工作来抓，使中小企业保持了良好的发展势头。他希望兵团参展团充分利用博览会这个平台，主动帮助中小企业推介产品，积极招商、扩大合作。

第二，招商引资取得了显著成效。主要特点是：第一，签约项目多、引资金额大；第二，不仅有小项目，而且有十几亿的大项目；第三，不仅有工业项目，还有贸易合作项目；第四，突出了兵团特色产品：红枣、奶粉、粮油等产品受到客商关注。在签约会上，兵团代表团共签约20个项目，合同总金额24.92亿元。签约项目涉及食品、纺织、水电、矿产品加工等建设项目，投资合同10个，合同金额21.68亿元；产品销售合同10个，合同金额3.24亿元。20个签约合同中有5个过亿元项目。

第三，建立了友谊、扩大了交流、进一步加深了了解，为今后合作奠定了基础。本次展会期间召开了兵粤港经贸座谈会，达到了宣传兵团、加强交流的目的。雪克来提·扎克尔副政委在座谈会上希望粤、港企业到兵团参观考察，洽谈合作，共同发展。会上，30多家粤、港企业的40余名企业家代表观看了兵团经济社会发展的宣传片。香港贸易发展局、广东省工商联等单位表示明年将来兵团深入调研，寻求合作项目。

第四，筹展和参展工作组织严密、方案合理，各单位相互配合，保证了参展活动取得成功。在兵团领导的指导和关怀下，制订了行之有效的参展方案，筹备领导小组各单位及各师密切配合、共同努力，保证了此次参展顺利进行。同时，本着节约办展会的原则，兵团展团除对展团经费制订了预算，还严格控制展会人员，压缩了各项费用开支。通过采取这些措施，保证了展会费用控制在预算内。

三、2010年兵团中小企业总体思路和工作重点

（一）总体思路

以党的十七届四中、五中全会精神为指导，深入学习实践科学发展观，以全面贯彻落实好国务院《关于进一步促进中小企业发展的若干意见》（国发36号文件）、兵团党委六届四次、五次全委（扩大）会议精神为主线，以结构调整、转变经济发展方式为重点，以营造中小企业发展的良好环境为基础，着力推进中小企业结构调整、优化升级、技术创新、服务体系建设，引导促进对口支援省（市）参与兵团中小企业建设发展，不断提高中小企业、非公有制经济的整体素质和竞争力，为促进兵团经济跨越式发展做出新贡献。

（二）工作重点

1. 抓好国发36号文件的贯彻落实

结合兵团实际，积极主动协调有关部门形成贯彻落实36号文支持中小企业发展的有效合力，积极落实国家中小企业发展基金管理办法等配套政策，确保政策在兵团的落实到位。

2. 加大国家对中小企业扶持资金的争取工作

积极争取增加中央财政中小企业专项发展资金对兵团中小企业的支持规模，全年争取中小企业各类扶持资金计划达到6 000万元以上。

3. 积极缓解中小企业融资难担保难问题

跟踪国家中小企业信用担保管理办法的落实，加强对中小企业信用担保机构的调查了解，引导推进兵团各师成立中小企业信用担保机构，全年计划新增设立中小企业信用担保公司3家。

4. 积极搭建中小企业发展平台，开拓国内外市场

组织好兵团参加第七届中国国际中小企业博览会和第六届APEC中小企业技术交流暨展览会工作，积极引导中小企业“走出去”，加强与国内外中小企业的交流合作，扩大影响、招商引资、广交朋友，提高中小企业的对外合作力和市场竞争力。

5. 引导中小企业结构调整，提升自主创新能力

贯彻落实《关于产业集群发展的指导意见》，积极争取国家重点产业集群示范项目，鼓励支持中小企业走“专、精、特、新”和与大企业协作配套路子。支持工业园区内的中小企业和生产性服务业的技术改造。

6. 积极健全中小企业社会化服务体系建设

争取国家中小企业服务体系建设专项资金项目，推进兵团中小企业信息网建设。支持建立一批中小企业创业基地、公共技术、融资信用、培训、信息服务、管理咨询等公共服务平台。全年计划争取成立创业基地2个。

7. 继续实施中小企业银河培训

利用好中小企业银河培训工程，全年力争培训各类人员3 000人。支持各师培育一批中小企业管理咨询机构，规范和扩大中小企业管理咨询活动，引导和帮助中小企业加强营销和风险管理，提高经营管理水平。

8. 加强学习调研，组织部分中小企业赴东部沿海地区考察学习

重点学习调研各省中小企业服务体系尤其是信用担保体系建设、小企业创业基地建设的好经验、好做法等，进一步提高兵团中小企业管理水平。

9. 努力提高中小企业管理水平

结合中小企业工作实际需求，提高中小企业经营管理水平和人才队伍建设，增强中小企业可持续发展能力。面向创业者，促进初创企业健康成长，提高中小企业职工队伍素质。大力开展企业管理咨询工作，推动企业管理上水平，学习和采用国内外先进的管理理念、方法和手段，推进管理创新，引导企业加强内部管理，提升效益。

10. 认真编制兵团工业“十二五”发展规划

按照兵团工业“十二五”发展规划的编制要求，力争将促进中小企业发展的规划布局，重点项目、政策建议等纳入兵团“十二五”国民经济和社会发展规划以及工业、食品、纺织、建材等专项规划。

（新疆生产建设兵团中小企业处　帅英）

中国中小企业年鉴(2010)

YEARBOOK OF CHINA SMALL AND MEDIUM ENTERPRISES

第五篇

中小企业统计

各行业规模以上工业

行业代码	行业名称	企业单位数量（个）		从业人员（万人）		资产（亿元）	
		总数	中小企业	总计	中小企业	总计	中小企业
00	全国总计	434 364	431 110	8 831.2	6 787.7	493 692.9	300 568.9
06	煤炭开采和洗选业	8 798	8 591	505.5	205.4	23 790.1	7 241.6
07	石油和天然气开采业	323	284	102.4	6.5	14 890.1	1 956.8
08	黑色金属矿采选业	4 004	3 984	57.5	48.7	3 324.2	2 594.7
09	有色金属矿采选业	2 457	2 444	50.0	44.6	2 548.7	2 027.5
10	非金属矿采选业	4 267	4 256	55.1	51.0	1 531.0	1 263.7
11	其他采矿业	27	27	0.3	0.3	5.3	5.3
13	农副食品加工业	24 550	24 468	337.7	299.3	13 344.9	11 614.4
14	食品制造业	8 735	8 676	162.7	139.7	6 155.0	4 953.1
15	饮料制造业	5 904	5 848	119.0	93.7	6 589.6	4 604.5
16	烟草制品业	158	133	20.0	6.8	4 940.1	930.7
17	纺织业	32 412	32 256	617.0	535.4	16 330.2	13 221.5
18	纺织服装、鞋、帽制造业	18 265	18 206	449.3	415.6	5 946.1	4 998.0
19	皮革、毛皮、羽毛（绒）及其制品业	8 520	8 460	257.6	225.7	3 295.9	2 660.7
20	木材加工及木、竹、藤、棕、草制品业	10 765	10 752	130.7	125.0	2 979.7	2 730.8
21	家具制造业	5 576	5 556	98.6	91.4	2 126.6	1 937.4
22	造纸及纸制品业	9 937	9 896	152.6	135.3	8 084.4	5 843.4
23	印刷业和记录媒介的复制	6 618	6 611	82.1	78.7	2 856.0	2 722.5
24	文教体育用品制造业	4 752	4 735	122.4	112.4	1 651.3	1 483.5
25	石油加工、炼焦及核燃料加工业	2 337	2 270	84.9	47.3	12 983.9	6 044.9
26	化学原料及化学制品制造业	28 793	28 583	440.5	353.4	31 825.7	23 117.6
27	医药制造业	6 807	6 729	160.5	126.5	9 341.3	7 144.8
28	化学纤维制造业	1 944	1 912	41.4	26.1	3 389.6	2 250.5
29	橡胶制品业	4 720	4 674	98.0	78.6	3 525.9	2 189.1
30	塑料制品业	19 894	19 862	259.8	246.4	7 624.4	7 121.0
31	非金属矿物制品业	32 544	32 464	508.9	478.1	20 820.6	18 423.8
32	黑色金属冶炼及压延加工业	7 773	7 537	323.0	121.7	41 009.8	9 271.3
33	有色金属冶炼及压延加工业	8 041	7 931	177.6	113.5	16 455.6	8 445.5
34	金属制品业	24 771	24 721	319.3	297.6	10 954.1	9 913.5
35	通用设备制造业	37 374	37 234	486.5	434.7	22 363.4	17 276.0
36	专用设备制造业	19 147	19 022	309.2	249.7	15 448.1	10 927.0
37	交通运输设备制造业	19 441	19 131	498.3	332.0	38 095.7	17 398.6
39	电气机械及器材制造业	26 443	26 242	535.0	433.3	24 224.6	17 315.5
40	通信设备、计算机及其他电子设备制造业	14 284	13 853	663.6	387.8	29 737.5	14 721.0
41	仪器仪表及文化、办公用机械制造业	5 716	5 666	112.6	90.8	4 544.0	3 623.2
42	工艺品及其他制造业	7 797	7 781	136.8	130.8	2 785.0	2 534.3
43	废弃资源和废旧材料回收加工业	1 165	1 163	13.7	10.0	746.3	639.0
44	电力、热力的生产和供应业	6 332	6 202	277.6	158.3	69 087.0	42 168.4
45	燃气生产和供应业	909	901	18.1	15.6	3 379.4	2 915.9
46	水的生产和供应业	2 064	2 049	45.1	39.9	4 962.0	4 337.7

企业主要指标（2009）

主营业务收入（亿元）		利润（亿元）		税金（亿元）		总产值（亿元）		出口交货值（亿元）	
总计	中小企业	总计	中小企业	总计	中小企业	总计	中小企业	总计	中小企业
542 522.4	361 821.7	34 542.2	23 644.6	26 486.2	14 849.1	548 311.4	372 498.9	72 051.7	41 519.0
17 379.9	7 553.0	2 208.3	1 006.4	1 648.9	686.4	16 404.3	7 742.7	71.1	2.9
7 909.0	1 460.3	1 903.5	516.4	826.2	109.7	7 517.5	1 560.2	121.2	41.4
3 608.4	3 281.6	439.3	390.1	257.6	230.6	3 802.4	3 496.6	3.8	3.8
2 859.0	2 360.3	339.1	291.4	127.8	113.8	2 814.7	2 484.6	7.0	6.9
2 237.5	2 133.4	185.6	177.2	143.5	134.5	2 302.4	2 202.9	27.1	24.7
14.2	14.2	0.6	0.6	0.5	0.5	13.9	13.9	0.0	0.0
27 624.7	24 610.9	1 501.2	1 355.2	700.2	635.7	27 961.0	25 137.6	1 705.7	1 507.8
8 865.0	7 298.8	716.8	567.0	386.0	300.8	9 219.2	7 549.6	632.3	581.7
7 464.9	5 706.3	728.8	460.0	628.3	434.8	7 465.0	5 852.4	169.1	148.9
4 870.9	981.2	650.4	117.4	2 836.2	487.2	4 925.0	996.7	23.7	7.0
22 470.5	18 884.1	1 091.2	905.1	697.9	594.2	22 971.4	19 351.9	3 732.2	3 028.9
10 140.5	8 959.8	611.2	479.1	341.8	304.7	10 444.8	9 206.7	3 145.8	2 886.9
6 241.3	5 346.4	408.9	299.4	210.4	174.5	6 425.6	5 507.4	1 956.8	1 628.6
5 619.0	5 307.2	345.5	321.8	225.0	213.0	5 759.6	5 439.7	591.4	495.9
3 353.2	3 105.6	184.1	166.0	108.4	100.5	3 431.1	3 181.4	992.9	885.0
8 001.9	6 670.9	504.7	413.8	299.0	249.5	8 264.4	6 891.8	450.8	343.3
2 873.1	2 757.0	236.5	222.0	122.1	115.8	2 972.9	2 853.7	258.6	231.1
2 570.3	2 395.2	116.1	107.3	76.4	71.3	2 630.2	2 452.6	1 267.4	1 168.0
21 247.5	9 297.8	931.2	434.6	3 162.2	918.4	21 492.6	9 470.3	351.8	186.6
36 298.0	28 996.8	2 185.3	1 841.3	1 426.5	1 038.0	36 908.6	29 853.2	2 264.6	1 846.6
9 087.0	6 992.3	994.0	752.8	523.7	393.8	9 443.3	7 473.3	747.2	566.5
3 799.2	2 635.0	170.9	123.7	80.3	55.2	3 828.3	2 708.5	250.3	108.4
4 642.1	3 101.6	322.1	205.1	163.4	111.2	4 767.9	3 209.3	895.5	489.2
10 602.2	10 077.0	605.9	571.3	336.8	324.8	10 969.4	10 393.7	1 714.3	1 538.7
24 081.2	22 547.7	1 856.6	1 704.9	1 169.0	1 095.9	24 843.9	23 213.3	1 251.3	1 108.1
43 905.7	15 285.9	1 375.9	545.7	1 416.9	413.5	42 636.1	15 709.5	979.4	326.6
21 000.3	14 696.4	924.6	612.3	623.2	432.5	20 567.2	15 022.9	741.3	470.2
15 499.2	14 403.9	858.9	778.7	518.8	479.1	16 082.9	14 911.7	2 133.4	1 839.9
26 636.4	22 549.6	1 784.7	1 485.5	985.4	847.0	27 361.5	23 224.3	2 736.3	2 028.5
16 480.1	12 442.1	1 184.9	907.6	575.7	462.7	16 784.4	12 867.6	1 534.1	1 179.0
41 090.5	20 441.0	3 063.3	1 489.0	2 073.8	833.9	41 730.3	20 920.0	4 771.8	2 247.5
32 386.5	24 420.9	2 169.1	1 620.9	1 076.1	771.0	33 758.0	25 537.0	6 070.3	4 071.6
44 215.9	17 621.0	1 756.2	804.1	659.1	349.9	44 562.6	18 134.3	27 224.0	8 111.5
4 939.5	3 666.1	376.5	304.5	157.1	133.5	5 083.3	3 780.4	1 699.8	942.8
4 409.9	4 223.4	250.1	238.3	142.4	134.9	4 465.2	4 268.2	1 376.4	1 317.3
1 453.1	1 333.0	66.3	52.1	42.1	38.7	1 443.9	1 337.7	2.9	2.9
33 790.0	15 708.3	1 291.1	1 188.4	1 601.9	956.3	33 435.1	16 011.3	95.9	90.3
1 888.3	1 692.6	177.5	155.5	61.7	54.3	1 809.1	1 624.1	25.0	25.0
966.3	863.1	25.3	32.4	53.9	46.7	1 012.3	905.8	29.0	29.0

各地区规模以上工业

地区代码	地区名称	企业单位数量（个）		从业人员（万人）		资产（亿元）		主营业务收入（亿元）	
		总数	中小企业	总计	中小企业	总计	中小企业	总计	中小企业
000000	全国总计	434 364	431 110	8 831.2	6 787.7	493 692.9	300 568.9	542 522.4	361 821.7
110000	北京	6 890	6 835	120.4	89.7	19 540.7	12 884.5	12 173.1	6 208.3
120000	天津	8 326	8 267	136.8	99.0	12 617.7	7 469.7	13 243.3	8 110.3
130000	河北	13 096	12 940	319.9	221.8	20 662.7	10 169.8	24 119.5	14 427.0
140000	山西	4 023	3 896	211.1	103.4	15 424.5	7 324.5	9 139.7	4 384.0
150000	内蒙古	4 465	4 400	110.4	77.0	11 650.9	7 268.9	10 410.2	7 255.8
210000	辽宁	23 364	23 230	386.6	270.7	25 333.8	13 005.2	27 870.1	18 699.5
220000	吉林	5 936	5 883	137.0	88.7	8 525.1	4 404.2	9 690.7	5 199.8
230000	黑龙江	4 408	4 339	144.5	69.9	8 860.6	3 531.6	7 729.7	3 172.2
310000	上海	17 906	17 809	284.1	239.1	24 595.3	14 871.1	25 421.1	14 729.1
320000	江苏	60 817	60 401	1 026.2	814.4	53 600.1	35 979.0	71 724.9	49 150.1
330000	浙江	59 971	59 781	787.6	711.0	39 752.8	33 198.3	39 873.6	32 581.2
340000	安徽	14 122	14 040	232.1	166.8	12 171.7	6 921.6	12 787.2	8 236.6
350000	福建	18 154	18 048	379.5	337.6	13 344.5	10 318.4	16 338.6	12 999.4
360000	江西	7 539	7 501	174.9	147.6	7 018.9	4 509.6	9 921.5	7 476.1
370000	山东	45 518	45 149	926.6	696.7	46 052.7	26 429.2	70 826.1	50 083.1
410000	河南	18 105	17 914	449.1	316.6	19 668.6	10 710.1	28 246.6	19 725.6
420000	湖北	14 027	13 923	272.4	198.9	19 221.0	8 732.0	15 331.6	8 787.6
430000	湖南	13 311	13 250	241.0	204.4	10 175.1	6 350.7	13 077.3	9 865.6
440000	广东	52 188	51 764	1 436.0	1 171.8	50 321.9	34 068.0	66 117.8	44 623.9
450000	广西	5 678	5 644	122.9	102.1	6 840.6	4 846.9	6 554.7	4 644.1
460000	海南	494	491	12.0	10.9	1 291.4	976.2	1 009.3	903.8
500000	重庆	6 412	6 345	137.3	108.0	6 438.3	3 826.3	6 626.6	4 276.8
510000	四川	13 267	13 154	311.8	240.0	18 042.6	11 532.0	17 479.2	12 832.0
520000	贵州	2 791	2 760	75.0	52.3	5 066.2	2 832.6	3 234.6	1 922.7
530000	云南	3 489	3 452	84.2	68.1	8 174.1	5 617.7	4 987.3	3 231.1
540000	西藏	90	89	1.7	1.4	251.1	137.4	48.9	42.3
610000	陕西	4 480	4 399	137.7	80.6	12 119.3	5 015.3	8 188.5	3 999.7
620000	甘肃	1 987	1 958	69.0	39.3	5 290.5	2 340.6	3 867.0	1 327.5
630000	青海	523	511	17.8	9.8	2 525.6	936.8	1 092.3	464.9
640000	宁夏	969	952	27.3	16.4	2 676.6	1 537.9	1 390.1	817.4
650000	新疆	2 018	1 985	58.2	33.4	6 438.1	2 823.0	4 001.4	1 644.0

企业主要指标（2009）

利润（亿元）		税金（亿元）		总产值（亿元）		出口交货值（亿元）	
总计	中小企业	总计	中小企业	总计	中小企业	总计	中小企业
34 542.2	23 644.6	26 486.2	14 849.1	548 311.4	372 498.9	72 051.7	41 519.0
742.9	563.4	512.2	246.7	11 039.1	5 855.6	1 520.9	477.1
831.7	638.5	616.1	244.4	13 083.6	8 142.4	1 774.9	1 117.9
1 440.3	990.3	998.3	564.6	24 062.8	14 934.6	774.0	454.1
461.8	184.2	663.3	305.8	9 250.0	4 552.6	198.5	47.2
988.2	636.4	631.8	412.3	10 699.4	7 491.3	118.1	66.9
1 382.0	1 117.0	1 343.3	702.7	28 152.7	19 310.8	2 388.0	1 248.6
540.0	271.0	623.0	249.1	10 026.5	5 448.9	178.3	122.6
872.6	174.0	603.6	156.9	7 301.6	3 216.3	152.6	51.8
1 432.0	859.9	1 112.5	441.9	24 091.3	14 317.1	6 697.8	2 654.3
4 099.6	2 896.0	2 695.1	1 839.7	73 200.0	50 396.9	14 833.3	7 362.0
2 115.7	1 687.9	1 519.2	1 098.8	41 035.3	33 686.6	8 499.6	6 999.6
819.0	586.8	756.1	328.1	13 312.6	8 708.2	573.0	388.4
1 104.1	894.7	649.1	521.7	16 762.8	13 380.0	3 743.6	2 789.6
537.1	439.0	503.8	328.4	9 784.0	7 564.3	802.6	648.8
4 512.7	3 102.1	2 936.3	1 901.4	71 209.4	51 128.5	5 591.6	3 697.6
2 444.2	2 053.2	1 391.8	862.6	27 708.1	19 992.1	449.6	249.9
1 092.5	659.5	895.4	374.5	15 567.0	9 148.1	653.5	372.9
758.5	567.3	1 059.2	561.5	13 507.6	10 188.1	323.8	188.5
4 204.4	2 886.2	2 589.2	1 606.7	68 275.8	46 448.7	21 087.5	11 462.8
321.3	233.1	374.5	231.7	6 880.0	4 979.8	254.9	210.4
106.7	103.4	115.8	106.9	1 057.5	951.1	88.4	88.1
356.2	269.0	354.5	185.7	6 772.9	4 374.9	268.3	156.5
1 123.7	903.2	964.4	668.0	18 071.7	13 663.5	570.9	375.8
191.7	86.6	278.9	118.4	3 426.7	2 108.6	73.4	21.8
365.2	219.6	736.2	230.7	5 197.4	3 431.5	99.1	79.1
6.8	9.7	4.4	4.3	51.6	45.0	0.1	0.1
854.1	335.7	699.8	265.2	8 470.4	4 351.3	227.3	108.4
169.1	66.2	323.0	111.9	3 770.4	1 506.4	30.7	18.4
100.0	45.1	81.4	38.5	1 080.3	530.3	2.5	2.4
83.8	43.6	81.0	35.8	1 461.6	904.3	35.4	23.4
484.6	122.0	373.0	103.9	4 001.1	1 741.0	4 771.8	33.7

2009年内蒙古全部中小工业分盟市增加值

地区	中小全部增加值（亿元）	同比增长（%）
全区中小工业总计	3 833.86	25.60
呼和浩特市	414.30	13.22
包头市	604.37	27.88
呼伦贝尔市	236.95	29.81
兴安盟	46.88	25.01
通辽市	451.84	27.54
赤峰市	315.68	23.52
锡林郭勒盟	241.12	30.33
乌兰察布市	227.86	22.02
鄂尔多斯市	772.47	20.45
巴彦淖尔市	228.10	25.62
乌海市	142.60	26.10
阿拉善盟	151.38	47.39

2009年1～12月内蒙古规模以上中小工业企业增加值表（分行业）

单位：千元

指标名称	工业增加值			
	本月数	本月止累计	本月增长（%）（按可比价计算）	累计增长（%）（按可比价计算）
总计	28 757 276	324 382 473	43.8	27.3
煤炭开采和洗选业	3 248 924	59 002 028	10.7	23.1
石油和天然气开采业	416 414	3 344 880	-2.0	20.1
黑色金属矿采选业	976 945	12 052 757	66.9	31.6
有色金属矿采选业	1 122 278	11 948 527	94.3	26.1
非金属矿采选业	257 583	2 773 347	91.9	29.8
其他矿采选业	3 822	52 090	560.6	47.2
农副食品加工业	2 531 865	24 661 013	50.4	33.2
食品制造业	709 086	11 070 971	-11.9	15.7
饮料制造业	653 097	5 992 954	24.7	36.5
烟草制品业	157 648	3 055 371	-17.4	12.7
纺织业	1 029 409	9 743 299	24.0	19.3
纺织服装、鞋、帽制造业	53 839	818 253	-27.4	11.7
皮革、毛皮、羽毛（绒）及其制品业	26 790	476 077	47.3	79.0
木材加工及木、竹、藤、棕、草制品业	380 057	3 588 392	38.0	23.7
家具制造业	39 424	377 944	36.6	22.1
造纸及纸制品业	213 917	2 150 104	19.5	43.9
印刷业和记录媒介的复制	29 487	237 182	18.5	18.9
文教体育用品制造业	0	0	-85.0	-85.0
石油加工、炼焦及核燃料加工业	1 044 006	8 952 691	127.9	46.2

续表

指标名称	工业增加值			
	本月数	本月止累计	本月增长（%）（按可比价计算）	累计增长（%）（按可比价计算）
化学原料及化学制品制造业	2 706 389	26 367 320	99.7	35.2
医药制造业	497 921	4 672 072	30.2	27.1
化学纤维制造业	0	0	-85.0	-85.0
橡胶制品业	1 061	11 827	389.3	9.4
塑料制品业	137 797	1 351 744	41.8	29.0
非金属矿物制品业	1 085 974	15 368 926	43.4	38.7
黑色金属冶炼及压延加工业	1 806 200	18 608 558	140.5	36.1
有色金属冶炼及压延加工业	2 391 762	24 295 380	67.3	34.1
金属制品业	394 637	3 340 861	161.0	113.1
通用设备制造业	486 115	5 097 379	81.2	52.2
专用设备制造业	109 260	1 678 566	2.8	29.2
交通运输设备制造业	315 256	3 152 127	95.0	38.9
电气机械及器材制造业	344 990	3 858 340	133.9	153.0
通信设备、计算机及其他电子设备制造业	102 012	2 394 290	-38.7	17.4
仪器仪表及文化、办公用机械制造业	0	0	-85.0	-85.0
工艺品及其他制造业	76 203	826 996	10.5	13.7
废弃资源和废旧材料回收加工业	15 621	134 330	49.2	60.5
电力、热力的生产和供应业	4 485 630	43 584 162	20.9	5.1
燃气生产和供应业	820 312	8 445 209	48.8	40.2
水的生产和供应业	85 550	896 503	24.9	19.0

2009 年辽宁省民营经济主要经济指标对比表（一）

计算单位：个、人、万元

地区	企业个数			从业人员年末数			增加值		
	2009 年	2008 年	增幅（%）	2009 年	2008 年	增幅（%）	2009 年	2008 年	增幅（%）
甲	1	2	3	4	5	6	7	8	9
辽宁省	1 768 901	1 729 995	2.25	10 758 268	10 490 465	2.55	103 029 965	84 638 031	21.73
核算数							8 890	7 407	20.00
沈阳市	307 332	300 802	2.17	2 177 203	2 118 871	2.75	23 881 107	20 341 619	17.40
大连市	288 927	292 404	-1.19	2 284 701	2 277 804	0.30	26 272 358	22 002 928	19.40
鞍山市	160 929	139 773	15.14	878 110	836 122	5.02	9 341 234	7 219 442	29.39
抚顺市	82 988	81 070	2.37	485 817	480 300	1.15	4 304 869	3 497 050	23.10
本溪市	70 286	69 634	0.94	386 869	379 963	1.82	3 648 448	2 891 966	26.16
丹东市	107 812	105 488	2.20	544 626	537 117	1.40	4 978 818	4 154 563	19.84
锦州市	143 405	152 048	-5.68	734 096	720 310	1.91	6 704 537	5 505 431	21.78
营口市	103 396	101 383	1.99	601 576	581 788	3.40	6 503 982	5 300 186	22.71
阜新市	70 660	67 487	4.70	346 765	327 415	5.91	1 113 269	856 761	29.94
辽阳市	64 034	62 669	2.18	523 090	486 191	7.59	4 274 072	3 579 874	19.39
铁岭市	91 835	87 710	4.70	528 519	512 099	3.21	3 900 870	3 002 240	29.93
朝阳市	112 789	110 048	2.49	475 559	458 898	3.63	2 890 496	2 198 667	31.47
盘锦市	53 725	50 577	6.22	238 662	227 154	5.07	3 172 407	2 313 512	37.13
葫芦岛市	110 783	108 902	1.73	552 675	546 433	1.14	2 043 498	1 773 792	15.21

2009年辽宁省民营经济主要经济指标对比表（二）

计算单位：万元

地区	总产值			营业收入			利润总额		
	2009年	2008年	增幅（%）	2009年	2008年	增幅（%）	2009年	2008年	增幅（%）
甲	10	11	12	13	14	15	16	17	18
辽宁省	392 059 002	320 721 328	22.24	376 601 162	307 831 485	22.34	22 160 300	18 459 253	20.05
沈阳市	88 420 356	72 064 029	22.70	82 589 561	68 836 207	19.98	4 656 807	4 081 403	14.10
大连市	86 522 147	73 972 159	16.97	85 082 722	72 519 155	17.32	5 255 875	4 607 822	14.06
鞍山市	33 937 610	28 490 735	19.12	33 610 678	27 464 897	22.38	2 267 573	1 828 589	24.01
抚顺市	15 234 664	11 714 832	30.05	15 295 752	11 789 027	29.75	1 363 535	920 697	48.10
本溪市	11 102 416	8 924 094	24.41	10 150 035	8 069 026	25.79	474 836	398 538	19.14
丹东市	26 194 758	21 124 974	24.00	24 709 149	19 919 876	24.04	913 162	779 990	17.07
锦州市	29 194 950	23 982 322	21.74	27 556 414	22 903 097	20.32	1 789 966	1 404 422	27.45
营口市	26 200 859	21 894 033	19.67	25 026 631	19 613 198	27.60	1 212 599	1 075 316	12.77
阜新市	4 485 668	3 246 731	38.16	5 135 611	3 929 876	30.68	330 769	212 876	55.38
辽阳市	16 047 402	14 300 856	12.21	15 753 986	13 972 391	12.75	1 353 139	1 094 385	23.64
铁岭市	16 950 461	13 102 636	29.37	15 600 146	12 396 935	25.84	809 624	591 513	36.87
朝阳市	11 711 235	9 370 347	24.98	11 618 361	9 296 311	24.98	826 505	694 145	19.07
盘锦市	15 947 702	9 842 138	62.03	15 218 608	9 306 257	63.53	392 162	307 588	27.50
葫芦岛市	10 108 774	8 691 442	16.31	9 253 508	7 815 232	18.40	513 748	461 969	11.21

2009年辽宁省民营经济主要经济指标对比表（三）

计算单位：万元

地区	上缴税金			劳动者报酬			出口交货值		
	2009年	2008年	增幅（%）	2009年	2008年	增幅（%）	2009年	2008年	增幅（%）
甲	19	20	21	22	23	24	25	26	27
辽宁省	10 331 725	8 793 992	17.49	14 667 623	13 321 571	10.10	13 009 764	13 044 542	-0.27
沈阳市	2 626 909	2 350 301	11.77	3 246 339	3 071 665	5.69	975 643	1 176 620	-17.08
大连市	2 466 402	2 049 820	20.32	3 971 221	3 705 613	7.17	6 055 424	6 189 102	-2.16
鞍山市	868 557	723 718	20.01	1 189 427	911 536	30.49	980 056	839 937	16.68
抚顺市	531 046	439 244	20.90	715 875	654 503	9.38	279 551	252 115	10.88
本溪市	406 922	357 244	13.91	512 578	410 082	24.99	69 868	130 624	-46.51
丹东市	319 178	270 567	17.97	533 454	508 664	4.87	1 180 301	1 000 942	17.92
锦州市	510 452	419 527	21.67	726 518	667 709	8.81	497 541	710 508	-29.97
营口市	854 997	647 426	32.06	647 281	577 700	12.04	1 351 842	1 169 060	15.63
阜新市	114 343	89 524	27.72	423 521	379 087	11.72	44 990	41 395	8.68
辽阳市	476 641	391 804	21.65	681 925	611 051	11.60	803 244	572 549	40.29
铁岭市	312 594	235 249	32.88	566 202	502 759	12.62	169 035	163 040	3.68
朝阳市	407 493	412 658	-1.25	524 579	468 494	11.97	100 942	157 498	-35.91
盘锦市	244 790	203 214	20.46	373 506	340 458	9.71	117 880	82 005	43.75
葫芦岛市	191 401	203 696	-6.04	555 197	512 250	8.38	383 447	559 147	-31.42

2009 年辽宁省民营经济主要经济指标对比表（四）

计算单位：万元

地区	固定资产投资		
	2009 年	2008 年	增幅（%）
甲	28	29	30
辽宁省	69 102 659	49 223 582	40.39
沈阳市	21 995 013	18 289 665	20.26
大连市	15 928 967	11 790 440	35.10
鞍山市	6 286 322	2 734 269	129.91
抚顺市	2 348 172	1 945 639	20.69
本溪市	1 862 102	940 273	98.04
丹东市	1 260 846	1 042 353	20.96
锦州市	2 496 930	1 474 045	69.39
营口市	2 754 352	2 112 208	30.40
阜新市	1 173 426	521 961	124.81
辽阳市	2 175 296	1 439 062	51.16
铁岭市	4 971 373	3 510 084	41.63
朝阳市	2 124 937	1 560 855	36.14
盘锦市	2 438 010	1 084 973	124.71
葫芦岛市	1 286 913	930 755	38.27

2009 年辽宁省民营经济主要经济指标对比表（五）

单位：个、人、万元

指标	企业个数			从业人员年末数			增加值		
	2009 年	2008 年	增长（%）	2009 年	2008 年	增长（%）	2009 年	2008 年	增长（%）
总计	1 768 901	1 729 995	2.2	10 758 268	10 490 465	2.6	103 029 965	84 638 031	21.7
一、按登记注册类型分组									
1. 内资企业小计	1 758 034	1 718 879	2.3	10 413 456	10 121 983	2.9	97 636 451	80 320 390	21.6
其中：（1）集体企业	8 821	12 956	-31.9	388 599	371 117	4.7	3 451 002	2 952 772	16.9
（2）股份合作企业	7 490	11 681	-35.9	97 092	106 857	-9.1	978 712	983 164	-0.5
（3）联营企业	722	845	-14.6	21 149	15 619	35.4	389 197	126 524	207.6
（4）有限责任公司	64 459	64 310	0.2	1 381 509	1 275 850	8.3	18 188 838	13 838 468	31.4
（5）股份有限公司	17 020	17 910	-5.0	275 375	288 835	-4.7	4 196 991	2 973 063	41.2
（6）私营企业	208 091	219 232	-5.1	3 142 729	3 043 631	3.3	35 807 579	29 189 968	22.7
（7）其他企业	1 451 431	1 391 945	4.3	5 107 003	5 020 074	1.7	34 624 132	30 256 431	14.4
2. 港澳台商投资企业	2 244	2 233	0.5	88 527	104 706	-15.5	1 940 093	1 569 912	23.6
3. 外商投资企业	8 623	8 883	-2.9	256 285	263 776	-2.8	3 453 421	2 747 729	25.7
二、按国民经济行业分组									
第二产业	380 054	379 288	0.2	5 544 338	5 462 543	1.5	70 545 406	56 320 779	25.3
（一）工业	350 361	347 072	0.9	4 848 610	4 747 844	2.1	65 251 664	51 242 930	27.3
1. 采矿业	19 654	14 701	33.7	380 083	350 325	8.5	4 678 883	3 523 807	32.8

续表

指标	企业个数			从业人员年末数			增加值		
	2009 年	2008 年	增长（%）	2009 年	2008 年	增长（%）	2009 年	2008 年	增长（%）
2. 制造业	330 205	331 890	－0.5	4 432 347	4 374 083	1.3	60 161 212	47 491 697	26.7
（二）建筑业	29 693	32 216	－7.8	695 728	714 699	－2.7	5 293 742	5 077 849	4.3
其中：资质等级企业	1 838	1 799	2.2	179 257	160 183	11.9	1 411 931	1 303 854	8.3
第三产业	1 388 847	1 350 707	2.8	5 213 930	5 027 922	3.7	32 484 559	28 317 252	14.7
1. 交通运输仓储业	302 935	308 109	－1.7	738 857	736 368	0.3	6 167 816	5 239 559	17.7
2. 批发零售业	630 332	598 721	5.3	2 278 100	2 139 920	6.5	13 591 224	12 213 048	11.3
3. 住宿及餐饮业	176 174	171 436	2.8	882 857	849 343	3.9	5 119 222	4 324 843	18.4
其中：餐饮业	110 106	102 761	7.1	600 665	548 731	9.5	2 896 099	2 453 950	18.0
4. 生活服务业	177 164	172 969	2.4	753 322	724 851	3.9	4 383 903	3 447 478	27.2
5. 其他	102 242	99 472	2.8	560 794	577 440	－2.9	3 222 394	3 092 324	4.2

2009 年辽宁省民营经济主要经济指标对比表（六）

单位：万元

指标	上缴税金			劳动者报酬		
	2009 年	2008 年	增长（%）	2009 年	2008 年	增长（%）
总计	10 331 725	8 793 992	17.5	14 667 623	13 321 571	10.1
一、按登记注册类型分组						
1. 内资企业小计	9 754 876	8 257 188	18.1	14 007 935	12 696 368	10.3
其中：（1）集体企业	330 693	393 115	－15.9	566 283	463 759	22.1
（2）股份合作企业	132 602	145 604	－8.9	142 008	174 184	－18.5
（3）联营企业	42 488	33 221	27.9	44 375	29 047	52.8
（4）有限责任公司	2 319 324	2 053 903	12.9	2 261 886	1 986 566	13.9
（5）股份有限公司	513 924	528 285	－2.7	435 552	492 968	－11.6
（6）私营企业	3 736 837	3 120 434	19.8	4 903 246	4 410 812	11.2
（7）其他企业	2 679 008	1 982 626	35.1	5 654 585	5 139 032	10.0
2. 港澳台商投资企业	214 960	219 571	－2.1	216 674	204 254	6.1
3. 外商投资企业	361 889	317 233	14.1	443 014	420 949	5.2
二、按国民经济行业分组						
第二产业	6 276 370	5 520 497	13.7	8 046 954	7 215 522	11.5
（一）工业	5 598 330	4 887 535	14.5	6 963 997	6 180 368	12.7
1. 采矿业	696 921	688 841	1.2	539 491	509 384	5.9
2. 制造业	4 829 962	4 163 798	16.0	6 330 173	5 620 898	12.6
（二）建筑业	678 040	632 962	7.1	1 082 957	1 035 154	4.6
其中：资质等级企业	189 422	181 377	4.4	276 348	260 200	6.2
第三产业	4 055 355	3 273 495	23.9	6 620 669	6 106 049	8.4
1. 交通运输仓储业	421 305	322 097	30.8	939 641	897 073	4.7
2. 批发零售业	1 960 557	1 548 696	26.6	2 787 141	2 479 075	12.4
3. 住宿及餐饮业	597 022	530 598	12.5	1 091 246	1 011 622	7.9
其中：餐饮业	358 208	275 956	29.8	665 901	586 753	13.5
4. 生活服务业	502 172	460 963	8.9	997 755	911 681	9.4
5. 其他	574 299	411 141	39.7	804 886	806 598	－0.2

2009 年辽宁省民营经济主要经济指标对比表（七）

单位：万元

指标	总产值			营业收入			利润总额		
	2009 年	2008 年	增长（%）	2009 年	2008 年	增长（%）	2009 年	2008 年	增长（%）
总计	392 059 002	320 721 328	22.2	376 601 162.00	307 831 485.00	22.3	22 160 300	18 459 253	20.0
一、按登记注册类型分组									
1. 内资企业小计	373 113 063	304 464 962	22.5	358 245 406	291 987 802	22.7	20 757 947	17 395 286	19.3
其中：（1）集体企业	12 323 209	10 313 413	19.5	11 888 533	9 334 241	27.4	557 448	527 004	5.8
（2）股份合作企业	4 117 160	4 183 871	−1.6	4 746 064	4 589 259	3.4	211 587	221 318	−4.4
（3）联营企业	1 727 909	548 143	215.2	1 762 612	558 148	215.8	89 829	51 700	73.8
（4）有限责任公司	68 252 024	51 227 753	33.2	63 754 907	48 446 275	31.6	3 760 418	2 878 088	30.7
（5）股份有限公司	15 497 434	12 518 410	23.8	15 070 817	12 625 872	19.4	757 760	753 395	0.6
（6）私营企业	139 419 579	112 127 261	24.3	131 623 870	106 267 842	23.9	7 419 941	6 251 449	18.7
（7）其他企业	131 775 748	113 546 111	16.1	129 398 603	110 166 165	17.5	7 960 964	6 712 332	18.6
2. 港澳台商投资企业	6 858 423	6 379 826	7.5	6 795 247	6 361 347	6.8	787 558	575 810	36.8
3. 外商投资企业	12 087 516	9 876 540	22.4	11 560 509	9 482 336	21.9	614 795	488 157	25.9
二、按国民经济行业分组									
第二产业	280 023 285	224 424 417	24.8	260 784 442	208 355 067	25.2	14 642 944	11 828 522	23.8
（一）工业	259 738 841	206 486 094	25.8	240 617 701	190 529 926	26.3	13 434 516	10 765 844	24.8
1. 采矿业	17 590 850	14 173 602	24.1	16 301 498	12 277 076	32.8	1 311 483	1 175 211	11.6
2. 制造业	240 466 643	191 510 446	25.6	222 671 293	177 405 295	25.5	11 963 006	9 501 193	25.9
（二）建筑业	20 284 444	17 938 323	13.1	20 166 741	17 825 141	13.1	1 208 428	1 062 678	13.7
其中：资质等级企业	5 561 721	4 849 848	14.7	5 358 982	4 777 776	12.2	265 373	218 969	21.2
第三产业	112 035 717	96 296 911	16.3	115 816 720	99 476 418	16.4	7 517 356	6 630 731	13.4
1. 交通运输仓储业	19 811 985	18 048 884	9.8	20 000 533	17 404 867	14.9	1 310 424	1 234 975	6.1
2. 批发零售业	48 696 459	40 822 954	19.3	53 289 571	45 520 127	17.1	3 220 428	2 794 199	15.3
3. 住宿及餐饮业	17 324 102	15 336 944	13.0	17 084 456	14 593 334	17.1	1 229 824	1 046 019	17.6
其中：餐饮业	10 437 201	8 429 178	23.8	9 935 466	8 141 519	22.0	766 730	593 924	29.1
4. 生活服务业	13 058 290	11 592 914	12.6	13 105 506	11 790 722	11.2	889 673	762 900	16.6
5. 其他	13 144 881	10 495 215	25.2	12 336 654	10 167 368	21.3	867 007	792 638	9.4

2009 年辽宁省民营经济（企业）主要经济指标表

综合单位：辽宁省中小企业厅　　2009 年度　　计算单位：个、人、万元

甲	企业个数	从业人员年末数	增加值	总产值	营业收入	利润总额	上缴税金	劳动者报酬
	1	2	3	4	5	6	7	8
总计	1 768 901	10 758 268	103 029 965	392 059 002	376 601 162	22 160 300	10 331 725	14 667 623
一、按登记注册类型分组								
1. 内资企业小计	1 758 034	10 413 456	97 636 451	373 113 063	358 245 406	20 757 947	9 754 876	14 007 935
（1）集体企业	8 821	388 599	3 451 002	12 323 209	11 888 533	557 448	330 693	566 283
（2）股份合作企业	7 490	97 092	978 712	4 117 160	4 746 064	211 587	132 602	142 008

续表

甲	企业个数	从业人员年末数	增加值	总产值	营业收入	利润总额	上缴税金	劳动者报酬
	1	2	3	4	5	6	7	8
（3）联营企业	722	21 149	389 197	1 727 909	1 762 612	89 829	42 488	44 375
（4）有限责任公司	64 459	1 381 509	18 188 838	68 252 024	63 754 907	3 760 418	2 319 324	2 261 886
（5）股份有限公司	17 020	275 375	4 196 991	15 497 434	15 070 817	757 760	513 924	435 552
（6）私营企业	208 091	3 142 729	35 807 579	139 419 579	131 623 870	7 419 941	3 736 837	4 903 246
（7）个体工商户	1 451 431	5 107 003	34 624 132	131 775 748	129 398 603	7 960 964	2 679 008	5 654 585
2. 港、澳、台商投资企业	2 244	88 527	1 940 093	6 858 423	6 795 247	787 558	214 960	216 674
3. 外商投资企业	8 623	256 285	3 453 421	12 087 516	11 560 509	614 795	361 889	443 014
二、按国民经济行业分组								
1. 工业	350 361	4 848 610	65 251 664	259 738 841	240 617 701	13 434 516	5 598 330	6 963 997
其中：采矿业	19 654	380 083	4 678 883	17 590 850	16 301 498	1 311 483	696 921	539 491
其中：制造业	330 205	4 432 347	60 161 212	240 466 643	222 671 293	11 963 006	4 829 962	6 330 173
2. 建筑业	29 693	695 728	5 293 742	20 284 444	20 166 741	1 208 428	678 040	1 082 957
其中：资质等级企业	1 838	179 257	1 411 931	5 561 721	5 358 982	265 373	189 422	276 348
3. 交通运输仓储业	302 935	738 857	6 167 816	19 811 985	20 000 533	1 310 424	421 305	939 641
4. 批发零售业	630 332	2 278 100	13 591 224	48 696 459	53 289 571	3 220 428	1 960 557	2 787 141
5. 住宿及餐饮业	176 174	882 857	5 119 222	17 324 102	17 084 456	1 229 824	597 022	1 091 246
其中：餐饮业	110 106	600 665	2 896 099	10 437 201	9 935 466	766 730	358 208	665 901
6. 居民服务、其他服务业和娱乐业	177 164	753 322	4 383 903	13 058 290	13 105 506	889 673	502 172	997 755
7. 其他	102 242	560 794	3 222 394	13 144 881	12 336 654	867 007	574 299	804 886
电力、燃气及水的生产和供应业	502	36 180	411 569	1 681 348	1 644 910	160 027	71 447	94 333

2009 年辽宁省民营经济主要经济指标表（一）

指标名称：总计　　2009 年　　计算单位：个、人、万元

地区	企业个数	从业人员年末数	增加值	总产值	营业收入	利润总额	上缴税金	劳动者报酬
甲	1	2	3	4	6	7	9	10
辽宁省中小企业厅	1 768 901	10 758 268	103 029 965	392 059 002	376 601 162	22 160 300	10 331 725	14 667 623
沈阳市	307 332	2 177 203	23 881 107	88 420 356	82 589 561	4 656 807	2 626 909	3 246 339
大连市	288 927	2 284 701	26 272 358	86 522 147	85 082 722	5 255 875	2 466 402	3 971 221
鞍山市	160 929	878 110	9 341 234	33 937 610	33 610 678	2 267 573	868 557	1 189 427
抚顺市	82 988	485 817	4 304 869	15 234 664	15 295 752	1 363 535	531 046	715 875
本溪市	70 286	386 869	3 648 448	11 102 416	10 150 035	474 836	406 922	512 578
丹东市	107 812	544 626	4 978 818	26 194 758	24 709 149	913 162	319 178	533 454
锦州市	143 405	734 096	6 704 537	29 194 950	27 556 414	1 789 966	510 452	726 518
营口市	103 396	601 576	6 503 982	26 200 859	25 026 631	1 212 599	854 997	647 281
阜新市	70 660	346 765	1 113 269	4 485 668	5 135 611	330 769	114 343	423 521
辽阳市	64 034	523 090	4 274 072	16 047 402	15 753 986	1 353 139	476 641	681 925

续表

地区	企业个数	从业人员年末数	增加值	总产值	营业收入	利润总额	上缴税金	劳动者报酬
铁岭市	91 835	528 519	3 900 870	16 950 461	15 600 146	809 624	312 594	566 202
朝阳市	112 789	475 559	2 890 496	11 711 235	11 618 361	826 505	407 493	524 579
盘锦市	53 725	238 662	3 172 407	15 947 702	15 218 608	392 162	244 790	373 506
葫芦岛市	110 783	552 675	2 043 498	10 108 774	9 253 508	513 748	191 401	555 197

2009 年辽宁省民营经济主要经济指标表（二）

指标名称：工业　　2009 年　　计算单位：个、人、万元

地区	企业个数	从业人员年末数	增加值	总产值	营业收入	利润总额	上缴税金	劳动者报酬
甲	1	2	3	4	6	7	9	10
辽宁省中小企业厅	350 361	4 848 610	65 251 664	259 738 841	240 617 701	13 434 516	5 598 330	6 963 997
沈阳市	44 222	833 211	15 022 104	56 305 118	52 174 822	2 765 871	1 143 225	1 375 317
大连市	56 005	964 797	14 603 693	51 822 007	47 416 992	2 656 205	1 029 431	1 671 582
鞍山市	42 963	446 799	5 694 396	20 474 369	19 585 064	1 333 930	514 413	674 085
抚顺市	18 622	217 954	2 605 284	10 091 215	9 539 766	843 922	317 135	302 409
本溪市	11 062	163 428	1 829 623	5 849 915	5 157 427	267 779	237 172	207 522
丹东市	34 996	317 010	3 694 399	19 830 236	17 551 087	684 979	221 948	321 988
锦州市	28 101	346 346	4 538 124	19 226 417	17 362 403	1 091 160	291 161	378 318
营口市	20 203	333 277	5 116 300	20 079 672	18 930 417	905 385	673 953	402 759
阜新市	9 663	113 522	546 010	2 871 344	2 608 899	185 559	61 798	149 994
辽阳市	13 730	261 297	2 902 026	11 899 067	11 658 525	1 041 552	350 420	389 112
铁岭市	19 701	264 420	3 192 221	13 749 535	12 659 363	565 681	195 759	307 296
朝阳市	19 056	218 207	2 094 646	8 338 681	7 922 273	519 981	303 519	295 200
盘锦市	8 740	108 723	2 173 619	13 074 061	12 385 283	278 473	149 978	185 446
葫芦岛市	23 297	259 619	1 239 219	6 127 204	5 665 380	294 039	108 418	302 969

2009 年辽宁省民营经济主要经济指标表（三）

指标名称：采矿业　　2009 年　　计算单位：个、人、万元

地区	企业个数	从业人员年末数	增加值	总产值	营业收入	利润总额	上缴税金	劳动者报酬
甲	1	2	3	4	6	7	9	10
辽宁省中小企业厅	19 654	380 083	4 678 883	17 590 850	16 301 498	1 311 483	696 921	539 491
沈阳市	337	11 231	233 509	740 714	839 765	66 853	15 242	19 559
大连市	323	14 417	228 195	632 799	607 660	32 262	13 489	19 478
鞍山市	590	23 246	272 528	1 137 953	982 387	126 130	95 206	27 112
抚顺市	1 496	23 778	391 923	1 136 014	1 013 169	129 281	76 701	34 590
本溪市	789	19 418	416 404	1 344 383	1 089 384	100 625	74 455	38 631
丹东市	2 238	36 871	476 032	2 196 479	1 930 164	105 065	23 414	43 490
锦州市	3 459	28 480	396 047	1 469 941	1 401 265	105 327	19 790	30 678

续表

地区	企业个数	从业人员年末数	增加值	总产值	营业收入	利润总额	上缴税金	劳动者报酬
营口市	3 163	43 476	421 331	1 974 417	1 891 888	92 767	38 233	54 349
阜新市	598	26 251	147 494	619 342	568 141	59 870	16 066	39 945
辽阳市	528	37 470	578 881	2 271 470	2 163 131	184 031	102 648	63 779
铁岭市	354	14 030	195 731	789 547	745 659	29 864	13 633	13 458
朝阳市	3 629	64 616	746 408	2 667 072	2 524 294	246 497	175 515	103 808
盘锦市	0	0	0	0	0	0	0	0
葫芦岛市	2 150	36 799	174 400	610 719	544 591	32 911	32 529	50 614

2009 年辽宁省民营经济主要经济指标表（四）

指标名称：制造业　　　　2009 年　　　　计算单位：个、人、万元

地区	企业个数	从业人员年末数	增加值	总产值	营业收入	利润总额	上缴税金	劳动者报酬
甲	1	2	3	4	6	7	9	10
辽宁省中小企业厅	330 205	4 432 347	60 161 212	240 466 643	222 671 293	11 963 006	4 829 962	6 330 173
沈阳市	43 840	813 941	14 676 273	55 165 009	50 957 769	2 609 357	1 108 990	1 305 717
大连市	55 447	942 632	14 303 674	50 899 241	46 430 153	2 598 936	1 001 150	1 638 912
鞍山市	42 362	422 432	5 403 333	19 258 849	18 532 518	1 211 484	417 304	645 507
抚顺市	17 116	193 870	2 204 924	8 923 612	8 510 702	713 052	240 038	267 289
本溪市	10 219	141 353	1 391 414	4 438 085	4 001 609	159 717	152 856	160 823
丹东市	32 723	273 934	3 152 517	17 306 408	15 315 233	568 173	191 857	270 172
锦州市	24 633	317 721	4 119 066	17 666 820	15 865 176	977 590	268 325	347 250
营口市	17 037	289 741	4 694 579	18 104 075	17 037 479	812 528	635 704	348 360
阜新市	9 064	87 143	398 141	2 250 482	2 039 757	125 624	45 677	109 921
辽阳市	13 197	223 640	2 322 409	9 625 216	9 493 168	857 428	247 491	325 083
铁岭市	19 317	246 865	2 938 798	12 715 782	11 694 613	520 608	172 769	289 091
朝阳市	15 384	150 378	1 336 826	5 627 263	5 355 734	273 829	126 019	188 197
盘锦市	8 725	106 404	2 157 582	12 984 219	12 331 509	276 240	147 107	182 150
葫芦岛市	21 141	222 293	1 061 676	5 501 582	5 105 873	258 440	74 675	251 701

2009 年辽宁省民营经济主要经济指标表（五）

指标名称：建筑业　　　　2009 年　　　　计算单位：个、人、万元

地区	企业个数	从业人员年末数	增加值	总产值	营业收入	利润总额	上缴税金	劳动者报酬
甲	1	2	3	4	6	7	9	10
辽宁省中小企业厅	29 693	695 728	5 293 742	20 284 444	20 166 741	1 208 428	678 040	1 082 957
沈阳市	6 043	112 586	879 924	3 714 527	3 549 873	192 728	172 265	233 186
大连市	6 775	222 507	2 125 492	7 625 837	8 180 126	514 385	258 731	391 443
鞍山市	2 774	43 750	391 783	1 376 846	1 237 307	83 914	29 637	57 623
抚顺市	736	33 609	200 335	848 767	745 915	69 839	23 445	47 657

续表

地区	企业个数	从业人员年末数	增加值	总产值	营业收入	利润总额	上缴税金	劳动者报酬
本溪市	1 380	33 762	231 955	799 806	742 821	35 592	39 065	54 585
丹东市	2 269	30 299	224 044	1 129 393	1 096 984	51 116	16 112	40 042
锦州市	1 805	30 493	411 897	1 436 034	1 408 739	99 034	45 731	33 215
营口市	1 606	26 797	99 450	491 014	434 140	22 228	7 267	22 450
阜新市	872	11 519	32 558	133 300	143 815	13 457	4 987	16 679
辽阳市	271	19 066	72 838	209 949	199 442	14 046	10 240	27 478
铁岭市	1 341	28 852	136 997	438 672	437 310	29 022	17 885	32 790
朝阳市	1 616	46 325	194 144	894 941	906 143	34 878	26 110	61 717
盘锦市	407	12 569	171 545	514 318	527 356	19 403	12 226	25 777
葫芦岛市	1 798	43 594	120 780	671 040	556 770	28 786	14 339	38 315

2009 年辽宁省民营经济主要经济指标表（六）

指标名称：交通运输仓储业　　　　2009 年　　　　计算单位：个、人、万元

地区	企业个数	从业人员年末数	增加值	总产值	营业收入	利润总额	上缴税金	劳动者报酬
甲	1	2	3	4	6	7	9	10
辽宁省中小企业厅	302 935	738 857	6 167 816	19 811 985	20 000 533	1 310 424	421 305	939 641
沈阳市	33 922	110 571	1 067 249	2 576 935	2 412 438	168 294	101 064	182 665
大连市	37 391	91 492	1 317 847	4 257 531	4 446 564	299 473	86 138	161 795
鞍山市	22 722	50 118	592 905	2 078 331	1 939 009	141 444	33 181	52 846
抚顺市	18 670	33 988	359 160	1 079 812	1 329 198	133 854	28 966	50 596
本溪市	15 309	48 278	552 338	1 218 423	1 372 074	24 902	46 304	101 297
丹东市	18 485	35 198	275 278	1 368 422	1 274 371	44 028	13 406	35 558
锦州市	28 710	68 358	633 295	1 923 475	2 145 972	170 065	26 924	57 052
营口市	21 810	57 419	440 638	1 651 754	1 660 030	76 561	26 727	51 773
阜新市	11 519	26 257	73 454	172 244	184 931	21 482	4 676	36 672
辽阳市	13 506	48 850	234 739	596 008	561 402	49 421	14 822	45 746
铁岭市	15 606	45 674	176 811	850 882	800 079	42 701	9 044	47 141
朝阳市	26 967	46 577	145 978	539 396	592 968	54 581	11 324	39 168
盘锦市	11 666	17 789	105 440	468 537	432 868	22 249	9 652	21 652
葫芦岛市	26 652	58 288	192 684	1 030 235	848 629	61 369	9 077	55 680

2009 年辽宁省民营经济主要经济指标表（七）

指标名称：批发零售业　　　　2009 年　　　　计算单位：个、人、万元

地区	企业个数	从业人员年末数	增加值	总产值	营业收入	利润总额	上缴税金	劳动者报酬
甲	1	2	3	4	6	7	9	10
辽宁省中小企业厅	630 332	2 278 100	13 591 224	48 696 459	53 289 571	3 220 428	1 960 557	2 787 141

续表

地区	企业个数	从业人员年末数	增加值	总产值	营业收入	利润总额	上缴税金	劳动者报酬
沈阳市	133 101	597 696	3 907 111	15 364 894	14 852 804	814 219	768 377	756 327
大连市	99 981	462 815	3 729 282	10 281 554	11 831 388	859 404	527 365	772 299
鞍山市	55 345	194 976	1 541 226	5 776 085	7 162 086	401 793	163 402	254 262
抚顺市	23 957	108 357	563 940	1 676 893	2 042 611	164 228	62 634	147 836
本溪市	24 908	68 640	575 470	1 778 181	1 603 505	78 982	34 716	67 114
丹东市	35 989	99 216	417 988	2 284 566	3 237 590	75 780	38 342	87 708
锦州市	40 469	100 111	479 698	2 215 808	2 349 299	208 862	46 012	76 003
营口市	39 164	96 111	555 172	2 366 124	2 378 619	124 094	112 302	96 361
阜新市	24 785	86 354	186 342	404 319	1 258 836	46 609	14 451	93 894
辽阳市	22 915	109 808	590 452	2 137 021	2 120 830	149 556	58 792	120 322
铁岭市	31 970	104 383	196 327	1 132 506	926 642	83 183	39 552	90 981
朝阳市	38 482	83 745	237 802	986 551	1 197 336	106 757	26 585	62 936
盘锦市	19 824	50 896	341 811	970 494	969 678	34 140	37 068	62 500
葫芦岛市	39 442	114 992	268 603	1 321 463	1 358 347	72 821	30 959	98 598

2009 年辽宁省民营经济主要经济指标表（八）

指标名称：住宿及餐饮业　　2009 年　　计算单位：个、人、万元

地区	企业个数	从业人员年末数	增加值	总产值	营业收入	利润总额	上缴税金	劳动者报酬
甲	1	2	3	4	6	7	9	10
辽宁省中小企业厅	176 174	882 857	5 119 222	17 324 102	17 084 456	1 229 824	597 022	1 091 246
沈阳市	27 847	173 015	1 187 439	3 659 974	3 480 973	249 772	131 167	254 409
大连市	29 883	150 621	1 359 551	4 314 039	4 552 667	296 004	177 172	260 955
鞍山市	13 384	64 346	481 690	1 904 143	1 757 047	143 507	55 296	63 189
抚顺市	10 565	51 336	309 852	882 356	1 011 962	91 833	36 337	75 491
本溪市	8 174	39 432	277 283	877 673	767 348	40 793	27 420	47 116
丹东市	8 196	43 805	200 693	1 010 942	967 265	36 331	15 737	32 165
锦州市	18 178	65 755	387 995	1 325 283	1 292 214	80 361	40 061	61 166
营口市	9 265	37 518	128 995	579 132	568 941	41 016	15 697	30 900
阜新市	7 650	51 802	117 287	348 053	368 914	29 505	10 561	57 559
辽阳市	6 816	51 045	238 121	721 756	711 520	65 774	21 381	60 274
铁岭市	11 969	47 991	103 833	432 132	432 037	47 804	28 502	51 615
朝阳市	10 807	42 578	110 835	469 438	488 280	68 236	18 718	33 838
盘锦市	4 762	25 631	113 682	341 503	312 884	13 367	10 303	35 551
葫芦岛市	8 678	37 982	101 966	457 678	372 404	25 521	8 670	27 018

2009 年辽宁省民营经济主要经济指标表（九）

指标名称：社会服务业　　2009 年　　计算单位：个、人、万元

地区	企业个数	从业人员年末数	增加值	总产值	营业收入	利润总额	上缴税金	劳动者报酬
甲	1	2	3	4	6	7	9	10
辽宁省中小企业厅	177 164	753 322	5 119 222	13 058 290	13 105 506	889 673	502 172	997 755
沈阳市	41 525	201 580	1 335 104	4 218 373	4 209 870	309 519	169 487	283 060
大连市	33 829	215 363	1 412 091	3 396 267	3 637 405	202 082	164 584	364 847
鞍山市	16 438	52 993	330 763	1 241 166	1 072 122	84 844	33 753	50 530
抚顺市	8 159	38 032	169 459	530 336	515 663	49 905	13 154	43 966
本溪市	6 583	21 867	131 288	428 982	381 868	19 410	15 657	21 565
丹东市	4 728	12 179	56 726	291 030	290 663	13 120	3 954	10 743
锦州市	11 083	35 633	202 959	563 109	558 677	44 769	10 061	37 820
营口市	8 422	29 482	76 694	440 271	530 380	25 083	11 839	24 468
阜新市	4 951	14 687	44 008	185 112	91 677	10 115	2 632	24 375
辽阳市	5 782	26 629	174 173	334 156	382 201	25 313	11 214	28 649
铁岭市	10 877	35 426	86 960	298 170	297 145	39 029	20 330	35 058
朝阳市	10 439	23 503	69 125	306 774	330 150	26 507	11 978	22 815
盘锦市	5 421	14 595	192 690	429 751	448 706	13 058	16 587	23 889
葫芦岛市	8 927	31 353	101 863	394 793	358 979	26 919	16 942	25 970

2009 年辽宁省民营经济主要经济指标表（十）

指标名称：其他　　2009 年　　计算单位：个、人、万元

地区	企业个数	从业人员年末数	增加值	总产值	营业收入	利润总额	上缴税金	劳动者报酬
甲	1	2	3	4	6	7	9	10
辽宁省中小企业厅	102 242	560 794	3 222 394	13 144 881	12 336 654	867 007	574 299	804 886
沈阳市	20 672	148 544	482 176	2 580 535	1 908 781	156 404	141 324	161 375
大连市	25 063	177 106	1 724 402	4 824 912	5 017 580	428 322	222 981	348 300
鞍山市	7 303	25 128	308 471	1 086 670	858 043	78 141	38 875	36 892
抚顺市	2 279	2 541	96 839	125 285	110 637	9 954	49 375	47 920
本溪市	2 870	11 462	50 491	149 436	124 992	7 378	6 588	13 379
丹东市	3 149	6 919	109 690	280 169	291 189	7 808	9 679	5 250
锦州市	15 059	87 400	50 569	2 504 824	2 439 110	95 715	50 502	82 944
营口市	2 926	20 972	86 733	592 892	524 104	18 232	7 212	18 570
阜新市	11 220	42 624	113 610	371 296	478 539	24 042	15 238	44 348
辽阳市	1 014	6 395	61 723	149 445	120 066	7 477	9 772	10 344
铁岭市	371	1 773	7 721	48 564	47 570	2 204	1 522	1 321
朝阳市	5 422	14 624	37 966	175 454	181 211	15 565	9 259	8 905
盘锦市	2 905	8 459	73 620	149 038	141 833	11 472	8 976	18 691
葫芦岛市	1 989	6 847	18 383	106 361	92 999	4 293	2 996	6 647

2009年吉林省民营经济主要指标完成情况表

制表单位：省工信厅　　　　汇总日期：2010-1-21

指标／地区	主营业务收入（亿元）			实缴税金（亿元）			企业户数（户）						个体工商业户数（万户）			从业人员（万人）		
							企业户数			规模以上企业户数								
	本期	同期	增幅(%)	本期	同期	增幅(%)	本期	同期	增幅(%)	本期	同期	增幅(%)	本期	同期	增幅(%)	本期	同期	增幅(%)
全省	10 268.7	8 134.5	26.2	319.5	255.5	25.1	100 158	87 649	14.3	8 039	6 447	24.7	108.8	97.6	11.4	443.9	404.1	9.8
长春	4 525.3	3 604.6	25.5	129.0	93.0	38.7	53 385	47 223	13.0	2 240	1 841	21.7	35.5	31.5	13.0	154.1	142.4	8.2
吉林	1 830.6	1 460.8	25.3	46.4	39.3	18.0	14 840	13 394	10.8	1 578	1 162	35.8	19.1	17.1	11.7	78.4	71.1	10.3
四平	735.2	574.2	28.0	26.9	20.3	32.2	5 147	4 359	18.1	685	504	35.9	10.2	8.8	15.6	37.9	33.1	14.6
辽源	381.3	302.1	26.2	9.6	7.4	29.5	2 920	2 597	12.4	470	400	17.6	3.8	3.6	6.7	18.2	16.9	7.7
通化	737.3	579.4	27.3	29.9	28.2	5.8	4 701	4 336	8.4	808	671	20.4	10.5	9.3	12.2	35.1	31.8	10.4
白山	390.0	299.2	30.4	19.7	15.4	27.4	3 904	3 012	29.6	468	385	21.7	4.3	4.0	7.0	24.2	21.3	13.2
白城	335.1	261.4	28.2	12.7	9.6	32.6	2 288	1 800	27.1	320	281	13.8	6.3	5.9	7.9	20.0	18.6	7.0
松原	630.2	487.6	29.3	21.0	21.4	-2.2	5 146	3 953	30.2	684	479	42.9	9.3	8.4	11.0	36.0	32.0	12.8
延边	703.7	565.3	24.5	23.8	20.6	15.6	7 827	6 975	12.2	791	730	8.4	9.9	9.3	7.2	40.0	36.9	8.5

2009年黑龙江省非公有制经济总量增幅统计表

名称	增加值		单位数（万个）	从业人员数（万人）
	本期	比同期（±%）		
全省合计	4 019	16	193.8	687.5
哈尔滨市	1 611.9	13.2	35.7	192.9
齐齐哈尔市	334.2	15.8	22.5	62
鸡西市	119.8	17.1	8.9	25.5
鹤岗市	52.2	21.4	3.1	12.4
双鸭山市	86.6	16.3	4.6	14.7
大庆市	456.4	18.1	20	76.1
伊春市	86.9	14	9.3	30.7
佳木斯市	141.3	15.7	18.8	56.6
七台河市	137.5	22.3	4	13.1
牡丹江市	383.1	35.6	4.9	59.1
黑河市	48.4	18.4	10.8	20.2
绥化市	290.7	15.2	25.1	87.3
大兴安岭地区	27.8	16	2.2	6.4
农垦	242.2	21.2	13.9	30.5

2009年黑龙江省非公有制经济增加值占地区生产总值比重表

计量单位：亿元

	合计	非公有制经济增加值	
		绝对值	占合计的比重（%）
	8 288	4 019	48.5
一、按产业分组			
（一）第一产业	1 154.3	463.8	40.2
（二）第二产业	3 920.4	1 625.2	41.5
1. 工业	3 412.9	1 339	39.2
2. 建筑业	507.5	286.2	56.4
（三）第三产业	3 213.4	1 930	60.1
1. 批发和零售贸易业	713.1	638.2	89.5
2. 住宿和餐饮业	193.6	192.3	99.3
3. 其他服务业	2 306.7	1 099.5	47.7
二、在合计中外资企业	249.8	249.8	100
1. 港澳台投资企业	77.5	77.5	100
2. 外商投资企业	172.3	172.3	100

2009年黑龙江省非公有制经济统计表

指标	计量单位	2008年	2009年	2009年比2008年（±%）
一、非公有制经济增加值	亿元	3 481.3	4 019	16
1. 企业	亿元	1 804.1	2 121.4	17.6
2. 个体	亿元	1 677.2	1 897.6	13.1
二、非公有制经济户数	万户	185.6	193.8	4.4
1. 企业	万户	17.8	24.2	36
2. 个体	万户	167.8	169.6	1.1
三、非公有制经济从业人员	万人	596.8	687.5	15.2
其中：新增就业人数	万人	28.5	90.7	2.2倍
非公经济从业人员占全社会就业人员的比重 *	%	32.20%	36.60%	提高4.4个百分点
1. 企业	万人	257.9	314.2	21.8
其中：新增就业人数	万人	23.8	56.3	1.4倍
企业从业人员占全社会就业人员的比重 *	%	13.90%	16.70%	提高2.8个百分点
2. 个体	万人	338.9	373.3	10.2
其中：新增就业人数	万人	4.7	34.4	6.3倍
个体从业人员占全社会就业人员的比重 *	%	18.30%	19.90%	提高1.6个百分点
私营企业投资者人数（来源于省工商局） *	万人	29.8	31.8	6.7
四、非公有制经济税收总额	亿元	426	482.9	13.4
占全省税收的比重	%	38.40%	43.70%	提高5.3个百分点
五、全社会固定资产投资总额	亿元	3 656	5 029.1	增长37.6
其中：（1）全省城镇民间固定资产投资总额	亿元	1 254.5	1 991.9	增长58.8
占全社会固定资产投资总额的比重	%	34.30%	39.60%	提高5.3个百分点
（2）港澳台商投资企业固定资产投资总额	亿元	32.8	41.8	增长27.4
占全社会固定资产投资总额的比重	%	0.01%	0.01%	基本持平
（3）外商投资企业固定资产投资总额	亿元	52.2	67.9	下降30.1%
占全社会固定资产投资总额的比重	%	0.01%	0.01%	基本持平
六、全省进出口总额	亿美元	229	162.2	下降29.9%
非公有制经济进出口总额	亿美元	185.8	117.2	下降36.9%
占全省进出口总额的比重	%	81.10%	72.30%	下降8.8个百分点
1. 私营企业进出口总额	亿美元	171.9	109.3	下降37%
占全省进出口总额的比重	%	75.10%	67.40%	下降7.7个百分点
2. 个体企业进出口总额	万美元	159	575	增2.6倍
3. 外资企业进出口总额	亿美元	13.9	7.8	下降43.9%
七、私营企业注册资金总额 *	亿元	1 960.7	1 996.4	1.8
个体户注册资金数额 *	亿元	281.9	369.1	30.9
八、规模以上工业非公企业主营业务收入	亿元	1 987.3	2 418.6	21.7
全省规模以上工业企业主营业务收入	亿元	7 945.9	7 678.6	-3.4
占全省规模以上工业企业主营业务收入比重	%	25	31.5	提高6.5个百分点
规模以上工业非公企业利润总额	亿元	104.6	144.2	37.9
全省规模以上工业企业利润总额	亿元	1 434.1	860.1	-40
占全省规模以上工业企业利润总额比重	%	7.3	16.8	提高9.5个百分点
规模以上工业非公企业应缴增值税	亿元	79.3	94.9	19.7
全省规模以上工业企业应缴增值税	亿元	463	376.3	-18.7
占全省规模以上工业企业应缴增值税的比重	%	17.1	25.2	提高8.1个百分点

2009 年上海市中小企业情况（快报数）

	单位数（个）	从业人员（人）	营业收入（千元）	实收资本（千元）
总计	337 478	7 884 950	5 113 041 903	2 127 287 350
一、按三次产业分				
第一产业	1 489	38 265	4 341 165	6 381 032
第二产业	99 057	4 189 660	2 008 844 888	638 129 798
第三产业	236 932	3 657 025	3 099 855 850	1 482 776 520
二、按主要登记注册类型分				
内资	311 604	5 973 486	3 491 607 463	1 414 739 805
#国有	6 143	478 677	548 950 557	378 131 809
集体	12 517	398 222	129 583 523	41 852 040
私营	275 211	4 065 337	1 921 080 291	462 233 324
私营独资	38 546	421 576	137 118 495	32 655 184
私营合伙	10 290	130 741	52 282 744	13 144 041
私营有限责任公司	217 901	3 366 896	1 620 000 012	390 862 096
私营股份有限公司	8 474	146 124	111 679 040	25 572 003
港澳台商及外商投资	25 874	1 911 464	1 621 434 440	712 547 545
港澳台商投资	8 455	613 854	459 018 885	249 366 443
外商投资	17 419	1 297 610	1 162 415 555	463 181 102
三、按主要行业分				
农业 01 –05	1 489	38 265	4 341 165	6 381 032
工业 06 –46	80 186	3 394 570	1 695 038 273	563 454 443
建筑业 47 –50	18 871	795 090	313 806 615	74 675 355
交通运输业 51 –57	10 775	392 630	303 128 221	101 240 668
仓储业 58	1 883	53 313	17 143 043	16 941 940
邮政业 59	772	14 249	1 757 233	411 563
信息传输、计算机服务和软件业 60 –62	10 740	177 073	39 162 533	37 930 550
批发业 63	83 393	885 970	2 189 962 773	215 622 906
零售业 65	33 969	347 352	199 461 411	37 994 931
住宿业 66	2 436	101 683	15 959 276	17 109 013
餐饮业 67	6 903	216 330	54 241 881	8 472 340
金融业 68 –71	540	25 141	6 705 477	12 744 644
房地产业 72	11 549	348 424	71 197 088	368 336 702
租赁业 73	1 387	19 190	3 374 990	4 622 831
商务服务业 74	40 894	552 619	114 615 179	593 327 119
科研及技术服务业 75 –77	14 566	218 265	45 824 452	40 203 044
居民服务业 82	5 860	73 672	6 519 857	2 809 022
文化、体育和娱乐业 88 –92	2 730	41 977	6 479 069	8 743 464
其他	8 535	189 137	24 323 367	16 265 783

2009 年上海市中型法人企业情况（快报数）

	单位数	从业人员	营业收入	实收资本
	（个）	（人）	（千元）	（千元）
总计	10 518	2 582 997	1 615 739 621	717 955 860
一、按三次产业分				
第一产业	125	17 641	2 736 341	1 222 736
第二产业	1 910	1 343 959	952 643 571	264 049 652
第三产业	8 483	1 221 397	660 359 709	452 683 472
二、按主要登记注册类型分				
内资	7 265	1 594 382	808 891 469	429 030 141
#国有	962	299 160	199 986 495	197 095 050
集体	549	132 463	32 504 115	10 601 847
私营	3 783	599 097	232 624 983	54 847 873
私营独资	206	26 212	12 298 044	3 430 619
私营合伙	145	11 997	4 270 683	421 519
私营有限责任公司	3 268	532 922	202 309 367	45 658 320
私营股份有限公司	164	27 966	13 746 889	5 337 415
港澳台商及外商投资	3 253	988 615	806 848 152	288 925 719
港澳台商投资	1 013	310 272	231 424 792	76 059 848
外商投资	2 240	678 343	575 423 360	212 865 871
三、按主要行业分				
农业 01－05	125	17 641	2 736 341	1 222 736
工业 06－46	1 690	1 048 393	830 912 926	244 339 261
建筑业 47－50	220	295 566	121 730 645	19 710 391
交通运输业 51－57	133	155 034	84 018 755	34 023 651
仓储业 58	390	32 303	13 921 784	8 779 890
邮政业 59	5	4 432	235 457	89 100
信息传输、计算机服务和软件业 60－62	873	82 295	29 123 248	16 679 190
批发业 63	490	102 973	254 758 558	24 947 830
零售业 65	397	88 340	79 672 063	12 198 703
住宿业 66	37	20 239	5 192 220	3 895 491
餐饮业 67	37	21 732	3 201 732	1 100 914
金融业 68－71	186	20 530	5 954 504	7 382 819
房地产业 72	1 179	198 771	48 925 370	98 655 992
租赁业 73	78	8 436	2 215 590	2 726 795
商务服务业 74	2 638	246 819	78 101 690	216 243 067
科研及技术服务业 75－77	1 063	92 125	30 634 039	12 589 208
居民服务业 82	160	26 511	3 801 220	812 980
文化、体育和娱乐业 88－92	161	17 929	4 528 195	4 065 214
其他	656	102 928	16 075 284	8 492 628

2009 年上海市小型法人企业情况（快报数）

	单位数（个）	从业人员（人）	营业收入（千元）	实收资本（千元）
总计	326 960	5 301 953	3 497 302 282	1 409 331 490
一、按三次产业分				
第一产业	1 364	20 624	1 604 824	5 158 296
第二产业	97 147	2 845 701	1 056 201 317	374 080 146
第三产业	228 449	2 435 628	2 439 496 141	1 030 093 048
二、按主要登记注册类型分				
内资	304 339	4 379 104	2 682 715 994	985 709 664
#国有	5 181	179 517	348 964 062	181 036 759
集体	11 968	265 759	97 079 408	31 250 193
私营	271 428	3 466 240	1 688 455 308	407 385 451
私营独资	38 340	395 364	124 820 451	29 224 565
私营合伙	10 145	118 744	48 012 061	12 722 522
私营有限责任公司	214 633	2 833 974	1 417 690 645	345 203 776
私营股份有限公司	8 310	118 158	97 932 151	20 234 588
港澳台商及外商投资	22 621	922 849	814 586 288	423 621 826
港澳台商投资	7 442	303 582	227 594 093	173 306 595
外商投资	15 179	619 267	586 992 195	250 315 231
三、按主要行业分				
农业　01－05	1 364	20 624	1 604 824	5 158 296
工业　06－46	78 496	2 346 177	864 125 347	319 115 182
建筑业　47－50	18 651	499 524	192 075 970	54 964 964
交通运输业　51－57	10 642	237 596	219 109 466	67 217 017
仓储业　58	1 493	21 010	3 221 259	8 162 050
邮政业　59	767	9 817	1 521 776	322 463
信息传输、计算机服务和软件业　60－62	9 867	94 778	10 039 285	21 251 360
批发业　63	82 903	782 997	1 935 204 215	190 675 076
零售业　65	33 572	259 012	119 789 348	25 796 228
住宿业　66	2 399	81 444	10 767 056	13 213 522
餐饮业　67	6 866	194 598	51 040 149	7 371 426
金融业　68－71	354	4 611	750 973	5 361 825
房地产业　72	10 370	149 653	22 271 718	269 680 710
租赁业　73	1 309	10 754	1 159 400	1 896 036
商务服务业　74	38 256	305 800	36 513 489	377 084 052
科研及技术服务业　75－77	13 503	126 140	15 190 413	27 613 836
居民服务业　82	5 700	47 161	2 718 637	1 996 042
文化、体育和娱乐业　88－92	2 569	24 048	1 950 874	4 678 250
其他	7 879	86 209	8 248 083	7 773 155

2009 年江苏省规模以上中小工业主要经济指标

单位：个、亿元

主要经济指标	企业个数	销售收入		利税总额		利润总额	
		实绩	增长（%）	实绩	增长（%）	实绩	增长（%）
总计	57 384	49 643.26	13.7	4 723.33	26.4	2 844.28	31.7
1. 国有企业	338	1 038.46	9.4	303.61	24.8	101.00	43.6
2. 集体企业	1 127	805.70	7.1	62.97	14.1	31.45	22.0
3. 股份合作企业	516	403.10	9.4	31.91	19.2	17.89	26.1
4. 股份制企业	34 016	24 264.65	16.3	2 107.47	28.6	1 203.71	36.0
5. 外商和港澳台投资企业	13 017	19 598.80	9.6	1 910.26	24.6	1 331.19	27.1
6. 其他企业	8 370	3 532.55	23.7	307.10	28.1	159.05	35.5
在总计中：国有控股企业	785	3 109.80	9.6	550.50	45.7	239.16	105.9
在总计中：民营工业	43 690	27 482.72	17.4	2 314.59	24.3	1 307.09	28.3
其中：私营工业	37 670	21 081.16	17.6	1 723.96	25.5	960.88	30.5

2009 年江苏省规模以上中小工业主要经济指标（分地区）

单位：个、亿元

指标/地区	企业个数	销售收入		利税总额		利润总额	
		实绩	增长（%）	实绩	增长（%）	实绩	增长（%）
苏南地区	32 756	29 149.07	6.3	2 566.86	20.4	1 635.18	26.2
南京市	3 262	4 041.82	12.5	440.06	29.1	237.73	45.7
无锡市	7 197	6 568.96	3.9	600.75	22.5	431.34	33.5
常州市	6 260	4 785.45	12.9	365.77	18.6	218.09	24.0
苏州市	13 165	11 440.89	1.9	976.89	16.2	644.46	17.3
镇江市	2 872	2 311.95	13.9	183.39	20.3	103.56	23.2
苏中地区	13 625	11 875.37	23.2	1 160.81	35.8	698.00	41.9
南通市	6 986	5 277.46	12.5	543.10	20.8	345.72	20.8
扬州市	3 428	3 559.63	33.5	260.34	47.9	143.69	61.9
泰州市	3 211	3 038.28	33.0	357.37	55.8	208.59	78.5
苏北地区	11 002	8 610.65	30.5	999.53	33.6	515.26	37.8
徐州市	2 944	2 785.71	35.5	476.14	31.2	224.05	36.2
连云港市	1 466	1 225.72	33.0	153.29	34.1	96.67	35.6
淮安市	1 586	1 251.23	28.2	99.30	45.9	52.24	41.8
盐城市	3 301	2 685.63	26.8	225.55	31.7	114.96	36.5
宿迁市	1 705	662.36	25.4	45.25	42.9	27.34	60.2

2009年江苏省规模以上中小工业主要经济指标（分行业）

单位：亿元

行业＼指标	总产值		销售收入		利税总额		利润总额	
	本期	增长（%）	本期	增长（%）	本期	增长（%）	本期	增长（%）
总计	51 188.19	14.7	49 643.26	13.7	4 723.33	26.4	2 844.28	31.7
冶金（有色）	5 122.51	9.0	4 921.32	6.7	316.74	12.4	188.65	26.4
其中：冶金	2 923.80	8.2	2 795.21	4.8	199.05	8.0	119.53	13.8
有色	2 198.68	10.0	2 126.11	9.2	117.69	20.6	69.12	56.5
机械	14 772.04	20.5	14 207.55	19.5	1 466.28	30.0	962.15	30.9
建材	2 435.94	18.4	2 351.27	16.7	210.99	16.7	111.33	19.7
石油石化	6 433.85	14.1	6 257.65	12.1	592.22	27.0	354.25	27.1
轻工（烟草）	7 764.71	14.2	7 551.25	13.4	846.80	21.9	435.84	24.7
其中：轻工	7 521.33	14.5	7 319.63	13.5	653.30	26.1	390.13	28.5
烟草	243.38	6.2	231.62	9.0	193.50	9.7	45.71	-0.3
纺织	6 585.63	8.7	6 415.11	8.6	447.81	18.9	243.62	27.5
电子	4 297.32	8.4	4 212.44	8.0	290.71	6.0	200.07	-1.5
医药	978.30	31.2	966.73	31.6	146.07	20.9	95.28	22.0
煤炭	26.29	37.3	25.49	34.3	3.54	10.0	1.69	-17.5
电力	1 044.89	11.1	1 053.26	10.9	223.93	232.0	145.52	5 848.4
其他	1 726.72	19.3	1 681.18	19.2	178.24	24.8	105.87	28.6

2009年江苏省私营企业注册情况（分市）

项目	户数（户）			注册资本（万元）		
	本期	2008年底	增长（%）	本期	2008年底	增长（%）
全省合计	911 554	816 376	11.7	201 366 531	157 226 562	28.1
省级	4 583	4 017	14.1	5 326 516	4 629 070	15.1
南京市	123 961	115 145	7.7	17 960 091	15 161 874	18.5
无锡市	105 964	101 957	3.9	27 251 658	20 992 892	29.8
徐州市	58 339	48 801	19.5	8 447 913	6 063 739	39.3
常州市	59 659	56 828	5.0	12 022 022	10 003 083	20.2
苏州市	157 320	141 279	11.4	42 055 319	34 180 203	23.0
南通市	137 448	127 793	7.6	30 455 551	25 783 506	18.1
连云港市	26 248	21 544	21.8	6 665 423	4 721 920	41.2
淮安市	30 442	25 110	21.2	6 374 686	4 207 790	51.5
盐城市	71 308	54 532	30.8	13 012 412	8 296 119	56.8
扬州市	45 755	40 868	12.0	11 706 370	8 570 690	36.6
镇江市	28 929	25 459	13.6	6 165 257	4 642 840	32.8
泰州市	37 257	32 325	15.3	8 153 125	6 251 812	30.4
宿迁市	24 341	20 718	17.5	5 770 187	3 721 024	55.1

2009 年江苏省个体工商户注册情况（分市）

项目	户数（户）			注册资本（万元）		
	本期	2008 年底	增长（%）	本期	2008 年底	增长（%）
全省合计	2 614 427	2 279 563	14.7	15 817 118	12 043 017	31.3
南京市	215 995	214 599	0.7	1 426 284	1 357 359	5.1
无锡市	199 697	186 365	7.2	611 160	563 880	8.4
徐州市	218 321	182 383	19.7	604 228	422 942	42.9
常州市	143 339	127 837	12.1	466 227	381 375	22.2
苏州市	325 499	292 127	11.4	1 538 119	1 388 756	10.8
南通市	341 695	303 473	12.6	1 155 150	1 023 273	12.9
连云港市	102 042	93 879	8.7	340 387	286 430	18.8
淮安市	154 944	126 451	22.5	1 633 645	1 020 369	60.1
盐城市	408 524	311 296	31.2	4 162 079	1 950 597	113.4
扬州市	127 599	119 326	6.9	1 262 175	1 313 594	-3.9
镇江市	97 938	86 655	13.0	445 430	352 203	26.5
泰州市	153 236	142 540	7.5	1 869 029	1 802 883	3.7
宿迁市	125 598	92 632	35.6	303 205	179 359	69.0

2009 年浙江省规模以上工业中小企业——经济效益

指标名称	1～12 月	比去年同期
	累计	± %
企业单位数（个）	58 877	2.99
主营业务收入（万元）	323 008 612	2.54
资产总计（万元）	328 424 244	13.92
利润总额（万元）	16 629 167	30.71
税金总额（万元）	11 742 441	7.95
劳动者报酬总额（万元）	16 045 237	3.91
全部从业人员平均数（人）	7 007 473	-2.34
固定资产实际投资额（万元）	16 678 369	-11.37
银行贷款余额（万元）	88 213 866	18.36
负债合计（万元）	200 456 705	13.74
工业总产值（万元）	342 439 300	2.97
出口产品交货值（万元）	70 079 000	-10.04
新产品产值（万元）	56 701 700	15.4

注：工业中小企业经济指标为 12 月份快报数。

2009 年浙江省规模以下工业中小企业——统计指标

指标名称	1～12 月	比去年同期
	累计	± %
企业单位数（个）	150 500	−11.47
期末从业人数（万人）	247	−8.92
工业总产值（亿元）	4 660	−1.38
主营业务收入（亿元）	4 508	−1.44
税金总额（亿元）	214	−8.22
营业利润（亿元）	240	−2.92
工资及福利（亿元）	431	1.76

2009 年浙江省规模以下个体工业中小企业——统计指标

指标名称	1～12 月	比去年同期
	累计	± %
个体单位数（万家）	76.33	4.78
期末从业人数（万人）	465.64	5.94
营业收入（亿元）	8 189.51	9.13

2009 年福建省全社会中小工业分行业产值

分组类别	工业总产值（亿元）	同比增长（不变价，%）	占全社会中小工业比重（%）
总计	15 879.49	15.2	—
煤炭开采和洗选业	114.25	10.4	0.7
黑色金属矿采选业	107.45	40.2	0.7
有色金属矿采选业	53.23	0.9	0.3
非金属矿采选业	125.52	14.4	0.8
农副食品加工业	983.30	23.4	6.2
食品制造业	441.52	18	2.8
饮料制造业	311.78	18	2
烟草制品业	153.79	8.2	1
纺织业	905.11	15.5	5.7
纺织服装、鞋、帽制造业	1 055.44	13.5	6.6
皮革、毛皮、羽毛（绒）及其制品业	1 134.01	14.3	7.1
木材加工及木、竹、藤、棕、草制品业	451.73	27.2	2.8
家具制造业	205.37	15.7	1.3
造纸及纸制品业	445.72	19.2	2.8
印刷业和记录媒介的复制	138.60	7.5	0.9
文教体育用品制造业	136.74	5.4	0.9
石油加工、炼焦及核燃料加工业	49.26	32	0.3
化学原料及化学制品制造业	594.25	17.1	3.7

续表

分组类别	工业总产值（亿元）	同比增长（不变价,%）	占全社会中小工业比重（%）
医药制造业	126.31	15.8	0.8
化学纤维制造业	222.75	19.7	1.4
橡胶制品业	187.18	10.9	1.2
塑料制品业	684.99	20.4	4.3
非金属矿物制品业	1 331.93	11.9	8.4
黑色金属冶炼及压延加工业	493.99	31.4	3.1
有色金属冶炼及压延加工业	270.25	15.8	1.7
金属制品业	408.01	4.9	2.6
通用设备制造业	557.13	16.8	3.5
专用设备制造业	361.21	17.3	2.3
交通运输设备制造业	592.86	17.1	3.7
电气机械及器材制造业	709.81	6	4.5
通信设备、计算机及其他电子设备制造业	728.05	8.9	4.6
仪器仪表及文化、办公用机械制造业	156.86	9.5	1
工艺品及其他制造业	512.54	12.1	3.2
废弃资源和废旧材料回收加工业	14.08	57.5	0.1
电力、热力的生产和供应业	1 052.97	8.5	6.6
燃气生产和供应业	35.09	148.7	0.2
水的生产和供应业	41.98	6.2	0.3

2009 年福建省全社会中小工业分行业增加值

分组类别	工业增加值（亿元）	同比增长（不变价,%）	占全社会中小工业比重（%）
总计	4 532.38	13	—
煤炭开采和洗选业	65.77	9	1.5
黑色金属矿采选业	43.06	35.4	1
有色金属矿采选业	25.17	1.7	0.6
非金属矿采选业	45.54	13.8	1
农副食品加工业	229.64	20	5.1
食品制造业	119.80	16.2	2.6
饮料制造业	107.02	16.5	2.4
烟草制品业	116.28	7	2.6
纺织业	246.52	13.2	5.4
纺织服装、鞋、帽制造业	320.54	11.8	7.1
皮革、毛皮、羽毛（绒）及其制品业	340.72	12.4	7.5
木材加工及木、竹、藤、棕、草制品业	134.07	23.5	3
家具制造业	57.38	14.2	1.3
造纸及纸制品业	120.18	16.2	2.7
印刷业和记录媒介的复制	41.01	7.1	0.9
文教体育用品制造业	35.89	5.5	0.8
石油加工、炼焦及核燃料加工业	12.07	55.5	0.3
化学原料及化学制品制造业	139.04	14.6	3.1

续表

分组类别	工业增加值（亿元）	同比增长（不变价，%）	占全社会中小工业比重（%）
医药制造业	43.17	14.7	1
化学纤维制造业	45.70	17.7	1
橡胶制品业	54.37	9.1	1.2
塑料制品业	189.19	16.8	4.2
非金属矿物制品业	404.04	10.5	8.9
黑色金属冶炼及压延加工业	109.77	26.6	2.4
有色金属冶炼及压延加工业	61.49	12.1	1.4
金属制品业	102.34	5.2	2.3
通用设备制造业	154.01	14	3.4
专用设备制造业	98.77	15.1	2.2
交通运输设备制造业	147.96	14.4	3.3
电气机械及器材制造业	191.18	5.3	4.2
通信设备、计算机及其他电子设备制造业	173.17	9.7	3.8
仪器仪表及文化、办公用机械制造业	44.95	7.8	1
工艺品及其他制造业	160.03	10.7	3.5
废弃资源和废旧材料回收加工业	3.81	46.4	0.1
电力、热力的生产和供应业	325.86	7.7	7.2
燃气生产和供应业	10.21	128	0.2
水的生产和供应业	17.65	5.5	0.4

2009 年福建省全社会中小工业分区域产值

分组类别	工业总产值（亿元）	现价同比增长（%）	占全社会中小工业比重（%）
福州市	3 323.28	13.4	21.1
厦门市	1 954.82	-8.6	12.4
莆田市	897.54	9.5	5.7
三明市	880.20	22.2	5.6
泉州市	4 979.21	10.9	31.6
漳州市	1 526.47	17.2	9.7
南平市	613.57	13.8	3.9
龙岩市	865.73	15.9	5.5
宁德市	737.76	15.3	4.7

2009 年福建省全社会中小工业分区域增加值

分组类别	工业增加值（亿元）	现价同比增长（%）	占全社会中小工业比重（%）
福州市	890.98	13.9	19.6
厦门市	583.17	-5.3	12.9
莆田市	274.92	24.4	6.1
三明市	272.73	20	6
泉州市	1 432.85	11.3	31.6

续表

分组类别	工业增加值（亿元）	现价同比增长（%）	占全社会中小工业比重（%）
漳州市	393.45	18.1	8.7
南平市	180.39	13.4	4
龙岩市	302.07	13.4	6.7
宁德市	207.02	16	4.6

2009年福建省规模以上中小工业分行业产值

分组类别	工业总产值（亿元）	同比增长（不变价,%）	占规模以上中小工业比重（%）
总计	13 960.83	16.4	—
煤炭开采和洗选业	110.99	10.5	0.8
黑色金属矿采选业	100.74	43.1	0.7
有色金属矿采选业	47.36	0.2	0.3
非金属矿采选业	74.81	19.9	0.5
农副食品加工业	906.94	25	6.5
食品制造业	400.05	19.3	2.9
饮料制造业	241.38	21.6	1.7
烟草制品业	153.79	8.2	1.1
纺织业	806.15	16.6	5.8
纺织服装、鞋、帽制造业	878.67	14.9	6.3
皮革、毛皮、羽毛（绒）及其制品业	1 022.08	15.1	7.3
木材加工及木、竹、藤、棕、草制品业	364.43	33.2	2.6
家具制造业	175.88	17.2	1.3
造纸及纸制品业	379.10	21.6	2.7
印刷业和记录媒介的复制	83.99	7.7	0.6
文教体育用品制造业	117.67	5.1	0.8
石油加工、炼焦及核燃料加工业	47.45	33.2	0.3
化学原料及化学制品制造业	543.34	18.1	3.9
医药制造业	121.12	16.2	0.9
化学纤维制造业	220.62	19.8	1.6
橡胶制品业	161.63	11.5	1.2
塑料制品业	578.28	23.2	4.1
非金属矿物制品业	1 081.09	13.1	7.7
黑色金属冶炼及压延加工业	486.67	31.8	3.5
有色金属冶炼及压延加工业	263.07	16	1.9
金属制品业	326.96	4.3	2.3
通用设备制造业	465.59	18.9	3.3
专用设备制造业	302.37	19.5	2.2

续表

分组类别	工业总产值（亿元）	同比增长（不变价,%）	占规模以上中小工业比重（%）
交通运输设备制造业	536.15	18.3	3.8
电气机械及器材制造业	649.08	5.9	4.6
通信设备、计算机及其他电子设备制造业	696.15	9	5
仪器仪表及文化、办公用机械制造业	141.41	9.8	1
工艺品及其他制造业	418.58	13.3	3
废弃资源和废旧材料回收加工业	8.57	125.5	0.1
电力、热力的生产和供应业	985.50	8.6	7.1
燃气生产和供应业	33.60	164.2	0.2
水的生产和供应业	29.55	5.7	0.2

2009 年福建省规模以上中小工业分行业增加值

分组类别	工业增加值（亿元）	同比增长（不变价,%）	占规模以上中小工业比重（%）
总计	3 919.18	14	—
煤炭开采和洗选业	64.72	9	1.7
黑色金属矿采选业	40.91	37.3	1
有色金属矿采选业	23.30	1.3	0.6
非金属矿采选业	29.33	17.8	0.7
农副食品加工业	205.24	21.7	5.2
食品制造业	106.55	17.4	2.7
饮料制造业	84.52	19.2	2.2
烟草制品业	116.28	7	3
纺织业	214.89	14.1	5.5
纺织服装、鞋、帽制造业	264.04	12.8	6.7
皮革、毛皮、羽毛（绒）及其制品业	304.94	13	7.8
木材加工及木、竹、藤、棕、草制品业	106.18	28.6	2.7
家具制造业	47.96	15.7	1.2
造纸及纸制品业	98.90	18.4	2.5
印刷业和记录媒介的复制	23.56	7.1	0.6
文教体育用品制造业	29.80	5.2	0.8
石油加工、炼焦及核燃料加工业	11.49	59.1	0.3
化学原料及化学制品制造业	122.77	15.7	3.1
医药制造业	41.51	15	1.1
化学纤维制造业	45.02	17.9	1.1
橡胶制品业	46.21	9.4	1.2
塑料制品业	155.09	19.2	4

续表

分组类别	工业增加值（亿元）	同比增长（不变价,%）	占规模以上中小工业比重（%）
非金属矿物制品业	323.86	11.3	8.3
黑色金属冶炼及压延加工业	107.43	27.1	2.7
有色金属冶炼及压延加工业	59.20	12.3	1.5
金属制品业	76.43	4.6	2
通用设备制造业	124.76	15.7	3.2
专用设备制造业	79.96	17.2	2
交通运输设备制造业	129.84	15.5	3.3
电气机械及器材制造业	171.77	5.1	4.4
通信设备、计算机及其他电子设备制造业	162.97	9.9	4.2
仪器仪表及文化、办公用机械制造业	40.00	7.9	1
工艺品及其他制造业	130.00	11.5	3.3
废弃资源和废旧材料回收加工业	2.05	112.8	0.1
电力、热力的生产和供应业	304.30	7.7	7.8
燃气生产和供应业	9.74	141.2	0.2
水的生产和供应业	13.67	5	0.3

2009 年福建省规模以上中小工业分设区市产值

分组类别	工业总产值（亿元）	现价同比增长（%）	占规模以上中小工业比重（%）
福州市	2 992.29	14.5	21.4
厦门市	1 852.63	-9.4	13.3
莆田市	897.54	24	6.4
三明市	813.90	23.8	5.8
泉州市	4 166.94	12.2	29.8
漳州市	1 314.41	19.5	9.4
南平市	542.33	14.9	3.9
龙岩市	763.69	17.3	5.5
宁德市	617.10	17.2	4.4

2009 年福建省规模以上中小工业分设区市增加值

分组类别	工业增加值（亿元）	现价同比增长（%）	占规模以上中小工业比重（%）
福州市	799.05	15	20.4
厦门市	501.60	-6.8	12.8
莆田市	255.85	26.1	6.5

续表

分组类别	工业增加值（亿元）	现价同比增长（%）	占规模以上中小工业比重（%）
三明市	236.95	22.7	6
泉州市	1 181.36	12.7	30.1
漳州市	345.85	20.1	8.8
南平市	152.67	15	3.9
龙岩市	274.11	14.4	7
宁德市	171.74	18.5	4.4

2009 年福建省规模以上中小工业分行业出口交货值

分组类别	出口交货值（亿元）	同比增长（%）	占规模以上中小工业比重（%）
总计	2 863.00	-1.6	—
煤炭开采和洗选业	0	0	0
黑色金属矿采选业	0	0	0
有色金属矿采选业	0	0	0
非金属矿采选业	2.96	43.7	0.1
农副食品加工业	173.10	26.9	6
食品制造业	67.68	-1.3	2.4
饮料制造业	5.91	6.3	0.2
烟草制品业	0.05	-16.7	0
纺织业	105.06	-4.2	3.7
纺织服装、鞋、帽制造业	335.36	9.3	11.7
皮革、毛皮、羽毛（绒）及其制品业	337.20	1.7	11.8
木材加工及木、竹、藤、棕、草制品业	37.89	16.8	1.3
家具制造业	74.68	0.9	2.6
造纸及纸制品业	18.32	17.5	0.6
印刷业和记录媒介的复制	6.89	-7	0.2
文教体育用品制造业	62.70	-5.3	2.2
石油加工、炼焦及核燃料加工业	0.07	40	0
化学原料及化学制品制造业	48.02	-15.9	1.7
医药制造业	15.22	-8.6	0.5
化学纤维制造业	6.07	-41.5	0.2
橡胶制品业	25.14	-8.2	0.9
塑料制品业	149.78	3.6	5.2
非金属矿物制品业	214.32	-5.8	7.5
黑色金属冶炼及压延加工业	12.81	-34.7	0.4
有色金属冶炼及压延加工业	35.30	-39.1	1.2
金属制品业	58.39	-31	2
通用设备制造业	63.12	-9.7	2.2
专用设备制造业	24.76	-10.4	0.9
交通运输设备制造业	120.76	1.4	4.2
电气机械及器材制造业	180.64	2.3	6.3

续表

分组类别	出口交货值（亿元）	同比增长（%）	占规模以上中小工业比重（%）
通信设备、计算机及其他电子设备制造业	394.78	-6.3	13.8
仪器仪表及文化、办公用机械制造业	66.47	-1.8	2.3
工艺品及其他制造业	219.53	-2	7.7
废弃资源和废旧材料回收加工业	0	0	0
电力、热力的生产和供应业	0	0	0
燃气生产和供应业	0	0	0
水的生产和供应业	0	0	0

2009年福建省规模以上中小工业分设区市出口交货值

分组类别	出口交货值（亿元）	同比增长（%）	占规模以上中小工业比重（%）
福州市	654.97	20.9	22.9
厦门市	667.55	-23.2	23.3
莆田市	197.90	13.4	6.9
三明市	34.95	18.2	1.2
泉州市	911.24	2.5	31.8
漳州市	255.57	-1.9	8.9
南平市	34.82	-4.8	1.2
龙岩市	26.48	0.1	0.9
宁德市	79.50	-1.5	2.8

2009年江西省非公有制经济上缴税金统计情况表

单位：万元

设区市	税金总额			其中：1. 国税		2. 地税		同比增长（%）	
	合计	其中：非公经济	占税金总额（%）	合计	其中：非公经济	合计	其中：非公经济	合计	其中：非公经济
全省总计	8 270 629	4 974 328	60.14	4 992 650	2 785 551	3 277 979	2 188 777	22.05	31.85
南昌市	2 090 890	937 632	44.84	1 221 358	430 827	869 532	506 805	10.39	19.90
景德镇市	241 967	144 958	59.91	131 769	66 173	110 198	78 785	19.03	24.66
萍乡市	385 444	299 060	77.59	213 156	158 934	172 288	140 126	15.19	16.75
九江市	1 007 402	426 048	42.29	696 574	226 860	310 828	199 188	79.93	43.89
新余市	541 364	358 628	66.25	351 763	228 897	189 601	129 731	4.74	14.86
鹰潭市	526 973	347 982	66.03	432 808	281 904	94 165	66 078	23.52	144.10
赣州市	896 879	616 258	68.71	476 671	308 315	420 208	307 943	5.29	9.29
吉安市	563 739	430 237	76.32	343 923	268 646	219 816	161 591	35.63	47.14
宜春市	674 333	522 996	77.56	403 389	315 531	270 944	207 465	21.76	27.15
抚州市	429 499	351 779	81.90	221 552	188 656	207 947	163 123	45.59	52.81
上饶市	786 971	537 886	68.35	499 686	310 809	287 285	227 077	34.89	45.77
省直						125 167	865		

2009 年江西省非公有制经济上缴税金统计情况表

设区市	2009 年									2008 年						
	税金总额			其中：1. 国税		2. 地税		同比增长（%）		税金总额			其中：1. 国税		2. 地税	
	合计	其中：非公经济	占税金总额（%）	合计	其中：非公经济	合计	其中：非公经济	合计	其中：非公经济	合计	其中：非公经济	占税金总额（%）	合计	其中：非公经济	合计	其中：非公经济
全省总计	8 270 629	4 974 328	60. 14	4 992 650	2 785 551	3 277 979	2 188 777	22. 05	31. 85	6 776 573	3 772 743	55. 67	4 055 934	2 007 503	2 720 639	1 765 240
南昌市	2 090 890	937 632	44. 84	1 221 358	430 827	869 532	506 805	10. 39	19. 90	1 894 121	782 004	41. 29	1 176 609	359 812	717 512	422 192
景德镇市	241 967	144 958	59. 91	131 769	66 173	110 198	78 785	19. 03	24. 66	203 279	116 282	57. 20	114 304	56 166	88 975	60 116
萍乡市	385 444	299 060	77. 59	213 156	158 934	172 288	140 126	15. 19	16. 75	334 606	256 152	76. 55	194 068	147 513	140 538	108 639
九江市	1 007 402	426 048	42. 29	696 574	226 860	310 828	199 188	79. 93	43. 89	559 898	296 096	52. 88	322 491	148 349	237 407	147 747
新余市	541 364	358 628	66. 25	351 763	228 897	189 601	129 731	4. 74	14. 86	516 856	312 239	60. 41	365 257	207 401	151 599	104 838
鹰潭市	526 973	347 982	66. 03	432 808	281 904	94 165	66 078	23. 52	144. 10	426 642	142 556	33. 41	345 344	92 443	81 298	50 113
赣州市	896 879	616 258	68. 71	476 671	308 315	420 208	307 943	5. 29	9. 29	851 825	563 851	66. 19	495 409	307 835	356 416	256 016
吉安市	563 739	430 237	76. 32	343 923	268 646	219 816	161 591	35. 63	47. 14	415 638	292 407	70. 35	236 213	162 071	179 425	130 336
宜春市	674 333	522 996	77. 56	403 389	315 531	270 944	207 465	21. 76	27. 15	553 830	411 326	74. 27	331 369	247 039	222 461	164 287
抚州市	429 499	351 779	81. 90	221 552	188 656	207 947	163 123	45. 59	52. 81	295 002	230 206	78. 04	129 593	101 394	165 409	128 812
上饶市	786 971	537 886	68. 35	499 686	310 809	287 285	227 077	34. 89	45. 77	583 434	368 985	63. 24	345 277	177 480	238 157	191 505
省直						125 167	865								141 442	639

2009 年江西省个私企业单位数、注册资金统计情况表

设区市	截至 2009 年底						比上年增长（%）					
	单位数（户）			注册资金（万元）			单位数			注册资金		
	合计	其中:个体	私营	合计	其中:个体	私营	合计	其中:个体	私营	合计	其中:个体	私营
全省总计	963 483	839 578	123 905	28 072 656	3 301 648	24 771 008	14.66	13.90	20.11	29.55	33.44	29.05
南昌市	133 051	95 758	37 293	7 062 804	232 382	6 830 422	18.52	16.63	23.66	31.11	15.63	31.71
景德镇市	41 856	38 428	3 428	612 654	82 573	530 081	7.41	7.02	11.95	15.19	17.15	14.89
萍乡市	58 165	52 864	5 301	1 042 816	147 196	895 620	9.80	10.89	0.04	13.20	18.40	12.39
九江市	106 220	93 317	12 903	3 190 581	529 348	2 661 233	20.68	20.23	24.00	28.26	30.51	27.82
新余市	31 055	26 510	4 545	1 019 806	129 490	890 316	25.36	24.86	28.35	42.59	31.33	44.39
鹰潭市	19 704	16 491	3 213	543 927	34 328	509 599	-5.10	-8.71	19.00	23.07	-2.49	25.28
赣州市	182 230	169 194	13 036	3 477 534	876 710	2 600 824	7.00	6.70	10.99	25.79	64.16	16.60
吉安市	98 401	89 168	9 233	2 074 479	234 445	1 840 034	21.11	21.00	22.21	21.41	31.34	20.25
宜春市	103 169	92 400	10 769	3 165 290	488 333	2 676 957	20.68	19.99	26.90	51.08	31.89	55.20
抚州市	67 532	58 011	9 521	1 748 893	209 535	1 539 358	9.23	9.16	9.64	69.85	8.74	83.91
上饶市	120 560	106 987	13 573	3 088 236	337 308	2 750 928	16.16	16.12	16.53	21.59	27.93	20.85

2001～2009 年江西省工业园区主要经济指标统计表

序号	指标名称	计量单位	2001 年	2002 年	2003 年	2004 年	2005 年	2006 年	2007 年	2008 年	2009 年
1	招商实际到位资金	亿元	51.79	221.73	481.5	614.87	796.75	1 030.31	1 369.64	1 486.66	1 425.27
2	主营业务收入	亿元	146.24	356.9	612.61	1 022.92	1 450.66	2 235.56	3 804.61	5 454.03	6 687.26
3	工业增加值	亿元	44.82	118.92	285.44	333.32	483.52	737.44	1 239.77	1 631.43	2 102.71
3-1	占全省工业 GDP	%	7.43	16.93	33.06	29.24	33.22	40.83	54.8	59	66.3
4	上缴税金	亿元	7.17	16.59	28.32	45.76	83.2	121.51	195.36	258.58	279.69
4-1	占全省财政总收入比重	%	3.58	7.08	9.91	13.04	19.54	23.45	29.4	31.7	30.1
5	出口创汇	亿美元	1.68	2.95	5.1	12.86	17.83	31.6	52.2	76	97（含通过外省出口）
5-1	占全省出口总额比重	%	16.16	28.03	32.89	64.44	73.07	84.4	95.6	98.9	131.7
6	从业人员	万人	13.84	32.78	45.7	74.49	84.96	106.35	119.87	133.6	139.11
7	投产工业企业数	个	2 335	3 305	3 577	4 747	5 775	6 506	7 332	7 569	7 936
8	主营业务收入过 100 亿元园区数	个	0	0	1	2	2	3	10	13	20
9	上缴税金 1 亿元以上园区数	个	1	2	5	11	15	31	48	58	63

2009 年江西省非公有制经济增加值、从业人员、固定资产投入统计表

设区市名称	非公有制经济增加值（万元）				非公有制经济安排就业人数				非公经济 50 万元固定资产投入（万元）		
	非公有制经济增加值	生产总值	非公有制占 GDP 比重（%）	比上年增长（%）	绝对数（万人）	增长（%）	占当地社会就业总人数比重（%）	比重增减百分点	2009 年	2008 年	增长速度（%）
全　省	40 905 900	75 892 200	53.9	16.0	1 137.51	5.3	46.5	1.6	44 619 352	31 166 783	43.2
南昌市	10 313 711	18 375 008	56.1	15.5	132.99	1.1	47.0	−0.4	10 176 989	7 000 825	45.4
景德镇市	2 010 789	3 640 337	55.2	15.7	57.50	5.0	60.5	1.3	2 528 235	1 614 817	56.6
萍乡市	2 724 456	4 214 862	64.6	15.8	64.70	2.4	61.8	1.0	4 730 791	3 193 900	48.1
九江市	4 889 796	8 313 636	58.8	15.7	188.75	1.2	61.3	0.6	4 761 223	3 568 481	33.4
新余市	2 962 059	4 841 748	61.2	15.5	33.78	2.9	47.6	0.0	3 395 701	1 963 414	72.9
鹰潭市	1 132 335	2 565 168	44.1	15.3	34.77	2.6	50.8	0.2	803 610	562 090	43
赣州市	5 431 206	9 400 227	57.8	15.1	221.14	5.9	48.3	1.4	3 085 540	2 264 513	36.3
吉安市	3 423 446	5 841 087	58.6	16.0	100.95	5.1	39.6	1.6	4 575 698	3 186 741	43.6
宜春市	4 054 407	7 002 430	57.9	16.0	128.25	6.8	43.6	1.7	3 910 652	2 808 368	39.2
抚州市	3 000 945	5 029 103	59.7	16.5	84.61	4.9	41.1	1.7	3 600 015	2 614 270	37.7
上饶市	4 380 488	7 285 029	60.1	16.4	164.95	6.3	43.1	2.1	3 473 131	2 389 364	45.4

局长签字：

注：全省及各设区市 GDP 数据为年快报数据，正式年报数据可能会有调整。

2009 年江西省非公有制经济规模企业增加值、出口创汇统计表

设区市	规模企业增加值（万元）							出口总额（万美元）		其中：非公有制经济		
	合计	规模以上非公有制工业增加值		资质等级以内非公有制建筑业增加值		限额以上非公有制批发零售、住宿餐饮业增加值						
		绝对值（万元）	增长（%）（可比价）	绝对值（万元）	增长（%）（现价）	绝对值（万元）	增长（%）（现价）	绝对值	增长（%）	绝对值	增长（%）	占比重（%）
全　省	22 620 960	18 973 722	27.3	2 323 014	23.3	1 324 224	21.0	736 354	−4.70	628 329	3.61	85.33
南昌市	5 193 661	3 475 677	23.9	1 112 373	20.1	605 611	14.1	212 951	−14.93	149 859	5.26	70.37
景德镇市	1 000 616	904 528	31.2	66 000	65.0	30 088	54.0	48 133	116.87	34 891	205.16	72.49
萍乡市	1 602 598	1 493 901	27.2	76 748	18.7	31 949	18.3	24 902	−0.02	24 045	0.25	96.56
九江市	2 275 689	2 107 957	30.6	136 326	29.0	31 406	−8.3	46 228	75.45	42 058	103.07	90.98
新余市	1 758 121	1 609 113	24	85 380	40.7	63 628	35.4	104 736	−45.98	103 729	−43.22	99.04
鹰潭市	521 778	446 906	13.4	53 101	39.3	21 771	24.9	19 030	−21.13	17 336	−7.78	91.10
赣州市	2 280 932	2 046 603	27.9	190 735	24.3	43 594	35.4	97 385	0.09	95 755	6.18	98.33
吉安市	2 310 807	1 880 296	30	162 872	12.8	267 639	25.4	44 214	63.79	43 060	80.29	97.39
宜春市	2 319 357	2 093 392	24.1	137 822	21.0	88 143	14.1	32 953	15.58	28 941	16.42	87.83
抚州市	1 362 677	1 251 004	21.6	76 229	14.0	35 444	120.4	47 444	58.43	40 372	66.79	85.09
上饶市	2 091 936	1 761 557	27.3	225 428	33.0	104 951	32.2	58 378	21.29	48 282	11.45	82.70

2009年江西省非公有制固定资产投资完成额

单位：万元

地区	2009年	2008年	2009年比2008年增长（%）
全省	44 619 352	31 166 783	43.2
南昌市	10 176 989	7 000 825	45.4
景德镇市	2 528 235	1 614 817	56.6
萍乡市	4 730 791	3 193 900	48.1
九江市	4 761 223	3 568 481	33.4
新余市	3 395 701	1 963 414	72.9
鹰潭市	803 610	562 090	43
赣州市	3 085 540	2 264 513	36.3
吉安市	4 575 698	3 186 741	43.6
宜春市	3 910 652	2 808 368	39.2
抚州市	3 600 015	2 614 270	37.7
上饶市	3 473 131	2 389 364	45.4

注：2009年数为年快报数。

2009年江西省分县（区）非公有制经济增加值

县（区）	绝对值（万元）	2009年比2008年增长（%）
南昌县	1 818 934	17.4
新建县	970 637	13.2
进贤县	930 273	15.6
安义县	329 760	15.2
东湖区	1 196 828	13.7
西湖区	1 121 568	18.2
青云谱区	531 596	14.4
青山湖区	1 795 524	14.3
湾里区	133 939	1.9
景德镇		
乐平市	728 245	16.7
浮梁县	254 472	15.1
珠山区	527 105	14.6
昌江区	500 967	15.8
萍乡		
安源区	683 957	18.2
湘东区	609 415	16.2
上栗县	560 244	16.3
芦溪县	398 942	16
莲花县	155 961	15.5

续表

县（区）	绝对值（万元）	2009 年比 2008 年增长（%）
九江		
庐山区	695 074	19.6
浔阳区	1 209 007	15.6
九江县	250 763	14.5
武宁县	249 641	17.6
修水县	334 190	15.1
永修县	272 253	16.1
德安县	186 083	16.5
星子县	163 744	15.1
都昌县	156 283	12.6
湖口县	372 571	37.6
彭泽县	218 456	17.6
瑞昌县	386 242	15.4
新余		
分宜县	573 790	19.9
渝水区	2 388 269	15.5
鹰潭		
贵溪市	477 230	9.5
余江县	216 520	15.7
月湖区	440 713	19.2
赣州		
章贡区	812 339	9.4
赣　县	411 193	18.3
信丰县	437 175	18.2
大余县	372 153	12.5
上犹县	152 835	17.1
崇义县	219 228	10.8
安远县	145 082	13.7
龙南县	344 812	15.3
定南县	170 846	18.9
全南县	141 106	17
宁都县	342 352	14.1
于都县	453 533	18.8
兴国县	333 998	14.4
会昌县	202 917	14.9
寻乌县	135 922	17.5
石城县	114 410	18.8
瑞金市	313 138	15.4
南康市	489 032	16.7
吉安		
吉州区	296 560	13
青原区	221 679	19.7
吉安县	353 580	18.7

续表

县（区）	绝对值（万元）	2009 年比 2008 年增长（%）
吉水县	263 931	19. 6
峡江县	124 051	17. 1
新干县	293 904	21. 9
永丰县	343 555	16. 5
泰和县	415 965	19
遂川县	270 179	19. 9
万安县	131 860	19. 8
安福县	305 576	18. 2
永新县	216 773	18. 5
井冈山市	143 246	10. 8
宜春		
袁州区	623 210	14
丰城市	1 197 694	10. 8
高安市	624 139	16. 6
樟树市	674 889	17. 5
奉新县	296 829	17. 7
万载县	351 358	11. 8
上高县	380 138	19. 2
宜丰县	245 390	16. 1
靖安县	121 060	14
铜鼓县	71 590	17. 1
抚州		
临川区	1 276 985	14. 6
南城县	269 511	18. 2
黎川县	162 615	17. 9
南丰县	284 251	18
崇仁县	289 251	18
乐安县	139 102	15. 5
宜黄县	147 794	18. 3
金溪县	203 291	18. 9
资溪县	91 965	17
东乡县	421 823	19. 1
广昌县	94 142	17. 1
上饶		
信州区	585 995	19. 3
上饶县	429 590	17. 5
广丰县	825 653	17
玉山县	334 971	19. 6
铅山县	285 727	16. 6
横峰县	227 705	17. 2
弋阳县	227 735	15. 3
余干县	280 737	16. 3
鄱阳县	375 473	14. 9
万年县	244 105	18. 3
婺源县	229 700	17. 4
德兴市	398 190	13. 3

2009 年江西省分县就业人数

	非公有制经济就业人数								社会就业人数			
	2009 年				2008 年				2009 年		2008 年	
	绝对数（万人）	增长（%）	占当地社会就业总人数比重（%）	比重增减百分点	绝对数（万人）	增长（%）	占当地社会就业总人数比重（%）	比重增减百分点	绝对数（万人）	增长（%）	绝对数（万人）	增长（%）
全　省	1 137.51	5.3	46.5	1.6	1 080.0	4.5	44.9	1.3	2 445.2	1.7	2 404.5	1.5
南昌市	133.0	1.1	47.0	−0.4	131.5	1.6	47.4		282.8	1.9	277.6	2.1
南昌县	21.8	1.1	47.7	−1.6	21.5	0.8	49.3		45.6	4.4	43.7	1.5
新建县	20.6	0.4	60.4	−0.2	20.5	0.7	60.6	−0.1	34.1	0.6	33.9	
进贤县	20.8	2.9	52.6	−3.1	20.2	0.7	55.7		39.5	0.9	39.1	1.1
安义县	6.4	3.4	57.8	1.7	6.2	0.7	56.1	−0.8	11.0	0.3	11.0	−4.4
东湖区	8.3	0.3	87.6	−0.1	8.3	4.9	87.7	−3.1	9.5	0.4	9.4	5.7
西湖区	6.1	0.9	87.5	1.1	6.0	6.9	86.4	−3.3	7.0	−0.4	7.0	1.1
青云谱区	3.9	2.6	79.3	−0.4	3.8	5.2	79.7	−2.0	4.9	3.2	4.7	2.2
青山湖区	8.2	7.1	69.5	−1.5	7.7	3.0	71.0	1.9	11.9	9.5	10.8	8.8
湾里区	1.7	3.6	46.0	0.2	1.7	2.8	45.8	0.3	3.8	3.1	3.7	−15.3
景德镇市	57.5	5.0	60.5	1.3	54.8	5.4	59.3	1.4	95.0	2.8	92.4	2.9
乐平市	30.1	5.0	60.7	1.1	28.7	5.4	59.6	1.3	49.6	2.9	48.2	3.1
昌江区	7.4	5.6	64.9	1.5	7.0	6.1	62.9	1.8	11.4	2.7	11.1	3.1
浮梁县	8.1	4.7	46.6	1.1	7.7	5.0	45.4	1.3	17.4	2.4	17.0	2.1
珠山区	11.9	4.9	71.7	1.4	11.4	5.4	70.5	1.6	16.6	3.1	16.1	3.0
萍乡市	64.7	2.4	61.8	1.0	63.2	3.6	60.9	0.6	104.6	1.7	102.9	1.7
安源区	13.6	3.2	60.4	1.4	13.2	4.0	59.0	0.7	22.5	1.8	22.1	1.8
莲花县	7.4	2.2	57.5	0.8	7.2	3.3	56.7	0.5	12.8	1.6	12.6	1.6
芦溪县	10.6	2.2	63.9	0.8	10.4	3.0	63.1	0.3	16.6	1.7	16.4	1.7
上栗县	15.9	2.1	63.0	1.1	15.6	3.7	61.9	0.5	25.2	1.6	24.8	1.6
湘东区	15.1	2.1	62.5	0.9	14.8	3.9	61.7	0.7	24.2	1.7	23.8	1.6
萍乡经济开发区	2.1	2.2	64.9	0.6	2.1	3.5	64.3	0.9	3.3	1.8	3.2	1.9
九江市	188.8	1.2	61.3	0.6	186.5	4.5	60.7	1.7	307.9	0.2	307.3	1.5
九江开发区	3.0	12.1	57.6	3.0	2.7	18.8	54.5	4.4	5.2	6.2	4.9	9.2
九江县	9.3	2.8	47.3	0.3	9.0	11.5	47.0	1.4	19.6	2.1	19.2	1.6
武宁县	8.2	8.6	46.6	3.6	7.6	4.8	43.0	1.1	17.6	0.2	17.6	2.0
修水县	15.9	1.0	42.8	0.1	15.8	2.6	42.7	0.6	37.3	0.8	37.0	1.2
永修县	8.5	11.8	49.1	4.7	7.6	6.0	44.4	2.0	17.4	1.1	17.2	1.1
德安县	3.7	6.6	48.9	2.5	3.5	7.0	46.5	1.6	7.6	2.3	7.5	3.4
星子县	5.4	6.5	49.3	1.9	5.1	6.5	47.4	0.5	11.0	2.4	10.8	5.4
都昌县	18.8	0.1	52.1	0.0	18.8	0.2	52.1	0.1	36.1	0.2	36.0	0.1
湖口县	8.0	8.2	53.4	1.7	7.4	3.9	51.7	1.3	15.0	4.7	14.3	1.2
彭泽县	7.8	16.9	44.7	6.1	6.7	2.4	38.6	0.7	17.4	1.0	17.3	0.4
瑞昌市	12.2	6.8	49.2	2.0	11.4	5.9	47.2	2.1	24.8	2.5	24.2	2.3

续表

	非公有制经济就业人数								社会就业人数			
	2009 年				2008 年				2009 年		2008 年	
	绝对数（万人）	增长（%）	占当地社会就业总人数比重（%）	比重增减百分点	绝对数（万人）	增长（%）	占当地社会就业总人数比重（%）	比重增减百分点	绝对数（万人）	增长（%）	绝对数（万人）	增长（%）
新余市	33.8	2.9	47.6	0.0	32.8	10.3	47.6	2.7	71.0	2.9	69.0	4.0
分宜县	6.8	2.6	46.7	0.0	6.7	7.6	46.7	1.9	14.6	2.5	14.3	3.1
渝水区	26.9	3.0	47.8	0.0	26.2	11.0	47.8	2.9	56.3	2.9	54.7	4.3
鹰潭市	34.8	2.6	50.8	0.2	33.9	2.4	50.4	0.3	68.5	1.8	67.3	1.9
月湖区	6.0	1.1	47.6	0.2	5.7	3.7	47.3	0.5	12.7	6.0	12.0	2.6
贵溪市	17.9	1.0	52.1	0.6	17.5	2.2	51.5	0.3	34.4	1.0	34.1	1.7
余江县	10.8	1.0	50.6	0.2	10.7	1.2	50.4	0.2	21.4	0.8	21.2	1.7
赣州市	221.1	5.9	48.3	1.4	208.9	5.1	46.9	1.9	458.0	2.7	445.8	1.0
章贡区	10.7	6.9	51.8	1.4	10.0	3.1	50.3	1.0	20.6	3.9	19.9	1.1
赣　县	16.0	4.6	48.9	0.2	15.3	3.8	48.7	1.6	32.7	4.2	31.4	0.5
信丰县	20.9	4.2	54.7	1.2	20.1	4.0	53.5	1.6	38.2	1.9	37.5	0.9
大余县	6.7	5.6	44.2	1.0	6.3	5.7	43.2	2.0	15.1	3.2	14.6	0.8
上犹县	9.0	6.9	54.0	1.5	8.4	2.8	52.5	1.0	16.6	3.9	16.0	0.8
崇义县	5.1	3.3	47.6	0.8	5.0	4.1	46.8	1.6	10.8	1.6	10.6	0.6
安远县	7.0	2.5	38.4	0.5	6.9	9.0	37.9	2.8	18.3	1.1	18.1	1.1
龙南县	11.3	5.9	55.8	1.1	10.7	4.4	54.7	1.4	20.2	3.8	19.5	1.8
定南县	5.0	6.9	41.5	1.2	4.7	4.3	40.3	0.9	12.0	3.9	11.6	1.9
全南县	5.5	2.5	56.4	1.0	5.3	2.5	55.4	1.0	9.7	0.7	9.6	0.7
宁都县	15.7	4.9	39.9	0.5	15.0	3.5	39.4	1.0	39.4	3.5	38.1	0.8
于都县	22.4	6.9	50.4	1.8	21.0	5.1	48.5	1.9	44.5	3.0	43.2	1.0
兴国县	20.2	11.8	47.9	4.5	18.1	3.4	43.5	1.0	42.2	1.4	41.6	0.9
会昌县	10.1	4.1	42.1	1.3	9.7	6.6	40.8	1.9	24.0	0.8	23.8	1.5
寻乌县	4.9	3.0	32.3	0.4	4.8	3.6	31.9	0.7	15.2	1.8	14.9	1.4
石城县	5.3	6.9	35.9	1.0	5.0	2.5	34.9	0.7	14.8	3.9	14.2	0.5
瑞金市	14.0	3.5	48.4	0.8	13.5	7.1	47.6	2.6	28.9	1.7	28.5	1.3
南康市	27.7	6.9	57.8	1.6	25.9	9.4	56.2	4.5	47.9	3.9	46.1	0.7
开发区	3.7	6.9	53.1	1.5	3.5	11.4	51.6	4.5	7.0	3.9	6.7	1.6
吉安市	101.0	5.1	39.6	1.6	95.6	1.9	38.0	0.1	255.0	1.4	251.6	1.5
吉州区	8.6	38.7	53.4	14.4	6.2	3.3	39.0	1.3	16.1	1.2	15.9	0.1
青原区	5.8	8.5	49.4	1.7	5.3	3.7	47.7	2.9	11.7	4.7	11.2	5.4
吉安县	10.0	0.3	40.8	-3.4	10.0	0.3	44.2	1.0	24.5	4.0	23.6	2.5
吉水县	9.8	1.9	37.5	0.2	9.7	1.6	37.3	0.2	26.2	1.3	25.9	1.3
峡江县	4.2	3.0	43.2	0.6	4.1	3.0	42.6	0.8	9.7	1.6	9.6	1.5
新干县	4.5	11.8	32.3	3.4	4.0	2.3	29.0	1.6	13.8	0.3	13.8	1.2
永丰县	8.6	1.4	39.2	0.4	8.4	0.2	38.8	0.6	21.8	0.3	21.8	1.2
泰和县	7.4	4.4	30.4	0.6	7.1	3.4	29.8	0.5	24.3	2.4	23.8	1.7
遂川县	14.2	2.2	46.2	0.2	13.9	1.4	46.0	0.1	30.7	1.8	30.2	1.1
万安县	6.7	1.4	37.2	0.4	6.6	1.9	36.8	-0.3	17.9	0.2	17.9	2.8
安福县	8.2	2.9	40.9	1.1	8.0	1.3	39.8	0.8	20.0	0.2	20.0	1.5
永新县	9.3	0.9	33.6	0.2	9.2	0.3	33.4	0.8	27.6	0.2	27.6	0.4

续表

	非公有制经济就业人数								社会就业人数			
	2009 年				2008 年				2009 年		2008 年	
	绝对数（万人）	增长（%）	占当地社会就业总人数比重（%）	比重增减百分点	绝对数（万人）	增长（%）	占当地社会就业总人数比重（%）	比重增减百分点	绝对数（万人）	增长（%）	绝对数（万人）	增长（%）
井冈山	3.9	1.6	36.1	0.5	3.8	1.6	35.6	0.1	10.7	0.2	10.7	1.2
宜春市	128.3	6.8	43.6	1.7	120.1	7.1	41.9	1.4	294.2	2.7	286.5	3.6
袁州区	23.8	17.2	37.5	4.7	20.3	9.4	32.8	2.4	63.5	2.7	61.8	1.4
丰城市	30.2	16.3	45.9	5.9	25.9	7.6	40.0	2.3	65.7	1.4	64.8	1.3
樟树市	13.2	15.8	41.2	4.5	11.4	8.0	36.7	1.1	32.1	3.2	31.1	4.8
高安市	22.0	5.8	53.5	1.4	20.8	8.1	52.1	0.3	41.1	3.1	39.9	7.6
奉新县	4.4	21.4	28.6	4.8	3.6	8.1	23.8	1.5	15.3	1.1	15.1	1.3
万载县	10.6	13.9	32.2	2.6	9.3	8.1	29.7	0.7	32.9	4.8	31.4	5.7
上高县	10.6	8.7	60.1	2.4	9.8	8.3	57.7	0.9	17.7	4.4	16.9	6.7
宜丰县	5.8	0.2	45.4	−0.5	5.8	7.0	45.9	1.9	12.8	1.3	12.6	2.6
靖安县	2.4	7.8	37.6	0.6	2.2	9.0	37.0	1.0	6.3	6.1	5.9	6.1
铜鼓县	5.4	0.0	77.0	−0.7	5.4	6.3	77.6	0.1	7.0	0.9	6.9	6.1
抚州市	84.6	4.9	41.1	1.2	80.7	7.6	39.8	2.0	205.6	1.4	202.9	2.2
临川区	23.3	4.7	39.8	1.6	23.2	9.9	40.5	2.6	58.5	1.2	57.9	3.0
南城县	6.5	4.7	39.2	1.5	6.2	5.1	38.6	0.9	16.6	2.3	16.2	2.7
黎川县	5.2	7.0	40.2	2.4	4.8	3.9	38.3	0.8	12.8	1.3	12.7	1.8
南丰县	6.0	3.6	40.0	1.2	5.8	4.3	39.8	1.1	15.0	2.2	14.7	1.5
崇仁县	7.4	5.2	42.5	1.9	7.1	7.6	41.1	1.9	17.5	1.2	17.3	2.5
乐安县	7.1	1.9	42.0	0.5	7.0	4.8	41.9	0.9	17.0	0.9	16.9	2.5
宜黄县	4.6	6.9	40.4	2.4	4.3	6.9	38.9	2.4	11.5	2.2	11.2	0.3
金溪县	6.3	5.2	41.3	1.8	5.9	6.8	39.8	1.8	15.1	0.8	15.0	1.9
资溪县	2.5	9.7	40.9	3.4	2.3	7.6	38.2	1.8	6.1	1.7	6.0	2.6
东乡县	8.6	4.5	41.3	1.5	8.2	6.7	40.3	2.2	20.7	1.1	20.5	0.8
广昌县	6.1	5.3	41.4	1.9	5.8	5.5	40.0	0.9	14.8	1.0	14.6	3.2
上饶市	165.0	6.3	43.1	2.1	155.1	14.7	41.0	2.0	383.1	3.6	369.7	2.0
信州区	10.0	7.4	51.6	2.0	9.3	8.1	49.6	3.0	19.3	5.3	18.4	1.2
上饶县	19.3	7.7	46.3	2.6	17.9	21.2	43.7	5.0	41.7	4.1	40.0	5.5
广丰县	19.0	11.0	41.1	3.4	17.1	10.0	37.7	2.3	46.2	4.6	44.2	1.0
玉山县	13.1	9.9	46.0	2.2	11.9	14.3	43.7	4.4	28.4	7.0	26.6	1.1
铅山县	10.3	9.0	44.9	2.8	9.5	8.8	42.0	2.4	23.0	4.6	22.0	0.7
横峰县	5.3	12.9	46.0	3.4	4.7	22.5	42.6	4.7	11.6	7.0	10.8	7.2
弋阳县	7.6	3.1	39.9	2.3	7.4	19.6	37.6	4.0	19.1	−0.3	19.2	4.8
余干县	20.9	−1.2	39.6	0.7	21.2	16.8	38.9	3.0	52.8	−0.5	53.0	5.6
鄱阳县	34.9	7.4	41.5	1.9	32.5	9.4	39.5	3.2	84.2	5.0	80.2	−1.4
万年县	8.6	9.1	41.6	2.1	7.9	16.9	39.5	2.9	20.7	6.2	19.5	6.3
婺源县	8.3	4.5	41.6	−0.1	7.9	11.3	41.7	6.7	19.9	7.3	18.5	−8.1
德兴市	7.6	−3.0	47.3	2.8	7.9	21.2	44.5	3.9	16.2	−6.6	17.3	9.0

2007～2009年河南省非公有制经济主要指标汇总表

指标名称	单位	合计		同比增长（%）	合计		同比增长（%）
		2009年	2008年		2008年	2007年	
1. 单位数	个	2 624 049	2 492 685	5.27	2 492 685	2 461 407	1.27
2. 从业人员	人	17 826 137	17 216 667	3.54	17 216 667	17 903 859	-3.84
3. 增加值（现价）	万元	122 014 865	110 723 069	10.2	110 723 069	88 800 000	19.79
4. 总产值	万元	383 483 934	350 405 461	9.44	350 405 461	258 018 528	35.81
5. 营业（销售）收入	万元	367 314 858	338 040 547	8.66	338 040 547	277 169 948	21.96
6. 实缴税金	万元	8 945 255.90	9 060 322.90	-1.27	9 060 322.90	6 525 652	38.84
7. 利润总额	万元	35 373 687	33 494 638	5.61	33 494 638	40 429 217	-17.15
8. 出口产品交货值	万元	4 499 656.10	4 657 546.90	-3.39	4 657 546.90	3 667 822	26.98

2009年河南省分省辖市中小企业主要指标

地市名称	企业单位数（个）	从业人数（个）	增加值（万元）	总产值（万元）	营业（销售）收入（万元）	实缴税金（万元）	利润总额（万元）	资产总额（万元）
河南省	328 817	9 336 666	81 948 935	266 029 673	257 643 554	6 856 788.80	26 925 724.80	137 877 351
郑州市	61 611	1 276 389	15 948 118	36 303 184	35 928 939	1 831 891	3 867 086	29 487 319
开封市	17 277	417 559	3 661 285	14 851 210	14 838 456	230 371	1 577 749	4 216 610
洛阳市	21 838	508 774	6 877 957	19 306 955	18 761 205	881 304	2 102 290	13 623 288
平顶山市	25 651	612 462	5 267 190	16 228 245	15 211 682	441 838	1 717 839	9 562 905
安阳市	8 857	621 474	6 109 384	22 074 320	23 063 134	753 881	2 019 675	8 265 663
鹤壁市	3 440	131 562	2 076 233	6 690 853	5 967 904	150 517	499 039	1 737 730
新乡市	10 391	554 855	4 645 372	16 216 384	15 444 087	288 942.80	1 053 510.80	9 756 533
焦作市	9 139	366 721	4 474 747	15 715 494	15 309 358	336 001	1 851 268	8 165 641
濮阳市	11 734	492 232	4 588 303	16 702 440	16 240 853	265 248	2 245 228	5 587 371
许昌市	23 153	636 248	6 277 078	25 071 624	23 891 897	459 778	2 595 080	11 203 419
漯河市	5 612	244 802	1 568 336	5 895 664	5 682 145	102 743	633 956	3 640 440
三门峡市	2 400	107 396	1 739 785	5 332 205	5 284 345	97 973	743 797	2 552 765
南阳市	45 112	982 967	6 544 481	20 724 552	19 895 399	401 834	1 636 932	9 221 108
商丘市	28 835	610 511	2 783 685	10 113 524	9 610 456	124 418	964 628	4 807 009
信阳市	20 124	603 888	2 784 585	10 747 468	9 262 866	88 749	743 895	5 041 395
周口市	22 418	547 746	3 268 288	12 087 461	11 651 433	178 777	1 405 083	5 428 883
驻马店市	9 212	525 910	2 315 834	8 435 882	8 176 460	103 510	1 035 038	4 332 453
济源市	2 013	95 170	1 018 274	3 532 208	3 422 935	119 013	233 631	1 246 819

2009 年重庆市非公有制经济主要指标

单位：个、人、万元

甲	产业单位数	从业人员年末数	增加值	总产值	营业收入	利润总额	上缴税金	劳动者报酬	资本金	固定资产投资完成额
2009 年	865 330	6 759 007	39 153 217	124 567 837	123 903 119	6 056 617	4 444 201	11 104 327	35 463 475	27 795 107
其中：非公企业	145 306	4 398 938	31 408 915	102 642 729	101 326 521	4 750 843	3 650 089	8 668 487	33 636 943	
个体工商户	720 024	2 360 069	7 764 302	21 925 108	22 576 598	1 305 774	794 112	2 435 840	1 826 532	
2008 年	768 082	6 554 005	34 064 421	104 072 154	102 845 853	5 156 574	3 704 900	9 415 351	28 403 635	21 892 061
同比 ±%（现价）	12.66	3.13	17.40	19.69	20.47	17.45	19.95	15.54	24.86	29.02

注：非公有制经济增加值占全市 GDP 的比重由上年的 57.0% 提高到 60%。

2009 年重庆市各区县非公有制经济主要指标完成情况

单位：个、人、万元

区县	从业人员年末数		增加值			已上缴税金总额		劳动者报酬		本年度固定资产投资完成额	
	2009 年实际	排位	2009 年实际	排位	同比增长（%）	2009 年实际	同比增长（%）	2009 年实际	同比增长（%）	2009 年实际	同比增长（%）
万州区	339 692	5	2 328 446	5	26.6	124 534	22.8	504 235	20.5	822 712	24.9
涪陵区	262 532	13	1 923 111	8	23.2	116 589	28.2	375 687	22.8	544 546	36.8
渝中区	323 820	8	2 388 317	3	21.2	427 403	21.0	674 003	19.5	580 440	35.0
大渡口区	191 575	17	1 053 578	14	13.4	113 620	22.2	281 908	6.0	319 208	17.2
江北区	306 617	10	2 124 478	6	24.5	266 600	9.8	515 116	21.3	1 548 500	22.2
沙坪坝区	345 826	3	2 363 890	4	21.1	311 263	28.6	519 234	17.9	1 042 305	40.4
九龙坡区	501 641	1	3 460 201	1	17.9	481 151	11.1	999 677	15.6	852 971	18.0
南岸区	332 536	6	1 997 069	7	20.1	303 420	26.3	795 126	21.5	1 802 522	39.7
北碚区	308 302	9	1 227 723	13	23.7	161 572	18.3	431 903	11.6	886 599	46.8
万盛区	38 911	37	186 074	37	21.9	25 692	28.7	41 825	8.4	81 143	187.0
双桥区	18 296	39	176 863	38	21.4	13 286	33.1	26 847	22.6	55 800	36.4
渝北区	368 464	2	3 054 812	2	25.3	349 384	18.0	776 626	25.1	2 875 000	130.0
巴南区	290 798	12	1 667 612	9	22.6	243 700	34.8	503 397	15.7	671 980	23.2

续表

区县	从业人员年末数		增加值			已上缴税金总额		劳动者报酬		本年度固定资产投资完成额	
	2009 年实际	排位	2009 年实际	排位	同比增长（%）	2009 年实际	同比增长（%）	2009 年实际	同比增长（%）	2009 年实际	同比增长（%）
黔江区	107 351	25	380 761	29	25. 9	39 180	79. 7	124 244	30. 1	140 447	59. 7
长寿区	205 590	16	1 038 524	15	14. 6	93 359	23. 6	305 906	18. 3	206 972	21. 4
江津区	341 500	4	1 496 901	11	20. 1	153 756	21. 3	540 656	14. 6	1 008 698	25. 7
合川区	205 848	15	1 424 341	12	23. 4	122 807	31. 0	277 363	23. 5	814 344	127. 0
永川区	330 170	7	1 611 678	10	21. 2	141 521	15. 9	489 731	17. 5	1 269 752	58. 9
南川区	102 496	26	748 394	20	14. 9	54 341	44. 0	150 275	27. 4	231 601	173. 7
綦江县	183 287	19	830 934	19	14. 4	88 076	4. 4	241 508	19. 5	202 429	42. 7
潼南县	85 512	31	491 638	27	16. 6	28 512	21. 4	115 909	22. 1	286 907	121. 7
铜梁县	150 120	20	871 576	18	17. 2	59 093	27. 8	206 400	25. 5	524 997	35. 1
大足县	185 931	18	692 129	22	20. 2	41 262	10. 3	264 315	16. 6	432 545	82. 7
荣昌县	212 113	14	872 140	17	21. 2	100 331	38. 8	326 920	24. 3	477 898	54. 7
璧山县	301 545	11	909 762	16	14. 5	136 693	6. 4	438 565	19. 2	703 971	22. 7
梁平县	95 177	28	499 556	26	20. 5	28 407	28. 0	100 490	27. 3	95 613	64. 9
城口县	15 649	40	132 370	40	1. 4	20 300	17. 7	15 905	−4. 1	12 271	−6. 6
丰都县	91 472	30	347 068	30	14. 8	19 250	2. 8	81 033	31. 2	164 303	81. 3
垫江县	126 076	23	555 801	23	23. 9	28 965	29. 2	148 707	32. 0	76 541	12. 9
武隆县	31 743	38	320 244	32	17. 8	14 019	−19. 6	31 368	−6. 9	204 776	140. 4
忠县	148 132	21	508 464	24	21. 2	41 530	26. 0	215 025	22. 2	273 567	46. 7
开县	143 117	22	745 380	21	14. 3	48 982	33. 0	172 861	25. 2	115 738	35. 1
云阳县	92 722	29	450 499	28	10. 9	22 029	18. 3	100 718	13. 2	79 312	57. 3
奉节县	108 671	24	501 880	25	17. 0	38 228	33. 2	183 062	28. 5	89 998	32. 0
巫山县	60 905	34	238 868	35	21. 6	19 685	27. 0	75 672	28. 0	70 013	53. 8
巫溪县	57 451	35	171 840	39	22. 1	10 917	11. 9	52 854	28. 8	139 448	16. 2
石柱县	100 816	27	314 194	34	20. 6	58 968	27. 6	140 475	25. 0	168 110	68. 9
秀山县	62 317	33	346 387	31	21. 3	31 329	9. 7	69 990	24. 9	46 685	123. 8
酉阳县	63 822	32	200 980	36	74. 9	35 880	102. 2	123 002	98. 1	117 705	296. 5
彭水县	45 251	36	316 161	33	21. 7	15 177	35. 2	58 920	13. 7	56 215	31. 2

2009 年重庆市中小企业主要经济指标完成情况

单位：个、人、万元

甲	企业个数	从业人员年末数	增加值	总产值	营业收入	利润总额	上缴税金	劳动者报酬	资本金	固定资产投资完成额
2009 年	185 715	3 839 209	26 283 245	91 051 397	91 211 378	4 034 231	4 225 213	7 357 659	33 888 922	15 912 418
2008 年	168 869	3 734 858	22 282 188	77 486 219	77 523 641	3 498 522	3 534 399	6 376 874	27 830 237	12 350 901
同比 ±%（现价）	9.98	2.79	17.96	17.51	17.66	15.31	19.55	15.38	21.77	28.83

注：中小企业增加值占全市 GDP 的比重由上年的 38.45% 提高到 40.25%。

2009 年重庆市中小企业主要经济指标（按行业分）

单位：个、人、万元

甲	企业个数	从业人员年末数	增加值	总产值	营业收入	利润总额	上缴税金	劳动者报酬	工资总额	资产总额	固定资产原价	固定资产净值	负债总额	资本金	出口产品交货值	固定资产投资完成额
总计	185 715	3 839 209	26 283 245	91 051 397	91 211 378	4 034 231	4 225 213	7 357 659	6 967 213	82 529 518	37 533 731	27 027 715	49 493 481	34 558 871	2 165 676	15 912 418
二、按国民经济行业分组																
1. 农、林、牧、渔业	6 050	70 579	331 091	1 188 616	1 126 246	57 645	16 798	123 675	118 504	813 753	694 308	516 730	479 741	757 732		205 908
2. 采矿业	2 262	248 112	1 525 193	5 081 576	4 693 957	311 803	245 608	575 806	545 573	3 377 628	1 868 028	1 314 503	2 002 466	518 456	4 520	898 989
其中：规模以上	646	134 389	801 279	2 583 439	2 405 612	209 646	187 285	412 402	393 476	2 394 219	1 183 534	882 246	1 382 125	352 350	4 520	584 935
3. 制造业	33 322	1 511 225	14 372 927	51 304 649	46 708 593	1 946 289	2 419 332	3 122 344	2 959 752	39 222 209	18 071 009	12 903 187	23 601 649	9 326 865	1 862 189	7 710 056
其中：规模以上	5 487	953 891	11 940 344	41 921 096	38 660 198	1 802 680	1 976 525	2 122 828	1 997 555	31 700 117	15 131 227	11 091 433	18 475 230	8 528 002	1 735 648	5 190 756
4. 电力、燃气及水的生产和供应业	1 970	43 010	517 454	1 717 707	1 617 674	81 337	114 008	111 291	102 592	4 784 284	3 885 183	2 869 150	2 857 153	1 831 184		950 513
其中：规模以上	195	31 370	496 845	1 546 025	1 456 100	75 685	101 421	93 762	85 388	4 113 357	3 530 488	2 601 456	2 434 814	1 461 784		618 409
5. 建筑业	10 284	825 303	3 465 819	12 283 834	11 288 141	483 791	435 830	1 570 589	1 465 560	8 738 107	2 309 093	1 663 114	5 262 997	5 117 674		1 351 930
6. 交通运输仓储业	7 920	102 333	613 284	2 184 415	2 048 258	107 597	65 460	192 660	183 835	2 461 098	1 836 289	1 319 596	1 467 782	1 900 293		436 936

续表

甲	企业个数	从业人员年末数	增加值	总产值	营业收入	利润总额	上缴税金	劳动者报酬	工资总额	资产总额	固定资产原价	固定资产净值	负债总额	资本金	出口产品交货值	固定资产投资完成额
7. 批发零售业	62 826	504 944	2 257 809	6 067 595	12 806 354	525 089	416 873	753 431	717 466	7 821 431	3 832 278	2 783 091	4 663 796	5 029 280	298 967	569 114
8. 住宿及餐饮业	3 561	119 865	715 946	2 450 852	2 356 666	104 421	83 502	171 394	165 480	2 104 879	1 777 465	1 289 506	1 253 596	314 172		239 873
其中：餐饮业	2 662	65 574	415 309	1 421 478	1 378 957	71 427	50 083	99 171	95 762	1 202 170	1 026 038	746 024	701 887	142 468		117 581
9. 社会服务业	40 549	199 227	883 344	3 081 554	3 016 750	101 406	95 754	293 310	284 096	3 437 411	1 566 098	1 142 415	2 067 001	2 518 432		301 407
10. 其他业	16 971	214 611	1 600 378	5 690 599	5 548 739	314 853	332 048	443 159	424 355	9 768 718	1 693 980	1 226 423	5 837 300	7 244 783		3 247 692

2009年重庆市中小企业主要经济指标（按登记类型分组）

单位：个、人、万元

甲	企业个数	从业人员年末数	增加值	总产值	营业收入	利润总额	净利润	上缴税金	劳动者报酬	工资总额	资产总额	固定资产原价	固定资产净值	负债总额	资本金	出口产品交货值	固定资产投资完成额
总计	185 715	3 839 209	26 283 245	91 051 397	91 211 378	4 034 231	#REF!	4 225 213	7 357 659	6 967 213	82 529 518	37 533 731	27 027 715	49 493 481	34 558 871	2 165 676	15 912 418
按登记注册类型分组																	
1. 内资企业小计	183 623	3 679 091	24 897 179	86 429 631	86 598 647	3 872 337	4 707 352	4 000 806	6 922 778	6 557 092	78 340 507	35 388 325	25 458 542	46 991 998	33 124 868	1 996 765	14 814 086
其中：（1）国有企业	6 636	125 011	945 183	3 354 697	3 256 353	86 382	208 802	377 269	250 682	235 714	4 671 328	3 109 834	2 244 886	2 920 407	879 212	54 804	1 053 621
（2）集体企业	9 887	93 117	357 709	1 296 007	1 269 039	36 608	202 700	82 502	178 121	170 780	873 706	619 494	433 981	565 229	358 313	2 386	125 376
（3）股份合作企业	2 631	63 781	141 711	488 021	489 744	51 474	9 093	75 656	133 012	124 300	753 894	579 270	415 277	451 022	245 325	2 742	386 357
（4）联营企业	175	29 661	147 149	513 367	510 765	32 326	31 568	24 168	58 793	55 015	673 523	454 416	323 351	403 407	72 666	8 733	202 621
（5）有限责任公司	21 421	684 782	5 349 479	18 597 924	18 302 990	837 395	846 970	916 487	1 371 530	1 293 244	19 757 659	7 602 357	5 429 165	11 835 900	9 202 447	594 401	3 387 368
（6）股份有限公司	88	91 345	1 108 443	3 794 801	3 797 972	170 825	331 094	306 188	250 059	237 464	5 288 317	2 412 385	1 753 037	3 157 354	1 760 107	345 305	917 005
（7）私营企业	142 785	2 591 394	16 847 505	58 384 814	58 971 784	2 657 327	3 077 125	2 218 536	4 680 581	4 440 575	46 322 080	20 610 569	14 858 845	27 658 679	20 606 798	988 394	8 741 738
2. 港、澳、台商投资企业	1 475	92 916	579 943	1 955 494	1 929 807	71 436	50 103	93 463	248 513	234 345	1 837 541	881 394	645 159	1 101 296	476 184	78 726	632 877
3. 外商投资企业	617	67 202	806 123	2 666 272	2 682 924	90 458	66 584	130 944	186 368	175 776	2 351 470	1 264 012	924 014	1 400 187	957 819	90 185	465 455

2009 年重庆市各区县中小企业主要指标完成情况

单位：人、万元

区县	从业人员年末数		增加值			工业产值			已上缴税金总额		劳动者报酬		本年度固定资产投资完成额	
	2009年实际	排位	2009年实际	排位	同比增长（%）	2009年实际	排位	同比增长（%）	2009年实际	同比增长（%）	2009年实际	同比增长（%）	2009年实际	同比增长（%）
万州区	325 649	2	1 967 876	2	27.8	3 366 246	3	41.7	150 752	25.6	507 632	20.1	1 125 609	24.8
涪陵区	150 999	12	1 404 339	8	28.5	3 248 491	7	29.2	265 080	25.9	266 896	24.4	608 152	34.9
渝中区	248 646	3	1 626 560	4	16.9	386 250	32	7.3	375 648	21.0	491 103	19.5	155 250	35.0
大渡口区	88 846	20	700 472	16	20.7	1 898 445	14	21.9	79 750	10.3	155 535	21.6	319 208	30.0
江北区	184 934	9	1 578 671	5	29.6	2 878 408	8	27.1	284 160	15.1	345 400	21.5	904 238	189.7
沙坪坝区	188 462	7	1 491 408	7	25.5	3 301 534	4	28.0	262 701	28.6	382 209	18.1	375 172	32.0
九龙坡区	342 734	1	2 398 946	1	16.0	3 266 520	5	3.0	434 743	24.8	608 816	24.5	642 289	18.0
南岸区	211 024	5	1 362 170	9	24.5	3 556 572	2	35.7	235 341	36.2	421 617	25.7	1 603 608	142.8
北碚区	168 933	11	1 208 978	11	26.6	3 252 685	6	24.2	145 746	15.6	295 384	10.1	678 331	36.3
万盛区	24 207	36	112 131	37	15.7	279 933	34	32.1	26 051	22.8	31 366	9.0	114 140	192.4
双桥区	15 482	38	144 238	34	27.8	498 816	27	64.4	13 047	53.3	23 075	21.4	171 450	24.4
渝北区	185 058	8	1 873 174	3	37.5	4 507 194	1	52.6	301 462	41.5	425 869	26.9	1 619 081	144.3
巴南区	181 620	10	1 116 013	12	26.2	2 739 194	9	16.8	140 273	18.5	353 815	20.1	606 104	13.2
黔江区	36 021	31	356 710	26	33.4	682 163	23	37.9	181 397	30.1	57 269	56.5	141 257	102.9
长寿区	139 727	14	697 737	17	21.6	1 675 819	17	37.8	80 164	22.9	210 818	21.1	301 549	59.3
江津区	236 031	4	1 279 651	10	20.6	2 647 636	10	42.9	155 663	26.6	388 761	24.0	1 017 428	29.0
合川区	134 399	15	1 090 776	13	23.0	2 319 646	12	47.1	115 189	36.0	186 478	36.6	893 478	170.9
永川区	192 616	6	1 553 187	6	22.4	2 595 463	11	35.9	137 284	15.6	387 380	21.1	1 178 099	119.5
南川区	79 236	22	476 666	22	28.5	1 365 500	19	42.2	46 656	34.0	107 723	30.1	208 397	143.9
綦江县	118 584	18	514 651	21	26.1	993 961	20	34.9	72 100	7.4	174 297	22.1	196 727	38.5
潼南县	48 513	28	217 674	30	22.9	479 653	28	46.5	22 500	23.4	85 145	28.3	260 595	396.9
铜梁县	79 654	21	632 196	18	25.3	1 691 689	16	28.9	50 542	29.4	119 481	21.2	503 089	35.5
大足县	125 616	17	620 854	19	25.4	1 645 763	18	33.1	43 404	3.4	221 436	34.9	457 632	84.8
荣昌县	132 314	16	558 645	20	27.1	1 828 837	15	62.3	85 079	46.7	226 715	35.7	392 886	59.8
璧山县	148 961	13	758 445	15	19.9	2 156 625	13	16.8	101 515	23.4	235 122	18.8	654 089	30.9
梁平县	53 478	27	187 285	31	22.4	515 033	26	26.6	23 079	28.8	63 219	26.6	68 092	41.0
城口县	8 498	40	51 456	41	0.3	197 742	38	16.4	20 639	16.7	10 889	11.4	47 405	163.8
丰都县	38 202	29	160 642	32	26.9	421 726	30	32.3	15 786	6.3	41 309	27.8	154 369	79.3

续表

区县	从业人员年末数		增加值			工业产值			已上缴税金总额		劳动者报酬		本年度固定资产投资完成额	
	2009年实际	排位	2009年实际	排位	同比增长（%）	2009年实际	排位	同比增长（%）	2009年实际	同比增长（%）	2009年实际	同比增长（%）	2009年实际	同比增长（%）
垫江县	73 936	24	372 073	23	25.0	736 537	22	25.7	25 770	14.1	114 601	25.9	73 756	29.2
武隆县	14 044	39	125 792	36	13.5	247 574	36	7.4	16 643	-14.4	22 172	0.3	202 911	388.8
忠县	74 115	23	368 782	24	24.2	586 930	25	40.0	32 290	26.6	121 880	24.3	233 200	63.3
开县	72 732	25	358 504	25	23.7	781 029	21	44.0	37 467	21.1	91 369	16.3	112 171	27.8
云阳县	36 051	30	132 157	35	22.5	231 256	37	23.6	16 033	16.0	45 801	30.3	58 946	151.7
奉节县	98 128	19	151 486	33	21.1	263 389	35	29.3	31 231	46.8	108 859	24.6	89 034	94.5
巫山县	35 204	32	109 698	39	26.8	138 431	39	6.2	25 918	25.1	61 388	26.0	68 996	50.0
巫溪县	21 862	37	82 681	40	28.6	128 071	40	51.5	12 378	43.8	36 359	28.2	159 978	30.1
石柱县	54 376	26	247 934	28	24.2	472 842	29	33.0	42 312	23.1	81 445	28.3	133 470	85.5
秀山县	25 312	34	264 064	27	24.9	654 896	24	30.1	44 821	17.3	44 154	39.5	49 705	200.3
酉阳县	24 399	35	110 313	38	65.5	410 183	31	121.0	15 765	66.5	45 642	89.9	97 532	89.9
彭水县	27 661	33	229 585	29	27.1	359 832	33	45.3	40 352	41.6	32 614	12.1	269 497	8.0

2009 年陕西省中小企业主要经济指标统计表

单位：个、人、万元

地区	中小企业增加值		地区 GDP		中小企业增加值同比增长	
	总计	工业	GDP 增速	增加值占 GDP 比重	小计	工业
全省合计	35 479 771	21 406 230			18.20%	17
西安市	14 541 890	8 787 393	14.50%	52.80%	23.18	23.26
铜川市	742 640	441 256	15.20%	47.65%	25.44	23.13
宝鸡市	3 446 937	2 219 993	15.00%	42.74%	16.12	11.84
咸阳市	4 341 976	2 647 865	14.20%	49.74%	17.65	25.03
渭南市	2 559 812	1 465 153	14.30%	39.05%	27.56	23.85
汉中市	2 084 345	892 683	14.50%	50.09%	22.56	22.19
安康市	1 142 107	689 354	15.00%	41.54%	34.3	43.96
商洛市	961 201	443 083	14.10%	42.70%	42.72	16.67
延安市	1 150 504	301 268	12.20%	15.97%	12.22	18.33
榆林市	4 286 490	3 391 997	13.30%	32.91%	62.54	74.28
杨凌区	221 869	126 185	15.00%	55.66%	22.68	34.61

2009 年陕西省中小企业主要经济指标统计表

单位：个、人、万元

地区	企业个数	从业人数	营业收入	上缴税金	同比增长	利润总额	同比增长
全省合计	1 353 620	6 674 424	96 301 701	3 787 194	21.00%	6 999 130	16.00%
西安市	387 819	2 055 235	41 226 047	1 673 365	18.71%	2 199 701	14.94%
铜川市	28 521	144 902	1 759 216	104 617	37.69%	82 434	-19.1%
宝鸡市	163 629	903 198	11 684 559	249 287	6.82%	606 768	6.23%
咸阳市	133 262	709 494	10 436 521	157 234	55.29%	504 881	17.80%
渭南市	152 636	786 700	6 950 010	230 276	4.42%	391 834	28.14%
汉中市	127 606	612 945	4 986 773	117 726	20.42%	220 796	23.54%
安康市	90 500	297 221	3 364 196	129 052	59.44%	357 996	43.70%
商洛市	85 007	376 238	2 187 249	84 127	19.44%	207 117	4.64%
延安市	68 285	257 826	3 999 174	160 027	11.64%	539 017	10.15%
榆林市	112 854	498 158	9 078 915	870 540	37.90%	1 825 753	64.12%
杨凌区	3 501	32 507	629 041	10 943	17.01%	62 833	20.16%

2009 年宁夏回族自治区非公有制工业企业主要经济指标（千元）

甲栏分组	企业单位数（个）	资产总计	主营业务收入	工业增加值	出口交货值	税金总额	全部从业人员年平均人数（人）
总　　计	836	92 878 750	65 905 080	24 104 500	2 618 224	2 379 922	133 432

2009 年宁夏回族自治区中小工业企业主要经济指标（千元）

甲栏分组	企业单位数（个）		资产总计		主营业务收入		工业增加值		出口交货值		税金总额		全部从业人员年平均人数（人）	
	中型	小型	中型	小型	中型	小型	中型	小型	中型	小型	中型	小型	中型	小型
总　　计	127	826	108 133 498	45 671 877	47 293 799	34 744 517	18 515 870	12 032 717	1 594 299	743 997	2 405 807	1 308 554	96 555	67 757

2009 年宁夏回族自治区中小工业企业主要经济指标（千元）

甲栏分组	代码	企业单位数（个）		资产总计		主营业务收入		工业增加值		出口交货值		税金总额		全部从业人员年平均人数（人）	
		中型	小型	中型	小型	中型	小型	中型	小型	中型	小型	中型	小型	中型	小型
总　计	0000	127	826	108 133 498	45 671 877	47 293 799	34 744 517	18 515 870	12 032 717	1 594 299	743 997	2 405 807	1 308 554	96 555	67 757
煤炭开采和洗选业	0600	4	102	757 709	4 196 390	424 866	4 928 183	228 586	1 580 659	0	35 604	41 673	169 917	2 408	4 850
石油和天然气开采业	0700	0	3	0	226 881	0	122 316	0	58 136	0	0	0	7 451	0	242
非金属矿采选业	1000	0	3	0	109 920	0	90 726	0	26 398	0	0	0	6 549	0	238
农副食品加工业	1300	4	78	1 256 333	2 466 214	655 507	2 867 849	228 067	840 862	311	37 494	40 204	35 802	1 728	4 227
食品制造业	1400	5	36	2 797 047	1 180 276	2 354 258	1 283 906	859 292	418 359	63 014	59 910	78 214	33 484	3 700	2 498
饮料制造业	1500	4	21	1 464 808	1 693 060	871 308	435 719	589 497	187 351	0	15 831	98 351	21 765	2 530	1 922
烟草制品业	1600	0	2	0	29 316	0	320 876	0	157 202	0	0	0	132 919	0	391
纺织业	1700	7	39	7 252 793	3 227 479	4 078 124	2 929 026	1 583 687	1 126 565	268 507	94 488	26 116	43 867	6 680	2 845
纺织服装、鞋、帽制造业	1800	1	0	76 132	0	73 062	0	31 980	0	6 488	0	5 062	0	805	0
皮革、毛皮、羽毛（绒）及其制品业	1900	0	10	0	139 680	0	167 792	0	68 267	0	14 656	0	2 802	0	451
木材加工及木、竹、藤、棕、草制品业	2000	0	5	0	114 763	0	60 754	0	32 259	0	0	0	2 275	0	273
家具制造业	2100	0	6	0	104 791	0	91 896	0	35 033	0	0	0	2 730	0	531
造纸及纸制品业	2200	7	9	7 759 014	260 168	2 531 655	137 339	952 641	94 752	0	0	106 056	3 506	8 303	775
印刷业和记录媒介的复制	2300	1	11	96 851	296 846	70 854	217 646	22 839	85 097	0	0	1 110	5 472	609	937
石油加工、炼焦及核燃料加工业	2500	8	21	7 516 166	2 032 703	3 679 230	1 614 293	1 318 700	492 958	0	181	263 095	85 865	5 209	2 681
化学原料及化学制品制造业	2600	20	94	10 183 189	3 555 542	8 090 754	4 179 756	2 734 330	1 372 192	459 411	101 192	285 434	154 833	15 649	9 390
医药制造业	2700	3	8	1 134 127	458 982	609 386	163 461	238 897	130 261	329 479	0	14 494	14 597	1 286	990
橡胶制品业	2900	1	2	1 276 198	81 317	1 249 617	53 704	744 862	22 492	0	0	44 537	2 573	1 407	316
塑料制品业	3000	0	29	0	742 196	0	683 651	0	266 987	0	0	0	18 729	0	2 379
非金属矿物制品业	3100	14	115	7 656 342	5 165 578	3 203 781	3 883 664	1 353 217	1 280 786	41 351	205 638	267 115	193 560	7 252	9 116
黑色金属冶炼及压延加工业	3200	13	60	4 031 148	2 379 478	3 981 820	2 902 306	893 613	861 062	82 878	98 993	198 061	126 441	8 700	6 788
有色金属冶炼及压延加工业	3300	8	15	10 237 747	2 937 405	3 787 341	1 575 454	1 873 910	617 440	0	0	77 235	29 434	6 638	1 679
金属制品业	3400	0	34	0	1 169 024	0	982 498	0	498 206	0	0	0	19 739	0	2 143
通用设备制造业	3500	8	39	4 474 984	1 563 851	1 934 407	1 025 801	505 973	348 191	342 860	0	99 320	37 595	8 271	3 723
专用设备制造业	3600	1	11	547 151	382 510	628 930	407 460	153 786	169 465	0	0	19 658	13 181	1 080	1 158
交通运输设备制造业	3700	0	4	0	112 876	0	37 797	0	12 698	0	0	0	2 054	0	397
电气机械及器材制造业	3900	5	24	1 943 393	1 249 297	1 458 320	1 553 472	726 358	371 594	0	0	57 564	31 565	2 913	2 030
通信设备、计算机及其他电子设备制造业	4000	0	1	0	144 993	0	149 632	0	50 476	0	78 415	0	24 167	0	62
仪器仪表及文化、办公用机械制造业	4100	1	7	1 371 520	319 675	570 928	237 481	253 693	84 150	0	1 595	25 628	6 990	1 434	719
电力、热力的生产和供应业	4400	11	22	35 871 649	5 884 377	6 945 941	904 900	3 154 742	373 206	0	0	650 695	51 377	8 912	2 092
燃气生产和供应业	4500	0	6	0	1 983 776	0	509 571	0	285 621	0	0	0	13 284	0	575
水的生产和供应业	4600	1	9	429 197	1 462 513	93 710	225 588	67 200	83 989	0	0	6 185	14 031	1 041	1 339

2009 年新疆维吾尔自治区分地区中小企业主要经济指标

单位：万元

地　区	地区代码	企业单位数（个）		资产总计		主营业务收入		出口交货值		税金总额		全部从业人员年平均人数（人）	
		中型	小型	中型	小型	中型	小型	中型	小型	中型	小型	中型	小型
全　区	650000	255	1 730	14 076 305.70	14 154 138.80	8 780 153.20	7 659 878.20	155 541.50	181 567.90	681 874.10	357 404.00	172 015	162 115
乌鲁木齐市	650100	53	367	4 695 142.30	3 429 484.50	2 588 199.30	1 729 001.50	103 666.50	43 962.20	104 583.20	54 684.70	41 652	35 180
天山区	650102	6	19	800 161.70	159 799.60	246 398.30	79 066.10	50 277.60	0.00	19 670.50	3 306.60	5 463	2 088
沙依巴克区	650103	6	31	1 344 230.70	262 750.40	287 069.50	113 886.80	31 821.00	11 636.90	17 734.90	3 960.80	7 254	3 217
新市区	650104	24	148	1 917 111.20	1 704 087.30	1 610 637.30	642 549.60	20 454.80	20 119.40	40 461.50	22 316.20	15 705	15 687
水磨沟区	650105	3	32	213 880.90	334 701.70	135 309.20	81 173.00	0.00	0.00	4 807.70	2 442.30	3 963	2 558
头屯河区	650106	3	39	33 656.40	240 703.00	25 204.10	374 654.90	0.00	7 051.50	2 213.10	6 048.80	1 305	3 585
达坂城区	650107	1	8	99 901.40	22 879.40	50 207.70	20 008.10	0.00	0.00	1 523.10	1 712.70	1 695	800
东山区	650108	0	0	0.00	0.00	0.00	0.00	0.00	0.00	0.00	0.00	0	0
乌鲁木齐县	650121	0	9	0.00	223 234.90	0.00	37 536.90	0.00	0.00	0.00	5 047.50	0	476
克拉玛依市	650200	16	76	446 968.40	365 531.50	613 092.80	378 244.00	4 571.50	0.00	26 740.60	31 988.30	7 551	5 648
石河子市	659001	23	53	886 066.30	350 359.10	598 996.60	230 890.70	6 026.60	16 103.10	28 567.10	9 785.90	15 374	4 928
阿拉尔市	659002	3	15	198 908.70	208 588.60	120 267.20	56 329.90	0.00	0.00	2 688.00	1 654.80	1 788	1 305
图木舒克市	659003	0	9	0.00	93 112.40	0.00	44 730.90	0.00	0.00	0.00	1 136.70	0	1 151
五家渠市	659004	3	27	342 318.50	128 466.20	79 096.60	75 243.60	6 036.10	2 559.00	331.40	2 060.90	2 407	1 782
吐鲁番地区	652100	13	50	661 931.20	680 740.80	365 917.10	359 494.50	1 932.70	0.00	22 009.80	27 021.90	7 691	5 299
哈密地区	652200	11	105	457 896.30	1 047 686.70	240 700.90	277 313.20	0.00	4 643.90	19 609.90	17 358.20	8 757	10 335
昌吉州	652300	33	307	1 772 399.60	1 694 201.40	957 690.20	1 432 341.40	25 810.30	18 110.30	48 498.70	62 280.10	20 483	26 381
博州	652700	8	45	183 781.70	186 560.70	103 652.40	134 088.80	1 272.00	0.00	4 656.40	5 509.70	4 232	4 048
巴州	652800	13	119	815 056.30	1 186 872.50	383 175.90	630 431.40	425.20	33 014.10	17 226.40	39 015.80	10 245	12 766
阿克苏地区	652900	20	124	1 170 736.10	962 451.40	1 092 094.10	522 212.90	0.00	6 670.60	188 836.30	29 152.60	12 927	11 264
克州	653000	2	16	29 666.40	151 569.70	11 222.60	33 833.70	0.00	0.00	1 188.80	2 189.00	693	1 519
喀什地区	653100	5	69	150 747.80	399 094.70	121 592.80	243 097.00	0.00	79.80	3 636.90	8 962.30	2 673	6 936
和田地区	653200	3	18	109 868.30	219 229.70	43 800.20	60 372.50	0.00	0.00	1 993.10	4 863.00	1 950	1 856
伊犁州	654000	21	192	994 792.30	2 051 717.60	603 312.60	759 451.60	549.10	45 207.90	141 715.50	38 464.80	14 020	19 684
塔城地区	654200	20	77	572 609.40	496 046.70	516 538.50	521 569.50	5 251.50	11 217.00	28 896.00	8 281.90	14 343	6 699
阿勒泰地区	654300	8	61	587 416.10	502 424.60	340 803.40	171 231.10	0.00	0.00	40 696.00	12 993.40	5 229	5 334

2009 年新疆维吾尔自治区分行业中小企业主要经济指标

单位：万元

地　区	地区代码	企业单位数（个）		资产总计		主营业务收入		出口交货值		税金总额		全部从业人员年平均人数（人）	
		中型	小型	中型	小型	中型	小型	中型	小型	中型	小型	中型	小型
总　计	0000	255	1 730	14 076 305. 70	14 154 138. 80	8 780 153. 20	7 659 878. 20	155 541. 50	181 567. 90	681 874. 10	357 404. 00	172 015	162 115
煤炭开采和洗选业	0600	22	113	810 550. 30	1 191 754. 90	331 702. 20	456 761. 00	0. 00	0. 00	44 945. 20	46 431. 50	17 626	18 612
石油和天然气开采业	0700	6	16	164 811. 80	193 753. 80	171 244. 20	116 818. 60	0. 00	0. 00	6 059. 90	9 374. 80	2 971	2 081
黑色金属矿采选业	0800	7	62	549 877. 80	620 520. 20	293 586. 60	198 461. 60	0. 00	0. 00	32 030. 40	21 895. 40	4 128	5 080
有色金属矿采选业	0900	7	25	378 457. 00	360 766. 20	211 604. 40	81 125. 40	0. 00	0. 00	21 408. 20	8 868. 30	4 912	2 689
非金属矿采选业	1000	2	14	15 183. 50	70 285. 40	15 035. 60	37 855. 40	83. 30	980. 70	2 496. 50	2 977. 70	1 017	1 937
其他采矿业	1100	0	0	0. 00	0. 00	0. 00	0. 00	0. 00	0. 00	0. 00	0. 00	0	0
农副食品加工业	1300	19	239	563 571. 10	1 358 789. 20	367 257. 30	1 330 359. 80	4 827. 50	28 425. 30	15 088. 80	12 057. 20	10 325	14 970
食品制造业	1400	14	105	783 983. 80	675 672. 30	312 566. 80	418 600. 60	87 286. 30	91 962. 10	15 545. 10	13 169. 60	6 606	9 379
饮料制造业	1500	7	49	352 694. 30	269 764. 60	129 323. 90	218 060. 70	0. 00	2 252. 50	14 378. 10	20 705. 80	3 514	4 851
烟草制品业	1600	1	0	195 506. 00	0. 00	208 316. 00	0. 00	0. 00	0. 00	113 139. 00	0. 00	853	0
纺织业	1700	33	70	726 820. 10	389 440. 70	523 300. 40	288 722. 70	20 249. 50	19 246. 20	24 002. 80	7 571. 50	26 169	10 961
纺织服装、鞋、帽制造业	1800	1	4	12 985. 20	4 204. 80	14 119. 90	4 483. 90	50. 10	0. 00	0. 00	308. 50	950	280
皮革、毛皮、羽毛（绒）及其制品业	1900	0	4	0. 00	12 470. 80	0. 00	22 967. 30	0. 00	0. 00	0. 00	729. 50	0	397
木材加工及木、竹、藤、棕、草制品业	2000	0	17	0. 00	69 751. 90	0. 00	52 895. 50	0. 00	0. 00	0. 00	1 661. 80	0	1 515
家具制造业	2100	1	5	43 460. 00	15 409. 60	15 405. 00	23 663. 50	0. 00	15 807. 20	268. 90	294. 70	374	367
造纸及纸制品业	2200	3	36	125 957. 40	124 128. 30	52 370. 40	91 531. 70	0. 00	0. 00	4 137. 80	3 034. 10	3 133	2 754
印刷业和记录媒介的复制	2300	1	30	19 870. 80	73 924. 60	6 421. 00	50 963. 10	0. 00	0. 00	408. 80	2 320. 20	581	2 490
文教体育用品制造业	2400	0	0	0. 00	0. 00	0. 00	0. 00	0. 00	0. 00	0. 00	0. 00	0	0
石油加工、炼焦及核燃料加工业	2500	13	72	1 012 223. 40	534 252. 00	1 364 884. 20	615 913. 60	0. 00	0. 00	179 536. 50	45 198. 60	7 115	5 157
化学原料及化学制品制造业	2600	23	115	1 672 013. 80	602 428. 50	828 829. 00	432 176. 30	33 091. 10	1 282. 20	38 177. 00	20 983. 60	17 543	8 318

续表

地区	地区代码	企业单位数（个）		资产总计		主营业务收入		出口交货值		税金总额		全部从业人员年平均人数（人）	
		中型	小型	中型	小型	中型	小型	中型	小型	中型	小型	中型	小型
医药制造业	2700	2	20	30 992. 90	121 511. 80	20 917. 30	56 866. 10	0. 00	2 466. 00	1 979. 40	4 873. 90	975	2 261
化学纤维制造业	2800	8	7	723 510. 70	75 491. 80	661 632. 50	55 118. 70	1 710. 00	0. 00	14 053. 50	1 504. 20	7 124	1 088
橡胶制品业	2900	1	5	13 672. 90	7 908. 80	12 064. 60	11 798. 40	0. 00	0. 00	1 152. 60	427. 20	1 428	394
塑料制品业	3000	3	111	139 184. 90	339 902. 80	64 308. 20	305 282. 10	0. 00	9 666. 00	2 370. 60	8 812. 50	2 030	7 839
非金属矿物制品业	3100	29	176	1 453 037. 70	1 438 689. 20	702 929. 50	701 566. 70	5 514. 10	95. 10	47 273. 30	41 704. 00	19 015	18 345
黑色金属冶炼及压延加工业	3200	10	37	393 988. 00	203 857. 70	358 525. 90	277 278. 70	0. 00	0. 00	8 533. 10	3 908. 90	6 315	3 508
有色金属冶炼及压延加工业	3300	4	23	118 268. 60	300 601. 80	119 519. 70	203 525. 00	0. 00	0. 00	7 391. 50	1 384. 70	1 964	3 454
金属制品业	3400	4	62	74 860. 60	367 224. 10	23 176. 10	454 094. 60	0. 00	5 509. 30	2 478. 90	9 184. 90	2 113	5 184
通用设备制造业	3500	1	51	14 204. 30	131 253. 70	13 576. 60	86 348. 90	0. 00	1 085. 20	505. 90	3 717. 40	392	3 392
专用设备制造业	3600	2	35	92 879. 10	160 094. 30	37 542. 30	128 025. 70	202. 70	1 090. 90	1 452. 50	3 154. 70	1 785	3 026
交通运输设备制造业	3700	1	11	36 321. 20	71 285. 80	17 114. 90	67 162. 40	157. 60	0. 00	606. 00	1 307. 60	864	1 547
电气机械及器材制造业	3900	5	28	1 185 447. 00	127 555. 80	1 052 162. 80	111 126. 90	2 369. 30	0. 00	17 330. 00	3 340. 70	2 043	2 021
通信设备、计算机及其他电子设备制造业	4000	0	2	0. 00	10 277. 40	0. 00	7 528. 80	0. 00	1 699. 20	0. 00	0. 00	0	158
仪器仪表及文化、办公用机械制造业	4100	0	5	0. 00	27 281. 10	0. 00	10 881. 60	0. 00	0. 00	0. 00	613. 80	0	244
工艺品及其他制造业	4200	0	3	0. 00	7 823. 90	0. 00	5 145. 20	0. 00	0. 00	0. 00	159. 30	0	146
废弃资源和废旧材料回收加工业	4300	0	0	0. 00	0. 00	0. 00	0. 00	0. 00	0. 00	0. 00	0. 00	0	0
电力、热力的生产和供应业	4400	23	136	1 934 856. 70	3 730 124. 70	788 239. 90	652 162. 00	0. 00	0. 00	60 944. 10	51 596. 30	16 388	13 786
燃气生产和供应业	4500	1	19	216 209. 50	175 783. 40	43 395. 30	50 349. 90	0. 00	0. 00	3 198. 30	2 449. 00	967	1 106
水的生产和供应业	4600	1	23	220 905. 30	290 152. 90	19 080. 70	34 255. 80	0. 00	0. 00	981. 40	1 682. 10	795	2 778

2009 年新疆维吾尔自治区分地区非公有制主要经济指标

单位：万元

地　　区	地区代码	企业单位数（个）	资产总计	主营业务收入	出口交货值	税金总额	全部从业人员年平均人数（人）
全　　区	650000	1 438	14 953 395.10	9 722 501.80	203 724.70	422 857.10	186 390
乌鲁木齐市	650100	283	3 570 244.50	2 501 967.00	97 813.60	77 656.10	35 183
天山区	650102	6	19 853.80	18 952.20	0.00	1 199.20	379
沙依巴克区	650103	14	54 726.90	44 984.00	11 431.90	1 871.20	1 310
新市区	650104	121	2 842 227.40	1 796 366.00	73 062.70	54 289.30	20 538
水磨沟区	650105	24	98 082.60	63 364.10	0.00	1 668.90	1 703
头屯河区	650106	27	98 628.60	152 407.80	7 051.50	2 378.70	2 041
达坂城区	650107	5	16 182.90	12 541.40	0.00	1 307.30	429
东山区	650108	0	0.00	0.00	0.00	0.00	0
乌鲁木齐县	650121	6	13 640.20	5 646.80	0.00	252.40	369
克拉玛依市	650200	64	404 822.20	400 373.80	270.00	33 832.10	6 685
石河子市	659001	41	494 222.40	365 771.90	4 375.30	15 008.10	9 842
阿拉尔市	659002	10	88 594.40	34 627.60	0.00	610.30	731
图木舒克市	659003	4	18 643.00	10 653.20	0.00	63.00	449
五家渠市	659004	21	113 842.90	75 293.80	2 559.00	1 806.50	1 641
吐鲁番地区	652100	45	862 674.10	562 589.70	1 932.70	32 439.20	10 411
哈密地区	652200	73	774 417.30	192 226.90	4 643.90	12 254.00	8 475
昌吉州	652300	317	3 657 421.30	2 451 411.70	32 221.30	95 162.10	38 540
博州	652700	38	170 042.20	118 820.00	1 272.00	5 285.30	3 780
巴州	652800	92	1 402 164.10	878 062.80	12 396.80	46 224.10	15 023
阿克苏地区	652900	102	912 068.00	505 757.00	1 338.50	28 051.60	13 522
克州	653000	15	142 933.30	39 468.30	0.00	3 203.20	1 854
喀什地区	653100	60	402 903.40	303 843.80	79.80	11 355.00	7 533
和田地区	653200	10	62 335.00	33 796.20	0.00	2 532.90	1 693
伊犁州	654000	155	1 012 697.00	653 131.30	39 558.70	24 527.80	17 909
塔城地区	654200	67	447 742.20	429 215.40	5 263.10	14 586.80	9 216
阿勒泰地区	654300	41	415 627.80	165 491.40	0.00	18 259.00	3 903

2009 年大连市民营企业营业收入前 10 名（按大连市综合实力百强民营企业排序）

企业名称	营业收入（亿元）
大连万达集团股份有限公司	250
大连实德集团有限公司	107
大连大杨集团有限公司	67
大连宏光好运来集团有限公司	48
大连泰德煤网股份有限公司	38

续表

企业名称	营业收入（亿元）
大连华丰家具集团有限公司	24.1
大连华农豆业集团有限公司	24
大连实德塑胶工业有限公司	21.1
大连松下汽车电子系统有限公司	21
大连兼松雪龙食品有限公司	17.3

2009 年大连市民营企业纳税前 10 名（按大连市民营经济统计排序）

企业名称	实缴税金（亿元）
大连万达集团股份有限公司	47
大连重工铸铁有限公司	3.1
大连宏光好运来集团有限公司	2.8
大连实德集团有限公司	1.93
大开软件园开发有限公司	1.58
大连美加房地产开发有限公司	1.36
大连金广建设集团有限公司	1.15
大连松下汽车电子系统有限公司	1.06
大连天瑞水泥有限公司	1.006
大连泰德煤网股份有限公司	1

2009 年大连市民营经济主要经济指标表

甲	企业个数	从业人员年末数	增加值	总产值	营业收入	利润总额	上缴税金	劳动者报酬
	1	2	3	4	5	6	7	8
总　计	288 927	2 284 701	26 272 358	86 522 147	85 082 722	5 255 875	2 466 402	3 971 221
一、按登记注册类型分组								
1. 内资企业小计	287 165	2 140 456	24 012 496	79 657 721	78 390 609	4 889 907	2 240 694	3 660 147
其中： （1）集体企业	1 034	64 820	578 576	2 232 337	2 302 919	153 004	55 924	104 154
（2）股份合作企业	597	8 121	57 542	180 214	185 186	23 932	4 292	10 016
（3）联营企业	17	844	4 218	10 495	21 066	1 614	1 032	1 555
（4）有限责任公司	22 446	501 896	3 752 409	11 863 222	10 970 967	804 000	545 662	711 457
（5）股份有限公司	1 433	37 237	637 177	1 868 851	1 790 211	118 111	82 417	94 151
（6）私营企业	35 982	782 451	9 837 654	33 134 149	32 847 440	1 936 956	1 032 626	1 514 246
（7）个体工商户	225 656	745 087	9 144 920	30 368 453	30 272 820	1 852 290	518 741	1 224 568
2. 港、澳、台商投资企业	526	25 864	533 757	1 502 239	1 513 262	60 460	61 704	87 146
3. 外商投资企业	1 236	118 381	1 726 105	5 362 187	5 178 851	305 508	164 004	223 928
二、按国民经济行业分组								
1. 工业	56 005	964 797	14 603 693	51 822 007	47 416 992	2 656 205	1 029 431	1 671 582
其中：采矿业	323	14 417	228 195	632 799	607 660	32 262	13 489	19 478
其中：制造业	55 447	942 632	14 303 674	50 899 241	46 430 153	2 598 936	1 001 150	1 638 912
电力、燃气及水的生产和供应业	235	7 748	71 824	289 967	379 179	25 007	14 792	13 192
2. 建筑业	6 775	222 507	2 125 492	7 625 837	8 180 126	514 385	258 731	391 443
其中：资质等级企业	352	52 868	556 468	1 970 646	1 954 715	99 104	57 697	93 205
3. 交通运输仓储业	37 391	91 492	1 317 847	4 257 531	4 446 564	299 473	86 138	161 795
4. 批发零售业	99 981	462 815	3 729 282	10 281 554	11 831 388	859 404	527 365	772 299
5. 住宿及餐饮业	29 883	150 621	1 359 551	4 314 039	4 552 667	296 004	177 172	260 955
其中：餐饮业	10 788	105 779	558 565	1 900 729	1 813 783	131 231	54 150	115 813
6. 居民服务、其他服务业和娱乐业	33 829	215 363	1 412 091	3 396 267	3 637 405	202 082	164 584	364 847
7. 其他	25 063	177 106	1 724 402	4 824 912	5 017 580			

2009 年大连市民营经济主要经济指标

指标名称	单位	实际完成	比上年增长（%）
企业增加值	亿元	2 627	19.4
营业收入	亿元	8 508	17.3
实缴税金	亿元	246.6	20.3
出口创汇	亿美元	54.42	25.7
固定资产投资	亿元	1 592.9	35.1
实际利用外资	亿美元	9.38	21.8

2009 年宁波市规模以下中小企业及个体工业单位主要经济指标

指　　标	单　位	总　　计
总　　计		
企业（单位）数	个	106 469
期末从业人员	人	1 173 981
工业总产值	万元	20 453 568
资产总计	万元	12 731 084
企业主要经济指标		
企业数	个	39 744
期末从业人员	人	657 519
工业总产值	万元	9 506 628
主营业务收入	万元	9 013 558
税金总额	万元	579 426
#所得税	万元	133 124
营业利润	万元	639 818
工资及福利	万元	1 066 530
社会保险费	万元	106 049
折旧	万元	319 708
资产总计	万元	8 615 700
固定资产原值	万元	3 684 851
固定资产净值	万元	2 874 437
应收账款	万元	1 558 258
应付账款	万元	860 980
利息支出	万元	76 854
银行借款利息	万元	60 916
民间借款利息	万元	13 766
个体工业主要经济指标		
单位数	个	66 725
期末从业人员	人	516 462
营业收入	万元	10 946 940
生产支出	万元	8 019 715
雇员报酬	万元	879 276
上缴税费	万元	471 339
资产总计	万元	4 115 384

2009年深圳市规模以上中小型工业企业区域分布情况

行政区	企业数量	工业总产值（亿元）	出口交货值（亿元）	全部从业人员年平均人数（人）	主营业务收入（亿元）	资产总计（亿元）	利润总额（亿元）
罗湖	159	184.09	10.29	30 695	184.75	105.95	6.12
福田	234	280.19	203.57	42 117	247.81	159.83	11.21
南山	1 006	706.94	191.74	180 951	660.38	774.31	68.81
宝安	4 708	2 821.07	1 430.03	1 285 531	2 658.42	2 125.40	104.54
龙岗	1 903	960.18	479.98	457 226	950.29	913.77	30.68
盐田	91	98.1	80.52	31 045	98.67	63.42	−1.26
总计	8 101	5 050.57	2 396.13	2 027 565	4 800.32	4 142.68	220.1

2009年深圳市规模以上中小型工业企业分行业情况

行业	企业数量	工业总产值（亿元）	出口交货值（亿元）	全部从业人员年平均人数（人）	主营业务收入（亿元）	资产总计（亿元）	利润总额（亿元）
石油和天然气开采业	5	9.98	0	717	9.75	7.35	2.5
农副食品加工业	47	46.91	6.3	5 495	47.24	21.13	2.57
食品制造业	73	36.97	8.59	14 974	35.26	37.24	2.43
饮料制造业	18	29.59	1.13	6 163	28.54	29.54	3.97
纺织业	130	70.53	32.9	37 849	62.43	54.03	3.08
纺织服装、鞋、帽制造业	354	149.4	76.31	121 096	144.35	108.73	7.1
皮革、毛皮、羽毛（绒）及其制品业	121	50.46	27.11	44 043	50.77	41.36	−0.5
木材加工及木、竹、藤、棕、草制品业	44	13.16	5	7 095	12.46	14.93	0.1
家具制造业	161	89.08	48.95	45 548	87.85	80.87	3.25
造纸及纸制品业	301	117.18	39.36	43 556	114.88	95.76	4.28
印刷业和记录媒介的复制	249	84.15	19.27	37 564	79.74	105.84	4.32
文教体育用品制造业	192	109.24	99.36	98 316	108.3	87.79	1.84
石油加工、炼焦及核燃料加工业	11	7.78	0.53	519	7.54	16.51	−0.15
化学原料及化学制品制造业	281	129.9	32.37	25 782	125.32	127.34	8.5
医药制造业	40	33.35	6.98	6 973	30.2	46.5	5
化学纤维制造业	4	1.26	0.86	1 080	1.3	0.98	0.21
橡胶制品业	78	29.94	13.75	16 963	29.36	49.14	1.51
塑料制品业	763	314.56	158.94	167 390	303.28	244.24	9.81
非金属矿物制品业	159	86.88	21.53	32 703	82.61	109.34	4.49
黑色金属冶炼及压延加工业	10	18.27	7.49	1 124	17.83	12.04	−0.36
有色金属冶炼及压延加工业	42	34.93	8.89	6 677	36.03	25.52	1.43
金属制品业	579	222.25	75.49	105 836	212.42	201.14	3.45
通用设备制造业	290	101.05	34.69	48 507	97.18	96.32	3.21
专用设备制造业	477	215.08	76.63	100 245	203.25	211.6	15.89
交通运输设备制造业	154	104.23	52.05	36 680	98.45	86.71	3.64
电气机械及器材制造业	1 169	827.99	417.99	343 595	786.45	599.11	42.91
通信设备、计算机及其他电子设备制造业	1 795	1 660.71	970.52	540 019	1 549.43	1 268.37	63.71
仪器仪表及文化、办公用机械制造业	291	220.08	122.32	76 468	206.06	156.62	15.37
工艺品及其他制造业	233	209.18	30.59	50 424	207.15	116.93	5.15
电力、热力的生产和供应业	5	4.22	0.22	588	4.1	19.15	1
水的生产和供应业	25	22.27	0	3 576	20.8	70.57	0.4
总　计	8 101	5 050.58	2 396.12	2 027 565	4 800.33	4 142.7	220.11

畅捷通 Chanjet
中小企业管理软件全国用户量第一
用友集团核心成员企业
用信息技术推动商业和社会进步
源于用友，专注于中小企业
畅捷通目前已拥有：
70多万用户
2000多家经销商
150多家的授权机构遍布全国
畅捷通
管理软件
T系列
中小企业管理软件
T6产品线
T3产品线
T1产品线
T-Tax产品线
C系列
信息化服务产品
互联网服务产品
软硬件工具类产品
运维支持服务类产品
G系列
政务管理软件
G3产品线
G6产品线
G9产品线
G-Tax产品线
畅捷通 Chanjet
畅捷通全系列产品线：
[T系列] 中小企业管理软件
[G系列] 政务管理软件
[C系列] 信息化服务产品
了解企业，贴合需求，专为中小企业量身定制。
畅捷通3大系列产品全程助力您的事业。
热线：400 660 0566
网址：www.chanjet.com

NOKIA

诺基亚在全球

诺基亚致力于创建一个完全互联的世界。我们将先进的技术和个性化服务融于一体，帮助人们与他们息息相关的人和事紧密相联。超过 12 亿人每天通过诺基亚的手机、先进的智能电话、高性能的移动电脑等诺基亚终端彼此相联。

今天，诺基亚融合终端和创新的服务，通过 Ovi（www.ovi.com）提供音乐、地图、应用、电子邮件等服务。诺基亚旗下的 NAVTEQ 是综合数字地图和导航服务的业界领袖，诺基亚西门子通信有限公司则为全球的通信网络提供设备、服务和解决方案．

诺基亚在中国

中国是诺基亚全球最大的市场，并在研发、创新、生产、采购、人才培养方面扮演着日益重要的角色。中国不仅是诺基亚全球最大的市场，也是诺基亚的全球生产基地和研发网络的重要组成部分。在中国，诺基亚设有两大手机生产基地（分别位于北京和东莞）、10 个研发机构，拥有超过 4000 名研发人员（包括诺基亚西门子通信公司）。

在中国，诺基亚专注于不断提升本地用户的沟通体验，并帮助他们创建崭新的分享方式。在中国，每天有 2 亿用户使用诺基亚手机。诺基亚凭借其端到端解决方案的独特优势，从 2004 年到 2009 年，连续六年领跑中国手机市场。诺基亚致力于在中国的长期发展，并推动中国的创新。通过支持本地研发、投资于本地产业链等举措，诺基亚伴随中国社会的发展，也取得了巨大的成就。诺基亚手机是最受中国消费者欢迎的手机品牌。诺基亚是中国最大的外商投资企业之一，携手合作伙伴，在中国带动就业人数超过 50,000 人。

诺基亚还以青少年教育与发展以及环境保护为切入点，积极发起和参与各种长期的可持续性公益项目，致力于成为中国最优秀的企业公民之一。诺基亚致力于投资于长期、可持续发展的企业社会责任项目，并确保我们的活动能使员工积极广泛地志愿参加。

促进人与人的协作，
以人为本的新网络
为你实现。
新网络，人为本。
CISCO

工商银行“财智融通”——助推中小企业成功

近年来，工商银行上海分行将小企业板块视为信贷业务的重要组成部分，把不断完善小企业金融服务体系、加快金融产品创新作为加快推进经营模式和增长方式转变的一项重要工作。工行上海分行紧密结合上海本地经济发展的实际，以市场为导向，以客户为中心，加快产品创新，将融资产品与投资银行产品、电子银行产品等相结合，为小企业提供了多元化的金融综合服务和丰富的融资产品体系，推动了小企业金融业务的持续、健康发展。目前，工行上海分行秉呈“想您所想，为您所用”的经营理念，隆重推出了中小企业金融服务主打品牌——“财智融通”。核心内容包括：

完整的产品体系：既可以提供贷款支持，又可以给予信用担保服务；既可以提供商业票据服务，又可以给予贸易融资，清算便利。

灵活的融资方式：可以选择信用、保证以及抵（质）押方式，凭借金融票证、应收账款、商品货权、商用物业等抵（质）押品，更可获得便捷高效的融资服务。

实用的融资安排：小企业流动资金贷款期限可达 5 年；能提供灵活的提款和还款方式，利率或费率水平具备市场竞争力。

完善的服务网络：遍布全市共有 102 家小企业金融业务中心 / 分中心可办理小企业贷款，融资申请非常便利。

专业的营销团队：通过一系列专业的、系统的培训，已挑选出近 600 名的精英力量，组成专业团队，专职为中小企业客户服务。

立体的操作平台：除了传统的实体网点、客户还可以通过网上银行、电话银行、手机银行等现代化手段进行融资操作。

财智融通　特色产品介绍

一、网贷通（网络循环贷款）

“网贷通”业务，即小企业网络循环贷款，是工商银行与小企业客户一次性签订循环贷款借款合同，在合同规定的有效期内，客户通过网上银行自助进行的循环贷款合同项下提款和还款业务申请，银行对客户申请进行集中受理和处理的循环贷款业务。

●优点：

★**保障提款**：贷款额度在合同期内随时提款有保障；
★**使用灵活**：合同一次签订，2 年有效，随借随还，循环使用；
★**手续便捷**：全网络操作，免去往来银行之奔波，省时省力；
★**高效自主**：自主通过网上银行操作，借款、还款款项实时到账；
★**降低成本**：未使用贷款额度不计息，可自助提前还款，减轻财务压力；
★**高额授信**：贷款额度最高可达 3000 万元。

二、网上供应链融资

网上供应链融资业务指小企业供应商将其基于其与购货商（核心企业）订立的货物销售、服务合同或其他原因所产生的应收账款转让（或质押）给工行并通过工行网上供应链融资管理系统以电子化的方式予以确认，委托银行对该应收账款收款账户进行监管，并将已回笼和将回笼的资金及其他债权作为还款来源而取得的融资等服务。

●优点：

★核心客户财务系统或 ERP 系统与网上银行对接，确保应收账款信息及时准确；
★电子化融资申请，提高融资效率；
★扩大业务范围，异地企业可同样便捷办理异地业务。

Bank 中国光大银行 CHINA EVERBRIGHT BANK

阳光创值计划

◇ 萃取一个理念

为中小企业创造价值，解决其面临的融资难和发展难两大问题。

◇ 运用两种手段

◆ **挖掘企业潜能，量身定制方案**

帮助中小企业挖掘自身市场价值，根据配套型、集聚型、科技创新型企业的不同特点，打通潜在融资脉络，量身定制专业化融资方案。

◆ **嫁接外部信用，提升资信等级**

嫁接外部融资平台资源，帮助中小企业获得外部信用支持，享受优惠政策扶持，蚁象共生，抱团取暖，提升资信等级，拓展融资渠道。

◇ 汇聚三种服务

◆ **传统融资**

指中国光大银行根据中小企业内外部信用条件和资产特点而提供的流动资金贷款、银行承兑汇票等传统类融资服务。

◆ **特色融资**

指中国光大银行为配套型、集聚型、科技创新型中小企业和成长型小微企业设计的模式化融资服务，以及结合我国低碳经济发展现状和运行特点研发设计的“光合动力”低碳金融服务套餐。

◆ **增值服务**

指中国光大银行发挥集团综合优势提供的包括银行、证券、保险、风险投资等综合性金融服务，同时发挥中介作用，整合社会资源和客户资源为中小企业提供的包括融资辅导、业务发展机会沟通等增值服务。

“阳光创值计划”产品体系：

传统融资产品	特色融资产品	增值服务
流动资金贷款 项目贷款 银行承兑汇票 国内/外信用证 应收账款保理 货押	财政担保模式 科技孵化模式 联保模式 政府采购模式 银租通模式 经销商模式 专业市场模式 电子商务模式 选择权模式 抵押融易贷 阳光设备融易贷 “光合动力”低碳金融服务套餐	发挥集团综合优势提供的包括银行、证券、保险、风险投资等综合性金融服务； 发挥中介作用，整合社会资源和客户资源为中小企业提供的包括融资辅导、业务发展机会沟通等增值服务。

“阳光创值计划”融资设计理念：

郑州银行
BANK OF ZHENGZHOU
小企业融资专家
乐经商
生|产|经|营|性|贷|款
集速贷
市|场|商|户|五|个|一|贷|款
乐安家
住|房|贷|款|系|列
乐车族
汽|车|消|费|贷|款
结伴赢
商|户|联|保|贷|款
贵|宾|直|通|车|贷|款
如意风
房金时贷
房地产最高额抵押贷款
融易桥
质|押|贷|款|系|列
三|方|业|务|系|列
聚财生财 共享未来
www.zzbank.cn
24小时服务热线：967585

限量版7号铁杆：RMB 59,500
专业球场果岭费：RMB 3,500
用一个老鹰球点燃全场欢呼：无价
MasterCard
5116 9899 9999 9999
MasterCard
万事皆可达 唯有情无价

中国民生银行
CHINA MINSHENG BANKING CORP., LTD.
商贷通
有了商贷通
生意更兴隆
—品牌经销商信用贷款
商贷通品牌经销商信用贷款
中国民生银行针对生意经营良好、业绩稳步提升的知名品牌经销商，推出专属信用贷款 ——“商贷通品牌经销商信用贷款”。
■ 无需抵押及担保，彰显尊贵信誉实力
■ 专业的服务团队，提供多角度全能支持
■ 简明的审批流程，满足快速融资需求
■ 定制的专属产品，尽享现代化金融服务
小微金融 服务专线
4008695568
www.cmbc.com.cn
中国民生银行保留对宣传内容的最终解释权！

公司简介

SINOSURE

中国出口信用保险公司（简称“中国信保”）是我国惟一承办政策性出口信用保险业务的金融机构，2001年12月18日成立，目前已形成覆盖全国的服务网络。

中国信保的主要任务是依据国家外交、外经贸、产业、财政和金融等政策，通过政策性出口信用保险手段，支持货物、技术和服务等出口，特别是高科技、附加值大的机电产品等资本性货物出口，支持中国企业向海外投资，为企业开拓海外市场提供收汇风险保障。

中国信保的主要产品包括：短期出口信用保险、中长期出口信用保险、投资保险、国内贸易信用保险、担保业务；主要服务有融资便利、应收账款管理及商账追收、资信评估服务以及国家风险、买家风险和行业风险评估分析等。中国信保还向市场推出了具有多重服务功能的电子商务平台——“信保通”，使广大客户享受到更加快捷高效的网上服务。

公司成立以来，出口信用保险对我国外经贸的支持作用日益显现。尤其在国际金融危机期间，出口信用保险充分发挥了稳定外需、促进出口成交的杠杆作用，帮助企业破解了“有单不敢接”、“有单无力接”的难题，在“抢订单、保市场”方面发挥了重要作用。目前，中国信保累计支持的国内外贸易和投资的规模超过4400亿美元，为上万家出口企业提供了出口信用保险服务，为数百个中长期项目提供了保险支持，包括高科技出口项目、大型机电产品和成套设备出口项目、大型对外工程承包项目等。同时，中国信保还带动100多家银行为出口企业融资超过6800亿元人民币。

信用保险支持经贸发展情况 （单位：亿美元）

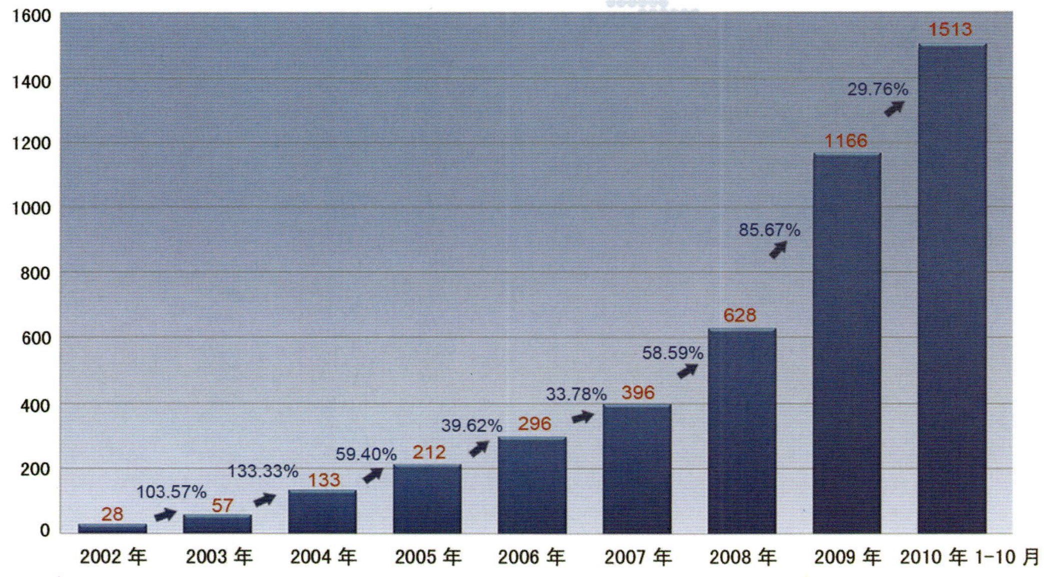

产品与服务

- 产品
  - 贸易险
    - 短期出口信用保险
      - 综合保险
      - 统保保险
      - 信用证保险
      - 特定买方保险
      - 特定合同保险
      - 买方违约保险
      - 附加出运前风险保险
      - 外派劳务信用保险
      - 中小企业综合保险
      - 出口票据保险
      - 农产品出口特别保险
      - 义乌中国小商品城贸易信用保险
      - 出口信用保险（银行）保险单
      - 出口信用保险（福费廷）保险单
    - 国内贸易信用保险
      - 国内贸易信用保险
      - 国内贸易预付款信用保险
      - 国内特定合同保险
      - 国内特定合同预付款保险
    - 其它
      - 进口预付款保险
  - 项目险
    - 中长期出口信用保险
      - 出口买方信贷保险
      - 出口卖方信贷保险
      - 再融资保险
    - 投资保险
    - 租赁保险
  - 担保
- 服务
  - 保单融资
  - 应收账款管理及商账追收
  - 资信服务

信用险四大功能

- 增加商业机会，扩大经营规模
- 获得融资便利，缓解资金紧张
- 建立信用管理机制，减少呆坏账款
- 弥补收汇损失，确保可持续发展

中小企业信用保险e计划

SINOSURE

“中小企业信用保险E计划”是中国出口信用保险公司专为中小企业量身打造的出口收汇安全保障方案，以支持广大中小企业充分利用出口信用保险这一政策性金融工具，大胆开拓市场，抢抓出口机会，扩大业务规模，保障经营稳定。“中小企业信用保险E计划”具有**风险保障全面、投保成本低、信息服务内容丰富、投保理赔操作简便**等突出特点，是广大中小企业真正用得了、用得起、用得好的金融保障支持政策。

一、风险保障全面

二、投保成本低

三、信息服务内容丰富

四、投保理赔操作简便

投保：企业在线投保 → 企业按提示缴纳保险费 → 中国信保签发保险单

如投保企业在保单有效期内出现货款逾期未收回

理赔：投保企业索赔 → 中国信保海外调查 → 中国信保赔付

企業簡介：

鄺家賢專業顧問有限公司札根香港、服務中華。為中國企業，尤其是生機蓬勃的中小企業提供優質、嚴謹、務實而有效的專業服務。主要業務包括公司合併/收購，中國投資，企業融資等顧問服務。協助中國企業「引進來」及「走出去」，在全球化的背景中，業務得以穩健發展。

鄺家賢律師於1991年成立鄺家賢律師事務所，並於2008年轉型為鄺家賢專業顧問有限公司。我們的團隊包括金融、財務及管理的專家，為企業的業務發展提供全方位的專業顧問服務。

鄺家賢律師簡歷

鄺家賢女仕1980年畢業於香港大學，兼修歷史及政治。1983至1985年間，她前往英國的Bristol及Guildford的法學院學習法律。1994年，她修讀了由中國人民大學及香港樹仁學院共同開設的中國律師培訓班。1999年，鄺律師獲得了中國中山大學的**中國經濟法律碩士學位**。鄺律師亦於中國政法大學取得了**中國民商法博士學位**，師承"中國民法之父"江平教授，博士論文的題目為「中國企業跨境合併與收購」。

鄺律師目前專注的法律議題包括跨法域收購兼併、企業融資、兩岸四地經濟協作的法律問題及中國內地建立現代產權制度的法律問題等。

鄺律師以中小型企業為目標客戶群。對企業「引進來」及「走出去」的各種模式包括合資、合併及收購、以及企業重組等，有一定的經驗。鄺律師亦為各地企業擔任法律顧問，有關的法律事項包括公司架構（例如股東協議），以及業務增長策略（例如合併收購及投資基金等）。鄺律師亦處理商業糾紛個案，並代表各企業處理有關的訴訟、仲裁及調解事宜。

鄺律師曾於著名的高偉紳律師行及的近律師行任職，處理**銀行、金融及房地產方面的法律事務**。亦曾於地政署、破產管理署、公司註冊署等不同的政府部門任職。

鄺律師是**香港中小企業國際交流協會的創會會長**。她曾擔任**香港總商會中小型企業委員會的主席及廣東省涉外投資法律學會的名譽理事**。鄺律師創立了**亞太法律協會**，是該會的**會長**。她曾擔任**中國鄉鎮企業協會鄉鎮企業家委員會顧問**。她同時亦曾擔任**江蘇省海外聯誼會理事**。

鄺律師現擔任亞太法律協會會長、全球華人企業聯合會高級法律顧問、香港特區政府人事登記審裁處審裁員、香港教育發展基金諮詢委員會委員、香港公民協會中常委、香港政策研究所成員、鄺家賢專業顧問公司總裁、東星能源集團有限公司(股份代號668)獨立非執行董事等。

鄺律師自**1988年起為香港執業律師**。現在亦為**香港註冊財務策劃師、香港董事學會資深會員、香港中國企業協會會員等**。

KWONG
PHYLLIS KWONG & ASSOCIATES
PROFESSIONAL CONSULTING LIMITED
鄺家賢專業顧問有限公司
Your Partner for
Business Growth in Greater China
扎根香港 服務中華
• Mergers & Acquisitions
合併收購
• SME Finance
中小企融資
• Business Consultation
業務諮詢
• China Investment
中國投資
• Corporate Finance
企業上市融資
• Relocation to Hong Kong
(Company & Person)
遷移至香港
(公司及個人)
21B, Kwong Fat Hong Building, No.1 Rumsey Street, Sheung Wan, Hong Kong
香港上環林士街一號廣發行大廈21B(上環地鐵站E2出口)
Tel : (852) 2877 8662 Fax : (852) 2877 8299
www.pkykwong.com
E-mail : phyllis@pkykwong.com

金融仓储助推仓储金融

——浙江涌金仓储股份有限公司

浙江涌金仓储股份有限公司（以下简称涌金仓储）是国内首创“金融仓储”模式，专业从事金融仓储业务的民营企业。公司坐落于杭州市滨江区南环路 4028 号 1 号楼，注册资本人民币 5000 万元，于 2008 年 3 月 18 日经浙江省工商局批准注册成立。主营业务为金储仓单和三方动产监管。公司拥有金融从业经历的专业团队，精心开发标准仓单综合业务系统，构建严密的动产监管流程，专心致力于金融仓储服务业务。

金融仓储，即银行抵质押品的仓储保管监管业务，是指金融仓储企业作为第三方为银行业开展仓储金融业务提供仓储保管、监管、咨询等系列服务活动。金融仓储属于金融和仓储物流交叉的新行业。

公司积极探索银（行）、企（业）、（仓）储三者之间互相支持协作机制，努力以金融仓储服务激活企业动产资源，拓宽自偿性仓储融资领域，助推仓储金融，支持中小企业。涌金仓储作为一个全新的金融延伸服务的业态，几年的实践已经展示了它是最具有原创性的金融创新服务，具有旺盛的生命力，改变了企业动产资源难以抵质押，银行对抵质押产品难以监管的局面，真正实现了企业动产动起来的目标。

工信部、人民银行、浙江省及杭州市政府均对涌金仓储的商业模式创新充分肯定。公司近年陆续获得杭州市金融创新优秀项目奖、现代服务业先进企业等奖项。新华社、中新社、金融时报、浙江卫视等主流新闻媒体陆续对公司业务进行了专门报道。

从公司成立至今，已与中国工商银行、中国农业发展银行、华夏银行、广发银行、深发展银行、上海浦东发展银行、恒丰银行、渤海银行、杭州银行、上海银行、杭州联合银行、浙江稠州商业银行、浙江泰隆商业银行、嘉兴银行、长兴联合村镇银行、嘉善联合村镇银行等近二十家银行开展业务合作。

公司已监管产品包括黑色和有色金属、造纸、化纺、食品、建材、电子机械、交通、农产品、石油、能源等十余个行业。监管业务的地域已涉及浙江、江苏、安徽、辽宁、上海和天津等。针对不同产品和区域的特点，公司采取“一案一议”的方式，制定贴合实际的监管方案，做到“银行放心、企业满意”。

公司目前已在浙江省内主要地市、上海、合肥、沈阳等地设立分支机构，迈出了跨区域发展的坚定脚步。

“金储”品牌尚需社会各界悉心呵护。涌金仓储将以助推中小企业为天职，以成长仓储金融为使命，专心、专一、专注做银行的管家、信用的使者，为打造中国金融仓储第一品牌而不懈努力！

地址：浙江省杭州市滨江区南环路 4028 号 1 号楼
邮编：310053
电话：0571-28889000
传真：0571-28885568
网址：www.zjjinchu.com
电子邮箱：jcbgs@zjjinchu.com

上海汇金担保有限公司

上海汇金担保有限公司是一家专业综合性担保公司，于 2003 年 1 月 6 日在上海市浦东新区正式成立，现注册资本 2.6 亿元。公司执行董事兼总经理虞晓东女士是上海市静安区人大代表、上海市浙江商会执行副会长、上海市担保行业协会副会长。

公司股东是浙商在沪著名企业：上海永润投资管理有限公司、上海永丽房地产（集团）有限公司，这二家股东均为浙江商会常务领导成员，其公司或法定代表人都具有著名声誉。

公司坚持依法经营、规范运作、稳健发展的原则，坚持把风险控制放在第一位的业务经营理念，制定出专业、科学、规范的业务操作流程和内控制度，以“诚信、敬业、创新”的团队精神，大力开展为中小企业和个人提供担保业务。

担保品种：企业融资担保、个人融资担保、非融资担保业务等各类投资业务。1、担保业务：（1）个人消费贷款担保；（2）企业融资担保；（3）企业兼并及收购中的临时贷款担保、管理层持股及收购担保；（4）租赁业务担保；（5）经济合同履约担保；（6）诉讼财产保全担保等。2、咨询业务：投资、融资、企业管理业务咨询等。3、其他业务：融资租赁、经营租赁等。

组织结构：公司实行现代企业管理制度，构建高效的组织机构，实行执行董事总经理→部门经理二级管理的扁平化管理模式，并实行严密的内控制度。

管理团队：公司拥有一支高素质、专业化、能开拓求实、创新、进取的团队，90% 以上均受过财经、法律等高等专业教育，具有较为丰富的经济、金融、税务、财会等多种行业的实际工作经历、专业知识和工作经验，对业务运作及风险控制的防范有着较为全面的认识和掌控能力，为公司的稳步前进打下了坚实的基础。

合作银行：截止到 2010 年 10 月，公司已与工商银行、建设银行、中国银行、交通银行、浦东发展银行、民生银行、中信银行、江苏银行、兴业银行、招商银行等多家金融机构建立了良好的合作关系，累计担保额近 60 亿元，坏帐率均为 0。

公司荣誉：1、2010 年中国人民银行上海市分行评定为“AA”级信用企业称号。

2、2004~2007 年，公司获得享受三年免征营业税优惠的首批担保企业。2010~2013 年，再次获得享受三年免征营业税优惠的担保企业。

3、公司成立以来，多次获得了国家及上海资助中小企业信用担保服务专项补助资金。公司法人获得了 2009 年第三届“上海市非公有制经济人士优秀中国特色社会主义事业建设者”、上海市“三八”红旗手、陈香梅巾帼创新奖等，这些荣誉的获得进一步提升了我公司的公信度，同时也大大提高了政府及社会对我公司的支持力度。

公司成立至今，一直保持着拼搏进取、开拓创新的良好势态，秉承“诚信是金”的理念，与各大合作银行及企业建立了良好稳定的合作关系，并以科学严谨的风险控制手段和优质的服务，赢得业界的一致好评。目前在金融危机的大背景下，汇金公司全体员工以更踏实、更矫健的步伐走好每一层发展的台阶，做好每一项工作。汇金公司将坚定“携手合作、共铸辉煌”的信心，与合作伙伴共同开创更广阔、更远大的前景与未来。

上海汇金担保有限公司董事长兼总经理虞晓东女士是上海市静安区现任人大代表、上海市浙江商会常务副会长。公司成立于 2003 年 1 月，现注册资本 2.6 亿元

虞晓东同志 2010 年荣获第三届“上海市非公有制经济人士中国特色社会主义事业建设者”称号

2010 年 1 月 28 日上海汇金担保有限公司与上海市再担保有限公司在上海汇金担保有限公司举行战略合作签字仪式

虞晓东董事长参加上海市浙江商会第六届理事会第 11 次会长议事会议

地址：上海南京西路 1168 号中信泰富广场 2703-2705 室　　邮编：200041
电话：021--62891201　　网址：www.shhjdb.com

江阴市朝阳担保有限公司

江阴市朝阳担保有限公司是根据江阴市委、市政府《澄委发(2005)41号》文件精神,由江阴市人民政府发起,由六家企事业单位参于投资的一家股份制担保机构。于2005年11月28日成立，现公司注册资金达10000万元。

公司主营中小企业及个人各类贷款担保、信用担保、银行承兑汇票及贴现等其他融资担保、资本投资经营、国内贸易等。

公司本着“服务、诚信、安全、效益、共赢”的宗旨，响应政府号召，致力于改善中小企业的信贷环境，努力缓解企业融资困难，化解金融风险，大力扶持中小企业的发展。

四年多来公司担保业务收入达2821万元，为本地480余家中小企业贷款担保，累计办理近650笔担保业务，担保贷款金额达20.8亿元。提取各项风险准备金1800万元。取得国家、省、市三级财政补助近700万元。

四年多来，担保业务稳步发展，对中小企业贷款担保比例不断增加，通过四年来的学习、培训，以及办理各项担保业务实践取得的经验教训，公司管理层和全体员工的业务水平和自身素质、风险控制的理念和水平都得到了较大的提高，公司的一系列规章制度逐步完善、规范，风险控制的能力得到加强，自身实力不断壮大。在江苏省中小企业局、人民银行等部门组织的信用评级活动中，公司连续几年被评信用等级为A+。在当地政府、银行、企业中享有一定的声誉，跻身于当地担保行业前三甲的地位。

周竹园董事长（左四）、张振华总经理（右四）等公司领导在研讨工作

电话：0510-86835068　　传真：0510-86845277

地址：江苏省江阴市澄江中路7号楼9楼　　邮编：214431

众一股份

UNITY INVESTMENT GUARANTEE

武汉众一投资担保股份有限公司成立于 2003 年底，是一家专业为中小企业发展提供服务的股份制担保机构。现注册资本金 20375 万元，为湖北省中小企业信用担保协会副会长单位，武汉信用担保协会副会长单位。

公司按照《公司法》建立了规范的公司法人治理结构，设立了董事会、监事会，实行董事会领导下的总经理负责制。公司设有担保业务部、农业发展部、风险控制部、咨讯部、财务部、综合办公室，以及项目评审委员会。

公司以“开放、创新、规范、发展”为经营理念，以“经营信用、管理风险”为标识，积极探索开发适合中小企业实际的新思路、新方法、新产品。始终把风险控制放在首要位置，不断提高识别、控制和化解风险的能力。多年来致力于对各项业务的风险控制和创新研究，针对不同的产品制定不同风险控制办法，实现了风险可控、贷款良性、企业发展，合作多赢的局面。

公司严谨、务实、高效、便捷的工作作风得到金融机构的良好赞誉，现已与交通银行、汉口银行、民生银行、招商银行、广发银行、农业发展银行、中信银行、武汉农商行、浦发银行、光大银行、兴业银行等 13 家银行建立了广泛的业务合作。公司通过担保融资促进一大批客户快速发展的同时，更加注重通过服务来引导客户在企业管理上逐步规范、健康发展，赢得了社会各界的广泛认同。被湖北省人大财经委、湖北省金融办、湖北省经信委、人民银行武汉分行、湖北省银监局联合授予“中小企业融资服务先进单位”称号。

公司的业务品种有：保证担保、商户联保、供应链融资、保理融资、工程担保、生意贷等多项品种。

公司根据担保业务的特性自行研发的担保业务管理系统通过对业务工作流的管理，实现对担保项目整个生命周期的管理，打造了一条科学规范的流水线。

公司根据物流监管的特色，自行研发的物流监管系统，在方便监管物正常流动的前提下，对监管企业日常作业进行远程管理。合作银行可通过预留的查询端口适时远程查询。该系统还具有现场监管视频功能，可适时远程监控监管物的现实状态。

共创、共享、共成长。公司致力于提升中小企业信用状况，培育良好的信用环境，从而成为信用记录、信用评价、信用担保相结合的社会化信用中心。公司将全力打造一支具有现代经营理念及创新精神的团队，努力将公司发展成为拥有一流的企业文化和管理团队、在担保和投资领域拥有核心竞争能力的区域龙头企业。

股东大会

武汉众一投资担保股份有限公司

地址：武汉市硚口区古田二路汇丰企业总部丰才楼 A 座 4F
电话：027-83313381　传真：027-83313367
网址：www.whunity.com　邮箱：whzygf@sina.com

公司简介

河南诚建工程投资担保有限责任公司成立于2006年4月，注册资金5000万元人民币，是通过河南省建设厅备案的我省首家以工程建设合同保证为主营业务的专业工程担保公司，是河南省建设工程招标投标协会工程担保委员会的首家会员单位、河南省豫宛商会副会长单位，在经营规模上具备较高的同行业竞争优势。公司具有一流的管理队伍和专业的工程、法律、金融、财务等从业人员，其专业人才具有注册造价工程师、注册监理工程师、注册会计师、注册税务师、专业律师等资格。

公司机构设置健全，风险控制体系完备，具有较强的担保项目操作控制能力，可以根据企业及项目的不同情况，设计出符合企业需要的担保合作模式，在经营中受到了客户的广泛好评，在业内有较高的知名度和社会美誉度。诚建担保自成立以来，坚持可持续发展战略，大力开创、全面拓展包括经济合同担保、融资担保、财产保全担保在内的各项担保服务，进一步壮大企业规模实力、推进企业快速发展，力争打造一个集担保、投资及综合金融服务于一体的一流企业和信用平台。

业务品种

1、工程担保

工程建设合同担保，是指在工程建设活动中，根据法律法规规定或合同约定，由我公司向债务人提供的，保证债务人不履行债务时，由我公司代为履行承担责任的法律行为。

业务范围：投标担保、承包商履约担保、业主支付担保、承包商付款担保、农民工工资支付担保、保修金担保、预付款担保、其他工程担保品种。

2、诉讼担保

诉讼保全担保业务是财产保全申请人向法院申请财产保全时，法院责令其提供担保，由我公司为申请人提供的一种担保，即以信用担保代替保证金或实物担保。

业务范围：诉讼财产保全担保、诉前财产保全担保、解除财产保全担保、强制执行担保、先予执行担保、证据保全担保。

3、个贷担保

个贷担保业务是指由我公司为个人向金融机构申请贷款提供的一种担保。

业务范围：个人住房按揭贷款、二手房交易按揭贷款、个人住房抵押贷款、汽车消费贷款、个人经营贷款。

河南诚建工程投资担保有限责任公司

地址：河南省郑州市金水路288号曼哈顿广场C区11号商务楼2207室

电话（传真）：0371-60191303

邮编：450000

网址：www.hncjdb.cn

E-mail:cjdb2006@126.com

云南保山中小企业信用担保中心成立于 1997 年 8 月，由保山市隆阳区工商联主办，是云南省成立最早，专注于为民营中小企业提供融资信用担保机构，业务范围由当初在区内开展，现扩张到为保山市四县一区中小企业提供融资担保服务。多年来担保中心的性质始终界定为：以非盈利性、公益性、服务性为当地民营中小企业提供信用担保服务，重点支持对地方有财税贡献，安置就业有贡献，符合国家产业导向，面向三农的中小企业和下岗失业人员。故中心在保山市民政局登记为：民办非企业法人组织。2009 年中心注册资本 3800 万元，审计确认净资产 7167.39 万元，拥有可用担保保证金为 8319 万元，充足良好的资金确保了担保机构的良性运行。中心实行会员制。企业必须先加入工商联，成为会员，获得担保贷款的资质、享受信用担保的便利。

担保中心实行会员制的组织构架，故在融资担保贷款上，以信用担保为主，中心的整个担保业务，信用担保的比重占整个担保业务的 90%，抵押、质押仅占 10%～15% 的比重，形成了信用担保为主，抵质押为辅的特色。多年来，会员企业的人数不断增多，在担保中心形成一批不断外延的优良客户群。担保中心在业务上不断创新，涉及的业务有信用担保、互保联保、商品交易中间环节担保（履约担保），知识产权担保、固定资产担保，民间资本借贷担保、进出口贸易担保，会员企业互帮互助过桥担保、下岗失业人员创业统一贷款担保等，在信用担保上实行保证金制度，提高违约成本，以平辈压力促信用建设。

中心在融资担保上始终保持了与时俱进、不断创新的精神，始终坚持与银行保持差异化的经营策略，有力促进了中心业务范围的扩大，实力不断增强。1998 年被云南省委、省政府推介为“保山模式”在全省推广；是全省纳入信用担保体系建设的重点单位之一；1999 年被云南省政府评为《扶持个体私营经济先进单位》；2008 年 8 月被省经济委员会、省中小企业局评为《中小企业服务示范机构》；2008 年 10 月 15 日被云南追知来信用评估咨询有限公司根据中国人民银行《信用评级业务规范》评定结果为 A+ 级；2009 年被评为 AA 级；2008 年 10 月被中华全国工商业联合会授予《全国工商联系统先进单位》；2009 年 6 月被云南省政府授予《云南省十佳非公企业服务机构》。中心成立近十一年来，在各级党委、政府、银行、工商联的大力支持下，经过“中心担保人”的不懈努力，始终坚持争取政府扶持与会员缴纳保证金组成的联合担保为基础，互助担保为补充的民间性、互助性、非盈利性地为中小企业全心全意服务。取得了显著成绩，从 1997 年成立起步时只有 98 万元保证资本金（其中政府投入 20 万元）开始发展到 2008 年底拥有保证金 8319 万元。十二年间为全市 411 户中小企业担保贷款 1318 笔，累计金额 11 亿元。为全市 2716 户下岗失业人员担保创业小额贷款 1.42 亿元，使一大批下岗失业人员重新得到了就业。十二年来中心 1318 笔担保业务中共发生代偿 8 笔，代偿金额 226 万元（含利息）。代偿损失率为累计担保总额的 0.25%。

总结十四年的担保经验，我们在实践中切身感受到担保贷款的社会效益是不可估量的，它是中小企业发展的助推器，通过担保贷款取得了以下成效：

一、一大批成长期无抵押物或抵押物不符合银行贷款条件的中小企业解决了融资难，贷款难，极大地降低了企业的“死亡率”提高了企业的“存活率”。中小企业的生存期超过 10 年。

二、地方政府培育了税源，增加了地方财政收入。

三、通过担保贷款，支持了中小企业的发展，为地方政府解决就业压力，为社会安定、稳定做出了重要贡献。

四、提升了一大批民营中小企业的信用等级使之成为行业的骨干和银行的优良客户。

五、通过担保贷款支持，使一批有市场前景的中小企业快速成长为有规模、有效益的行业龙头企业和当地的纳税就业大户。

六、通过会员间互助融资担保，解决了中小企业紧急筹资的难题，发挥了担保平台融资救急的绿色通道作用。

云南省保山中小企业信用担保中心

XLPPC

中山市小榄镇生产力促进中心

Zhongshan Xiaolan Productivity Promotion Center

中山市小榄镇生产力促进中心于1999年筹建，2000年经广东省科技厅批准成立，是中山市小榄镇人民政府为推动技术创新和发展区域经济而组建的中小企业公共服务平台。

中心自成立以来始终贯彻“整合科技资源，促进技术创新”方针，坚持“公开、共享、精益、创新”的服务理念，以市场为导向、企业为主体、人才为支撑，推动企业自主创新能力和产业竟争力“双提升”，致力于成为服务中小企业，促进小榄镇产业升级转型的主力军。中心目前拥有500多人的专业化服务团队，其中中高级职称工作人员300多人。总资产3.5亿多元，研究试验及办公场地31000平方米，拥有各类先进设备400多套。

中心积极构建为小榄企业提供技术、人才、信息、资金等方面服务的中小企业公共服务平台。目前中心已形成：技术创新、信息网络、工业培训、科技创业、质量检测、企业融资等六大块服务体系，合共43个服务实体的企业服务体系。

〖中心名誉〗

ISO9001质量管理认证
国家级示范生产力促进中心
广东省中小企业综合服务机构示范单位
广东省中小企业技术支持服务机构示范单位
广东省中小企业信用担保机构示范单位
广东省节能技术服务单位
广东省中小企业十佳服务机构
广东省中小企业升级转型示范基地
广东省科技服务业百强企业
广东省小企业创业基地
广东省新光源高新技术应用基地
市级中小企业综合服务机构
中山市职业教育先进单位
中山市企业信息化工作先进单位

荣获国家级示范生产力促进中心

2008年7月省生产力促进中心主任黄炳贺(左二)市科技局局长徐小莉(右二)镇党委副书记梁丽娴(右一)镇……(左一)为小榄镇荣获国家级示范生产力促进中心揭牌仪式

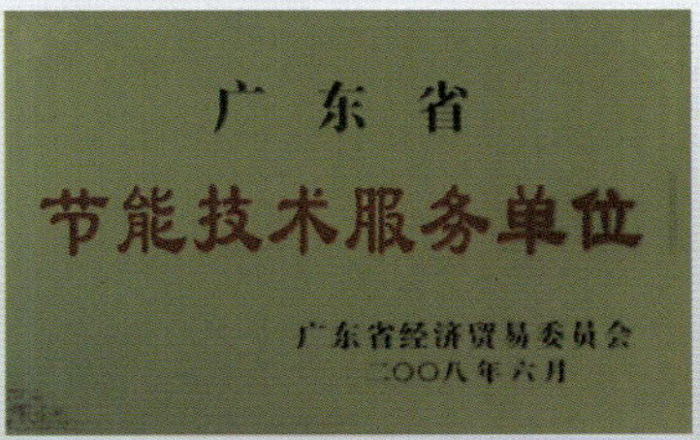

荣获广东省节能技术服务单位

2008年7月省工业设计协会秘书长胡启志(右二)市经贸局副局长黄树濂(左二)副镇长李锡昌(左一)副镇长何……雄(右一)小榄节能服务中心和小榄工业设计服务中心揭牌仪式

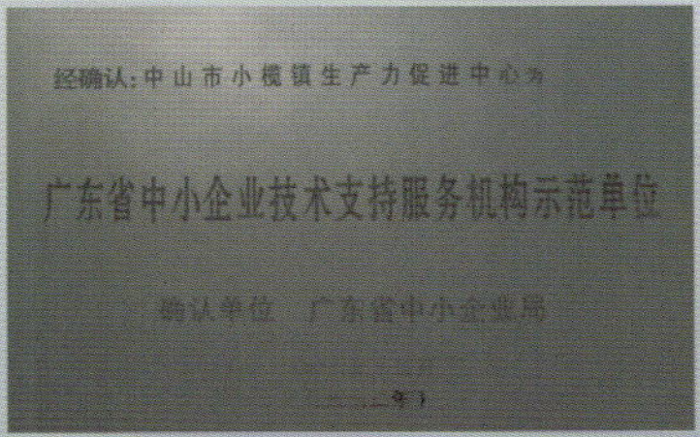

荣获广东省中山企业技术支持服务机构示范单位

2003年8月原广东省省委书记张德江视察小榄

荣获中山市职业教育先进单位

2008年12月31日 中共中央政治局委员、广东省委书记汪洋在市、镇领导的陪同下视察……

电话：0760-22130886 22130879 传真：0760-22130885

网址：www.xlppc.com www.hardware.gov.cn

地址：广东省中山市小榄镇新华中路118号向明大厦9楼

第六篇

政策法规

一、相关法律、法规、部门规章及规范性文件

工业和信息化部、国家税务总局关于中小企业信用担保机构免征营业税有关问题的通知

工信部联企业［2009］114号

各省、自治区、直辖市及计划单列市，新疆生产建设兵团经贸委（经委），中小企业管理部门（厅、局、办），地方税务局：

按照《国务院办公厅关于加强中小企业信用担保体系建设意见的通知》（国办发［2006］90号）和《国务院办公厅关于当前金融促进经济发展的若干意见》（国办发［2008］126号）有关精神，为了更好地应对国际金融危机，支持和引导中小企业信用担保机构为中小企业特别是小企业提供贷款担保和融资服务，努力缓解中小企业贷款难融资难问题，帮助中小企业摆脱困境。现就继续做好中小企业信用担保机构免征营业税工作有关问题通知如下：

一、信用担保机构免税条件

（一）经政府授权部门（中小企业管理部门）同意，依法登记注册为企（事）业法人，且主要从事为中小企业提供担保服务的机构。实收资本超过2 000万元。

（二）不以盈利为主要目的，担保业务收费不高于同期贷款利率的50%。

（三）有两年以上可持续发展经历，资金主要用于担保业务，具备健全的内部管理制度和为中小企业提供担保的能力，经营业绩突出，对受保项目具有完善的事前评估、事中监控、事后追偿与处置机制。

（四）为工业、农业、商贸中小企业提供的累计担保贷款额占其两年累计担保业务总额的80%以上，单笔800万元以下的累计担保贷款额占其累计担保业务总额的50%以上。

（五）对单个受保企业提供的担保余额不超过担保机构实收资本总额的10%，且平均单笔担保责任金额最多不超过3 000万元人民币。

（六）担保资金与担保贷款放大比例不低于3倍，且代偿额占担保资金比例不超过2%。

（七）接受所在地政府中小企业管理部门的监管，按要求向中小企业管理部门报送担保业务情况和财务会计报表。

享受三年营业税减免政策期限已满的担保机构，仍符合上述条件的，可继续申请。

二、免税程序

符合条件的中小企业信用担保机构可自愿申请，经省级中小企业管理部门和省级地方税务部门审核推荐后，由工业和信息化部、国家税务总局审核批准并下发免税名单，名单内的担保机构持有关文件到主管税务机关申请办理免税手续，各地税务机关按照工业和信息化部、国家税务总局下发的名单审核批准并办理免税手续后，担保机构可享受营业税免税政策。

三、免税政策期限

担保机构从事中小企业信用担保或再担保业务取得的收入（不含信用评级、咨询、培训等收入）三年内免征营业税，免税时间自担保机构向主管税务机关办理免税手续之日起计算。

四、各省、自治区、直辖市及计划单列市中小企业管理部门和地方税务局根据本通知要求，自本通知下达之日起，按照公开公正和“成熟一批，上报一批”的原则，认真做好本地区中小企业信用担保机构受理、审核和推荐工作，工业和信息化部、国家税务总局将根据工作安排，下达符合条件的担保机构免税名单。

五、各省、自治区、直辖市和计划单列市中小企业管理部门、地方税务局要根据实际情况，对前期信用担保机构营业税减免工作落实情况及实施效果开展监督检查，对享受营业税减免政策的中小企业信用担保机构实行动态监管。对违反规定，不符合减免条件的担保机构，一经发现要如实上报工业和信息化部、国家税务总局，取消其继续享受免税的资格。

六、请各省、自治区、直辖市和计划单列市中小企业管理部门会同地方税务局要严格按规定认真做好审核推荐有关工作，将下列材料以书面形式一式二份（包括电子版）报工业和信息化部中小企业司、国家税务总局货物和劳务税司。

（一）按年度提供前期中小企业信用担保机构营业税减免工作的成效、存在问题及建议。

（二）经专家审核，并经公示的符合免税条件的中小企业信用担保机构名单。

（三）符合免税条件的《中小企业信用担保机构填报表》（见附表），经审计的最近一年完整财

务年度的财务报告（包括资产负债表、利润表、现金流量表、担保余额变动表，以及报表中相关数据的附注和说明），营业执照和公司章程复印件，最近一年完整年度经协作银行加盖公章确认的担保业务明细表（提交的明细表指标中应含有：协作银行名称、担保企业名称、担保金额、担保费收入、担保机构与受保企业合同号、贷款银行与受保企业贷款合同号、担保责任发生日期、担保责任解除日期）。

（四）已取得免税资格，但经审查不符合免税条件的中小企业信用担保机构取消名单及理由。

附件：2009年全国中小企业信用担保机构免税填报表（略）

工业和信息化部办公厅关于开展中小企业集合债券发行工作情况调研的通知

工信厅企业函［2009］170号

各省、自治区、直辖市、计划单列市及新疆生产建设兵团中小企业管理部门：

为贯彻落实国务院办公厅《国务院办公厅关于当前金融促进经济发展的若干意见》（国办发［2008］126号）关于“稳步发展中小企业集合债券”有关精神，稳步推动中小企业集合债券工作的开展，积极拓展中小企业多种融资渠道，切实缓解中小企业融资难的问题，现对各地中小企业集合债券工作的开展情况进行如下调研：

一、各省（市、区）已经开展中小企业集合债券发行工作的，请将发行的基本情况（规模、方式、券商、承销商、担保机构以及服务的中小企业等）汇总报送。

二、各省（市、区）已经完成前期筹备工作、正履行上报申请，准备发行中小企业集合债券的，请将筹备情况、工作进度以及拟发行集合债券的基本情况汇总报送。

三、各省（市、区）尚未开展中小企业集合债券发行工作的，请将拟开展此项工作的计划报送。

上述情况汇总的书面材料请于2009年4月15日前报送工业和信息化部中小企业司。

联系地址：北京市西城区西长安街13号工业和信息化部中小企业司融资担保处

邮编：100804

联系人：刘延东

电话（传真）：010－66015631

二〇〇九年三月二十八日

工业和信息化部办公厅关于请报送产业集群发展情况做好产业集群建设工作的通知

工信厅企业函［2009］178号

各省、自治区、直辖市、计划单列市，新疆生产建设兵团经贸委（经委），经济和信息化委（厅、局），工业和信息化委（厅、局），中小企业局（厅、办），信息产业厅；有关行业协会：

为全面了解产业集群发展的现状和存在的问题，落实全国工业和信息化工作会议实施100个产业集群示范工程的要求，研究促进产业集群发展的资金等支持措施，促进产业集群平稳较快发展，现将报送产业集群发展情况，做好产业集群建设工作通知如下：

一、产业集群发展情况报送材料要求

（一）各地区报送材料要求

1. 本地区产业集群发展状况，包括工业园区、高新区、开发区内的产业集群的情况等；

2. 本地区重点产业集群发展情况；

3. 本地区重点产业集群内龙头（骨干）企业发展情况、产业集群基础设施建设和公共服务平台建设等情况；

4. 本地区政府已出台的促进产业集群发展政策措施、发展战略和规划制定情况、主要工作（包括资金支持情况）等；

5. 目前产业集群发展中存在的主要问题和下一步工作建议。

（二）各地区报送的重点产业集群范围

1. 形成三年以上的产业集群，特色产业销售收入100亿元以上（中西部地区可适当降低），特色产业产值占本地工业总产值的比重相对集中；

2. 龙头企业带动作用明显，产业链比较完善，有较强产业配套能力，中西部地区条件可适当放宽；

3. 符合国家产业政策和当地规划，符合环保要求，基础设施基本完善，产业集聚特色明显，同类相关中小企业100户以上；

4. 具备为集群企业提供研发设计、技术开发、质量监测、人才培训、管理咨询、物流配送等公共服务平台；

5. 当地政府能为产业集群发展创造良好发展环境，具有相应资金、税收、用地等方面政策和支持。

二、充分认识当前促进产业集群发展的重要性，积极做好产业集群发展情况报送工作

产业集群已逐渐成为近年来我国中小企业发展的重要产业组织形式，对于提高专业化分工与协作配套、促进生产要素有效集聚和优化配置、降低创新和创业成本以及节约社会资源等方面具有重要作用，是工业化和信息化发展到一定阶段的必然趋势。实践表明，引导和促进产业集群发展，有利于集约使用土地等资源，集中进行环境治理，有利于统筹区域和城乡发展，加速工业化、信息化和城镇化进程，有利于转变中小企业发展方式，提高产业竞争力。在当前形势下，各地要充分认识到大力促进产业集群发展，对于缓解中小企业生产经营困难，增强中小企业抗风险能力，拉动经济、稳定就业形势和扩大出口的重要性和紧迫性。

各地要采取有效措施，切实加强对产业集群发展的宏观管理、规划引导和协调服务，建立和完善促进产业集群发展的工作协调机制，要着重在规划布局、服务体系建设、创新能力提升、实施品牌战略、引导规范区域产业转移和壮大龙头企业、提高专业化协作和配套水平等方面采取措施，加大资金等支持力度。同时要把产业集群发展和转变经济发展方式、促进结构调整和产业升级、推进技术改造有机结合起来，优化产业集聚环境，提高专业化协作水平，增强自主创新能力，加强资源节约和环境保护，切实推动产业集群平稳较快发展。

做好本次产业集群发展情况的报送工作，是研究实施产业集群相关扶持政策和资金支持的基础，也是确定重点产业集群示范的前提。各地要高度重视，明确专门处室和人员，给予必要的支持，以确保如期完成报送工作。各省（区、直辖市）和计划单列市以及中央行业协会，请务于2009年4月30日前将书面材料（含表格）以纸质和电子文档方式报我部（中小企业司）（填报材料数据截止时间为2008年12月31日）。

联系单位：工业和信息化部中小企业司非国有经济处

联系电话：010－66018821

邮箱：yli@ sme. gov. cn

附表：

1. 产业集群情况调查表（略）
2. 本地重点产业集群情况汇总表（略）
3. 产业集群龙头（骨干）企业情况表（略）
4. 产业集群公共服务平台建设情况表（略）

二〇〇九年四月三日

财政部　国家税务总局关于执行企业所得税优惠政策若干问题的通知

财税［2009］69号

各省、自治区、直辖市、计划单列市财政厅（局）、国家税务局、地方税务局，新疆生产建设兵团财务局：

根据《中华人民共和国企业所得税法》（以下简称《企业所得税法》）及《中华人民共和国企业所得税法实施条例》（国务院令第512号，以下简称《实施条例》）的有关规定，现就企业所得税优惠政策执行中有关问题通知如下：

一、执行《国务院关于实施企业所得税过渡优惠政策的通知》（国发［2007］39号）规定的过渡优惠政策及西部大开发优惠政策的企业，在定期减免税的减半期内，可以按照企业适用税率计算的应纳税额减半征税。其他各类情形的定期减免税，均应按照企业所得税25%的法定税率计算的应纳税额减半征税。

二、《国务院关于实施企业所得税过渡优惠政策的通知》（国发［2007］39号）第三条所称，不得叠加享受，且一经选择，不得改变的税收优惠情形，限于企业所得税过渡优惠政策与企业所得税法及其实施条例中规定的定期减免税和减低税率类的税收优惠。

企业所得税法及其实施条例中规定的各项税收优惠，凡企业符合规定条件的，可以同时享受。

三、企业在享受过渡税收优惠过程中发生合并、分立、重组等情形的，按照《财政部—国家税务总局关于企业重组业务企业所得税处理若干问题的通知》（财税［2009］59号）的统一规定执行。

四、2008年1月1日以后，居民企业之间分配属于2007年度及以前年度的累积未分配利润而形成的股息、红利等权益性投资收益，均应按照《企业所得税法》第二十六条及《实施条例》第十七条、第八十三条的规定处理。

五、企业在2007年3月16日之前设立的分支机构单独依据原内、外资企业所得税法的优惠规定已享受有关税收优惠的，凡符合《国务院关于实施企业所得税过渡优惠政策的通知》（国发［2007］39号）所列政策条件的，该分支机构可以单独享受国发［2007］39号规定的企业所得税过渡优惠政策。

六、《实施条例》第九十一条第（二）项所称，国际金融组织，包括国际货币基金组织、世界银行、亚洲开发银行、国际开发协会、国际农业发展基金、欧洲投资银行以及财政部和国家税务总局确定的其他国际金融组织；所称优惠贷款，是指低于金融企业同期同类贷款利率水平的贷款。

七、《实施条例》第九十二条第（一）项和第（二）项所称从业人数，是指与企业建立劳动关系的职工人数和企业接受的劳务派遣用工人数之和；从业人数和资产总额指标，按企业全年月平均值确定，具体计算公式如下：

$$月平均值=\frac{月初值+月末值}{2}$$

$$全年月平均值=\frac{全年各月平均值之和}{12}$$

年度中间开业或者终止经营活动的，以其实际经营期作为一个纳税年度确定上述相关指标。

八、《企业所得税法》第二十八条规定的小型微利企业待遇，应适用于具备建账核算自身应纳税所得额条件的企业，按照《企业所得税核定征收办法》（国税发［2008］30号）缴纳企业所得税的企业，在不具备准确核算应纳税所得额条件前，暂不适用小型微利企业适用税率。

九、2007年年底前设立的软件生产企业和集成电路生产企业，经认定后可以按《财政部国家税务总局关于企业所得税若干优惠政策的通知》（财税［2008］1号）的规定享受企业所得税定期减免税优惠政策。在2007年度或以前年度已获利并开始享受定期减免税优惠政策的，可自2008年度起继续享受至期满为止。

十、《实施条例》第一百条规定的购置并实际使用的环境保护、节能节水和安全生产专用设备，包括承租方企业以融资租赁方式租入的、并在融资租赁合同中约定租赁期届满时租赁设备所有权转移给承租方企业，且符合规定条件的上述专用设备。凡融资租赁期届满后租赁设备所有权未转移至承租方企业的，承租方企业应停止享受抵免企业所得税优惠，并补缴已经抵免的企业所得税税款。

十一、《实施条例》第九十七条所称，投资于未上市的中小高新技术企业2年以上的，包括发生在2008年1月1日以前满2年的投资；所称中小高新技术企业是指按照《高新技术企业认定管理办法》（国科发火［2008］172号）和《高新技术企业认定管理工作指引》（国科发火［2008］362号）取得高新技术企业资格，且年销售额和资产总额均不超过2亿元、从业人数不超过500人的企业，其中2007年年底前已取得高新技术企业资格的，在其规定有效期内不需重新认定。

十二、本通知自2008年1月1日起执行。

财政部　国家税务总局

二〇〇九年四月二十四日

国家税务总局关于实施创业投资企业所得税优惠问题的通知

国税发［2009］87号

各省、自治区、直辖市和计划单列市国家税务局、地方税务局：

为落实创业投资企业所得税优惠政策，促进创业投资企业的发展，根据《中华人民共和国企业所得税法》及其实施条例等有关规定，现就创业投资企业所得税优惠的有关问题通知如下：

一、创业投资企业是指依照《创业投资企业管理暂行办法》（国家发展和改革委员会等10部委令2005年第39号，以下简称《暂行办法》）和《外商投资创业投资企业管理规定》（商务部等5部委令2003年第2号）在中华人民共和国境内设立的专门从事创业投资活动的企业或其他经济组织。

二、创业投资企业采取股权投资方式投资于未上市的中小高新技术企业2年（24个月）以上，凡符合以下条件的，可以按照其对中小高新技术企业投资额的70%，在股权持有满2年的当年抵扣该创业投资企业的应纳税所得额；当年不足抵扣的，可以在以后纳税年度结转抵扣。

（一）经营范围符合《暂行办法》规定，且工商登记为“创业投资有限责任公司”、“创业投资股份有限公司”等专业性法人创业投资企业。

（二）按照《暂行办法》规定的条件和程序完成备案，经备案管理部门年度检查核实，投资运作符合《暂行办法》的有关规定。

（三）创业投资企业投资的中小高新技术企业，除应按照科技部、财政部、国家税务总局《关于印发〈高新技术企业认定管理办法〉的通知》（国科发火［2008］172号）和《关于印发〈高新技术企业认定管理工作指引〉的通知》（国科发火［2008］362号）的规定，通过高新技术企业认定以外，还应符合职工人数不超过500人，年销售（营业）额不超过2亿元，资产总额不超过2亿元的条件。

2007年年底前按原有规定取得高新技术企业资格的中小高新技术企业，且在2008年继续符合新的高新技术企业标准的，向其投资满24个月的计算，可自创业投资企业实际向其投资的时间起计算。

（四）财政部、国家税务总局规定的其他条件。

三、中小企业接受创业投资之后，经认定符合高新技术企业标准的，应自其被认定为高新技术企业的年度起，计算创业投资企业的投资期限。该期限内中小企业接受创业投资后，企业规模超过中小企业标准，但仍符合高新技术企业标准的，不影响创业投资企业享受有关税收优惠。

四、创业投资企业申请享受投资抵扣应纳税所得额，应在其报送申请投资抵扣应纳税所得额年度纳税申报表以前，向主管税务机关报送以下资料备案：

（一）经备案管理部门核实后出具的年检合格通知书（副本）；

（二）关于创业投资企业投资运作情况的说明；

（三）中小高新技术企业投资合同或章程的复

印件、实际所投资金验资报告等相关材料；

（四）中小高新技术企业基本情况（包括企业职工人数、年销售(营业）额、资产总额等）说明；

（五）由省、自治区、直辖市和计划单列市高新技术企业认定管理机构出具的中小高新技术企业有效的高新技术企业证书（复印件）。

五、本通知自 2008 年 1 月 1 日起执行。

国家税务总局

二〇〇九年四月三十日

关于进一步加大对科技型中小企业信贷支持的指导意见

银监发［2009］37 号

各银监局，各省、自治区、直辖市、计划单列市科技厅（委、局)，各政策银行、国有商业银行、股份制商业银行、邮政储蓄银行：

为贯彻实施《国家中长期科学和技术发展规划纲要（2006—2020 年)》及其配套政策，落实《国务院办公厅关于当前金融促进经济发展的若干意见》（国办发［2008］126 号)，加强科技资源和金融资源的结合，进一步加大对科技型中小企业信贷支持，缓解科技型中小企业融资困难，促进科技产业的全面可持续发展，建设创新型国家，现提出以下指导意见：

一、鼓励进一步加大对科技型中小企业信贷支持。科技型中小企业是我国技术创新的主要载体和经济增长的重要推动力量，在促进科技成果转化和产业化、以创新带动就业、建设创新型国家中发挥着重要作用。银监会、科技部鼓励各银行进一步加大对科技型中小企业的信贷支持和金融服务力度。

本指导意见中的科技型中小企业是指符合以下条件的企业：

（一）符合中小企业国家标准；

（二）企业产品（服务）属于《国家重点支持的高新技术领域》的范围：电子信息技术、生物与新医药技术、航空航天技术、新材料技术、高技术服务业、新能源及节能技术、资源与环境技术、高新技术改造传统产业；

（三）企业当年研究开发费（技术开发费）占企业总收入的 3% 以上；

（四）企业有原始性创新、集成创新、引进消化再创新等可持续的技术创新活动，有专门从事研发的部门或机构。

二、完善科技部门、银行业监管部门合作机制，加强科技资源和金融资源的结合。各级科技部门、银行业监管部门应建立合作机制，整合科技、金融等相关资源，推动建立政府部门、各类投资基金、银行、科技型中小企业、担保公司等多方参与、科学合理的风险分担体系，引导银行进一步加大对科技型中小企业的信贷支持。

三、建立和完善科技型企业融资担保体系。各级科技部门、国家高新区应设立不以营利为目的、专门的科技担保公司，已设立的地方可通过补充资本金、担保补贴等方式进一步提高担保能力，推动建立科技型中小企业贷款风险多方分担机制。对于专门的科技担保公司，在风险可控的前提下，各银行可以在国家规定的范围内提高其担保放大倍数。研究设立相应的再担保机构，逐步建立和完善科技型企业融资担保体系。

四、整合科技资源，营造加大对科技型中小企业信贷支持的有利环境。各级科技部门、国家高新区应积极整合政策、资金、项目、信息、专家等科技资源，建立科技型中小企业贷款风险补偿基金，制定具体的补贴或风险补偿和奖励政策，支持银行发放科技型中小企业贷款；定期推荐科技贷款项目，对属于科技计划和专项的项目优先推荐，并提出科技专业咨询意见，协助银行加强对科技贷款项目的贷后管理；推动科技型中小企业信用体系建设，建立企业信用档案，按照企业信用等级给予相应补贴；加快公共服务平台建设，建立和完善多种形式为科技型中小企业、银行服务的中介服务机构；对入驻科技企业孵化器的银行给予孵化企业待遇；通过交流、挂职等方式推荐科技副行长，协调开发地方科技资源。鼓励银行加强与科技创业投资机构的合作，通过贷投结合，拓宽科技型中小企业融资渠道。探索创新科技保险产品，分散科技型中小企业贷款风险。

五、明确和完善银行对科技型中小企业信贷支持的有关政策。鼓励和引导银行在科技型中小企业密集地区、国家高新区的分支机构设立科技专家顾问委员会，发挥国家、地方科技计划专家库的优势，提供科技专业咨询服务；在审贷委员会中吸收有表决权的科技专家，并建立相应的考核约束机制；适当下放贷款审批权限；建立适合科技型中小企业特点的风险评估、授信尽职和奖惩制度；适当提高对科技型中小企业不良贷款的风险容忍度；开发适合科技型中小企业特点的金融服务产品，创新还款方式，提高对科技型中小企业的增值服务；推动完善知识产权转让和登记制度，培育知识产权流转市场，积极开展专利等知识产权质押贷款业务。

六、创新科技金融合作模式，开展科技部门与银行之间的科技金融合作模式创新试点。科技部门和银行选择部分银行分支机构作为科技金融合作模式创新试点单位进行共建，开展科技资源和金融资源结合的具体实践，探索加大对科技型中小企业信贷支持和提高对科技型中小企业金融服务水平的有效途径。同时，分别在东、中、西部的涉农科技型中小企业密集省份，选择部分银行开展支持涉农科技型中小企业试点工作。各试点单位应按照“六项机制”和本指导意见的有关要求，积极加强与科技部门之间的协商与合作，共同制订试点方案，切实落实有关政策，做好科技资源和金融资源结合的有关工作。

七、建立银行业支持科技型中小企业的长效机制。各地银行业监管部门、科技部门和各银行要深入贯彻落实科学发展观，结合本指导意见，积极加强部门合作和政策协调，加大相互开展科技与金融知识培训力度，认真做好有关试点工作，及时总结经验教训，不断创新和完善部门合作、资源结合、风险分担、信息共享等多方面的科技金融合作模式。银监会、科技部将选择部分科技金融合作模式创新试点单位作为观察联系点，有效加大对科技型中小企业信贷支持情况进行长期跟踪和调研，确保银行业支持科技型中小企业的长效机制建立并有效运行。

中国银行业监督管理委员会
中华人民共和国科学技术部
二〇〇九年五月五日

财政部办公厅、商务部办公厅关于2009年度中小商贸企业发展专项资金使用管理有关问题的通知

财办建［2009］72号

各省、自治区、直辖市、计划单列市财政厅（局）、商务主管部门，新疆生产建设兵团财务局、商务局：

为规范2009年度中小商贸企业发展专项资金（以下简称专项资金）使用管理，根据《财政部商务部关于做好支持搞活流通扩大消费有关资金管理的通知》（财建［2009］16号）和《财政部关于印发〈中小商贸企业发展专项资金管理暂行办法〉的通知》（财建［2009］229号）以及商务部、财政部有关业务指导文件精神，现就有关事项通知如下：

一、支持重点和支持标准

2009年专项资金重点用于支持中小商贸企业融资担保费用补助、国内贸易信用险费用补助，支持符合条件的中小商贸企业参展、品牌培育等。

（一）融资担保费用补助项目支持内容和标准

采取财政补助方式予以支持。对2009年1月1日以后，符合条件的信用担保机构为中小商贸企业提供的单笔贷款800万元以下、未获得其他中央财政补贴的担保业务，给予不超过贷款担保额1%的补助，具体补助比例由省级财政部门会同商务部门根据业务规模、贷款期限、项目性质等情况分类确定。

申请补助资金的信用担保机构，须同时具备以下条件：具有独立的法人资格，实收资本东部地区达到4 000万元以上，中西部地区达到2 000万元以上，县属担保机构实收资本东部地区可降至2 000万元，中西部地区可降至1 000万元；财务管理制度健全，按规定提取、管理和使用各项准备金；经济效益良好，会计、纳税、银行信用等方面无不良记录；三年内无违法违规记录；项目申报期内为中小商贸企业提供的贷款担保额占其担保总额的20%以上；上年度贷款担保总额达实收资本的2倍以上；担保费率不超过银行同期贷款基准利率的50%；担保的中小商贸企业及贷款用途符合国家宏观经济政策、产业政策和区域发展政策，鼓励支持“家电下乡”、“汽车摩托车下乡”、“双百市场工程”、“万村千乡市场工程”、“早餐工程”、“双进工程”、“农超对接”和“放心肉”等项目承办单位的融资。

信用担保机构收到的补助资金，只能用于弥补代偿损失或补充风险准备金。

（二）国内贸易信用险费用补助项目支持内容和标准

采取财政补助方式予以支持。对符合条件的中小商贸企业投保国内贸易信用险，以及其他企业以中小商贸企业为风险方投保国内贸易信用险的，按投保企业实际缴纳保费给予50%的补助。

同时具备以下条件的保险机构可向商务部提出保费补助承办申请，商务部会同财政部、保监会审核后确定承办资格：在我国境内注册、注册资本40亿元以上；具有3年以上的国内贸易信用保险业务经验和成熟产品，开展中长期国内贸易信用保险业务的还应具备相应资质；具有信用风险防控所需要的专门人才、专业技术和信息渠道；在全国范围内拥有完善的分支机构体系，能为客户提供良好服务；建立国内贸易信用险补贴资金专用账户及核算和管理制度。

向承办保险机构投保国内贸易信用保险并已缴纳保费的中小商贸企业，以及以中小商贸企业为风险方（买方）向承办保险机构投保国内贸易信用保险并已缴纳保费的其他企业，同时符合以下条件的，可申请保费补助：在我国境内注册，具有独立企业法人资格；面向国内企业和消费者开展信用销售，所售产品符合国家产业政策及相关规定；会计、纳税、银行信用等方面无不良记录；三年内无严重违法违规行为记录；申请补贴的企业及其产品符合国家宏观经济政策、产业政策和区域发展政策，鼓励支持“家电下乡”、“汽车摩托车下乡”、“双百市场工程”、“万村千乡市场工程”、“早餐工程”、“双进工程”、“农超对接”、“放心肉”等项目承办单位的信用销售。

（三）中小商贸企业市场开拓项目支持内容和标准

1. 对符合条件的中小商贸企业于2009年1月1日以后发生的参展费用，采取财政补助方式予以支持。中小商贸企业参加以搞活流通、扩大消费为主要目的的贸易投资洽谈会和展览会，包括商务部主办的中国食品博览会、中国绿色食品博览会、中

国国际丝绸博览会、第四届跨国零售集团采购会、中国进出口商品交易会出口商品内销采购洽谈会以及商务部引导支持的33个展会（目录见附件1），按实际支付展位费的70%予以补助。商务部主办的展会每个展位补助额最高不超过3 000元（中国进出口商品交易会上举办的出口商品内销采购洽谈会最高不超过10 000元），且每个展会补助总额不超过165万元；商务部引导支持的33个展会每个标准展位补助额最高不超过1 000元，且每个展会补助总额不超过50万元。

2. 对于中华老字号商标保护和技术改造等费用，采取财政补助方式予以支持。2009年先在北京、天津、上海、江苏、浙江、山东、青岛、广东、四川9个老字号比较集中的地区试点，重点支持一批文化底蕴深厚、生产加工技艺独特的中华老字号企业，在国内及有关国家和地区进行老字号商标的保护性注册、开展技术改造和工艺创新等。对老字号企业开展上述活动所发生的费用，按50%予以补助。其中，企业国内商标保护性通类注册补贴资金不超过3万元，马德里商标国际注册补贴资金不超过4万元，企业技术改造和工艺创新补贴资金不超过50万元。

3. 对于专业丝绸商品销售网络建设，采取财政补助方式予以支持。2009年在辽宁、大连、江苏、浙江、山东、广东试点，重点支持专营丝绸的商贸企业与外贸企业建立厂商联系机制、开拓市场，支持创新丝绸营销模式，探索集丝绸文化、科普、旅游、商贸等各具特色的营销模式。对商贸企业开设丝绸专卖店或专柜的租金、进场费，参加各类促销推介活动的费用，创新营销模式的策划、宣传、招商等费用予以补助，具体补助标准由省级财政部门商商务部门确定。

二、使用管理程序

（一）中小商贸企业融资担保费用补助项目，采取因素法将专项资金先行分配地方，具体使用管理程序如下：

1. 制定操作办法。各省级财政部门会同商务部门，按照中央财政下达的专项资金及相关规定，制定本地区资金使用管理具体操作办法，于8月31日前报财政部（经济建设司）、商务部（财务司）备案。操作办法中应明确本地资金申报、审核、拨付等具体程序和所需材料等方面的详细要求。

2. 项目评审和资金拨付。各省级财政、商务部门，每半年组织一次融资担保费用补助资金的申报和审核拨付，2009年上半年和下半年的资金审核拨付工作应分别于2009年9月30日前和2009年12月31日前完成。资金审核拨付情况应于申报期结束后10日内汇总报财政部、商务部（汇总表格式见附件2），同时通过 www. creditsys. gov. cn 报送电子数据。2009年度资金审核拨付情况应于2010年1月底前报财政部、商务部。

信用担保机构申请补助资金时应提供下列资料：担保机构基本情况表（格式见附件3）；经中介机构审核、合作银行盖章确认的项目申报期内中小商贸企业贷款担保业务补助资金项目申报表（格式见附件4）；经中介机构审核的项目申报期末的会计报表（包括资产负债表、现金流量表、利润表、担保余额变动表等）；项目申报期完税证明及汇总表；其他需要的资料。首次申报时还需提供企业法人营业执照副本及章程的复印件。

（二）国内贸易信用险保费补助项目，采取项目法管理，具体申报程序如下：

1. 项目申报。承办保险机构在地方的分支机构应将2008年1月1日至2009年8月31日发生的符合条件的项目汇总形成《国内贸易信用险保费补助申请表》（格式见附件5）及电子版于2009年9月10日前报送所在地省级财政、商务部门。

2. 项目评审。各省级财政、商务部门应及时对承办保险机构分支机构申报项目进行审核确认，并汇总填写《国内贸易信用险财政补助资金资助情况表》（格式见附件6），于2009年9月15日前报送财政部、商务部，同时向承办保险机构分支机构反馈并由承办保险机构负责汇总报财政部、商务部、保监会。

3. 资金拨付。财政部会同商务部对各地申报材料及时审核，根据审核结果由财政部拨付资金，各省级财政部门收到补贴资金后应当及时通过承办保险机构分支机构转拨投保企业。

4. 项目总结。承办保险机构应于2010年1月底前，向财政部、商务部报送2009年项目补助资金使用情况报告及电子版。报告内容应包括：国内贸易信用保险业务情况，补助资金对促进企业开展信用销售、拉动内需的作用，补助资金的收入、支出和结余情况等。

（三）中小商贸企业相关市场开拓补助项目申报程序。

1. 参展费补助项目采取项目法管理，具体申报程序为：

对于商务部主办的展会，在展会结束后，由承办地省级商务主管部门组织参展企业申报，并对企业申报材料（包括参展合同、展位费支付凭证、参展期间成交情况以及展位图片等）进行初审并提出安排初步意见，省级财政部门终审后会同同级商务部门向财政部、商务部提出参展费补助资金申请（中国进出口商品交易会直接由承办单位提出申请）。财政部会同商务部对各地申报材料及时审核，根据审核结果财政部下达专项资金，各省级财政部门收到补贴资金后应当及时转拨到项目承担单位。

对于商务部引导支持的展会，由展会主办单位在展会结束后组织企业申报并对企业申报材料（包括参展合同、展位费支付凭证、参展期间成交情况以及展位图片等）进行初审后，向财政部、商务部提出资金支持申请。财政部审核确认后拨付资金。

2. 中华老字号传承发展和专业丝绸商品销售

网络建设项目，各地试点工作方案审核通过后，再采取因素法将专项资金分配到地方，具体使用管理程序如下：

（1）确定试点工作方案。省级商务部门会同有关部门提出试点工作方案，省级财政部门终审后会同商务部门于8月31日前报财政部、商务部。财政部会同商务部对试点工作方案进行确认后，财政部下达专项资金。试点工作方案应明确本地区项目安排的原则和标准、具体项目安排意见、地方配套资金等保障措施以及资金申报、审核、拨付具体程序等方面的详细要求。

（2）项目实施和验收。试点地区商务部门会同有关部门，按照批准的试点工作方案，组织项目实施，并及时进行验收。根据项目实施和验收情况需对具体项目安排进行调整的，应报财政部、商务部备案。

（3）拨付资金。试点地区财政部门会同商务部门，根据验收结果按规定程序及时将专项资金拨付到项目承担单位。

（4）各省级商务部门应于2010年1月底之前，将2009年项目验收和资金安排情况以正式文件报送商务部。

三、相关要求

各地要切实做好有关项目申报、评审、组织实施、审核验收和资金拨付等工作，按规定用好专项资金。商务部负责对项目建设情况实行动态监管，并组织不定期抽查。财政部对专项资金使用情况实行动态监管，并组织不定期抽查。对于未按要求开展工作、工作进度过慢或资金使用管理存在问题的地区，财政部将相应调减专项资金分配规模。

各地信用担保机构要按照国家对融资性担保机构的相关要求规范管理，针对商贸企业特点创新担保方式，发展仓单、应收账款、商铺租赁权及会员封闭式、企业互助式等担保方式，积极为中小商贸企业提供担保服务。商业银行等金融机构在加强风险管理的同时，要积极支持信用担保机构中小商贸企业融资担保业务，合理分担信贷风险。承办国内贸易信用保险费用补贴的保险公司要加强风险防控、开发保险产品，积极发展中小商贸企业的信用保险业务，充分发挥信用保险的风险分担和信用提升功能。

附件：1. 2009年中小商贸企业发展专项资金支持的展会目录

2. 2009年中小商贸企业贷款担保业务补助资金项目汇总表

3. 担保机构基本情况表

4. 中小商贸企业贷款担保业务补助资金项目申报表

5. 地方国内贸易信用险财政补助资金申报表

6. 地方信用险财政补助资金资助情况表

财政部办公厅　商务部办公厅

二〇〇九年七月十日

国务院法制办公室关于公布《个体工商户条例（征求意见稿）》公开征求意见的通知

为了进一步增强立法的透明度，提高立法质量，国务院法制办公室决定，将《个体工商户条例（征求意见稿）》（以下简称《征求意见稿》）全文公布，征求社会各界意见，以便进一步研究、修改后报请国务院常务会议审议。现就有关事项通知如下：

有关单位和各界人士可以在2009年8月28日前，通过以下三种方式提出意见：

（一）登录中国政府法制信息网（网址：http：//www. chinalaw. gov. cn），通过网站首页左侧的《法规规章草案意见征集系统》，对征求意见稿提出意见。

（二）通过信函方式将意见寄至：北京市1750信箱（邮编：100017），并请在信封上注明“个体工商户条例征求意见”字样。

（三）通过电子邮件方式将意见发送至：gtgs@ chinalaw. gov. cn。

国务院法制办公室

二〇〇九年七月二十一日

个体工商户条例（征求意见稿）

第一条　为了鼓励、支持和引导个体工商户健康发展，保护个体工商户的合法权益，规范个体工商户的经营行为，制定本条例。

第二条　有完全民事行为能力的公民依照本条例规定，经工商行政管理部门登记，从事工商业经营的，为个体工商户。

第三条　个体工商户，可以个人经营，也可以家庭经营。个人经营的，以个人全部财产承担民事责任；家庭经营的，以家庭全部财产承担民事责任。

个体工商户根据经营需要可以聘请若干帮手或者学徒。

第四条　国家对个体工商户实行平等准入、公平待遇的原则。

个体工商户可以从事批发零售、住宿餐饮、制造、交通运输、仓储、邮政业、农林牧渔、文化、建筑、采矿以及居民服务等法律、行政法规未规定禁止其进入的行业。

第五条　国家鼓励、支持和引导个体经济的发展。

地方各级人民政府应当采取支持设立信息服务

平台和创业服务机构等多种方式，对个体工商户创业、技能培训、信息咨询、技术创新等进行扶持。

第六条 个体工商户的合法权益受国家法律保护，任何单位和个人不得侵害。

个体工商户应当遵守国家法律的规定，遵守社会公德，诚信经营。

第七条 个体劳动者协会是个体工商户组成的社会团体，在工商行政管理部门的指导下，提供服务、反映诉求、规范自律，促进个体经济的发展。

个体工商户自愿加入个体劳动者协会。任何单位和个人不得强制要求个体工商户加入个体劳动者协会并缴纳会费。

第八条 县、自治县、不设区的市、市辖区工商行政管理部门所属的工商所为个体工商户的登记机关。

第九条 个体工商户的登记事项包括经营者姓名和住所、组成形式、经营范围、经营场所。

个体工商户使用名称的，名称作为登记事项。

无固定经营场所的摊贩，申请登记为个体工商户的，登记事项不包括经营场所。

第十条 无固定经营场所的摊贩，应当在当地人民政府或者工商行政管理部门指定或者允许的区域内从事经营活动。

前款规定的区域发生变更的，应当提前告知个体工商户，并另行指定经营区域。

第十一条 申请登记为个体工商户的，向经营场所所在地工商所提出申请。无固定经营场所的摊贩，向住所地登记机关提出申请。

申请登记为个体工商户应当向登记机关提交设立登记申请书、身份证明、住所证明、经营场所证明。

登记事项依照法律、行政法规或者国务院决定规定在登记前须经批准的，还应当向登记机关提交有关批准文件。

第十二条 申请人提交的申请材料齐全、符合法定形式的，登记机关应当依照《中华人民共和国行政许可法》的规定予以当场登记。

第十三条 个体工商户变更登记事项的，应当到原登记机关办理变更登记。

个体工商户改变经营者的，可以依照前款规定办理变更登记。

第十四条 个体工商户不再从事经营活动的，应当到原登记机关办理注销登记。

第十五条 个体工商户应当在每年规定的时间内办理年度验照手续。

登记机关应当通过主动上门验照等多种便捷方式为个体工商户提供验照服务，并不得收取任何费用。

第十六条 个体工商户应当依照国家有关规定缴纳登记费。任何部门和单位不得向个体工商户集资、摊派，不得强行要求个体工商户提供各种赞助或者接受有偿服务。

第十七条 对个体工商户依法取得的经营场地，任何单位和个人不得随意侵占。

地方人民政府应当为个体工商户的经营提供方便和条件。

第十八条 个体工商户在领取营业执照后，应当依法办理税务登记。

个体工商户应当按照国家有关规定建立会计账簿。

第十九条 个体工商户可以凭营业执照及税务登记证明在银行或者其他金融机构开立账户，申请贷款。

国家鼓励金融机构改进和完善金融服务，发挥金融职能，支持个体工商户发展。

第二十条 个体工商户与帮手、学徒应当依照《中华人民共和国劳动合同法》等法律、行政法规的规定订立劳动合同，明确双方权利和义务。

第二十一条 个体工商户有下列行为之一的，由工商行政管理部门责令改正，处100元以上1 000元以下的罚款；情节严重的，吊销营业执照：

（一）提交虚假材料，骗取营业执照的；

（二）伪造、变造、涂改营业执照的；

（三）登记事项发生变更，未办理变更登记的。

个体工商户拒绝办理验照手续的，由工商行政管理部门责令限期改正；逾期未改正的，吊销营业执照。

第二十二条 许可审批部门在营业执照有效期内依法吊销、撤销许可证或者其他批准文件，或者许可证、其他批准文件有效期届满的，应当在吊销、撤销许可证、其他批准文件或者许可证、其他批准文件有效期届满后5个工作日内通知工商行政管理部门，由工商行政管理部门撤销注册登记或者吊销营业执照，或者责令当事人依法办理变更登记。

第二十三条 本条例规定的吊销营业执照的行政处罚，由县级以上工商行政管理部门决定。

第二十四条 工商行政管理部门以及其他有关部门应当加强个体工商户管理工作的信息交流，逐步建立个体工商户管理信息系统。

第二十五条 工商行政管理部门、其他有关部门及其工作人员滥用职权、徇私舞弊、收受贿赂、侵害个体工商户合法权益，构成犯罪的，依法追究刑事责任；尚不构成犯罪的，依法给予处分。

第二十六条 香港特别行政区、澳门特别行政区永久性居民中的中国公民，台湾地区居民可以按照国家有关规定，依照本条例，申请登记为个体工商户。

关于印发《中小外贸企业融资担保专项资金管理暂行办法》的通知

财企［2009］160号

各省、自治区、直辖市、计划单列市、新疆生产建设兵团财政厅（局）、商务主管部门：

为贯彻落实国务院关于进一步稳定外需的政策措施，支持担保机构扩大中小外贸企业融资担保业务，缓解中小外贸企业融资难问题，我们制定了《中小外贸企业融资担保专项资金管理暂行办法》，现印发给你们，请遵照执行。

附件：中小外贸企业融资担保专项资金管理暂行办法

财政部　商务部
二〇〇九年八月七日

附件：

中小外贸企业融资担保专项资金管理暂行办法

第一章　总　则

第一条　为支持担保机构扩大中小外贸企业融资担保业务，缓解中小外贸企业融资难问题，中央财政安排中小外贸企业融资担保专项资金（以下简称专项资金）。为规范专项资金管理，提高资金使用效率，根据《中华人民共和国预算法》及其实施细则有关规定，制定本办法。

第二条　本办法所称中小外贸企业是指上年度或本年度有出口实绩的中小企业。

第三条　专项资金的管理和使用应当遵循公开透明、定向使用、科学管理、加强监督的原则，确保资金的使用效率。

第二章　支持对象及方式

第四条　专项资金用于鼓励担保机构开展中小外贸企业融资担保业务。

第五条　申请专项资金的担保机构，必须同时具备以下资格条件：

（一）依法设立，具有独立法人资格。

（二）财务管理制度健全，按规定提取、管理和使用各项准备金。

（三）会计信用、纳税信用和银行信用良好。

第六条　专项资金采取三种支持方式：

（一）鼓励担保机构为中小外贸企业提供融资担保服务，对担保机构开展的中小外贸企业融资担保业务，按照不超过担保额的2%给予资助。

（二）鼓励担保机构提供低费率担保服务，在不提高其他费用标准的前提下，对担保费率低于银行同期贷款基准利率50%的中小外贸企业融资担保业务给予奖励，奖励比例不超过银行同期贷款基准利率50%与实际担保费率之差。

（三）支持信用担保欠发达地区地方政府出资设立担保机构，开展中小外贸企业融资担保业务，可按照不超过地方政府出资额的30%给予资助。用于注资支持设立担保机构的资助额最高不超过中央下达当地专项资金的30%。

第三章　资金审核及拨付

第七条　财政部会同商务部按照因素法，综合考虑各地区外贸出口、中小外贸企业数量、担保业务开展等情况，将专项资金分配给各省、自治区、直辖市、计划单列市及新疆生产建设兵团财政部门（以下简称省级财政部门），一次性下达资金预算指标并拨付资金。

第八条　各省级财政和商务主管部门根据财政部下达的预算资金及有关工作要求，研究制定符合本地实际的资金使用方案和具体操作办法，并在本办法下发后1个月内报财政部和商务部备案。

第九条　省级商务主管部门会同省级财政部门按照属地原则按季组织专项资金的项目申报和审核，提出资金使用计划。

省级财政部门负责专项资金预算安排，审定省级商务主管部门提出的资金使用计划，按季办理专项资金划拨手续，在每季度结束后1个月内拨付到担保机构。拨款文件同时抄报财政部和商务部。

第十条　采取本办法第六条第（一）款、第（二）款支持方式的，担保机构收到的专项资金用于弥补代偿损失；采取本办法第六条第（三）款支持方式的，专项资金作为国家资本金投入担保机构。

第四章　监督管理

第十一条　财政部、商务部对专项资金管理和使用情况进行不定期抽查。地方财政和商务主管部门应当加强对本地专项资金管理和使用等情况的监督检查。

第十二条　省级财政和商务主管部门应就每季度专项资金使用情况、政策实施效果、存在问题等形成书面材料，于每季度结束后一个半月内上报财政部和商务部。

第十三条　专项资金专款专用，任何单位或者个人不得滞留、截留、挤占、挪用专项资金，对以虚报、冒领等手段骗取和滞留、截留、挤占、挪用专项资金的，一经查实，财政部将收回已安排的专项资金，并按照《财政违法行为处罚处分条例》（国务院令第427号）的相关规定进行处理。

第五章　附　则

第十四条　本办法自印发之日起施行。

第十五条　本办法由财政部会同商务部负责解释。

工业和信息化部办公厅关于做好2009年中小企业服务体系专项补助资金使用和管理工作的通知

工信厅企业［2009］185号

各省、自治区、直辖市及计划单列市、中小企业管理部门，新疆生产建设兵团发展改革委：

为做好2009年中小企业服务体系专项补助资金（以下简称专项补助资金）的安排使用工作，提高资金使用效率，根据财政部《中小企业服务体系专项补助资金使用管理办法（暂行）》（财建［2004］124号，以下简称《办法》），结合中小企业工作情况，现将有关事项通知如下：

一、专项补助资金的支持重点和资助标准

（一）培训服务

1. 培训内容：中央政策（主要包括党中央、国务院应对金融危机促进中小企业发展政策，十大重点行业调整和振兴规划等），行业发展及市场变化应对策略，中小企业社会责任（主要包括安全生产、节能减排、职业健康、职工权益保护等），中小企业服务机构能力提升，创业知识和技能，工商管理知识等。

2. 培训对象以中小企业经营管理者为主，兼顾创业者、中小企业服务机构从业人员和各级中小企业管理部门工作人员。

3. 培训方式以短期集中面授为主，原则上就地就近进行。专项补助资金补助的培训人数为：东北老工业基地、中西部地区各省（自治区、直辖市）、新疆生产建设兵团不超过800人，其他省（直辖市）不超过600人，计划单列市不超过300人。

4. 培训服务由省级中小企业管理部门认定并报我部（中小企业司）备案的地方培训机构，以及全国性行业协会、中小企业协会等机构承担。网络远程培训、清华大学举办中小企业经营者MBA一年期培训班，由我部（中小企业司）统筹安排。

5. 培训服务资助标准。培训服务的场租费、授课费和教材费按实际发生额（正常标准）予以补助，其中授课费包括授课教师的讲课费、交通费、食宿费，教材费包括培训所需的各类教材和资料费用。地方机构举办的培训，其学员的食宿费每人每天补助最高不超过100元；中央机构举办的培训，其学员的食宿费原则上不予补贴。每个企业参加同一项培训并享受补助的人员不得超过3人；在市区内举办的培训班，该市区内学员的住宿费不予补助。

（二）创业服务

创业服务支持重点：一是对有创业意愿人员提供的创业指导服务；二是对创业基地或创业园区内创办未满三年的小企业提供的综合服务。各省、自治区、直辖市申报创业服务项目的机构不超过4个，计划单列市、新疆生产建设兵团不超过2个。创业服务按实际发生额予以适当补助，补助比例最高不超过实际发生额的50%。

（三）信用服务

信用服务支持重点：一是支持省级中心城市中小企业信用档案数据库的中小企业信用信息汇集、数据更新、管理系统维护；二是中小企业信用信息发布、宣传推介等诚信活动。信用服务按实际发生额予以适当补助，补助比例最高不超过实际发生额的30%。

（四）管理咨询服务

管理咨询支持重点：一是轻工、纺织等十大振兴行业中小企业的基础管理、战略管理等咨询服务；二是产业集群的发展战略规划咨询服务。2009年支持北京、河北、上海、江苏、浙江、安徽、山东、湖北、广东、四川、新疆、大连、宁波等地区开展上述管理咨询服务。有关省（自治区、直辖市及计划单列市）申请管理咨询补助项目不超过5项。

管理咨询服务按管理咨询合同金额给予适当补助，补助比例不超过合同金额的50%，补助金额最高不超过10万元，同时不超过服务机构实际收费额。

（五）信息服务

信息服务支持重点：一是支持开展中小企业生产运行监测数据收集与分析；二是支持中国中小企业信息网开展的大学生网上招聘、中国国际中小企业博览会网上宣传、中小企业信息采编等活动；三是支持中德、中韩中小企业对外合作交流信息服务。承担省级中小企业生产运行监测数据收集与分析工作的信息服务机构，由省级中小企业管理部门认定（限定1个），并报我部（中小企业司）备案。信息服务按实际发生额予以适当补助。

二、申报要求

（一）中小企业服务机构申报资料要求（详见附件1）

（二）申报时间和程序要求

开展符合本通知规定的服务业务并符合《办法》规定条件的地方所属单位，向省级中小企业管理部门提交资助申请报告，省级中小企业管理部门联合同级财政部门，于9月15日前上报我部（文件一式六份，各项服务业务所附项目资料一式二份），并抄报财政部（经济建设司）；中央所属单位于9月15日将各服务项目资助经费有关情况表（详见附件3、4、5、6、7）的电子文本（Excel 文件格式）通过电子邮件发送至 dsme@sme. gov. cn。此外，培训项目需将有关资料录入到中国中小企业信息网（www. sme. gov. cn）“国家中小企业银河培训工程信息管理系统”。向我部提交资助申请报告（一式二份），并抄报财政部（经济建设司）。同时上报各省级中小企业管理部门和中央所属单位将专项补助资金申请汇总表。

（三）注意事项

1. 各地方所属单位和中央所属单位申请专项补助资金资助多项服务业务的，应在同一个资助申请报告中提出，文件后附专项补助资金申请汇总表（表式参见附件2）。

2. 自编专项补助资金名称、分散上报各项服务业务以及未在规定时限内上报的专项补助资金申请的，不予受理。

三、加强领导，认真做好专项补助资金的使用和管理工作

（一）各地中小企业管理部门要切实加强对专项补助资金使用工作的领导，认真做好专项补助资金申请的受理和审核工作，并对审核结果和申报材料的真实性负责。申请专项补助资金支持的服务业务，必须符合本通知规定的支持范围，超出支持范围的服务业务，不予补助。本年度已经得到其他中央财政资金或地方财政资金支持的服务业务，不再重复补助。

（二）各省级中小企业管理部门指定专人负责专项补助资金的联系工作。联系人发生变化的，请将新联系人的姓名、所在单位、电话、传真号码加盖本单位公章后，于9月5日前传真至我部（中小企业司政策规划处）。

（三）申请资助的中小企业服务机构，要严格遵守国家有关财务与会计制度，按有关财务规定妥善保存有关原始票据及凭证备查。

附件：

1. 中小企业服务机构申报资料要求

2. 2009年中小企业服务体系专项补助资金申请汇总表

3. 中小企业服务机构申请培训项目资助经费有关情况表

4. 中小企业服务机构申请创业服务项目资助经费有关情况表

5. 中小企业服务机构申请信用服务项目资助经费有关情况表

6. 中小企业服务机构申请管理咨询服务项目资助经费有关情况表

7. 中小企业服务机构申请信息服务项目资助经费有关情况表

8. 参加培训人员有关情况表

9. 创业服务项目有关情况表

二〇〇九年八月二十五日

国务院关于进一步促进中小企业发展的若干意见

国发［2009］36号

各省、自治区、直辖市人民政府，国务院各部委、各直属机构：

中小企业是我国国民经济和社会发展的重要力量，促进中小企业发展，是保持国民经济平稳较快发展的重要基础，是关系民生和社会稳定的重大战略任务。受国际金融危机冲击，去年下半年以来，我国中小企业生产经营困难。中央及时出台相关政策措施，加大财税、信贷等扶持力度，改善中小企业经营环境，中小企业生产经营出现了积极变化，但发展形势依然严峻。主要表现在：融资难、担保难问题依然突出，部分扶持政策尚未落实到位，企业负担重，市场需求不足，产能过剩，经济效益大幅下降，亏损加大等。必须采取更加积极有效的政策措施，帮助中小企业克服困难，转变发展方式，实现又好又快发展。现就进一步促进中小企业发展提出以下意见：

一、进一步营造有利于中小企业发展的良好环境

（一）完善中小企业政策法律体系。落实扶持中小企业发展的政策措施，清理不利于中小企业发展的法律法规和规章制度。深化垄断行业改革，扩大市场准入范围，降低准入门槛，进一步营造公开、公平的市场环境。加快制定融资性担保管理办法，修订《贷款通则》，修订中小企业划型标准，明确对小型企业的扶持政策。

（二）完善政府采购支持中小企业的有关制度。制定政府采购扶持中小企业发展的具体办法，提高采购中小企业货物、工程和服务的比例。进一步提高政府采购信息发布透明度，完善政府公共服务外包制度，为中小企业创造更多的参与机会。

（三）加强对中小企业的权益保护。组织开展对中小企业相关法律和政策特别是金融、财税政策贯彻落实情况的监督检查，发挥新闻舆论和社会监督的作用，加强政策效果评价。坚持依法行政，保护中小企业及其职工的合法权益。

（四）构建和谐劳动关系。采取切实有效措施，加大对劳动密集型中小企业的支持，鼓励中小企业不裁员、少裁员，稳定和增加就业岗位。对中小企业吸纳困难人员就业、签订劳动合同并缴纳社会保险费的，在相应期限内给予基本养老保险补贴、基本医疗保险补贴、失业保险补贴。对受金融危机影响较大的困难中小企业，将阶段性缓缴社会保险费或降低费率政策执行期延长至2010年年底，

并按规定给予一定期限的社会保险补贴或岗位补贴、在岗培训补贴等。中小企业可与职工就工资、工时、劳动定额进行协商，符合条件的，可向当地人力资源和社会保障部申请实行综合计算工时和不定时工作制。

二、切实缓解中小企业融资困难

（五）全面落实支持小企业发展的金融政策。完善小企业信贷考核体系，提高小企业贷款呆账核销效率，建立完善信贷人员尽职免责机制。鼓励建立小企业贷款风险补偿基金，对金融机构发放小企业贷款按增量给予适度补助，对小企业不良贷款损失给予适度风险补偿。

（六）加强和改善对中小企业的金融服务。国有商业银行和股份制银行要建立小企业金融服务专营机构，完善中小企业授信业务制度，逐步提高中小企业中长期贷款的规模和比重。提高贷款审批效率，创新金融产品和服务方式。完善财产抵押制度和贷款抵押物认定办法，采取动产、应收账款、仓单、股权和知识产权质押等方式，缓解中小企业贷款抵质押不足的矛盾。对商业银行开展中小企业信贷业务实行差异化的监管政策。建立和完善中小企业金融服务体系。加快研究鼓励民间资本参与发起设立村镇银行、贷款公司等股份制金融机构的办法；积极支持民间资本以投资入股的方式，参与农村信用社改制为农村商业（合作）银行、城市信用社改制为城市商业银行以及城市商业银行的增资扩股。支持、规范发展小额贷款公司，鼓励有条件的小额贷款公司转为村镇银行。

（七）进一步拓宽中小企业融资渠道。加快创业板市场建设，完善中小企业上市育成机制，扩大中小企业上市规模，增加直接融资。完善创业投资和融资租赁政策，大力发展创业投资和融资租赁企业。鼓励有关部门和地方政府设立创业投资引导基金，引导社会资金设立主要支持中小企业的创业投资企业，积极发展股权投资基金。发挥融资租赁、典当、信托等融资方式在中小企业融资中的作用。稳步扩大中小企业集合债券和短期融资券的发行规模，积极培育和规范发展产权交易市场，为中小企业产权和股权交易提供服务。

（八）完善中小企业信用担保体系。设立包括中央、地方财政出资和企业联合组建的多层次中小企业融资担保基金和担保机构。各级财政部门要加大支持力度，综合运用资本注入、风险补偿和奖励补助等多种方式，提高担保机构对中小企业的融资担保能力。落实好对符合条件的中小企业信用担保机构免征营业税、准备金提取和代偿损失税前扣除的政策。国土资源、住房城乡建设、金融、工商等部门要为中小企业和担保机构开展抵押物和出质的登记、确权、转让等提供优质服务。加强对融资性担保机构的监管，引导其规范发展。鼓励保险机构积极开发为中小企业服务的保险产品。

（九）发挥信用信息服务在中小企业融资中的作用。推进中小企业信用制度建设，建立和完善中小企业信用信息征集机制和评价体系，提高中小企业的融资信用等级。完善个人和企业征信系统，为中小企业融资提供方便快速的查询服务。构建守信受益、失信惩戒的信用约束机制，增强中小企业信用意识。

三、加大对中小企业的财税扶持力度

（十）加大财政资金支持力度。逐步扩大中央财政预算扶持中小企业发展的专项资金规模，重点支持中小企业技术创新、结构调整、节能减排、开拓市场、扩大就业，以及改善对中小企业的公共服务。加快设立国家中小企业发展基金，发挥财政资金的引导作用，带动社会资金支持中小企业发展。地方财政也要加大对中小企业的支持力度。

（十一）落实和完善税收优惠政策。国家运用税收政策促进中小企业发展，具体政策由财政部、国家税务总局会同有关部门研究制定。为有效应对国际金融危机，扶持中小企业发展，自2010年1月1日至2010年12月31日，对年应纳税所得额低于3万元（含3万元）的小型微利企业，其所得减按50%计入应纳税所得额，按20%的税率缴纳企业所得税。中小企业投资国家鼓励类项目，除《国内投资项目不予免税的进口商品目录》所列商品外，所需的进口自用设备以及按照合同随设备进口的技术及配套件、备件，免征进口关税。中小企业缴纳城镇土地使用税确有困难的，可按有关规定向省级财税部门或省级人民政府提出减免税申请。中小企业因有特殊困难不能按期纳税的，可依法申请在三个月内延期缴纳。

（十二）进一步减轻中小企业社会负担。凡未按规定权限和程序批准的行政事业性收费项目和政府性基金项目，均一律取消。全面清理整顿涉及中小企业的收费，重点是行政许可和强制准入的中介服务收费、具有垄断性的经营服务收费，能免则免，能减则减，能缓则缓。严格执行收费项目公示制度，公开前置性审批项目、程序和收费标准。严禁地方和部门越权设立行政事业性收费项目，不得擅自将行政事业性收费转为经营服务性收费。进一步规范执收行为，全面实行中小企业缴费登记卡制度，设立各级政府中小企业负担举报电话。健全各级政府中小企业负担监督制度，严肃查处乱收费、乱罚款及各种摊派行为。任何部门和单位不得通过强制中小企业购买产品、接受指定服务等手段牟利。严格执行税收征收管理法律法规，不得违规向中小企业提前征税或者摊派税款。

四、加快中小企业技术进步和结构调整

（十三）支持中小企业提高技术创新能力和产品质量。支持中小企业加大研发投入，开发先进适用的技术、工艺和设备，研制适销对路的新产品。

提高产品质量。加强产学研联合和资源整合，加强知识产权保护，重点在轻工、纺织、电子等行业推进品牌建设，引导和支持中小企业创建自主品牌。支持中华老字号等传统优势中小企业申请商标注册，保护商标专用权，鼓励挖掘、保护、改造民间特色传统工艺，提升特色产业。

（十四）支持中小企业加快技术改造。按照重点产业调整和振兴规划要求，支持中小企业采用新技术、新工艺、新设备、新材料进行技术改造。中央预算内技术改造专项投资中，要安排中小企业技术改造资金，地方政府也要安排中小企业技术改造专项资金。中小企业的固定资产由于技术进步原因需加速折旧的，可按规定缩短折旧年限或者采取加速折旧的方法。

（十五）推进中小企业节能减排和清洁生产。促进重点节能减排技术和高效节能环保产品、设备在中小企业的推广应用。按照发展循环经济的要求，鼓励中小企业间资源循环利用。鼓励专业服务机构为中小企业提供合同能源管理、节能设备租赁等服务。充分发挥市场机制作用，综合运用金融、环保、土地、产业政策等手段，依法淘汰中小企业中的落后技术、工艺、设备和产品，防止落后产能异地转移。严格控制过剩产能和“两高一资”行业盲目发展。对纳入环境保护、节能节水企业所得税优惠目录的投资项目，按规定给予企业所得税优惠。

（十六）提高企业协作配套水平。鼓励中小企业与大型企业开展多种形式的经济技术合作，建立稳定的供应、生产、销售等协作关系。鼓励大型企业通过专业分工、服务外包、订单生产等方式，加强与中小企业的协作配套，积极向中小企业提供技术、人才、设备、资金支持，及时支付货款和服务费用。

（十七）引导中小企业集聚发展。按照布局合理、特色鲜明、用地集约、生态环保的原则，支持培育一批重点示范产业集群。加强产业集群环境建设，改善产业集聚条件，完善服务功能，壮大龙头骨干企业，延长产业链，提高专业化协作水平。鼓励东部地区先进的中小企业通过收购、兼并、重组、联营等多种形式，加强与中西部地区中小企业的合作，实现产业有序转移。

（十八）加快发展生产性服务业。鼓励支持中小企业在科技研发、工业设计、技术咨询、信息服务、现代物流等生产性服务业领域发展。积极促进中小企业在软件开发、服务外包、网络动漫、广告创意、电子商务等新兴领域拓展，扩大就业渠道，培育新的经济增长点。

五、支持中小企业开拓市场

（十九）支持引导中小企业积极开拓国内市场。支持符合条件的中小企业参与家电、农机、汽车摩托车下乡和家电、汽车“以旧换新”等业务。中小企业专项资金、技术改造资金等要重点支持销售渠道稳定、市场占有率高的中小企业。采取财政补助、降低展费标准等方式，支持中小企业参加各类展览展销活动。支持建立各类中小企业产品技术展示中心，办好中国国际中小企业博览会等展览展销活动。鼓励电信、网络运营企业以及新闻媒体积极发布市场信息，帮助中小企业宣传产品，开拓市场。

（二十）支持中小企业开拓国际市场。进一步落实出口退税等支持政策，研究完善稳定外需、促进外贸发展的相关政策措施，稳定和开拓国际市场。充分发挥中小企业国际市场开拓资金和出口信用保险的作用，加大优惠出口信贷对中小企业的支持力度。鼓励支持有条件的中小企业到境外开展并购等投资业务，收购技术和品牌，带动产品和服务出口。

（二十一）支持中小企业提高自身市场开拓能力。引导中小企业加强市场分析预测，把握市场机遇，增强质量、品牌和营销意识，改善售后服务，提高市场竞争力。提升和改造商贸流通业，推广连锁经营、特许经营等现代经营方式和新型业态，帮助和鼓励中小企业采用电子商务，降低市场开拓成本。支持餐饮、旅游、休闲、家政、物业、社区服务等行业拓展服务领域，创新服务方式，促进扩大消费。

六、努力改进对中小企业的服务

（二十二）加快推进中小企业服务体系建设。加强统筹规划，完善服务网络和服务设施，积极培育各级中小企业综合服务机构。通过资格认定、业务委托、奖励等方式，发挥工商联以及行业协会（商会）和综合服务机构的作用，引导和带动专业服务机构的发展。建立和完善财政补助机制，支持服务机构开展信息、培训、技术、创业、质量检验、企业管理等服务。

（二十三）加快中小企业公共服务基础设施建设。通过引导社会投资、财政资金支持等多种方式，重点支持在轻工、纺织、电子信息等领域建设一批产品研发、检验检测、技术推广等公共服务平台。支持小企业创业基地建设，改善创业和发展环境。鼓励高等院校、科研院所、企业技术中心开放科技资源，开展共性关键技术研究，提高服务中小企业的水平。完善中小企业信息服务网络，加快发展政策解读、技术推广、人才交流、业务培训和市场营销等重点信息服务。

（二十四）完善政府对中小企业的服务。深化行政审批制度改革，全面清理并进一步减少、合并行政审批事项，实现审批内容、标准和程序的公开化、规范化。投资、工商、税务、质检、环保等部门要简化程序、缩短时限、提高效率，为中小企业设立、生产经营等提供便捷服务。地方各级政府在制定和实施土地利用总体规划和年度计划时，要统筹考虑中小企业投资项目用地需求，合理安排用地指标。

七、提高中小企业经营管理水平

（二十五）引导和支持中小企业加强管理。支持培育中小企业管理咨询机构，开展管理咨询活动。引导中小企业加强基础管理，强化营销和风险管理，完善治理结构，推进管理创新，提高经营管理水平。督促中小企业苦练内功、降本增效，严格遵守安全、环保、质量、卫生、劳动保障等法律法规，诚实守信经营，履行社会责任。

（二十六）大力开展对中小企业各类人员的培训。实施中小企业银河培训工程，加大财政支持力度，充分发挥行业协会（商会）、中小企业培训机构的作用，广泛采用网络技术等手段，开展政策法规、企业管理、市场营销、专业技能、客户服务等各类培训。高度重视对企业经营管理者的培训，在3年内选择100万家成长型中小企业，对其经营管理者实施全面培训。

（二十七）加快推进中小企业信息化。继续实施中小企业信息化推进工程，加快推进重点区域中小企业信息化试点，引导中小企业利用信息技术提高研发、管理、制造和服务水平，提高市场营销和售后服务能力。鼓励信息技术企业开发和搭建行业应用平台，为中小企业信息化提供软硬件工具、项目外包、工业设计等社会化服务。

八、加强对中小企业工作的领导

（二十八）加强指导协调。成立国务院促进中小企业发展工作领导小组，加强对中小企业工作的统筹规划、组织领导和政策协调，领导小组办公室设在工业和信息化部。各地可根据工作需要，建立相应的组织机构和工作机制。

（二十九）建立中小企业统计监测制度。统计部门要建立和完善对中小企业的分类统计、监测、分析和发布制度，加强对规模以下企业的统计分析工作。有关部门要及时向社会公开发布发展规划、产业政策、行业动态等信息，逐步建立中小企业市场监测、风险防范和预警机制。

促进中小企业健康发展既是一项长期战略任务，也是当前保增长、扩内需、调结构、促发展、惠民生的紧迫任务。各地区、各有关部门要进一步提高认识，统一思想，结合实际，尽快制定贯彻本意见的具体办法，并切实抓好落实。

国务院

二○○九年九月十九日

关于进一步促进个体私营经济发展的若干意见

工商个字［2009］208号

各省、自治区、直辖市及计划单列市、副省级市工商局、市场监督管理局：

个体私营经济是我国社会主义市场经济的重要组成部分，是推动经济社会发展的重要力量，对扩大就业、拉动内需具有重要意义。去年国际金融危机爆发以来，党中央国务院为促进个体私营企业生产经营发展，及时出台了一系列政策措施。为贯彻落实《国务院关于进一步促进中小企业发展的若干意见》（国发［2009］36号），现就工商行政管理机关发挥职能作用，进一步促进个体私营经济又好又快发展，提出如下意见：

一、鼓励私营企业做大、做强、做活。除国家明令禁止的外，凡允许国有和外资企业进入的投资领域，一律对个体私营企业开放。按照"增加总量、扩大规模、鼓励先进、淘汰落后"的要求，重点支持符合国家产业政策、具有竞争优势的私营企业，通过兼并、重组等方式，组建跨行业、跨地区经营的大型企业集团。支持服务业私营企业开展连锁经营，实现规模化、集约化发展。要通过走访、调研等多种方式，加强与个体私营企业的联系，明确服务重点和方向。各地工商机关要充分发挥工商登记信息资源优势，向社会发布个体私营经济发展动态信息，对个体私营企业投资创业进行提示、预警，引导个体私营企业确定有利的投资发展方向。

二、立足职能，积极配合相关部门，切实帮助个体私营企业解决融资难问题。积极开展动产抵押、股权质押和注册商标专用权质押登记，总结经验，完善相关工作机制，指导个体私营企业利用抵押、质押担保进行融资；允许股权出资，为个体私营企业进一步拓宽融资渠道；稳妥推动民间资本创办小额贷款公司，为金融机构提供个体私营企业的工商注册和抵押登记、出质登记信息查询服务，支持建立面向个体私营企业的金融服务体系和信用担保体系。

三、积极探索，促进农民专业合作社加快发展，大力培育和发展农村经纪人。本着依法、自愿、有偿和进退自由的原则，在不改变土地集体所有性质、不改变土地用途、不损害农民土地承包权益的前提下，允许农民以土地承包经营权出资设立农民专业合作社。配合有关部门，探索农民专业合作社开展资金互助、信用合作。支持农民专业合作社跨地域、跨所有制、跨行业开展经营和提供服务。利用信息化手段提升农民专业合作社登记服务质量，加强法律法规宣传，做好政策咨询，严格执行农民专业合作社登记不收费的规定。引导农民专业合作社实施商标战略，加强农副土特产品的商标注册，提高农产品附加值，增强市场竞争力。实施合同帮农，引导农民专业合作社发展“订单农业”，减少农业生产风险。支持农民专业合作社与高等学校、科研院所开展多种形式技术合作促进产学研、农科教结合，加快农业科技成果转化。对农村经纪人开展经纪、合同、商标等业务培训，指导农村经纪人提高经纪水平和服务技能，充分发挥其桥梁和纽带作用，促进农产品流通、农业产业结构调整和农民增收。

四、发挥职能作用，促进社会信用体系建设。在企业、个体工商户和市场信用分类监管基础上，大力推进全国各类市场主体工商登记管理信息动态数据库建设。各地工商机关要积极开发面向社会公众的信息查询服务功能，努力推动与其他部门相关市场主体信用信息的互联共享，为社会信用体系建设提供市场主体的基础信息。要发挥工商行政管理职能作用，鼓励个体私营企业“守合同重信用”，引导个体私营企业增强履行社会诚信责任的意识。

五、积极配合有关部门研究对中小企业标准进行科学界定和细分。要结合修订《城乡个体工商户管理暂行条例》，根据不同行业、不同规模个体私营企业的特点，研究制定针对“微型企业”的扶持措施。鼓励、引导经营规模较大的个体工商户升级为企业，进一步提高经营管理水平和市场竞争能力。开展查处取缔无照经营工作要坚持“突出重点、区别对待、堵疏结合、分类规范”的方针，重在指导经营者合法开展经营活动。要充分发挥社区在安排临时就业、规范摊贩经营方面的积极作用。

六、多措并举，大力推进“以创业带动就业”。要指导各级个私协会，积极组织各种形式的就业洽谈会、招聘见面会，通过举办“自主创业我先行”全国高校大学毕业生创业系列报告会、召开创业带就业动员会、举办座谈会、街头宣传咨询等形式现场解答疑问，通过先富带后富、“一帮一”、“一带一”等活动，积极帮助高校毕业生自主创业。要认真落实《“三年百万”高校毕业生就业见习计划》，引导优秀人才进入个体私营经济领域发展。要认真贯彻促进就业优惠政策，鼓励、引导返乡农民工、下岗失业人员、复员退伍军人、高校毕业生、残疾人等自主创业，为其申请登记注册个体工商户、私营企业提供免费的开业指导以及相关政策、法规和信息咨询服务。并严格按照《就业促进法》的规定，对符合政策规定的创业人员3年内免收登记类和证照类等有关行政事业性收费。

七、切实维护公平竞争的市场秩序，为个体私营经济发展提供良好市场环境。加大对个体私营企业的字号名称、注册商标和商业秘密的保护力度，维护个体私营企业的合法权益。严厉打击制售假冒伪劣商品、虚假广告、不正当竞争等违法违规行为，保护合法经营，维护正常的市场秩序，促进个体私营经济健康发展。

八、依法规范行政管理，提高监管执法水平，坚决制止“三乱”现象。加强行政指导，充分发挥行政执法“预防、警示、教育”的功能。对个体私营企业违法行为情节轻微、当事人积极采取措施补救、没有产生危害后果的，以教育整改为主，依法从轻、减轻或者免除对其经济处罚。对于生产经营暂时出现困难的个体工商户、私营企业，在年检验照等方面要予以支持。严禁利用年检验照进行乱摊派、乱收费、乱罚款和搭车收费。

九、充分发挥各级个体劳动者协会和私营企业协会作用，努力为个体私营企业排忧解难。要围绕“服务会员”的宗旨，通过维权保障、宣传教育、培训学习、经贸交流、公益活动等多种举措开展服务，积极搭建个体私营经济与政府沟通、了解供求信息、经营管理培训、人才引进的平台。引导个体私营企业“爱国敬业、诚实劳动、依法经营、乐于奉献”。

二○○九年十月二十一日

商务部关于加快流通领域电子商务发展的意见

商贸发［2009］540号

各省、自治区、直辖市、计划单列市及新疆生产建设兵团商务主管部门：

为贯彻落实《国务院办公厅关于搞活流通扩大消费的意见》（国办发［2008］134号）和《国务院办公厅关于加快电子商务发展的若干意见》（国办发［2005］2号），现就当前经济形势下进一步加快流通领域电子商务发展提出以下意见：

一、充分认识加快流通领域电子商务发展的重要意义

电子商务是基于信息技术和互联网的现代流通方式。由于我国流通领域电子商务发展起步较晚、基础薄弱，流通企业和社会公众对电子商务的参与度还有待提高，网上交易的配套服务体系还不健全。当前，在党中央、国务院扩大内需拉动经济增长的战略部署下，加快流通领域电子商务发展，既可以扩大网上消费群体，培育新型消费模式和消费领域，又有助于降低流通成本，加快商品和服务价值的最终实现。因此，加快流通领域电子商务发展是当前我国应对金融危机，扩大居民消费、保持经济增长动力的有效手段，是提高商品流通效率、转变经济发展方式的必然要求。

二、明确加快流通领域电子商务发展的主要目标

加快流通领域电子商务发展的主要目标是，以市场为导向，以企业为主体，以信息化带动流通现代化为主要手段，加快流通领域电子商务应用推广

进程。扶持传统流通企业应用电子商务开拓网上市场，培育一批管理运营规范、市场前景广阔的专业网络购物企业，扶持一批影响力和凝聚力较强的网上批发交易企业。提高社会公众对电子商务的认知度和参与度，开拓适宜网上交易的居民消费领域，培育和扩大网上消费群体，到“十二五”期末，力争网络购物交易额占我国社会消费品零售总额的比重提高到5%以上。

三、推动传统流通企业开拓网上市场

鼓励重点培育的大型流通企业整合资源，建设一体化的电子商务平台，提高规模经济效益和综合竞争实力。不断推进大型流通企业电子商务应用向纵深发展，形成技术改进、体系升级、价值创造和资本吸引的良性循环。扶持中小流通企业通过第三方技术服务平台进行网上销售相关技术改造与管理升级，降低商品陈设和人员、库存、资金占用等运营成本，选择灵活适宜的经营模式，满足不同消费层次和消费偏好的顾客需求。

四、促进商品批发环节应用推广网上交易

鼓励流通企业应用电子商务进行商品批发交易，提高流通效率，扩大中间需求，带动最终需求。充分发挥大型骨干流通企业和大宗商品市场的作用，开展农产品、日用工业品和生产资料的网上批发交易。以产业集群为依托，支持面向行业的电子商务企业发展，整合产业链和供应链，为生产企业和分销企业间、批发企业和零售企业间网上交易提供第三方服务。

五、加快发展面向消费者的专业网络购物企业

培育一批知名度高、实力强、运作规范的专业网络购物企业，建设交易商品丰富、服务内容多样的新型商业网站，大力发展服装、家电、家居装潢、图书音像等适宜网上交易的商品销售，深度挖掘各类网民群体的消费需求潜力。加快发展面向消费者的第三方电子商务平台，鼓励中小企业和个人借助电子商务平台开展网上交易，促进交易双方供需衔接和交流互动，推动企业协同运作、集约化发展，形成竞争力和灵活性俱强的企业集群。鼓励社区电子商务平台建设，推动整合社区内各类商业服务资源，为社区居民提供方便、快捷的服务。

六、推动实体市场交易与网上市场交易有机结合

鼓励流通企业以网上销售带动门店销售，以门店销售支撑网上销售，不断探索“线上市场”与“线下市场”互动促销的经营方式。利用流通企业已有的品牌优势、实体网点资源和物流配送体系，为网上销售提供丰富的商品、良好的信誉和优质的服务。以网上低成本、全天候的商品展示和交易渠道，有效促进实体店铺扩大销售。鼓励各类流通企业发展移动电子商务，进行相关设施改造和管理升级。

七、完善流通领域电子商务发展扶持政策

积极利用中央服务业发展资金和中小商贸企业发展资金，推动流通领域电子商务发展薄弱环节的改进，健全流通领域电子商务政策促进体系，推动各级商务主管部门出台配套政策措施，进一步完善扶持内容，加大扶持力度。

八、开展流通领域电子商务示范引导工作

推广先进地区流通领域电子商务发展的先进经验，选择应用电子商务规范化水平高和代表性强的流通企业，研究推广成熟运作模式和优秀解决方案，带动流通企业特别是中小企业围绕电子商务提高管理水平、规范经营行为，推动整个行业的持续健康发展。

九、健全流通领域电子商务发展环境

按照保护市场活力和规范交易行为并重的原则，认真贯彻实施《电子商务模式规范》（SB/T10518－2009）、《网络交易服务规范》（SB/T10519－2009）等国内贸易行业标准，开展相关培训交流活动。积极引导流通领域电子商务企业建立健全信用管理制度，提高服务诚信度，增强消费者信心。

十、有效防范网上交易市场风险

针对现代信息技术与传统流通方式相结合的新特点、新问题，有效维护网上交易市场秩序，防范和化解互联网虚拟性带来的各类交易风险。加强部门监管协作与信息共享，完善和延伸现实市场监管体系，避免网上市场监管执法缺位。积极协同有关部门，依法及时取缔和曝光网上交易出现的不法行为，并从企业注册、网站备案、信息发布、资金流转、商品寄递等各环节防止违法行为的复制和扩张。

十一、建立流通领域电子商务促进工作体系

地方各级商务主管部门要建立加快流通领域电

子商务发展的组织保障体系和工作机制，明确职责分工，落实目标任务。发挥电子商务行业组织的作用，做好信息服务和政策引导，为企业解决实际经营困难。整合流通企业资源，结合节庆活动进行网上展销推介，组织开展电子商务进企业、进家庭等多种形式的推广普及活动，提高居民参与热情和实际操作能力。

商务部

二〇〇九年十一月三十日

关于小型微利企业有关企业所得税政策的通知

财税［2009］133号

各省、自治区、直辖市、计划单列市财政厅（局）、国家税务局、地方税务局，新疆生产建设兵团财务局：

为有效应对国际金融危机，扶持中小企业发展，经国务院批准，现就小型微利企业所得税政策通知如下：

一、自2010年1月1日至2010年12月31日，对年应纳税所得额低于3万元（含3万元）的小型微利企业，其所得减按50%计入应纳税所得额，按20%的税率缴纳企业所得税。

二、本通知所称小型微利企业，是指符合《中华人民共和国企业所得税法》及其实施条例以及相关税收政策规定的小型微利企业。

请遵照执行。

财政部　国家税务总局

二〇〇九年十二月二日

工业和信息化部关于做好减轻企业负担工作的指导意见

工信部运行［2009］684号

各省、自治区、直辖市工业和信息化主管部门、减轻企业负担领导小组（联席会议）：

为深入贯彻落实“保增长、扩内需、调结构、惠民生”“一揽子”计划，进一步优化企业生产经营环境，减轻企业负担，确保经济平稳较快增长，现就做好减轻企业负担工作提出以下指导意见：

一、深刻认识减负工作在应对国际金融危机中的重要意义

中共中央、国务院《关于治理向企业乱收费、乱罚款和各种摊派等问题的决定》（中发［1997］14号）发布以来，各地高度重视并深入开展治乱减负工作，“三乱”现象愈演愈烈的势头得到有效遏制，企业负担不断减轻，对维护企业合法权益、改善经济发展环境、规范市场经济秩序、促进党风廉政建设和维护社会和谐稳定，发挥了积极的作用。

由于国际金融危机的冲击，我国部分企业生产经营困难，中央审时度势，果断采取应对措施，确保经济平稳较快发展。虽然政策效果逐步显现，工业增速下滑势头得到遏制，经济形势总体呈现企稳向好势头，但工业企稳回升的基础还不牢固，经济基本面未有根本性改观，中央和地方应对金融危机制定的各项政策措施需进一步贯彻落实。在当前形势下，侵害企业合法权益、加重企业负担的问题在一些地区出现反弹，加剧了企业特别是中小企业生产经营的困难，对巩固应对国际金融危机的成效，实现工业经济又好又快发展和社会和谐发展的目标，产生了不利的影响。

减轻企业负担，既是一项经济工作，也是当前的一项十分艰巨而紧迫的政治任务。在我国工业经济仍处在保增长、调结构的关键时期，继续做好减轻企业负担工作，巩固和发展减轻企业负担工作成果，进一步优化企业发展环境，尤为重要。各地工业和信息化主管部门及减轻企业负担工作机构，要积极会同有关部门，认真做好工作的指导、监督检查和组织协调，坚决纠正增加企业不合理负担、损害企业合法权益的行为，帮助企业克服困难，继续发挥减轻企业负担工作在服务企业、促进企业和经济社会发展中的积极作用。

二、做好新形势下减负工作的指导思想

按照党的十七届四中全会精神，认真学习和实践科学发展观，紧紧围绕“保增长、扩内需、调结构、惠民生”“一揽子”计划，坚持走中国特色新型工业化道路，以监督落实中央和地方减轻企业负担和支持企业发展的各项政策规定为重点，以为企业发展服务、帮助企业解决困难、维护企业合法权益为主要任务，从讲政治、反腐败、促发展的战略高度，与本地区、本部门工业经济运行工作实际紧密结合起来，不断研究探讨新形势下减轻企业负担工作中的新情况和新问题，健全工作机制，坚持标本兼治，着力抓落实、抓检查、抓源头、抓服务，努力为工业企业发展创造良好的环境，促进经济增长各项战略目标的实现。

三、当前的主要工作任务

（一）认真抓好各项政策措施的督促落实

继续完善各地减轻企业负担管理部门、执收执罚行政主管部门和企业三级监督网络体系，充分发挥企业负担监测、联系制度及监督员制度的作用，加强对落实工作情况的监督指导。

一是督促落实已经公布的涉及企业的各项优惠

政策和收费减免政策。要认真梳理中央和地方以及重点产业调整振兴规划规定实施的关于减轻企业负担、促进企业发展的各项优惠政策和收费减免政策，逐项制定实施措施。对已经明确免收的收费项目要坚决停止征收，明确降低收费标准的要坚决降下来，不得变换名目向企业收取，也不得转为经营服务性项目变相继续收费。不得以任何理由拖延或拒绝执行为企业制定的各项优惠政策。

二是组织开展对落实工作情况的专项检查。各地减轻企业负担工作机构要以查基层单位、查薄弱环节、查突出问题为重点，加强对企业反映强烈的地区、部门和收费项目的监督检查，掌握各项政策措施的实施效果及企业的意见和建议，及时解决发现的问题或提出解决的措施建议。

三是加大对企业反映的或检查中发现的违规违纪问题的处理力度。各地减轻企业负担工作机构要与监察、纠风部门密切配合，及时发现、迅速纠正和严肃查处对落实工作不作为、乱作为，增加企业不合理负担、侵害企业合法权益等违规违纪问题。严格实行“三乱”案件举报制度、督办制度和重大典型案件通报制度。对违规违纪问题要限期纠正，处理结果要逐级上报，典型案例要向社会公布。对顶风违纪和打击报复举报人或刁难企业的，要严肃处理。对违规收取的费用要如数退还企业，对情节严重或给企业造成重大损失的，要给予通报批评，并依法追究有关人员的责任。

（二）对突出问题开展专项治理

一是贯彻落实《国务院关于进一步促进中小企业发展的若干意见》（国发［2009］36号），加大减轻中小企业负担工作力度。

清理涉及中小企业的收费。重点是行政许可和强制准入的中介服务收费、具有垄断性的经营服务收费，能免则免，能减则减，能缓则缓。凡未按规定权限和程序批准的行政事业性收费项目和政府性基金项目，一律取消。严格执行收费项目公示制度，公开前置性审批项目、程序和收费标准，严禁地方和部门越权设立行政事业性收费项目。严格执行税收征收管理法律法规，不得违规向中小企业提前征税或者摊派税款。

清理不利于中小企业发展的政策规定。对不利于中小企业发展的负担，要进行调整和规范，从源头上遏制增加中小企业不合理负担和损害中小企业合法利益的行为，逐步清除影响中小企业发展的体制性障碍，确立平等的市场主体地位，实现公平待遇、公平竞争。

加强对中小企业的权益保护。坚持依法行政，规范执收行为，设立中小企业维权举报电话，全面实行中小企业缴费登记卡制度，任何部门和单位不得通过强制中小企业购买产品、接受指定服务等手段牟利，严肃查处侵害中小企业权益的行为；学习借鉴国外维护企业权益、规范政府行为方面的经验和做法。

二是继续加强对社会团体、市场中介组织服务和收费的专项治理。按照《民政部国家发展改革委　监察部　财政部　国家税务总局　国务院纠风办关于规范社会团体收费行为有关问题的通知》（民发［2007］167号）和国家发展改革委、国务院纠风办、民政部等九个部门《关于印发规范行业协会、市场中介组织服务和收费行为专项治理工作的实施意见的通知》（发改产业［2008］2351号）的规定，会同有关部门，重点治理行政许可、行政审批前置性的和强制准入规定的中介收费，中介服务机构、社会团体接受行政机关委托进行的指定服务、强制服务以及乱收费、高额收费，具有垄断性的经营服务收费等企业反映强烈的问题，完善政府购买服务的制度，规范社会团体、中介机构服务行为，整顿社会团体和中介服务市场秩序。

三是规范对企业的各类检查、产品和设备质量检验检测等行为。按照国务院批准十个部委联合制定的《关于印发〈控制对企业进行经济检查的规定〉的通知》（国经贸监督［1999］706号）的规定，严格控制以各种名义对企业进行检查，凡不属法律法规规定的各类检查项目，一律不得检查。有法律法规规定的各类检查项目，要按规定落实检查申报备案、登记制度，不得进行内容相同或相似的重复检查。按照《国家发展改革委财政部关于适当降低计量检定收费标准及有关问题的通知》（发改价格［2009］234号）精神，严格规范进出口商品、国内部分产品和设备质量检验检测服务和收费行为，切实解决产品和设备质量检验检测收费标准过高、重复检验检测的问题。

四是开展冶金矿山企业负担专项治理。针对我国冶金矿山企业社会负担重，税费负担高，长期受国际市场冲击，缺乏竞争力，经营困难的问题，开展冶金矿山企业负担专项治理，减轻冶金矿山企业负担，帮助冶金矿山企业尽快走出困境，促进国内冶金矿产品市场健康发展，减缓进口铁矿石对我国钢铁工业的制约，保障我国钢铁工业经济安全和健康发展。

各地减轻企业负担工作机构，可根据本地区贯彻落实中央和地方出台的和重点产业调整振兴规划要求的政策措施实际需要，选择当地亟待解决的问题，组织有关部门开展专项治理。

（三）帮助企业做好解困和维护合法权益工作

一是认真研究当前金融危机形势下企业发展环境中出现的新情况、新问题，从着力于为企业服务和解决企业反映的突出问题入手，创新工作思路，制定对策措施。继续组织开展“企业服务年”活动，建立重点企业服务制度，切实帮助企业解决生产经营中遇到的困难和问题。

二是开展企业负担调查研究工作，对企业反映的不合理负担和影响发展的政策性问题，当前实施的经济调整政策对部分企业增加了较重负担的问题，研究解决措施，提出整改建议。

三是针对负担的企业“自愿”化和表象合法化的新趋势，加强企业维权体系建设，健全企业维权投诉机制和维权服务网络。企业减负的方法和着力点要从对权力机关的监督转变到对企业维权的引导和帮助，完善企业维权渠道和维权保障上来，搭建“企业呼声直通车”服务平台，引导和方便企业和群众举报和投诉，以充分调动和发挥企业维权的积极性，增强企业的维权意识和能力。要充分调动社会力量，发挥维护企业合法权益的社团组织在扩大企业参与、反映企业诉求、消除不满、化解矛盾等方面的积极作用，为企业维权营造社会化的服务环境。

（四）加快减轻企业负担工作立法进程

目前，企业治乱减负工作的发展正处在“治乱”向“规制”、“减负”向“维权”转变的关键时期。健全完善科学有效的企业负担监督管理机制和减轻企业负担长效机制，探索源头治理的有效途径十分必要。全国一半以上地区已经出台企业负担监督管理地方性法规，没有出台的地区应该加快法规建设进程，尽快将减轻企业负担工作纳入法制化轨道。

四、保障措施

（一）加强组织领导，完善工作机制

各地工业和信息化主管部门和减负工作机构要切实加强领导，将减轻企业负担工作列入重要议事日程，落实领导和部门责任。加强减负工作组织机构建设，确保减负工作机构、人员、经费、措施“四到位”，保持减负工作的连续性。减负工作机构要认真履行组织协调职责，加强指导督查，确保企业减负工作顺利进行。

（二）落实责任制度，注重协调配合

按照“谁主管、谁负责”的原则，建立健全并组织落实责任制度，充分发挥合作部门职能的合力作用，确保各项工作任务的顺利完成。对全年工作任务完成较好、成绩突出的给予通报表彰，对企业反映问题强烈、存在问题突出的进行通报批评。

（三）突出工作重点，狠抓工作落实

要以督促检查落实减轻企业负担政策措施为重点，采取多种检查方式，及时拟订督促检查方案，适时组织督促检查活动，按时反馈督促检查情况，确保减轻企业负担各项政策措施落实到位，扼制“三乱”的反弹。

（四）加大查处力度，认真处理案件

减负工作要有声势、有力度、有成效，必须抓典型、抓查处、抓曝光。要继续发扬敢于碰硬的精神，认真执行案件查处工作责任制度，努力做到举报案件件件有回音，事事有着落。要通过查处案件，既解决现实问题，也达到教育警示、加强监管、完善机制的目的。

（五）强化制度建设，探索长效机制

继续坚持企业收费项目审批管理制度，严禁擅自越权审批，严禁擅自提高标准，扩大收取范围；继续坚持减轻企业负担工作各项管理制度，推动减轻企业负担工作的制度化、规范化；继续坚持源头治理，充分利用国家出台“保增长、扩内需、调结构、惠民生”“一揽子”计划的时机，努力在治本上下工夫，建立减轻企业负担的长效机制。

（六）加强舆论宣传，实现社会监督

通过新闻媒体、政府网站等形式及时向社会公布减轻企业负担的政策文件和政务信息，公布收费减免目录，宣传典型经验，曝光典型案件，充分发挥新闻舆论的监督作用，提振企业战胜当前困难的信心。

各地减轻企业负担工作机构要按照本意见精神，结合地区实际，制定具体实施措施，于2010年3月底前报送工业和信息化部。

二〇〇九年十二月十五日

人力资源和社会保障部 财政部 国家税务总局 关于进一步做好减轻企业负担 稳定就业局势有关工作的通知

人社部发［2009］175号

各省、自治区、直辖市人力资源和社会保障（人事、劳动保障）厅（局）、财政厅（局）、国家税务局、地方税务局，新疆生产建设兵团人事局、劳动保障局、财务局，各计划单列市人力资源和社会保障（人事、劳动保障）局、财政局、国家税务局、地方税务局：

根据中央经济工作会议关于今年到期的就业扶持政策再延长一年的要求，按照国务院关于调整完善促进消费政策的安排，现就相关政策延期问题通知如下：

一、延长稳定就业岗位、扶持就业的相关优惠政策执行期限

2008年12月，人力资源和社会保障部、财政部、国家税务总局联合下发《关于采取积极措施减轻企业负担稳定就业局势有关问题的通知》（人社部发［2008］117号，以下简称117号文件）以来，各地积极贯彻落实，政策效应逐步显现，对减轻企业负担、稳定就业局势发挥了积极作用。为进一步做好减轻企业负担、稳定就业局势有关工作，各地要将117号文件中规定的“允许困难企业在一定期限内缓缴社会保险费”、“阶段性降低四项社会保险费率”、“使用失业保险基金帮助困难企业稳定就业岗位”和“鼓励困难企业通过开展职工在岗培训等方式稳定职工队伍”4项政策执行期限延长至2010年年底。各省、自治区、直辖市根据117号文件的总体要求，结合实际制定具体政策规定和工作要求。

对2010年享受社会保险补贴政策期满、仍未能实现稳定就业的灵活就业人员，一次性延长社会保险补贴期限，最长不超过1年。东部7省市扩大

失业保险基金支出范围试点政策延长到2010年年底。

二、重点向困难中小企业倾斜

中小企业是国民经济和社会发展的重要力量，也是当前吸纳就业的主要渠道。由于中小企业抗风险能力相对较弱，在国际金融危机中受到的冲击更大，生产经营更加困难，需要更多的帮助和政策扶持。在同等条件下，要优先受理中小企业缓缴社会保险费、享受社会保险补贴、岗位补贴和在职培训补贴的申请；经审核符合条件的，优先予以批准。

三、简化审批程序，加大落实力度

各地要按照117号文件规定的条件认定“困难企业”，一般不再设置新的限制条件。在2009年内符合享受政策条件但未享受优惠政策的困难企业，应当纳入2010年政策扶持范围；已经享受优惠政策的企业，可根据需要经审批后再延长享受期限。要进一步简化审批程序，缩短审批时限，加快审批速度，方便企业申请并享受相关扶持政策，充分发挥政策效力，帮助企业克服困难，稳定就业岗位。具体认定和审批工作由统筹地区人力资源社会保障部门会同财政、经贸、国资、税务等部门负责。参与认定困难企业的各部门之间要建立工作会商机制，有条件的可联合办公，为企业提供“一站式”服务。

四、加强组织领导，精心组织实施

各省、自治区、直辖市人力资源和社会保障、财政等有关部门要在省级人民政府的统一领导下，认真贯彻落实党中央、国务院的决策部署，进一步做好减轻企业负担稳定就业局势有关工作，结合本地实际，在认真测算、充分论证的基础上，按照本《通知》精神精心组织实施，确保政策实施效果。各地要加强对政策落实情况的跟踪分析，切实做好数据汇总工作，保证数据及时准确地逐级上报。各地贯彻落实本《通知》的情况以及工作中遇到的问题，请及时向人力资源和社会保障部、财政部报告。

人力资源和社会保障部　财政部　国家税务总局

二〇〇九年十二月十六日

关于推荐2009年度中小企业公共（技术）服务示范平台的通知

工信厅企业［2009］259号

各省、自治区、直辖市、计划单列市、新疆生产建设兵团中小企业主管部门，有关行业协会：

为贯彻落实《国务院关于进一步促进中小企业发展的若干意见》，支持中小企业提高技术创新能力和产品质量，根据我部《关于加强工业产品质量工作的指导意见》中有关用三年左右的时间，建立300个支持中小企业发展的公共技术服务平台的目标要求，现就推荐2009年度中小企业公共（技术）服务示范平台（以下简称示范平台）的有关事项通知如下：

一、本年度示范平台的推荐范围、基本条件和程序要求，参照中小企业公共（技术）服务示范平台推荐指南（见附件）实施。

二、推荐数量：各省、自治区、直辖市和行业协会原则上不超过4个，计划单列市、新疆生产建设兵团原则上不超过2个。

三、请省级中小企业主管部门、全国性行业协会于1月15日前将推荐文件、推荐中小企业公共（技术）服务示范平台汇总表、专家评审意见、中小企业公共（技术）服务示范平台申请表及其相关材料一式两份，报送工业和信息化部中小企业司。其中，中小企业公共（技术）服务示范平台申请表、推荐中小企业公共（技术）服务示范平台汇总表电子版发至电子邮箱：cxfwc@ sme. gov. cn。

四、中小企业公共（技术）服务示范平台推荐指南及其相关表格可在工业和信息化部门户网站www. miit. gov. cn下载。

联系人：刘怡　韦向群

联系电话：010－68205321，68205319（传真）

附件：

1. 中小企业公共（技术）服务示范平台推荐指南（略）

2. 中小企业公共（技术）服务示范平台申请表（略）

3. 推荐中小企业公共（技术）服务示范平台汇总表（略）

二〇〇九年十二月十一日

国务院办公厅关于成立国务院促进中小企业发展工作领导小组的通知

国办发［2009］67号

各省、自治区、直辖市人民政府，国务院各部委、各直属机构：

为加强对促进中小企业发展工作的组织领导和政策协调，国务院决定成立国务院促进中小企业发展工作领导小组（以下简称领导小组）。领导小组组成人员名单如下：

组　长：张德江　　国务院副总理

副组长：李毅中　工业和信息化部部长
谢旭人　财政部部长
肖亚庆　国务院副秘书长
成　员：朱宏任　工业和信息化部总工程师
刘铁男　发展改革委副主任
杜占元　科技部副部长
丁学东　财政部副部长
张小建　人力资源和社会保障部副部长
高鸿宾　农业部副部长
钟　山　商务部副部长
刘士余　人民银行副行长
解学智　税务总局副局长
钟攸平　工商总局副局长
王　勇　质检总局局长
许宪春　统计局副局长
王兆星　银监会副主席
姚　刚　证监会副主席
李吉平　开发银行副行长
孙安民　全国工商联副主席

领导小组办公室设在工业和信息化部，承担领导小组的日常工作，负责研究提出促进中小企业发展的政策建议，督促落实领导小组议定事项，承办领导小组交办的其他事项。工业和信息化部中小企业司司长王黎明任办公室主任，财政部企业司司长贾谌任办公室副主任。

领导小组成员因工作变动等需要调整的，由所在单位向领导小组办公室提出，报领导小组组长批准。

国务院办公厅
二〇〇九年十二月二十八日

国家知识产权局　工业和信息化部　关于实施中小企业知识产权战略推进工程的通知

国知发管字［2009］238号

各省、自治区、直辖市、计划单列市、新疆生产建设兵团知识产权局，中小企业主管部门；副省级城市知识产权局：

为贯彻落实《国家中长期科学和技术发展规划纲要》、《国家知识产权战略纲要》，落实国家12部委《关于支持中小企业技术创新的若干政策》，应对国际金融危机影响，提升中小企业知识产权创造、运用、保护和管理能力，加快培育拥有自主知识产权、知名品牌和较强竞争力的中小企业，促进中小企业转变发展方式，实现创新发展，国家知识产权局、工业和信息化部决定联合实施中小企业知识产权战略推进工程（以下简称“工程”）。现将工程实施方案印发你们。请按照方案要求，结合本地区实际，将工程作为落实《国务院关于进一步促进中小企业发展的若干意见》（国发［2009］36号），促进中小企业技术进步和结构调整的重要工作，认真组织实施。

附件：中小企业知识产权战略推进工程实施方案

二〇〇九年十二月三十一日

联系方式：国家知识产权局专利管理司企业管理处

联系人：刘楠娟　彭茂祥
联系电话：010－62083113　62086560
传　真：010－62020895
电子邮件：gzj2005@126.com

工业和信息化部中小企业司创新服务处
联系人：王　悦　韦向群
联系电话：010－68205319　68205322
传　真：010－68205319
电子邮件：cxfwc@sme.gov.cn

附件：

中小企业知识产权战略推进工程实施方案

改革开放以来，我国中小企业快速发展，已经成为我国经济发展的重要力量。但是，我国中小企业的总体发展水平与国际上先进水平相比仍有很大差距，特别是一些企业长期以来主要依靠低价竞争，缺乏自主知识产权产品、技术，缺乏品牌竞争优势，受到资源环境约束越来越大。随着我国进入新的历史发展时期，中小企业的发展面临着新的更大的挑战，尤其是国际金融危机以来，问题更趋凸显。中小企业急需走创新发展之路，急需提升知识产权创造、运用、保护和管理能力，急需实现发展路径的战略转型。

为全面提升中小企业知识产权能力和水平，加快培育我国拥有自主知识产权、知名品牌和核心竞争力的中小企业，国家知识产权局、工业和信息化部共同实施中小企业知识产权战略推进工程（以下简称“工程”）。

一、指导思想和总体目标

深入贯彻落实科学发展观，推动国家知识产权战略在企业层面的落实，全面推进中小企业知识产权能力提升，加强和完善中小企业知识产权公共服务体系建设，引导和促进中小企业开发和实施具有自主知识产权的创新技术，促进中小企业形成具有自主知识产权优势的核心竞争力，加快中小企业转变发展方式，实现创新发展。

以城市中小企业集聚区（特色产业区）（以下统称为“中小企业集聚区”）为工程实施的主要对象，用五年左右的时间，力争达到以下目标：在全国范围内，培育形成百个具有自主知识产权优势的中小企业集聚区，建立百家中小企业知识产权辅导服务机构，培训万名中小企业知识产权工作者和经营管理人员，培育形成万家具有自主知识产权优势的中小企业；为广大中小企业提供各类知识产权公共服务，形成切实有效的中小企业知识产权综合服务援助等机制；发挥中小企业集聚区示范项目的辐射、带动作用，使我国中小企业整体知识产权意识明显提高，创造、运用、保护和管理知识产权的能力明显增强，拥有自主知识产权的中小企业数量大幅增长，中小企业的抗风险能力、自主知识产权核心竞争力明显提升；通过工程总体实施，推动发展形成一批自主知识产权优势中小企业聚集区。

二、工作重点

（一）培育国家示范性知识产权优势中小企业集聚区

通过分期、分批选择具有产业特色和知识产权创造、运用基础的城市中小企业集聚区，培育一批示范性知识产权优势中小企业集聚区。制定并有效组织实施中小企业集聚区总体知识产权推进战略，制定实施培育中小企业集聚区知识产权优势的具体发展规划、具体落实措施；建立有效的集聚区知识产权管理制度，开展集聚区知识产权管理运行体系建设，建立政府知识产权、中小企业主管部门、相关机构、企业等共同参加的集聚区组织领导机制和日常执行机制，统筹协调集聚区知识产权管理的各方面工作，推动各工程实施的主体和对象切实完成各项保障措施的落实，切实完成各项工程任务。

（二）提升中小企业知识产权意识

以城市中小企业集聚区为重点，有计划地持续开展广泛的知识产权宣传和知识产权知识推广，着力提高中小企业知识产权意识，培育中小企业知识产权创新文化，推动形成城市中小企业集聚区创造知识产权、尊重知识产权、保护知识产权的社会氛围。

（三）开展中小企业知识产权培训

推动知识产权战略在中小企业的实施，将中小企业知识产权专题培训作为国家银河培训的重点内容，用五年时间，运用多层次、多渠道培训体系包括远程教育网络等，培训中小企业知识产权工作者，对中小企业经营管理和专业技术人员实施知识产权培训，为技术创新型中小企业培训一批知识产权管理人员。

（四）开展自主知识产权优势中小企业培育工作

分期、分批在具有产业特色和竞争优势的中小企业集聚区中选择具有一定知识产权和品牌创造潜力的中小企业，实施重点培育。通过政策引导和重点辅导服务，指导企业建立自身知识产权战略，完善企业知识产权全面管理、全过程管理，建立健全创新激励机制；鼓励企业加大知识产权创造投入力度，鼓励企业充分运用知识产权等各类创新资源，不断提高自主创新和技术成果转化的能力；支持和帮助具备条件的自主知识产权优势中小企业上市融资，加快发展。通过典型示范带动作用，整体提升区域中小企业知识产权创造、运用、保护、管理能力和水平。

（五）建立中小企业知识产权服务支撑体系

在具有产业特色和竞争优势的中小企业集聚区，依托现有公共服务平台，建立健全中小企业知识产权辅导服务机构，建立中小企业集聚区专利工作交流站。不断完善以知识产权咨询、知识产权评价评估、知识产权投融资、专利信息检索、专利申请辅导、专利技术分析、专利战略研究制定、专利预警、专利工作交流、专利技术（产品）展示交易等为一体的专业化、综合性中小企业服务支撑体系，着力提高区域中小企业创造和运用知识产权的能力，推动形成一批具有自主知识产权创造优势的中小企业集聚区。

（六）建立和完善中小企业集聚区知识产权保护机制

在中小企业集聚区推动建立行业自律组织和中小企业知识产权联盟、协会等，形成有效的知识产权保护机制和法律援助机制等。对有条件的地区，在中小企业集聚区公共服务平台或知识产权辅导服务机构增设中小企业知识产权保护援助服务功能，为企业提供有效的综合知识产权保护援助服务，营造有利于中小企业技术创新、知识产权创造与运用的良好外部环境。

三、具体支持措施

（一）中小企业项目支持

对纳入工程重点培育的自主知识产权优势中小企业，其实施专利技术产业化项目、参与行业标准制定、申报省部级以上新产品、申请国内外专利等发生的费用，同等条件下优先予以必要的支持。

（二）公共服务平台建立与完善项目支持

对纳入工程的中小企业集聚区公共服务平台（或知识产权辅导服务机构）开展的场地建设完善（改造）、行业专利数据库及服务设施建设等，予以必要的支持。

（三）知识产权辅导服务项目支持

对纳入工程的知识产权辅导服务示范机构，按照国家知识产权局、工业和信息化部关于工程实施的工作部署，面向中小企业开展的有效知识产权服务，予以必要的支持。

各级知识产权管理部门、中小企业主管部门应按照本工程的精神，结合当地实际，制定实施具体的配套落实政策和措施，要特别加大对纳入工程的中小企业集聚区和重点培育的中小企业、知识产权辅导服务示范机构的政策引导和资金支持，确保工程目标的实现。

四、组织实施

（一）实施方式

工程采取分期分批逐步推进的方式实施。每批实施以三年为一个周期。

（二）组织领导

国家知识产权局与工业和信息化部建立工作机制，统一指导、协调组织工程的实施工作。各省区市知识产权局和中小企业主管部门应建立相应的推进工程实施的部门合作工作机制，协调落实相关政策和扶持资金，采取积极有效措施，扎实推动各项工作的开展。

（三）进度安排

工程于2010年年初启动，总的实施时间为五年左右。在工程总的实施时间内分批进行，每批实施单位的实施时间自被纳入工程之日起算，为期三年。

（四）工程申报

1. 申报程序

工程申报由各省区市知识产权局会同同级中小企业主管部门，组织选择本省（区、市）具有行业竞争优势和中小企业集聚特色的城市申报，先由城市根据工程实施方案的总体目标、工作任务与要求，编制所在城市申报方案，同时，由省区市知识产权局、中小企业主管部门联合行文推荐，报国家知识产权局、工业和信息化部。

2. 申报条件

（1）申报城市具有较好的中小企业知识产权工作基础，中小企业集聚区的产业优势突出、区位优势明显，具有一定的知识产权工作基础、技术创新实力和技术服务基础，具有形成自主知识产权优势中小企业集聚区的潜力；

（2）申报城市人民政府高度重视中小企业知识产权战略推进工程工作，建立推进工程实施的领导组织保障；同时，在工程实施期间对中小企业集聚区的工程实施工作提供一定的财政投入和政策支持；

（3）制订目标明确、措施具体、保障有力、切实可行的工程实施方案；

（4）推荐申报城市的省级及申报城市的知识产权局、中小企业主管部门，对申报城市的工程实施给予一定的政策等支持。

3. 申报方案内容要求

（1）申报城市的工程领导组织、组成成员、机制安排与任务分工等组织领导情况；

（2）所申报的中小企业集聚区的总体发展情况，包括其在所在城市产业发展中的地位与影响，在城市总体发展战略及创新型城市建设中的战略地位；

（3）所申报的中小企业集聚区内中小企业总体发展情况、技术创新、知识产权总体状况，包括发展历史沿革等情况；

（4）实施工程的指导思想、原则、总体思路等；

（5）总体目标及逐年实施目标（包括：中小企业集聚区重点培育的知识产权优势中小企业数量，中小企业知识产权辅导服务机构建设，集聚区总体知识产权创造、运用、保护、管理目标，等等）；

（6）主要工作内容，总体工作计划及逐年实施计划安排（包括：知识产权优势中小企业的重点培育措施，中小企业知识产权辅导服务机构建设及开展服务工作方案，提升集聚区自主知识产权优势的主要措施，等等）；

（7）保障工程实施的政策、资金、人员等条件的安排和落实措施；

（8）申报城市认为应当说明的其他内容。

（五）首批实施单位申报

首批工程实施单位申报工作于2010年1月中旬启动，请各省区市知识产权局、中小企业主管部门按照上述第（四）项申报组织程序要求，组织所辖区域内城市提出申报方案，于4月30日前报国家知识产权局、工业和信息化部。

国家知识产权局、工业和信息化部收到各省市申报方案后，将组织专家对各地上报的实施方案进行评估，对有必要进行实地调研的申报城市将组织工作小组赴当地调研，最终确定承担第一批工程实施单位，并予以公布。

二、地方性法规、规章及规范性文件

北京市帮扶企业应对国际金融危机的若干措施

京政发［2009］5号

各区、县人民政府，市政府各委、办、局，各市属机构：

《北京市帮扶企业应对国际金融危机的若干措施》已经市委、市政府同意，现印发给你们。帮扶企业应对国际金融危机是当前全市工作的重中之重，本市各级政府、各有关部门和单位要以高度的政治责任感，进一步加大工作力度，细化工作方案，迅速行动起来，将各项政策和措施真正落到实处，切实帮助企业解决困难，促进本市经济平稳运行和健康发展，实现“保增长、保民生、保稳定”的目标。

二〇〇九年三月十九日

为进一步帮扶本市企业应对当前国际金融危机带来的冲击和挑战，以改革促发展，以发展促增长，及时解决企业在经营运行、开拓市场、保障就业、融资渠道等方面面临的突出困难，特制定以下措施。

一、促进产业发展

（一）按照国家产业振兴规划，推出本市电子信息产业、汽车产业、装备制造业、生物医药产业、新能源产业、都市工业等六大重点产业振兴规划，完善产业链条，带动产业整合，促进资源共享，实现优势互补，引导相关企业加快集群化发展。由北京市发展和改革委员会、北京市经济和信息化委员会牵头组织实施。

（二）全面实施《科技北京行动计划》，有效提升企业的自主创新能力，对承担国家重大科技专项、本市18个重大科技专项以及本市重点支持产业化项目的企业，对引进海外高端人才而实施的项目，给予重点支持和帮扶。由北京市科学技术委员会、北京市发展和改革委员会牵头组织实施。

（三）全面启动《北京信息化基础设施提升计划》，加快推进3G建设、城市信息基础设施建设，带动相关产业和核心设施在北京建设。对承担相关任务的企业给予重点支持。由北京市经济和信息化委员会牵头组织实施。

（四）加快推进国有经济布局结构调整，培育具有核心竞争力的大企业大集团。加大调整重组力度，推进商贸、农业企业的资源整合，完成5个以上企业重组项目，培育千亿元级、具有核心竞争力的大企业大集团。发展特色明显、产业链条完整和市场竞争力强的产业集群。由北京市人民政府国有资产监督管理委员会组织实施。

（五）进一步完善国家高新技术企业认定辅导工作机制，有针对性地落实辅导措施，推动科技型企业创新发展。建立北京市科技型企业帮扶机制，对确有科技含量和市场前景，暂不符合国家认定条件的企业，由市政府给予财政、金融、人才、科技条件等方面的支持，带动科技型企业尽快成长壮大。由北京市科学技术委员会、北京市经济和信息化委员会牵头组织实施。

二、鼓励开拓市场

（六）加大政府采购力度。扩大自主创新产品在本市重大项目中的应用和在政府采购中的比重与范围，支持更多有条件的企业进入本市自主创新产品目录，落实企业自主创新产品首购、订购政策。由北京市发展和改革委员会、北京市科学技术委员会、北京市财政局分别组织实施。

（七）安排补贴资金，制订实施方案，支持家电、汽车等工业品下乡，加快农村消费升级，帮助企业开拓农村市场，促进产品技术更新换代，实现产业结构优化升级。由北京市商务委员会、北京市财政局、北京市经济和信息化委员会牵头组织实施。

（八）结合本市实施公立医疗机构及社区药品集中采购和医保目录的调整，鼓励本市优势产品扩大市场份额。由北京市卫生局、北京市人力资源和社会保障局、北京市经济和信息化委员会牵头组织实施。

（九）统筹财力，将支持外贸发展、开拓国际市场的资金规模扩大到2.5亿元。调整中小出口企业的认定标准，扩大享受中小出口企业国际市场开拓资金地方配套政策的范围；提高对企业出口信用保险费的补助比例；对企业参加境外展览的费用给予补助。由北京市商务委员会牵头组织实施。

（十）加大对企业进出口的支持力度，促进对外贸易发展。完善各类担保措施，降低企业资金占压成本；加大担保验放、应急验放、上门验放、预约通关和预约查验等便捷措施的实施力度，提高企业通关效率；加快加工贸易备案、变更及核销、收付汇和出口退税等行政审批速度；为企业提供个性化海关监管服务；充分发挥海关特殊监管区域政策优势和功能作用，加快推动北京天竺综合保税区建设；鼓励加工贸易企业有效利用国际国内两个市场。由北京市商务委员会商北京海关等有关部门组织实施。

三、改善融资环境

（十一）支持企业上市融资。整合资源，建立促进企业上市联动机制和综合平台，支持各类企业利用资本市场进行直接融资。由北京市金融工作局牵头组织实施。

（十二）加大利用债务融资和股权融资工具力度。支持企业借助发行短期融资券、中期票据、企业债券、公司债券和可交换公司债券等债务融资工具，提高融资能力。加大发展创业投资、股权投资、产业投资基金力度，继续促进中小高新技术企业、文化创意企业集合发债工作。由北京市金融工作局牵头组织实施。

（十三）充分发挥北京国有资本经营管理中心的作用，2009年融资规模扩大到300亿元，使企业的融资成本节省30亿元以上。通过委托贷款、资本金注入等方式解决市属国有企业改革发展的资金需求，重点支持列入国有经济发展重点项目库中的保障性住房建设、装备制造业和高科技企业的发展。由北京市人民政府国有资产监督管理委员会组织实施。

（十四）支持企业引进战略投资者，实现股权多元化。鼓励企业抓住机遇，加大并购重组力度，推动国有资本证券化。由北京市人民政府国有资产监督管理委员会组织实施。

（十五）设立高端制造业融资代偿资金，建立再担保业务代偿补偿机制，研究扶持政策支持区域性中小企业担保平台建设，提高小额担保贷款单笔额度，降低金融机构风险预期，为企业扩大生产、开拓市场提供更多的金融服务。由北京市经济和信息化委员会、北京市财政局、北京市金融工作局牵头组织实施。

（十六）加大信贷支持力度。密切货币政策与监管政策、财政政策的协调配合，加强政府、企业、银行和担保、再担保机构多方协作，支持在京银行机构为企业提供信贷支持。建立政企银联动协调机制，解决企业在融资需求、贷款贴息、担保等方面的困难。鼓励金融机构在市、区县两级政府办事服务大厅设立企业金融服务窗口，受理企业诉求，提供金融服务。由北京市金融工作局牵头组织实施。

四、加大资金支持

（十七）统筹安排50亿元资金，用于推动产业发展、企业结构调整、技术改造、固定资产贷款和流动资金贷款贴息等方面的资金支持。其中，对2009年重点推进的在建和新建投资项目，凡在2009年9月30日前实现投产的，优先给予当年固定资产贷款的全额贴息补助，补助时间暂为1年；对有产品和市场的企业、供应商缩短还款期或买断供应商商品经营的商业流通企业、农业龙头企业等流动资金贷款，给予一定比例的贴息支持。由北京市发展和改革委员会、北京市经济和信息化委员会、北京市商务委员会、中关村科技园区管委会、北京经济技术开发区管委会共同组织实施。

（十八）对为2009年本市工业增长做出突出贡献的企业，给予一次性奖励。由北京市经济和信息化委员会牵头组织实施。

五、帮助企业解困

（十九）制定进一步帮扶企业稳定就业的相关措施，完善就业帮扶政策，对稳定困难企业就业岗位，鼓励企业吸纳就业人员、开展职业技能培训等工作予以支持。由北京市人力资源和社会保障局牵头组织实施。

（二十）进一步扩大本市国有企业就业。引导企业建立和完善职工就业机制，发挥国有企业“保增长、保民生、保稳定”的主力军作用。由北京市人民政府国有资产监督管理委员会组织实施。

（二十一）建立市、区县两级重点项目审批绿色通道，加快审批进度。由北京市发展和改革委员会牵头组织实施。

（二十二）加大工商行政管理帮扶力度。简化企业年检手续，免收2008年度企业年检费；给予困难企业1年调整期；对北京生源高校毕业生创办企业给予相关政策支持；支持企业依法以商标质押获得贷款。由北京市工商行政管理局组织实施。

（二十三）建立企业税费缓缴机制。对确有特殊困难、不能按期缴纳税款的企业，可向税务机关提出申请，经批准后，可对其应纳税款办理一定期限的缓缴手续。由北京市国家税务局、北京市地方税务局分别组织实施。

（二十四）为加快工业项目落地，对支付地价款确有困难的企业，经批准后，可根据实际情况延长地价款缴纳时间，并在支付部分地价款后可开工建设，延期最长不超过6个月。对因历史原因未办理土地使用证的企业，在符合相关法律、法规及政策的条件下，采取分类处理的办法加快完善用地手续。由北京市国土资源局、北京市经济和信息化委员会牵头组织实施。

六、完善服务和管理机制

（二十五）由市政府主管副市长牵头，相关部门参与，加强对帮扶企业解困工作的组织领导，形成市、区县两级帮扶企业解困的工作机制。市政府重点协调解决规模以上企业面临的问题，区县政府统筹解决好辖区内各类企业特别是中小企业面临的问题，北京市人民政府国有资产监督管理委员会负责解决本系统企业面临的问题。建立帮扶工作每周协调调度机制，研究完善相关政策措施，及时协调解决企业面临的各类困难和问题。

（二十六）设立市、区县两级政府帮扶企业的绿色通道。在北京市经济和信息化委员会、北京市人民政府国有资产监督管理委员会、各区县政府及中关村科技园区管委会、北京经济技术开发区管委会等部门和单位的办事服务大厅设立企业服务窗口，公布服务电话，受理企业诉求。利用12345热线（北京市非紧急救助服务中心）、各区县长热线和首都之窗网站的企业呼声平台，收集企业的需求和反映。

（二十七）提高国有资产监管水平和风险防控能力。加强对重点子企业发展战略、决策程序、风险管理等方面重大事项及京外、境外资产的监管，完善企业风险防范体系。由北京市人民政府国有资产监督管理委员会组织实施。

（二十八）有针对性地解决国有企业重点难点问题，帮助国有企业解决土地资产处置、非经营性资产移交等历史遗留难题。由北京市人民政府国有资产监督管理委员会组织实施。

（二十九）加大政策宣传力度，将本市为应对国际金融危机、促进经济发展制定的各项政策和措施，及时传达到广大企业，营造良好的舆论氛围。具体工作由北京市经济和信息化委员会会同各有关部门、区县政府并商中共北京市委宣传部组织落实。

北京市人民政府办公厅转发市金融办等部门关于北京市小额贷款公司试点实施办法的通知

京政办发［2009］2号

各区、县人民政府，市政府各委、办、局，各市属机构：

经市政府同意，现将市金融办、市工商局、北京银监局、人民银行营业管理部制定的《北京市小额贷款公司试点实施办法》转发给你们，请遵照执行。

北京市人民政府办公厅

二〇〇九年一月四日

北京市小额贷款公司试点实施办法

第一章　总　则

第一条　为有效配置金融资源，引导资金支持农村、郊区和中小企业发展，改善金融服务，根据国家有关法律法规，按照中国银监会、人民银行《关于小额贷款公司试点的指导意见》（银监发［2008］23号）的要求，制定本办法。

第二条　本办法所称小额贷款公司，是指在北京市由自然人、企业法人或其他社会组织依法设立，不吸收公众存款，经营小额贷款业务的有限责任公司或股份有限公司。

第三条　小额贷款公司是企业法人，有独立的法人财产，享有法人财产权，以全部财产对其债务承担民事责任。小额贷款公司股东依法享有资产收益、参与重大决策和选择管理者等权利，以其认缴的出资额或认购的股份为限对公司承担责任。

第四条　小额贷款公司应执行国家金融方针和政策，在法律、法规规定的范围内开展业务，自主经营，自负盈亏，自我约束，自担风险；合法的经营活动受法律保护，不受任何单位和个人的干涉。

第五条　市金融办为小额贷款公司市级主管部门（以下简称市主管部门），负责本市小额贷款公司试点工作的统筹协调、审批、监督与风险处置。

在本市设立小额贷款公司，应经市主管部门的审查批准。

第六条　凡是区、县政府能明确一个主管部门（设金融办的为区、县金融办）负责对小额贷款公司初审和日常监督管理，并承诺愿意承担小额贷款公司风险处置责任的，方可在本区、县范围内开展小额贷款公司试点工作。

各区、县主管部门是所在区、县小额贷款公司日常监督管理和风险处置的第一责任人，负责小额贷款公司筹建、开业初审；负责日常监督管理；负责小额贷款公司的风险处置。

各区、县主管部门要定期向市主管部门报送小额贷款公司管理运营情况，并抄送北京银监局和人民银行营业管理部。

第二章　小额贷款公司的设立、变更、备案和注销

第七条　小额贷款公司的名称由行政区划、字号、行业及组织形式依次组成，其中行政区划指区、县级行政区划的名称，行业表述应当标明“小额贷款”的字样，组织形式为有限责任公司或股份有限公司，且公司名称应当符合本市工商企业注册的有关规定。未经批准，任何公司不得标注“小额贷款”字样。

第八条　设立小额贷款公司应具备以下条件：

（一）符合《中华人民共和国公司法》规定的公司章程；

（二）股东符合法定人数；

（三）单一最大股东（包括其关联方）持有的股份不得超过公司注册资本总额的30%，其他单一股东及其关联方持有的股份不得超过公司注册资本总额的20%，且不得低于公司注册资本总额的1%；

（四）有限责任公司注册资本不得低于5 000万元，股份有限公司注册资本不得低于1亿元。注册资本来源应真实合法，全部为实收货币资本，由出资人或发起人一次足额缴纳；

（五）小额贷款公司的股东资格应当符合法律法规和市有关部门规定的条件；

（六）符合任职资格条件的董事、监事和高级管理人员；

（七）具备相应专业知识和业务经验的工作人员；

（八）必要的组织机构和管理制度；

（九）符合要求的营业场所、安全防范措施和与业务有关的其他设施；

（十）法律法规规定的其他条件；

（十一）市主管部门认为必要的其他条件。

第九条 建立小额贷款公司股东信用征信制度。公司设立和变更股东时，区县主管部门应聘请专门的信用征集评估机构，对法人股东和自然人股东的信贷、纳税、合同履约、股东间关联关系及遵守法律法规等信用情况进行征集和评价。股东信用评价合格并符合小额贷款公司投资人要求的才能成为小额贷款公司股东。

信用评估机构出具的股东信用证明，应真实地反映股东的信用情况，并对其真实性承担责任。

第十条 申请设立小额贷款公司，应当先申请筹建。申请人将下列筹建申请材料报送拟设小额贷款公司所在区、县主管部门：

（一）筹建申请书。申请书应当载明拟设立小额贷款公司的名称、拟注册住所、注册资本、股权结构、业务范围、机构性质、组织形式、发起人或出资人基本情况及出资比例以及设立的目的；

（二）可行性研究报告。包括对当地经济金融发展状况分析，组建小额贷款公司的可行性和必要性，市场前景分析，未来业务发展计划，风险处置预案等；

（三）筹建工作方案。包括拟设公司筹建工作步骤和时间安排，主要管理制度的起草计划，业务拓展计划，风险控制措施，资金来源，公司治理架构，部门设置和从业人员配置，内控体系，主要董事、监事及拟聘高级管理人员，信贷部门负责人和风险控制部门负责人的基本情况，经授权的筹建组人员名单、履历、联系地址及电话，选址方案；

（四）出资人关于出资设立小额贷款公司的股东协议。协议内容应包括但不限于拟设小额贷款公司的名称、住所、业务范围、注册资本金、股本结构，出资人出资额与占股份比例，出资人的权利义务等；

（五）出资人关于出资设立小额贷款公司的承诺书。承诺自觉遵守公司章程、接受监管并承担风险、自觉遵守国家及本市相关规定、不吸收公众存款、不参与非法集资活动的承诺书；

（六）出资人之间的关联关系情况说明及相关证明材料，以及如果存在隐瞒事项，出资人在小额贷款公司的投票权将受到限制的承诺；

（七）法人股东的名称、注册地址、法定代表人、经过工商年检的营业执照复印件、经营情况、诚信状况、未偿还金融机构贷款本息情况及所在行业状况、纳税记录等事项；拟投资入股的自有资金来源真实的承诺书；董事会或股东（大）会会议关于同意出资设立小额贷款公司的决议；最近1年经审计的资产负债表、利润表和现金流量表；

（八）自然人股东的姓名、身份证复印件、入股资金来源及个人收入来源合法真实的承诺书；

（九）联系人及其手机、办公电话、传真电话、电子邮件、通信地址（邮编）；

（十）律师对拟申报材料的合法合规性出具的法律意见书；

（十一）市主管部门要求的其他材料。

第十一条 区、县主管部门应在收到符合要求的全套筹建申请材料后20个工作日内，依据本办法第九条的规定聘用专门的信用评估机构完成对股东信用评价。

区、县主管部门应在收到股东信用评价报告后15个工作日内，将全套筹建申请材料连同初审意见、股东信用评价证明及时报送市主管部门。

市主管部门应在收到设立小额贷款公司的完整申请资料之日起30个工作日内做出批准或者不予批准筹建的决定，并书面通知申请人，抄送区、县主管部门。特殊情况下，市主管部门可以适当延长审查期限，并书面通知申请人，但延长期限不得超过3个月。

申请人凭批准筹建文件到拟设小额贷款公司所在地的区、县主管部门领取开业申请表。

第十二条 申请人应自批准筹建之日起3个月内完成筹建工作，并提交设立申请。在规定期限内未完成筹建工作的，应当说明理由，经拟设小额贷款公司所在地的区县主管部门批准，报经市主管部门，可以延长1个月。在延长期内仍未完成筹建工作的，批准筹建文件自动失效。

第十三条 在本办法第十二条规定的筹建有效期内，申请人应当将填写好的开业申请表连同下列资料报送拟设小额贷款公司所在地的区县主管部门：

（一）设立申请书。申请书应当载明拟开业小额贷款公司的名称、住所、注册资本、股权结构、业务范围、拟任高级管理人员情况、经营方针及计划、主要管理制度、营业场所安全、是否符合设立条件等基本信息，及其他需要说明的情况；

（二）筹建工作报告。内容包括筹建过程、筹建工作落实情况以及是否符合设立要求等；

（三）经股东（大会）会议通过的公司章程；

（四）股东名册，包括股东名称（企业法人要有注册地址和法人机构代码）、出资额以及股份比例；

（五）主要管理制度和组织机构图；

（六）拟任职董事、高级管理人员的任职资格证明材料；

（七）法定验资机构出具的验资证明；

（八）营业场所所有权或使用权的证明材料；

（九）公安、消防部门对营业场所出具的安全、消防设施合格证明；

（十）联系人及其电话、传真电话、电子邮件、通信地址（邮编）；

（十一）律师对申报材料的合法合规性出具法律意见书；

（十二）市主管部门要求的其他材料。

区、县主管部门自收到完整设立申请材料之日起15个工作日内审核完毕，连同审核意见报送市主管部门。市主管部门在收到申请材料和区、县主管部门审核意见齐备后15个工作日内做出批准或者不予批准的决定，并书面通知申请人，抄送区、县主管部门。

第十四条 市主管部门批准设立的小额贷款公司，由市工商行政管理部门予以注册登记，颁发营业执照。

第十五条 拟任小额贷款公司董事、监事和高级管理人员需具备下列条件：

（一）无犯罪记录和不良信用记录；

（二）具备本科以上学历，从事金融领域工作3年以上，或从事相关经济管理工作5年以上；或大专以上学历，从事金融领域工作8年以上；

（三）具备与履行职责相适应的专业知识与能力；

（四）拟任总经理应参加由市主管部门组织的任职资格考试和谈话。

对不完全符合上述条件的拟任高级管理人员，小额贷款公司申请人认为其具备拟任职务所需知识、经验和能力的，可向区县主管部门提交个案申请。由区县主管部门上报经市主管部门核准。

第十六条 经各区、县主管部门审核和市主管部门批准，小额贷款公司可设立分支机构，具体办法另行规定。

第十七条 小额贷款公司应在批准开业之日起5个工作日内向本市公安机关、北京银监局和人民银行营业管理部报送相关材料。

第十八条 小额贷款公司在当地税务部门办理税务登记，并依法纳税。

第十九条 小额贷款公司有下列变更事项之一的，在工商登记变更前须经区、县主管部门报市主管部门批准：

（一）变更名称；

（二）变更注册资本；

（三）变更住所；

（四）变更业务范围；

（五）变更股东；

（六）变更董事及高级管理人员；

（七）变更章程；

（八）变更组织形式；

（九）合并、分立；

（十）市主管部门要求申报的其他变更事项。

小额贷款公司发生以上变更事项，经区县主管部门初审报市主管部门批准后，持市主管部门批准材料到工商行政管理机关办理变更登记备案手续。

第二十条 小额贷款公司法人资格的终止包括解散和破产两种情况。

小额贷款公司可因下列原因解散：

（一）公司章程规定的解散事由出现；

（二）股东（大）会决议解散；

（三）因公司合并或者分立需要解散；

（四）依法被吊销营业执照、责令关闭或者被撤销；

（五）人民法院依法宣布公司解散。

小额贷款公司解散，依照公司法进行清算和注销。

小额贷款公司被依法宣告破产的，依照企业破产法实施破产清算并注销。

第二十一条 小额贷款公司依法合规经营，没有不良信用记录，符合规定条件的，可在股东自愿的基础上，按照中国银监会发布的《村镇银行组建审批指引》和《村镇银行管理暂行规定》规范改造为村镇银行。

第三章 股东资格及义务

第二十二条 小额贷款公司的股东应为境内的自然人、企业法人或其他社会组织，其中最大股东应为小额贷款公司所在区县的自然人、企业法人或其他社会组织。

有犯罪记录和不良信用记录者，不得成为小额贷款公司股东。

第二十三条 境内企业法人作为小额贷款公司股东的，应符合以下条件：

（一）在工商行政管理部门登记注册，具有法人资格；

（二）有良好的社会声誉、诚信记录和纳税记录；

（三）财务状况良好，入股前已完整会计年度盈利；

（四）入股资金来源合法，为真实自有资本，不得以借贷资金或他人委托资金入股；

（五）有较强的经营管理能力和资金实力；

（六）市主管部门要求的其他条件。

第二十四条 境内自然人作为小额贷款公司股东的，应符合以下条件：

（一）有完全民事行为能力；

（二）有良好的社会声誉和诚信记录；

（三）入股资金来源合法，为真实自有资产，不得以借贷资金或他人委托资金入股；

（四）市主管部门要求的其他条件。

第二十五条 境内其他社会组织投资入股小额贷款公司的，应符合国家对其他社会组织投资管理的相关规定，具备良好的社会声誉和诚信记录，具备投资主体资格，具有资金实力，不得以借贷资金或他人委托资金入股。

第二十六条 小额贷款公司股东不得虚假出资或者抽逃资本。小额贷款公司不得接受本公司股份作为质押权标的。小额贷款公司股东在公司设立后3年内不得转让、质押其持有的股份。

第四章 小额贷款公司的资金来源

第二十七条 小额贷款公司的资金来源为股东缴纳的资本金、捐赠资金、来自不超过两个银行业金融机构的融入资金及经国家有关部门同意的其他资金来源。

第二十八条 在法律、法规规定的范围内，小额贷款公司从银行业金融机构获得融入资金的余额，不得超过资本净额的50%。融入资金的利率、期限由小额贷款公司与相应银行业金融机构自主协商确定。

第二十九条 小额贷款公司应向人民银行营业管理部申领贷款卡。向小额贷款公司提供融资的银行业金融机构，应将融资信息及时报送人民银行营业管理部和北京银监局，并跟踪监督小额贷款公司融资的使用情况。

第五章　小额贷款公司的业务范围和资金运用

第三十条　在试点阶段，小额贷款公司的业务范围限定在注册所在区、县行政区域内发放贷款。

第三十一条　小额贷款公司可自主选择贷款对象，在试点阶段，每年向三农方面发放的贷款金额不得低于全年累计放贷金额的70%。

第三十二条　小额贷款公司发放贷款，应坚持“小额、分散”的原则，鼓励小额贷款公司面向农户、微型企业、中小企业提供信贷服务，着力扩大客户数量和服务覆盖面。同一借款人的贷款余额不得超过小额贷款公司资本净额的3%。

第三十三条　小额贷款公司按照市场化原则进行经营，贷款利率不得超过司法部门规定的上限，下限为中国人民银行公布的贷款基准利率的0.9倍，具体浮动幅度按照市场原则自主确定。

第三十四条　贷款合同参照银行贷款的标准化合约，由借贷双方在公平自愿的原则下依法协商确定。

第六章　小额贷款公司的公司治理

第三十五条　小额贷款公司的组织机构及其职责应按照《中华人民共和国公司法》的相关规定执行，并在其章程中明确。

第三十六条　小额贷款公司应根据其决策管理的复杂程度、业务规模和服务特点设置简洁、高效、灵活的组织机构。完善股东（大）会、董事会、监事会、高级管理层的议事制度和决策程序。

第三十七条　小额贷款公司设总经理1名，根据需要设副总经理1～3名。

小额贷款公司董事会应对总经理实施年度专项审计。审计结果应向董事会、股东会或股东大会报告，并报市和区县主管部门。总经理、副总经理离任时，须进行离任审计。

第三十八条　小额贷款公司董事和高级管理人员对小额贷款公司负有忠实守信义务和勤勉尽责义务。

董事违反法律、法规或小额贷款公司章程，致使小额贷款公司形成严重损失的，应对公司承担相应赔偿责任。

总经理、副总经理违反法律、法规、公司章程或超出董事会授权范围做出决策，致使小额贷款公司遭受严重损失的，应对公司承担相应赔偿责任。

第三十九条　小额贷款公司董事会和经营管理层可根据需要设置专业委员会，提高决策能力和管理水平。

第四十条　小额贷款公司要建立适合自身业务特点和规模的薪酬分配制度、正向激励约束机制，培育良好的企业文化。

第七章　小额贷款公司的内部控制

第四十一条　小额贷款公司应根据各类贷款业务的性质和特点制定相应的贷款管理规章，并针对贷款业务的尽职调查、审批、授权授信、贷后检查、风险管理、关联交易、违规处罚等内容建立健全相关的业务流程和操作规范。

第四十二条　小额贷款公司的金融服务创新应在审慎经营和合法规范的基础上进行，周密考虑业务创新的法律性质、操作程序、经济后果等，严格控制新业务的法律风险和运行风险。

第四十三条　小额贷款公司应当按照我国反洗钱的有关规定逐笔记录和保存单笔或者当日累计交易相当于20万元人民币数额以上的现金缴存、现金支取、现金汇款、现金票据解付及其他形式的现金收支记录。

第四十四条　小额贷款公司应当依据国家有关法律法规制定并实施本公司的财务制度、会计工作操作流程和会计岗位工作手册。应建立出账审批制度，确保业务审批和财务核算相对独立；建立财务核对制度，定期与银行、借款人对账，确保财务一致；建立会计档案保管和交接制度，防止会计档案被替换、更改、毁损、散失和泄密。

小额贷款公司在同级财政部门办理财政登记备案，执行国家财务会计制度，依法接受会计监督。

第四十五条　小额贷款公司应按照有关规定，建立审慎规范的资产分类制度和拨备制度，准确进行资产分类，充分计提呆账准备金，确保资产损失准备充足率始终保持在100%以上，全面覆盖风险。资产分类和计提呆账准备金的方法参照中国人民银行、银监会、财政部对商业银行的相关规定执行。

第四十六条　小额贷款公司可自建或依托具有相当资质的银行业金融机构建立完善的计算机信息系统。建立电子数据的及时保存和备份制度，重要数据必须异地备份并且长期保存，也可租用相关共享服务中心进行系统和数据备份。

第四十七条　小额贷款公司应建立健全内部审计稽核制度，设立职责明确的监察稽核岗位，配备有能力的监察稽核人员。监察稽核岗位对公司董事会和股东（大）会负责，以保证监察稽核的独立性和权威性。小额贷款公司董事会和管理层应重视和支持监察稽核工作，对监察稽核中发现的违反法律、法规和公司制度的行为，应及时纠正和处罚。

第四十八条　小额贷款公司应建立信息披露制度，按要求向市、区县主管部门、向人民银行营业管理部、北京银监局、向公司股东、向为其提供融资的银行业金融机构、向有关捐赠人披露经中介机构审计的财务报表和年度业务经营情况、融资情况、大额贷款、重大事项等信息，必要时应向社会披露，并保证信息的真实准确和完整。对突发事件和突发业务风险等重大事项应及时报告主管部门。

第八章　小额贷款公司的监督管理

第四十九条　小额贷款公司应主动接受市、区县主管部门的监督管理。按月向市、区县主管部门提供财务报表和贷款统计表，并自觉接受市、区县主管部门的现场检查。

第五十条　小额贷款公司应接受社会监督。小额贷款公司开业时，应在本区、县主要媒体和营业场所向社会公告公司基本信息，承诺公司不吸收公众存款，坚决杜绝涉入任何形式的非法集资和非法证券买卖，遵守反洗钱相关法律法规，并自觉接受社会公众监督。

第五十一条　各区县主管部门应加强对小额贷款公司的日常监督管理，按月、季、年对小额贷款公司的经营管理和内控风险情况进行监测，每年至少进行一次全面业务检查，视小额贷款公司经营情况适时安排专项检查。对日常监管中发现的重大问题和突发事件应及时向区县主管部门和市主管部门报告，并通报相关部门。

第五十二条　人民银行营业管理部对小额贷款公司的利率、资金流向进行跟踪监测，并将小额贷款公司信用状况纳入信贷征信系统。小额贷款公司应定期向信贷征信系统提供借款人、贷款金额、贷款担保和贷款偿还等人民银行营业管理部要求的业务信息。

第五十三条　小额贷款公司在经营过程中，若有非法集资、变相吸收公众存款等严重违法违规行为，由区县政府负责查处，报市主管部门后，由市主管部门责令整改、取消其小额贷款试点资格，提请工商部门吊销营业执照和罚款。

第五十四条　试点阶段，为加强监管，规范运营，提升服务，小额贷款公司应委托一家提供农村金融服务范围广、网点多、实力强并能为小额贷款公司提供服务支持的商业银行开立存款账户作为小额贷款公司资金托管银行，并为其统一提供支付结算服务。托管银行应切实负起资金安全监督责任，如发生任何资金支付结算等资金使用违规行为，应及时报告市主管部门。

第九章　附　则

第五十五条　本办法实施过程中出现的问题，由市金融办会同有关部门协调解决。

第五十六条　本办法自发布之日起施行。

天津市人民政府关于整合提升发展区县示范工业园区的若干意见

津政发［2009］30号

各区、县人民政府，各委、局，各直属单位：

农村、农业、农民问题是我国经济社会发展中的重大战略问题。统筹城乡发展，是科学发展观的重要内容。加快推进农村工业化、城镇化和农业现代化，是我市新农村建设的方向。市第九次党代会以来，全市形成了滨海新区、中心城区、各区县三个层面联动协调发展的新格局。在新的形势下，进一步加快区县经济发展意义重大。要继续实施以宅基地换房建设示范小城镇发展战略，不断丰富发展内涵，以小城镇建设为龙头，全面推进农村居住社区、工业园区、农业产业园区的“三区”统筹，联动发展。加快农村人口向小城镇集中、农村工业向园区集中、农业向设施农业集中的进程，真正使广大农民安居乐业有保障。

整合提升区县工业园区，实现集约发展、集群发展、生态发展，是全面贯彻落实科学发展观、总结多年发展经验、提升产业层次、提高投入产出效益的迫切要求，也是当前应对国际金融危机、保持经济增长、优化经济结构、做大经济总量的必然要求。目前，我市乡镇工业园区多达103家，普遍存在着布局散、规模小、水平低、资源消耗大、污染点源多的问题。为了切实转变发展方式，合理配置资源，节约集约用地，保护生态环境，促进区县经济又好又快发展，市人民政府决定，对全市区县工业园区进行资源整合，选择一批基础条件和发展前景好的工业园区，作为全市重点支持的区县示范工业园区（以下简称示范工业园区），在政策上予以扶持，加大投入力度，促进健康发展，尽快培育成为新的经济增长点。为此，特提出如下意见：

一、明确发展目标

示范工业园区要以科学发展观为指导，按照构建高端化、高质化、高新化产业结构的要求，提高投资强度，加快产业集聚，提升发展水平，成为主导产业明确、生态环境良好、经济效益突出、带动作用较强的示范产业区。经市人民政府批准的示范工业园区，规划面积一般在10平方公里左右，起步区在3平方公里左右。在3～5年内，园区销售收入和税收年均增幅要保持在40%以上；投资强度明显提高，环城四区示范工业园区每平方公里投资达到30亿元以上，其他区县示范工业园区每平方公里投资达到20亿元以上；园区容积率应达到0.8以上。同时，园区要在发展循环经济、节能降耗、环境保护方面发挥示范作用。

二、坚持科学规划

科学规划是实现示范工业园区快速健康发展的龙头。要在符合城市总体规划和土地利用总体规划的前提下，紧密结合本区县资源条件和产业基础，编制高水平、有特色的示范工业园区规划设计方案，合理确定用地规模，明确功能定位和发展方向，统筹近期建设与远期发展，预留发展空间。市规划局负责制定《天津市区县示范工业园区规划设计导则》，规范示范工业园区建筑、道路、绿化、通信、水电气热、污水处理、中水回用、废弃物处理等功能的规划设计标准，为各区县开展规划设计工作提供依据，并指导和帮助区县编制示范工业园区规划设计方案，真正做到用高水平、有特色的规划引领示范工业园区的开发建设。市规划局等部门要进一步强化服务，提高规划的审查效率。

三、优化土地配置

示范工业园区必须坚持节约集约利用土地原则，努力提高土地利用效率，提高土地投资强度，增加土地产出效益。要根据入区企业的产业分类，科学制定厂区占地标准和厂房建筑层数，防止盲目占地和圈地行为。市国土房管局对示范工业园区在土地利用年度计划上给予倾斜，满足基础设施建设和项目落地所需的土地指标；在土地利用总体规划修编中，将示范工业园区周边的非基本农田用地，预留为园区的拓展区，满足长远发展的用地需求；在符合土地利用总体规划前提下，允许实行土地“先征后转”；支持区县整合现有工业用地，向示范工业园区集中。示范工业园区土地出让缴纳的土地出让金净收益部分，全部返还给示范工业园区，用于基础设施建设。示范工业园区的土地，可以委托园区国有投融资建设公司进行收购整理，经土地征收转用达到场清地平条件后，由国土房管部门发给无地上物的建设用地划拨土地使用证，为园区基础设施建设融资创造条件。

四、实行财政贴息

加大财政对示范工业园区的支持力度。市和区县两级财政部门，对于示范工业园区的起步区基础设施建设投入，从2009年起，按照6%贴息比例，给予连续3年的贷款贴息扶持。贷款贴息资金，由市和区县两级财政各承担50%，并根据基础设施投入标准和贷款时序，测算一个固定额度，分2年集中拨付给园区投融资建设公司，作为公司周转资本金，滚动使用。市和区县财政部门要对贷款贴息资金的使用严格监督。

五、搭建融资平台

示范工业园区要整合资本金投入资源，构建投融资建设平台（公司），作为开发建设的投融资主体，赋予其资金筹措、项目建设、资金管理和债务偿还等职能，并做到规范运作。市金融办等部门要对各区县组建示范工业园区投融资建设平台（公司）给予具体指导；要帮助搭建“银园”、“银企”合作平台，拓宽投融资渠道；要帮助示范工业园区内中小企业拓宽担保融资渠道，鼓励设立小额贷款公司；要帮助示范工业园区培训资本运作方面的人才；要帮助示范工业园区投融资建设平台（公司）制订贷款资金“借、用、管、还”方案，规避融资风险。

六、实施税收返还

为增强示范工业园区偿还基础设施贷款能力，对园区内新建企业缴纳的地方税收给予返还。市和区县两级财政部门，对实际生产经营地坐落在示范工业园区规划建设区内的新建企业缴纳的税收，市和区县两级分享收入以及区县固定收入，在2010～2014年5年内全部返还，用于偿还基础设施建设贷款等支出。

七、鼓励科技创新

加大对示范工业园区科技型企业和企业技术改造的支持力度。市科委等部门要做好园区内高新技术企业和技术先进型服务企业的认定工作，经认定的企业可以享受相关优惠政策；设立专项资金，对示范工业园区科技型企业给予重点扶持；在示范工业园区建立科技服务平台，根据企业需求，组建专业化的科技服务队或选派科技特派员，为园区企业提供长期技术服务。市经济和信息化委对园区企业重大技术改造项目，经审核符合条件的，给予技改专项资金支持。

八、加强招商引资

招商引资是示范工业园区加快建设步伐、尽快做大做强的关键环节。各区县、各示范工业园区必须把加强招商引资工作放在突出位置，组织专门力量，切实抓出成效。市商务委、市经济和信息化委、市合作交流办、市中小企业局等部门和各区县人民政府，要把示范工业园区作为全市招商引资的重点区域，帮助其开展招商引资工作，并做好招商人员的培训；统筹协调市开发区、保税区、滨海高新区和示范工业园区的招商引资工作，降低招商引资成本。为调动部门、街镇招商引资的积极性，充分利用多种招商资源，各区县可引导部门、街镇将项目或项目信息介绍给示范产业园区，对介绍项目所产生的税收，合理予以分成。市国资委、市经济和信息化委等部门要积极引导国有大企业将配套项目落户到示范工业园区。

九、配强领导班子

各区县要加强对示范工业园区的领导，对其领导班子进行重点配备。选拔懂开发、会招商、素质高、能力强、勇于开拓创新的干部到示范工业园区工作，到所在乡镇担任主要领导职务，切实加强示范工业园区领导班子建设。

十、选派干部挂职

为了支持示范工业园区加快建设和发展，从市级机关和开放区域选拔有一定实践经验、有培养前途的处、科级干部，到园区挂职2～3年。重点是发挥他们的优势，帮助区县提高招商引资水平，吸引更多的大项目好项目落户到示范工业园区。

十一、优化投资环境

赋予示范工业园区与区县开发区相同的管理权限。示范工业园区要把提供优质服务、优化投资软硬环境放在重要位置。要提高工作效率，简化审批环节，为企业提供全程式“一条龙”服务。要创造亲商、安商、富商氛围，用环境引资留人，用感情引资留人。严禁向企业乱摊派、乱罚款、乱收费，使企业安心在园区创业兴业、成功发展。

十二、实施监督考核

由市中小企业局牵头，组织市有关部门，加强对示范工业园区的监督考核。对园区开发建设情况，实行年初计划报告、季度讲评、年中巡查、年终考核制度。各区县要对示范工业园区每年进行考核，加大激励措施落实的力度。对于招商引资业绩良好、经济发展成果显著的园区领导班子和相关人员，要给予奖励；成绩特别突出的，可以给予重奖。对于工作成效差的园区领导班子，要及时加以调整。

天津市人民政府

二〇〇九年七月六日

支持中小企业发展若干财税政策

津财企一［2009］3号

为应对当前国际金融危机，努力解决我市中小企业发展中的突出问题，保持经济平稳较快发展，根据有关财政税收法规，制定如下财税政策：

一、中小企业投资符合国家产业政策的科技创新、技术改造、资源综合利用等项目，可按规定享受有关财政资金的支持。中小企业产品属于国家规定的资源综合利用产品目录范围，同时又符合优惠政策条件的，可以按照现行政策规定享受增值税免征、即征即退或减半征收等优惠政策。中小企业购置并实际使用《环境保护专用设备企业所得税优惠目录》、《节能节水专用设备企业所得税优惠目录》和《安全生产专用设备企业所得税优惠目录》规定的环境保护、节能节水、安全生产等专用设备的，该专用设备的投资额的10%可以从企业当年的应纳税额中抵免；当年不足抵免的可以在以后5个纳税年度结转抵免。

二、中小企业固定资产确需加速折旧的，可以在不超过40%范围内缩短折旧年限，或者采取其他加速折旧方法。

三、纳税确有困难的中小企业，可向主管税务机关申请减免城镇土地使用税和房产税。

四、中小企业从事技术转让、技术开发业务以及与之相关的技术咨询、技术服务业务取得的收入，免征营业税。

五、中小企业为开发新技术、新产品、新工艺发生的研究开发费用，未形成无形资产计入当期损益的，在按照规定据实扣除的基础上，按照研究开发费用的50%加计扣除；形成无形资产的，按照无形资产成本的150%摊销。

六、对进入上市资源后备库的中小企业，在股改中以非货币资产评估转增资本，以及用未分配利润、盈余公积、资本公积转增资本，涉及缴纳个人所得税时，可向主管税务机关申请缓缴。

七、对符合条件实行差额征收营业税政策的物流企业，将其承揽的运输、仓储业务分给其他单位并由其统一收取价款的，以其取得的全部收入减去付给其他单位运输、仓储费用后的余额征收营业税。

八、对符合条件的中小企业担保机构，经批准给予担保业务三年免征营业税政策；担保机构办理代偿、清偿和过户等手续的费用，登记部门按国家有关规定予以减免。

九、为中小企业提供公益性服务的培训、咨询、法律、信息等服务机构，经有关主管部门认可后，参照促进中介服务业发展方面的有关财税优惠政策，自开业年度起三年内减半返还营业税，自获利年度起三年内减半返还企业所得税地方分享部分。

十、完善担保机构补助和风险损失补偿机制。鼓励担保机构为我市中小企业提供担保，运用财政资金支持担保机构开展业务，通过分担保、再担保机制的建立，分担担保机构发生的担保损失。

十一、对申请财政资金的中小企业，除国家另有规定外，各资金项目管理部门不得设置前置条件，不得指定中介服务机构强制服务和强制收费，允许企业自愿选择中介机构或自行编报申报材料。

河北省人民政府关于进一步促进中小企业发展的实施意见

各设区市人民政府，各县（市、区）人民政府，省政府各部门：

为贯彻落实《国务院关于进一步促进中小企业发展的若干意见》（国发［2009］36号），帮助中小企业解决发展中的困难和问题，转变发展方式，加快结构调整，实现又好又快发展，结合我省实际，制定本实施意见。

一、优化发展环境

（一）放宽市场准入。按照“非禁即入”的原则，凡法律法规未禁入的所有行业和领域，一律对中小企业开放。申办个体工商户、个人独资企业和合伙企业的，取消最低注册资本金限制，且无须审验注册资本金。申办有限责任公司的，股东可以用货币出资，也可用实物、知识产权、土地使用权等可以用货币估价并可依法转让的非货币财产作价出资，非货币财产出资比例可以达到注册资本的70%。改进验资办法，按现行标准减半收取验资费用。

（二）保护中小企业合法权益。组织开展对中小企业相关法律和政策特别是金融、财税政策贯彻落实情况的监督检查，发挥新闻舆论和社会监督的作用，加强政策效果评价，确保各项政策落到实处。各有关部门要严格按照法定权限和程序履行职责，不得干预企业正常生产经营活动，不得任意设置行政处罚和行政限制，不得滥用自由裁量权。任何单位和个人不得以任何理由强制中小企业提供各种赞助或接受有偿服务，不得强制中小企业加入各种协会，不得摊派订购报纸杂志等。

（三）构建和谐劳动关系。对中小企业吸纳困难人员就业、签订1年以上期限劳动合同并缴纳社会保险费的，在相应期限内给予基本养老保险补贴、基本医疗保险补贴、失业保险补贴和工伤保险补贴。对困难中小企业，将阶段性缓缴社会保险费或降低费率政策执行期延长至2010年年底，并按规定给予一定期限的社会保险补贴或岗位补贴、在岗培训补贴等。中小企业可与职工就工资、工时、劳动定额进行协商，符合条件的，可向当地人力资源和社会保障部门申请实行综合计算工时和不定时工作制。对符合条件的劳动密集型小企业，新增岗位招用持《就业失业登记证》人员、高校毕业生和进城求职农民工达到规定比例的，可享受最高不超过200万元的小额担保贷款扶持。

二、缓解融资困难

（四）加大信贷支持力度。严格落实国家已出台的金融支持政策，在总量和增量计划上，单列中小企业信贷指标。加快设立小企业信贷专营服务机构，对小企业不良贷款、信贷综合成本、责任认定进行单独考核。提高小企业贷款呆账核销效率，建立完善信贷人员尽职免责机制。完善财产抵押制度和贷款质押物认定办法，采取动产、应收账款、仓单、股权和知识产权质押等方式，缓解中小企业贷款抵质押不足的矛盾。根据中小企业资金需求特点，改进授权授信制度，合理确定信用等级、授信方式和贷款期限。创新金融产品和服务方式，改进业务流程，简化审批程序，提高审批效率和质量。加强中小企业信用管理，建立完善中小企业信用信息征集机制和评价体系，形成统一评级、多方认可的中小企业信用评价制度，为中小企业融资提供有效服务。

（五）发展中小企业金融服务机构。鼓励民间资本参与发起设立村镇银行、贷款公司等新型农村金融机构。支持民间资本以投资入股方式，参与农村信用社改制为农村商业银行或农村合作银行。鼓励城市商业银行跨区域经营和上市融资，做好部分城市商业银行向县域延伸工作。支持和规范发展小额贷款公司，积极稳妥开展小额贷款公司试点，鼓励符合条件的小额贷款公司转为村镇银行。

（六）进一步拓宽中小企业融资渠道。支持符合条件的中小企业在中小企业板和创业板上市融资，鼓励已上市的中小企业通过配股、公开增发、定向增发、发行可转换公司债券等方式募集资金。进一步完善对拟上市企业的培育机制，筛选100家以上重点企业进入上市后备资源，加强引导，定期培训，逐步规范，梯次发展，带动一批细分行业的龙头企业通过资本市场做强做大。开展中小企业集合债券和短期融资券试点，积极采取融资租赁、典当、信托等融资方式促进中小企业融资，鼓励保险机构开发为中小企业服务的保险产品。积极培育和规范产权交易市场，为中小企业产权和股权交易提供服务。鼓励有关部门和市、县（市、区）政府设立创业投资引导基金，引导社会资金设立主要支持中小企业的创业投资企业，积极发展股权投资基金。

（七）加快融资性担保体系建设。进一步强化各级财政资金引导作用，建立健全中小企业融资性担保机构资本金注入和风险补偿机制及对银行业金融机构小企业贷款的奖励补助制度，培育壮大一批区域核心中小企业融资性担保机构。以省中小企业信用担保服务中心为主体组建省级再担保机构，逐步构建全省中小企业融资性再担保体制，到2012年全省中小企业融资性担保资本金总量达到100亿元以上，担保能力达到500亿元以上。中小企业信用担保机构可按照不超过当年年末担保责任余额1%的比例计提担保赔偿准备，允许在企业所得税税前扣除；按照不超过当年担保费收入50%的比例计提未到期责任准备，允许在企业所得税税前扣除，同时将上年度计提的未到期责任准备余额转为当期收入。中小企业信用担保机构实际发生的代偿损失，应依次冲减已在税前扣除的担保赔偿准备和在税后利润中提取的一般风险准备，不足冲减部分据实在企业所得税税前扣除。

三、强化财税支持

（八）加大财政支持力度。县级以上人民政府应当在财政预算中安排扶持中小企业发展专项资金，并逐步扩大规模。对省级中小企业发展专项资金支持的项目，市、县（市、区）政府要配套安排。扩大省科技型中小企业创业投资引导基金规模，增加资本投入，拓宽资金来源，解决创业期中小企业资金困难。安排科技型中小企业技术创新资金，支持中小企业技术创新活动，促进科技成果转化。进一步加大对中小企业技术改造的支持力度，预算内安排使用企业技术改造专项资金时，适当向中小企业倾斜。

（九）加大税收扶持力度。自2010年1月1日至2010年12月31日，对年应纳税所得额低于3万元（含3万元）的小型微利企业，其所得减按50%计入应纳税所得额，按20%的税率缴纳企业所得税；对国家需要重点扶持的高新技术企业，减按15%的税率征收企业所得税。中小企业投资国家鼓励类项目，除《国内投资项目不予免税的进口商品目录》所列商品外，所需的进口自用设备以及按照合同随设备进口的技术及配套件、备件，免征进口关税。中小企业缴纳城镇土地使用税确有困难的，可按有关规定向所在地地税局提出减免税申请。中小企业因有特殊困难不能按期纳税的，可依法申请在三个月内延期缴纳。出口企业在规定期限内申报免、抵、退税，且申报的单证齐全真实、电子信息核对无误，主管税务机关应在20个工作日内办完出口退税手续，及时足额退还企业税款。对国家新出台的增值税转型、提高出口退税率、暂停加工贸易保证金台账“实转”，以及国家对特殊行业、特殊困难企业的税收扶持政策，要制定具体操作办法，尽快落实到企业。

四、加快技术进步和结构调整

（十）鼓励中小企业技术改造和创新。支持中小企业加大研发投入，开发先进适用的技术、工艺和设备，研制适销对路的新产品。中小企业为开发新技术、新产品、新工艺实际发生的研发费用，未形成无形资产计入当期损益的，在按照规定据实扣除的基础上，再按研发费用的50%加计扣除；形成无形资产的，按照无形资产成本的150%摊销。创业投资企业采取股权投资方式投资于未上市的中小高新技术企业2年以上的，可按其投资额的70%在股权持有满2年的当年抵扣该创业投资企业的应纳税所得额；当年不足抵扣的，可以在以后纳税年度结转抵扣。一个纳税年度内，企业技术转让所得不超过500万元的部分，免征企业所得税；超过500万元的部分，减半征收企业所得税。中小企业在科技成果引进、转化及生产过程中形成的技术开发费用，按实际发生额计入管理费用，不受比例限制。科技型中小企业支付引进科技人员的报酬，可以据实列为技术开发费用。中小企业技术创新项目以及为大企业产品配套的技术改造项目，可以享受贷款贴息政策。中小企业的固定资产由于技术进步原因需加速折旧的，可按规定缩短折旧年限或采取加速折旧的办法提取折旧。

（十一）加强中小企业品牌建设。引导和支持中小企业创建自主品牌，提升品牌影响力和美誉度。建立和完善适合中小企业特点的品牌培育、评审工作机制，形成品牌梯次结构，培育更多的中小企业名牌产品、河北名牌产品、中国名牌产品、河北省著名商标、中国驰名商标。对获得中国名牌产品、中国驰名商标的中小企业，由省政府给予奖励；对获得省名牌产品和省优质产品的中小企业，由设区市政府给予奖励。积极支持中华老字号企业申请商标注册，争创河北省著名商标、中国驰名商标；对已经注册商标的，指导其规范使用和管理，保护商标专用权，促进企业商标无形资产保值增值。

（十二）引导中小企业推进产业升级。省中小企业挖潜改造、节能、产业技术研究与开发等专项资金，优先支持中小企业开发新材料、新能源、高新技术产品和自主知识产权产品。对符合条件的环境保护、节能节水项目，包括公共污水处理、公共垃圾处理、沼气综合开发利用、节能减排技术改造、海水淡化等，自项目取得第一笔生产经营收入所属纳税年度起，第一年至第三年免征企业所得税，第四年至第六年减半征收企业所得税。中小企业购置并实际使用《环境保护专用设备企业所得税优惠目录》、《节能节水专用设备企业所得税优惠目录》和《安全生产专用设备企业所得税优惠目录》规定的环境保护、节能节水、安全生产等专用设备的，该专用设备投资额的10%可以从企业当年的应纳税额中抵免；当年不足抵免的，可以在以后5个纳税年度结转抵免。鼓励中小企业参与综合类生态工业园区建设活动。加强行业产能和产能利用率的统一监测，及时向社会发布产业政策导向及产业规模、淘汰落后、企业重组、污染排放、科技创新等信息，编制河北省污染防治先进技术示范名录，促进重点节能减排技术和高效节能产品、设备在中小企业的推广应用。

（十三）引导中小企业集聚发展。重点培育发展一批规划科学、主业突出、特色明显、规模大、链条长、竞争力强的中小企业产业集群。到2012年年底，全省争取培育年营业收入超100亿元的产业集群30个，年营业收入超50亿元的产业集群100个，每个县（市、区）培育1～2个规模较大的产业集群。各地、各有关部门要在加快产业集聚、壮大龙头企业、促进专业化协作、延伸产业链条、建设公共服务体系等方面，抓紧研究制定扶持政策和鼓励措施，推动特色产业向园区集聚，培育一批带动性强的大企业、大集团，争创一批国家级区域品牌，增强集群产业竞争力和市场占有率。

五、多渠道开拓市场

（十四）支持中小企业开拓市场。政府采购要优先安排向中小企业购买产品或服务。支持、引导中小企业创新物流服务模式，满足多样化物流需求，加快发展现代物流。鼓励民间资金投资建立区域性商品交易中心和行业性产品购销中心，为中小企业提供产品交易平台。各级各有关部门和行业协会要积极组织中小企业参加行业性展览展销等各类活动，鼓励中小企业参加中国国际中小企业博览会、APEC 中小企业技术交流暨展示会。支持举办省内专业性展会和区域性展会，促进中小企业与大企业协作配套，建立稳定的供销渠道，提高本地产品市场占有率。依托产业集群和产业基地，帮助中小企业开展网上产品展览、电子商务等交易活动。支持中小企业开拓国际市场，对企业投保出口信用保险的保费给予 20% 的资助，对中小外贸企业参加境外展览、开拓新兴市场、市场宣传推介、境外投（议）标、开展电子商务等活动给予资助。

（十五）支持中小企业“走出去”。鼓励中小企业到境外从事资源开发、加工贸易和服务贸易，开展对外承包工程和劳务合作。以我省具有比较优势的建材、机械、纺织、服装、轻工等产业为重点，支持有条件的企业到境外投资办厂，转移过剩生产能力，促进传统产业结构调整、优化升级。鼓励企业创新对外投资方式，支持有条件、有实力的企业抓住当前有利时机，到海外开展企业并购，提高企业资本运作和自身发展能力。通过提供政策指导、简化核准手续、加强跟踪服务、搭建会展平台、组织银企对接等多种措施，为中小企业到境外投资、开展并购创造条件。积极申请国家对外技术合作专项资金及纺织企业“走出去”专项资金，降低企业投资和并购风险。

六、拓宽服务渠道

（十六）广泛开展社会化服务。重点培育 100 家中小企业社会化服务示范机构，政府资助的服务机构向中小企业提供服务，免收或者减收服务费用。鼓励行业协会、商会和各类社会中介机构，为中小企业提供创业辅导、信息咨询、投融资、技术支持、产品开发、人才引进、法律咨询等服务。推进省、市、县三级民营经济法律服务组织建设，设立法律服务热线，建立网上法律咨询平台，为中小企业提供政策法规信息和法律咨询服务。

（十七）加快创业辅导基地建设。充分利用城乡各类产业园区、规模较大的闲置厂房和场地，建设具有滚动孵化功能的中小企业创业辅导基地。到 2010 年年底，各县（市、区）都要建成 2 个以上中小企业创业辅导基地；2012 年年底全省达到 400 个，吸纳孵化企业 1.3 万家。市、县政府在土地利用总体规划修编时，要把创业基地及中小企业项目用地纳入土地利用总体规划统筹考虑，引导其向开发区、园区和产业集聚区集中。在安排年度用地计划时，对创业基地及中小企业项目要给予适当倾斜。

（十八）加强公共服务平台建设。采取政府扶持、社会资助、企业投入为主的方式，在规模较大的产业集群中建立技术研发中心、产品检测中心、产业信息中心、人才培训中心等公共服务平台，到 2012 年年底全省达到 180 个。重点建设面向中小企业服务的省级工程技术研究中心、行业公共技术服务中心。鼓励引导重点实验室和工程技术研究中心发挥基础研究基地、工程试验基地作用，联合开展共性关键技术攻关，解决中小企业技术难题。充分利用省科技基础条件网络平台，整合国家级和省级工程技术中心、重点实验室、大型仪器设备协作共用网等公共科技资源，为中小企业提供全方位共享数据信息。

（十九）强化人才支撑。大力推进适用人才聚集、重点人才培养、全员素质提高“三大工程”。认真组织国家银河培训活动，采取多种形式开展政策法规、企业管理、市场营销、专业技能、客户服务等培训。依托 200 个中小企业远程教育培训基地，组织开展特色培训、专业培训。按照国家 3 年培训百万家成长型中小企业管理者目标，制定我省 3 年培训规划并认真组织实施。继续举办中小企业名家讲坛巡讲活动，每年组织 100 名企业家到清华大学培训深造。搞好中小企业与高校毕业生及各类人才对接、中小企业网上百日招聘高校毕业生等活动，认真抓好职业技能培训和鉴定工作，为中小企业提供强有力的人才支撑。

（二十）提升信息化水平。实施中小企业上网工程，鼓励电信运营商、行业协会建设面向区域、行业和产业集群的中小企业信息化公共服务平台，增强企业信息获取能力。县级以上财政预算安排的信息化建设专项资金，要安排一定比例支持中小企业，引导企业提高研发创新能力，改善经营管理，开展电子商务，拓展对外联络和市场营销，提升中小企业信息综合竞争力。

（二十一）提高企业管理水平。鼓励中小企业开展质量管理体系、环境管理体系认证和产品认证等工作，引导中小企业加强基础、营销和风险管理，完善法人治理结构，推进管理创新，提高经营管理水平。引导中小企业苦练内功、降本增效，严格遵守安全、环保、质量、卫生、劳动保障等法律法规，诚实守信经营，履行社会责任。

七、加强组织领导

（二十二）成立领导机构。省政府成立促进中小企业发展工作领导小组，加强对中小企业发展的统筹规划、组织领导和政策协调，领导小组办公室设在省工业和信息化厅。各设区市、县（市、区）也要建立相应的组织机构和工作机制，确保中小企业各项工作扎实有效开展。

（二十三）建立统计监测制度。统计部门、国家统计局河北调查总队系统、工业和信息化部门要建立健全中小企业分类统计、监测、分析和发布制度，加强对规模以下企业的统计分析。有关部门要及时向社会公开发布中小企业发展规划、产业政策、行业动态等信息，建立中小企业市场监测、风险防范和预警机制。

（二十四）加快组织实施。促进中小企业健康发展既是一项长期战略任务，也是当前保发展、调结构、惠民生的迫切需要。各地、各有关部门要高度重视，迅速行动，加强沟通，形成合力，切实抓好组织实施。省直有关部门要结合各自职责，抓紧制定完善配套扶持政策措施，加强指导和监督检查，及时解决影响中小企业发展的重大问题。各设区市要结合本地实际抓紧制订具体落实方案，并认真组织实施，确保取得实效。

山西省人民政府办公厅转发山西银监局省中小企业局关于山西银行业小企业金融服务工作指引的通知

晋政办发［2009］27号

各市、县人民政府，省人民政府各委、厅，各直属机构：

山西银监局、省中小企业局制定的《山西银行业小企业金融服务工作指引》已经省人民政府同意，现转发给你们，请认真贯彻执行。

二〇〇九年二月十一日

山西银行业小企业金融服务工作指引

（山西银监局　省中小企业局）

第一章　总　则

第一条　为促进和指导银行业金融机构不断改善小企业金融服务，逐步调整和优化信贷资产结构，根据《中华人民共和国银行业监督管理法》、《中华人民共和国商业银行法》，以及中国银监会《银行开展小企业授信工作指导意见》（银监发［2007］53号，以下简称《指导意见》）、《商业银行小企业授信工作尽职指引（试行）》（银监发［2006］69号）等法律法规及有关规定，制定本指引。

第二条　本指引中的小企业泛指各类所有制和组织形式的小型企业及个体经营户。小型企业的划分标准参照《指导意见》中的有关规定。

第三条　本指引中的银行业金融机构包括政策性银行、商业性银行。商业性银行泛指国有商业银行、股份制商业银行、邮政储蓄银行、城市商业银行、农村合作银行、农村信用社、村镇银行等银行业金融机构。

第二章　机构设置

第四条　银行业金融机构布局要向服务小企业倾斜，在民营经济相对活跃、民间资本雄厚、金融需求旺盛的地区可适当增设机构网点，增强小企业金融服务功能。

第五条　大中型银行业金融机构要增强服务意识，以客户为中心，根据小企业融资需求“短、小、频、急”的特点，实行机构扁平化，在打破传统的“部门银行”的基础上进行组织架构和流程再造，推进小企业授信事业部制建设。

第六条　地方性法人银行业金融机构要充分发挥服务小企业的功能，结合自身特点致力于县域和社区金融服务，在满足审慎监管要求、确保稳健经营的前提下，充分运用现有信贷资源加大对当地小企业的信贷支持力度。

第七条　银行业金融机构要建立小企业金融服务长效机制，要建立专业化的组织架构，形成层级管理下相对独立的业务考核单元，组建专职队伍，进行专业化运作，分类管理，分账核算，单独考核。要建立适应小企业授信特点的业务流程、授信审批、风险管理、激励机制、人才培训和内部控制制度。

第三章　授信管理

第八条　银行业金融机构应在风险可控的前提下，建立差别化的小企业授信、授权机制，合理下放审批权限。小企业贷款业务要采取高度分权的经营方式，由基层客户经理和管理人员在授权范围内做出贷款决策。

第九条　银行业金融机构应制定明确的小企业授信审批程序。授信审批应依据程序进行。

第十条　银行业金融机构对小企业授信业务应实行客户经理负责制，由贴近小企业和熟悉当地情况的基层客户经理和管理人员做出贷款决策，同时要坚持双人进行业务调查。

第十一条　银行业金融机构应制定小企业授信政策，建立决策机制、管理信息系统和业务操作流程，并及时进行评估和完善。要加大信贷结构调整力度，改善资产期限的配置结构，坚持总量微调和结构优化相结合，加大对小企业的投入。对小企业贷款利率要单独定价，在风险定价的基础上合理浮动。

第十二条　银行业金融机构信贷政策要向小企业倾斜，重点支持符合产业政策、环保政策、科技创新，有市场、有效益、有发展前景的小企业，单列客户名单，单独管理。对不符合国家产业政策和环保政策，因企业信用差被列入黑名单的小企业要严禁信贷投放。

第十三条　银行业金融机构审核小企业贷款申请，要根据小企业的实际情况，不单纯依赖正式的财务报表、商业计划或各类书面文件，须注重现场调查，注意收集非财务信息和软信息。要深入小企业生产、经营和销售现场，通过实地调查和与借款企业管理人员交流等方式，了解借款人经营动态和资信情况。应从多方面、多渠道收集有关借款企业及其经营者家庭收支和信用情况的第一手信息，尽量减少借贷双方的信息不对称。

第十四条 银行业金融机构小企业授信不得用于国家政策、法律法规禁止或限制的行业、项目和产品。

第十五条 银行业金融机构应制定专门的小企业授信后管理监测制度。动态监测、及时发现授信客户的潜在风险并进行风险预警提示。

第十六条 银行业金融机构应根据授信后监测结果和风险状况及时采取措施，调整风险分类结果，并视情况决定是否对授信进行调整，包括展期、缩减授信、要求借款人提前还款、终止授信等。

第十七条 银行业金融机构应建立授信工作尽职评价制度。根据本行小企业授信业务发展状况，配备相应的授信工作尽职评价人员。授信工作尽职评价人员应具备必要的授信专业知识。

第十八条 银行业金融机构应建立尽职免责制度。经检查监督和责任认定，有充分证据表明授信部门和授信工作人员按照有关法律、法规、规章和本指引以及商业银行相应的管理制度勤勉尽职地履行了职责，在授信出现风险时，应免除授信部门和相关授信工作人员的工作责任。

第十九条 银行金融机构要加强与当地中小企业管理部门的联系合作，加强信息交流、信用评级、业务协助等方面合作，共同建立小企业融资服务平台，统一信用等级评价办法，实现企业信用信息资源共享，使政府与金融机构的信息对称，营造良好的企业信用氛围。

第四章 金融创新

第二十条 银行业金融机构要大力推动金融创新，创新小企业贷款担保抵押方式。发展信托融资、租赁融资、债券融资和以信托、租赁为基础的理财产品，逐步推进小企业信贷资产证券化业务，发展并创新小企业贸易融资手段，探索非信用证项下贸易融资，将银行融资与保险公司的信用保险紧密结合，为小企业融资、理财提供辅导和咨询服务。

第二十一条 银行业金融机构要创新服务手段，兼顾和调动各方面积极性，综合发挥直接融资、间接融资、风险替代、财税支持等各类市场功能的作用，拓展小企业融资渠道。

第二十二条 银行业金融机构要加强对小企业专门服务部门客户经理的财务培训，使客户经理能够自行编制小企业财务报表，加深对小企业经营的了解程度，提高小企业财务透明度。

第二十三条 银行业金融机构要创新小企业贷款担保机制，加强与中小企业信用担保公司的联系和沟通，并签署协议，约定可以相互推荐客户，使小企业担保的途径增多。推动小企业通过组建行业担保商会，解决融资的担保问题。

第二十四条 银行业金融机构要根据小企业资金使用特点，推出综合金融服务方案，将信贷产品、资金结算、理财产品、电子银行等产品与贸易融资产品有效结合，捆绑销售，为小企业提供全面的金融服务。要加强小企业融资财务顾问和咨询服务，为小企业融资提供理财顾问，并帮助小企业规范运作，有效避免各类经济金融诈骗，保证资金安全。

第五章 考核评价

第二十五条 银行业金融机构要建立健全小企业金融服务考核机制，坚持风险覆盖和可持续原则，减少金融交易过程中可能出现的道德风险问题，避免影响资产质量，防范金融风险。

第二十六条 银行业金融机构要按照小企业信贷投放增速不低于全部贷款增速，增量不低于上年的原则，单独安排小企业的信贷规模，单独考核。加强资产存量结构调整，已投放贷款到期清收后，要加大力度投向重点领域和经济薄弱环节，优化存量信贷结构。

第二十七条 银行业金融机构要按照监管要求，制定小企业不良贷款控制指标，科学考核和处置小企业不良贷款。根据自身信贷管理和风险防范的特点和需要，采用先进的技术和准确的方法对小企业贷款进行风险分类，在科学测算的基础上合理制定小企业不良贷款控制指标和不良贷款比例，对小企业不良贷款实行单独考核。

第二十八条 银行业金融机构要按照新的金融企业呆坏账核销管理办法，对小企业贷款损失依法及时核销。

第六章 附 则

第二十九条 银行业金融机构应根据本指引制定实施细则，并报告山西银监局或其派出机构。

第三十条 本指引由山西银监局负责解释。

第三十一条 本指引自发布之日起实施。

内蒙古自治区人民政府关于进一步促进中小企业发展的意见

内政发［2009］66号

（2009年7月14日）

各盟行政公署、市人民政府，自治区各委、办、厅、局，各大企业、事业单位：

为积极应对国际金融危机，承接产业转移，推进县域经济发展，带动广泛就业，促进国民经济可持续发展，结合自治区实际，现就进一步促进中小企业发展提出如下意见。

一、坚持以科学发展观统领中小企业发展

深入贯彻落实科学发展观，以实施“双百工程”为抓手，鼓励和引导中小企业围绕优势特色产业搞延伸，围绕重点项目搞协作，围绕大型基地搞配套，促进中小企业进园区集群化发展；承接优势产业延伸配套项目、劳动和资本密集型项目、高新技术项目和现代生产型服务业项目。

二、中小企业发展实现突破

力争到2012年，中小企业生产总值年均递增20%以上，中小企业产值占全部企业产值的比重超过75%，累计新增就业60万人以上，全面提升中小企业整体发展水平。

三、建立金融机构服务中小企业考评体系

自治区人民政府对金融机构发放的中小企业贷款总量和增量，制定奖励考评标准。建立健全中小企业专门信贷机构、专门贷款指标、专门信贷标准，使小企业信贷投放增速高于全部贷款增速。自治区级银行业金融机构要根据县域经济发展需要，在盟市、旗县（市、区）设立机构网点，并对各级分支机构中小企业信贷规模进行考核，重点满足符合产业和环保政策，有发展前景的中小企业流动资金贷款需要。对成长性较好、讲信用、暂时无法按时偿还贷款的中小企业，适当放宽还贷时间。

四、金融机构要为中小企业提供优质服务

建立和完善适合中小企业特点的评级和授信制度，开发适合中小企业需求的信贷产品和金融服务。鼓励各金融机构根据风险控制水平将中小企业贷款审批权限适时下放到旗县级支行。按照企业信用等级和经营状况，合理确定中小企业贷款利率浮动幅度，实行差别化的利率政策，实现灵活的记结息政策。

五、积极创新中小企业融资模式

自治区人民政府与工业和信息化部共同建设“全国中小企业融资服务交易中心”，并将其列入自治区重大专项，实现银行贷款和中小企业融资的自动对接，积极支持中小企业无抵押、无担保融资方式的方法创新和机制创新，努力破解中小企业融资难题。

六、建立多元化的中小企业融资机构

各旗县（市、区）、开发区（园区）都要建立小额贷款公司，推进建立以民间资本为主体，专门为中小企业服务的区域性和专业性中小银行和村镇银行试点工作，扩大新型农村牧区金融机构试点范围，吸收多种股份制银行、邮政储蓄、信托等金融机构开发中小企业信贷业务。

七、推动中小企业直接融资

把中小企业上市培育与制度创新、产权优化组合相结合，鼓励中小企业以资本、技术、品牌、自主知识产权为纽带，推动中小企业上市。建立中小企业产权投资基金，扶持引导中小企业上市，争取在3年内有10家以上中小企业在中小板和创业板上市。

八、进一步完善中小企业信用担保体系

各盟市、旗县（市、区）和开发区（园区）都要增加对中小企业信用担保机构的资本金注入，每个盟市至少有1个注册资金1亿元以上的信用担保公司；财政收入超过50亿元的旗县（市、区）和年销售收入在100亿元以上的开发区（园区），都要建立1个注册资金亿元以上的信用担保公司。自治区政府将筹措20亿元资金，专项用于各级信用担保机构资本金投入，各盟市、旗县（市、区）也要相应安排配套专项资金。要积极探索担保机构股权多元化，通过财政注资、企业参股、民间资本参与等方式，建立政府主导、市场化运作、收益共享、风险共担的中小企业信用担保体系。

九、加强中小企业信用体系建设

积极支持建立金融机构和中小企业之间长期的信用关系。自治区各有关部门每年要组织两次以上的银企对接会，向金融机构推介诚信中小企业。通过向中小企业发放消费信息卡和实行政府垫付机制，建立起数据真实、信息对称、管理科学的中小企业生产、流通和市场销售基础数据库，解决中小企业信用管理问题。依托自治区信用信息基础数据库、内蒙古消费信息资源数据库和人民银行征信系统，实现中小企业信用信息查询、交流和共享。

十、继续加大各级财政扶持力度

自治区本级年度预算安排1亿元中小企业技术

进步贴息资金；安排2 000万元开发区（园区）基础设施建设补贴资金，重点支持开发区（园区）完善配套功能；安排6 500万元节能专项资金，重点用于调整结构、奖励补贴节能环保技改和循环经济项目；安排8 000万元农牧业产业化专项资金，重点用于农牧业产业化龙头企业技改贷款贴息。以上专项资金在财政收入增长的基础上，争取逐年有所增加。自治区本级预算增设1亿元中小企业信用担保风险资金，支持信用担保机构提高抗风险能力。各盟市和有条件的旗县（市、区）、开发区（园区）要根据实际情况安排相应配套资金。各级中小企业主管部门要积极争取国家在上述领域扶持中小企业发展的资金和项目。

十一、认真落实国家和自治区促进中小企业发展的税收优惠政策

对从事农畜产品初加工的企业免征企业所得税；对为新办农业生产资料和生活资料提供连锁经营、运输及生产、销售、技术、信息、融资等中介服务项目，5年内免征企业所得税中地方分享部分；对新办职业教育、技能培训等公共事业项目，5年内免征企业所得税中地方分享部分。农牧民从事国家法律法规允许的第二、三产业家庭经营活动，5年内免收各类行政事业性收费。初始创业者的营业税月营业额起征点调到5 000元，次（日）起征点按100元执行。初始创业者自领取执业证照之日起，1年内免征企业所得税地方留成部分；创业带动就业人数比例达到1:5以上并按《劳动合同法》履行用工手续的，经劳动保障主管部门认定，可连续免征3年。对符合条件的中小企业信用担保机构从事中小企业信用担保或再担保业务取得的收入（不含信用评级、咨询、培训等收入）3年免征营业税。对符合条件的小型微利企业，减按20%的税率征收企业所得税。

十二、切实减轻中小企业负担

各地区、各部门要不折不扣地执行国家和自治区已出台的清理各种不合理收费的政策，对国家取消和停止征收的100项行政事业性收费项目及自治区取消和清理的108项行政事业性收费项目，不得以任何理由拖延或拒绝执行，也不得以转为经营服务性收费方式变相继续收费。不得强制要求中小企业参加各种社团组织，严禁各种形式的乱集资、乱摊派、乱罚款。

十三、降低工商准入门槛

按照“非禁即入”的原则，凡法律法规未禁止的行业和领域，一律向创业主体开放，平等对待各类创业主体；放宽企业名称使用范围、企业出资范围、投资主体范围及经营范围；放宽对经营场所使用证明的审查和企业年检要求。在法定时限内进一步缩短登记审批时限，提高市场主体准入和监管效能。

十四、简化项目审批备案手续

凡法律法规不禁止、政府不投资、符合国家产业政策、在自治区行政许可权限内的中小企业基本建设、技术改造和科技开发项目，根据投资规模，由盟市、旗县（市、区）或有条件的开发区（园区）备案；凡对环境影响轻、污染小、需要编制环境影响报告的建设项目（风电除外），由盟市审批；凡符合“绿色审批通道”条件的重点节能工程、节能减排项目、基础设施建设类项目及生态建设类项目，可以在通过技术评估后及时进行审批；凡符合“六前置”、“七环节”环评审查条件的中小企业项目，可以分类审查，简化环评审查程序，缩短审批时间。自治区要逐步完善中小企业项目审批权下放政策。

十五、实施土地倾斜政策

各地区对新上工业中小企业用地要按最低出让价保障供给，对确需使用土地利用总体规划确定的城镇建设用地范围外的国有未利用地，且土地前期开发由土地使用者自行完成的工业项目用地，在确定土地出让价格时可按不低于所在地土地等别相对应标准的15%执行。使用土地利用总体规划确定的城镇建设用地范围内的国有未利用地，可按不低于所在地土地等别相对应标准的50%执行。

十六、支持中小企业自主创新

充分发挥国家和自治区科技型中小企业技术创新基金的作用，支持和引导中小企业加大技术创新投入，提高技术创新能力。组织引导中小企业依托大企业、科研院所、研发机构，进行产学研联合，开展技术攻关。自治区自主知名品牌建设引导资金要向中小企业品牌创新倾斜，努力提高中小企业中驰名商标和自主知名品牌的比重。

十七、积极承接产业转移

各盟市和各开发区（园区）都要结合自身实际，确立中小企业发展重点和主攻方向，组织专业招商洽谈会。要强化开发区（园区）整体配套功能，理顺开发区（园区）管理体制，多方筹集资金加大开发区（园区）基础设施建设投入，促进开发区（园区）改善基础设施，完善优化园区发

展环境，把开发区（园区）打造成中小企业的创业基地、承接产业转移的主要载体、新型产业和特色产业的聚集区、区域经济的增长极。要按照工业进开发区（园区）的要求，积极引导中小投资者进开发区（园区）创办企业。开发区（园区）要搭建创业服务平台，为入园中小企业创业提供高水平专业化服务。

十八、强化政府服务功能

要切实加强政务公开，各盟市、旗县（市、区）、开发区（园区）必须在门户网站公布各项行政审批、核准、备案事项和办事指南；要把需要审批、核准、备案的行政许可事项集中到行政服务中心或创业服务大厅，实行“一条龙”服务和“一站式”办理，开辟创业“绿色通道”；要提高办事效率，工商登记、项目审批（核准、备案）、土地、环评等各环节要探索实行“一周办结制”。各盟市、旗县（市、区）、开发区（园区）要在监察部门设立中小企业服务投诉电话，对不作为或刁难中小企业的行为，一经核实，根据管理权限，严肃查处。要进一步优化中小企业创业环境，以创业带动就业。加快建立完善中小企业服务中心，培育骨干服务机构，动员和整合社会资源为中小企业发展提供创业辅导、产业政策、经营管理、市场营销、技术支持、融资咨询、品牌培育、人才培训、法律维权等服务。

十九、加强中小企业运行监测

各旗县（市、区）中小企业主管部门要建立中小企业台账，加强对中小企业经济运行的监测与分析。各级政府统计部门要在2009年下半年建立健全中小企业统计指标体系，及时掌握中小企业发展动态，为各级政府制定实施促进中小企业发展政策提供决策依据。各地规模以上中小企业经济运行情况要按月逐级上报汇总，规模以下中小企业经济运行情况要按季逐级上报汇总。

二十、加强对中小企业工作的组织领导

自治区成立自治区中小企业局，对全区中小企业工作进行指导和综合协调。各盟市要设立相应机构，逐步建立完善全区中小企业工作体系，强化考核工作。自治区有关部门要根据本意见进一步细化配套政策，各盟市要结合实际制定具体实施意见。要强化旗县（市、区）政府发展中小企业的责任主体意识，在制定中小企业发展规划、运行监测、协调服务等方面发挥主导作用。

黑龙江省人民政府关于鼓励和促进民间投资发展的指导意见

黑政发［2009］110号

各市（地）、县（市）人民政府（行署），省政府各直属单位：

为进一步扩大我省民间投资范围和规模，建立规范、公平竞争的市场环境，充分发挥民间投资对保增长、扩内需、调结构、促开放的积极推动作用，现就我省鼓励和促进民间投资的发展，提出如下指导意见：

一、充分认识鼓励和促进民间投资对我省经济社会发展的重要作用

改革开放以来，我省民间投资不断发展壮大，总量迅速攀升，由2003年的425亿元增加到2008年的1 594亿元；增速逐年加快，由2003年的15.8%增加到2008年的65.2%；领域逐渐拓宽，在国民经济二十大类行业中，除国际组织之外，已经覆盖了其他十九大类行业。民间投资具有机制灵活、应变能力强、总量大的特点，对缓解经济下滑、应对金融危机作用突出；具有单体规模小、起点低、数量多、涉及产业领域宽的特点，对增加就业、维护社会稳定作用显著；具有自我发展、自主经营、资金自筹能力强的特点，对扩大投资、拉动经济增长作用巨大；具有调整快、效率高、拓展能力强的特点，对转变经济发展方式、加快技术进步作用明显。国家应对金融危机“一揽子”政策实施后，鼓励和促进民间投资已经成为进一步增加投资、扩大内需的必然要求和重要抓手，对于优化资源配置，解决深层次矛盾，实现我省经济社会又好又快发展具有重要意义。

二、民间投资发展中存在的主要问题和制约因素

目前，我省民间投资存在着发展动力不足、总量相对偏小、介入产业层次低、项目投资规模小等问题。民间投资主体经商、投资意识和欲望相对较差，2008年，全省储蓄存贷款差额超过4 400亿元，民间资本的巨大潜力没有发挥出来；民间投资仅占全社会投资额的43.6%，低于全国平均水平；民间投资多集中在投资少、技术性不强的行业，在金融、信息传输、文教卫生等投资额高、发展潜力大的行业中投资比重较低；2008年全省民间投资施工项目3 113个，亿元以上项目仅有249个，不

到8%，单个项目平均规模为556万元，同期国有投资项目平均规模8 361万元。民间投资主体不够活跃、市场准入门槛过高、融资难问题突出、政府提供的公共服务不到位、社会化市场服务体系不健全是产生问题的主要原因。统筹全省经济社会发展全局，破解影响民间投资快速发展的制约因素势在必行，鼓励和促进民间投资加快发展，已经成为当前经济工作的当务之急。

三、积极推进民间投资快速健康发展

各地、各部门要进一步解放思想，把鼓励和促进民间投资工作摆在更加重要的位置，突破传统禁锢，彻底清除和取消各种不利于民间投资发展的条条框框；要进一步创新观念，切实改变我省商业传统和创业精神缺乏的局面，全面激发民间投资的市场活力，在全省上下形成人人创业、家家创业、创新强省的发展氛围；要进一步加强宣传引导，树立民间投资主体的良好形象，让全社会充分认识到鼓励和促进民间投资的重要意义；要进一步深化改革，增强工作的自觉性和主动性，采取切实有力措施，建立起扩大民间投资的组织推进机制、有序的国退民进机制，为民间投资的发展做好服务工作，让民间投资主体真正享受到应有的国民待遇，靠自身活力、政策支持和优质服务，扩大总量、提高质量、做大做强，快速健康发展起来。2009～2015年，全省各市地民间投资增速要高于同期全社会固定资产增速10%以上，到2015年年底，全省民间投资占全社会固定资产投资比重要由2008年的43.6%增加到55%以上，达到全国平均水平。

四、坚持公平准入原则，扩大民间投资的市场准入范围

（一）进一步放宽民间投资准入领域和范围

坚持“非禁即入、平等待遇”原则，鼓励和支持民间资本进入法律法规未明确禁止的一切产业和领域，取消针对民间投资准入设置的一切附加条件。规范设置透明化的投资准入门槛，公开投资准入的标准信息，创造公平规范的市场准入环境。坚持市场配置资源为主，政府推动相结合，加快推进国有经济布局和结构战略性调整，使国有资本向重要领域和关键领域集中，按照“有进有退”的原则，对一些领域逐步实现国有资本的有序、适度退出，为民间资本的发展提供更广阔的空间。积极推动国有大中型企业通过增资扩股、国有股权转让等方式引进民间资本；已改制为国有控股和参股的企业，可通过产权交易、资产出售等方式吸引民间资本进入；鼓励民间资本通过项目公司、收购国有破产企业资产等方式参与国有企业合作重组。

（二）鼓励和引导民间资本进入基础设施领域

对于民间资本采取BOT方式进入的公路项目，政府将适当延长其经营年限，并在经营期内给予一定补贴；鼓励民间资本建设通往资源开发区的铁路项目，政府在出让资源开发权时给予优先考虑和适当照顾；鼓励民间资本参与航运港口收费经营权及周边土地开发权竞拍。支持和引导民间资本进入供水、供热、供气、污水、垃圾治理等城市基础设施建设领域，新建项目要充分吸收民间资本进入，各级政府在项目建设资金的争取及配套上要积极支持民间投资主体；对已运营项目，各地、各部门要通过重组、参股等方式引进民间资本，逐步减少国有资本所占比例。到2015年，民间投资在这些领域的比例要由目前的33%提高到60%左右。

（三）鼓励和引导民间资本进入金融服务领域

建立地方性商业银行的国有股本减持机制，在严格监管、有效防范金融风险的前提下，支持符合条件的民间资本参股进入地方性银行金融机构，参与城市商业银行的增资扩股；农村信用社改制为农村商业（合作）银行时，要合理设置股权结构，拿出不少于30%的股份鼓励民间资本进入；支持民间资本参与证券、保险等金融机构的改组改制，支持民间资本从事保险代理业务，进入农业相互保险领域；鼓励民间资本采取公司制、合伙制、信托制等方式设立创业投资基金、产业投资基金等各种股权投资基金；大力推进民间资本进入及设立村镇银行，到2015年，力争每个县至少组建一家村镇银行，凡新组建的村镇银行，要留出不超过60%的股份鼓励民间资本进入；鼓励民间资本进入金融租赁领域，地方商业银行在发起设立金融租赁公司时，可拿出一定的股份引导民间资本进入；鼓励符合条件的民间投资主体发起或参与设立小额贷款公司、汽车金融公司、消费金融公司等新型金融机构和各类金融服务机构。

（四）鼓励和引导民间资本进入公共社会事业领域

允许民间资本以独资、股份合作、委托经营等形式投资图书馆、文化馆、展览馆、出版发行、演艺、影视动漫制作等公共文化服务产业领域以及参与我省文化事业单位的转企改制。合理掌握准入标准和条件，鼓励民间资本建设综合性、专业性、康复性以及社区、农村医疗卫生机构。鼓励和支持民间资本投资学前教育、普通高中、民办高校、业余教育、职业教育和职业技能培训等教育机构，逐步扩大政府对民办教育资助项目的范围，对发展民办教育做出突出贡献的民间投资主体给予表彰奖励；鼓励有条件的地方组建教育发展集团，引导民间资本规模化投资教育、发展教育产业。鼓励民间资本投资商业性赛事、冰雪体育场馆等竞技体育基础设施建设项目；参与建设专业队伍，投资专项项目俱乐部；进入体育中介、培训等体育服务领域项目；对能够市场化运作的体育赛事和活动，政府原则上不再直接参与具体组织运作。按照有关规定要求，进一步落实好免征营业税、房产税、土地使用税等税收优惠政策，保证民间投资者取得合理回报。

（五）鼓励和引导民间资本进入产业结构调整领域

支持民间资本进入新材料、新能源、新型环保、生物、低碳和先进装备制造产业领域，鼓励和引导民间资本进入旅游、物流、服务外包、服务贸易和会展等生产服务型产业领域。支持民营企业增加研发投入，鼓励有能力的民营企业建立技术中心和研发机构；支持民营企业通过采用新技术、新工艺、新设备、新材料等方式进行技术改造，参与国家和省级重大技术攻关；支持民营企业多途径联合产、学、研各类机构，整合研发能力，持续研发更新技术，实现产品更新换代，全面提升自主创新能力，鼓励民间资本用先进适用技术改造传统产业和军民两用高新技术产业。

五、提高金融服务能力，拓宽民间投资主体融资渠道

（一）扩大信贷融资规模

鼓励国有银行、股份制银行与政策性银行设立中小企业信贷专营机构，大力吸收引进外资银行、股份制银行、省外城市商业银行到我省建立分支机构，努力提高商业银行服务民间投资主体的能力。健全银行与企业融资对接制度，建立制度化的常态对接机制。各级政府要对金融单位支持地方融资工作情况进行评估，统筹安排各种政府可控资源进行鼓励。引导保险业务与信贷业务的有机结合，加快建立银行融资与保险公司信用保险相结合的贷款风险市场化分担机制，有效解决民间投资主体融资难问题。

（二）稳步发展小额贷款公司

坚持“小额、分散、有序、风险可控”的原则，发展专门服务于“三农”和中小企业融资的小额贷款公司。合理优化小额贷款公司股权设置结构，大股东的持股比例可提高到30%。有效搭建小额贷款公司与社会征信系统和担保机构的对接平台，便于小额贷款公司扩大客户范围和贷款规模。支持和引导小额贷款公司通过联合提高获取信贷资金的能力。鼓励有条件的小额贷款公司转为村镇银行。加大支持全省小额贷款公司力度，在数量、规模和质量上取得突破。

（三）支持担保机构做大做强

支持政策性担保、商业性担保和互助型担保机构加快发展，建立担保机构风险补偿金和资本金注入、统计、评级等相关制度，增加政府的风险补偿投入，提高担保机构对中小企业的融资能力。积极推进政策性担保机构提高商业化运作水平，增加政策性担保机构在各市县分支机构的设置，鼓励政策性担保机构针对民间投资集中领域分设专项担保业务。建立完善的业务考核制度和尽职免责机制，允许政策性担保机构一定比例的呆坏账核销。支持民间资本进入商业性担保领域，逐步建立针对民间担保机构的担保基金，进一步完善对商业性担保机构有关银行融资活动的风险补偿机制；对符合条件、经营情况较好的商业性担保机构，加大政府性资金的风险补偿投入或注入比例不超过20%的资本金。

（四）鼓励、引导和发展股权投资基金

改革和创新政府资金使用模式，落实优惠政策，鼓励有条件的地方设立并逐步扩大政府性基金，引导民间资本投资股权基金。以互利共赢机制吸引民间投资主体发起创建创业投资、风险投资和产业投资等股权投资基金，公开选聘基金管理公司进行市场化运作，通过上市、转让、管理层回购等方式实现股权投资的市场化退出。

（五）搭建全省统一的股权交易平台

按照托管登记和交易分开的原则，借鉴目前绝大部分省市已采取的模式，成立由多方出资的具有独立法人资格的省级股权托管机构，将全省非上市股份有限公司中各类股权全部由指定的托管机构办理登记手续集中托管，为企业办理过户、挂失和贷款质押登记等提供服务，促进企业股权合理快速流动。搭建与天津滨海新区OTC市场接轨的非上市企业股权融资交易平台，待条件成熟组建省内OTC市场。利用产权市场的公信力，通过股权交易、质押等形式，实现民间资本向高新技术、第三产业和中小企业转移。支持哈尔滨开发区率先进入证监会股权代办转让系统。

（六）鼓励其他方式融资

鼓励民间资本通过并购和参股、控股等多种形式，参与国有企业和集体企业的改组、改制与改造。引导和推荐有实力的企业在国内外资本市场上市，政府对成功上市融资的企业给予奖励。鼓励民间资本以BOT、BT、BLT等方式大力开展项目融资活动。鼓励民间资本通过引入战略投资者、委托经营、转让经营等方式，盘活存量资产进行融资。完善和推广农村产权制度改革，为农业生产和农村发展开辟新的融资渠道创造条件。鼓励民间资本设立不吸收存款的融资租赁公司，引导并发挥好典当、信托、企业债券、企业短期融资券、中小企业集合债券等融资方式的作用，进一步拓宽民间投资的融资渠道。

六、加大政策扶持力度，营造民间投资主体良好投资环境

（一）加大政府支持力度

政府有关部门要主动为民间投资项目共享公共服务创造条件，综合利用政府投资补助、贷款贴息、风险补偿、奖励补助、税收优惠、用地支持等政策，保障民间投资获取合理收益，鼓励和促进民间投资健康快速发展。政府采购活动中，在技术、服务等指标满足采购需求的前提下，支持民营企业平等参与政府采购竞争，优先将合同授予中小企业，积极培育中小企业成为政府采购长期供应商。

（二）简化环节提高效率

清理、减少、合并行政审批事项和环节，对不需要政府核准的民间投资项目实行备案管理，严禁以备案名义实行变相审批。推广实行公开化、规范

化的“并联审批”。严格落实首问负责制、服务承诺制、限时办结制、失职追究制以及否定报备制。取消各级地方政府制定的与省委、省政府有关民间资本市场准入规定不一致的政府规章、规范性文件和政策性文件。除国家法律、行政法规及国务院决定外，政府规章以及各级政府和部门出台的规范性文件、政策性文件不得设定民营企业设立登记及其前置性行政许可。

（三）进一步清费治乱减负

加快做好行政事业性收费清理整顿工作，严禁继续收取或变相收取国家、省历年取消和停收的收费项目，及时在政府网站公示现行的国家和省级行政事业性收费目录，凡未列入国家和省级行政事业性收费目录的项目一律取消，省以下各级政府一律不准设置新的行政事业性收费项目。任何机构不得以任何理由违反国家规定向企业收费、罚款、集资、摊派等，凡未持收费许可证收费的，民间投资企业有权拒缴，严格执行国家各项收费政策的最低标准。规范质押登记部门收费行为，登记部门不得强行要求抵押人到指定的评估机构对抵押资产进行评估。

（四）维护民间投资者的合法权益

政府对民营、集体和国有企业，在资金安排、使用各种社会公共资源的价格标准或计价方式上要一视同仁。引导建立海外上市企业互助性和自律性行业协会，规范行为、维护权益。对民间投资者提出的行政复议等事项，各级政府和有关部门必须依法及时办理，切实维护其合法权益不受侵害。

七、完善服务体系建设，引导民间投资主体适度集聚发展

（一）提高信息公开水平

建设和完善产业政策与项目投资信息、前沿技术发布平台，为民间投资者提供最新的动态市场准入、宏观政策、产业发展、市场调研、科技前沿、项目合作、人才供求等信息，引导民间投资者正确判断投资形势，合理投资。

（二）建立企业征信平台

通过政府相关部门授权和监管，依托人民银行、工商系统等部门的企业信用基础数据库和中小企业信用档案平台，积极推动商业银行内部评级与评级机构外部评级相结合，建立和完善企业信用体系、评级发布制度以及失信惩戒机制，建立健全企业信用档案和数据库，为银行和社会提供企业的征信信息。

（三）发挥行业协会功能

建立和完善由企业自由选举行业协会组成人员的选举和运行机制，进一步发挥行业协会在促进产业发展、推进行业自律以及维护企业合法权益等方面的积极作用。

（四）完善社会服务体系

按照市场化原则，通过资格认定、业务委托、奖励等方式，鼓励引导建立由行业协会、科研机构等中介服务组织为主，面向民间投资的人才培养、技术信息、信用评价、管理咨询、法律服务、政策解读等智力支持社会服务体系。

（五）引导企业集聚发展

围绕我省“八大经济区”、“十大工程”以及特色园区建设，以骨干企业和知名品牌为龙头，引导民间投资企业开展配套和协作，建立以中小企业集聚为特征的产业集群，承接发达地区资本、先进技术和管理经验的转移。鼓励民间投资企业挖掘、保护、改造民间特色传统工艺，创建自主品牌，形成特色产业。引导民间投资企业发挥区位优势，积极开展对俄境外投资和跨国经营，合理促进企业集团发展。

二〇〇九年十二月十八日

关于印发《上海市政府采购促进中小企业发展暂行办法》的通知

沪财库［2009］51号

各市级预算单位，各区县财政局、经济信息化委，市政府采购中心，各政府采购代理机构：

为了鼓励和支持中小企业积极参加本市政府采购活动，发挥政府采购政策功能，促进中小企业发展，依据《中华人民共和国政府采购法》、《中华人民共和国中小企业促进法》及相关法律法规，结合本市政府采购开展情况和中小企业现状，我们制定了《上海市政府采购促进中小企业发展暂行办法》。现印发给你们，请按照执行。如执行中遇到问题，请及时与市财政局国库处联系。

特此通知。

上海市财政局
上海市经济和信息化委员会
二〇〇九年十一月二十六日

上海市政府采购促进中小企业发展暂行办法

第一条　（依据和目的）

为了鼓励和支持中小企业积极参加本市政府采购活动，发挥政府采购政策功能，促进中小企业发展，依据《中华人民共和国政府采购法》、《中华人民共和国中小企业促进法》及相关法律法规，结合本市政府采购开展情况和中小企业现状，制定本办法。

第二条　（适用范围）

本市采购人和采购代理机构开展政府采购活动，适用本办法规定。

第三条　（中小企业供应商库）

上海市财政局（以下简称市财政局）在上海政府采购网（www. zfcg. sh. gov. cn）政府采购供应商库中设立中小企业供应商子库。

供应商经有关部门确认其符合国家有关中小企业标准的，进入中小企业供应商库，参加本市政府采购活动时享受本办法有关政策。

以联合体形式参加本市政府采购活动，联合体各方均为中小企业供应商库成员的，该联合体享受本办法有关政策。

第四条　（中小企业供应商入库）

在本市注册登记的中小企业，通过上海政府采购网登记为本市政府采购供应商库成员后，经上海市经济和信息化委员会（以下简称市经济信息化委）依据《中小企业标准暂行规定》（国经贸中小企［2003］143号）根据本市有关部门提供的统计数据进行统一确认，纳入本市政府采购中小企业供应商库。

不在本市注册登记的中小企业，通过上海政府采购网登记为本市政府采购供应商库成员后，可以通过以下方式之一进入本市政府采购中小企业供应商库：

（一）可以取得其注册地中小企业主管部门（地、市级以上）确认的，填写《上海市政府采购中小企业供应商确认表（A）》，并报市经济信息化委备案后进入本市政府采购中小企业供应商库。

（二）无法取得其注册地中小企业主管部门（地、市级以上）确认的，填写《上海市政府采购中小企业供应商确认表（B）》，并提供经注册会计师审计的上年度财务报表、职工人数证明及市经济信息化委要求的其他材料，市经济信息化委会同有关部门在5个工作日内审核确认后进入本市政府采购中小企业供应商库。

市财政局、市经济信息化委会同有关部门定期对上海市政府采购中小企业供应商库进行更新。

第五条　（供应商规模变化）

已纳入中小企业供应商库的企业因经营规模发生变化，不再符合中小企业标准的，应主动向市财政局或市经济信息化委报告，市财政局、市经济信息化委将其从中小企业供应商库中剔除。供应商未主动报告的，一经发现，由市财政局、市经济信息化委将其从中小企业供应商库中剔除，并在供应商诚信档案中予以记录。

第六条　（异议和复核）

供应商对市经济信息化委作出的确认结果有异议的，可以向市经济信息化委提供有关证明材料，市经济信息化委于10个工作日内审查并作出答复。

第七条　（优先采购）

采购人使用财政性资金采购货物、工程和服务，应当在采购文件中明确规定，在同等条件下优先从中小企业采购。

第八条　（优先安排）

预算金额在200万元以下的政府采购项目，应当从中小企业采购。采用公开招标方式的，应当在招标文件中规定仅接受中小企业投标；采用邀请招标方式的，应当邀请符合相应条件的中小企业参加投标；采用竞争性谈判或询价方式的，应当确定中小企业参加谈判或询价。

预算金额超过200万元的政府采购项目，根据项目的实际情况，采购人可以要求仅从中小企业采购，并比照本条上款规定操作。

按本条第一款规定实施采购，无法从中小企业获取货物、工程和服务的，允许大企业参加采购活动。

本条第一、二款规定不适用于协议供货、定点采购政府采购项目。

第九条　（合理划分包件）

在公开招标政府采购项目中，采购人或采购代理机构应根据项目实际情况合理划分包件，以利于中小企业参加投标。

第十条　（禁止规定）

采购人或采购代理机构应根据政府采购项目的情况，合理设置供应商的资格条件，不得排斥和限制中小企业。

第十一条　（获取招标文件的优惠）

中小企业参加本市集中采购机构组织的政府采购活动，免收招标文件工本费。

第十二条　（培训服务）

本市政府采购代理机构应当对参加其组织的政府采购活动的中小企业进行有关政府采购文件、流程以及投标文件编制规范等方面的辅导，及时解答中小企业提出的询问，支持中小企业参加本市政府采购活动。

第十三条　（保证金免除）

采购人或采购代理机构可以在招标文件中规定中小企业参加投标免予缴纳投标保证金。

采购人或采购代理机构应根据项目具体情况合理设置履约保证金金额。在规格、标准统一、现货货源充足且价格变化幅度较小的货物政府采购项目中，可以免除中小企业供应商缴纳履约保证金义务。

第十四条　（款项支付）

采购人和采购代理机构应根据项目具体情况合理设置付款期限、方式。采购人在控制履约风险前提下，对中小企业供应商提高首付款比例。

规格、标准统一，且交货时间短于15日的货物政府采购项目的首付款比例一般应在50%以上。

第十五条　（履约和验收）

中小企业应依法参加政府采购活动，在中标、成交后应依照采购文件与采购人签订政府采购合同，并依合同规定履行合同义务，采购人或采购代理机构应根据政府采购合同的规定对中小企业的履约情况进行验收。

第十六条　（诚信管理）

中小企业参加政府采购活动应依法诚信经营、公平竞争。市财政局对中小企业建立诚信档案，进行诚信管理。中小企业如有违法或存在《上海市政府采购供应商登记及诚信管理（暂行）办法》列举的不诚信行为，由财政部门依法处理，并记录在供应商诚信档案。

第十七条　（办法解释）

本办法由市财政局负责解释。

第十八条 （施行时间）

本办法自2010年月1月1日起执行。

山东省人民政府关于贯彻国发［2009］36号文件进一步促进中小企业发展的实施意见

鲁政发［2009］127号

各市人民政府，各县（市、区）人民政府，省政府各部门、各直属机构，各大企业，各高等院校：

《国务院关于进一步促进中小企业发展的若干意见》（国发［2009］36号），是立足当前、着眼长远作出的重大战略决策，是以科学发展观指导中小企业发展的具体实践，是中央应对国际金融危机“一揽子”计划的重要组成部分。为认真贯彻国发［2009］36号文件精神，进一步促进中小企业加快发展，现结合我省实际，提出以下实施意见，请一并抓好落实。

一、把促进中小企业发展作为重大战略任务，努力在转方式、调结构上实现新突破

1. 充分认识中小企业在经济与社会发展中的重要地位。中小企业最具创新意识和创业激情，充满生机与活力，具有高成长性，不仅是经济发展的重要力量，也是安排社会就业的主要载体。促进中小企业发展，是关系经济、民生和社会稳定的重大战略任务。近年来，我省中小企业发展较快，在经济构成中的比重不断提高，在吸纳就业中的作用尤为明显。2008年，全省中小企业发展到59万户，年创造增加值和税收分别占全省53%和65%，提供的就业岗位已占全省城镇就业的80%。在应对突如其来的国际金融危机中，广大中小企业科学务实、积极作为，实现了经济企稳回升，为全省保增长、保民生、保稳定做出了积极贡献。

2. 我省中小企业发展面临的任务十分艰巨。多数中小企业起步晚、起点低、人员新，总体素质和竞争力比不上大企业；中小企业面广量大、门类众多，且不断衍生，其产业水平、产品水平、技术装备水平和管理水平上的差异性很大；金融危机的冲击，又进一步凸显了结构不合理，自主创新能力弱，部分产能落后、过剩，与市场不适应的矛盾。从外部发展环境看，也存有融资难、担保难、企业负担重、部分扶持政策不落实等问题。中小企业的发展正处在一个不断分化、组合、积聚的过程，且随着在全省经济构成中所占比重不断提高，已成为结构调整和安排社会就业的主体。我省经济要转变发展方式、调整经济结构，推进工业化、城市化进程，就必须把促进中小企业发展作为突破口和着力点。

3. 进一步促进中小企业发展的总体要求。贯彻落实科学发展观，充分发挥市场配置资源的基础性作用和企业的市场主体作用，充分利用国际金融危机形成的倒逼机制，继续组织实施科技创新计划、中小企业成长计划、特色产业提升计划和小企业培育计划，大力推动中小企业自主创新和技术改造，大力发展产业集群和优质产品生产基地，不断提高市场开拓能力，提高经营管理水平，提高发展质量和效益，努力营造有利于中小企业发展的良好环境，坚持走新型工业化道路，为实现工业由大变强、为建设经济文化强省做出新的贡献。各级、各部门要把中小企业的发展和结构调整纳入本地区转方式、调结构的总体规划，作为经济社会发展的一个重要支撑点和结构调整的一个重要带动面，通过市场机制和规划导向、产业政策、技术装备政策、行政监控等多种调控手段，促进结构调整。坚持抓大扶小、以小促大，有保有压、强优汰劣，支持先进、淘汰落后，实现在调整中发展、在发展中调整，努力创造大企业“顶天立地”、小企业“铺天盖地”、良性互动、协调发展的新局面。

二、综合运用各项扶持政策，突出重点，支持中小企业加快结构调整

4. 明确中小企业结构调整目标和扶持发展重点。针对中小企业情况千差万别、门类多、层次不同的特点和现状，认真进行调查摸底，厘清中小企业的不同类型和行业属性，弄清行业之间的相互关系，抓住发展中的“短板”和薄弱环节，以全省工业调整振兴规划为指导，制定出具体可行、针对性强的近期安排和远期规划，明确发展什么、扶持什么、限制什么、淘汰什么。全省中小企业结构调整的目标是：提升制造业、壮大服务业、振兴信息业、繁荣文化产业、加快发展交通物流业。省、市各项政策扶持的重点是：

（1）中小工业企业技术创新和技术改造，列入产业集群发展规划的重点企业、公共技术服务平台和优质产品生产基地建设；

（2）信息与计算机产业中的“两化”融合项目；

（3）商业服务业中的电子商务、网络营销系统建设和各类展览促销活动；

（4）交通运输和物流业中的现代物流方式；

（5）租赁和商务服务业（含服务外包）中的管理咨询和培训；

（6）农林牧副渔业中的产品深加工；

（7）中小企业信用担保机构的风险补助和奖励，中小企业服务体系建设等。

5. 进一步拓宽中小企业融资渠道。加快创业板市场建设，完善中小企业上市育成机制，扩大中

小企业上市规模，增加直接融资。完善创业投资和融资租赁政策，大力发展创业投资和融资租赁企业。鼓励有关部门和各级政府设立创业投资引导基金，引导社会资金设立主要支持中小企业的创业投资企业，积极发展股权投资基金。发挥融资租赁、典当、信托等融资方式在中小企业融资中的作用。稳步扩大中小企业集合债券和短期融资券的发行规模，积极培育和规范发展产权交易市场，为中小企业产权和股权交易提供服务。

6. 加大对中小企业的金融支持力度。建立和完善中小企业金融服务体系，省行政区域内各国有商业银行和股份制银行都要单独设立专门面对中小企业的信贷机构，并在民营经济活跃、民间资金雄厚、金融需求旺盛的地区增设机构网点；经监管部门批准，也可设立专为中小企业服务的股份制金融机构。鼓励民间资本参与发起设立村镇银行、贷款公司等股份制金融机构；积极支持民间资本以投资入股的方式，参与农村信用社改制为农村商业（合作）银行以及城市商业银行的增资扩股。支持、规范发展小额贷款公司，鼓励有条件的小额贷款公司转为村镇银行。人民银行济南分行要将中小企业贷款执行情况纳入金融机构执行货币信贷政策的评估内容，山东银监局要对小企业贷款单独考核、单独管理。各城市商业银行和小额贷款公司等金融机构，要以中小企业为主要贷款对象，投放到中小企业的贷款余额应占到信用总量的70%以上。

各金融机构对中小企业要实行有别于大企业的授信标准和监管政策，完善中小企业授信业务制度，逐步提高中小企业中长期贷款的规模和比重，提高贷款审批效率，创新金融产品和服务方式。建立信贷人员尽职免责机制，简化审贷程序，优化业务流程。合理制定小企业不良贷款控制指标，按照新的金融企业呆坏账核销管理办法，对小企业贷款损失依法及时核销。

为鼓励支持金融机构扩大对中小企业的贷款投放，有条件的市、县（市、区）可通过设立中小企业贷款风险补偿基金，对银行业金融机构、小额贷款公司等发放小企业贷款按增量的一定比例给予补助，对小企业不良贷款按损失额给予适度风险补偿。加快推进信用评级一体化服务，扩大信用评级对象范围。大力推广A级中小企业信用企业培植工作经验，分梯次提升中小企业的信用等级，改善中小企业自身融资条件。

7. 加强对中小企业的信用担保服务。市、县各级都要设立财政出资和企业、个人联合组建的多层次融资担保基金和担保机构，综合运用风险补偿、奖励补助或资本注入等方式，提高担保机构对中小企业融资担保能力。担保机构要重点为中小企业提供信用担保服务。贯彻工业和信息化部、国家税务总局《关于中小企业信用担保机构免征营业税有关问题的通知》（工信部联委企业［2009］114号）规定，对为中小企业提供担保额占其当期担保总额80%以上的担保机构免征营业税，并落实好准备金提取和代偿损失税前扣除政策。进一步完善财产抵押制度和贷款抵押物认定办法，扩大抵押担保物范围。凡是法律不禁止、评估价值公合理、权属较清楚的财产都可以进行贷款抵押。积极采取动产、应收账款、仓单、股权、知识产权质押和林权抵押等新型担保抵押贷款方式，缓解中小企业贷款抵质押不足的矛盾。

各县（市、区）都要建立“过桥还贷”资金，作为信用担保的补充，为结构调整中的小企业按时还贷续贷提供接力资金支持。

8. 充分发挥财政资金对结构调整的导向、调控作用。省和各市都要设立中小企业发展专项资金，并根据年度财政收入状况逐步扩大规模。尚未设立中小企业发展专项资金的市，要在2010年财政预算中作出安排。已经进入全国百强的县（市、区）也要设立中小企业发展专项资金。为促进各市逐步扩大中小企业发展专项资金规模，今后省级专项资金的分配安排，要参照市级专项资金的规模和增长情况。要调整投向、突出重点，进一步发挥好中小企业发展专项资金的导向作用，提高使用效果。

落实国务院关于地方政府也要安排中小企业技术改造专项资金的要求，进一步加大对中小企业技术改造的支持力度。省、市、县（市、区）预算内技术改造专项投资中，要安排中小企业技术改造专项资金。

省、市设立的创业投资引导基金，主要用于支持中小企业，优先扶持种子期、起步期等初创阶段的科技型中小企业。

9. 运用税收优惠，提供创业扶持。（1）自2010年1月1日至2010年12月31日，对年应纳税所得额低于3万元（含3万元）的小型微利企业，其所得减按50%计入应纳税所得额，按20%的税率缴纳企业所得税。（2）中小企业缴纳城镇土地使用税确有困难的，可按规定向主管地税机关提出减免税申请，层报省级地税机关审核批准。（3）对中小企业由于技术进步原因需要加速折旧的，可按规定缩短折旧年限或者采取加速折旧的方法。税务机关应及时办理事前备案手续。（4）中小企业因有特殊困难、不能按期纳税的，经省级税务机关批准，可依法申请在三个月内延期缴纳。（5）对列入环境保护、节能节水企业所得税优惠目录的中小企业投资项目，税务部门要按规定给予所得税优惠。（6）中小企业投资国家鼓励类项目，除《国内投资项目不予免税的进口商品目录》所列商品外，所需的进口自用设备以及按照合同随设备进口的技术及配套件、备件，免征进口关税。（7）严格执行税收征收管理法律法规，不得违规向中小企业提前征税或者摊派税款。

10. 统筹解决中小企业结构调整和产业集群发展的用地需求。各级中小企业和国土资源部门，要在科学预测当地中小企业结构调整项目投资和产业集群发展趋势的基础上，将中小企业的建设用地需求，与各级土地利用总体规划相衔接，保障项目用地与土地利用总体规划的一致。各地在制订和实施土地利用年度计划时，要将中小企业发展和结构调整用地需求纳入其中，增加对科技含量高、资金密集型中小企业用地供应，同时安排一定数量建设用地，以租赁方式供中小企业使用。各级国土资源部门要为中小企业发展做好土地查询、登记、发证等服务，及时为中小企业办理抵押、变更、转让等手续。积极引导中小企业节约用地、合理用地，实现土地利用集约化。

11. 构建和谐劳动关系，采用适合中小企业特点的灵活用工方式。采取切实有效措施，加大对劳动密集型中小企业的支持，鼓励中小企业不裁员、少裁员，稳定和增加就业岗位。对中小企业吸纳困难人员就业、签订劳动合同并缴纳社会保险费的，在相应期限内给予基本养老保险补贴、基本医疗保险补贴、失业保险补贴。对受金融危机影响较大的困难中小企业，将阶段性缓缴社会保险费或降低费率政策执行期延长至 2010 年年底，并按规定给予一定期限的社会保险补贴或岗位补贴、在岗培训补贴等。中小企业因工作性质或生产特点的限制，不能实行标准工时制度的，可与职工就工资、工时、劳动定额进行协商，符合条件的，按照国家和省有关规定，向当地县级以上人力资源和社会保障部门申请施行特殊工时制度。

12. 清理不利于中小企业发展的地方法规和规章制度，改善发展环境。对省及省以下各级政府、各部门过去出台并仍在执行的一些对中小企业有歧视性条文和限制民间资本进入、影响公平竞争的地方法规和部门文件，对地方和部门越权设立或将行政性收费擅自转为经营服务性收费项目的，一律取消。对认为有关文件及条文不利于中小企业发展并提出异议的，制发部门要认真受理，予以修改或答复。严格执行收费公示制度，公开前置性审批项目、程序和收费标准，严禁地方和部门越权设立行政事业性收费项目，不得擅自将行政事业性收费转为经营服务性收费。进一步规范执收行为，全面实行中小企业缴费登记卡制度，健全监督制度，严肃查处乱收费、乱罚款及各种摊派行为。今后对行政许可和强制准入的中介服务收费、具有垄断性的经营服务收费，要能免则免，能减则减，能缓则缓。任何部门和单位不得通过强制中小企业购买产品、接受指定服务等手段牟利。今后有关部门在拟定出台涉及企业发展的有关文件时，要注意征求、吸纳中小企业及主管部门的意见。对已出台支持中小企业发展的有关政策落实情况，各级政府要列为重要内容抓好督察。各级中小企业管理部门要把检查政策落实情况作为重要职责，及时发现解决落实中的有关问题。

13. 完善政府采购支持中小企业的有关制度。落实好国家制定的政府采购扶持中小企业发展的具体办法，提高采购中小企业货物、工程和服务的比例。进一步提高政府采购信息发布透明度，完善政府公共服务外包制度，为中小企业创造更多的参与机会。

三、统筹规划，因势利导，推进中小企业转变发展方式，形成发展新优势

14. 中小企业要成为技术创新的源头，实现内生型成长。加快建立以企业为主体、市场为导向、产学研相结合的技术创新体系。鼓励支持中小企业与高等院校、科研单位合作建立技术创新联盟、行业和企业技术中心。大力发展各类科技中介服务机构，促进企业之间、企业与高校和科研院所之间的技术交流和合作。全省重点培育 100 个中小企业公共技术服务平台，为企业提供产品研发、质量检验检测、新产品推广、技术咨询和人员培训。中小企业在高新技术企业和企业技术中心认定上与其他企业一视同仁，并享受税收等优惠政策。

15. 中小企业要作为技术改造的主体，实现内涵式发展。按照走新型工业化道路的要求，大力推进信息化与工业化的融合，以信息化带动工业化，重点推进信息技术改造传统工业的项目。按照实现可持续发展的要求，把资源节约、改善环境、提高生产效率与产品质量等技术进步要素凝练在项目中，促进企业集约化生产；要把采用先进技术工艺设备、提高技术含量作为技术改造的主要内容。企业仍在使用落后技术工艺及设备的，要限期采用先进、适用技术和装备进行更新改造。对超期服役的老旧落后设备，要责令停止使用，强制淘汰。各级中小企业管理部门要运用好预算内安排的技术改造专项资金和有关优惠政策，加强技术改造导向，搞好项目筛选凝练，组织好项目实施，推进企业技术改造上水平，促进结构优化升级。

16. 推进产业集聚，大力发展产业集群。中小企业产业集群发展规划要和全省工业调整振兴、山东半岛蓝色经济区、高端产业集聚区、山东优质产品生产基地建设紧密结合起来，继续组织实施产业集群示范工程和特色产业提升计划，重点抓好 100 个省级重点产业集群、140 个重点特色产业镇，培育新的经济增长点，形成区域经济发展新优势。力争到 2012 年，全省年营业收入过 100 亿元的产业集群发展到 100 个，年营业收入过 50 亿元的产业集群发展到 170 个，年营业收入过 10 亿元的产业集群发展到 350 个。各市都要按照区域特色鲜明、经济结构优化、产业链条完整、支撑体系健全、配套功能完善、环境友好、质量过硬、市场竞争力强的要求，抓好一批示范性的产业集群。

17. 加强品牌建设，提高产品质量。鼓励引导中小企业加快品牌建设，创建中国名牌产品、中国驰名商标，引导企业提高产品的技术含量和档次，增强产品的市场竞争力。鼓励中小企业积极参与地方标准、行业标准、国家标准和国际标准的制定，积极申请质量、环境管理体系认证和产品认证，对获得制定和认证权的企业实施奖励和扶持。通过打造产品品牌、企业品牌、行业品牌、区域经济品牌，再创发展新优势。支持中小企业创建自主品牌，申请商标注册，开发先进适用的技术、工艺和

设备，研制适销对路的新产品，提高产品质量。加大对知识产权保护，鼓励挖掘、保护、改造民间特色传统工艺，提升特色产业。

18. 推进节能减排和清洁生产。按照国家宏观调控政策，加快生产力布局调整，坚决遏制高耗能、高污染和资源型行业的过快增长，推动中小企业实现节约发展、清洁发展、安全发展和可持续发展。大力促进重点节能减排技术和高效节能环保产品、设备在中小企业的推广应用。鼓励专业服务机构为中小企业提供合同能源管理、节能设备租赁等服务。积极引导中小企业投资发展替代能源、再生能源等新能源和新型工业原材料。在全省传统行业中，选择50家中小企业作为节能减排示范企业，进行重点支持培育，取得成功经验，在全行业推广。

19. 大力发展生产性服务业。进一步激活民间投资，放宽市场准入，鼓励支持中小企业进入社会公共事业、基础设施建设、金融服务业等法律未禁止的行业和领域。大力发展现代服务业，重点发展科技研发、工业设计、现代物流、信息咨询、专业市场、金融服务等生产性服务业。积极促进中小企业在软件开发、服务外包、网络动漫、广告创意、电子商务等新兴领域拓展发展。

20. 加大市场开拓力度。中小企业要加强营销网络和营销队伍建设，积极采用电子商务等现代化营销手段，不断创新营销方式和方法。组织中小企业参加国内外各种形式的洽谈会、展销会、博览会，加大产品和品牌宣介力度，提高山东中小企业产品市场占有率和竞争力。各级财政对参展企业要给予适当资金补助。支持中小企业“走出去”开拓国际市场，对从事境外投资、对外贸易、资源合作开发、技术合作与交流、工程承包、劳务合作、境外展览展销和自营进出口业务等活动的，给予财政专项资金补助、银行贷款贴息、商品出口退税、进出口配额等政策扶持。

四、苦练内功抓管理，提升经营管理水平

21. 引导和支持中小企业加强管理。针对中小企业发展中的管理粗放问题，必须适时地引导企业抓好微观管理，把中小企业的高成长性和发展的可持续性建立在科学规范的管理基础之上。要指导中小企业加强企业管理，从基础工作入手，按照科学、规范、精细、效能的要求，把企业的财务、质量、计量、标准化、节能、安全、用工等各项管理制度建立起来，并狠抓落实。要按照《公司法》要求，完善法人治理结构，组织好管理团队，层层落实责任制，实现企业的精细化、无缝隙管理。

22. 加强中小企业信用制度建设。建立和完善中小企业信用信息征集机制和评价体系，完善征信系统，为中小企业金融、税务、工商、海关、质量、知识产权等服务提供方便快速的查询服务。引导中小企业建立良好的信用记录，坚持遵纪守法、诚信经营。构建守信受益、失信惩戒的信用激励约束机制，增强中小企业信用意识。有着不良信用记录、税法遵从度低和质量、节能、环保管理差的企业不能评为先进，不能授予荣誉称号。

23. 加强对中小企业各类人员的培训。要强化对中小企业的管理咨询和培训服务，特别要加强对经理人的培训，提高中小企业经营管理水平。组织管理咨询机构，选择一批中小企业进行管理诊断，针对诊断出的薄弱环节和问题提供咨询和指导。积极实施中小企业银河培训工程，分期、分批、分类培训中小企业管理人员，重点是财务培训和营销培训。要按照国家3年培训百万家成长型中小企业管理者的目标，以全省3年培训10万家为目标，制定我省培训成长型中小企业管理者的3年规划，认真抓好实施。

24. 运用信息化手段，促进中小企业管理提升。办好中小企业山东网，并利用各级分网，联合信息技术企业，继续实施中小企业信息化推进工程，开展中小企业信息化管理提升活动。加快推进重点区域中小企业信息化试点，每年抓一批管理提升的样板企业，以点带面，分类指导，逐步推开。引导企业运用信息技术提高研发、管理、制造和服务水平，运用短信平台、呼叫中心、电子商务等提高市场营销和售后服务能力。鼓励信息技术企业开发和搭建行业应用平台，为中小企业提供软硬件工具、项目外包、工业设计、RFID等社会化服务。

五、加强指导，落实责任，不断推进中小企业工作

25. 加强组织领导。成立山东省促进中小企业发展领导小组，由省政府分管领导任组长，省有关部门参加，办公室设在省中小企业办公室，定期研究中小企业发展的重大问题，及时制订解决方案和政策措施。各地也要根据工作需要，建立相应的组织机构和工作机制。

26. 加强对中小企业发展的指导、督导。各级政府在研究制定经济与社会发展的中长期规划时，要将中小企业的发展纳入其中；省有关部门在专项工作的安排上，要加强对中小企业的指导。各级中小企业管理部门要在国家产业政策和生产力布局的指导下，从本地中小企业的现状出发，适时地提出中小企业发展战略、结构调整导向规划和体制、机制创新的政策法规。中小企业的发展运行情况，要作为重要的考核评价内容，进行督导考核，对作出突出成绩的给予表彰奖励。建立中小企业问题协调反馈机制，在省中小企业办公室设立中小企业负担举报电话（0531－81278127）和网络受理平台（Qywq@ smesd. gov. cn），及时受理和处理反映的问题，维护中小企业合法权益。

27. 提供高效的行政审批服务。深化行政审批制度改革，建立健全中小企业服务机制，发展代办业务，引导发展一批协助中小企业办理或代办行政审批事项的中介服务机构，提供快捷、高效、优质服务。

28. 建立完善中小企业统计监测制度。建立健全规模以上中小企业统计和监测分析制度，加强对中小企业经济运行情况分析，及时掌握发展动态，加强市场预测和提高风险防范能力，应对各种不利因素的冲击。

29. 加大舆论宣传。报刊、广播、电视、网络等新闻媒体和传播媒介，要广泛宣传国家和省扶持引导中小企业发展的政策措施，广泛宣传中小企业发展的先进典型和成功经验，客观报道当前中小企业发展情况和遇到的困难，正确引导社会预期，增强发展信心，营造社会共同关注和推动中小企业发展的良好氛围。

30. 优化中小企业发展的法制环境。落实扶持中小企业发展的政策措施，深化垄断行业改革，扩大市场准入范围，降低准入门槛，进一步营造公开、公平的市场环境。加强对中小企业的权益保护，坚持依法行政，保护中小企业及其职工的合法权益。

山东省人民政府

二〇〇九年十一月十七日

河南省工业和信息化厅 河南省邮政管理局 河南省邮政公司关于开展邮政速递物流服务中小企业活动的通知

豫工信［2009］256号

各省辖市工业和信息化主管部门、邮政局、邮政速递物流公司：

为贯彻落实省委、省政府“企业服务年”活动精神，充分发挥邮政速递物流为中小企业提供迅速、准确、安全、方便的个性化速递物流服务优势，帮助中小企业降低经营成本、扩大市场份额，提高核心竞争力，省工业和信息化厅、邮政管理局和邮政公司决定在全省开展邮政速递物流服务中小企业活动。现将有关事项通知如下：

一、活动主题

向中小企业提供速递物流一体化解决方案，实现邮政速递物流与中小企业的共赢；引导中小企业借助邮政速递物流遍布城乡的服务网络，提高自身的市场竞争能力。

二、活动内容

省工业和信息化厅、邮政管理局和邮政公司共同制订《河南省邮政速递物流服务中小企业活动实施方案》（见附件），对全省符合条件的中小企业使用邮政速递物流服务给予优惠服务政策。

（一）对参与活动的中小企业实行会员制优惠服务。

（二）对参与活动的中小企业实行“四优先服务”，即优先揽收（取货）、优先发运、优先投递配送、优先信息反馈。

（三）对参与活动的中小企业提供免费的速递物流咨询、信息服务。

（四）为参与活动的中小企业优先提供速递物流代收货款、到付运费、返单、仓储、理货、包装等增值服务。

三、时间安排

（一）启动阶段（2009年11月）

各省辖市工业和信息化主管部门、邮政局和邮政速递物流公司要按照《河南省邮政速递物流服务中小企业实施方案》，研究制定活动实施细则、服务流程，并将活动安排和优惠政策宣贯到当地中小企业。

（二）实施阶段（2009年12月～2010年6月）

动员和组织中小企业参与活动，根据企业报名情况分类开展业务推介活动，针对中小企业速递物流需求，制订个性化解决方案。各中小企业经所在地工业和信息化主管部门备案后，可参与此项活动。邮政速递物流公司负责组织实施速递物流服务中小企业的各项具体工作。

（三）活动总结阶段（2010年7月）

各省辖市工业和信息化主管部门、邮政速递物流公司对参与活动的中小企业数量、效果等情况进行汇总统计，上报省工业和信息化厅、邮政管理局和邮政公司，对活动组织得力、效果突出的省辖市工业和信息化主管部门、邮政局及邮政速递物流公司给予表彰奖励。

四、活动要求

邮政速递物流服务中小企业是我省工业和信息化主管部门和邮政部门合作，共同扶持中小企业拓展市场，提高竞争能力的重要举措。各省辖市工业和信息化主管部门和邮政速递物流公司要切实认识此项工作的重要意义，密切配合，真正做到宣传到位、组织到位、服务到位。要建立定期沟通和情况上报制度，及时总结上报好的做法和取得的成效。省工业和信息化厅、邮政管理局和邮政公司将及时进行通报。

省工业和信息化厅联系人：张　骏
电话：0371－65855772
省邮政管理局联系人：张虎林
电话：0371－69519966
省邮政公司联系人：李宏军
电话：0371－69333571
电子邮件：hn65853702@126.com，hnyzsdems@163.com

附件：河南省邮政速递物流服务中小企业活动实施方案

河南省邮政速递物流服务中小企业活动实施方案

一、河南邮政速递物流简介

河南邮政速递物流主要为各类企业、单位提供国际、国内和同城特快专递服务，以及一体化、中邮快货和国际货运代理等服务，是目前河南快递物流行业最大的综合性服务商。已为公安、法院、通信、DELL摩托罗拉、雅芳、郑州日产、联想、辅仁等政府部门和国际、国内知名企业提供了良好的速递物流服务。河南邮政速递物流一贯秉承“迅速、准确、安全、方便”的服务方针和“全心、全速、全球”的核心服务理念，坚持采用先进的速递物流运作模式和技术手段，建立了连通世界、覆盖全国、沟通城乡的服务体系，致力于为中小企业提供个性化完善的速递物流解决方案。

中国邮政拥有百年品牌和信誉优势，邮政速递物流在社会各界享有良好的信誉和知名度。2005年在中国货运质量跟踪查询调查暨第四届中国货运业大奖评选活动中，邮政速递在规范服务、现场操作、信息系统、服务效率四个方面进入快递行业前三甲，并被评为“中国消费者（用户）十大最满意品牌”之一。2008年，河南邮政速递物流还分别被中国交通运输协会等单位评为“2008年度中国物流百强企业”，被河南交通运输协会评为“2008年度河南省物流诚信单位”和“2008年度河南物流企业十强”第二名等。

一是完善的网络服务能力。目前，邮政速递物流拥有通达全球200多个国家（地区）和全国城乡的速递物流服务网络；拥有17架自主专用运输飞机和3万余部速递物流专用车辆，及时开展速递物流邮件的上门揽收和准确投递。在省内以省会郑州为中心，开通了郑州至省辖市的16条省内物流专线，实现了省内主要城市的点对点运输，网络覆盖全省113个县，达到了省辖市间次日上午递、市县间隔日递。能够给各类客户快速解决文件物品传递、一体化物流运输配送等需求。

二是先进的信息支撑系统。为使客户能够实时掌握邮件的运行动态并提供一站式速递物流服务，邮政速递物流在着力提升ill85电话预约取件、快件查询、业务咨询的基础上，还建立了互联网查询和手机短信查询等多样化的功能，对速递物流邮件的接收、运输、仓储、配货、投递等整个运作过程，实施全程跟踪。

三是健全的服务质量管理体系。河南邮政速递物流按照客户的需求，为客户提供包括配送时限管理、信息反馈和回单管理等速递物流解决方案，实现实物与信息同步运行管理。对服务全过程进行定量评估和考核，追踪检查服务效果，定期向客户作出速递物流服务报告。

河南邮政速递物流依托最为完善的服务网络、先进的信息技术和建立的管理体系，形成了速递物流邮件“信息流、实物流、资金流”为一体的服务平台，可以满足中小企业的多样化需求。

二、本项活动的内容

针对中小企业的速递物流需求，河南邮政速递物流特推出以下服务项目，同时为鼓励广大中小企业积极参与，还推出免费服务项目和增值服务项目。

（一）服务项目

1. 国内特快专递服务

该服务主要为满足客户的合同、发票、样品等的紧急文件资料及物品传递需求而开办的一项高速度、高质量快递服务。服务范围通达全国城乡。特别是在今年推出了全国100个重点城市间限时承诺服务和省内省辖市间文件型特快专递“次展达”承诺服务，承诺“限时未达，原银奉还”，是全省唯一一家进行公开承诺的企业。

2. 国内经济快递服务

该服务主要为满足各类客户尤其是中小企业对交寄量大、内件重、对安全及信息反馈等要求较高的物品类速递服务需要，可有效降低企业的成本支出。即用比较经济的成本享受邮政速递快速优质的服务等。

3. 国内特快专递礼仪服务

为搭建中小企业与客户的沟通桥梁，进一步维系客户，增强客户的忠诚度，邮政速递物流推出了以“销售＋寄递”模式为主的员工生日蛋糕鲜花礼仪配送，商务礼仪配送，中秋、春节等重要节日礼仪配送，家乡速递免费寄递全国等服务，进一步满足客户的多层次需求。

4. 国际及港澳台特快专递服务

该服务是中国邮政与各国、地区邮政联合开办的一项邮政服务。拥有在各国邮政、海关、航空等部门享有优先处理的权利，享有邮件运送的法律保护和特有的优先权，它以高速度、高质量为客户传递国际紧急信函、文件资料、金融票据、商品货样和物品，同时提供多种形式的邮件跟踪查询服务。此外，邮政速递物流还提供代客户包装、代客户报关和代办保险等一系列综合服务。服务通达范围可涵盖全球绝大部分地区，最适应中小企业寄递商业性和批量贸易性及大型货物的特殊需要。同时，为全省外向型中小企业提供国际招商推介资料、货物样品、批量货物，以及免费上门揽收、代理正式报关、代理清关等个性化服务，为广大中小企业提供放心、周到的邮政国际寄递服务。邮政速递在不断拓展与荷兰邮政 TNT 公司合作的同时，还相继开办了国际包裹、中速收件人付费、对韩经济快递、商业快件等服务。其中，中速全球快递寄往东南亚及欧洲等地区的快件只需 3～4 个工作日；中速经济快递是专门为客户提供 11 公斤以上的重件且价格便宜的经济型国际快递服务，派送范围包括亚洲、中东、美国、欧洲等 91 个国家和地区；中速环球空运主要针对中小企业发寄 100 公斤或以上的重件，提供"门到门"及"门到机场"两种服务。

5. 一体化合同物流业务服务

该服务为中小企业提供一整套物流解决方案，根据客户需求，定制从订单处理、运输、仓储、配送，到库存管理、流通加工、信息服务、退货处理、代收货款的端到端的一体化物流解决方案，为客户提供实物流、信息流和资金流"三流合一"的供应链管理服务。

6. 中邮快货（零担货运）物流业务服务

该业务属于零担货运性质，主要是依托邮政物流运输和配送平台，为客户提供包括配送时限管理、信息反馈和回单管理、代收货款和代收运费等服务；重点满足中小企业不断提高的产品分销物流需求，实现实物与信息同步进行管理，以可靠的时效与服务质量逐步占领中、高端零担货运市场；为客户真正实现急需的跨区域门到门快货服务。

7. 国际货代业务

经中华人民共和国商务部 2003 年核准的国际货运一级代理，拥有中国航空运输协会民用航空运输销售代理一类货运服务证书和中国交通运输部无船承运人证书。在郑州和主要沿海城市为客户提供通达全球的国际空、海货运代理服务，具体包括：运输仓储、进出口清关、代理订舱和承运、落地派送服务。

（二）免费服务项目

1. 实行 VIP 客户制度

对参加本项活动的中小企业，河南邮政速递物流将免费办理 VIP 客户服务卡，同时针对每月用邮量，享受不同等级的会员优惠服务（具体等级划分与优惠活动见附表）。

2. 实现"四优先服务"

对参加本项活动的中小企业，在执行上述 VIP 客户服务卡的同时，公司提供"四优先服务"，即：优先揽收（取货）、优先发运、优先投递配送、优先信息反馈。

（1）优先揽收（取货）：接到客户通知，快速准确到客户处取货。

（2）优先发运：货物集中后，优先对货物进行装车、发运。

（3）优先投递配送：针对速递物流邮件，将及时安排，优先进行门到门的投递配送。

（4）优先信息反馈：公司货物全程进行信息追踪，客户将优先得到货物的全部信息。

对客户的货物实行全程信息跟踪，建立"信息绿色通道"、"货物绿色通道"，提高服务质量。

3. 实行速递物流咨询等一系列活动

对参加本项活动的中小企业，将定期享受公司免费提供的速递物流咨询、速递物流信息等方面的服务，优先参加公司举行的企业座谈会等一系列公司活动。

（三）增值服务项目

1. 河南邮政速递物流依托邮政的品牌信誉优势和"三流合一"的资源优势，为广大客户提供代收货款、到付运费、电子返单、仓储、加工、理货、包装等增值服务。其中，代收货款服务是为中小企业提供的快速传递实物、代收货物款项或其他款项并代为统一结算的一种增值服务。代收货款服务将消费者和中小企业的购销风险降到最低点，解决中小企业货款回收难的课题，缓解客户资金紧张的问题。

2. 对于达到 VIP 五级及五级以上的中小企业客户提供上门服务。

三、本项活动的流程

（一）建立 VIP 服务客户制度

对于参加本项活动的中小企业，办理 VIP 客户服务卡，建立客户信息数据库，通报全省邮政速递物流部门，由省邮政速递物流公司统一管理。

（二）积极开展推广"四优先服务"

认真执行承诺的优先揽收（取货）、优先发运、优先投递配送、优先信息反馈的"四优先服务"，建立客户服务中心，定期对服务质量进行反馈，责任到人，及时纠正服务过程中存在的问题。

（三）定期举办客户座谈会

公司将定期邀请中小企业代表，参加公司举办的客户座谈会，及时了解客户所需，增进公司与中小企业之间的沟通与联系，更好地服务于中小企业。

（四）定期组织速递物流业务培训

为更好地让客户了解邮政速递物流的业务运作方法，及时了解邮政速递物流开展的一些新的业务及政策，公司将定期举办业务培训，邀请各中小企业代表参加，增进了解，互相学习，为双方更好的合作打下基础。

四、本项活动的效果评价

各市、县邮政速递物流公司要及时将中小企业使用速递物流的数量和效果，及时地反馈到省邮政速递物流公司，同时上报当地的工业和信息化主管部门。省邮政速递物流公司将材料汇总上报省工业和信息化厅、邮政管理局及邮政公司，并对各市、县上报的材料进行审核，对活动开展效果不佳的省辖市将进行通报，以促进此项活动正常有序的进行。

河南省人民政府关于以财政为依托建立健全融资性中小企业担保体系的意见

豫政［2009］24号

各省辖市人民政府，省人民政府有关部门：

为进一步发挥政府性资金的引导带动作用，加快全省融资性担保机构建设，缓解中小企业融资难，促进全民创业，支持经济平稳较快发展，根据《国务院办公厅转发发展改革委等部门关于加强中小企业信用担保体系建设意见的通知》（国办发［2006］90号）精神，结合我省实际，现就以财政为依托建立健全融资性中小企业担保体系提出如下意见：

一、充分认识建立健全以财政为依托的融资性中小企业担保体系的重要性和必要性

（一）近年来，全省设立了一批融资性中小企业担保机构，在为中小企业提供融资担保服务、促进中小企业发展方面发挥了积极作用。但也要看到，目前全省融资性中小企业担保体系建设还很不完善，部分县（市）仍未设立担保机构，已设立的担保机构总体规模偏小、实力较弱，法人治理结构不够合理，经营运作不够规范，担保能力和抵御风险能力不强，致使我省中小企业担保难、融资难问题仍然非常突出，成为制约县域经济发展的主要瓶颈之一。以财政为依托全面建立健全融资性中小企业担保体系，有利于政府综合运用税收、贴息、风险补偿等措施支持担保机构发展，壮大担保机构实力；有利于发挥政府信用和商业信用两个优势，引导各类金融机构加大投放贷款力度，缓解中小企业融资难；有利于对中小企业实行优惠担保费率，降低融资成本，提高市场竞争力。

二、加快以财政为依托的融资性中小企业担保体系建设

（二）全省所有县（市、区）要按照“政府引导、多元投资、多层构建、市场运作、规范管理”的原则，于2009年3月31日前注册成立财政出资控股、吸收社会资本参加的融资性公司制中小企业担保机构（以下简称财政控股担保机构），其中财政注入资本金（含上级财政补助）不低于1 000万元。

（三）财政控股担保机构要按照市场化运作原则，科学设置股权比例，充分发挥财政资金在担保机构中的主导作用；要依照有关法律、法规和现代企业制度要求，建立完善的法人治理结构和内部组织结构；要建立科学的项目评审和内控制度，构建完备的风险防范体系。

（四）财政控股担保机构要重点服务在省内注册登记，符合国家产业政策，有信誉、有市场、有效益、有发展前景的税源型、成长型、就业型的中小企业，优先扶持产业集聚区内的中小企业。

（五）财政控股担保机构的基准担保费率要在执行银行同期贷款利率50%的基础上再适当下浮降低中小企业融资成本，提高融资效率。具体下浮幅度由同级政府确定。

（六）财政控股担保机构要充分发挥政策性担保机构的服务职能作用，不断创新担保服务和担保产品，积极开展融资担保业务，切实缓解中小企业担保难、融资难。

三、建立风险补偿和政府增信机制

（七）各级政府要建立稳定的财政控股担保机构资本金补充和扩充机制，重点支持法人治理结构完备、融资担保业务开展好、风险控制力强、经济效益高的担保机构，并要注重吸收优质社会资本参股，不断增强资本实力，提高担保服务能力。省财政要根据需要，积极筹措资金，本着择优扶持的原则，对县级担保机构予以支持。

（八）各级财政要按照财政出资额不超过5%的比例，在预算中安排资金，用于补偿本级财政出资控股的担保机构发生的代偿损失和补充风险准备金。

（九）积极鼓励各地创造条件设立区域性再担保机构，为财政控股担保机构提供保障服务。省级财政控股担保机构原则上不直接从事担保业务，主要为市、县级财政控股担保机构提供再担保服务分散和降低担保机构风险；省辖市财政控股担保机构除为本级企业开展直接担保外，还要积极创造条件，为所辖各县（市、区）的财政控股担保机构提供再担保服务，提高担保能力。

四、落实税收优惠等扶持政策

（十）对符合条件的财政控股担保机构，要按照《国务院办公厅转发国家经贸委关于鼓励和促进中小企业发展若干政策意见的通知》（国办发［2000］59号）规定，免征三年营业税。

（十一）开展贷款担保业务的财政控股担保机构，按照不超过当年年末担保责任余额1%的比例计提担保赔偿准备，并允许在企业所得税税前扣除。同时还应在所得税税后利润中提取一定比例的一般风险准备。风险准备累计达到其注册资本金30%以上的，超出部分应转增资本金。

（十二）财政控股担保机构实际发生的代偿损失，应依次冲减已在税前扣除的担保赔偿准备和在

税后利润中提取的一般风险准备，不足冲减部分据实在企业所得税前予以扣除。

（十三）财政控股担保机构实际发生的代偿损失，在年末担保责任余额5%以内、担保机构提取的风险准备金不足以弥补的，财政部门审核后可给予一定补偿；对放大倍数超过3倍且符合国家产业政策的担保贷款，其发生的代偿损失，同级财政部门要提高补偿比率。

（十四）各级政府要按照《国务院办公厅转发发展改革委等部门关于加强中小企业信用担保体系建设意见的通知》和《河南省人民政府关于加快全省中小企业信用担保体系建设的若干意见》（豫政［2006］62号）规定，对财政控股担保机构办理业务提供便利条件和减免相关费用。

五、加强财务监管和绩效评价

（十五）财政部门要认真履行财政控股担保机构国有出资人职责，尽快制定完善财务管理制度，切实加强财务监管，做好担保风险的事前防范、事中监控和事后化解工作。

（十六）财政部门要会同有关部门，建立健全财政控股担保机构绩效评价体系，定期就其经济效益、社会效益、风险控制以及财政资金使用成本等情况进行综合评价。绩效评价结果作为政策支持和对财政控股担保机构主要经营人员任免奖惩的主要参考依据。

六、推进财政控股担保机构与金融机构的互利合作

（十七）各级政府要尽快建立以中小企业、相关政府部门、中介机构和金融机构为主体，以信用登记、采集、评估和发布为主要内容的中小企业信用制度。要搭建财政控股担保机构、银行、企业和财政、工商等部门的沟通衔接平台，支持金融机构与担保机构互利合作，为中小企业担保机构融资排忧解难。要把金融机构放大发放中小企业担保贷款情况纳入政府对金融机构考评指标体系。

（十八）金融机构要在控制风险的前提下，下放中小企业贷款审批权限，简化审贷程序。对运作规范、信用良好、资本实力和风险控制能力较强的财政控股担保机构承保的优质项目，可按人民银行规定适当下浮贷款利率，并根据风险控制能力放大担保倍数。要进一步创新与担保机构的合作方式，增加担保物品种，搞活融资，实现金融机构、中小企业和担保机构三方共赢。

河南省人民政府

二〇〇九年三月二十二日

中共湖南省委湖南省人民政府关于大力推动全民创业的意见

湘发［2009］9号

为深入贯彻落实党的十七大和省第九次党代会精神，积极推动全民创业，促进全省经济社会平稳较快发展，现提出如下意见：

一、充分认识推动全民创业的重大意义

1. 创业是民生之本、发展之基、崛起之途。推动全民创业，是激发全民创业激情，让一切生产要素的活力竞相迸发、让一切创造财富的源泉充分涌流的有效途径；是加快我省中小企业、非公有制经济发展，完善社会主义初级阶段基本经济制度的必然要求；是我省积极应对国际金融危机，实现保增长、扩内需、调结构、促就业、强基础的迫切需要。各级党委、政府要充分认识推动全民创业的重要意义，切实增强责任感、使命感和紧迫感，把推动全民创业作为大力推进“一化三基”、建设和谐湖南、加快富民强省的重大举措来抓。

二、明确推动全民创业的总体要求

2. 总体要求。认真贯彻党的十七大和省第九次党代会精神，以邓小平理论和“三个代表”重要思想为指导，深入贯彻落实科学发展观，抓住中部崛起和“两型社会”建设的机遇，进一步解放思想，更新观念，坚持以创业促就业，加大创业政策扶持和服务力度，全面提升全省创业活跃程度，扩大就业渠道，增强就业吸纳能力，建设以创业为本、以创业为荣、以创业为乐的创业创新型湖南。

三、准确把握全民创业的原则和方向

3. 坚持“非禁即入”原则。允许各类创业主体平等进入国家法律法规未禁入的各个行业和领域，鼓励各类资本打破行业垄断和行业壁垒，参与国有、集体企业改制改组，进入公共基础设施建设和社会事业领域。公有非公有、省内省外、境内境外各类创业主体公平享受各项政策待遇。积极拓宽创业空间，创造公平宽松的创业环境，帮助初创企业度过风险期，提高企业的成活率。

4. 加强产业政策导向。按照国家产业政策，

制定我省产业政策，定期制定和发布《创业产业指导目录》，引导各种生产要素集聚创业。积极为创业者提供创业指导，引导创业者依托各类开发区、物流园区、专业小区和城镇集市向地域集中，通过产业集聚发展，提高资源共享和集约化利用水平。

5. 把握创业投资方向。积极引导创业主体立足本地资源开展创业，发展特色经济，形成区域竞争优势。充分利用我省人力资源、自然资源和区位优势，围绕承接国际和沿海产业转移开展创业，加速产业结构调整升级和转移步伐。依托科技成果转化开展创业，鼓励兴办高科技企业。围绕产业配套创业，鼓励小企业与大企业进行专业化协作，延伸产业链，提高产业配套能力。

四、大力培育各类创业主体

6. 鼓励、引导能人开拓创业，大胆创办、领办各类企业和社会中介组织，广泛动员城乡居民宜农则农、宜工则工、宜商则商，致富创业。鼓励党政机关、事业单位学有专长、有经验的人员，在不违反国家法律法规和党的政策前提下，辞职创业。鼓励大专院校、科研院所科技人员，利用自己的科技成果入股或创办科技企业。鼓励城镇失业人员、失地农民、退役军人和大中专院校毕业生、归国留学生自主创业。鼓励省外、国（境）外资本和人员来湘投资创业。吸引省外、国（境）外湘籍人士返乡创业。鼓励个体工商户变更、改制为企业法人，扩大生产规模。

五、积极推进创业平台建设

7. 充分利用关停企业场地、设施，依托工业园区、产业集群区，大力推进创业基地建设，构建良好的创业平台。完善创业基地基础设施，增强创业基地吸纳和集聚生产要素的能力，吸引创业项目向基地集中。把推进全民创业与小城镇建设、市场建设结合起来，依托小城镇构建创业平台，大力发展各类专业批发市场、商业街、商贸城，通过建一片市场，集一群人才，创一批企业，富一方百姓。省里重点扶持50个创业基地建设。《创业基地认定办法》由省经委会同有关部门制定报省人民政府批准后实施。

六、建立健全全民创业的服务体系

8. 加强创业信息服务。要系统收集产品、技术、市场等信息，搞好综合分析和趋势研究，为投资者决策服务。要加强信息网站建设，及时发布和宣传国家及地方政策法规，提供政务信息服务。要建立项目信息库，开展项目风险评估和筛选工作，提供市场预测服务。

9. 加强创业培训。要将创业培训纳入教育规划，安排补助经费，通过整合、利用大中专院校和社会培训机构培训资源，建立创业培训基地和师资队伍，按国际劳工组织规范要求，大力培训各类有创业愿望和创业条件的创业者，提高创业者的创业能力。各大中专院校要切实加强在校学生的创业教育，提高在校学生创业意识，促进毕业生走自主创业之路。

10. 加强创业辅导。要为创业者提供良好的创业项目咨询、创业方案策划和跟踪指导等辅导服务。各县市区中小企业管理部门和中小企业创业基地要开辟创业辅导专用场所、配备创业辅导专业人员。各级政府要支持专业创业辅导机构和其他社会中介机构开展创业辅导服务，规范服务行为，改善服务质量。

11. 加强公共技术服务。要积极搭建产、学、研合作平台，加强研发、试验、检测等公共技术服务平台建设，组织共性技术、关键技术攻关和公共技术推广，支持中介机构开展科技成果转让等服务，满足初创企业的技术服务需求，提高企业技术水平。

12. 加强市场开拓服务。鼓励初创企业进行质量、环保、安全等认证和创品牌。对经过认证的初创企业产品，要列入政府采购目录，鼓励政府机关、事业单位和国有控股企业采购。要积极组织初创企业参加有关技术贸易洽谈活动和产品展览展销活动，帮助其开拓国内和国际市场。

七、努力拓宽初创企业的融资渠道

13. 加大对初创企业的信贷支持。各金融机构应积极设立中小企业信贷管理部门，建立适合初创企业的信用评级标准，稳步推广自然人担保贷款、产品订单贷款、企业联保互保贷款等业务，积极探索知识产权质押贷款、动产抵押贷款等业务，加大对初创企业的信贷支持。对银行新增初创中小企业贷款给予适当的风险补偿。各级财政、劳动保障部门和金融机构要积极落实促进就业小额担保贷款政策，对符合条件的个人和企业要按规定核发小额担保贷款。有条件的地方，可以适当扩大小额担保贷款范围和提高小额担保贷款额度。积极开展村镇银行、小额贷款公司试点，引导民间资金流向农村和欠发达地区支持创业。

14. 加大创业融资担保力度。各级政府要安排财政资金，加快中小企业担保体系建设，鼓励担保机构为初创企业提供融资担保。对在我省设立的中小企业信用担保机构从事中小企业贷款担保业务的收入，3年内免征营业税。各级政府设立的担保风险补偿资金，重点支持创业融资担保。

15. 鼓励创业和风险投资机构投资初创企业。各级政府要按照国务院批准的《创业投资企业管理暂行办法》的规定，积极设立创业投资引导基金，鼓励创业和风险投资机构投资初创企业。创业投资企业从事国家需要重点扶持和鼓励的创业投资，可以按照投资额的一定比例抵扣应纳税所得额。

16. 支持初创企业发行集合式债券和上市融资。对创业满3年、市场前景明确、经济效益和信用良好的企业，鼓励和支持发行集合式债券。积极培育和帮助符合条件的企业上市融资，对企业上市的前期费用可以给予一定补贴。

八、加大政策扶持力度

17. 优先土地供应。经省认定的创业基地（孵化器、生产力促进中心、大学科技园、留学人员创业园、配套产业园）所需的建设用地优先供给用地指标，鼓励各类工业园区、开发区和创业基地建设标准厂房；新办工业企业符合国家产业政策，且在批准设立的各类工业园区、开发区内的项目，符合节约集约用地要求，且投资强度、开发强度达到规定标准的，优先供给土地；符合土地划拨目录的创业基地建设用地，可采取划拨方式供给土地；以出让方式取得土地使用权的，按同等地段工业地价供应土地，不能一次性缴纳土地出让金的，可以按合同约定方式分期缴纳。

18. 落实税收优惠政策。对企业投入的新技术、新产品、新工艺研发开发费用，按企业所得税法规定实行加计扣除50%。实行积极的促进就业税收政策。凡符合国家产业政策、吸纳登记失业人员就业的各类企业，按实际招用人数享受税收优惠。对符合条件的科技企业孵化器在规定期限内，自用以及无偿或通过出租等方式提供给孵化企业使用的房产、土地，免征房产税和城镇土地使用税；对其向孵化企业出租场地、房屋以及提供孵化服务的收入，免征营业税。

19. 加大财政扶持。对符合产业政策的初创工业企业，所涉及的规费一律按最低标准收取，其中，被列入省重点工程项目的，按省重点工程的优惠政策执行。各级财政加大投入，积极支持创业基地建设，切实保障创业培训、信息网络建设、公共技术研发等经费。

九、切实优化全民创业环境

20. 加强推动全民创业的组织领导。各级党委和政府要把全民创业作为事关构建和谐湖南的大事来抓，纳入国民经济和社会发展总体规划，摆上党政一把手重要议事日程，切实加强领导。各级政府要成立全民创业工作领导小组，由主要领导任组长，并在中小企业主管部门设立领导小组办公室，统一组织和协调全民创业活动，及时研究和解决全民创业活动中的重大问题。要落实好主要牵头部门和相关单位的责任。要建立创业工作考核机制，将全民创业工作纳入各级政府年度考核和干部政绩考核的内容。

21. 形成推动全民创业的工作合力。推进全民创业是一项系统工程，各有关职能部门要各司其职、各尽其责、齐抓共管、通力合作。要按照《湖南省行政程序规定》要求，转变政府职能，提高行政效能，实现管理创新。简化审批手续，加强政务中心建设，实施“阳光政务”工程、“一站式”服务，积极推广电子政务和网上审批，消除“隐性成本”。建立健全投诉、监督机制，严格实施首问负责制、服务承诺制、限时办结制、行政过错责任追究制。要清理减少行政事业性收费项目，规范各类社会中介组织服务行为和服务收费，大力查处乱收费、乱摊派、乱罚款、乱检查行为，切实减轻企业负担。要加强社会保障和救助体系建设，完善自主创业、灵活就业人员参保政策，积极扩大社会保险覆盖面，及时对创业失败者提供社会救助，解除创业者的后顾之忧。

22. 加大创业舆论宣传。各级宣传部门要充分发挥舆论导向作用，利用报刊、广播、电视、网络等媒体和群众喜闻乐见的文艺宣传等形式，大力弘扬创业精神，宣传创业典型，倡导崇尚创业、褒扬成功、宽容失败的时代风气，营造竞相创业的良好氛围。各级政府要根据有关规定，对创业先进单位和先进个人进行表彰，树立创业标兵，发挥示范作用，掀起全民自主创业的热潮。

（2009年4月3日）

湖南省人民政府关于进一步支持中小企业融资的意见

湘政发［2009］10号

各市州、县市区人民政府，省政府各厅委、各直属机构：

中小企业是我省国民经济的重要组成，是加快推进“一化三基”发展战略、实现富民强省的重要力量。当前，我省中小企业融资难矛盾较为普遍，制约了中小企业加快发展。为积极应对金融危机影响，贯彻落实国务院办公厅《关于当前金融促进经济发展的若干意见》（国办发［2008］126号）文件精神，切实缓解中小企业融资难，加大金融支持中小企业发展的力度，结合我省实际，提出以下意见。

一、积极落实国家支持中小企业的信贷政策

1. 发挥信贷投入主渠道作用。各级各部门特别是各类金融机构要认真落实适度宽松的货币政策，积极争取政策支持，保持全省对中小企业信贷投入合理增长。要按照区别对待、有保有压的原则，对符合国家产业政策和环保要求的中小企业，在信贷投放上给予重点扶持；对因金融危机影响暂时面临经营困难，但基本面较好、信用记录较好、

有竞争力、有市场、有订单的中小企业，继续给予信贷支持，帮助渡过难关。

2. 坚持县域内新增存款主要用于当地发放贷款。县域内银行业金融机构新吸收的存款，主要用于当地发放贷款，并重点向中小企业倾斜。

3. 放宽中小企业贷款呆账核销条件。银行业金融机构要认真执行相关政策，完善操作程序，做好中小企业贷款呆账核销工作。各级政府要加强协调，支持商业银行对符合条件的中小企业贷款进行重组和减免。中小企业借款人发生财务困难、无力及时足额偿还贷款本息的，在确保重组和减免后能如期偿还剩余债务的条件下，金融机构应根据相关政策规定在对债务进行展期或延期、减免表外利息后，进一步减免本金和表内利息。

4. 加快调整中小企业结、付汇管理标准。省内人民银行分支机构要在国家外汇管理政策允许范围内，适当提高我省中小企业预收货款结汇比例。从2009年开始，一般企业预收货款结汇比例由10%提高到25%，对单笔金额较小的出口预收货款，不纳入结汇额度管理范围。调整企业延期付款年度发生额规模，将原来不得超过企业上年度进口付汇额的10%提高到25%，为涉外中小企业贸易融资创造有利条件。

5. 加大票据融资和再贴现、再贷款支持力度。鼓励金融机构承兑、贴现用于中小企业融资的商业汇票。对金融机构支持中小企业已贴现的票据，优先办理再贴现；对地方性金融机构因发放涉农中小企业贷款资金不足的，优先给予再贷款支持。人民银行长沙中心支行年内专项安排10亿元再贴现、20亿元再贷款额度，鼓励、支持金融机构发放中小企业贷款。

二、不断创新中小企业信贷管理服务机制

6. 实行中小企业贷款专项考核。建立中小企业贷款专项考核机制，力争全省中小企业贷款增幅高于各项贷款平均增幅。国有商业银行、股份制商业银行中小企业贷款增速应高于本行各项贷款平均增速，新增中小企业贷款同比要实现多增；城市商业银行（城市信用社）应将中小企业作为主要服务对象，新增信贷规划重点用于支持中小企业发展，力争实现全年60%以上新增贷款用于支持中小企业发展；农村信用社要加大对涉农中小企业扶持力度，农村中小企业贷款增速应高于除农户贷款以外的其他贷款增速；政策性银行应结合自身改革和业务转型要求，逐步增加对中小企业的信贷投放。人民银行长沙中心支行和湖南银监局要按照人民银行、银监会《关于建立〈境内大中小型企业贷款专项统计制度〉的通知》（银发［2009］35号）规定的统一标准，建立监测、评估机制，引导金融机构中小企业新增贷款稳定增长。省地方金融证券办负责组织对省级金融机构中小企业信贷投放情况实行专门考核。

7. 建立中小企业金融服务专营机构。省内银行业金融机构要按照相关规定，结合总行部署要求和自身业务发展需要，设立灵活有序、职责明确的中小企业金融服务专营机构。工商银行、农业银行、中国银行、建设银行、交通银行省分行2009年上半年要抓紧设立中小企业金融服务专营机构；其他银行业金融机构要积极创造条件，力争尽快设立，在专营机构设立以前，要设立中小企业信贷管理部门，合理配置岗位和人员，专门从事中小企业贷款营销和管理。

8. 完善尽职免责机制。各银行业金融机构要根据中小企业发展特点，建立独立的中小企业风险定价、成本利润核算、信贷审批、激励约束、风险分类管理机制和损失拨备制度，在考核信贷投放整体质量及综合回报的基础上，设立合理风险容忍度，做到尽职者免责。地方性金融机构要建立和完善尽职免责机制，对中小企业新增贷款不良率在2%以内、没有违法违规行为的客户经理，实行尽职免责。

9. 完善商业银行对中小企业信用评级体系。国有商业银行、股份制商业银行要积极争取总行支持，力争在湖南开展建立中小企业信用评级体系试点，抓紧做好试点准备工作，尽快制定适应于中小企业的分类评级和信贷准入标准。已建立中小企业信用评级体系的行（社），根据实际情况不断改进和完善评级标准，扩大信用评级使用范围。

10. 推进信贷品种和服务方式的创新。各银行业金融机构要根据中小企业多样化需求，加快业务创新。积极开展中小企业股权质押贷款，推广应收账款质押、仓单质押、供应链融资、票据融资等贷款品种，积极发展信托融资、租赁融资和有特色的理财产品，借鉴国际贸易融资经验改进中小企业国内贸易融资手段。要创新中小企业流动资金贷款还款方式，实行更为灵活的还款政策，缓解中小企业到期贷款还款压力。要结合开展农村金融产品与服务方式创新试点，加强对涉农中小企业的金融服务。

11. 缩短中小企业贷款审批周期。各银行业金融机构要优化中小企业贷款审批流程，缩短审批周期，中小企业贷款审批一般应在10个工作日内完成。鼓励探索项目经理负责的贷款审批和风险控制方法，落实管理责任，提高管理效率。

三、大力推动中小企业直接融资

12. 加快中小企业上市融资步伐。各级各部门要坚持分类指导，加大中小企业上市资源培育力度，建立中小企业上市资源储备库，积极做好中小企业境内外上市推荐工作。对符合上市条件的，抓紧上报材料，力争2009年内我省有一批中小企业申报上市。工商、税务、司法等部门要积极帮助中小企业妥善处理改制上市前的税收、资产权属和股权规范等历史遗留问题。省财政设立支持中小企业上市前期工作的专项扶持资金。

13. 推动中小企业债券融资。省有关部门要尽

快制定支持我省中小企业发行集合债和公司债、实行财政贴息及建立担保偿债机制的具体办法，切实做好中小企业公司债、集合债券的发行和试点工作。挑选一批成长性较好、市场竞争力较强的中小企业作为发行集合债和公司债的后备资源，及时做好初审与推荐工作，抓紧组织上报。

14. 拓宽其他直接融资渠道。鼓励金融机构选择符合条件的中小企业，积极开展发行短期融资券的培育和承销工作，力争从2009年起，我省每年有一批中小企业获准发行短期融资券。引导和鼓励境内外投资机构和民间社会资本在我省设立创业投资基金、私募股权投资基金参与中小企业改组改制，支持中小企业利用产权交易平台通过增资扩股和股权转让开展融资，积极推动金融租赁、资产证券化等新兴融资方式的发展。

四、着力构建中小企业融资激励机制

15. 壮大中小企业信用担保机构。信用担保体系是加大中小企业信贷支持的重要基础，各级政府要高度重视中小企业信用担保体系建设，采取有效措施，扶持发展一批规模较大、实力较强的中小企业信用担保机构。建立合理的资本金补充和扩充机制，发挥财政资金的引导作用，鼓励各级中小企业信用担保机构通过整合、引资、并购及吸收民间资本等多种方式做大做强。省中小企业信用担保公司力争到2010年年底前资本金达到8亿元，各市州原则上应成立一家注册资本金在1亿元以上的中小企业信用担保公司。担保机构享受国家规定的免征三年营业税优惠政策期满后，两年内上缴的营业税经省政府批准，由地方财政予以返还。

16. 完善中小企业融资风险补偿机制。各级政府要建立和完善中小企业融资风险补偿机制。省财政要继续扩大中小企业担保机构风险补偿资金和中小企业贷款贴息资金的规模。对符合条件的中小企业贷款进行贴息，对银行和中小企业信用担保机构新增中小企业贷款和担保形成的呆账损失给予一定的补偿。

17. 建立中小企业融资奖励机制。省财政2009年安排3 000万元设立中小企业融资省级专项奖励资金，其中2 000万元用于奖励和扶持中小企业担保机构，1 000万元用于奖励省级金融机构。对中小企业信用担保机构，按其每年为中小企业担保的一年期（含）以上新增贷款金额的5‰给予奖励，对省级金融机构按其新增中小企业贷款的一定比例给予奖励。县以下金融机构涉农贷款超过上年15%的，按其超过部分的2%另行给予奖励。各地也要安排专项资金、相应建立奖励机制。

五、努力创建中小企业良好融资环境

18. 加快中小企业金融服务组织体系建设。按照“市场运作、政府推动”的基本原则，加快推进省内城市商业银行（城市信用社）改革重组步伐，力争在2009年内组建总部在长沙的区域性商业银行。鼓励商业银行发起设立村镇银行，在认真总结经验基础上，3年内力争每个市州选一个县开展设立村镇银行的试点。省有关部门要尽快制定小额贷款公司试点专门管理办法，选择部分县市区稳步推进小额贷款公司试点工作。

19. 加强对中小企业融资中介服务的监管。各级各有关部门要进一步规范土地、房产等动产、不动产的抵（质）押、担保、评估、审计、验资、登记备案等中介服务，引导各类中介机构依法、公平、公正服务。各类中介机构为中小企业融资提供担保、抵（质）押、评估、审计、验资、登记、过户等中介服务的收费标准，在现行标准基础上分项下调。省物价局、省财政厅要会同相关部门尽快制定具体办法。

20. 推进中小企业信用建设。进一步深化和完善以“三库一网一平台一中心”为核心的社会信用体系建设，着力推进中小企业信用信息数据库建设，建立中小企业信用档案，扩大信用信息使用范围。各级各有关部门要督促和引导中小企业守信用、重合同，依法规范经营，加强信息披露，维护金融债权，不断优化金融支持中小企业发展的环境。

二〇〇九年三月四日

关于帮扶中小企业开拓国内市场的意见

粤经贸中小局［2009］326号

积极贯彻落实广东省人民政府《关于促进中小企业平稳健康发展的意见》（粤府［2008］104号），大力帮扶广东省中小企业开拓国内市场，提高广东省产品在国内的品牌效应和市场占有率，是广东省增创发展新优势，帮助中小企业克服金融危机影响，实现“三保持一促进”目标的一项战略任务。各地经贸部门都必须充分认识帮扶中小企业开拓国内市场的战略意义，增强紧迫感和危机感，采取积极有效的措施，增强和巩固广东省企业在国内市场中的地位。现就帮扶中小企业开拓国内市场提出如下意见：

一、加强公共服务平台建设，提高配套协作能力

加强信息、物流等公共服务平台建设，大力发展中小企业综合服务机构和社会化专业服务机构，支持中介服务机构为中小企业提供经营管理、市场营销、技术支持、投资融资、人才培训等服务。引导中小企业与国内大企业协作配套，促进中小企业的产品进入国内大企业的产业链或采购系统。通过

贷款担保和贷款贴息等举措，鼓励和支持中小企业围绕大型企业和重点项目发展配套工业，拉长产业链和产品链，形成产业集群。

二、大力发展生产性服务业

引导企业把生产性服务业作为拓展市场的一个重要着力点来抓。鼓励企业加强研究开发、市场营销、仓储物流等非制造业环节，大力支持发展市场咨询、商务服务、品牌策划等生产性服务企业。鼓励生产性服务企业应用信息技术，实现信息管理网络化，开发生产性服务业发展需要的基础技术。

三、鼓励企业参与标准制定

通过“政府资助、市场运作”方式，鼓励中小企业积极参与地方标准、行业标准、国家标准和国际标准的制定，积极申请质量管理体系认证、环境管理体系认证和产品认证等国际标准认证，提高中小企业产品市场竞争力。对于参与标准制定或获得国际标准认证的中小企业，各级信贷、融资担保机构在同等条件下给予优先支持。

四、建立和完善销售网络

积极推动企业“出口转内销”，鼓励企业在巩固提升原有销售网络基础上，加大销售网点的拓展。发挥行业龙头企业营销网络优势，吸纳中小企业进入其营销链，实现营销网络资源共享。充分发挥各地广东商协会的纽带作用，巩固提升国内市场营销网络，大力开拓中部、西部和东北市场，增强产品国内市场的辐射力。

五、创新营销方式，大力发展电子商务

加强广东中小企业信息网建设，构建中小企业产品供需信息发布与交流平台。收集和筛选中小企业产品供需信息，建立网上中小企业产品供需信息库。积极推动中小企业发展电子商务，推广网上产品展示、网上采购、网上交易、网上结算和网上服务，降低交易成本，提高经营效率。

六、加强品牌建设

鼓励引导中小企业树立品牌意识，制定品牌建设规划，加大研发投入，走自主品牌建设、利用品牌和服务开拓市场的发展之路。进一步优化品牌建设环境，壮大广东省中小企业品牌产品数量，培育品牌后备资源，发展区域性品牌。对中小企业中技术含量高、市场容量大、附加值高的产品品牌给予重点培育、重点扶持；对获得中国名牌产品、驰名商标和广东名牌产品、著名商标认定的，省市财政中小企业专项资金给予适当奖励。

七、建设中小企业市场开拓联系服务点

充分利用广东省政府驻外省办事处、粤商商会等资源，探索在适合中小企业开拓市场的国内中心省市建设一批联系服务点，为中小企业市场开拓提供政策咨询、市场调查、沟通政企关系等服务。积极配合企业开展相关活动，帮助广东省中小企业开拓国内市场。

八、支持中小企业参与政府招标、采购

为符合条件的中小企业参与政府采购提供细心指导和优质服务。积极推荐获得驰名商标、国家和省名牌称号、专利奖项的中小企业参与政府采购。大力推动采购部门在同等条件下优先采购省内中小企业产品或服务。

九、加快开拓农村消费市场

支持和引导中小企业针对农村市场的特点研究开发适销对路的产品服务，着力在企业信誉、服务、品牌和产品创新上下工夫，加强市场营销和队伍建设，完善农村流通销售网络，开展连锁经营，提高产品市场覆盖面。加大对龙头企业的扶持力度，加快商品配送中心建设，提高配送能力，降低配送成本。积极落实国家财政部、商务部相关文件精神，做好对家电下乡、农机下乡实行财政补助专项工作。

十、积极参与国内重大区域开发

积极响应国家重大区域经济战略，加强与国内重大区域的经贸交流。通过省市场联运、各市互动、协会商会组织，统筹动员各种力量，大力推动广东省中小企业“走出去”开拓国内市场。开展“广东产品全国行系列活动”，鼓励、推动和支持有实力的中小企业到中西部发展，积极参与国家西部大开发、东北老工业基地振兴和中部地区崛起。

十一、规范省内会展业发展

制定会展业发展规划，通过整合会展资源、规范会展市场、优化会展环境，促进全省会展业规范、健康发展。鼓励有关中介服务企业成立行业协会，加强协作交流和行业自律，树立诚信形象。充分发挥商会、行业协会等中介组织的作用，培育和

发展一批适合中小企业开拓国内市场的品牌展会。

十二、积极组团参加国内大型展览展销会

各地要积极支持当地有特色、有品牌、有自主知识产权的中小企业参加国内兄弟省市区举办的大型展览展销会，帮助提高企业知名度，提高企业产品在国内市场的占有率。对于政府组织参展的省内中小企业展位费，省、市中小企业专项资金给予补助。

十三、加强领导，认真做好市场信息工作

各地经贸部门要清醒认识帮扶中小企业开拓国内市场的重要战略意义，将帮扶中小企业开拓国内市场摆上重要议事日程。要组织企业进行市场的考察、调查，加强对国内市场情况的分析和综合，把握国内市场动态，及时提供国内市场信息，制定开拓市场策略，为企业开拓国内市场提供良好服务。

四川省人民政府关于加快中小企业发展的决定

川府发［2009］11 号

各市（州）、县（市、区）人民政府，省直各部门：

为有效应对"5·12"汶川特大地震和国际金融危机的严峻挑战，充分发挥中小企业在扩大就业、改善民生、深化改革创新和促进经济增长中的重要作用，推动我省中小企业又好又快发展，现作出如下决定。

一、指导思想

全面贯彻党的十七大和十七届三中全会精神，深入贯彻落实科学发展观，按照省委九届四次、五次、六次全会要求和省委"三个全面推动"的决策部署，进一步解放思想、改革创新，牢固确立中小企业在市场竞争中的主体地位，着力发展为大企业大集团配套的成长型中小企业，着力推动中小企业加快制度创新、技术创新和管理创新，着力加强和改善对中小企业的政策法规、融资担保、科技创新、生产要素配置等综合服务。力争到 2012 年，每年新增规模以下企业 15 000 家、规模以上工业企业 1 200 家，培育发展中小企业产业集群 200 个，小企业创业基地 200 个，使中小企业数量、规模和效益迈上一个新台阶，为加快建设灾后美好新家园、加快建设西部经济发展高地做出新的贡献。

二、工作重点

（一）着力推动全民创业。加强小企业创业基地建设，不断提高孵化能力。支持外出务工人员回乡创业，鼓励千家万户兴办中小企业，保持和扩大就业。建立健全创业投资机制，鼓励有条件的中小企业设立投资公司。

（二）大力发展规模以下企业。把发展规模以下企业作为经济工作的战略重点之一，摆在更加突出的位置，大力支持，整体推进。鼓励创办劳动密集型、科技成长型、专业配套型、综合服务型、高新技术型规模以下企业，努力提供"零障碍、低成本、高效率"的服务，不断增加企业数量，扩大企业规模，创造更多就业岗位。

（三）实施中小企业成长工程。通过科学指导、产业引导和要素配置等方式，梯度培育，滚动发展，着力培育一批"小巨人"企业和成长型中小企业，做强做大一批规模以上企业。在民族地区、革命老区、边远山区及地震重灾区重点培育一批成长型中小企业。

（四）推动中小企业发展特色产业。引导中小企业发展符合产业政策、资源环境条件、灾后恢复重建规划的特色产业，走"专、精、特、新、配"之路。重点支持科技型、资源节约型、农产品加工型、出口创汇型和劳动密集型中小企业加快发展。

（五）引导中小企业集聚发展。通过编制科学发展规划、提高专业化分工和配套协作水平、推动公共服务平台建设、加强协会组织建设等措施，培育一批优势突出、产业关联度大、辐射带动作用强、聚集效应好的中小企业产业园区。鼓励发展"飞地"经济。

（六）支持中小企业创新发展。推进结构调整和布局优化，加强自主创新和产业升级，支持中小企业走科技兴企、品牌兴企之路。支持中小企业淘汰落后产能，鼓励社会力量和有条件的中小企业建立企业技术中心、博士后科研工作站，构建产、学、研联合体，为中小企业创新发展提供服务，提高技术创新能力和综合竞争力。

（七）围绕大企业大集团配套发展。围绕"7+3"产业发展中小企业，促进产业链的延伸，提高产业化生产程度。鼓励中小企业加速技术革新和产品升级，围绕大企业大集团的上、下游产品链建立长效配套协作机制。

（八）加强服务体系建设。依托工业园区、工业集中发展区和小企业创业基地，推进生产型、科技型公共服务平台建设。以融资担保、科技创新、教育培训等服务体系为重点，完善社会型服务平台建设，推动和支持中小企业向园区和基地集中，逐步实现要素合理配置、信息共享、物流配套的产业发展新格局。积极发展中小企业电子商务。

（九）加强人才引进和培训。抓住当前有利时机，鼓励支持中小企业积极引进海外人才、沿海人才和回乡人才等各类人才。建立健全企业用工需求预测制度，完善人力资源市场，为中小企业提供服务。建立中小企业与大学、职业院校定向、订单式人才培养机制，推动校企“招生、教学、就业”全程合作，实现技能人才培养与企业需求的紧密对接。

（十）建设一批中小企业发展示范县。总结和推广各地发展中小企业、壮大县域经济的典型经验，建设一批在推动工业化和城镇化联动发展中特色鲜明、成效显著的中小企业发展示范县。

（十一）提高对外开放水平。围绕各地主导产业和比较优势，引导中小企业有选择性地承接资本转移、产业转移、技术转移和人才转移，鼓励中小企业主动参与国际国内竞争与合作，充分利用两个市场配置资源，提升综合实力，对中小企业开展国际认证、市场开拓、技术升级、外向人才培育等工作给予大力支持。

三、政策措施

（一）加大财政支持。逐年增加对省级中小企业发展专项资金的财政投入。市（州）、县（市、区）政府要建立中小企业发展专项资金。省直有关部门要围绕中小企业的重点工作安排有关发展资金。实行对中小企业商品和服务的政府采购扶持。

（二）落实税收优惠。落实支持中小企业发展和灾后恢复重建的税收优惠政策。对符合国家鼓励类产业的中小企业，按有关规定减征或免征企业所得税；对符合条件的小型微利企业减按20%的税率征收企业所得税。创业投资企业采取股权投资方式投资于未上市的中小高新技术企业2年以上的，可按其投资额的70%在股权持有满2年的当年抵扣该创业投资企业的应纳税所得额，当年不足抵扣的，可在以后纳税年度结转抵扣。

（三）加强信贷支持。加大银政企互动合作力度，积极探索金融信贷创新途径，切实缓解中小企业融资难题。鼓励金融机构开展适合中小企业需求的融资产品和服务创新，简化信贷审批流程，开设优质客户“绿色通道”。对受地震直接影响不能按期偿还的中小企业贷款按照有关规定在规定时间内不催收、不罚息。继续加大对中小企业的信贷支持力度，使中小企业信贷投放增速不低于全部贷款增速，重点满足符合产业政策和环保要求，有市场、有效益、有发展前景的中小企业流动资金需求。制定统一的中小企业信用评级或评分标准，建立和完善中小企业信用评级或评分制度，将评级或评分结果作为中小企业获得信贷支持的重要依据，推动金融机构对符合条件的优质中小企业发放信用贷款。对因受灾等不可抗力造成暂时无法按时偿还贷款的成长性较好、讲信用的企业，可适当展期。降低抵押贷款等筹资成本，评估、登记在标准费用基础上减半征收。

（四）拓宽融资渠道。积极稳妥推动小额贷款公司试点工作。鼓励和支持银行业金融机构设立小企业金融服务专营机构，发挥专业化经营优势，将资源集中服务于小企业市场，提高小企业金融服务效率和水平。鼓励和支持银行业金融机构积极创新小企业流动资金还款方式，结合自身经营优势和特点，加大对小企业金融产品和服务的创新力度。积极推动村镇银行试点工作，提高对农村中小企业金融服务水平。积极利用深圳中小企业板、创业板和股份代办转让试点，加快推进中小企业上市工作，加大对中小企业的上市培育和政策支持力度，建立上市资源库，鼓励已上市的中小企业实施再融资。探索发行中小企业集合债券、短期融资券和企业资产证券化融资，开展股权融资、项目融资和信托产品等直接融资。引入各类风险投资、私募基金、创业投资基金等投融资机构投资中小企业。探索开展融资租赁服务，发展融资租赁业，开展中小企业融资租赁业务试点。银行业金融机构应结合中小企业融资特点，扩大抵质押范围，不断创新贷款品种，设计产品组合，推动应收账款、商标专用权、专利权、著作权、仓单、提单质押贷款及股权质押和存货抵质押业务。把中小企业的纳税额作为确定其资信度的重要依据之一。

（五）完善中小企业信用担保体系。建立中小企业担保风险补偿机制，设立省中小企业担保专项资金，专项用于中小企业担保机构风险补偿。大力发展会员制担保机构，探索在小企业创业基地、园区、产业集群中形成多方联动的中小企业担保融资新机制。继续在全省推广资阳“政府+银行+信用促进会+担保机构+企业”的五方联动机制，搭建中小企业融资担保服务平台，帮助中小企业建立正常信贷关系。开展担保机构信用评级活动。建立合理的银企担合作风险分担机制。

（六）鼓励全民创业。鼓励和指导下岗失业人员、大中专毕业生、退役军人、农民等自主创业。鼓励和支持外出务工人员回乡创业。允许创办1人有限责任公司。允许公司注册资本分期缴付。注册资本500万元以下的公司可零首付注册，3个月内注册资本到位20%，工商部门核发营业执照，2年内注册资本缴足。凡符合企业法人条件的生产型企业，经营项目涉及前置审批事项较多，在筹办期间，经企业申请，可核发有效期1年的营业执照，经营范围可核为“筹办”。将小企业创业基地纳入我省产业园区发展相关政策和资金的支持范围。支持企业吸纳就业，灾区企业新招用失去工作的城镇职工，与其签订1年以上期限劳动合同并依法缴纳社会保险费的，经县级劳动保障部门认定，按实际招用人数和实际工作时间予以定额依次扣减营业税、城市维护建设税、教育费附加和企业所得税，定额标准为每人每年4 800元。

（七）推进产业升级。充分利用国家和省专项资金，重点支持技术信息、技术培训、技术交流等公共服务平台加快发展，支持中小企业参与企业技术中心、工程技术研究中心、企业重点实验室、生产力促进中心建设，完善中小企业产业升级服务体系；支持中小企业采用节水、节能、节材工艺以及综合利用废料、废气、废水（液）等技术改造；支持中小企业开发新材料、新能源、高新技术产品和自主知识产权产品；支持中小企业参与产业发展中重大、共性、关键技术研究开发，推动技术成果在中小企业与大企业大集团之间转移扩散。

（八）支持自主创新。利用科技型中小企业技术创新基（资）金，实施“科技型中小企业成长路线图计划”。对高新技术中小企业的新技术、新产品研发及中试放大等阶段提供必要的资金支持；对具有一定水平、规模、效益和银行已经贷款的技术创新项目进行贷款贴息，引导风险资金、创业投资等各类社会资金给予支持。加强中小企业与高等院校、科研院所的合作与交流，推动产学研成果转化与应用，搭建省级中小企业专利技术网络交易平台。支持中小企业参与制定行业标准。

（九）强化配套发展。引导中小企业围绕大企业大集团，开展协作配套；围绕龙头企业，延伸和壮大产业链；围绕优势产业，大力发展特色产业集群。定期举办中小企业与大企业大集团经济技术合作对接活动，发布配套协作需求信息、产品技术要求、发展规划等，搭建中小企业与大企业大集团交流合作平台。鼓励中小企业与大企业大集团开展多种形式的经济技术合作，围绕其上下游产业链提供协作配套，拉长产业链和产品链，形成特色产业集群。

（十）实施品牌战略。开展中小企业品牌创建活动，鼓励争创国家和省级品牌。对首次获得中国驰名商标、中国名牌等国家级品牌的中小企业，省政府给予100万元奖励。对首次获得四川省著名商标、四川省名牌产品的中小企业，由属地市（州）政府予以适当奖励。

（十一）支持要素配置。选择一批“小巨人”企业、成长型中小企业纳入省重点运输企业保障名单，在物资运输上重点倾斜，在能源供应上重点保障，在土地审批和土地供应等方面优先支持。企业用地选址在符合城市总体规划和土地利用总体规划的前提下，优先安排使用存量国有土地。对符合土地利用总体规划或灾后重建实施规划的项目，由各地在年度计划中优先安排用地。对一次性缴纳土地出让价款有困难的中小企业，可依法采取租赁方式使用国有土地，以降低企业一次性投入。

（十二）加强权益维护。完善中小企业法律咨询网络和载体，开通服务热线。进一步清理有关涉企行政性收费项目，任何单位和个人不得强制中小企业提供赞助或接受有偿服务，不得强制其加入各种行业协会、研究会，不得向其摊派订购报纸杂志和资料。

（十三）建立激励机制。省政府对促进中小企业发展成效突出的市（州），按项目实行以奖代补，所需资金在中小企业发展专项资金中列支。

四、工作要求

（一）提高思想认识。各地、各部门要站在全局和战略的高度，充分认识中小企业在扩大就业、改善民生中的重要作用，大力弘扬伟大的抗震救灾精神，坚定发展信心，找准中小企业摆脱困境和加快发展的对接点、着力点和突破口，帮助中小企业开拓市场、接续订单、渡过难关。

（二）强化组织领导。把发展中小企业纳入国民经济和社会发展总体规划及年度工作计划。建立省中小企业发展联席会议，协调、解决中小企业发展中的重大问题。联席会议办公室设在省中小企业局。各市（州）、县（市、区）要进一步理顺中小企业工作体制，加强对中小企业工作的领导，推动中小企业健康发展。

（三）强化舆论宣传。新闻媒体要把握正确的舆论导向，客观报道当前中小企业的发展情况、存在问题和发展机遇；广泛宣传国家和省扶持中小企业平稳较快发展的各项政策措施；广泛宣传中小企业克服困难取得成就的典型经验；充分利用各类展览、展销和招商引资活动，大力宣传四川中小企业、企业领军人物及企业产品或服务。

（四）强化统计监测。改进和完善中小企业统计制度，建立中小企业运行预警监测和核算体系。把“小巨人”企业、成长型中小企业、小企业创业基地、中小企业产业集群和中小企业融资担保纳入各级政府统计的重点监测范围。加强中小企业统计队伍和信息化基础设施建设，提高统计现代化水平。

（五）强化督察督办。各市（州）、县（市、区）政府要将推进中小企业发展作为县域经济工作的重要内容，重点抓好中小企业增加值、规模以上中小企业工业增加值和新增企业（含规模以下企业）户数等主要指标的落实，加强督促检查。各地和省直有关部门要根据本决定和本地、本部门实际制定配套政策措施，出台实施细则，形成分工协作、责任明确、服务到位、效能显著的工作格局。

二〇〇九年二月二十六日

中共贵州省委贵州省人民政府关于大力推进个体私营等非公有制经济又好又快发展的意见

黔党发［2009］12号

为全面贯彻党的十七大精神，深入贯彻落实科学发展观，促进我省非公有制经济又好又快发展，加快实现经济社会发展的历史性跨越，现提出以下意见。

一、坚持把发展非公有制经济作为做大做强我省经济的突破口

公有制为主体、多种所有制经济共同发展，是我国社会主义初级阶段的基本经济制度。实现我省经济社会发展历史性跨越、全面建设小康社会，必须在大力发展公有制经济的同时，推进非公有制经济又好又快发展。改革开放以来，我省个体、私营等非公有制经济不断发展壮大，为全省经济社会发展发挥了不可替代的重要作用。面对日趋激烈的竞争，面对实现经济社会发展历史性跨越、全面建设小康社会繁重艰巨的任务，大力发展非公有制经济，具有重大的战略意义。没有非公有制经济的大发展，就没有全省经济的大发展；不做大做强非公有制经济，就难以做大做强全省经济；只有加快发展非公有制经济，才能加快全省工业化、城镇化、市场化和农业产业化进程。

目前，我省非公有制经济发展总体水平比较低，非公有制企业数量少、规模小、竞争力不强，非公有制经济总量小、占生产总值的比重低。这已经成为影响全省经济生机与活力、制约全省发展的一个十分突出的因素。在非公有制经济发展过程中，还面临不少问题和困难，主要是：在一些干部的思想中，仍不同程度地存在疑私、怕私、防私的观念；有形无形的市场准入限制依然较多；社会服务体系不健全，企业融资渠道窄、贷款困难；非公有制经济负担重，合法权益受到侵犯的情况还时有发生；政府服务亟待改进，存在多头管理、各自为政以及管理越位、缺位等问题；部分企业行为不规范，自身素质需要提高等。面对国际金融危机的冲击，非公有制企业面临巨大的压力。

全省各级党委、政府要充分认识发展非公有制经济的重要性和紧迫性，牢固树立抓非公有制经济发展就是抓发展这个第一要务的理念和环境就是竞争力的观念，进一步增强紧迫感、责任感和使命感，大力改善非公有制经济的发展环境，真正做到思想认识到位、领导力量到位、工作责任到位、政策措施到位，形成党委加强领导、政府全力服务、司法公正保障、社会积极支持、企业自主发展的良好局面，努力使贵州成为非公有制经济发展的沃土和企业家创业的乐园，促进全省非公有制经济的大发展。

二、推进非公有制经济发展的指导思想、目标任务和主要原则

（一）指导思想。以邓小平理论和“三个代表”重要思想为指导，深入贯彻落实科学发展观，认真贯彻落实中央确定的方针政策，坚持把发展非公有制经济作为做大做强我省经济的突破口，思想上放心、放胆，政策上放宽、放活，工作中放手、放开，大力营造有利于非公有制经济发展的法治环境、政策环境、市场环境和舆论环境，依法保护非公有制企业和职工的合法权益，进一步引导非公有制企业依法经营、诚实守信、健全管理、提高素质，促进我省非公有制经济又好又快发展。

（二）目标任务。我省非公有制经济发展的基本目标是，三年有突破，五年上台阶，十年大跨越。到2012年，非公有制经济占全省生产总值的比重力争达到40%，个体工商户超过60万户，私营企业超过10万户；到2015年，非公有制经济占全省生产总值比重达到45%左右，个体工商户超过80万户，私营企业超过20万户；到2020年，非公有制经济占全省生产总值的比重达到50%左右，个体工商户超过100万户，私营企业超过40万户。

（三）主要原则。一要坚持平等准入、公平待遇。允许非公有资本进入法律法规未禁入的行业和领域。放宽股权比例等方面的条件。在投资核准、融资服务、财税政策、土地使用、资源配置、经济技术合作和进入资本市场等方面，对非公有制企业与其他所有制企业一视同仁，实行同等待遇。二要坚持发展与提高并重。在促进非公有制经济总量增长的同时，着力优化产品和产业结构，进一步转变发展方式，提高非公有制企业的素质，不断增强非公有制经济的活力和竞争力。三要坚持因地制宜、分类指导。各地要从实际出发，有计划、有步骤地推进本地区非公有制经济发展。不搞行政命令，防止“一阵风”和“一刀切”。四要坚持统筹兼顾、协调发展。把发展非公有制经济与发展其他所有制经济相结合，与加快工业化、城镇化、市场化和农业产业化进程相结合，与深化改革、扩大开放相结合，与增加就业、改善民生相结合。

三、迅速壮大全省非公有制经济总体规模

（一）实施全民创业计划。壮大创业主体，鼓励高校毕业生、归国留学人员、退复军人、农民、就业困难群体自主创业，支持科技人员携非职务科研成果创办科技型企业，允许国家工作人员依法辞职、提前退休创办企业，积极吸引贵州籍在外经商人员和外地客商来黔投资创业。加大创业支持，建立创业辅导站或小企业创业基地，多渠道筹集资金用于贷款担保、贷款贴息、创业补贴、创业奖励，引导和鼓励金融机构大力开办小额贷款业务，在工商注册、税务登记等方面开设绿色通道，最大限度地降低创业的有形成本和无形成本。完善创业服务，在省级开发区、科技园区和城市建设总体规划中明确的产业园区、工业园区、创业园区、科技园区、物流节点建设创业孵化区，为处于开办期、发展期的中小企业提供创业培训、市场信息、经营场所等服务。

（二）实施个体经济腾飞计划。放宽个体工商户申请人范围、名称核准条件、经营场所限制，实

行“限时办结”、“超时默许”制度，建立快速、便捷的注册制度，加快扩大个体工商户数量。以商品市场为基础、要素市场为重点，按商品流通的需要，建成一批大中小结合、各种经济形式并存、功能完备、相互配套的批发市场和零售市场网络，有条件的地方可规划建设一批前店后厂的专业街区，为个体工商户提供快速发展的载体。扎实推进“万户小老板”工程，重点扶持一批具有地方民族特色、在省内有较大辐射能力、服务地方经济发展、产供销一体化的个体工商户集群。

（三）实施私营企业倍增计划。按照新创一批、改制一批、招商一批的思路，每年在全省遴选100户左右特色优势明显、具有示范带动作用的中小非公有制企业，由省中小企业专项资金、乡镇企业发展专项资金给予一次性奖励，带动扩大私营企业数量。围绕我省特色优势产业，按照“专、精、特、新”的方向，积极引导私营企业围绕大企业、大集团发展配套产品和下游产品，新创立一批各具特色、各具优势的中小企业。加快推进国有企业、垄断行业、公用事业改革，推进国有企业分离办社会职能和主辅分离、辅业改制，为私营企业留出更多发展空间。抓住沿海部分企业向内地转移投资的有利机遇，充分发挥我省的区位、资源、人力和市场优势，借助国家实施拉动内需的政策机遇，通过定向招商、产业招商等多种形式，全方位、多层次、宽领域引进外地非公有制企业到我省发展。

（四）实施骨干企业培育计划。建立骨干企业领导联系制度，遴选一批管理基础好、发展潜力大的企业，列入重点扶持对象，在2015年前，集中扶持1 000家左右私营小企业，使其成长为规模以上企业；重点扶持100家左右规模以上企业，在项目安排、资金融通、人才引进、企业上市等方面予以扶持，及时协调解决发展中遇到的困难和问题，使其发展成为技术先进、主业突出、优势明显、竞争力强的骨干企业。支持有条件的私营企业参与国有企业改革，引导同行业企业通过并购、重组、上市等多种方式做大做强，培育一批百亿元企业集团。增强企业市场开拓能力和自主创新能力，在优势资源领域培育一批规模较大、实力较强、效益较好的十亿元企业。大力实施中小企业成长工程，培育一批科技型、外向型、服务型亿元企业。

（五）实施重点领域支持计划。支持非公有制经济进入现代农业、优势资源、社会事业、公用事业、基础设施和现代服务领域。现代农业领域，重点支持发展辣椒、茶叶、肉禽、薯类、粮油、果蔬、花卉、油菜等产业及加工、保鲜、储藏。发挥资源优势，鼓励发展中药种植、民族医药、旅游商品、煤炭电力、电子信息、新型材料、节能环保、精细化工、装备制造等产业。非公有制经济投资教育、医疗、体育和民族文化事业，与国有投资主体享受同等待遇。鼓励非公有制经济参与我省市政公用事业投资、建设与运营。支持社会资本进入交通、水利、航空等基础设施领域。鼓励非公有制经济投资新闻出版、广播影视、动漫制作、娱乐演出、文化经纪、软件开发、服务外包等产业。大力发展物流、信息、咨询、法律、金融、保险等现代服务业。

（六）实施产业集聚计划。立足我省区位、资源优势和产业基础，调整优化产业布局，搞好科学论证，制定发展规划，完善配套措施，形成一批特色园区、特色乡镇、特色产品。鼓励和支持各市（州、地）和有条件的县（市、区、特区）从各自实际出发，突出特色，建设各类创业园区，为非公有制经济集聚发展创造条件。鼓励有条件的乡镇根据资源禀赋和区位条件，集中扶持一两个产业，逐步形成集中布局、成片发展的区域性特色产业基地。鼓励有条件的村根据本乡镇产业规划，选择一两个产品予以重点发展。

四、切实解决制约非公有制经济发展的突出问题

（一）放宽准入条件。放宽投资领域，全部放开除国家法律法规明令禁止的行业和领域，任何部门和单位不得设置地区、所有制、行业经验、从业年限等限制条件。放宽登记条件，创新工作方式，提高工作效率，方便创业主体。放宽出资限制，在国家政策法规内，帮助初次创业者解决创业资金困难的问题。放宽经营场所限制，除法律法规明令禁止外，根据实际尽量放宽限制。放宽冠名限制，对登记注册冠省、市、县名称的，不受注册资本金限制。放宽经营范围，除涉及国家安全、群众健康等必须按照法定前置条件和程序严格审批外，工商行政部门应及时核准中小企业和个体工商户申请的经营项目。

（二）简化规范行政审批。加快清理和修订制约非公有制经济发展的地方性法规和政策性文件，减少审批事项，下放审批权限，简化审批程序，提高审批效率。除法律法规规定的以外，任何部门和单位不得擅自增设前置审批条件。推进政务公开，规范办事程序，优化办事流程，实行并联审批，做到主办负责、抄告相关、同步审批、限时反馈、一次办结。对审批项目实行告知承诺制和首办责任制，不得将行政许可前置审查和备案作为行政许可权来行使，不得非法委托下属企事业单位、中介组织、行业协会行使行政许可权，不得超期作出或不作出行政许可决定。

（三）拓宽融资渠道。整合支持非公有制经济发展的各项资金，打捆使用，更好地发挥中小企业发展专项资金、科技型中小企业创新基金、科技风险投资基金、中小企业国际市场开拓资金、中小商贸企业专项资金、农业产业化经营专项资金、乡镇企业发展专项资金的作用，优化使用方式，提高经济效益。大力培育和引进信用担保机构，完善资本金补充和风险补偿机制，对符合条件的中小企业信用担保机构3年内免征营业税。对符合产业政策、成长性好、有上市意愿的企业实施系统性服务和配套政策支持，积极支持鼓励上市。加快发展城市商

业银行、农村合作银行、小额贷款公司，积极开发适应非公有制企业的信贷服务项目和信贷产品，确保对非公有制经济贷款增速不低于全部新增贷款增速。培育和发展社会信用评级市场，完善失信惩戒和守信激励机制，建立和完善非公有制企业信用档案数据库。

（四）确保用地需求。将非公有制经济用地统一纳入城镇土地利用总体规划和年度用地计划，国土资源部门要合理安排非公有制经济的用地需求。农用地转用指标、新增用地指标要向非公有制经济发展较快的地方倾斜，生产型重大项目、高新技术项目用地指标由省统一调剂。符合国家划拨用地目录的要采取划拨方式提供，生产经营用地可采取租赁方式提供。对非公有制企业依法提交的用地申请和土地使用方案，国土资源管理部门要在 10 个工作日内作出答复，符合条件的要在 20 个工作日内完成登记发证工作。用 1 年左右时间解决现行企业工业用地，尤其是开发区、工业园区内企业用地存在的历史问题。

（五）减轻企业负担。坚决制止乱收费、乱摊派、乱罚款、乱检查等行为，全面清理涉及非公有制经济的各类收费，除法律、法规、规章规定的收费项目外，任何部门和单位不得向非公有制企业强制收取任何费用；合法收费项目必须依法办理收费许可证，并在收费场所公示收费项目及标准，实行亮证收费；凡收费标准有浮动幅度的，均按最低标准收取。严禁提前征税和多征税款，禁止利用职权向企业报销费用、推销商品和服务，禁止向个体工商户和私营企业强制征订报纸杂志、音像制品。建立检查报批制，除有特别规定的外，同一部门对同一企业的例行检查 1 年不得超过 1 次。除法律法规规定需要年检外，不得规定对个体工商户、私营企业的年检。禁止安排企业开展无实际意义的达标、评比活动，不得要求企业参加以营利为目的的学术研讨和业务培训。

（六）维护企业权益。进一步完善投诉机制，各级纪检监察机关要设立非公有制经济发展侵权投诉中心，公开投诉电话和其他联系方式，畅通投诉渠道。非公有制经济发展侵权投诉中心在接到投诉后，要主动协调，认真调查，在 15 个工作日内对投诉事项调查处理终结并予以答复，情况复杂的可适当延期，但最长不得超过 30 个工作日。凡国家工作人员因侵害企业权益而受到投诉并查实的，要依法依纪追究责任。严厉打击针对非公有制经济的违法活动，及时审理涉及非公有制经济的各类案件。

（七）健全支持体系。继续实施西部大开发税收优惠政策，认真落实国家鼓励支持非公有制企业发展高新技术产业、参与国企改组改制、发展社会公益事业和自主创业的一系列税收优惠政策。大力发展各类咨询、培训、认证、评估、试验、设计、加工、检测、会计、法律等社会服务机构和中介组织，积极开展针对非公有制经济的创业辅导、筹资融资、市场开拓、技术支持、认证认可、信息服务、管理咨询、人才培训等业务。进一步转变政府职能，按照市场化原则，加快行业协会的改革步伐，规范和发展各类行业协会、商会等自律性组织，通过授权、委托等方式，制定行业标准，充分发挥其联系政府和非公有制经济的纽带作用。非公有制经济人士要求在创业区落户的，要予以优先保障。

五、进一步引导非公有制企业提升自身素质

（一）增强法制观念。非公有制企业要自觉遵守国家法律法规，严格执行劳动合同、工资报酬、劳动保护、社会保险等方面的政策法规，不得侵害职工合法权益，不得损害社会公共利益。要自觉遵守市场规则，安全生产，诚信经营，依法纳税，提高依法经营的水平。引导非公有制企业加强企业文化建设，履行社会责任，自觉维护社会和谐稳定。加强非公有制企业内部综合治理，完善非公有制企业劳动争议协调机制，引导非公有制企业建立内部调解制度，健全劳动争议处理制度，及时化解劳动争议，促进劳动关系和谐发展。

（二）推进科学管理。鼓励具备条件的个体工商户、合伙企业、独资企业组建有限责任公司或股份有限公司，健全法人治理结构，建立现代企业制度。鼓励非公有制企业通过相互参股、职工持股、引进外资等多种形式，建立多元和开放的产权结构。鼓励非公有制企业创新内部组织结构和管理结构，逐步实现所有权和经营权分离。企业要强化生产、营销、质量等管理，完善各项规章制度。建立安全、环保、卫生、劳动保护等责任制度，并保证必要的投入。加强企业财务管理，建立健全会计核算制度，如实编制财务报表。

（三）支持自主创新。支持非公有制企业与高等院校、科研单位共建研发中心、技术中心、工程中心，非公有制经济为主体开展的技术创新、产学研联合项目，在申报政府科技奖励、高新技术企业认定、知识产权保护等方面，与国有企事业单位享有同等待遇。通过发掘、整合、激活现有科技资源，加快中小企业政府科技服务平台建设，促进社会科技资源共享。充分利用各种成果交易平台和技术交易中心，组织科研成果与非公有制企业对接，推进科技成果产业化。鼓励和扶持非公有制企业开发新产品、新技术、新工艺，其产品优先纳入政府采购范围。鼓励企业积极采用国际标准和国外先进标准，建立以技术标准、管理标准和工作标准为主要内容的标准体系。

（四）鼓励创建品牌。省工商管理部门和质监部门每年重点选择一批品牌给予指导扶持，各地也要选择一定数量品牌予以重点支持。支持并指导知名度高、产品质量好、市场覆盖面广的个体工商户、私营企业通过驰名商标、著名商标认定，加强对其商标权益的保护。对已获中国驰名商标、省著名商标称号或列入发展计划的产品，要优先列入技术改造、技术创新和新产品开发计划，享受政策优惠。注重培育、发展和保护黔酒、黔茶、黔菜、黔

药、旅游商品等地方特色优质品牌，支持申报和积极保护地理标志产品，发展区域品牌，鼓励在境外注册商标。

（五）引导科学发展。引导企业认真贯彻落实科学发展观，坚持节约资源、保护环境的基本国策，自觉遵守环境保护、节能减排和安全生产等规定，着力发展资源消耗低、环境污染少、经济效益好的绿色产业，实现节约发展、清洁发展、安全发展、高效发展。引导企业推进发展方式的转变，力求把企业发展真正转到依靠科技进步、提高劳动者素质和管理创新轨道上来。引导企业推进产业结构和产品结构优化升级，提高发展质量和效益。引导企业加入优势产业链，促进相关产业优化升级。鼓励、支持企业扩大出口和“走出去”，积极参与国际国内经济技术合作与交流。

（六）加强人才培养。积极开展面向非公有制企业的人才培训，将非公有制经济人士纳入全省大规模培训干部规划，推进以企业家为核心的企业高素质人才队伍建设。建立职业经理人社会化专业测评与市场化中介推荐制度，加快非公有制企业经营管理人才职业化和市场化进程，充分发挥市场配置人才的作用。对在非公有制企业就业的专业技术人才，在人事管理、教育培训、职称评定和政府奖励等方面，与其他各类企业实行同等政策。针对非公有制企业人才短缺问题，将非公有制企业和公有制单位专业技术人员的职称工作纳入同一申报体系，实行统一的评审标准和管理制度。对非公有制企业引进人才，执行我省吸引人才的有关规定，与其他单位引进人才享受同等政策。积极发挥大中专学校在非公有制企业和个体工商户人才培养、业务培训、智力支持等方面的作用。

六、努力形成加快非公有制经济发展的强大合力

（一）加强领导协调。各级党委、政府要把发展非公有制经济列入重要议事日程，主要领导亲自抓，定期研究和协调解决非公有制经济发展中的重大问题，并加强同非公有制企业的沟通和联系。党委统战部门要加强非公有制经济人士统战工作，充分发挥好各级工商联在政府管理和服务非公有制经济方面的桥梁和助手作用，促进非公有制经济人士健康成长和非公有制企业健康发展。理顺非公有制经济的管理体制，搞好非公有制经济的发展规划、政策协调、日常管理和服务工作。建立健全部门协调机制，积极发挥职能部门的作用，充分发挥省推动非公有制经济中小企业联席会议的作用，加强相互间的协调配合，促进政府资源与社会资源、经济资源与智力资源的结合，共同推进非公有制经济又好又快发展。要把推进非公有制经济发展情况纳入对各地和各有关部门的目标绩效管理中，进行考核评价。

（二）建立激励机制。省委、省政府每3年召开一次非公有制经济发展大会，评选一次全省“十佳非公有制企业家”、“百佳个体工商户”、“十佳非公有制企业纳税大户”，表彰在非公有制经济发展中涌现出来的先进典型。各级党代表、人大代表、政协委员候选人的推荐和劳动模范等各类先进的评选，都应给予非公有制经济人士一定的名额。工会、共青团、妇联等组织要根据各自的性质和特点，发挥非公有制经济人士的作用，提高他们的社会知名度和影响力。

（三）加强企业党建。各级党委要高度重视非公有制企业党的建设工作，不断扩大党组织和党的工作覆盖面，指导和帮助非公有制企业建立健全党的组织，加强工会、共青团、妇联等群众组织的建设，发挥党组织在推动企业发展、维护职工合法权益、促进企业和谐稳定中的重要作用。加强思想政治工作和精神文明建设，做好非公有制经济领域的统战工作和人才队伍建设，组织民间商会、行业协会和非公有制企业积极参政议政，为经济社会发展献计献策。

（四）营造良好氛围。大力宣传党和政府鼓励、支持和引导非公有制经济发展的方针政策与法律法规，宣传非公有制经济在社会主义现代化建设中的重要地位和作用，宣传和表彰在非公有制经济发展中涌现出来的先进典型，树立非公有制企业的良好形象。对于艰苦创业、依法经营、诚实纳税、积极回报社会等先进典型，要予以重点报道。积极发挥新闻舆论的监督作用，对侵犯非公有制企业合法权益和干扰非公有制经济合法经营活动的典型案例，要予以曝光。

（五）加强督促检查。建立有效的督促检查机制，把推进非公有制经济发展情况作为考核领导班子和领导干部政绩的重要依据，确保已出台的各项政策真正落实到位。由省委督察室、省政府督察室组成督察组，每年对省直有关部门和9个市（州、地）贯彻落实发展非公有制经济政策的情况进行一次督察。省非公有制经济发展环境投诉中心每年会同有关部门、单位进行一次执法环境检查，每年开展一次非公有制经济业主无记名评议政府职能部门服务质量活动。督察和评议结果在省内主要媒体上公布，并作为考核评价部门工作的重要依据。

（六）加强统计监测。进一步完善我省非公有制经济、中小企业统计监测制度，建立政府统计与行业统计互为补充的非公有制经济统计调查体系，全面、完整、系统、有效地反映非公有制经济发展状况。开展调查研究，及时反映非公有制经济发展中的新情况和新问题，科学分析非公有制经济发展总量、速度、结构和区域性等运行情况，为各级政府制定有关政策、进行管理提供依据。健全非公有制经济信息发布制度，定期发布各地、各行业非公有制经济发展情况信息。

各市（州、地）、省直有关部门要结合实际，在2009年内研究制定促进非公有制经济发展的配套政策措施，确保省委、省政府的决策部署落到实处。

云南省委省政府关于加快非公有制经济发展的决定

云发［2009］9号

为深入贯彻党的十七大、十七届三中全会和省第八次党代会精神，坚持科学发展，积极应对国际金融危机，进一步坚定发展非公有制经济的信心，改善非公有制经济发展环境，保持全省经济平稳较快增长，现就加快我省非公有制经济发展作出如下决定。

一、总体思路和发展目标

（一）进一步解放思想，提高认识。非公有制经济是社会主义市场经济的重要组成部分，是推动地方经济发展的基本力量、提供财政收入的重要来源、解决就业的主要渠道和维护社会稳定的重要基础。培育云南经济发展新的增长点，希望在非公、活力在民资、动力在民间，全省上下要以深入学习实践科学发展观活动为契机，以解放思想为动力，从实际出发，把加快非公有制经济发展作为我省应对国际金融危机的重大举措，继续消除影响非公有制经济发展的各种思想观念束缚和体制机制障碍，"放心、放胆、放手、放开、放活、放宽"，全力以赴加快非公有制经济发展，为构建富裕民主文明开放和谐云南提供强大动力。

（二）总体思路：深入贯彻落实科学发展观，抓住我省工业化、城镇化加速的历史机遇，进一步改善非公有制经济发展环境，大胆探索适合云南区域特色和产业特点的非公有制经济发展模式，以现代农业、先进制造业和现代服务业为主要发展方向，着力推进"三创两到位"，即：服务创优、全民创业、企业创新，金融支持到位、政策落实到位。突出抓好"放开、引导、扶持、保护"四个环节，全面提升我省非公有制经济发展的速度、规模、效益和质量。

（三）发展目标：2009～2012年，全省非公有制经济增加值年均增长达到20%以上，占全省GDP的比重由38.5%提高到50%左右；从业人员年均增长10%以上，由356.5万人增加到500万人以上；上缴税金年均增长20%以上，由247.8亿元增加到500亿元以上。

二、服务创优

（四）加大财政支持力度。2009～2012年，省级财政安排的支持非公有制经济发展专项资金以2008年为基数，每年递增10%。各州（市）、县（市、区）也要建立非公有制经济发展专项扶持资金，并根据当地实际情况逐步增加。各级专项资金应重点用于非公有制（中小）企业新建项目、技术改造、新增流动资金贷款贴息，技术中心建设、新产品研发、技术引进、中小企业服务体系建设、人才培训等的补助，融资担保机构贷款担保风险补偿，全省非公有制经济发展目标责任考核奖励。（由财政厅牵头，会同省工业和信息化委等部门制定实施办法）

（五）实行税收优惠。2009～2012年，对经营困难不裁员的，符合国家税收法律法规规定的核定征税条件的非公有制（中小）企业，实行核定征税。对缴纳城镇土地使用税确有困难的非公有制（中小）企业，经税务机关审核批准后，可减征或免征城镇土地使用税。自2009年起，对入驻省级工业园区、符合国家产业政策且固定资产投资在1 000万元以上的新办非公有制（中小）企业生产性项目或科技成果转化和产业化项目，企业缴纳的增值税、所得税、营业税地方留成部分，自投产年度起，前5年由同级财政给予全额奖励或补助；自投产年度起，企业高管人员、主要技术人员前3年的个人所得税地方留成部分由同级财政全额奖励或补助企业，用于企业人才引进和培养。（由财政厅牵头，会同省地税局、省国税局、省工业和信息化委等部门制定实施办法）

（六）降低企业用地成本。自2009年起，对符合国家产业政策和我省产业结构调整方向，企业投资强度（不含土地价款）达到150万元/亩以上，或吸纳就业人数达到200人以上的非公有制（中小）企业生产性新建或技改项目，按照省、州（市）、县级所得土地出让金50%的比例奖励或补助企业；投资强度（不含土地价款）达到80万元/亩以上，或吸纳就业人数达到100人以上的非公有制（中小）企业生产性新建或技改项目，按照省、州（市）、县级所得土地出让金30%的比例奖励或补助企业。对符合规划、不改变土地用途，利用存量土地进行建设、提高建筑容积率的，不再增收土地价款。省级工业园区的重大生产性项目地价优惠由园区管理部门自行确定。国土资源管理部门要加快用地审批，按照行政许可的相关规定，工业建设项目用地预审以及国有土地使用权出让、租赁、作价入股，审查及审批在10个工作日内完成，国有土地使用权转让，在10个工作日内完成。（由国土资源厅牵头，会同财政厅、省工业和信息化委等部门制定实施办法）

三、全民创业

（七）建立创业服务体系。吸引战略投资者、社会资金、民间资本，组建以服务成长型非公有制（中小）企业为主的创业投资基金，支持发展创业风险投资公司，积极引进国内外创业投资机构来滇开拓业务。依托现有产业园区、产业集中区、产业基地，建立小企业创业示范基地40个，建立省、州（市）、县三级中小企业服务中心。培养创业辅导师和创业辅导员队伍，鼓励各类民间艺人带徒授艺并创办企业。制定《云南省全民创业产业指导目录》，编制《云南省创业项目指南》，建立"创业技术管理服务专家库"和创业服务网络平台，为创业者提供信息服务及技术支持。（由省工业和信息化委牵头，会同人力资源社会保障厅等部门制定实施办法）

（八）改善创业环境。加快发展都市经济，统筹规划、合理布局城市创业市场，在闹市区、居民集中区开辟创业角、创业街，为创业者提供合法经营场所。采取项目补助、项目孵化、购买服务、法律援助、信息服务、创业奖励等方式，鼓励科技人员兼职创业，留学归国人员、大中专毕业生开拓创业，军队复转军人自主创业，下岗失业人员自谋创业，农民工回乡创业，公职人员离职创业。除国家公务员外，允许在职人员通过集合投资、合伙投资入股创办各类企业。（由人力资源和社会保障厅、省工商局牵头，会同住房城乡建设厅、省工业和信息化委等部门制定实施办法）

（九）营造良好创业氛围。加大宣传力度，弘扬创业精神，通过电视、报纸、广播、网络等媒体开辟创业栏目，传播创业文化，宣传创业典型，提供创业信息，形成"百姓创家业、能人创企业、干部创事业"的全民创业氛围。重视创业教育，增强创业意识，在学校和各类培训机构中开展"创业专题讲座"、"创业项目推介"、"创业成果展示"等活动，激发在校学生和各类劳动者的创业愿望，拓宽创业思路。落实职业培训补贴政策，对参加创业培训的创业者，按有关政策规定，给予职业培训补贴。（由省委宣传部牵头，会同省政府新闻办、人力资源社会保障厅、省工业和信息化委、省工商联等制定实施办法）

四、企业创新

（十）鼓励企业技术创新。落实国家有关财政、金融、税收等扶持政策，鼓励企业加大研发投入，强化自主创新能力建设。对通过国家级认定的非公有制（中小）企业技术中心，给予200万元资金补助；对通过省级认定的非公有制（中小）企业技术中心，给予80万元资金补助。省科技专项资金对通过国家高新技术企业认定、创新型试点企业评价认定、国家重点新产品认定、省自主创新产品认定的非公有制（中小）企业，分别给予20万元至50万元资金补助。支持非公有制（中小）企业实施品牌发展战略、知识产权战略，积极申报商标、域名和专利，做好中国名牌和全国驰名商标、云南名牌和云南著名商标等品牌的挖掘、培育、申报、注册、宣传和保护工作。鼓励非公有制（中小）企业参与标准制定，积极推行国际质量、管理、环境等体系认证，树立"云南制造"的整体品牌形象。加快企业技术创新与技术转移公共服务平台建设，提高非公有制（中小）企业创新能力和成果转化效率，大力培养非公有制的高新技术企业和创新型企业。（由省工业和信息化委、科技厅、省工商局、省质监局等分别牵头，会同有关部门制定实施办法）

（十一）加快企业管理创新。加快非公有制（中小）企业现代企业制度建设，建立规范的个人独资企业、合伙企业和公司制企业，改进家族式管理，完善法人治理结构。鼓励发展前景好的成长型非公有制（中小）企业采取并购重组等方式，优化资源和要素配置，促进结构调整和产业升级，并对重点企业并购重组给予资金扶持。引导非公有制（中小）企业探索先进管理模式，优化组织管理，注重战略管理，推行人本管理，健全质量管理，提升营销管理，完善成本管理，严格资金管理，重视投资管理，强化安全生产管理。加快推进非公有制（中小）企业信息化建设。鼓励非公有制（中小）企业结合自身实际形成具有特色的企业文化。积极推动非公有制（中小）企业树立诚实守信、奉献社会的经营宗旨，树立良好的企业社会形象。加强对非公有制（中小）企业管理人员和技术工人的培养，提高非公有制（中小）企业从业人员素质。（由省工业和信息化委牵头制定实施办法）

（十二）鼓励大企业带动中小企业发展。大企业要充分发挥龙头带动作用，主动与中小企业开展多种形式的经济技术合作，帮助中小企业围绕大企业提供协作配套，建立稳定的产、供、销和技术开发等协作关系。建立为中小企业与大企业配套发展提供服务的工作机制，定期举办中小企业与大企业配套合作项目洽谈会，搭建中小企业与大企业交流合作平台。通过贷款担保和贷款贴息等措施，鼓励和支持中小企业围绕大型企业和重点项目，以"专精特新"为方向，发展配套产业，延长产业链和产品链，形成产业集群。（由省政府国资委牵头，会同省工业和信息化委等部门制定实施办法）

（十三）提高企业市场开拓能力。鼓励和支持非公有制（中小）企业建立产品营销联盟，联合开拓国内外市场。及时发布云南名优产品推荐目录，扩大政府采购和建设项目地产品招标采购的份额。非公有制（中小）企业开拓国内外市场、参加重点和专业展会由省和州（市）政府给予支持和补助。支持非公有制（中小）企业发展电子商务，通过电子商务拓展市场，提高经营效率；支持电子商务服务提供商开展面向非公有制（中小）企业的培训和应用指导。支持非公有制（中小）企业发展现代服务业，重点加快发展面向生产的现代物流、服务外包、信息服务、金融服务、科技服务、会展、中介咨询等服务业；大力发展面向民生的旅游、文化、商贸流通、教育、医疗卫生、市政公用、房地产和物业、社区和社会化养老等服务业，积极发展农村服务业。（由商务厅牵头，会同省工业和信息化委等部门制定实施办法）

五、金融支持到位

（十四）进一步推动担保体系建设。充分发挥省级政策性再担保机构的作用，通过再担保方式，提高担保机构担保能力，并为我省非公有制（中小）企业在资本市场直接融资提供担保。建立政策性担保机构的资本金扩充和风险准备金拨补机制。支持行业、企业创办担保、再担保公司，加快推动商业性、互助性担保机构的设立和发展，财政部门对担保机构不再提取保证金。加快信用体系建设，建立适合非公有制（中小）企业特点的信用征集体系、评级发布制度及失信惩戒机制。提升金融机构对担保机构的授信等级，扩大担保资金放大倍数，增加信贷投放。鼓励各类担保机构和企业实行联保、互保和再担保。担保机构要通过提高担保效率、简化担保手续、降低反担保要求和担保费用等方式，切实解决非公有制（中小）企业贷款担保难问题。（由财政厅、省工业和信息化委牵头，会同省政府金融办、中国人民银行昆明中心支行、中国银监会云南监管局等制定实施办法）

陕西省加快县域工业化发展纲要（2009～2012年）

陕政发［2009］22号

（2009年3月27日）

为了深入贯彻党的十七大和十七届三中全会精神，加快我省县域工业化进程，进一步发展壮大县域经济，推动全省经济社会全面协调可持续发展，特制定本纲要。

一、提高认识，抓住机遇，加快推进县域工业化发展

1. 加快县域工业化是发展壮大县域经济的关键。县域工业化是全省工业化的重要组成部分，主要是指县域第二、三产业不断发展，在农村生产和就业中的比重不断提高的过程，也是实现生产经营活动组织化、规模化、标准化、产业化的过程。实现县域经济突破发展，潜力在工业，出路在工业化。推进县域工业化的核心是培育企业，增加企业数量，扩大企业规模，提升企业质量。

2. 我省县域工业化进入了加快发展的新阶段。近年来，在省委、省政府的正确领导和高度重视下，各地各有关部门加快完善法律、法规和政策体系，依托资源优势，围绕大工业战略，积极发展非公有制经济和中小企业，为推进县域工业化、壮大县域经济注入了新的活力。特别是全省上下对加快推进县域工业化发展形成了共识，积极探索建立以工促农、以城带乡、城乡经济社会一体化发展的新格局，全省县域工业化进入了加快发展的新阶段。

3. 中小企业成为推进县域工业化的主体力量。2008年，全省中小企业发展到110万个（含个体经营户），从业人员633万人，增加值2 813亿元，占全省生产总值的比重达到41.05%，比上年提高2.55个百分点；实缴税金307亿元，比上年增长20.89%。中小企业营业收入超过100亿元的县（市、区）达到19个，过50亿元的县（市、区）达到38个，分别比上年增加9个和7个。营业收入500万元以上企业达到4 185个，其中工业企业3 188个。中小企业成为县域工业化发展的主体力量、吸纳农村劳动力转移的主要渠道，为农民增收、财政增长做出了重要贡献，为城镇化发展提供了重要支撑。

4. 我省县域工业发展潜力大、任务重。我省县域工业发展虽有较好的基础，但企业数量少、规模小、聚集度低。全省县均企业数1 090个，其中规模以上工业企业23个，比全国平均数分别少1 000个、58个；县域工业增加值占县域生产总值的54.1%，明显低于全国平均水平；县均生产总值32.4亿元，不到全国县域平均值的55%，有58个县人均生产总值不到1万元。差距蕴涵着潜力，只要正视差距，敢于攻坚克难，坚定不移地实施工业强县战略，就能发掘县域工业的巨大潜力，促进县域经济实现跨越式发展。

5. 加快县域工业化发展既有挑战也有机遇。当前，国际金融危机的影响仍未见底，我省县域工业发展面临资金匮乏、人才短缺、体制不顺、机制不活等严峻挑战。同时也要看到，加快县域工业化面临难得的机遇。党中央、国务院提出壮大县域经济、统筹城乡发展的战略决策，为推进县域工业化指明了方向；国家实施扩内需、调结构、保增长的一系列政策措施应对国际金融危机，为推进县域工业化提供了广阔的空间；各地依托资源优势，大力发展民营经济，形成了一批具有较强竞争力的中小企业，为推进县域工业化奠定了较好的基础；国际国内产业加速转移，为县域承接先进技术和资本，拓展发展领域，创造了良好的条件。只要积极利用有利条件，努力克服不利因素，就一定能加快推进县域工业化进程，推动全省县域经济快速发展。

二、推进县域工业化的指导思想和总体要求

6. 指导思想。深入贯彻党的十七大和十七届三中全会精神，全面落实科学发展观，以兴业富民强县、建设西部强省为目标，坚持走新型工业化道路，转换理念，创新机制，深化改革，扩大开放，大力发展非公有制经济和中小企业，着力建设工业园区，积极培育特色产业、骨干企业、名牌产品，逐步形成以区域特色产业为支撑，资源开发加工型、为大工业配套型、劳动密集型产业协调并进的

县域工业化发展的新格局，实现第一、二、三产业协调发展。

7. 总体要求。

——坚持立足县情，突出特色。依托当地资源禀赋和产业基础，科学选择具有地方特色的县域工业化发展道路，合理确定主导产业，集中资源，重点推动。

——坚持科学规划，板块推进。统筹制定县域工业化发展规划，明确产业定位和主要目标，实现空间布局和产业发展相互衔接，培育骨干企业，形成产业集群，促进工业化与城镇化融合发展。

——坚持科技创新，产业升级。建立健全技术创新体系，鼓励企业自主创新，增强吸收、转化科技成果的能力。以信息化带动工业化，运用高新技术改造提升传统产业，发展科技型企业，扶持新兴产业，提高资源利用效率，实现集约发展、清洁发展、安全发展和可持续发展，推动县域经济结构优化升级。

——坚持以工补农，以城带乡。实施工业强县战略，培植支柱财源，增加财政收入，增强工业反哺农业的物质基础和经济能力，不断加大工业对农业、城市对农村的支持力度。促进农民向非农产业转移、生产要素向城镇聚集，实现城乡一体化发展。

——坚持政府服务，市场引导。除障清道，松绑放权，强化企业的主体地位，创建宽松的政策环境，不断提高政府服务水平，塑造良好的政府形象和企业形象。

三、主要目标和发展重点

8. 主要目标。推动全省县域工业化实现跨越式发展，扶持引导关中地区在高新技术、装备制造、建筑建材、农副产品加工业领域形成产业聚集优势；陕南地区在绿色食品、中药材加工、桑蚕丝绸、有色金属加工业领域形成产业聚集优势；陕北地区在能源化工配套、煤油气转化等方面形成产业聚集优势，培育一批工业化发展的重点县（市、区），促进县域经济在新的起点上实现新的突破，走具有地方特色的新型工业化发展道路。到2012年，全省中小企业增加值达到5 800亿元，占全省生产总值的比重达到45%以上；县域工业增加值超过3 500亿元，占县域生产总值的比重提高到58%以上，占全省工业增加值的比重提高到60%以上。

——全省中小企业（含个体经营户）数达到118万个，年均新增2万个；县域规模以上工业企业达到3 500个，营业收入过亿元企业300个，过10亿元企业40个。

——全省中小企业年新增就业岗位15万个，从业人员达到690万人，其中吸纳农民就业超过500万人，占全省农村劳动力的35%以上；县域工业企业从业人数增加到196万人，年新增2万人。

——重点发展100个县域工业园区，2012年全省县域工业园区实现工业增加值1 800亿元，年均增长24%。

——农产品加工业营业收入突破2 000亿元；农产品综合加工率达到60%以上，精深加工率达到40%以上。

——大幅度提高工资性收入在农民收入中的比重，使工资性收入占农民人均纯收入的比重提高到45%以上。

——万元工业增加值能耗和主要污染物化学需氧量削减数达到全省要求指标。

9. 重点领域。

（1）培育和发展农产品加工业。依托优势资源，大力发展粮、油、果、畜、菜、茶、药材加工企业，加大技术引进和新产品开发，推进农业产业化经营。重点扶持带动能力强、产业关联度高、有市场竞争力的大型农产品加工企业。大力发展包装储运、贸易营销、农资配送、信息咨询等农业产业化配套服务企业，形成服务促生产、配套促加工的格局。

（2）围绕大企业大集团发展配套型工业。支持县域企业与大企业、大集团开展多种形式的经济技术合作，建立以市场为基础的原材料供应、生产、销售、技术开发等配套协作关系，培育和发展一批专业化水平高、配套能力强、产品特色明显的中小企业。装备制造领域，以飞机制造、汽车制造、输变电设备、电子通信设备、工程机械、专用设备等为重点，围绕大型骨干企业和主导产品，发展一批“专、精、特、新”的零部件配套生产企业。能源化工领域，结合资源节约与综合利用发展循环经济，支持发展煤化工、石油化工，开发水电、风能、太阳能、地热、生物质能等新能源和可再生能源，着力发展一批技术密集型、资源节约型、清洁环保型企业。

（3）积极发展高新技术产业。依托我省科技、教育、人才优势，发挥高新技术产业开发区、经济技术开发区和大学科技园区的孵化和辐射功能，推动科研成果在县域转化落地，在电子信息、生物医药、新材料、新能源、光机电一体化、现代农业、环保等高新技术领域培育一批科技型企业。

（4）支持发展劳动密集型产业。在造纸印刷、日用化工、纺织服装等轻工行业，通过加快技术改造和资源优化整合，重点发展一批专业化水平高、市场竞争力强的劳动密集型企业。开发民俗工艺，创办小企业。鼓励发展为满足个性化和多样化市场需求而采用人工作业的劳动密集型小企业。提升传统产业发展水平，挖掘县域老企业、老品牌潜力，将资源优势转化为经济优势。

（5）大力发展服务业。重点培育发展新兴服务业，全面提升传统服务业。发展和引进现代物流企业，建设和培育产品交易市场，培育和发展会展、设计、服务外包等生产服务业与商贸、文化娱乐等消费服务业，促进生产服务业向制造业渗透，直接作用于制造业的生产流程，延伸产业链条，催生产业集群，降低生产成本，提高生产效率。大力发展旅游业，满足人民群众日益增长的物质文化需要，创造需求，引导消费，拉动经济增长。

四、鼓励创业，催生小企业，提升企业规模和素质

10. 激发创业激情，鼓励发展个体私营企业和家庭工业，培植县域工业新生力量。进一步放宽市场准入条件，允许非公有制资本进入法律和政策未禁止的行业和领域，降低创业企业注册门槛，激励高校毕业生、待业人员和返乡农民工创办小企业和家庭工业，拓宽发展空间。支持各地建设中小企业创业基地、企业“孵化器”，重点建设100个中小企业远程创业辅导站，建设100个中小企业创业基地，完善服务功能，提高孵化效率。通过传授创业技能，提供创业指导，提高创业成功率。

11. 实施“百千万中小企业发展工程”，扶持县域工业骨干力量。全省每年筛选100户规模以上企业，实行政策倾斜，在用地上优先保证、资金上重点扶持，打造县域经济的“主心骨”。重点支持1 000户高成长企业的技术改造，推行产学研结合，合作建立技术中心和研发机构，实施核心技术项目或技改项目。开展万名创业者、小老板培训活动，扶持发展10 000个小企业和个体经营户。

12. 加强县域工业化科技支撑体系建设，推进中小企业信息化建设。筹建省级中小企业科技项目交易平台，引导县域中小企业加大技术创新投入，积极应用新技术、新成果，使企业科技研发与成果转化费用占营业收入的比重达到2%，高新技术企业不低于5%。每年从高校和科研院所筛选一批科技成果项目，组织商洽对接，促进成果转化。强化共用技术平台的公共服务，重点完善技术装备、电子认证、企业信息系统等，支持中小企业信息化社会服务体系建设。

13. 继续推动企业制度改革。积极推行股份制和混合所有制，促进家族式作坊式企业向开放多元的产权结构和现代企业法人治理结构转变。创新企业管理，规范股东会、董事会、监事会和经营管理者权责，形成各负其责、协调运转、有效制衡的法人治理结构，逐步改变企业产权单一、管理落后而造成的效益低下问题。鼓励非公有制企业通过并购和控股、参股等多种形式，参与国有、集体企业改组、改制、改造。创新营销方式，健全营销网络，增强企业开拓市场的能力。加强企业守诚信重质量工作。完善信用制度，健全信用自律机制。

五、加快县域工业园区建设

14. 认真搞好园区规划和产业集群建设。各县（市、区）根据当地区位特点、资源禀赋和产业现状，对县域工业园区的主体产业、土地利用、环保设施等进行充分论证，科学编制发展规划。集中力量抓好100个重点园区建设，配套发展各具特色的工业聚集区，努力提升工业园区水平，使其成为县域工业的主要载体。引导企业向园区集中，发展产业集群，把特色园区做强做大。以园区建设为引擎，聚集人气，吸纳人才，安置社会劳动力，促进城镇化发展。

15. 建立健全县域工业园区管理运营机制。县域工业园区建立精干、务实、高效的管理服务机构，做到一个机构管理、一个窗口对外、一条龙服务。重点园区管委会主任由政府分管负责同志兼任或由副县级领导干部担任。建立市场化运作体制，运用多种经营方式，加大资金投入，不断完善园区道路、供水、供电、供热、电信、绿化、环保等公共服务设施，建设环境优美、和谐文明的工业园区，增强吸引力和承载力。

16. 切实保障县域工业园区发展的土地需求。县域工业园区规划报经省中小企业促进局审查同意后，国土部门和各县（市、区）政府要按照土地利用总体规划，依法依规加强园区的土地管理，有条件的地方可对年度土地利用计划实行单列，土地利用的存量指标和土地复垦及旧庄基地整理等可调剂指标向园区建设倾斜，保障园区发展用地。鼓励有条件的园区统一配建一定比例的标准厂房，用于入园企业购买或租赁，努力降低企业用地成本，不断提高园区土地的集约利用水平。

六、拓宽融资渠道，不断增加县域工业发展的资金投入

17. 建立财政扶持机制，加大财政投入力度。省级设立县域工业化发展专项资金，加大对县域工业化建设的投入，引导支持创业、技术改造、自主创新、产品研发和县域工业园区建设等。市、县两级积极落实配套资金，并根据财力增长情况逐年增加。优化存量结构，整合多方资源，逐步建立财政扶持县域工业发展长效机制。采取补助、贴息、奖励等形式，发挥财政资金的引导作用，带动金融机构、民间资本增加对县域工业的投入。

18. 加快金融创新，开辟融资新途径。促进各类金融机构扩大县域和园区的银行网点覆盖范围，开发新的金融产品和服务项目，开展综合信贷服务。积极推进农村信用社改革，强化地方金融机构建设。支持金融机构在县域设立小企业贷款经营中心和小企业支行。积极探索建立地方中小企业银行、村镇银行。推进银企合作，搭建中小企业信贷融资交流对接平台，创新中小企业融资模式，努力增加县域企业贷款规模。

19. 规范引导民间资本进入县域融资市场。重视民间资本对发展县域经济的作用，鼓励有实力的企业和个人贷款支持创办企业。每个县（市、区）至少设立一个小额贷款公司。支持发展私募基金和风险投资公司。切实强化金融生态环境建设，积极发展民间信用合作组织和融资互助组织。

20. 继续抓好信用担保体系建设。重点推进市县建立担保机构，完善制度，提高素质，健全风险补偿机制，提升担保能力。鼓励中小企业建立互助性担保机构，允许设立市级再担保机构。充分发挥

政府资金在促进担保机构发展中的引导作用，积极吸纳民间资本，大力推进担保业的发展。

21. 做好中小企业直接融资工作。建立上市企业储备库，加大前期培育工作力度，改制一批，辅导一批，力争每年有3～5户企业上市。采取事前资助、事后奖励的办法，降低企业上市成本，鼓励企业上市。稳步推进中小企业集合债券和短期融资券发行试点工作。

七、扩大招商引资领域，拓展发展空间

22. 创新招商引资方式，健全招商机制。坚持以引进项目为突破口，强化招商责任，形成大招商、招大商的新局面。积极整合招商信息资源，围绕县域产业布局和基础设施项目招商引资，做到可上的项目积极上，应保的投入力求保，能建的工程抓紧建，使工业总量实现新的扩张。创新招商模式，研究新机制，积极引进国际国内先进技术和知名品牌。

23. 主动承接发达地区和大中城市的产业转移。抓住国际国内产业大规模转移的重大机遇，实施充分开放合作，创造和发挥比较优势，找准承接方向，打造承接载体，把县域建设成为产业转移的重要承接地。以“长三角”、“珠三角”地区为重点，同时密切关注中国港、澳、台地区和欧、美、日、韩等国家，多层次、多渠道、有选择地开展承接产业转移洽谈活动。通过提高高新技术产业、先进制造业和现代服务业引资比重，优化县域工业结构，形成和壮大一批无污染、绿色环保型优势特色产业链、产业带和产业集群。

24. 大力营造宽松的投资发展环境。各级政府加快职能转变，多服务、少干预，建设诚信政府，促进以商招商。整顿和规范市场经济秩序，严厉打击制售假冒伪劣商品和经济欺诈行为。规范部门执法和收费行为，依法行政，杜绝乱收费、乱摊派、乱罚款、乱检查，切实保障企业的合法权益。积极发展和规范中介服务组织，不断完善社会化服务体系，努力降低企业发展成本。健全公开、便民、高效的服务机制，建立省、市、县维护非公有制企业合法权益工作体系和发展环境评议制度。

八、加强对推进县域工业化的组织领导

25. 强化政府县域工业化发展的主体责任。县（市、区）政府进一步提高对加快推进县域工业化重要性和针对性的认识，切实加强对县域工业化的具体领导。进一步理顺工作关系，明确和落实职能部门的工作任务及责任，消除制度性、体制性障碍，重视调查研究，认真解决县域工业化发展中的困难和问题。领导干部遵循市场规律，学习先进经验，树立工业化理念，不断提高统筹城乡经济社会发展的能力，坚定加快县域工业化发展的信心和决心。

26. 加强企业家和企业人才队伍建设。把培养企业家和职业经理人纳入人才战略规划，整合社会资源，加大培训力度，依托大专院校等机构，面向中小企业开展职业技能培训，提高现有企业经营者素质，培育一批高级管理人才和技术人才。研究制定鼓励政策，引导、支持大中专毕业生到县域企业就业。建立中小企业职业经理人制度，构建中小企业职业经理人市场，推进企业经营管理者职业化、市场化。探索建立中小企业评估和跟踪研究体系，实行分类指导，鼓励企业自主创新，确保县域工业化有序推进，取得实效。

27. 创新县域工业化发展的体制机制。省中小企业促进局指导全省推进县域工业化工作，负责组织实施县域工业化发展纲要，研究相关政策和重大问题，制定县域工业发展指标体系，对各县工业发展情况实行目标责任考核。省级有关部门根据各自职能，制定扶持县域工业发展的具体措施。各市、县、区政府把推进县域工业化工作列入重要议事日程，培植重点、分类指导，建立目标责任制，完善考核考评办法和激励机制，强化统计分析手段，从组织上、队伍上、制度上保证加快县域工业化发展的任务落到实处。

《甘肃省促进中小企业发展条例》

（2009年6月4日省十一届人大常委会第九次会议通过）

第一章 总 则

第一条 为改善中小企业发展环境，维护中小企业合法权益，促进中小企业健康发展扩大城乡就业，发挥中小企业在国民经济和社会发展中的重要作用，根据《中华人民共和国中小企业促进法》等法律、行政法规，结合本省实际，制定本条例。

第二条 本条例所称中小企业，是指在本省行政区域内依法设立的、符合国家产业政策和有关中小企业划分标准的各种所有制和各种形式的企业。

第三条 县级以上人民政府应当把发展中小企业纳入国民经济和社会发展规划并根据本地实际制定促进中小企业发展的政策措施。

第四条 县级以上人民政府中小企业行政管理部门负责贯彻落实有关促进中小企业发展的法律、法规，组织实施中小企业政策和规划，对本行政区域内的中小企业发展工作进行综合协调、指导和服务。

有关部门在各自的职责范围内对中小企业进行指导和服务。

第五条 中小企业享有法律、法规规定的各项权利，任何单位和个人不得侵犯中小企业的合法权益。

中小企业应当依法经营、诚实守信，不得损害

国家利益、社会公共利益和职工的合法权益。

第二章　资金支持

第六条　县级以上人民政府应当为中小企业发展提供财政支持，在本级财政年度预算中安排中小企业发展专项资金，并根据财政增长情况逐年增加。

第七条　中小企业发展专项资金主要用于中小企业服务体系建设、技术创新、贷款贴息和项目前期工作，开展支持中小企业的工作，补充中小企业发展基金和扶持中小企业发展的其他需要支持的事项。

中小企业发展专项资金具体管理办法由省人民政府另行制定。

第八条　按照国家规定，设立省中小企业发展基金，用于促进中小企业发展的下列事项：

（一）创业辅导和企业孵化；

（二）信用担保、公共服务平台、信息化建设、人才培训；

（三）企业自主创新，专利、商标注册；

（四）发展产业集群、专业化生产及与大企业的协作配套；

（五）根据城乡统筹规划，发展农产品深加工产业；

（六）开展经贸合作，开拓国际市场；

（七）实施节能生产和清洁生产，发展循环经济；

（八）其他事项。

第九条　县级以上人民政府及有关部门涉及企业发展的专项资金和各类基金，应当安排一定比例支持中小企业发展。

科技型中小企业技术创新基金和中小企业国际市场开拓资金，应当按照规定用途全部用于支持科技型中小企业技术创新和中小企业开拓国际市场；科技经费应当重点支持中小企业技术创新的项目。

农业产业化专项资金应当扶持符合国家产业政策的农产品加工、流通中小企业。

第十条　各类金融机构应当对中小企业提供金融支持，扩大对中小企业的信贷总量，提高对中小企业的贷款比重，简化中小企业贷款流程，创建适合中小企业的金融产品，为中小企业提供信贷、结算、财务咨询、投资管理等方面的服务。

支持发展面向中小企业的区域性中小银行、合作金融组织和小额贷款公司。

第十一条　县级以上人民政府应当制定和完善相关政策，鼓励民间资本和境外资本依法设立创业投资基金、风险投资企业或机构，拓展中小企业融资渠道。

支持中小企业开展股权融资、项目融资、债券融资、租赁融资，扶持有条件的中小企业通过境内外上市等其他合法方式直接融资。

鼓励典当业和融资租赁业为中小企业提供融资服务。

第十二条　县级以上人民政府及其中小企业行政管理部门应当推进和组织建立中小企业信用担保体系，加强对信用担保机构的指导和服务。

第十三条　鼓励具备条件的中小企业成立担保机构和开展担保业务，依法、自愿开展多种形式的互助性融资担保。个人和社会组织可以出资组建中小企业互助性融资担保机构和商业性担保机构，为中小企业提供融资担保等服务。境外投资者注资或者设立中小企业融资担保机构的，依照法律、行政法规的规定办理。

对不以盈利为主要目的的中小企业信用担保和再担保机构从事担保业务的收入，按照国家和省的有关规定享受税收优惠政策。

第十四条　县级以上人民政府应当在扶持中小企业发展专项资金中安排一定比例，用于支持中小企业信用担保机构风险补偿、担保费用补贴及绩效奖励等。

第十五条　中小企业与大企业建立以市场配置资源为基础的、稳定的原材料供应、生产、销售技术开发和技术改造等协作关系的，其项目可以享受贷款贴息支持。

第三章　创业扶持

第十六条　法律、法规、产业政策没有禁止的行业和领域，中小企业均可进入，任何单位和个人不得加以限制。

各级人民政府和有关行政主管部门应当保护中小企业依法参与市场公平竞争的权利，不得设定歧视性市场准入条件。

第十七条　县级以上人民政府应当制定和完善鼓励创办中小企业的政策措施，改善创业环境，鼓励自主创业，引导创办科技型、资源综合利用型环保节能型、现代服务型等类型的中小企业，重点扶持初创的、具有成长性的中小企业。

第十八条　县级以上人民政府有关部门应当为创业人员提供工商、财政、税收、融资、劳动用工、人才档案、户籍管理、社会保障等方面的政策咨询和便利服务。

第十九条　县级以上人民政府应当把中小企业发展用地纳入土地供应计划，在城乡建设规划中安排必要的中小企业建设用地，通过依法利用和处置原有存量建设用地、闲置厂房等，改造建设中小企业创业基地，引导中小企业集聚发展。中小企业依法取得的国有土地使用权，可以依法转让、出租抵押。

第二十条　鼓励中小企业通过农村集体用地使用权流转从事农业产业化经营。

农村集体经济组织兴办的中小企业，或者以农村集体所有建设用地使用权入股、联营等形式与其他单位或者个人共同创办的中小企业，可以依法取得农村集体所有建设用地使用权。

第二十一条　县级以上人民政府应当引导创业者和中小企业进入各类开发园区、产业化基地、科技成果转化基地、科技企业孵化基地和技术创新基地创业和发展。

鼓励社会各类资本利用现有开发园区资源，投资建设中小企业创业园区，发展循环经济。

第二十二条 符合国家和本省政策规定的下列中小企业，享受税、费优惠：

（一）失业人员、大中专毕业生和转业、退伍军人创办的；

（二）当年吸纳失业人员符合国家规定条件的；

（三）符合国家、省支持和鼓励发展政策并属于高新技术的；

（四）在少数民族地区、贫困地区创办的；

（五）安置残疾人员比例符合国家规定条件的；

（六）其他符合政策规定的。

第二十三条 县级以上人民政府和有关行政主管部门应当及时向社会公布国家和本省促进中小企业发展的相关税、费优惠政策，运用税、费政策鼓励、支持中小企业的创办和发展。

第四章 技术创新

第二十四条 各级人民政府应当鼓励中小企业根据国家产业政策和市场需要，发挥自主创新主体作用，开发新产品，采用先进的技术、工艺和设备，推进技术进步，提高自主创新能力。

各级人民政府应当推动公共科技创新建设，为科研开发和科技成果转化提供基础条件和公共服务。

第二十五条 各级人民政府应当引导和支持中小企业与研究机构、高等院校开展技术合作，开发新产品、新技术、新工艺，发展科技型中小企业。

鼓励和支持有条件的中小企业建立研究开发机构，提高企业自主开发能力，推动技术创新。

第二十六条 中小企业用于开发新技术、新产品、新工艺发生的研究开发费用，未形成无形资产计入当期损益的，在按照规定据实扣除的基础上，按照研究开发费用的50%加计扣除；形成无形资产的，按照无形资产成本的150%摊销。

第二十七条 各级人民政府及有关部门应当扶持中小企业与高等院校、科研院所联合建立研究开发机构、公共技术服务机构，为科研开发和科技成果转化提供基础条件和公共服务。

鼓励行业协会或者自主研发能力强的企业建立或者带动中小企业建立共性研究开发机构，为中小企业提供技术服务。

鼓励境内外企业、个人和其他机构创办各类生产力促进中心和多种形式的科技企业孵化器。

第二十八条 县级以上人民政府中小企业行政管理部门和其他有关部门认定的中小企业技术创新项目和为大企业产品配套的技术改造项目，可以享受贷款贴息优惠政策。

中小企业购置并实际使用在目录规定的环境保护、节能节水、安全生产等专用设备的，该专用设备的投资额的10%可以从企业当年的应纳税额中抵免；当年不足抵免的，可以在以后5个纳税年度结转抵免。

第二十九条 支持中小企业通过技术研发和创新形成自主知识产权。

工商、专利等行政管理部门应当为中小企业申请注册商标或者国内外专利提供咨询辅导，为中小企业保护知识产权提供服务。

第三十条 县级以上人民政府及其有关部门应当促进中小企业信息化建设，鼓励支持中小企业运用现代化信息技术改造生产工艺、改善经营管理，推动企业提高信息化水平。

第五章 市场开拓

第三十一条 县级以上人民政府应当建立创建知名品牌的扶持激励机制，鼓励和支持中小企业制定技术标准，提高产品质量；鼓励和支持中小企业取得质量管理体系认证、环境管理体系认证和产品认证等国内国际标准认证；鼓励中小企业创建自主品牌，增强产品市场竞争力。

第三十二条 支持引导中小企业建立、改造、重组企业物流源，鼓励社会资金投资建立区域性商品交易中心和行业性产品购销中心，为中小企业的产品交易提供服务。

第三十三条 鼓励中小企业招商引资、扩大出口、到境外投资以及跨国经营，开展加工贸易、服务贸易、劳务合作等对外经济技术合作与交流。

第三十四条 政府采购机构应当公开发布采购信息，为中小企业提供指导和服务。在同等条件下，优先购买中小企业提供的合格产品或者服务。

第六章 社会服务

第三十五条 各级人民政府应当推动中小企业服务体系建设，鼓励社会力量建立各种类型的中小企业服务机构，促进综合服务机构和专业服务机构共同发展。

政府资助建立的中小企业服务机构向中小企业提供服务的，应当免费或者降低收费标准。

第三十六条 县级以上人民政府应当推进中小企业信用制度建设，建立中小企业信用信息征集评价体系及发布制度，建立企业信用档案，提供中小企业信用信息查询服务。

第三十七条 省中小企业行政管理部门会同省统计部门建立健全中小企业统计监测体系，制定中小企业统计制度，及时向社会发布中小企业运行状况。

第三十八条 鼓励行业协会、商会和各类社会中介机构为中小企业提供创业辅导、市场营销、投资融资、产权交易、技术支持、产品开发、专利申请、商标注册、人才引进、人员培训、对外合作、信息咨询等服务和法律咨询。

中小企业可以自主建立或者自愿参加行业协会或商会组织。

第三十九条 各级人民政府和中小企业行政管理部门应当做好中小企业发展的项目工作，对项目前期工作给予经费扶持。

第七章　权益保护

第四十条　任何单位不得违反法律、法规的规定向中小企业收取费用。

任何单位和个人不得强制中小企业提供赞助、订购书籍报刊和音像制品、加入协会、购买产品或者接受有偿服务，不得违反法律、法规规定强制要求中小企业参加有偿培训、达标、评比、鉴定、考核等活动。

第四十一条　县级以上人民政府有关行政管理部门对中小企业进行环境影响评价、安全评价、产品质量认证等事项时，不得指定中介服务机构。

第四十二条　对违反规定的审批、检查、收费，强制企业接受指定产品或者服务，以及其他侵犯中小企业合法权益的行为，企业有权拒绝、举报和控告。

第四十三条　国家机关及其工作人员违反本条例规定，侵犯中小企业合法权益的，由其所在单位或者上级主管部门责令改正；情节严重的，对直接负责的主管人员和其他直接责任人员给予行政处分；造成损失的，依法承担赔偿责任；构成犯罪的，依法追究刑事责任。

第八章　附　则

第四十四条　本条例自2009年8月1日起施行。

关于促进联合重组做强做大中小企业的意见（试行）

为认真贯彻省委、省政府工业强省的战略部署，提高中小企业的产业聚集度和产业水平，促进中小企业产业结构优化升级，根据《甘肃省中小企业成长工程实施意见》，现就加快培育优势企业和企业集团，促进我省中小企业联合重组、做强做大工作提出以下意见。

一、指导思想、基本原则和实现目标

（一）指导思想。以邓小平理论、三个代表重要思想和党的十七大精神为指导，全面贯彻落实科学发展观，以培育中小企业和企业集团为主线，充分发挥现有企业的技术、人才、管理、资金等优势，加快企业联合重组，着力提高中小企业聚集度、产业水平和安全生产水平，促进全省中小企业健康发展。

（二）基本原则。坚持政府调控和市场运作相结合，依法依规推进企业联合重组；坚持发展先进和淘汰落后相结合，实现企业规模经营；坚持保障企业正常经营活动和维护劳动者合法权益相结合，促进社会和谐稳定；坚持“总量适度、优化布局、改善结构、提升水平”的原则，不受行政区域限制进行联合重组。

（三）实现目标。通过科学整合，合理布局，关小扩大，提高中小企业的规模效益，提升行业发展水平。到2012年，全省中小企业的主要经济指标要在2007年的基础上翻一翻，其中工业增加值达到1 070亿元，占全省工业增加值的50%左右，规模以上中小工业企业达2 500家以上。

二、工作的主要任务

（一）依托本地优势资源、优势企业，进行联合重组。通过联合重组，迅速提升技术水平，增强资本实力，增强影响力和带动力，形成合理的产业聚集度，培育出一批具有较强竞争力的“小巨人”企业和企业集团，将省内有资源优势的领域变成为产品优势和行业优势。

（二）依托优势行业，推进企业联合重组。要支持优势企业发展壮大，提高产业聚集度和质量效益水平，可采取组建企业集团等多种形式，提升企业集团和行业的市场竞争能力。

（三）加强与大企业的协作配套关系，做到互利共赢。鼓励联合重组企业主动与大企业建立配套协作关系，形成中小企业与大企业在产品上下游产业链上的有机联系，做到相互依存互利共赢。

（四）以工业园区为载体，引进战略投资者。充分利用各类产业聚集区和工业园区，发挥土地、劳动力等比较优势，优化创业环境，引进国内外知名企业和高新技术产业，通过战略重组形成紧密的合作关系，提升产业集聚水平。

（五）联合重组后的企业应加快上市的步伐。把企业上市作为解决企业发展资金瓶颈、提高资源配置效率、调整企业组织结构、提高现代管理水平的重要手段，大力开发和培育上市资源，积极推进重点上市后备企业，做好主板、创业板上市的准备和融资工作。

三、工作的主要措施

（一）加大对重组企业发展的支持力度。各级中小企业主管部门应当积极主动与相关部门联系，积极争取土地指标、环境容量、税收优惠等方面的政策支持，推进企业联合重组，支持重组企业确立长期发展规划，谋划实施符合国家产业政策的大项目。

（二）在专项资金上给予倾斜。鼓励行业龙头企业扩大对外合作，通过联合重组，进一步扩大规模，提高竞争能力，形成产业集群龙头企业或者形成规模较大的新龙头企业。对联合重组后的龙头企业实施符合国家产业政策、对本地经济发展具有重大拉动作用的项目，各级财政部门在专项资金上要给予适当的倾斜扶持。

（三）鼓励外来企业联合重组后扩大投资。对外来企业联合重组之后，新建符合国家产业政策的项目，应当一视同仁，给予鼓励和支持。

（四）加大对联合重组企业争取政策性资金的支持力度。各级中小企业主管部门要在项目筛选、项目申报等环节上提供便利，积极争取国家、省上的各类政策性资金的支持。

（五）引导有实力的中小企业牵头组建专业协会。由中小企业主管部门和大的行业协会负责联系，引导有实力有责任感的中小企业组建专业化分工更为细致的专业协会，充分发挥行业协会熟知行业、信息灵通、接触面广、对外交流窗口的优势，搭建引进战略投资者的桥梁。

（六）建立配合联动工作机制。为切实加强对企业联合重组的领导，各级中小企业主管部门要积极向当地政府建议，建立由政府牵头，发改、财政、地税等职能部门参加的联席办公会议制度，研究制定引进战略投资者、推动行业整合重组工作措施，确定重大战略重组项目实施方案，协调解决企业重组中的重大问题，形成分工明确、配合联动的工作机制。

（七）优化发展环境。各级中小企业主管部门要为企业联合重组提供良好服务。要解放思想、顺应潮流，克服消极被动、患得患失的思想观念，增强工作主动性。提高行政服务效率和水平。建立长效激励机制，为企业家干事创业搭建平台、营造气氛，为企业联合重组提供良好服务。

四、加强领导明确责任

（一）加强组织领导和协调服务。各级中小企业主管部门要加强企业联合重组工作的组织领导和协调服务，在深入调查的基础上，研究制订工作方案，并组织实施，要协调各方面的关系，防止损害企业员工合法权益的事件发生，确保员工的基本利益。

（二）企业要强化责任意识。联合重组企业不仅要发挥技术、人才、管理、资金等方面的优势，有效解决中小企业安全保障水平低、资源利用率不高和环境综合治理方面存在的问题外，还要继续按照工业反哺农业的方针，支持当地新农村建设和公益性事业，承担相应的社会责任，使各方原有的合法权益得到保证。联合重组工作必须规范进行，不得弄虚作假和违规运作，不得借机逃避债务。

联合重组企业要从大局和长远利益出发，通过平等协商，实现平稳过渡和互利共赢。

（三）完善企业法人治理结构。联合重组后的企业要在明晰各方产权关系的基础上，严格依照《中华人民共和国公司法》规定，组建规范的股份有限公司，完善企业法人治理结构，保护各投资主体的合法权益，实行责权利相统一的原则，企业股东按股依法享有资产收益、参与重大决策和选择管理者等权利。

第七篇 调研与实践

2009年北京市帮扶企业应对国际金融危机的工作总结

自2008年下半年以来，国际金融危机迅速扩散蔓延，我市经济受到严重冲击，产品出口骤然下降，企业生产经营困难，工业经济增速大幅下滑。在党中央、国务院的正确领导下，我市坚决贯彻中央决策，迅速推出了一系列有针对性的应对措施，稳存量、抓增量，调结构、扩内需、保增长、保民生、保稳定，实现工业经济企稳回升并逐步向好，为我市经济在复杂严峻的形势下继续保持平稳较快发展做出了突出的贡献。帮扶协调小组各成员单位在我市应对国际金融危机这场战役中，沉着应对，协同配合，开拓进取，取得了一系列显著的帮扶成效。

达共识，全市上下高度重视实体经济的发展。“做优一产、做强二产和做大三产”，是市委市政府在总结应对国际金融危机经验教训后得出的重要判断。通过帮扶工作的全面贯彻落实，全市上下取得共识，符合首都功能定位的现代制造业是首都国民经济尤其是生产性服务业的坚实基础，年内我市连续出台了电子信息、生物医药、装备制造等七大产业振兴规划，进一步明确了走“高端、高效、高辐射、高标准”的现代制造业振兴之路。

保增长，工业经济止跌回升企稳向好。受金融危机的影响，我市规模以上工业增加值增速降到2009年第一季度的负3.4%，上半年负1.2%，在一系列帮扶政策效应的逐步释放下，该指标从7月份开始转正，并逐月增长，2009年我市规模以上工业实现增加值同比增长9.1%，工业保八的增长顺利实现，为实现全市经济增长做出了重要贡献。

保稳定，有力保障了生产和就业。在帮扶政策作用下，我市工业企业景气指数逐季攀升，2009年第四季度的工业企业景气指数为130.3，分别比第三季度、第二季度和第一季度提高约10个、22个和36个点。第四季度劳动力需求景气指数达到100.8，比上年同季提高25.8个点，连续两个季度保持在景气区间。据社会保障部门测算，仅援企稳岗帮扶政策的实施，有效调控我市失业率降低1.2个百分点，全市城镇登记失业率控制在1.44%左右，同比回落0.38个百分点。

调结构，进一步加快了重点产业的发展。金融、科技和信息服务业等生产性服务业全年增长超过14%，对全市经济增长起到积极的拉动作用。借助国家政策和我市帮扶政策的支持，现代制造业中的交通运输和医药等重点产业实现快速发展，2009年交通运输和医药产业规模以上工业增加值分别同比增长33.9%和17.4%，进一步优化了现代制造业的产业结构。

优环境，改善了中小企业的发展条件。目前全市中小企业共有25万家，占据全市企业数的99%以上，占据了全市企业56%的收入，70%的人员就业，60%的纳税规模。长期困扰中小企业发展的融资难问题得到一定程度的缓解，2009年全市金融机构本外币贷款余额3.1万亿元，比年初增加7 883亿元。在帮扶政策的实施下，引导了一批中小企业成功实现技术创新、产品结构升级、管理水平提升和企业转型。

信息化应用水平在全国领先的基础上进一步提升，全市网民数预计达到1 100万，占总人口的比例达到65%，其中2兆及以上宽带用户达到135万户。全市3G网络用户达到66万，占全国的6.7%，其中，TD用户约33万，占全国TD用户的8%。高清交互数字电视用户超过7万户。首都之窗连续三年被评为省级政府门户网站全国第一，全年电子商务实现交易额约2 300亿元，同比增长15%。

促发展，支持了一批重大项目的建设。在出台七大产业振兴规划，推出了首都信息基础设施提升计划同时，重点扶持了北汽福田新能源汽车、京东方八代线为核心的数字电视产业园、三一重工北京制造中心、中航产业园、天坛生物国家疫苗基地等一批产业项目，为今明年北京工业持续发展增添了新的活力。2009年市经信委制订了201个重点项目计划，总投资1 941亿元，项目建成后新增销售收入5 400多亿元；其中51个项目竣工，涉及投资137亿元。

提信心，有效激发了全社会投资和生产热情。在帮扶企业应对金融危机中，促进投资成为保增长的重要手段，为经济增长做出了巨大贡献。建立绿色审批通道，有效把握投资规律和节奏，2009年完成固定资产投资4 858亿元，同比增长26.2%。迅速出台了一系列扶持政策，增强了企业信心。企业家信心指数从2008年第四季度的85.5、2009年第一季度的91.5、第二季度的104.4、第三季度的121.7，攀升到了第四季度的125.2，呈现逐季攀升的格局。

办实事，全力解决企业提出的实际困难。通过市政府12345热线安排专人收集企业反映问题，首都之窗开通“企业呼声平台”全天候在线接受企业咨询，各委办局和区县政府向社会公布的帮扶咨询电话等途径，迅速建立我市企业反映帮扶问题的联系渠道。2009年各委办局、各区县共走访企业2.8万余次，市帮扶办收到企业反映的困难和问题3 546项，其中涉及资金问题1 291项、财政税收问题616项、土地问题263项、高新技术企业认定问题196项。目前，已解决1 594项，正在办理中的1 952项。各区县收集规模以下企业反映的问题3 509项，已解决2 577项，932项正在解决之中。

一、2009年主要采取的帮扶措施

2009年3月，为更好地贯彻落实市政府下发的《北京市帮扶企业应对国际金融危机的若干措施》，我市迅速成立了“北京市帮扶企业应对国际金融危机协调小组”，成员单位包括市经信委等26个市政府委办局、18个区县政府及北京经济技术开发区管委会，仲文副市长担任组长。经市编办批准，成立了“北京市帮扶企业应对国际金融危机协调办公室”，设在市经信委。自我市帮扶机制成立以来，市、区两级政府部门加强部门联动、沟通与协调，有条不紊地推进帮扶工作，取得显著成效。全年仲文副市长主持召开了11次市级帮扶调度会，40多次帮扶专题会，研究、部署、指导和协调帮扶工作。

（一）政策帮扶

市政府在2009年第一季度及时出台了66条帮扶政策，“帮扶协调小组”各成员单位根据实际情况，及时有效地出台了各项帮扶政策措施。据不完全统计，有关委办局出台了32项帮扶政策措施，18个区县出台了65项帮扶政策措施。这一批政策措施的及时贯彻落实，有力地推动了全市帮扶工作的深度和广度。市级财政统筹安排的50亿元和各区县政府筹措的50多亿元帮扶资金已经全部落实，支持了一批企业及其重点项目在宏观经济不景气的情况下顺利推进。

（二）市场帮扶

帮扶企业开拓国内外市场，贯彻落实国家“扩内需、促发展”的政策目标。2009年我市在全国率先推进政府采购自主创新产品试点政策，已先后帮扶6批1 500多家企事业单位的3 557个产品进入《北京市自主创新产品目录》，完成了大约33亿元的试点采购。积极开展家电下乡、汽车退黄建绿、工业品下乡、外贸大赶集、医疗产品推介等工作，组织了钢材等项目对接会、医疗器械及诊断试剂自主创新产品推介会、借助央企市场销售渠道对接会等一系列推介活动。2009年我市家电下乡产品销售数量16.79万件，以旧换新42.1（台）万件，补贴资金超过2.08亿元。实现社会消费品零售总额5 309亿元，同比增长15.7%。市商务委等部门组织1 200多家企业进行出口扶持政策宣讲和培训，目前已超过200家企业参加了17个境外展销会，对550多家企业2 800多个国际市场开拓项目给予资金支持。

（三）融资帮扶

根据企业反映的帮扶问题，拓宽企业融资渠道，帮助企业解决融资问题是我市帮扶工作的重点内容之一。一是创建政府投融资平台。北京国有资本经营管理中心发行350亿元中期票据和企业债，为企业节省利息支出约41.2亿元。北京高端制造投融资平台成功贷款58项，使企业获得13.59亿元融资支持。二是启动朝阳、海淀、顺义3个区的投资平台改革试点，设立21家小额贷款公司，其中13家已正式开业，累计发放贷款金额4.92亿元。三是建立中小企业再担保资金，并与9家担保公司正式签订了261.4亿元的再担保合同，放大了担保能力。四是支持创新中小企业融资工具，开展中小企业信用贷款、知识产权质押贷款和信用保险及贸易融资等试点工作。五是搭建政企银合作平台，举办了亦庄、海淀、顺义等多场银企对接会。六是抓住创业板开设的契机，帮扶中小企业创业板上市。2009年我市共有40家企业接到证监会的创业板IPO受理函，其中12家已经通过发审会，6家成功上市。

（四）扩能帮扶

千方百计帮扶企业扩大产能。2009年市经信委和市财政局创新工业发展资金使用方式，对有市场、符合产业发展的企业实现流动资金贷款部分贴息政策，鼓励企业扩大生产，满足市场需求，共有247家企业获得1.82亿元的流动资金贴息，拉动直接用于生产的投资112.69亿元。诺基亚总部决定将芬兰工厂TD项目的研发转到北京，同时将境外部分产能转到北京，索爱公司已将马来西亚的部分产能转到北京，订单在全球比重由去年的35%提高到50%。为保障重点企业正常生产经营活动，2009年市经信委会同市交通委等部门办理重点企业货运通行证6 400多张，把黄标车限行、国庆期间交通管制等各类管控措施对工业生产的不利影响降到最低限度。

（五）难点帮扶

高新技术企业认证，土地历史遗留等问题具有一定的复杂性，各单位各部门迎难而上，协同配合，切实解决企业呼声较高的复杂问题。市科委、市国税、市地税等部门组织了60多场政策培训会，对1万余家企业进行了政策培训，并对行业龙头骨干企业、外资及港澳资企业、高端产业功能区内企业进行重点辅导，认定了13批5 226家企业为高新技术企业，数量位居全国首位，占全国的22%。市国土局处理未批先用工业用地45个项目总面积239.1公顷获得实质性进展的，其中已取得土地使用权证或签订土地出让合同完成供地的项目34个，总面积163公顷；符合供地要求准备签订土地出让合同的3个，总面积11公顷；正在办理立项、规划延期手续的项目16个，总面积80公顷；补办征地手续16个，总面积55.6公顷。

（六）减负帮扶

市劳动和社会保障局、市工商局、市财政局等部门密集实施“一揽子”稳定就业、提高社保、减轻企业负担的措施，效果显著。降低失业保险、工伤保险、农民工大病医疗保险费费率、调整医疗保险缴费周期，2009年共减少企业和个人负担97.3亿元，为453家企业发放就业和社保补贴5.53亿元，稳定7.3万名职工就业。市经信委组织11家重点企业向国家提出重大技术装备关键零部件及原材料进口免税申请，预计共减免税金2.6亿元。市工商局免收企业2009年年检费用超过2 400万元。

（七）创新帮扶

市帮扶协调小组各成员单位进一步加强为企业服务的意识，转变职能，创新方式，提高服务水平和效率。市商务委、北京海关、出入境检验检疫局等部门积极研究出口退税政策、简化并加快相关手续办理、完善各类担保措施，最大限度地降低企业资金占压成本。市工商局和市知识产权局等部门创新政策，开展专利、商标等质押融资试点；市规划委、市建委、市工商等部门主动简化审批程序，压缩审批时限，提高办事效率，取得积极成效。

（八）信息帮扶

政策宣传和解读、信息提供和咨询，是全市帮扶工作的一个必要环节。市宣传部门组织各种媒体，对帮扶典型事迹、经验进行全方位宣传。企业呼声平台作为一条政府帮扶企业的绿色通道，全天24小时在线受理解决企业在应对国际金融危机中遇到的种种困难和问题。各单位各部门及时认真办理答复企业问题，切实做到“事事有答复，件件有回音”，不仅帮助企业解决问题，同时也提高了政府部门在社会公众中的地位和形象。2009年市帮扶办共编制了70多期帮扶简报和10期帮扶会议纪要，还组织有关方面的力量编辑印发了《帮扶企业应对国际金融危机政策汇编》和《北京工业企业应对国际金融危经验选编》两本书籍，提供给各单位各部门和有关企业。

二、帮扶工作的几点经验

（一）各级领导高度重视帮扶工作

市委、市政府高度重视帮扶工作，市主要领导深入基层，多次专题研讨产业振兴之策，对全市帮扶工作精心部署，各单位各部门领导及时成立相应的帮扶机构，明确人员和职责，并把帮扶工作作为本单位本部门的一项重要工作来开展，为我市帮扶工作取得预期成效提供了强有力的组织保证。

（二）各单位各部门联动，形成合力

针对企业反映上来的帮扶问题，帮扶协调小组各成员单位部门联动，充分发挥市级帮扶调度会的协调优势，逐个聚焦，高效解决。成立融资、市场拓展、高新技术企业认定和解决土地遗留问题四个专业帮扶工作组，各职能部门密切配合，通力合作，有力地推进复杂帮扶问题的逐步解决。

（三）帮扶政策措施及时出台，贯彻有力

市政府发布66条帮扶政策后，各单位各部门反应及时，行动有力，注重帮扶工作的时效性、针对性和可操作性，使我市工业经济在较短时间内扭转了增速下滑的势头，企稳回升并逐步向好。

（四）求真务实，以解决企业提出的帮扶问题作为帮扶工作的出发点和落脚点

2009年的帮扶工作之所以成效明显，和我们注重实效，全力解决企业反映的困难和问题作为帮扶工作的重中之重密切相关。这也从广大企业对各单位各部门所开展的帮扶工作高度认可中得到印证。

三、2010年帮扶工作安排

2010年是“十一五”规划的最后一年，也是应对国际金融危机的关键一年。虽然2009年完成工业增长8%的任务圆满完成，但是金融危机的影响还将持续，导致危机爆发的体制机制根源并没有实质性解决，工业经济企稳回升的基础还需要巩固，我们必须清楚地意识到：企业经济效益下滑的状况难以在短期内彻底扭转，国际贸易保护主义不断抬头，出口市场还面临着很大的不确定性，工业投资连续多年偏低，民间投资积极性尚未全面带动，重大项目推进效率还有待提高，产业结构调整和转变经济增长方式刻不容缓等各方面的问题。因此，在2009年增长的基础上，2010年工业继续保持8%的增长任务依然任务艰巨，全市帮扶工作机制不能松，帮扶工作力度不能减，帮扶工作经验要发扬，帮扶工作内容要创新。

（一）坚持中央经济工作会和市委全会精神为帮扶工作的统领

我市帮扶工作的思想行动必须统一到中央经济工作会和市委全会的决策和部署上来，帮扶过程中坚决贯彻“保增长、调节构、扩内需、惠民生、保稳定”的大政方针，为市政府实施宏观调控，促进首都经济社会发展做出新的贡献。

（二）坚持全力以赴解决企业发展中的热点难点问题为帮扶工作的核心

抓住经济企稳回升的契机，进一步巩固经济发展的基础，继续保留融资、市场拓展、高新技术企业认证和土地等原有四个专项工作组基础上，建议增设人力资源、交通保障、煤气水电保障和运行监测专项工作组，分别围绕企业融资难、市场开拓难、高新技术企业认定难、解决土地遗留问题难、人力资源和企业生产运行协调等方面问题，加大帮扶力度，使企业的产能、效益更加充分释放出来。对企业反映出来还没有解决的问题，逐一梳理研究加快解决。将我市企业减负工作纳入帮扶工作体系，成为我市帮扶工作的一个重要内容。2010年着力推进我市中小企业的减负工作，首都之窗企业呼声平台等企业帮扶问题反映渠道也将受理企业减负方面提出的投诉、问题和意见建议。

（三）坚持抓好重大项目建设，推进产业结构调整为帮扶工作的重要手段

着力推进重大产业项目的建设，调结构，上水平，增强经济发展后劲，推进产业园区和功能区的集聚发展。积极贯彻实施七大产业振兴规划，进一步加快产业结构调整和优化升级，转变经济发展方式，提高经济增长的质量和效益。

（四）坚持与时俱进，形成促进产业发展的长效机制为帮扶工作的长远目标

在2009年帮扶工作经验基础上，根据当前的经济形势和国家政策走向，帮扶工作机制将适时转变为“北京市经济运行协调服务机制”，将重点开展制定我市有关招商引资、重大项目引进和产业促进政策；加快转变经济增长方式；进一步优化产业结构；加强对企业提升经营管理水平的指导；切实减轻企业负担，简化企业办事程序，提高政府部门办事效率和服务水平等方面的工作。

进一步加强小企业创业基地建设

从 2007 年开始，小企业创业基地建设工作在全国范围内推广，旨在整合社会资源，完善社会服务，扶持创业企业成长壮大。国家对小企业创业基地建设给予政策性支持。由于各地情况千差万别，小企业创业基地的发展方式、规模、功能仍没有形成一个公认的模式，各地的创业中心、创业园区、工业园区、科技园区、孵化器等，竞相发展，功能相近，组织形式大同小异，只是创业主体、服务对象、服务内容不完全相同。经过两年的探索和实践，我市推动小企业创业基地发展的思路基本明晰，建设小企业创业基地工作取得了初步经验和成效，但是，现有创业载体、服务设施、服务能力远远不能满足小企业成长发展的需要。进一步加强小企业创业基地建设，势所必至。

一、小企业创业基地的定位

推动小企业创业基地建设是政府实现特定经济社会发展目标的一种手段。这里所说的经济社会发展目标是：繁荣经济、带动就业、提升产业、实现效益。

推动小企业创业基地建设的宗旨是：以创业促就业，以创业促发展。发展经济、促进就业，这是政府各部门，也是各行业、各阶层、各领域共同的社会责任。例如，科技部门为促进高新技术成果转化，兴建了孵化器、创业园区；劳动部门为创造就业机会开办了创业中心，教育人事部门为吸引留学人员回国创业建立了留学生创业园，妇女联合会为促进下岗女工再就业建立了妇女创业中心，等等。这些创业载体和机构，是针对不同层次的创业需求而建立的，其目的是扶持创业企业成长发展，繁荣经济、带动就业。

天津是以现代制造业为支柱的大都市，产业布局和发展方向正在朝着国际化、高端化迈进。在这个大背景下，小企业创业基地的定位是培育和扶持以制造业企业为入驻主体的创业基地建设和发展。这就与其他部门和组织建立的创业载体和机构有了区别。为更好地扶持制造业小企业创业，小企业创业基地服务功能要突出制造业的服务需求。比如，要兼顾研发设计，探索工业的综合服务；要强化信息化建设和现代物流等方面服务。天骄工业园、针织工业园、天动工业园等小企业创业基地，在带动就业、提升产业、实现效益方针的指导下，目前正在完善其服务功能。

国家工业和信息化部中小企业司是小企业创业基地工作的业务归口管理部门，对各地的小企业创业基地工作给予指导和扶持；我市各级中小企业管理部门是推动小企业创业基地建设工作的职能部门。

国家工业和信息化部为小企业创业基地定位是：利用现有载体条件，如闲置厂房、楼宇、工业园区等，为创业企业提供功能较为齐全的经营场地和开展综合性服务，创造局部优化环境，促进创业企业成长壮大。

定位之后，更重要的是如何培育和建设小企业创业基地。

二、小企业创业基地应具备的基本条件

小企业创业基地的核心是基地。基地就是设施条件较为完善的区域和场所。这是创业基地的硬件条件，其基本要求是：小企业创业基地必须同时具备相应的创业场地和共享的服务空间，整个创业基地应分为进驻企业和提供共享服务两部分，建筑面积要达到 1 万平方米以上，出租部分占总场地的 90% 左右，以利于更多地接受企业进驻，保证基地的自身收入。公共服务面积要占建筑面积的 10% 左右，基地年小企业保有量保持在 50 家左右。基地建筑面积过小或入驻基地的企业达不到一定数量，会影响基地的收支平衡和持续发展。建设创业基地要充分利用现有资源载体，加以改造利用，我们不提倡新征用土地和新建大量厂房楼宇搞小企业创业基地。创业基地旨在为创业企业创造一种成长环境，而不是房地产出租为主体的经济。

小企业创业基地的本质是载体，载体的含义是带动小企业创业发展，开展服务。这是创业基地的软件条件，其基本要求是：小企业创业基地的投资单位必须是独立的企事业法人，要有健全的管理制度和优良的人员结构，大专及以上人员占机构服务人员的比例不低于 50%，具有可持续发展能力。更重要的是，小企业创业基地必须组织或组建专业服务机构入驻，而且要具有创业载体所需要的服务功能与服务能力。

三、小企业创业基地的服务理念

小企业一般都具有规模小、人员少、管理简便、基础薄弱等特点。国外为什么那么多孵育公司呢，就是因为小企业成长发展需要孵化和培育。小企业创业基地必须有孵化和培育的理念，在孵化和培育的优质服务中赢得自身发展。凡是以自我盈利为核心的创业载体，很难成为名副其实的小企业创业基地。创业基地的服务机构必须适应小企业创业特点和多层次发展需求；必须具有强烈的服务意识和与时俱进的服务能力；要形成服务氛围，创建服务文化；要把有效服务作为创业基地可持续发展的内在动力。

据统计，经过创业服务机构培育的创业企业，五年存活率为 80% 左右，而不经过培育的创业企业，五年存活率仅为 20% 左右。实践证明，入驻基地的小企业，在组建之初都急需寻找如何组织生产、销售、组织人员、建立制度、筹集资金、协调

与社会各部门的关系等。盼望有一个部门能帮助他们组织和筹划，在疑难面前给予咨询和培训服务，在运营的关口得到帮助和扶持。即使小企业进入发展期，企业同样需要适应其发展的各种服务，比如信息化建设、现代物流、招商引资、公共关系等。目前的关键问题是服务组织的建立和完善。自成体系、力量分散、发展不均、服务理念不适应需求的状况亟待改善。

四、小企业创业基地的服务内容

创业基地应该为入驻企业提供尽可能的服务，使创业企业节省投资、少走弯路、加速发展。创业基地的基本服务项目应该包括：

办公服务：包括打字、复印、收发、会议室、通信、安全保卫等内容。

代办服务：包括工商、税务、财务、行政性社会联系等方面的代理服务。

培训服务：包括组织培训班、研讨会和相互交流等，为企业提供内部管理、财税知识、贸易、法律、政策法规等培训。

社会联系服务：沟通与研究所、公共服务部门、相关社会机构的联系，利用其信息、资源、人才等为企业服务。

公共技术服务：利用自身或外界设备条件为企业提供检测、试验、公共技术等服务。

金融服务：引入金融机构，方便企业开户，联系金融单位，帮助企业融资等。

此外，还应拓展管理咨询服务和法律服务。

五、小企业创业基地的投资形式

小企业创业基地建设是由政府部门倡导，多元化投资的形式，投资形式主要有：

（1）政府引导型。由地方政府提供部分引导资金，吸引社会资金注入，共同经营，以企业形式存在，以维持基地良好运营和取得收益为目的。

（2）国有企业主办型。由改制后的国有企业对原有厂房、设备、技术等加以改造利用，组建创业基地，以新的发展模式实现经济效益。

（3）由私营企业投资，建立经营盈利型的小企业创业基地。

小企业创业基地主要有两种类型，一种是专业型，入驻基地的企业大多从事相同产品的开发和生产，具有明显的行业特色，如天津小针织企业创业基地。另一类是综合型，入驻基地的企业从事不同行业、门类产品的生产经营。但无论哪一种类型的创业基地，都要为入驻企业创造良好发展环境，繁荣区域经济，促进社会就业。实质上，都具有公益性质，政府都将根据不同形式给予政策支持。

六、小企业创业基地的规范化管理

小企业创业基地规范内部管理是自身发展的需要，有利于政府调控和指导。创业基地应建立各项管理制度，包括部门职责、岗位责任、财务制度、资产管理、职工教育培训制度等，为自身发展打下良好基础。创业基地对入驻企业应实行契约化管理，制定好入驻企业应共同遵守的规章制度，如用水用电制度、收费办法、安全保卫制度、卫生管理制度、统计制度等。需要着重强调的一点是，创业基地应建立对入驻企业的统计制度，要掌握入驻企业的基本经营状况及财务状况。建立对入驻企业的统计制度，不仅能使创业基地对入驻企业的发展规模做到心中有数，也为政府部门对创业基地工作的宏观指导提供应有的依据，配合政府开展好工作。

目前，创业基地建设仍处于起步阶段，工信部主要通过对基地投入的设施建设和开展的创业服务给予资金资助，扶持创业基地尽快步入发展的轨道。我们相信，我市小企业创业基地工作，必将在大胆探索、勇于实践中，在繁荣区域经济发展、促进产业升级、带动社会就业中发挥更大作用。

（天津市中小企业发展促进局　刘元）

提高中小企业创新能力加快科技成果转化工作

金融危机凸显了我国经济发展中的一些问题。比如，产能过剩，产业结构亟待调整优化，出口依赖过强，资源消耗过大，科技创新滞后。金融危机凸显了我国企业管理中的一些问题。比如，唯利是图的发展观，潜规则盛行的不良环境，缺失企业文化，忽视客户需求的营销观，管理效率不高，整体素质不适应发展需要，尤其是企业自主创新能力亟待提升，方向亟待明确，方法亟待改进。

在金融危机中，中小企业暴露出的问题更为突出。本文着力探讨中小企业如何提高自主创新能力、加快科技成果转化问题。笔者认为，中小企业自主创新要适应市场变化，要满足顾客需求，要适应节能环保和发展循环经济的大趋势。

一、提升自主创新能力是促进中小企业科学发展的关键

在当今的市场经济中，我国工业的持续快速发展，带来了我国能源资源严重短缺，电、水、煤、油供应紧张，严重地制约着企业经济发展的步伐，急需研究开发以循环经济为主的替代新能源。

我国自主创新能力薄弱，专利技术少，研究开发投入少。因此，中小企业一要开源节流，积极利用科技手段加快自主创新进程、加快建立能源资源

技术支持体系，这是企业可持续发展中亟待解决的重大问题。二要充分发挥中小企业多年来在技术攻关、技术改造和技术创新中，已涌现出的一批工程技术人员的优势，在前人工作的基础上，集中力量搞好研究、开发和提高能源资源利用效率的技术创新。三要依靠科技进步不断增强中小企业节约能源资源的能力，走自主创新积极挖掘企业内部潜力和提高经济效益的道路。

随着时代的发展，加快中小企业科学技术进步，提高职工队伍素质，发展循环经济，不断提高企业核心竞争力，已成为当前一项重要而又紧迫任务。因此，要以提高中小企业技术水平和自主创新能力为目标，注重和加强全员自觉地学习技术，深入开展技术创新、技术比武、技术交流等活动，并以提高企业职工职业技能为重点，努力培养一支敬业爱岗、技术过硬、节能降耗、纪律严明的高素质中小企业职工队伍。

积极探索新形势下中小企业开展群众性自主创新活动的新方法、新途径、新优势，以巩固几十年来群众性技术攻关、技术改造的成果与经验。这既是当前新形势发展的需要，又是不断提高企业职工队伍素质的需要，也是进一步提高能源资源利用率和增加企业经济效益的需要。这项活动既要深入开展，又要在内容上不断创新，促使工作水平不断提高。自主创新是中小企业科学发展的生命线，是企业经济实力强弱的标志，是提高企业核心竞争力的根本。因而，要立足于市场经济发展，必须紧紧依靠科技创新，掌握核心技术，进一步促进企业健康发展。应该说，在我们企业有着丰富的人才资源，是完全可以胜任核心技术的研发。所以，要在激烈的市场竞争中赢得主动，立于不败之地，唯一的出路就是提高企业自主创新能力，加快科技创新、加快科技成果转化和加快科学发展观步伐，努力走出一条依靠自主创新、增强中心企业科学发展后劲，提高企业核心竞争力的新路子。

二、立足自主创新，确保中小企业科学技术水平的发展

在市场经济中，靠金钱是买不到真正核心技术的，出让市场也换不到真正的核心技术。为了提高中小企业科技水平和经济发展实力，要以自主创新带动企业科技进步，不断增强中小企业发展后劲，这将面临着一些重要工作：一是要把企业技术改造与技术创新并举，共同发展。二是要走自主创新的路，干自主创新的事，使企业更具有知识创新、机制创新、思路创新、方法创新的能力。三是要努力进行自主创新，这是企业可持续发展的希望所在、后劲所在。四是要让每一名职工都要感到自己在自主创新中的担子更重了，责任更大了。因此，可根据企业各部门技术工种多、生产设施范围大的特点，积极开展以产品质量、品种和降耗增效为主要内容的自主创新活动。以及紧紧围绕企业节能降耗工作为重点，努力开展好技术培训、岗位练兵、技术比武活动。企业通过开展这些活动，要能培养技术人才与骨干，又能增强职工的凝聚力、向心力和战斗力，为中小企业自主创新与提高科技水平奠定坚实的基础。

实践证明，中小企业进行的职工技术攻关、技术改造活动，已在企业持续发展中形成了各专业人才与技术优势，并且聚集了一大批能工巧匠和学有专长的优秀人员，这是一支振兴企业、发展经济的主力军。为了使群众性自主创新工作更好地服务于企业经济建设，更好地推动“发展循环经济、建立节约型中小企业”战略的实施，对企业发展中的关键问题，努力开展好技术攻关活动，进一步推动企业科学技术进步，以解决和处理好中小企业在可持续健康发展中能源资源的难题。如在我国利用废木材和废塑料制造出比天然木材更优良的一种木材的自主创新技术，就是考虑到人类保护森林和节约资源的长远希望。

由此可见，在不断提高中小企业自主创新能力，加快科技成果转化工作的同时，应做好以下几项工作：一是要高效利用现有的资源，解决资源可循环利用、产品节能降耗问题。二是要建立和推行能源资源性产品价格机制，加快资源性产品价格市场化改革进程。三是要制定与完善合理开发和利用资源的相关措施，建立起规范的资源开发秩序。四是要加大对重大资源综合利用与技术开发的支持力度，全面推动企业科技进步，不断加快企业科技创新能力。五是要积极发展循环经济，促进资源循环式利用，倡导社会循环式消费，共建节约型企业。六是要完善资源综合利用的相关法律和法规，逐步形成以保护、节约为前提的资源开发监管体系，加大执法和监督检查力度。七是要建立促进能源资源节约的体制与机制，积极实行能源资源效率最大化和企业最低技术水平准入标准，有利于节约能源资源的市场环境和长效机制。八是要完善废旧物资回收利用的新品研制，建立再生资源回收拆解特定领域优惠政策，努力研究创建和完善资源开发和生态环境的补偿机制。九是要充分发挥行业协会机构职能作用，不断地加强自主创新技术服务体系建设。十是要加强自主创新的宣传教育，开展形式多样的群众性技术攻关活动，使自主创新活动成为中小企业广大职工的自觉行动。

三、加大自主创新力度，有效推动中小企业科技成果的转化

我国中小企业在可持续发展中，遇到了能源资源短缺与供应不足的大问题。面对现实，中小企业更要以自主创新为动力，推动企业体制创新、机制创新、技术创新和管理创新。必须紧紧围绕企业的能源资源效率实际情况，加大企业自主创新的力度，努力搞好技术改造、技术革新、技术攻关、技术交流、技术创新，积极改进生产工艺，延长设备使用寿命；要努力简化工序，缩短生产的周期，提高生产率；要努力改变产品结构，既节省能源资源

又增加了经济效益；必须开源节流，克服能源资源性供给紧缺的困难；要持之以恒地遵循“科学技术是第一生产力”的指导方针，自力更生、艰苦奋斗，集中财力物力，加快企业经济建设步伐。为此，在企业内部构筑良好的经济运行管理网络体系，促进企业生产规模增长，进一步拓宽中小企业盈利的空间与能力。

实践证明，在中小企业自主创新活动中，积极突出群众性合理化建议与技术成果的创新，并作为推动中小企业可持续发展的着眼点。在内容上，要结合客观实际情况：一是要着力于研究解决企业生产与安全环保、经济效益与现代企业制度的管理、降低产品单位能源消耗的主要问题；二是要统一考虑资源的合理利用，建立企业节约文化，人人自觉注重勤俭，消除浪费现象；三是要群策群力，努力降低与解决能源供应、储存和运输损耗问题；四是要综合利用产品与资源，积极进行增产增效与开发新产品；五是要围绕企业发展，积极做好节约能源资源工作，更好地为企业生产经营和职工服好务。在具体的做法上，应该着力于：一要进一步转变观念，重视科技人才的培养和使用，为更多科技人才的成长搭建平台，为现实生产力转化创造条件；二要重视提案落实、项目落实、措施落实；三要突出重点、抓住一般、带动其他、尽快落实；四要在技术创新成果上及时总结经验、申报专利、表彰骨干职工；五要在企业内部尽快形成一个学技术、钻难题；学知识、攻难关；学理论、搞业务的良好自主创新氛围。

为了使自主创新工作得到长远发展，中小企业必须采取整顿、稳定、巩固、提高、抓重点、带动一般的新举措，不断加强企业自主创新工作的思想建设、组织建设、队伍建设、作风建设、制度建设、自身建设，全面提高自主创新职工队伍业务素质和科学管理水平，使自主创新工作不断得到巩固与提高。中小企业在广泛开展群众性自主创新活动方面，应做好以下服务性工作：要提高服从服务于企业发展大局的能力，采取因地制宜、扶持引导、循序渐进、稳步发展的方针；要本着适合企业经济建设的原则，带动企业技术人员及时跟上新时期节约、节能和创新发展的需要；要针对企业自主创新工作的现状，积极发挥社团力量与功能，协调落实好有关激励机制，为企业自主创新发展提供必要的政策保障；要在广泛提高职工思维创新和工作创新上下工夫，不断提高企业自主创新能力，不断加快科技成果转化工作，以及不断增强专利意识、品牌意识和商标意识，使广大职工能适应时代快速发展的需要。

总之，提高中小企业自主创新能力，要培育团队精神，要发挥网络优势，要着眼于降低能源资源消耗，“以质取胜”，优化产品结构，加快科技创新步伐，不断增强中小企业在市场经济中的核心竞争力。

（天津大沽化工有限公司）

中小企业创新的四个要领

目前，创新已成为当今时代发展的一种潮流。国家要创建创新型国家，城市要创建创新型城市，企业要创建创新型企业，员工要成为自主创新的主体。尽管如此，人们对创新的理解和认识仍有很大差别。把创新说高了的人，对创新望而生畏，认为只有少数聪明人才能创新。把创新说低了的人，认为人人事事、处处时时都有创新，都在创新。对此，经济学家于光远提醒人们，“不要把什么都说成是创新，有的创新实际是在创旧。”

就企业创新而言，企业毫无疑问是创新的主要载体。著名管理学家熊彼特和德鲁克研究创新，都是以企业创新为主要切入点的，将创新视为现代企业的基本功能之一。笔者认为，研讨和实施中小企业创新，首先要澄清以下四个要领问题。

一、企业创新的基本内涵

研讨什么是“企业创新”，首先要澄清对它的一些误解。

有人说，“创新是大企业的事，小企业跟着时代走就行了”。世界管理大师德鲁克告诫我们：无论是大企业还是小企业，都应当把创新当做一项基本功能。

有人说，“创新是科研人员的事”，“是领导的事”。海尔成功的经验告诉我们：员工是创新的主体，每个员工都要成为自主创新的主体。

有人说，“创新是聪明人搞创意，创造一个好点子、出一个好主意、提出一个好的创意”。日本管理大师稻盛和夫说：“没有哪一家公司天生就有杰出的技术，先进的技术不是从天上掉下来的。琢磨钻研，精益求精，不断改进，不断创新，今天胜于昨天，明天超过今天，天天进步，日积月累，从中才能产生独创性的技术和经营。”他还告诉我们，人之所以能不断做出非凡成绩，要把握三个要素，思维方式、热情和能力。我国著名化学家徐光宪一生都在搞科技创新，他说，我的天赋很平常，我认为，天道酬勤，只要勤奋，就可以取得科学成就。发明家爱迪生说：“天才等于98%的汗水加上2%的灵感，而2%的灵感，也可用勤奋来培养。”

有人说，“创新是灵魂深处的革新，是灵感，是虚功”。实际上，创新是一种行为。它不是口号，是行动，是实践；它不是虚功，而是实功。

有人说，“创新就是企业多创利润，个人多创收入”。世界“经营之神”松下幸之助说：企业要盈利，但盈利不是目的，我们的目的是为社会大众提供优质产品和服务，在顾客获得最大满意的前提下，取得合理的利润，以利于今后更好的发展。当今成功企业的共识是：创新不是为企业创造价值、创造利润，而是为顾客创造新价值。

总之，创新是企业家和管理者的一项重要职

能，创新不是少数人的事，创新应当成为广大群众的自觉行动。

企业创新的基本含义是什么？让我们从世界管理大师德鲁克的理解中寻找答案。在他看来，企业创新就是：

（1）各种生产要素的简单组合是不能创造价值的，只有依靠企业的创新才能创造价值。比如铁矿石，需要经过多次创新，才能变成理想的钢材。

（2）创新就是改变资源的产出。由低产出向高产出变革，逐步创新，逐渐提升。

（3）创新就是为顾客创造价值。这里的价值并不是价格，价格是顾客付出的，为顾客创造的价值是满足顾客未被满足的需求或潜在的需求。

（4）企业推出新产品、新服务、新流程，本质是让客户有新的满意，或者是创造新客户。其核心是满足顾客的需求或顾客潜在的需求。

（5）如果一个企业的一项产品和服务，是简单模仿别人的，是在争抢别人已经创造的顾客，没有创造新的客户，这样的企业和服务必然要萎缩。

（6）并不是所有企业都能做大做强，但每个企业必须不断进步，日新，日日新，越变越好。因此，创新就是"不断进步，变得更好"。创新是企业发展的不竭动力。

（7）创新的客观性表现包括：降低成本、提高效率和效益等方面。

（8）创新可能表现在追求产出（比如让顾客更方便、用途更广泛），创新可能表现在产品设计新颖、营销优秀、服务卓越、管理有效、人力资源开发上。

归纳大师所讲，企业创新的基本含义是：创新是大幅度提高资源的产出；创新是通过改变产品和服务为客户提供价值和满意度；创新是开拓新市场，创造新客户；创新是不断变化，越变越好；创新就是在变化中抓住机遇，促进企业成长发展。

通俗地讲，企业要不断研究市场和消费者需求，努力提供大众需要的产品和服务，进而创造新价值、创造新客户、创造新财富。

二、企业创新的机遇

巨变的时代和宁静的革命，给企业提出新的要求。德鲁克认为，21 世纪之后，许多企业还不能很好地面对这个新挑战，还有许多不适应，出于崇高的责任心，他邀请精通企业管理的美国女作家伊丽莎白·哈斯·埃德莎姆一起讨论，给企业提出点建议。一年后《德鲁克的最后忠告》应运而生，这是大师晚年对当今企业和企业家们提出的十分有益的"忠告"。"忠告"第三章专讲"创新与放弃"。有人认为，新观念、新思想的发现往往是随机的，不可预料的。对此，德鲁克提出，为了创新，企业必须设计一套系统方法，确定你向客户提供各种新价值的机会。他向企业提出："你在系统地寻找（创新）机会吗？""你是否在不断地寻找机会？你的生存发展是否取决于这一点？""你是否关注 7 个关键的（创新）机会来源？"据此，我们把企业创新的机遇归纳如下：

（1）在意外事件中去寻找创新机遇。企业总有期望与成功，可现实中总会出现失望或失败，这就是意外。企业要善于从意外的成功、意外的失败、出乎意料的外部事件（比如与供应商、客户、互补者出现意外矛盾）中寻找创新机遇，比如，产品缺陷、产品档次、消费走势、市场机遇、流程缺陷、研发方向等，尔后寻找创新机遇。

（2）在行业出现了不均衡的变化状况中寻找创新机遇。行业出现不均衡的变化，主要是时间、地理因素造成的。比如客户的期望、行业的状况、对客户价值的看法、科技进步、经营方式、管理模式的变革，在此情况下，企业要适应这些变化，寻找自己变革的方向和内容，创造新的机遇。

（3）从不协调、不匹配的事件和状况中寻找创新机遇。不协调、不匹配的情况总是有的，比如，内部认识有分歧，部门之间有争议，企业与客户的期望有差距，总之，企业内部与外部，在现行体制、公共服务与企业发展中不协调的事太多了。面对不协调的事，总是从对方找原因，这样的企业必然以失败告终。聪明的企业和领导人总是从自身找原因，创新的内容就多了，企业成功的机遇就多了。德鲁克提醒企业：市场行为和你的期望不匹配，这就意味着机会的出现。你和客户的期望值有差距，你就找到了努力方向。

（4）从不顺畅的流程中寻找创新机遇。企业生产、销售、服务环节总是出现不顺畅的矛盾。比如资金链，现金流过大了，闲钱多了，资金使用效率就低了。零库存、零占压好，但又影响客户急需、急用的满意度。不顺畅，说明管理流程上有缺陷，有薄弱环节，或者目标不一致，或者还没有真正通向市场，还没有真正通向客户。如何扁平化？如何市场化？如何变革？这就是寻找创新机遇。

（5）在研究人口的变化中寻找创新机遇。企业要研究人口数量、人口规模、年龄结构、人口组合、就业情况、受教育状况、收入状况、文化习俗等，这是市场、顾客满意度，产品走向、服务定位、技术水准的基础。脱离人口研究产品、需求和服务，等于无视消费者，永远不会成功。比如，我们从老龄化、财富变迁、城市化、全球化、劳动力状况变化、区域文化差异中去寻找创新机遇，大有作为。

（6）从观念和偏好的变化中寻找创新机遇。观念和偏好的变化将直接影响人们购买习惯的改变。德鲁克强调观念上的变化，是让你了解消费者对现实的理解，这就创造了机会。有人说，沃尔玛是"英雄"，而竞争对手说他是"恶棍"，可沃尔玛成功了、成长了，人们都愿意去沃尔玛购物，这就是观念和偏好的变化。沃尔玛创造机遇是不断地创造顾客的忠诚度。企业创造发展机遇，不见得全学沃尔玛，但沃尔玛的确有比你先进的地方，你不学，就是自我淘汰。适应变化，努力寻找创新机遇吧。

（7）从新知识中去寻找创新机遇。科技日新月异，信息化革命不可阻挡，你不知道的，你想研究的，别人早想到了，早做到了，封闭起来搞创新，很难成功。一是要了解行业、产业、产品中的新知识、新经验、新方法，拿来，消化，吸收，应用，改进旧的，这也是创新。比如你可占据一个系统（如 IBM 占领大型计算机系统），也可创造一个市场（如在生物工程方面），还可占据一个位置（如发酵、微型计算机等）。再如，高露洁牙膏在美国是领军的，1955 年宝洁推出防龋齿的佳洁士牙膏，改变了消费者喜爱高露洁牙膏的态度，成为美国牙膏市场的领导者。1997 年高露洁推出一种可溶性抗生素三氯生防治齿龈炎，开辟了口腔药物的新领域，高露洁又用全效牙膏打败了宝洁，重获美国牙膏市场领导者的地位。德鲁克提醒大家：一定要重视知识与信息在新领域中的应用。但德鲁克又强调：过于超前的创新和过高费用的创新是有风险的。这个提示，请你铭记。

三、企业创新的基本原则

大家都喜欢用创新来总结自己的工作。实际上，有些自称的“创新业绩”并不是创新，或者不是真正的创新，或者不是有效的创新。杰出的有效创新必然有其规律，有其规则。德鲁克在《创新与企业家精神》中有一章专讲《创新的原则》，中心思想是说：企业创新要做必须做的事，不要做脱离实际和非常冒险的事。我们综合归纳，提出企业创新的四项基本原则。

（1）创新目标要明确，做需要做的事。有目标、有系统的创新始于发展机遇，面对机遇进行思考，寻找突破口；一次只做一件事，努力做一件具体的事；不要多样化、不要分心；立足于当前，立足于发展，不要尝试对未来进行创新；不要神秘化，不要太过聪明；要简单，具有可操作性。总之做需要应该做的事。

（2）创新是理性的又是感性的，它是工作。创新一定要走出去，多看、多问、多听（沃尔玛坚持这么做，经常地观察顾客和用户，了解他们的期望、价值观和需求，当然还要了解竞争对手在干什么，在怎么干）。创新需要知识，更需要专注、勤奋、毅力、热忱。不能缺少必需的科学知识，不懂就钻研就学习，金融创新与生物工程创新所需知识是不同的，爱迪生搞发明主张所需知识一应俱全后就动手，专心致力于创新；创新要立足于自己的长处。成功的创新者会在若干机遇中，去寻找更适合自己、更适合企业、更能够发挥自己优势和实力的项目突破。

（3）创新要与市场紧密相连，要以客户为中心，以市场为导向。为顾客创造价值，要努力让企业骨干员工清晰以下几个问题：谁是上帝？我们的工资是谁给的？我们在满足谁的需要？我们在为谁创造价值？怎样创造新市场、新客户、新财富？

（4）创新不要专注于冒险，而要专注于机遇。德鲁克说：如果我要是一个冒险家，我早就投身房地产业了。我认识的成功创新者，往往被人们称为保守的创新者，成功的创新者都不是冒险家，他们都设法确定必须承受的风险，尽量将风险化解到最低限度，他们不是专注于冒险，而是专注于机遇。格林斯潘说：我错了，冒险不是企业家的本色。成功的创新者是善于把风险变为机遇的人。

四、企业创新的基本方法

创新的理念、原则和切入点确定之后，方法就是最重要的了。科学家徐光宪讲过创新 16 法，深受启发。结合中小企业实际，现提出 8 个方法问题。

（1）多渠道倾听顾客（含客户）意见。顾客是产品的终极消费者，企业必须千方百计知道顾客所想、所求。满足顾客的所想、所求，你的产品和服就必须更新换代。你让顾客不断满意的过程，就是你为顾客不断创造新价值的过程。可以深入顾客直接沟通交流，可通过零售店刻意了解顾客的所想、所求，也可搞问卷调查，但必须了解真实情况。

（2）不厌其烦地听取员工建议。员工在生产、销售、服务的一线，天天接触顾客，最了解生产、销售、服务环节的缺陷，最了解顾客所想、所求。所以，企业务必让员工多提生产、销售、服务环节的改进建议。松下幸之助在这方面做得最好，每年收到 6 万项建议，重要的建议，松下亲自与员工探讨方案，平等交流，采纳率很高，超过 50%。我国许多中小企业在这方面是“短腿”。发挥团队作用、群策群力还得下真工夫，要把口号变为行动。

（3）在尊重科学的前提下，大胆假设。这是寻找创新机遇的一个重要方法。大胆假设，要有科学依据。比如，有人假设月球上有人，以嫦娥和玉皇大帝的神话为切入点，这就违背科学了，这不是大胆假设，而是胡思乱想。再如，京瓷人提出：把陶瓷用于人造膝盖、人造瓣膜等，当时媒体说他们是“意想天开，说胡话”，后来他们成功了，因为陶瓷性能开发后具有金属材料达不到的性能。杂交水稻之父袁隆平大胆假设，培养了人工杂交水稻，取得了举世瞩目的成就。

（4）在绿色、环保、生态文明上寻找创新机遇。许多产业都涉及绿色、环保、生态文明问题，这是当代社会最关注最提倡的。企业产品和服务的创新，有违世界新走向的，必定被淘汰出局；顺应新要求、新走向的，对生态文明做贡献的，你的创新必然成功。当然，涉及成本费用问题必须解决，风险必须预测和防范。

（5）以聪明的创意为基础。当今的创意产业很热。创意是创新的开始。创意是特殊生产活动的集合。创意包括科技创意、经济创意、文化创意、营销创意、管理创意等。这为创新提供了机遇。创意讲意境，比如古人讲“独上高楼，望尽天涯路”，这是要你站得高，看得远，把握科学前沿。还有就是“蓦然回首，伊人却在灯火阑珊处”，这是讲，人在山重水复疑无路的时候，往往产生灵感。

（6）善于移花接木。移花接木是科学创新的移植法，徐光宪说，科学可按照研究对象分上、中、下游，物理学是上游，化学是中游，生物学、医学、社会科学是下游，上游科学研究有深度，下游科学研究比较复杂，要善于借用上游的科学理论和方法，尽可能收到事半功倍之效。这是“移上游科学之花，可以接下游科学之木”。这方面例子很多，比如，飞机制造模仿了蜻蜓等。还有就是生物制药应用传统中医理论等。

（7）应用逆向思维法。逆向思维的本意是颠倒过来思考问题。当你“山重水复疑无路”时，要想“柳暗花明又一村”，就可退一步，善于放弃，放弃的不是信心和目标，而是思维方式。一个人的思路陷入困境，很有可能是走了错路，这时，颠倒过来思考，非常重要。这需要创新者的大度。

（8）经常进行不忘初衷的自问。这是从产业和市场结构中寻找创新机遇。企业必须经常自问自答五个问题：我是谁？我们的目标市场是谁？我们潜在的消费者是谁？我在做什么？我应当怎样达到目标？我是谁？意思是，企业一定要给自己定个位，经常温习认知企业的定位是什么。每个企业都应确定自己的目标市场，你必须反复强调你的消费者是谁？光知道这些还不行，还必须回答你怎样满足消费者的需求，怎样改进不适应消费者需求的工作，怎样才能把事业做大、做强、做优。从这里寻找创新，思路会更宽广，成功的概率会更高。

（天津市集体经济联合会）

团结合作　外修环境
内练功夫　危中求存

——关于金融危机下的中小企业如何求发展的思考

自2008年9月以来，随着金融危机对我国实体经济的影响，我区中小企业受到的冲击开始显现，中小企业普遍面临成本上升、效益下滑、资金周转困难等问题。作为中小企业的主管部门，我们该为中小企业做些什么？中小企业自身又该怎样做？才能应对危机，渡过难关。为此，自治区经委走访了部分盟市、企业，形成了如下报告。

一、中小企业现状及面临的主要困难

近年来，我区深入贯彻落实科学发展观，围绕发展壮大优势特色产业，加快大项目、大基地建设，一批大项目、大企业快速发展，为延伸配套中小企业发展提供了条件和空间。特别是在“一个产业带动百户中小企业”和“一个园区带动百户中小企业”的“双百工程”推动下，我区中小工业企业围绕优势特色产业搞延伸，围绕重点项目搞协作，围绕大型工业基地搞配套，促进了特色中小企业群迅速成长，中小企业结构不断优化，中小企业综合实力和发展后劲明显增强。

截至2009年7月底，全区工商注册的中小企业及个体工商户共计79.13万户，比2008年底增加90 552户（其中中小企业12.36万户，比2008年底增加6 704户），创造了全区70%以上的GDP、50%以上的税收，提供了80%以上的就业机会。中小企业发展呈现出数量多、经济贡献多、吸纳就业多、发展趋向集群化、第三产企业数量增长快的特点，同时也暴露出“三少”，即建立现代企业管理体制企业少，高科技企业少，精深加工产品少。

以工业中小企业为例，2006年全区中小工业完成工业增加值1 376.23亿元，占全部工业的69.57%；吸纳就业人数130.5万人，占全部工业从业人数的80.21%。其中规模以上中小工业企业3 026户，完成工业增加值1 174.56亿元。2007年全区中小工业完成工业增加值1 970.09亿元，占全部工业的71.83%；吸纳就业人员141.2万人，占全部工业从业人数的83.25%。其中规模以上中小工业企业3 314户，完成工业增加值1 734.58亿元。2008年全区中小工业完成工业增加值3 026.52亿元，占全部工业的76.54%；吸纳就业人数144.3万人，占全部工业从业人数的83.51%。其中规模以上中小工业企业3 563户，完成工业增加值2 521.74亿元。工业中小企业的发展，也有力地推动了人口、资金等要素的流动和集聚，促进了城市第三产业的发展和城市基础设施建设，加快了城市化进程，全区城镇率由2004年的45.8%上升到了2008年的51.7%；三产中小企业数量比重由2004年的73.1%上升到2008年的74.1%，达到8.67万户；全区各类个体工商户达58.26万户，其中第三产业占94.52%。由此可见，我区中小企业数量、吸纳就业人数及其经济贡献不断增加，三产中小企业数量增长加快。更为可喜的是中小企业发展趋向集聚，集约化、集群化、园区化发展加快。通辽市玉米深加工、赤峰市有色金属加工、包头市机械装备制造业、巴彦淖尔市和锡林郭勒盟农畜产品加工业、鄂尔多斯市羊绒加工业等产业已形成规模。截至2008年年底，全区按盟市地域划分的具有一定基础的中小企业产业集群36个，实现工业总产值3 381亿元。

但是也要看到，我区中小企业发展还处于初期阶段。工业中小企业90%以上分布在劳动密集型、传统资源初级加工行业，如煤炭开采和洗选业、有色金属冶炼及压延加工业、农副食品加工业等，进入通信装备、计算机及其他电子设备制造业等高科技领域的中小工业企业不足百户；产品也以初加工为主，精深加工产品、高附加值产品所占比重较低。三产中小企业主要分布在批发零售贸易业及住宿餐饮业等，网络信息、创意设计、总部经济、现代商务贸易等高端服务业发育不足，代表社会经济进步及人口素质提高的科

技、教育、文化卫生和信息服务等行业在服务业整体结构中所占比重较低。

另外，从中小企业自身来看，多数企业管理落后。据2008年统计，我区法人中小工业企业按登记注册类型分，私营企业和其他企业（多以“家族式”经营为主）9 297户，占整个法人中小工业企业总数的64%。半数以上中小工业企业没有建立现代企业管理制度，基本上处于家族经营、经验管理阶段。大多数企业的创新、品牌、知识产权意识不强，产品开发能力与市场开拓能力弱，可持续发展潜力差。三产中小企业也普遍存在管理粗放、落后的问题。

金融危机的袭来，无疑给我区中小企业带来了巨大挑战，虽然相对于沿海地区影响要小一些，但2008年年底，有色金属、钢铁、化工、木材、农畜产品加工等行业的中小工业企业由于原材料价格上涨、产品价格下滑、市场需求减少、融资困难等原因资金周转困难、亏损增加，部分企业出现停产、半停产情况。服务业同样受到牵连。

二、政企联手内外兼修，危机中求生存谋发展

面对困境，如何化危为机呢？一方面，政府要“救市”，采取应对措施，帮助中小企业渡过难关，改善中小企业发展环境。另一方面，中小企业要借机改进管理，要根据自身特点调整发展战略，转变增长方式，提高技术含量和产品附加值，练好内功，这也是决定因素。金融危机在带来冲击的同时，也为中小企业带来了调整机遇，中小企业要借劳动力资源、先进生产技术和管理经验回流之机，变被动为主动，强化管理，加快结构调整，增强发展后劲。

（一）中小企业自身练内功谋发展

1. 注重创新，增强核心竞争力

一是加快技术创新步伐。加强自主创新的基础设施建设，适时建立研发机构，加大研发投入，加速技术设备的改造。建立与高校、科研机构间的合作机制。培养和造就敢于创新并善于创新的人才队伍，加快开发新技术、新工艺、新材料、新装备和新产品，提高产品和服务的技术含量和附加值，逐步实现产业升级。二是以制度创新作为技术创新的不竭动力。把增强自主创新能力作为核心战略，纳入企业的长期发展战略之中。健全有利于自主创新的用人机制、激励机制和薪酬分配制度，完善人才的选聘和评价机制。三是把管理创新作为技术创新的保障。打破传统经营模式，积极参与企业间、产业链条间的分工与协作，构建权责清晰、运转有效的企业创新管理体系，明确企业内部各层次之间的创新职责和分工，提高管理效率。大力营造创新文化，培养创新精神，激发创新热情，使自主创新成为全体员工的自觉行为。

2. 调整结构，提升竞争优势

一是要调整产品结构，提高产品的附加值和技术含量。要及时掌握市场动向，抓住大企业产品竞争中的盲区、盲点，生产那些大企业顾及不到的、又是广大消费者所需要的产品和提供类似的劳务。要根据市场的需求，有针对性地调整产品结构，努力做到“人无我有、人有我优、人优我廉、人廉我转”。因地制宜，开发有特色的、盈利能力强的产品，淘汰那些没有销路、经济效益差的产品。二是要调整产业结构，完善企业的价值链和产业链。要调整投资结构，审慎决策，把有限的资金用到重点项目建设上，聚焦主业发展，保持适当的投资规模。要围绕主业延长产业链和价值链，使产业结构更趋完善合理。要围绕结构调整和产业升级加快技术改造，提高装备水平。三是要调整组织结构，建立科学合理的管理体系。根据企业规模与发展速度，适时调整组织结构，理顺管理流程，做到岗位职责清晰，程序科学合理。

3. 强化管理，有效防范和控制风险

一是加强质量管理，提高产品和服务水平。要牢固树立质量就是企业生命的意识，建立健全质量控制体系，在保证质量的同时，强调以服务为中心。二是加强成本管理，提升控制成本的能力。要充分利用我区的资源优势，并转化为产品优势和竞争优势。要通过体制创新、技术进步、优化结构、加强管理等途径提高效率，降低成本。三是加强财务管理。切实加强财务管理和现金流管理。要实行稳健的财务战略，保持必要的现金流量，合理确定资产负债结构。要建立财务危机的预警、监测和应对系统，有效防范和化解财务危机。四是优化管理流程。树立精益管理思想，通过标准化、规范化、精益化、流程化管理，降低浪费与消耗，提高产品和服务质量。五是控制风险。风险意识要贯穿决策、资金、人才、市场管理的始终。审慎决策，不要一哄而上，也不要盲目的追求做大企业、盲目追求量的提升。要充分考虑市场、人才和竞争者等可能出现的变化，防范风险。

4. 加强协作，提高搞风险能力

我区中小企业要向沿海地区学习，依托开发区及产业集群，积极自发组建商会、协会、联盟等，通过合理分工、集中采购、信息共享、技术分享、打包融资、共建市场等实现抱团取暖。龙头、骨干企业要放远眼光，通过在困境中支持合作伙伴达到共赢的目的。

（二）政府扶持优化外部发展环境

1. 完善政策法规体系，构建公平竞争良好环境

首先要让中小企业了解近年来国家及自治区为助推中小企业的发展而出台的各项政策，如税收、融资、信贷、担保、技术创新、市场开拓等方面给予中小企业的诸多优惠政策和扶持资金，同时，鼓励企业用足用好这些优惠政策和扶持资金。其次推动各级政府清理不利于中小企业发展的法律法规和规章制度，进一步降低工商准入门槛、简化项目审批备案手续、实施土地倾斜政策、实行优惠的税费政策，为中小企业发展营造公平的市场环境。三是对出台的法律和政策加大贯彻落实情况监督检查力度，确保好的政策能够落实到最基层、政策执行不打折扣，能让中小企

业真正享受到优惠政策带来的实惠，而不是摆设。四是继续探索和制定改善中小企业发展的政策，建立有利于各种中小企业公平竞争、健康发展的法律体系和政策体系，各部门要尽可能出台配套政策或细则，增加政策的可操作性。建议尽快出台《内蒙古自治区中小企业促进条例》，并研究制定《内蒙古自治区发展产业集群指导意见》，规划全区中小企业发展蓝图。

2. 完善融资体系，切实改善中小企业融资难问题

一是要尽快建立金融机构服务中小企业考评体系，鼓励金融机构增加对中小企业的信贷投放，制定差别化的信贷政策。二是要建立多元化的融资机构，加快小额贷款公司建设步伐，推进中小银行和村镇银行试点工作，扩大新型农村牧区金融机构试点范围。三是要加快中小企业直接融资步伐。鼓励中小企业以资本、技术、品牌、自主知识产权为纽带，推动中小企业上市。支持中小企业通过发行中小企业集合债券进行融资。四是要依托工业园区或产业集群，搭建融资平台。五是要增强中小企业信用担保体系实力。各级政府和开发区都要增加对中小企业信用担保机构的资本金注入。每个盟市和部分旗县、开发区至少建立1个注册资金1亿元以上的信用担保公司。六是支持中小企业依托行业协会、商会、企业共同体、农村经济合作组织按照“自愿组合、风险共担”的方式组成联保体，约定联保责任，明确分保额度，由金融机构对联保体实行综合授信。七是要努力打造中小企业诚信环境。加大对“成长性中小企业”的培育力度，全面推进信用制度建设。

3. 完善政府引导调控体系，加快中小企业发展步伐

一是新成立的自治区中小企业局，要尽快进入角色，承担起全区中小企业工作的综合协调和指导服务职能，积极协调社会各部门，创新工作思路，搭建各种合作、交流、培训、推介平台，为中小企业集约化健康发展排忧解难。二是要继续加大各级财政扶持力度。自治区财政每年安排中小企业技术进步贴息资金、开发区基础设施建设补贴资金、节能专项资金、农牧业产业化专项资金、中小企业信用担保风险资金等，要重点扶持中小企业发展，并争取专项资金逐年有所增加。三是加快中小企业集群化发展。充分发挥财政资金的政策导向与资金支持功能，全面推进“双百工程”，鼓励中小企业按照“三个围绕”的原则，与大企业协作配套，拉长产业链和产品链。四是积极承接产业转移。各盟市及开发区要确立中小企业发展重点和主攻方向，把开发区打造成中小企业的创业基地、承接产业转移的主要载体。引导中小投资者进开发区创办企业。五是支持中小企业自主创新。利用财政资金，支持和引导中小企业加大技术创新投入，提高技术创新能力。自治区自主知名品牌建设引导资金要向中小企业品牌创新倾斜。帮助大学师生到中小企业兼职，成立“内蒙古高校产学研联盟中心”或“内蒙古高校科技合作与转移中心”，促进企业、大学、科研机构合作并相互进行业务培训。

4. 完善服务支撑体系，强化服务保障功能

一是强化政府服务功能。各级部门要公开各项行政审批、核准、备案事项和办事指南，简化程序，实行“一条龙”服务和“一站式”办理；对不作为或刁难中小企业的行为，要严肃查处。二是加快服务体系建设。在发挥现有中小企业服务机构和服务平台作用的同时，大力发展中小企业综合服务机构和社会化专业服务机构和平台。各旗县要尽快建立完善中小企业服务中心，培育骨干服务机构，动员和整合社会资源为中小企业发展提供创业辅导、产业政策、经营管理、市场营销、技术支持、融资咨询、品牌培育、人才培训、法律维权等服务。尤其是要加强人才培训服务工作。三是完善中小企业统计监测体系。各地区要建立本地区重点中小企业台账，加强对中小企业及其项目的动态跟踪服务，尤其是对本地区重点行业内的中小企业及其项目要给予重点关注，及时协调解决发展中存在的问题。四是加强组织领导。要逐步建立完善全区中小企业工作体系，强化考核工作。各旗县政府要强化发展中小企业的责任主体意识，要在制定中小企业发展规划、运行监测、协调服务等方面发挥主导作用。

（内蒙古自治区经委中小企业与开发区处　张树德　胡瑞芬）

营造优良环境推动民营经济跨越式发展

——关于黑龙江省民营经济发展情况的调研报告

根据省政协重点工作安排，2009年4月以来，由省政协副主席孙东生、洪袁舒和联谊会会长迟建福牵头，在省工业和信息化委员会的积极配合下，省政协经济委员会、省工商联、省政协联谊会共同组成调研组，对我省民营经济发展情况展开了联合调研。调研组听取了省政府10个相关部门的情况介绍，分别与机械和食品加工业、能源化工和制药业、建筑和房地产业以及金融、服务外包、对外贸易等服务行业的40余家民营企业的负责人进行了座谈交流；分别深入到哈尔滨、齐齐哈尔、牡丹江、佳木斯、大庆、鸡西、七台河、黑河、绥芬河9个市县开展调查，听取了地方政府的情况介绍，与百余家民营企业的负责人进行了座谈交流，并深入到不同行业、不同规模的20余家民营企业进行实地考察；又赴广东、福建、安徽、重庆等省市学习取经。在充分了解情况、认真讨论研究、广泛征求意见的基础上，形成调研报告如下。

一、民营经济为我省经济社会发展做出了积极贡献

通过调研我们看到，在全省各级党委、政府的领导下，经过多年的改革探索和发展实践，我省民营经济规模不断扩大，经济实力不断增强，经营领域不断拓宽，科技含量不断提高，已经成为我省国民经济的重要组成部分和促进社会生产力发展的重要力量，为我省经济社会更好更快发展做出了积极贡献。

（一）为拉动经济增长做出了积极贡献

2008 年，全省民营经济实现增加值 3 226.4 亿元，占全省地区生产总值的 38.8%，比 2004 年翻一番，四年平均增长 18.8%，高于同期全省生产总值增速 7 个百分点；实现税收收入 371.9 亿元，占全省地方财政收入的 48.5%；完成固定资产投资额 1 297.3 亿元，占全社会固定资产投资总额的 35.4%。哈尔滨、鸡西、七台河等市民营经济对财政收入的贡献已经超过一半，黑河市已经达到 76%。面对国际金融危机的影响，我省不少民营企业在困境中抓住机遇、逆势而上，为全省经济回暖复苏发挥了重要作用。今年上半年，全省实现 GDP 3 231 亿元，其中民营经济占比达到 46.7%；实现固定资产投资 1 177.4 亿元，其中民营经济固定资产投资占比达到 43.8%。

（二）为扩大对外开放做出了积极贡献

随着经济全球化的发展，我省民营经济积极参与对俄、对韩经贸科技合作战略升级，越来越多的民营企业步入国际市场，通过开展进出口贸易，在海外建立研发中心或生产基地，构建销售网络，参与国际并购，在海外上市融资等模式，实现了发展壮大和资本增值。2008 年全省民营企业实现进出口额 172 亿美元，占全省进出口总额的 75.1%，成为我省对外开放的主力军。

（三）为推进自主创新做出了积极贡献

近年来，我省民营企业的研发投入不断增加，新产品、新技术层出不穷，提供了全省大约 60% 以上的新产品，成为技术创新的重要力量。在电子、通信设备、仪器仪表、生物医药、生物能源和材料技术等技术密集型领域，我省民营经济日趋活跃。2008 年全省地市民营科技企业发展到 8 763 户，投入研发经费 24.2 亿元，实现技工贸总收入 1 330 亿元，利税 161.6 亿元，为提高我省经济整体水平和国际竞争力发挥了重要作用。

（四）为振兴东北老工业基地做出了积极贡献

民营企业作为最具活力的市场主体，积极参与老工业基地振兴。一些企业专注发展专业化协作配套，与大型国有企业建立了稳定的协作关系，目前仅齐齐哈尔市围绕大型装备企业进行配套的中小企业已达 482 户；一些企业直接参与国有企业改革，实现了低成本扩张，在 2003 年至 2006 年国企改革的关键几年里，全省民营企业有 1 145 户（次）参与了国有和集体企业改革，注入资金 64.6 亿元，盘活国有资产 120.9 亿元，在东北老工业基地振兴中发挥了不可替代的作用。

（五）为构建和谐社会做出了积极贡献

民营经济创造了大量的就业机会，不仅解决了大批城镇居民和下岗失业职工的就业再就业问题，而且吸纳了大量农村富余劳动力，为扩大就业、保持社会稳定发挥了重要作用。到 2008 年年末，全省民营经济从业人员达到 582.1 万人，占全社会就业人员的 31.4%，全省新增就业岗位的 70% 以上来自民营经济。在参与社会公益活动和救助弱势群体方面，民营经济表现出更多的积极主动精神。截至目前，全省民营企业实施光彩事业项目 1 323 个，投资总额达到 65 亿元，安排就业 37 万人，捐建学校 70 所，向其他社会公益事业和慈善事业捐赠款物 6.4 亿元。四川汶川地震后，全省各级工商联及会员企业为灾区捐赠款物 1.5 亿元，在灾后重建工作中，民营企业在多次捐赠情况下又捐款 800 余万元，为社会和谐做出了巨大贡献。

虽然我省民营经济取得了长足发展，但依然存在总量小、规模小、效益不高、地区和产业发展不平衡的问题，从全国范围看优势并不明显、形势比较严峻。一是与沿海先进省份的差距继续拉大。2008 年广东、浙江、江苏省民营经济增加值均达到 1.5 万亿元，我省仅为其 1/5；我省营业收入超 10 亿元的民营企业仅有 15 家，辽宁省已达到 102 家，江苏省营业收入超 100 亿元的民营企业已达到 96 家。二是在东北老工业基地振兴区域中位次逐渐后移。近年来，辽宁和吉林民营经济都呈现出快速发展的态势。2008 年，辽宁省民营经济增加值达到 7 407 亿元，我省还不到其 1/2；吉林省民营经济增加值占 GDP 的比重达到 40% 以上，比 2006 年提高了 5 个百分点，我省这两年内仅提高 1.2 个百分点。三是面临西部地区赶超的巨大压力。在国家大开发背景下，西部地区民营经济取得了长足迅猛发展，重庆市民营经济增加值已达到 2 906.81 亿元，GDP 占比达到 57%；四川等省民营经济占比也超过 50%。我省要在新一轮竞争中争取主动地位、发挥后发优势，必须增强危机感和紧迫感，敢于突破，勇于创新，采取超常规措施推动民营经济迅猛发展。

二、当前制约我省民营经济发展的主要因素

通过调查，我们感到在当前市场经济条件下，除了民营企业自身的管理体制、经营机制、研发能力、企业家素质、人力资源等内部因素外，制约我省民营经济发展的外部因素主要有四个方面。

（一）发展资金严重缺乏

目前我国民营经济发达地区已经完成了原始积累过程，进入强势发展阶段。而我省民营经济还处于发展的初期阶段，民间资本量不足，发展资金缺口巨大。据不完全统计，目前我省民营经济发展所需资金总量在 600 亿元以上，但企业通过内源性融资自筹解决的资金不到 30%，全省 80% 以上的民

营企业反映流动资金严重不足，50%以上的企业新上项目后，由于缺少流动资金影响投产达产。虽然当前多种融资方式并存，但由于条件限制，民营经济可利用的融资渠道少得可怜。

其一，银行体系从规避风险、降低成本出发倾向于服务国有企业，大部分民营企业得不到良好的信贷支持。虽然银监会要求各银行业金融机构建立小企业服务专营机构并提出对小企业贷款的量化要求，但目前金融机构的审贷条件、审贷程序还没有做相应改革，新增贷款实际发放到中小企业的依然很少。有些县商业银行已被撤销，贷款额度权限上收，对中小企业融资造成很大困难。

其二，因严重缺乏与资本市场沟通的能力，不熟悉资本市场的规则和要求，加之融资门槛较高、自身条件不足，多数民营企业不能有效地从资本市场上直接融资。

其三，政府财政扶持力度小，与民营经济的税收贡献额度不成比例。目前我省设立的省级财政专项资金仅有6 000万元，4年来仅增长了1 000万元，而广东省、吉林省已分别达到1.8亿元和1.1亿元；我省地市级财政专项资金除了哈尔滨市达到2 000万元外，其他地市都很少，有的根本没有，而广东省市级财政专项资金总额达到16亿元。

其四，民间信贷市场没有放开，小额贷款公司、村镇银行刚刚起步，不能为民营企业提供有效的金融支持。

（二）政策环境尚不宽松

一是市场准入配套政策不完善。国家明确提出放宽非公有制经济的市场准入条件，但由于信贷、用地、税收、能源供应等相关配套政策不完善，我省民营企业在进入一些基础工业、基础设施和新兴服务业时总是遭遇各种限制和阻碍。

二是不合理政策依然存在。比如，中小企业发展基金投入企业部分、土地税返还企业部分还要征收企业所得税；多数省份已经取消的物价调节基金在我省依然征缴；在受金融危机影响背景下，我省电力充裕却依然实行峰谷分时电价政策，等等。

三是政策可操作性和落实情况差。从调查看，我省近年来出台的优惠政策也不少，主要问题是可操作性不强，有的政策只有原则性规定，缺乏细化和强制性规定。在政策落实过程中存在部门之间互相推诿扯皮，将优惠政策束之高阁的现象。据企业反映，简化审批手续和出境手续、依法取得土地使用权、清理整顿规范各类政策性收费等方面政策落实得最为不力。

（三）行政服务不尽如人意

一是服务意识差，办事效率低。许多明明按规定可以批准或办理的事，偏偏拖着不办。“一站式”服务大厅流于形式，具体问题还要各个部门跑。多头审批、多头管理、职能交叉的现象依然普遍存在。

二是税费管理不规范，乱收费、乱摊派、乱罚款现象尚未完全杜绝。据调查，全省90%以上的民营企业遭受过各种处罚。有些部门甚至定期下达罚款指标，并将所罚款项用于单位奖金福利。有些项目名义上由审批制改成了备案制，但需要报送的材料和缴纳的费用比审批制时还多。

三是法律法规不明确，不配套，对民营企业的合法权益保护不力。民营企业在合同执行、债务纠纷等方面经常遭遇有法不依、执法不严的问题。

（四）“硬环境”相对滞后

一是自然地理条件缺乏优势。我省地处全国最北端，气候寒冷，交通运距长，企业建设成本和运输成本都很高。

二是公共基础设施落后。现有园区和创业基地容纳能力不足，普遍存在公共配套设施落后和公共服务支持体系不完备状况。公路状况差、铁路运量低、增量土地获取困难、生活配套设施不健全等问题，增加了企业的生产成本和劳动力生活成本。

三是区域市场环境不佳。产业集中度较低，缺乏人才流动、技术交流、产权交易等平台，地方特别是县域的劳动力要素和资本要素供应满足不了企业发展的要求。

三、营造我省民营经济发展的优良环境

从现实条件看，我省发展民营经济的潜力是很大的，一是企业用地资源丰富，劳动力成本低，降低了企业运营成本；二是农、煤、油、林等资源丰富，为企业精深加工，延长产业链条提供了发展空间；三是大、中型企业多，有利于企业协作配套和集群式发展。我省应充分利用现有优势，以十七大精神为指导，以科学发展观为统领，以加快发展、增加总量、扩大规模、提高素质为目标，按照“政治平等、政策公平、法律保障、放手发展”的原则，进一步解放思想，放宽政策、优化环境、加强服务，坚持改善外部环境与提升企业素质齐抓，增加总量与提高质量并重，政府推动与市场调节共举，全面实施扶优促强工程和全民创业工程，大力开展科技创新、制度创新和管理创新，积极引导民营企业向科技型、外向型、环保型方向发展，加速推进民营经济的规模化、产业化和集群化，切实推动民营经济成为我省建设“八大经济区”和实施“十大工程”的中坚力量，在全省迅速形成民营经济大发展的新局面。对各级党委政府来讲，当务之急，要将不利因素转化为有利因素，消除瓶颈制约，努力营造鼓励民营经济发展的社会氛围和平等竞争的优良发展环境。

（一）以解放思想为前提，为民营经济发展营造开放宽松、生气蓬勃的思想舆论环境

在调研中我们听到反映最多的是民营经济发展的环境不宽松。对于这一问题，社会各界的反映一直不绝于耳，多年来省委、省政府也一直致力于解决这一问题，但从整体上看还没有达到预期的效果。究其原因，我们感到主要有以下四个方面：一是受地域文化和计划经济思维惯性的束缚。应该说我省各级党政领导干部对发展民营经济重要性的认识是比较深刻的，也投入了很大精力抓这项工作，但由于几十年来计划经济思维惯性的束缚和东北地

区特有地域文化的影响，有的领导依然不能摒弃对国企偏爱的情结，这种情结反映到经济工作中就是“重国有轻民营”、“先国有后民营”，使民企在与国企竞争中始终处于弱势和不平等地位；有的领导在工作中依然不自觉地用计划经济的管理模式来套民营经济，总是不放心，总是要管，有的甚至大包大揽，不敢放手让民营企业在市场经济的大潮中搏击，造成了企业对政府的依赖症，成了扶不起来的“阿斗”。二是“政绩观”使然。目前许多地方领导干部升迁的政绩考核主要看GDP指标，大项目对拉动GDP、提高地方财政收入能够起到立竿见影的效果，这样就使得一些领导干部把主要精力投入到抓大项目上，对众多还处于中小规模的民营企业缺乏足够的重视。三是部门利益作祟。政策的调整实质是不同部门之间利益的调整，“潜规则”被触动时，各部门就会利用各种方法维护本部门的利益。如，作为民营经济不发达省份，我省在制定贯彻国发［2005］3号文件（简称非公经济36条）实施意见（省委［2005］20号文件）时，文件起草部门在征求相关部门意见时，经过各相关部门的讨价还价仅仅出台了26条，其中有些政策至今还不能完全贯彻实施。四是执法不力。一些政府部门有法不依，执法不严，有令不行，有禁不止，推诿扯皮，效率低下，给民营经济发展造成了重重障碍。

据全国工商联统计分析，民营经济工业增加值比重每提高一个百分点，该地区人均GDP提高约202元；城镇就业中民营经济就业比重每提高一个百分点，该地区人均GDP提高约518元。各地区的实践经验以及经济学已有的研究成果也都表明，在任何时期、任何地区、任何行业民营经济都比国有经济有效率，更有竞争能力。各级政府应进一步解放思想，深化改革，提高认识，加强对民营经济的领导，加大扶持力度，突破计划经济思想的束缚，放胆、放手发展民营经济，使民营经济在市场经济大潮中发展壮大。抓住国家加大投资、扩大内需的机遇，切实贯彻落实胡锦涛总书记视察我省时的重要讲话精神以及省政府关于激活社会资金促进民间投资的措施办法，扩大民间投资准入范围，引导民营经济加快结构调整、转型升级，为民营经济大发展、上台阶指明发展方向。树立正确的政绩观，排除对民营经济的歧视和限制，在抓好大项目的同时注重中小企业的发展，为民营经济大发展做好储备。对领导干部的政绩考核逐步向经济社会发展综合考核转变，进一步明确并适当提高民营经济发展目标，将目标责任分解到地方政府和各个部门，把目标完成情况纳入政府考核体系，使各级领导干部真正把发展民营经济摆到重要位置。进一步深化现有管理体制和机制改革，打破政府各个部门的本位利益，使各个部门之间形成发展民营经济的合力。大力弘扬创业文化，在全省范围内积极开展创业城市建设、创业县建设以及创业人队伍建设，通过出台支持政策、建立创业示范基地、开展创业辅导和竞赛活动、宣传创业典型等，营造全民创业氛围，为民营经济发展提供充足的土壤。建议每年召开一次民营经济发展大会，出台相关政策，部署发展重点任务，并根据民营经济评分考核办法对先进地区、企业和优秀民营企业家给予表彰奖励，总结推广各地好的经验做法，切实提高地方发展民营经济的积极性。

（二）以促进发展为宗旨，为民营经济发展营造公平灵活、完善配套的政策环境

各级政府应坚持先放开后引导、先搞活后规范、先发展后提高的原则，深入研究，大胆探索，为加快民营经济发展创造良好的政策环境。

一是用好、用足、用活国家现有扶持政策。对中央政策允许的，要尽可能利用，及时研究、制定、发布实施细则和操作指引，使民营企业能够充分享受国家政策和资金扶持；对于中央没有说不允许的，只要是有利于我省民营经济发展，也要大胆放手去做，为民营经济全方位发展提供有力支持。当前特别要利用好国务院应对金融危机出台的各项举措以及扶持中小企业发展的六大措施，认真制定出台并落实缓解企业融资难、加大财税扶持、支持企业技术改造、改善对企业服务等方面的政策措施。

二是梳理、充实、完善我省各项政策措施。尽快对现有政策进行一次全面梳理检查，及时清理整顿带有歧视性和不合理的规定，并进行有针对性的调整、补充、完善，提高政策的可操作性。由于我省民营经济与南方不在同一起跑线上，所以制定新政策时不能亦步亦趋地照搬南方省份的政策，要有大智慧，敢于突破，勇于创新，根据我省实际制定出比南方更加有支持力度的政策。比如，在放宽市场准入方面，制定民营经济平等进入垄断性领域和行业的具体操作细则，对资质条件做出科学合理的界定；除污染扰民行业外，允许企业、个体工商户取得相应场地使用证明后将独立住宅改变为经营性用房；将民营企业列入政府采购名单，明确提出在政府采购中民营企业所占的比例。

三是根据形势的发展，在特定时期或特定情况下制定灵活的阶段性政策。当前福建、安徽等许多省市都出台了扶持民营企业、帮助中小企业解决资金链紧张问题的指导意见，我省绥芬河市也突破常规，三个月内对企业不检查、不收税、重点帮扶，取得较好成效。我省应认真研究、借鉴各地好的政策措施，根据我省经济发展的情况有针对性地制定灵活的阶段性政策，帮助民营企业渡过难关，如在金融危机影响较大的时期内减免缓企业土地使用税、房产税、养老金缴纳等地方税费。

四是增加政策的透明度，着力抓好政策落实。将最新的政策汇编发放到民营企业并上传到政务网站，让所有民营企业充分了解并利用政策。将各项政策执行落实到具体部门，并建立和完善督察机制，定期检查政策落实情况，严肃处理影响政策落实的违纪违法行为，追究当事人和部门领导阻碍政令畅通的责任。同时在全省范围内对政策落实不力的原因进行研究，查找根源，认真解决。

（三）以转变职能为准则，为民营经济发展营造优质高效、规范有序的服务环境

各级政府应切实转变职能，加快推进经济管理指导思想由重视GDP向重视公共服务转变，推进领导经济工作方式由直接参与经济活动向间接调控经济运行转变，真正做到对民营企业少干预、多服务，少限制、多支持。

一是减少行政行为，提高行政效率。进一步深化行政审批制度改革，取消一切能够由市场调节或社会中介组织履行的事项的行政审批项目，将政府的部分审批职能转移、委托给行业协会、市场中介组织，并改变中介组织挂靠政府部门、收费过高的现象；推进行政审批的规范化、程序化、公开化，推行网上审批、并联审批、"一次一点式"审批；科学界定企业登记管辖的范围，探索企业法人登记与营业登记相分离的制度。

二是转变管理方式，加强扶持引导。运用行业理念和办法来加强对民营经济发展的引导和管理，通过行业协会来传达国家的方针政策和规范督察本行业企业的发展行为。目前我省许多协会仍挂靠在政府部门行使"二政府"职责，合署办公、行政机关领导兼任协会负责人的情况广泛存在，不能真正代表企业利益。应认真贯彻国务院办公厅关于加快推进行业协会商会改革和发展的若干意见（国办发［2007］36号），尽快制定出台我省《行业协会管理条例》，对现有协会进行整顿合并，明确协会的职能界定，健全完善管理体制和工作机制，引导协会走市场化、民间化发展之路，使协会从职能、机构、工作人员、财务等方面与政府部门、企事业单位彻底分开。切实发挥工商联职能作用，为拉动内需、调整产业结构搭建良好的政策、信息交流平台。

三是强化服务意识，完善服务功能。树立管理就是服务的意识，从命令行政、强制行政向服务行政转变，积极主动为民营企业排忧解难，真正做到"脸好看"、"门好进"、"事好办"。进一步完善政府公共服务体系，在地市机构改革时保留为民营企业服务的机构，加强对民营企业的指导服务；在县市整合机构建立民营企业服务中心，专门为中小企业提供规划、搭台、咨询、辅导、培训等服务。加快建立健全民营企业社会服务体系，坚决切断政府职能部门与社会中介机构间各种形式的权力依附和利益关联，积极探索中介服务机构市场化发展方式，通过完善行业规则、规范服务行为、建立自律机制，促进中介服务机构良性发展。

四是规范市场秩序，促进公平竞争。尽早制定出台《黑龙江省促进中小企业发展条例》、《黑龙江省民营企业权益保护条例》，明确民营经济的地位，各级政府、协会等组织的职责，民营企业及从业人员的权利义务等，通过立法保护民营企业的合法权益。改变"重审批轻监管"、"只审批不监管"的状况，加强审批事项的事后监督检查，督促民营企业依法经营。当前应对民营企业的收费项目进行一次全面清理，尽可能创造条件取消一些收费项目，不能取消的也要公示、公开，尽可能缩小收费弹性，减轻企业负担。加强执法检查力度，今后每年对各项收费进行一次监督检查，严厉制止"三乱"现象发生，对行政乱作为的执法人员严肃处理，对情节严重者追究法律责任并进行媒体曝光。尽快在工商联设立民营企业投诉中心和投诉电话，与纪委纠风办联合开展工作，建立投诉仲裁机制，随时受理企业举报的问题。

（四）以创新突破为目标，为民营经济发展营造支持有力、和谐诚信的融资环境

各级政府应以创新的理念、创新的方式，采取有效措施帮助民营企业解决资金链紧张、融资困难的问题。

一是增加政府财政资金支持民营经济发展的额度。将分散在财政厅、工信委、商务厅、科技厅等部门的资金和基金捆绑起来，设立统一的黑龙江省中小企业发展基金，鼓励社会各界和民营企业家捐赠，为促进中小企业发展提供长期的、稳定的资金来源。建立中小企业发展基金的增长机制，突出资金的支持重点并提高资金的使用效率，将财政资金更多用于建设公共服务平台、支持企业技术研发或投入到担保和融资风险补偿等方面。组建政府产业引导基金，根据产业发展战略有针对性地投向自主创新的中小企业，并通过上市退出机制实现产业基金的可循环和增值。引导地方财政在一定期间内，拿出民营经济新增税收地方留成的30%作为民营企业发展基金。

二是引导鼓励支持面向民营企业的金融创新。省工商局应尽快出台《股权出质登记暂行办法》，帮助民营企业拓宽质押担保方式。市级知识产权局应积极申请国家知识产权质押融资试点，通过完善登记管理、建立交易市场、出台补贴政策等引导民营企业采取转让、许可、质押等方式实现知识产权商品化。鼓励金融机构加快探索动产抵押、订单抵押、品牌抵押、土地使用权抵押、农村住房抵押等抵押方式，对创新的金融产品减少收费、评审等方面不必要的环节。

三是加快信用体系建设。建议成立黑龙江省信用中心，建立统一完整的企业信用、企业法人信用、企业高管信用信息库，及时收集、汇总金融、社保、海关、公检法等系统的信用信息，随时向社会公布不涉及商业秘密的企业和个人信用情况。加快制定行业标准和规则，规范发展各类信用中介机构，健全完善企业信用评价制度和评价机制，由信用评估机构全面实施企业的信用评价。

四是扶持发展各类金融担保机构。完善信用担保的行业准入、风险控制和补偿机制，推动政策性、商业性、互助性或会员制担保机构共同发展。采取注资、委托等形式，增加财政对民营担保公司的投入。推动省财政担保机构将重点工作放在为各地市担保公司实行再担保上，进一步放大财政杠杆，扩大民营企业获得担保贷款的规模。按照市场化运作模式，采取省里投入一部分、地方配套一部分、民间资金吸纳一部分的办法，促进有条件的县（市）建立中小企业担保机构，争取尽快在所有县（市）都建立至少1家中小企业担保机构。

五是充分发挥地方金融机构的作用。通过减免对民营企业贷款的营业税等政策措施，引导鼓励地方金融机构加大对民营经济的金融支持。建议省里成立龙江银行后，给予各地市分行一定的贷款审批权限，并把现有地方商业银行的牌照留给地方，吸引民营资本入股，做大地方商业银行，以利于地方政府充分利用金融调控工具为民营企业服务。

六是鼓励民营资本进入金融领域。大力发展村镇银行、小额贷款公司、典当行，培育催生一批大小财团、投资公司等民间投资联盟和产业投资基金。目前内蒙古、安徽、重庆已分别批准筹建小额贷款公司157家、58家和52家。我省应遵循只要符合条件就放手发展的原则，加快小额贷款公司发展速度，并制定减免印花税等税收优惠政策，积极预防其在未来发展中可能存在的后续资金不足问题。

七是拓宽融资渠道。引导扶持民营企业上市直接融资，全面开展企业上市融资的辅导、培训工作，加大对准备上市企业的资金支持力度，专题协调解决企业上市过程中遇到的困难和问题，协助企业办理有关报批手续。尽快出台相关政策，积极推广发行中小企业商业承兑汇票、“中小企业集合债”和实行供应链融资。大力培育产权交易市场、技术转让市场、创业投资基金等中介机构，建立以场外交易市场为主要形式的多层次资本市场。

八是建立政府与金融部门之间的沟通机制、协调机制和奖励机制。学习安徽省建立“金融超市”的经验，由政府牵头每月组织一次“金融服务日”活动，将我省目前不定期的金融对接活动变为定期的融资服务活动。建立对中小民营企业贷款营销的激励机制，借鉴浙江省做法，由省、市、县政府共同出资对金融机构每年新增中小企业贷款按比例奖励，鼓励金融机构积极为中小企业服务。

（五）以载体建设为基础，为民营经济发展营造共存共荣、竞争合作的集群环境

各级政府应依托创业园、科技园、创业服务中心、企业孵化器和商贸街（区）、各类专业市场等不同类型的创新创业载体，吸纳更多的民营企业进驻发展，通过企业集群的网络，实现企业间的分工协作、共同发展。

一是促进产业集聚，加快培育具有国际竞争力的产业集群。充分发挥政府的扶持、协调、服务功能，对产业集群进行深入研究、科学规划、重点扶持，以特色产业为依托，以区域集聚为特征，提高企业的集约化程度，促进民营企业向规模型、科技型、外向型方向发展。加快哈大齐工业走廊建设，注重大型民营企业的引进和扶持，对走廊内的民营企业项目提供降低土地使用税征收标准等优惠。每年投入一部分资金用于吸引中小企业落户我省为大型企业配套，逐年倍增形成集群效应。吸收民营企业参加全省各项招商引资活动，促进民营企业加强与大企业、大财团的联系，采取联合、兼并、重组、集聚等形式，吸纳外来资金、技术和管理经验，实现借势发展。

二是完善各类创业载体的基础设施、商务环境和配套服务，不断提升现有载体功能。确保区域内水、电、路、气、通信以及宿舍、食堂等基础设施配套完备，对入园企业在注册登记、项目申报、出口退税、税费减免等方面给予政策扶持和高效服务。加快构筑园内国际性、开放式的公共服务平台，在加强民营企业的技术交流、贸易往来、人才培训、融资担保、信息服务以及改善民营企业发展的法律环境等方面提供支持与服务，为民营企业搭建一个相互交流、沟通信息、相互促进、共同发展的平台。

（六）以外引内培为手段，为民营经济发展营造以人为本、充满活力的人才环境

各级政府应把人才建设摆在更加突出的位置，努力构建以企业家为核心、以企业管理团队和科技研发团队为支撑、以技术工人为中坚的民营企业人才供应链。

一是加快人才立法，进一步规范民营企业人才引进、使用、保障机制，确保民营企业人才在政治待遇、政府奖励、资源共享、社会保障、权益保护等方面与其他类型人才享有同等的待遇。做好为民营企业引进人才的牵线搭桥工作，制定优惠政策帮助民营企业吸引和留住人才，如对大学生到民企工作给予一定比例的学费返还，高级研发人员到民企工作或到我省创办企业给予资金奖励等。

二是把民营企业管理者培养列入全省人才建设总体规划，统筹安排，加强指导。建立各级政府分工负责的民营企业家培训机制，通过开展专业培训、讲座论坛、组织考察等各种形式的活动，努力培养和造就一支创新意识强、综合素质高的民营企业家队伍。加快推进职业经理人制度在我省的发展和规范，建立经理人才数据库，制定业绩评价体系，完善引进、备案、推荐等工作程序，为民营企业从家族制管理向现代企业管理转变创造条件。

三是进一步推进人才柔性流动，树立“不求所有，但求所用”理念，建立不同类型和层次的科技人才库，采取聘用、暂聘、借用、试用、招标等各种形式多渠道利用人才。对省外人才到我省工作和本省各类人才的相互兼职，要一路绿灯，不受户籍、身份、人事关系及其档案限制，来去自由。四是进一步优化教育结构，紧紧围绕建设先进制造业基地的要求和我省产业特点，大力发展普通高等教育和中高等职业教育，加大实用技术培训内容，加快技能人才的培养和储备，为民营经济提供多层次、多方位的技术人才保障。引导企业主动加强与院校的合作，有针对性地定向培养企业急需的人才。积极鼓励企业创建员工培训中心、开办职业技校、建立大学生实践基地，开展各种形式的自主人才培训。

（黑龙江省政协民营经济调研组）

紧密围绕建设哈大齐工业走廊战略部署 积极引导扶持非公有制经济发展配套产业

一、哈尔滨市中小企业为大企业配套产业的基本情况

哈尔滨市中小企业为大企业配套加工起步比较

早，20 世纪 90 年代初，一批中小型企业抓住军工大企业军转民发展战略实施的机遇，开始步入部分配套环节，虽然企业数量少、规模小、产品技术含量低，但已初步形成了配套产业发展的雏形。随着推进力度的不断加大，我市配套企业经历了二十多年的风风雨雨，目前已逐渐走向成熟壮大，已从过去只围绕我市“三大动力”、“五大军工”、哈轴、哈量、哈重等市内企业配套，走向为市外、省外、国外部分知名企业实施配套合作；从初粗低端产品的配套加工，发展到利用先进的技术和设备，拥有自主知识产权、专利技术与大企业配套合作。截至 2008 年年末，全市非公有制经济配套企业已达到 200 多户，职工 13 000 人，实现销售收入 60 亿元，利润总额 1.5 亿元，上缴税金 2.4 亿元。

从哈市中小企业的分布看，主要集中在平房区和香坊区，这两个区配套企业占全市配套企业的 88.8%，它们依托驻区的中直、省直、市直等大企业的龙头作用和辐射功能，带动与之配套生产的中小企业逐步发展壮大起来。如香坊区围绕“三大动力”着力推进配套企业提档升级、上规模。目前，配套规模企业已发展到 21 户，职工 3 817 人，销售收入 91 375 万元，利润总额 5 305 万元，上缴税金 4 965 万元。平房区通过不断拓展区厂合作领域、大力优化经济发展环境、强化为企业服务等措施，推进为大企业全方位配套。目前，中小型配套企业已成为哈飞汽车、东安发动机等主机厂配套体系的重要组成部分；全区为汽车、发动机、铝镁材料等大型生产企业进行配套的各类中小企业已达 150 多户，年实现销售收入 25 亿元以上。

从哈市配套中小企业发展规模上看，呈现发展快、比重大、在产业链中承上启下能力强等特点。目前，全市配套企业中规模以上企业达到 65 户，占全市配套企业的 38.2%；销售收入 27.8 亿元，利润总额 1.1 亿元，上缴税金 1 亿元。已拥有一批集产品开发、生产制造、市场销售为一体的民营骨干企业。如透平集团 2008 年实现产值 7 164 万元，利润总额 108 万元，上缴税金 269 万元。哈汽叶片公司固定资产总值达 2.6 亿元，生产的重型燃气轮机、船机、风机机组等产品主机叶片、辅机、冷凝机、冷油机、瓦轴等各种配套件和备品配件已成为哈电集团的主要配套产品，2008 年实现销售收入 9 215 万元，利润总额 368 万元，上缴税金 631 万元。

二、主要做法

（一）搭建合作平台，融合配套氛围

为使配套产品信息通畅，配套企业上下衔接，政府主要做好引路、领路、搭建合作平台工作，一是通过专题会议，搭建信息平台。我们以哈尔滨市发展非公有制经济领导小组办公室的名义，协调各相关部门在哈尔滨电站集团召开了配套信息发布会，会议邀请了在哈的“三大动力”、“五大军工”等部署大型企业配套产品需求信息，收到了一定效果。平房区每年两次召开配套产品信息会，发布信息，交流经验，并对配套企业给予奖励，营造了良好的配套氛围。二是通过领导带队，搭建直接对话平台。2008 年，我局领导带领哈尔滨上洋包装材料有限公司经理到哈尔滨制药六厂面对面磋商配套事宜，目前此项工作已取得了实质性进展。香坊区主管区长带领中小企业厂长经理到“三大动力”与企业老总见面，直接商谈配套事宜，促成区内一批企业与大企业配套合作。三是利用各种展会，搭建与外埠企业合作平台。2008 年，我局抓住上海宝钢集团来哈召开“全国配套企业网年会”的时机，积极组织企业与宝钢集团接洽，使得我市部分产品进入宝钢集团配套名单。

（二）完善优惠政策，扶持配套企业

近几年来，哈尔滨在积极引导鼓励全市非公有制企业发展配套产业的同时，不断修改完善优惠政策，2008 年 10 月 31 日，市长张效廉指出召开了市政府第 37 次常务会，认真听取了我局起草的《关于进一步促进非公有制经济又好又快发展的若干意见》的汇报，现该《若干意见》于 2008 年 12 月以哈政发［2008］24 号文件正式下发，张效廉市长指出：“有关部门在扶持个体私营等非公有制经济发展时，要高度重视，普遍扶持，突出重点，发挥龙头带头作用，搭建起创业服务、政策服务、项目服务、中介服务等的有机平台，争取在三年内扶持‘五个 100’：100 家自主知识产权企业、100 家科技型加工企业、100 家优势主导产业配套企业、100 家中介服务型企业、100 家出口型小巨人企业，使哈尔滨的个体私营等非公有制经济取得长足的发展进步。”按照市委市政府的部署，几年来，我局对配套企业已投入上百万元的扶持资金，起到了画龙点睛、以点带面的积极效果。哈尔滨新飞油箱厂自主研发的新 3 型系列汽车油箱，处于国内领先地位，受到哈飞集团的认同，形成了合作配套关系，为进一步提高产品质量和生产能力，该厂投入上千万元扩建生产线，我局连续两年无偿贴息 45 万元给予扶持，使该厂生产能力达到年产 10 万台，实现销售收入 1 300 万元，新增利润 80 万元。

（三）发挥园区载体功能，促进配套产业集群化

为使配套产业发挥集聚效应，我市全面整合资源，加快推进园区建设，使工业园区的载体和辐射功能得到充分发挥，扩大对外影响，加大招商工作力度，逐步形成并延长了配套企业的产业链条。目前，平房区已建成初具规模的汽车零部件园，入园企业 95 户，年实现销售收入 20 亿元。香坊区的机电园区和西柞工业园区已吸纳以哈风力发电设备公司、哈汽叶片公司为代表的近 20 户规模企业入园，发电设备配套产业格局已初具规模，形成了集群化发展。

（四）提升创新能力，增强配套实力

经过多年为大企业配套生产的实践，让我们认识到要想做好与大企业配套合作关系，取得更多的订单，必须立足于自主创新，立足于专、精、特。因此，我们一直引导企业在自主研发、自主创新上做文章，在提高企业管理、产品质量上下工夫。目

前，全市已有透平集团、博深科技、鑫润精铸、九州电器等40余户配套企业被认定为高新技术企业，已有鑫润精铸公司的汽轮机低压隔板导叶片，透平集团的超临界汽轮机辅机热交换器等项目列入国家级火炬计划，哈尔滨哈飞模具制造有限公司研制的汽车覆盖件模具等30余项产品被认定为省、市级高新技术产品。

（哈尔滨市中小企业局）

大金融如何对接中小企业

——湖北省中小企业融资难情况调查

近年来，湖北省中小企业有了长足的发展，已成为推动湖北经济社会发展的重要力量，在繁荣经济、增加就业、推动创新、催生产业等方面发挥着越来越重要的作用：全省99%以上的企业是中小企业，80%以上的新增就业岗位由中小企业提供，2/3以上发明专利和新产品开发由中小企业完成；全省50%以上的生产总值由中小企业创造。2009年，面对国际金融危机的不利影响，中小企业仍保持了平稳较快增长，全省规模以上工业企业数达到13 739家，比上年净增2 741家，全省中小企业完成增加值6 510亿元，同比增长15.0%，规模以上中小企业实现销售收入8 730.7亿元，同比增长30.4%，实现利润418.5亿元，同比增长45.2%，上缴税金287.6亿元，同比增长22.9%，中小企业在全省应对危机保增长中挑大梁，为湖北经济社会发展做出了重要贡献。但目前中小企业融资难的问题尚未得到根本解决，成为制约中小企业发展的最大瓶颈。

为全面了解我省中小企业融资现状及存在问题，省经济和信息化委员会与武汉科技大学中小企业研究中心组成联合调查组，采用问卷调查和现场访谈相结合的方式对全省中小企业融资现状进行调研，本次调研发放调查问卷140份，收回有效问卷136份，具有广泛的地域和行业代表性。在分析调查问卷的基础上，针对问卷没有反映或反映不够深入的问题，调查组分别实地走访了武汉，荆门、黄石、十堰四个城市及8个县市区（沙洋县、屈家岭、天门市、大冶市、郧西县、竹山县、竹溪县、房县）的60多家中小企业及10多家担保机构，并与企业的高管进行座谈，就中小企业融资难问题进行广泛的探讨与研究。

一、湖北省中小企业融资难的现状

中小企业融资主要涉及三个方面：资金需求方的中小企业，资金供给方的金融机构，为资金供求双方提供服务的新型中介组织。因此，我们在分析中小企业融资现状时，主要根据问卷调查和实地调查的信息，从中小企业的融资需求特征、金融机构的资金供给特点以及为中小企业融资提供服务的新兴融资担保体系入手，力求多角度反映我省中小企业融资的基本状况，并从中发现导致中小企业融资难的体制性、结构性、内在性、环境性等方面的障碍因素。

（一）短期流动资金缺口较大

据调查统计，65%的企业存在着流动短缺的问题，对企业正常的生产经营影响较大；总体上看，湖北中小企业业主资本占其资金来源的比例平均为65%，最高91%，最低19%。与现行国际上的平均比率相比，多数企业债务比率偏低。对于大多数中小企业来说，企业自有资金十分有限，仅靠自身积累、内源融资，很难在较短时期内实现快速发展、做大做强。我省一些发展较好中小企业，主要是靠投资人经营积累实现滚动发展的，经过长期积累才逐渐形成一定规模。这也从一个侧面说明，我省中小企业为什么成长慢、长大难。

（二）长期发展资金严重不足

由于各级政府的努力，中小企业融资难有所缓解。但是绝大多数中小企业获得的贷款基本是一年以内的短期贷款，金融机构基本不提供或很少提供中长期贷款。在实际贷款中，76%中小企业必须提前3个月筹措还款资金，一年期贷款实际只能使用9个月，增加了中小企业的融资成本，降低了贷款的使用效率。企业获得固定资产投资贷款和专项投资贷款十分困难，在调查的所有样本中，没有一家企业能够获得一年以上的中长期贷款，即使是发展潜力大、盈利水平高的地方骨干企业，也只能用流动资金贷款来满足企业长期资金需要。对于大量高科技创业型企业来说，最为缺乏的是“固定资产”、“专项资金”等中长期贷款和股权投资，但这类资本很难从正规金融体系中获得。长期资金的严重缺乏，是现阶段制约湖北企业做大做强和持续发展主要因素。

（三）金融产品少、融资渠道窄

目前，商业银行贷款仍然是我省中小企业外源资金的主要供给者。问卷统计显示，当企业遇到资金困难时，86%的企业选择“向银行、信用社等金融机构贷款”，显示银行信贷方式普遍受到中小企业的偏好，成为外源融资的首选。在“最近一次银行信贷采取的方式”的调查选项中，抵押贷款比重最高，达73%；信用贷款、担保贷款分别占15%和11%，其他信贷品种运用就更少。这些数据说明，银行在对中小企业贷款中仍受制于传统信贷观念的束缚，信贷品种较少、方式较陈旧，金融产品创新明显不足，无法满足企业多样性和个性化需求。单一、狭窄的融资渠道严重制约了我省中小企业的融资能力。

（四）贷款门槛高、抵押物单一

金融机构对中小企业的融资贷款门槛高、条件过于苛刻，绝大多数中小企业根本无法或很难达到金融机构信用贷款的评级要求。被调查企业在回答中小企业贷款难的主要原因时，61%的企业选择“企业信用等级不够”；被调查企业在回答贷款过程中遇到的主要问题时，55%的企业选择“抵押不足”和“找不到担保人”。在中小企业融资过程中，还存在抵押物折价过低且贷款数量少的问题。在实地调研中，不少中小企业反映，办理抵押贷款，金融机构接受的抵押物主要是个人住房和土地证，而厂房、设备、原材料等中小企业拥有优势的资产则很少被金融机构特别是被国有商业银行接受，即使被接受，折价也相当低，贷款额与抵押物的价值之比低于50%，而以设备作抵押物获得的贷款金额只有设备原价值的10%，一些金融机构根本就不接受中小企业的设备抵押。实地调研和问卷调查显示，企业贷款被拒率达60%以上，一年内被银行拒绝5次以上企业超过10%；因抵押物主要局限在土地、房产、机器设备等，50%以上的企业因为抵押品或担保不足而被银行拒贷，这一比例在各项被拒绝贷款原因中占比最高。

（五）贷款手续复杂、审批时间长

商业银行特别是国有商业银行对基层的授权有限，省级分行对基层银行贷款的控制严格，批准手续烦琐，企业申请贷款的成功率低。被调查企业在回答“贷款中遇到的主要问题”时，63%的企业选择“手续烦琐”。另外，企业普遍反映银行信贷审批时间也较长，获得贷款的企业中，在1个月以内审批的占10%，1～3个月审批的占40%，审批时间在3个月以上的比例高达50%以上。商业银行放贷的审批过程和审批时限对资金要求急、周转快的中小企业极为不便，对农副产品加工企业而言更是如此，农产品收购季节短期内需要大量现金及时采购原材料，如果错过时间，获得贷款不但解决不了问题，还对企业生产经营造成严重影响。

（六）担保机构数量少、发展不平衡

截至2008年年底，全省已建立面向中小企业信用担保机构118家（不包括担保兼营机构），约占全国总数的3%，注册资本53亿元，平均注册资本4 461万元，为全国平均值的81%，累计为1.5万多家企业提供担保4.2万多笔，担保总额365亿元。同期，2008年浙江省中小企业信用担保机构已达310家，注册资本110亿元，累计为10万家中小企业提供担保，担保笔数超过18万笔，担保总额累计超过1 455亿元，各项指标均远远超过湖北。由此我们可以得出结论：湖北省中小企业信用担保机构在数量和规模上不仅小于经济比较发达的浙江省，而且还低于全国平均水平。同时，金融部门对担保机构的认同度低，合作意愿不强，担保贷款风险完全由担保机构承担。担保机构的担保放大倍数比较小，按照国家规定，国内担保机构的担保放大倍数一般不超过10倍，国外担保机构的放大倍数远远高于国内，韩国信用担保基金的放大倍数是20倍，而美国和日本则要分别是50倍和60倍。湖北除少数担保公司可以放大到8～10倍以外，大部分放大倍数都在3倍左右，甚至更低。担保业务风险高、收益低，严重影响了担保机构为中小企业担保的积极性，也制约担保机构为中小企业融资服务能力。

（七）借贷成本高、企业负担重

根据调查分析，武汉市中小企业融资成本为9%～12%。中小企业贷款利率一般都要比基准利率上浮10%～30%；担保抵押的不足，也使中小企业贷款再高2～3个百分点；此外，还有顾问费等活动经费。据对黄石、荆门、天门、十堰等市实地调研，中小企业的融资成本比一般大中型企业的融资成本高出1倍左右，融资成本高达12%～17%。从抵押贷款来看，融资的交易成本包括：税费，主要是借款合同印花税（借款金额的万分之零点五）；利息，按本金及利率（包括上浮利率）计算的利息；抵押费用，包括抵押物的评估费，办理抵押物登记需缴纳的工本费，抵押物的公证费、保险费等，合计平均数为5%；人工费，主要指负责借款工作人员的工资费用；其他费用，诸如咨询费、业务招待费、交通费用等，其结果从银行获得贷款数目远远小于资产评估的价值。另外，中小企业向亲朋好友借款，或通过亲朋好友和担保公司担保从其他个人和企业借款，成本比较高，一般月息1～1.5分，3个月以内短期资金月息更高，有的甚至达到月息2～3分，较高的融资成本，增加了中小企业的负担。

（八）融资难具有相对性特点

主要体现在以下八个方面：一是初创型企业和小型、微型企业相对规模以上成长型企业融资难；二是县域相对大中城市融资难；三是产业集聚度不高的中小企业相对处在产业集聚程度高的中小企业融资难；四是大额融资与长期融资相对小额融资与短期融资难；五是向金融机构融资相对民间融资难；六是财务不透明、管理水平低和信用等级不够等的企业相对财务制度完善、管理水平高、经济效益好和抵押品充足等的企业融资难；七是私营企业相对于国有控股、参股的中小企业融资难；八是中介服务机构不健全地区的中小企业相对中介服务机构健全地区的中小企业融资难。

二、湖北省中小企业融资难成因分析

造成湖北省中小企业融资难的原因很多，既有政策层面的，也有法律层面的；既有银行治理及业务拓展方面的原因，也有中小企业自身管理和交易习惯方面的原因；既有资本市场、金融市场发展滞后的原因，也有社会信用体系建设方面的原因。总而言之，我们可以把它归结为中小企业自身、金融体制不够健全、政府扶持中小企业发展服务不到位、社会融资环境和中介融资服务机构不够完善等几个方面原因。

（一）财务运作不规范，信息透明度不高

中小企业由于自身的特点，导致财务运作往往依照老板意志行事，缺乏规范的财务管理，报表不真实是中小企业普遍存在的问题。企业缺乏充分的经财务审计部门承认的财务报表和良好的连续经营记录，由此造成的信息不对称，既阻塞了银行对企业的资金通道，又导致股权投资者不敢投资。企业为了自身利益不愿露富、不愿泄露债务额、举债渠道等商业机密，更有甚者为了规避税费、争取优惠政策、向银行贷款等企业利益，少数企业诚信意识淡薄，信用水平不高，信息透明度不高，有意不真实反映经营和财务状况，甚至假造财务数据，从而在社会上形成一种中小企业财务管理不规范的印象，影响到银行对其他中小企业的授信，也给银行信贷管理上造成极大的难度，无法进行科学、准确的资信调查，审核和确定是否给予信贷支持。

（二）缺少符合金融机构要求的有效担保和抵押资产

目前湖北各商业银行信用贷款在全部贷款中所占比例已经越来越小，取而代之的是逐渐发展起来的担保和抵押贷款。金融机构在发放贷款时要求足额有效的抵押资产，而且办理抵押时偏好固定资产，但中小企业一般固定资产规模小、比例低，企业的有效抵押物不足以使其获得需要的贷款，一些高科技型中小企业更是缺乏可以用作抵押物的固定资产。另外，抵押担保登记、评估手续繁杂，环节多，且登记评估的费用偏高，因此严重阻碍了抵押贷款在中小企业融资中应该发挥的作用。政府出资为主设立了中小企业贷款担保资金，远远不能满足中小企业大量的资金需求。

（三）中小企业集群规模效应有待进一步发挥

中小企业集群是一个有较强生命力和创新力的经济组织形式，在缓解中小企业金融约束方面具有独特的功能。中小企业集群后，由于受政府产业管制、规划和产业区大环境的影响，大多数中小企业都是该产业的生产协作配套商，区域内的"根植性"强，转产换业的可能性低，相对于单个企业来说，经营状况稳定，风险小，信用度明显提高，从而降低了金融机构的信贷风险。另外，中小企业集群还有利于发展集群内赊销和同业拆借，促进民间中小金融机构的形成，促使政府设立产业基金或风险投资基金等，大大扩宽了中小企业的融资渠道。而我省中小企业集群发展尚处在培育和发展阶段，存在着大部分产业集群规模小、层次低、关联性不足、产业链短、集群企业间过度竞争等问题，使得产业集群的规模效应还没有充分显现出来，集群内的中小企业融资优势并不明显。

（四）专门为中小企业提供融资服务的中小金融机构数量偏少

我国现有的信贷体系是以国有商业银行为主体，中小企业资金的主要供给者——地方性中小银行相对不足，还缺乏专门为中小企业服务的政策性银行。调查发现，湖北省立足于基层和地方的小型金融机构数量明显不足，这直接制约了中小企业融资的便利性。此外，我国中小金融机构资产规模小，在国有商业银行垄断的格局下，非国有中小金融机构仅占金融资产总数不到20%，中小金融机构尚不能满足中小企业融资服务需要。

（五）国有商业银行的授权授信体制使中小企业获得信贷支持相对较难

一是由于目前国有商业银行的授权授信体制，固定资产贷款只能由省级分行审批，县级支行绝大部分没有新增贷款权限。银行信贷审批权限集中上收后，贷款审批环节增加，审批时间拉长。一笔贷款往往要经过抵押登记、信用担保、房屋登记、中介评估等7~8个环节，一笔贷款到位至少1~2个月，多则半年。这不符合中小企业贷款需求急、期限短、频率高、数额小的特点，难以及时满足中小企业的资金需求。同时办理手续烦琐，而且实行分口管理，分口收费，有效期短，到期再贷时所有手续要再办一遍，不仅不能方便快捷地满足中小企业的需求，还提高了中小企业的融资成本。

二是国有商业银行从节约经营成本和交易成本的"经济性"出发，从规避经营风险的"安全性"出发，在经营上更加突出"大城市、大客户、优势行业、优势企业"的信贷指导原则。国有商业银行以经营批发业务为主，重点支持优势企业，中小企业获得的信贷支持相对较少，获取长期贷款更难。出于"安全性，流动性和营利性"的考虑，再加上在整个银行业的经营模式具有高同质性和业绩考核需要，目前大多数银行，包括中小银行提供中小企业贷款的意愿不足。

（六）社会中介服务机构不健全

企业要办理一笔财产抵押，需办理财产评估、登记、保险、公证等手续，涉及许多职能部门，并要提供多种相关资料，对于习惯进行灵活经营的中小企业而言，无疑会带来很大的制约。而且抵押登记和评估费用高、随意性大，银行对企业的贷款抵押率较低，企业通过抵押实际得到的贷款数额相对较小。我国的个人信用评估体系和企业资信评估体系不健全，全国或区域性的担保和再担保机构发展也很缓慢。

（七）信用体系和信用评级制度建设的滞后

由于目前符合市场经济的企业及个人的信用评级体系还没有建立，很难通过市场获得受信主体的真实信息。与此同时，由于我国的信用立法体系还不健全，企业及个人制造虚假信息几乎不受成本约束，而制造虚假信息的收益却远远高于其受到的处罚成本，形成了"制假造假"的激励，这也是目前中小企业存在"两本账"，甚至"三本账"的主要原因。虚假信息的存在进一步加剧了信用市场中的信息不对称程度，逃债、躲债、赖债现象时有发生，社会信用极其脆弱，致使甄别讲信用的中小企业的难度和成本加大，造成了银行业对整个中小企业群，特别是民营中小企业的歧视。正是由于这些因素，才导致中小企业贷款难度更大。

三、对策建议

中小企业融资难问题归根结底是资金供求的失衡，主要表现在一方面中小企业急需资金支持，另一方面整个银行体系有数万亿存差放贷无门。有效解决中小企业融资必须依靠政府这只"看得见的手"，引导市场主体实现资金由供给方向需求方的融通。

（一）大力发展中小金融机构，鼓励银行信贷产品创新

根据中国银监会发布的《新型农村金融机构

2009～2011年总体工作安排》规划，未来3年全国将再增设1 300家左右新型农村金融机构，包括村镇银行1 027家，贷款公司106家，农村资金互助社161家。其中，我省共计新增56家：村镇银行35家，贷款公司20家，农村资金互助社1家。此外，我省还计划在农村信用社的基础上组建30家农村合作银行。

政府有关部门必须抓住这一机遇，大力创设和发展本土化的中小金融机构，为我省县域"三农"产业及小企业融资提供强大的金融支撑。在全省金融机构体系的布局中，我们必须充分利用国家政策扶持中小金融机构发展的大好机遇，鼓励国有银行及非国有大银行下基层、进社区、下农村；与此同时，在全省范围内大力发展本土化的中小金融机构，包括农村商业银行、农村合作银行、村镇银行、农村信用社、农村资金互助社、贷款公司及小额贷款公司，进而形成一张分工合理、交叉有序的中小企业融资网。

政府有关部门要建立贷款增量激励机制，鼓励金融机构加大对中小企业放贷以及信贷产品的创新，除不动产抵押贷款外，还要大力开展动产质押融资业务，包括股权质押、知识产权质押、专利权质押、提货单质押、应收账单质押、出口信用保单质押、账户托管贷款等。要充分利用国家优惠贷款政策，比如，中国农业发展银行提供的农业产业化龙头企业贷款、农业小企业贷款等，为中小企业获得政策性优惠贷款牵线搭桥。

（二）扩大中小企业集合贷款信托与集合债券试点

与银行信贷相比，中小企业集合贷款信托的最大优势在于：财政贴息，风险隔离，融资额度大，期限长，手续简便，融资成本较低。2009年，武汉市经信委牵头先后成功发行了两款"中小企业集合贷款信托"，收到了非常好的效果，为我省中小企业融资探索了一条新路，应当适当扩大范围和发行规模，使之逐渐成为解决中企业长期资金紧缺的一个重要途径。

同时，积极做好发行集合债券的相关工作。2009年4月，由武汉市发改委牵头，5家中小企业参与，联合发行2亿元的中小企业集合债券，国家发改委，正在审批中。与集合贷款信托相比，集合债券发行条件严格，需报国家发改委审核批准，申报程序复杂，审核时间较长。其他具备条件的市州，应借鉴武汉市做法，提前做好申报的相关准备工作，时机一旦成熟能立即上报。

（三）大力发展VC与PE市场，积极鼓励优质中小企业上市

我国中小板和创业板的先后推出，不仅拓宽了中小企业直接融资渠道，而且极大地鼓舞了风险资本（VC）及私募股权基金（PE）的发展，从而进一步改善了中小企业融资环境，并加速高科技、创业型企业的孵化。我省要建立健全创业投资政策，利用VC与PE渠道引导社会资金（包括民间资本）进一步设立主要支持科技型中小企业的创业投资公司，积极发展股权（产权）投资基金。同时，完善中小企业上市育成机制，扩大中小企业上市规模，增加直接融资；积极培育和规范发展产权交易市场，为中小企业产权和股权交易提供服务。此外，还要发挥融资租赁、典当、信托等融资方式在中小企业融资中的作用。

（四）建立统一的企业征信系统，加强信用评价体系建设

信息不对称是银行对中小企业惜贷的重要原因之一。逐步建立和完善全省统一的中小企业征信系统和信用评价体系，将解决中小企业融资问题和培育中小企业信用制度结合进行，将中小企业纳入企业信用管理系统，建立以信用登记、信用征信、信用评估和信用发布为主要内容的信用制度。这一系统可以参照央行个人信用系统，内容包括银行还贷记录、税务局纳税记录、环保局环评记录、水电气缴费记录、法院诉讼案件记录，以及产品质量检测部门记录等各种信用信息。

（五）完善信用担保体系，建立风险补偿与再担保机制

继续推进和完善中小企业信用担保体系建设。建立包括中央、地方财政出资和企业联合组建的多层次中小企业贷款担保基金和担保机构，进一步完善中小企业特别是科技型中小企业信用担保体系，鼓励有实力的信用担保公司跨区设点、跨区经营。

设立专项基金，加大对信用担保及银行信贷的风险补偿。同时，要逐渐引导银行分担中小企业贷款的部分风险，或是按基准利率发放中小企业担保贷款。

鼓励借款申请人为借款提供反担保。反担保可采取实物抵押、有价证券质押和第三方提供信用担保等方式。反担保有助于担保关系的设立，有利于融资方式的创新与拓展。反担保不仅解决了被担保方的信用问题，而且也解决了小额贷款公司的再融资问题，从而有利于担保行业的做大做强，更有利于中小企业的便利融资。

做大做强省级再担保平台，为全省各县（市、区）符合条件的政策性担保机构、商业性担保机构和民间互助性担保机构提供再担保，调动担保机构进一步扩大中小企业信用担保规模的积极性。做好银行和再担保公司之中的沟通协调，利用再担保公司对担保公司的担保来扩大担保公司的放大倍数。

（六）打造中小企业政策支持体系，重点解决"小企业"融资难

中小企业融资难，最难的是小企业（包括微型企业），而中型企业的融资问题要远比小企业容易解决。因此，要特别明确对"小型企业"的扶持政策。全面落实支持"小企业"发展的金融政策：完善"小企业"信贷考核体系，提高"小企业"贷款呆账核销效率，建立完善信贷人员尽职免责机制；鼓励建立"小企业"贷款风险补偿基金，对金融机构发放"小企业"贷款按增量给予适度补助，对"小企业"不良贷款损失给予适度风险补偿。将"小企业"从中小企业政策中单列出来表述，表明了国务院中小企业政策的调整与细分，政策支持体系将会更多地关注并照顾"小企业"的生存与发展。因此，必须转变观念，采取切实可行的措施与对策，关注并解决小企业融资难问题。

（七）打造中小企业"生物链"，为扩大中小企业融资创造良好的产业环境

经济是金融的基础，单纯从融资的角度解决"融资难"，只是权宜之计，并不能解决根本问题。必须从根本上或源头上解决中小企业融资难，地方政府在产业政策区域化以及区域政策产业化上要下足工夫、做足文章，打造本土特色的产业链，做大本地产业集群，全面提升信息化水平为中小企业的生存与发展提供环境一流、潜力巨大的"生物链"。

第一个层面是武汉市，其发展战略应当与国际大都市接轨。当务之急就是要产业升级、经济转型，大力发展高科技产业、金融业、物流业、信息产业、文化教育产业及其他现代服务业，并将钢铁、有色金属、汽车、化工、建材、纺织、造纸等传统制造业逐步向下一个层面转移，从而让武汉率先步入"后工业化"时代，让武汉市的中小企业重点围绕高科技、现代服务业生存和发展。

第二个层面是地级中等城市，其中心任务是加速推进工业化与城市化。中等城市应当大力发展各类重工业和轻工业，全面推进本地区经济的工业化和城市化进程，并以此做大做强本地经济实力，向周边县（市）经济辐射。武汉周边的八大城市可以率先将武汉地区的传统工业承接过来，从而提升本地工业化和城市化水平，重构以工业化与城市化为平台的产业链及产业集群，打造本土中小企业"生物链"。

第三个层面县和县级市，其经济发展的重心是农业产业化、工业化与城乡一体化。大力推进农业产业化，培植更多的农民专业合作社、产业化基地以及龙头企业，提高农业集约化经营的水平，大力开展农产品深加工，提高农产品附加值，并引导农业剩余劳动力转入非农产业或中小企业就地消化，从而带领农民走城乡一体化、共同富裕的道路。

结束语：中小企业的融资是一个全球性的难题，也是一项系统工程，融资难问题产生的原因很多，破解这个难题也是一个复杂的系统工程，需要各方的共同努力，也更需要中小企业自身的管理进步。只要我们认真贯彻落实科学发展观，多方协同、共同努力，破解中小企业的融资难题就一定能够取得突破。

（湖北省经济和信息化委员会
武汉科技大学中小企业研究中心
联合调查组）

海南省产业集群发展情况

海南建省以来尤其是1996年确立"一省两地"（即"中国的新兴工业省、热带农业生产基地和旅游度假胜地"）发展战略以来，海南省依托独特的地理区位、丰富的矿产资源和优美的生态环境，通过实施"大企业进入、大项目带动"战略，按照"技术先进，规模经营，合理布局，提高效益，保护环境"的要求，大力发展和培育支柱工业，加快工业化进程。逐步形成以油气化工、矿产冶金、林浆纸一体化、汽车制造、热带农产品加工、制药为支柱的工业体系，电子信息高新技术等工业也开始建立起来，初步实现了产业集约化发展的空间布局，产业集聚功能和效应日益显现，成为工业增长的主要拉动力和新的增长点，带动了全省经济的发展。据统计，2008年产值超亿元以上的企业有130家，其中：超10亿元的企业有16家，超50亿元的企业有3家，超百亿的企业有1家；非公经济不断发展壮大，2008年，规模以上的股份制、集体、民营、外资工业企业的增加值占84.8%。

按照产业相关、关联企业100家以上、产值较高等标准，海南省已形成的重点产业集群有石油天然气化工、汽车制造、制药、热带农产品加工、旅游商品加工、电子信息产业等。以上七个重点产业集群年工业产值约720亿元，占全省工业比重约64%（矿产冶金和林浆纸产业因关联企业不足100家此次未列入重点分析）。

一、石油天然气化工产业集群

（一）发展现状

海南省发展石化产业具备很多优势。海南所辖200多万平方公里的海域中，共有含油气构造200多个，油气田180个，油气资源蕴藏量达500多亿油当量。中国已探明的5个天然气富集区，就有3个分布在海南岛周边。

改革开放以来尤其是1988年海南建省办经济特区以来，海南省天然气开发和石油天然气加工及化工产业已初具规模，取得了飞跃式的发展。

到2008年，海南省天然气利用已达约50亿立方米，其中一半左右的天然气作为原料生产甲醇和大颗粒尿素，约3成作为燃料用于发电，其余用于出租车、民用和其他工业用燃料。30多万城市居民用上了管道天然气。全省5 360辆公交车和出租车已有3 300辆实现了油改气，减少了排气污染。同时，海南还将29亿立方米天然气通过海底输气管道送往香港用于发电和居民生活，为香港的稳定繁荣贡献了力量。

从"九五"计划开始，海南就把油气产业视为海南经济发展的重要支柱产业，积极实施"资源开发和产业发展并举"的方针，采取多元化投资，集中资金加快开发海洋天然气，以气带油滚动发展。海南经过十几年的发展，在海洋油气开发上已经取得了重要进展。近5年来，作为天然气储量大省的海南，对澄迈福山、莺歌海、东方市海域三大气田进行了开发。2007年生产天然气已达60亿立方米，年销售收入达150亿元。目前28.2亿立方米天然气已用于海南的发电和化工企业，解决了电力不足的问题。在海口、三亚、东方三个城市建成676公里供气管网，30多万城市居民用上了管道天然气。全省5 360辆公交车和出租车已有3 300辆实现了油改气，减少了排气污染。

海南的石油加工和石油化工规模大，产值高。2008年，海南省开采天然气23 186万立方米，比上年增长14%；开采天然原油12.05万吨，比上年增长13.1%；生产精甲醇60.05万吨，比上年增长13.9%；生产液化石油气49.0万吨，比上年减少6.5%；生产氮肥65.11万吨，比上年增长9.5%；生产聚酯切片22.10万吨，比上年减少19.3%。2008年，海南油气化工行业完成产值约470亿元，占全省规模以上工业总产值约40%，极大地拉动了海南省经济的发展。

海南省的天然气开采加工和石油加工、石油化工已开始形成上中下游配套的产业链，形成了产业集群，形成了后劲强大的支柱产业，在海南省的十大支柱产业中排在第一位。

（二）主要基地建设

目前，在海南岛已初步建成了一条以洋浦经济开发区和东方市海域区为中心的油气化工基地。

1. 东方化工城

天然气化工主要布局在东方化工城，目前已建成项目有：

富岛化肥一、二期工程是东方化工城的主导项目。现已形成年产75万吨合成氨和132万吨尿素的生产能力，装置规模、技术装备水平均处于国内首位，使东方成为中国最大的大颗粒尿素生产基地。

2006年7月投产的60万吨甲醇和2008年11月开工的80万吨甲醇项目，使中国海油的天然气深加工产业进一步扩大，改变中海化学公司产品单一的局面，提高东方1—1气田气田的经济效益。

2. 洋浦经济开发区

石油加工与石油化工主要布局在洋浦经济开发区。把洋浦建成石油化工一体化产业基地，还要建设天然气发电产业、南海勘探开发支持基地、国际石油储备交易基地。重点发展石油储备中转、石油炼制、基础化工、精细化工等炼化一体的产业链项目。800万吨炼油、8万吨苯乙烯项目于2006年年底投产。2007年海南炼化累计加工原油及原料油802.45万吨，生产汽油、柴油、航空煤油、聚丙烯、硫黄等石化产品742万吨，出口产品77万吨，实现工业总产值335.87亿元，工业增加值27.78亿元，实现税金15.13亿元，高附加值收益率达到90%以上。

2008年4月，国家同意海南开展乙烯工业项目的前期工作，该项目被誉为海南省“一号工业项目”。该项目建设不仅能为海南带来数百亿元的投资、数千亿元的产值及数百亿元的财政贡献，同时还将积极推动海南省石油化工产业链的延伸发展，百万吨乙烯可以带动数千亿产值的下游延伸产品的开发，对海南调整产业结构、较快提高经济实力、实现又好又快发展意义重大。

3. 澄迈县的老城开发区和临高县的金牌港开发区

扮演辅助性的角色，成为开发建设海洋工程和海洋石油服务支持基地，重点发展修造海上油气钻井及平台服务基地。

以这四个市县作为连接点，按照“点片面”的发展趋向，沿着海南岛西部海岸线延伸发展，将几个化工产业基地建设连成一体，形成了海南省具有一定规模的油气化工产业带和产业群。这个产业带和产业群已成为海南工业的第一大支柱和海南财政的重要依托。

（三）重点配套项目和下游项目

1. 天然气开采

目前海南省已开发的油气田主要有：年产34亿立方米的崖13－1气田，每年供应海南省天然气5.24亿立方米；东方1－1气田一期项目，年输气能力为16亿立方米；东方1－1气田二期项目，年输气能力为8.9亿立方米；乐东22－1、15－1气田可开采储量375亿立方米；文昌13－1油田和文昌13－2油田，年产原油250万吨；文昌油田群，每年向海南输送原油200万吨；福山油气田，年生产原油10万吨、天然气生产能力2亿立方米、液化气生产能力5万吨。

2. 输气

海南省已建成的天然气主干线有两条，共约370公里。一条是三亚南山——八所天然气管线，全长约120公里；一条是东方——洋浦——海口输气管道，全长约252公里；在建的有海口——文昌天然气管线。海南省政府正积极推进天然气管网的东线段的建设，计划在数年内实现“全省环岛天然气管道一张网”。

3. 配套项目和下游项目

（1）东方化工城已建成的主要配套项目和下游项目有：

生产规模3 200万条的编织袋项目、3万吨甲醛项目、年产5万吨复合肥项目、3万吨/年食品二氧化碳干冰项目、年产3 000吨二氧化碳可降解塑料生产装置、6万吨聚甲醛、50万吨醋酸等；并成立了一个具有年处理300万吨吞吐能力的海陆运输公司和一个年处理能力为100万吨吞吐量的港口装卸公司。此外，中国石油天然气集团公司所属的中油燃料股份公司也加盟东方化工城，利用富岛化工生产的尿素和甲醇等作为原料，生产新型环保化工产品奥里乳化油固硫剂，年销售额达2.9亿元。配套企业和下游企业约40家。围绕天然气的上下游产业，在东方化工城投资已经超过100多亿元，在海南东方形成了以化肥为核心的产业链群。

（2）洋浦经济开发区石油化工的主要配套项目和下游项目有：

洋浦开发区的炼油产业由炼油/大芳烃和乙烯联合装置提供初级原料，往下游发展聚烯烃、聚酯、丙烯酸、异丙苯、碳四馏分深加工、碳五综合利用、氯碱/PVC七个系列的精细化学工业产品及化学工业新产品。2005年24万吨瓶级聚酯切片项目试产成功。8万吨苯乙烯项目于2006年年底投产，并积极推进150万吨重油裂解烯烃项目建设。由海南正业中农高科股份有限公司筹建的年产4万吨甘氨酸项目则以海南炼化厂的液氨（氮素回收副产物）作为主要原料生产甘氨酸。还有30万吨原油码头等。配套企业和下游企业约30家。

（四）名牌产品

中海石油化学股份有限公司生产的“富岛”牌大颗粒尿素，继2005被评为“海南省名牌产品”和“国家免检产品”称号后，2006年10月被中国名牌战略推进委员评定为“中国名牌产品”。

（五）主要龙头企业

1. 中海石油化学股份有限公司

中海石油化学股份有限公司注册于海南省东方市，是中国海洋石油总公司旗下的从事化肥、化工产品开发生产的现代化大型企业。已经在东方市投资了100多亿元人民币，建成一个年生产大颗粒尿素130万吨、合成氨70万吨的大型化肥生产企业，建成全国最大的尿素生产基地。所生产的大颗粒尿素不仅在中国市场占据了主要份额，缓解了我国进口化肥的压力，同时还远销美国、日本、韩国、澳大利亚等国。该公司2008年产值55.18亿元，比上年增长27.1%；毛利22.68亿元，同比增加26.8%。

2. 中石化海南炼油化工有限公司

中石化海南炼油化工有限公司是中国石油化学工业总公司的下属企业，其在洋浦开发区新建的海南炼化800万吨炼油项目，构筑了海南石化产业链的龙头，在很大程度上提升了海南的综合开发利用能力。2007年，海南炼化生产成品油900多万吨，超过计划100万吨，产品销售收入达到330多亿元。

二、汽车制造及配件产业集群

（一）一汽海马汽车有限公司的发展情况

海南海马汽车的前身，是一家汽车配件生产厂——海南汽车冲压件厂。海南建省办特区后，利用特区开放政策，海南汽车冲压件厂与日本马自达合作，引进外方技术和车型，形成了整车制造能力，海南开始有了自己制造的汽车。1997年和2004年，海南省政府又引进在中国汽车行业具有优势地位的一汽集团，先后重组成立一汽海南海南汽车制造厂和一汽海马汽车有限公司，大企业的进入合作，使海南汽车制造业做大做强，开始在国内汽车制造行业崭露头角。

2006年，海马汽车推出了国内首个自主汽车品牌“福美来2”，拥有完全自主技术、年产量15万台的海马汽车发动机厂也于当年建成投产。

2007年，海马首次向中东地区批量出口1 200辆汽车。继后，海马汽车2008年又批量进入南美市场。在2008年4月20日开幕的北京车展上，海南海马汽车有限公司又将一举推出涵盖概念车、首发车、改款车、新能源车4大类7款自主新车，以及3款自主研发的发动机。目前，海马汽车公司已形成年产乘用车能力15万辆，年产发动机15万台的产能规模，排名中国企业500强，机械工业企业100强之列。

（二）海南汽车工业的基地——“海马汽车工业园”

1. 地理位置

“海马汽车工业园”位于海口市海口保税区。是依托一汽海南汽车集团而建设起来的产业园区。

2. 建设情况

（1）海马工业园一期于2004年8月全部建成，项目总投资约1.4亿元，是为一汽海马汽车发动机生产配套的。年产发动机15万台的海马汽车发动机项目已经建成，样机已于2006年4月一次性点火热试成功。

（2）海马工业园二期建设占地1 300亩，于2006年开始建设，2008年建成，投资32亿元人民币。建成后，海马汽车拥有发动机生产线、整车生产线、技术研发中心以及相关零部件配套体系在内的完整汽车产业链条。海马汽车第三工厂位于海马二期工业园区内，占地面积约831亩。海马汽车第三工厂15万辆汽车项目，固定资产投资为15亿元。

第三工厂建成后，海马汽车工业园将拥有3个整车生产工厂，2个发动机工厂，1个变速器厂。同时，还有近35家落户园区的配套厂，整个园区面积将达到3 000亩。一个庞大的汽车产业集群版图凸显。第三工厂建成后，整个海马汽车产业链将可创造300亿元的工业产值，创造税收30亿元，解决劳动就业3 000人。

3. 经济效益

2008年“海马汽车工业园”生产汽车8.51万辆，实现总产值58.08亿元；汽车与配件行业完成产值共约80亿元（2007年产值为102亿元，因国际金融危机等原因，产量、产值比2007年下降约30%）。

（三）一汽海马汽车配套企业的情况

目前，海马汽车在全国有约210家配套厂商，本地零配件生产企业总数为35家，其中在海马工业园内落户建厂的有31家；本地配套企业约占25%，主要生产与“海马”汽车有关的核心部件，形成了机械、塑料、电子、化工等产业链条。“海马”零部件供应商体系已形成以海口本地供应商占主体的供货体系，所供零部件采购金额达到60%以上。2008年海马工业园内配套企业的产值22亿元，税金约1.75亿元，从业人员约8 000人。

主要配套企业：

包括汽车变速器、钣金件、仪表板、保险杆、密封件、减震器、排气管、汽车空调、电子转向系统等在内的20多个配套项目入驻海马二期工业园。初步估算，海马二期工业园建成后，整个海马汽车产业链可创造300亿元工业产值，新增5 000多个就业机会，创造税收30亿元，并对海南经济产生巨大的拉动作用。

1. 浙江万向系统有限公司海南分公司

成立于2003年2月，已成功开发完成轿车前轴总成、后轴总成、中间轴、前、后梁总成等主导产品，形成以6条总成装配线为主，机加工生产线、涂装生产线、电泳生产线、焊接生产线等加工生产设备为辅的生产格局，并逐步发展成为海马汽车底盘系统的集成供应商。

2. 海南宇傲汽车配件有限公司

成立于2003年9月，是海马汽车的主要配套钣金件供应商之一。公司生产车间面积12 000平方米，集焊装、冲压及仓储车间于一体。是综合性大规模的生产基地。

3. 海南长鹏汽车零部件厂

1999年进入海南，为海马厂配套生产轿车内饰件。长鹏厂的二级配套厂家约30家，本地配套企业约5家，配套额约占总额的5%。

4. 六和机械工业（海南）有限公司

主要为海马汽车生产前纵梁、水箱架等车身件，该项目一期共有十几条生产线，年设计产能为10万台，并可随着海马汽车的需求而扩大产能。

（四）公共技术服务平台

海南汽车制造有限公司建立了海南省汽车制造工程技术研究中心，2003年至今投入研发技改资金达15.11亿元。加大科技投入和研发力度，实施CAD、CAE、PDM等项目，提升了计算机软、硬件应用，在原有车型基础上进行了逾20项的技术改进，推出多款新车型。以卓越的性价比、出色的质量、优质的服务，赢得了市场，取得了良好的经营业绩。

（五）存在的主要问题

1. 企业规模普遍偏小，没有大型本地品牌，下游企业单一，抗风险能力较小。

2. 许多因海南税收政策优惠入园的企业，随着2008年税收政策调整，失去税收优惠，企业税收偏重。

3. 企业资金紧张，融资困难。

三、医药工业产业集群

（一）发展情况

海南省生态环境良好，药物资源丰富，素有“天然药库”之称。海南岛有药用植物3 100余种，占全国的40%；并有丰富的海产药物资源，仅近海就有1万多种海洋生物，其中3 000多种含有生物活性物质。

海南医药产业近年来充分发挥了生态环境、资源、政策体制和口岸等优势，迅速崛起，并迈上了一条跳跃式的健康发展之路。2008年，全省制药和销售企业共企业共484家；据不完全统计，年销售产值约112亿元。

至2008年，全省制药企业共88家，其中通过GMP认证企业78家。2008年全省制药行业完成工业总产值45.74亿元，同比增长24.5%。其中，化学制剂类企业完成产值41.74亿元，占制药行业总产值的91.3%，成为推动我省医药工业恢复性增长的主要力量；中成药类企业完成产值约4.0亿元，同比增长3%。制药工业综合效益较好，创税、销售双项突破。2008年，全省制药企业累计完成工业销售产值41.96亿元，同比增长23.8%；实现产品销售收入40.54亿元，同比增长11.4%；实现利税12.42亿元，同比增长12.2%；产销率91.7%，与上年基本持平。

2008年，海南省医药批发贸易业396家，全年实现商品销售收入69.89亿元（统计到123家），比2007年的54.55亿元增长28.1%；商品销售税金及所得税0.91亿元，比2007年的0.57亿元增长了59.7%；实现利润总额6.21亿元，比2007年的5.32亿元增长了16.8%，应缴增值税2.08亿元，比2007年的1.52亿元增长了36.7%。

2006年以来，海南一些制药企业陆续上市。四环医药、斯达药业、先声药业陆续在境外上市，全星药业、奇力制药、全星药业、三叶药业、亚洲制药等药企也在积极进行上市的筹备工作。海南中化、海南东信、海灵制药、海灵化学的整合也已经开始。

（二）主要制药基地

海南省主要的制药生产基地是“海口药谷”和“海南省（塔岭）生态药业示范园”。

1. “海口药谷”

“海口药谷”位于海口市南海大道海口市国家高新技术开发区内，由海口市人民政府主导建设。海口药谷园区一期工程于2004年3月25日动工，2006年建成，占地1 103亩亩；总投资23.73亿元，新增产值105.3亿元、税收12.5亿多元，解决近4 000个就业岗位。海口药谷二期工程，总投资3.8亿元，入驻29家药厂。药谷二期开发规划面积3 000亩，2008年完工。二期工程于2006年动工，2008年7月建成，总投资20.35亿元，预计全部竣工达产后新增产值45.92亿元。二期园区已签约入园医药保健品类项目14个，总投资20.35亿元，预计全部竣工达产后新增产值45.92亿元。投资3.3亿元的海口VTI疫苗生产基地项目、投资3亿元的康芝药业生产基地项目等七大项目近期将陆续进驻到海口药谷二期，从而将进一步增强海口药谷发展的后劲，促进药谷的快速发展。

2. 海南省（塔岭）生态药业示范园

位于定安县塔岭工业园内，由海南省药品监督管理局和定安县人民政府具体组织实施规划创建工作，2006年7月8日动工建设，一期规划用地2 000亩，二期规划用地5 000亩，重点引导发展中药制药、生物制药、基因制药工程、医药精细化工、仓储物流、保健品制造、医疗器械以及药用包装材料等生态药业。截至2008年年底，该园区已初具规模，园内现有企业38家，总投资额6.53亿元，其中医药企业18家，投资额3.53亿元。

（三）海南省名牌产品

自2004年至2008年，有36种产品获评“海南省名牌产品”。

2004年

1. 注射用头孢他啶（海南省海灵制药厂）；
2. 注射用头孢曲松钠（海南省海灵制药厂）；
3. “必奇”蒙脱石散（海南先声药业有限公司）；
4. “再克”头孢克洛干混悬剂（海南先声药业有限公司）；
5. 乙酰半胱氨酸颗粒剂（海南金晓制药有限公司）；
6. 脑活素物注射液（海南斯达制药有限公司）；
7. 螺旋藻胶囊（海南林恒制药厂）；
8. 螺旋藻片（海南思迈药业有限公司）。

2005 年

9. “养生堂”朵而胶囊（海南养生堂药业有限公司）；
10. “养生堂”龟鳖丸（海南养生堂药业有限公司）；
11. “养生堂”新成长快乐复合维生素咀嚼片（海南养生堂药业有限公司）；
12. “海之源”螺旋藻片剂（海南螺旋藻有限公司）；
13. “金芦荟”口服液、胶囊、含片（海南金芦荟生物工程有限公司）；
14. “快克”复方氨酚烷胺胶囊（海南亚洲制药有限公司）；
15. “海灵”噻吗灵（海南海灵制药厂有限公司）；
16. “海灵”头孢哌铜钠舒巴坦钠（海南海灵制药厂有限公司）；
17. “海灵”奥美拉唑肠溶胶囊（海南海灵制药厂有限公司）；
18. “再林”阿莫西林颗粒（海南先声药业有限公司）；
19. 紫杉醇注射液特素（海南海药公司海口市制药厂）；
20. “常为康”枫蓼肠胃康（海南海药公司海口市制药厂）；
21. “九芝堂”裸花紫珠片（海南九芝堂药业有限公司）；
22. “英力”、“汉光”美洛西林钠舒巴坦钠（海南通用三洋药业有限公司）；
23. “凯力达”阿莫西林双氯西林钠胶囊（海南通用三洋药业有限公司）。

2006 年

24. “海灵”注射用乳糖酸阿奇霉素（海南海灵制药厂有限公司），（2008 年续获评）；
25. “美吡达 MEIBIDA”美吡达（海南赞邦制药有限公司），（2008 年续获评）；
26. “博抗”注射用门冬氨酸阿奇霉素（海南斯达制药有限公司），（2008 年续获评）；
27. “尤尼”尤尼舒（海南通用同盟药业有限公司），（2008 年续获评）；
28. “康力元”注射用利巴韦林（海口康力元制药有限公司），（2008 年续获评）；
29. “南岛”复方甘草片（海南制药厂有限公司），（2008 年续获评）；
30. “和信”注射用胸腺五肽（海南中和药业股份有限公司），（2008 年续获评）。

2007 年

31. “碧凯”保妇康栓（海南碧凯药业有限公司）；
32. “南岛”贯黄感冒颗粒（海南制药厂有限公司）；
33. “Q”枫蓼肠胃康胶囊（海口奇力制药有限公司）；
34. “思迈”螺旋藻片（海南思迈药业有限公司）；
35. “林恒”螺旋藻胶囊（海南林恒制药有限公司）；
36. “再克”头孢克洛干混悬剂（先声药业有限公司）。

（四）龙头企业

2008 年产值超 1 亿以上的制药企业有 16 家，完成产值 34.93 亿元，占全行业产值的 76.4%；

排名前 10 位的制药企业全年累计产值达 27.34 亿元，占全行业产值的 60%。

1. 海南养生堂药业有限公司（5.22 亿元）；
2. 海南先声药业有限公司（4.03 亿元）；
3. 海口奇力制药有限公司（3.2 亿元）；
4. 海南海药股份有限公司（3.16 亿元）；
5. 海南通用三洋药业有限公司（3.15 亿）；
6. 海南碧凯药业有限公司（2.11 亿元）；
7. 海南三叶制药厂有限公司（1.72 亿元）；
8. 海南皇隆制药厂有限公司（1.63 亿元）；
9. 海南惠普森医药生物技术有限公司（1.58 亿元）；
10. 海南长安国际制药有限公司（1.54 亿元）。

（五）公共服务平台

1. 海南先声药业有限公司

海南先声药业有限公司是海南省高新技术企业，在大力发展生产和开拓市场的同时，公司十分注重新产品的开发与研制。公司建立了自己的研发队伍，同时，与国内实力雄厚的科研机构、大专院校建立广泛的合作关系，按照“构思一代，研制一代，试制一代，投产一代，储备一代”的思路，确保每年都有新产品上市。2006 年被国家发改委、科技部等 5 部委认定为“国家认定企业技术中心”。

2. 海南全星药物研究院有限公司

公司是国家发改委、科技部等 5 部委认定的“国家认定企业技术中心”和海南省科技厅认定的“海南省现代药物制剂工程技术研究中心”。2008 年承担海南省化药 3 类新药——富马酸卢帕他定原料及片剂的研究开发。

3. 海南省药物研究试验创新综合服务平台

是海南省“十一五”期间科技重点建设项目，由海南省药物研究所建设。该项目位于海口药谷核心园区，占地 13.38 亩；包括综合科研楼、省实验动物中心、中试药厂及附属设施，2008 年开始建设，分两期完成。为海口及周边 60 余家医药企业提供10 000平方米符合《药物非临床研究质量管理规范》标准实验室，可提供药物研发、试验、检测、咨询、培训以及合格的实验动物等公共服务。

（六）地方政府支持医药产业发展的政策措施

为鼓励医药企业在海口发展，海口市政府先后发布了《海口市鼓励投资发展医药产业若干规定》（1999年）、《海口市鼓励投资医药产业若干办法》（2003年7月）和《海口市鼓励投资医药产业实施细则》。目前，药谷的优惠政策有：海南岛内企业生产的产品，包括用内地原材料实质性加工增值20%以上的产品，除国家规定必须征税的外，免征出口关税；从境外引进用于技术创新的软件、专利、设备、样品和样机，经省科技主管部门认定，可向国家申请免征关税。

（七）存在的主要问题

1. 相对落后的工业基础和投资政策限制了医药产业的发展。

2. 海南本地企业一直以普药为主，在医药创新方面投入不足，因此难以形成新的具有较大抗风险能力的医药产品。

3. 以化学药和仿制药为主，缺乏独立的自主知识产权，而且产品的同质化、同种化现象严重，严重影响了企业的后续发展。

4. 具有本地资源特色的“黎药”、海洋生物制药等起步晚，开发力度不大。

5. 公共技术服务平台数量少，公共服务水平不高。

6. 鼓励中小企业和医药产业发展的优惠政策落实不到位，如增值税、福利企业退税等问题一直未能圆满解决。

四、热带农产品加工产业集群

（一）海南省热带农产品加工业发展概况

近年来，海南省农产品加工业发展较快，农产品加工业总量较快增长，运行态势良好。农产品加工业已经发展成为海南一个独立的门类齐全且有一定规模的现代产业体系，已成为发展海南经济的重要支柱产业之一，也是发展较快的产业之一。它涵盖了农副食品加工业、食品制造业、饮料制造业等十多个工业行业。2008年全省农产品加工产值253亿元，同比增长15%。其中部分主要行业和企业的情况是：

1. 农副食品加工企业80个，2007年产值71.5亿元，增幅34.1%；

2. 饮料制造企业21个，天然热带果汁饮料加工能力达到120万吨，2007年产值26.3亿元；主要企业有：椰树集团公司、椰岛股份公司、力神咖啡公司等。椰树集团在全国同行业排名第七。后起之秀海南新大食品有限公司已成长为在中国椰子汁市场排名第二的企业，十几年间，开发出椰子汁、芒果汁、食用调和油、咖啡酒等近500个新产品，海南省的九大资源型特色饮料是：山兰酒（山兰玉液）、鹿龟酒、坡马补酒、槟榔酒、咖啡酒、香兰酒、椰子汁、热带果汁。

3. 食品制造企业27个，2007年产值18.9亿元；主要产品有：椰子糖、椰子粉、椰纤果、木瓜粉、南瓜粉、香蕉粉、辣椒酱等系列产品，部分产品畅销全国各地及欧美国际市场。

4. 木材加工及竹藤、棕、草制品企业23个，2007年产值6.5亿元。

5. 橡胶制品业。2006年以来，海南农垦天然橡胶集团公司原有87家分散的小加工厂相继关闭，取而代之的是新建和改建的14家现代化加工厂。地方民营胶厂也出现了一些大公司，加工规模甚至达3万吨以上。2003年成立的中化成信橡胶公司，2007年产值已突破10亿元。成信和安联还实行了强强联合，并通过引入“中化国际”这样的上市公司进入资本市场。

6. 林产品加工企业8个，2007年产值1.4亿元。

7. 水产品加工。各类加工品种达110多个，初步形成冷藏包装、鱼片加工、对虾加工、鱼粉加工、藻类加工、干制品、腌制品等加工产业。目前全省具备水产加工出口条件的企业30多家，20多家水产企业获得了美国HACCP验证，10家获得欧盟注册。2007年全省水产品加工总量达到100万吨，其中出口30万吨，出口到20多个国家和地区。

8. 茶叶加工。2007年全省茶园种植面积约6万亩，年产干茶8 000吨左右。

9. 甘蔗制糖业。2007年全省糖蔗种植面积120万亩左右，比2006年增加29万亩，糖蔗产量约440万吨，比2006年榨季增加132万吨，增幅43%。全省有24家糖厂开榨，比上榨季增加2家，日加工甘蔗能力为5.29万吨；年产糖约52万吨，比上年增加14.5万吨，增幅39%，将创历史新高。龙头企业为海南洋浦南华糖业集团公司。该公司在海南和广西等地并购和经营10多家糖厂。

10. 槟榔种植加工。截至2007年，全省种植槟榔总面积80万亩，槟榔收获面积36万亩。干果产量1亿斤，产值16亿元。以往海南槟榔均运往湖南深加工，湖南为此每年增加约50亿元的产值。2006年以来湖南一些槟榔加工企业来海南琼海等地设点开展深加工。海南一些本土企业也建设集槟榔深加工、科研、开发于一体的槟榔加工厂。

（二）主要农产品加工业园区建设

农产品加工向产业园区和小城镇聚集，优势产业集群正在逐步形成。各地根据资源禀赋和区位优势，围绕优势农产品和市场需求发展农产品加工业，建设了一批特色鲜明的农产品加工产业园区。规模较大的有定安塔岭农产品加工产业园区、文昌文清和东郊工业园区、琼海嘉积和塔洋工业园区、海口灵山和桂林洋工业园区、澄迈老城工业园区等。2008年海南省加快推进定安、琼中、昌江、屯昌四大农产品加工园区建设，计划总投资7.1亿元，已完成投资近4亿元，新增项目10个，目前入园企业总数54家。加强冷链物流系统建设，从省新增财力中安排2 000万元扶持冷库建设，拉动企业投入1.5亿元兴建冷库，全省新增冷库容量2.6万吨，冷库容量突破10万吨，冷藏保鲜能力达200万吨以上，为农民和企业直接增收达6亿元。

工业园区以优势农产品产业带为依托，带动了加工龙头企业的聚集和优势产业集群的逐步形成。

（三）海南农产品加工业龙头企业

1. 国家重点龙头企业

海南省已有7家企业被认定为农业产业化国家重点龙头企业：海口椰树集团、海口农工贸（罗牛山）股份有限公司、海南天然橡胶集团、海南神农大丰种业科技股份有限公司、海南欣商贸易有限公司、海南东方大慧实业有限公司、海南裕泰科技饲料有限公司。其中以椰树集团的椰子汁、矿泉水生产和海南农垦的天然橡胶集团的橡胶制品生产更为突出。

椰树集团有限公司前身是海口罐头厂。从1991年起进入全国500家最大工业企业行列，2008年产值约20亿元，各项经济技术指标连续多年居全国罐头行业前列。“椰树”主导产品椰树牌天然椰子汁、椰树牌天然矿泉水、火山岩珍贵天然矿泉水和天然芒果汁四大名饮齐登中国国宴，已接待了100多个国家和地区的元首及政界要人，产品远销30多个国家和地区。椰树牌椰子汁和椰树牌矿泉水双双被国家授予中国名牌产品称号，成为中国饮料行业唯一一家同时有两种产品荣获“中国名牌”称号的企业。

2. 海南省龙头企业

海南省农业主管部门近几年每年都确定一批农业产业化龙头企业，主要是农产品加工领域成绩突出的企业。现已有龙头企业172家，固定资产总值113.10亿元，带动农户36.5万户。2007年海南省“十佳”农业产业化龙头企业是：海南永青绿色农业食品加工有限公司、洋浦南华糖业集团有限公司、海口农工贸（罗牛山）股份有限公司、海南龙泉集团有限公司、海南裕泰科技饲料有限公司、文昌市春光食品有限公司、海南神农大丰种业科技股份有限公司、海南万钟实业有限公司、海南新大食品有限公司、海南温氏禽畜有限公司。

（四）名牌产品

自2004年至2008年，有45种产品获评“海南省名牌产品”。

2004年

1. 椰奶咖啡（海南椰子郎食品有限公司）；

2. 速溶椰子粉（海南椰子郎食品有限公司）；

3. 硬质糖果（海南南国食品实业有限公司）；

4. 低脂酸奶（海南艾森乳业有限公司）；

5. 纯鲜牛奶（海南艾森乳业有限公司）；

6. 三椰春酒（海南椰岛股份有限公司）；

7. 宝岛白酒（海南椰岛股份有限公司）。

2005年

8. “椰树”天然椰子汁（海口椰树集团有限公司）；

9. “椰树”荔枝爽饮料（海口椰树集团有限公司）；

10. “椰树”、“火山岩”饮用天然矿泉水（海口椰树集团有限公司）；

11. “椰岛”海口大曲（海南椰岛股份有限公司）；

12. “椰岛”鹿龟酒（海南椰岛股份有限公司）；

13. “力神”速溶咖啡系列（海口力神企业股份有限公司）；

14. “金盘”矿泉水（海口金盘饮料公司）；

15. “南国”速溶椰子粉（海南南国食品实业有限公司）；

16. “天际”椰子糖（海南文昌天际食品有限公司）；

17. “椰海”椰子糖（海南文昌椰海食品有限公司）；

18. “春光牌”椰子糖（文昌市春光食品有限公司）；

19. “甘泉”白砂糖（海南定安茶根糖业有限责任公司）；

20. “洋浦”白砂糖（儋州市那大糖业有限公司）；

21. “兴科”兴隆咖啡（中国热带农业科学院香料饮料研究所兴隆热带植物园）；

22. “珊瑚礁”卡拉胶（海南大众海洋产业有限公司）；

23. “槟榔牌”槟榔牙膏（海南富力洁生化有限公司）；

24.“宝岛”5号标准橡胶（海南省国营八一总场橡胶加工厂）；

25. “HNSKG”高耐磨橡胶衬板（海南司克嘉橡胶制品有限责任公司）；

26. “椰仙”苦丁茶（澄迈万昌苦丁茶场）；

27. “泓注牌”黄帝辣椒酱（海南黄帝椒食品有限公司）。

2006年

28. “白沙牌”白沙绿茶（海南省国营白沙农场），2008年续获评；

29. “品香园”五指山生态苦丁茶（海南品香园实业有限公司），2008年续获评；

30. “生态岛”冻罗非鱼片（海南果蔬食品配送有限公司），2008年续获评；

31. “椰子郎”椰香脆饼（海南椰子郎食品有限公司），2008年续获评；

32. “飘仙牌”胡椒粉（海南省国营东平农场食品厂），2008年续获评；

33. “椰园”椰奶咖啡（海口椰园食品有限公司），2008年续获评；

34. “琼宝”文昌鸡软罐头食品（海南省食品加工厂），2008年续获评；

35. “新天久”冻罗非鱼片（海南新天久食品有限公司），2008年续获评；

36. “兴科”兴隆香草兰绿茶（中国热带农业科学院香料饮料研究所兴隆热带植物园），2008年续获评。

2007年

37.“五哥”灵芝茶（五指山盛富农业开发有限公司）；

38.“海王”牡蛎精粉（三亚海王海洋生物科技有限公司）；

39.“海鲤牌”淀粉（白沙黎族自治县七坊镇高地淀粉厂）；

40.“龙丰麒麟”卡拉胶（琼海龙丰麒麟卡拉胶有限公司）；

41.“南国”速溶咖啡系列（海南南国食品实业有限公司）；

43.“喜园”卡拉胶（琼海市梦园琼胶卡拉胶食品有限公司）；

44.“椰子郎”椰奶咖啡（海南椰子郎食品有限公司）；

45.“艾森”低脂酸奶（海南艾森乳业有限公司）。

（五）农产品加工业公共服务平台

1. 海南翔泰高新农业有限公司

由海南省工信局评定的农产品加工业公共服务平台。

2. 海南省正业海洋生物农药工程技术研究中心

2006年12月由海南正业中农高科股份有限公司投资建设并经海南省科技厅批准成立。通过自身研发及与相关科研院所合作，在农药领域开展了大量的研发和推广工作，并承担多项国家和省部级课题。

3. 海南省科技成果转化公共服务平台

由海南省科学技术协会下属的海南省科技咨询服务中心建设。该中心主办2份国内外公开发行的科技杂志——《科学时代》月刊和《科园》月刊，并开始建设“海南省科技成果转化公共服务平台”网站。利用其媒体优势，在科技杂志和平台网站上侧重在农业科技成果和农产品加工企业之间牵线搭桥，助推农业科技成果转化。

（六）存在的主要问题

1. 海南农产品加工业转化率低，仅30%；农产品加工产值与农业产值之比仅为0.4∶1。

2. 农产品加工企业存在着严重的散、小、差，产值过亿的只有十几家，且基础薄弱，各自为政，自由发展，尚未形成垄断市场向外发展的合力。

3. 农产品加工企业自身研发能力弱，乏技术支持。

4. 农产品加工企业税负重，比工业企业平均税负高出近2个百分点；很多税收优惠政策还未惠及到中小农产品加工业企业。

5. 企业缺乏发展资金，融资难。

五、旅游商品加工业产业集群

旅游业是海南省“一省两地”战略的重要组成部分，是海南省提升产业水平的重要切入点。多年来，海南省坚定不移地将旅游业作为现代服务业的“龙头”来培育和大力发展，国际旅游岛建设在国家的政策支持下顺利推进。2008年海南省接待旅游过夜人数2 060万人次，比上年增长10.0%。其中，接待国内旅游者1 962.07万人次，增长10.8%；接待入境旅游者97.93万人次，下降5.5%。旅游总收入192.33亿元，增长9.1%。其中，国内旅游收入165.01亿元，增长10.3%。海南的旅游商品加工业作为旅游业的配套产业，已有了一定的规模，2008年产值约40亿元，已初步形成一个富有特色的产业集群。

海南省“十五”计划中，规划南部地区“重点发展以供应游客吃用玩带的旅游食品、旅游用品、旅游工艺品为主的旅游产品加工业。”时任海南省省长的卫留成于2001年5月23日的海南新兴工业投资推介会上指出：围绕旅游业发展工业，重点是在旅游消费品和旅游纪念品方面进行开发。

海南省旅游主管部门对旅游商品加工业较为重视。从2004年至2008年，海南省旅游局和海口市政府连续5年举办中国（海口）国际旅游商品交易会，极大地促进了海南省旅游商品及其相关产业的发展。

海南省的旅游商品加工业，主要行业有：旅游休闲服饰、旅游休闲食品、旅游纪念品等。

（一）旅游休闲服饰

目前，海南省有服装生产企业近1千家，主要分部在海口、东山镇、龙塘镇、澄迈、万宁、定安、琼海、儋州、三亚。从业人员5万多人，2008年工业产值14.22亿元。其中规模以上企业51家，省重点工业企业2家，6家服装企业被评为海南省著名商标企业。

海南服装业已形成一些产业聚集区。如：海口市琼山区的龙塘镇是一个只有3万余人口的小镇，而服装生产从业人员就近6 000人；全镇共分布着大大小小189家服装生产加工厂，全镇75%的生产总值来自于服装业，服装业已成为改镇的重要经济支柱。海口市秀英区东山镇也拥有大小服装加工厂近70家，服装行业从业人员达7 000多人，年产值约3亿元。这些厂家在全国大部分地区建了批发点，把批发生意做到了北京、上海、广州、深圳等大城市，个别厂商还在中国香港和新加坡设立了批发销售机构。

海南服装业已开始形成“中国海南旅游休闲度假服饰”这一区域品牌，形成休闲衬衫、丝绸凉衫、休闲鞋帽、沙滩泳衣、包饰等多个品种系列的生产格局。而休闲衬衫中，海南岛“岛服”有了很快的发展。

“岛服”开发始于1999年。生产富有海南特色的岛服，配上有海南特征的图案，印有海南字样或标志，让来访者带到国内外各地，带走的是海南的标志，也是海南岛的名字和形象，让旅游者来介绍宣传海南。这样海南的标志就自然而然地流行到世界各地。岛服的设计和生产被定为1999年海南外事侨务十大精品项目之一。“岛服”以其宽松、薄软的风格和浓郁的海南特色，得到广大外来旅游者的青睐，许多游客一到海南海南就穿上“岛服”，不少人临走时还买上一些“岛服”回去送给亲朋好友。“岛服”也成为海南官方和民间对外交往中的礼服，频频亮相于在海南举行的各种重大会议和庆典活动。海南岛岛服已有了“阳光岛”、“丝妮雅”、“金椰子”、“维特”等多个商标和专卖店，有300多种花色和款式。

（二）旅游休闲食品

每年有2 000多万游客畅游海南岛，来到海南的人都会被海南丰富、独特的特产美食所吸引，旅游热带动了海南特产旅游休闲食品的热卖。

1. 海南特产旅游休闲食品种类

（1）椰子类：传统椰子糖果、各种新式椰子软糖硬糖、椰花、椰角、椰糯糕、椰香酥饼、椰奶脆饼、椰片糖、速溶椰子粉、椰子酱、椰果食品等十多种。

（2）咖啡类：有“兴隆咖啡”、“福山咖啡”和“力神咖啡”、“南国咖啡”等多种品牌的选择。有各式生煮咖啡粉、速溶咖啡粉、椰奶咖啡粉等不同口味。

（3）热带水果类：深受游客欢迎的有以菠萝、芒果、香蕉、荔枝、杨桃、菠萝蜜、红毛丹、人参果、木瓜、火龙果等热带水果制成的果肉干、果脯、果味糕等。还有海南特产腰果仁、开心果等坚果类小食品等。

（4）海产干品类：有各种海产鱼干、鱿鱼（墨鱼）干、干制贝类、螺类、海参、虾仁、海蛇干、琼脂制品及海水珍珠粉等。

（5）特色茶类：不仅有海南久负盛名的白沙绿茶，还有澄迈椰仙苦丁茶、五指山生态苦丁茶、海南布莱特香兰茶、南海CTC红碎茶等各式特色茶叶。

（6）特色酒类：有浓郁黎族风味的山兰玉液、有闻名全国的保健酒椰岛鹿龟酒及海马酒、槟榔酒、地瓜酒等特色酒品。

2. 主要休闲食品生产企业

海南特产类旅游休闲食品近年来发展到十几个大类100多个品种，海南食品企业中有半数左右经营特产类食品。近年来，专门经营特产类旅游食品的企业如雨后春笋般出现并逐渐形成各种专业化的分工。有专门生产各种椰子食品的，像椰子糖、椰子粉、椰子酥、椰子糕等；光是椰子糖一类，就可开发出十几个品种，出现了以“春光”、“天际”、“南国”等为代表的一批有实力的椰子食品（糖果）生产企业。其中如：

（1）文昌春光食品有限公司，目前生产有椰子糖、椰子粉、椰子饼、咖啡、椰子糕和太妃糖6个系列120多个品种的产品，年产量达5 000多吨。

（2）海南香圣天然食品公司，用特色香荚兰豆深加工生产香兰茶。从1991年起在海南成功引种“世界食品香料皇后”香荚兰，并开发生产系列香兰茶。经过10余年的发展，该公司成功开发生产出“香圣牌”香兰茶类、苦丁茶类、商务茶类、特色茶类、果味茶类、外事礼茶类六大类几十个品种的茶叶，其主打产品“香兰红茶”、“香兰绿茶”、“香兰苦丁茶”及以海南各种热带水果原片粉碎或压榨后作为添加物制成的各类果味茶深受游客们的欢迎。近年来，产量逐渐上升至年产100多吨，产值600多万元，成为海南特色茶叶领域的领跑者。

还有专业生产小包装海产品的昌茂食品公司、琼海潭门海岛产品加工厂以及生产黄灯笼辣椒酱、胡椒等调味品的“得中”、“鸿旺”食品公司等都在特产热中得到了较快发展。

（三）旅游纪念品

海南省旅游业的快速发展，带动旅游纪念品加工业的发展，2009年上半年海南省旅游收入比去年同期增长15.6%，带动规模以下旅游工艺品行的发展，仅琼海市潭门镇就有海贝壳加工企业80家，据测算全省规模以下工业旅游工艺品产值比去年同期增长17.7%。

1. 海南旅游纪念品的主要种类

黎锦。黎族织锦是一种已有3 000多年历史的手工织造技术，被誉为中国纺织史上的“活化石”。黎锦花纹图案种类约有160多种，以纺绣、织染、织花为主，刺绣较少。各地黎族人民根据自己的喜爱，创造了多种织、染、绣技术。2007年“黎族织锦”已被列入“世界非物质文化遗产”保护项目。现在，古老美丽的黎锦走出了深山黎寨，成为海南最具地方特色的旅游工艺品。

近年来，海南省民族研究所、海南省民族织锦研究所、海南传世黎锦工艺研究所、海南锦绣织贝公司等机构的有识之士开始研究传统黎锦工艺的挖掘、抢救保护，各种款式的黎锦挂包、色泽鲜丽的黎族服饰、图纹造型独特的黎锦工艺品开始走向市场，古老的黎锦正在散发出新的光彩。目前，海南借助现代技术，研发出了可以水平操作的小栏机，代替了原来传统的脚踏织机和踞腰织机，用现代绘图技术代替原来一切构图全凭脑子记忆的模式，大大提高了生产能力。为了传承、保护和发展黎族织锦文化，海南省五指山市人民政府率先提出将该市建设成为全省最大的黎锦生产基地的目标，并成立了以市长为组长的生产基地建设工作领导小组，同时制订了基地的工作实施方案。他们决定利用5年的时间，对全市各乡镇具有一定织锦技术的农村妇女、下岗女工及待业女青年进行技术培训。截至2008年，该市已举办了3期技术培训班，共有160名农村妇女参加了培训，基本掌握了黎锦织造工艺。五指山市委、市政府又引进海南锦绣织贝实业有限公司和海南传世黎锦工艺研究所在该市成立了五指山黎锦坊文化发展有限公司，利用企业的力量，打造面向国内外的拳头产品。由黎族农村妇女创办的公司——琼中番道锦绣织贝有限公司，在琼中县什运乡番道村挂牌成立。该公司的成立得到了海南锦绣织贝实业有限公司的帮扶，村民根据对方提供的订单、图纸和各色棉线等材料进行生产，销售则交给海南锦绣织贝公司负责。海南传世黎锦工艺研究所在海南黎族聚居的琼中、东方、五指山等市县寻找到具有织锦技术的黎族妇女450多人，组织她们用传统的织锦技术手工织造黎锦，由研究所负责收购和推广销售。

2. 海水珍珠系列产品

海水珍珠是由结晶碳酸钙与特殊珍珠质组成，内含有28种微量元素，如硒、锗等，它们都是防癌和抗衰老物质，对防治甲亢、慢性咽炎等疗效明显；长期佩戴珍珠有护肤、养颜、祛斑、消皱的功效。

海南是我国海水珍珠的故乡之一。主要产自三亚市和陵水县，主要有白蝶珍珠母贝。乃我国南海特有。海南珍珠粒大质优，最大的珍珠王直径15.5毫米，高19毫米。海水珍珠项链、耳坠、胸饰晶莹华美，珍珠粉美容驻颜，俱为海南热门纪念品。目前，海南的珍珠旅游购物商场，以文化促进销售已逐渐成为一大特色，此类商场规模都较大，有几百、上千平方米，除了摆放丰富的珍珠商品供客人选购外，还没有展览厅，展出珍珠的历史、珍珠的文化、世界名珠、中外名人与珍珠、珍珠精品鉴赏、珍珠的用途等，并伴以投影录像、光电模型、实物展览、现场演示等手法，充分展示珍珠的各项文化内容。销售与展示相结合，文化活动和购物融于一体，使得商场购物气氛诱人，购销两旺。近年来，海南的珍珠市场销售额在增，2008年全省主要珍珠市场销售额约3亿元。

海南省海水珍珠的主要生产、经营企业：

（1）海南京润珍珠生物技术有限公司，是一家专业研究、生产、销售海水珍珠系列化妆品、保健品及生物制品的高科技企业。公司在海南陵水、临高以及广东雷州设有三个大型珍珠养殖基地，2008年在海口金盘工业区建起有4 500多平方米标准厂房的“京润珍珠科技园”，并在三亚建成面积2 500多平方米的珍珠文化馆。公司研制开发了八大系列近百种珍珠化妆品、保健品。公司营销体系网络遍布全国各地，在东北、华北、华东、中南、西南等地区设有办事处。“京润珍珠”已跻身国内同行业龙头企业行列。

（2）海南海之润生物工程有限公司的业务范围涉及生物工程技术开发、生物保健食品、美容护肤品等多个门类。公司下设生物工程技术开发中心，专门从事海洋生物领域新产品、新技术的开发应用。公司成立6年多来，先后开发了以海洋珍珠为特色的系列美容护肤品和保健品60多个品种，特别是采用现代最新生物技术，生产出了纯净无污染的海润纯珍珠粉、海水珍珠护肤系列。2004年“海润”珍珠层粉——纯珍珠粉获得国家知识产权专利，产品投放海南市场后，产生了强烈的反响，刮起了珍珠天然活性护肤风暴。

（3）三亚海钰珍珠有限公司投入2 000万元在三亚市兴建3 000平方米的珍珠购物中心。2008年，该公司还投资近3 000万元，在海南岛西部海岸的洋浦建立了面积为2 000亩海域的珍珠养殖基地，成为国内唯一能够生产海水黑珍珠的基地。目前，主要投放养殖了白蝶贝、黑蝶贝、企鹅贝及合浦珠母贝四大贝类约500万只，年产珍珠约350万粒。该养殖场的投产，将扭转海南海水珍珠养殖能力不足的现状，对提升海南珍珠的品质，丰富“海南珍珠”的内涵，树立“海南珍珠”鲜明的品牌形象，推进海南以及我国珍珠产业的发展都有着重要的意义，是海南珍珠养殖的又一次突破。

3. 椰雕

海南岛的椰雕已有几百年的历史，曾被作为“天南贡品”贡献朝廷。随着海南岛旅游业风生水起，椰雕也开始由高档精品向中低档旅游工艺品转型，成功走向市场。海南椰雕工艺品种类也由传统的300多个拓展到了1 000多个，仅仅利用椰壳制作工艺品一项，年产值就达数千万元，产品远销美国、加拿大、日本、新加坡、中国香港等国家和地区。

椰雕工艺分为三类：一是椰壳雕。用椰子壳的天然形态，把椰壳和贝壳嵌镶结合，按设计造型拼接成工艺品。产品有椰碗、茶叶盒、牙签筒、烟灰缸、花瓶、二胡、拼贴工艺画等。二是椰棕雕。用椰棕自然肌理效果，采用切、割、烫等方法加工成椰猴、椰猪、椰妹等各种人物、动物造型的工艺品。三是椰木雕。椰木向来是海南民间用来加工成木梁盖房子。20世纪80年代后，工艺厂开始用椰木加工成筷子、发夹等产品。截至1996年、椰雕工艺品种已由30多个发展到400多个。2001年，推出了全新的小饰品系列，将椰子壳雕成常见的热带动植物，再串成各式各样的手机链、项链、手袋等饰品。种类涉及挂包、椰花、纽扣、戒指、家居系列等。现在越来越多企业关注和参与椰雕开发，椰雕手链、椰雕腰带、椰雕木偶、椰雕钥匙扣等饰品应有尽有，业内人士认为这有助于形成一个产业化的集散市场。

椰雕工艺品曾在1984年获全国旅游优秀作品奖。1987年，椰棕雕四件套参加全国第二十届旅游产品内销工艺品交易会，获优秀旅游纪念品一等奖。1990年，椰棕系列工艺品获中国旅游产品购物节旅游商品天马银奖。1990年，五件套茶叶瓶、烟灰缸等获全国工艺旅游产品奖。1994年，椰雕嵌贝《舞蹈》花瓶，获国家旅游局、国内贸易部、轻工总会、纺织总会颁发的天马银奖。目前，椰雕产品已出口到美国、以色列等许多国家。

现在的椰雕工艺品厂，主要分布在岛内东部和北部地区，其中文昌东郊镇就有十来家配件加工基地，多以配件订单加工居多，长期有大规模的订单生产。随着海南旅游经济的发展，以及机械的大量运用和电脑的普及，椰艺旅游商品开发打开了更广阔的视野和更广大的市场。

4. 贝壳工艺品

海南省因为拥有多种多样辽阔海洋环境的海南海域，为各类软体动物栖息和繁衍提供了良好的生活条件，使海南成为各种贝类生物的生活乐园，品种繁多，形状奇特，色彩斑斓，特别是一些贝壳为海南所独有。海南海域近2 000多种贝壳，更给创造贝艺提供了广阔的空间。其中虎斑贝、白玉贝、夜光贝、五爪螺、猪母螺、珍珠贝、贞洁螺、唐冠螺、七角贝、猪耳壳、马蹄螺、角螺等，几乎不用雕琢，就成为惹人喜爱的天然工艺品。甚至直接就可以作为实用的生活用品，如马蹄螺可作烟灰缸、大角螺可用作号角等。贝壳稍加雕琢打磨，或与其他材料镶嵌，就可制成的各种画屏、器具、摆设等，具有光滑夺目、色泽明丽、自然清新，格调雅致的特色。贝壳制成的多种多样实用工艺品最受人们欢迎，如酒具、摆件、挂件、项链胸饰等，精美华贵不亚玉石。海南贝雕工艺在明代就有很高水平，后来在发展过程中又逐渐和古老的椰雕艺术融合起来，形成独特风格。现在大多精制的海南贝雕，都与椰雕拼合、镶嵌而成，或者用椰雕作座架。明丽的贝雕与古朴的椰雕对比强烈，互为映衬，构成一种和谐的美丽。近几年，以椰林风光、天涯海角、火山口、博鳌等海南名胜风景区为题材制成的各种小件贝雕画很受游客欢迎，而海南省创作的一些精美贝雕作品也频频在国内获奖。

海南省主要贝壳工艺品生产经营企业有：

（1）海南纨美实业有限公司

海南纨美实业有限公司是一家利用海洋贝类资源进行设计研发，加工生产，批发零售为一体的专业化开发公司。公司自2001年创立以来，先后建立了纨美沙贝画工艺加工厂、纨美贝壳饰品加工厂、三亚纨美海洋资源开发有限公司等。2006年公司在三亚市投资3 000多万元兴建“三亚纨美贝艺展览馆”。公司产品成为海南省对外赠送的首选礼品，被授予亚洲博鳌论坛年会元首专赠礼品、第53届世姐赛和第14届金鸡百花电影节指定礼品。2002年公司开发的贝壳画和沙画分别获得全国首届旅游纪念品设计大赛金奖、银奖和优秀奖；2002年公司开发的“沙贝字画”和2004年“贝壳花卉”分别获国家设计专利，从而成为具备自主知识产权的产品，产品销往全国各地及美国、加拿大、欧洲、新加坡等国家。

（2）海南海世界工艺品有限公司

海南海世界工艺品有限公司创立于2000年，是目前海南规模较大、品种较齐全、制作最专业的海洋工艺品民营企业，是海南贝壳、椰壳工艺美术制品行业较大的生产厂家。公司在海口、琼海、文昌三地建厂，员工总数达500多名，拥有十多台先进的激光雕刻、切割机，有一个500多平方米的展厅，展品丰富。公司以贝壳为载体，以海洋文化为切入点，相继开发出上百种海洋工艺品。

（四）名牌产品

自2004年至2008年，有12种产品获评“海南省名牌产品”。

2004年

1. 水晶饰品（三亚凤凰国际珠宝城有限公司）。

2005年

2.“京润”、“gN”京润珍珠粉（海南京润珍珠生物技术有限公司），2006年、2007年、2008年连续获评；

3.“海润”珍珠化妆品（海南海之润生物工程有限公司）；

4.“鑫生”镶嵌饰品（海南鑫生实业股份有限公司）。

2006年

5.“京润”、“gN”珍珠化妆品（海南京润珍珠生物技术有限公司），2007年、2008年连续获评；

6.“京润”珍珠饰品（海南京润珍珠有限公司），2007年、2008年连续获评；

7.“海润”珍珠饰品（三亚海润珠宝有限公司），2008年续获评；

8.“椰海”珍珠饰品（海南椰海珍珠科技有限公司），2008年续获评；

9.“海润”珍珠粉系列产品（海南海之润生物工程有限公司）；

10.“喜路来”男装（海南喜路来服饰有限公司），2008年续获评；

11.“美瑞德”镶嵌首饰（海南恒昌金银珠宝实业有限公司），2007年、2008年续获评。

2008年

12.“海润”珍珠粉系列产品（海南海之润生物工程有限公司）。

（五）旅游商品加工业中介服务单位

1. 海南省旅游商品企业协会

负责评定旅游商品经营单位等级，组织开展旅游商品研制、生产和开发，提供旅游商品信息、咨询服务等。

2. 海南省国际旅游服务中心

牵头组建松散型的海南纪念品经济联合体或集团，使旅游纪念品生产规模逐步扩大。通过市场调整和有效的政策扶持，目前海南的旅游纪念品市场出现了特色鲜明、便于携带、纪念性强和可批量生产的特色。同时也有了规模型的岛服系列、蝴蝶翅艺术系列、椰壳艺术系列和贝与沙系列产品。

（六）存在的主要问题

1. 海南省在旅游商品的研发、生产、销售等方面仍明显滞后。旅游购物收入占旅游总收入的比例仅为约20%，旅游业较为发达的国家，旅游购物收入占旅游总收入的比例为40%～50%，而海口目前尚未达到20%，大大低于发达国家旅游购物收入占40%～50%的比例。

2. 文化内涵挖掘不够、研发力量十分薄弱、生产工艺不高是目前制约海南省旅游商品产业发展的重要因素。

3. 同类产品多，低水平开发的一般加工产品多，高档高端产品少，深精加工产品少，产品知名度不高，全国知名品牌产品几乎没有，很多单品的市场认知度依然很低。

4. 加工企业均为中小企业，缺乏研发、融资等能力。

六、电子信息产业集群

（一）发展现状

海南省信息化建设起步早、起点高，但总体应用水平还不高，在全国处于中等水平。中共海南省委、省政府1997年提出建设“信息智能岛”，明确了信息服务业在信息智能岛建设中的基础性、先导性地位，对推动海南省信息产业发展发挥了重要的作用。通过10年的实践，海南省信息化发展环境不断改善，信息化建设取得了明显进展，信息产业出现了加快发展的势头。2008年，面对全球金融危机的压力，海南省信息产业也面临着各种严峻的挑战，但在业界的积极努力下，全行业经济继续平稳发展。全年实现主营业务收入78.58亿元，同比增长20.82%，其中：电子信息产品制造业实现销售产值11.73亿元，同比增长17.65%；规模以上软件服务业实现收入3.61亿元，同比增长99.45%；通信业实现主营业务收入54.74亿元，同比增长18.89%。

软件服务产业逐渐得到发展。截至2008年第三季度，海南省规模以上软件企业实现收入1.14亿元，同比增长46.15%。目前，全省共有软件和系统集成、网络服务业企业600多家，经国家主管部门认定的软件企业100多家，具有自主知识产权的软件产品近200个，国家级、省级计算机信息系统集成资质企业54家，涉及软件开发、系统集成、网络服务、信息产品制造等行业。软件产品开发包括网络安全、身份认证、办公自动化、旅游预订、财务管理、酒店管理、车辆管理、建筑工程预算、股市分析、信息服务等。在政府扶持和企业的努力下，海南省软件服务企业的管理水平和工程化能力日益提高，软件服务产业规模化发展已有了一定的基础。

海南省软件开发、系统集成和网络服务等信息产业领域涌现出一批各具特色企业，构筑了一定的产业氛围。全省十多所高等院校和职业技能学校设立了信息技术类专业，为软件开发和电子信息产品生产提供技术人员。海南省的软件企业开发的软件产品主要以省内应用为主，少数软件产品在全国各地销售和应用。海南义利达高新技术实业有限公司开发的产品“企业综合信息化应用平台”（包括客运站联网售票、结算、车载智能监控等），已成功运行于海南、江西、湖北、山东、广东、河南、重庆、辽宁等20多个省市的200多个单位，占据全国交通运输行业市场的近2/3，获第10届软博会“创新奖”；海口动网先锋网络科技有限公司开发的网络论坛软件，是我国同类产品中使用量最大、覆盖面最广的产品，使用互联网论坛的中国用户中有一半多在使用该软件，成为中国互联网论坛领域事实上的标准；海南欣科公司开发的PowerSchool教育教学平台信息系统获教育部全国多媒体教学软件大赛专业组一等奖，在教育行业被推广应用。

海南省软件服务外包业起步不久，承接美国数据处理的海南地意爱斯系统科技有限公司和承接日本软件外包项目的海南纽康信息系统有限公司正在成长。今年以来，海南天涯在线网络科技有限公司、科力电子信息有限公司也拓展了软件服务外包业务。

但因受国际金融危机等因素的影响，2008年下半年起海南省电子信息产品制造业增速和效益有所回落。销售产值比2007年同期回落4.12个百分点，利润同比下降17.64%，上缴税金同比下降31.95%。电子信息产品制造业投资规模和吸引外资增速显著减小。以液晶显示片、双面印制板、光纤光缆、IC卡为代表的主要产品的电子信息产品制造业固定资产投资和实际利用外资额，大幅减少，全年累计吸引外资到位总额为480万美元，同比减少69.81%。

（二）电子信息产业主要基地

海南省省委、省政府确立了“十一五”期间着力发展以软件产业为核心的电子信息产业的发展战略，全力推动海南生态软件园和三亚创意产业园两个园区的建设。

1. 海南生态软件产业园

海南生态软件产业园（简称RSC）位于海口西海岸盈滨半岛澄迈老城开发区内，占地3 000亩。软件园计划总投资50亿元，确立了4个产业发展重点：国家应急管理产业基地、旅游信息化示范基地、手机产业链整合基地、软件服务外包基地；以软件研发、软件外包、IT培训、呼叫中心、灾备中心、互联网媒体等为主，通过国内外招商推介，吸引知名IT企业入驻，构建以核心企业带动产业联盟群的产业链体系。力争在3~5年内可容纳4万~5万软件工程人员，在实现园区产值30亿元以上。目前首期入园企业包括中国软件公司、中软国际公司、中电科技公司、创新科存储科技有限公司（美国）、中国迪信通国际有限公司、宁波屹东电子股份公司、微软（海南）技术中心等。

中国电信已决定在海南生态软件园投资建设旅游信息化研发中心和互联网数据中心，5年内投资不少于32亿元；打造“城市光网”、“无线宽带数字城市”等。

2. 三亚创意产业园

三亚市人民政府在崖城镇崖洲湾划出12平方公里土地主导建设创意产业园，并在其中建设海南省电子信息产业基地。基础设施建设已经开始，一期入园项目已确定。创意产业基地定位为软件开发、产品研发、动漫游戏、影视、网络服务等创意产业，以及光伏产业、电子信息产品制造和IC设计、制造、测试与封装等。三亚市2007年至2008年共安排8亿元资金进行创意产业园基础设施建设。三亚创意产业园的分园——动漫产业基地，目前已投入运营，完成投资1 600万元，2008年5月被授予“海南省动漫产业基地”，在动漫影视制作服务市场上处于国内领先水平；目前包括深圳中兴国际投资公司、海南天涯在线网络科技有限公司、海云天网络科技公司、中国核工业建设集团公司、中国发展改革研究院、深圳清华研究所三亚力合高科创新园项目、北大科技园有限公司、华纳公司8家企业已签署了正式入园协议，协议总投资122亿元，项目前期投入已完成3 525万元；正在洽谈准备签约的项目有中国石油南海支撑基地、童星学校等项目，与大唐电讯、美国梅奥医学中心、用友软件、IDG、北京金鹰科技公司等企业建立了联系。北京电影学院动画学院三亚教学实习基地已落户；基地还与杭州宋城集团控股有限公司、印度图兹集团、北京泛亚投资顾问有限公司签署了项目合作开发意向书，将共同合作开发建设动漫原创等 11 个项目。深圳市中兴国际投资公司决定斥资 16 亿元建设研发中心，研发媒体电信网、数字版权管理、内容下载、3G 数据库等内容。

（三）龙头企业

1. 海南生态软件园投资发展有限公司

由中国电子信息产业集团公司、中国电子商会、迪信通集团 3 家按照现代企业制度于 2008 年 11 月成立，负责整个园区的规划、开发建设、营运与管理。股东之一、国内著名 IT 企业迪信通集团 2009 年向海南生态软件园注入 10 亿元的产值。迪信通集团还会整合上下游资源，在海南建立手机产业设计、研发中心，与国内外知名研发企业合作，打造自有品牌手机，推动海南信息产业发展。

2. 海南天涯在线网络科技有限公司

成立于 1999 年，注册资本 2 000 万元人民币；职员 311 名，为国内领先的互联网增值服务平台服务提供商。公司运营的主要项目有国内综合排名第一的全球华人虚拟社区——天涯社区（www. tianya. cn）、海南省最大的综合性门户网站之一——海南在线（www. hainan. net）。

（四）公共服务平台

1. 中兴通讯三亚研究所

于 2008 年 6 月成立，主要业务是中间件技术平台开发、新技术研究、编写技术解决方案等。该所于 2008 年 9 月将 300 多名通信技术方面的人才从南京和深圳等调集到三亚，其中 70% 以上人才拥有硕士和博士学位。该所计划聚集科研人员 3 000 人以上。

2. 海南卓威科技有限公司

海南卓威科技有限公司主要从事移动通信增值业务的开发及运营，是具有信息产业部颁发的《全国跨地区电信增值业务经营许可证》的企业，目前在国内主要经营的项目有 IVR 语音增值业务及全景网站。公司在系统集成、应用开发、测试、咨询等方面拥有丰富的经验。研发的产品已广泛应用到铁路、邮政、新闻出版、政府、电力、金融、商业等多个行业的呼叫中心、客服中心、CRM、电子商务和信息化平台项目建设中。公司在研发、工程实施、维护和服务方面已形成了完善的项目管理体系和客户技术服务系统，帮助客户建立个性化的信息系统和业务应用体系，确保用户在建设信息化应用系统和自身行业发展中发挥极大的效益。

3. 三亚科技创新投资担保有限公司

三亚科技创新投资担保有限公司是三亚市市政府控股的有限责任公司，主要从事现代高新技术产业的投资建设，投资重点是信息、创意产业、生物制药、热带高效农业、新能源、新材料、新技术、新工艺等；为高新技术企业提供资金支持，促进三亚高新科技产业园区的高新技术产业化、高新技术产业规模化；为中小企业提供信用担保。公司设有科技企业孵化中心，为科技创新型企业的创业过程提供全程的孵化服务，如提供工作场地、设立种子基金，提供资金支持，协助创业者监管在孵项目等。

（五）海南省支持电子信息产业发展的政策措施

1. 1997 年，海南省提出建设信息智能岛的目标。

2. 1998 年 8 月 7 日，海南省人民政府《关于推进信息产业和扶持高新技术信息企业发展的意见》。

3. 1999 年，出台《海南省“信息智能岛”规划框架》，明确了 2010 年建设目标：信息产业成为我省国民经济的重要支柱产业，信息化水平跨进全国先进行列；形成覆盖全省的、统一的宽带多媒体网络；建成运转高效、服务完备的电子政府和电子社区；信息技术成为新兴工业、高效农业和热带旅游业发展的重要推动和支持力量。

4. 2001 年 1 月 19 日，中共海南省委、海南省人民政府发出《关于加快推进信息智能岛建设的意见》（琼发［2001］1 号），提出了“十五”规划时期发展信息产业的目标和措施。

5. 2008 年 11 月，海南省完成了信息智能岛建设规划的编制，并形成了信息智能岛建设重大工程专项。海南省计划在未来 10 年内至少投入 108. 8 亿元，完成信息智能岛重大工程的建设。这些重大工程包括信息产业、文明生态信息村、数字旅游岛、国际航运枢纽和物流中心、企业信息化、海洋信息化、电子政务运营中心和综合信息化服务等专项。其中信息产业专项包括建设海南生态软件园和三亚创意产业园。

6. 2008 年 11 月 18 日，海南省人民政府发布了《海南省鼓励软件产业和电子信息制造业发展政策》（简称《政策》），《政策》重点突出在吸引企业进驻园区、留住人才和培育产业等方面做大做强。省财政设立电子信息产业发展资金，重点扶持海南生态软件园和三亚创意产业园建设，推动电子信息产业快速发展。对入园企业实行增值税、营业税、企业和个人所得税等多方面的优惠，着力吸引一批国内外知名企业进驻园区。对园区企业中的高级管理人员和技术骨干，在园区内连续工作 1 年以上的，工资薪金和劳务所得形成个人所得税地方分享部分给予 100% 的为期 5 年奖励；在园区内阶段性工作的，工资薪金和劳务所得形成个人所得税地方分享部分给予 60% 的为期 5 年奖励；对上述人员来源于其所在企业的股权、期权、知识产权成果所得形成个人所得税地方分享部分给予 50% 的为期 5 年的奖励，每人奖励总额不超过 100 万元人民币。对园区企业进行“三税”奖励。园区企业营业税、企业所得税、增值税的地方分享部分年纳税额度合计 30 万元以下的，扶持奖励企业 30%；30 万元至 60 万元的，扶持奖励企业 35%；60 万元至 100 万元的，扶持奖励企业 40%；100 万元以上，扶持奖励企业 50%。扶持期为 3 年。

7. 园区所在市、县也为各个项目的实施创造良好环境，在项目审批、选址、征地等方面给予大力支持。

（六）存在问题

1. 海南电子信息企业规模普遍偏小，对经济增长贡献较低；缺乏带动行业发展的大公司、大集团和大企业。

2. 投入不足，产业基础薄弱。

3. 人才匮乏，科技创新能力低，项目和技术储备与国内外信息产业发展趋势严重脱节。

4. 产产业链条不够完善，产业核心技术缺乏，自主创新能力仍有待进一步提高

5. 企业融资难度陡然增加。由于央行连续提高了金融存款准备金率，并已升至历史最高水平，中小企业融资难矛盾更加凸显。人民币不断升值，出口企业生产成本不断增加，企业盈利能力较弱。

海南省工业经济与信息产业局

保民生　促发展　竭力打造“民”“企”双赢发展格局

——发展中小企业促进农民工就业增收的调研报告

农民工就业问题是民生工程的重要内容，不仅关系到农民的增收和社会的稳定，更关系到社会经济的全面可持续发展。中小企业作为县域经济的重要支柱，作为吸纳就业的主要载体，其发展的程度和水平直接关系到这一问题解决得好坏，而农民工作为组成企业的基本元素，势必又会反过来影响到企业的生存和发展。当前，国际金融危机对我省实体经济的影响仍在持续，大量中小企业的发展问题和大批返乡民工的就业问题仍较突出。如何充分协调好这两这两者的关系，变困难为机遇，化被动为主动，既通过发展中小企业来解决农民工的就业，又通过农民工的就业来促进中小企业的发展，形成“民”“企”双赢的良好格局，成为当前亟须关注和研究的问题。为此，今年8月中旬，我局与省人大农委联合组织专题调研组，赴仁寿、安岳、邻水3县进行了实地调研，并对眉山、内江、广安、南充及其所属的金堂、阆中等市（县）有关情况进行了收集和分析。现就有关情况报告如下。

一、基本情况

（一）总体规模不断壮大，经济贡献作用明显

虽然面临国际金融危机的巨大冲击，但就目前的情况来看，我省中小企业发展呈企稳回升的良好态势，对全省经济的贡献作用明显。目前，全省中小企业总数达30.1万户，占到企业总数的99.1%。今年上半年，共计实现增加值2 603.41亿元，同比增长17.8%，对经济增长的贡献率为51.1%。拉动GDP达6.9个百分点。中小工业企业实现增加值2 049.97亿元，同比增长19.0%，对经济增长的贡献率为41.8%，拉动GDP5.6个百分点。其中，规模以上中小工业企业达12 544户，比去年年底增加685户，实现增加值1 974.66亿元，增长24.8%；规模以下企业保持较好上升势头，实现增加值75.31亿元，同比增长17.5%。

（二）吸附效应日渐突出，带动农民就业增收

中小企业的不断发展壮大，为社会就业特别是返乡农民工的就业增收提供了巨大的空间，起到了良好的“蓄水池”作用。从调查的情况看，安岳县中小企业就业人数3.2万，其中农民工2.5万人，占全县中小企业就业人数的78%，年均收入1.7万元。邻水县中小企业就业人数3.6万，其中农民工3.56万人，占全县中小企业就业人数的99%，年均收入1.56万元。仁寿县中小企业就业人数5.3万，其中农民工3.2万人，占全部就业人数的60%，年均收入1.98万元。金堂县中小企业就业人数7.6万，其中农民工4.9万人，占全部就业人数的64%，年均收入0.95万元。

（三）民工创业热情高涨，助推企业快速发展

从调查的情况来看，各地结合自身实际，纷纷制定了支持和鼓励农民工自主创业的相关措施，营造了比较好的创业环境，农民工返乡创业的热情不断高涨，既壮大了当地中小企业的总体规模，又为促进当地农民工就业增收提供了新的契机和舞台。截至目前，资阳市返乡创业人数达5 753人，创办企业730户，注册个体工商户4 000户。内江市返乡创业人数达1 468人，创办企业443个。广安市返乡创业人数达7 052人，创办企业、个体工商户3 348户，解决农村劳动力4.15万人。

总体来讲，我省中小企业的不断发展壮大，为农民工就业增收提供了巨大的机遇，而随返乡民工一道而来的技术和劳力、理念和经验、资金和资本等优势资源，又为壮大我省中小企业的总体规模和实力带来了新的生机和活力，“民”“企”双赢的格局已现雏形。

二、存在问题

虽然发展中小企业促进农民工就业增收的总体趋势良好，但这种双赢的格局还处在初步阶段，发展的线条还比较粗犷，很多困难和问题还亟须克服和解决。通过深入企业了解和听取情况汇报，我们了解到，当前的问题和困难概括起来主要存在以下三个矛盾。

（一）企业发展与自身实力的矛盾

一是管理实力不足。部分中小企业特别是规下企业属于传统的家族式、作坊式、粗放式的加工企业，企业家和管理团队的经营管理水平不高，对企业的整体发展缺少规划，缺乏做大做强优势产业、延伸产业链的胆识和信心，仅仅停留在资源加工、初级产品的阶段，不能很好地创造更大的产业价值。

二是科技实力不够。大部分企业特别是劳动力密集型的传统产业，科技投入少，产品技术含量低，缺乏革新生产工艺、开发新产品、创建自主品牌的能力和意识，企业的创新能力和竞争能力薄弱，市场应变能力差。

三是配套能力不强。大部分企业专业化生产程

度较低，规模效应难以体现，为龙头企业配套的能力不强，不能形成良性互动的产业集群发展态势。种种原因，导致部分企业有内在扩张冲动却欠缺实际扩张能力。

（二）民工就业与企业需求的矛盾

一是民工素质不适应。在家留守的农民工多数文化素质偏低，就业技能不高，难以适应到工厂、企业从事生产的要求。

二是民工技能不对称。由于当地缺乏相应的产业，导致部分返乡农民工无法找到发挥自身技能的企业就业。

三是就业信息不畅通。由于缺乏良好的就业信息服务平台，导致用工和求职信息交流不畅。种种原因，产生了企业用工不足而民工就业过剩的矛盾，部分企业因无法满足产量而不得不推掉生产订单，在一定程度上影响了企业的快速发展。

（三）融资需求与信贷投放的矛盾

这是当前中小企业发展最突出的矛盾，已成为制约中小企业发展的重大“瓶颈”。客观上讲，中小企业融资渠道仍然较为单一，大多依靠银行贷款，而由于其抵押物少或缺乏有效的抵押资产，信誉度不高，银行对其投放贷款普遍持谨慎严格的态度，使得小企业贷款门槛高、手续繁、额度低，特别对那些亟须短期流动资金的规下企业，由于资金链断裂，势必错失抓住机遇发展壮大的机遇。这些问题，产生了企业融资难而银行放贷低的矛盾，既影响银行业金融机构的良好发展，又严重制约了广大中小企业的健康快速发展。

三、对策建议

企业是就业的主体，就业是企业的基石，两者相辅相成，缺一不可。从本次调研的情况来看，不解决广大中小企业发展壮大的问题，就无法从根本上解决广大农民工的就业增收问题，而不解决好农民工的就业问题，也势必影响中小企业的良性发展，两者必将是共荣共生、合二为一的发展整体。为此，在参考了各地优秀经验和做法的基础上，我们特提出如下几点建议。

（一）找准出路，加大对中小企业发展的引导力度

要用好、用活、用足现有政策，严格按照省政府《关于加快中小企业发展的决定》要求，不断扶持中小企业快速健康发展，为农民工就业增收提供良好的平台。重点抓好产业发展的规划，深入结合本地资源优势和区位优势，确定几个有发展前景的特色产业企业，特别是带动就业力强、引领作用明显的劳动力密集型产业和农产品加工型产业，在资金、资源、土地、税收以及产业引导和产品销路等各个方面给予重点扶持，大力实施“中小企业成长工程”，竭力培育本地龙头企业，帮助形成技术成熟、科技含量高的自主创新品牌，并以此为核心，做长产业链，带动大量配套下游产业的梯队式、层次式、交互式发展，形成“五个一批”规下企业，同时，不断延展产业的触角，深入到普通农户的“地头”、“水头”和“手头”，逐步形成以点带线、以线联网、以网覆面的网状式产业结构，给广大农民工提供最多的就业岗位和就业机会。

（二）创新思路，竭力为全民创业提供优质的服务

要认真贯彻落实国家及省级对自主创业的各项优化政策，不断创新工作思路，尽快出台本地的配套措施；切实增加地方财政对支持中小企业发展的投入，不断加大创业基地的硬件建设，不断提升基地的服务功效，形成“包干式”、“一站式”服务机制，减少自主创业企业的办证手续；同时，强化舆论引导、加大宣传力度，为全民自主创业打造优质的软硬件环境。要重点支持和引导有资金、有技术、有实力的返乡民工自主创业，不断壮大本地中小企业的总体规模，不断调优本地产业的结构，不断扩大农民工特别是有技术的返乡农民工的就业选择面。对有资金但无好项目的创业者，要进行有效的创业指导和跟踪服务；对有技术、有前景但无启动资金的优质项目，可逐步尝试探索“零障碍零启动”的项目扶持机制，切实帮助农民工实现从打工到创业的孵化蜕变。

（三）广开“财路”，切实改善企业融资难的现状

要充分利用省上刚开业的“融资超市”，不断缓解当前中小企业融资难的问题。要学习借鉴好的融资形式，加快推进本地的融资平台建设进程，充分发挥中小企业担保公司的作用，加快组建中小企业会员制担保公司，积极探索会员制担保等多种形式的融资渠道。要积极推进中小企业融资工作“五方联动”机制，通过政银企定期联席会议和银企座谈会，积极向境内外金融机构推荐重点企业和项目，推动银企合作。要积极协调各金融机构进一步简化中小企业信贷流程、降低门槛，不断完善适应中小企业特点的信贷模式，建立信贷支持中小企业的长效机制。

此外，要加大就业技能培训和再就业培训，加大就业信息交流服务平台建设力度，加强就业信息发布、职业介绍和就业指导，同时引导企业分类管理，降低就业门槛，营造良好的社会就业氛围，为农民工就业增收提供最广阔的接纳天地，为中小企业健康快速发展提供最有力的人力保障，真正实现“民”“企”的双赢发展格局！

非公有制经济是加速我省工业化、城镇化进程的重要突破口

贵州省第十次党代会提出了工业化、城镇化、市场化、法治化和学习化的“五化”战略，以及“把发展非公有制经济作为做大做强贵州经济的突

破口”的要求，省委十届二次全会进而提出了“要把非公有制经济作为推进工业化、城镇化和市场化的重要突破口”的历史性任务。工业化、城镇化是“五化”战略的基础和主阵地，是实现跨越式发展和全面建设小康社会目标不可逾越的阶段，是实现富民兴黔的重要载体。非公有制经济具有新型工业化的主要特征，是加快城镇化发展的重要依靠，是新型工业化和城镇化建设的潜力、希望和出路之所在。

一、小荷才露尖尖角，全省工业化进程任重而道远

工业化是现代化的基础和前提，通过工业化带动一个地区经济实力在较短时期迅速提升，是国内外发展的一条基本经验。改革开放特别是近年来，我省工业持续快速发展，产业结构不断优化，以支柱产业为支撑、特色优势产业为依托、高新技术产业为先导的特色工业体系初步形成，资源节约和综合利用水平有所提高，工业经济效益不断提高，为全省国民经济持续、快速、健康发展做出了积极贡献，2003～2007 年，全省工业增加值年平均增长速度达到 14.7% 左右，全省规模以上工业企业实现利润年均增长 49.5%，第二产业占 GDP 总量的 41.8%。

纵向比，成绩显著，横向比，差距明显。全国工业化已进入中期发展阶段，我省工业化水平仍处于起步阶段，据中国社会科学院研究分析，2005 年贵州工业化综合指数为 13，比西部地区低 12 个百分点，比全国低 37 个百分点，为各省区市倒数第二位。

当前，我省交通、水利等基础设施建设加速实施，工业基础进一步夯实，人均生产总值突破 1 000 美元，意味着进入工业化加速发展期。同时又面临人口多，资源相对不足，生态环境脆弱等问题，意味着我省不能走传统工业化的老路，必须走新型工业化发展道路，既保护好青山绿水，又创造金山银山，实现贵州由工业文明向生态文明的跨越式发展。

二、春色满园关不住，非公有制经济是加速我省新型工业化的重要力量

新型工业化是指坚持信息化与工业化相融合，从而达到科技含量高、经济效益好、资源消耗低、环境污染少、人力资源优势能充分发挥的工业化道路。其具有以下特征：一是工业化同信息化等现代高科技发展紧密结合。二是注重经济、资源、环境、城乡之间的协调和可持续发展。三是充分发挥人力资源优势，实现劳动密集型产业同资金技术密集型产业相结合。

非公有制经济植根于市场经济、发展于市场经济，又作用于市场经济，是社会主义市场经济的重要组成部分。非公有制经济已成为我省创造社会财富、增加就业岗位、实现经济增长、增加财政收入、推动自主创新、催生新兴产业、构建和谐社会的中坚力量。在工业化进程中，非公有制经济为我省以国有经济为主体的基础支柱产业发展注入新的活力；成长为竞争性行业的主力军；造就了一大批第三产业和现代服务业的领军人物和龙头企业；在促进农业产业化，推动城乡协调发展，提高我省城镇化率，实现创业带动就业过程中具有不可替代的作用。2008 年非公有制经济所占全省工业增加值比重为 36.9%，比 2005 年提高了 3.3 个百分点。2008 年非公有制经济投资占全部社会投资金额的 49.8%，比 2005 年提高了 4.6 个百分点。农业、林业、牧业、渔业、采矿业、制造业、建筑业、租赁和商务服务业、批发零售业、住宿餐饮业、房地产业、居民服务和其他服务业的投资主要来源于非公有制经济。

1. 非公有制经济是信息化与工业化相融合的生力军

信息技术是经济增长“倍增器”，是经济发展方式的“转换器”，是产业升级的“助推器”。坚持以信息化与工业化相融合，是我省走新型工业化道路、提高经济增长质量和效益的必然要求。我省私营企业已达 6.38 万户，占全省工商注册企业总数的 62% 以上，绝大多数从事煤炭、食品、医药、旅游商品、装备制造业、化工、建材、商贸流通、批发零售、住宿餐饮、房地产等行业。这些行业是我省传统工业的主体，同时也涉及大量为工业配套服务的现代服务业。要达到信息化与工业化的融合，需要通过利用先进的信息化技术改造并提升这些行业，提高生产效率和服务效率，促进企业提高管理水平，催生新的生产经营方式和管理模式，如此就能迅速增强企业的核心竞争力和市场竞争力，进而提高全省工业企业的综合素质。同时，制定、贯彻、落实一系列扶持非公有制经济的政策方针，鼓励、支持和引导非公有制资本进入我省的能源和资源等基础、支柱产业，为以国有资本投资为主体的大项目、大企业提供配套产品和服务，对促进我省工业化和信息化的融合是非常必要的。

2. 非公有制经济是推动可持续发展的重要力量

良好的生态环境是我省最突出的竞争优势之一，建设生态文明是实现我省经济社会发展历史性跨越的根本途径。建设生态文明要求我们走资源节约型、环境友好型的绿色、可持续发展道路。我们在新的历史条件下实现工业化，必须同可持续发展战略结合起来，按照减量化、再利用、资源化原则，大力推进加强资源综合利用，全面推行清洁生产，形成低投入、低消耗、低排放和高效率的节约型增长方式。非公有制企业作为市场经济的天然微观主体，能自觉和主动适应市场变化，根据市场需求进行产品调整。因此，在资源日益紧缺、价格日益提升的市场环境中，非公有制经济企业依靠自身灵活机制和市场适应能力，以及在政府引导和支持下，会成为通过节约资源、发展循环经济来降低成

本、保持竞争优势的重要力量。如我省非公有制企业利用黄磷尾气加工高附加值产品、利用煤粉灰、矿渣等工业废渣加工新型建材和提取矿产品，都是非公有制企业走可持续发展道路的具体体现。

3. 非公有制经济是加快城镇化发展的重要依靠

新型工业化道路立足于城乡共同发展，工业化和城镇化互相促进、相互协调。2008 年我省城镇化水平为 29.1%，是全国唯一低于 30% 的省份。全省人口已接近 4 000 万，城镇化水平每提高 1 个百分点，将有约 40 万农村人口，也就是相当于一个中等县的全部人口的农村人口进入城镇生活、学习、就业。要实现我省城镇化率 2012 年提高到 35% 以上的发展目标，就意味着有近 300 万的农村人口要进城就业、进城消费。农民增收的根本途径是提高城镇化水平，在大力发展县域经济和实施小城镇战略的过程中，非公有制经济是创业带动就业的生力军，是新增就业的主渠道，而且同时是刺激消费需求的主要提供者和消费者。因此，提高城镇化水平，离不开提高非公有制经济发展水平，离不开提高非公有制经济的创业就业水平，离不开提高非公有制经济的投资水平。就我省而言，城镇化发展的主要依靠是非公有制经济，城镇化提速也主要依靠非公有制经济的快速发展。

4. 非公有制经济是充分发挥人力资源优势的重要出路

我省人口多、劳动力成本低，充分发挥人力资源优势是工业化的正确选择。省第十次党代会在科学认识分析定位贵州欠发达、欠开发省情的基础上，将人力资源与能源、矿产、生物、气候、旅游、文化等一同列为贵州拥有的七大优势资源，要求努力把全省巨大的人口压力转化为强大的人力资源优势。我们要正确认识和处理好发挥人力资源优势和推动新型工业化的关系，更要充分认识非公有制经济在发展劳动密集型产业、加强技术创新和推进人才资源向人才资本转化方面所起的重要作用。我省加快工业化、城镇化发展必须有强大的人力资源作为支撑，非公有制经济在管理创新、劳动者素质提高、技术进步和提高市场竞争力等方面的作用是显而易见的。

三、直挂云帆济沧海，突出当前非公有制经济发展的重点

1. 学习实践科学发展观，加深发展非公有制经济的认识

在深入学习实践科学发展观活动中，要更进一步解放思想，提高非公有制经济在加快我省“工业化、城镇化和市场化”进程中地位和作用的认识，加深非公有制经济是贵州经济发展的突破口的认识，研究提出改善我省发展环境、市场环境、投资环境的具体措施；提出解决中小企业、非公有制经济融资难的具体办法；提出完善和改进中小企业、非公有制经济社会化服务水平的政策措施。在实际工作中树立“服务非公有制经济也是服务人民”的观念，让一切劳动、知识、技术、管理、资本的活力竞相迸发，让一切创造财富的源泉充分涌流，在全省形成“想富、敢富、快富”的新局面，增强发展非公有制经济的动力。

2. 优化提升，积极转变非公有制经济发展方式

注重利用信息技术和先进适用技术对非公有制企业的改造，改变企业发展方式，积极引导和鼓励非公有制经济从主要依靠增加物资资源消耗向更加注重科技进步、劳动者素质提高、管理创新转变，从主要依靠企业单干向更加注重专业化协作配套和产业集群发展转变，从单纯追求经济效益向更加注重提高经济效益与履行社会责任相结合转变，走清洁发展、节约发展、安全发展、和谐发展和可持续发展道路。

3. 改善服务，解决当前非公有制经济经营中的主要矛盾

坚持“非禁即入”原则，继续放宽市场准入条件，在全社会营造尊重非公有制经济企业家的良好氛围，推动全民创业，以创业促就业。优化融资生态环境，形成“政银企保”的良性机制，扶持民间融资机构发展，发展多层次的资本市场，缓解非公有制经济融资难问题。加大资金、技术、土地、人才等支持力度，简化手续，减轻负担，健全社会化服务体系，建立激励和表彰机制，引导非公有制经济依法经营、自主创新、创建品牌、科学管理。

4. 加强领导，形成推动非公有制经济加快发展的合力

加强对中央和省出台的各项促进非公有制经济发展政策的贯彻落实，坚决破除“玻璃门”和“肠梗阻”现象。充实和完善省、市、县三级政府非公有制经济办公室职能，建立“一把手”及主要领导抓非公有制经济发展的责任制度，提高非公有制经济发展指标、企业经营环境改善指标在地方政府考核目标中的比重，形成政策切实落地、措施切实到位、服务切实满足，权益切实保障的工作格局。充分发挥各级工商联、商（协）会及各类中介组织的助手、桥梁、纽带作用，注重对非公有制经济的引导教育，积极建言献策，同心协力，共同促进我省非公有制经济又好又快发展。

大力发展非公有制经济，意义重大，任务艰巨。我们相信，在省委、省政府的领导下，在各级政府部门的努力工作下，在社会各界的关心支持下，在非公有制企业的奋斗开拓下，我省非公有制经济一定会在绿色的、可持续发展的新型工业化道路上大放光彩，真正成为“工业化、城镇化和市场化的突破口”。

（贵州省经济和信息化委员会　龙超亚）

云南省中小企业融资情况调查分析及建议

为了准确把握、深入了解云南省中小企业融资

现状，为下一步解决融资难问题提供政策依据和可行性建议，2009 年 12 月，我处在昆明、曲靖、玉溪、大理、红河和楚雄六个州市抽取了部分中小企业进行融资调查。调查结果显示，我省中小企业融资困难，严重影响中小企业发展壮大。

一、企业融资现状分析

本次对我省中小企业的调查共发出问卷 45 份，到目前为止收回 35 份。问卷的内容涉及企业的融资需求、所属行业、企业年销售收入、成立时间、目前融资形式、贷款主要用途等多方面。

（一）样本企业概况

本次调查抽取的企业，均是目前发展比较受关注，获得当地政府或中小企业管理部门扶持的发展状况较好的企业，调查结果代表的是我省中小企业中发展势头强劲的企业的融资状况。此次调查的企业所属行业有 25 户是加工制造业，5 户是农业，5 户其他企业。在接受调查的企业中，从建立到 2009 年，成立时间在 3 年以内的有 5 家，占总数的 14.3%；成立 3～5 年的 3 家，占总数的 8.6%；成立 5～10 年的 8 家，占总数的 22.9%；成立 10 年以上的 16 家，占总数的 45.7%。从企业的年销售收入来看，22.9% 的企业年销售收入在 1 000 万元以下；37.1% 的企业年销售收入在 1 000 万～5 000 万元之间；25.7% 的企业年销售收入在 5 000 万～1 亿元之间；而大于 1 亿元的只占所有企业的 14.3%。

（二）企业融资情况

银行贷款是我省中小企业最重要的外源性融资渠道，但银行主要提供的是流动资金以及固定资产更新资金，而缺少长期性信贷，且中小企业获得银行贷款的难度很大。根据中小企业问卷调查的结果，“中小企业目前的融资形式” 中，金融机构贷款占 80%，亲朋借款占 11.4%，通过担保公司到银行贷款占 8.6%，其他方式占 5.7%，调查问卷统计显示中小企业最想从银行获得资金，但实际情况非常严峻，被调查的中小企业 2009 年融资需求为 10.92 亿元，最终从银行获得贷款 4.48 亿元，仅满足贷款需求的 41%。而 2010 年，企业的融资需求为 13.7 亿元，如果融资难的现状得不到改善，企业将面临更大的资金缺口。

从企业的自身因素来看，按对获得贷款的重要性排列，依次为企业规模、盈利状况、企业信用信息、抵押品、行业因素、企业财务制度以及其他因素。其中，认为企业规模最重要的占 68.6%，盈利状况最重要的占 54.3%。参与调查的企业 2009 年共获得银行贷款 4.48 亿元，其中，年销售收入 1 亿元以上的企业获得的贷款占 31%，年销售收入 3 千万～1 亿元的企业获得的贷款占 51%，年销售收入 1 千万～3 千万元的企业获得的贷款占 14%，年销售收入 1 千万元以下的企业获得的贷款占 4%。也就是说，80% 以上的贷款给了中型企业，而小企业获得的贷款，不足贷款总额的 20%。

从企业的融资需求满足率来看，全部参与调查的企业 2009 年的融资需求满足率仅 41.01%。销售收入在 1 亿元以上的企业满足率偏低，是由于样本数太小，其中融资需求最大的一家企业，其 4 亿元的融资需求完全没有得到解决，而其他几户销售收入亿元以上的企业，其融资需求满足率均达到 50% 以上。销售收入在 1 千万～1 亿元之间的企业，获得贷款的情况相对较好，融资需求满足率达到 60% 以上。销售收入在 1 000 万元以下的企业，融资需求满足率仅为 32.3%。具体如表 1 所示。

表 1 企业融资情况

销售收入	户数（个）	2009 年融资需求（万元）	2009 年获得贷款（万元）	满足率（%）	2010 年融资需求（万元）
1 亿元以上	5	59 000	14 000	23.73	63 000
3 000 万～1 亿元	15	36 050	22 700	62.97	56 250
3 000 万～1 000 万元	7	9 200	6 480	70.43	12 150
1 000 万元以下	8	4 950	1 601	32.34	5 600
合计	35	109 200	44 781	41.01	137 000

在企业获得贷款的用途分布方面，有 74.3% 的企业表示用于扩大生产，有 71.4% 表示用于技术改造和研发，8.6% 的企业用于维持正常生产支出，用于其他方面的占 2.9%（有企业选择多种用途，因此比重之和大于 1）。

在金融危机情况下，有 14.3% 的企业表示企业的融资成本大幅上升，增加了 30% 以上；有 20% 的企业表示企业的融资成本中幅上升，增加了 15%～30%；有 40% 的企业表示企业的融资成本小幅上升，增加了 15% 以下；有 8.6% 的企业表示企业的融资成本没有变化；有 2.9% 的企业表示企业的融资成本下降。

从贷款被拒的情况看，被调查企业中，仅有 20% 的企业一次性申请获得了贷款，80% 的企业都曾一次甚至多次被拒。银行拒贷的理由主要是无有效资产抵押和信贷规模紧张。企业认为中小企业融资难的主要原因依次为：抵押担保难、政府扶持力度不够、企业经营状况、信用评价体系不健全、商业银行的营利性以及其他原因。

二、结论

通过上述的分析过程，在我省中小企业融资的过程中，可以得到以下一些结论：

（一）云南省的中小企业在普遍存在资金短缺现象，成为其进一步发展的主要障碍

在这一过程当中，缺少金融机构的必要支持成为除企业自身原因之外的最重要影响因素。除了银行较高的门槛之外，中小企业本身财务制度不透明、盈利状况不好等企业存在的问题也是难以从银行获得贷款的重要影响因素。

（二）融资方式比较单一，缺乏直接的市场融资渠道，是当前在调查的中小企业里普遍存在的问题

调查结果显示，担保公司的作用并没有很好的发挥，民间信贷更是没有一家企业选择。而在浙江、江苏等中小企业发展迅速的省区，几乎所有的企业在创建时以及发展过程中都会通过民间融资这一渠道来获得资金。

（三）在金融危机情况下，企业融资成本大幅上升

金融危机发生后，受国家货币政策影响，银行可用信贷规模减少，各家银行普遍提高了中小企业贷款门槛，加上评估、保险、担保等费用，多数中小企业特别是小企业融资成本高达15%以上。国家实施适度宽的货币政策后，尽管银行放开中小企业信贷规模，但受经济大环境影响，中小企业经营困难增加，银行放款更加谨慎，企业融资成本居高不下。

三、云南省中小企业融资难的对策分析

（一）推进中小企业信用体系建设，逐步培育提升中小企业的信用意识

企业信用是中小企业融资的桥梁，信用差则融资难，因此，推进中小企业信用体系建设要注重于以下几个方面：第一，应以可持续发展为目标，树立企业信用就是企业生命的宗旨。第二，加强企业道德反化建设，建立企业信用文化和道德的价值观。第三，建立企业信用管理制度。推进中小企业信用体系建设要着力在中小企业信用征集与评价、信用档案建立和大力开展诚信活动等方面进行积极努力探索，逐步建立、完善中小企业信用体系，使更多的小企业在市场经济条件下进一步更新意识，强化管理，提高自身的融资能力。

中小企业自身要注重诚信建设，树立良好的企业法人形象；要着力提高企业的信用等级，切实做到有借有还、按期还贷，杜绝不良信用记录；加强内部管理，规范企业财务制度，规范自身经营管理行为，逐步建立健全内部的财务、会计制度，提高企业财务状况的透明度和财务报表的可信度；调整结构，转变发展方式，顺应国家宏观调控，加快推进技术创新和产品结构调整，实行转型升级，使产品符合国家产业政策和环保政策，实现又好又快发展，不断增强市场竞争能力、盈利能力和抗风险能力；密切与金融机构的联系，争取金融机构的支持，要主动加强与金融机构之间的联系和沟通，积极参加政府部门组织的银企对接活动，扩大了解，增进互信，求得共赢。

（二）完善金融市场与金融工具，改善中小企业的融资环境

引导、激励金融机构加大对中小企业的信贷支持，当前尤其要充分发挥财政政策的引导和激励作用，撬动中小企业信贷投放，放大信贷规模；深化金融改革，加快金融创新，通过建立新型金融组织，进一步健全中小企业金融服务体系；加快信贷产品的开发和推广力度，将业务品种覆盖中小企业生产经营、贸易融资、物流运输、工程建设、厂商联动等各个方面；加快抵押方式的创新，适当放宽抵押资产的范围，为中小企业扩大抵押贷款提供方便；优化信贷业务运作流程，精简审批环节，提高审批效率，提供优质高效服务。

（三）构建多层次信用担保体系

加强政策的执行和运作，完善中小企业信用担保多层次体系，鼓励和支持设立中小企业担保机构，充分发挥其作用，寻找合适的市场切入点，积极有效地开展业务。目前，实力较强的担保公司要强化管理，规范运作，加强与银行的合作，扩大担保贷款倍数；实力较小、组建后未开展担保业务的公司当务之急是要增加注册资本，把公司的实力做强，具备担保能力，尽快开展业务。加快建立省级再担保公司，为部分目前资本实力较弱的市、县担保机构提供再担保，分散担保行业风险。进一步做好对信用担保机构的评级试点工作，逐步形成较为科学的评价体系，加强对信用担保机构的监管力度，促进全省信用担保体系发挥应有的作用。

（四）加强和完善政府职能，引导中小企业走向多种创新融资模式

着力规范信用市场，完善金融结构，推动金融工具及金融衍生工具的流通，制定完善的法律和政策体系，鼓励创新、推动融资市场化，推进中小企业发展，努力改善中小企业融资的外部环境，整治社会信用环境较差，企业信用意识淡薄的不利局面，引导企业逐步提升融资的内部条件。充分利用资本市场和债券市场，积极推进中小企业上市和发行债券等工作，努力提高中小企业直接融资比重，建立健全企业上市引导、扶持和培育工作机制，制定企业上市激励机制，重点加强盈利能力强、市场占有率高、发展前景好的中小企业改制上市工作，着力提高中小企业直接融资能力。积极探索中小企业集合发债券，研究解决好集合发债的担保问题，设立中小企业集合发债补贴资金，降低中小企业集合发债的成本。

（云南省工信委中小企业处　张云江）

生产性服务业成为上海市经济转型的强大引擎

——上海市生产性服务业发展调研报告

一、上海市生产性服务业发展基本情况

生产性服务业是指为保持工业生产过程的连续性、促进工业技术进步、产业升级和提高生产效率，与制造业直接相关的配套服务业，贯穿于企业生产的上游、中游和下游诸环节，把日益专业化的人力资本和知识资本引进制造业，加速第二、三产业融合，具有高科技含量、高人力资本投入、高附加价值、高产业带动力、高开放度、低资源消耗、低环境污染、低碳化转型等特点。

（一）国内外生产性服务业发展的趋势

国外生产性服务业发展主要经历了三个阶段：20世纪50～70年代，以财务、总量控制、存货管理等辅助管理为主，70～90年代以管理咨询、市场营销咨询和工程咨询等为主，90年代以来以信息和信息技术、创新和设计、科技合作和国际大项目融资等为主。目前，西方发达国家服务业占生产总值70%以上，生产性服务业占服务业的70%以上，生产性服务业已成为世界经济中增长幅度最快的行业。从发展趋势看，生产性服务业呈现服务方式虚拟化和外包化、服务机制模块化、服务空间载体集群化、服务功能创新化等特点。20世纪90年代以来，我国工业化进程明显加快，为生产性服务业的发展提供了广阔空间，生产性服务业加速增长，在服务业中的作用和地位不断上升。国家“十一五”规划纲要提出要大力拓展的六种生产性服务业：现代物流业、国际贸易业、信息服务业、金融保险业、现代会展业和中介服务业。

（二）上海市生产性服务业发展历程

上海土地面积仅占全国的0.06%、人口占全国1%，完成的财政收入占全国的1/8，港口货物吞吐量占全国的1/10，口岸进出口商品总额占全国的1/4，在全国经济建设和社会发展中具有十分重要的地位和作用。2003年原上海市经委首次在《上海工业产业导向及投资指南》中将“生产性服务业”列入鼓励类栏目。2004年，根据胡锦涛总书记要求根本扭转上海服务业发展“短腿”局面的指示，上海市委市政府推出了一系列重要举措。2005年，上海市制定《优先发展现代服务业行动纲要》和《优先发展先进制造业行动方案》，明确提出大力发展与制造业相融合的生产性服务业，提出支持金融、信息、物流、文化服务、专业服务、载体建设等生产性服务业发展的相关支持政策。2006年，上海市把发展服务业放在更加突出位置，提出在加快服务业发展中推进结构调整，形成服务经济为主的产业结构。2008年上海市提出，发挥上海在商务环境、工业基础、人才资源、科技教育、口岸枢纽等方面具有较强的比较优势，尽快发展生产性服务业，重点聚焦商务、物流、科技研发、设计创意等生产性服务业，力争有新突破。进一步推进生产性服务业功能区建设，通过规划布局引导生产性服务业向集聚化、专业化方向发展。目前，第一批19个生产性服务业功能区总规划用地达3 283.86公顷。生产性服务业门类涉及：总集成总承包；专业维修服务；节能环保服务；科技研发服务；创意产业；时尚产业；技术推广、技术转移、技术经纪、科技交流等服务；科研支撑条件共建共享服务；产品质量认证和质量监督检验检测服务；国际服务外包；产业公共服务平台建设等。2008年上海市服务业收入占GDP收入的50%，生产性服务业占服务业收入的50%，生产性服务业正在成为上海经济转型的强大引擎。

（三）世博会成为上海生产性服务业发展的重要里程碑

2010年世博会是上海发展现代服务业的一个重要里程碑，世博会带来包括生产性服务业在内的服务业三类行业的十大商机。

1. 促进支柱行业

（1）金融服务：据初步估计，上海世博会直接投资将达30亿美元，而由此带动延伸领域的投资将放大5～10倍，即150亿～300亿美元，相当于1 200亿～4 000亿元人民币，这将促进上海金融机构集聚的加快和金融发展环境的优化。（2）世博品牌建设和市场开发：世博会主办部门将与企业合作开展世博会的品牌经营，在世博会会徽、会标和吉祥物的特许经营方面，也蕴藏着丰富的商机。（3）现代物流业：200多个国家与国际组织前来参展，为物流业带来巨大商机。（4）房地产的建设和开发：世博会园区内展馆和配套设施达200万平方米，诸多的建设项目必将极大带动房地产业及相关领域的发展。

2. 带动新兴行业

（1）科技创新和信息技术应用：科技创新是世博会的核心，在都市圈规划和建设、城市安全与防灾、交通一体化和智能化等诸多方面，都需要有最新技术做支撑。（2）会展业：会展业是世博经济中最具吸引力的领域，市场空间巨大。（3）旅游业：按照预期目标，上海世博会将吸引200多个参展国家、地区和组织，参展人数达到7 000万，旅游业收益可达800亿元。（4）管理、咨询等中介服务：世博会招商工作涉及融资、法律、会计等专业服务，招商需要商业、旅游、交通等配合，宣传推广需要高质量的广告、公关水平。

3. 撬动潜力行业

（1）文化娱乐：拓展文化娱乐产业，形成多层次多元化格局。（2）人力资源服务：通过引进国际证书、自主开发培训项目等形式，培养一批世博人才。包括会展策划、项目管理、展览承建、会展运营、翻译、票务组织、纪念品开发、货代物流、市场营销、广告经营、公关等。

同时，世博会对上海现代服务业的发展将产生直接和深远的影响，主要表现在四个方面：（1）加快上海服务业国际化的进度，包括服务设施、主体、内容、标准和理念的国际化。（2）加大上海服务业市场化的力度，包括投资主体多元化和经营主体的市场化。（3）加快上海服务业规模化的速度，企业单体规模化和行业整体规模化都有新的突破。（4）提升上海服务业专业化的程度，比如会展行业将细分为活动策划、场馆管理等更加专业的行业。

二、上海市生产性服务业发展的基本经验

大力发展现代服务业，特别是生产性服务业，不仅是上海加快转变经济发展方式，突破资源、能源和环境制约的必然选择。也是实现科学发展、凸显上海城市特色，提高中心城市辐射力，赢得新一轮发展的最大平台。通过多年的发展，生产性服务业在政策保障、资金支持、组织建设、平台服务、发展领域等方面都形成了较为完善的体系，对促进上海生产性服务业发展起到了积极作用。

（一）工作重点突出，推进措施有力

上海市有着庞大的制造业基础、集中的科研院所、良好的商务和人文环境，市委市政府提出把发展服务业特别是生产性服务业作为解决经济增长与结构性矛盾、实现可持续发展的突破口，放在更加重要的位置，在加快服务业发展中推进结构调整，形成服务经济为主的产业结构。引导生产性服务业向集聚化、专业化、高层化方向发展，为上海城市功能提升和先进制造业结构升级提供支撑和带动作用。重点发展总集成总承包、物流服务、商务服务、金融服务、设计创意服务和电子商务，到2010年使六大生产性服务业营业收入力争占第三产业比重达到75%以上。

（二）出台多项措施，引导非公经济进入

鼓励非公经济参与配套产业的发展，为电子信息、装备制造、船舶海洋、航空航天、新能源、新材料、生物医药等提供专业化配套服务。引导非公企业以中介服务、信息服务、航运物流、文化服务、生产性服务业等现代服务业重点领域为主发展，筛选支持非公服务企业在这些领域的重点产业项目和区域功能项目。在本市重点推进的产业集群中，重点培育发展一批专业化配套服务的中小企业。

（三）合理规划布局，集约利用土地

重点推进生产性服务业功能区建设，使其成为全市生产性服务业发展的重要载体，推动上海城市经济从产品制造向知识制造的转变。结合上海制造业发达的基础和产业结构升级转型的需要，依托现有的工业用地、工业区、工厂等，突出产业转型、产业升级以及产业链的延伸和完善。鼓励中心城区重点发展现代服务业，加快建设高档商务楼宇，继续推进创意产业园区建设发展。允许零星工业点在符合规划的前提下，大力发展生产性服务业，积极培育配套的社会服务。鼓励郊区大力发展先进制造业，支持有条件的旧工业基地和工业区发展生产性服务业。鼓励“腾笼换鸟”，充分利用存量房产和土地，对现代服务业聚集区、创意产业园区内的工业项目，经过产业部门认定后，在不改变使用权人、土地用途条件下，支持原用地者利用存量国有建设用地兴办信息服务、研发设计、创意产业等现代服务业。发展生产性服务业功能区内企业总部和研发中心项目，在生产性服务业功能区内并符合相关规划的前提下，对经过产业部门认定的企业总部和研发中心项目的建设用地，可以通过工业用地“招、拍、挂”方式进行出让。

（四）设立引导资金，扶持企业发展

2007年，上海市政府设立“上海市服务业发展引导资金”，由市和区县两级财政共同筹措，主要用于服务业发展中的薄弱环节、关键领域、重点区域和新兴行业：如物流、航运、文化、会展、旅游、信息服务、专业服务等。2007～2008年市财政预算安排2亿元，获得资金支持的区县按照不低于1:1的比例配套，采用无偿资助或贷款贴息的方式使用。增加安排地区总部发展专项资金，对新入驻本市的跨国公司地区总部通过资助和奖励等方式进行扶持。鼓励本市服务业企业申请国家服务业引导资金，为其申请项目提供配套资金。

（五）实行税费减免，减轻企业负担

扶持科技型非公企业发展，对经认定的高技术服务业企业和先进制造业中的高新技术企业，从2008年1月1日起，减按15%的税率征收企业所得税。鼓励专业服务业发展，对本市具有鉴证职能的各类会计、税务、资产评估、法律等专业服务机构，从事代理业务，可按其取得的全部收入扣除支付给协作方相关费用后的余额征收营业税。积极支持现代物流业发展，加快物流企业差额征收营业税政策试点。鼓励动漫产业发展，经认定的动漫企业自主开发、生产动漫产品，可申请享受国家鼓励软件产业发展的有关增值税优惠政策；动漫企业自主开发、生产动漫产品，涉及营业税应税劳务的，暂减按3%的税率征收营业税。

三、甘肃省发展生产性服务业的战略重点

当前，甘肃省仍然处于工业化中期阶段，随着全面建设小康社会的深入推进和工业化、城镇化、市场化的加速发展，已初步具备加快发展生产性服务业的诸多有利条件。特别是“十一五”以来，全省国民经济持续保持了较快发展的良好势头，进入历史上发展最快的时期之一，以工业为主导的经济增长特征，发展商贸、物流、金融、咨询等生产性服务业空间巨大。要把握工业与服务业日益融合的趋势，把发展生产性服务业作为甘肃产业集群转型升级的一个重点方向，加强工业与服务业的分工合作，大力发展生产性配套服务业，使服务业与工业一道成为未来甘肃省经济增长的重要支撑。

（一）着力打造区域性大服务框架体系

紧紧围绕我省的有色冶金、石油化工、装备制造、机械电子、现代医药、新能源、新材料和农副产品深加工等支柱产业，以兰州白银都市经济圈为核心、陇东与河西为两翼，促进制造业和服务业融合，打造一体化的服务网络。加快发展信息服务、现代物流、电子商务等生产性服务业，加快发展教育、培训、科技、咨询等知识性服务业，强化金融服务、中介服务等公共服务职能，拓展服务领域，打造公共服务平台。

（二）大力推动兰州商贸中心建设

甘肃在西北地区居于座中联四的中心位置，具有承东启西、南拓北展的区位优势，是中东部与西北、西南连接的枢纽。今后几年，随着兰渝铁路、兰成铁路、西平铁路、天平铁路、兰新铁路第二双线、宝鸡至兰州客运专线等铁路建设项目和兰州铁路集装箱中心站项目、兰州枢纽编组站、兰州新客站等铁路枢纽配套工程的开工建设，甘肃的铁路路网密度将达到全国平均水平，交通运输设施通行能力将进一步增强，这对发挥甘肃区位优势、形成新的通道经济具有重要意义。同时，国家新确定的《物流业调整和振兴规划》将兰州列为西北物流区的中心和全国性物流节点城市，将会大大加快兰州商贸流通业的发展，使兰州成为服务西部地区、辐射全国的物流中心，并逐步发展为面向西亚、俄罗斯及东欧诸国的区域性物流中心。一是吸引国内外大型企业到兰州设立地区总部、配套基地、采购中心、物流中心、营运中心和研发中心，把兰州白银建设成西北最大的商贸物流中心。二是重点扶持能与我省资源优势紧密联动的现代物流骨干企业做大做强，以中心城市为重点，抓好物流园区建设，着力打造辐射全省、连接全国市场的物流平台和区域性物流中心。三是推进物流信息化，改造提升运输、仓储、邮政等传统物流企业和工商企业物流，加快整合、改造和提升物流资源，推进现代物流与电子商务的融合，大力培育物流市场和第三方、第四方物流企业。四是加快推进区域性批发市场由单一的批发向“批发+物流”的转型，力争尽快形成一批产业带动力强、集聚辐射力大、专业特色鲜明的批发市场集聚区或集聚带。

（三）大力推动兰州区域金融中心建设

积极培育和发展金融市场，争取更多的区域性金融机构、营运中心和外资金融机构落户兰州，并在各市州设立分支机构，着力构建多元化金融服务体系。建设区域性非上市公司股权交易市场，发展产业投资基金，发行用于市政建设的项目收益债券。加快金融产品创新，发展企业贷款担保机构和消费信贷担保机构，继续完善和发展保险经纪、证券中介、投资咨询、信托投资、融资租赁等机构，完善风险投资服务中介体系，发展小额贷款公司和民营中小企业，努力提升金融市场的服务水平。

（四）大力推动兰州和白银高新区升级

高新区是我省发展生产性服务业的战略高地。兰州高新区是1991年经国务院批准成立的国家级高新区。白银高新技术产业园区2001年创建，2004年确定为省级高新技术产业开发区。经过多年的艰苦创业，在园区建设、招商引资、成果转化、产业发展等方面取得了显著成绩，成为甘肃省高新技术产业基地和新的经济增长极。兰州高新区“二次创业”和白银高新区升格为国家级高新区，既是两大高新区扩区发展、产业升级的必然要求，也是吸引外部资源、实现自身跨越的现实选择。要以新区扩建为载体，以科技创新为动力，依托兰州市密集的科研院所和雄厚的科研和技术力量，较强的产业配套能力，努力提升新材料、新能源与节能环保、电子信息、先进制造技术、农业高新技术、精细化工、生物技术与新医药等支柱产业技术水平，完善创新创业环境，加强中小企业创新创业孵化，提高产学研结合水平，建设支撑园区和西部地区发展的公共服务平台，做大做强特色产业集群，打造中心崛起的重要增长极。

（五）大力发展科技信息服务业

建立健全产学研相结合的技术传导机制，鼓励发展各类科技服务机构和平台，加速科技成果向现实生产力的转化。依托我省高新技术开发区、经济技术开发区、工业园区等，建立和完善科技服务和技术交易市场，建设一批科技示范工程，加快科技成果产业孵化器培育。加快河西星火产业带建设。支持科技信息机构、技术交易机构的公共科技信息平台建设，建立科技资源信息共享制度。围绕为工业、农业生产服务，选择一批重大科研课题，集中力量进行重点突破。重视基础研究，突出集成创新和引进消化吸收再创新。以信息技术推广应用和信息资源开发利用为核心，加快信息业发展，全面提高政府、企业、农业、公共领域及社会的信息化水平。

（六）加快技术创新和人才培养

坚持把科技进步和创新作为生产性服务业发展的推动力，运用高新技术改造提升服务业，鼓励科研机构和高等院校的科技力量进入服务领域或创办服务企业，提高服务企业创新能力。努力扩大职业教育规模，实现职业技术教育与普通教育的相互沟通、相互衔接和协调发展；继续推进高等教育结构调整，优化教育资源配置。加快培养和引进现代服务业所需的各类人才，特别是熟悉世贸规则、通晓国际惯例、擅长国际交往的金融、保险、贸易、中介等专业人才。

四、加快生产性服务业发展的保障措施

发展生产性服务业，是发挥我省能源资源型产业优势，延长产业链，调整经济结构，促进产业升级的关键环节。要尽快部署规划，出台扶持政策，增加投入资金，靠实领导责任，找准突破口，推动我省生产性服务业健康发展。

一是制定发展规划。尽快结合全省经济社会发展规划，明确生产性服务业发展的思路、目标和重点，引导资金投向重点发展领域，并按照“储备一批、规划一批、建设一批、滚动发展”的原则，

筹划、论证、筛选、确定生产性服务业发展的重点项目，建立全省生产性服务业项目库。

二是坚持政策引导。尽快出台加快现代服务业发展的政策措施，进一步放宽放活发展政策，消除体制机制性障碍，鼓励和引导民间资本进入现代服务业，形成各种经济类型合理竞争的局面，促进现代服务业发展再上一个新台阶。

三是多渠道增加投入。紧紧抓住西部大开发战略机遇，充分利用国家西部大开发的政策措施，争取国家更多的物力、财力和政策支持。发挥政府投资的引导和推动作用，引导现代服务业的发展方向，推动重点服务业、重大服务建设项目的发展。各级政府每年都要安排一定数量的服务业发展引导资金，主要用于重点服务业建设项目的贷款贴息和补贴，并根据形势发展，进一步加大引导力度，吸引更多的社会资金投入服务领域。大力扶持符合条件的现代服务企业进入资本市场，通过股票上市、企业债券、项目融资、股权置换等方式筹措资金，增强现代服务业的发展后劲。

四是加强综合协调。加强对服务业发展工作的领导，成立由省发改委、工信委、商务厅、国资委等单位组成的生产性服务业协调领导小组，创新思路，改进方法，提出符合实际的服务业发展工作方案，加强协调配合，及时解决服务业发展中的重大问题。

（甘肃省工业和信息化委员会中小企业处）

加快结构调整　推进产业升级　努力提高工业经济增长的质量和效益

一、关于2009年工业和信息化工作

今年是21世纪以来我国经济发展最为困难的一年。2008年第四季度以后，国际金融危机带来的冲击比我们预料的还要严峻。在甘肃省委、省政府的坚强领导下，我们以保工业就是保稳定、保就业、保增长的大局观，强化落实宏观政策的有效性、针对性，有力地遏制了工业下行趋势，出现了企稳回升的好势头。

3月份，全省工业增长跌入谷底，5月份出现转折，6月份以后逐月加快，11月达到9.1%。预计全年规模以上工业实现增加值1 125亿元，增长9.5%以上，金昌、甘南、庆阳、张掖、武威、酒泉、白银、天水、定西等市州保持两位数增长；1～11月，工业企业实现利润140.84亿元，增长85.94%，兰州石化、玉门油田、庆阳石化、烟草公司等企业尤为凸显。预计2009年全省万元GDP能耗下降5.2%，178户重点用能企业节能54.2万吨标准煤，14户国家监控重点用能企业节能47.0万吨标准煤，节能量同比分别增长5.65%和17.42%。前11个月工业投资完成848.93亿元，增长42.17%，石油化工、冶金有色、装备制造、新型建材、食品加工等特色优势产业投资均保持较高增长。

面对国际金融危机的严峻挑战和极其复杂的国际国内形势，中央和省委、省政府科学分析、准确判断、果断决策、从容应对，全面实施并不断丰富完善应对国际金融危机的“一揽子”计划，全省上下、各个企业坚定信心、共克时艰，全力做好保工业、保增长、保稳定的各项工作。在此，我代表省工信委向大力支持工业经济工作的各个部门、各个企业、中央在甘单位、行业协会和与会全体代表表示衷心的感谢！

一年来，全省工信系统突出抓了以下几个方面的工作。

（一）始终把保稳定保增长作为首要任务，从解决重点难点问题入手，注重把握政策的针对性和有效性

去年12月，省政府《关于支持企业生产经营促进全省工业稳定发展的意见》提出了16条应对措施。今年又在《关于支持重点工业企业发展的若干意见》中确定23户重点企业给予重点支持。工信委作为落实两个《意见》的牵头部门，会同有关部门制订了保障铁路运输需求、大用户直购电试点、拓宽融资渠道、淘汰落后产能和督查评价等工作方案，一企一策帮助企业解决问题。各级工业主管部门密切跟踪形势，开展企业帮扶，促进产需对接，工作成效显著。

充分发挥煤电油运保障工作协调机制，强化动态监测和综合分析，切实加强和改善经济运行调节。对重点企业实行日报、旬报、月报制度，及时做好监测预警。会同兰州铁路局全力做好铁路运输保障，积极争取铁道部和相关路局支持，组织重点企业签订运量运力互保协议，切实解决新疆煤炭调入和海石湾地区铁路运输问题，确保重点企业的原材料和产品运输需求。1～11月，兰州铁路局甘肃境内完成货物发送量4 235万吨，同比多运101.4万吨；海石湾地区完成货物发送量144.4万吨，增长54.4%。采取临时性电费补贴、发供电企业与生产企业联动等积极应对措施，电解铝、铁合金、电石等6个高载能行业停产负荷恢复80%以上。前11个月，省内生产原煤3 538.43万吨，省外调入1 900万吨，确保了全省电煤需求和企业生产、居民生活用煤。中石油甘肃销售公司加大油品购进力度，前11个月销售汽煤柴油275万吨，目前库存12.7万吨，有力保障了省内成品油消费需求。

积极推进重大项目互保共建，组织钢铁、建材、机电企业与兰渝铁路等建设项目和省内大企业对接活动28场次，落实合同100多亿元，水泥、钢铁、机电产品省内市场占有率明显提高。酒钢公司与兰渝铁路公司等20多家用户签订购销协议，省内市场占有率由原来的50%提高到75%。祁连山集团在兰渝铁路六个标段中中标5个标段240万吨，占总需求量的85.7%。长城电工第二季度以来订货明显增长，与金川公司签订100台高压开关

柜采购合同。兰州电机省内销售较上年增长50%。兰州众邦在省电力公司招标中拿到开标总额的50%以上。

积极推进银企合作，会同金融机构加大对企业的融资支持，省内11家银行与企业签订448亿元贷款协议，支持了重点企业的66个重点建设项目。

（二）始终把结构调整和产业优化升级作为主攻方向，从抓项目促发展入手，坚持近期和长远目标的有机结合

2009年，我们化危为机，推进重点产业调整振兴，加大企业技术改造力度，推进工业结构优化升级。全年共争取到中央各类专项资金14.67亿元，支持了一批产业升级、资源节约、综合利用、节能减排、中小企业和国防科技等项目。其中，在产业升级和技术改造方面，有55个项目列入国家支持范围，争取中央投资3.48亿元。在资源节约、综合利用和节能改造方面，有88个项目列入中央财政奖励范围，争取中央专项资金4.5亿元。在中小企业发展方面，有161个技术改造和服务体系建设项目得到国家支持，争取中小企业专项1.76亿元。在国防科技工业方面，有15个项目列入国家计划，争取中央专项资金4.93亿元。

利用省级振兴装备制造业、技术创新、节能减排、中小企业等专项资金，支持了526个重大项目。在装备制造领域，重点支持了61个风力发电零部件及成套设备、太阳能光伏光热发电装备、核电配套装备、中高压输配电设备、大型数控机床及工具、石油钻采及化工设备研发项目；在技术创新领域，重点支持了55个新能源、新材料和生物医药项目；在节能减排领域，重点支持了95个节能改造、资源综合利用、循环经济和污染减排项目；在中小企业领域，重点支持了315个信用担保、贷款贴息和服务体系建设项目。

加强对项目的跟踪检查和协调服务，确保项目早建成、早投产、早见效。对2007～2008年中央财政补助的102个节能减排项目进行了检查，部分项目已建成投产。全省中小企业已建成项目1 499个，完成投资291.4亿元，分别占项目总数和投资总额的59%和34.3%。2008年全国东西合作经贸洽谈会上签约的749个项目，已开工建设601个，到位资金120.6亿元，项目履约率和资金到位率分别为80%和30%。支持在建军工项目52项，已建成项目15项。中核四〇四公司后处理大厂等一批重大项目前期取得积极进展，核应急指挥中心项目可行性研究报告编制完成。

加强企业自主创新能力，进一步增强工业发展后劲。今年新增4户国家级企业技术中心，10户省级企业技术中心，省级以上企业技术中心累计达到94户，其中国家级11户。兰州生物所细菌多糖蛋白结合疫苗、天水星火机床大型卧式精密数控机床、酒钢公司难选氧化铁矿石选矿技术等5个国家级企业技术中心创新能力项目列入国家专项支持范围。积极推进行业技术中心建设，新成立石油化工及装备等3个行业技术中心，在石油化工装备、新型催化剂、精细化工、新型功能型材料等方面组织对接了一批产学研项目。成功开发了大型现代农业喷灌设备、兆瓦级双馈风力发电机组、风机电缆、重型卧式车床等一批重点新产品、新设备。金昌镍钴新材料示范基地列入工信部第一批国家级新型工业化产业示范基地。

（三）始终把节能降耗和循环经济作为有力抓手，从转变发展方式入手，提高经济增长的质量和可持续能力

切实履行好指导、监督和考核职责，全力抓好节能降耗。年初，徐守盛省长和各市州政府主要负责同志签订目标责任书，各市州又和县（区）长签订目标责任书，省工信委和14户重点用能企业签订目标责任书，将节能指标层层分解到重点企业和基层。对14个市州和14户重点用能企业2008年节能目标任务完成情况进行了考核评价，以省政府名义对任务完成好的市州和企业给予了奖励。省政府和省节能减排领导小组分别制订印发了《关于进一步加强节油节电工作的意见》和《甘肃省节能降耗攻坚计划》。各市州工业主管部门和178户重点用能企业，围绕全年节能目标任务做了大量艰苦细致的工作，为全省节能降耗目标的实现做出了重要贡献。

认真贯彻国家关于抑制部分行业产能过剩的指导意见，加快了淘汰落后产能步伐。今年争取到位2008年度中央财政奖励资金1.5亿多元，支持淘汰了钢铁、铁合金、电石、水泥、造纸、焦炭等落后产能375.11万吨，关停小火电机组5台24.7万千瓦。今年将淘汰落后产能403万吨，关闭小火电机组4台15万千瓦，涉及钢铁、电解铝、铁合金、电石、焦炭、水泥等12个行业123户企业。我省上报国家的淘汰落后产能项目有80%已通过财政部初审，有望列入中央财政奖励范围。

把发展循环经济作为转变发展方式的切入点，扎实推进相关工作。《甘肃省循环经济总体规划》已获国务院正式批复。新批复定西、甘南、临夏等9个循环经济产业园区，全省省级循环经济产业园区已达19个，试点企业和地区达到38个，16条循环经济产业链取得新进展。研究起草了《循环经济促进法实施办法》和《循环经济发展考核办法》，配合省政府办公厅起草了《甘肃省人民政府关于发展循环经济的决定》，两个《办法》和一个《决定》已多次征求各市州、相关部门和企业的意见，以省政府名义印发。

（四）始终把振兴装备制造业作为突破口，从组织结构和产品结构调整入手，努力推进产业优化升级

围绕落实国家装备制造业调整振兴规划，会同有关部门编制完成甘肃省装备制造业三年调整振兴规划，提出振兴装备制造业的主要任务和发展重点，加快装备制造业发展。根据陆浩书记的指示精神，编制完成《甘肃省新能源装备制造业发展规划》，即将以省政府名义下发。大力推进成套风电设备本地化，甘肃华锐风电科技公司、甘肃金风风电设备制造公司、兰电电机公司等企业已初步形成年产1 200套成套风机总装产能，白银中科宇能、酒泉中材科技、酒泉中复联众、酒泉中航惠滕等风电叶片生产企业今年将形成1 750套生产能力。举办中国兰州国际太阳能集热发电技术研讨会，组织成立甘肃省太阳能集热发电创新战略联盟。

增强装备制造业核心竞争力，装备制造业已拥有兰州电机、兰石集团、天水星火、华天微电子、长城开关、天水锻压6个国家级企业技术中心，天水风动、真空设备等41个省级企业技术中心，研发投入占销售收入的比重平均达到4.3%，新产品销售收入占全部销售收入的比重达到36.6%。1～11月，装备制造业的工业增加值增长12.45%。

（五）始终把引强入甘作为重要举措，从实施战略重组入手，推进特色优势产业加快发展

在石油化工领域，引进江苏金浦集团在兰投资22亿元建设年产6万吨丁基橡胶和C4项目，争取明年建设，后年投产。项目建成后年实现销售收入50亿元，利税16亿元。经过我们多方努力，中石油集团已同意投资建设临夏州及七县区天然气输气管道，明年2月5日正式开工建设，随即延伸至甘南合作和夏河。同时，同意张掖庆华集团煤制天然气项目通过西气东输系统输送。这两个项目的实施，对于临夏、张掖两市州经济社会发展将产生深远影响。

在煤化工领域，今年组织白银、武威、张掖、平凉、庆阳等五个资源富集市赴中国石化集团、中国华能集团等央企进行考察和项目对接，就煤化工产业发展进行对接。中石化明确表示支持我省发展煤化工产业，负责任地参与编制我省煤化工产业发展规划，与能源企业和地方政府共同推进煤化工产业。再过几天，这五个市将赴宁波进行项目对接。

在装备制造业领域，引进中材科技股份公司投资5亿元在酒泉建设年产500套兆瓦级复合材料风机叶片已下线，创造了“中材速度”。中国运载火箭技术研究院参与酒泉千万千瓦风电基地建设项目和在酒泉落地风力发电整机制造项目已签订合作协议，国内电工电器行业骨干企业湘电集团与星火机床联合组建2MW直驱风机制造公司。国内输变电行业排头兵西电集团已成功重组天水长城电工器材厂，天光半导体公司与陕西电子信息产业集团合作取得实质性进展。吉利轿车将由现在的年产1万辆扩产到12万辆。

在建材领域，引进中国中材集团投资30亿元分别在白银、天水等地建设日产4 500吨新型干法水泥并配余热发电项目，采取增资扩股和回购股权方式控股祁连山集团。预计明年中材集团在甘投资总额会达到50亿元。明天，省政府将与中材集团签订第二轮战略合作框架协议，争取在新型建材、非金属矿产、装备制造以及国际工程总承包领域展开新一轮全面合作。

（六）始终把抓好中小企业作为战略重点，从完善配套政策入手，推动中小企业加快发展

今年，省人大审议通过《甘肃省促进中小企业发展条例》。结合贯彻国务院“36条”和省委、省政府“38条”，在服务体系建设、技术创新、兼并重组等方面制定了配套政策。

积极解决中小企业融资难问题，组织中小企业与11家金融机构和3家担保公司签订信贷合作协议503亿元。起草了《关于加快中小企业信用担保体系建设的意见》，拟在进一步征求各市州意见后提请省政府批转。积极发展中小企业信用融资担保机构，全省各类担保机构已达78家，累计为4 500多家中小企业提供担保贷款130亿元。

加快中小企业服务体系建设，认定省级中小企业服务机构31家。推进中小企业创业孵化基地建设，全省初具规模的创业孵化基地已达18个，在孵企业1 600多户，提供就业岗位近4万人。推进中小企业信息化建设，启动“直邮服务中小企业双千工程”，支持11个市州和9个县区开通中小企业网站。开展银河培训和“星火”培训工程，累计为中小企业培训企业家、中层管理人员和职工10.5万人次。

一年来，围绕“保增长、扩内需、促发展”这一目标，各项工作都明显推进。在两化融合方面，调研起草的《关于加快推进全省信息化和工业化融合发展的意见》，已报省政府审定。会同移动甘肃分公司成功举办“动力100·甘肃省中小企业信息化推介会”，移动甘肃分公司系统与全省693家中小企业及有关单位签订合作协议，静态投资达到2.8亿元。新认定软件产品27款，软件企业累计达到47个，软件业主营业务收入增速达到20%以上，享受减免税2 200万元。加强无线电管理，推进国防信息动员工作，开展网络与信息安全专项检查。在国防科技工业方面，抓好国防科技工业生产运行，加强军工行业市场监管，军品生产任务按节点全面完成。加快军民结合产业发展，推进核产业和航空航天高科技产业基地建设取得新进展。积极落实三线企业退税政策，企业退税全年可望超过2亿元。预计国防科技工业全年实现工业增加值23亿元，同比增长18.5%；实现利润5亿元左右，同比增长65%左右。在委属职业院校方面，充分发挥行业办学优势，扶持临夏、甘南等少数民族地区职业教育发展，整合成立甘肃机电职业技术学院，积极做好招生就业工作。在全国职业教育招生人数下滑的情况下，2009年委系统院校招生仍突破1万人，在校生规模达到4万人，就业率连续四年保持在96%以上。此外，在完成机构组建任务的基础上，机关内部建设、组织人事、党风廉政、老干部服务等工作也是积极推进，成效明显。

二、关于2010年的主要任务

2010年是实现“十一五”目标的关键之年。由于国际国内不稳定、不确定因素较多，国际金融危机的影响还在持续，个人消费依然疲软，企业投资意愿较弱，扩大内需难度加大，工业经济企稳回升的基础不稳固、不平衡，保持工业经济平稳较快发展仍需付出艰苦的努力。同时，我省经济发展方式粗放的问题依然突出，调整结构、优化升级、转变发展方式的任务十分艰巨。工业是甘肃经济的主体，确保工业平稳较快发展，对全面完成2010年经济社会发展各项任务，具有举足轻重的意义。我们必须清醒地看到，工业发展面临的困难和矛盾还很多。

一是市场萎缩，需求不振。外需短期内难以恢复到危机之前的水平，刺激消费的政策效应有可能逐渐减弱，这种负面影响对整个工业经济而言依然是很严峻的。发电企业平均利用小时不足4 500小时，充分证明经济企稳回升的难度很大。主要原材料价格回落30%以上，制成品订单减少30%以上，一些企业甚至减少50%以上。

二是产业结构调整的任务繁重。产业集中度偏低，企业布局分散，不少产品处于产业链的中低端。总量不足与产能过剩的矛盾更加凸显。工业增长方式落后，万元工业增加值产出能耗与国际先进水平相差甚远。

三是工业经济内生动力不足。相当一部分大中型企业创新不足，改造滞后，发展乏力，贷款难、融资难依然是困扰小企业发展的难题。我省每万人拥有中小企业34户，而北京是195户/万人，上海是280户/万人，浙江是500户/万人，全国平均是83.3户/万人，甘肃不及全国平均水平的一半。由于中小企业发育不足，产业配套体系和产业集聚效应没有形成，导致不少大项目、好项目流失。

正确认识甘肃工业面临的形势，使我们更加清醒地把握大局，突出重点，明确任务。按照中央经济工作会议和全省经济工作会议精神，明年工作总的要求是，深入贯彻落实科学发展观，以结构调整和转变发展方式为主线，突出抓好项目建设、技术改造和兼并重组；继续推进节能减排和循环经济；大力发展中小企业、非公经济；积极推动自主创新、两化融合和军民结合，确保工业和通信业平稳较快发展。

按照省委、省政府和工业信息化部确定的目标，2010年全省工业和通信业发展的主要目标是：

1. 工业增加值增长11%。

其中，石化工业增长13%，有色工业增长15%，电力工业增长8%，冶金工业增长5%，煤炭工业增长10%，机械制造增长15%，电子信息产业增长15%，建材工业增长20%，食品工业增长11%，国防科技工业增长10%以上。

2. 工业投资（含能源工业）1 200亿元，增长20%，其中技术改造投资增长20%。

3. 万元工业增加值能耗降低5.2%。国家监控的14户重点用能企业到2010年累计完成节能量211.72万吨标准煤。

4. 电信业务总量增长12%左右，业务收入增长4.5%左右，电信综合资费水平下降9%。软件服务业收入增长20%。

按照明年工作总的要求和目标，工信委系统的主要任务是：

（一）加大工业固定资产投资力度，重点实施现有企业技术改造

这次机构改革将工业和信息化固定资产投资管理职责划入工信委，包括研究提出全省工业发展战略，拟定工业行业技术规划和产业政策并组织实施，按规定权限审批、核准或审核工业和信息化固定资产投资项目。职责的划入不如说是职能的转变。面对甘肃经济的现状，我们必须以高度的责任感，把发展抓项目、优化调结构放在优先突出的位置。

一是针对品种质量、节能降耗、循环经济、改善装备、安全生产以及两化融合等工业发展的薄弱环节，组织好项目和资金安排。工夫下在项目的前期工作上，以技术改造突破关键环节，弥补缺失环节，延伸和完善产业链条。

二是以引强入甘、招商引资为己任，加大利用社会资本投入工业的力度，在优化结构的基础上，保持工业投资合理增长。2010年，我们将把工业项目投入作为考核各级工业和信息化主管部门的重要内容之一，对发展抓项目、工业投资和技术改造投入完成好的前6名市州，工信委将进行奖励，具体考核办法将在明年一季度提出。

三是依托产业园区抓项目。园区强则工业经济强、区域经济强。按照“三定”方案，园区建设是工信委的主要职责之一。要围绕发展壮大县域经济，以特色农产品加工和优势资源型工业为重点，加快发展与大中城市、大企业集团相配套的产业集群，推动中小企业与大企业协作，打造一批工业强县。鼓励城市工商企业到农村建设原料生产和加工基地，合理布局建设工业集中区，促进城市资金、技术、人才、管理等生产要素向县域发展。在这次市州县区机构改革中，各地要注意借鉴定西、张掖等地的好做法，从机制上理顺园区管理体制。

四是继续用好技改专项资金，创新技改贴息方式，引导企业和地方加大技改投入。加快推进白银公司铜冶炼技术提升、华鹭铝业、连城铝业节能技术改造等一批在建重大技术改造项目，促使项目尽早发挥效益。

（二）推进重点产业调整振兴，加快工业结构调整和产业优化升级

12月16日，省政府常务会议讨论通过《关于加快推进甘肃省重点产业调整振兴的指导意见》，石化、钢铁有色、装备制造、电子信息和轻纺五个产业调整振兴规划也提交这次会议讨论，在进一步听取各方面意见的基础上，省政府将很快正式印发。各地应结合自己的实际情况，做好项目的前期工作，把产业调整振兴的各项任务落到实处。

一是进一步明确产业发展重点。按照产业调整振兴规划，石化产业的原油、乙烯、丙烯加工能力将进一步扩大，煤化工也将陆续起步，各地、各企业要从源头上、资源上，做好下游产业链延伸项目的前期工作。钢铁产业将推进优质专用材、合金钢的扩能改造，产能将达到1 000万吨，装备制造业要及早做好后续关联产业项目的选择与规划。有色产业要在提高生产技术水平的基础上进一步扩大产能，产能将达到320万吨。管棒型材、板带箔材、合金产品，以及稀土材料、储能材料、有色粉体材料、钨基钼基合金等新材料项目的后续规划布局调整正逢其时。轻纺产业将着力发展畜产品加工、马铃薯及玉米淀粉、玉米制种等特色优势产业，这为我们进一步考证产业化项目创造了更大回旋余地。装备制造业要围绕河西新能源装备制造基地、兰州和天水装备制造基地建设，加快风能、太阳能、核能、生物质能等新能源装备制造业发展，提高新能源装备配套能力。电子信息产业要着力提升原始创新能力、集成创新能力、引进消化吸收再创新能力，扩大集成电路和半导体元器件、军工、航空电子等产品优势，培育发展软件业。

二是把项目建设作为产业调整振兴的重要支撑。加强与央企和行业优势大企业的对接，谋划一批带动作用大、关键作用强的龙头项目、产业链延伸项目、中小企业配套项目和循环经济项目。协调推进中铝在甘生产基地及结构调整三大项目、金川公司精密铜镍合金和绿色真空铜板镀膜生产线、庆阳石化300万吨炼油、酒钢碳钢冷轧镀锌线、江苏金浦集团6万吨丁基橡胶和C4项目、中石化在甘布局煤化工项目前期等一批骨干项目。

三是加大兼并重组协调推进力度。研究制定推进兼并重组的指导意见，协调财政、国土资源、社会保障等部门出台配套政策，消除跨地区跨所有制兼并重组障碍，减轻企业重组成本。将兼并重组和扶优扶强有机结合，支持大企业大集团通过战略合作和兼并重组进一步做强做大。

四是抑制部分行业产能过剩和重复建设。坚持区别对待、有保有压，利用新技术、新工艺、新装备对钢铁、水泥、电解铝、铁合金等传统产业改造提升。需要说明的是，淘汰落后、抑制过剩与技术改造、产业升级是相辅相成的，一定要在调整中促发展，发展中促调整。

五是积极落实区域发展战略。推动酒泉新能源装备制造、白银有色化工新材料等条件成熟的工业园区创建国家新型工业化产业示范基地，力争有2～3个示范区进入国家级行列，并积极争取工信部相关配套政策的支持。开展省级新型工业化产业示范基地培育和创建工作，编制完成相关新型工业化产业示范基地规划。

（三）加大节能降耗和淘汰落后产能力度，组织实施循环经济总体规划

明年是实现节能降耗目标的关键之年，也是实施循环经济总体规划的起步之年。我们必须下更大的决心、花更大的力气、用更有力的措施，继续推动节能减排、淘汰落后产能和发展循环经济取得进展。

一是扎实推进节能降耗。全面落实《节能降耗攻坚计划》，分行业制订工作计划，推进行业企业对标达标，抓好工业节水、节材及电力需求侧管理。强化对重点行业和企业监管，落实产品能耗物耗限额标准，完善工业投资项目节能降耗评估和审查制度。推进工业清洁生产，推动钢铁、有色、化工、水泥等行业削减大气污染物排放量。大力开发和利用新能源，打造河西低碳经济区，探索建立以低碳排放为特征的工业体系。

二是加快淘汰落后产能退出。以市场竞争、优胜劣汰为基础，综合运用经济、法律和必要的行政手段，推动落后产能加快退出。制订分行业实施方案，将钢铁、电解铝、水泥以及铁合金、电石、焦炭等行业2010年度淘汰目标分解落实到各市州，用好淘汰落后产能专项资金。各地要抓紧制订计划，严格执行政策，确保“十一五”淘汰落后产能任务完成。

三是加快发展循环经济。认真组织实施《甘肃省循环经济总体规划》，着力建设循环经济“一区七基地”和培育16条产业链，分步实施72个循环经济重点支撑项目，全面推进循环经济试点，引导和支持工业园区提升循环经济发展功能，促进循环经济关键技术开发利用，建立循环经济考核评价制度，加快清洁生产。

（四）全面落实促进中小企业发展的政策措施，不断优化发展环境

贯彻落实国务院《关于进一步促进中小企业发展的若干意见》和《甘肃省中小企业发展条例》，是今后较长时期中小企业工作的重点。工信委作为中小企业发展的主管部门，要责无旁贷地承担起推进中小企业和非公有制经济发展的重任。

一是完善配套政策措施。协调扩大中小企业发展专项资金安排额度，争取设立省级中小企业发展基金，带动社会资金支持中小企业发展。在技术改造专项资金中继续安排一定额度扶持中小企业发展，支持中小企业技术改造和技术进步。会同省财政厅制定政府采购扶持中小企业管理办法，落实年应税额在3万元及以下的小型微利企业所得税减半优惠以及困难中小企业阶段性缓缴社会保险费或降低费率等优惠政策。

二是加强中小企业融资服务。协调省内金融机构设立中小企业金融服务专营机构或分支机构，鼓励发展村镇银行，支持金融机构开办中小企业银行。建立中小企业融资指标统计和监督考核机制。研究制定中小企业贷款风险补偿机制，鼓励符合条件的中小企业集合发债。积极引进民间资本和省外有实力企业设立创新投融资公司，力争每个市州、每个工业集中区都能引入1～2户创新投资公司。

三是加快信用担保体系建设。制定出台中小企业信用担保机构管理办法，继续对符合条件的中小企业信用担保机构实行营业税减免政策。设立信用担保风险补偿资金，创建省级信用再担保平台。建立适合中小企业特点的信用征集体系、评级发布制度以及失信惩戒机制。

四是健全完善服务体系。制定中小企业服务体系建设规划，扩大省级中小企业服务机构数量和领域，力争每个市州建成1～2个具有一定规模的创业孵化基地。研究出台全民创业工程政策，加快形成小企业孵化成长机制。引导企业加强协作配套和产业集聚，鼓励走“专、精、特、新”和与大企业协作配套路子。继续帮助外向型中小企业开拓市场，组织实施银河培训工程。

（五）培育发展战略性新兴产业，形成新的竞争优势和经济增长点

初步考虑把先进制造业、电子信息产业、生产性服务业和新材料、生物医药等领域作为我省培育重点，通过制定专项规划和产业政策，加强研发支持，推动产业化，实现结构优化升级。

一是在先进制造业领域，要加快推进高档数控机床与基础制造装备自主化，结合重大专项实施加快技术研发，利用实施重点建设工程形成的市场需求推进产业化，带动基础配套产业发展。重点是开展大型宽幅金属（铜、铝、钢）板带材连续镀膜装备、千万吨级炼油、百万吨级乙烯和大化肥设备的成套、配套研制，扩大数控机床、电工电器、炼油装备、绿色真空镀膜装备等生产规模。

二是在电子信息产业领域，要加大对集成电路、新型显示器件、专用电子设备和材料、基础软件等领域的支持，实现关键技术自主自控。调整电子信息制造业产品结构，努力扩大国内市场。引导芯片设计企业和整机企业加强合作，促进国产基础软件和国产芯片互动发展。

三是在生产性服务业领域，要以支撑新兴产业发展和传统产业升级为目标，以软件信息服务为抓手，促进制造业和服务业融合互动发展。推动工业软件和行业应用解决方案研发，开展应用示范试点。完善软件公共服务体系，培育信息技术服务市场，落实服务外包发展政策。尽快拟定并出台《全省生产性服务业中长期规划》，鼓励和支持中小企业向科研开发、工业设计、管理咨询、信息服务、现代物流等生产性服务业领域发展。

四是在新材料、生物制药等新兴领域，要支持企业提高自主创新能力，组织实施一批研发、产业化和市场推广重大专项，着重从核心技术突破和产业化推进两方面下工夫，拓展产业发展空间。加快金昌镍钴新材料、白银有色化工新材料示范基地建设，利用金川公司、稀土公司资源优势发展新型电子材料产业。生物制药主要依托兰州生物所强大的科技资源和人才优势，加速医药科技成果本地转化，提升壮大现有知名品牌，增强行业综合竞争力和发展后劲。

（六）建设先进国防科技工业，推动军民融合式发展

紧紧抓住工业化和信息化加速发展的有利时机，以保军品、强能力、调结构、促转变为中心，统筹军民优势资源，推动军民融合式发展。

一是围绕重点武器装备和重大工程任务，抓好军品科研生产进度、质量控制和安全保密工作，推进军品重大项目建设，按计划节点完成军品科研生产任务。围绕重点型号、重大设施、自主创新和军贸发展，加强核心能力建设，提高重点工程保障能力。

二是完善军民结合、寓军于民的武器装备科研生产体系建设，研究提出加快全省军民结合产业发展的意见，推进军工技术向民用产品转移，建设军民结合产业基地，加快航空航天、电子信息、特种化工等军民结合型产业发展，力争军工企业民品率由目前不足50%提高到60%以上。

三是不断深化与国防军工央企的全方位合作，推动我省国防科技工业优化升级。加强与中核集团、航空工业集团、兵器工业集团等央企的全面合作，共同编制“十二五”规划，增强规划的可操作性。继续落实与航天科技集团的战略合作协议，支持中国运载火箭技术研究院风电整机总装等项目尽快落地。围绕国家大型飞机、载人航天与月球探测工程等，加速航天民用产业化进程，承揽更多科研生产任务，推进航空电传动系统、飞行控制系统、机外照明等规模化发展，加快航天科技园和航天育种基地建设。

（七）加快两化融合步伐，不断促进社会领域信息化

推进信息化与工业化融合，是党的十七大确定的一项重大战略任务。通过两化融合，带动企业管理模式变革，推进工业从生产型制造向服务型制造转变、增长方式从规模速度型向创新效益型转变。

一是推进企业、区域层面融合。在石化、冶金有色、能源、装备制造、建材、轻纺、医药等行业选择代表性企业，加快信息技术在工业产品研发设计、生产过程控制、企业管理、市场营销等关键环节的应用，提升自动化、智能化和管理现代化水平。选择嘉峪关、白银等条件较好的城市开展数字城市建设试点，加快推进定西市国家农村信息化试点步伐。

二是开展“两化”融合试点示范。建设示范企业、示范工程和示范项目，鼓励有条件的地区创建“两化”融合实验区。建立和完善“两化”融合重大项目库，制定“两化”融合项目管理办法，争取设立省级“两化”融合专项资金。

三是科学管理无线电频谱资源。推进无线电管理法制建设，配合省人大做好《甘肃省无线电管理条例》的起草和审议。合理开发利用无线电频谱资源，统筹协调保障通信、民航、航天等行业和公安、安全、军队等部门频率需求，特别是满足3G网络后续发展频率需要。加强频率台站数据库建设，加大无线电监测和干扰查处力度，维护空中电波秩序。

四是强化网络与信息安全管理。以安全检查、应急管理和互联网安全接入为抓手，做好对政府部门、重点行业信息安全保障的指导和督促检查。开展依法打击手机淫秽色情专项行动，配合有关部门坚决遏制各类有害不良信息传播。

（八）强化经济运行综合协调，增强经济运行调控的有效性

准确把握宏观经济走势，密切跟踪重点行业、重点企业、重点地区运行态势，进一步提高经济运行分析的针对性和时效性。选择300户中小企业开展经济运行监测，会同省统计局建立全省中小企业统计、分析和发布制度。继续落实支持重点企业发展的各项政策措施，提高工业应急保障能力。

完善铁路运输协调机制，加强综合协调，保障重点工业企业、大宗工业产品和有市场、有效益产品的运输，促进供需有效衔接，确保全年甘肃境内铁路货物发送量完成4 800万吨。研究制定鼓励物流企业发展的政策措施，推动工业园区和工业集中区物流建设。

加强和改善电力运行调节，切实做好电力电量平衡。继续推进直购电试点，完善大用户与发电企业直购电的总体方案，分批推进大用户直购电工作。积极做好跨省跨区域电能交易，加大外送电力度，推行差别电量计划。协助甘肃电力公司抓好电网运行管理，确保电网安全稳定运行。2009 年，力争全省发电量达到 786 亿千瓦时，全社会用电量达到 750 亿千瓦时。

引导省内煤炭企业在确保安全生产前提下增加煤炭产量，合理利用新疆、宁夏省外煤炭资源。全面落实《甘肃省煤炭经营监管办法》，强化煤炭市场监管。密切关注成品油市场供求和价格走势，促进省内成品油市场供需平衡。

（九）做好“十二五”规划编制，开展相关重大问题研究

编制“十二五”工业和信息化发展规划，是明年全系统的一项重要工作。总的思路是坚持科学发展、统筹兼顾、开拓创新、注重实效的原则，做到总量适度扩张与优化布局结构相结合，改造提升传统产业与培育新兴产业相结合，发展循环经济与延伸产业链条相结合，军民产业发展相结合，推动工业结构调整、产业优化升级。按时间进度，分为前期研究、编制起草、论证衔接和审批发布四个阶段，整体编制工作于 2011 年上半年结束。

结合推进“一个振兴、六个做大做强”重点任务，突出甘肃工业发展的主导方向、优势行业、特色产业和骨干企业，做好《甘肃工业和信息化“十二五”发展规划纲要》和 9 个行业规划、5 个专项规划的编制。规划的编制，要注意与《甘肃省产业调整振兴规划》、《甘肃省循环经济总体规划》相衔接，切实体现“中心带动、两翼齐飞、组团发展、整体推进”的区域发展战略。同时，加强与大企业大集团的对接，把我省规划转化为大企业大集团的思路，把大企业大集团的思路转化为我省“十二五”规划成果，最终把规划落到实体经济和重大项目上。各市州、各企业要根据本地区、本企业的发展特点，深化对“十二五”时期发展思路的研究，为规划编制奠定基础。

在做好“十二五”规划编制的同时，还要加强对企业兼并重组、传统产业链延伸、循环经济与节能降耗、改善中小企业发展环境等工业发展重大问题的研究，向省委、省政府提出重大政策建议。

三、关于加强自身建设的几点要求

做好明年的工业和信息化工作，任务重、困难多、责任大，极具探索性、挑战性和风险性。各级工业主管部门要切实转变职能，改进工作作风，提高服务水平，在加强自身建设上狠下工夫，保证各项任务的顺利完成。这里，我提几点希望和要求。

一是狠抓工作落实，提高工作效率，这是做好工作的关键所在。对这次会议确定的各项目标任务，各市州要进一步分解落实，突出重点、统筹兼顾、全力推进，确保各项工作落到实处、取得实效。着眼于解决制约工业发展的深层次矛盾，加强前瞻性、方向性、战略性重大问题研究，积极提出意见建议，发挥党委、政府的参谋助手作用。在委机关继续推行目标责任制，健全重大事项执行情况定期检查和专项督察制度，切实提高部门的工作效率和决策执行力。

二是推进职能转变，坚持依法行政，这是做好工作的必要条件。要进一步落实“三定”规定，加强与相关部门的协作磨合，该抓的要抓起来，该管的要管好，促进各项职责到位。市州工业主管部门在机构改革中，要积极争取本级党委、政府的支持，不等不靠、主动进取、积极作为，争取最好的结果。推进职能转变和管理创新，集中精力为市场主体创造良好的生产经营环境，充分发挥市场配置资源的基础性作用。坚持推进依法行政，重大决策做到程序依法规范、过程民主公开、结果科学公正。

三是改进工作方式，自觉接受监督，这是做好工作的根本途径。随着这次机构改革的完成，我们的工作领域更为宽泛，工作内容更为丰富，工作手段更为多样，迫切需要在继承以往行之有效的管理方式和工作程序的基础上，进一步创新工作方法，完善工作手段。要发挥工业主管部门贴近基层、贴近企业的优势，在制定政策、编制规划、项目立项过程中，充分听取基层和企业等各方面意见，使制定的政策更加符合实际，出台的措施更具针对性和操作性。要更加注重运用市场经济的办法解决发展中的突出矛盾和问题，充分发挥市场配置资源的基础性作用。要大力推进政务公开，继续做好政府信息公开，办好工信委门户网站，增强工作的透明度和公开性，自觉接受社会监督。

四是提高学习能力，加强作风建设，这是做好工作的重要保障。要按照十七届四中全会提出的科学理论武装、具有世界眼光、善于把握规律、富有创新精神的要求，进一步改进我们的学习，建设学习型机关。从明年年初开始，将从煤化工、新能源、项目决策与融资等方面有针对性地进行领导干部培训。要进一步强化“来事即办、跟踪落实、协调有力、服务到位、调查研究、科学发展”的工信委核心价值观，设身处地地考虑各个部门、地方政府和企业的实际，把管理寓于服务之中。

五是保持良好精神状态，提高干部工作能力，这是做好工作的基本要求。各级工信委领导班子尤其是主要领导同志，工作一定要有激情，有那么一股子劲，有那么一种拼搏精神，这是抓好工业的基本要求。抓好班子、带好队伍，有为才有位。要提高各级工业主管部门干部特别是领导干部坚持科学发展、正确判断形势的能力，把握经济规律、发挥市场机制作用的能力，统筹兼顾、综合协调的能力，运用战略思维、谋划长远发展的能力，防患于未然、应对突发事件的能力。

同志们，我们要在省委、省政府的坚强领导下，认真落实全省经济工作会议和工业工作会议的决策部署，坚定信心、迎难而上，谋划长远、积极进取。

要关心干部的成长、工作和生活，加强机关文化和制度建设，健全干部管理、监督和考核机制，促进机关干部团结融合。要进一步加强反腐倡廉建设，积极推进惩治和预防腐败体系建设，建设廉洁机关，为全省工业经济又好又快发展做出更大贡献。

（甘肃省工信委主任　李平）

宁夏回族自治区30户非公骨干企业成长性评价研究

本文将以自治区30户非公骨干企业为例，利用加权评分法对其成长性进行科学、客观的评价，为下一步制定促进中小企业发展的政策措施、调整确定重点支持的中小企业提供数据支持。

一、中小企业成长性的概念及对企业评价的意义

（一）中小企业成长性的概念

企业生产的产品不同、所属的行业不同，组织结构不同，其成长的内涵和外延会有较大的差别。抛除企业的行业和组织结构的差异，从一般意义来看，企业的成长性是指企业持续挖掘内外资源潜力，在一定时期的整体发展和扩张态势。企业的成长过程是指企业由小变大、由弱变强的不断变革的过程。企业的成长性由发展性、持续性和结构变革三方面内容组成。发展性是指由小到大、由弱变强和整体扩张的扩张态势；持续性是指企业能够在较长的时期内持续成长；结构变革是指企业的技术创新、制度创新、产权结构、组织运作机制的变革和发展等。

（二）对企业成长性进行评价的意义

当前，随着经济信息化和贸易全球化时代的到来，技术变革日益加快，经营环境更加复杂，企业特别是中小企业生存和发展面临着越来越多的机遇，同时也必须面对各种重大挑战。企业要实现持久的成长性成为所面临的重大课题。企业成长没有固定的模式，也不存在统一的组织体制和成长道路，企业的制度结构和成长方式随着经济环境的发展变化而不断调整，是一种动态的演绎过程。然而，尽管企业成长千差万别，我们仍然可以对企业的成长过程和内在要素进行研究，从中发掘出一些共同的因素及其组合。目前，中小企业虽然发展势头迅猛，但成长状况却令人担忧。据统计，我国中小企业平均寿命只有2.9岁，即使大型企业的平均寿命也只有7～8岁，每年有近百万家企业倒闭或者转产，对此现象不能不引起人们对企业成长问题的关注和思考。2008年9月以后，国际金融危机引发的宏观经济放缓、市场需求下降对中小企业带来严重冲击，大量企业停产倒闭，严重影响了我区经济发展和社会稳定。因此，对我区中小企业的成长性进行科学、客观的评价，能够客观地分析宁夏回族自治区中小企业的发展状况，为下一步制定促进中小企业发展的政策措施提供数据支持。

二、企业成长性评价模型的确立

（一）评价对象的选取

2006年，自治区重新确定了自治区30户非公有制工业骨干企业。2008年，30户企业累计实现工业增加值47.9亿元，同比增长25%；占全部规模以上工业的比重达到10%。其中，宝塔石化集团公司原油加工能力达到500万吨，二次催化能力达到300万吨，在全国民营炼油企业排名进入前十位；伊品生物公司玉米深加工能力达到45万吨，赖氨酸、味精产能及产量位居全国前三位；中银绒业国际集团、嘉源绒业集团、马斯特羊绒制品公司、德海实业集团等羊绒制品公司，绒产品深加工能力及精品羊绒产品质量位居区内领先水平，国内先进水平。整体上看，30户非公有制骨干企业，无论从企业规模、行业地位、产品特色等方面，都在自治区各行业领域内具有重要地位，可以代表我区中小工业企业的综合实力。因此，对30户企业成长性进行评价，具有很强的代表性。

（二）评价方法的选取

中小企业成长性的评价方法一般都采取综合方式，即根据企业的实际统计数据计算综合评估得分。根据收集到的相关信息，目前实际测算中普遍采用的方法主要有七种：单一指标法、加权评分法、隶属函数评估法、功效系数法、二维判断法等，而加权评分法是目前运用做多的一种评价方法，也是本文确定使用的评价方法。加权评分法的一般做法是：根据各具体指标在评价总目标中的不同地位，给出或设定其标准权数；同时确定各具体指标的标准值。然后比较指标的实际数值与标准值得到级别指标分值，最后汇总指标分值求得加权评估总分。

（三）评价指标的筛选

判定企业成长状况的最重要指标是企业的成长速度。企业成长速度是指在现存生命期内企业的年平均增长速度。但是，决定企业成长速度的因素相当广泛，不仅包括资金实力、经营效率、人员素质以及技术装备、企业经营战略等生产组织要素，而且涉及市场营销、资源筹集、研究开发、控制协调等各种管理能力要素，还会广泛涉及知识产权、专有技术、商标商誉以及企业文化、信息资源、社会关系网络等“无形资产”，甚至企业地理位置、市场机遇、领导者个人魅力等诸多极易被人们忽视的因素。显然，逐一考察这些因素既不现实，也无必要。现实的选择是从这些因素中选择出一些具有代表性的典型因素进行综合评估，测算企业一定时期内的成长指数，并以此考察企业的成长状况。2003年，原国家经贸委中小企业司、国家统计局工业交通统计司和中国企业评价协会，共同发起设立了《中小企业发展问题研究》课题，重点研究我国中小企业，特别是成长型中小企业的发展状况与变动趋势。并制定了“成长型中小企业评价方法”，综合评估我国中小企业的成长性。我们借鉴该研究成

果，采取以下四个方面的定量评价指标对我区30户企业成长性进行评价，其权数比确定为3∶3∶2∶2。

1. 企业规模，包括2项：销售收入、资产总额。

2. 发展状况，包括3项指标：销售收入增长率、净资产增长率。

3. 获利水平，采取企业总资产报酬率即：(利润总额+利息支出)/平均资产总额×100%。

4. 经济效率，采取工业增加值率即：本期工业增加值÷支付工资总额×100%。

三、对30户企业成长性实际评价

(一) 实际评价结果分析

我们采用自治区30户非公有制工业骨干企业2008年年底各项财务指标，对30户企业的成长性进行实际评价。评价结果如表1所示。

表1 企业加权评分排名及分析

排名	企业名称	加权评分	企业规模		发展状况		获利水平	经济效率
			销售收入（万元）	资产总额（万元）	销售收入增长率（%）	净资产增长率（%）	总资产报酬率（%）	工业增加值率（%）
	均值		59 248	63 807	26.1	39.8	0.1	19.4
1	德海（宁夏）实业集团公司	25.5	120 446	92 686	20.0	148.5	0.3	48.1
2	宁夏宝塔石化集团公司	21.3	304 233	290 614	51.1	85.9	0.0	7.7
3	宁夏发展工贸有限公司	19.1	41 037	30 300	106.0	-61.1	0.1	102.9
4	宁夏大地化工有限公司	17.6	49 788	68 626	53.8	253.6	0.0	5.0
5	宁夏伊品生物科技股份有限公司	16.4	130 139	115 720	57.1	47.6	0.1	8.6
6	宁夏嘉源绒业集团公司	12.9	98 811	136 000	19.7	23.1	0.1	12.9
7	宁夏宇华纸业有限公司	12.5	22 514	23 815	39.5	189.0	0.0	5.5
8	宁夏宁鲁石化有限责任公司	12.1	80 504	42 269	68.5	-27.3	0.0	57.8
9	宁夏大北农科技实业有限公司	11.4	21 181	8 739	39.4	35.0	0.2	13.2
10	吴忠市常信化工有限公司	10.8	33 141	13 352	98.2	64.3	0.0	6.7

表1是加权评分法排名前十位的企业，企业总得分均在10分以上，即在平均水平以上。这10户企业中，如果忽略企业各项财务指标的真实性，可视为2008年具有快速成长性的非公有制企业。其中，德海（宁夏）实业集团公司、宝塔石化集团公司、宁夏发展工贸有限公司、宁夏大地化工有限公司、宁夏伊品生物科技有限公司5户企业，得分在15分以上，可视为2008年最具成长性的非公有制企业。

(二) 评价中存在的不足及校正

利用加权评分法对企业成长性进行评价，虽然具有简便易算的特点，但也存在以下几点不足：

一是评价权数的确定存在人为因素。例如，在本文评价中确定权数时，我们事先假设企业的规模较大在成长性评价中占有比较重要的地位，因此将企业规模权数设定为3，并将企业的发展状况即企业规模的增长能力同样设定为3，而将企业的获利水平和经济效率分别设定为2。如果在实际评价中，更加重视企业的获利水平和经济效率，提高其权数比重，则评价结果会有所不同。校正的方法是，分别采取不同的权数比重，对企业成长性进行评价，通过专家咨询、多年的经验对评价结果进行判断，最后确定相对合适的权数比重。

二是不能较好的反映企业动态发展变化状况。企业的成长是连续不断的，各年之间存在着非常密切的关联性，利用加权评分法只能考察一年，反映企业一年的成长状态，没有反映出企业的成长状况和发展趋势。校正的方法是，采取企业3年以上的指标进行评价，综合各年的评价结果，判断企业的成长性。

三是忽略了对某项指标有效性的设定。在评价结果中，宁夏宇华纸业公司、常信化工公司等企业，从企业规模、获利水平、经济效率等指标看，并不具有较明显的成长性，但由于企业上一年度基数较低，新项目建成后，企业的销售收入增长率、净资产增长率等指标非常突出，导致企业评价总分较高，使评价结果偏离正常区间。校正的方法除了采取多年指标进行评价外，需要对某项指标的最高有效值和最低有效值进行界定，以修正评价结果。

（宁夏回族自治区经信委中小企业处）

关于支持中小企业渡过难关的报告

2008年9月以来，国际金融危机引发的实体经济增速放缓、市场需求迅速下降对我区中小企业带来严重冲击，大量产品价格大幅下降，中小工业企业生产、效益快速回落，亏损面、亏损额逐步加大，停产半停产中小企业增多，融资困难的问题进一步加剧。在此严峻形势下，自治区经信委党组充分认识保持中小企业平稳健康发展，对拉动经济、稳定就业形势和扩大出口的重要性，把思想统一到自治区党委、政府的重大战略部署上，坚定决心，迎难而上，切实把保持中小企业平稳较快发展、帮助企业共渡难关作为当前工作的重中之重。

一、主要工作措施

（一）采取综合措施促进工业平稳较快发展

紧紧围绕工业发展目标任务，成立了紧急应对金融危机稳定工业增长领导小组，出台了《关于做好自治区政府支持工业经济平稳发展各项措施落实工作的通知》等一系列促进工业经济平稳较快发展的政策措施。一是增加流动资金贷款贴息；二是推动产业结构优化升级。下发了《关于贯彻落实电价优惠政策有关问题的通知》，促使铁合金、电石企业开工率回升；三是支持重点项目建设；四是促进中小企业担保体系建设；五是支持进出口平稳增长；六是对部分中小企业实施税收优惠、税费减免等一系列政策措施。

（二）积极推进中小企业银企合作

对全区中小企业、非公有制工业和自治区30户非公有制工业骨干企业项目建设资金缺口情况进行调查，从中筛选出60户企业给各银行，争取贷款支持。目前部分企业已取得贷款，还有一部分企业正在完成意向性签约。

（三）加强中小企业担保体系建设

我们把构建中小企业信用担保体系建设，作为缓解中小企业融资困难的突破口。一是积极申请国家中小企业信用担保补助资金。其中，2008年11月底，为宁夏恒大中小企业信用担保公司、银川市中小企业信用担保中心、固原广元中小企业担保公司3家担保机构争取补助资金380万元；2009年3月初为宁夏恒大中小企业担保公司、银川市中小企业信用担保中心2户担保机构申请补助资金500万元。二是促进会员制担保机构发展。我委会同自治区财政厅制定了自治区羊绒企业担保机构风险抵押金管理办法，从自治区工业化扶持资金中划出2 000万元，专门用于支持灵武市羊绒企业共同出资成立的3家会员制担保机构，预计将撬动银行贷款8亿元。

（四）加大财政资金支持力度

从2009年工业化发展资金中切出5 000万元，用于对第四季度新增流动资金贷款进行贴息。截至目前，共为77户中小企业落实流动资金贷款贴息2 000多万元，其中，自治区30户非公有制工业骨干企业1 000多万元。财政贴息资金起到了“四两拨千斤”的作用，撬动银行流动资金贷款约15亿元。积极争取国家资金支持，2009年争取国家中小企业发展专项资金3 140万元用于支持企业发展。

（五）引导中小企业调整产业结构

在申报国家中小企业发展专项资金及安排自治区中小企业扶持资金时，重点支持为自治区“五优一新”产业提供配套、“专、精、特、新”和资源节约类中小企业。2008年申报国家中小企业发展专项资金项目20个，全部为新产品、新技术、特色农产品、专业化配套等项目，共获得国家专项资金1 100万元，对于引导中小企业调整产业结构发挥了积极作用。

（六）支持中小企业服务平台建设

大力发展中小企业社会化服务机构，支持中介机构为中小企业免费或低成本提供经营管理、市场营销、创业辅导、技术支持、人才培训、信息咨询等服务，2008年年底，争取国家中小企业服务体系专项补助资金180万元，用于扶持业务开展情况较好的5家服务机构，以提升服务机构的能力和水平。

（七）加强和改善对中小企业的服务

一是加大调查研究力度。2008年9月以来，我们先后完成了《关于我区实施中小企业成长工程的研究探讨》、《关于我区中小企业创业服务体系建设的调研报告》等；二是及时协调解决重点骨干企业运行中的问题。加强对自治区30户非公有制工业骨干企业运行监测，对受金融危机影响较大的企业，坚持每月深入企业或通过发放调查表等方式，及时了解并协调解决企业生产经营中的问题，每月按时完成30户企业运行监测月报，为自治区领导决策提供依据。

二、下一步主要措施

随着国家和自治区一系列保增长、扩内需和调结构等政策措施的逐步落实，全区中小企业下行的趋势得到了一定程度的缓解。但由于部分中小企业对经济回升信心不足、市场有效需求减少和产品大量积压导致资金紧张等矛盾的制约，全区中小企业发展形势仍然不容乐观。下一步，我们要继续落实好中央和自治区有关政策措施，群策群力，迎难而上，力争今年第二季度逐步扭转中小企业发展的不利局面。

（一）努力营造中小企业发展的良好氛围

按照《中小企业促进法》的要求，配合自治区人大，力争今年出台《宁夏促进中小企业发展条例》。同时，建议自治区政府要求各有关部门尽快出台自治区党委、政府《关于支持非公有制经济发展的若干意见》（宁党发［2005］42号）的十个配套政策。

（二）形成工作合力，千方百计保持社会就业形势稳定

高度重视企业稳定工作，进一步强化服务意识，主动上门，深入困难企业了解情况，及时发现苗头性、倾向性问题。主动与有关部门沟通，加强协调配合，充分发挥中介组织的作用，加强对中小企业的指导和服务，千方百计帮助企业解决实际困难，帮助企业渡过难关，尽量不裁员、少裁员。要积极落实国务院转发有关部门《关于促进以创业带动就业工作的指导意见》，鼓励和支持创办小企业，不断开发新岗位，千方百计扩大就业，保持经济发展和社会稳定。

（三）引导中小企业加快产业结构调整步伐

一是引导中小企业主动与自治区“五优一新”产业进行配套，形成一批配套型产业；二是支持中小企业开展自主创新，对科技成长型、资源深加工型、劳动密集型、出口创汇型、“专精特新”型等中小企业加大支持力度；三是引导区内产业聚集度较高的电石、铁合金等高耗能企业，开展资本运营，引入国内外资本实现联合重组，支持其成为全国同行业标志性企业。

（四）积极争取财政资金支持

一是积极争取国家资金支持。今年中央财政安排中小企业专项资金共51.1亿元，我们要不断充实中小企业项目库，筛选符合条件的项目上报国家，争取资金支持；二是建议自治区财政加大中小企业发展专项资金额度，重点对自治区30户非公有制工业骨干企业和成长型中小企业给予贷款贴息支持，撬动银行加大对中小企业贷款支持力度；三是支持中小企业服务体系的建设，对服务机构为企业提供各类服务形成的费用，自治区列出专项资金给予全额或者部分补助，形成支持一个点，辐射一大片企业的局面。

（五）着力破解中小企业融资难题

一是建立融资担保平台。按照工业和信息化部有关文件要求，建议自治区政府理顺自治区担保管理体制，由自治区中小企业主管部门负责中小企业信用担保机构的审批、建设和管理；借鉴灵武市羊绒企业会员制担保机构的模式，支持自治区“五优一新”产业各成立符合自身特点的会员式或股份制担保机构，自治区财政可拿出部分资金作为“五优一新”产业担保机构的风险抵押金；探索建立自治区级中小企业再担保机构，扩大现有担保机构的担保额度；建议财政通过风险补偿、注入资本等多种方式，增加对信用担保机构的支持；二是创新金融服务产品。鼓励股份制银行、政策性银行及民营金融机构在宁夏设立分支机构；鼓励发展适应中小企业特点的小额贷款公司；三是支持企业到资本市场直接融资。3月31日，国家证监会发布《首次公开发行股票并在创业板上市管理暂行办法》，预计创业板将于5月份正式开启，我委将会同自治区有关部门，抓住机遇，早做准备，支持具备条件的企业到创业板直接融资，缓解中小企业融资困难的问题。

（六）完善社会化服务体系建设

强化对中小企业的指导服务，重点构建五大服务平台。一是人才培训平台要有新的进展。继续搞好银河培训，2009年争取培训1 000人以上。二是在信息化平台建设上有新的突破。结合机构改革，支持宁夏中小企业信息网整合全区信息资源，将电信、邮政、软件公司、信息产业等能为中小企业提供信息服务的机构，制定统一规划，使中小企业信息平台建设真正迈出新的步伐。三是组织企业参加“中小企业博览会”“APEC中小企业技术交流展览会”等交流活动，扩大中小企业市场；组织有条件的企业管理人员，赴国内外知名企业调研学习，提升经营管理者素质。四是技术服务平台建设上有新举措。鼓励有条件的企业，羊绒、机械和农副产品等行业，建立技术检测、试验、咨询、开发等中小企业公共技术服务平台。五是充分利用YBC宁夏办公室的平台，发挥好青年创业计划项目的带动作用，2009年争取发展成立100名导师的创业导师俱乐部，培养创业青年50名。

（七）推进管理创新，提高企业市场竞争力

一是鼓励成长性中小企业、非公有制骨干企业率先通过互相参股、职工持股、吸引外部资金等方式改制为多元投资结构的股份有限公司，建立现代企业制度；二是引导企业树立诚信为本、守法经营的理念，自觉遵守国家有关法律法规，依法纳税，公平竞争；三是加强非公企业组织建设。对具备条件的非公有制企业，要建立党的组织，确保党的路线、方针、政策在非公有制企业得到贯彻落实。实现民主管理、民主监督，维护职工合法权益。

（宁夏回族自治区经信委中小企业处）

完善我区服务体系　建设助推中小企业平稳健康发展

中小企业作为经济发展的中坚力量，在扩大内需、促进经济增长方式转变和结构调整、推动科技成果转化、解决就业等方面发挥着举足轻重的作用，每年80%以上的新增就业岗位来自中小企业，中小企业占GDP的比重已接近70%，国内80%的经济增量、75%的技术创新、65%的发明专利和80%的新产品都是由中小企业创造的。自《中华人民共和国中小企业促进法》颁布实施以来，我区努力改善中小企业发展环境，不断完善中小企业服务体系建设，坚持把社会资源作为中小企业服务体系建设的主要力量，坚持发挥市场机制在中小企业服务体系运作中的基础性作用，构建服务平台、创新服务方式、拓展服务领域、提高服务质量，以服务体系建设为主体，促进我区中小企业平稳健康发展。

一、我区中小企业服务体系建设情况

（一）加大政策扶持，营造良好环境

我区努力克服国际金融危机对中小企业带来严重冲击，积极采取各项措施，加大政策扶持力度，营造发展良好环境，今年起草了《宁夏促进中小企业发展条例（草案）》和《自治区人民政府贯彻〈国务院关于进一步促进中小企业发展的若干意见〉的实施办法（征求意见稿）》，从财政、税收、融资、就业等政策方面提出了具有突破性的意见，明确了要完善中小企业服务体系建设，改善中小企业发展环境，为中小企业应对金融危机、走出困境提振信心。

（二）以服务为宗旨，促进企业发展

一是强化培训工作，提升企业素质。自“国家银河培训工程”实施以来，我区每年按照国家要求，结合我区中小企业的实际，认真完成银河培训工作。六年来，先后举办银河培训班30班次，培训学员5 000余人，涉及中小企业2 000多个，还开展了各类技术工人技能人才培训，共计培训6 000人，已初步构建起由主管部门、中介机构和企业自我培训等相互补充、相互完善的中小企业培训体系。

二是构建信息网络体系，推动企业信息化。为了加快中小企业信息化建设步伐，我区开通了“宁夏中小企业信息网”。网站开设12个大型频道，提供各类信息、培训、人才招聘、会展、技术交流、信用等信息服务，通过网上贸易和商业社区的服务平台为区内中小企业提供商业信息发布，网上交易，商业拓展等服务。中国中小企业宁夏网已经成为区内中小企业关注度最高，访问量最大的服务平台，访问量49万次。全区注册企业会员达到2 000家，累计发布信息近10 000条、为企业提供政策信息近1 000条、已完成250家企业信息化建设。明年将以开通五市子网站为工作重点，推动我区信息化体系建设。

三是加强融资服务，缓解企业融资难。我区从多方面着手，努力解决中小企业融资难题。一方面搭建了政府、企业和银行三方中小企业融资平台，在全区范围内收集、整理、筛选出有贷款需求的中小企业，积极向金融机构推荐，各商业银行每年平均从中优选60多个项目给予贷款支持。今年年底还积极和国开行宁夏分行协调，研究制定自治区经信委、国开行宁夏分行贷款合作协议，做好银企对接的服务工作，促进金融机构与企业的合作。另一方面支持信用担保机构积极开展业务。重点支持符合条件、积极开展业务的中小企业信用担保机构，今年共为宁夏恒大中小企业信用担保公司、银川市中小企业信用担保中心等担保机构申请补助资金870万元；为固原广元担保公司申请免征营业税预计30万元；会同自治区财政厅制定了自治区羊绒企业担保机构风险抵押金管理办法，并从自治区工业化扶持资金中划出2 000万元，专门用于支持灵武市羊绒企业出资成立的3家会员制担保机构发展。同时，还积极推动企业上市融资。协调解决宁夏多维药业公司上市过程中存在的问题，落实推动上市的相关优惠政策，加快企业上市步伐。

四是促进创业工作，培养新的增长点。自2006年我区认定了第一批12家中小企业创业基地以来，创业基地发展迅猛，部分中小企业创业基地已可为中小企业初创者提供策划咨询、政务代理、融资支持、人员培训、技术应用、场地租用、注册登记等各类服务，有效解决初创阶段的突出困难，提高了资源、设施使用效率和创业成功率。为了改善中小企业创业环境，今年国家下达资金580万元，用于支持我区吴忠金积工业园中小企业创业基地、自治区经委中小企业创业基地、固原市中小企业信息服务平台和固原市清真食品加工配送园设施改造。为了给区内青年搭建一个创业服务平台，推动青年创业工作发展，2008年，我区成立了宁夏创业促进会（YBC宁夏办），目前已发展创业导师63名，其中29名在YBC全国办登记注册为YBC导师；接待青年咨询（现场、电话）近1 600人，受理青年创业项目申请380多个；组织了十八届项目初审评审会，评审出129个项目报YBC国家办复审，最终有70个项目通过复审获得扶持，被扶持的70名创业青年均获得了“一对一”3年期的导师创业指导服务，共获得创业启动金315万元，提供就业岗位700多个。

五是积极开拓市场，促进企业交流合作。通过大力宣传，给予适当的展位补贴等方式，积极组织区内中小企业参加中国国际中小企业博览会、中小企业APEC技术展览会和中国（宁夏）国际投资贸易洽谈会等各类经贸活动，为中小企业提供展示、交流、合作的舞台和开拓市场的机会。与邮政系统建立了长期合作关系，利用全区邮政部门庞大的数据库和遍布各地的网络资源，全力解决中小企业在市场开发方面存在的营销、渠道、资金等问题，促进中小企业的快速发展，在邮政服务中小企业中实现互利双赢。

二、当前我区中小企业服务体系建设存在的问题

经过几年发展，我区中小企业服务体系已初具规模，但一些问题仍没得到解决，制约了服务体系的发展：一是缺乏有力的政策措施。目前全国过半省区出台了加快服务体系建设的指导意见，而我区尚未出台，在实际工作中困难较多，机构、人员、资金等方面得不到保证；二是服务市场发育还不充分。机构数量、服务品种、服务质量与企业实际需求相差较大；三是体系建设投入不足。财政在中小企业服务体系建设方面投入较少，营利和非营利机构又很难吸引资金投入，致使服务机构业务开展受到制约；四是服务范围狭窄。中小企业服务体系涉及范围较大，一些中小企业服务机构服务内容不全面，服务体制不规范，不能有效地支持中小企业的发展。

三、建立和健全中小企业服务体系的措施

我区中小企业服务体系还不健全、不完善，不能有效满足中小企业的服务需求。“政府扶持中介，中介服务企业”的理念和政策导向与实际还有很大的差距，特别是在资金引导上还远远不够。要坚持社会化、专业化、市场化原则，加快推动服务体系建设，加大政策引导支持力度，是当前落实《国务院关于进一步促进中小企业发展的若干意

见》精神，把促进中小企业发展落到实处的重要工作。

（一）加强统筹规划

一是加快制定出台我区中小企业服务体系建设的指导意见和专项规划，明确现阶段服务体系建设的总体目标和任务，理清服务需求与供给状况，突出重点，合理布局，稳步推动体系建设工作。二是进一步加大对中小企业服务体系建设的投入。建立中小企业社会化服务体系建设专项资金，列入财政预算，用于支持和鼓励发展良好，成效突出的服务机构。三是加强对中小企业服务体系发展的引导。利用专题培训等机会，将发展较快服务机构的成功经验和好的做法推广出去，全面提升服务机构的竞争力。还要吸取、总结发达省区的经验，不断完善机制，规范我区中小企业服务体系的发展。

（二）抓好机构建设

一是开展综合服务机构试点，培育区域服务枢纽，建立完善政策传导、服务导航、服务热线等窗口功能，促进服务资源配置，发挥体系在满足中小企业多样化服务需求，激活服务资源方面的作用，培育服务品牌；二是积极争取各级政府对中小企业服务机构的支持，多渠道解决工作场地、工作设备等服务条件。可根据当地的情况争取实行“一站式办公、一条龙服务”的服务方式，建设统一的服务窗口；三是转变形式，积极引入民营资本、积极与社会中介机构联合，在投资融资、技术支持、人才培训、信息咨询、市场开拓等方面发展专业化服务，使各级中小企业服务机构能够稳定发展。

（三）提高服务质量

针对中小企业服务需求提供多方面、多层次的服务，重点突破：一是培训体系建设。打造“银河培训”品牌，以扶持和引导各级中小企业服务机构为重点，不断拓宽培训渠道，更新培训内容，引入市场机制，提高办学水平和层次，使之更加适应当前中小企业发展的需要；二是信息网络体系建设。以“中国中小企业宁夏网”为基础，搞好五市子网建设，整合各种资源，为企业提供信息服务，做好阿语平台开通开通、实施“千户中小企业上网工程”、建立电子商务平台等工作，争取到2010年入网成员增加到5 000个；三是融资担保体系建设。积极向金融机构推荐诚信好、经营好、符合国家产业政策的企业争取贷款。培育上市公司的后备资源，创造条件支持其在境外中国香港、新加坡等资本市场上市融资。研究中小企业集合发债等直接融资渠道；四是创业服务体系建设。逐步引导服务机构在提供租金低廉的生产厂房和办公用房的同时，开展信息服务、技术支持、管理咨询、法律援助、资信评估、创业辅导等各类服务，加快推动小企业创业基地和公共服务平台建设；五是探索建立中小企业信用评价和技术创新体系。与银行、担保机构加强联系，建立中小企业信用管理平台，实现政府部门、金融机构对中小企业信用评价的协调联动和信息共享；以工业园区为基础、成长型中小企业为重点，建立企业共性技术研发推广平台，促进产学研结合，加快科技成果转化，更好地为广大中小企业提供技术创新服务。

（四）建立评价机制

以“政府主导、市场化运作”为原则，发挥政府购买服务的导向作用，采取招标模式择优选择服务机构，建立服务跟踪测评系统和评价机制，将服务质量定量和定性相结合进行分析，对服务质量高、效果显著的机构给予奖励，激励优质服务机构快速发展，从而带动全区中小企业服务体系的建设和发展。

（宁夏回族自治区经信委中小企业处）

金融危机下国外贸易救济措施对厦门市企业的影响与对策

国际金融危机发生以来，针对中国的贸易救济案件数量明显攀升，形式和手段也趋于多样化，我市部分企业的出口受到不利的影响。及时评估国外实施贸易救济措施对企业的影响，寻求有效的应对策略，对于提高企业解决国际贸易争端的能力是十分必要的。

一、国外对我实施贸易救济措施的总体情况

2009年1~9月我国所遭受贸易救济调查的种类涵盖了反倾销、反补贴的“两反”和保障措施、特保措施的“两保”在内的全部四种形式，有美国、欧盟、加拿大、澳大利亚、阿根廷、印度等19个国家和地区，对中国产品发起88起贸易救济调查（其中反倾销57起，反补贴9起，保障措施15起，特保7起），涉案总额102亿美元，同比分别增长29%和125%。尤其是美国与中国的贸易摩擦在增加，今年1~9月，美国对中国发起贸易救济调查14起，涉及产品包括电热编织毯、轮胎、金属丝网托盘等多领域产品，调查形式多为“双反”（反倾销与反补贴）合并调查，虽然数量同比下降6%，但涉案总额达58.4亿美元，同比大幅上涨639%。

今年国外对我国发起的贸易救济措施具有三大特点，一是案件频发，案件数较2008年大幅增长；二是涉案金额巨大，仅美国轮胎特保案和美国对中国油管“双反”案涉案金额就分别高达21亿美元和27亿美元；三是杀伤力强，一些“双反”税率甚至超过100%，如果真正征收，国内产品将彻底无法进入该国市场。

金融危机之下，我国成为各国贸易救济措施的“靶子”，以占全球出口8%的贸易地位承受了全球35%的反倾销和71%的反补贴措施，我国已成为世界贸易摩擦的中心，究其原因，除了外部困扰，更有内部因素。一是经济危机以后，各国失业率上升，国内弱势群体往往诉诸贸易保护主义，中国出口产品在国际产业链分工中处于较低一端，低成本优势的出口产品往往冲击进口国中下层制造业，而

这一阶层往往是推动贸易保护主义最积极力量。二是我国长期以来的出口导向、大进大出、低成本和低价格竞争，特别是全球贸易保护主义密集的行业集中在钢铁、有色金属、化工、纺织，而这些都是我国产能严重过剩的产业，粗放的出口方式再加上非市场经济地位，使我国产品更容易遭受贸易救济措施。三是我国在应对策略上经验不足也在一定程度上助长了他国的对华贸易保护。长期以来，我国政府在与他国的贸易争端中较少使用贸易报复措施，从企业层面看，当遭到别国贸易救济调查或实施时，往往认识不足，应诉不力，甚至根本不去应诉，从而给人造成中国企业软弱可欺的印象。

二、国外贸易救济措施对我市企业影响

今年国外发起的贸易救济措施涉及我市企业的主要有铝合金轮毂、钼丝、带织边窄幅织带、钢丝层板、聚酯高强力纱、轮胎等产品。其中主要的案件有：

（一）欧盟铝合金轮毂反倾销案

厦门民兴工业有限公司涉案金额50多万美元，已参加了由中国机电产品进出口商会组织的应诉。

（二）欧盟钼丝反倾销案

厦门虹鹭钨钼工业有限公司涉案金额不到2万美元，由于出口金额较小，企业放弃应诉。

（三）美国钢丝层板“双反”案

厦门艺顺机械设备有限公司、爱士力（厦门）科技有限公司三家企业涉案，总涉案金额10多万美元，涉案金额较小，企业都未参与应诉。

（四）美国带织边窄幅织带“双反”案

厦门姚明织带饰品有限公司涉案金额800多万美元，并被美方列为强制实地核查企业，企业已积极应诉，我市相关政府部门也按要求填写了美方关于反补贴的相关调查材料，目前，美国国际贸易委员会已对该案作出实质性损害威胁的裁决。这是今年我市涉案金额最大的一起案件，也是我市第一起企业参与应诉的美国反补贴案件。此外，还有厦门白鹭制线有限公司、厦门市依贝斯实业有限公司等三家企业涉案，但由于涉案金额较小，企业未参与应诉。

（五）美国轮胎“特保”案

从今年9月26日起，美国对中国输美的小轿车和轻型卡车轮胎征收为期3年的惩罚性关税，税率第一年为35%，第二年为30%，第三年为25%。厦门主要有三家轮胎生产企业，分别是厦门正新实业有限公司、正新橡胶工业有限公司、正新海燕轮胎有限公司。三家企业主要产品是自行车轮胎及农工车胎，涉案的小轿车和轻型卡车轮胎出口所占的比例很小，其中出口量较大的正新橡胶工业有限公司2009年1～9月总共出口涉案产品9千余条，出口金额为7万余美元，因此该案对厦门轮胎生产企业的影响不大。

今年国外贸易救济措施立案主要的集中在化工、橡胶、钢铁、五金等产业，因此，我市企业的涉案金额不大。但到目前为止，我市企业仍遭受国外贸易救济措施影响的还有彩电、家具、蘑菇罐头、聚酯切片、鞋、购物袋等十几种产品，总涉案金额超过1亿美元。

三、国外贸易救济措施的新动向

从今年看，国际贸易保护主义和经济民族主义盛行，全球进入贸易摩擦高发期，因此，国外贸易救济措施的一些新特点应引起我们的重视。

（一）WTO规则允许的贸易救济措施被滥用

特别是我国加入WTO“非市场经济”和“特保”等不利条款更容易被滥用，如美国对我国首次使用“特保”条款，带来极坏的示范效应；美国对我滥用反补贴措施、印度对我滥用保障措施，从立案到裁决，最短的1起仅用5天时间就作出裁决。

（二）化工行业、纺织服装、机电产品以及钢铁行业将成为贸易救济的重点领域

特别是今年欧盟对我国发起后配额时代第一起纺织品反倾销调查，这预示着中美、中欧纺织品协议到期后，中国纺织品将成为贸易救济措施的新焦点。就我市而言，纺织服装产品的出口仍占有较大的份额，因此，纺织服装企业做好应对贸易救济措施的准备是十分必要的。

（三）发展中国家对我国采取的贸易救济措施将不断加强

尤其是包括印度、巴西在内的新兴市场国家，如印度今年就对我国发起了23起贸易救济调查，涉案金额达24.3亿美元，同比分别增长360%和1 925 %；按照WTO的统计，阿根廷是世界上采取反倾销措施最多的国家之一，其发起的反倾销调查中有1/4是针对中国产品。

四、应对措施

厦门市经济发展局密切关注国外贸易救济措施给厦门企业带来的影响，通过建立产业安全数据库、完善产业损害预警监测机制来发现问题，找出贸易救济案件的苗头及时告知企业；通过建设中国产业安全指南厦门子站、编辑厦门市维护产业安全工作简报等形式来提高贸易救济的信息服务水平；通过组织贸易救济知识专题培训和应诉辅导，提高企业应对贸易救济措施的能力；通过贸易救济效果跟踪工作，及时评估各国实施贸易救济措施对我市产业的影响，以及我国贸易救济措施案件对我市涉案产业、上下游产业和公共利益带来的积极效果或不利影响，指导相关产业采取相应措施，加快结构调整，提升产业竞争力。

（一）建立和完善产业损害预警机制，将维护产业安全工作前置化

要做好产业安全数据库的建设工作，加强监

测，结合热点、重点问题，对企业报送的数据认真加工整理，编制产业损害预警报告，突出信息的时效性和针对性，及时发布相关预警信息，提出利于产业发展、规避风险的政策建议，为政府主管部门、产业和企业决策服务，形成由主管部门、中介机构、行业协会和企业组成的统一规划、分工合作、各有侧重、信息共享、反应灵敏的“四位一体”工作体系。

（二）政府部门要加强反补贴措施的应对

反补贴归根结底是针对政府的政策行为，对象涵盖中央、省级、地方、市级、乡镇政府或村委员会等所有级别的政府，以及各立法、司法和行政部门。要全面梳理和调整现有补贴政策，特别是应对金融危机出台的各种扶持企业的措施。一是适时取消“禁止性补贴”。如针对出口业绩的补贴要逐步取消，在政策中取消“出口补贴”类似的明显字眼，在实际操作中加以适当变通。二是调整和合理利用“可申诉的补贴”。补贴方式从直接补贴向间接补贴转变、显性补贴向隐性补贴转变，如有可能可以考虑通过中介机构，如商会、培训机构、律师事务所、咨询服务中心等来完成；对于高新技术等重点产业的补贴政策，应从直接生产环节的补贴向研发环节补贴转移；对于一些具有专向性的补贴如对民营企业、高新技术企业的补贴等，可以将其并入中小企业的扶持政策。三是用足用好“不可申诉的补贴”，可加大对研发和环境保护的补贴。

（三）支持行业协会做好应对国外贸易救济措施工作

为避免出现企业采用低价战略打入国际市场竞相压价从而遭到进口国贸易救济调查，行业协会应该协调产品出口价格，确定最低限价，以保护产品在国际市场上的合理价格从而减少国外贸易救济调查发生的概率。当国外对我国产品提出贸易救济调查指控时，行业协会应组织企业积极的应诉，收集有关的证据，提供信息和人力上的相关帮助指导，力争到底。行业协会应加强与国外相关行业组织、律师事务所等中介机构的联系与沟通，努力通过游说等手段化解矛盾，将贸易争端化为最小。

（四）加快增长方式转变和产业结构调整，改变低价竞争策略

首先，加大产品科技含量，实行多元化出口战略，实现外贸增长方式的集约化转变和升级，转变到通过高质量和适当价格扩大出口，扩大市场份额，这是提高核心竞争力的根本途径。其次，竞争优势要多元化，除了价格优势外，还要进一步开发非价格竞争优势，企业应综合应用国际营销策略提高产品技术含量，增加商品自身特色，突出产品的差异性，提高产品的附加值从而提高商品的综合竞争力。最后，实施“走出去战略”，变产品销地为产地。这是提高和强化核心竞争力的重要举措。贸易救济措施的主动应对方式是到有关国家和地区投资建厂，在当地生产，在当地销售，这样既能有效避免反倾销税的征收，又很好地提升了企业的国际形象，可以取得双重的效果。

（五）指导企业运用我国贸易救济手段维护自身利益

今年来我国加大了运用贸易救济措施的力度，其中对韩国和泰国的精对苯二甲酸反倾销案，厦门翔鹭石化股份有限公司是发起单位之一，也是我市第一家对国外进口产品提出反倾销申诉的企业，为厦门企业如何充分利用贸易救济规则维护企业自身利益起到了很好的示范作用。我们将进一步支持企业申请贸易救济，加强关注市场集中度低的产业，特别是要积极扶持中小企业申请贸易救济，加强指导和培训，加大宣传力度，形成积极的舆论氛围。要从预警监测、发现和培养案源、加强与行业协会和律师事务所的联系和沟通、帮助企业提起申诉、促成商务部立案调查、参与商务部产业损害调查等各环节，对企业进行全过程服务和指导工作。

完善服务体系　促进厦门中小企业发展研究

一、厦门市中小企业服务体系发展现状和存在问题

厦门市中小企业的服务需求是多方面的。厦门市中小企业服务体系能否承载这一服务需求，是本章要探讨的问题。为调查厦门市中小企业服务体系的发展现状和存在问题，厦门市经济发展局在厦门大学经济学院专家的帮助下，拟定了调查问卷并以《厦门市经济发展局关于开展中小企业服务体系建设问卷调查的通知》（厦经企函［2009］45号）面向全市展开调查。

调查内容涵盖了八个方面，即：受访企业基本情况、信息化水平、技术水平与研发工作、企业融资、人才培训、创业、市场开拓、对现有服务内容的评价等。调查采取在厦门中小在线网站开展调查系统提供问卷样本、利用评选成长型中小企业和举办2009年度中小企业服务日等机会发动企业参与。调查工作历时一个月时间，收回有效问卷234份。参与调查的234户企业中制造业占70%，软件信息业占14%，商务服务业占8%，批发零售业占3%，其他行业占5%。全部为民营企业。

调查结果显示，以政府行政协调部门、龙头服务机构以及社会服务机构为三个层次、中小在线网站为延伸的服务框架已经基本成型；市政府及其各部门，以及公益性、业界、商业性三类社会服务机构资源互补，在资金融通、信息化、创业辅导、管理提升、技术创新、人力资源、市场开拓、维护公平竞争环境八大服务领域实现了突破性进展，但依然存在一系列问题亟待解决。

（一）厦门市中小企业服务体系发展现状

1. 行政协调机构和龙头服务机构

2003 年 6 月 6 日，市政府常务会研究确定成立厦门市中小企业管理办公室，协调对中小企业的行政服务工作。随后的 7 月 16 日，市委机构编制委办公室以《关于市经发局企业处加挂“中小企业管理办公室”牌子的批复》（厦委编办［2003］32 号）对这一事项加以落实。

2003 年 10 月 29 日，市委编制委以《关于成立厦门市中小企业服务中心和人员编制问题的批复》（厦委编［2003］56 号）批复成立厦门市中小企业服务中心，并将主要任务界定为“为中小企业提供融资、信息、培训、市场开拓、技术创新、信用评价、政务代理和维权等服务”、“联系、引导各类社会中介机构为中小企业提供服务”和“组织各类社会中介机构间的交流与协作，指导和促进其开展业务活动”。同时，各区及五大工业集中区也逐步成立了中小企业服务机构，至此，我市基本形成了以厦门市中小企业服务中心为龙头单位，各区、工业园区服务机构为延伸的中小企业服务龙头带动体系。

2. 多样化的社会服务机构

厦门以完善政府的公共服务机制和引导社会力量建立各类服务机构为工作切入点，实现社会服务机构的多样化。

通过完善政府公共服务机制，分离出对中小企业的直接服务职能，转由政府各部门建立的公益性服务机构，如市区两级的中小企业服务中心、生产力促进中心、人才交流中心以及产权交易中心等承接，政府各部门建立的公益性服务机构为中小企业提供免费或低于市场收费的服务。

通过引导社会力量的更广泛参与，提高业界服务机构和商业性服务机构的数量和服务质量。业界服务机构包括专业技术协会、行业协会、行业间联合会及企业联合会等，其特征是以一个共同点为基础，如共同的服务或产品需求、共同的商业模式、共同的生产技术，甚至于共同的企业属性、战略发展目标，把中小企业组织起来加以服务。商业性服务机构的特征是自身就是盈利机构，在提供服务的同时按市场行情收取服务费，是市场化程度较高的服务机构。业界和商业性机构数量多服务面广，是服务中小企业的主体力量。

厦门中小企业服务机构呈现多样化的态势，截至 2008 年年底，仅商业性服务机构就有 3 085 户，包括管理咨询机构（819 户）、广告服务机构（1 228 户）、会计评估税务服务机构（345 户）、法律服务机构（185 户）、职业中介（399 户）、担保典当机构（76 户）、知识产权服务机构（32 户）等。

3. 八大服务体系的基本框架

（1）资金融通服务体系

作为近年来中小企业融资服务实践的总结和政策提升，2008 年 11 月市政府出台《关于进一步支持中小企业融资的实施意见》（厦府［2008］389 号），从发挥银行业金融机构的融资主导作用、融资担保、拓宽渠道、构建信用体系、加大财政支持、加强融资指导等六个方面提出了 24 条助力中小企业融资的措施。这些措施既有相应资源保障又有协调机构、落实机构，构成较为完善的融资服务体系。此外，厦门还将短期典当行融资、担保贷款风险补助与坏账补偿机制、对接创投机构、服务产权流转、推动直接融资等手段用于服务中小企业，使整个资金融通服务体系更趋丰满。

（2）信息服务体系

信息服务体系以厦门中小在线网站（www.smexm.gov.cn）为核心。该网站以“政务信息平台、服务交流平台、商务发展平台”作为服务定位，通过建立基础支撑平台、基础信息管理平台以及包括技术创新、企业数据库、网上培训、创业辅导、融资担保、信用管理、人才交流、电子商务、维权管理、电子政务等 10 个核心内容的应用平台为中小企业提供高效便捷的信息服务。以厦门中小在线为基础，厦门六个行政区、中小企业较集中的业界组织、服务业务量较大的商业机构进行网络链接，实现信息共享。目前厦门中小在线日访问流量达 4 万人次（占厦门中小企业总户数的 56%），是名副其实的厦门中小企业第一门户网站。作为网络信息服务工作的重要补充，市中小企业管理办公室于 2008 年创刊《厦门民营经济与中小企业》期刊，打造交流中小企业工作措施、互换经贸发展信息、宣传中小企业发展经验的新平台。

（3）创业辅导体系

以市经济发展局、劳动和社会保障局、科技局、工商行政管理局等部门的公共服务为主导，以相关公益性服务机构为主要载体，辅之以部分业界和商业性服务机构资源向创业者提供政策咨询、人员培训、技术应用、融资支持、登记注册、政务代理等方面的服务，帮助解决企业初创阶段的突出困难，提高创业成功率。此外，市经济发展局还指导市创业者协会先后在集美区、海沧区建立创业辅导站，为创业者提供贴身服务。

（4）企业管理提升服务体系

以市经济管理咨询协会为平台，广泛联络管理咨询机构，提高管理咨询机构对中小企业管理提升服务的认识，并通过管理咨询机构的工作推动中小企业对强化深度管理的认同。经过近几年的大力倡导和成长型中小企业的重点带动，已初步实现厦门中小企业在成本控制、财务管理、人事管理、物流资管理、技术设备、风险管理等方面的新进步。

（5）人力资源服务体系

2004 年伊始，厦门以总结“厦门创业者家园”公益培训、跟进国家推出的“中小企业银河培训工程”和“中小企业招聘大中专毕业生百日活动”为契机，着手启动人力资源服务体系建设工作。通过不断整合培训资源、创新培训机制、拓宽培训渠道、更新培训内容、改进培训方式，厦门面向中小企业的业主执业培训、职业技术培训、知识更新培训、专业技术培训以及相关的人力资源流动服务、开发培养使用服务方兴未艾，成为公益性与市场化结合实现社会化服务的成功案例。

（6）创新与技术服务体系

配合国家“中小企业成长工程”，依托科研院所、大专院校和厦门知名企业建立的技术中心、工程中心和研发中心，打造中小企业技术服务平台，为中小企业提供科技创新服务。2006年，厦门打造的热处理公共服务平台，得到国家发改委的认可并给予资金扶持。目前，大量的技术开发创新、科技成果转化、新产品开发等服务平台，正逐步成型和完善，服务内容囊括了产学研对接、知识产权保护、产业产品升级、技术咨询、技术指导、技术诊断、技术研发等各个方面。

（7）市场开拓与对外合作服务体系

厦门市政府各有关部门通过重点民营企业、成长型中小企业、高新技术企业、出口重点企业、名优产品推介等工作，塑造企业形象提升其产品知名度；通过专业组展机构服务和境内外参展资助，拓展中小企业产品的展示和营销渠道；通过组织国内外商务活动，为企业创造对外贸易、经济技术合作的商机；通过指导中小企业参加政府采购等活动，扩张其市场份额；通过贯彻闽港、闽澳合作平台和对台工作，便捷厦门与境外中小企业的对接；通过给予资金援助，使更多中小企业接受出口信用保险这一降低国际贸易风险的有效工具。这一系列工作也为组展机构、出口信用保险公司等机构创造更多的服务机会。

（8）维护公平的竞争环境服务体系

2006年，厦门完成对自1979年以来、跨度长达26年的政府规章和规范性文件清理工作，共废止市政府规范性文件18件，停止执行4件市政府规范性文件的个别条款（共5条），修改文件3件；废止区级政府或市直部门文件5件，修改文件1件。这次清理工作直接消除影响中小企业发展的政策障碍，对确立平等的市场主体地位、实现公平竞争，为中小企业发展创造良好环境具有十分重要的意义。为限制垄断，维护中小企业在市场竞争中的合法权益，厦门专门制定了《厦门市民营经济工作领导小组办公室跟踪服务民营企业工作制度》（厦民办［2005］5号），依托网站开通了民营企业跟踪服务系统和厦门中小企业服务直通车平台，通过紧密跟踪服务及时掌握企业动态，建立中小企业与政府之间的“绿色通道”。政府采取的另一维护公平竞争的有力措施是，在厦门中小在线网站开通法律咨询平台，组织法律服务机构开展在线咨询和提供帮助。

（二）存在问题

1．政府对服务资源的整合有待加强

各公益性服务机构沟通协调不到位，弱化政府服务资源的内部整合，影响政府服务效能的发挥。而更为不利的方面是，政府提供的服务与社会提供的服务未能有效整合起来。服务资源没有得到合理整合，导致政府提供的服务行政色彩多于服务色彩，而商业性服务机构在一定程度上趋利色彩又太浓。政府在中小企业服务体系产业中的特殊地位，决定了政府必须承担起整合各类服务资源的职责，整合的工具就是深化政府资源与市场机制的结合。合理、有效地整合各类服务资源是中小企业服务体系完善的决定性环节。

目前全国有16个地级以上城市设立了中小企业局，辽宁省甚至成立了中小企业厅，人员编制100多人，安排专门的中小企业行政办公大楼及服务大厅，对口工信部中小企业司开展当地中小企业发展服务工作。作为我市中小企业行政协调部门，厦门市中小企业管理办公室仅仅是一个没有人员编制和工作经费的临时挂靠机构，非常不利于进一步拓展服务领域、丰富服务内容，进而有效完善我市中小企业服务体系。

作为政府整合社会资源的引导手段，我市从2003年设立的厦门市中小企业发展专项资金，在中小企业贷款贴息、担保风险补助基金、社会化服务体系建设等多方面发挥了重要作用，但是每年几百万元的专项资金比之深圳、武汉、宁波、青岛等动辄几千万、上亿元的规模，我市的资金扶持力度不足，与我市中小企业在推动社会经济发展的重要地位极不相衬。

2．服务体系占有的要素条件不足于支撑其服务供给

服务体系所需的要素包括人才、资金、技术等，目前服务体系要素不足既有量的方面，也有质的方面。比如作为我市中小企业服务体系建设的龙头单位厦门市中小企业服务中心，近几年来在有效带动社会服务机构共同建设以八大体系为主导的我市中小企业服务体系发挥了重要的作用，然而至今只有4个人员编制、没有独立的办公场所，有限的差额拨款工作经费已经无法有效支撑目前近20名工作人员面向全市7.5万多家中小企业开展服务工作。各区、工业园区的中小企业服务机构由于人员编制问题无法落实而大多形同虚设，不能真正肩负起带头服务辖区中小企业的重任。

厦门正在筹划开通非上市公司股权交易系统，但据了解，目前厦门市范围内具备股权经纪从业资格的中小企业服务机构仅1户，该机构也仅有5位工作人员具备相应资质；资金融通服务体系可支持中小企业的资源也很有限。截至2008年12月，厦门中小企业在各银行贷款余额计120.87亿元，仅占全市本外币各项贷款余额的5.1%；作为国家计划单列的副省级城市，厦门只有热处理技术的公共服务平台获得国家中小企业主管部门的认可和资助。

3．服务供给与企业需求存在量的落差和结构的错位

中小企业普遍感到服务需求无法得到满足。厦门中小在线网站挂出的培训通知，都要在培训开始之前关闭报名系统，以杜绝报名人数超出现场容量的现象。生产力促进中心每年都要淘汰大量的申报项目，淘汰的原因很大程度上是因为供给资源不足。这些都是供给和需求存在量的落差的体现。而另一方面，全市管理咨询机构虽然达到819户，但是中小企业管理诊断需求的增长与管理咨询机构的增长规模并不匹配。国内的过低的市场准入门槛，导致管理咨询机构遍地开花，但又普遍存在规模

小、项目小、人才缺失等一系列问题，一些咨询机构竞相追逐短期效益，大打价格战，市场服务价格混乱，管理咨询业市场发育很不健全、不规范。目前厦门企业进行 ISO 9000 质量体系认证的费用已出现1万~2万元的低价位。

厦门目前有120家担保机构，然而真正开展中小企业融资性担保业务的不足20家，全部为商业性担保机构，中小企业担保机构在与银行的合作过程中存在着门槛过高、担保放大倍数太小、权责不对等的问题，严重制约了商业性担保机构的中小企业担保业务的拓展；作为中小企业贷款担保的主导机构，我市的政策性担保机构仅有3家，但是由于经营机制因素以及服务区域限制，未能发挥太大的作用，这也成为我市中小企业融资难无法实现突破的一个重要因素。

4. 服务机构之间存在竞争无序和协调不足的现象

无序竞争主要发生在提供同质服务的商业性机构之间，服务机构主要以智力资源作为入围门槛，对规模要素的要求相对较低，这为不平等竞争提供了先天的温床。2006年12月资产评估机构业界组织曾明确要求评估机构就业务收费进行自律，在一定程度上减少该行业的无序竞争，但其他行业尚未有类似的做法。协调不足最为突出地表现在公益性服务机构之间。公益性服务机构是由各部门分别建立的，在行政管理上隶属于不同部门，相互之间沟通协调较弱。

二、进一步完善厦门市中小企业服务体系对策建议

以中小企业服务体系评价准则、厦门市中小企业服务需求，对照厦门市中小企业服务体系发展现状和存在问题，可知厦门市中小企业服务体系必须进一步发展和完善。

寻求厦门市中小企业服务体系发展和完善的对策，在服务需求已客观存在的前提下，要通过借鉴国内外成功的发展经验，针对存在问题，着重从影响因素这一服务体系的内在环节展开研究。

（一）遵循以服务为先导的工作原则

中小企业的服务需求是动态发展的，是随着中小企业群体的发展及其在社会经济生活中所处地位的不断提升，而不断发展的。美国先后制定不同的小企业法案；日本对中小企业基本法进行重大调整；广东出台粤府［2008］104号文都体现对中小企业需求动态发展的适应。厦门中小企业的资金融通需求从一侧面体现了中小企业需求的动态发展。改革开放初期，除了部分国营或集体中小企业外，作为当时中小企业的主要组织形态的个体工商户和小规模私营企业、社队企业主要靠亲友间小额拆借解决资金需求。虽然这其中有融资渠道不畅的原因，但小额拆借足以满足经营需求应是最直接的原因。随着中小企业个体规模的发展和群体的壮大，较多地出现了金融机构（主要是农村信用社）给予中小企业信用贷款支持或实物抵押贷款的现象。此后，中小企业信用担保机构的出现，专业担保机构提供担保的信用贷款应运而生。而近年来，面向专业投资机构（风险投资或创业投资）寻求融资的做法又成为一些寻求快速扩张中小企业的首选。

因此，厦门市中小企业服务体系建设应遵循以服务为先导的工作原则，紧跟服务需求的动态发展，以满足企业服务为目标，通过服务功能的充分发挥实现自我发展。

事实上，以企业服务需求为先导是厦门开展中小企业服务体系建设工作以来一贯坚持的工作原则，这一原则体现了中小企业服务需求的主体性，也界定了服务体系建设工作的适应性和灵活性，保证了服务体系功能发挥的及时性、便捷性和有效性，进而确立了服务体系“不求模式固化，但求适应企业所需”的工作目标。

（二）明确各类服务机构的社会分工

中小企业的服务需求是多方面的，多方面的服务需求决定了服务机构的多样化。目前，厦门与国内外的服务体系一样，存在四类服务机构，这四类机构的社会分工各不相同。

1. 市政府及其各部门的职责

根据《中小企业促进法》及国家、省的有法规，制定适合厦门中小企业发展的地方性法规、扶持政策和计划；维护中小企业的利益；支持各类公益性、业界、商业性服务机构为中小企业服务，如对各类公益性服务机构的经费拨款，对业界服务机构以及技术咨询、管理诊断等商业性机构的资金援助等。

2. 公益性服务机构的职能

公益性服务机构是由市政府各部门建立的，应承担延伸政府服务、宣导政策法规和宏观经济形势、落实政府援助中小企业工作计划的职责，是提供中小企业有需求但市场不能满足或无法供给的公共服务产品，弥补市场缺陷的机构。随着市政府管理职能、管理方式由传统的公共行政转向新公共管理，公益性机构的服务职责将不断强化。

3. 业界机构的服务范围

业界机构的服务主要在于实现中小企业间的联合和协作，协调行业内部资源配置与利益关系，防止垄断，保护公平竞争，维护企业合法权益，协调企业与政府、与其他行业的关系等方面。这类服务机构应重点做好整合中小企业的集体力量以抵御市场风险，畅通中小企业的联系以避免企业间的过度竞争，强化中小企业的协同以促进同行业企业的共同发展。

4. 商业性服务机构的市场化服务

商业性服务机构为中小企业提供的是市场化服务。除政府及其延伸服务、业界服务机构可提供的服务外，中小企业产中、产前和产后的任何服务，都可以由商业性服务机构提供。作为营利性机构，商业性服务机构产生于市场服务于市场，应围绕市场需求，调整服务定位，改善服务方式，提高服务效率，以自身的特色服务资源为中小企业的服务市

场服务，并从中寻求发展新空间。

（三）实施有利于不同服务机构发挥效能的措施

中小企业的服务需求是有界的，服务不足和“服务”过度以至于越俎代庖，都不利于中小企业的健康发展。这种有界，决定了不同服务机构要发挥相应的服务功能。有利不同服务机构充分发挥相应功能的措施共有三项。

1. 提升政府的公共服务体系运作

实现公益性服务机构对政府延伸服务和服务具体工作的承接后，市政府及各部门在服务中小企业方面面临的主要工作是如何提升公共服务。做好这方面的工作，首先要建立适合市场经济规律的运作机制。中小企业是市场主体，在自身经济利益的支配下会自发地参与到各种市场资源的有效地配置中，因此政府的公共服务运行应按市场经济规律办事，把握服务的度，杜绝出现服务不足和“服务”过度的现象。厦门市政府为应对全球性金融危机和经济衰退对中小企业的影响，出台《关于扶持中小企业经营发展的实施意见》（厦府［2008］395号），就是在研究市场形势后做出的决策。其次要增加公共服务的供给，保证基本公共产品的供给。如为减轻企业负担，市政府转发经发局《关于第二批减免涉企业收费项目意见的通知》（厦府办［2008］289号）以及近期实施的就业鼓励政策、职工培训计划、政府采购计划等。最后要强化市场规则的制定者、市场秩序的维护者、服务型政府的角色定位，进一步做好经济调节、行业引导、监管市场和公共产品供给等公共服务工作。美国、日本、中国台湾、广东省政府就是按这一角色定位来把握奠定政策基础、政府的服务领域和政府对社会化服务的管理。

2. 建立公益性服务机构协作机制

为使部门直接服务延伸和具体化而由各部门分别建立的公益性服务机构，在行政上隶属于不同部门。这种行政隶属关系不利于各公益性服务机构协调一致发挥服务功能。在日本，采取对国家、都、道、府、县设立的不同层面的机构给予人、财、物的扶持来实现对这些机构的整合和协调。这一经验值得厦门在探索建立公益性服务机构协作机制的工作中借鉴。厦门的当务之急是要通过强化各公益性服务机构之间的沟通，在沟通的基础上引入公益性服务机构之间的公平竞争，通过有序竞争实现工作协调，淡化不同隶属关系造成工作分割的状态。事实上，建立公益性服务机构之间的协作机制，只是厦委编［2003］56号赋予市中小企业服务中心“联系、引导各类社会中介机构”和“组织各类社会中介机构间的交流与协作”等任务中的一部分内容。市中小企业服务中心也积极致力于推动公益性服务机构协作机制的建立，并通过人员交流和业务合作等到做了一些初步的尝试。

3. 规范业界和商业性机构的服务运作

业界和商业性服务机构是服务中小企业的主体力量，绝大多数中小企业的服务需求是通过市场由业界和商业性服务机构提供得以满足的。市场调节机制决定业界和商业性服务机构的服务供给不可能“服务”过度，还可以达到基本均衡，但却存在服务产品价格与中小企业承受能力之间的矛盾，以及一系列市场固有的缺陷。为此，要抓好这两类服务机构的规范运作。2008年5月省政府纠风办发出《关于印发福建省市场中介组织专项治理实施方案的通知》（闽中介治［2008］1号），其目的就是力图通过集中专项治理，整顿市场秩序，推动业界和商业性机构加强自律；鼓励诚信服务，引导树立良好的执业道德，促进优质服务机构的快速发展。另外，市经济发展局通过试行服务评价机制，每年度推出表彰一批融资支持、管理咨询、综合服务等行业的中小企业服务示范单位，是正面引导业界和商业性机构的规范运作的创举。

（四）推进多样化社会服务的有序整合

中小企业的服务需求是动态发展的，也是多方面的，更是有界的，这就决定了中小企业需求的服务不是离散的多样化服务，而必须是经过有序整合的多样化服务。因此，在充分发挥不同机构相应服务功能的同时，还要推进多样化社会服务的有序整合。通过对四类服务机构及四类机构的服务进行有序整合，实现厦门市中小企业服务体系组织架构和运行模式的完善。

1. 组织架构

美国、日本、中国广东省组织构架的共同点是，政府的基本职能是奠定政策基础和政府的服务领域，政府对社会化服务的管理由中小企业局或厅等专业行政机构承担，并由专业行政机构建立的中小企业服务中心（小企业发展中心、中小企业综合事业团等半官方机构）完成对社会化服务的引导。借鉴这一经验，厦门市中小企业服务体系的组织架构应包括决策层、执行层、实施层三个层次。

决策层，在市政府直接领导下，建立跨部门的厦门市中小企业工作领导小组（可考虑在市民营经济工作领导小组基础上组建，或直接由该小组替代），作为全市中小企业工作的宏观决策机构，其基本职能是加强对中小企业工作的指导与协调，研究决定全市中小企业服务体系建设的总体规划和中小企业工作的重大问题。

执行层，在市经济发展局领导下，厦门市中小企业管理办公室（联合政府各有关部门）作为决策的具体执行机构，给予专门的人员编制、安排足额的工作经费，其主要职能是研究制定政策法规和发展规划，指导中小企业服务体系建设工作。

实施层共有三个层面，第一个层面是市中小企业服务中心和各区、工业园区中小企业服务机构，既是一般性的公益性服务机构，又是受政府委托和授权，联系各类服务的专门机构，承担着突破条块和所有制界限，带动服务资源的优势互补的职责。要重点发挥好该层面的公共带动作用，就必须落实好人、财、物方面的要素供给。第二个层面是依靠协作机制整合起来的公益性服务机构群体。第三个层面由业界和商业性机构共同构成。

在这一组织构架中，市中小企业工作领导小组是整个体系的核心，发挥领导、指导和协调作用，负责中小企业改革与发展的总体规划与协调；市经济发展局领导下的市中小企业管理办公室是具体执行机构；市中小企业服务中心是实施服务的龙头。

2. 运行模式

从美国与商业银行合作为中小企业提供服务和广东省政策主导性、机构多样性和平台开放性相结合的运行模式得到启发，厦门市中小企业服务体系的运行模式应该是，在市政府的宏观规划和指导下，以市中小企业服务中心为核心和纽带，以公益性服务机构为服务主导，以协议或联盟形式联结全市所能提供的各种各样服务，通过对大量中小企业信息的准确掌握和分析，合理配置服务资源和手段，形成覆盖中小企业经营方方面面的网络化服务。

厦门市中小企业服务体系的运行任务是遵循客观经济规律，以为各类中小企业提供公平服务为宗旨，以满足中小企业服务需求为目标，通过服务体现政府意图，推动企业发展，实现自我完善，推进八大服务体系基本框架的进一步完善。

综上所述，厦门市中小企业服务体系建设不能停留于建成八大服务体系基本框架的现状，而是要进一步完善。贯穿厦门市中小企业服务体系建设和完善工作的主线是“服务先导和整合资源”。

遵循以服务为先导的工作原则是需求状况决定因素的体现。

明确各类服务机构的社会分工，建立公益性服务机构协作机制，规范业界和商业性机构的服务运作等是企业或机构战略结构与竞争决定因素的体现和优化服务体系自身要素的必然要求。

提升政府公共服务体系运作和推进多样化社会服务的有序整合是政府在中小企业服务体系产业的特殊地位决定的。

政府是中小企业服务建设的指导者和参与者，政府采取政府资源与市场机制相结合这一整合工具，推进中小企业服务体系在服务企业中发展和完善。

厦门市破解中小企业融资难的实践与探索

厦门是一个外向型经济发达的城市，出口型企业较多，2008 年下半年由美国次贷危机引发的金融风暴开始蔓延国内，并对位于经济开放前沿的厦门市的中小企业，特别是出口加工型企业产生了不断深入的负面影响，中小企业一度陷入了市场急剧萎缩、生产资金短缺、经营风险加大的窘境，而融资难则首当其冲成为决定企业生存与经营发展的重要瓶颈。随着国家应对危机调整银行信贷资金政策，各商业性银行加大了对中小企业的信贷扶持力度，但是由于种种原因，中小企业仍然无法得到银行信贷资金的足够扶持，融资难问题依然凸显。

为认真贯彻落实国务院《关于鼓励支持和引导个体私营等非公有制经济发展的若干意见》（国办［2005］3 号文）、《厦门市人民政府关于进一步支持中小企业融资的实施意见》（厦府［2008］389 号文）和《厦门市人民政府关于扶持中小企业经营发展的实施意见》（厦府［2008］395 号文）等文件精神，寻求破解当前严峻经济形势下中小企业的融资难题，近期，市经发局针对全市的 234 家成长性中小企业开展了专题调研活动，采取实地走访、座谈、问卷调查等多种形式掌握第一手资料，并联合金融机构、担保典当机构、中介服务机构及有关部门，对我市的中小企业融资问题进行了深入研究，在总结前期工作的基础上，对下一步破解我市中小企业的融资难提出了对策和建议。

一、厦门市中小企业基本情况

根据工商部门以及统计部门提供的数据，初步分析结果显示：截至 2009 年 5 月底，我市共有中小企业 65 569 家（其中：民营企业家数 39 341 家），比 2008 年底净增 3 472 家；2008 年 11 月至 2009 年 5 月我市新增注册中小企业家 3 967 家，注销关闭 818 家；中小企业创造的产值占国民生产总产值的 56%，出口比重占 45%，缴纳的各种税收占 46%，技术创新成果占 65%，吸纳了全社会就业人口的 75%，中小企业正在成为推动社会经济发展、创造社会财富、吸纳劳动就业以及构建和谐社会的重要生力军，为我市大力推进实施海西经济区战略发挥了重要的作用，并呈现出以下特点：

（一）数量大，规模偏小

据初步统计结果显示，我市现有中小企业 65 569 家，占全市企业数的 99%，注册资本在 500 万元以下的企业约占 93%（其中 0～100 万元约占 77.9%，100 万～500 万元的占 15.5%），500 万～1 000 万的占 3.5%，1 000 万以上的占 3.1%。总体表现为数量大，但规模偏小。

（二）行业集中度高，侧重第三产业

目前，我市中小企业活跃在电子、化工、机械等支柱性产业，在提供商务、社区、旅游服务等领域的第三产业占有重要的地位，批发和零售业与制造业是厦门中小企业、民营企业的主体，约占整体的 63%，其中批发和零售业约占 38.4%，制造业约占 24.5%。另外，租赁和商务服务业约占 11.4%，房地产业约占 5.3%，建筑业约占 4.1%，信息传输、计算机服务和软件业约占 3.6%，交通运输、仓储及邮政业约占 3.0%。

（三）政策推动下中小企业快速增长

2003 年《中小企业促进法》颁布实施以来，我市中小企业数呈现出逐年增长、不断加快的态势，其中 2003 年新增企业数占 10.8%，2004 年占 14.1%，2005 年占 14.6%，2006 年占 15.0%，2007 年约占 16%，但受金融危机影响，中小企业增长速度开始放缓，从 2008 年开始企业的新增注册数量占比呈明显地下降趋势，2008 年约占 13.7%，2009 年前 5 个月新增注册企业数约占5.3%。

（四）中小企业正在成为社会经济发展的重要生力军

表现在三个方面：一是对经济增长的贡献进一步提高。中小企业创造的产值占全市的半壁江山，已成为经济增长的重要部分。二是劳动力就业的主要渠道。目前，厦门市中小企业从业人数占我市全社会从业人员总数的75%以上。三是推动科技创新的有生力量。厦门市从事高新技术的中小企业越来越多，从技术成果看，厦门市电子信息、光电技术、新材料应用等高新技术成果产业化都是以中小企业作为载体的，中小企业已成为厦门市新技术推广应用和技术创新的重要力量。

二、厦门市中小企业融资现状

与我市中小企业所作贡献极不相称的是中小企业所占融资份额却相对较小，中小企业直接融资难、银行贷款难、信用担保难的“三难”问题非常突出，主要表现为以下三个方面：

（一）直接融资方面。据统计，截至2008年年底，在沪深交易所上市的厦门地区企业共有15家，其中，中小民营企业有5家，仅占总量的30%。

（二）银行贷款方面。厦门市银行业2008年年末贷款余额为2 396亿元，其中小企业贷款（单笔贷款500万元以下）余额仅为120.87亿元，仅占5%的比重。

（三）担保典当贷款方面。截至2008年年底，厦门地区注册的中小企业信用担保机构48家，全年对外担保总额仅为116亿元，其中为中小企业提供融资担保服务的公司仅为15家左右，为工业基础项目和商贸项目的融资担保总额约29亿元，仅占担保总额的25%。我市共有28家典当行持有商务部颁发的典当经营许可证，其中20家典当行同时取得了公安特种行业许可和工商营业执照对外正式营业，2008年全市典当总额合计24.56亿元。

在调研中我们还发现，前述的“三难”问题中，以银行贷款难较为突出。由于我国资本市场目前尚未发育成熟，中小企业生产发展资金主要从银行获取，因此银行贷款难也就成为阻碍中小企业发展的瓶颈问题。从我们调研了解到，中小企业在发展过程受银行贷款难困扰的阶段主要表现在：第一，创业初期。中小企业在这一阶段由于自身实力较弱，资产规模较小，抗风险能力低，往往因无法向银行提供有效的资产抵押而转向民间借贷；第二，快速扩张期。这类企业由于投资需求旺盛，外源性融资较多，资产负债率偏高，因此，金融机构从控制风险的角度出发，往往倾向于信贷退出的谨慎做法；第三，产业升级调整时期。由于这类企业经整合后往往在生产、销售、盈利等方面存在一定的波动性，银行信贷投放也随之进行结构性调整，企业受到的影响显而易见。

三、中小企业融资难的成因分析

通过此次调研我们认为，造成中小企业融资难的主要原因集中在三个方面。

（一）中小企业自身原因。一是固定资产无法盘活。一些中小企业虽然购置了厂房，但由于权属尚不明晰（如：工业园区内的产权证无法办理），无法向银行等相关部门提供合法有效的抵押证件，使中小企业本就狭小的融资渠道堵塞；二是信息不透明。财务报表不规范、经营信息不透明，是造成银行“惜贷”的根本原因；三是经营能力脆弱。中小企业持续经营能力不强，使银行对其偿债能力心存顾虑；四是信用度差。与大企业相比中小企业信用度普遍较差，中小企业恶意逃债、废债、赖债现象时有发生。

（二）金融机构方面的原因。一是实行的仍是“双大”战略。近几年，虽然银行加大了对中小企业的扶持力度，但由于受种种主客观因素的影响，银行无论是经营策略还是经营品种仍是体现支持大企业、大项目的“双大”策略。二是审批权限集中。在授信管理上，由于贷款审批权限集中和对经营成本的核算，使一些经营中小企业的基层机构无法满足中小企业贷款具有“小”（金额小）、“频”（次数多）、“快”（时间急）的特点。三是经营理念陈旧。近几年虽然各银行均开发了许多针对中小企业的业务新品种，但由于经营理念仍然保守，因此，使中小企业无法真正受益。

（三）外部经营环境方面的原因。一是对中小企业支持力度不够。近年来，国家为搞活中小企业出台了一系列政策和法律，比如《中小企业法》等，但缺少配套的实施细则，影响了在经济运行实际中的落实。二是社会诚信缺失。由于社会信用体系尚未健全，中小企业时有发生的逃废债现象，致使银行在支持中小企业时顾虑重重。三是信用担保机构尚未成熟。由于现行的大部分信用担保公司仍规模偏小，加之经营管理、信用增级、风险补偿制度等较弱，使银行门槛提高。四是融资渠道单一。多层次资本市场尚未形成，直接融资与间接融资比例不协调。

四、近年来厦门市破解中小企业融资难的重要举措及其成效

根据市委、市政府的指示精神，针对当前经济形势下中小企业的融资难现状，紧紧围绕其成因，从完善融资政策体系、建立服务领导机制、搭建融资服务平台、做实具体服务工作等方面入手，采取了极富成效的一系列举措，为有效缓解我市中小企业的融资难发挥了重要作用。

（一）积极推动出台中小企业融资支持政策。根据国家以及省政府关于扶持中小企业经营发展的措施精神，结合我市实际，我局牵头代拟了《厦

门市人民政府关于进一步支持中小企业融资的实施意见》和《厦门市人民政府关于扶持中小企业经营发展的实施意见》，经过召开中小企业融资联席会研究，以及向相关单位广泛征求意见和多次修改，于日前经市政府常务会议审议通过，发布实施，为帮助我市中小企业及时抢抓国家政策转向机遇，积极应对当前的经济形势提供了政策保障。

（二）建立中小企业融资服务协调机制。由市经发局于2008年上半年牵头成立了包括市金融办、发改委、财政局、银监局、人民银行等16家单位组成的厦门市中小企业融资联席会，建立完善的联席会议制度，负责综合协调中小企业融资问题。多次召开联席会议，研究讨论了中小企业融资支持政策、小额贷款公司试点工作、中小企业维稳工作措施和中小企业集合发债等项工作。

（三）鼓励商业性银行加大对中小企业贷款支持力度。由市经发局会同财政局、银监局、人民银行厦门市中心共同起草《厦门市对银行小企业贷款实施风险补偿暂行办法》（以下简称《办法》），明确了补偿对象、补偿标准以资金用途等事宜，目前该《办法》正按照相关规定程序进行发文前的联合审查，将于近期正式发布实施。

（四）加强担保机构、典当行的监管服务。修订完善《厦门市中小企业信用担保风险补偿资金管理办法》，参照国家、省政府的相关扶持政策，对为中小工业企业提供融资担保的担保机构，按年度担保额8‰的比例补偿，对为中小贸易企业提供融资担保的担保机构，按年度担保额5‰比例补偿，扶持担保机构做强做大；开展担保机构的专项治理工作，引导担保机构规范经营；按照商务部的部署，做好新增典当行的组织申报工作，不断扩大我市典当行业规模；定期召开担保、典当行业运行分析会议，及时发现并帮助解决行业发展问题。

（五）积极筹备“会员互助担保基金”。依托厦门市企业信用促进会，组织相关会员单位召开多次会议研究讨论“互助担保基金”成立方案及章程，为下一步大力推进我市的互助式担保机构的发展奠定基础。

（六）努力推动我市中小企业集合可转换债券项目。从今年初开始，依托厦门中小在线网站，面向全市中小企业征集集合发债试点企业；及时召开政府相关管理部门、人民银行、国开行、担保公司、券商机构等相关单位负责人参与的专题研讨会，对如何加快推进我市中小企业集合债券的发行工作进行了讨论和研究；市经发局局邀请了中信证券债券部相关负责人，与我市拟发行集合债和拟上市的中小企业就中信证券针对有上市意向的中小企业量身定做的中小企业可转换集合债券项目，进行深入的交流，多家参会企业对此表示了浓厚兴趣，经过几轮深入的交流，三家中小企业参与、首期规模达8 000万元的集合可转换债券项目将于近期启动。

（七）搭建政银企服务平台。按照市委、市政府关于加快工业集中区建设、完善园区配套、服务入驻企业的指示精神，重点针对当前中小企业面临的融资难问题，由市发局会同市财政局、银监局、人民银行与五大工业园区管理机构于去年年底联合开展了为期两个月的五大工业园区中小企业融资洽谈会系列活动，举办了4场洽谈对接会和1场融资专题论坛，吸引了园区及其周边的500多家中小企业近1 000人，25家银行业、担保机构、典当行、投资机构参与，取得了较好成效。根据前期洽谈会的需求对接情况，有针对性地组织开展了中小企业融资“一对一”系列活动，成立由银行、担保机构、管理机构等组成的中小企业融资服务小分队，分3个小组走访了有特定资金需求的成长型中小企业、重点民营企业、五大工业园区入驻企业，根据企业的融资需求与自身实际，帮助设计个性化的融资方案，深受企业的欢迎，有效地帮助企业解决燃眉之急。

（八）抓好中小企业融资维稳工作。一是重点做好中科智事件的协调处理工作。召开中科智受保企业座谈会，了解事件对受保企业的影响程度以及企业的续保问题；召开金融办、银监局、人民银行、各商业银行、担保机构等关联部门参加的中科智事件通报会，研究受保企业的续保工作；与到中科智闹事的来雅百货民间资金出借人谈话，平息过激行为。二是召开担保典当行业运行分析会。通报了行业运行情况及近期中小企业融资政策，讨论经济形势对担保典当行业的影响，研究行业风险防范措施。三是召开中小企业融资工作联席会，分析国内外经济形势，通报中小企业发展情况以及面临的困难问题，讨论研究下一步扶持中小企业经营发展的措施意见。努力推动政策性银行贷款项目的落实。四是帮助斯美泰公司协调解决因与星星公司互保导致的资金问题以及万杰隆公司与三达膜公司的债务纠纷问题。五是做好成长性中小企业、重点民营企业的应急资金链保障工作。

（九）帮助中小企业申请国家、省级专项扶持资金。根据国家中小企业发展专项资金、省级中小企业扶持资金申报要求，辅导我市企业准备材料、组织专家评审筛选项目，积极争取国家、省专项资金扶持，2008年帮助中小企业争取到1 785万元国家、省级财政资金，今年上半年我市中小企业获得第一批国家中小企业发展专项资金1 070万元的补助，目前，正按项目申报要求积极组织中小企业申报第二批项目。

五、缓解中小企业融资难的对策与建议

通过对我市中小企业融资情况的调研，我们认为解决和缓解中小企业融资难的问题，应从加大政府资源投入、建立多渠道的融资途径和提升中小企业素质等方面入手，通过构建扶持中小企业发展的五大体系，逐步缓解中小企业融资难的问题。

（一）构建政策体系，加大中小企业融资的财税支持力度

1. 加大政府资金的扶持力度，形成扶持中小企业发展的合力。继续贯彻执行厦府［2008］389

号、厦府［2008］395号文件精神，从规范管理、重点扶持、优化结构等内容入手，加大政府资金的扶持力度，形成扶持中小企业发展的合力。在规范管理方面，引进专业咨询公司对中小企业从政策、财税、资产、融资等方面进行辅导，增强中小企业的管理水平和信息透明度；在重点扶持方面，继续推行重点民营企业和成长性企业的评选活动，着力培植一批中小企业向高（起点高）、精（产品精）、强（抗风险力强）的方向发展；在优化结构方面，引导高能耗、低产出、盈利差的企业转型。

2. 提升和改善中小企业专业职能部门的服务能力。厦门市中小企业服务中心（下称：中心）作为全市中小企业专业服务职能部门，自成立以来充分发挥了龙头带动作用。几年来不仅有效地整合了各类资源，采取灵活创新的方式，为我市的广大中小企业推出了创业培训、融资服务、技术创新、信息化、法律援助等多项服务，还搭建了“厦门中小在线”这个公共信息服务平台，进一步延伸拓展服务体系。然而随着为中小企业的服务日益深入，困扰中心发展的一些问题日益凸显，如：经费不足、场地狭小、人才流失严重等问题。建议：着力加大对中心的软、硬件的资金投入，以利于专业职能部门为我市的中小企业提供更为全面、有效、规范的服务。

3. 加大政府资金对中小企业融资的投入和引导力度。建议：市财政继续加大对中小企业贷款贴息资金的规模，安排一定资金给予中小企业在技术创新、技术改造、信息化建设等项目投资所需银行贷款一定比例的贴息，这样既能引导企业技改投入，降低经营成本，又能激励商业银行提供贷款支持。

4. 进一步完善信用担保机构的风险补偿制度。信用担保体系是企业信贷支持的重要基础。厦门作为信用担保体系比较发达的区域，进一步完善风险补偿制度，已势在必行。建议：加大现行的“潜在风险补偿金”和“损失风险补偿金”的补偿比例，积极鼓励信用担保机构为中小企业融资提供担保。

5. 制定扶持中小企业发展的财税优惠政策。建议参照其他省市发展工业的做法，对投资新办的工业企业，自项目投产年度起，企业上缴的所得税留地市部分，前三年按照100%、第四、五年按照50%由财政专项安排返给企业，以支持鼓励企业再生产、扩大规模。对新办企业实际入库税额在50万元（扣除享受优惠政策部分）以上的，由财政按纳税额的1%奖励纳税企业法人代表，以支持中小企业发展。

（二）构建融资体系，拓宽中小企业融资渠道

着力构建多渠道的融资渠道，不断完善中小企业的资本市场，是解决中小企业融资难的根本出路，建议：

1. 加快中小企业上市融资步伐。建立“中小企业上市培育工程”，开展企业规范改制、上市培训辅导和政策咨询服务，搭建企业进入资本市场的桥梁，促进优质中小企业利用国内外资本市场加快发展。借鉴外地经验，结合我市的实际情况，可采取独立上市、捆绑组合上市、买壳上市、参股上市等方法，加快中小企业上市步伐。

2. 探索中小企业股权融资。依照国家有关规定，相关部门应从市场建设、配套服务、加强扶持等方面研究制定配套政策，规范交易市场，借助产权交易平台，为各类中小企业的股权提供交易创造条件，积极推进中小企业股权融资的发展。

3. 支持推进中小企业集合发债试点工作。借鉴深圳、大连、北京等地中小企业集合发债的成功做法，采取“政府牵头、企业自愿、统一冠名、集合发行、分别发债”的发行模式，帮助一批成长性好、经营业绩优的成长性中小企业通过集合发债的形式进行直接融资；加大财政支持力度，对发债企业给予专项贴息、发债奖励、优先扶持等一系列政策优惠。

4. 探索中小企业建立互助担保基金。发展以企业出资为主的互助担保机基金，是帮助处于创业期的小企业解决融资难问题的一条有效途径。建议：通过依托厦门市企业信用促进会这一平台，根据“企业参与，互助合作，自治自律，风险共担、共同发展”的宗旨，借鉴深圳、北京等地的经验，逐步建立起我市中小企业互助担保基金，解决小企业甚至微型企业发展中的资金短缺问题。

5. 推进小额贷款公司试点工作。2008年中国银监会、中国人民银行联合下发《关于小额贷款公司试点的指导意见》，就小额贷款公司试点事项作出了相关规定，我市民间资本比较丰厚，中小企业融资需求旺盛，为小额贷款公司的发展提供了良好的条件。建议：由市经发局作为业务主管部门，联合市府金融办与银监局实施小额贷款公司试点工作，使民间资本能发挥其应有的作用，增加初创型小企业的资金供给链。

6. 加快建立再担保机构的步伐。近年来，各省都十分重视再担保机构的组建工作，北京、江苏、内蒙古、东北三省等均拨出财政专项资金，大力构建再担保公司，以提升商业性担保公司的信用度和风险分担职能。建议：按照“政策性引导、市场化运作、企业化管理”的原则，组建由政府牵头出资的再担保公司，帮助商业性担保机构增信和分险，激发银行对中小企业的融资积极性。

7. 疏通中小企业融资渠道。在调研中我们发现，厦门地区多家担保典当机构在为中小企业办理融资业务过程中，均出现了车辆反担保抵押及房产二次抵押无法登记的现象，这对银行、信用担保典当机构和广大急需资金的中小企业而言，无疑错失良机。建议：车辆管理所、房管局等相关职能部门，参照上海、深圳等地的做法，尽快疏通抵押登记渠道，确实为中小企业融资难扫除人为障碍。

8. 加强银行与担保机构的合作。受去年经济形势变化和“中科智事件”发生的影响，我市担保机构的公信力受到质疑，金融机构对担保机构的合作条款更加苛刻。如：只与注册资本金达到1亿元的担保公司合作，对担保机构的放大倍数，也由原来的“净资产的5倍调整为高流动资产的5

倍”，同时对代偿时间也大大缩短，这直接遏制了中小企业有效融资途径，建议：各金融机构依据各信用担保机构的资金规模、风险控制能力和资信等级，适当放大倍数，充分发挥担保机构在中小企业融资中所起的有效作用。

9. 贯彻落实支持中小企业的信贷政策。一是鼓励银行推动动产抵押、股权质押、商标权质押等抵押方式。如：厦门市商业银行的“股东联保贷款”、渣打银行的“法人信用贷款”等为小企业量身定做的业务新品种，深受广大中小企业欢迎。二是有条件的银行应建立中小企业金融服务专营机构，以适应中小企业独特的信贷需求特点。三是完善尽职免责机制。各金融机构应根据中小企业发展特点，在考核信贷投放整体质量及综合回报的基础上，设立合理风险容忍度，做到尽职者免责。四是放宽中小企业贷款呆账核销条件。对中小企业借款人发生财务困难、无力及时足额偿还贷款本息的，在确保重组和减免后能如期偿还剩余债务的条件下，金融机构应根据相关政策规定在对债务进行展期或延期、减免表外利息后，进一步减免贷款本金。

（三）构建技术创新体系，提升中小企业融资能力

1. 产品创新。建立一种全新的、开放式的产品技术开发机制，是中小企业健康发展的重要保证。第一委托开发，可以与高校、科研院所、其他企业等合作，发挥校、企的各自优势，实现产学研合作。第二合作开发。与大企业联合进行技术协作，为大企业开发零件或配套生产零部件，形成互补依存的关系。第三交叉开发。进行技术互换或技术贸易，将自身开发出来的新技术、新产品同其他企业交换，以获得最符合企业自身发展战略和市场开拓战略所需要的产品、技术，实现“双赢”目标。

2. 服务创新。一个重要方面就是要超越传统中小企业服务模式，在服务理念、服务内容和服务方式上实现创新。例如，近年迅速发展的电子商务、网络服务、现代物流等。

3. 工艺创新。我市中小企业应对产品的生产技术进行改进或变革，可以采用新的原材料或半成品，也可以采用新的或改善的新设备、新工序，或新的加工形式等。同时，大力开展招商引资活动，采取以企招商、以商引商、特色产业招商和产业链招商等多种方式，加快中小企业自身发展，争创知名品牌，积极争引国内外有实力的企业来我市投资兴业。

（四）完善社会化服务体系，支持中小企业融资工作

1. 强化以厦门市中小企业服务中心为主体的社会公共服务体系。包括创业指导、技术支持、资金融通、政策咨询、管理诊断、人才培训、信息服务和市场开拓为主要内容的中小企业服务体系。政府对中小企业服务体系要给予政策支持和经费扶持，以帮助中小企业提高技术创新、资本运营、市场营销能力。

2. 加快推进中小企业信用信息建设。中小企业数量多，规模小，需求信息及风险信息收集难度大。建议：组织包括经发局、贸发局、工商局、税务局在内的有关部门，以厦门中小在线为平台，构建中小企业信用信息数据库，建立中小企业信用信息档案，这样既便于银行全面了解中小企业信用状况，同时也对企业自觉履约形成约束。

3. 成立“厦门市中小企业协会”。我市各种行业协会众多，这些民间组织虽然发挥了一定的积极作用，但同时也给中小企业形成了一定的负担，有些中小企业参加的各种协会组织多达20个。因此，建议整合各种行业协会组织，成立厦门市中小企业协会，使其真正成为中小企业之家。

4. 完善创业辅导培训机构。建议完善以厦门市中小企业服务中心为主体的创业辅导机构，通过组织、协调和发展创业辅导培训服务，推动这项工作向专业化和规范化方向发展，促进中小企业社会化服务体系的逐步完善。

附录

第八篇

工业和信息化部中小企业司

根据《国务院办公厅关于印发工业和信息化部主要职责内设机构和人员编制规定的通知》，中小企业司主要职责是：承担中小企业发展的宏观指导，会同有关方面拟定促进中小企业发展和非国有经济发展的相关政策和措施；促进对外交流合作；推动建立完善服务体系；协调解决有关重大问题。

一、具体职责

（1）负责中小企业和非国有经济的宏观指导、综合协调和服务；拟定并组织实施促进中小企业、非国有经济发展的政策措施。

（2）拟定中小企业发展规划，监测分析中小企业发展动态，发布相关信息；协调解决发展中的重大问题。

（3）引导中小企业转变发展方式，推动结构调整优化；协调建立完善市场准入及退出机制；制定并实施创业扶持政策措施；提出产业集群发展战略规划及政策措施；参与指导和协调中小企业节能减排。

（4）提出中小企业专项资金年度预算建议；拟订和组织实施中小企业专项资金年度计划和固定资产投资计划；推动建立中小企业发展基金。

（5）指导中小企业和非公有制经济改革发展，推动管理创新；维护中小企业和职工合法权益。

（6）提出中小企业技术创新政策措施，建立和完善中小企业技术创新支持体系；指导中小企业公共技术平台建设；指导推进中小企业信息化。

（7）提出改善中小企业融资环境的政策建议；承担中小企业在境内外上市融资审核等相关工作；推进中小企业信用制度建设，引导和规范中小企业担保行业发展；指导中小企业产权及相关要素市场建设。

（8）拟定促进中小企业服务体系发展的政策措施，指导中小企业服务体系建设，规范中小企业服务市场；指导中小企业开拓市场；协调落实中小企业获得政府采购份额的有关工作。

（9）指导和推动中小企业对外经济技术合作；推动建立与外国政府和国际组织间的中小企业合作交流机制。

（10）承办部领导交办的其他事项。

二、内设处室

中小企业司设 6 个处室。

1. 综合处

拟定促进中小企业人力资源开发的政策措施，指导建立中小企业培训体系；指导中小企业信息网等信息服务体系建设；负责司内文秘、行政事务和综合协调工作。

2. 政策规划处

提出促进中小企业发展及服务体系建设的法规政策及相关标准的建议，监督检查有关中小企业法律法规的贯彻实施情况；提出中小企业发展战略和中长期规划、中小企业发展专项资金年度预算建议；推动建立中小企业发展基金，确定基金使用方向。

3. 非国有经济处

拟定促进非国有经济改革发展的政策措施，提出中小企业结构优化、产业转移政策；监测分析各类中小企业发展动态；推动市场环境建设；指导工业园区建设，组织建立产业集群示范和公共服务平台，推动产业优化升级；参与指导中小企业节能减排；组织开展管理咨询，指导企业加强管理。

4. 融资担保服务处

提出中小企业融资的政策建议；负责监督和管理中小企业信用担保行业，推动中小企业信用担保体系和信用制度建设，完善信用征集与评价体系；推动中小企业集合发债和投资公司发展；承担中小企业境内外上市融资审核等相关工作；指导产权交易市场建设。

5. 创新服务处

提出促进创业、创新等中小企业服务体系建设相关政策措施并组织实施；负责推动中小企业社会化服务体系建设；建立和完善创业辅导体系；指导创业基地、公共服务平台建设；推动中小企业信息化建设；促进新技术、新产品开发应用、专业化生产及为大企业配套；协调中小企业获得政府采购份额的有关工作。

6. 交流合作处

提出中小企业对外交流合作、市场开拓等政策措施；推动建立和落实政府间合作协议和项目；推动中小企业扩大出口和引进外资、技术和智力等合作；协调区域间中小企业的交流合作。

电话及传真：

综合处

68205326，68205307

68205306，66017331（传真）

政策规划处

68205308，68205309

68205310，68205311

非国有经济处

68205312，68205313

68205314

融资担保服务处
68205315，68205316
68205317，68205318
创新服务处
68205319，68205320
68205321，68205322
交流合作处
68205323，68205324
68205325
电子邮件：dsme@miit.gov.cn，dsme@sme.gov.cn
通信地址：北京市西长安街13号3号楼
邮编：100804

工业和信息化部中小企业发展促进中心

工业和信息化部中小企业发展促进中心是工业和信息化部直属事业单位，对外称“中国中小企业发展促进中心”。1985 年国务院批示成立国家经委中小企业对外合作协调中心，对外称中国中小企业对外合作协调中心，负责协调各地区及各主管部门有关中小企业的对外合作业务，调查研究国外中小企业的基本情况、政策措施和发展经验，开辟合作渠道，向国内外中小企业提供服务。2010 年 1 月，经中编办批准，中心更名为工业和信息化部中小企业发展促进中心，对外称“中国中小企业发展促进中心”。

中心自 1986 年成立以来，先后隶属原国家经委、原国家计委、原国家经贸委、国家发展改革委和工业和信息化部。20 年来，中心与中小企业一起成长，根据形势的发展变化，不断调整自身定位，拓展服务领域，为促进我国中小企业健康发展发挥了重要作用。

一、主要工作任务

1. 调查研究国内外中小企业发展情况，向政府职能部门提出建议；

2. 组织实施双边、多边政府间涉及中小企业发展的合作项目；

3. 组织实施国际组织、地区性组织与中国中小企业有关的活动；

4. 针对中国中小企业发展现状，组织开展国际商务交流、人力资源开发、咨询、信息等服务；

5. 编辑、出版《中国中小企业》杂志和《中国中小企业年鉴》；

6. 负责中国中小企业国际合作协会的日常管理工作；

7. 负责 APEC 中小企业服务联盟秘书处工作；

8. 完成政府交办的其他任务。

二、团队与组织机构

中心有一支熟悉政策、了解国内外中小企业情况、热爱中小企业事业、有良好职业修养、具有专业服务技能的队伍。中心领导熟悉中国经济工作大局和有关政策，注重学习调研，有强烈的创新意识。业务人员具备一定的政策修养，有良好的服务意识、工作经验和多层次的工作渠道，熟练掌握英、日、德、俄语等语言工具和现代化办公技能。

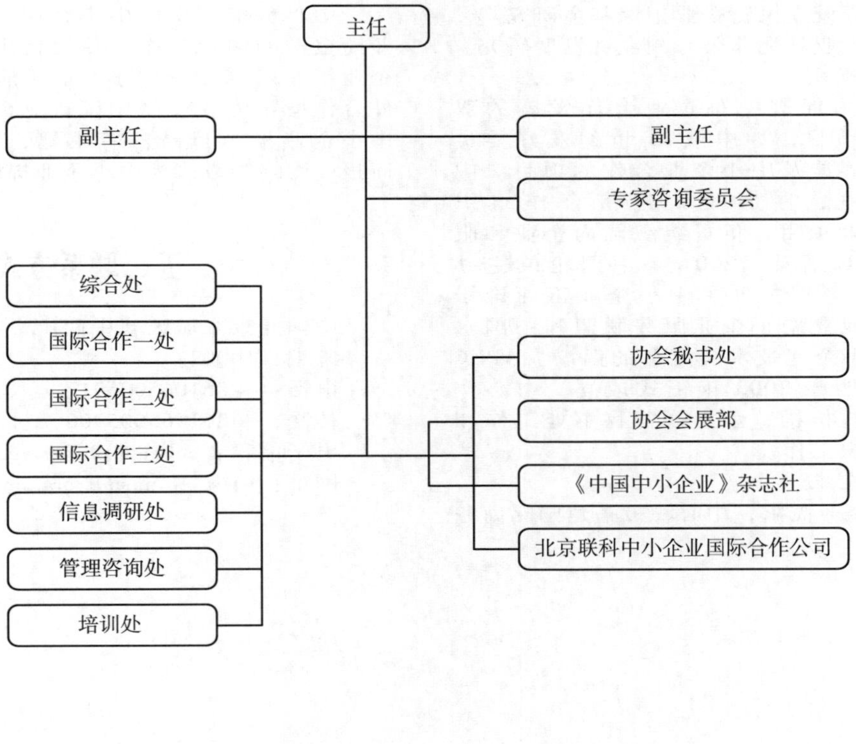

三、公共资源和战略伙伴

中心积累了丰富的公共资源，建立了广泛而良好的政府、企业和媒体关系。中心不仅和联合国开发计划署、联合国工业发展组织、国际劳工组织、世界中小企业协会等国际组织发展合作关系，也和国内外企业团体、学术和教育机构、金融法律等专业化服务机构开展密切合作，利用不同方面的资源，发挥各方面优势，合力促进中小企业发展。

四、部分工作成果

1. 调查研究建言献策

中心认真调查研究国内外中小企业发展的情况，向政府提出政策建议。

中心承担中央政府和有关国际组织委托的重点课题，参与中华人民共和国《中小企业促进法》立法调研及地方政府发展中小企业的调研项目，创办了中国中小企业发展论坛及其他区域性、专题性论坛。近期研究课题主要有：

- 《APEC 成员体在华投资建立的中小企业经营环境调查》
- 《中国中小企业经济发展指数研究》
- 《中国中小企业自助组织研究》
- 《中国中小企业经营管理者素质及培训需求调研》
- 《中国中小企业走出去对策研究》
- 《利用外资设立民营企业担保基金研究》
- 《东北老工业基地非公有制经济发展研究》

2. 国际合作项目

中心组织实施促进中小企业合作发展的双边、多边政府间项目，如中俄 21 世纪友好委员会、中意、中德等涉及中小企业合作的项目。中心接受国家委托，参加亚太经济合作组织（APEC）中小企业项目，负责组织国内企业和服务机构参加 APEC 活动。2001 年中国轮值主办 APEC 活动，中心策划主办了中小企业工商论坛暨展览，并提出成立中小企业服务联盟和中国永久承办 APEC 中小企业技术交流会的倡议。APEC 中小企业服务联盟于 2003 年正式成立，中心作为中国政府的委托机构，承担联盟秘书处工作和技术交流会的组织工作。

3. 国际商务交流

为满足中小企业需求，中心积极搭建国际商务交流平台，通过举办国际中小企业新技术新产品展览会、中国国际中小企业商品博览会、中国中小企业产品展览会（莫斯科）、APEC 中小企业技术交流暨展览会、中小企业商机博览、西班牙中小企业服务日、中意经济论坛等活动，为中小企业提供商机，受到国内外企业界的欢迎和重视。中心还针对企业需求，组织多种赴外专题考察活动，同时接待国外政府和民间有关中小企业的来华考察交流活动。

4. 人力资源开发

中心根据中小企业特点和需求，不断创新，逐步形成了适合中小企业的多方位、系列化人力资源开发项目，创办了中国中小企业竞争力讲堂和中国中小企业大讲堂，推出了中国中小企业竞争力工程，组织国内中小企业管理人员赴日、韩、以、意、德等国学习培训，邀请以、日等外国专家来华讲学。同时，接受政府委托，组织开展援外培训，介绍我国改革开放及发展中小企业的政策和经验。

5. 咨询服务

中心为国内外中小企业提供产业调查、市场分析、投融资、企业管理、企业诊断、法律等方面的咨询服务。中心的专家咨询委员会由各方面专家学者组成，两院院士王大珩先生担任专委会名誉主任。中心和境内外专业咨询机构建立了广泛而紧密的合作关系，为中国中小企业进入国际市场、国外中小企业进入中国提供实际的支持帮助。经原国家经贸委批准，中心与地方政府合作创办了天津中小企业发展园等多个为中小企业服务的专业园区。

6. 信息服务

中心负责《中国中小企业》杂志和《中小企业简报》的编辑工作，并编辑出版了《中国中小企业年鉴》、《中国中小企业手册》、《中小企业对外合作指导丛书》、《中国行业企业百强》、《中国中小企业推荐目录》等书籍，通过杂志、书刊、简报、网络等方式为中小企业提供信息服务。

五、联系方式

中国北京东城区新中西街 2 号新中大厦 5 层
邮编：100027
电话：+861065005917
传真：+861065005908
电子信箱：ccbcc@chinasme.org.cn
网址：www.chinasme.org.cn

各地中小企业主管部门

北京市经济和信息化委员会中小企业处

一、主要职责

指导和促进本市中小企业发展；会同有关部门拟定促进中小企业发展和非公有制经济发展的相关政策和措施，指导城镇集体企业改革，协调解决有关重大问题；推动建立完善中小企业服务体系；推动中小企业信息化建设；会同有关部门负责北京市中小企业创业投资引导基金使用的决策、监督和管理；指导中小企业开展国内外合作与交流。

二、领导班子成员

朱 炎 市经济信息化委主任

荆甫智 处长

三、联系方式

办公地点：北京市朝阳区工体北路6号413室

邮编：100027

电 话：010－85235035

传 真：010－85235632

网 址：www.bjsme.gov.cn

天津市中小企业发展促进局

根据天津市委、市政府《关于印发〈天津市机构改革实施方案〉的通知》（津党发［2009］15号），设立了天津市中小企业发展促进局，划入了原市中小企业发展促进局的职责、市农委承担的有关乡镇企业发展促进的职责、市工商局承担的市个私经济领导小组办公室的职责，为负责全市中小企业和非国有经济发展统筹规划、综合协调、组织推动、指导服务工作的市政府派出机构。

一、主要职责

（1）贯彻执行有关发展中小企业、非国有经济的法律、法规、规章和方针政策；研究拟定促进中小企业、非国有经济发展的地方性法规和规章草案并组织实施，研究提出扶持中小企业、非国有经济发展的政策措施；负责对全市中小企业、非国有经济发展的综合协调、指导和服务。

（2）会同有关部门研究拟定全市中小企业、非国有经济发展战略、中长期发展规划；分析、监测、评价全市中小企业、非国有经济运行情况和发展态势，协调解决中小企业、非国有经济发展中的重大问题。

（3）会同有关部门制定中小企业发展产业指导目录，指导和推进中小企业、非国有经济产业结构、产品结构的调整；引导和扶持中小企业开展技术改造、技术创新、新产品开发、新技术推广、市场开拓、专业化发展及与大企业的协作配套。

（4）会同有关部门开展对鼓励型小企业的认定工作；负责管理中小企业发展专项资金，会同有关部门对郊县工业技术改造贷款贴息扶持资金及乡镇工业区基础设施建设贷款贴息专项扶持资金使用管理情况进行监督检查；组织协调中小企业招商引资、对外合作与交流。

（5）会同有关部门引导全市中小企业建立现代企业制度，提高产品质量和经营管理水平；协同有关部门做好中小企业的安全生产、节能减排和环境保护工作；依法维护中小企业、非国有经济的合法权益；协调减轻中小企业、非国有经济负担工作。

（6）会同有关部门推进区县重大项目建设，引导促进中小企业加大固定资产投入，建立完善中小企业固定资产投资项目库，跟踪、监测、分析项目建设进度及投资完成情况。

（7）引导中小企业集聚发展，培育中小企业产业集群；协助推动乡镇工业区、示范工业园区建设和发展；加强中小企业、非国有经济服务体系建设；联系、引导和支持各类中介机构为中小企业、非国有经济发展提供服务。

（8）配合有关部门推进中小企业科技进步、质量管理、人才培训工作；协调有关部门做好中小企业、非国有经济名牌产品、驰名商标和著名商标的推荐和评议工作。

（9）会同有关部门组织推动中小企业信用担保体系建设，建立信用担保风险补偿机制，推进中小企业信用制度和信用担保机构评级制度建设，健全中小企业信用评价服务体系。

（10）负责指导推进全民创业工作，推动和扶持中小企业创业基地建设，建立完善创业辅导服务体系，改善中小企业创业和非国有经济发展环境。

（11）协助有关部门推进中小企业信息化建设和电子商务、信息技术在中小企业的应用；推动扶持中小企业、非国有经济基础性信息资源平台建设。

二、内设机构

市中小企业发展促进局内设8个职能处，行政编制40人。

1. 办公室
2. 调研处
3. 工业发展处
4. 服务业发展处
5. 经济合作处
6. 综合服务处
7. 科技创新服务处
8. 人事处

三、领导班子成员名单

市中小企业发展促进局局长：张国庆

市中小企业发展促进局副局长：蒋颖

市中小企业发展促进局副局长：薄云
市中小企业发展促进局副巡视员：王云奇

四、联系方式

电话及传真：022－24305108
办公地点：天津市河东区十一经路88号
邮编：3000171
网站：www.smetj.gov.cn
电子邮箱：tjsme@sina.com

河北省中小企业局

2003年4月18日，河北省中小企业局在原省乡镇企业局的基础上改组成立，承担指导中小企业改革与发展职能；全省民营经济指导服务职能；原省乡镇企业局的职能。

一、主要职责

（一）贯彻落实国家有关发展中小企业（含乡镇企业、民营企业，下同）的法律法规和方针政策，组织起草发展中小企业的地方性法规和规章，研究提出扶持中小企业发展的政策；负责对全省中小企业的综合协调、指导和服务。

（二）拟定全省中小企业的发展战略、中长期发展规划并组织实施；指导和推进中小企业产业结构、组织结构和产品结构的调整。

（三）监测、分析中小企业运行态势，承担中小企业分类、信息收集和发布等工作，拟定并落实中小企业发展调控目标和措施。

（四）指导和推进中小企业改革与发展；指导中小企业开展科技进步、新产品开发和技术改造工作。

（五）指导中小企业开展国外经济技术交流与合作；指导中小企业对外贸易工作。

（六）指导中小企业服务体系建设；指导、规范为中小企业提供服务的各类中介组织的工作；促进金融机构建立与中小企业的融资渠道。

（七）承担河北省民营经济领导小组办公室的日常工作。

（八）承办省政府交办的其他事项。

二、内设机构

根据上述职责，河北省中小企业局设置8个职能处室：

（一）办公室

协调局机关日常工作；负责文字综合、文秘、信息、信访、机要、保密、档案、保卫和机关后勤工作；承办人大代表建议和政协委员提案。

（二）政策法规处

组织起草发展中小企业的地方性法规和规章；研究提出扶持中小企业的政策和管理办法的建议；负责中小企业行政执法。

（三）规划财务处

拟定中小企业中长期发展规划及调控目标；负责中小企业统计，监测、分析中小企业运行态势；负责中小企业分类、信息收集和发布；指导中小企业财务和融资工作，促进金融机构建立与中小企业的融资渠道；会同有关部门负责扶持中小企业资金的监管；负责机关财务工作。

（四）改革与发展指导处

指导中小企业的改革与发展；指导中小企业服务体系建设；指导和规范为中小企业提供服务的各类中介组织的工作。

（五）产业与科技指导处

指导和推进中小企业产业结构、组织结构和产品结构的调整和乡镇工业园区建设；负责烟花爆竹企业的新建、扩建的审批；指导中小企业科技进步、新产品开发和技术创新。

（六）农业产业化处

拟定全省农业产业化年度规划；提出促进全省农业产业化发展政策的建议；协调国家和省有关扶持农业产业化政策的落实；协调做好省农业产业化重点龙头企业的有关工作；协调省直农口部门搞好农业产业化重点项目建设及生产配套建设。

（七）对外经济合作处

指导中小企业对外经济技术交流与合作；指导中小企业参与国际贸易和开拓国际市场；指导地区间、企业间的协作联合。

（八）人事教育处

负责局机关和直属单位的人事劳动、机构编制的管理；指导中小企业职工教育培训；组织协调本系统专业技术职务任职资格评审；负责系统内综合性表彰、奖励；负责局机关老干部工作。

机关党委，负责局机关及直属单位党群工作。

山西省中小企业局

山西省负责指导、管理、服务中小企业的政府职能部门是省中小企业局。2003年政府机构改革中，中共山西省委、山西省人民政府下发了《关于印发山西省人民政府机构改革方案的通知》（晋发［2003］27号），根据文件精神，山西省乡镇企业管理局（民营经济发展局）改组为山西省中小企业局（保留山西省乡镇企业管理局的牌子），为正厅级建制，是省人民政府指导、管理、服务中小企业、乡镇企业和非国有经济的直属机构。2004年4月，山西省中小企业局正式挂牌。

2009年政府机构改革，根据《中共山西省委、山西省人民政府关于印发〈山西省人民政府机构改革方案〉的通知》（晋发［2009］13号），设立山西省中小企业局，副厅级建制，由山西省经济和信息化委员会管理。

2009年9月，山西省人民政府办公厅印发了《关于印发山西省中小企业局主要职责内设机构和人员编制规定的通知》（晋政办发［2009］147号），方案规定：

（一）职责调整

（1）取消国务院及省人民政府已公布取消的行政审批事项。

（2）将省中小企业局承担的农产品加工及质量监督管理职责划入省农业厅。

（二）主要职责

（1）贯彻执行国家和省有关中小企业和非公有制经济（以下统称为中小企业）的法律法规和方针政策；指导、服务中小企业；研究提出扶持全省中小企业发展的政策，组织或参与起草有关中小企业的地方性法规和规章，并组织实施。

（2）贯彻执行国家及省的产业政策，研究拟定全省中小企业的发展战略和发展规划，指导和推进中小企业产业结构的调整，指导全省中小企业发展园区建设。

（3）监测、分析、预测全省中小企业运行态势，编制并组织实施中小企业近期发展调控目标和措施，协调解决中小企业发展中的重大问题。

（4）指导全省各类中小企业的改革、改组、改造，推进现代企业制度的建立；指导中小企业融资上市工作；促进建立和发展中小企业产权及相关要素市场，指导中小企业的股份制改造。

（5）对全省各种经济成分的中小企业实行宏观指导、协调和服务，规范企业行为；研究提出中小企业技术进步的政策，指导中小企业技术改造和新技术、新设备、新产品开发等工作；建立完善中小企业技术创新支撑体系，指导中小企业创新基地建设，推动中小企业信息化工作；参与指导、管理民营科技企业，向有关部门推荐、申报符合资格认定条件的民营科技企业和科技型中小企业创新基金项目。

（6）研究提出改善中小企业融资环境的政策措施，协调解决中小企业融资的有关重大问题；提出政府扶持中小企业资金的筹集、管理、使用建议，负责省级中小企业发展基金和省级财政对中小企业扶持资金的管理使用，并向有关部门推荐、申报其他相关资金项目。

（7）指导全省中小企业经营管理人员和职工的教育培训及人才、智力引进工作；指导全省中小企业外事、外经、外贸工作；组织中小企业开展国内外经济技术交流与合作；指导中小企业外资引进、利用工作。

（8）指导中小企业服务体系建设，建立和完善创业辅导体系，改善创业环境；协调落实中小企业获得政府采购份额的有关工作。

（9）配合有关部门做好中小企业环保节能、环境监测、安全生产、劳动用工、职业卫生、质量管理、社会保障等工作。

（10）对非公有制经济发展进行规划、指导、监督、协调和服务。保护非公有制经济的合法权益，鼓励、支持和引导非公有制经济的发展。

（11）提出促进县域经济发展的具体政策和措施，指导各县（市）确定符合本地实际的经济发展思路，研究县域经济发展中遇到的问题，推动县域经济发展。

（12）配合有关部门做好全省中小企业党建、工会等工作和精神文明建设工作；指导本系统各类协会、学会和社团工作。

（13）承担省人民政府及省经济和信息化委员会交办的其他事项。

（三）内设机构

根据上述职责，省中小企业局设8个内设机构和离退休人员工作处。

1. 办公室（省推动非公有制经济办公室）

综合协调机关日常工作；负责机关文电、会务、信息、宣传、督察、档案、机要、信访、提案、保密、保卫、财务、行政、后勤等工作。提出促进非公有制经济发展的政策措施和改革方案，对全省非公有制经济发展提出近期规划和远景目标并在实施中进行指导和督促。协调工商、金融等部门支持非公有制经济诚信守法经营。

2. 人事处（机关党委）

负责机关和直属单位的人事工作和机构编制工作；承担本系统出国人员的政审工作；配合有关部门做好全省中小企业党建、工会等工作和精神文明建设工作；负责机关和直属单位的党群工作。

3. 政策法规处

起草有关中小企业的地方性法规、规章草案；承办规范性文件的合法性审核工作；监督检查有关法律法规的执行情况；研究提出扶持中小企业改革与发展的综合性政策建议；承办行政复议、行政应诉、行政赔偿及其他法律事务；指导各类中小企业改革，引导中小企业建立现代企业制度；促进建立和发展中小企业产权及相关要素市场，指导中小企业的股份制改造和上市工作；指导中小企业服务体系建设；指导本系统各类协会、学会和社团工作。

4. 发展规划处

研究提出中小企业发展战略、中长期规划和年度目标；负责省级中小企业发展基金和省级财政对中小企业扶持资金的管理使用；负责本系统基建项目管理；指导中小企业的外事、外经、外贸工作；组织中小企业开展国际经济合作与交流，参与组织中小企业国际市场开拓资金项目的申报工作。

5. 管理指导处

贯彻执行国家和省的产业政策，研究提出中小企业的产业发展方向、重点和有关政策，指导中小企业的产业结构和布局结构调整，指导全省中小企业发展园区建设；指导地区间、企业间的协作联合，协助有关部门开展招商引资；组织产品展销等活动；负责中小企业类型划分和认证工作；指导中小企业诚信建设工作；配合有关部门做好中小企业环保节能、安全生产、劳动用工等工作。

6. 经济监测处

监测、分析、预测全省中小企业运行态势，组织对中小企业经济运行中出现的重大问题进行调查研究，并提出对策和建议；会同有关部门研究制定中小企业统计制度并组织实施；负责中小企业统计数据、报表的汇总、分析工作；负责中小企业经济信息的收集、整理、分析和发布工作；研究提出中小企业创业辅导服务体系建设的政策措施，建立和完善创业辅导体系，配合有关部门做好再就业工作；根据城镇化进程提出县域经济发展的具体政策和措施，指导县域经济走新型工业化道路，推动发展特色经济和民营经济；承担县域经济发展的监测和统计工作。

7. 科教质量处

指导全省中小企业人才开发、引进以及教育培训、职称评审、技术进步、产品开发等工作；建立完善中小企业技术创新支撑体系，指导中小企业创新基地建设，参与中小企业新技术、新产品鉴定的有关工作和重大科技成果的推广应用；组织开展国际、国内技术交流与合作，推进中小企业的产学研联合工作；参与指导、管理民营科技企业，负责民营科技企业的申报工作和科技型中小企业创新基金项目的申报；配合做好中小企业质量管理工作。

8. 融资财务处

研究提出改善中小企业融资环境的政策措施，协调解决中小企业融资的有关重大问题；指导中小企业直接融资工作，引导、推动民间资金和风险投资机构投资中小企业；负责推进中小企业信用制度建设，会同有关部门建立和完善信用征集及评价体系；指导中小企业信用担保体系建设工作，引导和规范信用与担保行业发展，制订并实施中小企业信用担保支持计划；协调落实中小企业获得政府采购份额的有关工作；负责局直属单位的财务管理工作。

离退休人员工作处负责机关离退休人员管理服务工作，指导直属单位离退休人员管理服务工作。

纪检监察机构按晋办发［2005］17号文件执行（行政编制3名已划转省纪委统一管理）。

（四）人员编制

省中小企业局机关行政编制为45名（含离退休人员工作处编制4名）。其中：局长1名，副局长3名；正副处级领导职数19名（含机关党委专职副书记1名、离退休人员工作处领导职数2名）。

（五）其他事项

（1）省中小企业局不再保留省乡镇企业管理局的牌子。

（2）所属事业单位的设置、职责和编制事项另行规定。

（六）领导班子

王克建　局党组书记、局长
陈晓东　局党组成员、副局长
赵志杰　局党组成员、副局长
王怀荣　副局长

（七）对外联系方式及网址

联系电话：0351－5607078（7109）
传真电话：0351－5607109
网址：http：//www.sxsme.com.cn

内蒙古自治区经济委员会中小企业与开发区处

主要职责：指导全区工业企业的改革与发展，组织协调工业企业经济技术交流合作，外引内联和企业重组工作，研究拟定促进中小企业经济发展的政策措施并组织实施，组织工业企业经营管理人员和专业人员培训，负责自治区级工业开发区的审核、监管和协调服务工作。

主　　任：牙萨宁（自治区经济委员会主任）
分管主任：白培珠（自治区经济委员会副主任）
处　　长：张树德
副处长：霍航雄、胡瑞芬（分管中小企业工作）
电　　话：0471－4826484、4825120
传　　真：0471－4824952
网　　址：www.nmgjw.gov.cn
邮　　编：010098
地址：内蒙古呼和浩特市敕勒川大街1号党政综合楼

辽宁省中小企业厅

根据《中共中央办公厅　国务院办公厅关于印发〈辽宁省人民政府机构改革方案〉的通知》（厅字［2009］24号），设立辽宁省中小企业厅，挂省乡镇企业局牌子，正厅级建制，为省政府组成部门。

一、职责调整

（一）取消已由省政府公布取消的行政审批事项

（二）新增指导全省中小企业融资，促进中小企业信用担保体系建设职能

（三）强化省中小企业厅对全省中小企业创办、经营的指导和服务，构建中小企业政策支持体系和社会化服务体系的职能

二、主要职责

（1）贯彻落实国家发展中小企业、乡镇企业、民营经济和城镇集体经济的法律、法规和政策；拟定促进全省中小企业、乡镇企业、民营经济和城镇集体经济发展的地方性法规、规章和政策。

（2）制定并组织实施全省中小企业、乡镇企业、民营经济和城镇集体经济发展的中长期规划；组织全省中小企业、乡镇企业、民营经济和城镇集体经济运行监测和分析工作，协调解决中小企业、乡镇企业、民营经济和城镇集体经济发展中的重大问题。

（3）会同有关部门拟定中小企业发展专项资金年度预算建议，依照相关文件负责中小企业发展专项资金项目的实施和管理。

（4）指导全省中小企业、乡镇企业、民营经济和城镇集体经济的企业制度改革和管理创新；推动中小企业、乡镇企业、民营经济和城镇集体经济的产业结构、产品结构调整；指导和推进中小企业产业集群的建设发展。

（5）组织实施全省中小企业创办的扶持工作；拟定创业扶持政策，推进创业辅导孵化基地建设，协调落实创办中小企业所需要的场地和设施，落实创业辅导、孵化和信息、咨询服务工作。

（6）指导和推动中小企业、乡镇企业、民营经济和城镇集体经济的科技创新，协调落实中小企业技术创新项目的各项支持政策，构建中小企业技

术创新服务体系。

（7）推进中小企业、乡镇企业、民营经济和城镇集体经济融资担保工作，组织开展融资服务；指导中小企业信用担保机构开展融资担保业务，构建中小企业融资担保体系，配合有关部门协调中小企业上市、发债、租赁等多渠道融资工作。

（8）协调和推动中小企业、乡镇企业、民营经济和城镇集体经济的区域性合作和对外经贸、合资合作，帮助中小企业开拓市场。

（9）推进中小企业社会化服务体系建设；支持创业辅导、技术支持、融资担保、信息服务、市场开拓等中小企业服务机构发展。

（10）承办省政府交办的其他事项。

三、内设机构

根据上述职责，省中小企业厅设8个内设机构：

（一）办公室（离退休干部处）

负责协调厅机关日常工作；负责综合、文秘、信息、督察、保密、会务、档案、财务、信访、后勤和保卫工作；负责厅机关和直属事业单位人事、劳资工作；负责机关离退休干部的管理和服务工作。

（二）政策法规处

贯彻落实国家和省有关中小企业、乡镇企业、民营经济和城镇集体经济的法律法规和方针政策；构建全省中小企业、乡镇企业、民营经济和城镇集体经济政策支持体系；组织和参与起草有关促进全省中小企业、乡镇企业、民营经济和城镇集体经济发展的地方性法规、规章和政策措施。

（三）发展规划处

拟定全省中小企业、乡镇企业、民营经济和城镇集体经济中长期发展规划；负责中小企业发展专项资金的年度支持方向、支持重点以及项目的组织申报工作，会同有关部门对项目进行审定，并对项目实施进行监督检查；编制中小企业社会化服务体系建设规划；指导全省小企业创办工作；推进创业辅导基地建设，构建中小企业创业辅导（孵化）体系；组织引导创业辅导机构为创业者提供创业服务。

（四）经济运行处

承担中小企业、乡镇企业、民营经济和城镇集体经济运行状况的监测工作；拟定经济运行分析报告，协调解决经济运行中存在的主要问题；指导和推进中小企业信息化建设和信息服务体系建设；协调中小企业信息服务机构为中小企业提供信息服务。

（五）科技创新处

指导全省中小企业、乡镇企业、民营经济和城镇集体经济的科技进步工作；构建中小企业技术创新服务体系；指导全省中小企业、乡镇企业、民营经济和城镇集体经济质量管理、品牌创建、知识产权保护工作；指导协调中小企业、乡镇企业、民营经济和城镇集体经济人才队伍建设及人才、智力引进工作。

（六）产业指导处

指导中小企业、乡镇企业、民营经济和城镇集体经济的产业结构调整工作；推动中小企业、乡镇企业、民营经济和城镇集体经济的区域经济合作促进中小企业与大型企业的协作配套；编制和组织实施中小企业产业集群发展规划；配合有关部门做好中小企业、乡镇企业、民营经济和城镇集体经济安全生产、环境保护、职业卫生工作。

（七）国际合作处

指导全省中小企业、乡镇企业、民营经济和城镇集体经济的对外开放工作；推动中小企业、乡镇企业、民营经济和城镇集体经济与国外企业的合资合作；构建经贸合作服务体系，帮助中小企业开拓国际市场；指导中小企业、乡镇企业、民营经济和城镇集体经济的产品出口工作。

（八）融资担保处

指导全省中小企业、乡镇企业、民营经济和城镇集体经济的融资工作；研究提出促进中小企业、乡镇企业、民营经济和城镇集体经济发展的金融扶持政策建议；会同有关部门管理使用中小企业信用担保机构贷款风险补偿资金；指导全省中小企业信用担保机构业务工作，构建中小企业信用担保体系；协调金融机构与信用担保机构的合作；配合有关部门协调中小企业上市、发债、租赁等多渠道融资工作。

机关党委 负责厅机关及直属单位的党群工作。

吉林省工业和信息化厅
（吉林省中小企业局）

一、主要职责

负责中小企业发展的宏观指导，会同有关部门拟定促进中小企业发展和非国有经济发展的相关政策和措施，协调解决有关重大问题。

二、处室设置

中小企业处。

负责中小企业的宏观指导，会同有关方面拟定促进中小企业发展和非国有经济发展的相关政策和措施；推动建立完善服务体系；协调解决有关重大问题。

融资服务处。

提出改善工业企业和中小企业融资环境的政策措施，协调解决工业和中小企业融资的有关重大问题；负责提出企业发行债券的初审意见，引导和推动民间资金和风险投资机构投资中小企业；促进中小企业信用担保体系建设。

创业服务处。

负责指导全民创业工作；指导中小企业广泛吸纳社会人员就业工作；指导中小企业加强经营管理；负责服务体系建设，整合社会资源为中小企业、非国有经济发展服务。

三、领导班子成员名单

厅长：姜有为

副厅长：倪连山（中小企业局局长）、周永泽、赵世伟、张义、张伟民、马军

黑龙江省工业和信息化委员会

一、主要职责

负责中小企业发展的宏观指导，会同有关部门拟订促进中小企业发展和非国有经济发展的相关政策措施，协调解决有关重大问题；指导和推动全省中小企业创业、融资、担保、创新、培训、配套服务体系建设。承担省发展非公有制经济工作领导小组的日常工作。

二、处室设置及其职责

黑龙江省工业和信息化委员会是中小企业的管理部门，其内设机构中有中小企业局、对外合作处、创业处、融资服务处、培训与交流处五个处室具体负责全省中小企业管理工作。

1. 中小企业局

研究提出扶持乡镇企业发展的政策措施，指导乡镇企业布局及结构调整；协调解决中小企业、乡镇企业和非公有制经济发展中的重大问题；规划指导中小企业产业集群、园区和公共服务平台工作，负责中小企业、非有公制经济统计、分析及成长性企业认定工作；会同财政部门组织国家中小企业专项资金申报、评审工作。承担省发展非公有制经济领导小组的日常工作。

2. 对外合作处

组织开展工业、信息化的对外合作与交流，推动经济技术协作；参与拟订工业、信息化企业利用外资的有关政策及工业利用外资的重点领域、重点项目规划，并组织实施；负责外商投资工业和信息化项目以及工业、信息化企业境外投资项目有关管理工作；协调解决外商投资工业企业运行过程中的有关问题；指导企业市场营销，组织协调工业企业参加重要产品展销活动。

3. 创业处

负责组织开展创业服务工作，指导创业（孵化）基地建设；建立和完善创业辅导体系；制定并组织实施支持创业、创新相关政策；争取相关资金支持企业创业工作，培育微小企业向规模企业发展。

4. 融资服务处

提出改善各类企业融资环境的政策措施，协调解决企业融资的有关重大问题；推动中小企业集合发债和投资公司发展，引导民间资本和风险投资机构投资各类企业；负责中小企业信用担保行业发展的指导、综合组织和协调服务工作，参与中小企业信用担保机构的培训、信用评级、备案工作；组织开展企业上市融资的相关工作；指导中小企业产权交易市场建设。

5. 培训与交流处

负责全省工业和信息化系统管理干部、企业中层以上管理者和专业技术人员的教育培训，组织落实国家和省有关中长期培训规划和年度培训计划；负责企业经营管理人员职业资格管理及人员素质的调查研究；指导企业职业技能培训，负责开展人才合作与交流，指导企业开展校企对接和引进国外智力工作；指导培训基地建设工作；负责本委所属院校的管理工作。

三、黑龙江省工业和信息委员会领导班子成员名单

贲起利	党组书记、副主任
孙　珅	主任、党组副书记
庞光明	副主任、党组成员
谷文义	副主任、党组成员
杜东晏	副主任、党组成员
赵　磊	副主任、党组成员
高玉学	副主任、党组成员
陈　杰	副主任、党组成员
郭　禄	副主任、党组成员
赵继会	副主任、党组成员
方安儒	副主任、党组成员
刘爱丽	副主任、党组成员
赵　梅	纪检组长、党组成员
郭大春	副巡视员
原　诚	副巡视员
林　克	副巡视员

四、对外联系方式及网址

1. 黑龙江省工业和信息化委员会门户网站

http：//www. hljiic. gov. cn/public/AA/index. jsp

2. 中国中小企业黑龙江网

http：//www. smehlj. gov. cn/

上海市促进中小企业发展协调办公室

隶属上海市经济和信息化委员会，是上海市人民政府批准设立的专司全市中小企业发展事务的行政机构。

一、主要职责

按照1999年市政府设立时职能定位，主要职责如下：

（1）根据市委、市政府要求，研究本市中小企业发展的长远规划，制订和落实中小企业发展的总体设想和专门计划。

（2）负责研究制定和协调本市促进中小企业发展的政策及扶持措施。

（3）汇总和分析全市中小企业的情况。

（4）落实、运用市政府促进中小企业的各项资金。

（5）加强对区（县）中小企业服务机构的业务指导。

（6）组织、指导本市中小企业各项改革试点。

（7）对中小企业发展过程中的难点、热点问题进行协调。

（8）在调查、研究基础上提出本市中小企业法规的立法建议。

二、部门设置

行政秘书部

综合规划部

政策法规部

信用服务部
企业服务部

三、领导班子成员名单

市经济和信息化委主任：王坚
市经济和信息化委副主任：傅新华
市中小企业办主任：徐惠明
市中小企业办副主任：许慧敏、宋晓辉

四、对外联系方式及网址

上海市促进中小企业发展协调办公室
地址：上海市徐汇区大木桥路 108 号 7 楼
邮编：200032
电话：（8621）64036622
传真：（8621）64220924
网址：http：//www.ssme.gov.cn

江苏省经济和信息化委员会（中小企业局、乡镇企业局）

根据《中共中央办公厅国务院办公厅关于印发〈江苏省人民政府机构改革方案〉的通知》（厅字［2009］21 号）和《中共江苏省委江苏省人民政府关于印发〈江苏省人民政府机构改革实施意见〉的通知》（苏委［2009］252 号），设立省经济和信息化委员会，为省政府组成部门，挂省中小企业局、省乡镇企业局牌子。

一、涉及中小企业工作的主要职责

制定贯彻国家产业政策的实施意见，推进产业结构调整和优化升级。研究提出产业发展方向和重点行业发展的政策措施。提出优化产业结构、所有制结构和企业组织结构的政策建议。负责信息产业园区、乡镇工业和中小企业集中区规划建设的指导与服务。参与各类工业园区的业务指导工作。联系和指导有关行业协会及其他社会中介组织的工作。

负责中小企业（含民营经济、乡镇企业，下同）发展的综合指导与协调。拟定发展中小企业的地方性法规、规章和政策措施并组织实施。拟定全省中小企业发展专项规划并组织实施。监测分析中小企业运行态势，协调解决中小企业发展的重大问题。指导创业基地建设，推进中小企业自主创新，促进产业结构和产品结构调整。指导中小企业开展国内外经济技术交流与合作，推进中小企业与大企业协作配套发展。指导和推进中小企业服务体系与融资担保体系建设。促进金融机构建立与中小企业的融资渠道，承担或参与中小企业发展基金、担保基金的建立和管理方面的有关工作。负责融资性担保机构的监管。

二、主要领导及分管领导

陈震宁　省经济和信息化委员会党组书记、主任

张乐夫　省经济和信息化委员会党组成员，省中小企业局副局长、省乡镇企业局副局长

郗同福　省经济和信息化委员会党组成员，省中小企业局副局长、省乡镇企业局副局长

陆元刚　省经济和信息化委员会党组成员，省中小企业局副局长、省乡镇企业局副局长

三、涉及中小企业工作的主要处室

中小企业综合协调处（省民营经济投诉中心）：负责全局业务综合协调工作；落实国家和省有关中小企业法规、方针、政策；拟定促进和扶持中小企业发展的地方性法规及政策；承担中小企业系统的行政复议工作；组织中小企业发展与改革中重大问题的调查研究，提出中长期发展战略和规划；承担中小企业发展扶持资金的预算、管理与监督工作；承担民营经济投诉工作。

中小企业改革发展处（融资担保处）：指导中小企业改革和制度创新，提高经营管理水平，组织企业家队伍培训工作；推进中小企业服务体系建设；研究提出中小企业融资、担保的政策措施；承担全省融资性担保机构的设立与变更审批、关闭和日常监管；开展中小企业创业辅导，指导创业基地建设。

中小企业科技创新处：承担中小企业经济信息的统计、汇总、分析与发布工作，监测中小企业发展态势；指导中小企业信息化建设，推动中小企业应用信息技术化；指导中小企业科技进步、技术创新工作；指导中小企业的财务、会计和内部审计工作。

中小企业产业与合作处（省中小企业国际合作协调中心）：指导中小企业调整产业、产品和布局结构；指导乡镇工业和中小企业集中区规划建设，推动产业集聚；指导中小企业与大企业配套发展；推进中小企业开展国内外经济技术交流与合作；配合有关部门组织和指导中小企业劳动、卫生、环保及节能等方面的工作。

四、对外联系方式及网址

单位地址：南京市北京西路 16 号苏兴大厦
邮编：210008
联系电话：025－86635039
传真电话：025－83328173
电子邮箱：jsmyjj@sina.com
网址：www.jste.gov.cn

浙江省中小企业局

内设处室

（一）中小企业综合管理处

承担中小企业业务综合协调工作；负责有关中小企业工作的情况综合等综合性事务管理；承担中小企业公共信息指导服务；配合落实中小企业获得政府采购份额的有关工作。

联系电话：85156579

（二）中小企业发展规划指导处

组织开展对中小企业改革和发展重大问题的调查研究；提出并组织实施中小企业中长期发展规划和年度计划，建立中小企业培育信息库；承担中小企业（乡镇企业）相关统计和发展动态监测分析；开展中小企业法律咨询和维权服务。

联系电话：85153469

（三）中小企业创业创新促进处

指导中小企业科技创新和国家扶持中小企业技术改造的相关工作；指导中小企业管理创新和制度创新；指导农民创业和发展农产品加工业；指导和服务农村家庭工业提高发展；推进中小企业社会化公共服务体系建设。

联系电话：85158580

（四）中小企业融资担保处

指导和推进支持中小企业发展的投融资服务体系建设，指导协调和落实国家和省有关扶持中小企业融资担保的相关政策措施，改善中小企业投融资环境；审批全省融资性担保机构设立与变更，指导、监管担保业的发展；推进中小企业信用制度和信用体系建设，完善信用征集与评价体系；指导中小企业开展产权交易，促进中小企业产权流转；承担省融资性担保业务指导监管联席会议办公室的日常工作。

联系电话：85158865

（五）中小企业协作交流处

指导和组织中小企业开展国际合作与交流；指导中小企业与大企业开展协作配套和专业化生产；组织中小企业参加国际、国内大型展会及市场拓展活动；组织中小企业开展地区间经济合作与交流；承担中小企业协作交流的对外联络工作。

联系电话：85154640

安徽省经济和信息化委员会暨中小企业局

安徽省经济和信息化委员会成立于 2009 年 5 月，是在整合原省经济委员会的有关职责、原省信息产业厅（省无线电管理委员会办公室、省政府信息化工作办公室）的职责及省发展和改革委员会的相关职能的基础上组建而成，是省政府主管全省经济运行、工业生产、信息化发展、无线电管理和行业管理的综合经济部门。省经委主要职责为：贯彻执行国家有关经济、信息化和无线电管理的方针政策和法律法规，拟定相关地方性法规规章草案；拟定并组织实施经济和信息化的发展规划，推进产业结构战略性调整和优化升级，推进信息化与工业化融合；制定并组织实施工业、信息化相关行业的规划、计划和产业政策，提出优化产业布局、结构的政策建议；拟定行业技术规范与行业标准并组织实施，指导行业质量管理和安全生产管理工作；监测、分析经济运行态势，调节经济日常运行；制定和实施近期经济运行调控目标和政策措施，提出解决经济运行中重大问题的意见和建议；收集、整理、分析和发布经济信息；承担工业、信息化相关行业应急管理、产业安全和国防动员有关工作；负责提出工业、信息化技术改造投资规模和方向的建议，提出行业投资布局建议；按照规定权限，审批、核准国家和省规划内及年度计划规模内工业和信息化固定资产投资项目，并对重点项目进行监管和督察；拟定并组织实施高技术产业中涉及生物医药、新材料等的规划、政策和标准；组织推动企业技术创新；指导企业技术进步、技术引进和重大技术装备研制，推进高新技术与传统工业改造结合；推动产学研联合；拟订并组织实施工业、信息化相关产业的能源节约、资源综合利用、清洁生产促进政策；参与拟订能源节约和资源综合利用、清洁生产促进规划；组织协调示范项目和新产品、新技术、新设备、新材料的推广应用；指导和协调工业环境保护和节能环保产业的发展；负责墙体材料革新和建筑材料节能管理、散装水泥推广等工作；承担煤炭和非煤矿山安全生产监督管理责任，负责煤炭工业生产管理和非煤矿山行业管理工作；负责煤炭固定资产投资规划和年度计划规模内有关技术改造投资年度计划编制工作，衔接平衡煤炭重点企业发展规划和生产建设计划；编制和实施年度煤炭计划，协调煤炭生产和安全管理中的重大问题；指导检查非煤矿山标准化建设和安全生产管理工作；拟订并组织实施煤电运等要素保障的政策措施，协调重要物资的紧急调度和综合运输；承担电力工业管理与运行监测工作，监督指导电力调度，指导电力生产安全管理，协调电力生产的重大问题；负责全省盐业行政管理和省级医药储备管理；负责中小企业和非公有制经济发展的宏观指导，拟订促进中小企业和非公有制经济创业创新的政策措施，协调解决有关重大问题；统筹推进全省信息化工作，组织拟订相关政策措施并协调信息化建设中的重大问题，促进通信网、广播电视网和计算机网融合发展，指导协调电子政务发展，推动跨行业、跨部门的互联互通和重要信息资源的开发利用、共享；承担信息安全管理的责任，指导和监督政府部门、重点行业的重要信息安全系统与基础信息网络的安全保障工作，协调全省信息安全保障体系建设，指导信息安全防范工作；协调处理网络与信息安全重大事件；负责无线电频率资源管理，依法监督管理无线电台（站）；负责无线电监测、检测和干扰查处，维护空中电波秩序；协调军地无线电管理相关事宜，协调处理无线电干扰事宜，依法组织实施无线电管制；承办省政府交办的其他事项。这些职责涵盖了全省工业经济、信息化发展、无线电管理等。

根据省政府规定，管理省国防科学技术工业办公室，管理各市无线电管理处，管理省黄金管理局和省机械协会、省冶金工业协会、省石油化学工业协会、省轻工协会、省纺织工业协会、省建材工业协会、省商业协会。省重点产业调整振兴和企业技术改造联席会议办公室、省发展非公有制经济推进全民创业领导小组办公室、省企业兼并破产和职工再就业工作领导小组办公室、省煤矿整顿关闭和瓦斯集中整治工作领导小组办公室、省信息化领导小组办公室、省信息安全协调小组办公室设在省经济和信息化委员会。

委领导：

主任、党组副书记：赵炳云

党组书记、副主任：贺凌

副主任、副书记：吴金山、张德山

副主任、党组成员：吴晓明、金寿虎、

张海阁、严琛、曹晓武、王有军、吴韦人

纪检组长、党组成员：程斌

中小企业局职能

省经信委职能部门之一，会同有关方面拟定促进中小企业发展、全民创业和非公有制经济发展的政策措施；拟定改善中小企业融资环境的政策建议，协调解决有关重大问题；指导中小企业和非公有制经济创业、创新，推动建立完善中小企业社会化服务体系；承担省发展非公有制经济推进全民创业领导小组办公室的日常工作。

分管委领导：吴韦人副主任

分工负责人：

副局长（负责非公经济）郝建胜

副局长（负责中小企业）华克思

电话：0551－2871826、0551－2871709

地址：安徽省合肥市屯溪路306号 金安大厦4楼

邮编：230001

福建省经济贸易委员会

一、主要职责

（1）贯彻执行国家新型工业化发展战略和政策；贯彻执行国家工商领域法律法规和产业政策；起草并组织实施我省有关工业、内贸方面的地方性法规、政府规章；拟订并组织实施全省工业、内贸方面的规划、计划、导向目录等政策措施，推动产业结构调整和优化布局；牵头拟订并组织实施现代物流产业发展战略和规划；参与拟订全省国民经济和社会发展战略、中长期规划和年度计划。

（2）负责监测分析工业、内贸运行态势，并发布相关信息；拟订并组织实施工业、内贸运行调控目标、政策和措施；协调解决经济运行中的有关问题；建立并组织实施重点行业、重点企业、重点产品运行调度机制和经济运行应急调度机制；拟订并组织实施全省重点支农产品、重要工业品、重要生产原材料等的调控方案；牵头协调各种交通运输方式；建立工业企业服务机制。

（3）负责组织实施我省产业结构调整和优化升级；负责提出工商领域固定资产投资方向；按规定负责管理工商领域企业投资项目；拟订并组织实施工商领域企业投资项目利用政府资金的政策和使用管理办法；指导、协调我省工业企业与央属企业合作；指导、协调闽台产业对接有关工作；拟订产业集群建设发展意见和政策措施，按规定统筹、规划、指导、协调全省工业产业园区建设。

（4）负责能源行业管理；负责监测分析能源运行情况并发布能源信息；衔接能源生产和供需平衡，协调解决能源运行中的重大问题；培育和监管能源市场；提出能源价格调整建议；负责煤炭等能源产品的应急保障工作；负责全省电网运行与调度管理；依法负责全省发电企业并网运行条件审查。

（5）负责节能监督管理工作；组织协调、监督管理循环经济发展工作；组织协调清洁生产促进工作；指导资源综合开发和合理利用。

（6）负责原材料工业、装备工业、消费品工业、国防科技工业（不含军工电子产品）及民爆器材等行业管理工作；拟订并组织实施行业技术规范和标准；指导行业质量和品牌工作；协调解决行业运行发展中的重大问题；按规定负责盐业行政管理；依法归口负责农药、民爆等工业产品生产、经营许可证的发放和管理；依法管理稀土资源综合开发和合理利用。

（7）负责研究流通体制改革并提出建议；负责推动流通产业结构调整和连锁经营、物流配送、电子商务等现代流通方式的发展；负责培育发展城乡市场；承担有关商贸服务业和典当业、融资租赁业的行业管理；负责建立健全生活必需品市场应急管理机制；负责组织实施主要消费品、应急商品市场调控和重要生产资料流通管理；负责全省城市副食品生产基地建设和生猪储备管理工作；负责畜禽屠宰、酒类流通、成品油流通的监督管理；负责牵头协调全省整顿和规范市场经济秩序和社会信用体系建设工作，推动商务领域信用建设。负责食品安全综合协调工作和省食品安全委员会的日常工作。

（8）负责指导和服务中小企业；牵头拟订促进中小企业发展的政策措施；负责建立和完善中小企业服务体系和融资担保体系；负责指导、推动创业投资业发展；引导和支持企业提升经营管理水平；指导推动企业信用体系建设；负责指导和服务全省乡镇企业的有关工作；依法指导企业法律顾问工作。

（9）负责拟订并组织实施企业技术创新的政策措施；指导引进重大技术装备的消化创新；承担指导协调企业技术创新公共服务平台建设有关工作；指导和推动产学研联合，组织实施重大产业示范工程；会同有关部门统筹、规划、协调工业化和信息化的融合工作。

（10）组织开展省际、区际间的区域性横向经济技术协作活动；指导协调省际、省内、区域、企业的经济技术协作；联系外省政府驻闽办事机构；承担省政府有关对口支援工作。

（11）负责组织协调有关部门做好支前工作，承担省国防动员委员会支前办公室的具体工作。

（12）承办省委、省政府交办的其他事项。

二、处室设置

21个内设机构：

（1）办公室

（2）综合处

（3）政策法规处（省减轻企业负担办公室）

（4）计划财务处

（5）投资和规划处

（6）产业协调处

（7）技术进步处

（8）企业处

（9）中小企业处

（10）能源处

（11）环境和资源综合利用处

（12）商贸管理和市场体系建设处

（13）市场运行调节处（省副食品基地办公室）

（14）市场秩序处

（15）装备工业处（省国防科技工业办公室）

（16）原材料工业处（省履行禁止化学武器公约事务办公室、省稀土办公室）

（17）消费品工业处

（18）经济技术协作处（省政府对口支援办公室）

（19）支前工作处

（20）食品安全工作处

（21）人事处

机关党委

离退休干部工作处

三、领导班子成员名单

周联清　福建省经济贸易委员会党组书记、主任
　　省政府国有资产监督管理委员会党委书记、主任

卢增荣　福建省经贸委党组副书记、副主任
　　福建省信息化局局长、党组书记

陈炎生　中共福建省经贸委党组成员
　　福建省经贸委副主任
　　福建省安全生产监督管理局局长（正厅级）

钟安平　中共福建省经贸委党组副书记
　　福建省经贸委副主任、省支前办主任

林宝金　福建省经贸委党组成员、副主任
　　福建省国资委党委副书记、副主任（正厅级）

胡渡南　中共福建省经贸委党组成员
　　福建省经贸委副主任

李　清　中共福建省经贸委党组成员
　　纪检组长

张金铸　中共福建省经贸委党组成员
　　福建省经贸委副主任

马鉴康　中共福建省经贸委党组成员
　　福建省经贸委副主任

郑李亭　中共福建省经贸委党组成员
　　福建省经贸委副主任

吴秉成　福建省经贸委党组成员、福建省经贸委副主任

王　华　副巡视员

四、对外联系方式及网址

办公地点：福建省政府大院8号楼二、三、四层

通讯地址：福州市华林路76号

邮　　编：350003

传真/电话：0591－87857032/87833668/87832776

网址：www.fjetc.gov.cn

江西省中小企业局

根据《中共江西省委　江西省人民政府关于印发〈江西省人民政府机构改革实施方案〉的通知》（赣发［2009］5号），保留江西省中小企业局，为省工业和信息化委员会管理的副厅级行政机构。

一、主要职责

（1）在全省经济社会发展总体规划的框架内，制定全省中小企业和非公有制经济发展规划，指导全省中小企业发展，会同有关部门拟定促进中小企业和非公有制经济发展的相关政策和措施，监测分析全省中小企业和非公有制经济运行态势，进行预测预警和信息引导，协调解决运行发展中的有关问题并提出政策建议，负责中小企业成长工程和国家扶持中小企业发展专项资金项目的组织实施，承担省促进非公有制经济发展领导小组办公室的工作。

（2）在全省经济社会发展总体规划的框架内，拟定并组织实施工业园区发展规划，提出促进工业园区发展的法规、规章和政策建议，负责组织、指导特色产业园区、生态工业园区及数字化园区建设，负责对全省工业园区的分类管理、经济运行分析，承担省工业园区工作领导小组办公室的工作。

（3）负责指导和推动中小企业信用担保体系建设。负责对中小企业信用担保机构设立的前期审核、日常业务监管工作。提出改善中小企业、非公有制企业融资环境的政策措施建议，促进建立和拓宽企业融资渠道，协调解决企业融资有关问题，承担省中小企业信用担保指导协调小组办公室的工作。

（4）承办省人民政府交办的其他事项；承办省工业和信息化委员会交办的其他事项。

二、内设机构

根据上述职责，省中小企业局内设6个职能处室（正处级）。

（一）办公室

负责文电、会务、机要、档案等机关日常运转工作；承担信息、安全、保密、信访、政务公开、机关财务管理等工作。

（二）工业园区处

拟定全省工业园区发展规划；监测分析工业园区运行态势；提出促进工业园区发展法规、政策及措施的初步建议；具体承担工业园区的组织、协调和服务以及省工业园区工作领导小组办公室的日常工作。

（三）非公有制经济处

监测分析全省非公有制经济发展态势；提出促进非公有制经济发展的政策措施建议；指导非公有制企业加强管理；承担小企业创业基地建设和省促进非公有制经济发展领导小组办公室的日常工作。

（四）信用担保处

负责对中小企业信用担保机构设立的前期审核、日常业务监管工作，协调解决中小企业融资问题和处置风险，提出改善中小企业融资环境的政策措施建议；承担省中小企业信用担保指导协调小组办公室的日常工作。

（五）企业发展指导处

负责全省中小企业的综合协调、指导服务和经济运行分析，提出发展规划和政策措施建议；承担中小企业成长工程的具体实施、服务体系建设工作。

（六）人事处

负责机关及直属单位的人事管理、机构编制及机关离退休人员管理；指导中小企业教育培训及队伍建设等工作。

机关党委。负责机关和直属单位的党群工作。

三、领导班子成员名单

党组书记、局长 吴治云

党组成员、副巡视员、副局长 李文美

党组成员、副局长 李增学

四、对外联系方式及网址

办公地点：南昌市省府大院北二路92号

邮编：330046

办公电话：0791－6212771

传真：0791－6215121

网址：http：//www.jxsme.gov.cn/

山东省中小企业办公室

一、机构概况

根据省政府机构改革实施方案，在省经济和信息化委员会内设立山东省中小企业办公室，同时挂山东省乡镇企业办公室牌子，负责全省乡镇企业、个体私营企业的规划、指导、协调、服务工作。

二、主要职责

（1）贯彻国家有关发展中小企业的方针、政策和法律法规，研究提出全省中小企业的发展战略、规划和政策法规，会同有关部门监督实施。

（2）根据国家的产业政策，指导中小企业合理布局和产业、产品结构调整，提高产品质量和经营管理水平。

（3）指导中小企业体制改革，对全省中小企业发展中的重大问题提出政策建议。

（4）指导全省个体私营经济的发展，研究拟定有关发展规划、鼓励政策和管理办法。

（5）指导中小企业的财务会计、内部审计、质量、安全、环境保护、资产管理和资产评估等工作；组织指导中小企业对外经济技术交流与合作，协调和指导中小企业利用外资和出口创汇工作。

（6）负责全省中小企业统计工作；研究掌握中小企业的生产动态，汇集、分析和发布有关经济技术信息，提供信息咨询服务。

（7）组织指导中小企业的科技进步和技术创新，负责乡镇企业技术改造项目审核申报工作；指导中小企业的职工教育培训工作。

（8）组织指导直属企事业单位的改革，推动直属事业单位逐步走向社会、进入市场；组织实施机关人员分流工作。

（9）承办省经济和信息化委员会交办的其他事项。

三、领导班子成员名单及联系方式

分党组书记、主任：刘新风

分党组成员、副主任：曲荣先

分党组成员、副主任：徐田军

对外联络方式：0531－82037297

河南省工业和信息化厅中小企业服务局

一、主要职责

根据《河南省人民政府办公厅关于印发〈河南省工业和信息化厅主要职责内设机构和人员编制规定〉的通知》（豫政办［2009］115号）规定，省工业和信息化厅中小企业服务局负责中小企业发展的宏观指导，会同有关方面拟定促进中小企业发展和非国有经济发展的相关政策和措施；推动完善中小企业创业辅导、信用担保和小额贷款等社会化服务体系建设；提出中小企业发展专项资金安排建议；协调解决有关重大事项。

（1）贯彻落实国家发展中小企业、非国有经济的法律、法规和政策；拟定并组织实施促进全省中小企业、非国有经济发展的地方性法规、规章和政策，监督检查执行情况，维护企业合法权益，优化企业发展环境。

（2）负责中小企业、非国有经济的宏观指导、综合协调和服务；协调解决发展中的重大问题。

（3）引导中小企业转变发展方式，推动中小企业、非国有经济产业和产品的结构调整；提出产业集群发展战略及政策措施。

（4）提出中小企业发展专项资金、中小企业事业费年度预算和安排建议，并负责监督落实；拟订和组织实施中小企业专项资金年度计划和固定资产投资计划；负责中小企业专项资金项目的推荐、申报和审定工作；推动建立中小企业发展基金。

（5）指导中小企业改革，促进制度和管理创新；促进中小企业加强经营管理，提高经营者素质。

（6）指导中小企业开展科技进步、新产品开发，提出中小企业技术创新政策措施，建立健全中小企业技术创新支持体系；组织实施中小企业技术改造；指导中小企业公共技术平台建设。

（7）拟定改善中小企业、非国有经济融资环境的政策措施，协调中小企业、非国有经济享受政府贴息贷款政策的落实；引导和推动民间资本、风险投资机构和金融机构投资中小企业、非国有经济；推进中小企业、非国有经济信用制度建设，推动和规范中小企业信用担保行业和小额贷款公司发展；指导中小企业产权及相关要素市场建设。

（8）指导中小企业、非国有经济服务体系建设；建立和完善创业辅导体系，改善创业环境，组织实施中小企业的教育培训工作；联系和引导各类社会中介机构为中小企业、非国有经济提供服务，规范中小企业服务市场。

（9）指导和推动中小企业、非公有制经济的区域性合作、专业化协作，推动建立与国外政府和国际组织间的中小企业合作交流机制。

（10）指导中小企业开拓市场；协调落实中小企业获得政府采购份额的有关工作；维护中小企业和职工的合法权益。

（11）承办省工业和信息化厅领导交办的其他

事项。

二、内设机构

根据上述职责，中小企业服务局设2个职能处：

（一）发展指导处

（1）负责中小企业、非国有经济的宏观指导、综合协调和服务，协调解决发展中的重大问题。

（2）拟定全省中小企业、非国有经济发展及服务体系建设的法规、政策和措施，并监督检查执行情况；优化企业发展环境，维护企业合法权益。

（3）提出中小企业发展专项资金、中小企业事业费年度预算和安排建议，并负责监督落实；拟定和组织实施中小企业专项资金年度计划和固定资产投资计划；负责中小企业专项资金项目的推荐、申报和审定工作；推动建立中小企业发展基金。

（4）指导中小企业、非国有经济产业和产品的结构调整；提出产业集群发展战略及政策措施，推动产业集群示范和公共服务平台，推动产业优化升级。

（5）指导中小企业改革，促进制度、管理创新；促进中小企业加强经营管理，提高经营者素质。

（6）建立和完善创业辅导体系，改善创业环境，组织实施中小企业的教育培训工作。

（7）指导中小企业开拓市场，规范中小企业服务市场；协调落实中小企业获得政府采购份额的有关工作；维护中小企业和职工的合法权益。

（8）指导中小企业、非国有经济开展科技进步、新产品开发；组织实施中小企业技术改造，指导中小企业公共技术平台建设。

（9）提出中小企业技术创新政策措施，建立和完善中小企业、非国有经济技术创新体系，并指导各类技术服务机构为其提供技术服务。

（10）建立和完善中小企业、非国有经济的咨询、培训、网络信息等服务体系。

（11）协调中小企业、非国有经济享受国家专项中政府贴息贷款政策的落实。

（二）融资担保处

（1）提出改善中小企业、非国有经济融资环境的政策措施，优化融资环境。

（2）推进全省中小企业信用担保体系建设，鼓励和支持信用担保机构为中小企业提供融资担保服务；负责中小企业专项资金担保机构补助项目、免税项目的审核、推荐工作；负责担保机构的市场准入与退出审定工作。

（3）推动小额贷款公司发展，引导小额贷款公司规范运作；负责小额贷款公司的市场准入与退出审定工作。

（4）引导和推动民间资金、风险投资机构和其他金融机构投资中小企业、非国有经济，指导、推动中小企业融资工作。

（5）引导和推进中小企业在资本市场融资工作，做好中小企业改制上市工作。

（6）推进中小企业和非国有经济信用制度建设，建立信用信息征集与评价体系，实现中小企业、非国有经济信用信息查询、交流和共享的社会化。

（7）促进建立和发展中小企业产权及相关要素市场建设。

（8）指导和推动中小企业、非国有经济的区域性合作、专业化协作，推动建立与国外政府和国际组织间的中小企业合作交流机制。

（9）协调中小企业非国有经济融资担保中享受政府贴息贷款政策的落实。

三、人员编制及领导班子成员名单

中小企业服务局行政编制14名。实际到位12名，其中：副局长2名；发展指导处6名，融资担保处6名。

胡宽广　副厅长、党组成员　分管产业政策处、中小企业服务局、软件服务处

王永连　局长　负责中小企业服务局工作

程　瑜　副局长　兼任发展指导处处长

王　宇　副局长　兼任融资担保处处长

四、对外联系方式及网址

发展指导处：联系电话：0371－65855772

传真：0371－65855971

融资担保处：联系电话：0371－65718802（传真）

通讯地址：郑州市红专路98号河南省工业和信息化厅中小企业服务局

邮编：450008

网址：http：//www. iitha. gov. cn/zxqy_fzzd. asp 或 http：//www. smehen. gov. cn/

湖北省经济和信息化委员会中小企业发展处

一、主要职责

承担中小企业发展的宏观指导，会同有关方面拟定促进中小企业发展和非公有制经济发展的相关政策和措施；组织推进中小企业成长工程，提出中小企业结构优化、转型升级相关政策建议；提出有关中小企业发展资金安排意见；监测分析各类中小企业发展动态，协调解决有关重大问题；负责中小企业统计工作；指导企业加强安全生产管理。

二、对外联系方式及网址

地址：湖北省武汉市武昌区水果湖省外大院

邮编：430071

电话：87233838

网址：http：//www. hbeitc. gov. cn

湖南省经济委员会

一、主要职责

（1）围绕推进全省工业化进程和走新型工业化道路，制定相关政策措施并组织实施，会同有关部门综合管理全省工业经济，指导、协调和服务各种经济成分、各种规模类型的工业企业。

（2）负责全省工交系统日常经济运行调节，编

制并组织实施近期工交运行调控目标、政策和措施；监测、分析全省工交经济运行态势，组织解决工交经济运行中的突出矛盾和问题，研究提出工交系统经济运行方面的政策建议；指导企业扭亏增盈工作。

（3）贯彻落实国家产业政策，会同有关部门制定优化产业结构和产品结构的地方配套政策，提出重点行业、重点产品的结构调整方案，并监督检查执行情况；指导全省工业结构调整，协调解决执行中的重大问题；联系工业领域社会中介组织。

（4）负责对相关经济法律法规的执法情况进行监督、检查；组织拟定工交领域的经济法规、规章，规范企业行为；协调减轻业负担工作。会同有关部门做好全省维护企业稳定工作。

（5）组织拟定生产与科技结合、推动企业技术进步的政策措施，并监督实施；负责编制、下达和实施技术改造，技术引进及消化吸收，新技术、新产品开发推广的规划和年度计划；会同有关部门管理省级财政性技术改造专项资金；负责管理地方审批、核准和登记备案的技术改造项目（含利用外资改造现有企业项目），并组织实施；研究和规划全省竞争性行业投资布局，公布项目投资引导目录。

（6）贯彻落实国家关于促进中小企业发展的方针、政策，研究提出促进全省中小企业发展的政策措施，协调中小企业发展的重大问题；拟订中小企业发展战略、中长期发展规划和年度计划并组织实施；指导中小企业的改革工作；管理全省中小企业发展基金；抓好中小企业信用担保体系和服务体系的建设；拟定政府重点扶持中小企业的项目及资金投入方向，扶持中小企业的发展。指导中小企业法律顾问工作。

（7）研究拟定资源节约与综合利用规划，参与编制生态建设规划，拟定资源节约与综合利用政策，依法组织协调清洁生产工作；协调生态建设和资源节约综合利用的重大问题，组织协调环保产业发展和工业环境保护。

（8）综合协调经济运行中与铁路、公路、航空、水运、邮政通信有关的重大问题；协调煤炭、电力、石油、运输和原材料等经济运行保障要素；负责重点企业、重点工程、重点物资、外贸货运的运输调度和协调工作。

（9）归口管理工交系统的行业管理办公室和湖南省煤炭工业局，组织指导各行业管理办公室拟定行业规划和行业法规。研究拟定电力工业（合水电）、医药、食品等行业的行业规划和行业法规，实施行业管理。

（10）负责全省工交系统经济管理干部和企业经营管理人员的培训工作。

（11）承办省委、省人民政府交办的其他事项。

二、处室设置

中小企业发展促进处

中小企业服务指导处

三、领导班子成员名单

党组书记、主任　　谢超英

党组成员、副主任　　蒋志方

党组成员、副主任　　傅雪梅

党组成员、副主任　　杨晓晋

党组成员、副主任　　卓　群

党组成员、副主任　　曾柯立

党组成员、总工程师　　殷林波

党组成员、纪检组长　　唐新民

巡视员　　刘送保

副巡视员　　万铁辉

四、对外联系方式及网址

0731－2212917

www. hnjmw. gov. cn

广东省中小企业局

根据广东省人民政府办公厅于2009年9月11日印发的《广东省经济和信息化委员会（广东省国防科学技术工业办公室）主要职责内设机构和人员编制规定的通知》（粤府办［2010］101号文），在广东省经济和信息化委员会内设副厅级机构——广东省中小企业局。

一、广东省中小企业局职能

贯彻实施国家有关中小企业的政策、法规，协调相关部门对中小企业进行指导和服务；提出促进中小企业发展的政策措施，协调解决有关重大问题；指导中小企业改革与创新，推进中小企业服务体系建设和担保体系建设；指导创业基地建设；指导中小企业与大企业协作配套发展；指导中小企业提高自主创新能力，促进产学研结合、产业结构和产品结构优化调整；推动中小企业信用担保行业发展。

二、广东省中小企业局内设处室

广东省中小企业局现内设三个处室，分别是改革发展处、服务与指导处、技术进步处。

三、领导班子成员名单

局长　张文献　广东省经济和信息化委员会党组成员、省中小企业局局长

副局长　官维平、蔡锦洲

改革发展处处长　何佐贤

服务与指导处处长　陈慧君

技术进步处处长　朱晓东

四、对外联系方式

改革发展处，电话：83133334；

传真：83133308

服务与指导处，电话：83135852；

传真：83135859

技术进步处，电话：83135986；

传真：83135851

网址：

1. 广东省经济和信息化委员会

http：//www. gdei. gov. cn

2. 广东省中小企业信息网

http：//www. gdsme. com. cn/

广西壮族自治区经委（中小企业局）

2009 年广西壮族自治区中小企业的行政管理部门为广西壮族自治区经委/中小企业局——2009 年底 12 月中旬机构改革后为广西壮族自治区工业和信息化委员会/中小企业局（机构改革三定方案未下）。广西壮族自治区人民政府办公厅桂政办发［2004］75 号文件指出："……自治区经济委员会，为负责全区工业发展和工业经济运行调节的自治区人民政府组成部门。自治区经济委员会加挂自治区中小企业局牌子。"自治区经济委员会（中小企业局）设办公室、政策法规研究室、工业规划处、经济运行处、技术改造投资处、重工业处、轻工业处、中小企业发展处、能源工业处、高新技术产业处、资源节约与综合利用处、工业区建设处、糖业与农产品加工处、广西国防科学技术工业办公室、人事处、教育培训处 16 个职能处室。其中，中小企业发展处具体负责对全区中小企业、民营企业发展实行宏观指导和管理。

广西壮族自治区经济委员会地址：广西南宁市民乐路 1 号自治区政府大院内，联系电话：0771－2803041（委办公室），传真：0771－2800166，邮编 530012。

中小企业发展处负责人：处长张杰，副处长黄振成、吴胜周

联系电话：张杰，0771－5854346

黄振成，0771－5865987

吴胜周，0771－5854245

传真：0771－5864157，5864067

E-mail：xqjgx@163.com

地址：南宁市星湖路 43 号南湖大厦

邮编：530022

海南省工业和信息化厅中小企业处

中小企业处主要职能

研究提出中小企业、非国有经济发展的有关问题，促进全省多种所有制企业公平竞争、共同发展；研究提出扶持全省中小企业发展的政策和具体措施，加大对中小企业发展的宏观指导和扶持；指导和促进全省中小企业的对外合作，健全完善中小企业服务体系；协调全省中小企业和非国有经济发展中出现的问题。

联系方式：

网址：iitb.hainan.gov.cn

领导：赵莉莎　　厅长

林元康　　副巡视员

中小企业处：人员、分工和联系电话：

序号	姓名	性别	职务	承办业务工作	电话
1	郭春鸿	男	处长	主持全面工作	0898－65357884
2	唐　明	男	副处长	分管中小企业专项资金、培训等工作	0898－65362210
3	符亚宁	男	调研员	主办中小企业专项资金业务、重点项目跟踪等工作	0898－65357230
4	吴才武	男	副调研员	主办中小企业培训、融资担保、信息平台管理等工作	0898－65357230
5	黄永红	女	主任科员	主办法规文秘、外协展览、信息联络等工作	0898－65239272

重庆市中小企业发展指导局

一、机构名称

重庆市中小企业发展指导局，简称重庆市中小企业局。另挂：重庆市乡镇企业局、重庆市非公有制经济发展领导小组办公室两块牌子。实行三块牌子一套班子的管理体制。

二、主要职责

贯彻执行有关中小企业、乡镇企业发展的法律、法规、规章和方针政策；起草相关地方性法规、规章和政策并组织实施；负责拟定全市中小企业、乡镇企业的发展战略、规划和年度指导性计划并组织实施；承担全市中小企业、乡镇企业统计分析、预测监测的责任，提出近期调控目标、政策和措施；协调解决运行中的重大问题；指导中小企业、乡镇企业建立现代企业制度以及投资方向、产业和产品结构的调整；负责推进全市都市工业园（楼宇）建设；负责小企业创业基地建设；指导中小企业的特色产业集群建设；负责国家和市对中小企业专项扶持资金项目的管理，协调有关专项资金的组织和安排；指导中小企业、乡镇企业的科技创新、人才建设和信息化建设；指导和规范中小企业社会化服务体系建设，组织、协调行业协会和社会化服务机构向中小企业、乡镇企业提供服务；负责全市农产品加工业的发展并承担相应责任；负责三峡库区淹没工矿企业的关闭、破产和迁建及结构调整工作；承担重庆市三峡库区淹没工矿企业结构调整办公室工作；指导中小企业开展国内外经济技术合作交流及市场开拓工作，指导协调区县（自治县）开展中小企业招商引资工作；负责指导全市中小企业、乡镇企业的融资工作，参与信用担保体系建设；负责中小企业、民营企业的维权投诉工作，依法维护其合法权益；负责协调减轻中小企业、乡镇企业负担工作并承担相应责任；承担重庆市非公有制经济发展领导小组办公室的日常工作；承办市政府交办的其他事项。

三、领导班成员名单及人员编制

局党组书记局长马发骧，局党组成员副局长赵吉林、谢卫东、马其昌，局党组成员、纪检组组长廖静，副局长王任林，局党组成员、局长助理朱建，副巡视员刘大文。

机关行政编制为64名。其中：局长1名、副局长4名，处级领导职数20名（含机关党委专职副书记1名、离退休人员工作处领导职数1名）。纪检组组长和机关党委书记按市委有关规定配备。机关后勤服务人员事业编制为6名。

四、内设机构名称及负责人名单

1. 办公室

主任：刘春平；副主任：黄长宝、向旭

2. 经济运行处

处长：林朝；副处长：将纪群

3. 产业发展处（三峡库区淹没工矿企业结构调整办公室）

处长：冯庄；副处长：彭光荣

4. 对外经济合作处

处长：郭平；副处长：沈山、彭东志

5. 政策法规处（重庆市人民政府民营经济维权投诉中心）

处长：廖冰

6. 融资服务处（发展基金管理办公室）

处长：代修超

7. 科技处

副处长：陶世坤

8. 人事教育处（引进智力工作办公室）

处长：刘大文（当年提拔为副巡视员后，处长暂缺）

9. 机关党委

专职副书记：王晓龙

10. 离退休人员工作处

11. 监查室

主任：魏学林

五、对外联系方式及网址

联系电话：023－67638766

联系人：刘春平

单位地址：重庆市江北区红黄路九号

邮编：400020

网址：http：//www.cqsme.com/

四川省中小企业局（四川省乡镇企业局）

一、主要职责

（1）负责《中华人民共和国乡镇企业法》、《中华人民共和国中小企业促进法》等相关法律、法规的贯彻实施，组织实施国家和省有关发展乡镇企业、中小企业的地方性法规、规章和相关政策；维护乡镇企业、中小企业的合法权益，依法对中小企业进行规划、指导、监督、协调和服务。

（2）研究提出乡镇企业、中小企业发展战略，负责编制乡镇企业、中小企业中长期发展规划和年度计划；协同有关部门制定和实施城乡劳动力进入第二、三产业转移规划。

（3）指导乡镇企业、中小企业的改革，提出乡镇企业、中小企业发展中重大问题的政策建议，促进乡镇企业、中小企业参与市场公平竞争，共同发展。

（4）根据国家产业政策，指导乡镇企业、中小企业产业结构、产品结构、组织结构、布局结构等的优化调整；引导和推动乡镇企业、中小企业建立现代企业制度；会同有关部门研究提出促进农产品加工营销业发展的政策措施，指导农业产业化龙头企业建设工作。

（5）指导乡镇企业、中小企业科技进步、技术创新、技术改造，建立和规范乡镇企业、中小企业技术创新支撑体系，为乡镇企业、中小企业提供技术信息服务，协同有关部门对乡镇企业、中小企业质量和标准工作进行指导。

（6）研究提出改善乡镇企业、中小企业融资环境的措施意见，建立和规范乡镇企业、中小企业信用担保和融资体系，负责中小企业信用担保体系的组织实施和行业监管；引导和推动民间资金和风险投资机构投资乡镇企业、中小企业。

（7）研究提出促进乡镇企业、中小企业服务体系建设的措施意见，加强乡镇企业、中小企业咨询、市场开拓等服务体系的建设，规范乡镇企业、中小企业服务市场。

（8）负责乡镇企业、中小企业统计和信息服务工作，对乡镇企业、中小企业经济运行情况进行分析和预测，发布经济技术信息，提供信息咨询服务；指导乡镇企业、中小企业资产评估、财务会计、内部审计和信息网络建设工作；负责乡镇企业、中小企业发展基金的管理和使用。

（9）指导乡镇企业、中小企业外事、外经、外贸工作，推动乡镇企业、中小企业对内、对外经济技术合作与交流；指导乡镇企业、中小企业工业园区建设。

（10）负责实施乡镇企业、中小企业专业技术职称及职业技能鉴定工作；指导乡镇企业、中小企业人才培训、交流工作。

（11）指导乡镇企业、中小企业协会（学会）工作。

（12）承办省政府交办的其他事项。

二、处室设置

（1）办公室。协助局领导协调局机关各处工作，起草重要报告、综合性文件；负责有关重要会议的组织工作；负责局机关文秘、机要、保密、保卫、信访、档案、目标管理、计划生育、行政后勤管理等工作；负责信息网络建设和管理工作。

（2）政策法规处。监督检查贯彻执行国家和省发展乡镇企业、中小企业的有关法律、法规、政策的情况，并提出处理意见和建议；负责调查研究、组织协调或参与起草乡镇企业、中小企业协调发展的综合性政策、法规和规章；拟订乡镇企业、中小企业深化改革的规划和方案，促进乡镇企业、中小企业建立现代企业制度并协同有关处室组织实施；负责乡镇企业、中小企业的治乱减负调研和参与督促检查工作；负责并指导乡镇企业、中小企业宣传工作；组织本局新闻发布会。

（3）规划财务处。研究提出乡镇企业、中小企业的发展战略，负责编制乡镇企业、中小企业中长期发展规划和年度计划；负责乡镇企业、中小企业统计工作，对乡镇企业、中小企业经济运行情况进行分析和预测；发布乡镇企业、中小企业经济信息；指导乡镇企业、中小企业资产评估和管理；负责乡镇企业、中小企业专项资金和机关财务的管理工作。

（4）发展指导处。根据国家有关产业政策，研究乡镇企业、中小企业产业发展方向，指导乡镇企业、中小企业结构调整和改制工作；会同有关部门研究提出促进农产品加工营销业发展规划、政策措施，推广典型经验，指导农业产业化龙头企业建设工作；协同有关部门对乡镇企业、中小企业的质量、计量和标准化工作进行指导；协助有关部门做好乡镇企业、中小企业安全生产工作。

（5）科技服务处。负责乡镇企业、中小企业科技进步和技术创新工作，编制发展规划；拟定促进乡镇企业、中小企业科技进步和创新的有关政策措施并组织实施；组织和协调大专院校、科研院所及有关部门为乡镇企业、中小企业提供科技信息服务；建立和规范乡镇企业、中小企业咨询、技术信息、市场开拓等服务体系。

（6）经济合作处。研究提出外向型乡镇企业、中小企业发展规划并组织实施；指导乡镇企业、中小企业开展经济技术协作工作，组织乡镇企业、中小企业开展国内外经济技术合作与交流；促进乡镇企业、中小企业专业化协作和区域化合作；组织乡镇企业、中小企业参与国内外展览、展销活动；参与制定小城镇发展规划；指导乡镇企业、中小企业工业园区建设。

（7）融资与担保指导处。研究提出改善乡镇企业、中小企业融资环境的措施意见，促进建立和拓宽乡镇企业、中小企业融资渠道，协调解决乡镇企业、中小企业融资的有关重大问题，引导和推动民间资金和风险投资机构投资乡镇企业、中小企业；负责推进乡镇企业、中小企业信用制度建设，建立和完善信用信息征集及评价体系，引导和规范乡镇企业、中小企业信用与担保体系建设；负责中小企业信用担保体系的组织实施和行业监管。

（8）人事教育处。负责局机关和直属事业单位人事、机构编制、劳动工资等工作；归口管理系统的干部培训和先进个人及先进单位评选、推荐工作；组织和指导乡镇企业、中小企业的职称改革和专业技术职务的评审、考核和人才交流；指导乡镇企业、中小企业人才的培训工作，研究提出培训政策和措施；指导乡镇企业、中小企业协会（学会）工作。

纪检组（监察处与其合署办公）。负责局机关和直属单位纪检监察及党风廉政建设工作。

机关党委。负责局机关和直属单位的党群工作。机关党委办事机构的设置方式，由局党组按照省委规定确定。

三、领导班子成员名单

局　长：伍丕光

副局长：张国斌

副局长：梁治辉

联系电话：028－83221993

网址：www.scsme.gov.cn

贵州省经信委中小企业办公室

按照《中共贵州省委、贵州省人民政府机构改革的实施意见》，原省中小企业局（省非公有制经济办公室）负责全省中小企业、非公有制经济的管理职能并入省经信委，在省经济和信息化委设中小企业办公室（非公有制经济办公室），继续履行推动贵州省中小企业、非公有制经济发展的工作职责，新增集体经济管理职责。

贵州省经信委中小企业办公室（非公有制经济办公室）主要职责有：承担全省中小企业、非公有制经济、城镇集体经济的指导、综合协调；会同有关部门拟订促进中小企业、非公有制经济和城镇集体经济发展的政策与措施，协调解决有关重大问题；管理省中小企业发展专项资金和信用担保、小额贷款行业；建立健全全省中小企业、非公有制经济、城镇集体经济服务体系；指导全省中小企业开展对外交流合作；负责省非公有制经济投诉相关工作；承担全省推动非公有制经济、中小企业发展工作联席会议办公室的日常工作。下设中小企业处、非公有制经济处。

联系电话：0851－6864035

网站：www.smegz.gov.cn

云南省中小企业局

2004 年原云南省经济贸易委员会按照省政府批准的机构改革方案实施机构改革后，成立了云南省经委员会并加挂省中小企业局、省乡镇企业局、省非公有制经济领导小组办公室牌子，2005 年，16 个州、市相继进行机构改革，均按省里的模式成立经委并加挂中小企业局、乡镇企业局、非公有制经济领导小组办公室牌子。2009 年，云南省云南省经委员会进行机构改革，与原省政府信息产业办、省煤炭工业局和省国防科公办合并成立云南省工业和信息化委员会，并加挂省中小企业局、云南省无线电管理办公室牌子。

一、云南省中小企业局暨省非公办主要工作职能

一是贯彻落实国家有关中小企业（非公经济）的法律法规和方针政策，组织草拟有关中小企业（非公经济）发展的地方性法规、规章，研究提出扶持中小企业（非公经济）发展的政策。

二是负责对全省中小企业（非公经济）发展工作的宏观指导、综合协调和服务。

三是制定全省中小企业（非公经济）的中长期

发展规划并组织实施，指导和推进中小企业（非公经济）组织结构、产业结构和产品结构的调整。

四是监测、分析中小企业（非公经济）运行态势，拟定并落实中小企业（非公经济）发展预期调控目标和措施。

五是研究提出改善中小企业、非公有制经济融资环境的政策措施，促进建立和拓宽中小企业、非公有制经济融资渠道。

六是保障中小企业和非公有制经济在市场准入、市场竞争中的合法权益。

七是研究提出中小企业、非公有制经济专项资金年度预算建议并组织实施。

八是推动和建立中小企业发展社会化中介服务体系，研究提出中小企业服务体系和信用担保体系建设的政策措施。

九是促进中小企业、非公有制经济创业辅导、管理咨询、市场开拓和信息化建设等服务机构建设。

十是协调落实中小企业获得政府采购市场份额的有关工作。

十一是维护非公有制经济发展合法权益和组织、协调、监督、检查全省企业的减负治乱工作。

十二是承办省加快发展非公有制经济工作领导小组和维护非公有制经济合法权益委员会交办的各项工作。

2003 年 4 月，云南省委、省政府召开了全省加快发展非公有制经济工作会议之后，从省级到 16 个州、市将原个私经济领导小组调整为加快发展非公有制经济工作领导小组，调整充实了办公室工作人员，部分改善了工作条件，并在领导小组和办公室分别加挂维护非公经济合法权益委员会和非公经济投诉中心的牌子。各级非公办按照组织领导到位、政策落实到位、工作措施到位的要求，建立健全了工作职责、目标考核办法、重点企业发展项目现场办公制度、非公经济发展督查和定期汇报等一系列规章制度。已逐步形成党委统一领导、政府组织协调、部门抓好落实的工作格局。

二、主要领导

云南省工信委主任、云南省中小企业局局长、省非公办主任：刘绍忠

云南省工信委副主任：宋嘉林

云南省工信委巡视员、省非公办常务副主任：许坚

云南省中小企业局局长助理：刘健

西藏自治区经委中小企业局（非公有经济办公室）

为加快推动西藏自治区工业经济发展和产业建设，大力实施“一产上水平、二产抓重点，三产大发展”的经济发展战略，着力提高自我发展能力。同时，参照国内兄弟省区机构设置和职能作用发挥的成功做法，自治区党委、政府审时度势，决定成立自治区经委。于 2007 年 12 月 12 日正式挂牌。主要负责全区工业经济管理和产业建设等工作。

按照西藏自治区机构编制委员会《关于印发西藏自治区政府国有资产监督管理委员会（西藏自治区经济委员会）职能配置、内设机构和人员编制方案的通知》（藏机编发［2007］27 号）精神，撤销自治区发展和改革委员会中小企业处。并将全部职能划入自治区经委。自治区经委内设立中小企业局（非公有经济办公室）。

主要职责

负责中小企业和非公有制经济发展的投融资服务体系建设；拟定中小企业和非公有制经济发展的政策、措施；指导协调中小企业和非公有制经济的发展与改革；提出中小企业结构调整、产业优化升级的指导意见；指导中小企业产业集群和工业园区建设；会同财政部门负责中小企业发展和非公有制经济专项资金项目的有关工作。

陕西省中小企业促进局（省乡镇企业局）

根据《中共中央办公厅　国务院办公厅关于印发〈陕西省人民政府机构改革方案〉的通知》（厅字［2008］23 号），设立省中小企业促进局（省乡镇企业局），为省政府直属机构。

一、职责调整

（1）强化促进全省县域工业化的工作职责。

（2）强化协调和推进全省非公有制经济发展的职责。

二、主要职责

（1）贯彻执行国家发展中小企业、乡镇企业和非公有制经济的法律、法规和方针政策。实施产业引导、政策扶持，培植经济主体。

（2）负责拟定并组织实施全省中小企业、非公有制经济规划和县域工业化、县域工业园区发展规划。

（3）承担全省非公有制经济、民营企业的发展工作，协调解决发展中的有关问题；指导非公有制经济建立现代企业制度，推进生产要素市场化建设。

（4）负责中小企业的信息化建设；负责企业经济运行的监测、统计和分析；建立小企业的预警机制；为企业和社会提供相关的信息服务。

（5）负责全省中小企业服务体系建设，推进创业辅导、信息咨询、科技创新、信用担保、法律援助等专业服务体系建设；联系、指导相关的中介机构和社会团体。

（6）指导中小企业和非公有制经济的自主创新和技术创新，组织开展企业家培训和人才交流，促进职业经理人队伍建设；协调企业与科研教学机构的合作，加快科技项目的产业化，增强企业自主创新能力。

（7）指导中小企业的直接融资和间接融资工作；负责中小企业信用担保业的发展和融资担保机制的建立。

（8）负责中小企业和非公有制经济招商引资与合作交流；指导企业开展对外经济技术合作，发展外向型经济。

（9）促进创业、催生小企业；依法维护中小企业和非公有制企业的合法权益。

（10）负责全省乡镇企业改革与发展的协调和服务工作。

（11）承办省政府交办的其他事项。

三、内设机构

根据上述职责，省中小企业促进局（省乡镇企业局）设9个内设机构：

（一）办公室

负责局机关的综合协调、制度建设、机要保密、文秘档案、信访接待、安全保卫等工作；负责机关和直属单位的财务、资产管理等行政事务工作；负责重要工作的督办；承办有关会议组织工作。

（二）政策法规处

负责起草有关中小企业和非公有制经济的地方性法规、政府规章草案和综合性、政策性重要文件；监督检查相关法律、法规、规章和政策的贯彻落实情况；调查研究企业发展问题，提出政策建议和措施；承担行政复议和行政应诉工作；组织开展法制教育，提供政策法规咨询服务；负责对外宣传和新闻发布工作。

（三）人事处

负责局机关及直属单位的机构编制、人事管理工作；承担局党组管理的领导班子考核和领导干部选拔任用等具体工作；承担中小企业、非公有制企业人才培训、专业技术职称的评审和职业经理人队伍建设工作。

（四）发展规划处

研究拟订中小企业、非公有制经济中长期发展规划和年度计划；扶持、发展龙头企业，带动和推进产业结构调整；负责中小企业、乡镇企业和非公有制经济专项资金的安排、监督管理，负责有关固定资产投资和基本建设项目的协调和促进工作。

（五）企业经济运行处

负责中小企业、乡镇企业和非公有制经济的统计与信息化工作；动态监测并分析研究企业经济运行情况，负责小企业预警机制的建立和完善；指导统计、信息服务体系的建设，拟定统计制度并监督检查其执行情况；负责中小企业、乡镇企业和非公有制经济运行情况的汇总、分析和发布。

（六）县域工业处

负责拟定全省县域工业园区发展规划并组织实施；指导产业集群的发展和工业园区的建设；建立完善工业园区的协调管理机制，承担省县域工业园区建设领导小组办公室的日常工作；指导企业开展国内外经济技术交流与合作；推介招商引资项目。

（七）非公经济发展处

拟定全省非公有制经济的发展战略和发展规划；提出全省发展非公有制经济目标责任考核工作的意见和措施；承担有关先进评选、表彰的组织工作；指导企业的改革、改制、改组工作；建立企业维权工作机制，依法维护企业和企业家的合法权益；承担省促进非公有制经济发展联席会议办公室的日常工作。

（八）创业与技术创新处

负责创业与企业科技创新服务体系的建设；指导企业的技术创新工作；组织企业品牌建设，增强企业产品的竞争力；指导服务创业与催生小企业工作；负责农产品加工业发展，促进农业产业化经营；指导乡镇企业的改革与发展。

（九）融资服务处

改善中小企业和非公有制企业的融资环境，组织指导中小企业直接融资和间接融资，建立企业与金融机构、担保机构的信贷合作机制；负责中小企业信用担保服务体系建设；推动和引导民间资本和风险投资机构与企业合作。

机关党委负责机关和所属单位的党群工作。

离退休人员服务管理处负责机关离退休人员服务管理工作，指导所属单位离退休人员服务管理工作。

纪检组、监察室按有关规定设置。

四、人员编制

省中小企业促进局（省乡镇企业局）机关行政编制50名。其中：局长1名、副局长3名，总经济师1名（副厅级），处级领导职数22名（含机关党委专职副书记1名）。

甘肃省工业和信息化委员会（甘肃省国防科技工业局 甘肃省中小企业局）

一、主要职责

（1）贯彻执行工业和信息化有关法律、法规、规章和方针、政策，拟定工业和信息化工作的地方性法规、规章草案和政策，并会同有关方面组织实施。

（2）拟定工业和信息化的发展战略、规划和年度计划并组织实施；研究工业和信息化布局规划、结构调整的政策措施并组织实施；拟定产业政策和标准并组织实施；推进工业和信息化体制改革和管理机制创新，提高行业综合素质和核心竞争力。

（3）组织实施城乡工业布局调整、三线调迁、老工业区改造和产业升级，推动创意产业发展；负责制定工业集聚区和循环经济产业园发展规划，推进工业项目向园区集中。

（4）监测分析工业、信息产业运行态势，统计并发布相关信息，进行预测预警和信息引导；负责煤、电、油、气、运等重要生产要素协调平衡，解决工业运行中有关问题并提出政策建议；负责工业、信息产业应急管理、产业安全和国防动员等有关工作；负责盐业行政和医药等物资储备管理。

（5）指导工业和信息化业的安全生产，负责民爆器材行业及生产、流通安全的监督管理，监督管理甘肃境内石油天然气管道设施保护。

（6）负责提出工业和信息产业固定资产投资规模和方向（含利用外资和境外投资）、国家对口部门和本省用于工业和信息产业财政性建设资金安排意见，按国家和省政府规定权限审核、核准工业和信息产业固定资产投资项目；负责工业和信息产业的对外合作与交流。

（7）拟定高技术产业中涉及生物医药、新材料、航空航天、信息产业等领域的规划、政策和标准并组织实施，推动软件业、信息服务业和新兴产业的发展；负责推动企业技术创新和技术进步，协调并组织实施有关国家、全省工业和信息产业科技重大专项；负责管理企业技术中心建设，推进产学研结合及科研成果产业化；指导工业行业的质量管理。

（8）承担振兴装备制造业组织协调任务，组织拟定重大技术装备发展和自主创新规划、政策，依托国家和省级重点工程建设实施有关重大专项，推进重大技术装备国产化，指导引进重大技术装备的消化创新。

（9）负责工业、通信业节能减排工作综合协调，拟定工业、通信业发展循环经济、全社会能源节约、资源综合利用的规划和政策措施并组织实施，推进清洁生产，负责全省新型墙体材料改革工作。

（10）负责中小企业发展的宏观指导，拟定促进中小企业和非公有制经济发展的相关政策措施，协调解决有关重大问题；指导和推动全省中小企业社会化服务体系建设和生产性服务业发展；承担省非公有制经济协调联系会议的日常工作。

（11）负责全省国防科技工业行业管理；拟定地方性促进国防科技工业发展的配套政策；承担武器装备科研生产重大事项的组织协调，负责武器装备科研生产条件保障和军品市场监督管理。

（12）指导协调工业信息资源开发利用；协调组织实施国家和地方工业信息技术标准；指导电子信息产业质量管理；推动软件业、信息服务业和新兴产业的发展，推进工业化和信息化融合。

（13）协调电信市场涉及社会公共利益的重大事宜；参与全省信息基础设施发展的规划和协调跨行业、跨部门面向社会服务网络的互联互通，促进电信、广播电视和计算机网络融合。

（14）会同有关部门组织信息安全保障体系的建立，加强对信息网络安全技术、设备和产品的监督管理；参与处理网络与信息安全重大事件；负责国防信息动员工作，保障重要通信。

（15）统一配置和管理全省无线电频谱资源，依法监督管理无线电台（站）；协调处理军地间无线电管理相关事宜；负责无线电监测、检测、干扰查处，协调处理电磁干扰事宜，维护空中电波秩序，依法组织实施无线电管制。

（16）负责指导和联系行业协会的工作。

（17）承办省委、省政府、工业和信息化部交办的其他事项。

二、处室设置

甘肃省工业和信息化委员会（甘肃省国防科技工业局、甘肃省中小企业局）内设26个内设机构：

（1）办公室
（2）政策法规与产业投资处
（3）规划发展处
（4）经济运行处
（5）交通与物流处
（6）电力处
（7）安全生产与管道设施保护处
（8）技术创新处
（9）原材料产业处
（10）装备产业处
（11）消费品产业处
（12）核产业处
（13）环境资源处
（14）循环经济发展处
（15）中小企业处
（16）融资服务处
（17）信用担保体系建设处
（18）军民结合推进处
（19）军工科技质量与监管处
（20）信息化推进处
（21）电子信息与软件服务业处
（22）信息安全与军工保密处（省信息动员办公室）
（23）无线电管理处（省无线电管理委员会办公室）
（24）财务审计处
（25）组织人事处
（26）培训处

三、领导班子成员名单

党组书记、主任	李　平
党组副书记、副主任	朱维繁
党组成员、副主任	胡宗杰
党组成员、副主任	马苏平
党组成员、副主任	姜义德
党组成员、副主任	张富奎
党组成员、副主任	于光明
党组成员、副主任	温隆家
党组成员、纪检组长	周继尧
副巡视员	朱行之
副巡视员	孟宪敦
副巡视员	陈作芳（女）
副巡视员	魏西川

四、对外联系方式及网址

联系电话：0931－4609275
网　　址：http：//www.gsec.gov.cn

青海省经济委员会中小企业发展局

一、职能

指导和协调中小企业、乡镇企业、非国有经济的发展和改革，促进多种所有制企业公平竞争，去同发展；研究拟定扶持中小企业发展的地方性法规、规章和政策；提出中小企业结构调整、产业升级的指导意见，指导推动全省中小企业跨地区、跨行业的交流与合作；建立和指导中小企业服务体系，参与中小企业发展基金的使用管理；负责监管全省典当行业。

二、联系方式

办公室：0971－6150716（传真）

宁夏回族自治区经济和信息化委员会中小企业处

一、主要职责

研究提出宁夏工业领域中小企业的发展规划，指导中小企业的改革与发展；推进现代企业制度的建立；参与指导中小企业融资工作；提出宁夏中小企业的扶持政策；组织中小企业对外合作；促进和健全中小企业服务体系；组织中小企业对外合作，协调解决非国有企业在生产经营中的有关问题。

二、成员名单

自治区经济和信息化委员会主任：王永耀

自治区经济和信息化委员会副主任：王玉明（分管中小企业工作）

中小企业处：

处　长：郭聿维

副处长：刘艳娟

主任科员：张学斌

副主任科员：马莉

三、对外联系方式

电　　话：0951－6038459、6038921

传　　真：0951－6038459

地　　址：宁夏银川市解放西街361号区政府6楼自治区经济和信息化委员会中小企业处

E-mail：nxzxqy@126.com

新疆维吾尔自治区经信委企业处

新疆维吾尔自治区中小企业政府职能部门设在新疆维吾尔自治区经济和信息化委员会，具体业务处室设在新疆维吾尔自治区经信委企业处。

一、领导班子成员

王永明　自治区政协副主席、自治区经信委党组书记、主任

任光华　自治区经信委党组副书记、副主任（厅长级）

苏国平　自治区经信委党组副书记、副主任（厅长级）

朱　立　自治区经信委党组成员、副主任（厅长级）

周　超　自治区经信委党组成员、自治区轻工行办主任（厅长级）

阿不力米提·马木提　自治区经信委党组成员、副主任

茹克娅·乃斯尔丁　自治区经信委党组成员、副主任

贺建军　自治区经信委党组成员、纪检组长

王晓宁　自治区经信委党组成员、副主任、自治区石化行办主任

曹继耀　自治区经信委党组成员、副主任

贺晓江　自治区经信委党组成员、秘书长

曹建华　自治区经信委党组成员、副主任

马　荣　自治区经信委党组成员、副主任

二、对外联系方式及网址

通讯地址：新疆乌鲁木齐市友好南路179号

邮　　编：830000

网　　址：http：//www.xjetc.gov.cn

大连市经信委

一、主要职责

（1）贯彻国家新型工业化发展战略和政策，协调解决新型工业化进程中的有关问题；拟定工业和信息化的发展规划并组织实施；推进产业结构调整和优化升级，推进信息化和工业化融合。

（2）制定并组织实施工业、信息产业的行业规划、计划和产业政策，提出优化产业布局、结构的政策建议，起草相关法规和规章草案；拟定行业技术规范和标准并组织实施；负责工业行业管理。

（3）分析工业经济发展趋势，提出调节政策建议和调控目标；负责日常工业经济的调控；监测分析工业运行态势，发布相关信息，进行预测预警和信息引导；协调解决工业运行发展中的有关问题并提出政策建议；负责工业应急管理、产业安全工作。

（4）承担工业和信息化固定资产投资管理相关工作，提出市级财政性建设资金安排的意见，依照有关规定，管理项目建设和资金使用。

（5）拟定高技术产业中涉及工业和信息产业的规划、政策和标准并组织实施；指导行业技术创新和技术进步；指导企业新产品开发和新技术推广工作；组织实施科技重大项目，推进相关科研成果产业化，推动软件业、信息服务业和工业设计产业等新兴产业发展。

（6）承担振兴装备制造业组织协调的责任；拟定重大技术装备发展和自主创新规划、政策，协调重大专项的实施；推进重大技术装备国产化，指导引进重大技术装备的消化和再创新。

（7）拟定工业和信息化的能源节约和资源综合利用、清洁生产促进政策、规划并组织实施，组织相关重大示范工程和新产品、新技术、新设备、新材料的推广应用；负责组织企业节能监察和合理用能评估、审查工作。

（8）开展工业和信息化的对外合作与交流，依照有关规定，实施工业企业合资合作项目和境外投资项目管理，推进企业开展招商引资、技术引

进、国际化经营和开拓国际市场。

（9）依照有关规定，组织制订和实施委（局）属企业改革方案，协调解决改革中重大问题和遗留问题；负责对企业实行宏观管理和指导，规范企业行为；宏观指导企业法律顾问工作；参与指导企业融资工作。

（10）依法行使全市电力、煤炭行业行政管理、行政执法和监督工作；负责经济运行资源保障工作，优化资源配置。

（11）依法行使全市盐业行政管理，负责全市食盐专营、食盐生产企业管理和行政稽查；负责黄金行业管理工作。

（12）负责制定全市中小企业、民营经济发展规划；拟定促进其发展的法规、政策和措施，协调解决发展中的重大问题；指导全市集体企业、乡镇企业改革与发展。

（13）推进全市信息化工作，贯彻国家相关政策并协调信息化建设中的重大问题；指导、协调、促进电信、广播电视和计算机网络融合；指导协调电子政务发展，推动跨行业、跨部门的信息化工程项目建设和重要信息资源的开发利用、共享。

（14）负责信息安全工作，协调推进信息安全和信息安全保障体系建设；指导监督政府部门、重点行业的重要信息系统与基础信息网络（除公共电信网）的安全保障工作。

（15）依照有关法规，管理无线电频率资源，依法监督管理无线电台（站）；依法组织实施无线电管制，协调无线电干扰事宜，维护空中电波秩序；协调处理军地间无线电管理相关事宜。

（16）贯彻执行国家有关国防科技工业的方针、政策；负责军工单位与地方之间的服务协调工作；拟定地方性有关发展国防科技工业的配套政策与法规；协调推进军民结合的武器装备科研生产体系建设。

（17）承办市委、市政府交办的其他事项。

二、内设机构

根据上述职责，大连市经济和信息化委员会（中小企业局）设置26个职能处室。

（1）办公室

（2）综合法规处

（3）财务处

（4）投资与规划处

（5）产业政策处（大连市行业协会办公室）

（6）经济运行处

（7）科学技术处

（8）资源节约和综合利用处

（9）中小企业处

（10）企业发展协调指导处

（11）工业园区项目协调处

（12）国际合作处

（13）电力煤炭处

（14）机械装备处

（15）交通运输装备处

（16）军工处

（17）原材料工业处（大连市履行禁止化学武器公约工作领导小组办公室、大连市黄金管理办公室）

（18）消费品工业处（大连市盐业管理办公室）

（19）电子信息产品管理处

（20）半导体产业处

（21）软件与信息服务管理处

（22）信息化推进处

（23）信息安全与网络业务协调处

（24）无线电台站管理处

（25）无线电监督检查处

（26）党委办公室（人事处、机关党委）

宁波市经济委员会中小企业处

机构名称：宁波市经济委员会中小企业处

分管领导：宁波市经济委员会副主任杨甘霖

处室设置：宁波市经济委员会中小企业处

处　　长：庄世勇

一、主要职责

负责国家中小企业发展专项资金项目工作、市场拓展工作。组织企业参加中小企业博览会、APEC中小企业展览会。指导中小企业制度创新和管理创新工作。做好中小企业信用担保建设工作、中小企业融资环境改善工作、中小企业创业辅导工作。负责中小企业公共技术服务平台和小企业创业基地建设工作、高级工商管理EMBA班相关工作。做好中小企业信用担保机构、中小企业统计、监测和分析工作。

对外联系方式及网址：宁波中小在线网

网址：http：//nbsme.gov.cn/xwtjxx/753134435.htm

二、宁波中小在线网介绍

宁波中小在线网是宁波市中小企业公共服务咨询平台。这个简称“8718”的公共服务咨询平台，是以现代通信技术和互联网技术为基础，以强大的集成数据库为支撑，整合政府资源和社会资源，为广大中小企业提供实时互动、方便快捷、优质廉价的远程咨询服务平台；是展示政府形象、沟通政企联系、了解企业需求、提高服务效率和实现公共服务模式的创新型实事工程。

（一）整合信息资源，构建政企互动平台

“8718”是在市人民政府大力支持下，由市经济委员会主办，由市经委信息中心和宁波中小在线网承办的公益性咨询服务平台。在设计和建设过程中，得到了国家发展和改革委员会中小企业司的业务指导和市政府各直属部门的支持和协助。目前，已经有41家市级政府管理部门加入“8718”的咨询热线并确定了信息联络员；与50多个经委系统的行业协会建立了业务联系并建立了信息中心；与中国中小企业信息网在各省市的40多个分站建立了业务联盟；与20多个社会中介机构开展业务合作。这使得“8718”在较短时间内建立起一个具有20 000多条数据的知识库、政务资源交互库和会员企业信息库，为构建动态的、无障碍的、方便快捷的政企交互平台打下了坚实基础。

（二）七大服务体系，服务企业多种需求

“8718”针对企业不同发展时期的特点和需求，建立了法律法规、反倾销预警、信息化推进、人才培训和中介、融资和担保、科技创新、品牌创建七大服务体系，协助企业克服困难、共度时艰、同谋发展。七大服务体系的服务内容，主要包括三个方面：一是企业经常需要的政策性、知识性、指导性服务内容，如法律法规服务体系，从中央到地方，对各行各业的各类规章、法律都可以快速查询。二是企业应对竞争、加快发展需要的深层次服务内容，如反倾销预警服务，对服装、注塑机、文具、打火机等重点行业，定期提供预警报告等。三是企业面临的经营性服务内容，如人才培训和中介服务、科技成果推介服务等。随着时间推移，服务体系也将逐步扩大。

（三）五种咨询模式，方便各类人员咨询

“8718”针对企业用户特点，以网络咨询为主，多种咨询模式并举，方便各类人员的咨询需要。一是电话咨询，设置了87188718咨询热线，有30多条中继线和10多位话务员，提供7×18小时服务。二是网上自助咨询，设置了www.87188718.com门户网站，以搜索方式自主查询相关内容。三是移动短信咨询，设置了短信咨询平台，无论使用中国联通手机还是中国移动手机，拨通106575257487188718，都可以方便咨询。四是网上互动查询，以QQ对话模式，在网上与呼叫中心值班员互动咨询。五是预约咨询，针对复杂问题，可以预约有关专家或官员当面咨询。

（四）不断扩大影响，受到企业广泛关注

“8718”得到宁波日报等媒体的积极推动，影响力逐步提升，已累计受理各类咨询8 600余次，其中有效回复7 800余次。按咨询内容分类，排在前三位的分别是行政政策、法律法规咨询，科技创新咨询和金融服务咨询。按用户地域分类，宁波大市范围内占98%以上，其中以老三区居多；外地用户占比不足2%，涉及浙江、上海、江苏、山东的11个城市。按回复处理途径分类，绝大多数依靠有关职能部门的支持回复，占78%以上；其次是通过自身数据库查询回复，占19%多；其他则通过调用外地合作单位数据库回复。通过对以上数据的分析，我们可以得出以下结论：一是“8718”受到了中小企业的广泛关注，初步显示出其强大的生命力；二是“8718”需要得到各级政府部门支持才能充分发挥它应有作用；三是“8718”的影响力将超越宁波市本身，这对于提升宁波“文明城市”的整体形象有着潜在的积极意义。

厦门市经济发展局

厦门市经济发展局是厦门市政府下设一级局，内设办公室、综合法规处、企业处、行业规划处、能源处、运行处、投资处等12个处室，主要职责为：

1. 监测、分析全市工业经济运行态势，调节工业经济日常运行；编制并组织实施近期工业经济运行调控目标、政策和措施，组织解决工业经济运行中的重大问题并向市政府提出意见和建议。

2. 贯彻执行国家产业政策，监督、检查执行情况；组织制定全市工业结构调整目标和政策措施，提出重点行业、重点企业、重点产品的调整方案，组织实施工业发展战略；指导协调工业行业协会以及区工业行业管理部门的业务工作；联系工业领域社会中介组织并指导其改革与调整；落实我市工业企业加入WTO后的应对措施，提高我市工业经济的竞争力；配合国家反倾销调查，负责组织本地产业损害的调查和认定。

3. 组织拟定地方工业的综合性经济法规和政策并组织实施与监督检查；收集、整理、分析和发布经济信息。

4. 制定并组织实施行业的发展规划、行业法规和经济技术政策，拟定行业规章并组织实施和监督检查；办理履行《禁止化学武器公约》的有关事务；负责全市医药储备管理；负责办理国家产业政策限制的生产性项目立项及市场准入；对工业实施全行业管理；参与研究监管企业国有和集体资产的政策、法规和措施。

5. 研究和规划工业行业投资布局，定期公布项目投资引导目录，指导企业投资方向；进行项目的登记备案和监督，对限制类项目进行审批；提出工业企业利用国外贷款的投向；会同有关部门拟定利用外资政策，指导企业开展国际化经营。

6. 贯彻执行国家制定的内外贸政策和进出口政策，制定并实施促进全市工业企业扩大出口的有关政策措施；指导工业企业开展对外经济技术合作与交流；负责转报企业境外投资项目申请；协调解决工业企业进出口过程中的重大问题；负责本市重要工业品进出口工作的管理，组织指导地产工业品出口，推动生产企业自营进出口工作及市场开拓。

7. 贯彻执行国家机电产品进出口方针、政策，研究制定扶持我市机电产品出口的政策措施；负责机电产品进出口工作管理；组织机电产品出口生产体系建设；负责机电产品招标工作的实施和管理。

8. 宏观管理国有、集体、三资、乡镇、民营、混合型等各种经济成分的工业企业，指导其结构调整、产业升级、建立现代企业制度；指导企业加强管理，组织推进企业管理信息化建设；组织实施大集团战略和建立中小企业服务体系；组织管理企业法律顾问工作；拟定国有企业改革的有关法规、政策和体制改革方案，研究提出企业股份制改造有关意见，指导企业股份制改革，推荐、考核并指导工业企业上市、发行债券和利用国际银行贷款等直接融资工作；牵头组织、培育中小企业信用、担保体系；指导企业管理人员的培训，负责工业企业智力引进工作。

9. 制订对内招商引资计划，组织协调全市对内招商引资工作；拟定工贸结合的政策，指导和组织工业企业开拓国内外市场；指导全市广告业发展工作；负责市场分析调研，提出维护市场经济秩序的法规、政策，协调全市整顿和规范市场经济秩序工作。

10. 指导工商领域国有资产投资方向，推进高新技术产业发展，用高新技术和先进适用技术改造传统产业；指导企业技术创新及重大装备国产化、技术引进和国内外技术交流与合作；负责管理技术进步专项资金；负责企业技术进步的奖励，新产品、新技术鉴定、验收管理和技改项目竣工验收管理；组织实施产学研工程和名牌战略。

11. 研究、制定全市经济技术联合和协作的有关政策措施并组织实施，组织省、市间的横向经济技术联合活动，指导、协调我市有关经济部门和各区及企业的国内经济技术协作工作；负责国家部、委、办、局及外省市在我市设立的办事机构和内联企业的联络、服务工作；承担厦门市人民政府对口支援办公室的日常工作；协调闽西南五市、闽粤赣三省十三市区域合作办公室工作。

12. 贯彻并组织实施电力体制改革，参与电价政策制定工作；负责能源资源的调控和配置，指导资源节约和综合利用工作，组织协调工业环境保护和环保产业发展；负责汽车更新的监督管理工作。

13. 指导全市安全生产，协调处理重大安全事故；负责管理厦门市安全生产监督管理局。

14. 依法对典当业等特种行业实施专营管理。

15. 负责厦门市工业企业投诉服务中心工作，协调解决本市工业企业在从事生产、经营过程中遇到自身难以解决的困难和问题，或合法权益受到侵害，需要帮助解决的事项。

16. 承办市政府交办的其他事项。

办公地点：厦门市湖滨北路61号市府东楼7、8、9楼

邮编：361022

联系电话：0592－5054285

网址：www. xmjfw. gov. cn

厦门市民营经济工作领导小组办公室

厦门市民营经济工作领导小组办公室（以下称民营办），是全市民营经济工作领导小组的办事机构，依托市经发局办公。民营办设主任1名，由市经发局局长担任；设常务副主任1名，由市经发局分管局长担任；设副主任若干名，由市委办公厅、市政府办公厅、政法委、计划发展委、财政局、工商局、总商会等部门领导担任；成员由领导小组各成员单位和相关职能单位指派的1名处级干部组成；民营办的日常工作由市中小企业管理办公室承担。工作职责：

1. 认真贯彻厦门市民营经济工作领导小组的议定事项，向领导小组报告工作。

2. 宣传贯彻有关民营经济的政策法规，督察各相关职能部门执行民营经济政策法规的情况，宏观指导和管理民营企业，培育、建立和完善民营企业的社会化服务体系，建立、完善市领导和民营企业的联系和沟通渠道，研究、提出解决影响民营企业经营和民营经济发展的重大问题的意见、建议和政策措施。

3. 协调各相关职能部门共同消除对民营经济的不平等待遇，规范并监督实施各部门扶持民营经济发展的配套实施细则和办事程序，推动有利于民营经济发展的法治环境、政务环境、舆论环境的形成。

4. 贯彻执行国家和我市产业政策，以产业政策为导向，及时收集、整理、分析和发布经济信息，定期公布项目投资目录，引导民营经济健康有序发展。

5. 承办领导小组全体成员会议和专题会议的相关工作。

6. 承办领导小组交办的其他事项。

办公地点：厦门市湖滨北路61号市府东楼九层903室

联系电话：0592－5054290，5052399

邮编：361022

厦门市中小企业管理办公室

根据厦委发［2003］14号文精神和市政府常务会研究意见，为整合政府管理中小企业职能，顺应中小企业提出的有关政府工作部门协调管理中小企业工作，在市经济发展局增挂“厦门市中小企业管理办公室”（简称中小办）。中小办作为全市负责中小（民营）企业管理工作的机构，根据《中小企业促进法》的有关精神，综合考虑全市贯彻实施《中小企业促进法》的工作进展情况，进一步调动和依托经发局企业处“宏观协调和管理各经济成分企业”的职能，以及直接与国家发改委中小企业司对口争取国家扶持中小企业发展专项资金等优惠政策对全市中小（民营）企业的扶持。

办公地点：厦门市湖滨北路61号市府东楼九层903室

联系电话：0592－5052399

邮编：361022

青岛市经信委中小企业发展局

根据中共青岛市委、青岛市人民政府《关于青岛市人民政府机构改革的意见》（青发［2004］12号），组建青岛市中小企业发展局，挂青岛市乡镇企业局牌子，为市经贸委下设的副局级机构，负责全市中小企业发展工作。

一、工作职责

（1）贯彻落实国家有关中小企业发展的方针、政策和法律、法规，参与制定中小企业的发展战略、中长期发展规划和政策、法规，研究提出扶持中小企业发展的办法措施并组织实施。

（2）指导和推进中小企业改革及产业结构、组织结构和产品结构的调整；负责提出中小企业有关专项资金年度预算建议，并组织实施；指导中小企业开展科技进步、新产品开发和技术改造工作。

（3）组织指导中小企业开展国内外经济技术交流与合作。

（4）组织中小企业服务体系建设，为中小企业创业提供政策咨询和信息服务；推进和组织建立中小企业信用担保体系，指导中小企业融资和信用评价工作；引导和规范信用与担保行业发展。

（5）组织实施国家和省、市级农产品加工龙头企业的评选、审核和管理工作，提出农产品加工龙头企业专项扶持资金年度计划并组织实施；指导中小企业管理经营者教育培训工作。

（6）负责全市中小企业统计、信息收集和发布等工作；推进中小企业信息化。

（7）承办市经贸委交办的其他事项。

二、机构设置

根据以上职责，市中小企业发展局设3个职能处室。

1. 规划发展处

贯彻国家有关中小企业发展的方针、政策和法律、法规；参与研究提出中小企业发展战略、中长期规划；提出中小企业有关专项资金年度预算建议并组织实施；推动建立中小企业发展基金，研究确定基金使用方向；组织实施国家和省、市级农产品加工龙头企业的评审，提出专项扶持资金年度计划并组织实施。

2. 企业协作处

负责全市中小企业的统计、信息收集和发布工作；监测分析中小企业发展动态和行业、区域发展特点；指导中小企业结构调整，推动区域经济技术合作与协调发展；指导中小企业改革和管理创新；组织实施国家和省、市级中小企业优秀企业家及企业的评审；指导中小企业开展国内外经济技术交流与合作和对外贸易工作。

3. 创业服务处（挂融资指导处牌子）

组织中小企业服务体系建设，为中小企业创业提供政策咨询和信息服务；指导中小企业开展科技进步、新产品开发和技术改造工作；研究提出改善中小企业融资环境的政策措施；引导和推动民间资金和风险投资机构投资中小企业；推进和组织建立中小企业信用担保体系，引导和规范信用与担保行业发展。

深圳市中小企业服务中心

一、主要职责

（1）贯彻落实国家和省、市有关发展中小企业的法律法规和方针政策，配合相关部门拟定发展中小企业的地方性法规、规章与政策。

（2）掌握中小企业运行态势，为相关部门制定调控目标和措施提出意见建议；承担有关信息收集与发布等工作。

（3）促进中小企业发展和建立现代企业制度；根据产业发展政策及投资导向目录，引导中小企业调整产业结构和产品结构，推进技术创新；推动中小企业与大型企业开展协作配套。

（4）协助主管部门与财政部门管理市民营及中小企业发展专项资金和专项基金；负责组织中小企业申报国家扶持中小企业发展的各类专项资金及专项基金。

（5）协调联系行业协会、相关部门及其他机构，推进为中小企业提供融资担保、市场开拓、人才培训、创业创新、科技孵化、信息化应用、技术支持、品牌培育、经营管理以及信息咨询等多方面、多层次的服务体系建设。

（6）协助促进完善中小企业投融资市场，牵头引导和推动中小企业改制上市。

（7）扶持中小企业拓展国内外市场；鼓励和扶持中小企业加强技术进步、信息化应用、人才培育和经营管理等工作。

（8）负责中小企业投诉受理工作，维护中小企业合法权益。

（9）承办主管部门等交办的其他事项。

二、内设机构

综合部

上市与融资服务部

监测与市场服务部

创新与创业服务部

三、领导班子成员名单

顾宏伟、杨宇清、冯德崇、李光文

四、对外联系方式及网址

地址：深圳市福田区新洲路3009号七楼

联系电话：82107468

传真：82975804

网址：www.szsmb.gov.cn

新疆生产建设兵团发展改革委中小企业处

一、主要职责

研究兵团中小企业、非国有经济发展的有关问题，促进多种所有制企业公平竞争，共同发展；研究提出扶持兵团中小企业发展的政策和具体措施，指导和促进兵团中小企业的对外合作，健全完善兵团中小企业服务体系，协调兵团中小企业和非国有经济发展中的问题。

二、联系方式

传真：0991－2899154

E-mail：btgjc2899084@126.com

地址：新疆乌鲁木齐市光明路196号

邮编：830002

各地服务机构汇总

北京市中小企业服务中心

中心于2000年12月成立，是北京市经济和信息化委员会直属机构，由北京市财政预算拨款，为北京地区中小企业、民营企业提供政策指导、改制重组、融资担保、创业投资、高管培训、国际合作、专家咨询、企业信息化等全方位服务。

中心设有六部一室：政策指导部、融资担保部、创业投资引导基金管理部、会展培训部、国际合作部、信息开发部和办公室。中心致力于为北京地区中小企业提供政府服务、专业化服务、社会化服务，在三大服务体系建设中务实创新，促进中小企业、民营企业的快速成长。

主任、法人代表：张一平

联系电话：8610－64058636　8610－64054059

专家热线：8610－84018989

传真：8610－64065056

E－mail：Bjsme2005@ sina. com

网址：www. BeijingSME. org

地址：北京市东城区东四十条凯龙大厦三层 100700

北京中小企业协会

协会是北京市发展改革委主管的跨行业、综合性的非营利性社团组织，是由北京中小企业、社会组织和机构自愿发起成立的。协会以政府中小企业工作为中心，建立“协会服务政府工作，政府支持协会发展”的公益性运行机制；以会员企业需求为导向，建立“协会服务中介组织，中介组织服务企业发展”的市场化运行机制，从而形成公益性与市场化相结合的服务模式。

联系方式：67085959、67086969

地址：北京市崇文区崇文门外大街11号新成文化大厦A座308室（100062）

网址：www. bjasme. org

天津市城市集体经济联合会

2009年，天津市城市集体经济联合会在天津市中小企业发展促进局的正确领导下，在广大会员的支持参与下，坚定贯彻中央和天津市的方针政策，认真地落实第三次会员代表大会精神，以联合的优势、创新的理念、自律的机制、诚信的作风，迎难而上，奋力拼搏，加大对中小企业和集体经济组织服务的力度，想企业之所想，急会员之所难，在服务中增强了凝聚力、提高了服务能力，实现了转型9年来的最大发展。

一、把人才培训服务做大做优做实

2009年我会组织中小企业培训班27个，比上年多组织了10个。培训人员4 130人，比上年增加了2 000人。2009年我会组织中小企业培训班一直坚持重实际、讲实效，把培训效果延伸到“真正为企业帮点忙、做点实事”上来。我们坚持每年讲新政策、新法规、新走向，目的是帮助小企业用好用足用活新法律、新政策，按国家提出的产业导向优化产业结构、转变发展方式。今年，我们向学员印发了《十大产业调整和振兴规划》。2009年我们请5家金融机构到培训班讲中小企业如何拓宽融资渠道，介绍银行如何帮助中小企业解决融资难问题，有三家银行在培训班之后，向中小企业扩大了信贷服务。我们坚持讲科技创新，市科委处长每讲一次课，就多一批服务对象，就促进一批科技开发、科技创新项目的成功。我们坚持讲如何建立和谐劳动关系，这对中小企业贯彻落实科学发展观有很大促进作用。总之，中小企业在经营管理中所遇到的问题，需要提升的问题，就是我们重点培训的课题。

二、把《天津中小企业》刊物办得更受中小企业欢迎

《天津中小企业》是唯一得到市政府专项资金支持的一个刊物。作为承办单位，我们深感责任重大，我们倾尽心血，努力把它做成一个“深受中小企业欢迎”的刊物。2009年《天津中小企业》发行总量逾5万册，刊出文章240篇、信息60项。核心内容是：清醒地认识金融危机，促进中小企业转危为机，转变发展方式，实现科学发展、和谐发展、持续发展。在“发展走向”栏目，80%的文章是讲如何认识和战胜金融危机的。在“发展论坛”栏目，有半数文章是讲企业如何转危为机的，另一半是转变发展观念和发展方式、管理模式的。2009年《天津中小企业》注重宣传中外名企在金融危机中成功发展的经验和走向衰败的教训。我市中小企业抗击金融危机中创出许多好的经验，在“企业风采”、“企业家风采”中我们宣传了津工超市等20家企业的经验，在“发展论坛”中，有7篇是天津中小企业渡难关、上水平的经验。

三、把管理咨询服务引向深入

多年来联合会一直对中小企业提供公益性半公益性管理咨询服务。2009年按中小企业发展促进局关于开展管理咨询服务的指导意见，我会实施了三个项目，均为创新引导型项目。一是一家成长型企业在建立完善现代企业制度中如何处置历史形成的集体积累；二是一家创新型企业如何实施精益化生产模式；三是一家发展型企业如何实施以市场为导向的科技创新。从这三个典型案例可以看出，关津市的中小企业正在成长、正在创新、正在精心谋划发展。我们全力支持它们可贵的创新精神和管理创新的具体作为。还有许多项目正在运行之中，比如股权结构调整、集体资产量化、制定员工手册、改善营销策略、创建企业文化、实施节能等。总之，我们将为提升天津中小企业经营管理水平不懈努力。

四、努力把《天津中小企业成长网》办成一流网站

2008年我们创建了《天津中小企业成长网》，作为《天津中小企业》刊物的细化及延伸服务网络，进而扩大《天津中小企业》的服务力度、范围和方式。今年以来，我们陆续完善已有栏目，充实内容。目前，《天津中小企业成长网》的访问人数已超过60万人次，平均每天有398位读者上网，我们有信心有能力把这个网办成天津乃至全国中小企业都欢迎都需要都能用得上的网络。真正为中小企业成长发展做点工作。《天津中小企业成长网》将继续完善，目标是：让它真正成为中小企业经营管理者的工具、帮手、助手，千方百计让它更实用、更有效、更受欢迎。

天津市科智时代网络技术有限公司

天津市科智时代网络技术有限公司，前身为天津市科智机器翻译有限公司，成立于1998年，创建了国内首家提供网上翻译功能的网站。

科智公司致力于企业信息化建设，为企业提供全方位、多层面的解决方案。公司先后承接国家经贸委、国家发改委、天津科委、天津信息化办等多个项目，如期通过项目验收，其中我公司实施的产业数据库项目和自助建站项目分别获得市信息化办颁发的“天津信息港重点工程”铜牌和“天津计算机应用优秀项目”奖。

2004年8月，科智公司在天津市经委指导下创办了天津中小企业网。2006年10月，中国中小企业天津网项目（域名：www. smetj. gov. cn）被国家发改委列入中央预算内投资计划，并确认科智公司为项目承办单位。

2007年公司在天津市中小企业发展促进局的支持下，改版中国中小企业天津网，同时启动了天津市中小企业融资平台，按期发布《天津中小企业》杂志电子版。截至2009年年末，在中小企业局的指导下先后建成中国中小企业天津西青网等七个区县级中小企业分网。

科智公司自主开发了工业产品搜索引擎、企业商情互动、网站常用功能三类软件，主营政务、商务、服务、企业等各类网站建设与运行维护，承担着创新网、国资网、减负网等数十家网站的建设与运行维护，并面向广大企业，针对网上办公类系统的应用提供咨询服务。

科智公司的经营理念是：在政府与企业之间搭建信息桥梁，在电子政务、电子商务事业中提供可持续性服务。

天津市乡镇企业协会

天津市乡镇企业协会是伴随着乡镇企业的成长发展壮大起来的，已走过近十八载路程，现有理事600多名，其中企业理事400余名，均由知名国家级乡镇企业、优秀乡镇企业和创业功勋企业及大中型骨干企业集团公司组成，在全国乡镇企业系统和全市经济领域都有独到的影响力。协会本着服务至上的宗旨，团结带领广大会员单位，认真贯彻执行国家政策法规，积极配合政府部门开展各项工作，努力维护企业合法权益，及时提供经贸、科技、人才、培训、考察、法律法规等信息服务及交流合作，受到广泛好评，并多次荣获天津市先进社团称号。

2009年，我会组织10余个培训班开展了多层次中小企业经营管理培训和大型讲座，邀请知名经济学家、教授，举办了政策法规、基础管理、融资管理、企业战略和中国经济形势分析及乡镇企业对策以及开拓国际市场等培训与讲座，年培训人数达5 000余人。编辑印发了《协会综合信息》、《信息资讯》，免费发放给会员企业及中小企业。开展了融资服务，与商业银行合作，举办多场银企对接交流会，与联合担保公司合作，举办“过桥倒贷业务”银企对接活动，协助金融机构和中小企业达成多项融资协议。举办灵活多样的金融小超市活动，为企业切实解决融资难问题。还开展了法律服务、开拓市场服务、招商引资等服务。

协会联系方式：

地址：天津市河东区十一经路88号

网址：http：//www. tjxqx. org

电话：24303128　24303412　24303565

天津市中小企业服务中心

天津市中小企业服务中心经天津市人民政府批准设立，于2001年6月正式成立，隶属于天津市经济和信息化委员会，专门为中小企业提供全面服务，是沟通中小企业与政府间联系的非营利性事业单位，是全市中小企业社会化服务体系的核心机构。

天津市中小企业服务中心根据中心服务宗旨，2009年主要开展了以下工作：

1. 继续开展信息化服务，完善中小企业服务网，充实中小企业服务平台功能，对中心网页进行了第三次改版，改版后的网站，点击量较大幅度提升，影响力不断提高。

2. 作为国家银河培训指定的机构之一，2009年共开办培训班41期，培训中小企业经营管理人员5 574人，其中举办的中小企业社会责任、中小企业职业经理人素质二期培训班，有1 200人次参加，效果最为显著。

3. 今年以来利用网上平台、服务热线和培训咨询等方式，为近两千家中小企业提供了法律支持服务。

4. 开展公益性和半公益性的咨询服务，帮助中小企业提升管理水平。

5. 继续开展信用服务、建立和完善中小企业信用服务体系。2009 年共完成企业征信 379 家，同时为加强对征信信息的保存和应用，积极做好信用信息数据库和信用档案中心的维护和信息的更新。

6. 承办了在广州召开的第六届中小企业博览会天津展团的组展工作，十余家企业签订了合作意向和协议销售合同，仅一家企业合同成交金额就达 300 余万元。

7. 与多家金融机构建立联系，多次组织企业和专业银行开展银企合作见面会，使一部分企业和银行建立了长期合作的信贷关系。

办公地址：天津市河西区解放南路富裕广场 4 号楼 4 门 9 层

联系电话：3235215　23235275　23235276　23235277

传真电话：23235215　邮编：300202

E－mail：tjzxqf@ yahoo. com. cn

网址：http：//www. tjsme. com. cn （中国天津中小企业服务网）

河北省中小企业信用担保服务中心

河北省中小企业信用担保服务中心，是省政府投融资体系（四公司一中心）建设的重要组成部分，是省政府出资设立的专门为中小企业融资服务的政策性担保机构，现注册资本 2 亿元人民币。

省担保中心业务范围：对省内中小企业融资提供担保，对市、县担保机构进行再担保，为中小企业财务管理、投融资、资信评估提供咨询服务。

省担保中心担保对象：符合国家和省产业政策，有产品、有市场、有效益、有发展前景的省内中小企业，重点为成长型中小企业融资提供担保。

省担保中心人员构成和内部机构：中心现有员工 40 名，绝大多数具备大学本科以上学历；其中高级职称人员 5 名；注册会计师 10 名，注册资产评估师 2 名，职业律师 1 名。中心内设六个部门，分别为担保部、风险部、合规部、市场信息部、综合部、财务部。

省担保中心在邯郸、保定、衡水、沧州、廊坊、秦皇岛设有办事处，专门受理中小企业融资担保业务和投融资咨询服务。

目前，省担保中心与国家开发银行、农业银行、中国银行、建设银行、交通银行、民生银行、光大银行、华夏银行、河北省信用联社、河北银行、韩国产业银行等均有业务合作。

河北省中小企业服务中心（中小企业管理与科技杂志社）

一、服务中心基本情况

河北省中小企业服务中心（中小企业管理与科技杂志社）隶属于河北省中小企业局，正处级自收自支事业单位。编制 35 人，实有人员 14 人。在岗的 13 人中，研究生文化程度 1 人，本科文化程度 2 人，大专文化程度 5 人，高中以下文化程度 2 人。

根据河北省机构编制委员会批准，原河北省乡镇企业发展中心改编为河北省中小企业服务中心，批建日期为 2003 年 9 月，其主要职责和职能任务是：为中小企业提供创业辅导、法律咨询和对内、对外合作服务；承担企业宣传、形象策划、广告制作等服务；提供产权交易服务，教育培训和相关职业技能鉴定等服务。

二、主要职能

1. 创业辅导：帮助中小企业评估自身实力，慎选从事行业，制定发展规划，提升管理水平，逐步做强做久。

2. 教育培训：组织实施中小企业行政管理人员培训工作；组织实施中小企业职工特殊岗位、继续教育、职业技能和涉外培训工作。

3. 管理咨询：和有关企业管理专家和咨询机构开展合作，通过公开课、上门咨询等途径，帮助企业诊断问题，提出对策，使企业不断提升综合竞争力。

4. 法律咨询：维护中小企业的合法权益，加强合法经营、依法纳税和减轻企业负担等内容的宣传。

5. 对内、对外合作服务：承办中小企业对内对外经济技术交流与合作的有关事务。

6. 企业宣传、形象策划：帮助中小企业扩大国内市场，开拓国际市场。受中小企业委托，承担企业宣传、形象策划、广告制作等服务。

7. 产权交易：推进中小企业产权制度改革，接受企业委托，策划改制思路，提供资产重组咨询和改制方案，进行产权交易的联系。

8. 劳动技能鉴定：帮助广大务工人员提高自身素质，加强劳动技能，获得从业资格，增加就业机会。

9. 中小企业管理与科技杂志。负责《中小企业管理与科技杂志》的编辑出版工作。

三、主要业绩

河北省中小企业服务中心在省局领导和支持下，自觉履行职责职能，准确定位工作，主动发挥全省中小企业龙头服务机构的作用，有效地开展面向全省中小企业综合性、专业性、常态化的服务工作，为引导和牵动全省中小企业服务活动发挥了积极作用。近几年来，先后协助省局评聘了和协调管理 200 名创业辅导师，110 余名创业辅导员，使之有序进入为中小企业服务常态之中；连续6年协助省局实施国家银河工程培训工作，累计培训人员约5 000余人次，被国家认定为国家银河培训工作指定培训机构。为了发挥作用，活跃服务工作，于2004年年初，由河北省中小企业服务中心牵头，协调吸纳了省会一大批专业水平高、实战能力强、服务意识好、社会名气大的专业服务机构和知名专家学者，以签约入会形式搭起了河北省中小企业公共服务平台，面向全省中小企业特别是各地创业辅导基地内的企业开展了综合服务。服务内容包括政策宣传、技术创新、质量管理、管理咨询、创业辅导、法律服务、人员培训。自平台成立以来，坚持每年召开一次座谈会，每年总结讲评一次工作，每年筛选补充一次平台成员，每年研究一次服务方向和工作重点，进而保证了公共服务平台松而不散、忙而不乱，大家都在服务平台的统一协调和大力支持下，坚持用以公益性和市场化运作相结合的理念，用分散作业和团体作业相结合的形式，用接待上门服务和跟进服务相结合的办法，真诚热心地为中小企业提供了大量服务活动，解决了一批企业在生产经营中遇到的难题，受到了企业的好评。与此同时，我们还依托原劳动和社会保障部批建的职业技能鉴定的资质，持续为中小企业高技能人才培养和职业技能鉴定服务，实施职业技能等级鉴定30 000余人次。

河北省中小企业服务中心成立以来，为中小企业服务工作活跃扎实，成绩显著。多次受到上级领导机关、各级中小企业、主管部门和广大中小企业的表扬称赞，连续6年获得省财政专项资金的支持奖励。

河北省中小企业信息中心

河北省中小企业信息中心是隶属于河北省中小企业局的处级事业单位，主要职能是：为中小企业的发展提供技术、项目、物资、设备、资金、人才等信息；建立“河北省中小企业数据库”，调查分析中小企业现状，建立中小企业信息服务平台，推动企业信息化和“企业上网工程”，为企业提供全方位的信息增值服务；为中小企业提供信息管理与应用的解决方案，提供电子商务、资源整合的窗口。

一、中小企业生产运行监测数据收集与分析情况

（一）加强培训，抓住基层

举办了全省中小企业生产经营运行监测培训会议。对全省各设区市、县局负责中小企业统计监测企业统计的人员进行了培训。对运行监测分析方法及要点，中小企业生产经营运行监测系统平台和网上报送程序提出了加强督促，狠抓中小企业统计监测工作不放松。

（二）依靠信息网络，为统计监测提供强有力保证

始终把信息网络化建设作为强化全省民营经济、中小企业、乡镇企业统计工作的着眼点，省局千方百计多方面争取资金，不断加大投入力度，逐年改善全省民营经济、中小企业、乡镇企业信息统计工作手段。我们为了更加全面地服务全省中小企业，还先后完成了“网上统计直报系统”、“中小企业民营经济数据库系统”、“中小企业信用档案系统”等项目的开发建设工作。2009年，又将“网上直报系统”与“中小企业民营经济数据库系统”进行整合，为我省民营经济统计工作提供了更先进、高效、便捷、可靠的报送、统计、分析平台。通过归纳分析“中小企业民营经济数据库系统”提供的数据，撰写了一批有价值的动态分析材料和经济运行报告，为各级党委政府指导民营经济、中小企业发展提供了宏观决策依据。

（三）加强统计监测与统计分析

进行了对全省重点行业企业动态监测，对百强民营企业和百家成长型企业的运行情况监测等工作。为各级政府指导民营经济、中小企业发展提供宏观决策依据，促进民营经济、中小企业又好又快地发展。

对全省2009年民营经济、中小企业工作进行了统计分析，通过对统计数据的分析，为相关部门提供了有力的数字信息支持。在促进中小企业、民营经济平稳较快增长和发展方式转变，进一步发挥中小企业、民营经济对全省保增长、调结构、惠民生方面起到了重要作用。

二、中国中小企业河北网信息服务工作情况

（一）加强信息网络建设，为企业发展提供信息服务

经过近几年的努力，“中国中小企业河北网”已发展成为集政务信息、商务功能于一体的河北中小企业门户网站，设有政务信息、政策法规、招商引资、项目发布、供求信息、产品展示、人才信息、融资担保、产业集群、教育培训等180多个栏目，日更新信息两百条以上，累计为企业有针对性的提供信息60 000多条；依托网站开展的人才招聘、网上招商、网上法律服务等活动，为企业在政策、人才、项目等方面提供了互动的平台。网站累计发布产品供求信息万余条，有效地带动了企业的发展。网站每年为国家部委网站传递信息6 000余条，在省政府门户网“中国河北”网上发布信息1 600余条，日浏览量已达10万人次，在全国中小企业系统网站排名位居前列。多次受到中国中小企业信息网总站的表彰和奖励；连续五年被省政府办公厅评为信息服务先进单位。

（二）进一步扩大全省中小企业网站通讯员队伍

为了扩大网站的信息量，加大信息发布力度，优化信息内容，提高信息质量，我们进一步加强通讯员队伍建设力度。目前，信息员队伍已扩大到各设区市局，扩权县局和重点企业，全省各地60余名信息员每天为我网源源不断地传递第一线第一手信息。在注重通讯员队伍建设的同时，我们还注重对信息员队伍的培训工作。每年至少举办一期到两期信息员培训班，使信息员提高对中小企业信息化的认识，掌握信息采编技巧。通过培训，中国中小企业河北网上发布的信息无论是数量还是质量都有了很大提高，为企业在政策、人才、项目等方面提供了许多有价值的信息。对促进中小企业发展起到了积极作用。

（三）积极协调，为中小企业提供全方位的信息服务

我们在省政府的门户网站“中国河北”上设有专门的互动交流栏目，接收网友及中小企业的各类提问，并协调我局的各个处室和相关单位对每个提问及时做出答复，有效地解决了中小企业在生产和运营过程的各类难题达三十多件，受到了企业和省政府的好评。

三、中小企业信息咨询服务工作情况

（一）加大信息咨询平台建设

先后建立了“民企在线”网站、中小企业融资担保咨询服务信息平台和新技术推广服务平台。“民企在线”不仅为中小企业提供了一个免费的商务网站和展示企业风采的平台，同时也为企业提供了大量的人才、技术、科技项目信息，增强了企业上下、企业与客户、企业与专家之间的互动和交流，对普及和提高我省中小企业电子商务建设的水平有着深远的带动意义。河北省中小企业融资服务信息平台，针对一些融资担保机构进行功能、服务流程等活动为企业与银行、融资担保机构牵线搭桥。它的建成促进了政府、银行、担保和企业对接合作，缓解了中小企业资金短缺问题。河北省新技术推广平台，发布新技术、新产品信息，并对企业技术改造过程中出现的问题及时与相关机构联系进行技术指导和服务，并对企业反映的企业技术方面的咨询和问题，都与之及时沟通，在第一时间反馈给企业。

（二）积极组织协调，为中小企业提供全方位的信息咨询服务

联合河北省经济信息中心，河北经贸大学、省科学院组成了中小企业信息化战略咨询小组，为企业信息化战略进行咨询。根据企业分类、生产、贸易、管理流程等特点，建立了企业信息化建设案例库、数据库，诊断、评估、分析企业现状，结合行业案例和最新信息技术发展趋势，全面系统地指导中小企业信息化的进程。全年进行企业信息化咨询50多例，解决电子商务、企业信息化、计算机辅助设计等企业咨询问题30余件。

（三）加大力度促进中小企业信息化发展

为加快我省中小企业信息化发展步伐，我们征集了中小企业对信息化的需求，开展了与信息化开发商的合作。集中技术资源和人力资源，聚集业界优秀的应用软件、硬件和服务提供商，整合推出企业使用的信息化应用解决方案，推广到中小企业。根据企业的行业应用和综合信息通信整体服务需求，为企业量身定做，提供差异化、一站式服务。为企业降低了管理和经营成本，提高了管理的信息化和科学化手段。有效地促进了中小企业信息化的进程。

（四）不断改进和发展中小企业信息咨询工作

为了更好地做好此项工作，充分利用信息咨询平台，丰富信息内容、增强信息时效性、提高信息准确性和针对性，不断拓展信息咨询服务的辐射面和服务范围；建立了信息咨询服务热线，为客户提供及时有效的服务；我们以市场调查报告或利用数据库的形式，向企业提供有针对性的市场信息，使企业了解自己行业的市场动向，客户的反映与要求，产品或服务的发展趋势等信息。参与并报道了中博会、信息产业周和经济技术洽谈会等大型活动，并印制了3 000余份宣传材料，发放到与会人员手中，扩大河北省中小企业信息中心的影响力和知名度。

河北省新技术推广站
（河北省中小企业模具技术中心）

一、基本情况

河北省新技术推广站（河北省中小企业模具技术中心）于1991年3月经省编委批准成立，为处级事业单位，自收自支，定编20人。2003年11月转隶省中小企业局管理。2001年3月和2004年8月分别增挂了“河北省企业技术创新服务中心”和“河北省中小企业模具技术中心”。

河北省新技术推广站主要职责：为中小企业提供各类技术项目信息服务；帮助中小企业研究开发新技术、新产品，负责对成熟技术的推广应用；组织新技术交流与培训；开展技术咨询服务，承担技术创新项目的可行性论证和新技术推广优秀项目的评审组织工作；参与新技术推广计划的制订并组织实施，对国家重点推广的新技术，建立示范并组织推广工作；提供模具技术服务。

现在编人员10名，均为大专以上学历，其中高工6名（正高工3名，副高工3名），研究生1名。站长1名，副站长1名。

二、岗位设置情况

单位的职能主要是以专业技术提供社会公益服务。

编制20人，其中管理岗位3人，占编制数的15%；专业技术岗位15人，占编制数的75%；工勤技能岗位2人，占编制数的10%。

站管理（领导）岗位3名，下设：办公室（辖财务室、人事管理室），技术创新和推广科，综合技术服务科，技术信息和咨询科。

三、各岗位职能

（一）站管理岗位设置和主要职能任务

站长：主要负责推广站的思想和各项服务业务及站的全面建设，负责副站长的职能（任务）分工，协调工作关系，指导各科、室的工作，保证推广站的各项业务工作始终坚持积极为全省中小企业服务的宗旨。

副站长：协助站长搞好站的全面工作，积极完成分管的工作任务，指导和督促分管科、室完成工作任务。

督促指导各科室的技术创新和技术咨询等技术性工作。

（二）各科、室岗位设置和主要职能任务

结合我单位实际，下设的各科、室管理层（科级）采取“双肩挑”的办法，由专业技术人员担任。

办公室：下辖财务室和人事管理室，定编4人。设主任1名，财务室会计1名、出纳1名，工作人员1名。

编高级1名，中级1名，初级1名，工勤1名。

主要负责：站的财务和人事管理，后勤保障和综合性文字材料汇总以及接待等工作。

技术创新和推广科：定编4人。设科长1名，工作人员3名。

编高级1名，中级2名，初级1名。

主要负责：技术档案管理，技术创新与开发，新技术、新产品、新材料的推广应用，技术鉴定和创新产品鉴定，技术成果转让与培训，技术交流与合作以及技术咨询等工作。

综合技术服务科：定编6人。设科长1名，工作人员5名。

编高级1名，中级2名，初级2名，工勤1名。

主要负责：站的综合技术服务工作，根据企业需求不断开拓技术新领域，掌握新型实用技术，联合社会技术力量，为企业提供全方位的技术服务。

技术信息科：定编3人。设科长1名，工作人员2名。

编高级1名，中级1名，初级1名。

主要负责：“技术创新信息网”的建设和管理，各类技术信息的采集、整理、宣传、发布，电子商务和网上技术咨询等工作。

内蒙古自治区中小企业协会

2003年，内蒙古自治区中小企业协会经自治区民政厅批准成立，业务主管部门是内蒙古自治区经济委员会。

自治区中小企业协会的指导思想和目标是向政府有关部门反映中小企业情况；配合政府有关部门贯彻落实中小企业扶持政策；沟通政府与企业间的联系，充分发挥桥梁纽带作用；为中小企业的创立、生存和发展提供全面的社会服务。

自治区中小企业协会的主要工作任务是：搭建服务平台，为中小企业提供信息咨询服务、技术服务、培训服务、新技术推广及交流服务、投融资与贷款担保服务等，完成政府部门及其他机构委托的工作。

2009年，围绕协会宗旨，自治区中小企业协会以服务企业和政府为目标，做了大量基础性工作，为进一步理顺关系，促进我区中小企业健康、持续发展做出了贡献。

理事长：张晓丽

秘书长：刘功

电话：0471－4824953

传真：0471－4910042

邮编：010098

邮箱：hhhthhh@ sohu. com

地址：内蒙古呼和浩特市金桥开发区金和小区7号楼

内蒙古农牧业装备工程技术服务平台

内蒙古农牧业装备工程技术服务平台是依托中国农业机械化科学研究院呼和浩特分院，于2008年由国家发展和改革委批准建设的。主要服务内容是为中小企业提供农牧业机械、风力机械、太阳能设备的研究开发和生产，相关产品试验检测以及人员培训，项目咨询、工程设计等技术服务。

中国农业机械化科学研究院呼和浩特分院创建于1960年，是从事畜牧业技术装备研究和新能源开发利用研究、开发并具有自营进出口业务权的科技型企业，是内蒙古自治区高新技术企业，是中国农业机械学会畜牧机械分会和全国畜牧机械标准化技术委员会、全国风力机械标准化技术委员会的挂靠单位，是全国畜牧机械行业技术归口单位，机械工业畜牧机械产品质量监督检测中心和风力机械产品质量监督检测中心设在这里，是内蒙古太阳能干燥工程实验室、国家草原畜牧业装备工程技术研究中心、内蒙古畜牧业装备工程技术研究中心、内蒙古新能源工程技术研究中心的依托单位。取得了国家发改委认定的机械专业（乙级）和新能源专业（丙级）工程咨询资质。多年来，完成各类科研技术开发项目907项，获省部级科技成果奖99项，近年来取得专利20多项。

在长期科研实践中，分院逐渐从建所初期以半机械化牧业机具单机开发为主的专业所，发展到既能进行畜牧业工艺与技术装备、太阳能风能技术与设备研究开发，又能承担农牧业与技术装备发展战略研究的综合性研发企业。职工总数368人，其中大专以上239人。2009年实现收入8 266万元，其中科研服务性收入4 695万元。

分院及下属海拉尔试验站区占地面积14平方千米，拥有赛汗塔拉太阳能风能实验场等各类试验场面积超过7 000平方千米，有太阳能干燥试验室、可再生能源开发利用试验室等各类试验室面积超过4 100平方米。拥有各种先进仪器设备价值6 000万元。

目前，内蒙古农牧业装备工程技术服务平台服务中小企业已超过100家，培训人员180人次。

联系人：卞一丁

电话：0471－4962234

传真：0471－4951307

地址：呼和浩特市赛罕区昭乌达路70号

网址：www. caamshb. org. cn

内蒙古中小在线信息服务有限责任公司

内蒙古中小在线信息服务有限责任公司成立于2003年8月，主要业务包括互联网的各类商业网络平台搭建、行业龙头电子商务解决方案、网络系统集成、用户网络营销推广，网络信息咨询服务，软件开发，为广大用户提供终端—系统—平台—安全—营销—推广—融入互联网—拓展—收益的全套互联网解决方案和技术支持。

公司承办了内蒙古中小企业信息网（http://www.smenmg.gov.cn），网站设有20个标准一级栏目，每天自主发布100多条信息，拥有涵盖全区30多个行业的中小企业会员和金融、法律、咨询等专业服务机构会员。随着网络的开发和建设，内蒙古中小企业信息网将形成覆盖全国，以总站为依托，以内蒙古分网为龙头，以盟市网站为基础，以专业机构协作为支持，目标一致、上下互通、纵横交错的内蒙古公益性信息与专业服务综合平台。

内蒙古中小在线信息服务有限责任公司将致力于内蒙古各行业信息化，加强科技创新力度。内蒙古中小在线信息服务有限责任公司提供包括网站建设、软件开发、企业邮箱、域名注册、虚拟主机、网络实名、电子名片、网络推广、信息收集等服务。

联系人：贺国庆

联系电话：0471－4611522　4611533

传真：0471－4611525

手机：13039502801

地址：呼和浩特市如意开发区管委会大楼512室

网址：http://www.smenmg.gov.cn

E－mail：smenmg@126.com

通辽市中小企业服务中心

通辽市中小企业服务中心成立于2004年4月，隶属于通辽市经济委员会，是全额拨款事业单位。其主要为通辽市及内蒙古东部地区中小企业、民营企业提供政策指导、工程咨询、节能技术服务、创业辅导、高管培训、专家咨询、企业信息化等全方位服务。中心现有固定资产730万元，员工68人，其中工程技术人员37人，占职工总数的54%；副高级以上工程技术人员24人，占35%，中级13人，初级3人，技术力量雄厚。

服务中心下设培训部、信息部、工程咨询部、节能技术部、自动化部、专家咨询部多个专业服务部门，具有工程咨询综合甲级、清洁生产审核、节能审核与节能规划编制、节能量审核等多项专业资质。

中心现有300平方米多功能电教室，2个80平方米电脑教室，是国家银河培训基地，已成功举办了2005～2008年四期中小企业经营管理人员培训班，共为内蒙古东部地区培训中小企业管理人员1 050人。举办两期内蒙古能源管理师培训班和一期内蒙古清洁生产审核师培训班，每年举办下岗职工技能培训班四期，已使700多人重新上岗，为通辽地区和内蒙古东部地区的经济发展和社会稳定做出了积极的贡献。

中心承办了通辽市中小企业网（www.nmtlsme.com）和内蒙古东部地区节能网（www.nmdb jnw.com），是通辽市和内蒙古东部地区中小企业信息中心和节能信息中心，共发布中小企业和节能技术信息30 000条，政策、招聘、发展动态等1 500条。

几年来中心开展创业辅导服务326项，清洁生产审核5项；工程项目可行性论证258项，节能审核及服务48项，自动化技术服务8项，为通辽及周边地区节约了大量的建设和发展资金。2007年、2008年被国家中心企业协会评为“促进中小企业创新发展成果显著中介机构”。

主任：宁杰祥

联系：姜明晨

联系电话：0475－6399858

传真：0475－6399867

地址：通辽市东顺路73号

网址：www.nmt l sme.com

E－mail：tladw@sina.com

锡林郭勒盟中小企业信用担保和咨询服务中心

锡盟中小企业信用担保和咨询服务中心于2000年4月由行署批准运行，2001年4月被列入全国第一批担保体系试点单位。下设两个子公司，即锡盟再就业担保中心、锡盟民生咨询担保公司。中心实行政府领导下的总经理负责制，实行企业化运作，自主经营、自负盈亏，独立承担民事责任。中心下设资信评估部、担保业务部、风险管理部、信息咨询服务部和财务部。现有工作人员21人，其中：大学学历10人，大专学历11人。

公司主要服务内容是为中小企业提供注册、新产品开发、产品检验、产品销售、信息反馈、市场监管、担保贷款等服务；在重点销售城市构建“锡林郭勒羊肉”营销网络，实现“锡林郭勒羊肉”专营专卖；设立锡盟北方煤炭质量检验中心，并购置检验所需的仪器设备。

中心成立以来，积极主动地多方筹资，增加担保资金，扩大信用担保和咨询服务业务，截至2009年年底，累计筹措担保咨询服务资金3 584万元，为锡盟近500户中小企事业单位提供了创业辅导、融资中介、业务培训、市场信息等服务，目前，主要服务业务分为信用担保和咨询服务两大块，咨询服务为公益性质，不收费，信用担保在保证中心正常运营的前提下，只收取不高于1%的费用。几年来，除按规定提取风险保证金外，累计净收益30万元。该中心制度完善，运行规范，为构筑政府扶持中小企业的风险分担框架，培育锡盟中小企业服务体系进行了有益的探索和尝试。

该中心的工作既解决了中小企业创业难、经营发展难的问题，又为银企之间搭建了安全双赢的合作平台。使政府扶持中小企业的初衷落实到了实处，为进一步健全锡盟中小企业服务体系奠定了坚实基础。

地址：锡林浩特市察哈尔大街东段盟直党政2号楼

电话：0479－6988756

传真：0479－6988757

邮编：026000

吉林省促进中小企业发展服务中心

吉林省促进中小企业发展服务中心是2009年3月10日经省编委批准设立的副厅级建制全额拨款事业单位，是政府政策扶持的公益性的大型综合服务机构，隶属于吉林省工业和信息化厅。现有事业编制60人。内设6个县处级部门，即综合部、融资服务部、创业服务部、技术服务部、市场服务部、管理咨询与维权部。中心集聚一批法律、经济、管理、计算机、英语、会计等专业人才，拥有一支高素质、专业化的服务团队。为广大中小企业提供创业、融资、人才、技术、信息、市场、咨询和维权等综合服务。中心的主要职责是：

一、协助主管部门贯彻落实国家和省有关促进中小企业发展的法律法规和方针政策；

二、负责开展创业服务，即整合社会资源，提供创业咨询、创业培训、创业指导、创业孵化和创业代理等服务；

三、负责开展融资服务，即整合社会资源，提供融资咨询、融资策划、贷款担保、银企保对接、上市咨询与培育、多渠道融资与完善投融资市场、信用征集与评价等服务；

四、负责开展人才服务，即整合社会资源，提供人才开发、创业者和企业经营管理者培训、人才培育、人力资源配送等服务；

五、负责开展技术服务，即整合社会资源，构建中小企业公共技术服务平台，提供技术设计、研发、试验、检测、咨询、培训、产学研合作、科技创新、技术改造、科技成果转化与应用等服务；

六、负责开展信息服务，即负责中国中小企业吉林信息网建设，提供政策、市场等各类信息的采集、分析、加工、传播和企业信息技术支持等服务；

七、负责开展市场服务，即提供展览展销、贸易洽谈、产需衔接、国内外经济技术交流与合作等市场开拓服务；

八、负责开展管理咨询服务，即整合社会资源，提供管理咨询、管理诊断、管理创新等服务；

九、负责开展维权服务，即整合社会法律资源，提供法律咨询、法律顾问、法律维权、法律援助等服务；

十、承担全省中小企业服务联盟秘书处工作；负责对全省市、县两级中小企业服务中心的业务指导。

中心系全国中小企业服务联盟执委会副主任单位，组建伊始即坚持以服务企业、促进发展为宗旨，坚持高起点起步、高标准要求、高效率工作、高质量服务，努力打造全国一流的公益性的综合服务机构。

对外联络：综合部

联系人：张东武

电话：0431－81151161、138431113

传真：0431－81151159/81151161

邮箱：cjfwzx@126. com

地址：长春市朝阳区建设街2838号

邮编：130021

网址：http：//www. smejl. gov. cn

黑龙江省中小企业服务中心

（一）中心情况简介

黑龙江省中小企业服务中心（加挂黑龙江企业技术创新中心牌子）隶属于黑龙江省工业和信息化委员会，是财政全额预算拨款公益性事业单位，按处级事业单位管理，核定编制15名。办公地点分别在黑龙江省政府第二办公区和哈尔滨市宣化街412号，使用面积820平方米，其中办公用房9间（180平方米），会议室1间（60平方米），服务大厅580（平方米）。现有工作人员18人，其中：正处级和副处级各1名，正科级干部9名，副科级干部1名，一般干部3名，聘用人员3人。具有正高级职称3人，副高级职称2人，中级职称8人，初级职称2人。在读博士1人，研究生学历3人，本科6人，大专5人。

（二）主要承担的工作

1. 在全省范围内推广应用和实施国家级重大新技术，指导企业开展重大的新技术推广，接受政府和有关部门的委托整合社会资源为企业技术创新提供支持。

2. 利用我中心“黑龙江省技术创新网”，加强产、学、研之间的联合，促进科研成果向生产力转化，为企业提供政策法规，科技成果，技术需求，企业管理，市场营销，行业发展等信息服务。

3. 建立了“黑龙江省企业资源库”和“黑龙江省科技人才资源库”。以省内外高校、科研院所、大中型企业技术研发中心的专家、教授和科技人员为依托，成立了专家咨询委员会，为企业解决各种难题。

4. 为中小企业提供各种有效服务，如开展工业设计、技术研发、知识产权保护、信息化应用、产品性能和质量检测等工作；为企业提供各种信息服务。

5. 组织承办全省车用乙醇汽油推广使用工作。主要负责乙醇汽油宣传工作；组织技术培训和咨询服务；统计分析乙醇汽油的使用情况；协助工商等行政执法部门对市场运行进行监管；协调乙醇汽油在销售和使用过程中出现的相关问题。

6. 受省经委委托具体承办全省矿长资格培训工作。每年定期举办矿长资格培训班。通过中心的

“黑龙江省技术创新服务网”的“煤炭矿长培训专栏”，对矿长培训有关政策法规进行宣传，上传国家和省有关文件，通过网络视频播放煤矿生产和安全知识。

（三）联系方式和网址

联系人：何泓

电话：0451－82513375

传真：0451－82513238

E－mail：hf82513376@163.com

网址：www.hljeis.com.cn

黑龙江省中小企业技术创新服务中心

（一）单位基本情况

黑龙江省中小企业技术创新服务中心（原黑龙江省乡镇企业技术开发中心）是1984年由原国家科委和黑龙江省编委批准成立的，为中小企业提供公益性服务的财政全额拨款的事业单位。按处级事业单位管理，核定编制15名，实有在编14人。下设3个部门：综合部、网络信息部、培训鉴定部。其中：高级技术人员4人，中级技术人员5人，初级技术人员和工勤人员5人。办公地点在黑龙江省工信委第四办公区大楼二楼，办公室7间，办公场所300多平方米。

（二）单位目前承担的主要工作

1. 网站信息服务工作。以中国中小企业黑龙江网（www.smehlj.gov.cn）为龙头，市（地）、县（区）分网为支撑，骨干企业网站为网点，面向全省中小企业、非公有制企业以及中小企业服务机构为重点服务对象的政府公益型信息网络平台。

2. 中小企业生产运行监测平台工作。2009年11月，按照国家工信部中小企业司关于建立中小企业生产运行监测平台的部署、受省工信委委托，黑龙江省中小企业技术创新服务中心承担全省中小企业生产运行监测数据收集、平台管理和数据录入工作。

3. 全国农产品（大豆）加工预警工作。2008年，经农业部乡镇企业局批准，中心成为全国农产品（大豆）加工预警项目承建单位。为农业部农产品加工所按时提供准确的大豆加工企业预警信息，为农产品加工企业提供及时的市场走势及价格浮动等信息。

4. 技术推广和咨询服务。一是开发技术交流服务系统，为技术项目供求双方搭建平台。开发建设中小企业新技术新项目数据库，建立技术成果网上交易平台。二是积极开展科技成果推广服务，利用宣传资源优势，采取网络发布、开办和参加展会、搭建展厅等各种方式为企业提供科技成果推广服务，促进产学研对接。三是整合资源，积极开展技术咨询服务。联合大专院校、科研院所，组建专家组，根据企业实际需求为企业提供各种项目技术咨询服务。

5. 职业技能培训鉴定工作。2004年经农业部乡镇企业局批准建立黑龙江省中小企业职业技能鉴定站，中心为原国家劳动部核准的22个农业工种五个等级进行职业技能鉴定。

（三）联系方式

电话：0451－53630946 0451－53637478－19

传真：0451－53630946

E－mail：53637478@163.com

网址：www.smehlj.gov.cn

上海中小企业社会化服务体系

一、主要组成单位名单

（一）市级部分相关服务机构

1. 上海市小企业（生产力促进）服务中心。
2. 上海市小企业（贸易发展）服务中心。
3. 上海市小企业综合服务事务所。
4. 上海市开业指导服务中心。
5. 上海中小企业国际合作协会。
6. 中国经济技术投资担保有限公司上海分公司。
7. 上海市高新技术成果转化服务中心。
8. 上海市火炬高新技术产业开发中心。
9. 上海市科技创业中心。
10. 上海市财务会计管理中心。
11. 上海市企业联合会。
12. 上海市联合产权交易所。
13. 上海市注册会计师协会。
14. 上海市知识产权服务中心。
15. 上海市律师协会。
16. 上海市资产评估协会。

（二）区县部分服务机构

1. 浦东新区中小企业推进服务中心。
2. 普陀区中小企业服务中心。
3. 虹口区中小企业发展促进中心。
4. 黄浦区企业服务中心。
5. 杨浦区招商服务中心。
6. 闸北区招商服务中心。
7. 长宁区招商中心。
8. 徐汇区招商（企业服务）中心。
9. 静安区小企业服务中心。
10. 卢湾区企业服务中心。
11. 嘉定区投资服务中心和办证办照中心。
12. 金山投资项目审批服务中心。
13. 青浦区行政服务中心。
14. 松江区企业服务中心。

二、核心服务机构简介及对外联络方式和网址

（一）上海市小企业（生产力促进）服务中心

由市政府批准设立，市财政全额拨款的非营利性事业单位，是本市专司中小企业发展的公共服务机构，以制造业中小企业为主要服务对象，提供综合性的全方位服务。

地址：上海市徐汇区大木桥路108号6楼

邮编：200032

电话：（8621）64220836

网址：http://www.pdsc.org

（二）上海市小企业（贸易发展）服务中心

由市政府批准设立，市财政全额拨款的非营利性事业单位。服务中心以商业和贸易型的第三产业中小企业为主要服务对象，提供综合性的全方位服务。

地址：上海市徐汇区大木桥路 108 号 5 楼

邮编：200032

电话：（8621）64220825

网址：http：//www. tdsc. net/

江苏省中小企业发展中心

江苏省中小企业发展中心是江苏省经济和信息化委员会、省中小企业局、省乡镇企业局下属的全民事业单位。为全省中小企业发展服务。负责调研提出我省中小企业服务体系建设发展规划，为我省中小企业提供政策指导、创业导向、金融支持、对外交流、法律咨询、信息沟通及培训等服务。中心下设综合发展部、咨询培训部、对外合作协调部和研究室。

联系电话：025－83737871

地址：南京市广州路 199 号天诚大厦 9 楼

邮编：210009

江苏省中小企业协会

江苏省中小企业协会是经江苏省民政厅核准成立，并注册登记的、具有独立法人资格的社团组织。协会接受业务主管部门江苏省经济与信息化委员会（江苏省中小企业局）和江苏省民政厅的业务指导与监督管理。协会的业务范围：贯彻《中华人民共和国中小企业促进法》、《国务院关于鼓励支持和引导个体私营等非公有制经济发展的若干意见》和《江苏省中小企业促进条例》，宣传国家和省扶持中小企业发展的政策措施，促进中小企业健康发展。引导中小企业遵纪守法，诚信经营，发展经济，提升职业道德，加强自律管理，承担社会义务；组织会员交流和总结发展经验，开展中小企业发展的理论研究和学术交流活动，提高会员综合素质和经营管理水平；为会员提供各种信息、培训、咨询、论坛、考察、市场开拓和经贸洽谈等多种服务；发挥纽带、桥梁作用，促进会员企业与政府部门之间、会员与高校和科研单位之间、会员与其他企事业之间，以及会员之间的沟通联系与广泛合作；维护会员企业和企业家的合法权益，反映中小企业建议、呼声和诉求。

地址：南京市西康路 1～8 号河海大厦 2 楼

邮编：210024

电话：025－83205664

福建省中小企业服务中心

（一）核心服务机构简介

福建省中小企业服务中心，为财政核拨的我委直属事业单位，正处级，人员编制 8 人。主要职责：承担中小企业（乡镇企业）科技推广、示范、项目论证、技术交流、信息技术服务和统计等工作。

（二）联系方式

0591－8018089/88016089

河南中小在线信息服务有限公司

河南中小在线信息服务有限公司（中国中小企业河南网——www. smehen. gov. cn）是由原省中小企业服务局根据国家发展和改革委员会（发改办企业［2004］1465 号）文件的要求于 2004 年 9 月成立，以公司化的注册形式、公益性运作方式和事业性经费支出的模式承担中国中小企业河南网的建设和维护工作，中国中小企业河南网是面向中小企业服务的政府公益性网站，隶属于工业和信息化部中小企业司政府门户网站体系，由工业和信息化部中小企业司提供域名，并与中国中小企业信息总网和全国各省市分网共同形成以北京总站为龙头、以省市网站为基础、以地市网站为支撑、部分专业网站为补充、上下互动的大型信息网络和服务平台，通过技术手段实现信息互动和资源共享，形成上下一致、形象统一的政府公益性信息服务网络。

一、主要职责

（1）配合并承担工信部中小企业司（中小企业信息网）对中小企业、民营企业、非公有制经济的业务指导及相关政务服务工作，同时做好中国中小企业河南网的建设和维护工作。

（2）利用中小企业河南网网络集群的优势，担负着全省重点中小企业生产经营运行监测和中小企业统计网上直报工作，同时保障各级中小企业主管部门对全省中小企业统计报表上报渠道的畅通。

（3）在全省各级中小企业主管部门电子政务平台建设之初，考虑到资源整合，实现互联共享，避免出现“信息孤岛”和重复建设，由河南中小在线统一规划设计并免费提供域名、空间和技术支持。同时在各级分网站之间建立了信息联络员机制，目前已有信息联络员 200 余人，每年针对不同层次的联络员开展不同内容的技能和业务培训。

（4）为全省 40 万家中小企业及社会公众提供免费的公共服务平台。包括中小企业专项资金申报、政策法规、企业服务、管理及技术咨询、人才招聘和培训等十余个公共服务平台，同时建立了企业基础数据库，收录的企业基础信息达 9 万余家，并提供创业辅导、科技成果、法律服务、招商引资和技术创新等相关服务。

（5）搭建中小企业融资担保管理服务平台，从担保公司申请、审核到备案批复的一系列流程进行网上审批，简化了审批程序，提高了工作效率。

（6）配合推进全省中小企业信息化建设工作，已初步建成河南省中小企业电子商务服务平台，旨在以集约化平台的模式引导广大中小企业享用新型的电子商务服务，促进广大中小企业实现网上营销，开展国际、国内电子商务，同时实现业务管理（采购、销售、库存、配送、生产和财务等）的一体化应用，即实现全程电子商务经营模式。

（7）参与组织“全国中小企业网上百日招聘高校毕业生活动”，并承担河南省“国家中小企业银河培训工程”和“百万中小企业信息化推进工程”等工作，同时做好中小企业博览会、APEC 技展会的宣传报道工作。

二、主要建设内容

（1）中小企业经济运行监测管理服务平台和统计直报系统，对中小企业经济运行情况进行监测（主要经济指标和重点产品产量），对全省中小企业的主要数据进行定期收集、统计汇总和分析，科学、准确、及时地掌握当前河南省中小企业运行状况，为省政府提供有力的决策参考依据。

（2）搭建中小企业融资担保管理服务平台，从担保公司申请、审核到备案批复的一系列流程进行网上审批，简化了审批程序，提高了工作效率；并对担保公司项目进行公示，对其业务开展进行监督管理，规范担保公司业务行为，为广大中小企业提供高质量的担保服务，确保资金使用到位，解决企业实际困难，帮助中小企业渡过难关。

（3）建成覆盖全省的以中小企业电子商务应用为核心、以多个行业全程电子商务平台为支撑的大型信息网络和电子商务服务平台。提供“网站建设”、“企业推广”、“商机发布”、“网上贸易”、“企业商圈”、“移动商务”、“信息资讯”、“商务协同”等服务，并提供完整的与电子商务完全融合的内部业务管理服务和供应链协同服务，实现从“企业推广”到“内部管理”再到“外部协同”，从“传统企业管理”到“电子商务”再到“移动商务”的全程信息化，实现产业链上下游的协同作业，利用 IT 优化整合社会资源，集聚广大中小企业资源，帮助中小企业拓展国际、国内市场。

（4）完善以服务企业为内容的电子政务平台，以交流互动的人性化模式、全动态场景的方式将相关服务内容有机地整合起来，为中小企业提供如人才招聘、在线培训、资金申报和政策法规等相关办事引导服务，重点为企业解决人才、培训、资金等企业最为关注的焦点问题。

公司自成立以来，围绕企业提供一站式服务以及所需要的各类信息，并为企业提供在线咨询、网上招聘、发布信息等各类服务，已成为中小企业展示形象、获取商机的重要窗口，同时是全省中小企业服务体系的重要组成部分，是全省各级中小企业主管部门最便捷、最有效的工作和服务平台。网站 ALEXA 国际排名始终居全国省级中小企业网站前列，近年在河南省政府部门网站浏览量排名中一直居前五位，在省政府部门网站评比中多次获得优异成绩。2009 年还荣获工信部中小企业司和中国中小企业信息网颁发的“优秀新闻采集奖”、“优秀新闻原创奖”和“组织优秀奖”三项大奖。

地址：河南省郑州市红专路 98 号
电话：0371－65749597
邮编：450008
网址：www. smehen. gov. cn
E－mail：65749597@ 163. com

湖北省化学工业研究设计院

湖北省化学工业研究设计院建于 1978 年，是主要从事化工应用技术开发、化工工程咨询、设计、化工信息、规划及查新检索、化工产品检测、标准制定、人员培训为一体的综合性科研单位。现有工作人员 118 人，其中大专以上学历 96 人。湖北省化工中小企业技术创新服务中心，挂靠本院。该中心的功能主要是创建一个全方位化工专业服务平台，为全省化工企业尤其是中小企业提供专业技术、管理等全方位服务，内容涵盖企业从市场调研、立项、研发、咨询、中试、生产、检测、人员培训等生产相关的全过程。包括技术咨询、技术转移、技术验证、成果查新、设计、产品检测、标准制定等。本院建有网络服务平台（网址：www. hbhgjs. com），内容包括：1. 技术转移；2. 创业孵化；3. 化工设计；4. 质量检测；5. 信息管理；6. 技术创新六个方面。我院拥有科研、生产用仪器、设备 80 多台套；研发、设计等办公面积 11 000 平方米；拥有大量与化学化工有关的数据库和馆藏资料。近两年来，本院主要做了以下工作：1. 产品检测中心共服务化工中小企业 500 多家，其中为 346 家提供 1 036 批次产品检测，为 14 家企业提供人员培训 2 000 多人次，为 56 家企业提供建立质检机构体系咨询，标准方法研究及制定。为 7 家客户提供司法鉴定，仲裁检验。2. 信息中心利用化学化工相关数据和丰富的馆藏资料，共完成 149 项化工类项目和国内外查新检索工作，为产品开发、项目立项、成果鉴定提供了信息咨询服务。3. 咨询中心完成各类咨询项目 284 项，其中投资在 3 000 万元以上的项目 100 余项，总投资金额近 50 亿元。同时积极帮助中小企业组建实验室，完善企业质量检测能力。

电话：027－87439315
传真：027－87439315
邮箱：lh62670031@ 126. com
网址：www. hbhyychem. com

湖北省中小企业信用担保协会

本会以为中小企业担保机构服务为宗旨，充分发挥政府与中小企业担保机构之间的纽带与桥梁作用，维护中小企业担保机构的合法权益。主要服务范畴：为行政主管部门当好参谋、助手，协助进行各项方针、政策的调研，了解中小企业担保机构发展中遇到的新情况、新问题，为政府决策提出意见和建议；反映担保机构的心声和要求；根据担保机构的需要组织人才培训、信息交流和咨询服务，帮助担保机构提高技术和管理水平，开拓市场；开展中小企业担保理论研究和学术交流；承办党政机关委托的任务。

电话：027－87233838

传真：027－87231717

邮箱：ye－sj@126.com

湖北中企投资担保有限公司

综合资源体系：覆盖全省的银保合作网络，公司已与近20家银行省分行建立良好合作关系，为企业提供融资服务；完备的企业外部资源体系，建立了与政府机关广泛联系的行政资源体系以及覆盖全省的企业项目资源系统；稳步推进的全省信用担保体系，公司积极发挥省级担保公司龙头作用，与地方担保机构进行多种形式的担保合作，输出银行信用；强有力的项目风控体系，成立至今未出现逾期或代偿项目。

特色担保服务：推动县域经济发展、围绕我省重点产业，开展各项担保；推动我省国有经济发展，缓解省国资委出资企业担保需求；开展船舶、出口、环保多项专项担保，优化我省工业发展布局。

公司在积极支持中小企业、县域经济发展中，努力成为政府资金的"放大器"、银行信贷风险的"减压器"、培育中小企业的"孵化器"，支持县域经济发展的"助推器"。

电话：027－87273596

传真：027－87273596

湖北省中小企业培训中心

本中心具备普通中专学历教育资格和能力；具有开展职业技能培训、创业培训资质和能力；具备开展职业技能等级培训与鉴定的资质和能力。本中心有规范完善的培训教学管理制度，有较为完善的培训教学计划和大纲，有一支适应培训专业设置要求，既能上讲台，又能动手操作的双师型教师队伍。已开展银河培训、农民工培训、创业培训、煤矿安全生产培训等培训共计68班次，受训人员达14 185人次；已对车工、钳工、电工电子、纺织服装、食品加工、建筑装饰等工种进行培训鉴定，办理国家资格技能等级证书计27 100余人次。开设有18个常设培训教学专业；有专职教师58人，兼职教师43人；建有数控加工、模具、汽车修理、食品检测、电工电子、计算机等实验室和实训车间，并与生产企业合作建立了多个实训、就业基地。

电话：027－62682965

传真：027－87838707

邮箱：peixun_zxqy@126.com

湖北省中小企业服务中心

湖北省中小企业服务中心于2003年经省编委批复成立，目前与湖北省经信委信息中心合署办公，开办费用10万元，现有工作人员11人，其中硕士2名，本科生4名，高级咨询师、高级审计师、高级培训师、高级政务师各1人；是面向全省中小企业进行创业辅导、企业诊断、融资担保、人才培训、技术创新、市场开拓、信息咨询及信息网络建设的综合性公益型服务机构。2004～2009年我中心先后投入200余万元购置了为全省中小企业提供信息化服务的网络设备，建立了网络机房，并开发设计了湖北省中小企业发展局政务门户网站、监控全省中小企业经济运行态势的经济运行信息管理系统。OA办公自动化系统、全省中小企业数据网上直报系统及中国中小企业湖北网。中心多次举办全省中小企业创业辅导及企业信息化建设培训班，免费为全省中小企业培训管理人员及技术人员及指导帮助各地培训2万余人次；积极参与湖北省电子政务二期工程——湖北省产学研创新服务平台项目的前期调研、设计、申报和建设工作，并负责完成省经信委全省经济运行信息管理系统、中小企业项目申报系统、全省中小企业经济数据网上直报系统、全省银企合作平台——湖北中小企业银企信息合作网等工作。

电话：027－87814811

传真：027－87814811

邮箱：ybdxy@163.com

网址：www.smehub.gov.cn

武汉市经济技术市场发展中心

武汉市经济技术市场发展中心（武汉市中小企业服务中心）成立于1990年11月14日，注册资本125.1万元。现有员工25人，其中大专以上学历及中级以上职称人员23人。中心长期承担武汉市经济和信息化委员会赋予的产学研协调和中小企业技术推广工作。自成立以来，先后组织2 200多家中小企业与高校、科研院所进行项目洽谈和对接，并成功促成项目合作与技术转让项目54个，累计金额2亿多元。除长期联系高校、科研院所并与之形成良好合作关系外，每年还为中小企业提供培训、咨询、展会、项目对接、创业辅导、融资等综合服务2 000多家次，积累了一批较为稳定的企业客户资源。

中心自2006年着手开展综合节能优化技术服务工作以来，通过与高校和专业节能机构合作推广和研发的形式，平台所融合并可向中小企业提供服务的技术已包括智能中央空调节电器等34项国家专利、智能可视化优化技术等5项国际领先技术、零过渡零响应动态低压无功补偿、锅炉余热回收利用等30多种国内先进技术。平台专家中既有华中科技大学、武汉大学、武汉理工大学等国家重点院校的教授、博士，也有长期从事现场工程实施的资深技术人员。平台目前已具备系统分析优化、锅炉节能、电机节能、制冷设备节能、照明节能、余热回收利用、电力质量优化、新能源利用八大类三十多个专业方向的节能优化技术服务能力；技术涉及系统优化、工艺改进、设备优化、管理优化等多个方面，可应用到钢铁、冶金、化工、机械、汽车、船舶、食品、包装等多种行业的煤、电、水、气等多种领域。

为了方便中小企业寻求节能技术并及时了解各级政府对节能的相关扶持政策，平台在武汉中小企业服务超市（江汉区青年路560号）专门设立了一个“节能技术服务超市”。集中展示了10余家节能公司的技术和产品，并安排凯佳集团等3家节能公司长期设点为企业提供现场节能诊断和咨询。自2010年5月8日开业以来，先后组织相关节能活动20余场次、接待企业来访及近千人。

目前与平台合作的专业节能机构已达23家，同时还有3家申请与平台合作的节能公司有待进一步考察。

电话：027－85316833

邮箱：xiongcj@126.com

网址：www.smgwh.gov.cn

武汉光谷联合产权交易所

武汉光谷联合产权交易所（简称“光谷联交所”）的前身是湖北省产权交易中心，成立于1998年。2006年，省政府决定优化整合全省各类产权交易机构，以省产权交易中心为基础，由省、市共同出资搭建的全省科技产权交易平台，注册资本3 000万元。光谷联交所现有经营面积2 500平方米，其中，拥有近1 000平方米的交易大厅、科技成果展示大厅、多功能会议厅以及专业的网络机房。目前，光谷联交所拥有在职职工67人，其中博士1人、硕士7人，大专及以上专业人员数量为61人，专业涉及化工、制药、机械工程、计算机、法律、财务和工商管理等多个专业领域；拥有较完备的服务企业自主创新的基础设施和较好的办公场所以及多年的科技服务工作经验和较强的专业素养和服务能力。

光谷联交所始终致力于促进技术与市场的互动、知识与产业的结合、资本与企业的融合，努力将技术与资本、市场联成一体。经过近几年的快速发展，现已搭建起以自身为龙头、以17个市（州）分支机构为节点，覆盖全省、辐射中部的科技产权交易网络；培养和造就了一批高素质的科技产权交易专业人才和一支业务熟练的技术经纪人队伍；建立并实行了一套成熟的、规范运作的制度；积累和开展了一系列服务企业自主创新的资质和业务。目前，光谷联交所是科技部首批国家技术转移示范机构、中国创新驿站、科技部创新基金服务机构及省、市技术合同登记点、高新技术企业认定服务机构。开展了包括科技成果展示与信息发布、技术交易，技术培训、技术咨询、技术合同认定登记、创新基金申报辅导、高新技术企业认定服务、股权质押贷款等一系列直接和间接服务中小企业自主创新的服务。

截至2010年9月，光谷联交所共组织了10余次技术合同认定登记、创新基金申报和高新技术企业认定培训会，培训企业600余家，培训人数达1 000余人，累计实现技术合同认定登记额28.8亿元，为中小企业减免税款1 000余万元，协助企业争取国家创新基金资助达2 000余万元。为41家中小企业成功融资46笔，融资总金额超过9.8亿元。受到了企业的广泛好评，被科技部评为“火炬计划实施二十周年先进服务机构”（全国唯一一家产权交易机构获此殊荣）。

电话：027－67885688

传真：027－67885689

邮箱：webmaster@ovupre.com

网址：www.ovupre.com

湖南省中小企业服务中心

成立于2004年12月30日，为湖南省经济委员会直属事业单位。中心业务职能：向政府有关部门反映中小企业情况，配合政府有关部门落实中小企业扶持政策，依法维护中小企业合法权益；为中小企业的创立、生存和发展提供信息指导、投融资指导、人才培养、技术支持、创业辅导、市场开拓、咨询、培训等方面的信息与服务；受湖南省经济委员会委托，联系行业和社会服务组织为中小企业提供服务。

目前中心办有《湘企网》，为中小企业提供信息咨询服务；组织成立了湖南省中小企业管理咨询服务联盟，为中小企业提供管理咨询服务；控股湖南省中小企业信用担保有限责任公司，为中小企业提供投融资服务。

法人代表：王曙

联系人：张青

联系电话：0731－84136696

地址：长沙市芙蓉中路1段163号新时代广场27楼

邮编：410008

单位网址：www.xqw.gov.cn

湖南省企业技术创新服务中心

成立于2002年，现有编制15人，是湖南省经委的直属二级事业单位，是为推进湖南省中小企业技术创新的服务机构。

中心主要工作：推进湖南省中小企业技术创新新技术推广，加速提高湖南省中小企业的竞争能力促进湖南省中小企业产业结构调整和升级，帮助中小企业提高市场预测和快速反应能力，提高管理水平，为中小企业技术创新、信息化建设，有效地组织和利用各种社会资源，创造良好的技术支撑环境为中小企业的发展，提供科技成果、政策法规、行业发展趋势、人力资源、技术培训等多种服务工作。

中心推广应用了“CAD”、“PDM”、“数控技术”、“变频调速”、“电机无功补偿”、“振动焊接”等技术。组织开展各种技术培训和技术咨询活动开展技术合作交流，推动市场前景好、技术含量高、经济社会效益显著的技术向我省中小企业转移和扩散。是中国技术创新湖南信息网的建设和承办单位。

法人代表：王曙

地址：长沙市芙蓉中路533号

邮编：410015

联系人：喻小明

联系电话：0731－84441197

单位网址：www.hncti.com.cn

湖南省中小企业信用与担保协会

协会主要职责是引导会员单位自觉遵守党和国家的方针、政策、法规，恪守职业道德、履行社会责任；制定、组织实施信用担保行业行规、行约，建立健全行业自律机制；反映会员的要求和意愿，维护会员的合法权益；开展中小企业信用与担保理论研究和学术探讨，促进信用与担保资源的开发、利用和共享；促进会员之间，会员与有关事业、企业等单位的协作，组织会员与境内外同行业的合作与交流；为会员单位提供政策法规、科技创新、国际合作等信息、咨询和培训服务；联合有关信用评级机构，开展对担保机构和中小企业的信用评级工作，提供信用升级服务；接受政府有关部门委托，开展有关活动。

法人代表：罗华

地址：长沙市芙蓉中路1段163号新时代广场27楼

邮编：410008

联系人：陈浩

联系电话：0731－88641798

单位网址：www.hnrzdb.com

长沙市中小企业服务中心

中心倾力推动长沙市中小企业成长工程，通过整合中介机构开发适合中小企业成长需求的系列服务产品，为长沙4万多家中小企业提供高效的投资融资、技术创新、创业辅导、市场开拓、信息服务、管理咨询、人才培训、法律服务、成长性评估、产业集群升级服务等涵盖中小企业整个生命链的系统服务。

法人代表：左军

联系地址：长沙市芙蓉中路一段593号国际金融大厦18楼1808室

联系人：欧腾

联系电话：0731－85339278

网　　址：www.smecs.org.cn

湘潭市中小企业服务中心

中心主要职责：向政府有关部门反映中小企业情况，配合政府有关部门落实中小企业扶持政策；维护中小企业合法权益；为中小企业的创立、生存和发展提供社会服务；受政府有关部门委托或委托区域、行业和各社会服务组织为中小企业提供服务。打造8个平台：投资融资服务平台；创业辅导服务平台；技术支持服务平台；人才培训服务平台；管理咨询服务平台；信息咨询服务平台；市场开拓服务平台；法律咨询服务平台。

法人代表：邓晓星

地址：湘潭市人民大厦0218室

邮编：411104

联系人：邓晓星

电话：0732－58570263

单位网址：www.xt.smehn.gov.cn

衡阳市中小企业服务中心

为全市中小企业提供信息、管理、人才培训、技术咨询等方面服务。

法人代表：吴小艳

地址：衡阳市政府大楼630

邮编：421001

联系人：吴小艳

联系电话：0734－8858941

岳阳市中小企业服务中心

主要职责是贯彻执行《中小企业促进法》等法律法规，为中小企业提供创业辅导、融资渠道、科技成果、技术需求、信息化、人才培训、人力资源、市场营销等方面服务。

法人代表：曹聪贻

地址：岳阳市巴陵中路337号工业经济委员会院内

邮编：414000

联系人：项先立

联系电话：0730－8721333

单位网址：www.yysme.gov.cn

常德市中小企业服务中心

为全市中小企业提供协调服务，维护中小企业合法权益；组织开展中小企业经理人、管理人员和专业技术人员的教育培训工作；组织中小企业参加有关区域的产品展销、招商引资等活动；受政府有关部门委托，联系或委托区域、各行业协会和其他社会服务组织为中小企业提供服务。

法人代表：黄少渊

地址：常德市朗州路市政府2号办公楼3楼

邮编：415000

联系人：黄少渊

联系电话：0736－7256610

单位网址：www.cdjw.gov.cn

郴州市中小企业服务中心

主要职责是向政府有关部门反映中小企业情况，配合政府有关部门落实中小企业扶持政策；维护中小企业合法权益；整合社会服务资源为中小企业的创立、生存和发展提供公共服务；受政府有关部门委托，联系或委托区域、行业和各社会服务组织为中小企业提供服务。

法人代表：袁继南

地址：郴州市五岭大道9号

邮编：423000

联系人：李春平

联系电话：0735－2368708

中国国际中小企业博览事务局

中国国际中小企业博览会事务局（简称中博会事务局）是广东省人民政府批准成立的事业单位，其主要职责是负责承办中国国际中小企业博览会、泛珠三角区域经贸合作洽谈会、珠江三角洲地区与山区及东西两翼经济技术合作洽谈会等展会的具体事务，促进贸易、投资合作和交流。中博会事务局按照政府推动与市场化运作相结合的工作模式，积极推进有关展会的国际化、规范化、专业化工作，主要提供展会策划、宣传推广、招展招商代理、专业培训、商务考察、国际交流与合作等方面的服务。下设广东中博国际会展服务中心，主要负责中博会及有关展会的市场化运作事宜，对外开展合作。

广东省技术推广站（广东省中小企业服务中心、广东省技术创新服务中心）

负责协助政府有关部门，建立健全我省中小企业社会化服务体系，为中小企业提供公共服务。联系和引导各类社会中介机构为中小企业提供优质的五大平台服务。一是进一步完善中小企业信用担保体系和投资融资服务平台，提供贷款担保、产权交易等服务；二是进一步完善技术支持服务平台，推进产学研结合，推广先进经验和共性适用技术；三是进一步完善人才培训服务平台，提供创业辅导、人才引进、人员培训等服务；四是进一步完善信息咨询服务平台，推进信息化和工业化结合，在技术上支持和指导全省中小企业网建设；五是进一步完善市场开拓服务平台，通过举办和参与举办各类大型经贸活动（各类展览展销），为中小企业开拓国内外市场。

广东省中小企业发展促进会

广东省中小企业发展促进会于2005年12月28日成立，由广东省经济和信息化委员会主管由广东省民政厅批准的社会法人团体，2010年5月换届后，由广东省人民政府原副省长游宁丰担任会长。促进会以“服务社会、服务企业、服务政府”为宗旨，着力构建中小企业社会化服务体系致力于搭建广东的制造业与现在服务业的对接平台，整合优质资源，提供包括技术升级、融资对接、管理咨询等相关领域服务于广东的中小企业。促进会打造峰会论坛的出手令业界侧目，全省巡回八场中小企业服务推广日，深入企业，富有实效近四十期岭南商道论坛，传播与宣导，信息交汇三大品牌论坛：工商领袖峰会、国际咨询管理论坛、投融资年会已经成为促进会的名片，更成为珠三角地区较有影响力的品牌活动。此外，还举办过百期中小企业信息化培训、“技能人才交流会”“中博会中小企业服务展”等活动，服务中小企业10万多家。未来，促进会将秉承一贯的服务宗旨，沉淀资源，聚集能量，塑造文化，开辟疆野，创建更多无形无境的桥梁。开展工业旅游，开办创业基地，开发信息化互动平台，推动中小企业成长计划，建立中小企业经济运行数据分析系统，开展中小企业研究。

广东中小在线信息服务有限公司

广东中小在线信息服务有限公司主要负责建设、维护广东中小企业网（http：//www.gdsme.com.cn）。该网是按照国家工业和信息化部要求，在广东省中小企业局的领导下，由广东省中小在线信息服务有限公司承办的综合服务型网站，是广东省中小企业服务体系的基础工作平台。该网站宗旨是通过互联网技术结合行政资源，收集发布重要信息，联系和引导社会各类服务机构为中小企业提供有效服务，加快企业信息化进程，推动和促进广大中小企业快速健康发展。该网站开通的平台有：中小企业电子商务平台、中小企业融资服务平台、中小企业法律服务平台、中小企业网上培训平台、视频商务平台、中小企业自助建站系统、中小企业专项资金申报系统等，并提供广东民营经济参考资料、广东省中小企业服务机构名录等资料查询服务。

广西中小企业联合会

广西中小企业联合会经广西壮族自治区经委审核，自治区民政厅批准，于2009年2月25日正式成立，并于当日召开了广西中小企业联合会第一次会员代表大会（地址：南宁市民族大道泰安大厦）。

广西中小企业联合会是由广西中小企业自愿组成的非营利行业性企业社团，会员以工业企业为主，兼顾其他行业企业。本会宗旨：合作共赢，做强做大。具体表现为：坚持以邓小平理论和“三个代表”重要思想为指导，全面贯彻落实科学发展观，全心全意为会员企业服务，以实现整合资源，共谋发展，推动广西中小企业持续健康发展为目的，遵照国家法律、法规，参照国际规则，维护会员企业合法权益，进行行业自律和管理，加强企业诚信体系建设，促进广西中小企业的持续蓬勃发展，提升广西中小企业市场竞争能力、自主创新能力和自我发展能力，提高会员企业经营管理水平，针对会员企业提出的建议和要求而开展各项活动，并在政府等单位与会员企业之间发挥桥梁和纽带作用，为会员企业开拓国内外市场和加强国际交流与合作提供有效服务。

本会以围绕推动广西中小企业持续健康、快速发展为总体目标，开展以下业务：

（1）协助政府宣传贯彻《中华人民共和国中小企业促进法》、《国务院关于鼓励支持和引导个体私营等非公有制经济发展的若干意见》和自治区政府关于促进中小企业发展等相关法律、法规和政策。

（2）研究和探讨广西中小企业发展方向、目标、体制、政策、管理等理论和实际问题，调查了解并反映中小企业的建议和要求，为政府决策和制定政策提供建议和依据。

（3）为广西中小企业提供创业辅导、企业诊断与管理咨询、投资融资、技术支持、企业信息化、人员培养与人才引进、对外合作、展览展销和法律咨询等服务。

（4）维护广西中小企业和中小企业家的合法权益。

（5）促进广西中小企业与政府、金融、工商、税务等有关部门的交流沟通，帮助广西中小企业融资贷款、招商引资、增资扩股、寻求担保和申请政府专项扶持资金，帮助中小企业拓展市场，协调解决会员企业相关问题，促进企业相互间的交流与合作。

（6）组织推广广西优秀中小企业发展经验，开展评选、表彰、宣传优秀中小企业活动，促进广西中小企业品牌建设与自主创新工作。

（7）通过中小企业诚信体系与信用体系建设，引导广西中小企业守法诚信，遵守国家法律法规，提升职业道德，加强行业自律，积极承担社会责任。

（8）编辑、出版、发行会刊和年鉴等出版物。

（9）在政府委托和指导下，开展广西中小企业资质与资格认证，开展中小企业管理升级、中小企业信息化建设等业务。

（10）承办政府主管部门及有关部门委托的其他工作。

广西民营企业商会

广西民营企业商会成立于 2005 年月 3 月 12 日，经广西壮族自治区经委审核，自治区民政厅批准登记，为法人社团。

广西民营企业商会是广西中小企业组成的行业性社会团体，目前有单位会员 200 多个。广西民营企业商会的宗旨是高举邓小平理论伟大旗帜，坚持四项基本原则，在党和政府的领导下，全心全意为会员服务。团结全区中小企业干部和职工，为发展广西中小企业，振兴广西工业而奋斗。广西民营企业商会的工作业务范围是：教育会员自觉执行党的方针、政策，讲究职业道德，遵纪守法；向政府反映会员的要求和意愿，维护会员的合法权益；组织开展学术交流活动；搞好中小企业人才培训；承办自治区经委委托的任务。

根据广西壮族自治区人民政府办公厅《关于印发行业协会和中介组织与行政职能部门脱钩工作方案的通知》（桂政办发［2007］52 号）文件精神，2007 年 10 月底，广西民营企业商会与行政职能部门广西壮族自治区经济委员会脱钩，发展成为“自主办会、自主管理、自我发展”的社会组织。

广西壮族自治区乡镇企业培训中心

广西壮族自治区乡镇企业培训中心，于 1986 年经自治区人民政府批准，由自治区编委确定编制，定为正处级事业单位，编制 25 人。其宗旨和业务范围：为广西乡镇企业服务，培训乡镇企业、中小企业管理和技术人才及相关服务。原系自治区乡镇企业管理局直属单位。

自治区乡镇企业培训中心现有干部、职工 19 人，在职 15 人，退休 4 人。有专职教师 4 人。其中具有研究生学历 1 人，大学本科 4 人，大专 10 人，中专 2 人。获得高级职称 1 人，中级职称 6 人，高级技工 1 人。干部职工所属的专业有管理、检验、地矿采矿工程、机械制茶、食品工程、政治经济学、电子声像、工业自动化、电子商务及计算机应用等，具有较丰富的教学经验和管理能力。

自治区乡镇企业培训中心的培训基地——南湖饭店，于 1988 年建成并投入使用。大楼含地下室共 14 层，建筑面积 6 918 平方米。3 ~ 5 层和地下室是原自治区乡镇企业管理局、广西区乡镇企业建材产品检验站办公和检验场地。有 9 层楼用于教育培训。有 3 间教室（含电教室 1 间）、2 间会议室，有大小餐厅、包厢及 40 多间客房，共计面积约 5 000 多平方米，可同时接纳 120 人以上的培训班或会议。

培训中心成立二十多年来，根据广西乡镇企业、中小企业发展的需要，竭尽所能，采取灵活多样的培训形式，先后举办各种培训班 407 期，为各市县行政业务主管部门、企业培训领导干部、管理人员及技术人员共 36 000 人/次。为广西乡镇企业、中小企业的健康快速发展，尽到了自己的责任。最近几年来，培训中心针对广西矿山多，烟花爆竹多，安全生产形势严峻的状况，把安全生产培训作为培训工作的重点。通过自办与联办到各市县、厂矿、企业去举办培训班。截至 2007 年年底，共举办各种安全生产培训班 67 期，培训学员 7 300 人。

农业部乡镇企业局和自治区乡镇企业管理局领导不仅对培训中心的工作和业务建设给予大力支持，在资金投入上也舍得花钱。仅2000年以来，先后投入250多万元，对培训综合大楼的门面、楼道、客房、餐厅、教室、办公室进行了全面装修，更换了电梯，购置了26台电脑和多媒体设备，使培训中心的教学条件得到根本改善。

2003年3月、2004年11月，培训中心获得国家安全生产二级培训机构资质、劳动和社会保障部颁发的《国家职业技能鉴定许可证》。培训中心充分利用这一资质和许可证，大力开展安全生产和职业技能培训和鉴定工作。

2004年政府机构改革，自治区乡镇企业管理局并入自治区经委，培训中心也归属经委系统。面对安全生产的严峻形势，国家出台了许多安全生产条令条例和规章制度，将安全生产和烟花爆竹等高危行业工种交由新成立的安全生产监督管理局负责，并对烟花爆竹行业进行规范化管理，实行许可证制度。培训中心利用这一契机，紧紧依靠业务主管部门，围绕主管部门的中心工作，并与生产、批发、零售企业保持密切联系，提供优质服务，做好自身的各项业务建设，适时地举办各种安全培训班，很好地配合自治区安全生产监督管理局对烟花爆竹行业开展许可证制度的实施，使全区烟花爆竹生产、批发、零售企业顺利地走上了规范化的发展轨道，受到自治区安全生产监督管理局的表彰。

在开展职业技能鉴定工作中，培训中心选择了具有一定生产规模、生产设施较先进和完善、职工素质较高的桂林市日盛食品有限责任公司进行试点，开展职业鉴定工作。在企业自行组织培训的基础上，再请广西大学和广西职业技术学院的两位教授到公司进行三天的强化培训，然后进行理论知识考试和操作技能考核。有40多人参加培训，有25人报考等级，理论考试全部通过，操作技能考核23人通过，学员、企业、老师都很满意。

为了适应培训工作的需要，扩大干部职工的知识面，提高工作能力，培训中心领导在资金比较紧张的情况下，开源节流，每年派出3～5批次人员到上级部门举办的学习班、培训班、知识讲座等学习培训，截至2007年6月底，已有9人取得了职业资格证书。

2009年，广西乡镇企业培训中心全体干部职工，在自治区经委/工信委党组的正确领导下，通过认真学习胡锦涛主席在纪念党的十一届三中全会召开30周年大会上的重要讲话和党的十七届四中全会精神，进一步贯彻落实科学发展观，积极开展企业服务年活动，深入基层和企业开展培训服务，全年共举办各种类型的培训班25期，培训学员1 957人次，为帮助企业员工增加新知识和掌握操作技能，提高企业经营管理水平和竞争力，克服金融危机的影响，渡过难关，做了大量卓有成效的工作。为提高我区中小企业和乡镇企业自主创新能力和企业经营管理者素质，促进我区企业健康快速发展，培养了大量中小企业和乡镇企业急需的人才。

广西壮族自治区乡镇企业培训中心地址：广西南宁市星湖路43号，邮编：530022，联系电话0771－5854739。培训中心主任：张杰；副主任农世盛、黄红。

广西壮族自治区乡镇企业建材产品质量监督检验站

广西壮族自治区乡镇企业建材产品质量监督检验站是根据广西壮族自治区编制委员会桂编［1987］71号文批准成立的事业单位。是法定的省级建材产品质量监督检验机构。行政关系隶属于广西壮族自治区经济委员会，检验业务工作受广西壮族自治区质量技术监督局指导。依据广西壮族自治区质量技术监督局1993年桂监字［1993］第12号文，本站曾经以广西壮族自治区建材产品质量监督检验二站的名义开展检验业务工作。

该站经过广西壮族自治区质量技术监督局计量认证和审查认可授权，计量认证证书号：［2002］量认（桂）字（R0162）号、审查认可授权证书号：桂质监认字（17）号。根据《农业部产品质量监督检验测试中心基本条件》，该站经中华人民共和国农业部审查合格，被授权承担筹建农业部建材产品质量监督检验测试中心（南宁），授权证书号：［2003］农（质监认）字第172号。2003年■月19日，农业部建材产品质量监督检验测试中心（南宁）经中国国家认证认可监督管理委员会考核合格，获计量认证合格证书，证书号：［2003］量认（国）字（V2237）号。也就是说，广西乡镇企业建材产品质量监督检验站也以农业部建材产品质量监督检验测试中心（南宁）的名义开展业务工作。

2007年8月10日，广西壮族自治区经济委员会对广西壮族自治区建材产品质量监督检验站和广西乡镇企业建材产品质量监督检验站在业务上合并，并调整了领导班子成员。

（一）场所及设施、设备的配备情况

本站办公和检验场所：

广西南宁市星湖路南二里6号，广西南宁市星湖路43号

邮编：530022

电话：0771－5314042（站长室）0771－533288（业务室）0771－5841316（办公室）

传真：0771－5332188

电子邮箱：gxjczjz@163.com

该站在广西南宁市星湖路南二里6号与广西建筑材料科研设计院共处一栋大楼，本站使用相对独立的该楼的地下室、一楼、二楼共计1 520平方米的办公和检验场地。在广西南宁市星湖路43号使用办公楼的地下室、三楼、十三楼及办公楼附属场地等共计722平方米的办公和检验场地，两处场地面积合计2 242平方米。

该站配备有建材产品质量检验的各种先进精密仪器设备190多台（套）。固定资产600多万元。

（二）人员

该站共有人员35人。其中技术人员32人，高级工2人。技术人员中高级工程师5人，工程师15人，经济师1人，会计师2人，馆员1人，政工师1人，助理工程师6人，助理经济师1人。

（三）业务范围

该站承检产品包括：硅酸盐水泥、普通硅酸盐水泥、矿渣硅酸盐水泥、火山灰硅质酸盐水泥、粉煤灰硅酸盐水泥、白色硅酸盐水泥、烧结普通砖、烧结多孔砖、普通混凝土小型空心砌块、轻集料混凝土小型空心砌块等。

广西中小企业信用担保公司

广西中小企业信用担保公司（原名：广西投融资担保有限责任公司）成立于2002年11月13日，是经广西壮族自治区人民政府批准设立的国有全资担保公司。业务上归自治区工信委指导。

广西壮族自治区人民政府授权广西金融投资集团有限公司履行出资人职责，公司为广西金融投资集团有限公司下属子公司，目前注册资本15亿元，公司主要任务是支持广西各类中小企业和高新技术企业发展，解决符合担保条件的中小企业、高新技术企业融资难问题。公司实行企业化管理，按照市场化原则运行。

经营理念：信誉、创新、灵活、服务

公司宗旨：发挥担保的金融乘数作用，破解广西中小企业融资难题。

服务对象：符合国家产业政策和自治区有关规定的各类中小企业，成长性强、有较强市场竞争力的科技型、知识型、特色型的企业，符合有关条件的事业单位、其他组织和自然人。

公司担保面涉及轻工、化工、冶金、建材、医药、机械、电子、农业和商业等十多个行业，担保业务已覆盖全区14个地级市，曾大力支持过南宁市工业园、北海市工业园和桂林市工业园的发展，它已成为广西中小企业和高新技术企业融资的重要渠道。

广西中小企业信用担保公司地址：广西南宁市金浦路22号名都大厦5楼，邮编：530022，本部咨询电话：0771－5805897、3199681、3196805，本部传真：0771－5805849、4963358、4963470；E－mail：gxtrzdb@126.com。

广西中小企业网（www.smegx.gov.cn）

（一）中小企业网简介

中小企业网是《中华人民共和国中小企业促进法》颁布以后，国家建立的专门为中小企业提供信息服务的网络平台。中小企业网全国联网，国家有中国中小企业信息网（www.sme.gov.cn），各省、自治区有各自的中小企业网，部分市县也有中小企业网，目前中小企业网已经形成一个庞大的服务中小企业的信息服务体系。

广西中小企业网（www.smegx.gov.cn）是自治区工信委服务中小企业的门户网站，2008年2月28日正式开通运营，开通至今，得到中小企业管理部门以及广大中小企业的好评。

主管单位：国家工业和信息化部中小企业司
广西壮族自治区工业和信息化委员会
广西壮族自治区中小企业局

承办单位：广西中小在线信息服务有限公司

（二）取得成绩

广西中小企业信息网自2008年2月28日开通成立以来，一直围绕全区中小企业开展信息服务工作，主要取得成绩如下：

（1）广西中小企业信息网络服务平台建设完成，并不断完善，初具大型中小企业信息门户雏形。广西中小企业信息网于2008年2月开通，运营至今有两年时间，前后经历三次改版，现在已经成功建立了政务平台、新闻平台、服务平台、电子商务平台（试运行中）、信息化平台五大平台，这些平台为广西中小企业提供了全面且实用的信息服务：

一是政务平台为广西中小企业提供各种政务信息服务。包括自治区工信委有关中小企业的各种重要通知、政策法规的发布、政府领导的动态、重大活动的报道、非公经济的新闻、项目申报资讯以及指导、广西中小企业行政办事指南等内容。

二是新闻平台专门为企业提供及时丰富的经济社会新闻资讯。新闻平台为帮助我区企业开阔视野，设有各界声音栏目，通过政府高层、社会各界对时事政治的评述，让企业深入了解现实形势。新闻平台还专门为北部湾和中国—东盟自由贸易区设计了资讯栏目，解读广西区位优势下给中小企业带来的发展机遇。

三是服务平台积极为企业提供各种丰富的服务信息。服务平台在投融资、工商财税、品牌专利、认证咨询、法律维权、信息化、企业培训等几大方面为企业提供信息服务。目前，服务平台除了栏目，还与中小企业相关服务机构一起推出服务频道，开展具体实用的服务。目前已经建立了广西中小企业认证咨询频道，为需要开展认证的企业提供在线认证咨询。并在2009年年底，开通了政、银、企融资服务平台，为企业开展融资工作提供各种服务。另外，其他服务频道也将在资源整合后陆续推出。

四是初步建立电子商务平台，起航广西中小企业信息网上淘金。电子商务平台于2009年7月底开始试运行，平台已经为企业开通企业名片的发布和查询功能、企业供求信息发布功能、企业新闻发布功能、人才信息发布功能四大功能。试运行至今，电子商务平台已经吸引455家企业注册，其中区内中小企业368家，区外企业87家，发布企业供求信息1 548条。

五是信息化平台已经大规模开展各种信息化建设服务。信息化平台除了在网上提供信息服务以外，目前还组建了专门的企业信息化顾问团队，通过专人为中小企业开展面对面咨询、上门指导等信息化服务，帮助中小企业开展信息化建设工作，提供企业所需的软件和技术支持，提升中小企业竞争力。

（2）编写《广西中小企业服务指南》，免费赠送给全区中小企业，帮助企业提升企业管理水平和更好地开展经营工作。2008年，广西中小企业信息网在自治区工信委的指导下，编写了《广西中小企业服务指南》（2008办事版），收录了全区中小企业注册、变更等各类办事指导流程，指导企业开展各种工作。2009年，由于中小企业受国际金融危机影响较大，融资难的问题更加严峻，于是广西中小企业信息网编写《广西中小企业服务指南》（2009融资版），通过编写广西中小企业融资概况，整理融资指南，收录广西20家银行金融机构中小企业贷款产品信息，以及收录担保机构、风险投资机构、典当公司等信息，为中小企业提供各种融资政策信息以及融资方式指导，帮助中小企业开展融资工作，与中小企业共度时艰。

（3）加强中小企业信息采编工作，编写《广西中小企业简讯》（简称《简讯》）。《简讯》每月一期，突出当前时政新闻要点，报道全区中小企业各种重大新闻。《简讯》还特别制作电子版，供中小企业在线阅读和下载。目前，简讯已经制作了十一期，并结合电子商务平台开展中小企业在线投稿活动。

（4）积极配合自治区工信委工作，组织开展中小企业各种活动。广西中小企业信息网在自治区工信委指导下，积极组织开展服务中小企业的各种活动，其中主要活动如下：

2008年7月，与中国网通广西分公司一起联合组织“中小企业走进奥运，中国网通百城巡展（广西站）”活动；

2008年8月，与中国电信广西分公司合作开展“电信中小企业信息化活动”；

2008年9月，采访报道中国国际中小企业博览会（广州）广西中小企业参展情况；

2008年11月，在自治区工信委指导下组织“第一届广西非公经济强优企业和优秀企业家评比活动”；

2009年2月25日，作为广西中小企业联合会发起人，协助筹备举办“广西中小企业联合会第一次会员代表大会”，并进行全程报道；

2009年3月，开展全区中小企业需求调研，并形成调研报告；

2009年3月27～28日，协办“第三届全国中小企业协会联席会议”、“企业家讲企业大讲堂”活动，并进行全程报道；

2009年7月28日，《广西中小企业服务指南》（2009融资版）首发仪式召开，融资指南正式面向全区中小企业；

2009年9月底，全程报道第六届中博会情况，为广西参会中小企业做直接全面报道；

2009年11月，协办广西中小企业发展论坛，并做全程报道；

2009年11～12月上旬，全程协办“2009全区中小企业信息化培训活动”，培训共分南宁、柳州、桂林、玉林、钦州五站，涉及城市10个，培训中小企业近2 000人；

2009年12月22日，协助自治区工信委筹备由国家农业部、自治区人民政府主办，农业部乡镇企业局、自治区工信委承办的“中国—东盟自由贸易区建设与广西农产品加工业发展战略论坛”并进行全程报道；

2009年全年，开展“免费为1 000家中小企业建设网站或宣传网站”活动，帮全区中小企业建设和推广网站，开展电子商务，目前仍在持续推进。

广西中小在线信息服务有限公司已经形成“网站（广西中小企业信息网）+刊物（《广西中小企业服务指南》、《广西中小企业简讯》）+活动（信息化巡展/培训活动、中小企业座谈会、企业调研、免费帮中小企业建设和推广企业网站等）”三位一体的立体信息服务体系，组建了一支专业的信息体系建设和服务队伍。

广西中小企业网主要应用（服务）平台：

·广西中小企业网 www. smegx. gov. cn；

·防城港港口区中小企业网 www. smegk. gov cn；

·桂林中小企业网 www. smegl. com. cn；

·广西中小企业网网络营销中心 net. smegx. com

·广西中小企业网网址大全 abc. smegx. com；

·广西商网 www. gxsell. com。

1. 海南省总商会（海南省工商业联合会）
地址：海口市国兴大道海南广场
电话：65360481 传真：65379552

2. 海南省企业管理协会（赵国平秘书长）
地址：海口市海秀大道19号首立大厦20层
电话：66513780 传真：66513781

3. 海南省企业协会（海南省信用评价中心）
地址：海口市龙昆北路话银大厦18层
电话：66569696 传真：66569396

4. 海南省工业经济联合会（陈恒秘书长）
地址：海口市蓝天路蓝天丽城20层
电话：65344065 传真：65355481

5. 海南省中小企业联合会（沈军秘书长）
地址：海口市海府路亚希大厦7层
电话：65373408 传真：65230301

6. 海南省发展与改革厅培训中心（潘正标主任）
电话：65349088 传真：66751183

7. 海南省个体私营企业协会
地址：海口市蓝天路4号工商大厦
电话：66756002 传真：66744676

8. 海南省智能岛中心（王伟民主任）
地址：海口市海府路38号银都大厦4楼
电话：65396126 传真：65394616

9. 海南省软件行业协会
地址：海口市海府路38号银都大厦4楼
电话：65306049 传真：65326849

10. 海口市担保投资有限公司（王治平总经理
地址：海口市龙昆北路30号宏源证券大厦11楼

电话：66775229　传真：66796256

11. 海南省信联盛投资担保有限公司（黄召华总经理）

地址：海口市金贸西路3－8号汇泰大厦3A层

电话：68550216　传真：68558287

柳州市中小企业服务中心简介

柳州市中小企业服务中心成立于2004年4月，是柳州市经委直属中小企业公益服务机构。主要职责是推进中小企业服务体系建设，建立了创业辅导与政务代理、信用与融资指导、技术创新、人力资源和公共信息五大服务平台，并不断完善平台功能、扎实开展各项服务。

2009年围绕市政府“二次创业”工程，进一步加大为中小企业服务的力度，努力帮助中小企业应对金融危机的影响，协助62家中小企业获得银行贷款4.7亿元，为100多家中小企业提供了新办和专项政务代理；完成中小企业创新、技改和节能项目辅导、评估151项；举办中小企业政策、管理、安全等培训32期，培训人员3 460人，有效地促进了中小企业的创办和发展，获得了广大中小企业的一致好评。

地址：柳州市北站路28－1号

邮编：545001

电话：0772－2830586

传真：0772－2822705

网址：www.smelz.gov.cn

E-mail. lizj@lzet.com.cn

重庆市中小企业发展服务中心

重庆市中小企业发展服务中心（以下简称中心）是经重庆市编委批准成立的具有独立法人的经济实体。隶属于重庆市中小企业局，主要从事全市中小企业信息化建设与中介服务。中心成立多年以来在重庆市中小企业局和各级政府的支持下，坚持政企分开，自主经营、自负盈亏、自我发展。充分发挥联络、组织、协调三大功能，承担重庆市中小企业局及其他部门委托的为企业服务的事项。同时，根据企业的实际需要，按市场化运作的方式，为企业提供服务。

（一）接受重庆市中小企业局和其他政府部门委托，履行以下职能

1. 技术服务

开展技术市场信息查询、信息发布、信息定制和网上在线专家技术咨询技术交流。建立企业与专家之间的沟通对接机制，组织专家服务团与企业技术难题诊断咨询活动。开展技术推广。培育面向中小企业的“技术孵化器”。

2. 构建中小企业信息服务网络化体系

全力推进小企业信息服务网络工程建设，拓展服务功能，更好地为中小企业排忧解难。以建设“重庆中小企业网”为重点，实现全市各级中小企业管理部门互联，和国家中小企业管理部门政务系统互联，实现政务信息交流与共享。帮助企业建立网站，进而推动中小企业信息化，推动各区县建立分网站和专业网站42个。建立中小企业信息化推进工作联盟，联盟成员可以由政府机构、IT供应商、软件开发单位、网络接入服务商和新闻媒体组成，共同以最低的价格和最优的服务为中小企业量身制作信息化解决方案。

3. 融资咨询服务

为中小企业筹资的提供政策建议。为中小企业，特别是高科技型中小企业引进和开辟直接融资渠道，为中小企业技术创新，提供竞争创造条件。运用电子计算机网络，建立信用和信息记录档案体系，将中小企业的经营业绩、发展态势、实践成约、遵守诺言评价的原始信息记录在档，由有关部门设立系列信用评价标准条例，在此基础上，对中小企业开展信用度评价。

4. 法律服务

整合律师事务所等各种法律资源，为企业维权提供服务，反映企业呼声，提供法律咨询。

5. 市场服务

积极组织企业积极参加各种展会等经贸活动，为企业扩大外向度，充分利用国际国内两种资源、两个市场拓展发展空间提供服务。举办各种招商引资洽谈会。

6. 创业服务

一是充分利用各种社会资源，组织创业辅导和创业培训；二是引导一批中介机构共同对创业者创办企业进行全程服务；三是组织协调把企业把闲置的厂房和设施改造成为创业辅导基地，为下岗职工再就业和农村富余劳动力转移拓宽新的就业领域。

7. 培训服务

采取多层次、多形式的培训方式，加快各类专业人才、经营管理人员培训，提高企业整体素质。

8. 当好行政部门的助手，做好协调服务

协调与科研院所、大专院校等知识型，技术型部门的关系；协调与国内外各类企业之间的关系，例如技术交流，技术转让，内联外引项目和考察访问等；协调与市中小企业有关的民间团体、行业协会、中介服务机构关系；协调现有服务资源，提高服务效率。

（二）搞好服务平台建设，为企业提供以下服务

（1）开展市中小企业发展专项资金、国家工信部服务体系建设资金、国家中小企业发展专项资金、机电产品技改贴息、乡镇企业发展专项资金、都市工业（楼宇）专项资金企业申报前期的考察、推荐和申报资料整理工作。

（2）组织企业参加国内外投资贸易洽谈会及经济技术交流与合作。

（3）组织开展专题培训。

（4）负责组织中小企业参加各种展会。

（5）开展有关政策法规、市场分析的专题调研。

（6）建立中小企业项目储备库、科技成果库、人才库、统计信息库和政策法规库。

（7）负责重庆市中小企业网的建设与维护。

（8）参与企业融资担保前期咨询服务工作。

（9）开展统计、人才、项目申报等内容的软件开发。

（10）其他委托服务。

联系地址：重庆市江北区红黄路9号帝豪丽都302室

联系电话：67515758

网址：http：//www.smecq.gov.cn

（一）主要组成单位名单及联络方式

（1）四川省中小企业服务中心（四川省中小企业培训中心）

联系方式：张军 028－83225798、83220198

（2）四川省中小企业发展中心

联系人：罗光辉 028－86262910

（3）四川邦尼中小企业科创服务中心

联系方式：刘家声 028－83225600 13551871311

（4）四川中成中小企业管理咨询服务中心

联系方式：张修全 028－66694082

（5）四川高新中小企业服务中心

联系人：廖富贵 028－86269046

（6）四川省中小企业信息服务有限责任公司

联系方式：李蔚东 028－83228790

（7）四川省众信中小企业服务中心

联系方式：付凯 13908084522

（二）核心服务机构简介

四川省中小企业服务中心（四川省中小企业培训中心）是四川省中小企业局直属的事业单位。受中小企业局委托，负责构建全省中小企业服务体系，整合社会中介服务机构资源，搭建八大服务平台；其中成都、绵阳、自贡、乐山、内江、攀枝花、凉山州、甘孜州等市（州）先后成立了中小企业服务中心。省、市（州）县各级中小企业服务中心统筹协作，面向全省中小企业，提供信息、信用与融资担保、教育培训、科技创新、企业辅导、管理咨询、政策法规、市场开拓等规范、全面、公益性的全方位服务。

贵州省中小企业服务中心

贵州省中小企业服务中心是为中小企业提供各类服务的社会性、综合性的中介服务机构，指导单位是贵州省中小企业局。贵州省中小企业服务中心是政府与中小企业之间的桥梁与纽带，是配合政府落实中小企业扶持政策的有利助手，同时也是中小企业服务体系的重要组成部分。贵州省中小企业服务中心下设综合部、市场部、培训部、信息部四个服务部门，紧紧抓住服务中小企业这个宗旨，不断提高服务质量、积极为企业排忧解难，为中小企业在资金、人才、市场、信息、技术、管理等方面提供各类相关的服务项目。贵州省中小企业服务中心将紧紧围绕国家发改委中小企业司的宏观政策，积极配合贵州省经信委为贵州中小企业所做的各项工作，不断地拓展服务内容，推出更多的服务项目。为中小企业服务、助力中小企业发展是贵州省中小企业服务中心的经营理念。

服务中心网站：http：//service.smegz.gov.cn

服务中心负责人：刘川 联系人：景蓉蓉

联系电话：0851－5807491

惠水县中小企业服务中心

惠水县中小企业服务中心成立于2004年9月，属惠水县经济贸易局二级事业性单位，是政府主管部门面向全县中小企业提供各种服务的执行机构，是政府联系中小企业和各类社会中介机构的桥梁和纽带。中心的主要职能是：组织协调各类服务机构为中小企业提供技术支持、管理咨询、企业诊断、市场营销、资金融通、对外合作、法律事务、财务税务、创业指导、人员培训、信息咨询等服务，促进中小企业加速发展。

中心主任：陈林

联系电话：0854－6221040 6225275

地址：惠水县和平镇栖凤路5号

邮箱：hsxjmj@126.com

黔西南州中小企业服务中心

黔西南州中小企业服务中心成立于2007年1月，注册地位于兴义市遵义路预师炮团608室，法人代表：贺世刚。性质是从事非营利性社会服务活动的社会组织，业务主管单位是黔西南州工业和信息化委员会。

黔西南州中小企业服务中心主要从事全州中小企业、非公有制企业开展教育培训、信息咨询、市场开拓、法律政策、会计统计、创业辅导、代理代办、资料编撰、就业、技术、企业策划咨询、信用等公共服务。服务中心不断完善服务理念和方式，积极维护中小企业的合法权益，为黔西南州中小企业生产经营的规范做了大量的工作。

联系地址：贵州省兴义市遵义路预备师炮团608室

联系电话：0859－3222271

电子邮箱：zzxqyj@163.com

邮编：562400

贵州匠心多彩文化产业有限公司

贵州匠心多彩文化产业有限公司注册300万元，从事咨询策划与培训、品牌建立、创意研发、试制加工、信息交流、宣传推广等专业性服务公司，致力于从旅游商品产业链发展的角度服务贵州省内旅游商品能工巧匠、手工作坊和中小企业。现有专业服务人员53人，平均年龄26.3岁，大专及以上文化50人，占员工总数的94.4%。在国家、省、市有关部门指导下先后建设了“贵州旅游商品创意研发与配套加工服务平台”、“贵州省旅游商品营销采购中心”、“多彩贵州旅游商品两赛一会体验中心”；为省内旅游商品产业提供研发、展销、试制、营销、推广等综合技术性服务，已经实现服务能工巧匠人、中小企业（含作坊）462家。围绕“多彩贵州旅游商品两赛一会”，累计面对面服务能工巧匠673名，省内作坊、微小企业282家以上，涉及旅游商品12大类，共11 700件产品。2009年实现销售收入717.8万元，实现利润28.2万元，资产总额达854.2万元。

服务热线：4006555717

联系电话、传真：0851－5404348

地址：贵阳市中华南路50号、钻石广场B栋16层

体验馆地址：贵阳龙洞堡机场旁210国道甘庄

负责人：漆云庆

联系人：罗龙　　联系电话：15180862166

E－mail：rolon94185@163.com

云南省中小企业服务中心

云南省中小企业服务中心是经云南省编办批准设立，由原省乡镇企业局生产力促进中心于2006年1月18日组建，隶属于云南省经济委员会的全额拨款事业单位。主要职责：一是认真贯彻执行国家和云南省有关中小企业发展的法律、法规和政策，参与中小企业发展相关的政策调研、决策咨询、项目管理等工作。二是做好企业与政府之间协调服务工作，根据政府既定的工作目标、扶持发展的重点（行业、企业、项目）以及中小企业的需求，构建教育培训、技术创新、管理咨询、信用担保、创业辅导、市场开拓、信息服务、维权保护等服务平台，为中小企业提供系统服务，向政府有关部门提出中小企业发展的意见和建议。三是配合政府有关部门落实中小企业扶持政策，维护中小企业合法权益。四是接受政府及其部门的委托，联系和引导各类社会中介服务机构为中小企业的创业、管理和发展提供全面服务。

服务中心主任：杜汝清

电话：0871－4152716、4142593（传真）

地址：云南省昆明市永昌路189号

邮编：650034

昆明高新技术创业服务中心

昆明高新技术创业服务中心（以下简称昆明创业中心）成立于1992年9月，是昆明高新区管委会直属的云南省第一家培育科技创新企业的社会公益性科技事业服务机构，其宗旨是“促进科技成果转化、培育高新技术企业和企业家”。1998年7月被国家科技部认定为“国家高新技术创业服务中心”，2001年9月被国家科技部评为“国家高新区先进孵化服务机构”。昆明创业中心下设综合业务部、企业发展（平台服务）部、园区管理部，为入驻企业提供深层次、专业化、全方位、全过程的创业服务。可供企业科研、办公、生产经营的孵化场地面积已达9万平方米，在孵企业268家，累计毕业企业110家，累计认定高新技术企业59家。孵化基地内经过不断完善，电力、通信、供水、高速信息宽带网络等内部设施新鲜、服务功能齐全，能够满足孵化企业从事研究开发、生产经营全方位的需求。

联系人：张　丹

联系电话：0871－8180563　8181219（传真）

通讯地址：昆明市二环西路220号云南软件园产业楼501

邮编：650118

网址：http：//www.ynsp.gov.cn

E－mail：ynswp@vip.km169.net

中国中小企业云南网

“中国中小企业云南网”是按照国家发改委中小企业司建设覆盖全国的“国家—省级—地市级”三级中小企业网络服务平台的相关要求建成的云南省企业服务公共网络平台，按照“政府扶持、企业运作”的建设服务方针，国家发改委中小企业司、云南省经委经过认真研究和考察后，确定昆明东讯科技有限公司承担该平台的建设和运营服务工作。平台于2004年11月开通，同年，列入全国的省级中小企业网建设项目。

目前，现该服务平台已拥有云南省企业注册用户12 000余家。协助省经委建立了云南省企业服务专家库，现已有60余名企业管理、行业技术方面的权威专家，开通了企业网上培训平台，制作了40余名专家300多个课时的网上教学影片。并与国家发改委中小企业司《中国中小企业网》实现了部分信息共享与交换，成为云南省规模最大、服务内容最全的企业服务网络平台。

联系人：刘晨

联系电话：0871－8216451－17　8185258（传真）

联系地址：昆明市二环西路220号云南软件园产业楼602

邮编：650118

E－mail：service@smeyn.com

网址：http：//www.smeyn.gov.cn

楚雄开发区创业服务中心

楚雄开发区创业服务中心成立于2003年7月，楚雄开发区管委会全额投资，独立法人资格的事业

单位，不以盈利为目的的中小科技企业孵化器和中小企业公共服务平台。现有服务人员15人，设有行政部、信息服务部、人才技术服务部、商务服务部。主要履行两大职能，一是为中小科技企业提供创业服务，即通过自身所具有的以及通过它的网络所能提供的支撑环境和服务条件，培育经过选择的有发展前景的属初创阶段的中小科技企业，提供一定的科技扶持资金、研发设施、科研活动场所等科技创新服务，促进科技成果转化并形成产业化规模，提升其自主创新发展能力；二是为区内中小企业和招商引资项目提供高效、优质、低成本的社会化、专业化服务。

联系人：张梅

联系电话：0878－3399891　3399892（传真）

网址：http：//www. smecx. gov. cn

地址：楚雄经济开发区永安路161号

云南省中小企业发展协会

云南省中小企业发展协会成立于2008年8月28日，是受云南省工业和信息化委员会的业务指导和云南省民政厅的监督管理，由云南省中小企业、企业经营者自愿组成的全省性、综合性、非营利性的跨行业、跨所有制的联合性社会团体。协会现有会员单位近600户，目前会员队伍还在发展壮大中。在省工信委的领导下，两年来为全省众多中小企业做了大量的服务工作，受到了领导的高度赞许，也得到了企业家的青睐、认可。

联系人：张丽红　温虹煜

电话：0871－3324112

传真：0871－3324112

邮箱：ynasme@163. com

网址：www. ynsmeda. cn

地址：云南省昆明市东风东路209号原省经委办公楼5楼

甘肃省中小企业服务机构设置情况

（一）中小企业社会化服务体系主要组成单位名单

甘肃省工信委、发展改革委、科技厅、财政厅、人社厅、农牧厅、商务厅、环保厅、人行兰州中心支行、省国税局、省地税局、省工商局、省质监局、省统计局等单位。

（二）核心服务机构简介及联络方式和网址

1. 甘肃省轻工研究院。

甘肃省轻工研究院始建于1959年（原甘肃省轻工业科学研究所），是以农副产品深加工新产品、新工艺、新技术的科研开发和为行业服务为主的应用开发研究单位。建院50年来一直面向我省农产品加工中小企业的需求开展科研、技术服务、技术咨询、检验检测人才培训等服务工作，是甘肃省重点科研院所。近年来，该院根据本单位的实际情况和我省农产品加工中小企业发展的需要，坚持走面向市场、面向众多的中小企业技术需求，努力加强基础设施建设、加大设备仪器更新的力度、加快人才培养、科研实力明显增强，创新和创业能力明显增强，为我省农产品的深加工提供了多项优质、全方位的科技创新服务，取得了一定的成效。2007年被甘肃省中小企业局批准为中小企业服务平台，也是甘肃省中小企业专家顾问团团长单位，为全省的中小企业发展做出了突出贡献。

该院有在职职工86人，其中正高级工程师1人，高级工程师18人，中级职称20人，初级职称15人；大中专以上学历的技术人员的比例在60%以上。注册咨询工程师10人，国家清洁生产审核师5人，省级学科带头人1人，入选省级科技专家、工程咨询专家委员会成员6人，入选甘肃省领军人才2人。具有国家轻工（化工、医药）等甲级工程咨询资质，主导工艺乙级设计资质，清洁生产审核资质；省技术监督授权轻工产品检验站设在院内。现有食品研究室、发酵研究室、天然产物提取分离中心、化验室、工艺设计室等研究室，拥有10 000平方米的办公实验楼及中试、生产车间。固定资产1 000多万元，有先进的超临界CO_2萃取设备、分子蒸馏设备、真空冻干设备、多功能发酵罐、亚临界萃取设备、生化培养箱、原子吸收、气相色谱等科研仪器设备、检测仪器和中试设备300多台套。针对我省不同地区的农副产品资源状况，开发了大量的具有地方特色的产品，先后取得了省级以上的科技成果300多项，近年重点进行了啤酒花深加工技术的研究、啤酒麦芽生产新技术的研究、油橄榄深加工技术的研究，当归等中药材和天然产物的提取得研究等多项成果在全省中小企业推广应用。

该院一直致力于开发全省农业特色资源和优势资源的新产品、新技术，对我省农副产品资源及加工状况十分熟悉。近年来进行了技术开发和产业化咨询、工程设计工作，在技术上支持了几百家企业，为它们开发新产品、推广新技术，带动了企业技术进步，培育了一大批如西部农业、西域阳光、祁连生物、玉门拓璞公司、聚馨麦芽、广源制麦、武威全圣、临泽柠檬酸、庆阳润慷、平凉新世纪、武威皇台、张掖丝路春、陇南祥宇、陇南世博林、凉州熏醋等一批具有带动作用的龙头企业和骨干企业，为当地的农业结构调整，增加就业做出了一定的贡献，目前服务的企业有150家以上。该院是甘肃省转制科研院所，除了按科技体制改革政策保留了部分科技补贴经费外，我院收入的60%以上来自于为中小企业的服务。

地址：甘肃省兰州市金昌南路101号

邮编：730000

电话：0931－8126518

传真：0931－8124557

单位网址：Yzhao6827@sohu. com

2. 甘肃省建材科研设计院。

甘肃省建材科研设计院是省级重点科研院所，也是西北地区建材行业综合性最为完善的技术研发机构及测试中心。现持有建材工程咨询甲级、工程设计甲级、工程检测甲级、工程施工图审查甲级、工程监理甲级等11个专业资质证书。拥有4个研究设计所、4个控股科技公司、1个新型墙材中试基地，甘肃省建材产品质量监督检验站设在本院，并通过国家实验室认证和ISO9001质量体系认证。

现有在岗职工约126人，其中正高级职称4人，副高级职称23人，中级职称49人，硕士6人。拥有甘肃省领军人才2人，各类执业资格注册人员50人，省建设科技专家委员会委员、省工程咨询专家委员会委员、省工商领域固定资产投资项目评标专家等16人。是甘肃、青海、宁夏、新疆、西藏、内蒙古等西部省区建材行业高层次专业技术人员最为集中的研究测试机构。

建院30年来，共完成建材行业科研、设计、咨询、监理等项目数百项，获省科技进步奖、省优秀工程设计奖50余项。在新型建材领域独立开发新产品60多项，获国家重点推广、国家科技创新基金支持项目10项。现持有17项国家专利，其中发明专利5项，实用新型专利12项。

主要业务范围涉及建材行业的产品研究开发与试验检测、建材产品质量监督检验、建设工程材料试验、建材工程设计、工程咨询、项目代建、工程监理、技术及产业化推广、生产与配套设备研制、技能培训等多个方面。

2009年该院被认定为省级中小企业公共技术服务平台后，积极按照平台建设的建设思路、原则和目标要求，为各企业开展各种技术服务。已经为中小企业提供了大量的咨询报告、企业发展规划、产品技术报告、产品检测报告、设计文件等技术服务，研发并推广了一系列的新产品新技术，为行业培养了专业技术人员，为企业更好地发展做出了积极的努力，也取得了较好的业绩。主要有：

（1）完成建材行业新产品项目研发10项，技术推广项目5项，获得授权专利2项。

（2）完成191种1 500多项的建材产品质量检验及检测。

（3）完成了建材产品生产许可证、产品认证等政府及行业授权的监督检验任务。

（4）完成建材行业工程咨询及设计项目78项，为企业争取到项目补助资金5 000余万元。

（5）完成了全省建材中小企业的工程监理项目12项。

（6）完成建材行业技术人员培训等300人次。

（7）参与了多项建材行业节能减排和资源综合利用项目的评审论证。

（8）为甘肃省200多家中小企业提供了产品检测、信息服务、技术咨询、技术推广、人员培训、研发设计。

（9）参与了甘肃省大型科学仪器协作共用平台的建设工作，积极配合、提供了建材领域仪器设备资源的共建、协作和共享工作。

通过以上工作，进一步提升了我省中小企业的创新能力和自我持续发展的能力，保证了企业的产品质量，为中小企业争取到了后续发展的项目和补助资金，增强了竞争能力；同时也提供了行业间的技术交流和学习平台，提高了企业的整体技术水平。

地址：兰州市城关区段家滩路1372号

邮编：730020

电话：0931－4686188

传真：0931－4680740

单位网址：www. gsjcy. com. cn

3. 甘肃省科学院生物工程研究所。

2009年，该院上联科研院所、大专院校，下联各类中小企业开展了形式多样的平台服务，全年共为包括企业、科研院所在内的各类单位提供微生物菌种资源120余份（次），提供成果技术服务40余家（次），派出科研人员30余人次，累计服务数量超过100家，取得了较好的平台服务效益和社会效益。具体服务效果如下所述：（1）为甘肃省环境科学设计研究院、昆明能微生物制品公司、甘肃奇正藏药股份公司等40余家企业提供过菌种资源分离、筛选、鉴定和复壮技术服务。（2）积极开展平台科技人员派出服务，加强与企业间的项目合作，使得平台的过程工程服务范围更广，层次更深，在企业服务过程中共申请发明专利2项，共开展过程工程技术开发类项目16项，其中获得国家科技部科技人员服务专项行动资助2项，完成了兰州帝王生物肥料有限公司微生态马铃薯蛋白饲料项目的菌剂制备和应用项目；开展了提高麦芽生产过程中发芽率及其发酵工艺优化项目；进行微生物菌剂处理废水的中试项目等研究项目。（3）工程咨询及工艺设计项目，2009年共为甘肃昆仑、甘肃圣大方舟、银川三利、山西源源源等在内的20余家企业提供了工艺设计、项目设计、企业技术中心建设等工程咨询技术服务。（4）平台项目组人才队伍建设进一步加强，年内共为甘肃临泽雪晶生化公司培训微生物菌种筛选技术人员6人次，为甘肃昆仑生化有限公司培训技术人员10人次，同时平台课题组新增博士研究生1名，硕士研究生2名，晋升研究员1名。

地址：兰州市定西南路197号

邮编：730000

电话：0931－8613554

传真：0931－8613554

单位网址：http：//www. gsmsc. cn/

4. 甘肃省天水现代人才培训中心。

天水现代人才培训基地成立于2004年6月，具有独立的法人资格，是一个以市场需求为导向，以企业管理、市场营销为主的民营性质的综合性教育培训机构。主要承担教育培训、信息咨询和策划等工作。培训基地注册资金30万元，有专、兼职教师21人，能满足企业人力资源管理师、企业信息管理师、营销师、秘书、物业管理师、项目管理师、理财规划师、物流师、公关员九个国家职业资格全国统一鉴定科目的培训需求。

培训基地下设4个处室：

招生处：负责基地整个的招生工作，包括职业资格认证、公开课、大学生创业、就业课的招生工作等。

培训处：负责国家职业资格考试培训，大学生创业、就业培训，下岗工人二次创业、就业培训，农民工的技能培训，复转军人创业培训，刑满释放人员创业、就业培训，服务行业职业技能培训等。

咨询策划处：负责企业调研，为企业咨询策划做好前期调研、诊断，与国内知名咨询机构进行合作沟通，为企业提供先进科学的咨询报告及改进实施方案。

财务处：负责基地所有来往账务核算、报表申报、收费等工作。

培训基地经营业绩：

（1）自2005年被甘肃省劳动和社会保障厅批准为国家职业资格全国统一鉴定机构以来，已成功举办了9次鉴定考试，先后有700多人取得了国家职业资格证书，其中300多人取得了国家二级资格证书，学员来自各个行业，遍及全市两区五县。

（2）培训基地拥有全国著名的专家团队，先后组织各种大型公开课30场次，累计为我市及周边地区的数百家中小企业的近万余人次提供教育培训，内容涉及生产、营销、质量、企业文化、团队建设、财务管理等方面。承担了政府无力承担的企业高层培训，为天水的社会发展及经济建设做出了积极贡献。

（3）2007年6月在第三届中国企业教育百强评选活动中，被评为全国“先进单位百强”荣誉称号；2008年12月被甘肃省中小企业局认定为“甘肃省中小企业教育培训基地”；2009年4月被第8届中国培训论坛授予“中国培训企业优秀表现奖”称号。

地址：天水市岷山路60号
邮编：741000
电话：0938－3665444
传真：0938－8381910
单位网址：ts1910@126.com

固原银海科技有限责任公司

固原银海科技有限责任公司成立于2003年，注册资金60万元，现有办公、培训场地1 500平方米。公司设有人事财务部、销售部、工程软件开发部、远程教育部、培训咨询、网络数据资源建设管理中心等部门。是从事中小企业网络信息系统软硬件建设，系统集成，技术培训与咨询，B2B、B2C电子商务的面向中小企业服务的专营机构。固原银海科技有限责任公司人员年龄结构合理，专业形成互补，技术能力在宁夏拥有突出优势，技术服务水平在宁夏乃至周边省区享有很高的盛誉，创造了宁夏农村信息化和服务中小企业技术创新服务的成功范例。

联系地址：固原市政府街119号
邮编：756000
联系电话：0954－2036869
传真：0954－2029768

宁夏经济管理干部培训中心（自治区中小企业服务中心）

宁夏经济管理干部培训中心成立于1978年12月，位于银川市西夏区学院西路296号，占地面积20 000平方米，建筑面积6 000平方米，拥有12间标准教室以及阶梯教室、图书资料室、会议室、多媒体教室等教学设施，拥有72间标准学员宿舍以及回汉餐厅、浴室、多功能厅等生活服务设施，拥有一支专兼结合的师资队伍，其中具有高级职称的教师15人。

宁夏经济管理干部培训中心主要开展企业经营管理人员工商管理培训、企业经营管理人员专业性短期培训、企业管理岗位资格培训、公务员及专业技术人员继续教育培训、企业安全生产管理培训、企业管理人员出国商务考察培训和其他满足企业需求的培训，是宁夏企业管理培训的主要基地，是全国企业培训体系的重要组成部分。

宁夏经济管理干部培训中心成立以来，以企业经营管理人员为主要对象，以岗位任职资格为基本任务，以企业经营管理实务为主要内容，先后开展了全区企业厂（矿）长、经理、国家统考培训、企业现代化管理培训、企业领导干部岗位任职资格培训、“六大”体制改革培训、新财会制度培训、自治区“3331”计划培训、国家“九五”及“十五”企业经营管理人员工商管理培训、国家中小企业银河培训、经委主任培训、企业管理人员出国商务考察培训以及企业内训，累计培训学员20 000余人次，为促进宁夏企业发展和经济建设发挥了积极作用。

地址：宁夏银川市西夏区学院西路296号
邮编：750021
电话：0951－7888905
传真：0951－7888912
电子信箱：njgpzhx@126.com

宁夏经信委新技术推广站

宁夏经信委新技术推广站创建于1990年（宁编事发［1990］55号文《关于成立经委新技术推广站的通知》），成立之初的主要任务是：组织推广国家和宁夏新技术项目，进行新技术、新工艺的开发和推广服务工作；为本区各行业的技术开发、技术改造、技术攻关提供咨询；为企业选用新设备、新材料、新工具牵线搭桥；提供科技情报、经济信息；为提高企业职工素质、举办和各种类型新技术培训班；承办国内、国外的各种技术交流、技术引进、新产品展览和新技术讲座。

宁夏经信委新技术推广站位于宁夏银川市玉皇阁北街9号，在宁夏望远工业园内有为中小企业提供技术服务、项目咨询、实验检测、新技术、新产品开发及应用平台——宁夏中小企业创业基地。占地面积16 000平方米。节能技术服务平台现有人员26人，其中大专及以上学历的专业技术人员18人。为中小企业提供了大量的技术经济信息，对我区200多家中小企业开展了项目咨询、企业节能检测及诊断、设备调剂等业务。培训了上千名技术、经营管理人才；并以产、学、研联合为手段，向企业推广新技术、新产品100余项，取得了良好的经济效益和社会效益。与全国各地新技术推广组织以及宁夏大学、浙江大学等高校有着长期友好合作关系，2009年与北京康得集团共同成立宁夏节能投资有限公司，帮助我区中小企业解决节能降耗方面的技术和资金难题，具有良好的工作基础和较丰富的工作经验。目前，新技术推广站建设的中小企业创业基地，成立的宁夏节能投资公司，运营的中小企业宁夏网，全方位为宁夏节能技术平台开展了服务。随着中小企业的发展和国家对中小企业政策的引导，我站的业务内容和范围也在不断地扩大，现在的业务范围已延伸至：技术服务、技术咨询、项目可行性报告的编审；新技术、新产品、新工艺、合同能源管理的推广服务；设备调剂咨询服务；组织中小企业研究开发新产品和新技术，开展多种形式的科研成果推广活动。在上级的支持下，我站面对宁夏中小企业服务已建成三大公共示范服务平台。一是中国中小企业宁夏网。二是宁夏中小企业创业基地。三是宁夏中小企业节能技术服务平台。

这三个公共示范服务平台为宁夏工业产业集群、中小企业提供研发设计、试验试制、检验检测、设备共享、质量管理、信息服务、技术咨询、技术推广、人才培训等技术服务，形成了完善的服务平台运营管理制度和财务管理制度。运作规范、支撑力强、业绩突出、信誉良好、公信度较高，是具有示范作用和可持续发展能力的公共服务机构。具有开放、资源共享、公共服务特征，是自治区经信委重点扶持的服务机构。

联系地址：银川市玉皇阁北街9号
邮编：750001
联系电话：0951－6082486
传真：0951－6082486

石嘴山市中小企业服务中心

石嘴山市中小企业服务中心隶属于石嘴山市工业和信息化局，全额拨款事业单位，于2004年12月经石嘴山市人民政府批准成立，与石嘴山市中小企业贷款担保中心合署办公，两个机构一套人员，是具有独立承担民事责任的事业法人机构，注册资本为600万元。中心主要职责是：负责为全市中小企业制定发展规划，并进行指导、协调、评价；提供项目与信息咨询、市场开拓、技术支持、人才培训等服务工作。中心现有工作人员9人，本科学历8人。

中心在政府政策指导下，依托石嘴山市工业和信息化局，市中小企业服务中心致力于为中小企业提供公益性、扶持性等综合服务。成为政府扶持、促进中小企业发展和向政府反映中小企业呼声的桥梁与纽带，与其他社会化服务组织互为补充、相互支持、协调发展。截至目前：

（1）中小企业融资担保机构业务发展空间广阔。按照平等自愿，诚实信用，择优扶强的原则，几年来累计为全市中小企业提供担保资金1.4亿多元。与企业日益增长的担保需求之间存在很大差距，业务发展空间十分广阔。

（2）中小企业培训体系初具规模。现已基本形成由主管部门、中小企业服务中心和企业自我培训等相互补充、相互完善的培训体系。主要依托省内外高校、自治区经济干部培训中心、石嘴山市企业家学院培训和相关专业部门等开展各类人才培训和教育，为中小企业解决知识匮乏，提高人员素质做出了重要贡献，促进了中小企业快速、健康发展。

（3）信用评价体系建设缓慢起步。石嘴山市中小企业信用协会已经石嘴山市民政局同意批复成立。通过建立中小企业信用信息库，采集企业信用综合信息数据56户。

（4）中小企业信息网络体系框架正在建设中。现筹建信息网软硬件设施已购置，网络系统正在建设中，体系完善后将成为我市中小企业开辟了对外宣传的窗口，提供了一个十分便捷的信息服务平台。

联系地址：石嘴山市政府新区办公楼B3区253号
邮编：753000
联系电话：0952－2218728
传真：0952－2218728

银川高新技术产业开发总公司

银川高新技术产业开发总公司是银川经济技术开发区管委会出资设立的国有独资企业，公司成立于1994年9月，注册资本4 205万元，法定代表人雷冰海。公司先后参与投资5家企业，下属一个房地产开发公司，一个物业管理公司，总资产达到8亿元。公司财务状况：截至2009年12月31日，公司资产总额8.1亿元，负债总额6.6亿元，所有者权益1.51亿元。主要经营收入为代建管理费收入、服务费收入和房屋租赁收入及投资收益。

（一）公司职能

总公司作为管委会融资、投资的职能公司，是管委会的经济实体。主要承担开发区内基础设施、重点工程的开发建设，对新型的高新技术项目投资；从事中小企业孵化、高新技术项目孵化、技术交流与服务，工业项目的举办与合作、房屋租赁等业务。是开发区管委会扶持高科技产业、中小企业和招商引资的重要载体，也是银川经济技术开发区园区孵化器集群和专业技术平台的管理经营者。

（二）公司人力资源

公司本着精简高效的运营原则，充分利用社会和市场资源为开发区的各类企业搭建服务平台。公司现有职工26人，其中具有本科以上学历14人，大专学历2人，具有高级职称2人，中级职称8人。

（三）主要工作

公司自成立以来，完成了开发区大量的基础设施建设，累计完成基础设施建设近5亿元；与此同时，公司在企业孵化、咨询、投融资、信息服务、法律服务、物流配送、代理通关、技术检测、职业培训等多种服务方面，也为开发区的企业做了大量工作。作为联结企业、大学、政府及社会资源的纽带，在开发区管委会的全力支持下，公司积极探索建设方式和发展模式，通过整合各方资源，组织开展创业服务，提升服务能力，不断加大对中小企业扶持力度，为企业的发展、壮大创造良好的发展环境。在脚踏实地深化服务的同时，公司也在积极拓展思路，探索市场经济条件下为中小企业服务的新内容、新方式，寻找符合自身特点的运营机制，为中小企业提供更多优质公共服务资源。

银川高新技术产业开发总公司作为开发区管委会孵化企业、融资、投资、国有资产经营管理和基础设施建设的直属公司，主要的功能就是通过为中小企业搭建各类服务平台，提供创业场地、基础服务、投融资服务、技术服务、技术咨询、人才培训等服务手段，减少中小企业创业、成长的风险，减少创业运营成本，扶持、发展，壮大辖区内的中小企业。

公司建设的中小企业公共服务平台有：银川开发区中小企业创业基地、宁夏留学人员创业园、银川陆路口岸、宁夏软件园软件服务外包示范园、宁夏软件园中小企业信息技术服务示范平台、中国西部质量与品牌防伪物流服务中心等；2010年规划建设的中小企业公共服务平台有：宁夏物联网产业技术创新服务中心、银川经济技术开发区循环经济和再制造工程服务中心。

联系地址：银川经济技术开发区1号写字楼2楼

邮编：750001

联系电话：0951－5044711

传真：0951－5044711

大连中小企业服务中心

1. 服务中心宗旨

创建服务平台，发展中小企业。基本职能为：落实政府扶持中小企业和民营经济健康快速发展，营造政府支持中介、中介服务企业的良好发展环境。

2. 服务中心共设立5个部门，分别为培训部、信息部、协调部、投诉部及综合部。

3. 职能

为全市中小、民营企业在创业辅导、人才培训、网络信息、信用评级、管理咨询、产权交易、融资担保、法律服务、市场开拓、技术创新等方面提供十大平台服务。

厦门市中小企业社会化服务体系相关单位

一、事业单位

（一）厦门市中小企业服务中心　主任　李闽豫

厦门市中小企业服务中心是经厦门市编委批准设立，隶属于厦门市经济发展局，在市民营办、中小办的指导下，致力于为中小企业发展提供各类服务的全民事业单位。中心以社会性、公益性、服务性为基本准则，以为中小企业提供公平、公正、公开的规范化服务为宗旨，推进中小企业技术进步，转换经营机制，提高企业经济效益。

1. 主要任务

（1）参与制定中小企业服务体系建设发展规划，提出政策性建议。

（2）联系、引导各类社会中介机构为中小企业提供服务。

（3）加强与政府的联系，反映情况、提供信息，促进政府与企业的交流。

（4）为中小企业提供融资担保信息咨询、培训、市场开拓、技术创新、信用评价等服务。

2. 内设机构

（1）融资部。宣传国家有关产业、金融政策，帮助企业建立银企信贷关系，解决企业在生产经营中的资金需求；组织银企、银保合作与交流活动，建立企业、银行、担保公司、政府部门之间的合作平台；为中小企业提供融资政策咨询、上市咨询与辅导服务。

（2）技术部。技术创新的政策、技术、资金、人才等信息的咨询服务；企业创业指导、企业诊断、企业管理等方面的咨询服务；企业项目策划，组织中小企业申请创业基金、技术创新及技术改造等国家及地方的政府扶持基金；与相关机构的协作，促进中小企业技术创新、成果转化、产品开发；组织中小企业参加各种展览订货会；政务代理服务等。

（3）培训部。宣传落实有关企业扶持政策，反映企业呼声，维护企业合法权益；组织中小企业对外交流、出国培训和商务考察，提供中小企业创业指导；建设中介机构服务体系；组织中小企业经营者、管理人员、专业技术人员的各类培训。

（4）信息部。依托厦门中小在线（www.smexm.gov.cn）网站，开展面向全市中小企业的政务信息、服务交流以及电子商务等方面的服务；为中小企业管理、服务部门的职能延伸提供网络平台基础；联合信息化相关机构，共同推进我市中小企业的信息化进程。

（5）展览部。组织我市企业参与每年一届的APEC中小企业技术交流暨展览会、中国国际中小企业博览会、全国中小企业创新与发展成果展览会等全国性展览会，及福建省网上投资贸易洽谈会、第三届中国（福建）消费品全球采购大会、中国福建商品交易会、中国国际投资贸易洽谈会和中国（厦门）品牌产品国际采购交易会等地方性展会，为我市中小企业拓展国内外市场、实施“走出去”战略创造良好的条件。

地址：湖滨南路86号之一3楼

电话：0592－2237226

传真：0592－2219236

邮编：361004

（二）六个区级中小企业服务机构

市辖六个行政区相应成立了区级服务机构，向本辖区范围内的中小企业提供包括工商注册代理、招商引资、项目评估、政务代理、人才培训等具体的服务工作。分别为厦门市思明区招商服务中心、湖里区中小企业服务中心、海沧区招商服务中心、集美区中小企业服务中心、同安区中小企业服务中心和翔安区招商服务中心。

二、企业：以厦门中小在线信息服务有限公司为代表的全市近3000多家中小企业服务专业机构

厦门中小在线信息服务有限公司是由厦门市中小企业服务中心出资，依据《公司法》于2004年9月21日注册成立的企业法人单位。

公司以厦门中小在线（即中国中小企业厦门网）www.smexm.gov.cn的建设运营为载体，借助网络平台为全市范围内的中小企业提供创业辅导、企业诊断、信息咨询、市场营销、投资融资、产权交易、技术支持、人才引进、人员培训、对外合作、展览展销和法律咨询等方面的服务；引导各类社会中介机构、协调各区企业服务中心共同为中小企业提供服务；联合大专院校、科研机构等技术研究力量，开展各类技术攻关、开发、咨询、转让和项目评估等服务，推进产学研联合，促进技术创新及科技成果产业化；向全市中小企业提供包括网站建设、电子邮箱、分类信息、电子商务、网络教学等增值服务。

联系方式：

地址：厦门市湖滨南路86号之一5楼

邮编：361004

服务咨询：0592－2233959

技术咨询：0592－2233373

传真：0592－2223712

电子邮箱：smexm@163.com

截至2009年年底，商业性服务机构共计3 278户，包括管理咨询机构（819户）、广告服务机构（1 228户）、会计评估税务服务机构（345户）、法律服务机构（185户）、职业中介（479户）、担保典当机构（126户）、知识产权服务机构（32户）等。

深圳市商业联合会

（一）简介

深圳市商业联合会（以下简称深商联）是深圳市商业服务业领域各类企业、事业单位和个人自愿参加的综合性商会。深商联通过直接服务和间接服务的形式，积极推进国内外商贸信息、技术和经验的交流，促进深圳商贸企业资源和社会资源的有效配置，积极主动地为企业牵线搭桥、排忧解难，为会员提供各种资讯、培训、宣传、投融资、展会、人才推介等服务，致力打造为国内外具有较高社会知名度、公信度的有较强的组织能力，创新能力和资源配置能力，致力于推动会员企业成长，让会员及社会满意的现代商会。

深商联是代表深圳商贸流通领域行业的主导力量，目前拥有国内外行业协会团体会员近30家，各类会员近1 000家，是深圳市商贸流通领域的权威自律和自治机构，是深圳市商贸流通企业对外交流与合作的重要桥梁。

（二）对外联络方式

电话：0755－83643486

传真：0755－83643450

网址：http://www.sz-gcc.cn/

深圳市中小企业发展促进会

（一）简介

深圳市中小企业发展促进会（以下简称促进会）是1999年5月经深圳市人民政府批准，在市民政局注册登记的具有法人资格的社会团体，属于综合性协会。2009年7月被民政局授予“深圳5A级社会组织”称号，2010年1月被国家民政部评为全国先进社会组织。促进会共有会员3 000家，遍及IT、电子、通信、医药、化工、建材、印刷、服装、钟表、食品、工艺礼品、咨询、贸易、拍卖、租赁等70个行业，副会长和常务理事单位均是该行业的龙头企业，在业界起着推动行业发展的先进表率作用。促进会是全市乃至全国第一家通过ISO9001质量体系认证的协会，拥有一支专业素质高、忠诚敬业的精英队伍，内设秘书处、行政人事部、会员服务部、国际事务部、信息编辑部等部门，另下属两个机构：深圳市中小企业决策管理研究院、深圳中小企业投融资联盟。促进会自成立以来，本着“为中小企业献全面服务”的理念，努力发挥政府和企业间的桥梁和纽带作用，在政策咨询、市场开拓、融资服务、信息传递、企业培训以及管理水平提升等方面提供专业化、综合性的系列配套服务，为深圳市中小企业的发展做出了很大的成绩，赢得了社会各界的尊重和信任。

（二）对外联络方式

电话：0755－82821654、82821669

82821653、82821670

传真：0755－83288453

网址：http://www.szsme.com/

大事记（2009年）

中小企业工作大事记（2009）

1月1日　工业和信息化部印发《关于做好缓解当前生产经营困难保持中小企业平稳较快发展有关工作的通知》（工信部企业［2009］1号）。

1月5日　工业和信息化部副部长苗圩会见香港工业总会主席陈镇仁一行，双方就促进港资企业转型升级、缓解中小企业贷款困难和支持企业节能减排等问题交换了意见。工业和信息化部中小企业司司长王黎明陪同会见。

1月13日　工业和信息化部中小企业司副司长郑昕与部分军工集团公司的同志就促进中小企业与军工企事业单位加强交流合作相关工作进行座谈。

1月15日　工业和信息化部印发《关于广东省清远市远东担保有限公司等23家担保机构申请设立（变更）的批复》（工信部企业［2009］16号）。

1月16日　中国中小企业信息网成立五周年庆典活动在北京举行。工业和信息化部副部长欧新黔，中小企业司司长王黎明，副司长郑昕、王建翔，巡视员狄娜出席，中小企业司全体人员、中国中小企业信息网全体人员以及中国中小企业国际合作协会、中国中小企业协会、部分大型企业负责人等200人参加了活动。

1月16日　工业和信息化部副部长欧新黔出席北京中小在线信息服务有限公司成立五周年座谈会，听取了中国中小企业信息网的情况汇报。工业和信息化部中小企业司司长王黎明，副司长郑昕、王建翔、巡视员狄娜等参加了座谈会。

1月19日　工业和信息化部副部长欧新黔出席"2008年度中国民营经济发展形势分析会"，工业和信息化部中小企业司司长王黎明陪同参加。

1月20～22日　工业和信息化部中小企业司副司长王建翔参加在瑞士日内瓦召开的联合国贸易和发展会议（UNCTAD）企业创新和就业专家会并发言。

1月23日　国务院副秘书长汪永清主持召开融资性担保业部际联席会议工作机制会议。工业和信息化部副部长欧新黔出席会议，工业和信息化部中小企业司司长王黎明参加。

1月24日　工业和信息化部部长李毅中在党组成员陈小筑、办公厅、机关党委、机关服务局等有关司局负责同志的陪同下，到中小企业司看望并慰问全司同志。

2月10～14日　工业和信息化部中小企业司副司长郑昕一行赴黑龙江、辽宁两省，就应对金融危机影响，促进中小企业和非公有制经济发展政策措施等有关问题开展调研。

2月10～15日　工业和信息化部中小企业司副司长王建翔一行赴江苏、浙江两省，就应对金融危机影响，促进中小企业和非公有制经济发展政策措施等有关问题开展调研。

2月11日　工业和信息化部办公厅印发《关于请推荐全国推动中小企业和非公有制经济发展工作领导小组及办公室组成人员的函》（工信厅企业［2009］32号）。

2月11日　工业和信息化部副部长苗圩会见以香港总商会中国委员会黄照明为团长的一行26人。双方就如何应对当前金融危机对企业的影响、帮助中小企业缓解贷款困难、鼓励企业发展清洁能源和代表团成员所关心的其他问题交换了意见。工业和信息化部中小企业司司长王黎明陪同会见。

2月17～21日　工业和信息化部中小企业司巡视员狄娜一行在四川、陕西两省就应对金融危机影响，促进中小企业和非公有制经济发展政策措施等有关问题开展调研。

2月18日　工业和信息化部副部长欧新黔出席广东省中小企业信用再担保有限公司成立揭牌仪式。广东省人民政府副省长宋海、佟星出席仪式。

2月18日　工业和信息化部中小企业司副司长郑昕参加全国政协经济委员会召开的当前中小企业形势分析会并发言。

2月18～21日　工业和信息化部副部长欧新黔在珠三角开展调研。工业和信息化部中小企业司司长王黎明以及有关司局负责同志陪同考察。

2月19～20日　全国中小企业工作经验交流座谈会在广州召开。工业和信息化部副部长欧新黔出席并作了题为《坚定信心，群策群力，做好保持中小企业平稳较快发展各项工作》的重要讲话。会议由工业和信息化部中小企业司司长王黎明主持。工业和信息化部有关司局负责同志和全国各地方中小企业管理部门负责同志150余人参加会议。

2月24日　工业和信息化部部长李毅中会见阿拉伯埃及共和国贸易和工业部部长拉希德·穆罕默德，双方就加强中埃在工业和信息通信领域的合作与交流、促进相互投资以及共同应对国际金融危机等问题交换了意见。工业和信息化部中小企业司司长王黎明陪同会见。

2月24日　工业和信息化部中小企业司司长王黎明、信息化推进司司长徐愈及有关同志就2009年中小企业信息化推进工作计划进行商洽，对建立两司联合工作机制，共同实施中小企业信息化推进工程取得一致意见。

2月24日　工业和信息化部中小企业司、信息化推进司联合召开中小企业信息化服务平台方案汇报会。工业和信息化部中小企业司副司长郑昕出席并讲话。

2月25～26日　工业和信息化部中小企业司巡视员狄娜赴长春参加东北中小企业再担保股份有限公司成立一周年暨办公楼落成庆典活动，并对其一年来运行情况进行了实地调研。

3月1日　工业和信息化部、教育部联合举办的“2009年全国中小企业网上百日招聘高校毕业生”活动正式启动。

3月2日　工业和信息化部召开第四次部长办公会，工业和信息化部中小企业司司长王黎明汇报关于中小企业融资难的情况。

3月3日　工业和信息化部中小企业司副司长郑昕带队到贵州进行调研。了解中小企业与军工企业合作的情况，听取了军工企业对军民合作的意见和建议。中国航天科工集团、中国航空工业集团有关人员陪同调研。

3月4日　中韩中小企业合作磋商，工业和信息化部中小企业司副司长王建翔与韩国中小企业厅驻中国办事处最高行政官康时雨局长会谈，会后王建翔副司长陪同康时雨局长一行赴中小企业信息网参观考察。

3月16日　工业和信息化部副部长欧新黔一行到中国移动通信集团公司就推进中小企业信息化、促进产业升级进行考察，听取了中国移动副总裁李正茂、黄文林的工作汇报。产业政策司司长辛国斌、运行监测协调局局长朱宏任、中小企业司司长王黎明、消费品工业司司长张莉、中小企业司副司长郑昕、王建翔陪同考察。

3月20日　“保增长促发展中小企业直邮国际论坛”在济南举办，工业和信息化部中小企业司副司长王建翔出席并对山东省中小企业信息化工作进行调研。

3月25日　工业和信息化部中小企业司司长王黎明主持召开专题会议就中国中小企业信息网进一步完善服务功能、拓展服务领域、发挥服务体系作用等问题做了专题研究。

3月26～31日　中共中央政治局委员、国务院副总理张德江赴浙江就中小企业发展情况进行调研。工业和信息化部部长李毅中、国务院副秘书长肖亚庆陪同调研。工业和信息化部中小企业司司长王黎明参加调研。

3月27日　第六届中博会组委会在北京召开第六届中博会和“亚欧中小企业合作交流馆”情况通报会。亚欧会议成员驻华使馆、使团的使节，20多家各国在华商会和外资银行、企业以及贸易投资促进机构的负责人，工业和信息化部、广东省经济贸易委员会、中博会事务局相关代表参加了会议。

3月27日　第三届中国中小企业协会联席会议在南宁召开。工业和信息化部中小企业司副司长王建翔出席并讲话。

3月30日　工业和信息化部等七部委一省印发《关于举办第六届中国国际中小企业博览会暨中西中小企业博览会的通知》（工信部联企业［2009］131号）。

3月31日　全国政协经济委员会专题讨论中小企业发展状况、政策措施等问题。工业和信息化部中小企业司副司长郑昕受工业和信息化部副部长欧新黔委托参加并汇报。

3月31日　工业和信息化部和国家税务总局印发《关于中小企业信用担保机构免征营业税有关问题的通知》（工信部联企业［2009］114号）。

4月6日　由陕西、四川、甘肃、贵州、青海、西藏六省区中小企业局主办的中国西部中小企业发展论坛在西安举行，工业和信息化部中小企业司副司长王建翔参加并讲话。

4月8日　工业和信息化部在南京召开全国部分省市促进工业平稳增长工作座谈会。工业和信息化部中小企业司司长王黎明参加会议并讲话。

4月13日　工业和信息化部副部长欧新黔一行到用友软件股份有限公司考察，并启动了“中小企业管理健康成长计划”。工业和信息化部中小企业司司长王黎明、副司长郑昕陪同考察。

4月16日　工业和信息化部副部长欧新黔与浙江省政协副主席王永昌一行举行座谈会。工业和信息化部中小企业司司长王黎明参加座谈。

4月16日　工业和信息化部中小企业司司长王黎明向2009年第十二次部长办公会汇报关于中小企业运行情况存在问题及建议。

4月15日　工业和信息化部中小企业司副司长郑昕参加在广东省中山市举办的中小企业健康成长计划启动仪式并致辞。

4月17日　第六届中博会组委会第一次全体会议在北京召开，工业和信息化部副部长欧新黔出席并讲话，工业和信息化部中小企业司司长王黎明主持会议。

4月17日　第六届中博会新闻发布会在北京举行。西班牙驻华大使卡洛斯·布拉斯科·比利亚先生、中博会组委会执行主任、广东省副省长佟星、工业和信息化部中小企业司司长王黎明参加发布会并回答了记者提问。

4月17日　第六届中博会全国动员会在北京召开。会议由工业和信息化部中小企业司司长王黎明主持。广东省副省长、中博会组委会执行主任佟星出席会议并向与会代表介绍了本届中博会的筹备情况。中博会组委会和秘书处领导及成员，各省、自治区、直辖市及计划单列市、新疆生产建设兵团中小企业管理部门领导及有关单位代表参加会议。

4月21～23日　工业和信息化部中小企业司副司长郑昕随工业和信息化部调研组赴浙江省考察。

4月27日　全国政协提案委员会召开促进大学生就业与创业提案办理协商会议。工业和信息化部中小企业司副司长郑昕参加会议并介绍相关情况。

4月30日　工业和信息化部印发《关于做好高校毕业生就业工作的通知》（工信部企业［2009］201号）。

5月5日　工业和信息化部中小企业司发布《关于中小企业公共服务平台建设和运营情况的通报》。

5月6日　广东省茂名市副市长陈海挂任工业和信息化部中小企业司副司长，任期一年。

5月6～11日　中共中央政治局委员、全国政协副主席王刚一行到浙江考察民营企业。工业和信息化部中小企业司副司长郑昕陪同考察。

5月6～13日　全国政协副主席陈宗兴一行对山东省中小企业发展情况进行考察。工业和信息化部中小企业司有关人员陪同。

5月7～8日　国务院副总理王岐山出席在布鲁塞尔举办的第二次中欧贸易高层对话，工业和信息化部副部长苗圩随访，中欧双方就加强中小企业合作达成广泛共识。

5月11日　中央电视台经济频道"如何破解中小企业融资难"大型电视主题活动启动仪式在北京举行。工业和信息化部中小企业司司长王黎明参加并讲话。

5月11日　工业和信息化部上报国务院《关于当前中小企业发展情况的报告》（工信部企业［2009］216号）；5月15日，温家宝总理批示：克强、德江同志，可考虑专门研究一下中小企业的问题。事先做好准备。可由发改委、工信部牵头；5月16日，李克强副总理批示：请发改委商工信部按家宝、德江同志批示精神抓紧研究提出意见；5月16日，张德江副总理批示：毅中同志：请工信部主动商发改委，落实家宝总理批示精神，提出扶持中小企业发展的相关政策措施。

5月12日　工业和信息化部和财政部印发《关于做好2009年第一批中小企业发展专项资金项目申报工作的通知》（工信厅联企业［2009］88号）。

5月20日　温家宝总理出席在捷克举行的第十一次中欧领导人会晤期间，工业和信息化部与欧盟企业和工业总司签署了《中欧中小企业合作共识文件》。

5月23～25日　2009年中国（江苏）装备产业配套对接洽谈会和中国（苏州）国际中小企业交易会在江苏苏州举行，工业和信息化部总工程师朱宏任、中小企业司司长王黎明参加。

5月26日　深圳证券交易所中小板上市五周年座谈会在深圳召开，工业和信息化部中小企业司巡视员狄娜参加并致辞。

6月1日　工业和信息化部中小企业司副司长郑昕参加中小企业信息化精益研发服务平台建设工作会议并致辞。

6月4日　工业和信息化部中小企业司司长王黎明、副司长王建翔等到发展改革委产业协调司协调30亿元工业中小企业技术改造专项资金有关事宜。

6月8日　工业和信息化部中小企业司司长王黎明参加金蝶公司举办的中小企业转型与升级援助计划新闻发布会并致辞。

6月10日　工业和信息化部中小企业司司长王黎明与全国人大代表杨泽柱进行座谈。王黎明司长介绍了中小企业发展的情况，听取了人大代表关于建议办理的意见。

6月10～12日　工业和信息化部中小企业司组团出席在台北举行的第28次APEC中小企业工作组会议。

6月15日　工业和信息化部中小企业司司长王黎明向2009年第十四次部长办公会汇报当前中小企业运行情况。

6月18日　工业和信息化部第十五次部长办公会议专题研究中小企业扶持政策，工业和信息化部中小企业司司长王黎明列席会议。

6月18日　工业和信息化部中小企业司司长王黎明参加第三届优秀中国特色社会主义建设者评选委员会第一次会议。

6月19日　中央统战部与工业和信息化部、人力资源和社会保障部、国家工商总局、全国工商联联合印发《关于在非公有制经济人士中开展第三届优秀中国特色社会主义事业建设者评选表彰活动的通知》（［2009］106号）。

6月23日　温家宝总理在审计署《重要信息要目》（第45号）"应高度关注中小企业信用担保体系建设中的几个突出问题"一文上批示：请财政部、银监会、人民银行、工信部研究提出意见。由工信部汇总纳入正在草拟的扶持中小企业发展的文件中。

6月24日　工业和信息化部中小企业司分别邀请国务院有关部门、金融机构和专家召开了3次"制定扶持中小企业发展政策措施座谈会"，工业和信息化部中小企业司司长王黎明参加会议并讲话。工业和信息化部中小企业司副司长郑昕、王建翔，巡视员狄娜参加会议。

6月25～27日　全国政协副主席、全国工商联主席黄孟复一行到浙江考察调研民营企业"走出去"发展情况。工业和信息化部中小企业司副司长郑昕陪同调研。

7月7日　工业和信息化部中小企业司副司长郑昕主持召开机械、轻工、纺织和石化工业协会工作座谈会，商讨行业关键技术在中小企业推广应用问题。

7月8日　第三次中韩中小企业合作事务级会议在韩国中小企业厅举行。工业和信息化部中小企业司副司长王建翔率团参加。

7月15日　工业和信息化部召开中小企业信息化管理运营和电子商务调查和发展报告专家咨询会。工业和信息化部中小企业司副司长郑昕主持会议。

7月27日～8月11日　工业化信息化部总工程师朱宏任、中小企业司司长王黎明、副司长郑昕、王建翔、巡视员狄娜分别到财政部、税务总局、银监会、人民银行等部门协调《国务院关于进一步促进中小企业发展的若干意见（讨论稿）》有关内容。

7月29日　工业和信息化部部长李毅中与国务院副秘书长肖亚庆在北戴河讨论修改《国务院关于进一步促进中小企业发展的若干意见（讨论稿）》，部党组成员、办公厅主任刘利华，总工程师朱宏任，政策法规司司长衣雪青，办公厅副主任冯长辉、陶少华，中小企业司副司长郑昕、巡视员狄娜等参加。

7月30日　工业和信息化部部长李毅中在北戴河主持讨论修改《国务院关于进一步促进中小企业发展的若干意见（讨论稿）》，党组成员刘利华、总工程师朱宏任，政策规划司司长衣雪青、中小企业司司长王黎明、办公厅副主任冯长辉、陶少华等参加。

8月11日　第六届中国国际中小企业博览会暨中西中小企业博览会全国联络员会议在广州召开。中博会组委会秘书处副主任、中小企业司副司长郑昕，国家主办单位财政部、商务部、广东省有关同志参加会议。

8月13日　工业和信息化部总工程师朱宏任、中小企业司司长王黎明、巡视员狄娜一行考察北京产权交易所并召开区域性中小企业产权交易市场试点工作座谈会。来自北京、上海、重庆、广东、河南等省市产权交易所的同志参加座谈。

8月14日　工业和信息化部部长李毅中、总工程师朱宏任、中小企业司司长王黎明、副司长王建翔在中南海向国务院副总理张德江汇报扶持中小企业发展政策有关问题。国务院副秘书长肖亚庆参加汇报会。

8月17日　国务院副秘书长肖亚庆协调《国务院关于进一步促进中小企业发展的若干意见》有关政策，工业和信息化部中小企业司司长王黎明、副司长王建翔参加。

8月19日　国务院总理温家宝主持召开国务院第77次常务会议，研究部署进一步促进中小企业发展工作。工业和信息化部李毅中部长向会议汇报中小企业的工作情况。会议讨论并原则通过《国务院关于进一步促进中小企业发展的若干意见》。工业和信息化部总工程师朱宏任参加会议。

8月20日　由工业和信息化部主办的全国中小企业集合发债暨融资工作座谈会在郑州召开。工业和信息化部总工程师朱宏任出席会议并讲话。工业和信息化部中小企业司巡视员狄娜参加会议。

8月24日　工业和信息化部中小企业司王黎明司长会见全美少数族裔供应商发展协会主席哈瑞特米歇尔女士及代表团成员，双方就促进两国中小企业合作发展交换了意见。

9月4日　由民建中央、工业和信息化部、辽宁省人民政府联合举办的“2009中国（辽宁）非公有制经济发展论坛”在沈阳开幕。全国人大常委会副委员长、民建中央主席陈昌智出席开幕式并演讲。全国政协副主席、民建中央第一副主席张榕明出席开幕式。开幕式上，工业和信息化部总工程师朱宏任做了演讲，工业和信息化部中小企业司司长王黎明主持开幕式专家演讲。

9月8日　工业和信息化部副部长苗圩会见中日经济协会第35次访华团，工业和信息化部中小企业司副司长郑昕陪同参加。

9月10日　工业和信息化部中小企业司副司长郑昕会见香港中小企业经贸促进会代表团，就加强双方中小企业合作举行了交流。

9月10～11日　第十届全国中小企业信用担保机构负责人联席会议在烟台市召开。工业和信息化部总工程师朱宏任出席并讲话，工业和信息化部中小企业司司长王黎明参加并做会议总结讲话，巡视员狄娜出席会议。

9月10～12日　工业和信息化部中小企业司副司长郑昕赴杭州参加2009年APEC中小企业峰会，并对浙江省中小企业运营情况进行调研。

9月13日　工业和信息化部与清华大学联合举办的“中小企业高级工商管理研究生课程进修班第三期”结业典礼在清华大学经管学院举行。工业和信息化部中小企业司副司长王建翔出席结业典礼并致辞。

9月15日　工业和信息化部中小企业司司长王黎明，副司长王建翔等到第一视频集团就中小企业信息服务举行专题调研。

9月18日　第六届中国国际中小企业博览会暨中西中小企业博览会新闻发布会在广州市举行。中博会组委会秘书长、广东省政府副秘书长林英，中博会组委会秘书处副主任、中小企业司副司长郑昕，西班牙驻广州总领事馆经济商务领事罗欢马等出席了新闻发布会。

9月19日　国务院印发《关于进一步促进中小企业发展的若干意见》（国发［2009］36号）。

9月21日　工业和信息化部李毅中部长在广州市会见率团出席第六届中博会的西班牙工业旅游贸易大臣米歇尔·塞巴斯蒂安先生一行，双方进行了友好的会谈，并签署了中国工业和信息化部与西班牙工业和旅游贸易部关于工业、通信业和信息化领域以及中小企业领域的合作协议，以进一步推动和密切双方在上述领域的合作交流。

9月21日　工业和信息化部中小企业司在工业和信息化部机关庆祝新中国成立60周年职工歌咏演唱会上荣获三等奖和精神风貌奖。

9月22日　第六届中国国际中小企业博览会暨中西中小企业博览会在广州开幕。中博会组委会主任、工业和信息化部部长李毅中，西班牙工业旅游贸易大臣塞巴斯蒂安先生分别致辞。开幕式由中博会组委会副主任、广东省副省长佟星主持。出席中博会开幕式的还有：中共中央政治局委员、广东省委书记汪洋，广东省省长黄华华，中国银行业监督管理委员会刘明康，国家质量监督检测检疫总局副局长刘平均，商务部部长助理仇鸿，工业和信息化部总工程师朱宏任，中国个体劳动者协会会长甘国屏，主办单位有关官员、西班牙工业旅游贸易部官员、外国驻穗总领事馆领事、外国有关商会负责人等，以及行业协会领导，各省、自治区、直辖市和香港、澳门特别行政区代表团领导及参展参会代表，其他各方面的嘉宾约1 000人。工业和信息化部中小企业司司长王黎明、副司长郑昕等同志参加。

9月22日　第六届中博会中西中小企业高峰论坛在广州召开。工业和信息化部部长李毅中和西班牙工业旅游贸易大臣塞巴斯蒂安出席论坛并致辞。西班牙工业旅游贸易部中小企业司司长埃斯特拉加列戈、工业和信息化部中小企业司司长王黎明、副司长郑昕等同志参加。

9月22日　中小企业信息化高峰论坛在广州举行。工业和信息化部中小企业司副司长郑昕参加论坛并演讲。

9月23日　工业和信息化部在广州举办汶川地震灾区中小企业投资项目推介会，四川、陕西和甘肃三省中小企业主管部门负责同志推介当地中小企业投资项目。工业和信息化部中小企业司郑昕副司长主持推介会。

9月23日　第六届中博会亚欧中小企业发展研讨会在广州举行。工业和信息化部中小企业司司长王黎明、广东省政府副秘书长林英以及来自40多个国家和地区驻华使领馆（机构）领事官员、贸易投资代表等出席此次研讨会。国际合作司副司长崔志华主持会议。

9月30日　中小企业司在工业和信息化部机关职工首届乒乓球赛上荣获男子团体第三名。

10月5~6日　APEC第29次中小企业工作组会议在新加坡举行。工业和信息化部中小企业司司长王黎明率团参加。

10月8~9日　APEC第16次中小企业部长级会议在新加坡举行。中小企业司司长王黎明代表部领导率团参加会议并发言。

10月12日　工业和信息化部中小企业司与深圳市人大常委会座谈。工业和信息化部中小企业司副司长王建翔主持会议。

10月15日　中国（沈阳）国际中小企业大会在沈阳开幕，工业和信息化部部长李毅中出席开幕式并发表讲话。工业和信息化部总工程师朱宏任、中小企业司司长王黎明、副司长郑昕陪同参加。国家有关部委和省、市领导人，国内各省（市）、自治区、计划单列市和省会城市中小企业厅局（经委、经信委）负责人，相关行业协会负责人，中小企业服务机构负责人，部分企业负责人，学者，新闻记者，以及美国、日本、韩国、马来西亚、乌克兰、中国香港等国家和地区政府机构及中介组织的高层管理人员和代表共600余人参加开幕式。会后，李毅中部长、朱宏任总工程师参加中国沈阳沈北中小企业创业基地揭牌仪式并考察企业，王黎明司长、郑昕副司长陪同。

10月15日　中国（沈阳）国际中小企业大会中小企业厅（局）长论坛在沈阳市开幕，工业和信息化部中小企业司司长王黎明参加并发表演讲。各省、市、区中小企业厅（局）负责同志参加论坛。

10月16日　中国（沈阳）国际中小企业大会大企业与中小企业项目洽谈对接会在沈阳举行，工业和信息化部中小企业司司长王黎明参加并讲话。

10月16日　中国（沈阳）国际中小企业大会中小企业服务体系建设论坛在沈阳举办，工业和信息化部中小企业司副司长郑昕出席并发表演讲。

10月16日　中国（沈阳）国际中小企业大会中小企业产学研对接洽谈会在沈阳举办，工业和信息化部中小企业司司长王黎明出席并讲话。

10月27~28日　中德中小企业经营管理者培训合作项目第二次指导委员会会议在江苏常州召开。工业和信息化部中小企业司王黎明司长主持会议，工业和信息化部国际合作司、人事教育司有关人员出席会议。

10月29日　2009中国（无锡）民营企业高新技术洽谈会开幕，工业和信息化部中小企业司司长王黎明参加有关活动。

10月30日　第三届中国中小企业节在上海市奉贤区开幕。全国政协副主席李金华、全国人大常委会原副委员长顾秀莲、上海市市长韩正、工业和信息化部总工程师朱宏任、工业和信息化部中小企业司司长王黎明和中国中小企业协会会长李子彬等参加开幕式。

10月31日　由中国中小企业协会主办，澳门中小企业促进会、香港中小企业商会、台湾工商企业经营发展协会合办的“大陆与港、澳、台地区中小企业高峰论坛”在上海市举行。工业和信息化部中小企业司司长王黎明参加会议。

11月2日　工业和信息化部委托清华大学举办的“中小企业高级工商管理研究生课程进修班第四期”开学。工业和信息化部中小企业司副司长王建翔参加开学典礼并讲话。

11月3日　工业和信息化部召开关于中小企业宣传工作媒体见面会，新华社、中央电视台等媒体参加。工业和信息化部办公厅副主任陶少华主持，中小企业司司长王黎明参加会议并介绍了情况，中小企业司副司长王建翔参加。

11月6日　中央统战部、工业和信息化部、人力资源和社会保障部、国家工商行政管理总局、全国工商联在北京召开“第三届全国非公有制经济人士优秀中国特色社会主义事业建设者表彰大会”。中央政治局常委、全国政协主席贾庆林，中央政治局委员、国务院副总理张德江，全国人大常委会副委员长、民建中央主席陈昌智，全国政协副主席、中央统战部部长杜青林，全国政协副主席、全国工商联主席黄孟复等出席会议，工业和信息化部部长李毅中及中小企业司司长王黎明、副司长王建翔参加。李毅中部长为荣获优秀建设者称号的企业家颁奖。

11月9日　工业和信息化部中小企业司召开中小企业生产经营运行监测工作汇报会。中小企业司司长王黎明，副司长郑昕、王建翔，巡视员狄娜等参加会议。

11月9日　工业和信息化部中小企业司召开“十二五”中小企业成长课题研究座谈会。中小企业司司长王黎明，副司长郑昕、王建翔，巡视员狄娜等参加会议。课题承担单位中国人民大学中国经济改革与发展研究院、7个参与研究的省市中小企业管理部门的同志参加。

11月10日　中共中央组织部、人力资源和社会保障部在中国浦东干部学院举办“首批国家级创业型城市市长培训班”。工业和信息化部中小企业司司长王黎明应邀为培训班授课。

11月10~12日　工业和信息化部中小企业司副司长王建翔一行赴江西省景德镇、九江等地调研《中华人民共和国中小企业促进法》贯彻落实情况。

11月11日　江西省中小企业局和景德镇市人民政府在景德镇市联合主办的“中小企业创业发展论坛”。工业和信息化部中小企业司副司长王建翔参加并讲话。

11月12日　国家知识产权局在广州举办的第三届中国专利周开幕式。中小企业司副司长郑昕参加并参观广东中国小企业运用知识产权应对金融危机展览会。

11月13日　工业和信息化部印发《关于第六届中国国际中小企业博览会暨中西中小企业博览会情况的报告》（工信部企业［2009］557号）。

11月13日　工业和信息化部中小企业司在江西省南昌市召开全国中小企业生产经营运行监测工作培训会议，工业和信息化部中小企业司副司长王建翔参加会议并讲话。

11月14日　工业和信息化部中小企业司在江西省南昌市组织召开中小企业信息网工作座谈会。工业和信息化部中小企业司副司长王建翔参加会议并讲话。

11月16日　工业和信息化部中小企业司召开中小企业调研工作汇报会，7个调研组分别汇报了调研工作情况。工业和信息化部党组成员、总工程师朱宏任出席会议并做重要讲话，中小企业司司长王黎明、副司长郑昕、王建翔、巡视员狄娜参加。

11月18日　由工业和信息化部中小企业司承担的工业质量专题调研子课题——中小企业公共服务平台建设与需求研究课题通过专家评审。工业和信息化部中小企业司副司长王建翔参加课题评审会。

11月22日　民建中央主办的第四届中国中小企业家年会在北京人民大会堂召开。全国人大常委会副委员长陈昌智、十届全国政协副主席张怀西出席会议。工业和信息化部中小企业司副司长王建翔参加。

11月23日　由中小企业协会和中国移动通信集团主办的2009年中小企业信息化推进大会在山东省济南市召开。工业和信息化部党组成员、总工程师朱宏任出席会议并致辞。工业和信息化部中小企业司司长王黎明，副司长郑昕参加会议。

11月24日　工业和信息化部中小企业司司长王黎明、副司长王建翔等一行参观考察了工业和信息化部软件与集成电路促进中心。

11月24日　人力资源和社会保障部举办“就业政策培训班”。工业和信息化部中小企业司副司长郑昕应邀为培训班授课。

11月25日　工业和信息化部党组成员、总工程师朱宏任主持召开国务院有关部门座谈会，听取对我部起草的向全国人大常委会中小企业工作汇报稿意见和建议。工业和信息化部中小企业司司长王黎明参加。

11月26日　工业和信息化部中小企业司司长王黎明到全国人大财经委，与预算室主任李命志沟通向全国人大常委会汇报中小企业工作情况。

11月26日　中博会组委会秘书处在湖南省长沙市召开第六届中国国际中小企业博览会全国总结表彰工作会议。工业和信息化部中小企业司副司长、中博会组委会秘书处副主任郑昕参加会议。

11月27日　工业和信息化部中小企业司在青岛组织召开中小企业培训工作座谈会。工业和信息化部中小企业司副司长王建翔参加会议并讲话。

11月29日　工业和信息化部中小企业司司长王黎明参加中国企业联合会第16届国家级企业管理现代化创新成果预审会。

11月30日　人力资源和社会保障部、全国总工会、全国工商联在北京举办了“民营企业发展与促进就业政策咨询会”。工业和信息化部中小企业司副司长郑昕应邀参加会议并讲话。

12月1日　工业和信息化部与中国工商银行、中国农业银行、中国银行、中国建设银行四大商业银行在人民大会堂签署支持中小企业发展合作备忘录。工业和信息化部部长李毅中、中国工商银行行长杨凯生、中国农业银行行长张云、中国银行董事长肖钢、中国建设银行董事长郭树清出席签字仪式并讲话。工业和信息化部中小企业司司长王黎明主持签字仪式。工业和信息化部中小企业司巡视员狄娜参加。

12月2日　工业和信息化部中小企业司司长王黎明再次到全国人大财经委，与预算室主任李命志沟通向全国人大常委会汇报中小企业工作情况。

12月4日　工业和信息化部向国务院上报《工业和信息化部上报〈国务院关于促进中小企业发展情况的报告（送审稿）〉的请示》（工信部企业［2009］609号）。

12月7日　工业和信息化部李毅中部长会见德国经济和技术部布吕德勒部长率领的德国经济界代表团。双方代表中德签署了《关于继续开展中国中小企业经营管理人员培训合作备忘录》。工业和信息化部中小企业司司长王黎明参加。

12月7日　工业和信息化部办公厅印发《关于2009年中小企业服务体系专项补助资金项目安排的通知》（工信厅企业［2009］257号）。

12月7～9日　工业和信息化部中小企业司在贵州省遵义市召开中小企业与军工企业交流合作座谈会。工业和信息化部中小企业司副司长郑昕参加会议并讲话。

12月9日　工业和信息化部中小企业对外合作协调中心与ABB集团在北京签署了中小企业节能减排战略合作框架协议。工业和信息化部中小企业司副司长王建翔参加签约仪式。

12月10日　国家知识产权局在海口召开全国企事业单位知识产权工作会议。工业和信息化部中小企业司副司长郑昕参加会议并讲话，介绍中小企业发展情况，宣讲国发36号文件。12月11日，工业和信息化部中小企业司副司长郑昕在海口调研中小企业发展情况。

12月11日　工业和信息化部办公厅印发《关于推荐2009年度中小企业公共（技术）服务示范平台的通知》（工信厅企业［2009］259号）。

12月11日　工业和信息化部办公厅印发《关于〈融资性担保公司管理暂行办法（送审稿）〉会

签意见》（工信厅企业函［2009］760号）。

12月12日　由中国中小企业协会发起，中国中小企业创业投资基金的募集工作正式启动。工业和信息化部中小企业司司长王黎明参加启动仪式。

12月14日　工业和信息化部李毅中部长在党组成员陈小筑、刘利华，以及办公厅、机关党委、机关服务局的负责同志陪同下，到中小企业司民航大厦办公新址看望中小企业司全体同志，鼓励全司同志再接再厉，为中小企业发展做出更大的贡献。

12月15日　工业和信息化部中小企业司印发《工业和信息化部关于下达2009年第二批中小企业发展专项资金项目计划的通知》（工信部企业［2009］673号）。

12月15日　工业和信息化部向国务院上报了《工业和信息化部关于报送国务院促进中小企业发展工作领导小组组成人员的请示》（工信部企业［2009］678号）。

12月15日　工业和信息化部中小企业司组织专家召开评审会，中小企业管理运营、ERP应用和电子商务应用调查和发展报告通过专家评审。工业和信息化部中小企业司副司长郑昕参加会议并讲话。

12月15日　工业和信息化部中小企业司在广州市组织召开部分省（市）中小企业管理部门工作会议，重点研究讨论区域性中小企业产权交易试点有关工作。工业和信息化部中小企业司巡视员狄娜参加会议并讲话。

12月16日　李毅中部长主持召开第58次部长办公会议，研究向全国人大常委会汇报中小企业工作。工业和信息化部党组成员、总工程师朱宏任，办公厅、法规司、运行局参加。工业和信息化部中小企业司副司长王建翔参加并汇报。

12月16～17日　工业和信息化部中小企业司在湖南省长沙市召开全国创办小企业工作座谈会。工业和信息化部中小企业司副司长郑昕参加会议并讲话。会议重点是贯彻落实国发36号文件，总结创业情况，研究分析创业形式，提出下一步工作思路和重点。

12月17日　工业和信息化部中小企业司在北京组织召开部分省（市）中小企业信用再担保工作研讨会。工业和信息化部中小企业司司长王黎明、巡视员狄娜参加会议并讲话。

12月17日　工业和信息化部中小企业司在福建省福州市召开部分省市促进产业集群发展工作座谈会。工业和信息化部中小企业司副司长王建翔参加会议并讲话。会后，王建翔副司长一行考察了莆田等地部分产业集群的骨干企业。

12月21～22日　工业和信息化部在北京组织召开2010年全国工业和信息化会议。中央政治局委员、副总理张德江出席会议并作重要讲话。工业和信息化部部长、党组书记李毅中做总结讲话。工业和信息化部中小企业司司长王黎明，副司长郑昕、王建翔，巡视员狄娜参加会议。会议由奚国华副部长主持。

12月21日　工业和信息化部、国家税务总局联合印发《关于公布免征营业税中小企业信用担保机构名单及取消名单的通知》（工信部联企业［2009］706号）。

12月23～24日　工业和信息化部中小企业司和信息化推进司在北京组织召开中小企业信息化推进工作总结会暨信息发布会。工业和信息化部副部长杨学山出席会议并讲话，工业和信息化部党组成员、总工程师朱宏任出席会议。工业和信息化部中小企业司司长王黎明做中小企业信息化工作总结及2010年工作重点报告，副司长郑昕参加会议并做会议小结。23日下午，向新闻媒体发布了2009年度中小企业管理经营、ERP应用和电子商务应用系列调查和发展报告，40多家媒体代表出席会议。办公厅副主任陶少华主持发布会，中小企业司副司长郑昕发布了相关信息。

12月24日　工业和信息化部部长李毅中受国务院委托，向全国人大十一届常委会第十二次会议报告促进中小企业发展情况。吴邦国委员长参加了会议。工业和信息化部部中小企业司司长王黎明陪同参加。

12月24日　工业和信息化部中小企业司在北京组织召开全国中小企业工作座谈会。工业和信息化部党组成员、总工程师朱宏任出席并讲话。工业和信息化部中小企业司司长王黎明作2009年工作总结及2010年工作重点报告。全国各地方中小企业主管部门和中小企业对外协调中心、中国中小企业协会负责同志等130多人参加会议。

12月25日　工业和信息化部党组成员、总工程师朱宏任，中小企业司司长王黎明、副司长郑昕、王建翔，巡视员狄娜，政策法规司司长衣雪青列席全国人大常委会第十二次会议分组审议。

12月28日　国务院办公厅印发《国务院关于成立国务院促进中小企业发展工作领导小组的通知》（国办发［2009］67号）。张德江副总理担任领导小组组长，工业和信息化部部长李毅中、财政部部长谢旭人、国务院副秘书长肖亚庆任领导小组副组长。领导小组办公室设在工业和信息化部，工业和信息化部中小企业司司长王黎明担任办公室主任，财政部企业司司长贾谌担任办公室副主任。

12月30日　工业和信息化部中小企业司在北京组织召开贯彻落实国发36号文件工作研讨会。科技部、人力资源和社会保障部、财政部、商务部、工商总局、国务院法制办、税务总局、质检总局、证监会等17个部门的同志参加了会议。工业和信息化部中小企业司司长王黎明参加并通报了2009年中小企业工作及国发36号文件出台以来的贯彻落实情况。

12月30日　工业和信息化部中小企业司在北京组织召开中小企业划型标准研讨会。工业和信息化部党组成员、总工程师朱宏任出席会议并讲话。工业和信息化部中小企业司司长王黎明，副司长郑昕、王建翔参加会议。发展改革委、财政部、工商总局、统计局、银监会等有关部门同志和国务院发展研究中心、国家发改委宏观经济研究院、江苏大学等单位的专家学者以及有关协会、部分中小企业代表参加。

12 月 30 日　工业和信息化部中小企业司在北京组织召开中小企业新闻宣传工作座谈会。工业和信息化部党组成员、总工程师朱宏任出席会议并讲话。工业和信息化部中小企业司司长王黎明、副司长王建翔参加会议。中央电视台、《经济日报》、财经杂志社、《中国电子报》、《中国工业报》、中小企业杂志社、中小企业信息网等新闻单位代表参加。

12 月 31 日　国家知识产权局、工业和信息化部联合下发《关于实施中小企业知识产权战略推进工程的通知》（国知发管字［2009］238 号）。

工业和信息化部中小企业发展促进中心工作大事记（2009年）

（一）举办“中国（沈阳）国际中小企业大会”

10月15～17日 “中国（沈阳）国际中小企业大会”在沈阳市举行。张文岳书记、李毅中部长、郑斯林会长、陈政高省长等出席会议。来自全国33个省、自治区、直辖市、计划单列市的近800名代表参加了大会。大会举办了“中国国际中小企业发展论坛”，并同时举办了中小企业厅局长论坛、中小企业服务体系建设论坛、全国大小企业配套暨产学研对接会、中小企业产品和技术展览会、服务体系建设座谈会、全国中小企业服务联盟成立会议等活动。大中小企业协作配套项目对接会，有31家大企业和400多家中小企业参加，协作配套项目1 142个。全国45个大专院校、科研院所和323户中小企业的代表参加了产学研项目对接会，共发布了1 572个产学研对接项目。展览会展出面积6万平方米，展位1 297个，参展商1 474家，交易及签约额达19.3亿元。

（二）举办2009中国（苏州）国际中小企业交易会

经商务部批准，“2009中国（苏州）国际中小企业交易会”于5月23日至25日在苏州国际博览中心举行。展示面积为35 000平方米，其中室内展览30 000平方米（1 200个标准展位），室外展览5 000平米，参展企业共计700多家。其中有来自印度、韩国、日本、德国、美国、荷兰、斯里兰卡、意大利、新加坡、墨西哥、马来西亚、瑞士、西班牙等国家和地区，以及中国香港和台湾的参展企业（含其国内的投资企业）180多家。

（三）举办第六届中小企业（玉林）商机博览会和中小企业论坛

10月23～10月25日 在广西玉林举办了第六届中小企业（玉林）商机博览和论坛。来自22个国家和地区的嘉宾、客商前来参会参展。此次共有130个投资项目签约，合同投资额236.52亿元；签订贸易合同18项，合同贸易额18.63亿元。越南常务副总理阮生雄出席博览会。论坛围绕“金融危机与中小企业的生存和发展”，解读了国务院36文件，探讨了中小企业在危机下如何变危机为商机等主题，来自工业和信息化部、中国东盟商务理事会、全国工商联、浙江大学、希望集团等专家、学者和企业家等嘉宾出席论坛并演讲。

（四）举行第九届中国塑料交易会和台州论坛

9月17～19日 由协会主办的第九届中国塑料交易会在台州举行。展会分设机械、模具、制品、原料四大展区，展览面积达3万多平方米，设置展位1 200个。吸引了全国近700家企业参展，组织专业观众人数逾40 000人次，有印度、韩国、日本、德国、美国等30多个国家及地区的近千人组团参加展会和前来采购。与此同时，还举行了首届“台州论坛”。论坛由协会主办，郑斯林会长、国家发改委宏观院宋立研究员作了经济形势报告。

（五）做好涉外人力资源开发培训服务工作

在工信部国际合作司的指导和支持下，中心继续承办商务部委托的涉外培训项目。2009年，先后承办了双边和多边经贸管理官员和中小企业援外研修班6期，组织多个发展中国家160多位经贸管理官员和中小企业代表来华研修和考察。同时，与地方政府进行合作，举办了多次中小企业走出去座谈会，邀请参加研修的受援国官员向地方中小企业家介绍本国的市场状况和投资环境，做到了援外工作为我所用，为我国中小企业提供了第一手信息，对地方经济发展和提升产业集群国际化水平上起到了推动作用，得到了地方政府和企业的欢迎。

（六）开展中德中小企业经营管理者培训项目

一是10月27～28日，由工信部与德国联邦经济技术部共同主办的中小企业经营管理者培训项目第二次指导委员会会议在江苏省常州市召开。中方主席、中小企业司司长王黎明，德方主席、德国联邦经济技术部副司长文德凌分别在会上致辞并共同主持会议。工信部中小企业司、国际合作司、人事教育司、中心和德国经济和技术部、德国国际继续教育与发展协会及江苏省有关部门负责人和部分学员代表出席了会议。二是在中德MP项目指导委员会的支持下，我们在中小企业经营管理者中经过调研、选拔、面试、预培训，又完成了3批61人赴德国进行培训等项准备工作。

（七）开展“中国中小企业健康成长计划”

2009年推出的“中国中小企业健康成长计划——中小企业体检活动”被工信部列为2009年中小企业信息化“管理平台”的重要活动内容。一是在全国范围内，选择60个城市，对10万家中小企业免费开展了健康普查行动。二是在全国设立100家“中小企业健康成长辅导站”，建立专门的健康普查人员队伍，对中小企业提供健康普查、管理信息化知识培训和咨询服务。三是组织“中国中小企业大讲堂——信息化专题培训”200场。四是评选出100家中小企业信息化示范单位。五是组织专家对普查数据汇总分析并形成了《2009年度中小企业健康发展报告》，提高广大中小企业的素质和水平。

（八）开展各类中小企业培训

一是举办融资、国际市场开拓、形势与政策等专题培训。我们相继在北京、西安、重庆、郑州、贵阳、大连、温州等10余个省、市、区举办了

“金融危机下信用担保全过程管理与风险控制”、“全球经济背景下担保机构内控制度建设与财务管理及其配套制度”、“担保法律实务与担保物权疑难解析及典型案例讲解暨放贷人条例研讨”、“中德中小企业经营管理者管理素质提升”、“政策扶持和应对金融危机”等各类培训班13个，参训人员1 300多人。

二是与相关机构合作，正式推出了“中德中小企业交流网”。通过“交流网”，免费帮助中小企业快速获得商务信息，降低交易沟通成本。利用现代网络技术，积极开展网络培训。到目前为止，录制网络课程达179门，142名培训师进行了授课演讲，共有2 899家企业免费注册成为网站的客户，丰富了培训内容，降低了培训成本，比较好地解决了培训中的时间、空间、费用等方面与中小企业需求之间的矛盾。

三是与日本社团法人产业训练协会合作，引进了日本原版《TWI训练指导员手册》等实效教材和日本师资，帮助中国中小企业提升一线主管的素养和基本管理技能。组织相关专家编写了《融资担保法律法规汇编》、《中小企业股权融资攻略》等教材和书籍。

（九）成立全国中小企业服务联盟

10月16日　全国中小企业服务中心联合体进行了换届，全国60家中小企业服务中心负责人参加了会议。通过总结报告、讨论研究，提出了改进的建议，并一致决定将全国中小企业服务中心联合体更名为全国中小企业服务联盟，通过了《联盟章程》，选出了19家服务机构组成新一届执委会。在第一次执委会议上，选出了执委会主任、副主任，通过了秘书长、副秘书长人选。中心为联盟主任单位，同时承担秘书处工作。联盟的成立，是中小企业服务工作中的一件大事，联盟将在中小企业司指导下工作，为中国中小企业服务体系建设做出贡献。

（十）组织参加、承办国际会议和展览

一是举办“日本大阪投资招商推介会”。二是参加日本大阪组织的东盟企业家交流会。促进东盟中小企业经贸合作。三是在越南举办“中国东盟中小企业博览会”。组织了40多家国内企业参加博览会，成交额292万美元。此次博览会吸引了柬埔寨、老挝等周边国家的商人专程到会，受到了越南胡志明市政府、客商的广泛关注。

（十一）开展国际经贸交流洽谈活动

2009年，在国际交流活动中，工信部和中心与多个国家的重要组织签订了合作协议，奠定了进一步合作的基础。一是李毅中部长和德国新任经济技术部部长Mr. Bruederle在京共同签署了2011～2013年度关于继续开展中德中小企业经营管理人员培训合作备忘录，推动新一轮中德中小企业合作培训项目开展。二是与日立公司和宁波市节能办联合签署关于“促进宁波市节能监测公共技术服务平台”建设合作协议书，合作企业已从3家发展到33家。三是与ABB公司签署在节能降耗领域的战略合作谅解备忘录，进一步推进跨国公司与中心在中小企业节能领域的合作。四是与日本大阪外国企业招商中心签署合作意向书。为中日两国中小企业进一步合作和中国企业进入日本会提供帮助。

2009年，中心安排接待、会见一些重要的外国客人，促进了双边的友好合作。一是郑斯林会长会见来访的乌克兰企业政策协调委员会第一副主任古塔先生一行，双方就当前经济形势、中乌中小企业合作等问题交换了意见。二是郑斯林会长在沈阳大会期间会见了美国国会中小企业委员会顾问蒂姆·特莱特里先生和美国纽约州中小企业总署代表，拟建立长期的工作联系。三是协会秘书长会见了以色列工业部副部长奥瑞特·诸凯德女士，在过去良好合作基础上，探讨今后合作的领域。

（十二）做好信息服务工作

一是建立“中小企业信息化推进工程”工作平台。在中小企业司的指导下，成立了中小企业信息化推进办公室，建立发起了“中小企业信息化公共服务平台”，配合工信部做好信息化和信息工作方案的推广普及工作。开展了“中小企业健康成长计划”，组织中小企业参加健康体检；实施了“信息化人才成长工程”，加快中小企业信息化人才培育；开展与西门子、用友等企业的合作，推进中小企业信息化工作。

二是做好《中国中小企业》杂志编辑出版工作。一年来，与合作伙伴签订了有利于杂志发展的协议，比原协议有了很大进步；杂志聘任了专业人士担任主编，加强了专业化运作和管理；注意与工信部中小企业工作相配合，与中心、协会主流业务相结合，质量不断提高；加强了对沈阳大会等重要活动的报道，反响强烈；制订了进一步宣传36号文件的计划，提出了建议报告，已正式上报。

三是继续编辑、出版《中国中小企业年鉴》。2009年，我们继续克服困难，加大资金投入和工作力度，加强与各地编委联络员的沟通联系，努力保证年鉴组稿的进度，得到中小企业司和各地中小企业主管部门的大力支持。7月2日，在内蒙古自治区满洲里市召开了“2009中小企业热点问题暨《中国中小企业年鉴》工作研讨会”。《年鉴》编委会的领导同志以及来自全国14个省市、自治区中小企业管理部门的编委、联络员30多人参加了会议。

四是完成《中国中小企业金融服务指南》的编辑出版工作。《金融服务指南》内容丰富，包含了中小企业金融需求的方方面面，介绍了金融服务的政策、经验和做法，适应了应对国际金融危机的形势需要，实用性强，为进一步开展中小企业金融服务工作打下了基础。

五是完成《中国工业和信息化专家指南》编辑出版工作。通过《专家指南》出版和专家库建设，形成了超过400人的技术专家队伍，为建设中心中小企业技术服务平台创造了条件。同时，《中国投资与商品采购指南》（第二册）也即将出版。

六是继续与统计局工交司合作，连续4年推出“中国中小企业出口额最大500家”分析报告，报告已登载在《中国中小企业》杂志上。

（十三）积极做好中小企业调查研究和课题研究发布

一是受中小企业司委托，开展“湘赣两省中小企业和非公有制经济应对国际金融危机”的调研。2月12～17日先后对湖南、江西两省中小企业和非公有制企业如何将金融危机的情况进行了调研，听取了主管部门汇报，召开企业家座谈会和实地考察，反映了发展中存在的问题。通过调研提出了理顺中小企业管理体制、指导地方建立中小企业协调工作机制、开展全国中小企业及非公有制经济统计制度和指标体系调研、培育和发挥中介组织作用、加强对中小企业的分类指导五项政策建议。

二是受中小企业司委托开展“中央一揽子计划促进民营经济发展”的调研。8月30日～9月1日，调研组赴辽宁省对2008年中小企业（包括民营经济）投资情况进行调研。通过调研，明确提出：中央4万亿投资计划对中小企业民营经济产生了积极影响，今年安排的重点扶持“十大产业调整和振兴规划”中的中小企业固定资产投资类项目和扶持担保机构均与中小企业民营经济发展有关，消除了民间投资受到挤出的微词。同时提出进一步消除制度障碍，启动民间投资，改善社会资本的投资结构，打破行业垄断，降低民营资本投资准入门槛的建议。

三是完成国家发改委、财政部、工信部、国资委委托的“中小企业对外投资合作风险防范研究”、“推动中小企业信息化建设的政策研究”、“节能减排技术在中小企业推广应用的政策研究”、“中国中小企业实施走出去战略研究”、“欧洲行业组织在促进中小企业节能降耗中的作用”和“中国中小企业管理运营发展报告”6个课题研究工作。

四是完成国家发改委委托的亚行援助项目“利用外资设立民营企业担保基金”子课题（三期）。

五是先后承担中小企业司2009年第一批中小企业发展专项资金项目评审、国家知识产权局2009年资助向国外申请专利专项资金终审、中意曼达林基金咨询委员会投资项目利益冲突审查等工作。

（十四）做好“管理下企业工程”和指数发布工作

制定并启动了全国“管理下企业工程”。为促进两化融合提高管理水平，协会与慈软公司合作，在开展“管理下企业工程”活动中，选择具有国际先进水平的管理软件免费赠送中小企业，进行相关培训，实行管理咨询一条龙服务。目前，已在广东省进行了试点，得到40多家企业的欢迎，在试点工作基础上将认真总结，进行推广，把两化融合落在实处。

启动2009年中国中小企业经济发展指数发布工作。中国中小企业经济发展指数（SMEI）是国家发改委和财政部委托进行的重点研究课题，是目前我国唯一反映中小企业经济发展状况的景气综合评价系统。2009年，中国中小企业经济发展指数工作得到了各地方协会和会员企业的大力支持和配合，一些地方协会还将此项工作列入协会工作日程，发放《企业调查问卷》，建立本地区中小企业服务材料，推动此项工作的进行。

（十五）推进中小企业园区建设

一是多次赴天津开发区落实天津中小企业发展园建设进度和园区招商工作；协助园区建设公司完成了《招商宣传册》撰写和设计工作；与天津开发区投资促进局初步达成了园区招商定位和初步落实了入园企业范围；同时与园区建设公司达成了招商项目推介会的行动方案。

二是加大对北京顺义国门商务区筹备建设中小企业国际交流中心的力度并取得了实质性进展，促成并组织北京国门商务区管委会与中际惠源公司签署入园协议书和国门商务区中小企业国际交流中心第二阶段投资合作协议。

三是与曲靖市人民政府共同主办曲靖“国家科技成果转化和中小企业科技创新项目推广示范基地”，已于10月20日在云南省曲靖市正式成立。该基地围绕地方优势资源开发、中小企业节能、环保、循环经济，为小企业提供科技创新基金及投融资担保服务和科技型企业上市服务，利用3～5年时间，孵化出3～5家成为地区经济增长点和优势产业的龙头企业。

四是“中国沈阳中小企业金融园区”已由协会批复正式成立。协会拟将该园区作为金融示范园区加以扶持，努力推动金融产品的不断创新，在国际金融危机后，进一步起到示范推动作用。

（十六）努力做好协会工作

一是协会召开秘书长扩大会议和常务理事会。协会第三届理事会第三次会议于10月15～16日在沈阳召开。来自全国的理事及理事单位100余人参加了会议。郑斯林会长做了重要讲话，袁普秘书长汇报了一年来协会的工作，会议审议通过了增补理事、常务理事等项提议。二是经秘书长办公会议研究，协会增设“建筑产业发展中心”，团结带领中小建筑企业开拓国际市场。三是根据工作需要，协会增设了3位副秘书长，分工承担相关方面的工作，增强了协会的领导力量。四是经商务部组织的专家审核论证，协会已获得行业信用评价资格，将与中国出口信用保险公司合作，开展企业信用评级认证工作。五是组织道路停车联盟的研讨活动，有3个部门和50多个单位的代表参加，得到新兴停车企业的欢迎，指导和带动新兴行业的发展。六是按照年初秘书长扩大会议提出的意见，在系统内、外广泛征求协会LOGO。同时，完成协会年检工作。

地方中小企业工作大事记（2009 年）

北京市

1月9日　中小企业处组织参加了由北京理工大学组织的创业与家族企业可持续发展研讨会。会上，中小企业处介绍了我市中小企业的政策支持和社会化服务体系建设情况。

2月23日~3月23日　市发展改革委、市财政局依据《北京市中小企业创业投资引导基金实施暂行办法》，按照“公开征集、专家评审、社会公示、政府决策”程序，市中小企业创业投资引导基金面向社会公开征集了第三批有合作意向的创投机构。

4月26~27日　市发展改革委会同市财政局委托投资北京国际有限公司，在北京中小企业之家组织创投专家对第三批组织上报的18家企业申报材料进行了专家评审，并同初步符合条件的创投机构进行了面谈交流。

5月13~14日　市发展改革委、市财政局会同德恒律师事务所，依据《北京市中小企业创业投资引导基金实施暂行办法》，对我市经过专家评审排序打分的11家创投机构进行了深入的商务洽谈活动。

5月19日　北京第一批中小企业创业投资引导基金合作机构——北京红土嘉辉创业投资有限公司、北京启迪明德创业投资有限公司共同投资北京市麒麟信息科技有限公司1 700万元。至此，首批投向初创期的北京中小企业创业投资引导基金已开始落到实处。

6月30日　本市中小企业创业投资引导基金合作创业投资企业已完成了对北京麒麟网信息科技有限公司、北京本草天地养生科技发展有限公司等4个项目的投资，总额达5 500万元。其中为文化创意类项目2个，医药类项目1个，IT类项目1个。

7月28日~8月11日　本市通过市中小企业网对9家拟合作创业投资机构进行社会公示，公示期限为14天。9家合作单位分别是：深圳天图创业投资有限公司、浙江浙商创业投资股份有限公司、云南产业投资管理有限公司、中关村兴业（北京）投资管理有限公司、北京首创投资担保有限责任公司、富汇盈通（北京）投资基金、光大三山创业投资管理有限公司、北京宝华投资有限公司、北京工业发展投资管理有限公司。

9月22~25日　“第六届中国国际中小企业博览会暨中西中小企业博览会”在广州举行。以市经信委王学军副主任为领队，由市财政局、市银监局、市技监局、市私个协会等单位参加的北京政府代表团一行十人参加了此次“中博会”。会议期间，北京市共组织参展企业41家，租用展位60个，签订合同15项、合作意向6个，合同金额747万元。

10月27日　市经济信息化委组织召开第一、第二批合作创投企业座谈会，听取合作创投机构工作进展情况，布置了创投工作下一步的工作思路打算。

11月28日下午，市经信委在北京首创投资担保有限公司组织召开了我市中小企业创业投资引导基金合作创投机构座谈会。市经信委朱炎主任、姜贵平副主任及市财政局经建一处的负责同志参加了座谈会。各合作创投机构介绍了本公司的运作情况，同时对我市引导基金的发展提出了建设性的意见和建议。

12月8日　市经济信息化委姜贵平副主任参加中国工商银行北京分行小企业通字类产品发布会暨地安门小企业金融业务中心成立仪式并致辞。

12月23日　市政协举办了“在金融危机形势下，扶持中小企业发展”问题的提案办理座谈会。市政协阳安江主席、熊大新副主席、阎仲秋秘书长、市政府刘志副秘书长及各相关委办局和80多名政协委员代表应邀参会。市经济信息化委朱炎主任向政协委员通报了提案的办理情况。

12月30~31日　本市组织了18个区县主管行政部门召开了全市中小企业工作会，会上，中小企业处总结了一年来的相关工作，具体布置了本市中小企业地方立法中，各区县主管部门要做好各人大代表和政协委员的宣传工作，加快推进中小企业的地方立法工作。

天津市

5月7日　天津市中小企业发展促进局挂牌仪式在原乡镇企业办公室举行。市政府李文喜副市长、市政府副秘书长、办公厅主任杨金海、市委组织部常务副部长张俊滨、市委组织部党政干部处全体同志、新任中小企业局党组书记局长张国庆、副局长蒋颖、薄云，及原乡镇企业办公室、原市中小企业局的全体工作人员参加了会议和挂牌仪式。李文喜副市长和张国庆局长共同为天津市中小企业发展促进局新牌揭幕。

5月20日　新组建的中小企业发展促进局召开工作会议，李文喜副市长、市政府副秘书长于忠诚、12个区县主管工业的区县长参加会议，张国庆局长通报了机构改革后中小企业领导班子情况，李文喜副市长讲话。

5月21日　在津全国政协委员视察保税区稀有金属市场、东丽区幺六桥凯达重型水电设备制造有限公司、傲绿农副产品有限公司等中小企业，李文喜副市长讲话，张国庆局长汇报了中小企业发展情况及下一步工作安排，薄云副局长陪同。

5月26日　市中小企业发展促进局和市工商局关于“个私办”交接仪式在市工商局举行。市中小企业发展促进局副书记、副局长蒋颖、市工商局宋悦明副局长出席移交仪式，双方代表签署了移交备忘录。

5月30日　黄兴国市长在静海县政府组织召开加快推进区县示范工业园区发展若干措施座谈会，崔津渡、苟利军、李文喜等市领导出席了会议，有关区县党政主要领导参加了会议，张国庆局长、蒋颖副局长参加会议。

5月30日　黄兴国市长在市政府会议厅组织召开区县示范工业园区建设工作研究会，市政府常务会议成员参加会议，张国庆局长汇报了《关于加快推进示范工业园区发展若干措施》。

6月3日　市委办公厅、市中小企业局共同召开中小企业调研座谈会，会议就天津中小企业的现状、政策落实、行政审批、投资环境等进行了座谈。市委办公厅负责同志、蒋颖副局长出席座谈会。中小企业家代表就融资、人才、教育培训、品牌建设、新产品研发推广等提出了意见和建议。蒋颖副局长介绍了中小企业局组建以来开展的各项工作和今后工作的初步设想，对中小企业家代表反映的相关问题分别进行了解答，并责成有关处室了解落实。

6月8日　市中小企业局在市政府办公厅召开中小企业工作会议，李文喜副市长、市政府副秘书长于忠诚出席会议，张国庆局长、蒋颖、薄云副局长出席会议，18个区县主管区县长、经贸委主任参加会议。会上张国庆局长介绍了新成立的中小企业局主要职能和下一步工作重点。李文喜副市长讲话，对今后中小企业发展工作提出了具体要求。

6月9日　由中华全国工商业联合会和天津市人民政府共同主办、市工商联承办的第四届“民营经济发展·天津论坛”在津召开。论坛主题是“新趋势、新战略、新变革——展望后危机时期民营经济的机遇与挑战”。全国政协副主席、全国工商联主席黄孟复出席并做主旨演讲。市委副书记、市长黄兴国出席并讲话。市委常委、副市长崔津渡出席。全国工商联副主席、市人大常委会副主任、市工商联主席张元龙主持。国家有关部门负责人，部分省自治区直辖市工商联领导同志，全国工商联部分行业商会会长和知名民营企业家，国内部分经济、金融界专家学者及本市企业家近500人出席论坛。

6月19日　市中小企业发展促进局蒋颖、薄云副局长率调研组深入和平、东丽、武清三个区开展中小企业服务调研，分别与20家中小企业负责人进行座谈。三区主管副区长、经贸委、工业经委负责人参加调研活动。此次调研目的是贯彻落实市委、市政府关于继续深入开展“保增长、渡难关、上水平”的部署，宣传政策措施，深入推动落实，协调解决企业经营发展中的实际困难，就共性突出问题，进一步研究制定有针对性的对策措施。座谈中，企业代表畅所欲言，就财税扶持、技改创新、融资担保、经营用地等中小企业共同关心的热点问题和切身利益的实际问题，提出了许多建设性的意见和建议。调研组认真听取企业意见，当场解答了有关政策，并及时协调解决了一些具体问题。

7月6日　天津市政府颁布了《关于整合提升发展区县示范工业园区的若干意见》，决定对全市区县工业园区进行资源整合，选择一批基础条件和发展前景好的工业园区，作为全市重点支持的区县示范工业园区，在政策上予以扶持，加大投入力度，促进健康发展，尽快培育成为新的经济增长点。

8月9日　市政府召开第33次常务会议，研究区县示范工业园区建设工作。会议听取了市中小企业局张国庆局长关于区县示范工业园区申报情况及北辰区、武清区、大港区、汉沽区、津南区等第一批15个示范工业园区规划情况的汇报。会议认为，首批提出的15个示范工业园区基本成熟，可以启动实施。

8月18日　市政府召开第34次常务会议，研究区县示范工业园区建设工作。会议在同意启动15个示范工业园区的基础上，又听取了东丽等第二批6个区县16个示范工业园区的情况汇报并同意启动实施。

8月20日　市中小企业服务中心联合市律师协会在津利华大酒店举办中小企业创业板上市大型公益讲座活动。市中小企业发展促进局、市人民政府金融服务办公室相关负责人、部分区县中小企业主管部门、市律师协会及我市中小企业代表等共200余人参加活动。天津四方君汇律师事务所、中国证监会研究中心、深圳市律师协会证券基金期货法律业务委员会代表分别做相关演讲。会后，与会专家和参会企业进行了互动交流。

10月21～23日　市政府在深圳市举办天津市区县投资环境说明会。市委常委、教育工委书记苟利军，副市长李文喜率天津区县代表团参加会议。会议邀请200多名客商参加，现场签约项目28个，协议投资总额450多亿元。

山西省

1月20日　山西省中小企业局召开“转变工作作风　应对金融风险”专题会议，认真研究分析经济形势，决定成立“山西省中小企业系统应对金融危机调研指导组”，深入市、县了解指导工作，帮助困难企业解决问题，渡过难关。

2月9日　运城卓里集团、太原南方重型汽车有限公司、长治清华机械厂一同获得汽车整车出口资质，使山西省的汽车整车出口年内实现“零突破”。

2月16日　为满足中小流通企业应对危机、平稳发展的要求，省中小企业局组织了以“应对挑战　防范风险　抓住机遇　科学发展”为主题的“山西省中小流通企业系列讲座”。

2月中旬　山西省中小企业局党组研究决定，暂缓回收近年来省里扶持中小企业发展的2.4亿元乡镇企业发展基金，展期14个月，以帮助中小企业渡过难关。

2月21日　为改善银行金融机构对中小企业的金融服务，建立小企业金融服务长效机制，山西省人民政府办公厅批转了山西银监局、省中小企业局制定的《山西银行业小企业金融服务工作指引》。

2月27日　山西省中小企业局组织召开学习实践科学发展活动总结大会。经民主测评，省中小企业局学习实践活动的满意度达100%。

2月26～28日　为应对危机，帮助中小企业加强管理，防范风险，渡过难关。由省中小企业局主办的“中小企业风险防范与控制管理系列讲座”在运城市开班。

3月20日　太原市中小企业股权融资项目发布暨接洽会召开，约30家中小企业表示了签约挂牌意向。

4月1日　山西省政协常务副主席郭良孝，省政协副主席、省工商联主席韩儒英在省中小企业局调研。

4月3日　山西省副省长陈川平到省中小企业局调研指导工作，并先后到太原信联智翰现代装备有限公司、太原中绿环保技术有限公司了解企业科技创新、投融资金和产品市场情况。

4月10日　以“山西省中小企业危机应对与科学发展”为主题的山西省中小企业“法律服务三晋行”与“金桥行动”活动在汾西县举行，重点就中小煤矿企业的转型发展、安全发展、和谐发展与合理运营、风险防范、权益保障等问题进行了深入探讨。

4月8～10日　省政协副主席韩儒英就中小企业应对金融危机在晋城市调研。

4月29日　山西省召开“激活民间资本　促进民间投资”座谈会，省领导李政文、牛仁亮、韩儒英出席会议。11户民营企业和有关部门围绕省委、省政府拟出台的《鼓励民间资本向公共领域和政府鼓励的服务业等产业投资的政策建议》进行了讨论。

5月7日　山西省委副书记、省长王君主持召开部分国有企业和民营企业座谈会。听取企业生产经营情况，了解企业发展存在的问题和困难，分析当前经济形势，进一步研究应对金融危机、保持经济增长、推进科学发展的对策措施。

5月12日　山西省政协副主席李雁红率政协委员到省中小企业局，围绕转型发展的决策部署，重点就中小企业发展的社会和法制环境状况进行调研指导工作。

8月4～7日　省中小企业局在太原召开党组扩大会议暨全省中小企业系统工作座谈会，会议要求，全系统要以促“三保”（保增长、保民生、保稳定）为主线，以大力实施中小企业成长工程为载体，以启动民间投资为重点，以持续完善中小企业服务体系建设为手段，统一认识，振奋精神，推动各项工作任务落实。

9月5日　山西省中小企业局周明定局长、赵志杰副局长带帮扶工作组赴大同国有东华机械厂进行现场办公，并组织慰问捐赠活动。

8月24日　山西省第21次铸造会议暨临汾市·襄汾县观摩研讨会在襄汾县召开。会议强调，要坚定信心，直面危机，把握机遇，科学稳妥地引领铸造行业走新型工业化道路，推动铸造企业做大、做精、做强。

9月15日　太原市中小企业维权联盟成立。该联盟将通过电话咨询、书面服务、网络服务和上门服务四种方式，对太原市中小企业合法维权提供信息咨询及各类案件的协调、仲裁、诉讼代理等服务。

9月21～25日　山西省组织133家企业、288种产品参加了第六届中博会。据统计，山西省签约项目达58个，其中引资项目27个，贸易项目31个，总投资49.36亿元，引进资金44亿元，销售资金5.36亿元，在各省市名列前茅，获得了组委会颁发的“优秀组织奖”。

9月28日　我国首条民营铁路、晋城市首条地方铁路——嘉南铁路正式奠基开工。该铁路是我国铁路投资领域开放后第一条获得批准的“社会资本”投资的铁路，是我国第一条真正意义上的“民营铁路”，也是晋城市第一条“地方铁路”。

10月17日　山西中小企业培训基地在襄汾县建成投入使用。

11月30日　山西最具社会责任中小企业表彰会议在太原召开，“2008年度山西最具社会责任中小企业”揭晓，112家履行社会责任良好的优秀中小企业榜上有名。

（山西省中小企业局　原晋军）

内蒙古自治区

1月12日　《内蒙古自治区人民政府关于做好2009年全区工业经济工作的指导意见》印发各盟市、厅局，其中要求进一步优化中小企业发展环境，抓好中小企业培育工作，促进中小企业集中发展和集群化发展，进一步提高中小企业素质等。

1月14日　全区工业经济暨安全生产工作会议在呼和浩特市召开。自治区主席巴特尔、副主席赵双连出席会议并做重要讲话，要求大力发展中小企业，维护就业稳定。

3月26日　自治区东部五盟市银企项目对接会召开，自治区人民政府副主席布小林做重要讲话，她指出，政府要为银企合作共赢创造良好环境，要健全社会化服务体系，各级政府要继续加大支持中小企业发展的投入力度，增强中小企业信用担保实力。银企双方同时举行了合作项目签约仪式，总计有38个项目签约，融资额总计334亿元。

5月22～23日　为承接发达地区产业转移，自治区副主席赵双连率代表团赴广东省佛山市举办招商洽谈活动。期间，呼和浩特市、包头市、鄂尔多斯市、兴安盟、乌兰察布市、赤峰市、乌海市与当地企业沟通、对接项目、商洽合作方式，签订16个项目合作协议，协议金额达120亿元，签约建设陶瓷生产线65条。

5月26～27日　自治区党委举行2009年第二次中心组集体学习会。自治区党委书记储波主持学习会并作重要讲话。他指出，“加快中小企业发展是我区延伸产业链条、承接先进生产力转移、扩大就业、增强经济活力的现实需要，对于进一步推动我区经济结构优化升级、增强发展的协调性和可持续性具有重大战略意义”。

6月23日　自治区下达了2009年“一个产业带动百户中小企业”技术进步贴息专项资金计划，资金总额度8 000万元，118户成长性中小工业企业获得了贴息资金的支持。

6月28日　自治区经委编写并印发了《内蒙古自治区中小企业资料汇编（续）》。作为《内蒙古自治区中小企业资料汇编》的续集，全书重点收录了2008年下半年以来，为积极应对金融危机，针对国际、国内经济形势的变化，为促进经济的平稳健康发展，国家及自治区相继出台的系列政策、法规。

7月10日　自治区主席巴特尔主持召开自治区人民政府2009年第9次常务会议，部署维护社会稳定工作，研究《2009年上半年全区经济形势分析报告》和《关于进一步促进中小企业发展的意见》。自治区副主席任亚平、赵双连、郭启俊、刘卓志，政府秘书长乌兰巴特尔，主席助理黄·阿拉腾别立格、赵黎平出席会议，自治区有关部门负责同志列席会议。

7月14日　自治区出台了《内蒙古自治区人民政府关于进一步促进中小企业健康发展的意见》（内政发［2009］66号），重点围绕解决中小企业融资难题、加大财税支持力度、推动中小企业创业和发展、促进自主创新、加强组织领导和强化服务等方面提出了20条具体措施。

7月15日　自治区人民政府召开了全区中小企业工作会议。自治区党委副书记、自治区主席巴特尔发表讲话，自治区党委副书记、自治区副主席任亚平，自治区党委常委、统战部部长伏来旺，自治区人大常委会副主任罗啸天，自治区副主席布小林，自治区政协副主席董恒宇出席会议。会议由自治区副主席赵双连主持。会议研究部署了贯彻落实《内蒙古自治区人民政府关于进一步促进中小企业健康发展的意见》的具体措施，并对各盟市和部门提出了要求。

7月25日　自治区下达了2009年度中小企业发展专项资金计划，资金总额度3 000万元，有51户中小企业获得资金扶持。

8月11～12日　自治区经委主任座谈会在鄂尔多斯市杭锦旗召开。全区工业系统共200余人参加了会议。会议总结通报了年初以来的工业经济工作，分析了当前工业经济运行中存在的主要问题，围绕贯彻落实自治区党委八届九次全委会精神和全区中小企业工作会议精神，布置了后5个月的主要工作任务。

8月17日　自治区人大常委会召开贯彻实施《中小企业促进法》情况汇报会，自治区人大常委会副主任罗啸天出席会议并讲话。自治区经委主任牙萨宁受自治区人民政府委派汇报我区贯彻实施《中小企业促进法》有关情况。

9月6～11日　自治区经委分别在呼和浩特市、通辽市、乌兰察布市等地组织了6期银河培训班，共培训人员952人，主要进行了国家宏观调控及产业政策、融资渠道、中小企业社会责任（安全生产、节能环保、职业健康、职工权益等）、中小企业服务机构能力提升、创业知识和技能、企业经营管理知识和技能等方面内容的培训。

9月22～25日　自治区经委组织内蒙古代表团200多人参加了第六届中国国际中小企业博览会暨中西中小企业博览会。参展企业46家，共120多家企业代表参会，涉及化工、农畜产品加工、生物制药、装备制造、电子等行业。

9月22日　自治区人大常委会召开第十一届第十次会议，听取和审议了我区贯彻实施《中小企业促进法》执法检查组执法检查情况汇报，并形成了审议意见。

10月16日　在成都举行的第十届西部博览会中国西部12省区市及新疆生产建设兵团投资说明会暨经济合作项目签约仪式上，我区签约4个重大投资合作项目，投资额13亿元，项目涉及能源、农业、基础设施、服务业等领域。自治区副主席布小林出席签约仪式并演讲。

11月7日　为推动我区优质中小企业登陆资本市场，由内蒙古金融办、经委、发改委、科技厅、证监局、工商联、青联及内蒙古大学联合主办的我区首届风险投资与私募股权投资高峰论坛在呼和浩特市举行。自治区副主席布小林出席论坛。

11月16～17日　全区服务业集聚区经验交流现场会议在鄂尔多斯市召开。自治区副主席布小林出席并讲话。

12月28日　以县域经济如何又好又快发展为主题的内蒙古发展论坛在呼和浩特香格里拉大酒店举行。自治区党委副书记、自治区副主席任亚平发表书面致辞。自治区人大常委会副主任罗啸天、自治区政协副主席郭子明、国务院发展研究中心副主任侯云春等出席。

黑龙江省

1月11日　从9日召开的全省市（地）中小企业局长座谈会上获悉，预计去年非公有制经济可实现增加值3 360亿元以上，同比增长18.2%，占全省生产总值比重达到42%，比上年增加1.8个百分点；新增年营业收入亿元以上企业20多家。去年前三季度，全省非公有制经济总量已占到全省

GDP比重的42.2%。拉动全省经济增长6.1个百分点。非公经济单位发展到183万个，从业人员578.5万人，分别比上年同期增长1.5%和5.5%。

4月18日　中国人民银行哈尔滨中心支行针对中小民营企业的特点，建立健全信贷政策导向效果评估制度，加快适合小企业融资的小额贷款公司、资金互助社等小型金融组织试点推广步伐，充分发挥体制外资金对中小企业的补给作用。鼓励支持典当行、租赁公司、汽车金融公司及中小企业投融资公司等非银行金融力量发展壮大，加快中小企业金融产品和服务方式创新，适当延长贷款期限。通过多种方式构筑多层次的风险共担体系，积极尝试存货、仓单、应收账款、股权、知识产权、设备、特许经营权等多种质押方式。建立适合中小企业特点的担保体系。

4月30日　作为全省进出口贸易主力军，非公有制经济对外贸易受金融危机影响明显。第一季度，我省私营企业进出口总值26亿美元，同比下降17.5%，降幅较前两月扩大了5.3个百分点，占全省进出口总额的69.5%，比去年年底下降了10个百分点。其中降幅最大的是外商投资企业，进出口总值为1.8亿美元，同比下降45.8%。受全球金融危机和原油等大宗商品价格大幅下跌的影响，俄罗斯经济出现了10年来首度负增长，其经济骤然下滑直接影响到我省对俄出口。与此同时，俄罗斯不断上调原木出口关税、提高汽车出口关税、限制大米和汽车等商品进口，严重制约了我省对俄贸易增长。

4月30日　据省金融办资本运营处负责人介绍，创业板在当前经济形势下，对促进我省实体经济的发展，特别是实现保增长、调结构、促就业有着重要的意义。第一，创业板有利于拉动民间投资，从而保持经济的稳定增长。创业板不仅为优秀创业企业提供直接融资的支持，而且也通过完善退出机制，能够大大带动创业投资、私募股权投资等民间投资的活跃和发展。第二，创业板有利于支持创新型企业的发展。为鼓励、支持企业创新发展，我省近期出台了加快科技创新体系建设促进科技成果转化的政策意见。创业板的推出，为企业提供了加快发展的平台，有利于推动我省一直推动的产业结构优化升级。第三，创业板有利于实现以创业促就业的目标。现在就业是难题，很多就业都是通过中小企业来实现的，形成创业的文化，对激发整个社会的活力非常重要。

5月8日　从哈尔滨市中小企业局获悉，受省、市"保增长，促发展"系列有效措施推动，第一季度，哈市非公有制经济保持了持续稳定发展的态势。1～3月，哈市非公有制经济完成增加值260.5亿元，同比增长11.2%，占全市生产总值的比重由2008年的50.6%提高到52%。第一季度，哈市非公经济中，新建续建项目建设稳步推进。目前，全市各区县上报重点项目共有48项，总投资金额为941 761万元；而在2008年完成投资的项目中，部分项目已在今年第一季度投产，经济效益初显；另一部分也投入续建，这些大项目的建设和投用都对全市非公有制经济产生了较明显的拉动作用。

5月11日　虽然金融机构纷纷把目光转向中小企业，然而来自权威部门的统计显示，我省中小企业贷款难问题仍然突出。"中小企业贷款难，最重要的是难过抵押、担保关"。哈尔滨城郊农村信用合作联社理事长姜振认为，抵押、担保是导致中小企业贷款难的瓶颈，要想彻底解决贷款难的问题，一定要过这一关。哈城郊联社通过改进服务方式、创新服务手段、创新贷款担保方式和创新贷款利率定价机制等，有效解决中小企业融资需求。截至3月末，该联社累计投放中小企业贷款2 835户，金额15.3亿元，这些贷款87%投向商贸、工业、电子、家具、鞋业等中小企业。而中小企业贷款还款率也高达95%。

5月12日　为引导我省民营企业积极应对全球金融危机，11日下午，省工商联邀请中国民营科技促进会袁青鹏教授，为我省民营企业家作了《全球金融危机对我国民营企业影响暨老板决定成败》报告会。省政协副主席洪袁舒参加报告会。

5月14日　为深入贯彻省政府出台的保增长促发展23条政策措施，黑龙江省自今年起启动实施由政府部门和银行联手扶持的中小企业成长工程——从全省3 430户规模以上中小型工业企业中，选出成长性好和市场潜力大的200户企业给予资金重点扶持。日前，省工信委、省统计局和上海浦东发展银行哈尔滨分行联合开展了成长型中小企业评价工作，并制定出台了《黑龙江省成长型中小企业评价方法》，明确了首批扶持200户成长型中小企业，以后每年增加200户，力争到2013年评价认定扶持1 000户成长型中小企业。上海浦发银行哈尔滨分行将根据入选中小企业的业绩及经营状况，每年确定信贷规模，重点扶持最佳成长型中小企业发展，并提供全方位的优质金融产品服务，今年对200户成长型中小企业的授信规模为40亿元。省工信委根据省级中小企业发展专项资金年度安排计划，给予适当配套贴息扶持。

5月14日　省中行与大庆市政府正式签署《全面战略合作协议》。按照协议，省中行力争三年内，为大庆提供200亿元的意向性融资安排，支持重大基础设施建设、优势产业、支柱产业以及中小企业的发展。

5月16日　从省工商联获悉，2008年我省民营经济户数已达185.5万户，同比增长1.3%；其中私营企业17.7万户，个体工商户167.8万户。全省民营经济增加值3 226.4亿元，占全省生产总值的38.8%。民营经济已成为地方经济发展的重要力量。据悉，2008年我省民营经济实现税收371.9亿元，比2007年增加39.6%，占全省税收的33.6%。实现进出口总额为171.9亿美元，比2007年增加49.3%，占全省进出口总额的75.1%。民营经济从业人员582.1万人，比2007年增加5%，占全省就业人员的31.3%。

5月27日　由国家发改委、国务院振兴东北办和国家开发银行联合发起的全国首家中小企业信用再担保试点单位——东北中小企业信用再担保股份有限公司黑龙江分公司26日在哈尔滨揭牌。省委常委、副省长盖如垠，东北中小企业信用再担保股份有限公司董事长于海军出席揭牌暨签约仪式。

6月15日　为适应我市“发展循环经济、建设龙江强市”的发展战略，根据国务院《关于鼓励支持和引导个体私营等非公有制经济的若干意见》和省委、省政府制定的《实施意见》及其配套政策，立足于我市必须通过招商引资大上项目、实现非公有制经济更快更好发展的实际，制定相关政策。

6月21日　黑龙江个体私营经济发展迅速，私营企业户数和注册资本增幅跃居全国之首。据介绍，近年来黑龙江私营企业结构性调整步伐加快，其中第三产业发展速度最快，成为带动全省私营经济加快发展的生力军。从实有户数看，数量最多的是批发和零售业，其次是租赁和商务服务业，居民服务和其他服务业居第三位；从增长幅度来看，农、林、牧、渔业增幅最大，其次是电力、燃气及水的生产和供应业，住宿和餐饮业。

8月9日　从有关部门获悉，为抓住IPO重启和创业板即将开闸这一难得机遇，更好地推动我省中小企业加快改制上市步伐，我省将采取六大举措，加大中小企业拟上市资源培育和推进企业发行上市的力度。加大宣传力度，坚定改制上市的信心和决心。善用资本市场，可以实现经济超常规发展和制度创新，培育具有竞争力的大型企业集团、实现税收与财政收入可持续增长、缓解就业压力、促进产业结构优化升级。在此认识基础上，我省企业还要先了解现行发行上市的条件和程序。

8月9日　截至6月底，全省非公经济实现增加值1 639.9亿元，同比增长11.6%，占全省地区生产总值50.8%；其中工业增加值643.2亿元，同比增长19.3%，占全省工业增加值40.7%。全省非公经济完成税收241.7亿元，同比增长8.1%，占全省税收总额的41.7%。全省民间固定资产投资541.6亿元，同比增长38.2%，占全省固定资产投资总额的46%。今年以来，各地把加快发展非公经济作为保增长、调整结构的重要举措，积极制定出台扶持非公经济和中小企业发展的优惠政策，采取有力措施，化解金融危机对非公经济和中小企业的冲击与影响，培育新的经济增长点，全省非公经济和中小企业呈现出平稳回升的发展态势。

8月17日　省委组织部、省委宣传部、省工信委与清华大学继续教育学院联合举办的2009年保增长、促发展非公经济“龙江巡回大讲堂”启动仪式暨首场讲座在哈尔滨市成功举办。

8月21日　省十一届人大常委会第十二次会议分组审议了省人大常委会执法检查组关于检查《中华人民共和国工会法》实施情况的报告。

9月13日　来自省统计局的信息显示：新中国成立60年来，我省非公有制经济作为全省经济结构调整和经济发展的重点由弱到强逐步发展壮大起来。1978年，全省城镇个体工商业者仅有5 000人左右，到2008年非公有制企业和个体户已达185.6万户。非公有制经济已成为当前拉动全省经济增长、创造财富、增加就业的生力军。近些年，我省非公有制经济发展成效显著。经济总量、规模持续扩大，增速加快。2008年，全省非公有制经济实现增加值3 481.3亿元，比上年增长22.5%；占地区生产总值的比重达到41.9%，比上年提高1.7个百分点；拉动全省经济增长7.7个百分点。非公有制经济成为税收和吸纳就业的重要渠道。2008年，全省非公有制经济实现税收426亿元，比上年增长37.9%，增幅提高7.3个百分点；占全省税收总量的38.4%，比上年提高3.7个百分点。全省非公有制经济从业人员596.8万人，比上年增长5.0%；其中，非公有制企业257.9万人，个体户338.9万人，分别增长10.2%和1.4%。

9月14日　中小企业融资难，是政府和社会各界普遍关注的热点问题之一。为破解中小企业融资难，国家及各级政府做了许多努力：加大贷款扶持力度，加大财政支持力度，加强银企对接服务，要求银行成立专门机构……今年5月，我省中小企业又迎来了一个新的融资春天：全国第一家区域性中小企业信用再担保机构——东北中小企业信用再担保股份有限公司黑龙江分公司正式揭牌。

9月17日　省政协十届七次常委会议在哈尔滨开幕。省政协主席王巨禄，副省长孙尧，省政协副主席王利民、王涛志、何小平、洪袁舒、赵雨森及秘书长张成秀出席会议。省政协副主席刘海生主持会议。省政协副主席孙东生作了关于促进我省民营经济发展的调研报告。省工业和信息委员会通报了我省民营经济发展情况。浙江省个体私营监管局，七台河、绥芬河市府政分别介绍了促进民营经济发展工作经验。世界银行东亚与太平洋金融发展局专家做了“中小企业融资的经验与教训”专题演讲。省金融办介绍了支持和帮助我省民营经济发展的有关情况。会上，与会代表还就《破解中小企业融资难的建议》等题目进行了大会发言。

10月28日　据悉，所有参加“健康成长计划”的中小企业将获得全面的免费服务：由经过培训并获证书的专业体检师上门帮助企业进行健康状况检查，提供企业健康状况分析报告；针对企业管理现状进行把脉，为企业提供改进建议；免费参加信息化和企业管理培训活动，获得与企业管理和信息化专家面对面沟通咨询的机会。

11月9日　从哈尔滨市中小企业局获悉，1～9月份，哈尔滨市非公有经济实现增加值1 123亿元，同比增长13.7%。随着创业环境的有效改善，哈市非公有制企业总量不断壮大，仅第三季度哈市新创办个体私营企业9 038户，新增就业岗位27 874个。目前，非公经济已成为哈市保增长、促就业的重要支撑力量。

12月4日　我省非公有制经济组织学习实践科学发展观活动指导工作情况汇报会在哈尔滨召开。中央非公有制经济组织深入学习实践活动巡回指导组第一组组长甘国屏、省委副书记杜宇新出席会议并讲话，省政协副主席、省委统战部部长王涛志主持会议。

上海市

1月9日　市政府召开“服务企业保增长”工作会议，近30家中小企业代表参会。

1月23日　普陀区首家小额贷款公司——上海普陀宝祥小额贷款有限公司开业，这也是市中心城区首家开业的小额贷款公司。

2月12日　市人大法工委组织的中小企业立法调研课题正式启动。

2月13日　在沪全国人大代表集中视察企业活动，代表们视察了闵行、奉贤两区的3家中小企业。

2月13日　胡延照副市长出席创业带动就业工作会议并讲话。上海“创业带动就业三年行动计划”正式启动。

2月20日　市中小企业办赴广州参加全国中小企业工作经验交流座谈会。

3月18日　首次“区县中小企业工作双月例会”召开，标志着市、区联手扶持中小企业的制度进一步巩固，通过例会，定期沟通、交流全市中小企业工作重点、热点，协调解决中小企业发展难点问题。

4月15日　由市小企业（贸易发展）服务中心、市小企业（生产力促进）服务中心与上海市质量协会合作设立的“上海市中小企业质量服务工作站”正式挂牌成立。

4月21日　市中小企业办、上海市高新技术成果转化服务中心、上海市教委科技发展中心、经信委技术进步处与上海市商业投资（集团）有限公司五方正式成立“上海五星联盟”，会上签署了银企战略合作协议。

4月27日　中小企业融资巡回服务举办徐汇专场服务活动。

5月13日　市中小企业办与民建上海市委共同举办“聚焦政策，共谋发展——2009上海中小企业发展论坛”。

5月26日　市中小企业办组织张江园区、漕河泾开发区、复旦科技园、宝山工业园区及其合作金融机构出席上海重点产业项目银企对接会活动。

5月31日　市委、市政府召开“上海市推进高新技术产业化工作会议”，组织100多家中小企业参会。

6月4日　由工业和信息化部中小企业司指导，“健康才是竞争力——中小企业健康成长计划”上海启动会在上海好望角大饭店顺利举行。启动会上，市“一办两中心”领导为上海市首批5家中小企业健康成长辅导站以及5家预备辅导站授牌，同时对20名体检师进行了授证。

6月17日　市经信委、市科委、市金融办、上海证监局在上海图书馆报告厅联合主办“上海中小企业改制上市培育工程创业板上市培训班”。

7月9日　市小企业（生产力促进）服务中心、市小企业（贸易发展）服务中心联合主办“名家与名品”论坛，著名经济学家、全国政协副主席厉无畏出席并发表主旨演讲。

7月15日　市“一办两中心”与青浦区政府有关部门联合举办上海市中小企业融资巡回服务青浦专场。

7月17日　市中小企业办与市创投协会共同主办“2009上海国际创业投资和私募股权投资论坛”。

8月25日　市经信委、金山区政府、奉贤区政府、宝山区政府、青浦区政府在金山区共同主办“上海市推进高新技术产业化新材料领域项目对接会”，近百家中小企业参加对接会。

8月25日　市中小企业办组织召开“上海市中小企业咨询专家会议”。

8月27～28日　市中小企业办举办“2009上海金融业服务中小企业洽谈会”。

9月3～4日　全国人大财经委副主任委员牟新生一行来沪调研促进中小企业发展情况，市经济信息化委作专题汇报，并赴中小企业参观座谈。

9月5日　市中小企业办与民生银行共同主办“中小企业融资模式创新与发展暨中小企业贷款券发放仪式”融资推介活动。

9月11日　市中小企业办与上海银监局在上海张江集电港联合指导主办“上海银行业支持科技型中小企业融资洽谈会暨科技金融创新论坛”。

9月17日　市中小企业办组织部分中小企业参加国务院研究室综合司陈文玲司长来沪调研座谈会。

9月18日　上海市小额贷款公司协会正式成立。

9月22～25日　市中小企业办组织95家中小企业赴广州参加第六届中国国际中小企业博览会。

9月25日　市经信委举办民用航空高技术产业化企业领域行业对接会，60家中小企业参会。

9月25日　上海佳豪船舶工程设计股份有限公司在创业板成功发行，成为上海首支登陆创业板的企业。

9月29日　市经信委、市人大法工委、立法所、市府法制办共同讨论启动本市中小企业地方立法相关事宜。

9月29日　市中小企业办召开区县经委参加的区（县）创业板上市工作专题会议。

10月15～17日　市“一办两中心”领导赴沈阳参加由工业和信息化部、辽宁省政府主办，沈阳市政府等共同承办的“中国（沈阳）国际中小企业大会”，并在“中小企业厅·局长论坛”上发言。

10月23日　市新能源汽车推进办公室、市经信委在上海汽车会展中心举办“2009上海市新能源汽车领域高新技术产业化中小企业对接会”，188家中小企业参会。

10月29日　市经信委、浦东新区科委联合在上海贝尔股份有限公司举办电子信息产业对接研讨会，118家中小企业参会。

10月29～31日　第三届中国中小企业节在上

海奉贤区成功举办，本届中小企业节以“信心·机遇·创新·发展”为主题。期间，分别举行了“大陆与港、澳、台地区中小企业发展”和“高新技术产业与中小企业发展”两场专题论坛。

11月3日　市“一办两中心”组织召开上海中小企业品牌促进中心工作会议。

11月12～20日　市中小企业办召开4场关于“上海市贯彻《国务院关于进一步促进中小企业发展的若干意见》的实施意见”的座谈会，各相关委办局、中介机构及中小企业代表参会。

11月13～15日　工信部中小司在南昌举办“中小企业生产经营运行监测工作培训班”，市中小企业办派员参加。

11月27日　工信部在青岛举办“中小企业培训工作座谈会”，市中小企业办派员参加。

12月15日　工信部在广州召开“区域性中小企业产权交易市场试点工作座谈会”，市中小企业办派员参加。

12月16～17日　工信部中小司在长沙召开“创办小企业工作座谈会”，市中小企业办派员参加。

12月17日　工信部中小企业司在北京举行“部分省（市）中小企业信用再担保工作研讨会”，市中小企业办派员参加。

12月17日　工信部在福州召开的“全国部分省市促进产业集群发展工作座谈会”，市中小企业办派员参加。

12月17日　市经信委外经处、市中小企业办和日本横滨企业经营财团上海代表处在上海斯格威铂尔曼大酒店召开“2009年上海—横滨中小企业技术交流会”。

12月23～24日　市中小企业办领导赴北京参加工信部中小司召开的“2009年度中小企业信息化推进工作交流总结会”和“全国中小企业工作座谈会”。

12月29日　虹口区中小企业发展促进中心正式挂牌成立。虹口区中小企业公共服务协同平台开通。

江苏省

1月15日　第三届江苏中小企业信息化高层论坛在南京举行。论坛围绕“中小企业信息化与市场开拓”主题，就深入开展全省中小企业信息化推进工程，利用先进的信息技术促进中小企业开拓市场的路径，帮助中小企业在困境中赢得发展先机等内容进行了深入探讨。

3月19日　江苏省中小企业国内技术转移平台揭牌仪式在昆山举行。省中小企业局副局长张乐夫出席揭牌仪式并致辞。江苏省中小企业国内技术转移平台的正式揭牌，标志着全省性“三大平台”建设迈出了实质性的一步，必将对促进全省中小企业技术平台建设，提升全省中小企业自主创新能力产生积极而深远的影响。

3月31日　由省中小企业局主办的江苏省创业基地——专家巡诊“121计划”启动仪式暨首场活动南京行在金港科技创业中心成功举办。7名创业辅导专家、40多家小企业主、8家创业基地负责人共60多人参加了活动。

4月20日　省中小企业局在南京隆重举行江苏中小企业“百千万”电子商务推进工程启动暨“江苏专区”上线仪式。省经贸委主任张吉生、省中小企业局副局长张乐夫等领导出席仪式，张主任做了重要讲话。“百千万”电子商务推进工程，即从2009～2011年三年期间，免费开展“百场万企”电子商务培训；力争每年扶持5千家中小工业企业、三年引导5万家以上中小企业首次利用阿里巴巴电子商务平台开展电子商务；免费为5万家中小企业提供“旺铺”体验服务。

5月23～25日　由工业和信息化部与江苏省人民政府共同主办的“2009中国（江苏）装备产业配套对接洽接会”在苏州国际博览中心举行，参展企业超过700家，布展面积35 000平方米。汇集了机床及工具、工程机械、汽车及零部件、轨道交通装备、船舶制造装备、电力设备、通用机械等行业的骨干企业。

5月31日　由省工商联和省中小企业局联合编写的《2008年江苏省民营经济发展报告》出版发行。这是自2005年以来第5本全面反映江苏民营经济发展的年度报告。

6月3日　省经济贸易委员会、省中小企业局、省统计局、国家统计局江苏调查总队、省工商业联合会在南京联合召开新闻发布会，通报2008年度全省营业收入百强民营企业（集团）排序情况。全省营业收入百强民营企业（集团）排序工作由省经贸委、省中小企业局、省统计局、国家统计局江苏调查总队、省工商联共同组织，今年为第四次发布。

6月23日　省经贸委、省中小企业局在南京召开全省中小企业创业板上市推进会。省中小企业局张乐夫副局长、郗同福副局长出席会议，各市、部分县（市）中小企业局负责人及企业、投资机构、中介服务机构的代表参加了会议。会议由张乐夫副局长主持。本次会议的主要任务就是动员全省上下进一步提高认识，抢抓机遇，共同做好中小企业创业板上市推进工作。郗同福副局长在讲话中提出力争首发成功、2009年实现10家左右企业创业板上市的目标任务；同时强调今后5年内，推动500家企业完成改制，200家企业进入上市轨道，100家企业成功上市（简称“521”上市工程）。

7月2日　由江苏省经济贸易委员会、省中小企业局、省工商业联合会、新华报业集团、省广播电视总台联合开展的第四届2008年度优秀苏商推选结果揭晓，本次活动推选出“十大风云苏商”、“苏商自主创新大奖”、“苏商社会责任大奖”、“苏商投资中国杰出贡献奖”和“新锐苏商大奖”各10个。

9月20日　由省委统战部、省经信委、省科技厅和省工商联共同举办的“2009江苏民营企业家高层论坛”在宁举办。省政府副省长徐鸣，省政协副主席、省委统战部部长周珉，国家科技部政策法规司副司长李新男，省委统战部副部长、省工商联党组书记邵军，省经济和信息化委员会副巡视员闫浩，省科技厅副厅长王秦等出席论坛。本次论坛的主题为：创新、转型、调整、发展，目的是贯彻省委、省政府关于发展创新型经济的要求，引导和动员全省广大民营企业家积极行动起来，为建设创新型省份多做贡献。

10月29日　江苏省中小企业国际技术转移平台揭牌仪式在无锡举行。工业和信息化部中小企业司司长王黎明、省中小企业局副局长张乐夫和无锡市副市长方伟共同为江苏省中小企业国际技术转移平台揭牌。江苏省中小企业国际技术转移平台是省经信委、省中小企业局批准建立的全省性平台，也是江苏省中小企业局重点支持建设的三大中小企业技术服务平台之一。

10月29～31日　2009中国（无锡）民营企业高新技术洽谈会在江苏无锡市举办。江苏省委常委、无锡市委书记杨卫泽，省政府副省长史和平、农业部总经济师杨绍品、工业和信息化部中小企业司司长王黎明、省经济和信息委员会副主任顾瑜芳、省中小企业局副局长张乐夫等领导出席了开幕式。本届民高会由农业部、中科院和江苏省人民政府共同主办，工业和信息化部为支持单位，无锡市人民政府、省经济和信息化委员会、省中小企业局等省有关部门具体承办。

12月1日　江苏省中小企业协会成立大会在南京举行。省政府副省长史和平、中国中小企业协会会长李子彬为江苏省中小企业协会揭牌，宣告江苏省中小企业协会正式成立。省政协副主席包国新出席成立大会。省经信委主任陈震宁出席会议，对“三会”工作提出要求。省中小企业局副局长张乐夫、郗同福分别主持会议。省中小企业协会邀请省人大常委会副主任丁解民、省政府副省长史和平、省政协副主席包国新为协会名誉会长；邀请老同志凌启鸿、省工商联主席李仁、华西村老书记吴仁宝、红豆集团董事局主席周耀庭为协会荣誉会长；邀请省有关部门负责同志为协会顾问。

12月3日　日本福冈市在我省南京市举办了招商说明会。会议重点介绍了福冈市的基本情况、投资环境及重点扶持行业，福冈市鹳川洋副市长表达了欢迎江苏企业到福冈投资发展的意愿。省政府副秘书长韩庆华、省经信委副主任李春江到会致辞，省中小企业局副局长陆元刚出席会议。

福建省

10月22～25日　我委组团赴澳门参加第十四届澳门国际贸易投资展览会及赴港参加相关活动，参加领导有省经贸委、国资委主任周联清、省经贸委副主任张金铸及省经贸委中小企业处处长徐敏。在澳门参展期间吸引了众多葡语国家的客商前来参观洽谈，并与我省参展企业签订一批购销合同和合作意向。

山东省

5月6日　全国政协副主席陈宗兴率领全国政协无党派界委员视察团，到山东调研指导中小企业发展工作。省委常委、副省长王军民在座谈会上汇报了山东中小企业近几年来的发展情况。省中小企业办公室主任刘新风就全省中小企业的发展形势和面临的困难和问题作了专题汇报。

6月13日　山东省中小企业办公室会同山东省发展改革委、山东省科技厅、中国证券监督管理委员会山东监管局和深圳证券交易所联合主办了山东省中小企业创业板上市培训班。旨在帮助我省中小企业进一步了解创业板市场定位和制度规定，准确理解创业板上市条件和程序，抓住创业板市场机遇，利用资本市场加快发展。

6月28日　山东省中小企业办公室举行“山东省中小企业信用担保十佳机构授牌暨省中小企业办与省国开行签约仪式”，省委常委、副省长王军民出席仪式并讲话。会上，省中小企业办公室主任刘新风与省国开行行长于泽水签署了《关于建立省级担保合作体系支持中小企业发展协议》。当天，召开山东省担保行业协会一届五次理事会，省中小企业办公室主任刘新风同志当选会长。

7月7日　省政府召开全省中小企业产业集群工作会议，总结交流经验，研究部署当前工作。省委常委、副省长王军民出席会议并讲话。会上命名济南高新区计算机软件产业集群等20个产业集群为首批省级中小企业产业集群。

7月22日～8月1日　以山东省担保行业协会会长、山东省中小企业办公室主任刘新风为团长的山东省担保行业考察团一行17人，于7月22日赴台湾的台北、高雄等地，对中小企业信用保证基金、台湾金融研训院、中华工商经济征信协会、中华中小企业财务顾问协会、永丰金租赁股份有限公司、中小金流股份有限公司、华南银行、中华两岸商务促进会等有关单位进行了考察或座谈，在台北召开了由中华工商经济征信协会与山东省担保行业协会主办的海峡两岸中小企业信保机制座谈会，台湾担保、征信、银行、典当等二十多个单位的董事长或总经理参加座谈交流。

8月17～28日　按照省人大常委会的统一部署，省人大常委会组织由人大常委会副主任带队的四个检查组对枣庄等7个市，就《中小企业促进法》和《山东省中小企业促进条例》贯彻实施情况进行了执法检查。

9月10～11日，山东省中小企业办公室承办的第十届全国中小企业信用担保机构负责人联席会议在烟台市隆重召开。工业和信息化部总工程师朱宏任、山东省人民政府省长助理周齐出席会议并致辞，工业和信息化部中小企业司司长王黎明、巡视员狄娜出席会议并作重要讲话和行业发展报告，财政部、国家开发银行等有关部委和金融机构负责人以及山东省发改委、财政厅、工商局、人民银行、银监局等山东省有关省直部门负责人应邀出席了会议，全国30个省、自治区、直辖市的311家中小企业信用担保机构450名代表参加了会议。

9月22～25日　第六届中国国际中小企业博览会暨中西中小企业博览会在广州开幕，省委常委、副省长王军民出席开幕式，并视察山东展区。山东共200多家企业、近2 000人参加会议。据不完全统计，开幕四天共签约成交186个项目，成交额共14.2亿元，还达成一批合作意向，意向签约20.4亿元。

11月17日　《山东省人民政府关于贯彻国发［2009］36号文件　进一步促进中小企业发展的实施意见》（鲁政发［2009］127号）下发实施。

11月23日　2009中小企业信息化推进大会在济南隆重举行，在工业和信息化部与山东省政府的大力支持下，“信息助发展　同心鼎未来”2009年中小企业信息化推进大会在济南山东大厦隆重举行。会议由中国移动通信集团公司和中国中小企业协会主办，中国工商银行、中国农业银行、中国民生银行、用友软件、浪潮集团等合作伙伴协办，各地中小企业管理部门和中小企业代表等400余人出席了大会。中国移动总裁王建宙，工业和信息化部党组成员、总工程师朱宏任，中国中小企业协会会长李子彬等领导出席会议并讲话。山东省委常委、副省长王军民出席会议并致辞。

11月23日　工业和信息化部党组成员、总工程师朱宏任，中国中小企业协会会长李子彬，工业和信息化部中小企业司司长王黎明等领导来山东省中小企业办公室检查指导工作。

11月30日　省政府办公厅以鲁政办发［2009］127号文件印发省经信委、省中小办关于山东省中小企业产业集群发展规划的通知，《规划》提出，到2012年，全省要培育出350个营业收入过10亿元、170个营业收入过50亿元、100个营业收入过100亿元的产业集群；全省建立公共服务机构500个，其中在重点产业集群建立公共技术平台150个。按照统筹协调科学发展、推进新型工业化、专业化分工协作、发挥区域优势、突出发展重点的原则，促进产业集群健康发展。《规划》在食品工业、化学工业、装备制造业等16个产业方面列出了全省重点发展的产业集群。

12月17日　省政府召开的全省中小企业工作会议。省委副书记、省长姜大明向大会致信祝贺，省委常委、副省长王军民出席会议并讲话，省政协副主席齐乃贵等有关单位领导出席会议。

河南省

1月20日　中国中小企业河南网获得国家工业和信息化部中小企业司和中国中小企业网总站授予的全国中小企业信息网络体系“新闻采集奖”，并连续四年获得“突出贡献奖”。

2月24日　《河南省小额贷款公司试点管理暂行办法》正式通过并发布施行。

2月25日　河南省政府机构改革方案公布，组建省工业和信息化厅，为省政府组成部门。省中小企业服务局（省乡镇企业管理局）的中小企业服务职责划入省工业和信息化厅。省中小企业服务局的乡镇企业管理职责划入省农业厅。不再保留省中小企业服务局。

2月26日　全省企业服务年重点项目银企洽谈会在郑州召开，省委常委、常务副省长李克出席并讲话。会上，15家银行与191个项目签订了贷款合同或协议，签约金额达2 821.88亿元。其中合同120个，合同金额1 609.9亿元。

5月12日　全省民营企业应对危机促进发展座谈会在郑州召开。全省100多名民营企业代表参加了座谈会。省委常委、统战部部长刘怀廉出席座谈会，副省长史济春主持座谈会。省委书记、省人大常委会主任徐光春，省委副书记、省长郭庚茂出席会议并做重要讲话。

5月15～21日　河南省“民营企业招聘周”在河南省人力资源市场启动，各地市分别设立分会场，面向社会公开提供免费招聘服务，累计提供就业岗位10万个。

5月27日　河南省人民政府正式出台了《关于支持中小企业加快发展的若干意见》（豫政［2009］35号）和《河南省人民政府关于建立健全中小企业信用担保体系的若干意见》（豫政［2009］36号）。提出了大力推进中小企业成长工程；努力缓解中小企业资金困难；积极解决中小企业发展场地；切实优化中小企业发展环境等工作举措，全力帮助中小企业提振发展信心。

5月27日　河南省委、省政府隆重召开全省民营企业表彰大会，各省辖市市长、分管副市长，工业和信息化局局长，巩义等6个扩权县（市）县（市）长，省直有关单位和金融机构主要负责人，有关民营企业主要负责人共约400人参加了大会。全省100家优秀民营企业、100家高成长型民营企业和50位优秀民营企业家接受表彰。会议由省委常委、常务副省长李克主持。省委常委、统战部部长刘怀廉，省人大常委会副主任储亚平，副省长史济春，省政协副主席梁静出席大会。省委书记、省人大常委会主任徐光春，省委副书记、省长郭庚茂出席大会并做重要讲话。

6月5日　河南省民营企业投诉中心揭牌仪式在省中小企业服务局隆重举行。省委副书记陈全国、省人大常委会副主任张以祥、省政府副省长史济春、省政协副主席陈义初出席仪式并为“河南省民营企业投诉中心”揭牌。副省长史济春做了重要讲话。省纪委、省监察厅、省编办、省纠风办等有关部门负责人和省中小企业服务局全体人员参加了揭牌仪式。

7月3日　由河南省贸促会和大河报社共同主办的2009河南中小企业投融资洽谈会暨高峰论坛在郑州大河锦江饭店举行。

7月3日　成功召开了河南省企业服务年中小企业资金协调会，向金融机构推荐了703家中小企业的710个贷款项目，申请贷款额485.4亿元；现场有15家金融机构与65家企业签订了扶持项目合同72个，总额25.59亿元。

8月20日　由工业和信息化部主办、河南省工业和信息化厅承办的全国中小企业集合发债暨融资工作座谈会在郑州召开。工业和信息化部总工程师朱宏任、河南省副省长史济春出席会议并分别做重要讲话。河南省工业和信息化厅厅长杨盛道、副厅长胡宽广、中小企业局局长王永连出席会议。工业和信息化部中小企业司巡视员狄娜主持了会议并作会议总结。全国各省、市、区和计划单列市中小企业管理部门负责人，部分承担发债的券商、发债担保机构、信用评级机构，深圳证券交易所、阿里巴巴（中国）有限公司等单位高级管理人员共110人参加了会议。

9月20～22日　由国家农业部和省人民政府主办，农业部农产品加工局、河南省农业厅、河南省工业和信息厅、驻马店市人民政府承办，中国农业科学院农产品加工研究所、农业部规划设计研究院农副产品加工研究所协办的“2009年全国农产品加工业博览暨东西合作投资贸易洽谈会”开幕式在驻马店隆重举行。十届全国人大常委会副委员长顾秀莲，河南省委书记、省人大常委会主任徐光春，省委副书记、省长郭庚茂，农业部副部长高鸿宾等领导出席并共同启动开幕仪式。河南省委副书记陈全国主持开幕式。省委常委、省委秘书长曹维新，省人大常委会副主任铁代生，副省长史济春、刘满仓，省政协副主席靳绥东，省人大常委会原副主任吴全智等出席开幕式。

10月28日　河南省技术产权交易所获得工信部批准，成为中部六省唯一一家“区域性中小企业产权交易市场”试点机构，承担着为中部6省和山东、浙江2省搭建产、股、债权交易平台的重要任务。

12月29日　经省政府批准设立，注册资本15亿元的河南省中小企业担保集团股份有限公司揭牌仪式在郑州国际会展中心举行，省委常委，省政府常务副省长李克，省人大常委会副主任刘新民，省政协副主席靳绥东和省工业和信息化厅厅长杨盛道为公司揭牌。

12月30日　《河南中小企业与民营经济》杂志正式更名为《河南中小企业》，每月一期。

湖南省

2月14日　由湖南省委统战部、省工商联、省光彩会联合开展的“万企联村、共同发展”活动专家顾问团成立大会暨银企合作项目签约仪式在省社会主义学院举行。来自相关高校、科研院所和有关部门的107名专家正式受聘于专家顾问团。现场签约10个银企合作项目，协议金额5.91亿元。

3月8日　湖南省经委与北京大学联合开办了学制一年的“湖南省首届民营及中小企业高级工商管理研修班”，来自全省各市、州90余名非公有制企业和中小企业家参加了培训学习。

3月18日　由湖南省工商联（总商会）主办、省湘菜产业促进会协办、德国中小企业联合总会（ZDH）支持的“宏观经济形势分析和民营经济发展论坛”在长沙举行。

4月7日　由湖南省教育厅、省工商局、省工商联、省贸促会等单位主办的“普通高等学校2009届毕业生就业服务月暨‘春暖三湘’毕业生就业”系列活动在长沙理工大学启动。启动仪式上有60家企业向毕业生提供了3 000多个爱心岗位，仪式结束后，举办了首场招聘会，来自全省各地的40多所高校大学毕业生7 000多人参加了应聘。

5月7日　召开湖南省中小企业融资工作会议。省委副书记、省长周强，省委副书记梅克保在会上做重要讲话。会议印发了由湖南省财政厅、省经委、省地方金融证券办、人民银行长沙中心支行、湖南银监局共同研究制定的《关于缓解中小企业融资困难的若干意见》。

5月16日　由湖南省工商联、省劳动和社会保障厅、省人事厅、省教育厅等单位主办的全省“2009’民营企业招聘周”活动启动仪式在长沙市人才劳动力市场举行。近百家民营企业参加了招聘活动，提供就业岗位1 500多个。

6月12日　湖南省工商联、省工商银行联合下发了《关于建立长期稳定的金融合作关系的通知》，双方将合作为非公有制企业提供更多的金融产品。

6月15～19日　“全省非公有制经济代表人士进修班”在省社会主义学院举办，全省40位非公有制企业家参加进修班学习。

7月3日　由湖南省委宣传部、省经委、省教育厅、省劳动厅、团省委、省妇联、长沙市政府共同举办的湖南省全民创业巡回报告会活动启动仪式暨首场报告会在长沙举行。启动仪式之后，13个市州陆续举办了巡回报告会，共1万余人参加。

8月24日～9月18日　湖南省经委分别在长沙、岳阳、衡阳三市举办了四期“2009年国家中小企业银河培训工程湖南省培训班”，来自全省规模以上中小企业经营管理人员、中小企业服务机构从业人员和中小企业主管部门工作人员共800多人参加了培训学习。

9月18日　湖南省经委与中国电信湖南分公司合作，启动了面向中小企业员工培训的“视训365”工程。省经委下发了《关于推进“视训365”工作的通知》。计划2010年“视训365”用户达到3 000户，年培训非公有制企业及中小企业员工100万人次。

9月27日　湖南省人民政府印发了《关于表彰第三届发展非公有制经济先进集体和先进个人的决定》（湘政函［2009］204号），对15个湖南省发展非公有制经济先进县市区，10个非公有制经济服务先进单位，30名优秀非公有制经济企业家，30名创业标兵进行了表彰。

9月27日　湖南省非公有制经济工作领导小

组就2008年度市州非公有制经济发展工作考核情况发了通报。长沙市等3个市州获得一等奖，湘潭市等7个市州获得二等奖，郴州市等4个市州获得三等奖。

9月28日　湖南省非公有制经济发展经验交流暨表彰会议在省委招待所召开。会议由省政府办公厅副主任刘岳辉主持。会上，梅克保副书记做重要讲话，陈肇雄副省长作工作报告。会议表彰了湖南省第三届发展非公有制经济先进集体和先进个人，交流了经验，部署了后阶段中小企业和非公有制经济工作。

9月28日　湖南省统计局、湖南省经济委员会、湖南省发展和改革委员会、湖南省财政厅印发了《关于印发〈湖南省中小企业划分标准暂行规定〉的通知》（湘统［2009］52号），初步建立了中小企业统计制度。

11月12日　召开了湖南省部分民营企业家座谈会。会上，周强省长听取了省工商联工作汇报和三一重工总裁唐修国等9位非公有制企业家的发言，高度评价了广大非公有制企业在勇于承担社会责任，努力发展地方经济，重视科技创新，积极投身公益事业等方面所取得的成就。

2009年湖南省政府开展《中华人民共和国中小企业促进法》和《湖南省实施〈中华人民共和国中小企业促进法〉办法》执法整改工作。2月，省政府成立了以陈肇雄副省长为组长的贯彻执行“一法一办法”工作领导小组，办公室设省经济委员会。3月，领导小组制订了整改工作方案，明确了整改内容、责任单位和要求。5月，召开了电视电话会议对执法整改工作进行部署落实。8月，开展了整改情况督察。9月，召开了执法整改工作情况汇报和评议会议，20项整改工作满意率都在90%以上。11月，省人大常委会第十一次会议听取并审议了省政府《关于省人大常委会中小企业促进法执法检查报告及其审议意见整改落实情况的报告》。

广东省

2月18日　广东省中小企业信用再担保有限公司正式成立。广东省中小企业信用再担保有限公司是广东省人民政府以粤财控股为依托组建成立的国有独资公司，注册资本金为20亿元人民币。

3月26日　“2009广东省中小企业服务推广及产学研对接日”系列活动于在汕头拉开序幕。举行了服务企业展示、首届汕头中小企业投融资论坛、企业动力论坛暨中小企业政策解读会、汕头金融担保圆桌会议、岭南商道·全球通VIP讲堂以及企业护航论坛等精彩活动。

5月26日　“2009广东中小企业信息化培训启动仪式暨珠海首场培训推广活动”在珠海市举行。启动仪式之后，进行了中小企业信息化和电子商务专题培训，共有60多家珠海当地企业派代表参加了培训。

7月10日　广东省中小企业局与中国移动广东公司在广州共同启动了“中小企业信息化种子计划”，同时续签了《中小企业信息化建设合作备忘录》。

8月1～10日　广东省中小企业代表团一行30余人，赴台湾进行为期10天的经贸考察，国民党中央副主席蒋孝严在国民党中央总部会见了代表团一行。在台期间，代表团与台湾竞争力论坛学会举办了粤台中小企业论坛、双方就粤台中小企业合作与发展进行了对话，并签署了中小企业合作协议书。

8月12日　广东省中小企业局与中国联通广东分公司在广州香格里拉酒店签订了《关于中小企业信息化应用与推广战略合作框架协议》。

8月26日　经省政府同意，广东省经贸委首次开展对2008年度各地级以上市人民政府民营经济工作的考核，对获得优秀等次的广州、珠海、佛山、惠州、东莞、中山、阳江、湛江、茂名、肇庆、清远、揭阳等市予以表扬。

9月22日　第六届中国国际中小企业博览会暨中西中小企业博览会在广州国际会议展览中心隆重开幕。中共中央政治局委员、广东省委书记汪洋，工业和信息化部李毅中部长、广东省人民政府黄华华省长出席。第六届中博会共有来自33个国家和地区的3 935家中小企业和机构参展，其中国际和中国港澳台地区有823家；展示面积超过12万平方米，其中西班牙展区面积1万平方米；设标准展位6 187个，其中境内展区展位4 675个，境外展区展位1 512个，西班牙展区展位500个。展会期间，除进行中小企业产品、技术和服务的展示、洽谈和交易外，还将举办中西中小企业高峰论坛、亚欧中小企业发展圆桌会议、中小企业投融资峰会暨项目对接会、中小企业信息化论坛、中小企业投资项目推介会、中西企业对接洽谈活动等丰富多彩的活动。

11月19～20日　广东省中小企业改制上市培训班在广州举行，本次培训班由省中小企业局和中国证监会广东监管局联合主办，邀请了中国证监会发行部、深交所有关专家进行授课。广东省中小企业局局长张文献出席会议并致辞。

12月8日　广东省中小企业局和顺德区人民政府在“第三届顺德中小企业发展论坛暨中小企业促进年会”上签订了中小企业服务体系创新试点合作协议。广东省中小企业局局长张文献出席会议并致辞。省区签订合作协议是深入贯彻落实省委、省政府对佛山顺德区开展综合改革试验工作的批复精神，加快推进广东省中小企业服务体系建设，创新中小企业服务体系建设模式与路径的重要措施。

12月19日　第二届珠三角中小企业投融资高峰论坛暨21世纪成长企业峰会在广州举行，论坛以“助推中小企业成长、缓解中小企业融资难”为目的，以“预期经济复苏破局融资困境”为主题，旨在为推动广东中小企业发展打造多方共赢的投融资年度盛会。

重庆市

1月6日　重庆市中小企业局印发《关于加强中小企业政策法规工作的意见》。

1月9日　重庆市非公经济促进会成立十周年，重庆市中小企业局相关领导参加庆典活动。

1月14日　全市中小企业系统区县局长会议在重庆市江北区召开，全体局领导参加会议。

1月15日　全市工业经济工作会在重庆市江北区召开，各区县分管领导、经委、中小企业局、信息产业局的负责人、市属大型企业、中小企业、民营经济负责人参加会议，重庆市中小企业局党组书记、局长马发骧作专题报告，会上通报表彰了2008～2009年度全市中小企业发展综合考核的先进区县及民营企业50强。

1月16日　重庆·中国西部国际农产品交易会在重庆国际会展中心召开，局党组书记、局长马发骧、副局长马奇昌出席开幕式。

1月23日　重庆市中小企业局机关春节团拜会在局大会议室召开，马发骧局长做重要讲话，会上通报表彰了局机关2008年度先进集体和先进个人。

2月9日　重庆市中小企业局与綦江县政府战略合作协议签约仪式在綦江县政府举行，局党组书记、局长马发骧、副局长马奇昌出席签约仪式。

2月20日　重庆市中小企业局邀请清华大学著名教授洪生来渝讲授“金融危机下如何经营好企业”讲座，全市中小企业政府行政管理部门领导参加了此次讲座。

2月26日　重庆市中小企业局和工商银行重庆分行联合举办的“启明星计划”启动签约仪式在国际会议中心举行，局党组书记、局长马发骧出席签约仪式。

3月4日　国家工信部中小企业司郑昕副司长一行来渝调研，重庆市中小企业局相关领导陪同调研。

3月5日　重庆市主城九区“非公有制经济、中小企业、乡镇企业经济运行分析座谈会”在本市召开，会议分析研究了当前的经济运行情况，提出了促进发展的新思路、新举措。

3月12日　全市中小企业教育培训工作会议在重庆市中小企业干部学校召开，会议总结2008年教育培训工作，安排2009年度教育培训工作。

3月30日　重庆市首批中小企业知识产权试点启动仪式在重庆市沙坪坝区举行。

4月2日　重庆市中小企业局印发《关于进一步推进招商引资工作的意见》。

4月16日　重庆都市工业招商推介会（重庆江北）在重庆市港城工业园区举行。

4月24日　重庆市中小企业协会会员代表大会在重庆市渝中区召开。

4月29日　由重庆市中小企业局主办的“应对金融危机挑战，促进中小企业发展”经贸合作签约仪式在重庆市江北区举行。

5月8日　“中小企业健康成长计划”重庆站启动仪式在重庆市江北区举行。

5月14日　“第六届中国国际中小企业博览会重庆市招展招商推介会”在重庆市渝中区举行，全市中小企业行政管理部门的负责人参加了会议。

6月1～3日　工业和信息化部副部长苗圩一行来渝调研我市非公有制经济、中小企业发展情况，局党组书记、局长马发骧陪同调研。

6月9日上午　由重庆市中小企业局举办的农产品加工创业培训班在重庆市中小企业干部学校开班。

6月11日　重庆市中小企业局与重庆市长寿区促进中小企业发展合作协议签约仪式在长寿区举行。

6月13日　重庆市中小企业局组团赴澳大利亚参加“2009年中澳中小企业商务周”活动。

6月19日　2009年上半年“非公有制经经济、中小企业、乡镇企业运行分析会”在重庆市合川区召开，会议分析了经济运行情况及存在问题，并对下一步工作进行了研究部署。

7月9日　第四届“2009年中国重庆民营经济发展论坛暨全国知名民营企业重庆行”在重庆市江北区隆重举行，正式签订59个项目，总金额526亿元。

7月9日　2009中国（重庆）民营经济发展论坛开幕，全国政协副主席、全国工商联主席黄孟复，全国工商联副主席孙安民，重庆市政府领导王鸿举、黄奇帆、何事忠、翁杰明以及全国知名企业家、部分兄弟省市区工商联负责人等出席了论坛。

7月21日　重庆市中小企业局室召开新闻媒体通气会，局长马发骧通报了上半年经济发展情况，并接受重庆卫视等有关媒体的专题采访。

7月28日　厦门市中小企业局一行到我局考察，交流中小企业工作经验。

8月11日　重庆市中小企业局印发《关于推进我市中小企业工业化与信息化融合的实施意见》。

8月14日　由重庆市中小企业局组织的全市中小企业“两化融合”会议在重庆市江北区召开，局党组书记、局长马发骧、市经济与信息化委员会副主任尹华川、市中小企业信息化专家委员会副主任李强娇出席会议并讲话。此次会议对进一步助推中小企业转型升级，加快中小企业信息化建设步伐具有重要意义。

9月7日　由重庆市中小企业局和重庆社会科学院联合承办的第十一届中国科协年会“重庆中小企业发展高层论坛”在重庆市江北区举行。重庆市政协副主席吴家农和农业部乡镇企业局副局长王秀忠出席论坛并致辞。论坛由局长马发骧主持，市级相关部门、各区县政府分管领导、各区县中小企业局负责人、市相关协会负责人200余人参加了论坛。

9月16日　重庆市中小企业局组团参加“2009年全国农产品加工工业博览暨东西合作投资贸易洽谈会”。

9月22日　重庆市中小企业局组织67家企业赴广州国际会议中心参加第六届中国国际中小企业博览会。

10月15日　南京市郊县中小企业局局长一行来重庆市中小企业局交流考察，并签署两市战略合作协议。

11月2～8日　局党组书记、局长马发骧率重庆市中小企业经贸代表团赴台湾考察与交流。

11月26日　工信部政策法规司非公有制经济调研座谈会议在重庆市江北区举行。

12月20日　第九届重庆市民营企业家年会暨首届卢作孚贡献奖颁奖仪式在重庆市北碚区举行。

贵州省

1月21日　召开2008年“瓮福杯”多彩贵州旅游商品两赛一会总结暨表彰大会，对在2008年旅游商品活动中涌现出的优秀集体和优秀个人进行表彰。

1月21日　召开全省中小企业、非公有制经济工作会，深入贯彻全国工业和信息化工作会、全国中小企业工作会、全省经济工作会议和全省工业和信息化工作会议精神，总结2008年中小企业和非公有制经济发展情况，深刻研究分析当前经济形势下的挑战和机遇，对2009年工作提出明确要求，具体部署。

3月　由省中小企业局承办的全省中小企业金融服务对接工作会组织了300余户中小企业、省级13家银行及其130余户分支机构、30余户担保公司参加，共签订项目41个，合同签约金额10.84亿元，其中贷款合同签订金额5.13亿元，授信合同金额5.77亿元。达成意向性贷款项目17个，金额总计34 950万元，达成意向性担保贷款项目7个，金额总计4 100万元。

5月8日　由省中小企业局起草的《贵州省旅游商品产业振兴计划》（黔府发［2009］15号）（简称《计划》）由省政府颁布实施。《计划》提出通过实施“旅游商品龙头企业成长工程”、“万户小老板工程”、“特色系列旅游商品成长计划”、“品牌塑造计划”，加快旅游商品公共服务平台体系建设，继续办好旅游商品“两赛一会”活动，推动以个体经营为主的民族民间手工艺者及广大农民的私营经济快速发展，以创业带动就业，推进旅游商品产业加快发展。

5月27日　召开全省“万户小老板工程”启动大会，与各地中小企业管理部门、服务中心、服务平台签订《加快推进“万户小老板工程”实施协议》，确定了一万户“小老板”扶持目标。同时，研究制定《贵州省中小企业局小老板工程实施意见》和《贵州省中小企业发展专项资金2009年旅游商品“万户小老板工程”项目申请指南（试行）》。全年共安排“万户小老板工程”项目18个，安排资金332万元，支持了3个“小老板工程”平台建设项目和264户小老板，促进了一批个体工商户、专业经营户、微小型企业发展，新增就业5 000多人。

为贯彻落实《国务院办公厅关于加强普通高校毕业生就业工作的通知》及国家七部委《关于印发三年百万高校毕业生就业见习计划的通知》精神，帮助离校未就业的高校毕业生通过就业见习提升就业能力，拓展了153家单位和企业经营管理规范、效益和信誉好的中小企业、非公有制企业作为见习单位，共提供见习岗位559个。

7月　贵州省委十届五次全会通过了《中共贵州省委贵州省人民政府关于大力推进个体私营等非公有制经济又好又快发展的意见》（黔党发［2009］12号）（简称《意见》），这是全国第一个以省委全会文件形式推进非公有制经济发展的纲领性文件。《意见》提出了今后一段时期我省非公有制经济又好又快发展的新目标、新任务和新行动纲领，要切实解决制约非公有制经济发展的市场准入、融资难、用地难、服务体系不健全、行政手续繁杂、企业负担重等突出问题，引导非公有制企业增强法制观念、推进科学管理、增强自主创新、鼓励创建品牌、加强人才培养，要通过加强协调，建立激励、宣传、督察、统计机制，形成推动非公有制经济又好又快发展的合力。

9月　组织参加第六届中国中小企业博览会暨中西中小企业博览会。组织了食品、医药、旅游商品等6个大类产品共60余户企业参展，特别增设多彩贵州旅游商品精品展示专区，开展旅游商品精品展示、能工巧匠现场制作和民族风情歌舞表演等活动，成为整个中博会展馆最出彩的场馆，共签订合同金额1 590万元，达成意向协议12 289万元，取得了良好成效。

4～9月　省人大执法检查组通过单位自查、听取汇报和实地察看三阶段检查，采取上下联动、点面结合、委托检查与重点检查相结合的方式，重点检查了全省23个县、市、区，察看了68户企业，并召开企业座谈会听取意见和建议，对《中小企业促进法》实施5年来的落实情况、实施中存在的问题进行了调查研究，并提出了加大学习宣传、拓宽融资渠道、转变政府职能、提升企业素质、加强社会化服务等意见和建议。

组织我省中小企业及非公有制企业参加由国家发展改革委与教育部组织的第六届“全国中小企业网上高校毕业生就业工作招聘活动”，共有113家企业提供了401个就业机会，1 300多名应届毕业生参与，部分企业已与求职者达成了用工协议。

11月11日　贵州省经济和信息化委员会与中国邮政储蓄银行贵州省分行签署战略合作协议。将在未来3～5年内为我省中小企业、非公有制经济提供不少于200亿元的意向性信用额度，构建可持续融资、成本合理、额度宽松的中小企业融资平台。

完成“银河”、“星光”培训计划。“国家中小企业银河培训工程”和“贵州省中小企业星光培训工程”全年共举办各类免费培训班39期、培训人员 7 457 人次，举办了“职业经理人”、“酿酒技能”、“旅游商品能工巧匠”、“中小企业财务培训”、“信用担保”、“小额贷款公司辅导”等培训班，对提高中小企业综合管理水平效果明显，2009 年获得职业经理人资格的共有 103 人。与省委组织部、省农委、省人事厅共同举办煤炭安全培训班、贫困地区创业者培训班、旅游商品高级研修班等，促进了中小企业、非公有制企业人才提升。

举行“董酒杯”多彩贵州旅游商品设计大赛、能工巧匠选拔大赛和旅游商品展销大会活动。全省 88 个县共有 3 238 件（套）旅游商品设计作品、2 348 名能工巧匠报名参赛，共评选出“贵州名创”45 件，“贵州名匠”80 名。通过旅游商品“两赛一会”的举办，民族民间工艺品及特色旅游商品的制作、销售、研发设计在全省已初具规模。贵州旅游商品正逐渐成为“贵州名片”。

订购 100 份《中办通讯》和 50 份《秘书工作》，向全省部分中小企业、非公有制企业免费赠阅，以切实解决中小企业、非公有制企业信息渠道不畅，对中央文件、中央精神、中央政策缺乏及时了解和掌握的问题。

继续推进中小企业、非公有制经济统计监测体系工作，按季度发布了中小企业、非公有制经济统计季报，及时掌握企业生产经营状况和发展趋势，分析难点，突出重点，为省委、省政府提供决策依据，指导各地中小企业、非公有制经济运行。

开展小额贷款试点工作。按照省政府的部署，稳步有序推进全省小额贷款公司试点工作，完成了全省第一、二批试点小额贷款公司的审批、开业工作，截至 2009 年年底，我省 52 户开业小额贷款公司按照“小额、分散”的贷款原则，累计放贷 16 亿元，个体工商户和中小企业贷款占整个贷款比例的 80% 以上。

11 月 23 日 ~12 月 5 日　为认真贯彻落《中共贵州省委、贵州省人民政府关于大力推进个体私营等非公有制经济又好又快发展的意见》，由省委办公厅、省政府办公厅牵头，省纪委、省直机关工委、省经信委中小企业办公室、贵州日报社、贵州电视台等组成联合督察组，到 9 个市（州、地）和 9 个省直部门、单位，进行落实情况督察。截至 2009 年年底，9 个市（州、地）和省公安厅、省司法厅、省地税局、省高院等 10 多个部门、单位出台了贯彻意见或实施细则。

云南省

1 月中旬拟定并下发了《2009 年全省中小企业和非公经济发展工作指导意见》。

2 月在全省工业经济工作会议上，和段琪副省长代表省政府与各州市签订了《2009 年云南省非公有制经济发展目标责任书》。

3 月研究制定了《关于〈云南省人民政府关于加快中小企业发展的若干意见〉的实施意见》和《云南省非公有制经济发展 5 年行动计划》。

3 月下旬组织召开全省中小企业网络服务体系建设和服务培训会议，就如何进一步促进中小企业网在各州市的建设、如何实现省网与各州市分网共同发展等问题进行了讨论和交流。

3 月 1 日 ~6 月 30 日　积极组织中小企业参加“2009 年全国中小企业网上百日招聘高校毕业生活动”。我省有 536 家企业在中国中小企业信息网发布招聘信息，提供 1 255 个工作岗位，我省发布的企业招聘信息数量位居全国第五。

5 月 9 日　与人行昆明中心支行、银监委云南监管局共同举办了 2009 年云南省中小企业融资银企合作对接洽谈会，签订贷款协议、委托担保协议和意向性贷款协议合计金额达到 27. 52 亿元。

6 月 3 日　全省加快非公有制经济发展大会在昆明召开，省委书记白恩培、省长秦光荣等主要领导出席会议，副省长和段琪主持大会。会议公布了《关于加快非公有制经济发展的决定》。

8 月　分别在玉溪、红河联合举办了企业经营管理知识培训，有 447 名中小非公企业管理人员参加培训。

9 月上旬　圆满完成了国家“中小企业银河培训工程”任务，培训学员 827 人。

9 月中旬　组织了我省食品、医药等行业的 43 户企业参加“第四届中国中小企业博览会暨中日中小企业博览会”。

11 月中下旬　昆明、曲靖等 8 个重点州市及 4 个省级部门开展了贯彻落实 2006 年全省中小企业暨非公经济发展大会会议精神和相关政策的情况专项督察工作。

12 月 4 日　召开了云南省中小企业信息监测培训会，对昆明、曲靖、玉溪、红河、楚雄和大理等州市的 45 户中小企业作进行了信息监测报送培训。

2009 年，通过对 16 个州市上报的项目进行认真的筛选和审核，提出了重点扶持项目。推荐了一批成长性好的中小非公企业项目，争取国家中小企业发展专项资金扶持以及金融机构的贷款支持。

11 月 9 ~ 27 日　分别在玉溪、楚雄、迪庆、丽江、保山和临沧 6 个州市开展了为期两天的中小企业经营管理者综合素质提升巡回培训，培训学员 1 358 人。

投诉中心共受理投诉 26 件（含电话投诉），已办结 14 件，转办 12 件。

陕西省

3 月 18 日　由省中小企业促进局、人民银行西安分行、陕西银监局共同主办、陕西中小企业商务网——贝易达在线承办的“陕西中小企业融资信息服务平台 · 融资超市”在西安正式启动。该项目是西北首家定位于为各类中小企业提供在线融资信息服务的网络平台，是我省应对当前金融海啸，多方合力帮助中小企业畅通融资信息渠道、突破融资难瓶颈的一项新举措。

3月31日 全省县域经济工作会议在西安召开，出台了《陕西省加快县域城镇化发展纲要》、《陕西省加快县域工业化发展纲要》和《陕西县域经济发展白皮书》等重要文件，明晰了今后一个时期的发展思路、目标任务和政策措施，具有较强的指导性、针对性和操作性。

4月1日 省委、省政府在陕西宾馆召开全省县域经济工作会议工业化分会。会议对宝鸡市中小企业局等45个中小企业、非公有制企业信息统计工作先进集体和张英杰等71名先进工作者进行了表彰，为陕西万方汽车零部件有限责任公司等211户“陕西省中小企业成长工程骨干企业”授牌。

4月1日 省非公有制企业发展环境投诉办公室正式成立。投诉办公室设在省中小企业促进局，成员包括省委组织部、宣传部、发改委、工商局、质监局等27个非公联席会议成员单位共同组成。投诉办坚持“高效、公正”及“分级负责，归口办理”、“谁主管、谁负责”的原则，按各自职责分别受理企业投诉。

4月6日 由陕、甘、川、青、贵、藏六省区中小企业局共同举办的中国西部中小企业发展论坛在西安召开，这是西洽会首次就中小企业发展问题开设论坛。

8月17～18日 全省中小企业局长会议在宝鸡市眉县召开。

9月4日 全省非公有制经济发展环境现场会在澄城县召开，姚引良副省长出席并做重要讲话。

12月10日 全省发展县域经济促进农民增收现场会在石泉召开。省委副书记、省农村工作领导小组组长王侠出席并讲话，省委常委、副省长洪峰主持会议。

甘肃省

认真贯彻国务院“36条”和省委省政府“38条”等促进中小企业发展的扶持政策，制定了中小企业服务体系、信息化、技术创新以及支持企业联合重组做大做强等配套措施，狠抓了各项政策的落实。

《甘肃省促进中小企业发展条例》（简称《条例》）于8月1日颁布实施，通过立法加大了对中小企业的扶持。《条例》出台后，充分利用各种媒体在全省范围内进行了广泛宣传，强化了舆论和导向作用。

配合国家工信部、省人大、省政协等开展了多次专题调研，提出了加快发展的建议和意见，为省委省政府科学决策提供了依据。

积极争取国家支持。今年以来已先后5批申报国家扶持中小企业专项资金，申报项目175个，申请扶持资金2.6亿元。其中，中小企业技改项目88个，申请资金9 000万元；固定资产投资类项目30个，申请资金6 399万元；信用担保项目48个，申请资金8 722万元；小企业创业环境等服务体系建设类项目9个，申请资金2 015万元。截至目前，共争取到国家中小企业财政资金1.46亿元，其中已到位5 620万元，预计全年落实国家扶持资金可突破1.6亿元。完成了省级乡镇企业中小企业发展专项资金的审核和下达工作，安排项目补助资金2 690万元。截至目前，中小企业开工建设项目2 533个，项目总投资849.39亿元，累计完成投资291.41亿元，占投资总数的34.41%，已建成项目1 449个，占建设项目的59.18%。

广泛开展银企合作。今年8月，会同省金融办及有关银行，举行了“全省重点工业企业银企贷款签约仪式”，为企业发展提供融资贷款448亿元。

引导担保体系加快发展。为加强对担保机构的监管，规范和引导其健康发展，起草了《关于加快中小企业信用担保体系建设的意见》，征求省直有关部门意见和各市州意见后，争取由省政府下发执行；建立了担保机构统计监测制度，加强了对重点担保机构运行情况的监管，推荐11户担保机构享受国家免征营业税政策；积极引导担保机构向县域延伸，不断扩大担保机构的数量和覆盖面。目前全省担保机构已发展到78家，累计为4 500多户企业提供担保贷款130亿元。

积极配合省人大、省政协和省直有关部门先后4次开展了中小企业融资情况的调研，李平主任代表省政府向省人大常委会作了甘肃省中小企业融资情况的专题报告，引起了高度重视。

年初以省政府名义召开了“全省中小企业服务体系建设大会”，总结了工作，交流了经验，对今后服务体系建设工作进行了安排部署。

制定了信用担保、创业孵化、公共技术服务、教育培训等9个认定管理办法，首批认定省级中小企业服务平台31个，其中创业孵化基地4个、信用担保服务机构9个、公共技术服务平台5个、教育培训基地13个。

积极整合社会资源，加快推进中小企业创业孵化基地建设。目前，全省初具规模的创业孵化基地达18个，在孵企业1 600多户，提供就业岗位近4万个。

推进中小企业信息网络建设，目前已有11个市州和9个县区建立和开通了中小企业网站，并与中小企业甘肃网成功链接。中小企业甘肃网日点击率达到3 300多人次。

广泛开展培训，重点依托国家银河培训工程，分9期在9个市州举办了银河培训班，培训企业家、行政管理人员1 020人，超额完成了国家银河培训任务，国家“星火”培训30名正在实施。据统计，今年全省各级已累计为企业培训职工10.4万人次。

组团参加了第六届国际中小企业博览会，推荐招商引资项目211个，投资总额420亿元，21户企业签订贸易协议1.4亿元；展会期间组织参加了地震灾区中小企业投资项目推介会，推介地震灾后重建项目66个，现场签订投资项目11个，签约金额37.4亿元。

对2008年平凉全国乡企贸洽会等招商引资项目到位情况进行了督察，截至目前，平凉贸洽会签约的749个项目中，已开工建设601个，项目履约率达80.24%，引进到位资金120.6亿元，资金到位率达到了30%。

启动了“直邮服务中小企业双千工程”，依托邮政网络服务平台和“名址数据库”的资源优势，帮助中小企业拓展市场空间，提升营销能力，扩大企业知名度。

宁夏回族自治区

2009年，根据工业和信息化部要求，先后就宁夏中小企业运行、融资担保、政策法规、服务体系等方面开展调研，向工信部上报了自治区中小企业和非公有制经济发展情况、完善中小企业政策法规、中小企业服务体系建设、信用担保体系建设、创业工作开展情况等几个方面的调研报告，并撰写了《中国中小企业年鉴（宁夏篇）》。

3月31日　按照自治区主席王正伟批示精神，制定了自治区中小企业共渡难关的具体措施及今后主要工作思路。

4月20日　全区中小企业生产经营运行监测工作在国家中小企业工作会上受到国家工信部通报表扬。

4月29日　工商银行宁夏分行小企业金融业务部挂牌成立，自治区政府常务副主席齐同生、自治区政协副主席陶源同志莅临并为业务部成立揭牌。自治区经信委赵旭辉副主任参加了成立仪式。

2009年，为贯彻《中华人民共和国中小企业促进法》，落实自治区党委陈建国书记、自治区政府齐同生副主席的批示精神，3～5月份，自治区经信委在借鉴全国已出台条例或办法的基础上，起草了《宁夏促进中小企业发展条例（草案）》。6月26日，召开起草筹备工作会议，成立了由自治区经信委牵头，自治区法制办等18个单位共同组成的起草组领导小组，对“条例草案”进行多次修改。10月份，形成《条例》送审稿报自治区法制办，并被列入2010年重点立法计划。

2009年，向工信部组织、审核上报中小企业发展专项、工业中小企业技术改造专项和中小企业服务体系补助专项等4批共61个项目，其中59个项目获得国家7 094万元资金支持。

7～8月　自治区经委承担了2009年“宁洽会”宁夏工业综合展及室外大型机械展的招展布展工作，多次赴外省招展，并组织区内16个工业园区及区内14家、区外3家机械装备企业参展。完成了宁夏工业综合展组展工作，并负责接待了泰国工业部代表团。最终，宁夏工业综合展被组委会授予“优秀展示奖”。

7月22日　会同国家开发银行宁夏分行赴宁夏伊品生物工程股份有限公司，对该公司45万吨玉米深加工项目进行了调研论证。国开行宁夏分行表示要进一步加大对该项目的贷款支持力度。

8月25日　自治区经信委王玉明副主任一行到中国中小企业宁夏网进行调研，就中小企业宁夏网运营情况、发展情况、取得的主要成绩及未来规划进行了座谈。

2009年，自治区经信委共办理人大、政协有关中小企业提案共6件。其中，第029号提案即《关于出台宁夏促进在小企业发展条例》的办理工作，受到了提案单位民建宁夏区委会的高度评价。

9月22～25日　组织宁夏政府代表团和13家中小企业参加第六届中国国际中小企业博览会暨中西中小企业博览会。展会期间，宁夏企业共接待客商413家，达成交易额4 400万元，签订意向性协议1.76亿元。此次中博会，宁夏代表团荣获“优秀组织奖”和两个“先进个人奖”。

10～11月　为贯彻落实《国务院关于进一步促进中小企业发展的若干意见》（国发［2009］36号）精神，起草了《自治区政府贯彻落实〈国务院关于进一步促进中小企业发展的若干意见〉实施办法（征求意见稿）》，并召开了座谈会，向自治区22个厅局及相关部门征求意见和建议。

12月11日　召开自治区30户非公有制工业骨干企业生产经营运行监测工作会议。传达了国家中小企业运行监测会议主要精神；安排部署自治区下一步开展中小企业生产运行统计监测的具体工作；对优秀统计监测工作人员进行了表彰奖励；介绍了全国中小企业生产经营运行监测平台，并对企业如何利用网上平台实现数据直报、共享部分统计监测数据进行了培训。

12月21日　国家在全国范围内评选100名第三届全国非公有制经济人士优秀中国特色社会主义事业建设者进行表彰。经积极推荐，国家严格评审、两级公示和社会监督，宁夏厚生记食品有限公司总经理阮世忠和宁夏力成电气集团有限公司董事长陈庆成被授予“优秀中国特色社会主义事业建设者”荣誉称号。

厦门市

1月13日　厦门市中小企业服务中心、厦门市同安工业集中区管委会办公室联合渣打银行嘉禾支行在同安工业集中区召开中小企业融资发布会。

1月20日　厦门市副市长叶重耕一行在厦门市经发局副局长柯继安的陪同下，莅临厦门市中小企业服务中心考察指导工作。

2月23日　2009年全市促进工业经济发展工作会议在厦门市政府隆重召开。厦门市委副书记、厦门市长刘赐贵，厦门市副市长叶重耕，思明湖里等五个区的区长、副区长，厦门市发改委、经发局、贸发局等部门的主要领导，中行、建行、工行等金融机构，企联、外商投资企业协会、台商协会等协会代表，以及来自厦门市150家重点工业企业、160家成长型中小企业与重点科技企业的代表参加了会议。

3月11日　厦门市担保典当行业协会第九次会长办公会议在厦门市中小企业服务中心召开。

3月12日　厦门市经发局与厦门市电子信息产业商会在厦门宾馆明宵厅联合举办了《税法新政策宣讲会》，宣讲会邀请了厦门国税局所得税处、设备进出口处和厦门市经发局投资处等相关职能处室详细讲解了相关政策。

3月17日　工业和信息化部苗圩副部长在福建省经贸委周联清主任、厦门市经发局陈津局长陪同下，到厦门市厦钨股份、金龙联合汽车进行调研。这是工信部成立以来，部领导第一次到厦门对我市工业企业视察调研。苗圩副部长对这两家企业的发展成就和厦门机械工业区建设给予高度赞赏和肯定。

3月16～17日　福建省经贸委在福州举办福建省地方工业品产销对接会。厦门市经发局陈津局长率厦门市惠尔康、如意集团、古龙罐头等30家工业生产企业参加对接会。

3月26日下午　厦门市中小企业民营经济工作座谈会在海沧召开。各区经贸局的负责人就过去一年各自辖区内的中小企业与民营经济的工作进行了交流分享，并对发现的问题展开热烈的讨论。

4月3日　国家轻工行业调整与振兴规划报告会在厦门市同安区政府召开。

4月18日　“2009厦门市中小企业信息化论坛”在国际会展中心举行。论坛由厦门市经济发展局、厦门市信息产业局与厦门市中小办联合主办，厦门中小在线具体承办。

5月7日　由厦门市经发局组织的区级政策性担保机构运作经验交流会在厦门集美区政府隆重举行。

5月8日　中共中央政治局常委、国务院总理温家宝来到厦门进行考察。

5月14日　由福建省经济贸易委员会、厦门市人民政府、中国·海峡项目成果交易会组委会办公室主办，厦门市经发局、厦门市产学研协调领导小组办公室、厦门机电集团有限公司承办的中国·海峡项目成果交易会专场——福建省汽车及工程机械产业（厦门）项目对接会在厦门宾馆召开。

5月15日　由厦门市中小企业服务中心组织的2009年度成长型中小企业回访座谈会在同安工业集中区召开。

5月19日　由厦门市中小企业服务中心组织的2009海沧成长型中小企业回访座谈会顺利召开。

5月20日　由厦门市中小企业服务中心组织的2009思明区成长型中小企业座谈会顺利召开。

5月26日　由厦门市中小企业服务中心组织的2009湖里区成长型中小企业座谈会顺利召开。

6月8～12日　由厦门市中小企业服务中心组织、厦门市经发局企业处处长罗晓芹带领的厦门中小企业家代表团针对温州中小企业的实地考察与交流活动，获得圆满成功。

6月14日　2009年节能宣传周活动在厦门市文化艺术中心启动。

7月8日　厦门市经发局与厦门市企业和企业家联合会企业在市政府西楼一楼2号会议厅联合举办《福建省企业和企业经营管理者权益保护条例》（简称《条例》）宣讲会，邀请《条例》的起草人福建省企联陈震西副秘书长就《条例》的立法目的、主要内容和创新点进行讲解。

7月15日　厦门市经发局陈津局长、翔安区政府柯志敏区长一行，专题调研了翔安区部分工业企业。

8月15日　由厦门市发改委、厦门证监局、厦门市金融办、厦门市科技局、厦门火炬高新区管委会等联合主办的“积极利用多层次资本市场，推动地方经济发展”培训班在厦开班。

8月18日　厦门市经发局牵头，召开厦门市中小企业融资工作联席会2009年第三次会议，厦门市金融办、发改委、贸发局、财政局、银监局、人民银行等16个成员单位，以及市商业银行、担保公司等金融机构的若干代表参加了会议。

8月27日　由厦门市经济发展局联合日本大阪科学技术中心、阪南大学共同主办的“厦门—大阪中小企业合作论坛”在温德姆和平国际厦门大酒店举行。

9月17日　厦门市经发局举行中小企业管理咨询巡回义诊启动会。

9月19日　由厦门市经济发展局、市财政局共同主办，厦门经济管理学院承办的首期清华大学厦门中小企业创新经营工商管理（总裁）高级研修班正式启动。

9月19日　厦门市担保典当行业协会第二届会员大会及中秋晚宴活动在厦门喜来登酒店召开。

9月28日　由福建省经贸委召开的关于部分重点工业企业经济运行座谈会在厦门国家会计学院顺利举行。

9月29日　厦门市召开2009年度厦门市发展品牌经济暨表彰驰（著）名商标企业大会。

10月16日　由厦门市经发局组织的管理咨询巡回义诊工作来到第一站——厦门闽光电气实业有限公司，进行义诊。

10月29日　厦门市经发局组织的“管理咨询巡回义诊列车”驶入第二站——厦门市装载机有限公司。

12月11日　由经发局主办的成长型龙头中小企业生产经营运行监测工作会议在白鹭洲大酒店隆重举行，首批33户成长型龙头中小企业代表参加了会议，厦门市经发局企业处处长罗晓芹出席并讲话。

12月16日　由厦门市经发局主办的关于中小企业发展政策专题报告会在厦门宾馆举行。厦门市民营经济工作领导小组各成员单位领导及联络员、各有关行业协会代表、厦门市级重点民营企业和成长型中小企业高管人员200多人参加了报告会。

12月19日　由厦门市发展品牌经济领导小组综合办公室主办，厦门市中小企业服务中心、厦门鑫三友企业管理顾问有限公司与厦门市商誉传媒有限公司共同承办的海西民营企业发展高峰论坛在厦门万寿宾馆举行。

12 月 22 日　由厦门市担保典当行业协会主办的厦门市担保典当行业协会 2009 年《企业会计准则》培训在庐山大酒店举行。

12 月 24 日　厦门市经发局陈津局长带队调研格绿能光电、靓星光电科技等岛内节能灯生产企业，了解 LED 节能灯生产企业规模、技术水平以及管理经营情况，同时协调解决企业在生产经营中存在的问题。

12 月 30 日　厦门市委工作会议暨全市经济工作会议召开。会议深入学习贯彻中央和福建省经济工作会议精神，总结 2009 年工作，分析面临形势，部署明年经济工作。

年度推荐企业汇总

北京雪迪龙自动控制系统有限公司

北京雪迪龙自动控制系统有限公司（SDL）成立于1998年，坐落于北京市昌平区国际信息产业基地。

SDL是一个按照现代化企业原则组建的国家高新技术企业，公司汇集了众多国内从事分析仪器、仪表与系统的科技研究、开发与企业管理的精英，致力于光电子应用技术、过程分析技术和实验室分析技术的研究与应用开发，形成了具有国际水平、国内领先、满足市场需求的集精密测量仪器仪表、自动化系统、网络技术、通信技术于一体的环保与气体监测等系统产业链，成为国内乃至国际上最富竞争力的分析仪器和控制系统制造和经营企业之一。

近几年来，SDL研制开发并大量投放市场的具有领先水平的成熟定型仪器设备和系统超过20种，形成了国内具有相当规模的分析仪器和科学设备研发与制造产业，产品广泛应用于环境保护、电力、水泥、化工、冶金等诸多工业流程，SDL还为用户提供包括完整的技术设计方案在内的过程分析系统工程。

SDL广泛实施人才战略，吸引并组成了一支跨专业学科的国内、国际一流的、掌握核心技术的产品研发队伍，公司还拥有强大的工程技术服务团队和规范的项目服务管理流程，公司在全国各大区域、中心城市设立办事机构或技术服务基地，可为用户提供全面的售前、售中和售后技术服务，为企业可持续发展不断地注入了新的活力。

SDL正在凭借多年在技术服务领域的经历、经验和行业技术实力，实现与各渠道商家，用户的双赢，创造并完善与用户良好的合作和信息交流的平台，以公司强大的市场和技术支持能力、卓越的服务等从多方面来提升雪迪龙产品的声誉，实现更加开拓的行业市场，最终实现雪迪龙的更进一步地成长与发展。

北京东方广视科技股份有限公司

北京东方广视科技股份有限公司成立于2002年9月，北京市高新技术企业，公司主要面向信息电子和广播电视行业，是集研发、生产、销售及系统集成为一体的领先的有线电视整体解决方案产品和服务提供商。

东方广视公司坚持不断创新，以为有线电视与通信行业发展提供性价比高、适用性强的先进产品为己任，致力于打造广电行业一流的民族品牌。“东方广视”品牌下的产品包括从模拟到数字、从前端到机顶盒、从服务器到软件等十余个系列、近百种产品。公司目前主导产品为双向互动数字电视整体解决方案产品，包括双向交互业务平台软硬件产品、双向网络传输设备、终端设备（包括但不限于机顶盒）等；在双向数字电视领域东方广视技术已达到行业领先水平。

1. 研发能力与自主创新。

东方广视坚持自主创新，核心产品技术均源自企业自主研发，公司设有独立的研发机构——东方广视研发中心，研发中心作为东方广视最重要的组成部分在企业发展过程中起到至关重要的作用。在东方广视公司现有的300多名员工中，研发与技术人员占一半左右，其中核心团队来自于Motorola、Alcatel、Lucent、北京邮电大学、中国传媒大学等知名企业与院校，拥有深厚的信息通信行业背景和技术经验，是广电行业中最具通信背景，通信行业中最精通广电行业的团队，有效地结合了广电与其他通信行业的特征，能为信息产业的快速发展提供先进的思路与技术，为三网融合开发切实可行的合理解决方案。

强大的研发实力构建了东方广视核心竞争力，公司每年投入的技术开发费约占销售收入的7%；现阶段已申请专利、软件著作权数十项，近年承担多项国家级和北京市创新型科技项目，并获得专项资金支持；双向互动机顶盒等产品先后被评国家重点新产品、北京自主创新产品等。公司被评为北京市专利试点企业，信息产业部“数字电视机卡分离标准工作组副组长”单位，中关村国家自主创新示范区自主创新型试点企业等。

2. 产品市场情况与行业影响。东方广视率先在国内开发并推出新一代自主知识产权的双向互动数字电视整体解决方案，使有线电视运营商能够以基本数字平移的成本实现全网全双向数字电视互动应用，向终端用户提供各种交互式视频服务，将时移电视、互动点播等多种双向交互电视业务变为常态应用，还推出双向股票、互动游戏等多种多样业务，逐渐将数字电视打造成为家庭娱乐、文化教育、社会管理、交互式信息发布的多媒体数字平台。同时双向数字电视系统提供宽带数据、VOIP语音扩展接口，为不同业务基于有线电视的网络融合提供方案。有助于加快NGB建设，同时为基于有线电视网络实现三网融合提供了切实可行的解决方案。积极响应国家关于双向数字电视和三网融合的政策指引和号召。

东方广视双向数字电视整体方案在国内创造性地开启了一步到位的全网全双向数字电视平移模式，并得到了国家广电总局领导部门的认可；2009年5月东方广视的双向数字电视整体解决方案产品通过国家广电总局的专家组评审，中标全国文化信息共享工程试点项目大连农村信息网项目建设，并成功实施该项目，为全国双向数字电视和文化信息共享起到示范性作用。

目前东方广视在双向数字电视领域技术达到行业领先水平，东方广视模式不仅得到国家广电总局等领导部门的好评，也得到了有线电视运营商和其他厂家的一致认可，东方广视双向互动电视方案已在全国多个市级以上有线电视网络中投入商业应用，2009 年双向数字电视新增用户市场份额第一。目前行业中多个厂家陆续开始效仿东方广视双向数字电视产品。

3. 业绩增长与企业腾飞。强大的创新能力、优质的产品与服务，是东方广视赢得市场的制胜法宝，产品销售额的迅猛增长，自 2003 年起持续盈利，企业得到飞速发展。目前东方广视的有线电视产品已经遍及全国二十余个省市自治区，客户涵盖国内近 200 个广电运营商，约 300 万户的终端用户。

2009 年公司销售额达 1.6 亿元，与 2008 年增长率达 100%；自成立短短七年多，东方广视从最初注册资金 100 万元发展到注册资金 10 850 万元、资产总额近 4 亿元，并于 2009 年 12 月完成股份制改革；东方广视公司已从当初的一闻不名的企业发展为至今国内领先的双向数字电视和三网融合方案提供商，成为广电行业中最具成长性的企业之一。

北京中海纪元数字技术发展股份有限公司

（一）企业概况

北京中海纪元数字技术发展股份有限公司成立于 2003 年，注册资本金 1 500 万元，是由海淀区属国有资产投资控股，海淀园管委会直接指导的国家级高新技术企业和软件认证企业，是中关村科技园区百家创新型试点企业，也是海淀区第一家挂牌上市的区属国有企业，专业从事电子政务、网络教育及企业服务服务。

中海纪元在科研、技术、人才及财务等各方面有着较强的优势，分别通过了国家高新技术企业、国家软件企业及软件产品认定、质量管理体系 ISO9001：2000 标准认证、计算机信息系统集成资质等各项认证。公司拥有专属的专家顾问团队，拥有办公总面积近 4 000 平方米，员工近 200 名。公司的诸多优势为业务发展打下了坚实的基础。公司现与众多国内外知名企业建立了密切的战略合作关系，与美、日、韩等国外知名厂商建立了良好的国际化合作关系，为中关村企业与国外企业的技术交流和合作架起桥梁。

2008 年，北京市人民政府、科学技术部、中国科学院在中关村科技园区联合开展百家创新型企业试点工作。经由北京市科委、中关村管委会、科技部政策体改司和中科院北京分院共同组成试点联合工作组，按照“公开征集、组织推荐、专家评议、联合审定”的工作流程，从中关村 1.8 万家企业中筛选并确定“北京中海纪元数字技术发展股份有限公司”等 79 家企业为第二批中关村科技园区百家创新型试点企业，并颁发了证书。

公司员工近 200 名，从事研究开发的人员共有 48 人，占公司全部员工总数的 47.21%，研发人员中：博士 2 人，研究生及以上学历人员占公司总人数 11.63%。公司研发部门的主要负责人和科研骨干均实现了年轻化，人才梯队正在形成。在此基础上，公司特别注重对人才的培养，一方面，公司制订了人才培养计划和引进国内外优秀人才的具体措施，为公司的发展奠定人才基础；另一方面，公司技术研发中心还与北京多所高校开展合作，培养国内一流的应用型人才。

（二）成功经验

自公司成立以来，一直是海淀区政府电子政务项目建设的主要力量，直接担负着海淀区政府和中关村科技园区海淀园电子政务的技术支持和 IT 运维服务工作，具有较多的电子政务实施经验和较强的业务能力。公司的主要电子政务软件产品“海淀区政府网上协同办公平台”是全国最先获得实际应用和实现跨部门协同的电子政务项目；“海淀区网上行政审批和电子监察平台”也是全国最先实现真正网上审批并实际应用的项目；同时，由于中海纪元是国家《政务信息资源交换体系标准》的起草单位之一，由此开发的政务信息资源交换平台与国家标准是同步的，这也是该产品的一大特色和亮点；由于中海纪元公司积极参与国家、北京市、海淀区各级政府信息化和电子政务相关课题研究和服务保障工作，早在《国家政府信息公开条例》公布之前，就根据海淀区政府信息的实际业务情况着手开发出了政府信息公开系统，并在海淀区获得了应用。2008 年第十一届北京技术市场金桥奖评比中，中海纪元公司的“海淀区政府网上协同公共服务系统”荣获项目二等奖。在由北京市宣传部、市科委和市信息办主办的“2007 长风杯信息北京十大应用创新成果”评选中，公司的“海淀区公众服务系统”产品也位列其中。

公司在对电子政务领域业务的深刻理解及大量的项目经验积累的基础上，按照国家电子政务总体框架和相关标准要求，公司自主创新研究提出了一套面向我国区县级电子政务的整体解决方案，并采用最先进的国际开放标准 J2EE 技术平台和 SOA 技术架构，公司先后自主研发了包括政务信息资源共享与交换平台、政务信息资源梳理工具与目录体系、电子政务行政审批通用平台、电子监察平台、政务信息资源公开系统、政务跨部门协同办公平台、智能电子表单系统、图形化工作流引擎系统、智能报表系统等 22 个具有自主知识产权的电子政务应用平台产品，覆盖了区县电子政务整体解决方案中的最核心的技术开发平台、通用应用平台和基础组件。

企业服务业务围绕“智慧园区”，主要向园区企业提供全方位综合业务服务，具体包括企业网站建设、企业信息化增值业务、电子商务运营平台建设、企业级 OA 建设、企业 ERP 系统、企业系统集成服务、企业信息化建设业务咨询服务。目前中海纪元已与50余家企业签订了长期的信息化建设与维护服务协议，包括北京市中海源产权交易经纪有限责任公司、北京中海创业投资有限公司等。

网络教育业务主要从事面向企业、政府的专业化培训服务。目前开展了“企业培训 E-Learning 工程”、“海淀企业培训大讲堂工程”、“学习型企业创建工程”、“创业企业辅导示范工程”四大工程。

“海淀企业培训大讲堂”是面向海淀区所有企业及员工推出的一项公益性免费培训项目。截至2009年9月，成功举办30期，得到了广大企业的认可和好评。

公司自成立至今，已经与多家知名培训机构及专业院校合作联合办学开设培训课堂1 500多场，培训学员达68 000多人次，效果显著，成绩卓越。

企业网络学院主要服务于中小企业，为企业提供对整个培训过程的管理、控制和维护，为企业解决培训成本高、培训时间与工作时间相冲突、学习效果不易跟踪和控制、培训难以形成有效培训体系和培训资产等系列难题。目前安装企业网络学院的企业有80多家，包括久其软件股份有限公司、桑德环保集团有限公司、天元网络技术股份有限公司等。

公司具有一支精良的课程设计与开发队伍，掌握最先进的网络课程教学设计理念，能够根据客户的需求结合客户的行业特色、企业特色，为其提供优秀的网络课件制作服务。目前已为多家培训机构制作了200多学时的课件，包括北京市干部在线学习中心、云南广播电视大学等。

北京达兴电控开关设备有限公司

北京达兴电控开关设备有限公司创建于1992年，专业研制生产高、中、低压成套开关设备和控制设备。公司占地面积2万平方米，拥有数控加工、组焊、总装、检测等现代化的生产线，注册资本3 030万元，总资产近8 000万元，年产值可实现3.5亿元。

公司遵循“和谐通达，创新求兴”的发展观念，坚持“以人为本、自我激励、追求卓越、顾客至上”的企业精神，努力建设和谐企业，创造名牌优势。2003年以来，所有产品均通过中国质量认证中心“CCC”和“CQC”认证。于1998年4月顺利通过 ISO 9001—2000 质量体系认证合格证书，2009年4月3日又通过了 ISO 14001 环境管理体系和 OHSAS18001 职业健康安全管理体系认证，极大地提升了企业整体素质和管理水平。公司在科技创新的道路上努力前行，于2009年7月6日获得“海淀区创新企业”和“中关村高新技术企业”的认定。

公司具备专业管理与制造实力，形成核心竞争优势。在批量生产 KYN28－12（Z）铠装移开式金属封闭开关设备、HXGN-ID 金属封闭环网式开关设备、XBW1D－1250 高压/低压预装式变电站等高压产品和 MNS、GCS、GCK、GDX、GGD 等低压产品的基础上，还与世界知名电气品牌 ABB 合作，研制生产 MD190“安亚”低压大电流开关柜；与世界知名电气装备制造商法国阿尔斯通合作，研制生产为60万千瓦发电机组配套的 AVR 励磁柜、DCS 控制柜；与西班牙绿色能源公司携手合作，研制生产为2兆瓦双馈风力发电机配套的变频、控制系统和太阳能光伏电池逆变器柜等；公司自主研制生产为北京北重汽轮电机有限责任公司2兆瓦风力发电机配套的电源柜、加热柜；产品均达到同类产品的世界水平。

通过与跨国公司技术合作，积极发展新能源和可再生能源，对调整优化产品结构、促进转变经济发展方式起到了积极的促进作用。北京达兴电控开关设备有限公司不仅为国内核电、风电、火力发电等电厂、钢铁、化工等企业和城市建设提供装备，还出口到越南、安哥拉等国家。2008年为北京奥运会、残奥会的工人体育场、工人体育馆、残疾人训练中心提供了优质的设备，并且直接参与了奥运会期间的设备运行保驾工作，为奥运会的顺利召开提供了有效保障。

公司引进并吸收国内外先进的管理理念，把现代企业的管理方法、管理手段和管理机制运用到公司管理之中。全面实施现场定置管理和标识管理，围绕专业化、规模化、目标化，以生产流程改进、再造和优化为手段，全面实现高质量、高效率的生产。通过生产调度会和质量分析会制度，以客户为关注焦点，对生产过程进度和产品质量进行控制。加强成本管理，树立全员节约资源、能源意识。实行工资分配与绩效考核挂钩的新的分配机制，调动员工的积极性。

北京达兴电控开关设备有限公司在未来的道路上将不断拼搏、锐意进取，并一如既往地为用户提供优质的产品及满意的服务，实现共赢和可持续发展。

北京旗舰食品有限公司

北京旗舰食品有限公司是集研发、生产、销售于一体的农产品深加工企业，公司于2005年成立，注册资金8 000万元。公司经营范围包括粮食、果品的收购、加工、销售和主食加工等。主要产品有面粉、大米、食用油脂、杂粮、主食馒头、果酱等。主打品牌“旗舰”商标为“中国市场公认品牌”。产品销售渠道主要是北京市大中型超市、院校、机关食堂及社区。年销售额过亿元。2009年曾获北京市“农产品深加工先进企业”、“绿色企业”、“培训与就业先进民营企业”、“农业产业化重点龙头企业”、“守信企业”、“先进单位”等，连续三届北京市“京郊经济建设十大杰出典型”等荣誉称号。

旗舰公司一直以来，秉持创新是企业发展的灵魂的理念，不断在管理体制、经营思路、营销模式、产品结构、产业方向等方面寻求创新突破，秉持实体创业与政策兴业相结合的经济增长模式，着力打造软件、硬件实力。通过产学研结合实现以科技为先导引领产业的发展和产品的更新，取得了多项技术、工艺的突破；坚持社会意识与企业发展并重，积极投身地方经济建设和社会公益活动，取得的成就令人称道。

在粮食主业经营方面，在外阜建立了水稻、小麦种植基地三处，并就近进行深加工。年均销售大米、小麦粉30 000多吨，销售额近9 000万元，实现利税额近2 000万元。坚持以绿色、健康理念指导产品开发，引导消费，着力打造从地头到餐桌的绿色产品通道。为了让北京市民吃上营养健康的面粉，旗舰董事长王衍生倡导在面粉中不加过氧化苯甲酰，并首家在产品包装上明示“本品不加增白剂”。针对糖尿病、心脑血管病、胃病、维生素缺乏等亚健康群体，旗舰组织科研人员，根据中国人的营养饮食习惯，将药食同源的植物成分加入到面粉中，制作营养型面粉、方便粥料，使食品中的营养更均衡合理，使人们防病治病更便捷。该产品一经上市，就受到消费者的追捧。更受到了国际面粉强化发展联盟的赞许。

在大米销售中，根据不同消费群体，定制了高、中、低档产品，并着重推举生态形、有机型大米进入社区，以满足高层人群对无污染、富营养、高品质类产品的消费需求。这一切都体现了旗舰公司先进的产品开发理念：营养健康、不断创新、引导消费、服务民生。目前，健康营养新产品占旗舰公司总产品的80%，为丰富首都人民的生活，提高人民生活品质作出了有益的尝试。

公司积极参与社会主义新农村建设，大力发展旅游观光经济，形成了多条较完整的产业链条。公司于2008年出台方案、设计利用当地盛产的水生蒲草作原料手工编织大米篓，并由此延伸到其他产品的包装，这些系列包装产品以蒲草、玉米皮、藤条为材料，具有包装、家居多种用途，不对环境产生影响。公司免费培训当地4 050人员学习草编技术，共开办了6个培训班，1 000多人走进课堂，走上就业岗位。环保型外包装带来了链条性效益，受到了各方面的一致好评。

为了帮助当地政府解决果农卖果这一难题，旗舰考察引进了具国内先进水平的果酱生产线，收购西山果农的鲜果，生产成果酱进行销售。并为2012年在昌平举行的世界草莓大会期间大量草莓的加工处理奠定了基础。

针对北京市主食馒头加工行业多采用个体小作坊式生产，生产条件简陋、技术落后、工艺简单，食品卫生无法保障，产品不够营养健康的状况。2009年，北京旗舰食品有限公司提出了围绕北京五环建一个环形主食生产供应链，利用自己掌握的肥浆发酵绝技（采用具有自主知识产权的液体连续深层发酵生物技术和醒蒸一体化工艺）和拥有的原料优势，实现主食生产规模化、专业化、集群化、现代化、健康化，并通过统一物流将产品配送到街道社区服务中心，实现生产与消费的直线对接。全部建成投产后，可日产馒头400万个，能满足北京市20%的馒头供应，可带动就业上千人。通过该主食工程的建设，将改善主食生产环境，提高产品质量和安全系数，优化主食供应渠道。在民政局和私企协会的协助下，通过海淀“爱心家园”旗舰牌馒头已成为社区的畅销产品。

发展循环经济，在生产环节实施节能减排，是旗舰一直追求的目标，并取得了初步成效。

旗舰公司经过五年的努力，形成了自己特色的产业模式、产品特色、企业风范。形成了凝聚力较强的企业文化氛围。制度化规范管理结合人文关怀的管理方式，打造出一个团结向上、特别能打硬仗的领导团队和职工队伍。在“质量是生命、执行是效益、奉献是责任、共赢是目标”的方针指引下，旗舰公司全面发展，共同发展取得了阶段性成就，受到上级相关部门的认可和扶持，呈现出良好的发展前景。旗舰公司将按照“行业领头羊”的既定要求，发扬成绩，乘风破浪，争取更大进步。

天津北科精工自动化科技发展有限责任公司

天津北科精工自动化科技发展有限责任公司是从事工业非标自动化设备设计研发、机械零件制造及模具设计加工为一体的国家级高新技术企业。公司位于河东经济园区，注册资金816万元，厂房面积5 000平方米，拥有员工140余人，其中大专以上学历人员54人。拥有先进的加工中心、线切割机床、电火花成型机、数控车床等精密数控加工机床100余台，以及一系列精密机械加工及海克斯康三坐标检测仪等检测设备。公司通过了ISO9000：2001质量体系和国家级高新技术企业认证。

公司设有独立的、并经天津市科委批准按科技产业园区管理的“天津帅建非标设备研发中心”，还同天津工业大学共同组建了“自动化设备研发中心”。多名教授、博士常驻公司研发中心，同公司研发人员共同解决科研难题。研发中心有机械设计、电气控制、气动设计等方面的研发人员34名，占职工总数的25%。

公司坚持“高技术、高质量、高效率、优服务”的生产宗旨，立项研发了注塑件后加工系列设备、多功能模切件自动组装机、半自动测试机、电子产品自动组装系列设备、电子产品焊接系列设备、自动打标设备系列六大系列项目，转化了落料整型机、螺母预压机、贴膜压合机、贴标机、标签分离机、切板机、寿命测试仪、浇道去除机、自动热熔机、焊接机、捻线机、点胶机、自动贴胶带机、入壳机、自动喷码机、自动刷膜机等百余种设备。2008年高新技术收入达1 430万元。公司在自主知识产权方面申请获得了25项国家专利（其中发明专利14项）；通过科委组织的科研成果鉴定2项，通过了国家高新技术企业认证。

所有科技成果属于机、电、气、光组合的机电一体化产品，实现了替代进口，具有较高的创新性，同国外的类似产品混线使用，经实践检验已完全达到了国外类似产品的性能水平，并可使加工效率和产品质量得以明显提高。公司现已成为韩国三星集团的指定供货商，产品在环渤海地区市场占有率已达40%以上。不仅在环渤海地区站稳了脚跟，而且扩展到了珠三角地区的市场，富士康集团深圳分公司和比亚迪深圳公司都是北科精工公司的客户。

公司拥有先进的加工中心、线切割机床、电火花成型机、数控车床等精密加工设备30余台，有车床、数显铣床、刨床、磨床、钻床等普通机床70余台。为了提高加工质量，今年又投入巨资购入目前国际上最先进的高速高精度加工中心、瑞士夏米尔精密电火花成型机、瑞士慢走丝线切割机等一系列精密机械加工及海克斯康三坐标检测仪，亿信光学影像测量仪等检测设备。

公司在各级政府和主管部门的领导和关怀下，在全体员工的共同努力下，充分利用周边高校资源，积极与高校开展合作，坚持走产学研用一体化的道路，致力于数码和汽车行业的非标自动化设备的研制开发，为实现企富、家富、国富，为振兴民族工业做出应有的贡献。"制造、改造、创造"的跨越是北科人的信念，更是企业前进的动力，努力发展使北科这个品牌走出天津，走向全国！

天津华一有限责任公司

天津华一有限责任公司始建于1969年，原为天津第二轻工机械厂，主要生产钟、手表及自行车设备等轻工机械产品，1986年进入行业包装设备制造。改制后，华一成为天津市第一家国有资本、职工国有身份双退出、双置换的改革示范。

目前，华一拥有员工262人，其中技术人员34人。占地面积2.8万平方米，建筑面积1.66万平方米。公司下设四个车间，拥有国内外领先的各类精密金属切削加工设备如立式、卧式十数台加工中心，拥有国内外领先的质量检测仪器如意大利三坐标测量仪和德国万能工具显微检测设备。

华一目前主要从事行业包装机械、食品包装机械、碱性锌锰电池生产线、高聚合物锂离子电池生产设备，风力发电设备等高科技绿色环保能源产品的研制、生产和销售。在以ZB43A为主的五大系列硬盒包装机组的基础上，公司逐步形成了以ZB43A为主系列的硬盒包装产品族。在硬盒包装机上广泛采用机电一体化，人机界面，PLC控制技术，包装机上装有调制解调器，能做到对产品远距离监控，达到与数千里之外的用户进行沟通。

1995年，华一通过长城（天津）质量保证中心的ISO 9001国际质量管理体系认证。2004年，华一ZB43A型硬盒硬条包装机组通过了德国TUV认证机构的产品"CE"认证。2007年，华一通过了集ISO 9000质量、环境和职业安全健康管理体系为一体的认证。继1992年，企业首次获得天津市"守合同、重信用单位"称号后，从1996年至2007年连续十二年获得此殊荣。自1998年至今，企业始终保持着"天津市名牌产品"称号。2004年及2005年连续两年公司荣获"天津市优秀企业称号"。2006年荣获天津市人民政府百强私营企业；2007年公司获得"全国实施卓越绩效模式先进企业"称号，主要产品硬盒硬条包装机、颗粒包装机两次荣获"全国用户满意产品"的荣誉称号，注册商标被评为"天津市著名商标"。

华一是中国轻工机械协会副会长单位、中国食品和包装机械工业协会副理事长单位、中国包装联合会常务理事单位、天津市包装技术协会副会长单位、天津市质量管理协会常务理事单位。华一已拥有专利54项，其中实用专利47项，外观专利7项。

公司领导积极改进生产架构、提高自身抗风险能力，增强发展后劲。进一步规范企业法人治理结构、提高管理水平，降低经营风险。努力建立一个归属清晰、权责明确、保护严格、流转顺畅的现代产权制度。

2008年，公司加强了融资的力度，以期通过融资给企业带来更广阔的发展舞台、注入更强有力的发展活力。目前公司已频频与优秀企业、跨行业企业、上市企业进行了广泛接触，现正积极寻求合作点

2009年之后，在坚持科学发展观的基础上，公司将继续加大融资力度、加大对国际市场的拓展。以高速机电一体化包装机械为主业，加大能源产业的投入。积极进入国际产业制造链。整合华一企业文化，塑造华一品牌，努力建成产品一流、技术领先、规模效益明显、面向国际的轻工机械企业。

天津市德凯化工有限公司

天津市德凯化工有限公司创建于1997年，是一家小有名气的科技创新型企业。德凯公司迅速地成长发展，得益于改革开放，得力于不断创新。正如董事长申健所说，10年来我们走出了一条具有自身特点的改革创新之路，如果说我们有点特色，这个特色就是创新。10年来，德凯以创新为灵魂，在创新中成长发展。

随着全球经济一体化和知识经济时代的到来，精细化工的市场越变越大、越变越快，要求越来越高，创新成为企业生存和发展的必由之路。德凯把产品创新和技术创新作为企业发展的核心竞争力。发展初期，公司实施"人无我有，人有我强"的方针。相对于跨国公司的"领跑者"们，公司选择了做"跟跑者"，定位于取代国外进口。近几年公司不断推出新品，每四年调整一次产品结构目标。最终形成棉用活性染料50余个品种——德凯素，产品质量均达到国外知名产品水平。形成毛用活性染料20多个品种——德龙素，产品在国内市场上畅销并进入欧洲市场。"德龙素"毛用活性染料成为新的知名品牌，在国内外市场成为佼佼者。

经过几年的努力，公司通过了英国管理家协会认证公司BSI的ISO 9001质量体系认证，建立了

切合实际的企业质量保证体系，通过 ERP 管理系统完善技术、生产、财务、物流四个管理体系，提高了管理效率，节约了管理成本。德凯研制和开发的清洁文明生产工艺——无废水生产工艺项目获得国家财政部认可和支持。

公司设有独立的研发中心，中心职工占全体员工 15% 以上，并聘请了三名外籍专家和三名国内专家。每年科研经费均占销售收入在 5% 左右。在高投入下，德凯公司产品从几个发展至近百个，抢占了需要进口的部分中高档产品。公司多次承担国家、市、区、科委、经委、财政科研项目，多次受奖。2007 年德凯开始实施知识产权战略，共获得国际染料索引号 8 项，国际专利申请号 2 项，国内专利申请号 78 项，其中发明专利 77 项。德凯已经从跟跑者向领跑者跨出坚实的一步。

天津市龙鑫汇汽车零部件制造有限公司

天津市龙鑫汇汽车零部件制造有限公司坐落在武清区上马台工业区，是一家民营汽车零部件加工企业。2002 年创建时注册资金只有 50 万元，主要是为夏利汽车的发动机摇臂进行机械加工，年加工能力不足 300 万元。经过七年的奋斗，到 2008 年年底，公司实收资本达到 1 000 万元，总资产由成立初期 100 万元，增加到 4 000 万元；在岗职工由成立初期 100 人增加到 400 多人，其中：管理人员 14 人，现场管理的高级管理人数 4 人，高级工程师 2 人。2006 年，龙鑫汇公司在武清区上马台工业园购置出让土地 20 亩，建设厂房 9 000 多平方米，并建有锻造生产线三条，气体保护热处理生产线一条，数控车床 40 多台，加工中心 2 台，滚齿机、车床等加工设备 100 多台。

龙鑫汇公司生产和开发的主要零部件有：气门摇臂、汽车机油泵、发动机平衡轴齿轮、发动机气门挺杆、发动机驱动、传动及辅助齿轮、汽车飞轮总成、发电机爪极等 5 个系列，共 18 个规格产品，主要配套企业由 2002 年为夏利汽车活塞环厂一个企业发展到如今为一汽夏利、哈飞东安、比亚迪、吉利、上海华普、重庆力帆、保定长城、昌河铃木、奇瑞等国内十多个著名汽车生产厂家。在飞速发展的汽车制造业引领下，龙鑫汇公司生产和营销规模增长了 15 倍，企业走上了良性发展的快车道。

汽车制造业的优化升级，关键在于提高企业的技术创新水平。为在多如牛毛的汽车零部件制造企业中脱颖而出，龙鑫汇公司加大固定投入，增加发展后劲，先后购置了检测设备、仪器、仪表，从原材料采购，到生产加工，再到产成品入库、发货，实现全过程质量监控。2008 年，龙鑫汇公司又投入了 600 多万元，购置 20 多台数控车床、2 台加工中心、6 台滚齿机、对焊机、高频淬火机床等设备，为提高生产技术水平打下了坚实的基础。从 2008 年开始，公司高薪聘请高级工程技术人员，研制了铸件产品，如发动机缸体、缸盖、曲轴等，抛开了老的砂型铸造工艺，采用节能环保新型工艺——消失模铸造工艺，实现了翻砂造型的技术革命。这项产品的开发，给龙鑫汇公司带来了质的跨越。为提高产品质量，龙鑫汇公司注重生产环境的改善，调整生产部局，车间地面整修，增加工位器具，组织文明生产，为提高产品质量提供了可靠的保证。

龙鑫汇公司自组建起就瞄准汽车工业这个大市场，不断提升配套能力，为企业发展赢得了机遇。2008 年下半年，龙鑫汇公司开发生产的飞轮总成，发电机爪极、连杆、涨紧器等几个新产品，为实现 2009 年生产销售再上新水平打下了良好的基础。

天津天时力医药有限公司

天津天时力医药有限公司坐落在天津市河北区，是一家快速发展的药品销售公司，从发展初期的年销售收入 2.2 亿元，到 6 年后的 2008 年，销售收入跃升为 10 亿元。

天时力构筑了多层次营销渠道，健全营销模式，提升营销理念。目前天时力销售渠道已覆盖多家三甲医院、二甲医院和部队医院，其中三甲级医院覆盖率达到 100%。天时力建立医药批发超市，填补城镇、社区医院覆盖空白，开辟了面向城乡药品零售市场延伸的道路。全市覆盖社区医院、社区卫生站、连锁药房等客户 200 家，为医疗患者提供全方位医药供应服务。

要把天时力医药经销业务做实做大，首要的是做精做细。天时力从客户需求做起，从深刻了解客户做起，在老百姓健康需求上做文章。在总结市场、了解市场的过程中，寻找规律、特点，深刻剖析市场潜在需求，增加与医生、患者沟通的质量，提高沟通的能力与效率，真正了解客户所需和百姓所想、所求，找到了扩大市场、占领市场的奥秘。

天时力大胆创新，突破传统商业模式，建设“全能型”营销商业模式，侧重于正确用药的建议性工作，普及用药安全常识，完善进、存、销一体化的动态性流程，对客户的需求和问题做出及时得当的处理，建立了产品打开销售渠道的必要条件。通过服务增值，更好地满足客户对产品的需求，开拓产品市场，实现产品和服务的双驱动。

在 2009 年天津市医疗机构药品招标采购工作会议上，天时力在参加招标 70 多个厂商中，投标品种总数名列前茅，中标率达到 70%，比去年增长了一倍，无论是品种规格的构成、质量的层次、市场覆盖率，还是客户的信赖度、医患的好评率，都达到了前所未有的水平，彰显了强大的发展后劲。

天时力将始终如一地坚持“质量第一、客户至上”的经营信念，“诚信为本、共创双赢”的经营方针，天时力人励精图治，锐意进取，更好地做老百姓的健康卫士，为广大民众的医患提供真诚、卓越、有效的服务！并努力把天时力打造成为经营有序，管理科学，品牌优秀，信誉卓著的医药流通企业。

包头吉泰稀土铝业股份有限公司

包头吉泰铝业股份有限公司地处稀土之都、草原钢城、铝都包头市，是一家以生产铝合金铸造产品及稀土铝型材生产、加工为一体的成龙配套企业和地区行业技术研发龙头企业，也是国家稀土铝型材生产基地。

公司拥有国内先进的熔铸、挤压、氧化着色喷涂、电泳生产线，形成了完整的生产管理体系、质量管理体系和质量检测系统。年生产能力可生产各系列稀土铝材50 000吨、铝熔铸产品50 000吨。此外公司还建立了工程分公司，主要加工制作以稀土铝材为原料的稀土铝制成品（铝合金节能门窗、玻璃幕墙、室内外大型装饰装修工程等），全年可生产稀土铝合金节能门窗、幕墙30万平方米。

公司生产的“泰字”牌铝合金先后获得了“中国驰名商标”、“中国优质名牌产品”、“内蒙古科技名牌”等荣誉。企业获得了“建设部中建机专家委隔热型材定点生产基地企业”、“内蒙古建筑节能协会门窗幕墙专业委员会主任委员单位”、“质量过硬重点推广优秀生产企业”、“重合同守信誉单位”等称号，并通过了ISO 9001：2000质量体系认证，入编《中国主要建材企业及知名建材产品概览》，向全国建筑工程推荐使用。同时，取得对外贸易进出口权。所生产的粉末、氟碳喷涂彩色铝材和断桥隔热铝型材，以更高的档次，包括节能效果在内的更优越的各项性能，为广大用户营造了一个铝型材门窗的多彩世界。

公司在全国建立了一整套营销网络，现已形成以华北、西北、东北、华东地区为重点的营销网络，并在包头市、呼和浩特市、鄂尔多斯市、临河市、乌海市分别设立了销售分公司，稀土铝型材及其产品销售到北京、天津、甘肃、山西、陕西、上海、湖南、浙江等地。

目前，公司全体员工，正在以“团结、敬业、务实、创新”的企业精神和“全员重质量、产品求精美、换位思用户、质优树品牌”的质量方针，以及“诚信为本、追求卓越”的服务宗旨，提高质量不断更新产品，全力推出以用户满意为核心的售后服务承诺，“及时服务、终生维护”，努力开拓稀土铝材的广阔市场，打造中国铝型材生产一流企业。

内蒙古清谷新禾有机食品有限责任公司

内蒙古清谷新禾有机食品有限责任公司是集有机、绿色农产品种植、精深加工、内外贸易、项目研发于一体的集团化高新技术企业。公司下设通辽、兴安盟、左中、库伦四个子公司，欧洲、北美、中国香港、北京、呼和浩特、大连六个办事处，设有食品研发中心和中试车间。是国家重点农业产业化龙头企业，国家级扶贫龙头企业，全国外经贸质量效益型先进企业，内蒙古自治区高新技术企业，内蒙古自主创新50强企业，内蒙古民营企业100强和内蒙古优秀企业，通辽市最具成长性民营企业，“清谷新禾”商标被认定为内蒙古著名商标。

清谷新禾有机食品有限责任公司是ISO 9001：2008质量管理体系、ISO 22000：2005食品安全管理体系和ISO 14001：2004环境管理体系认证企业，并通过了美国FDA市场注册；公司先后经欧盟ECOCERT有机认证的种植基地52万亩，在中国有机食品行业中率先建立了农产品可追溯体系。

公司始建于2002年，现有总资产1.2亿元。总占地面积近30万平方米，建筑面积2.8万平方米。现有职工300多人，年季节性用工千人以上。建有多条现代化农产品加工生产线，生产能力达10万吨。主导产品为荞麦、果仁、杂粮杂豆、植物油、大米、饲料、蔬菜、食用菌八大系列近百个品种，产品销往欧洲、北美、东南亚等30个国家，以及北京、大连、呼和浩特等大中城市。

多年来，“清谷新禾”人秉承“为耕者谋利，为食者造福”的经营理念，立足于科尔沁大草原得天独厚的地域优势和农产品资源，坚持基地化种植，产业化经营的发展战略，采取“公司－协会＋农户＋基地”的经营方式，形成了以公司为龙头开拓市场，产业协会为纽带，联合农牧民做基地的有机产业化运营模式，为打造内蒙古特色的有机农产品产业奠定了坚实的基础。公司始终把新产品开发作为企业发展的一个重要工作来抓，在葵花、荞麦的提取上，获得了4项国家专利。创新已成为公司发展的不竭动力。

内蒙古双奇药业股份有限公司

内蒙古双奇药业股份有限公司成立于1999年，位于草原青城——呼和浩特，是以研发、生产、销售微生态制剂为主导方向的生物制药企业。公司于1999年被认定为自治区级高新技术企业，2001年成为国家重点高技术产业化示范企业，2002年被认定为国家火炬计划高新技术企业。2009年8月按照国家科技部、财政部、国家税务总局联合颁布《国家高新技术企业认定管理办法》重新认定为国家级高新技术企业。同年获科技工作成绩突出单位奖、科技进步企业、劳动和社会保障先进工作单位、科技兴市效益奖、纳税先进单位等荣誉；2010年5月被内蒙古自治区人民政府评为国家高新技术企业内蒙古自治区十强。公司注册资本6 892万元，总资产3亿元，拥有员工180人，其中大专以上学历人员92人，占职工总数的51%，从事技术研究工作的专业人员28人。

多年来，公司致力于微生态制剂和菌粉的研究、生产，拥有核心知识产权，技术水平处于国内领先、国际先进水平。主导产品微生态活菌制剂——双歧杆菌乳杆菌三联活菌片（商品名：金双歧）被国家五部委评为重点新产品，也是自治区唯一的国家一类新药，主治肠道菌群失调，疗效显著。全国著名营养学专家于若木称金双歧为“人类健康自卫军”；另一产品阴道用乳杆菌活菌胶囊（商品名：定君生）是迄今为止国内唯一获得新药证书用于治疗细菌性阴道病的微生态活菌制剂。

公司一贯坚持以市场为导向，严把质量关，是呼和浩特市首家通过 GMP 认证的药品生产企业。公司充分利用在微生态领域的优势和特点，开拓发展，已成为国内微生态制药行业的龙头企业。产品销量逐年递增，已经成为国内主要的微生态药品供应商，拥有自己的专业销售队伍，市场遍布全国各地。为了满足日益增长的市场需求，公司启动了《益生菌工艺优化及微生态制剂产业化扩建项目》，预计 2010 年 11 月建成投产，新增厂房建筑面积 15 000 平方米，项目建成后将达到年产益生菌菌粉 20 000 公斤、年产片剂 4 亿片、年产散剂 4 800 万袋、年产胶囊剂 1.2 亿粒的生产能力。

公司将继续秉承品质至上、科技为先、人才为根、诚信为本的经营理念，寻求企业的发展壮大，创建国内一流的现代化高新技术企业，为人类健康做贡献！

通辽岳泰股份有限公司

通辽岳泰股份有限公司是一家主营饲料，涵盖矿业、地产和国际贸易的民营企业。公司成立于 1997 年，现有资产 3 亿多元，拥有员工 560 人，饲料年生产能力 50 万吨，是内蒙古自治区最大的饲料生产企业，是内蒙古自治区工业重点企业、内蒙古自治区农牧业产业化龙头企业、内蒙古自治区管理创新先进企业、内蒙古自治区民营企业 50 强，同时还是国家高新技术企业、国家级扶贫龙头企业、中国饲料行业百强企业。

公司以科技为本，靠技术取胜。公司的技术研发中心设在无锡的江南大学，由一批专家教授专门负责新产品的研发。同时与中国农业大学、农业部饲料工业中心、中国农科院饲料研究所进行技术合作。公司研发的岳泰牌系列生物饲料，具有安全、环保、高效的特点，产品中不含抗生素和重金属成分，有效地解决了饲料的安全问题，产品技术达到了国际先进水平。其中岳泰牛羊生物饲料，被国家科技部、国家质检总局等五部委列为国家重点新产品，并荣获国家级火炬计划项目和国家级星火计划项目。2006 年，岳泰牌生物饲料被自治区人民政府授予“内蒙古自治区科技自主创新名牌产品”。2007 年，岳泰生物饲料被国家发改委授予“国家高技术产业化示范工程”。2008 年以来，岳泰饲料共获得 5 项国家发明专利。2009 年，公司的技术研发中心被授予“自治区级企业技术中心”。

公司视产品质量为企业的生命，先后引入“ISO 9001：2000 国际质量管理体系”、“HACCP 国际食品安全管理体系”、“ISO 14001 环境管理体系”、“六西格玛‘零缺陷’管理”、“5S 管理方法”等国际先进的管理方法，采用电子化、信息化等先进的管理手段，对企业进行科学、高效的管理。岳泰饲料先后荣获“内蒙古名牌产品”、“中国饲料行业信得过产品”、“中国驰名商标”、“中国名牌产品”等殊荣，跻身于“中国饲料十大品牌”行列。2009 年，岳泰饲料通过有机饲料认证，成为国内为数不多的有机饲料生产企业之一。

公司以“养殖户致富我发展”为经营法则，通过科技下乡和技术服务的方式，为养殖户提供“一揽子”技术解决方案。目前，公司已培养了养殖示范户 3 万户，带动了一大批农牧民通过养殖发家致富。为方便用户购买岳泰饲料，2004 年以来，公司先后投入 4 000 多万元自建营销分支机构 60 多家，设立销售网点 2 000 余个，成为联系岳泰饲料与广大用户的桥梁和纽带。目前，公司产品畅销内蒙古、吉林、辽宁、黑龙江、北京、天津、河北、山东等省市区。

内蒙古马志全清真食品有限公司

内蒙古马志全清真食品有限公司始建于 2005 年 6 月，是以牛、羊屠宰加工、分割冷藏及熟制品为主要产品，集农工贸一体化、产供销一条龙的清真食品肉类联合加工现代化企业。

公司位于乌兰察布市集宁区察哈尔工业园区，京呼、晋蒙高速公路交会处，地理位置优越、交通便利。公司占地面积 7 万多平方米，厂房建筑及辅助设施面积 12 786 平方米，硬化面积 14 000 平方米，绿化面积 11 300 平方米。企业选址、厂房布局、现场布局均达到了《中华人民共和国食品企业通用卫生规范》的标准。在乌兰察布市察右后旗、四子王旗有公司直属的养殖基地，具有完善的食品检疫及产品质保体系，无论在生产、运输及其他环节完全按照清真产品的要求进行。公司注册资本 2 800 万元，资产总额 6 700 万元，公司执行董事会领导下的总经理负责制，拥有在岗职工 280 人。

公司现已形成年屠宰加工牛 2 万头，羊 40 万只的生产加工能力，冷藏容量 2 000 吨，年产各种牛羊冷冻产品 5 000 吨，熟制品 2 000 吨，产品分为四大类 130 多个品种，主要有去带骨牛肉系列、去带骨羊肉系列、冷冻保鲜产品及牛羊副产品和牛羊肉类罐头、熟制品、调味品等系列产品。主要销往北京、上海、南京、青岛等三十多个大中城市及中国香港和中东阿拉伯国家。原料选自乌兰察布锡林郭勒大草原养殖的纯天然无污染的牛羊，由有资质的阿訇按伊斯兰教方法进行屠宰加工，产品外观色泽鲜美、肉质鲜嫩、口感纯正。公司产品以“老马”、“马志全”为注册商标，产品以其品质优良、价格适中、服务周到，体现民族特色，得到了广大顾客的认可。

公司已经通过了 ISO 9001：2000 质量管理体系及 HACCP 食品安全体系认证，取得了国家认证监督委员会颁发的《中华人民共和国卫生注册证书》。公司制度完善、管理先进、技术精湛，生产技术完全符合有机生产规范要求，产品安全率达到100%，产品一次检验合格率超过98.8%，所有产品符合企业标准和国家相关标准。被国务院、自治区扶贫办认定为“扶贫龙头企业”；被乌兰察布市政府认定为“农牧业产业化重点龙头企业”；被乌兰察布市集宁区政府评为“发展地方经济先进企业”；2007年被内蒙古银行业协会授予“信贷诚信”企业；被中国农业银行内蒙古分行评为AA级信用等级企业；2008年被评为“内蒙古自治区诚信企业”。

公司奉行宗旨：依法经营，照章纳税，诚信为本，质量第一。经营理念：做放心食品，让顾客满意，争一流服务，创名牌产品。

公司董事长马志全、总经理谭东明携公司全体员工热诚欢迎国内外客商来公司共谋发展大业。

哈尔滨红光锅炉集团有限公司

哈尔滨红光锅炉集团有限公司始建于1955年，是持有A级锅炉、A2类压力容器和1级锅炉安装资质的高新技术企业，取得美国ASME“S”授权和钢印。企业占地面积84万平方米，注册资金13 748万元，资信等级AAA级。企业法定代表人为全国劳动模范、哈尔滨市九届至十三届人大常委徐在山先生。

公司拥有省级企业技术中心、哈尔滨市院士专家服务工作站。在同行业率先通过GB/T19001国际质量体系、GB/T24001环境管理体系、GB/T28001职业健康管理体系认证。主营产品为燃煤、燃油、燃气锅炉、压力容器、兆瓦级风力发电塔架及节能环保产品等。销售网络覆盖全国25个省和400多个市县。与哈工大、上海工锅所等科研院所建立了产学研联合体，成为“中国船舶重工集团第703研究所锅炉制造基地”、“黑龙江省节能减排协会标准化锅炉基地”。生产规模、研发水平、产品销量连续多年位居东北地区工业锅炉行业之首，并进入了风电塔架的生产制造新领域，现已位居全国风电塔架制造的前四位。“红光牌”锅炉先后荣获“黑龙江名牌产品”、“黑龙江省著名商标”、“全国用户满意产品”等荣誉。企业先后荣获“全国五一劳动奖状”、“全国诚信先进企业”等国家省市奖牌179面。

红光集团秉承“质量是生命、信誉是灵魂、科技是先导、品牌是效益”的经营理念。自强不息，追求卓越。为顾客提供绿色、安全、节能、环保的产品，引领东北地区行业的技术创新与资源的整合，在不断创新中向着更高的目标迈进。

黑龙江飞鹤乳业有限公司

黑龙江飞鹤乳业有限公司是国家级农业产业化龙头企业，2001年落户克东县，2003年在美国纳斯达克上市，2009年8月18日转纽交所主板上市，是目前我国唯一一家在美国纽交所主板上市的乳品企业，现有资产26亿元，14家核心生产基地，3个国际标准化大型生态牧场，一条日处理300吨的液态奶生产线，现有员工20 000余人，在全国省会级城市设有26个销售分公司，95 000多个销售网点，企业先后通过ISO 9001国际标准质量管理体系、HACCP食品安全管理体系、ISO 14000环境管理体系及有机产品共四项认证，企业先后荣膺：中国食品安全示范单位、中国名牌、中国驰名商标、全国轻工业企业信息化先进企业、黑龙江省乳品企业质量管理先进企业等多项殊荣。其产品涵盖婴儿配方粉、豆奶粉、米粉、核桃粉、核桃油、大豆蛋白粉、保健休闲食品、液体奶、乳饮料等九大系列近80个品种，部分产品远销南亚、西亚、中东等国家和地区。2009年实现销售收入30亿元，上缴税金2.1亿元。

哈尔滨光宇集团

光宇国际集团公司创建于1994年，1999年在香港联交所主版上市。集团现拥有哈尔滨光宇蓄电池股份有限公司、哈尔滨光宇电源股份有限公司等23家子公司和15家海外营销子公司或办事机构（俄罗斯、德国、英国、意大利、土耳其、美国、加拿大等）。并设立有光宇博士后工作站和光宇研究院集团，现有职工11 000余人，2008年总资产42.8亿元人民币，销售额为43.2亿元人民币。

公司是集传统制造业、矿产业及互联网产业的综合性运营公司。主营业务分为三大类，第一大类是以通信用阀控密封铅酸蓄电池、锂离子为主要的电池相关制造业。公司是固定型阀控密封铅酸蓄电池的专业生产企业，是中国境内同类产品中规模最大，技术、设备最先进的专业生产公司；第二大类是矿产业，主要是作为铅酸蓄电池原材料的铅锌矿；第三大类是网络游戏的运营研发及制作。

公司拥有核心技术和自主知识产权，被国家科技部认定为高新技术企业。产品先后通过ISO 9001、ISO 14001、UL、CE、HSAS18001、BS、ROHS等权威认证，出口量持续增长。光宇商标于2009年被认定为中国驰名商标。

历经十几年的持续稳定发展，光宇取得了非凡的发展业绩。追求品质、超越非凡、立足中国、走向世界，光宇国际致力成为拥有顶级高新技术的大型国际化企业集团。

大庆中油庆瑞石油科技有限公司

大庆中油庆瑞石油科技有限公司成立于2001年，是以石油与天然气、煤层气及页岩油技术服务为主营项目兼营装备制造。拥有井下压裂酸化作业施工各种设备160台，40吨修井机5台，固定资产超亿元，公司主要承揽油田勘探试油、油井、煤层气压裂、瓦斯压裂设备、节能型抽油机、特种车辆改装、木业、塑料制品、大修作业、压裂酸化、地层测试、稠油试采、石油管材、瓦斯采排机和抽油杆等施工和技术服务，同时兼营解决疑难区块开发等技术服务业务。公司建立了完善的质量管理体系，质量保证体系和HSE保证体系，连续三年荣获黑龙江省“3A级诚信企业”、“十佳和谐企业”、“五一劳动奖状”、“高新技术企业”、“中国公信企业”、“全国石油石化企业优秀供应商”、“全国质量信得过企业”、“中国民营最具发展潜力企业”、“市级先进单位”和“市级先进党组织”。成为红岗区的龙头企业，大庆市百强企业。连续三年产值保持亿元以上，年创产值1.4亿元，实现增加值2 500多万元，创利税2 000多万元，向国家上缴税款830万元。

牡丹江富通汽车空调有限公司

牡丹江富通汽车空调有限公司的前身是军转民企业——牡丹江空调机厂，1988年开工建设，1997年通过验收。1998年2月20日加入一汽集团；2002年6月与潍柴动力、一汽集团重组。2008年公司被评为国家高新技术企业。

公司占地11.17万平方米，现有员工521人，其中高级工程师26人，工程师83人，从事产品设计和研发的人员共计98人，占公司员工总人数的19%，其中80%的人员具有10年以上工作经验。总工程师于源俊为中国汽车空协会主任委员、一汽汽研所原副总工程师。

公司引进德尔福公司V-5可变排量和SP系列汽车空调压缩机生产技术和装配生产线，购进国内外的先进设备建有机加、压铸、热处理、表面处理生产线。公司建有研发中心、技术开发部、试验中心。日本佐竹公司设计的产品性能、寿命、热环境模拟和噪声试验室。利用当地闲置资产招商引资建成有30户配套企业的压缩机零部件配套基地，盘活资产1.2亿元，融资8 000多万元，安置就业1 443人。

公司通过了ISO9001、QS9000、VDA6.1、TS16949质量体系认证。拥有丹麦的X射线机、美国的直读光谱仪和三坐标测量机等检测设备，具备零部件探伤、金属分析、高精度尺寸检测等完善的检测能力。

公司现为一汽大众、一汽轿股、天汽、海汽、一汽青岛、东风贝洱/日产、上汽五菱、福特-江铃、华晨金杯、奇瑞、长安、吉利、湖南长丰、陕重汽等20多个车厂的30多种车型配套并出口到北美、东欧和中东地区。

2009年公司产销压缩机60万台，销售收入3.5亿元，利税3 600万元。

公司通过自主创新和技术改造积蓄发展后劲，先后开发了V-5逆转压缩机、V-5固定排量压缩机、CV162、SC/10S系列压缩机、CVC压缩机，目前与中科院、上海交大、西安交大合作开发电动压缩机、涡旋、混合动力压缩机。公司规划2014年产销量达210万台，产品40%出口。产品由两种变为八种，生产线由三条增加为八条。

上海加冷松芝汽车空调股份有限公司

上海加冷松芝汽车空调股份有限公司是一家专业的车辆空调制造商，公司产品广泛应用于大中型客车、乘用车、货车、轻型客车和轨道车等各类车辆，公司以自有品牌运营为核心，以市场为导向，自主研发、设计、营销推广、销售各类车辆空调产品。

公司是大中型客车空调行业的龙头，2009年大中型客车空调销量21 188台。根据中国汽车工业信息网数据统计，2009年全国大中型客车产量为129 210辆，按照目前市场每年销售的大中型客车约70%的空调安装率计算，公司的市场占有率约为23.43%。根据住房和城乡建设部科学技术委员会城市车辆专家委员会的统计，公司2007年、2008年、2009年大中型客车空调销量在全国大中型客车空调行业排名高居第一。

公司是国家汽车用空调器国家标准GB/T21361—2008的起草单位，汽车空调研发技术领先于国内同行。公司目前拥有国家专利34项，已获受理专利申请11项，2008年12月25日，公司被认定为高新技术企业。

上海嘉塘电子有限公司

上海嘉塘电子有限公司成立于1992年，原注册资本98万元，2007年注册地址以及厂房搬迁至浦东新区合庆镇，并于2010年年初将注册资本增加至1 000万元。公司2007年的销售收入为500万元，2009年达到1 500万元。

公司成立17年来一直从事LED产品的研发、生产、销售。产品主要有发光二极管，广告业使用的LED模组（有防水模组和大功率模组等）以及大功率LED照明灯具（有功率在20～200W的户外系列灯具和功率在1.5～23W的室内系列灯具），公司集研发、生产、销售、服务于一体，形成了从芯片封装，模块集成，照明应用，灯光工程的产品链。

公司目前的生产基地位于浦东新区合庆镇，建有模组工厂和光源照明工厂两大厂区，设有光源、模组、灯具三个事业部。公司2000年通过了ISO9001—2000国际质量管理体系认证，LED模组产品已获得了UL、CE、RoHS等认证，灯具产品已获得了CE、RoHS认证。产品远销美国、欧洲、中东、澳大利亚、新加坡、墨西哥等国家和地区。目前公司在国内外申请并拥有多项灯具产品专利。

公司的LED模组应用于发光招牌，可以替代传统的霓虹灯，安全性上大大提高，同时耗电量也大大降低。公司近期开发的LED大功率灯具，用以取代传统的灯具，节约耗电量。公司还推出了

LED 直管灯，样品已经通过国家灯具质量监督检验中心检测。

公司坚持以“质量第一、价格合理、交货准时”为经营方针，以“以客为尊、诚信服务”为经营理念，为客户提供优质服务，并愿为国家乃至全球的环保事业尽自己的绵薄之力。

上海多纶化工有限公司

上海多纶化工有限公司是由上海石油化工股份有限公司研究总院改制而成的民营股份制企业，是国内最早研究、生产合成纤维油剂等表面活性剂单体及复配产品的单位，在原料处理、单体合成、配方设计、质量控制及现场应用方面，形成了一整套技术。

改制后的上海多纶化工有限公司，是一家专业从事研发、生产各行业、各领域所需阴、非离子表面活性剂单体及复配产品的龙头公司。

公司重点研发、生产、销售可广泛应用于纺丝、日化、印染、制革、农药等各行业、各领域的环氧乙烷、环氧丙烷及酯类的衍生化学品，并用衍生化学品复配成纤维油剂、聚羧基系混凝土减水剂、农膜消雾、流滴剂及羟基乙酸类型清洗剂等产品。

公司自 2000 年起至今，已连续 10 年被上海市科委认定为“上海市高新技术企业”。2008 年被授予上海市“小巨人培育企业”称号。企业信用等级为 AA 级。

公司拥有六项国家发明专利和一项实用新型专利，已通过 ISO 9001 和 ISO 1400 质量/环境体系认证。公司的新型涤纶油剂项目分别获得上海市金山区、上海市及国家创新基金的资助；腈纶油剂获得上海高新技术成果转化项目，并被评为上海市重点新产品。

公司具有先进的检测仪器和专用设备的样品分析室；有较完整的从实验室到中试模拟放大，再到工业化生产的一整套分析和生产设备和 1.8 万平方米的生产场地。

公司形成了“以市场为龙头，生产为基础，研发为后盾，人才和科研为核心”的运行机制，从而成为我国精细化工工业中专业研发、生产、销售的明星企业。

上海新景程国际物流有限公司

上海新景程国际物流有限公司是国家商务部备案的国际货运代理企业；具有一类国际航空货物运输销售代理业务资格；同时也是中国交通部和美国联邦海事委员会（FMC）登记备案的无船承运人；是国际货代协会联合会（FIATA 组织）的会员单位、中国国际货运代理协会的理事单位、上海市国际货运代理行业协会的常务理事单位和上海市虹口区航运商会的会长单位。公司主营海运集装箱货物、海运散杂货运输、国际铁路联运、航空运输和仓储配送等服务。

公司不仅通过了 ISO 9001 质量管理体系、ISO 14001 环境管理体系、ISO 18001 职业健康安全管理体系等一系列国际认证标准，还直接参与了我国第一批国际货代物流行业国家标准的起草工作。曾荣获上海市工商行政管理局颁发的上海市“守合同重信用”企业、中国国际货代物流行业企业信用评价 AAA 级、上海市国际货运代理行业企业信用等级 AAA 级的最高信用等级荣誉。

江苏惠利隆集团

江苏惠利隆集团有限公司是一家股份制集团公司，下辖四个子公司：江苏惠利隆塑业有限公司、江苏鸿科塑业有限公司、江苏惠晟照明科技有限公司、徐州绿能科技家电有限公司等几个控股公司。公司拥有固定资产 9 500 万元，现有员工 600 多人，其中博士后 2 人，大专及以上学历 250 人，技术研发人员 100 余人。公司建有研发、试验等科研部门和生产基地，除了为海尔、美的等大型家电企业集团配套生产洗衣机、冰箱、空调塑料件和冰箱特种玻璃，是海尔国际化分供方外，公司还有自主产品 LED 照明亮化产品、空气净化器、除湿机、洗车机等小家电，并通过了美国 UL、欧盟 CE、CCC 等国际认证。公司通过了 ISO 9001、ISO 14001 质量和环境管理双认证，通过了 QC080000 的认证工作。公司被评为“省级高新技术企业”、“徐州市十强民营企业”、“江苏省百强民营科技企业”，是淮海经济区研发能力最强、生产规模最大的现代化工业塑料制造生产基地。集团公司董事长王行辉先后被国务院、省、市授予“改革功臣”、“创业之星”、“优秀民营企业家”和省、市“劳动模范”、“建设徐州功臣”等。

邳州市富民农业科技开发有限公司

公司成立于 2002 年 5 月，注册资金 50 万元，是集农业技术推广应用、技术服务、产品加工与销售于一体的农业科技型企业。主要业务是从事农业技术开发、推广应用服务以及银杏、稻米、小麦、蔬菜等农副产品的加工与销售等。目前，公司拥有总资产 1 826 万元，职工 86 人，大专以上学历专业技术人员 16 人，其中高级职称 3 人，中级职称 13 人。富民公司依托国家生态农业示范区，运用标准化管理模式，拥有“沙沟湖”牌优质无公害稻米农产品生产基地，无公害黄瓜、西葫芦等蔬菜生产基地。其中，无公害优质稻米生产基地 30 余万亩，年产优质无公害大米 8 万吨；无公害蔬菜种植基地 3 万亩，年产时令蔬菜 1 万多吨。公司拥有国内先进的精米加工生产设备及现代化的稻米加工生产线一条，主要产品有无公害沙沟湖牌大米、五彩米、蒸谷米、鲜切蔬菜等十余个品种；产品畅销黄淮海地区及广州、重庆、成都等二十多个城市和地区，其中“沙沟湖”大米被评为江苏省名特优产品、徐州市名牌产品。公司自投产以来经营状况良好，企业负债率较低，具有优良的银行资信，2009 年公司年销售收入达到 4 860 万元，利税 512 万元，经济效益显著。公司还被命名为邳州市大学生村官实习基地，多次被评为徐州市优秀民营科技企业、徐州市星火龙头企业、邳州市科技进步先进企业等荣誉称号。

徐州海伦哲专用车辆有限公司

徐州海伦哲专用车辆有限公司成立于 2005 年，由江苏省机电研究所有限公司与英国大不列颠公司合资组建，注册资本 300 万美元，其中江苏省机电研究所有限公司占有 51% 股份。本企业是江苏省高新技术企业，徐州市 AA 级重合同守信用企业，徐州市交通银行 AA 级信用企业。

公司以专用汽车为主要研究开发方向，其中高空作业车为主导产品，2007 年产销量位居全国同行业第二、全省第一。产品广泛用于路灯、电力等行业，市场覆盖全国内地所有省市区，并出口俄罗斯、中亚、东南亚等国家。

公司现有员工 198 名，其中技术研发人员 41 人，工程师以上职称 45 人，高级工程师 17 人。公司拥有一支全国同行业一流的研发队伍，设有总体设计室、结构设计室、控制技术研究室、工艺研究室。产品已形成了折叠臂、伸缩臂、混合臂、自行式四大系列、作业高度 9 ~ 35 米、30 多个规格的高空作业车产品。近两年自主研发并拥有完全自主知识产权的天安门广场华灯维修车、军用全遥控自行式高空作业车、军用混凝土抢修抢建车、电力工程抢险车、奥运保障车等产品均属国内首创。公司拥有行业最多的专利技术，以海伦哲名义申报国家专利 37 项，其中已经批准授权的 30 项。

公司拥有完善的质量管理体系，已通过 ISO9001 质量体系认证并连年均一次性通过监督审核和复评审，所有产品均通过 CCC 等认证。

徐州市豪杰重工机械有限公司

徐州市豪杰重工机械有限公司位于江苏省徐州市工程机械产业集群——九里区火花办事处辖区内，毗邻 311 国道和徐连高速，交通便利，地理位置优越。企业成立于 2008 年 4 月，是一家私营企业，以生产工程机械配件为主，开始主要是为徐州工程集团配套生产，因信誉较好，供货及时，质量保证，所以生产量较多，企业发展很快。企业占地 30 余亩，厂房面积从最初 500 平方米发展到现在 4 000 平方米，现拥有固定资产 1 200 万元，其中设备投资 900 万元。2009 年实现销售收入 1 200 万元，创利税 340 万元，2010 年预计实现销售收入 1 800 万元，实现利税 430 万元。企业现有员工 66 人，其中工程技术人员 10 人。现和徐工科技、徐矿集团、中联水泥等大型国企均有业务合作。2010 年，公司被徐州市政府评为百家高成长型中小企业之一。

徐州斯尔克差别化纤维科技有限公司

该企业是目前国内外第一家专业从事一步法异收缩混纤复合丝研发及生产的企业，坐落于江苏新沂经济开发区，占地 115 亩，2006 年成立，注册资金 5 500 万元，公司资产总额 2.84 亿元，现有员工 196 人，2009 年年底实现销售收入 1.93 亿元，利税 4 111 万元。

公司是国家高新技术企业、江苏省明星企业、银行资信等级 AAA 级、环境行为等级为绿色，一步法混纤丝关键技术成果经专家鉴定：“填补国内空白，达到国际先进水平”。

公司产品“一步法 PET 混纤复合丝”被科技部列为国家 2008 ~ 2009 年重点新产品计划项目，2009 年，公司成立了第一家民营纺织企业院士工作站、江苏省多异混纤丝制造工程技术研究中心。“一步法高品质异收缩混纤丝的研发及产业化”列入江苏省重大科技成果转化项目计划。公司拥有“合成纤维体生产用纺丝方法”等专利 18 项（其中发明专利 11 项）和斯尔克 SHILK 商标。通过了国家 ISO 9001—2008、ISO 14001—2004 管理体系认证和清洁生产审核。

湖北广源食品有限公司

湖北广源食品有限公司是一家专门生产高中档饼干的民营企业，现位于钟祥经济开发区新美香大道，占地面积 180 亩，拥有 7 条 1 000 型现代化饼干生产线，年生产能力 5 万吨，公司的整体实力目前位居全国同行业第三、湖北省同行业第一，是湖北省第一家饼干出品企业。

近年来，广源公司认真落实科学发展观，紧扣发展第一要务，积极应对金融危机，及时调整发展战略，精心打造品牌，奋力拓展市场，强化内部管理，搞好优质服务，使公司保持了良好的发展态势，实现了“一年一大步，每年翻一番”的既定目标。2009 年，公司累计完成工业总产值 3.6 亿元，完成销售收入 3.5 亿元，实现利税 2 000 万元，同比分别增长 60%、59% 和 100%。2010 年 1 月，广源食品“GY”牌商标被国家工商总局认定为中国驰名商标，实现了钟祥本土品牌中国驰名商标零的突破。

（一）调整战略促发展

确定发展战略，是企业发展的关键所在。近两年，面对国际金融危机的严峻挑战，广源公司及时审视自己的发展战略，适时进行了战略调整。一是营销策略由过去的以流通批发渠道为主，改为以终端超市渠道为主，同时开发以铁路、航空为领域的特通渠道。经过努力，目前公司生产的广源薄脆饼等系列饼干畅销全国20多个省市区，国内各大城市如家乐福、沃尔玛、乐购、好又多、麦德龙、上海联华、武汉中百等著名商超均有销售，并成为南航、国航等航空公司空中配餐的上佳食品。公司通过终端渠道、特通渠道销售出去的产品占到销售总量的70%以上。二是市场开拓由过去的以国内市场为主，改为国内、国外两个市场兼顾，并主攻日韩等国际高端市场。公司先后在武汉、上海、广州设立了对外销售窗口，将销售团队扩充到近两百人，使公司的销售网点遍布全国500多个点，产品远销俄罗斯、朝鲜、韩国及东南亚等国家和地区，成为湖北省第一家饼干出口企业。三是产品开发由过去的专营薄脆系列饼干为主，改为多元化经营。目前公司已在钟祥经济开发区新征土地566亩，投资5亿元，建设广源食品工业园，准备新上4万吨/年米饼生产线、12万吨/年精制大米生产线、10万吨/年面粉生产线、6条彩印生产线。项目竣工达产后，公司的整体实力将会得到进一步提高，年销售收入可达20亿元以上。

（二）打造品牌促发展

品牌是企业的名片。广源公司始终坚持把培优企业品牌放在第一位，敢闯敢试，每年投资数千万元培植打造精品名牌。一是注重新产品研发。过去，广源公司产品只有甜、咸两种口味饼干，品种相对单一，在市场上竞争力不强。经过自主研发，如今已开发出自然味、奶油味、水果味等各类口味饼干达140多个品种，其中2009年研发新产品达38个，平均每个新品种的研发费用过百万元。新开发的产品深爱广大商家和消费者的青睐。二是注重产品包装。舍得花钱投入，公司每有新产品出笼，都要聘请国内知名设计包装专业公司为广源产品量身制作对外产品包装。并以新产品为依托，先后申请注册了以“GY”为主导的，正奥、小鬼脸、奥林傲、能够、薯能倍倍等7个注册商标。目前，公司已拥有国家包装专利8个，国家发明专利2个；“GY”牌商标及产品被评为中国驰名商标和湖北省名牌产品。三是注重广告宣传。公司每年斥资2 000多万元在央视、湖北卫视、湖南卫视等媒体黄金时段进行广告宣传，并在公交、加油站、铁路、火车站、航空机场等特殊消费群体有针对性地投放平面广告，让广大消费者不仅知道广源薄脆饼好吃，而且知道什么地方有售，从而大大提升了广源系列饼干的知名度和美誉度。

（三）强化管理促发展

质量是企业的生命。广源公司牢固树立“产品质量第一、把消费者的健康放在首位”的发展理念，把“精益生产、精于求精、杜绝浪费、打造精品”作为企业精神，在公司内部强抓管理。在经营管理上，全力推行“日清月结”、“倒推成本”、“末位淘汰”工作法，努力提高生产和经营效率。在质量管理上，严格执行国际质量、环境、食品卫生标准，公司专门设立了品管部，从原料进厂，到产品出厂，层层严把质量关，绝不让有缺陷的产品流入下道工序。强化员工技术培训，对不按规定标准作业的员工一律停岗整训，直至达标为止。产品质量从源头抓起。近年来，不管市场如何变化，广源公司都按技术要求购买最先进的生产设备，配备最先进的生产设施，使之产品达到高起点。并按国际、国内质量体系要求管理生产车间细节，培养教育职工，使之达到产品质量始终如一。购进的原料也是最好的，从不为了降低成本而降低原料的质量和品位。通过狠抓管理，目前公司先后通过了ISO9001：2000国际质量管理体系认证，ISO14001环境管理体系认证和HACCP—EC—01食品安全管理体系认证，成为湖北省食品卫生量化管理A级单位和国家级计量免检单位。

（四）优质服务促发展

善待每一个客户，把客户当做自己的衣食父母，这是广源公司赢得市场、加快发展的制胜法宝之一。注重优质服务。从公司对外销售的窗口人员，到公司内部的每名工作人员；从公司的高层管理人员，到基层的每名普通员工，都要对其进行必要的礼仪培训，大到正规场合的言行举止，小到平常的接人待物、接打电话，努力让每一位与广源公司打交道的客户有一种宾至如归、身为上帝的感受。针对不同消费群体，实行不同服务。从以前有什么货发什么货到客户要什么货发什么货，广源在同行业中率先做到服务到每个客户，客户投诉处理不过夜。提高订单发货效率，整车三天内发货，零单五天内发货，出现质量问题公司承担全部责任，售后对客户定期回访。从而赢得了广大客户对广源公司的信任，提升了广源品牌，促进了企业发展。

武汉银湖科技发展有限公司

西出武汉天河机场高速公路，上金山大道。地处“武汉吴家山台商投资区”和“国家级武汉海峡两岸科技产业开发园”的核心地段，突现一片开阔沃土，这里草木滴翠、繁花吐馨、碧波荡漾、厂房林立，一排排统筹规划、精心设计、大胆构思的专用标准工业厂房鳞次栉比，一座现代化的中小企业城跃然眼前。

这个为中小企业提供孵化基地和技术交易平台的“园中园”，由湖北福星集团旗下的武汉银湖科技发展有限公司投资兴建，园区建设规模宏大，社会经济效益凸显，在入驻的企业中，有自主开发生产的高科技电子产品，有生物医药、医疗器械产品，有精密制模、汽车配件产品，有工业用电炉、中央空调、机械设备制造、礼品包装产品等，这些企业2009年销售收入达16亿多元，税收8 000多万元，同时在园区设立总部经济的企业有40多家，提供税收1亿多元，赫然成为“东西湖区四大民营经济板块”之一。

这是一片创业的热土，在这里，无论是外地商人，还是本土投资商，感觉到的是浓郁的创业激情。在繁花似锦的绽放背后，是一大群默默努力的筑巢人悉心浇灌的辛勤汗水，也是他们不懈开拓、创新发展的激情喷发。

（一）树立一种观念——服务观念

民间资本“搭窝”，优惠政策“供暖”，2002年，当福星集团把投资的眼光投向这里的时候，就借助东西湖区良好的投资环境，把筑巢引凤的服务宗旨贯穿始终。“再大的成功都是从小做起的，创业更是这样，银湖中小企业城创建一开始就树立一个老板观念，就是一切围绕着中小企业老板创业服务。”高级经济师、武汉市优秀企业家、武汉银湖科技发展有限公司总经理李国清这样说。与科技同行、与企业同心、与朋友同得，园区将承诺付诸行动，对所有入园企业实行“一条龙”服务，从工商注册、税务登记、项目立项、环保审批，实行全程代办，并根据企业的资强度、实力规模，争取享受国家级开发区的相关优惠政策。在招商环节中始终把“安商”与“招商”连为一体，投资者落户以后依然跟踪服务，为客商排忧解难。经过六年的建设、招商，园区内水、电、路、通信等基础设施完善，“武汉中小企业城”已建成各类专业标准工业厂房63栋，50万平方米，建成配套的公寓楼3栋，1.5万平方米，也正是这种为中小企业创业者的贴心服务，园区步入高速发展轨道，已引进中小企业71家，提供就业近10 000人，园区也荣膺升级为“武汉吴家山海峡两岸科技产业开发园武汉中小科技企业孵化基地”。

（二）倡导一种理念——特色理念

思想源于信息，观念重在碰撞。当一些工业园区招商引资的门槛越来越高时，公司把经营定位为差异化的经营模式，先后创办的几个创业园区针对不同的创业群体各有侧重，创建特色工业园，坚持高起点、高标准为原则，走精品化发展道路，实现了跨越式的发展。

分四期建设的武汉中小企业城，以轻工、电子、服装、机械、生物、医药、食品、包装等行业类企业为主，重点偏重中小企业，现已建成的三期共30万平方米标准工业厂房，已全部租售完毕，入园企业括艾特包装、硚鑫制冷、汉口电炉、深蓝自动化、长江电讯、普爱医药、昊城电子、圣泰模具等一批新兴企业迅速崛起，培育了一大批有胆识、有作为的创业主体，极大地带动了当地经济的发展，园区也被当地政府授予“东西湖经济发展杰出贡献奖”。

投资兴建的“武汉明典工业园”与国家级“武汉物流保税区”毗邻，园区充分利用地处国家级“武汉食品加工区”以及国家级“生态环境保护区和循环经济试验区”核心地段的有利条件，为从事生物工程、食品加工、食品包装、食品加工机械、食品科研与检测及电子、医药等高新技术企业敞开投资兴业的大门。

武汉海峡科技创业城则针对各类高新科技企业，在“国家级武汉吴家山海峡两岸科技产业园”核心区内，建设投资1.8亿元，兴建一个主楼24层总建筑面积91 000平方米的现代化产业创业城，集企业总部、研发中心、生产基地及生活配套设施为一体，园区内大面积、立体式绿化，配合整体现代化建筑风格，成为吴家山海峡两岸科技产业开发园科技研发基地乃至东西湖区的标志性建筑。

正是这些各具特色的专业孵化器出现、成长，催生了一大批来自全国各地的创业者落户各个园区内，也吸引了包括来自加拿大、中国台湾地区等地的众多企业和投资商。

（三）传导一种效应——辐射效应

东西湖区是武汉的西大门，是武汉城市圈西北地区承接武汉经济辐射的重要节点，得天独厚的地理优势，集中管理的成熟运作模式，使银湖科技多个工业园区成为国内外厂商争战的“武汉桥头堡”，尤其是对武汉1+8城市圈的周边城市极具吸引力，目前入驻中小企业城的71家企业中，有40多家来自仙桃、天门、咸宁、孝感等地，产品涉及高科技电子、医疗器械、精密制模等行业。这种筑巢引凤的模式被有效传导，辐射到全省各地，为省内多个市区政府认可，洪山区政府和荆州市沙市区政府相继与公司签约，在两地开发建设中小企业工业园，为更多的中小型科技企业提供最佳的发展平台。今年4月24日，国土资源部鹿新社副部长专程视察中小企业城，称赞这是全国节约用地集中办工业园的好典型。

类似中小企业城这样的工业园区对城市圈内企业的吸引，在东西湖区被戏称为一场各方得利的“三角恋”：湖北福星集团开拓了新的事业；周边企业有了对接武汉的据点；东西湖区也得到了长足发展。原省人大常委会副主任邓道坤高度评价银湖科技的发展道路，称这是“值得推广的以商招商模式”。

（四）弘扬一种精神——创业精神

银湖特色系列工业园区的招商道路则有更多的坎坷，常务副总经理魏新甫亲历了招商的全过程，他说：“某种意义上讲，招商实际也是一种创业。”这种创业需要胆识，需要智慧，更需要有敢闯敢拼、艰苦奋斗的实干精神。园区积极协调东西湖区政府各职能部门，把项目作为强园之基，增量之源，提出对上争取项目，对下督办项目，对外引进项目，对内策划项目。公司副总经理刘国斌主抓招商亲率多路人马远赴全国各地，支持和鼓励创业者入驻园区做大做强主业，扩大经营规模，创建知名品牌，向建设国内外一流企业的目标迈进。诚信招来四海客，经过多年的苦心经营，如今银湖科技工业园区招商引资硕果累累，已经走进了“与时俱进、开拓创新”的良性发展轨道，成为东西湖经济腾飞的强力引擎，公司也被武汉市人民政府授予“国内经济合作工作先进单位”。

目前的银湖科技公司多个特色园区发展势头迅猛，这个坚实的创富平台已经成为助中小企业冲破发展瓶颈，民营经济加快发展的助推器，成为武汉区域经济社会发展新突破的加油站。恰逢武汉城市圈综合配套改革试验元年、武汉市吹响全民创业号角之时，福星集团表现出了远见卓识的企业战略，积极响应政府号召，继续扎根在武汉和东西湖地区，公司注册资本从3 000万元增资到2亿元，并对银湖新增投入8亿元，继续大力着手运作以工业园为主的系列项目，并鼎力支持参与由市创业办与晚报主办的武汉全民创业赶集会，以实际行动奏响了一曲新时代的创业旋律。

开放的思想、完善的服务、奉献的精神，武汉银湖科技发展有限公司工业园区注定成为东西湖地区的又一处投资热土，武汉中小企业城致力于打造武汉乃至华中地区一流的工业城，开放的胸襟、创新的品质，赋予园区新的时代内涵，银湖科技正敞开怀抱迎接四海五洲的创业者！

湖南省农友机械集团有限公司

湖南省农友机械集团地处曾国藩故里——湖南省双峰县，坐落在双峰县科技工业园。集团现占地200多亩，建筑面积为60 000多平方米，现有员工580人，其中高、中级技术人员和管理人员121人。年产值2亿多元，年出口创汇500多万美元。集团的前身是湖南省农友机械有限公司，成立于1995年，专业从事农业机械的研发与制造。2008年年底，湖南省农友机械有限公司凭借雄厚的资金实力和技术力量，与县内7家规模农机企业合作，于2009年1月，组建了湖南省农友机械集团。现下辖湖南省农友机械集团有限公司、湖南省永旺机械有限公司（原双峰县永旺机械厂）、双峰县远达机械有限公司（原湘中远达机械厂）、湖南省恒昌机器制造有限公司、双峰县农友农机技术服务有限公司、双峰县大鹏机械科技有限公司（双峰县白碧机筛厂）、双峰县兴鑫机械铸造厂、双峰县良华机械厂、湖南省好运来农业装备有限公司等全资或控股子公司（厂），总注册资本1.2亿元。

湖南省农友机械集团为湖南省高新技术企业、中国农业机械化协会理事单位、湖南省农机行业龙头企业、省农业机械与工程学会常务理事单位、湖南省优势农机产品生产（出口）基地、湖南省利用信息技术改造和提升传统产业示范单位、全国农机行业优质服务先进单位，是组合米机、耕整机、收割机地方标准和碾米机国家行业标准制标单位。

集团主要产品为“好运来”、“农家旺”、“恒昌”、“振丰”、“晶星”等品牌家用组合米机、智能柜式组合机、耕整机、多功能耕耘机、稻米加工成套设备、气力输送机械、农用工程机械、收割机、电机、玉米脱粒机、磨浆机、水泵等，产品核心技术自主研发，拥有100多项国家专利，并通过ISO9001：2008质量管理体系认证。产品年年抽检合格，并先后荣获“国际农博会金奖”、“湖南省产品质量奖”、“湖南名牌”、“湖南省著名商标”，其6NF-2.2型家用谷物加工组合机、智能柜式组合米机、新型双辊耕整机、旋耕开沟机、收割机等16个产品纳入国家、省支持推广的农业机械产品目录和湖南、云南、贵州、广东、浙江、江西等13个省的农机购机补贴目录，产品畅销20多个省市及东南亚、非洲等10多国家和地区。

集团以高新技术和创新意识为发展理念，实现了从家族企业向现代企业集团公司的蜕变，农友集团完成了自身的“凤凰涅槃”，历练出坚强的发展信心。牵头成立了湖南娄底农机产业技术创新战略联盟，与湖南农大等高校合作，成立了湖南省现代农业装备工程技术研究中心，致力于产品、技术创新，计划每月不少于4项实用新型专利，每季不少于1项发明专利。下一步发展目标：2年内争创“中国名牌”、“中国驰名商标”，2～5年内上市，通过控股、兼并、收购等形式整合优势农机资源，推动农机产业的发展，成为湖南省最大的农机企业，向国际化现代企业迈进。

湖南浏阳金生花炮集团有限公司

金生花炮集团始创于1976年，公司历史悠久，三十多年来一直都是浏阳花炮生产的重点骨干企业，在现任董事长全国优秀乡镇企业家叶金生先生的带领下，经过二十多年的发展壮大，以浏阳市金生红鹰烟花制造有限公司为龙头，于2003年7月18日成功组建了浏阳市首家花炮集团——湖南浏阳金生花炮集团有限公司，成为中国花炮行业的领军者，集团下辖六个分厂，注册总资本为5 688万元人民币。公司位于浏阳市城区人民中路，生产基地占地面积120万平方米，员工总人数2 000余人，其中管理人员180多人，技术骨干力量30多人，其中高级工程师、经济师、会计师、工艺美术师、燃放大师等专业技术人员60多人。金生集团是浏阳自产、自销大型烟花的重点基地，是中国目前最大的花炮生产、经营、焰火燃放企业集团之一，并已获得省级安全生产许可证。在2004年被列为长沙市重点扶持的十大行业20家民营企业之一；2007年，被列为湖南省经委“十一五”培育发展“五十”个产业集群“一百”个核心企业之一（烟花鞭炮界唯一企业）、被认定为“中华老字号”企业。2007年产、销量3亿元，创汇1 000多万美元，荣获“2007年度长沙市利税过5 000万元企业”、“2007年度长沙市优秀小巨人”、“2007年度长沙市企业技术中心”，并连续多年荣获“中华人民共和国地理标志产品保护单位（烟花界第一个被保护的企业）”、“湖南省公益形象示范单位”、“出口创汇奖”、“出口贡献奖”、“技术创新奖”、20多年来荣获湖南省、长沙市、浏阳市纳税大户奖、“安全先进单位”、“金融诚信单位”等；2008年度被评为“长沙市工业百户重点调度企业”、“长沙市小巨人计划企业”。

公司坚持“诚信、敬业、严谨、创新”的企业精神，将贸易、生产、燃放融为一体，实现了电脑网络化，生产机械化，厂房标准化，管理规范化，公司规模化集团。主营礼花弹、盆花、鞭炮、火箭、喷花、烛光、冷光、玩具系列烟花鞭炮共1 000多个品种，年销售额过亿元，且产品通过了ISO9001国际质量管理体系认证。公司产品安全环保、包装新颖、美观大方，畅销美国、加拿大、英国、法国、意大利、西班牙、俄罗斯、中东、东南亚等20多个国家和地区，深受广大客户的青睐。且公司长期与美国、日本、澳大利亚、法国等国家的同行专家进行技术交流，并不断引进国外先进的燃放技术和设备，同时拥有一支精明能干且实践经验丰富的大型燃放队伍，在烟花燃放方面，公司具有A级焰火燃放资质，拥有先进的电脑点火设备和一支训练有素、技术过硬、经验丰富的专业焰火燃放队伍，曾在海内外成功燃放400多场次。取得了显著的成效，特别是2001年10月1日在第13届澳门国际烟花比赛中荣获冠军；2006年在西班牙举行的国际烟花大赛中一举夺冠，2008年被评为“中国焰火燃放最具影响力企业”。再一次把产品质量和燃放技术推上了一个崭新的台阶。

金生花炮集团坚持贯彻实施“管理创造效益、服务创造价值、诚信创造名牌、合作创造机遇”的发展战略，不断满足顾客的期望与要求，且公司十分注重品牌建设，拥有“红鹰”、“金生”两个世界知名品牌，其中“红鹰”牌礼花弹连续6年获湖南省产品质量奖、湖南省“名牌产品”称号，且2003年获得湖南省著名商标。

“红鹰”牌烟花产品荣获湖南省“产品质量奖”和湖南省科技产品博览会“金质奖”，近几年不断创新，产品参加浏阳国际烟花新产品推介会，分别获得“特等奖”和“优胜奖”。2009年，公司进行资源整合，做出了三年发展规划，全力以赴，在稳定出口业务的基础上大力拓展内销市场。

湖南东方时装有限公司

湖南东方时装有限公司创建于1989年，是一家集设计、开发、生产、销售于一体的大型服饰企业。产品包括高档西服、衬衣、西裤、夹克、T恤等。公司现有员工2 000多名，拥有总占地面积400余亩的现代化生产基地2个，主打品牌“圣得西”为国家免检产品、中国驰名商标。

圣得西坚持以品牌经营为重点，以服装产业为核心，以高档精品男装为基本路线，注重品牌培育和经营。公司先后设立了巴黎设计中心、上海研发中心、广州研发中心，主要负责产品设计开发。公司拥有全套具有国际水准的高档西服和休闲系列产品专业生产设备，年生产能力逾300万件套。公司的销售网络共有500余家，覆盖湖南、江西、湖北、新疆、广西、四川、北京等全国20多个省市，产品远销欧洲和南美市场。

公司本着“人才是企业的资本”，不断引进和培养高层科技人才和管理人才，提高企业开发和技术能力。公司实行严谨规范的现代企业管理制度，倡导“细节成就品质”的专注敬业精神，在生产过程中追求完美的产品质量，严格执行检测标准。通过与国内外著名咨询机构通力合作，全面导入CIS企业形象识别系统和ERP企业资源管理系统，并一举通过了ISO9001国际质量管理体系、ISO14001环境管理体系、OHSAS18001职业健康安全管理体系认证。

株洲南方阀门股份有限公司

株洲南方阀门股份有限公司，其前身为1996年5月成立的株洲南方阀门制造有限公司，2003年12月整体改制为株洲南方阀门股份有限公司。是湖南省科技厅认定的高新技术企业，公司旗下拥有三家控股公司——长沙耐普泵业有限公司、怀化珠华铸造有限公司和湖南珠华天鹅铸造有限公司。

公司资产总额过亿元，净资产7 000多万元，年生产能力5亿元，先后获得“湖南省重合同守信用单位”、“湖南省民营企业百家质量信得过单位”、“全国质量服务消费者满意企业”等多项荣誉。

公司致力于新型阀门的研制、生产与销售，生产的产品主要有：多功能水泵控制阀、水力控制阀、软密封闸阀、蝶阀、球阀、膜片式快开排泥阀等27大系列2 000多种规格的阀门产品，广泛应用于石油化工、钢铁冶金、水利电力、市政供水、污水处理、高层建筑等行业的给排水或流体控制系统，公司拥有11项国家专利（发明专利2项），主编3项行业标准，参编和入编国家和行业标准14项，是阀门行业主编、入编国家和行业标准最多，生产水力控制阀公称通径最大（DN1400）、公称压力最高（PN6.4MPa）的企业。并在同行业中率先通过了ISO9001国际质量体系和ISO 14001国际环境体系认证，是湖南省阀门质量监督检测站的挂靠单位，公司商标被评为湖南省著名商标，主导产品多功能水泵控制阀被评为省名牌产品。

湖南宇腾有色金属股份有限公司

湖南宇腾有色金属股份有限公司的前身郴州市宇腾化工有限公司，创建于2001年7月，是一家以铅冶炼及有色金属深加工为主的民营高新技术企业。产品主要用于蓄电池、玻璃、颜料、陶瓷、油漆、军工、PVC塑料等行业。公司先后获得“湖南省优秀非公有制企业”、“郴州市优秀企业”等省市授予的荣誉称号60多项，被省委、省政府列入湖南省“十一五”期间“双百”工程企业，是全省上市后备重点企业。2009年跻身湖南百强企业。

2007年5月，公司兴建总投资5亿元年产电解铅10万吨及白银500吨的技扩改项目。该项目引进了曾获得国家科技进步二等奖和国家发明专利，在国际、国内处于领先地位的“富氧底吹熔炼——鼓风炉还原”炼铅法。该法具有工艺设备先进可靠、环保、节能、回收率高等优点。项目于2008年10月一次性试产成功，目前已完全达到设计标准。

公司目前占地面积400余亩，拥有资产10多亿元，固定资产4亿元，员工1 200余人。年产电铅10万吨、硫酸10万吨、白银500吨、铋2 000

吨、冰铜5 000吨、次氧化锌2万吨、锑5 000吨、铅盐2万吨、黄金1吨、铟20吨。此外，公司拥有200万吨铅金属量、220万吨锌金属量的自有矿山储量。2010年将筹建年产20万吨铅、10万吨再生铅及10万吨锌项目。该项目建成后，公司将具备年产30万吨原生铅、10万吨再生铅、10万吨锌、白银1 000吨、黄金2吨的生产能力，年销售收入超过100亿元。

公司先后聘请了12名专家教授加入企业科技创新活动，其中享受国家特殊津贴补助的国家级专家8名。还从全国各地引进了200多名具有大专以上学历、中高级技术职称的工程技术人员。公司自主研发的铅浮渣回收加工技术救活了一些企业，“铅盐系列产品开发”项目获郴州市科技进步奖，FWR系列无尘复合盐稳定剂获湖南省新技术新产品科技创新金奖。公司相继与中南大学、国家有色研究总院等单位合作。与中南大学冶金学院研究开发的“氨法分离工艺”，较好地解决了次氧化锌无法直接投入锌冶炼工序的难题。2009年，公司被列入湖南省科技重大专项示范企业。

公司“以铁腕抓质量，以制度保质量，以诚信做质量，以技能造质量”，2005年通过了ISO9001质量管理体系认证。公司铅盐系列产品填补了郴州市铅盐行业的空白，畅销中南、华东等地区，是韩国三星集团最大的硅酸铅供应商。铅盐系列产品生产线是郴州市调整铅、银系列产品深、精加工重点项目。

广东骏丰频谱实业有限公司

广东骏丰频谱实业有限公司，是研究开发生物频谱技术，生产销售骏丰频谱水治疗保健仪系列产品和周林频谱保健治疗系列产品，集科、工、贸于一体的高新技术企业。在民营企业平均寿命仅2.9年的大背景下，骏丰频谱发展了20多年，取得较好的综合经济效益。2005～2009年，每年营销额均以15%左右的幅度增长。2009年营销额比上年增长25.46%，纳税突破1亿元。2009年，入围央视国际网60周年60品牌。

2008年以来，为应对国际金融危机，骏丰频谱始终坚持三个不变：“坚持企业的核心价值理念不变；坚持发展人才，改革创新的经营指导方针不变；坚持加大对研发和市场的投入不变。”一是经营模式的创新——以变应变。包括市场销售模式、内部运营模式和资本运作模式的创新。二是人才团队的发展——有变有不变。金融危机中许多东西变了，但发展人才的战略，骏丰频谱没有变。2008年和2009年两年，骏丰频谱先后送近百名管理者去知名学府培训，并开办了为期一年的子公司总经理职业素质培训班。三是核心价值观的坚守——以不变应万变。危机中经营目标、模式和策略可以改变与创新，但骏丰频谱的“责任、服务、奉献”的核心价值观没有变，“造福健康、奉献爱心”的企业理念没有变，创建家庭医疗保健事业的企业愿景没有变。

潮州三环（集团）股份有限公司

潮州三环（集团）股份有限公司连续23年进入全国电子元件百强企业。2009年，公司在国际不良经济环境下逆势发展，工业产值达10.2亿元，创利税比2008年增长21%。三环始终坚持培育高新技术产品，提升企业技术创新能力，使产品结构不断得到提升和优化，促进企业健康发展。一是培育技术人才。公司每年都到国家重点院校招聘上百名的本科生作为培养对象；在国内外招聘专业技术高层次人才作为重点领域技术带头人。通过技术创新项目负责制、落实师带徒“一帮一”的帮带工作、让员工参与技术创新实践等多种培养方式，为人才提供成长和锻炼的条件。二是构建技术创新平台。公司每年确立上百项科技攻关、技术创新项目，以公司为依托的省工程技术研究开发中心和省企业技术中心培育新产品。三是追求前沿技术。公司瞄准具有发展前途和国内长期短缺的产品，积极组织开展技术创新，形成了完成整套工艺路线和生产设备，使多年来未能解决的高频器件封装国产化得以突破，取得较好的经济效益。四是精益求精组织高水平的生产。公司坚持创新自有设备和改革工艺相结合的路线，通过自行设计，制造出自动化程度更高、精度更高的专用设备；通过优化工艺路线，提高产品的生产技术水平。经过努力，公司的光通信部件产值增加了近百倍，产品产销量跃居世界首位。

广东巨轮模具股份有限公司

近年来，广东巨轮模具股份有限公司通过技术改造和转型升级，成功搭建起一个以子午线轮胎模具为主体，联动上下游产业的轮胎装备工业制造基地，成为全国轮胎模具制造企业中规模最大、技术领先、唯一获准上市的公司，进而发展轮胎机械，一跃成为国内液压式轮胎硫化机细分行业的龙头企业。公司被认定为国家“火炬”计划重点高新技术企业，广东省百强民营企业，广东省装备制造50家重点企业之一，建立国家级企业技术中心和博士后科研工作站，形成高层次自主创新平台。公司凭借五大竞争力，即生产力、技术力、市场力、质量力、装备力，连续8年主营业务收入和国内市场占有率均排名第一，在参与国际竞争中崭露了国际化魅力，产品被世界知名轮胎制造商特别是国际十大轮胎巨头如法国米其林、日本普利司通、美国固特异、英国邓录普、意大利倍耐力等跨国公司列入其全球采购供应体系，成为国内外高端客户的主流供应商。尤其是打破了我国高档轿车胎、赛车胎、巨型工程车胎、军用车胎和飞机轮胎等模具长期依赖进口和被“卡”的局面，为中国民族工业争光。

广东吉荣空调有限公司

广东吉荣空调有限公司坐落在广东省揭阳市。2008年以来，吉荣公司凭借自己的技术优势，提高企业的竞争力，成功应对国际金融危机。面对金融危机，吉荣危中寻机，加强技术创新工作，加快企业转型升级，在危机中实现了企业的稳步发展。吉荣积极响应国家提出的“节能、环保”口号，积极自主创新，大力研发以对臭氧层无破坏的R134a、R407c为制冷工质的各种规格型号环保空调设备。关键零部件均选用国际名牌厂商的高质量产品，通过合理的系统匹配及精心的结构设计而成，使产品具有高效节能、噪声低、结构紧凑、可靠耐用等特点。在积极引导用户优先选用环保、节能的设备的同时，根据产品现状，公司有针对性地开发了一系列新产品。一是废热回收空调项目：将中央空调的废热回收，作为生活用水，既可减少空调的温室效应，又可节约能源。二是冰蓄冷空调项目：错开用电高峰，使电力资源合理分配。三是飞机地面空调项目：替代飞机在机场待飞过程中使用飞机自备的以航空燃油为动力的APU空调系统，每年每台机组可以节约航空燃油331.5吨，年减少飞机废气排放量1 200多吨。这些产品既优化了产品结构，又促进了企业的升级。

广西梧州市光华纺织制品有限公司
——核心价值观驱动企业持续健康发展

梧州市光华纺织制品有限公司是一家民营纺织品生产经营企业，具备自营进出口权。公司的注册资本为2 520万元人民币，注册地址为“广西梧州市富民三路70号”。企业主要从事毛巾、各类厨用棉制品、超细纤维产品的生产和经营。企业产品90%出口欧美等国际市场。

企业始建于1986年，当时厂名为光华针织厂。经过20多年的努力，取得了长足的进步：从当初的代客加工产品，到拥有自主品牌；从原来的国内市场发展到国际市场为主导市场；从单一的毛巾产品，发展成为毛巾、各类欧美市场厨用棉制品、超细纤维产品等多品种生产销售格局；企业经营地址也经历了从市郊二桥头→原市印染厂→两广市场工业综合楼→市富民三路70号→西江四路思扶1号（计划）的变迁历程。企业的生产经营场所原一直以租赁的方式进行，直至2004年企业响应市委、市政府的号召，积极参与国有企业的改制工作。于当年3月整体收购了原国有破产企业“梧州市西华毛巾厂”（富民三路70号）的土地及全部资产（含全部生产设备、设施）。2005年3月，企业整体搬迁整合到此场所进行生产经营。2008年12月，企业为响应政府退城进郊政策及进一步扩大产能，又整体收购了位于西江四路思扶1号的原立丰永利漂染有限公司，并在收购企业内进行“异地扩产技改项目”。在技改项目完成后，企业计划整体搬迁到新厂区进行生产经营。

企业主要产品有各类平毛、割绒、缎边、缎裆、经编毛巾；各类涂料、活印印花、绣花、酒店用等毛巾，超细纤维纺织品、厨用棉制品产品（堡垫、手套、围裙、餐垫、椅垫）等。企业市场主要面对中、高端客户群体，产品品质在行业内属中、高档类别。企业印染用染化料符合欧美环保标准体系，色牢度和干湿摩擦牢度达到欧美客户标准。毛巾质量及涂料印花技术水平、产品质量处于领先水平。企业品牌“LIGHTRING”荣获广西区著名商标称号。

回顾企业走过的历程，我们之所以不断进步发展，离不开国家政策和政府及各相关职能部门的支持帮助、离不开社会各界的理解和支持、更离不开全体光华人艰苦卓著的奋斗。而驱动光华人排除一切困难，不断取得突破的力量源泉，是光华企业的核心价值观。

企业核心价值观是企业为追求愿景、实现使命而提炼出来并予以践行的，指导企业上下形成共同行为模式的精神元素，是企业用以判断企业运行当中大是大非的根本原则，是企业在经营过程中坚持不懈，努力使全体员工都必须信奉的信条。

核心价值观作用的最集中体现是：当企业或者企业个人在企业运营过程中面临矛盾，处于两难选择，这样做可以，那样做也可以，但必须有个决定时，支持这个决定的便是核心价值观。核心价值观在企业运营过程中明确提倡什么？反对什么？弘扬什么？抑制什么？它是企业文化的基础和基本要素。

光华企业自创办以来一直致力企业文化建设，深知文化决定企业规模和成败。企业创立之初，首先确立的企业核心价值观是“不断突破，超越自我”。正是这个核心价值观，驱动并鼓舞着光华企业职员一直以来艰苦奋斗、团结拼搏，无论遇到什么样的困难，都咬牙坚持，推动企业不断发展、不断壮大。这个核心价值观衍生了“别人不能做到的，光华要做到；别人能做到的，光华要做得更好”等一系列的企业生产、管理、经营理念。支撑企业从八台织机起步，逐步发展到目前拥有固定资产达1亿多元的规模企业；支撑企业走过了1997年的亚洲金融风暴，安然渡过了2008年国际金融危机；支撑企业从当初的代客加工产品，发展为外向型的纺织品生产企业，产品出口率达90%以上。

企业的核心价值观驱动着企业的发展同时，同样驱动着企业职员的发展。正是“不断突破，超越自我”的企业核心价值观驱动了光华企业的管理团队成长发展。在伴随光华企业奋斗成长的过程中，很多人一定都有过彷徨，有过困惑，有过短时的退缩。但正是企业的核心价值观驱动了大家不断突破，实现了超越自我。

光华企业的另一个核心价值观是“人是光华企业的第一资本”。包含有三方面的意思：

（1）光华企业核心价值观认为企业的资本不

是经济学意义上的物质资源，也不是金融学意义上的金融财富，而是企业内部的人。

（2）光华企业相较于其他企业而言，优势不是有多漂亮宽敞的厂房、有多先进的设备和多雄厚的资金，而是拥有多少高素质的人。

（3）光华企业一切工作都围绕“人”来进行。凝聚人心和不断提高企业人的素质，就是不断优化和壮大企业的资本。因为不断优化壮大企业资本，是任何一家企业创业的最原始目标。

围绕“人是光华企业的第一资本”这个核心价值观，我们以“诚信·爱心·业绩至上·持续改进”来考核和不断提高光华人的素质，不断优化“人”这个企业的第一资本。

我们要求企业的管理团队，在日常生产和管理过程中，凡遇事不决的时候，多想想“不断突破，超越自我”的企业核心价值观。凡符合“不断突破，超越自我”精神的，就大胆决策和指挥；凡体现“以人为本”文化理念的，就要坚持和推行。光华企业需要的是一支高度服从于企业核心价值观的管理团队，这个团队中的每一成员都能自觉地接受企业核心价值观的考核和驱动，伴随企业共成长。

在企业核心价值观驱动下，企业目前进行的“异地扩产技改项目”正在顺利推进，2万平方米新厂房已建设完成并通过竣工验收，现正在进行厂房内部装修和水电安装工程，将在2010年2月底前完成整体搬迁。企业实现扩产搬迁后，企业资产和生产能力将进一步扩大，生产规模达到年产毛巾（含经编产品）2 100吨，棉纺织制品120万打，印染布料5 000万米，年销售收入达到2亿元，实现税金1 000万元，安排劳动就业2 000人以上，将有效地促进地方经济的发展。

广西梧州冰泉实业股份有限公司
——困难面前不低头　上下齐心创新篇

刚刚过去的2009年，可说是公司改制以来发展最为困难的一年。在国际金融危机持续扩散蔓延带来的严峻复杂经济形势下，市场不畅旺，产品销售举步艰难，生产在低谷运转。面对种种困难，公司领导班子团结一致带领广大员工迎难而上，想方设法应对危机，积极采取各项措施，有效扭转生产明显下滑状况，年底时生产呈现企稳回升之势。全年完成工业总产值15 081.30万元，同比基本持平；产品销售收入12 491.04万元，同比下降14.11%；上缴税金1 047.86万元，同比持平；实现利润811.51万元。

在面对严重困难的挑战中，我们学习贯彻科学发展的指导思想，把开展深入实践学习科学发展观活动与“保平稳促增长”任务结合起来，努力应对这一历史少见的严峻形势，积极开展有关工作及采取相关措施：

一是坚定信心奋力扭亏。在去年年初召开的公司“两会”上，我们已对企业经营所面临困难有所预料，有一定应对办法，但危机对市场的影响程度之大还是远超出预计，在最困难时候，各个销售区域普遍出现幅度不等的销量下滑情况。去年公司生产运转为“U”形状态，即年初1～2月生产基本正常，但春节过后，3月起即转为下滑，随后的数月下滑幅度加大，7～8月最低同比下滑30%以上，即使推出一些力度较大的促销措施，也难以推动市场销售，生产不得不采用两个生产工区轮流开停的办法维持运转，年中甚至出现少见的月度亏损情况。在公司生产经营经受严峻困难的时期，领导班子坚持从加强学习中提高思想认识，坚定发展信心，思想不松劲，不泄气，针对员工群众关心的企业发展难点问题，包括产品老化、生产线老化、员工队伍老化等实际问题，都进行认真分析，制定应对及整改措施。公司上下同心协力，千方百计共渡难关，实施生产整合减员分流、降耗降本等系列措施，力稳生产大局。

二是果断实施公司生产资源优化整合。我们经过反复研究，抓住公司生产经营受困低谷运转的调整期，进行内部生产资源的优化整合。实行上下联动的改革，不仅是生产线车间压减合并，重新定员定岗，中层等管理人员数也要精简30%，撤销生产工区管理层次等。减少管理环节以提高工作效率。这些改革新举措推出，触动到各类人员及部门的利益。为确保生产资源优化整合方案的顺利实施，公司党、政、工等配合做好有关人员的思想工作，通过各种形式的座谈会，领导与党员干部谈话等，使党员和群众都充分了解企业存在的问题和改革举措的必要性，理解和配合做好经公司员工代表和股东代表大会通过的优化整合方案的贯彻落实工作。同时，公司也综合各方面意见，生产减员不裁员，对整合后产生的70多名生产富余人员实行内部待岗的办法进行安置，尽力处理好各方面的利益，使整合方案得以顺利实施，保持了生产秩序稳定。在11月份整合方案全面实施，新的内部生产架构运作后，当月即收到降耗降本、生产效率明显提高的成效，为公司重上稳定发展轨道打下基础。

三是危机中不放松内部管理。生产不能正常开工，使员工收入有所下降，难免有人思想情绪波动。我们十分重视这个问题，反复强调要加强管理，在做好员工思想疏导的同时，采取切实措施：

（1）加强销售。一是加大湖北重点销区的拓展力度，稳定提高豆腐花、女人豆浆等优势产品销量；二是努力打开上年10月以来产品出口受困阻滞的局面，使产品出口逐渐恢复；三是加强终端市场的开拓，稳定原有的超市卖场，互利互惠保市场，共渡难关。

（2）加强产品质量安全管理。一是加强食品安全法律法规的学习贯彻，修订健全企业产品安全管理制度，加强员工的产品质量意识教育，自觉遵守法律法规和质量标准，做到制度健全、职责明确、管理到位、责任到人；二是增强投入配套完善相关质检设备，提高企业自检能力；三是加强企业质检队伍的培训，学习掌握先进技术方法的应用，提高产品质检水平；四是加强原材料与生产过程的各环节、细节的管理，严格把关，确保每批产品质量安全符合标准。

（3）加强内部管理。加强企业内部管理以采购成本、生产成本核算为重点，挖潜降耗努力降低产品成本。包括利用有关原材料价格有所回落的时机，设法筹集资金适当增加大宗原材料的购储控制好采购成本；优化生产调度，压减库存，盘活资金，压缩管理费用开支，细化管理考核，搞好节能减排；重视加强生产安全管理，确保生产正常运转秩序。

四是妥善解决好公司改制后的遗留问题。过去的一年，我们既要应对严峻的外部经济危机困难，又为一些内部问题即公司改制后遗留的历史问题所困扰，为解决这类问题，牵扯了公司经营班子的很多精力。根据我市有关文件精神，我们经过反复研究，在上级联社支持帮助及市有关部门协调下，制订了对公司退休人员保障基金管理和集体资产存量处置的有关方案，经公司员工代表大会和股东代表大会讨论通过，经上报批准后实施。将公司2001年4月改制时设立的退休人员保障基金划转给上级联社专户管理，使该基金脱离企业经营风险，提高基金安全性。同时公司700多名退休人员也划归二轻改制企业退休职工管理中心统一管理。这些新举措使公司退休人员有序地脱离企业，公司能以新的经营机制更好地参与市场竞争。

综合去年的基本情况，公司的经营业绩比去年略有下降，未能达到计划目标要求，企业发展有所减速。但是，我们不会因此失去斗志失去信心，毕竟最困难的阶段在远去，冰泉品牌仍挺立在市场，严峻困难也锻炼了我们应对危机的能力，使我们在实践中不断加深对科学发展的认识，积累了经验。新年透着希望，透着转机，我们一定要抓住转变经济发展方式这个关键，做好今年的工作，推动企业稳定发展。

灵山县宇峰保健食品厂

灵山县宇峰保健食品厂是1994年创建的，企业创办之日起，即充分依托本地资源优势，走出了利用传统工艺，采取“公司+基地+农户”方式，加工生产凉粉为主要产品的特色企业新路子，建立了农业产业化发展模式。15年来，在“创业成未来，智慧孕育财富，诚信缔造伟业”的经营理念下，宇峰人凭着坚毅踏实的精神，艰苦创业，诚信经营，不断创新经营理念，实施推进品牌战略，使该厂从建厂时仅有的3万元启动资金，发展到现在的资产总额4 500多万元。目前，企业已成为全国最大的凉粉草加工基地，拥有从韩国进口的高科技生产设备，按GMP设计的罐装无菌生产线以及粉剂全自动包装生产线，硬件水平在国内处于领先水平，年加工凉粉草系列产品10 500吨以上。

企业主要产品有“宇峰”牌黑凉粉、白凉粉、龟苓膏粉、即食龟苓膏、仙草胶、仙草露、仙草奶茶、烧仙草八大系列50多个品种，这些产品作为低热量的绿色天然又有一定保健功效的传统风味食品，为广大国内外消费者所熟悉和喜爱，产品远销新加坡、马来西亚、印尼、中国台湾、中国香港等多个东盟国家和地区。

宇峰企业长期以“质量第一、信誉第一、宇峰产品、质量取胜”作为企业的经营宗旨，推行现代企业的先进管理模式，弘扬以人为本的企业文化。因为坚持诚信经营，以质量求信誉，2001～2006年，企业连续被广西消费者协会评为“诚信单位”，2005年6月，企业荣获“广西守合同重信用企业”称号。企业产品多次被评为“广西优质产品”和“广西名牌产品”。“宇峰”商标也被评为“广西著名商标”。

企业2006年成为“广西农业产业化重点龙头企业”，做到了真正意义上的开发一草、致富一方的经济效益与社会效益，极大地推动了社会主义新农村建设的进程，为当地经济发展做出了一定的贡献。

1. 聚焦凉粉生产。企业成立之初，是承包租赁原檀圩镇食品加工厂，设备简陋，工艺落后，人才匮乏，企业意识到自己的实力弱小，必须集中力量，在一个点上突破，形成自己的核心优势才有持久的竞争力，经过调查研究，看准市场，决定发展市场潜力颇大的速食黑凉粉、龟苓膏等产品。于是转变生产模式，专注于凉粉草系列产品的生产，艰苦奋斗，取得的利润大部分投入到扩大生产之中，从而使产能不断扩大，形成了规模优势，市场占有率不断提高，逐渐成为国内规模最大的凉粉草加工企业和著名的凉粉产品原料生产供应企业，稳定解决了400多人的就业问题，使周围农村的富余劳动力有工作，为当地创造了一定的社会效益。

2. 实施品牌战略，打造“宇峰”品牌。企业意识到，仅是为厂家供应原材料，企业的发展就难以壮大，必须有自己的品牌。因此大力开发新品种，引进技术及设备加工生产凉粉。同时，搞好产品包装，由供应原材料转入直接进入市场销售，并逐步在市场站稳脚跟，形成了一定的市场网络。“宇峰”商标获得“广西著名商标”称号，成为同类产品中的名牌，不仅在国内畅销，而且销售到毛里求斯、新西兰、中国香港、中国台湾等多个国家和地区，深受广大消费者的青睐和喜爱。

3. 建章立制，以现代企业管理模式打造竞争力。质量是企业的生命，而管理是提升产品质量和效益的关键。为此，企业结合本地实际，制定和健全了一系列规章制度，并坚持“持续改进”思想，不断更新与丰富。建厂以来，通过导入ISO9001质量管理体系、HACCP食品安全管理体系、目标管理、KPI考核、精实生产等管理模式，企业的产品质量稳步提高，在同行中独占鳌头，所生产的产品深受区内外客户和消费者的青睐。

企业在制度约束，严格管理外，还积极实行人性化的管理，营造良好的企业文化，企业按时足额缴纳社会保险，不断改善办公条件和生产环境，给员工提供免费宿舍、伙食补贴等。还有员工生日会收到生日礼金，餐后供应水果，每季度一次员工的生日晚会，每年“五一”举办劳动技能竞赛，“十一”举办体育比赛，安排年度旅游等。所有这些，都极大地增强了员工对企业的忠诚度，有效提高了员工对企业的奉献精神，为宇峰打造一流品牌奠定了坚实的基础。

4. 创新模式，产业化发展。灵山县是个农业大县，农业资源丰富，凉粉草种植加工有多年历史，但一直以来都是分散进行，宇峰企业以“公司+基地+农户”的模式，和农户建立起合作关系，通过签订合同、技术指导、保护价回收，带领和扶持群众发展凉粉草种植。为提高种植户和农民工技术水平，聘请农业专家采取理论与实践相结合的办法，深入到田间地头，手把手推广能够带动农民增收致富的实用技术，同时还与县级政府合作开办定期的技术交流培训课程。通过对种植户的扶持，互利互惠，增强了抵抗市场风险的能力，形成了利益共同体。企业因此被评为“广西农业产业化重点龙头企业”。

浦北县绿宝石水泥有限公司

一、公司概况

浦北县绿宝石水泥有限公司位于广西钦州市浦北县寨圩镇，建于1976年，1996年成立股份制公司，拥有现代化立窑水泥生产线3条，年生产水泥40万吨，产品通过ISO9002质量认证，是钦州市水泥行业最大的股份制私营企业之一。公司以市场为导向，本着“科技投入是企业的永恒主题”的发展理念，坚持以“人品铸造产品，思路决定出路”的发展战略，不断进行科技创新，加大科技投入，年年对水泥生产线进行技术更新改造。经过多年生产和发展，使即将面临停产的企业一跃成为年产值近亿元、年缴税超千万元的股份制私营企业。公司现有职工503人，各类技术骨干50多人，公司占地面积56 428平方米，建筑面积50 229平方米，拥有固定资产2 630万元。近几年来先后为地方上缴税金5 000多万元，安排就业500多人，2009年，公司实现产值1.16亿元，税金920万元，为浦北经济建设，加快实现浦北富民强县目标做出了较大的贡献。企业多次被评为自治区、钦州市、浦北县质量效益型先进企业、企业管理先进单位；多年被评为浦北县企业纳税大户，企业产品“绿宝石”牌水泥从1999年起连续六年评为广西优质产品；2005年被评为广西品牌产品。

二、公司管理经验及做法

1. 加大科技投入，提高产品质量。公司坚持以科技创新、技术进步为依托，努力提升企业产品科技含量，不断对水泥生产线进行技术更新改造，有效提升企业的市场竞争力，从2005年起先后投入技改资金1 000多万元，对生产线不断进行技术改造，保证产品质量，提升产品竞争力，同时使企业生产能力得到了有效提高，由原年产水泥30万吨提高到40万吨，进一步提高了企业产量和效益，为企业今后发展奠定了坚实基础。

2. 强化公司内部管理，建立健全各项管理制度。公司坚持以“人品铸造产品，思路决定出路”的发展战略，从公司的实际出发，进一步强化企业内部的管理，完善企业管理制度，坚持与时俱进、开拓创新的经营理念，大力引进人才和技术，依靠科技进步，实施品牌战略，以质量、服务、励精图治谋企业发展，近几年公司经济效益年年上升，使公司年产值达亿元，实现了公司跨越式发展。

3. 实行经营管理目标责任制，努力促进企业发展。为抓好企业管理，促进企业发展，公司实行经营目标管理责任制，对生产、工艺质量、机械质量、销售和服务质量管理制定了一系列奖罚措施和管理规章制度，从根本上规范了企业管理行为，量化细化指标，落实责任，将产值、销售、利润主要经济指标以目标责任奖的形式下达到车间班组，并与工资挂钩，实行奖罚结合措施，充分调动职工的积极性，进一步增强职工工作责任感和紧迫感。

4. 强化职工培训，提高职工能力和素质。为确保企业持续发展提供人力支撑，公司根据企业实际，加紧抓好人力资源培训，几年来，先后投入人力资源培训经费40多万元，购进教学器材和教材，采取“请进来、送出去”的培训机制，先后选送了部分年轻业务骨干到区、内外高校进行了深造和短期业务培训，培育了一批懂管理、会经营、懂技术、会操作的知识型、实干型技术专业人才，整体上提升了企业职工业务技术水平和素质，为企业今后发展提供了人力资源的保障。

5. 抓好企业环保治理，确保企业达标排放。为保证企业达标排放，公司着力抓了企业环保治理工作，仅2007年，公司投入环保治理资金达800多万元，实施了磨机和收尘系统技术改造，实现时产提高，能耗降低，吨水泥耗标煤由原来的155公斤降至126公斤，吨水泥电耗由原来的90度降至73度，降低了企业生产成本，提高了企业产量和效益，增强了企业市场竞争力。

6. 落实安全生产责任制，确保公司稳定和发展。公司坚持“安全生产，以人为本”的原则，加大安全生产宣传力度，强化安全生产责任制，狠抓安全生产工作，切实把安全生产管理各项规章制度和工作措施真正落到实处。一是公司主要领导高度重视安全生产工作，成立了安全生产领导小组，把安全生产工作列入重要议事日程来抓，真正做到公司主要领导亲自抓，分管领导具体抓，切实把工作责任层层落实；二是制度健全，责任落实。从公司领导到一般职工，对待安全生产工作做到一丝不苟，细致到位，认真负责，对每个生产环节进行认真检查，查出事故隐患立即进行整改，彻底消除事故隐患，尽量避免或杜绝安全事故发生，多年来公司无重大安全生产事故发生，有效保护了职工生命和企业财产安全，促进了企业健康稳定发展。

多年来，公司一直坚持以“科技求发展、质量求生存、诚信求效益”的经营策略，实施名优品牌战略，充分发挥“绿宝石”这个名牌产品的品牌效应，通过媒体宣传网络，拓宽产品销售市场，建立稳固的销售网络体系，增强了产品销售量的提升，产品在国内海南、北海、钦州、防城、浦北等地市场占有较高市场份额，产品均供不应求，公司销量年年上升，实现了销售的新突破，不断提高了企业经济效益。

广西博庆食品有限公司

广西博庆食品有限公司是1995年依法成立的中英合资企业，合资双方分别是宜州市糖业发展有限责任公司和英国糖业（海外）公司（BSO）。公司注册资金3.25亿元（含博东），中英双方各占40%和60%的股份，总资产近9.6亿元人民币。现有机制糖生产工厂三间，分别是石别工厂、怀远工厂、博东工厂。公司原料蔗生产处理能力现已达2.3万吨/日，主要产品有：有机白砂糖、赤砂糖、精炼糖、食用酒精、有机无机复混肥料等。

公司积极引进消化国外先进管理经验和办法，建立健全了财务、采购、生产、质量等严谨高效的管理模式。公司从英、法、美、德等六个国家引进近百台（套）先进的生产控制设备。是目前全国同行业中设备、控制等先进技术含量最高的制糖企业之一。

公司2000年通过英国劳埃德质量认证公司ISO9001：2000质量体系认证，是国内首家通过国际质量体系认证的制糖企业。公司“石花”、“远山”牌机制糖于2001年起获“中国绿色食品”称号并长期保有“广西名优产品”称号。2003年起公司陆续取得“广西制造业信息化工程示范企业”、“广西高新技术企业”、“广西农业产业化重点龙头企业”等企业荣誉称号。2005年6月获评为国家“扶贫龙头企业”。同年申报的“复混肥料生产装置”获国家实用新型专利。

2009年度，由于受严重的干旱气候影响，原料蔗大幅减产，公司工业总产值为8.5亿元，年度上缴利税为3 020万元，与以往年度相比有所下降。我们的目标是通过自身的努力和奋斗，使企业持续发展壮大，同时不断完善内部管理，力争取得更优异的业绩。公司在未来的三年内将使原有三个工厂的原料蔗产量发展达到320万吨，实现年产白砂糖36万吨。同时积极发挥潜力，努力将企业建设成为高产能、高效益的环保型企业、相信在各界友好人士的关心和支持下，公司不懈地努力必将实现农户、政府、企业的共盈目标，同时创造出更美好的明天。

国投海南水泥有限责任公司

国投海南水泥有限责任公司位于海南岛西北部昌江县境内，是海南省规模最大、工艺装备最先进的水泥生产企业之一。公司另在澄迈县金江镇建有一座年产100万吨水泥的粉磨站。昌江厂区距海口196公里，距东方八所港52公里，距三亚204公里；金江粉磨站距海口56公里。昌江、金江两厂区均紧邻环岛西线高速公路和粤海铁路，两厂区内建有专用线与粤海铁路相连，交通十分便利。

公司矿产资源丰富，石灰石储量超过1亿吨，可供使用100年以上。

公司目前拥有两条窑外分解生产线，日产熟料5 000吨，可年产水泥200万吨。生产线核心主机设备、计量系统、控制技术均从具有世界先进制造水平的公司引进。

公司目前定员近450人，其中高级职称5人，中级职称22人，初级职称62人，技术力量雄厚。

公司现在主要生产PO42.5R、PO42.5、PO32.5R、PO32.5、PC32.5、PF32.5六个品种的水泥，产品质量稳定，被广泛用于粤海铁路、环岛高速、机场、洋浦港码头、海口市污水处理中心、南山文化苑、海军基地、新大洲工业园、国家粮食储备库等重点工程上，并受到一致好评。公司生产的“海岛”牌水泥是岛内公认的优质产品，也是目前岛内唯一的水泥国家免检产品。

电话：0898－26816226

传真：0898－26816206

邮编：572700

地址：海南省昌江县工业区

海南金鹿农机发展股份有限公司

海南金鹿农机发展股份有限公司是海南省一家生产、经营农用拖拉机及农机产品的龙头企业，公司的宗旨为致力于农机事业，以海南市场为主，辐射泛珠江区域，开拓东盟市场。在海南、广东、贵州、云南建有五个制造基地，为三农（农村、农业、农民）提供快捷、价廉、质优、服务好的农机产品。

主导产品金鹿牌工农－16K型系列拖拉机及各类农机产品生产能力30 000台/年，金鹿牌工农－16K型后驱动拖拉机在海南省同类产品中市场占有率达95%以上，荣获国家实用新型产品专利，分别被评为海口市科技进步三等奖、海南省科技进步四等奖，2005年获“海南新型工业十佳杰出开拓企业”称号；2006年获“海南省名牌产品”称号。产品除在国内销售外，每年以50%的增长速度出口东盟市场。

公司2006年设立了“金鹿农机助学基金”，用于资助贫困学生，基金的来源由公司每售出一台金鹿拖拉机，即从中提取20元人民币作为金鹿农机助学专项基金。2006年获“支持海南省希望工程圆梦行动贡献单位”及“支持希望工程爱心企业”称号。

地址：海南省海口市海府路168号金鹿大厦
海口市海榆中线6.5公里处金鹿工业区内
邮编：571100
联系电话：（0898）68635950
传真：（0898）68637133
网址：http：//www.hnjinlu.com.cn

海南现代彩印包装有限公司

海南现代彩印包装有限公司，是海南现代科技集团下属骨干企业，始建于1996年，注册资金500万元，总投资1亿元人民币，位于海南省海口市，占地50亩，厂房面积1万平方米，是海南省内规模最大、设备最先进、生产技术及管理水平一流的国内著名的软包装印刷企业。是广州立白集团、东莞徐福记食品公司、海口椰树集团等国内著名企业长期定点供应商。

公司拥有国外进口与国内最先进的3条软包装彩印生产线。其中，10色双收双放高档凹版印刷机1台，8色高档凹版印刷机2台，高速干式复合机3台及相配套的其他后加工设备30多台。主要产品有洗涤用品包装袋、食品包装膜（袋）、药品包装膜（袋）、各类标签等，产品种类齐全，结构多样，远销全国各地，并出口到澳大利亚等国家，年销售额超亿元，每年以30%以上的增长率高速发展。

公司的管理和技术人员具有较高的文化素养和富有多年印刷包装行业知识及管理的实战经验，是一支具有很高专业水准、团结合作、开拓进取的优秀团队。

公司致力于“诚信、协力、超越”的企业文化建设。坚持走科技创新之路，采取“抓名牌、促品牌”的营销战略。经过10年的打造与磨炼，已通过ISO9001—2000质量体系认证，荣获国家药品监督管理局颁发的（I类）药品包装用材料注册证书。先后获得“中国包装优秀企业”、“海南省高新技术企业”、“海南工业行业排头兵”等各种荣誉称号。

“崇尚环保，追求完美”是公司服务于社会的理念。以“科学管理，精益求精，竭诚为顾客提供精美的产品和优质服务”的质量方针，创造出优质的产品，我们将与各界朋友携手共进，共展鸿图。

网址：邮箱：xd-caiyin@126.com
联系电话：0898－66753892
传真：0898－66502392
公司地址：海口市海德路11号
邮编：570206

海南三叶制药厂公司

海南三叶制药厂公司是以制药为主体，医药营销贸易、零售连包装印刷、医药化工和仓储物流为一体的股份制企业，总资产7亿元。拥有冻干粉针剂、颗粒剂、干混悬剂、胶囊剂、乳膏剂、片剂和口服制剂等近百个规格品种，两个GMP认证药品生产企业、三个GMP认证药品经营企业、一个医药印刷包装企业通过ISO 9001—2000质量体系认证。“强必林”、“欣可诺”荣获“海南省名牌产品”、“海南GSP医药物流商城”，成为全国首家“GSP共享仓库”单位、注射用加替沙星项目列入国家“火炬”计划，公司荣获全国用户满意企业、全国精神文明建设先进集体、全国文明单位和全国“五一劳动奖状”等荣誉。吴明总经理荣获海南省的杰出青年、创业企业家、功勋企业家和海南省劳动模范荣誉。

公司坚持“以人为本，科技兴企，营销先导，管理先行，质量为先”经营战略，突出“创新共赢模式，实现厂商价值一体化”行动理念，导入IT技术创建DPS营销终端网络，以质量与诚信强固和提升营销市场终端的运营体系、网络和保障机制，构建“经营差异化，管理人性化，机制个性化，文化亲情化”平台。以科技、资源优势拓展关联产业链接，启动总投资13亿元的50万平方米的“三叶数码城”项目，荣获国家科技部“全国城市数字智能化示范项目”。导入CITY MALL理念，运用数码信息技术与城区服务对接，打造医药、科技、物流仓储、商业交易、办公居住与休闲的人文环境，建成后将形成年50亿元的资金流、医药信息流和商业物流为一体的综合商业城区。公司热忱欢迎投资商加盟合作开发。

地址：海南省海口市金垦路46号
邮编：570226
电话：（0898）68916592　68950153
传真：（0898）68917975
网址：http//www.sanye.com.cn

海南龙泉集团有限公司

董事长：符史钦，1955年4月生，海南文昌人；1993年7月创建海南龙泉集团。海南省政协委员、中国企业文化研究会常务理事、中国光彩事业促进会理事、中国烹饪协会常务理事、海南光彩事业促进会副会长、海南省归国华侨联合会常务理事、海南省华商联谊会常务副会长、海南省总商会常务理事、海口市总商会常务理事、海南省餐饮酒店行业协会理事长、海南省烹饪协会副会长等。

海南龙泉集团创建于1993年7月25日，是集餐饮、酒店、娱乐、贸易、教育、食品加工、房地产开发、种植养殖等为一体的多元化、综合性大型企业集团。拥有餐厅、酒店等下属企业近30家，拥有文昌鸡养殖基地3个，总占地面积近5 000多亩，位于文昌东路镇的龙泉文昌鸡基地被指定为文昌鸡（出口）示范基地，并被国家农业部指定为“文昌鸡生产标准示范创建基地”。

近年来，龙泉集团不遗余力借原产地标记注册打造海南文昌鸡品牌，打开出口通道，取得了显著成绩，为海南文昌鸡出口海外做出了极大贡献。2005年10月，在韩国首尔举行的第八届世界华商大会上，龙泉文昌鸡品牌宣传引起了与会代表的极大关注；2006年1月21日龙泉文昌鸡成功进入香港市场，9月20日打进了澳门市场。3月16日“龙泉文昌鸡北京推介会”在人民大会堂隆重举行，原全国人大常委会副委员长铁木耳·达瓦买提，国家农业部总经济师朱秀岩，海南省委常委、宣传部部长周文彰，副省长林方略，北京市有关部门部门，北京市各大宾馆酒店负责人100余人出席了推介会。同年还在香港、澳门、北京和武汉相续举行了隆重的文昌鸡产品推介会。

十三年龙泉创业路，正因为坚持“以人为本，精益求精”、“善于学习，勤于思考，勇于实践，敢于创新”的龙泉理念与精神，在2005年全国餐饮企业评比中，龙泉集团还是保持“全国餐饮百强企业”行列。龙泉集团在多来的经营发展过程中，创造的不仅仅是经济财富，更创造了显著的社会效益。

地址：海南省海口市龙昆南路18号B座1-5楼

邮编：570206

联系电话：0898-66788664　　66501633

传真：0898-66711418

网址：http//www. longquanren. com

电子邮件：lq@ longquanren. com

重庆东方农药有限公司

重庆东方农药有限公司地处风景秀丽的三峡库区——重庆忠县，属国家定点农药生产企业，重庆市高新技术企业，忠县工业重点企业。系中国农业科学院柑橘研究所农药中试基地；重庆市科委风投公司联姻合作单位；中邮物流三农联销合作企业。市、县文明单位。

公司始建于1993年，占地面积18 000平方米，注册资金1 200万元，拥有资产9 000余万元。公司拥有全自动生产设备、先进的检测仪器，与科研部门合作，实现了产品研究、开发、中试、检测、生产、销售一体化。公司在生产经营中，严格按照《中华人民共和国农药管理条例》和《国家质量法管理细则》，坚持“以人为本，质量为先，诚信服务”的经营理念，科学管理，创新发展，不断提高产品科技含量，企业规模不断扩大，销售市场不断拓宽，在市场上享有较好的声誉，得到了政府有关部门、新闻媒体的认可和赞扬。企业多次被市县人民政府评为“明星企业”和“先进集体”；被《中国质量万里行》质量大家行活动组委会评为“质量定点示范单位”；被国家技术监督局评为“质量信誉双满意单位”；被市、县工商局评为“守合同重信用”企业；“AA+”级信用企业；重庆市农药管理协会会员单位；重庆市企业权益保护协会“理事单位”；重庆市中小企业副会长单位；忠县最具影响力品牌（企业）；重庆市高新产品；重庆市知名产品；企业通过了ISO9001：2000质量体系认证。

公司与国家科研单位合作，联合开发出的杀虫类、杀菌类、除草类不同规格的系列农药产品和高效生态有机复混肥、氨基酸叶面肥等10多个品种。其中0.5%烟碱。苦参碱（果圣）产品，属新型、高效、低毒、杀虫广谱、不含激素、源于自然的植物源环保农药。被国家科技部批准为“科技星火产品”；获重庆市人民政府“科技进步奖”；经重庆市科委认定为“高新技术产品”、“重点新产品”；被重庆市技术监督局评为“重庆知名产品”、“重庆著名商标”等；被国家烟草专卖局列入指定性烟草专用杀虫剂，市场前景广阔。

目前公司生产的产品重点销往国内广西、福建、江西、湖南、湖北、新疆、陕西、上海、山东、安徽、四川、重庆及东北三省等10多个省市及远销越南、孟加拉。并与中国邮政合作，通过邮政物流公司进行运输和产品联销，产品广泛销往全国市场，深受客户欢迎，对服务农业生产、发展工业，加快新农村建设及生态环境保护起到了积极的推动作用。

现代农业、高科缔造；创优产品、树立品牌；真诚奉献、服务大地；制造中国亿万农友放心农药，是东农公司永恒的主题。根据国家农药发展方向，结合当地政府和本公司的发展远景规划，大力发展环保型农药和生态复混肥，扩大企业产销规模，服务农业生产。目前正在实施年产20万吨肥料项目生产基地，打造集团化经营，实施品牌战略，为发展工业，服务农业，保护生态，构建和谐而不懈努力！

重庆市津粮建筑安装工程有限公司

公司始建于1983年，注册资本金5 058.4万元。具有房屋建筑工程施工总承包一级、市政公用工程施工总承包一级、水利水电工程施工总承包二级、土石方工程专业承包二级、装饰装修工程专业承包二级、环保工程专业承包三级、钢结构专业承包三级、防水工程专业承包三级、防腐保温工程专业承包三级等资质。现有职工2 000多人，其中一级建造师20人、二级建造师25人，公司管理规范，部门机构设置齐全，经济实力雄厚，完全具备承建大型建筑工程、水利工程、路桥工程等能力。

公司坚持“追求卓越、争创一流、开拓发展、奉献社会”的企业精神，根据自身实际和发展的需要，在重庆设立了驻渝办事处，在成都设立了四川分公司、在广州设立了广州分公司、在昆明设立了云南分公司，分别负责成、渝、滇、粤四地的业务。

近3年公司承建的大型工程项目达48个，竣工面积达60多万平方米，2009年公司上缴税金1 000多万元，居江津区建筑行业纳税前三名。

董事长兼总经理何佐良率领公司全体员工“依靠科技、坚持标准、信守承诺”，向社会奉献优良建筑产品，以“立足开发、拓展市场、励精图治、求实创新”的进取精神，为江津经济的发展做出了积极贡献。公司多次被各级政府、行业管理部门评为“建筑10强”企业、“先进企业”、“重合同守信用”企业、“纳税10佳”企业，“重庆市级建筑文明工地”等荣誉称号。

建一项工程，树一座丰碑，交一方朋友，董事长兼总经理何佐良率全体员工愿与社会各界朋友精诚合作，携手共进，以一流的服务，一流的质量，一流的形象奉献人民，奉献社会。

重庆长安离合器制造有限公司

重庆长安离合器制造有限公司成立于1997年，是从事汽车离合器生产的专业厂家，公司致力于研制开发和生产各种车型的汽车离合器总成，立足于用户需求，不断发展和壮大，现公司拥有高级工程师、工程师、专业技术人员及各类生产管理人员300余人，生产能力140余万套/年。

公司主要有微车、轿车、轻型、重型车系列离合器盖总成、从动盘总成以及飞轮总成，我公司现生产的产品有：4JB1－T、4JA1、4JB1、TF4JB1、4ZE1、491Q、6VD1、462Q、465Q、368Q、472Q、474Q、479Q等七十余个规格品种的离合器产品。

公司已与重庆渝安淮海动力有限公司、重庆宗申集团公司、浙江吉利控股集团有限公司、上海华普汽车公司、沈阳双福内燃机有限公司、重庆力帆汽车发动机有限公司、山西成功淮海动力有限公司、绵阳新晨动力机械有限公司、成都发动机（集团）有限公司等主机企业建立了良好的配套合作关系，多次被主机单位授予“优秀供应商”等称号。

公司已通过ISO/TS16949：2002质量体系认证和ISO14001：2004环境体系认证。注册商标“茂茂”牌的微车离合器在全国微车汽配市场备受青睐。“茂茂”牌产品曾被重庆市质量技术监督局、重庆市经济委员会、重庆市商业委员会、重庆市用户委员会评为“重庆市用户满意产品”，我公司曾获得重庆沙坪坝区工商联合会授予的“先进会员单位”称号，获得中共沙坪坝区委、沙坪坝区人民政府授予的“文明单位”称号，被中国质量检验协会评为“全国质量、服务诚信的示范企业”，获得全国产品（服务）质量用户满意品牌调查办公室《商品与质量》消费市场调查中心授予的“全国产品（服务）质量用户满意品牌”，获得中国农业部授予的“全国诚信守法乡镇企业”，生产的微型、轻型系列汽车离合器产品被重庆质量技术监督局评为“重庆知名产品”等殊荣。

公司目前正在开发有自主知识产权的新型离合器。

没有最好，要求更好。公司正以开拓创新、质量第一、信誉至上、忠诚务实的理念努力打造新型名优企业，使企业迈向一个更高的发展平台。

重庆宏愿工具（集团）有限公司

重庆宏愿工具（集团）有限公司，现有6.5万平方米的标准厂房及相关配套用房，核心企业员工千余人。拥有加工中心及专机、数控机床、多用淬火炉等专用生产及测试设备600余台（套）。目前已形成由公司负责产品主要零部件加工及总装，由40余个外协厂家配套的集团化生产组织形式，拥有30余个系列，年产180万支钉枪的生产能力。2006年，集团在花溪工业园投巨资建成了五种机型20余个系列，年产25万台小型空压机的宏愿压缩机制造有限公司；4个系列，年产18 000吨气动枪钉的宏愿制钉有限公司；6个系列，年产30万台通用机械的宏愿动力设备制造有限公司。

公司还通过了ISO9001质量管理体系，拥有8个注册商标、27项国内国际专利，各项产品获得CE、CSA、UL、GS、EPA、CARB、EMC等各种认证共85项。企业从1998年起就进入重庆市乡镇企业50强，先后荣获重庆市工业小巨人企业、重庆市质量效益型企业、农业银行重庆市分行信用等级AAA企业、重庆市A级诚信纳税先进企业、重庆市出口创汇优秀企业等荣誉。公司成为重庆市政府授牌确认的“工具出口基地”，公司产品成为“重庆市重点支持和发展的出口畅销品牌”。集团的产品不仅远销海外，在国内市场也拥有举足轻重的地位，国内产品包括ZS、标志、天工、力胜、绿旋风五大系列。

重庆锦晖陶瓷有限

公司成立于2003年，是由重庆华陶瓷业有限公司按重庆市体改委的要求改制成立的股份制企业。公司继承和发扬了华陶瓷业“中国第一瓷”和“中国名牌”的所有优势，销售收入逐年上升，并以优异的产品质量，优质的服务，赢得了国内外广大客户的信赖。是美国最大的酒店用品供应商俄伦达（ONEIDA）、全球著名陶瓷品牌英国韦基伍德（WEDGWOOD）、全球家居大王瑞典宜家（IKEA）、美国陶瓷第一品牌林诺克斯（LENOX）、意大利奢侈品牌阿里（THUN）和古之尼（GUZZINI）、欧洲最大的高档瓷生产和供应商盖伊得古霓（GUY DEGRENNE）、美国奢侈品牌朗贝基（LONGABERGER）、全球玻璃大王弓箭（ARC）等世界著名陶瓷品牌在中国的制造基地。公司拥有世界上最先进的陶瓷装备和多项世界领先技术，三十多项国家专利。

公司的目标是做世界陶瓷企业，创国际知名品牌；经营方针是“集一流人才、用一流设备、出一流产品、创一流企业”；基本思路是“高起点、高速度、高质量”。公司在全国陶瓷行业首先全方位实施 CIMS（计算机集成制造与管理系统）应用工程的企业，建立了完善的质量保证体系 ISO9001—2000，获得“SGS”（世界产品质量标准认证机构）国际产品质量认证，通过了美国加州标准（PP65）和国际标准《ISO6486—2（1999）E》及中国高级日用陶瓷标准《GB/T3532—95》，公司是重庆市高新技术企业，公司产品被誉为健康新陶瓷。

公司发展受到了党和国家领导人的高度重视和关怀，江泽民、李鹏、吴邦国、温家宝、乔石等先后亲临公司视察指导工作。同时，公司的发展也受到海外的广泛关注，德国仪员代表团及美国前国务卿等国际团体和友人前来参观访问。公司产品被人民大会堂、钓鱼国宾馆选定为“国宴瓷”、被外交部确定为“国礼瓷”和代表国家形象的中国驻外使、领馆专用“国徽瓷”、“铁道部专列用瓷”、“中南海紫光阁专用瓷”。

公司拥有高级硬质瓷、高级骨质瓷、高级石英质瓷、精细炻瓷、超级低温强化瓷五大瓷种。为世界上 1 000 多家星级酒店、上百万个家庭、70 多个航空公司以及 500 余家国内最知名的酒店提供着最优质的服务。形成了以釉上彩、釉中彩和中高温复合色釉料装饰风格的系列产品。公司具有丰富的国际合作经验，与许多国际大公司建立了长期战略合作伙伴关系，建立了一个遍布全球的国际市场销售体系业。产品销往美国、加拿大等 40 多个国家和地区，真正做到了市场全球化。

重庆强凯机械制造有限公司

公司位于重庆沙坪坝青木关镇青凤工业园区内，占地面积 24 亩，东邻土主镇，南接陈家桥镇，西靠璧山县，北连北碚区，地理位置优越，交通方便。

公司前身为重庆富强机械配件厂，成立于 1994 年，专业生产重型汽车过桥箱、换挡壳体、变速副箱和摩托车曲轴箱体、箱盖等产品，现有职工 500 多人，年产值达 1.2 亿元，总资产达 4 900 万元，有完善的管理体系及质量检测体系，有很强的新产品试制能力。企业先后获得沙区“五十强重点企业”、重庆市信用联社“AAA 企业”等称号，总经理付强为沙区政协常委、区工商联副会长、青木关镇人大代表、青木关镇工商联会长，先后获得重庆市“首届优秀民营企业家”、沙区“建设有中国特色社会主义建设者”等称号。

目前，我公司生产加工的主要产品有：CB125 型、CG125 型、水冷 125 型、90 型、CY80 型、100 型曲轴箱体、箱盖，其中 125 系列年生产能力达 80 万套（全套），100 型及其他机型生产能力达 45 万套；重型汽车过桥箱年生产能力达到 8 万件，重型汽车变速副箱年生产能力达到 6 万件，重型汽车换挡壳年生产能力达到 6 万件，90、45 变速箱年生产能力各达到 4 万件。各种产品均达到国内同类产品的质量标准，受到用户的一致好评。

峨眉山仙芝茶业有限责任公司

峨眉山仙芝茶业有限责任公司坐落于国家级风景名胜区和世界自然与文化双遗产保护区的峨眉山后山——黑包山。这里海拔 1 500 米左右，峰峦叠嶂，终年云雾缭绕，日光漫射，加之气候湿润，土壤呈微酸性，土质疏松，土层深厚，排水性好，自然肥力高，极易于茶树的生长。公司是集茶叶栽培、生产加工、销售、科研开发于一体的经济实体，是四川省农业产业化重点龙头企业，四川省最具成长性中小企业 100 强，四川省 AA 级质量信誉等级企业。拥有总资产 2.2 亿元，年产无公害和有机仙芝系列名茶 280 吨。

近年来，公司围绕“提高组织化，实行标准化，发展产业化”的方针致力于振兴茶业，造福人类，发起成立了全国首家茶叶产业化合作社——峨眉山市仙芝竹尖茶叶产业化合作社，该合作社被评为全国示范农村专业合作经济组织，拥有社员 6 300 多户。2003 年公司投资 6 000 余万元建成集生态型茶场、环保型茶叶加工、绿色观光产业、地域文化展示、茶人家园五大功能于一体的仙芝竹尖黑包山生态茶叶旅游观光园区，2005 年，在全省环境综合评比中，该园区最早被省环保厅、省农业厅评定为“省级示范生态园区”，2006 年又荣获“全国茶叶科技示范基地”。经国家农业部和中国有机茶认证中心认证，公司拥有自己的国家级无公害茶叶基地 43 000 亩，有机茶基地 2 018.2 亩，其产品同时获得国家级无公害产品和有机产品认证。公司独家拥有“仙芝”、“竹尖”、“黑包山”、“仙芝竹尖”四个注册商标的专用权。2005 年公司先后通过了国际 HACCP 食品安全管理体系认证、ISO9001：2000 国际质量管理体系认证和 QS 市场准入证。公司生产的“仙芝竹尖”优质绿名茶，以其优秀的品质，在比利时首都布鲁塞尔第 48 届大发明与国际新技术大会上获世界食品行业最高奖——尤里卡金奖；同时，仙芝竹尖被四川省人民政府评定为四川名牌产品。2006 年被评为四川省十大名茶、四川省农产品知名品牌等；公司又荣获四川省银企合作诚实守信先进单位、质量、信誉信得过名优企业等。公司实行“龙头企业 + 合作社 + 基地 + 社员”的产业化经营模式，以“一切为消费者健康着想”为企业理念，以“拥有绝对资源，让您喝出一生的健康”为质量承诺，以讲诚信和重质量为原则，以品质优势出击市场，从而让消费者喝上放心茶、健康茶。同时围绕提高组织化，实行标准化，发展产业化的方针，提供高质量的茶叶，塑造川茶品牌文化，打造百年企业形象。

乐山科立鑫化工有限责任公司

乐山科立鑫化工有限责任公司成立于1999年9月，系专业从事有机硅精细化学品研制、开发、生产的科技型、创新型企业。现为“四川省建设创新型培育企业”、“四川省小巨人企业”、“国家西部大开发企业”，又是四川省产学研创新联盟“硅产业”的联盟企业之一。公司现有员工60人，具有高级职称的7人，其中3名教授级高工，公司本科以上学历的占55%，与国内外有机硅产业的研发人员有着较好的学术交流关系，曾多次荣获国防科工委、化工部科技成果奖。

公司有机硅精细化学品一期项目——7 000吨/年环保有机硅消泡剂项目（产品广泛地应用于制药、食品、造纸、石油、涂料、印刷、印染等行业），在去年乐山“项目年”建设中，得到了市委、市政府主要领导的关注，特别是市级相关部门、市中区区委、区政府的大力支持，仅用8个月的时间就完成了项目立项、环评、资金筹措、项目建设，在今年2月28日顺利建成投产，现已开始产生良好的经济效益和环保社会效益，预计在9月份将实现满负荷生产，可实现近亿元的年产值，利税达2 000万元。公司有机硅精细化学品二期项目1 500吨/年电子硅橡胶、高温混炼胶项目已完成项目立项，现在正在抓紧办理土地出让。预计将在今年9月开工建设，项目总投资1.07亿元，建设期18个月（含建中试研发装置及放大装置），同期将组建有机硅工程技术中心。此项目系与市委、市政府建设“中国硅材料产业基地”配套的硅材料下游产业，项目建成后将成为我国高端硅橡胶产业的研发生产基地，改变此领域长期被国外发达国家少数几个公司在技术和市场上垄断的格局，特别是在涉及国防工业、航空航天的特种硅橡胶材料受制于人的局面。该项目建成可实现5亿元的年产值，同时也为国防工业的发展做出巨大的贡献。同时将公司打造成在国内外研发力量、人才、技术、品牌、经济实力都处于一流的有机硅精细化学品研制、开发生产的高科技企业，依据公司“科技创新、产业报国、回报社会”的经营理念，完成企业崇高的民族使命感和社会责任的远大追求。公司有机硅工程技术中心在建成后将我们将不负省、市及市中区、区政府的厚望，正式承担乐山多晶硅生产企业大量副产物——四氯化硅化学处理工艺技术的研制、开发，力争尽早实现有经济性的工业化规模化处理，为乐山硅材料产业健康、持续的发展提供环境完全保证。

四川哈哥集团有限公司

哈哥集团公司创建于1986年，公司总部位于井研县石家桥食品工业集中区，现辖四川省哈哥兔业有限公司、四川仪陇县哈哥兔业有限公司、四川省哈妹皮草有限公司和纺织、饲料、汽修、供销等子公司，总资产1.56亿元。哈哥兔业是国家财政参股、国家发改委立项的项目，总计投入1.15亿元，以兔肉和裘皮深加工为主业，现有出口生产线两条、裘皮生产线3条、1 500吨储量冻库两座，开发出四大类60多种不同规格风味的“哈哥”牌兔肉系列产品和31个花色品种的兔裘皮产品，达到年加工2 000万只商品兔生产能力。2006年销售收入1.36亿元，公司以科技做支撑，以质量创品牌。已通过国家出口生产企业卫生注册认证、HACCP认证、QS认证、计量标准体系认证，环保工程全部达标，“哈哥”牌系列兔肉产品取得国家绿色食品认证和有机食品认证，获得“四川名牌产品”和“四川省著名商标”称号。几年来，被国家和省相关部门认定为“国家农副产品深加工示范企业”、“国家科技星火计划企业”、“省级重点龙头企业”、“省级扶贫龙头企业”、“四川省兔业工程技术研究中心”。企业连续几年被省、市、县评为“先进龙头企业”，“守合同重信用企业”。企业坚持“立业三农为根，举步富民为本”的宗旨，遵循“搞好一个企业带动一个产业，做好一个产业致富一方百姓”的理念，按照“公司+科技+协会+基地+农户+金融”、“支部+协会，扶持贫困户”两个模式，走“三校两院一个中心”产、学、研相结合的道路，落实“两个依托”，一是依托科研单位、大专院校作技术支撑，二是依托农村专合经济组织，大力实施“小兔子大产业”战略，通过“一村一品”的基地建设模式，已在省内建立绿色食品基地5个，健康养殖“受控”兔场120个，对兔农实行“订单生产、保护价收购”，与农民建立了利益联结长效机制。目前，井研县、仪陇县党委、政府将兔产业列入地方经济发展的主导产业，在政策及各方面给予大力支持，养兔社员户达19 580户，辐射周边乐山、雅安、自贡、眉山、南充五市十六县10万户农民投入养兔产业，兔农户均收入达8 600余元，纯收入4 000元，井研全县农民人均增收250元，仪陇县农民人均增收200元，使农民“不离土，不离乡，照顾老小奔小康”。

四川绿色药业科技发展股份有限公司

四川绿色药业科技发展股份有限公司是集中药材种植、加工、贸易、科研为一体的专业型股份制企业。公司注册资本10 053.66万元，主要从事中药材、精制中药传统饮片、中药配方颗粒、中西成药、西药原料及保健品的生产和销售。

公司是2000年第一批国家级农业产业化经营重点龙头企业，2006年评审为成都市高新企业，2005年被定为全省20家、成都市18家“做大做强、重点扶持农业产业化企业”之一。公司现有总资产4.9亿元，银行信用等级为AAA，拥有自营进出口权。2005年，公司实现销售收入4.5亿多元，其中出口创汇额达500多万美元。公司拥有规范化、规模化、产业化的川芎等川产地道药材GAP种植基地9万余亩，并被列为全国首批“中药现代化科技产业（四川）基地药材种植科技示范区”。并于2004年5月通过了国家食品药品监督管理局GAP认证。公司制药厂位于四川省彭州市，按国家GMP标准建立了中药配方颗粒和精制中药饮片生产线，设备先进，管理科学，技术力量雄厚，于2004年年初先后通过国家食品药品监督管理局的两个GMP认证。这是国家药监局批准的全国五家中药配方颗粒定点生产企业之一，也是西部地区唯一一家定点企业。药厂坚持“质量第一”，生产中药配方颗粒460多种，精制中药饮片500多种。由于产品质量好、品种全，深受客户和消费者欢迎。绿色药业自成立以来，一直将市场开拓和销售放在龙头地位。公司充分发挥多年来建立起来客户群体和销售网络，除在国内市场全面销售外，已出口澳大利亚、日本等国家和地区。四川绿色药业科技发展股份有限公司始终坚持“有效经营、造福社会”的经营宗旨，奉行“现代中药、现代生活”的经营理念，视有创造激情和敬业精神的人才为公司最宝贵的财富，把信誉当做企业的生命，坚持走绿色农业产业化、中药现代化的发展之路。

成都艾民儿皮制品有限责任公司

成都艾民儿皮制品有限责任公司创建于1996年。公司出口创汇连续三年列省内同行业第一，成为第一个走出国门并注册自己品牌的四川鞋类企业。公司引进意大利、德国、中国台湾先进的工艺技术与设备，率先在内陆城市鞋业中建立了全流水生产线，年产量达200万双中高档女鞋。通过境外考察资金的支持，实施走出去、引进来的战略方针，积极向国际化集团发展公司运用国际商标注册资金补贴，通过马德里国际商标注册机构，获得了56个国家对AIMINER（艾民儿）、SHEME（西米）商标注册权，2003年、2005年又分别在日本、中国香港、韩国、美国进行了商标注册。公司十分重视品牌推广活动，连续五年参加德国GDS鞋展；连续四年参加意大利加答鞋展；三年参加美国拉斯韦加斯鞋展，由此拓展国外客商117家。公司在自我发展、完善的同时，力争为行业多作贡献，牵头成立了四川省鞋业进出口商会。

贵州百强集团

贵州百强集团成立于2001年，秉承“一业为主、多元扩张、专业经营”的战略发展方针。经过9年的发展，现已成为一个拥有30多家企业，近6 000名员工，年销售20亿元，年均利税2.5亿元的企业集团。经营产业涉及制药、百货、房地产、酒店、置业、冶金、啤酒、食品、金融投资等近10个行业，已进入贵州较大非公有制企业行列，作为一个新型的泛家族企业集团正在中国的西部快速崛起。

百强集团倡导责任文化和人本文化，注重团队精神的建设，采取“英才计划”、“摇篮工程”和“共享价值”等具体措施来培养人才，建设团队。有完善的激励和绩效机制，用待遇诱人、文化感人、事业留人，让普通人干不平凡的事。坚持以人为本，用人不疑，疑人善用，优化组合，合作发展、超越自我，发展他人的人才观。

百强集团不仅注重产品的科技创新，更注重盈利模式、管理模式、合作模式的创新，百强集团以开放的股权合作模式与马来西亚的金狮集团成立了贵阳百盛购物中心，开创了贵阳流行百货新时代；与央企保利集团共同成立了保利贵州房地产开发有限公司，大力推进贵州文化地产、旅游地产的建设。通过“项目+投资+人才+创新+合作”五环战略与各行业的职业经理人相继成立了酒店、食品、啤酒等产业经营公司。

贵州华力集团

贵州华力是集农、工、贸、科研、物流为一体，以三农特色产业为主体的综合性集团公司。以贵州华力农化工程有限公司为主体，下辖贵州华力玉醇酒业有限公司、贵州黔之龙食品有限公司、贵州省薯类研发技术中心、江苏邦力生化设备有限公司、宜兴市苗家商贸有限公司等。贵州华力农化工程有限公司成立于2005年，注册资本1 300万元，主营红薯、葛根淀粉精深加工。拥有省内设计产能最大、自动化程度最高、技术含量为国内领先的精制淀粉生产线和数条淀粉深加工生产线，可年产精制红薯、葛根淀粉13 000吨、烹饪粉丝2 000吨、方便粉丝3 000吨、变性淀粉5 000吨。贵州华力玉醇酒业有限公司，依托科技，立足创新，生产出中国第五大香型酒种——“熏香型贵州熏酒”，打破了中国白酒四大香型一统天下和全国山河一片“浓”的传统格局。华力集团先后为下岗职工提供了103个就业岗位，累计带动基地农户6.5万户，农户增收总额达5 300万元。在全省红薯产业化经营领域和红薯淀粉及淀粉制品行业，可谓一枝独秀，先后被评为“贵州省外来投资优秀企业”、“贵州省农业产业化经营重点龙头企业”、“国家扶贫龙头企业”。

贵州铜仁和泰茶业有限公司

贵州铜仁和泰茶业有限公司成立于2004年，公司注册资金1 500万元，现有在职员工220人，技术人员65人。截至2009年年底，公司拥有总资产12 231万元。拥有贵州和泰茶叶进出口公司、贵州和泰春茶叶科技有限公司、贵州茶力多食品销售有限公司、贵州林泰国际贸易有限公司、贵州铜仁和泰茶庄，以及分布在省内四个地市州的5万亩高品质茶园和32个茶叶初制加工厂，是贵州省内最大的集茶叶种植—加工—科研—销售（出口）为一体的茶叶综合型企业集团。公司先后通过了全国工业产品生产、出口茶叶生产、HACCP、ISO9001—2008管理体系、IMO的欧盟有机茶基地、加工等认证。并已成为农业产业化国家重点龙头企业、国家扶贫龙头企业、中国茶叶行业百强企业。主要产品有“天坛”、“万年青”牌精制珠茶，“和泰之春”牌名优茶，“初香”牌速溶功夫茶、“茶力多”牌茶多酚胶囊。精制珠茶主要销往摩洛哥、阿尔及利亚、阿富汗、日本、加拿大、美国、法国等国家。国内市场主要是以速溶茶粉和名优茶产品为主。2009年实现销售收入5 501万元，利税417万元，出口创汇380万美元。

贵州茅台镇国威酒业（集团）有限责任公司

贵州茅台镇国威酒业（集团）有限责任公司是一家具有悠久历史的白酒行业老字号企业，集白酒企业生产、销售、服务、管理于一身的股份制企业，是遵义市五强白酒企业之一，拥有贵州迎宾酒股份有限公司、贵州省仁怀市茅台镇国威酒业有限公司、贵州省仁怀市茅台镇老古董酒业有限公司，注册资金1 680万元，占地面积100余亩，拥有酿造车间4个，窖坑86个，年产1 000吨优质基酒，库存酒量5 000吨。

公司机构健全，人员齐备，技术力量雄厚，生产设备先进，检测仪器齐全，生产管理和质量管理制度完善，现有职工359人，其中专业技术人员51人，高级技术人才37名，大专以上文化37人，拥有植物埋藏陈酿法（专利号：ZL01123490.3）；酒糟窖酒法（专利号：ZL01108609.2）；白酒桑拿老熟法（专利申请号：200610076452.3）三项专利的自主知识产权。目前公司以专利绿色工艺“植物埋藏法”酿造的“贵州迎宾酒”、“国威酒”、“老古董酒”等系列产品畅销国内外，深受消费者的好评。营销公司设在贵阳，营销网络遍布国内外。

公司在未来五年把国内市场作为战略重点，并以“原生态酱香白酒”为经营方向，利用现有的产品资源，品牌优势，资金力量，愿与社会各界朋友共创辉煌。

贵州长通集团

贵州长通集团成立于2003年，现拥有贵州长通电力线路器材有限公司、贵州新曙光电缆有限公司、贵州长泰源节能建材有限公司、贵州长通电气有限公司、贵州鸽牌长通电缆有限公司、贵州长通电气安装有限公司、贵州长通电气设计咨询有限公司、毕节长泰源节能建材有限公司、毕节通发电杆有限公司等12家子公司，主要产品有输变电线路器材、新型节能环保建材、交通设施工等。集团资产总额由2004年的2 000万元增加到2009年的3.7亿元，增长18倍；工业总产值连年翻番，从2004年的2 400万元增加到2009年的6.5亿元，增长了27倍；员工人数从2004年的几十人增加到2009年的1 100人；至今已累计实现利税1.1亿元。

七年来，长通集团发展速度快、质量高、效果好，实现了速度和结构质量效益的有机统一，屡获殊荣，先后被贵州省、黔南州授予“省级诚信私营企业”、“省级守合同重信用单位”、“全省公交战线抗雪凝灾害恢复重建先进单位”、“贵州省资源综合利用示范企业”、“贵州省新型墙体材料革新示范企业”、“黔南州外来投资样板企业”、“贵阳市技术改造先进企业”等多项荣誉称号。长通党支部被授予贵州省“五好基层党组织”称号。

云南绿大地生物科技股份有限公司

一、企业概况

云南绿大地生物科技股份有限公司成立于1996年6月，2001年3月完成股份制改造。主营业务为：绿化苗木种植及销售，绿化工程设计及施工。经过多年艰苦努力，伴随我省农业产业经济不断增长，公司实现了跨越式发展。截至2007年12月31日，公司注册股本8 393.73万元人民币，资产总额达8.3亿元。公司于2007年12月21日，获中国证监会的批准，在深圳证券交易所成功挂牌上市，开创了云南省乃至国内园林花卉企业在国内成功上市的先河，成为国内第一个上市的园林花卉企业，对促进我省和全国园林花卉产业升级发展具有重要的示范和推动作用，公司成功登陆资本市场的举措，使公司的平台更为广阔与坚实，资产结构得到了合理调整，权益性资金得到大幅增加，企业抗风险能力进一步增强。

十年来，绿大地公司始终坚持科技创新，专门设立技术开发中心，坚持以科技人员为主体，以科技创新为动力的宗旨，主要从事观赏苗木和盆栽植物种苗的产业化规模培育、引种驯化、品种选育、种苗快繁、栽培管理以及大树移植等应用技术研究。该中心现有35名老、中、青结合，学科专业较为合理的各类科技人员，专业涵盖生物技术、园林工程、农业等专业。2005年公司被云南省经济委员会认定为云南省企业技术中心，是全国苗木行业唯一承担科技部新品种开发课题的企业。2004年成为云南农业产业化经营省级重点龙头企业，目前公司已掌握了组培快繁（生物克隆技术）、航天育种、杂交育种、品种筛选和脱病毒等多项在国内领先的核心技术，尤其是生物克隆技术，通过组织培养，快速繁育，保证了苗木规模化种植的品质一致性，处于国内行业领先水平。雄厚的研发实力和多项核心生物技术的掌握，使得公司成为国内多个特色苗木产品标准的制定者，牢牢掌握了行业的话语权。目前公司产品种类多达384种，规格589

个，新、优、奇、特品种成为公司市场竞争的一大法宝。

近年来，公司与中科院昆明植物研究所等科研机构长期合作，联合承担国家、云南省科技攻关计划重大项目。承担了“十五”国家科技攻关计划项目“云南野生特色花卉新品种选育及生产技术研究”课题，同时承担的“特色园艺新品种的研究开发和示范推广项目”获得国家星火计划项目证书。2001 年 6 月公司获得云南省科技厅颁发的高新技术企业认定证书。截至 2004 年年底，公司已拥有 2 个秋海棠系列植物新品种权；2 个杜鹃植物新品种权；1 个晚春含笑植物新品种权；1 个秋海棠系列植物新品种申请权、品种权；4 个秋海棠系列植物新品种的独家实施许可；2 个独家受让的滇丁香、地涌金莲技术秘密使用权、转让权及数十个自主研发的花卉品种组培快繁、扦插育苗、播种育苗等技术秘密。公司已形成了一整套“调研—开发—转化—储备”的创新运行机制。在第五届中国花卉博览会上公司参展的“地涌金莲”获铜奖、“云南山茶花、马樱花”获优秀奖。

另外，公司在云南省昆明、曲靖、思茅、河口等地建立了多层次、多海拔的主要的观赏苗木和盆栽植物种植基地，拥有种植面积 8 000 多亩，已初步形成了多层次、各具特色的规模化生产种植基地，根据不同基地的不同种植条件及功能，可大规模培植从亚热带到温带的苗木植物，做到满足市场多样性的需求。大面积的基地各尽其能，保证了供应产品的质量品质一致性、批次稳定性和品种的多样性，大大满足了客户“一站式”的需求。同时，大规模的苗木资源储备，形成一定的资源垄断优势，大幅度提升公司的市场竞争能力。公司目前是云南省最大规模的苗木种植生产企业，在全国属于行业领先地位。

公司还是云南省唯一一家具有国家城市园林绿化一级资质的企业，通过了 ISO9001：2000 质量管理体系、GB/T28001：2001 职业健康安全管理体系以及 ISO14001：2004 环境管理体系认证。公司始终坚持“以自然为根、以人为本”的园林绿化设计、施工理念，致力于创造人与自然和谐统一的高层次生活空间。几年来，公司先后承建了昆明世博园、江西丰城人民广场、南昌机场高速公路、南昌高尔夫球场、四川攀枝花机场、深圳国际园林花卉博览园、云南大学软件学院、怡园小区、兰坪民族文化广场、广福药业等几十个具有一定影响力的优质绿化工程。公司重合同、守信用，赢得了良好的声誉。

几年来，公司先后被授予云南私营百强企业、云南优秀民营科技企业、中国优秀民营科技企业、中国企业诚信建设示范单位、云南省民营企业境内上市第一家等荣誉称号。2005 年 1 月 5 日公司所持有的图形注册商标被云南省著名商标委员会认定为“云南省著名商标”。公司董事长何学葵曾先后被云南省人事厅、云南省科技厅、云南省工商联合会等单位评为“云南省有突出贡献优秀专业技术人才”、“云南省技术创新人才”、“云南省优秀民营科技企业家”、“昆明十大杰出青年”、“昆明市十大杰出创业女性”、“昆明市优秀企业家”，享受云南省特殊津贴，被中国科学技术协会授予“中国科协西部开发突出贡献奖”，被中华全国工商业联合会、中国民营科技实业家协会授予“中国优秀民营科技企业家”，被云南省妇女联合会授予“巾帼建功标兵”等荣誉称号。

公司秉承“敬人、敬业、创新、高效”的宗旨，凝聚了一批优秀管理团队和专业技术人才。现公司拥有的高、中级工程师、园艺师、经济师和大学专科以上学历的各类人才占员工总数的 43%，形成了一支较高素质的人才队伍，组建起了一支团结互助、结构合理、精干高效的决策团队、经营团队和生产技术团队。

二、成功经验

十年的矢志不渝、优秀的管理团队和技术人才，成就了今日绿大地在行业中的优势地位。由于具有大规模、高品质绿化苗木培植能力，因此绿大地拥有对上下游客户的市场主导权。首先公司是国内少数大规模、同规格、高品质的绿化苗木供应商之一，能够满足绿化工程各类苗木的采购需求，尤其是中、大型绿化工程的承包商或投资方，堪称特色绿化苗木生产企业中的“沃尔玛”。

其次公司采取“科研 + 基地 + 农户 + 市场”的现代经营运作模式，以观赏苗木及盆栽植物的批量销售和承接国内外各种园林绿化工程为主，立足云南，面向全国，先后在北京、深圳、重庆、成都等大中城市设立了分支机构，销售网络及绿化工程遍布省内外大部分地区，已形成了相对稳定的客户群体，培养了一批重点客户及经销商。公司充分运用其技术优势、绿化工程设计、施工优势、资金优势，向客户提供了一流的一站式服务，有力地促进了观赏苗木、盆栽花卉的销售和绿化工程的承建。

最后公司坚持“稳健踏实、精益求精、造福社会、永续经营”的核心企业文化，立足于行业巨大的发展空间，制定了“以市场需求为导向、以应用技术开发为基础、以观赏苗木和盆栽植物”为重点发展方向，在扩大生产规模的同时，迅速完成在全国范围内的整体布局，最终成为中国花卉行业最具核心竞争力的“龙头企业”。

一朵花，可以看到宇宙庄严、看到美，看到坚强不息、生生不息的意志，绿大地人的梦想就是与您一道插上生物科技的翅膀，迎着科技创新的绿色之光展翅高飞，共创共享一个生态平衡、人与自然和谐统一的美丽富饶的绿色家园！

云南大理洱宝实业有限公司

一、企业介绍

洱源县被誉为“中国梅子之乡”，列为“全国第三批农业标准化示范区”、全国 100 个“经济林示范县”；洱源梅子列入“地理标志产品”——原产地保护。

云南大理洱宝实业有限公司成立于 1995 年 12

月，是专门从事梅子、核桃基地建设及系列产品的研究开发、生产加工和销售为一体的现代化企业。公司下设一个总厂、两个生产加工分厂、七条生产线，总占地128亩。分别在四川、昆明、楚雄、下关、丽江、洱源等地设有经营部，在全国各地设有65个专卖店。

公司现有员工428人。公司主要利用梅乡丰富的梅子、木瓜、核桃等资源优势，先后研发生产了洱宝话梅、果脯，青梅酒、雕梅酒、青梅爽、青梅醋饮料、MM口尝青梅糕、酸角糕、木瓜糕、青梅酱、木瓜酱、核桃乳等系列产品150多种。

公司被国家农业部评定为“农产品加工企业技术创新机构”；公司实施的“梅子制品太阳能干燥技术试验示范”项目荣获“大理白族自治州科学技术发明类一等奖”；公司被省科技厅、省国资委等四部门共同认定为“云南省第三批创新型试点企业”。被云南省科技厅等七部门认定为“云南省认定企业技术中心”，公司被国家林业局命名为“全国经济林产业化龙头企业”；被云南省人民政府授予“云南省农业产业化经营优秀龙头企业”称号；被列为农业产业化省级重点龙头企业；林业产业省级龙头企业；云南大理洱宝实业有限公司是“梅乡”辐射带动、科技创新能力较强的实体，企业一直注重立足于梅果产业的长远发展，走出了一条公司+基地+农户+自主创新的新型产业化发展路子。

二、发展成就及社会责任

十五年的发展历程，我公司积极发挥梅果产业龙头企业作用，积极为大理白族自治州梅果产业链的建设做出应有的贡献，目前，全县梅果种植面积从过去的几万亩发展到13万亩。洱源县被省人民政府批准列为“省级梅果基地建设县”，被批准为全国第一个梅果标准化生产示范基地。梅果产业列入云南梅果特色产业链发展规划；被州委、州人民政府列为大理白族自治州十三个农业产业化项目建设之一；被洱源县委、县人民政府列为我县骨干支柱产业之一。

公司2009年收购梅果、木瓜、李子、地参等农产品原料49 620吨，支付果农原料款4 780万元，带动农户15 980户，安置就业人员380人，季节性用工达800余人，解决了一大批农村富余劳力的就业问题。对解决当地“三农”问题、周边地区的辐射带动及县域经济的发展，建设社会主义新农村做出了积极贡献。

三、应对金融危机采取的措施

2009年，百年一遇的世界金融危机波及每个行业，公司生产经营受到不同程度的影响，特别是在越南、泰国、缅甸等市场的出口订单减少，但公司迎难而上，变危机为转机，变被动为主动。

（一）加大新产品研发和项目投资力度

公司注重新产品开发，用新产品作为公司新的利润增长点，推动公司发展，公司先后研发了MM口尝青梅糕、酸角糕、木瓜糕、青梅条、青梅果酱、木瓜果酱等系列产品，产品科技含量高，具有绿色天然、健康时尚等特点，产品一上市就受到广大消费者和省内外客商的青睐，产品一直供不应求。

通过市场调查和可行性研究分析，公司投资5 000多万元，改扩建了青梅爽饮料生产线和新建了一条现代化核桃乳生产线，使青梅爽的年产量从1万吨提升到了年产3万吨的生产能力，新建核桃乳生产线一期工程已正式投产。

（二）加大宣传和市场营销力度

公司投入500多万元营销费用，在省、州、县电视台、新闻媒体、公交车、户外广告、书刊、杂志、网络等方面进行广泛宣传，同时积极参加国内外各种展销会，并开展了一系列有效的营销活动，使新产品在省内外很快享有知名度，进一步打造了“洱宝”和“MM口尝”品牌。

（三）强化管理和培训

2009年，公司加强了人才队伍的建设，规范了企业的内部管理，狠抓内部人才培养，注重向外引进人才，通过内部培训和聘请专家培训等形式，使公司的整体人员素质得到了普遍提高，在省乡镇企业举办的全省职称考试中，分别评定通过了高级工程师职称1名，工程师职称4名，助理工程师职10名。公司高薪聘请营销管理人员、产品研发等高级管理人才，被省科技厅认定为“科技创新型试点企业”，被省经委等七部门认定为“企业技术中心”。

腾冲县古林木业有限责任公司

云南省腾冲县古林木业有限责任公司成立于2000年9月，占地面积452亩。目前，企业生产能力为年产15万扇实木门厂、年产6万立方米中密度纤维板厂、年产5万立方米胶合板厂、年产2万吨甲醛厂各一个。实木门主要销往韩国、美国、加拿大，其他产品销往国内市场。企业在编职员工1 200多人。

企业成立9年来，共实现产值4.8083亿元，实现销售收入4.4106亿元，上缴税收0.5132亿元，出口创汇0.2709亿美元，发放工资0.6752亿元，企业实现净利润0.5077亿元。经过短短9年的发展，现已经成为云南省木制品加工的龙头企业。

腾冲县具有丰富的木材加工资源，为了充分利用这一得天独厚的林木资源，1994年，张国邦筹资15万元资金，创办古林木材厂，主要生产实木门和地板条。刚建厂3年，遇上了持续3年多的1997年亚洲金融风暴。这次金融风暴是继1994年年底墨西哥金融危机以来，爆发的又一次世界性金融风波。它的来势之凶猛，蔓延之迅速，教训之深刻，让全世界难忘。1998年，亚洲金融风暴又袭击俄罗斯，使俄罗斯再一次滑到经济崩溃的悬崖边；不久，拉丁美洲及欧洲也感受到了它的震荡连世界头号经济强国美国也遭到冲击。直到199年年底，遭受金融风暴冲击的亚洲国家才走出低谷，经济开始复苏。

古林木业公司乘这次金融危机积蓄了进一步发展的力量。于2000年投资800多万元，将古林木材厂改制为腾冲县古林木业有限责任公司，将公司从腾冲猴桥镇迁入到腾冲工业园区，成为第一家入驻腾冲工业园区的企业，实现了从“厂”到“公司”的进步，增强了公司的综合竞争能力。

公司挂牌成立后，扬长避短，主攻实木门的生产工艺，力求把实木门做成世界上最好的门。把实木门加工设计为43道工序，使实木门的生产实现程序化，并取名为《双层贴面实木门》，这项发明于2001年7月荣获了国家知识产权局的发明专利（专利号为：ZL01206856X）。获得国家专利后，严格按照工艺组织生产，2002年就把产品卖到了美国、韩国、加拿大等国家，2006年以前，出口创汇金额持续增长，到2006年，已从第一年的79万美元增到620.3万美元。2005年，古木牌实木门被韩国消费者协会评为“消费者信得过产品”，并荣获了韩国的国家大奖。10年，共销售实木门892 130扇，没有发生一起质量纠纷。

2008年，新的一轮世界金融危机再次爆发，古林木业公司同样受到了严重冲击。一是出口贸易总额大幅度下降。2001年开始出口的当年，创汇79万美元，以后逐年递增，到2006年增加到了620.3万美元，金融危机后的2008年，实木门的产量从2006年的14 451扇降至79 855扇，只是2006年的55.2%，出口创汇降低到238万美元，只是2006年的38.3%。

特别是2009年，受全球金融危机的冲击，整个木材加工行业生产生存形式更加严峻，众多的木材加工企业纷纷停产，有的甚至破产倒闭。古林木业公司努力寻找“破冰之路”，化危为机，从加强管理、扩大销售、提升质量三方面入手，在逆境中求得发展。2009年，腾冲县古林木业有限责任公司实现产值1.1135亿元、销售收入0.8198亿元，税收0.0729亿元、净利润0.0809亿元，各项指标在省内木材加工业企业中名列前茅，在如此困难的年度谱写了总产值连续两年突破亿元的传奇，为企业的进一步发展壮大奠定了良好的基础。

阳光——成就辉煌

一、公司简介

云南阳光食品有限公司成立于1995年，公司占地60多亩，拥有标准化厂房20 000平方米，原料基地10万亩，总资产近5 000万元，年加工能力50 000吨，职工300多人，其中大中专毕业生70多人，年销售额近亿元。目前，投资1 000多万元，近3 000平方米的玉溪市酱咸菜行业工程技术研究中心正在建设中，该中心依托我公司建成后，将成为我公司及玉溪市酱咸菜行业的重要技术研发平台。根据发展需要，公司还应用现代生物工程技术建设占地近100亩的阳光野鸭湖优良品种培育试验示范基地。并形式了核心基地带动农户，专业合作社组织农户，公司与专业合作社联合创建第一车间的新型发展模式。多年来，公司已自主研究、开发、生产了酱菜、山珍、调味品、甜白酒、江川盐水鱼等系列产品60多个品种，产品销往全国各省、市及云南省各地、州、市、县，部分产品已走向国际市场。由于产品具有浓厚的传统和地方特色、质量稳定、包装精美，深受国内外用户的好评。

该公司是云南省农业产业化经营省级重点龙头企业，云南省社会扶贫工作省级先进单位、云南省“企村结对”共建新农村省级先进单位，云南省著名商标企业，云南省工商企业诚信单位，云南省创业之星企业，食品卫生A级单位，AAA级信用企业，科学技术先进单位，商会优秀会员，“小商品、大市场”十优企业，云南省重点龙头企业协会副会长单位，玉溪市酱咸菜行业协会会长单位，玉溪市绿特产品流通协会会长单位。

我公司党支部被评为市、县优秀党支部，在私营企业党建工作中被树为典型。公司工会，团支部工作也做得有声有色，也被评为先进组织。公司呈现出了和谐、科学、充满活力并全面发展的生动景象。

二、企业的经济效益和社会效益

1. 企业经济效益

云南阳光食品有限公司拥有资产6 000多万元，是农产品省级重点龙头企业，资产负债率33.16%，公司年加工能力50 000吨，实现销售收入6 110万元，利润203.15万元，税收244.25万元。自1995年企业建立至今，公司总资产报酬率始终高于银行同期利率，不欠税，不欠薪，不欠折旧，不欠社会保险金，不亏损，无银行逾期贷款。信誉度较高。

2. 社会效益

（1）企业每年优先和重点吸收贫困人员500人就业，每年直接支付工资400万元，通过收购农产品企业每年直接支付广大贫困户收购资金2 400万元，带动农产品原料基地建设10万亩，农户2万多户，其中贫困农户1.5万户，每户年均增加收入2 500元。

（2）治穷先治愚，与其施之以食，不如教之以法。多年以来公司深感对贫困地区农户进行培训的重要性，除对直接参加企业就业的人员每年进行约2 000人次的严格考核和培训外，企业还通过科技下乡、资料入户、种子进门、分期分批进行培训等活动，对广大贫困农户进行种植和养殖技术的培训，年培训人员达5万人次以上，通过培训改变了广大贫困农户的落后意识，强化了经济意识、市场意识、合作意识和科技意识，大大提高了劳动技能和脱贫致富的能力。

（3）众志成城、抗击灾难。2008年汶川大地震中，公司捐助10 000元，公司职工自发捐款13 000元，帮助汶川遇难同胞共渡难关。现云南出现60年不遇的旱灾，公司再度伸出友谊之手，捐助60 000元，帮助灾区人民解决用水、春耕等实际困难。

三、依靠科技、服务社会

目前公司正在积极组织建设玉溪市酱咸菜行业

工程技术研究中心，该项目占地1 800平方米，建筑面积3 800平方米，总投资1 600万元。建成后集检测、研发、培训为一体。主要服务于玉溪市酱咸菜行业及相关农产品精深加工企业，重点研究解决制约行业发展的关键性技术问题，为行业引进和应用国内外先进技术提供保证。开发符合产业发展方向的、适销对路的、科技含量较高的新产品。并应用现代科技通过精深加工，大幅度提升农产品的附加值。该项目建成后还可为酱咸菜行业企业提供全方位的产品检测服务，也可为会员企业培训技术及检测人员，并提供技术和检测咨询服务，从而提升行业企业的技术和检测水平，增强应用科技发展企业的能力。项目还可为玉溪市酱咸菜行业协会更好服务于广大会员企业服务提供良好条件，在强大技术和检测条件的支撑下，由协会统一制定会员企业的相关产品技术质量标准，以规范行业企业的行为，降低企业运行成本，更好地保证产品质量的稳定性，遏制由于标准不统一导致的产品低质低价的恶性竞争行为，促进行业及相关产业的健康稳定发展，更好地为地方经济发展服务。

云南昊龙集团

御冬有道诚信制胜——在应对国际金融危机中发挥企业文化的作用

进入2010年，席卷全球两年多的金融危机，似乎渐行渐远。随着国家4万亿元投资拉动经济计划的实施，中国经济正稳步复苏。在“乍暖还寒”的初春，回头来看看淌过的这两年，梳理一下得失，学会有所坚持，有所摒弃，这对有很长路要走的中国民营企业、对于昊龙来说都至关重要。

2008年9月以来，受国际金融危机影响，我国出口增幅下降导致以出口加工为主的企业生产萎缩乃至破产倒闭。并且，这些企业的生产骤减也导致对能源、钢铁、矿产资源等产业的需求下降，前几年供应火爆的局面急剧逆转，能源、矿石、钢铁产能出现过剩，价格急剧下跌，生产经营受到了严峻挑战。这种“多米诺骨牌”效应使处于市场最前沿的昊龙集团也难以独善其身。而正是突如其来的危机和困难，考验和磨砺了昊龙集团的企业文化，备加凸显出企业文化在发展中极其重要的作用。

一、危机凸显文化——金融危机是对企业文化软实力的考验

建立诚信制度是昊龙集团长期以来企业经营的核心理念。诚信对于昊龙来说，不仅是诚信地对待自己的顾客，而且是诚信地对待与自己有各种业务关系的银行、企业和政府，诚信地对待自己的员工，诚信地对待社会和群众。依靠诚信经营营造和创建企业良好的外部环境和内部氛围，最终实现国家利益、消费者利益和企业自身利益的统一。中粮集团总裁厉以宁在《管理脉络》中这样谈到诚信：一个成功的企业家必须把经营人生中的诚信原则移植到企业经营中来，才能铸造就与长远发展相匹配的伦理基础。从这点看，马永升于昊龙的移植无疑是成功的。

市场经济条件下，诚信既是道德资源，又是经济资源。如果把诚信经营看做是昊龙企业发展的伦理基础，昊龙集团12年来因此而积淀形成了具有鲜明特色的企业形象和企业文化。这些文化积淀表现为昊龙集团“我们不是最好，但我们会做得更好”和“企地协作，产业报国”的核心价值观；“和谐昊龙、百年昊龙”的企业愿景；“低成本运营、多元化拓展”的企业发展战略，以及以“敢为人先、勇于挑战”的旗帜精神，“互利互惠、共赢同富”的合作精神，“团结一致、荣辱与共”的团队精神，“不畏艰难，善打硬仗”的突击队精神为主要内容的企业精神，正是这些精神理念和宏伟愿景激励着昊龙攻坚克难，奋勇前行。

面对危机冲击，昊龙集团上下团结一致，凭着闯劲、干劲、韧劲，顶住压力、保持了平稳运行。受市场影响，昊龙集团的销售情况虽不如往年，但销售收入仍呈现梯度上升，持续增长。2008年昊龙集团共实现销售收入7.55亿元，上缴税金1.0061亿元，固定资产投资完成6.22亿元，占年计划7.9亿元的79%；2009完成销售收入9.2275亿元，完成税收总额1.28亿元，固定资产投资6.44亿元，完成计划的96%。在这些数据中，可以看到昊龙集团的经济发展具有了抵御风险的能力和空间。这种御寒的能力和空间用昊龙“以诚信为伦理基础的企业文化”来解读，对于倡导“构建和谐社会，以人为本”的当下中国，更具现实和导向意义。而从许多战胜危机、充满勃勃生机的成功企业可以看到，企业文化在危机下采取的文化措施是决定企业战胜危机的关键所在。

二、文化引领航向——企业诚信文化为企业提供了价值导向

“企地协作 产业报国”是昊龙集团的核心价值观。核心价值观和组织使命是企业可持续发展不可缺少的动因。在昊龙文化中，企地协作，是指建设与企业所在地的政府群众共赢同富、协同发展的长效机制；矿业报国则是企业通过资源开发获取财富后反哺地方经济，承担更多社会责任。

昊龙集团就是在这种对社会对员工的诚信和责任中发展壮大。

地处滇东北边远山区的昊龙集团成立于1998年，以筹资600万元开始起步。12年来，昊龙集团由一个单一矿业企业发展成为以矿业、水电、房地产开发为主，化工、建材建筑等为辅的集团化企业。其属下共有成员单位29个，从业人员6 500余人，总资产已达40亿元。

财富越大，责任越大。怀着“产业报国”的愿望，昊龙集团以不断进取、提高业绩的创业方式回报着社会，也在以慈善捐助的方式感恩着社会。到目前为止，昊龙集团对社会的各项捐助已达1.53亿元。马永升也被媒体称为“云南首善”，这个称号，是对马永升作为企业家理想境界的阐释，也是对昊龙集团“有所为有所不为，多担当一些社会责任”的企业文化的图解。

在这种企业文化构建中，昊龙集团获取了与地方干部群众上下一心，同甘共苦的发展合力，因此也获得了应对危机的充足能力和空间。

三、文化催生战略——企业诚信文化为企业持续发展提供了理念支撑

“和谐昊龙　百年昊龙”的愿景是昊龙集团对企业可持续发展绘制的蓝图，体现的是昊龙集团对诚信和责任的许诺。而一个企业如果实现可持续发展必须有一套切合实际的管理思想和工具。纵观昊龙集团业已形成的产业链和产业群，不难看出“低成本运作　多元化拓展”的企业战略，已经成为昊龙集团实现这一蓝图的有效工具。同时它也使这场金融风暴在企业中归于平静。

2003 年，昊龙集团提出了“以矿业、水电、房地产开发为主，化工、建材建筑等为辅，走电矿结合和循环经济的发展道路”。而随后昊龙集团的发展规划、产业布局都是围绕这个设想来展开。经过不到 8 年的时间，这一设想变成了现实。目前，昊龙集团有铅锌锡矿山等 14 座；有铅锌采选厂 6 个；粗锌电炉锌厂、水泥厂各 1 个；正开发的牛栏江黄桷树水电站、鲁甸黑石河流域水电站、巧家清水河水电站、盐津关河六、七、八级水电站和禄劝普渡河铁索桥水电站总装机达 50 余万千瓦；昆明近 2 000 亩的房产开发、巧家年产 100 万吨水泥厂、2 亿条编织袋、5 万吨粗锌精硫、水富 60 万吨粉磨站、鲁甸 20 万吨硫化锌焙烧、20 万吨氢钙和 20 万吨硫酸项目的建设已启动，且有多个项目在 2010 年上半年即将投产；年产 60 万吨电石、20 万吨重钙和昭通近 700 亩房产开发项目即将启动。

产业多元化，使昊龙集团拥有了产业集群的雄厚资本优势，同时也使昊龙集团在金融危机中有效地分解了风险。“鸡蛋不能放在同一个篮子里”，这是经济学里一个重要的原理。

另外，在这些产业群中还形成了一条完整的产业链。即：铅锌的探、采、选、冶及深加工。由于这些都是耗电大，昊龙集团在其上游又延伸开发出了电力产业，形成了“矿电结合”的模式。而对原料的加工、下游产品的开发、废料的循环利用，使企业在发展中不仅提高了资源的利用率减少了成本，也保护了产业所在地的生态环境。

建设资源节约和环境友好型社会，“和谐昊龙　百年昊龙”用实际行动为社会做出了榜样。

从企业文化归纳，昊龙集团在应对危机、落实战略的过程中主要采取了以下举措：

1. 应对危机措施之：危机面前不停产　不裁员。——坚定信心，战胜危机。

昊龙集团所属矿山，大部分是以铅锌矿的开采冶炼加工为主。国际金融危机爆发后，铅锌价格最大跌幅接近 80%，一度曾跌到成本以下。许多中小型民营矿业企业纷纷被迫停产和关闭。此时的昊龙在公司在利润大幅下滑的情况下，做出了不停产、不裁员的决定。不停产，对于利益得失，昊龙集团通过工艺创新降低生产成本以及加大库存来处理平衡。这个决策，更多的是源于昊龙集团对未来市场回暖的判断和信心——资源产品或早或晚总会变石成金。不裁员：为不转移困难，加重员工家庭负担，企业倡导实施不裁员政策，做到企业职工“一个都不能少”。这些措施极大鼓舞了企业员工的士气和应对危机的信心。

“员工是企业的血肉，是企业发展的基石，越是困难的时候，越要善待员工，同舟共济，共渡难关。”这是金融危机时，马永升讲得最多的一句话。长期的文化建设，无论是企业还是职工都自觉选择了为大利放弃放弃小利、为了长远利益放弃眼前利益；选择了面对挑战时，上下一心，凝聚力量、迎难而上。

针对金融危机时期，劳动力相对过剩，技术人员流动性大的特点，昊龙集团，加大了企业人才和劳动力的储备和使用。2008 年，企业共增加人员 152 名，2009 年，又增加 294 名人员。据统计，集团所在地鲁甸县，在企业就业人员基本与鲁甸县财政供养的教师队伍持平。而鲁甸县每年财政收入的 80% 均来自昊龙集团的贡献。“企地协作　产业报国”，昊龙集团的核心价值理念在这里得到了展现。

2. 应对危机措施之：收缩投资　优化产业结构——和谐发展，共渡危机。

随着世界经济放缓，下行风险加大等因素影响，昊龙集团对企业计划的紧迫性进行了衡量，适时调整投资方向：对项目紧迫的先上，一般的则往后推。在这种思想的指导下，2008 年将鲁甸县工业园区桃源片区项目做了延缓建设，保证了公司在应对危机时能够有充裕的现金流。另外，在放慢一些项目建设的同时，也在加快这一些项目的投资建设步伐。比如水富粉磨站和白鹤滩水泥厂等。这些项目具有投资建设周期短，回收快的特点。通过调整投资方向，昊龙集团在金融危机期间，使产业结构进一步得到优化，集团的产业都得到了均衡发展。

3. 应对危机措施之：收购企业　快手抄底。——谨慎果断，化危为机。

2008 年 7 月，昊龙集团对富民钛白粉厂进行资产重组，这标志着昊龙集团低成本收购兼并扩张战略正式拉开序幕。在随后不到一年的时间里，昊龙集团又以迅雷不及掩耳的速度收购了云南境内的 3 家矿山。对于这一系列抄底行动，马永升对许多媒体给出了这样的解释：“只要认准了，就要敢于在市场低迷的时候搞项目建设。这样，我们可节约几亿元投资，到项目建成，市场回暖，效益就会显现出来。”

如何能从“危”中找“机”？找到新的发展路径，找到新的发展动力，这对每个置身于风暴市场的中国企业来说，都是一场智慧和勇气的考量。

席卷全球的这场金融风暴使中国矿业企业面临新一轮的行业大洗牌。一些高价位进入矿业领域的公司由于资金链等问题不得不低价出售其公司或资源项目，这就给像昊龙这样的大型矿业企业带来很多资源项目和矿业公司收购的机遇。实际上，很多人并不是没有看到危机期的投资价值，而是没有能力投资。从昊龙的经验来看，维持一定的现金储备或是具有信用等级高、融资能力强的企业，才能有效地在这场兼并收购的浪潮中把握到机会。

从发达国家历史看，每一次大萧条中必然会诞生一批伟大的企业家和企业，比如1929年大萧条后的Morgan财团、1973年美国经济危机后的巴菲特、1997年亚洲金融危机后的三星、2000年IT泡沫破灭后的Google、苹果。

昊龙期望这些案例也能被众多中国民营企业来书写。

云南一通太阳能科技有限公司

云南一通太阳能科技有限公司成立于1994年11月，是从事太阳能热水器（系统）和控制系统、不锈钢水塔系列产品的研究、开发、生产、安装的综合性民营企业。公司注册资金1 058万元，资产总额2 200万元，生产区占地8 000平方米，建筑面积6 000平方米。2000年公司获得云南省建设厅首批颁发的一级资质证书。

在发展过程中，公司始终坚持以科技为先导，以创新为动力，以优化管理和质量控制为基础。2007年，公司在对国内外太阳能热水器状况和发展趋势进行细致调查、研究的基础上，结合公司的实际，提出并实施了通过引进资金加强企业技术创新能力、扩大生产能力、拓展和完善销售网络等措施，公司的目标是争取到2010年成长为昆明市同行业龙头企业，到2013年产品覆盖西南五省并开拓和巩固部分国外市场，成为省内同行业龙头企业，进入国内同行业一流企业行列。为此，公司确立了“依托地域资源，集合技术人才，构建创新平台，建立标准体系，强化质量控制，突出工艺革新，开拓广阔市场，完善售后服务，实施品牌战略，提升整体效益，实现产业跨越”的战略思路。

2007年公司生产、安装、销售太阳能热水器4万余套，生产平板式太阳能热水器6.4万平方米，真空管太阳能热水器44万管，2005～2008年连续四年太阳能工程安装完成量均位居全省第一。目前，在全省及周边国家和地区已建立经销点160多个，初步形成了覆盖大西南的销售网络，并开始打入部分国家和地区市场，产品先后销售到越南、老挝、缅甸、泰国、澳大利亚、新西兰等国家。

公司相继开展了“二次循环高性能太阳能热水器”、“太阳能集热器吸热镀膜技术开发”、“太阳能热水器与建筑一体化”等项目的研究。并获得《太阳能热水器管道连接》、《平板式太阳能防冻装置》、《二次循环太阳能热水器》等实用新型专利多项。

公司信用是影响整体竞争力的关键，公司除了加强产品质量和价格竞争力外，重点在销售、工程安装、售后服务和银行贷款管理方面提高公司的信誉，并将公司的信用纳入标准化管理制度中，形成全面的互动、联动效应，发挥企业信用制度对改善企业信用状况、优化市场信用环境、提高经济效益的作用。通过多年不懈的努力，经过市场、消费者的检验，赢得了众多用户的信任，特别是一些大用户的信任，先后与烟草系统，宣威电厂，昆钢集团、开远小龙潭矿务局、华信地产、省劳改局、省冶金集团等单位建立了长期合作关系，建立了良好的信誉度。

兰州瑞奇戈德测控技术有限公司

公司简介

兰州瑞奇戈德测控技术有限公司成立于2007年4月3日，注册在兰州高新技术产业开发区，已经通过国家双软企业、自营进出口企业和ISO9001：2000质量体系认证。公司设有生产技术系统、营销系统、综合办三个部门，下设4个项目部，实行项目负责制。

公司成立之初，就得到了高新区及市专利局的大力支持。就在2009年10月，我公司的封头焊缝射线检测系统项目已经取得了科技部初创期企业创新基金专项。此次立项无疑是对我公司技术水平的充分肯定。

兰州瑞奇戈德测控技术有限公司作为科技型民营企业，从创立初期就有它独特的经营管理特色。首先从管理团队方面来讲，公司管理人员6名，其中硕士1名，本科3名，专科2名。总经理孙忠诚先生，作为公司的带头人，多年来一直致力于射线数字检测领域技术的不断改进和提高。从1993年创办国内首家射线数字成像设备专业企业开始，无论是在企业经营方面，还是在对行业市场的动态和发展方向方面，都有着过人的洞察力和掌控能力。目前，公司员工人数已达20人，其中软件研发人员11人。

其次从企业现有能力来说，公司技术研发能力和创新能力雄厚。短短两年多时间，在总经理孙忠诚先生的带领下，已获实用新型专利3项，专利权全部属于公司。正在申请专利2项，目前正在受理之中。取得计算机软件著作权登记证书的两项。

1. 研发能力方面

(1) 研发队伍。公司以孙忠诚教授为带头人，组成了从研发、设计到集成、测试合理而严格的流程队伍。软件研发队伍年龄以70代为主，教育结构以本科为主，是一支结构合理、兼顾培养和发展的年轻化的队伍。2007年有3项技术发明获得国家应用型软件专利，2008生产的轻合金检测系统得到了汽车生产厂家、航空航天零配件生产企业的高度赞赏，2009年研发的封头焊缝射线检测系统技术达到世界领先水平，开创了封头数字化检测的先河。

(2) 研究开发费用投入。兰州瑞奇戈德测控技术有限公司作为创业期的科技型私营企业，始终注重企业创新和技术能力的不断提高，因此自成立之初就决定将不低于年收入的10%投入到新技术、新产品的开发，由此也明确了瑞奇戈德公司作为科技型企业也是创新型企业的主体和任务。

生产能力方面：

公司目前的产品主要是：

A. 锅炉小径管对接焊缝检测系统

B. 多功能零部件全位置自动检测系统

C. 大口径输油气钢管焊缝实时检测系统

D. 气瓶焊缝全自动检测系统

E. 大型封头拼接焊缝射线检测系统

F. 焊工培训试件检测流水线

G. 膜式壁管排检测系统

以上产品的核心技术就是我们的数字成像软件系统。而这些软件系统均有图像采集、图像处理、图像评定、存储与归档、远程通信与异地存储、外部控制等功能。尤其是图像的动静态同屏显示功能，更是独树一帜，在同行业享有盛名（此项已取得国家专利，专利名称为：一种自动 X 射线实时成像检测装置，专利号为 ZL 200720151413.5）。此项技术不但赢得了客户的一致赞同，且已获得行业的高度赞赏，作为竞争对手的丹东无损检测公司所用的部分控制软件就是公司此项专利软件。

2. 营销能力方面

（1）市场定位。清晰射线成像装备的制造商。以“清晰”来定义产品的特性，努力宣传这个专属于公司的概念并快速深入到潜在客户的心里形成一种观念得到社会的认可。

（2）营销战略。既要抓住新兴产品市场的快速渗透和扩展，也要奋力推进成熟产品在传统市场与新兴市场上的扩张，形成绝对优势的市场地位。

正确的市场战略，有力的执行策略，2007～2008 年，我公司相继与无锡东马锅炉有限公司、无锡太湖锅炉有限公司、张家港申港重工机械有限公司、通州华通锅炉节能配件厂、江苏绿叶锅炉配件有限公司等压力容器生产厂家建立了很好的合作关系并成为其检测设备，特别是图像处理软件技术的供应商。2009 年又与我国三大动力的上海锅炉制造有限责任公司、东方锅炉集团、大庆油田建设集团达成了合作意向。

3. 资金管理能力

（1）应收账款管理和回收能力。兰州瑞奇戈德测控技术有限公司在销售策略方面，主要选择国有大中型企业合作。这类企业资金雄厚，信誉良好，回款能力好，和这类企业合作，只要质量过关，信守合同，基本没有拖欠状况。因此，截至目前，该公司的回款状况一直保持良好态势，没有坏账，也没有债务纠纷。

（2）应付账款的管理和支付能力。在材料供应商方面，该公司始终奉行“多角度验收”制度，注重对方资质、产品质量和信誉。在这方面始终坚持 ISO9001 认证的管理流程，严把质量关，杜绝材料以次充好。公司注重和供应商的多边合作，发展良好的合作关系，没有拖欠过供货商的货款，也没有债务纠纷。

4. 成功案例

截至目前，公司已成功与国内各大企业如中石油大庆油田集团、上海锅炉厂有限公司、东方电气集团、宝山钢铁集团、北京天海工业集团等开展了友好合作，为其提供了各种适用于不同环境下的 X 射线数字成像系统。

经过长期的合作与开发，公司总结出一个不变的真理：质量是保证一切的基础，服务是推动进步的动力！公司对员工的准则只有一条——无借口、抓节奏、要结果！从基础上杜绝懒散推卸责任的情况，全公司以积极的心态完成一切项目任务。瑞奇戈德认为，每个岗位都是十分重要的，培养员工之间对各岗位工作内容的尊重是十分有必要的。

因此，质量、服务以及公司内部员工间的协作精神是对一个公司至关重要的“三宝”。公司将继续加强这方面的进化，以优质的产品服务于更多的客户。

武威金苹果有限责任公司情况介绍

一、公司概况

武威金苹果有限责任公司成立于 1995 年，从事农作物新品种的研究、种子繁育、经营和果仁类食品的加工及出口贸易，拥有有形及无形资产近亿元，现有管理及科研人员 103 人，生产员工 400 多人，省内外辖四个分公司及一个农业科学技术研究院。多年来，公司先后获得中国 100 家农业最具竞争力企业、甘肃省高新技术企业、甘肃省科技创新试点企业、甘肃省重点农业产业化龙头企业、国家科技部星火计划示范企业和区域科技成果转化中心、2009 年甘肃省科普工作先进集体、甘肃省农行连续八年“AAA”级信用企业、甘肃省技术质量监督局质量品牌企业、武威市科技特派员先进集体和武威市十佳民营科技企业等众多荣誉称号，注册商标“金平果”牌为甘肃省著名商标、中国著名品牌，取得了国家产品出口许可。

二、成功经验介绍

（1）企业文化：公司特别注重于文化建设，在不断地总结先辈们和国内众多企业及其法人代表正反两个方面的经验和教训中得出：“坚持中国共产党的领导，坚持社会主义的制度”是公司赖以生存和发展的法理基础。“致富思源、富而思进、诚信进取、回馈社会”是公司开拓、创新、经营的基本心态。“腹中天地阔，常有渡人船”是公司严于律己、宽以待人的处世信念。“敬、警、精、静、净、兢、竞、进”（相互尊敬、警钟长鸣、精益求精、平心静气、干干净净、兢兢业业、物竞天华、共同进步）是公司倡导的人文理念。“合心、合力、合拍”，“求真、求实、创新”是公司干事、创业中遵循的原则，“思想统一、业务熟练、关系简单、工作开心、行动迅速、目标远大”是公司要创立和坚持的传统，“操作专业化、质量标准化、办事程序化、现场规范化、行动军事化、管理标准化”是公司管理的目标，“求真创新、优质高效、敬职守信、顾客满意”是公司的质量方针，“春天选择金苹果，秋后收获金元宝”是公司对千家万户使用“金苹果”牌产品者的质量承诺，“领跑中国无壳瓜子业，引领武威制种新理念”是公司向往和奋斗的目标。

（2）自主创新：创新、不断创新是公司取得长足发展和进一步长足发展的力量源泉。公司组建了专门的科研机构——武威农业科学技术研究院，并与甘肃农业大学、省农科院、酒泉职业学院建立了校企合作、院企合作的技术创新平台，由10余名高级职称的研究人员、教授和博士生导师组成了强有力的技术创新队伍，并与美籍华人、世界著名瓜类专家张兴平博士、奥地利专家Haollang博士、俄罗斯国家班库试验站、日本秋田县立果树研究院建立了很好的合作关系，每年200余万元科技创新经费的投入，使得一批又一批的科技成果被源源不断地创新出来，先后培育了处于国际国内先进水平的农作物新品种21个，荣获国家专利9项，完成国家级科研项目3项，发表论文或出版专著7篇（部），获武威市科技进步一等奖、二等奖各1项，获甘肃省科技进步一等奖、三等奖各1项。目前在研项11项。其中投资规模7千万元，经济总量达2亿元的新项目《5万亩高节水、高效益、无公害、出口型天然无壳瓜子生产技术体系的确定》正在调研、分析论证中。

（3）社会责任：公司始终把科学发展观深入落实到公司的每一个决策、每一项投资、每一个产品和每一个行动中，积极纳税（年纳税额处武威市一百多家种子企业第一位），投入数百万元进行环境保护治理和改造，顺利通过了各项环境影响评价，进行“节水型”和“生态友好型”农作物新品种的选育和栽培模式研究，加强员工的安全教育，积极投身社会公益活动，得到了民勤县委、县政府“扶危济困、惠泽沙乡”的嘉奖。常年开展各类员工培训，倡导“文明、高尚、和谐”的生活情趣，购买“四金”解除员工后顾之忧，先后在甘肃农业大学、景泰县一中、酒泉职业学院设立了“金苹果”奖学金，已有近500人得到资助，并常年接受甘肃农业大学、酒泉职业学院、陕西工业大学等众多大专院校师生的社会实践活动，多次承办学术研讨会、产业发展论坛、农民培训班、送科技下乡等大、中、小型的活动，在互动中扩大公司的影响，尽到社会的责任。

在国内，公司产品已在17个省市自治区热卖，“金苹果”牌不但是甘肃省著名商标，而且是“中国著名品牌”，得到了市场的高度认可，品牌价值逾亿元。在国外，产品已销往英国、德国、荷兰、法国和意大利，并通过了进入美国市场准入许可，2009年签约金额近500万美元。公司将继续推动科技创新，进一步完善各方面的条件，在国内建成5个稳定的生产性基地，年生产各类农作物种子1.5万吨、天然无壳瓜子1万吨、光板瓜子5千吨，建成5个分公司（云南、内蒙古、新疆、吉林和甘肃），年实现综合产值5亿元，完成利税5 000万元，出口创汇2 000万美元的总体目标。

甘肃敬业农业科技有限公司

一、公司概述

甘肃敬业农业科技有限公司地处古丝绸之路重镇——甘肃省武威市，是以开发优质葵花种子栽培技术及其产品的深加工为主的农业科技企业。采用“公司（协会）+科技+农户+基地+市场+品牌”的农业产业化模式，从“种子引进供应—技术服务—收购加工销售”进行一条龙服务。公司占地面积38 000平方米，注册资本3 000万元，是甘肃省农业产业化龙头企业。

公司下设总经理办公室、办公室、财务部、市场部、保安部、技术部、人力资源部、企划管理部、质检部9个职能部门，向日葵种业公司、西部人葵花油脂食品厂、向日葵科技开发工程中心、销售公司、成都都江堰生态农业公司、兰州设施农业工程公司、新特良种繁育场七个分公司。现有职工263人，有高级工程师在内的各级工程、技术和管理人员32人。2009年登记注册了甘肃敬业进出口贸易有限公司，经营葵花油、农副产品等对外贸易业务。

公司于2003年牵头组建了农民专业合作组织——民勤县向日葵协会，下设泉山、东坝、环河等七个分会，现有会员1 500余人，2004年被评为甘肃省五十强农村专业技术协会；由公司发起组建的甘肃省向日葵协会于2007年1月20日成立，现有单位会员31个，个人会员2 300余人，主要以省内各大院校、科研院所、科技领头企业单位和专家教授、专业技术研究人员、农业科技企业家及专业种植大户为骨干会员，下设理事会和常务理事会，协会服务网点遍布全省各市（州）县。

公司已通过了ISO9001质量体系认证和ISO14001环境体系认证，通过了无公害产地、产品的认证及欧盟有机农业认证，申请了国家6项专利，并导入了CIS系统。公司HACCP体系认证已通过二审，近期将取得认证证书。公司办公配备了智能化网络管理系统，总部与各分公司以及加工车间现场有齐备的自动化管理通信设施。2004年成立了公司党支部，支部现有党员16名（公司职工党员），协会会员党员23人。

公司被甘肃省农业发展银行年连续五年授予AA级信用企业；2004年8月被评为武威市农业产业化重点龙头企业，10月被评为甘肃省农业产业化重点龙头企业；2008年被评为甘肃省高新技术企业，在武威市属首家突破。被甘肃省团委、省农委授予“农业产业化青年示范工程省级科技推广示范基地”荣誉称号；多次被评为市、县先进企业。公司生产的“西部人”老味道葵花子深受广大消费者青睐，在2001年甘肃省农业精品博览会上被评为“甘肃名牌产品”；2006年2月被中国质量诚信促进会授予“质量诚信消费者（用户）信得过单位”和“AAA级质量诚信会员单位”称号；2006年11月被甘肃省科协评为甘肃科协工作先进集体单位；2007 年 12 月被中国科协和国家财政部评为全国科普惠农兴村先进单位，并颁发了荣誉奖牌。2009 年公司生产的“西部人”葵花油被认定为“甘肃名牌产品”，公司的“西部人”商标被认定为“甘肃省著名商标”。

二、公司的经营情况

公司与美国迪卡公司、爱格威公司、以色列海泽拉公司、法国、澳大利亚及国内著名种业公司建立了长期稳定的信用合作关系，自 1997 年开始首次在国内建成“优质葵花产业化生产基地”，填补了国内空白，项目先后得到了国家财政部的“重点财源建设”、科技部的“星火计划”与“农业成果转化”及省农牧厅的“948 新品种新技术引进”、科技厅的“重点科技成果推广计划”、省农业综合开发办的“重点多经项目”的立项扶持，项目建设的主要技术指标达到国内领先水平，获省、市、县科技进步奖；2003 年被国家科技部评为“国家级星火计划项目”实施单位，2002 年“民勤县十五万亩优质食葵基地建设”项目被甘肃省科技厅鉴定验收，并多次获得省、市、县科学技术进步奖，2005 年 6 月被省科技厅认定为“国家星火计划示范企业”；承担实施的“内陆荒漠区优质食葵生态栽培示范工程”项目于 2006 年 10 月通过验收，项目建设的主要技术指标达到国内先进水平，获省、市、县科技进步奖。

1998 年，公司首次引进优质葵花杂交种子，到 2003 年以前公司的优质杂交葵花种子始终处于行业的前沿，并主导国内葵花种子市场，2003 年底全国葵花种植面积急剧上升，国内引进的杂交葵花种子品种繁多，公司葵花种子销量也在不断增加，目前全国葵花种植面积约 3 000 万亩，公司 2009 年美葵种子及农副产品购销实现销售收入 1 000 万元，实现利润 280 万元，葵花种子市场前景广阔。

敬业公司承担实施的“年产万吨葵花精炼油系列产品改扩建”项目于 2006 年年底已完成了安装调试和技术培训工作，2007 年 1 月 10 日正式竣工投产运营，该项目总投资 3 411.57 万元，年处理油葵 25 000 吨，生产各级葵花油 10 000 吨，年实现工业产值 8 332.01 万元，实现利税 1 543.38 万元，产品各项指标完全达到国家一级油标准。项目主要技术指标达到国内领先水平。

本项目的建成，为民勤工业发展注入了活力，项目实施单位敬业公司采用“公司 + 基地 + 农户”的产业化经营模式运作，通过建立健全企业内部经营管理制度，完善企业与农户之间的利益联结机制，充分发挥项目的“龙头”带动作用，把增加农民的收入放在第一位，直接带动农户 10 000 户，年直接受益农业人口 30 000 人，辐射带动种植油葵 15 万亩，实现农业产值 7 380 万元，增加农民纯收入 4 100 万元，转化农产品 2 577.32 万公斤；为下岗无业人员提供更多的就业岗位。

葵花油富含人体必需的不饱和脂肪酸，其中亚油酸含量约占 64%，亚油酸可以降低人体血清胆固醇，从而有利于预防心脑血管疾病，同时具有降压作用。在国际上已经成为食用油健康消费时尚油品。目前国内除新疆、内蒙古有专业葵花油脂加工厂外，其他地区才刚刚起步，同时葵花油富含维生素 E，是医药维生素 E 生产的主要原料之一，葵花油的市场前景广阔。

公司生产的“西部人”葵花子精炼油是我国葵花油品种中唯一无公害产品，产品现已投放成都、上海、北京、广州、兰州、武威、金昌等大中城市市场，得到了广大消费者的好评。为了开辟市场销售渠道，公司利用中国邮政网络的窗口销售产品，并于 2008 年 10 月和甘肃省邮政公司签订了合作协议。2009 年 6 月 1 日和北京金土家园农业科技有限公司签订了 6 年的合作合同。2009 年 9 月 30 日与中国人民解放军总后勤部物资三局采购处签订了 3 000 吨葵花油订单合同。2009 年 11 月与日本 JM 公司签订了葵花精炼油出口创汇 300 万美元的合作协议。目前我公司正在申请办理出口卫生认定证书，使“西部人”葵花油在海外有一定的销售市场和创汇。

三、公司发展规划

甘肃敬业农业科技有限公司自 1997 年 8 月成立至今，始终如一地以向日葵产业为主业，形成了以向日葵种业公司、“西部人”油脂食品厂、向日葵科技开发工程中心为主的产业发展平台，在此基础上，提出了建设向日葵产业园区的发展思路。向日葵产业园区位于省级工业园区——黄羊工业园区内。黄羊工业园区地处甘肃省地理中心地带，规划面积 20 平方公里，现入驻企业 90 家，规划企业 30 家，312 国道、连霍高速、陇海铁路横穿工业园区，交通十分便利。

敬业公司带头组建的甘肃省向日葵协会，现有兰州大学、兰州理工大学、甘肃农大、省农科院等科研院校 32 家。会员单位及 36 位教授等专家会员，并建成了甘肃省向日葵科技研发工程中心及甘肃省向日葵协会产品研发中心，已经取得了葵花蛋白方便食品为主的 6 项国家发明专利，并编写完成了《葵花蛋白方便食品项目》可研报告。通过甘肃省质量技术监督局审查批准了 6 项产品生产质量技术校准，填补了多项国内空白。在此基础上，通过与兰州理工大学的合作，已经初步研发成功了 11 项功能性葵花油样品。批申报发明专利 11 项。为工业园后续发展打下了坚实的基础。同时，公司在近年经营中，自身拥有 30 多名大专以上学历的科研专业人才，具备葵花育种推广、种植技术优质生产厂及食品加工技术力量。

在创业的道路上甘肃敬业公司将一如既往地以人为本，以广大消费者满意为导向，从种子引进—基地建设—产品收购—科技研发—工业加工销售—品牌战略进行一条龙的全方位经营，依靠科技进步，推动产业升级，提高产业效益，打造葵花产业王国，争创“西部人”世界品牌产品，继续朝着高科技农业产业化领域的纵深不断探索，力争在近年内企业的资产总额达到 100 000 万元以上，在地方经济建设和发展中起到领先地位，在西部这片热土上打造现代化农业科技集团公司。

庆阳市前进机械制造有限公司

庆阳市前进机械制造有限公司成立于1994年5月，是一家以研发、生产、销售农业机械设备、建材机械设备、石油机械设备、工程及环卫电瓶车等产品的综合性民营机械制造企业。公司注册资金400万元，占地面积7 000平方米，在职职工62人，其中专业技术人员35人，产品主要销往陕、甘、宁、青等省区。2007年，被庆阳市农业机械研究所指定为合作伙伴和实验基地，2008年，被庆阳市科技局指定为“庆阳市农业机械制造工程技术研究中心”。2008年，公司总资产918.5万元，资产负债率14.6%，全年生产、销售干坯电动车822台，生产三轮电动水坯车564台，生产四轮电动水坯车589台，生产各类农业机械设备466台，实现销售收入856.12万元，利税96.68万元。公司2006年被中国农业银行甘肃省分行授予“AA+级信用客户”，2007年被甘肃省工商局评为“重合同守信用”企业，公司法定代表人帅忠奎2005年被庆阳市人民政府授予全市再就业明星，同年光荣地当选为庆阳市政协委员，2006年获甘肃省第三届“返乡创业带头人”荣誉称号，2007年被甘肃省政府评为甘肃省农民工明星，2005年甘肃省副省长李膺同志到公司参观时曾给予高度评价。

公司产品可分为四大类50多个系列100多种产品，主要包括JZK40/40－20双级真空砖机、JZ－400砖机、JZ－350砖机和普通砖机以及辊机、双辊自动除石机、垂直无泥头自动切条机、免耕播种机、深松机、双垄沟全铺膜联合作业机、往复式联合收割机、拉坯电瓶车、装窑电瓶车、出窑电瓶车、运煤电瓶车、三轮、四轮电瓶车等。

1. 农用机械配套设备：主要产品有免耕播种机、深松机、双垄沟全铺膜联合作业机、往复式联合收割机等。

（1）深松机：全称铲式深松机，型号1L－5，2008年在庆阳市新产品评选中获得三等奖，2008年9月17日通过甘肃省农业机械鉴定站推广鉴定，2008年9月23日获得甘肃省农业机械管理局颁发的《农业机械推广鉴定证书》（证书编号：甘农机2008070），2009年3月成功入选《甘肃省2009年农业机械补贴产品目录（非通用类产品）》，目前售价是按照2009年度甘肃省非通用类农业机械购置补贴产品的协议价格每台5 180元，政府每台补贴1 600元，即农民每台只需付款3 580元。

（2）双垄沟全铺膜联合作业机：型号1SQM－F－40/80（60），2008年4月研制成功，2008年6月26日公司向国家知识产权局提出“双垄沟全覆膜机的波浪式输送机构”的专利申请并被正式受理（申请号200820125143.5），2008年9月17日通过甘肃省农业机械鉴定站推广鉴定，2008年9月23日获得甘肃省农业机械管理局颁发的《农业机械推广鉴定证书》（证书编号：甘农机2008071），2009年3月成功入选《甘肃省2009年农业机械补贴产品目录（非通用类产品）》，2008年荣获庆阳市人民政府颁发的“工业优秀新产品三等奖”。目前售价是按照2009年度甘肃省非通用类农业机械购置补贴产品的协议价格每台4 100元，政府每台补贴1 400元，即农民每台只需付款2 700元。

2. 电动车系列产品：主要包括环卫清扫电动车、水坯电动车、干坯电动车、出窑自卸车、运煤电动车、三轮、四轮电动车等。

电动车系列产品通过购买外观设计专利和技术专利，完成产品的技术升级和更新换代，2008年完成生产销售干坯电动车822台，生产三轮电动水坯车564台，生产四轮电动水坯车589台，生产各类农业机械设备466台，全年实现销售收入856.12万元，产品远销陕、甘、宁、青等省区，该系列产品现已申请2009年庆阳市新产品鉴定。

3. 砖瓦行业机器及配件：主要产品包括JKB40/40－20双级真空砖机、JZ－400砖机、JZ－350砖机以及双辊破碎机、双辊自动除石机、垂直无泥头自动切条机、切坯机、引风机、粉煤机等。

4. 石油机械及设备：主要产品包括井口防盗箱、野营房等，有专业的设计人员和施工队伍，严格按照客户要求施工，曾为长庆油田采油一厂、采油二厂、长实集团、输油二处生产、加工过井口防盗箱、野营房等产品，均受到客户好评和赞扬。

镇原县新千年食品有限责任公司

镇原县新千年食品有限责任公司位于县城东街，法人代表贾养峰。公司创建于1987年8月，是以杏产品加工为主的重点民营企业，经过多年的发展，已形成产、加、销一条龙的生产体系。企业历史悠久，设备先进、技术超强、资金雄厚、产品工艺独特，总占地面积16 248.16平方米，总资产2 702万元，其中：固定资产1 306万元。公司现有员工480名，其中专业技术人员7人。2007年产品销售量1 870吨，总产值718万元，利税60.6万元。2008年产品销售量2 390吨，总产值1 023.3万元，其中杏园生产鲜杏1 880吨，实现农业产值2 100万元。实现利润151万元，上缴税金84万元。发放职工工资137.8万元。

公司主营产品“千峰牌”情梅杏脯、情感甘草杏、甘草雪梅、野果肉、精品杏肉、精品甘草杏、冰梅肉、多味果、杏汁饮料等四个系列23个规格及品种，以高质量、精包装全新上市，畅销全国十多个大中城市，产品被中国食品工业协会评为“国家质量达标食品”、“中国消费者放心购物质量可信食品”。企业被评为地区明星乡镇企业和镇原纳税先进企业。2005年3月被省市政府命名为“农业产业化重点龙头企业”。2006年12月被省政府命名为“甘肃省农业产业化重点龙头企业”。

宁夏汇川服装有限公司

宁夏汇川服装有限公司（中外合资企业）成立于1993年9月，是宁夏最大的综合性服装企业，也是宁夏轻纺行业的骨干企业。公司地处宁夏高新技术开发区，拥有标准厂房22 000平方米，营销办公楼2 800平方米，职工960人。企业现有德国、日本、意大利进口缝制、整烫设备1 000余台，其中有世界上最先进的美国格柏公司计算机辅助设计系统、计算机辅助裁剪系统、计算机全自动铺布机。

汇川公司是全国法院、检察院、兰州铁路局，自治区内国税、地税、各大商业银行、工商行政管理局、公路管理局、征稽局等企事业单位中标定点生产企业。公司通过应用信息化技术的改造，形成了"敏捷生产"的市场反应机制，高品质、低价位、优质服务的核心竞争力已经形成。汇川具备了与国内一流西服品牌挑战的能力。

2000年9月汇川公司通过了ISO9001国际质量体系认证。

2000年10月31日，汇川计算机集成制造系统（CIMS）项目正式通过国家"863"计划专家组的验收。国家"863"计划汇川CIMS工程的实施，改变了传统服装工业生产模式，带动企业建立了现代化的"敏捷生产"模式，为全国服装行业及西部中小型企业实现"跨越式"发展起到了典型的示范作用。

主导产品"汇川"牌西服荣获"中国（首届）西安服装服饰博览会金奖"、"中国（北京）国际服装服饰博览会银奖"、"宁夏回族自治区名牌产品"及"著名商标"等荣誉，产品在中国的西部有很高的知名度和美誉度。

汇川服装公司多次被评为宁夏回族自治区的"先进企业"、"质量管理先进企业"、"重合同守信用企业"、"制造业信息化建设模范企业"和中国纺织工业协会的"全国纺织行业信息化建设优秀奖"、"全国纺织和谐企业建设先进单位"等。

据中华全国商业信息中心对全国重点大型商场男西服销售数据显示，汇川品牌在西北的市场占有率连续五年一直保持在前三位，2006年，综合占有率排名跃居第一位。

2005年起，汇川西服进入美国市场，并取得了较好的业绩。通过驻外机构及美国客商不断开拓市场，目前，销售网点已从70多个增加到150个，产品进入了美国大型百货商场"梅西百货"和大型服装连锁专卖"PORTA BELLA"，终端销售商及顾客对产品风格和质量评价较高。

汇川商标被国家工商总局评为"中国驰名商标"。"汇川"荣获"中国驰名商标"，提升了品牌在消费者心目中的质量和形象，使公司的品牌、信誉、技术等无形资产得到大幅增值，对汇川服装今后开拓国际国内市场有着非常重要的作用。

2009年，汇川公司进入高速发展期，引进了高级西服人才，使西服质量达到国际先进水平。汇川流水线实行精益化生产，生产效率大幅提高30%以上，成本降低、交货期缩短，汇川的市场竞争力明显增强。汇川的企业管理水平还要上一个很大的台阶，以适应公司扩大规模的新要求。

通过16年的努力，汇川在质量、价格、服务、产品研发方面已形成很强的市场竞争优势。汇川引进意大利阿玛尼首席设计师的弟子，掌握了世界上最先进的西服设计工艺技术，西服质量档次已达到国际先进水平；同等价格，汇川质量最好；同等质量，汇川价格最低。汇川产品性价比很高；汇川对服装市场有深刻的理解，也能为顾客提供比其他企业更好的服务；汇川有很强的产品研发人才，具有西服、衬衫、裤子、夹克衫、棉褛、皮草、女装的设计、打版、工艺的研发生产能力，水平达到国内先进水平。并有贴牌生产T恤、毛衫、内衣、皮具的全国生产资源的整合能力，男装系列化产品协调发展，拥有广阔的发展空间。

宁夏力成电气集团有限公司

宁夏力成电气集团有限公司成立于1995年，是大型高、低压成套配电设备生产企业、原国家电力部、机械工业部确定的高低压成套开关设备定点生产企业和国家经贸委"两网改造"重点推荐企业、中国电器工业协会高压开关分会常务理事单位、全国银行业协会信贷诚信企业，也是宁夏回族自治区确定的重点支持的30家民营骨干企业之一，被评为国家火炬计划重点高新技术企业、国家守合同重信用企业。力成电气集团在董事长陈庆成的带领下开拓进取务实创新，不断发展壮大，获得了巨大的经济效益和社会效益，历年来获得国家，自治区政府、工商联、企业家协会等多家单位50多项荣誉。2009年又被评为"全国最佳诚信文明"企业和"中国电器工业最具影响力品牌"。

2004年5月力成电气集团生产基地进入永宁县望远工业园区，建设了现代化生产车间，制造中高压电气产品，年生产能力达5亿元以上。2006年10月集团公司再次投资1亿多元兴建铜材精加工项目，首条生产线——铜排生产线已于2007年初完工试车，现已投入生产，形成年2亿多元的生产能力。集团公司下设宁夏力成电气高压开关有限公司、宁夏力成电气成套设备有限公司、宁夏力成电气集团制造有限公司、宁夏力成电气箱式变电站有限公司、宁夏力成电气配电箱有限公司、宁夏力成铜业有限公司和宁夏力成电气安装公司7个全资子公司。现公司形成总占地面积12万平方米、建筑面积6万平方米，总资产3.8亿元的规模，员工总数500余人，其中专业技术人员106人，拥有高、中级以上职称42人。

力成电气集团通过了ISO9001国际质量管理体系；ISO14001中国环境管理体系；OHSAS18001职业健康安全管理体系；ISO10012测量管理体系和中国质量认证中心CCC认证。公司2006年在国家发改委、国家工信部支持下实施了包括ERP、PDM、HR、CRM、CAPP以及OA办公自动化和EB电子商务平台等内部信息化平台建设，使企业创新能力、市场开拓能力及商务处理能力得到很大的提升。另外，集团公司通过促进绩效管理评价、薪酬管理、内部技术评定三大体系建设，实施持续打造“学习型企业”战略，优化了企业内部的现代化管理机制和用人机制，提高了企业的综合管理水平。

力成电气集团主要产品有126kV六氟化硫气体绝缘全封闭组合电器、KYN61－40.5kV铠装移开式交流金属封闭开关设备、KYN28－12kV铠装移开式交流金属封闭开关设备、XGN_2－12固定箱式高压开关设备、KYGLC－12kV矿用一般型高压开关设备，GZT、GCS、MNS、GCK等系列抽出式低压开关设备，YBL－40.5/10kV预装箱式变电站、YBL－10/0.4kV预装箱式变电站、XBJ1紧凑型箱式变电站、XBZ1智能型箱式变电站等28个型号2 000多种规格的产品。先后与西安高压电器研究所、天津电气传动研究所、宁夏大学、北方工业大学等科研院校建立了长期的技术协作关系，同时与ABB公司建立了长期的战略合作关系。公司拥有4.8万平方米的现代化生产车间，配备国内、外先进激光数控切割机、数控冲床、数控折弯机、数控剪板机、涂装流水线加工设备及大型750kV高压试验站等，拥有一流的生产加工、产品研发及制造能力和技术水平，年生产高低压成套开关设备5万台套。产品主要用于电力建设、城农电网建设、城市基础设施建设、煤炭、石油、化工、工矿等行业，产品主要市场在内蒙古、山西、甘肃、青海、陕西、河南、河北、四川、辽宁、安徽、新疆、西藏等地。

宁夏美洁纸业股份有限公司

宁夏美洁纸业股份有限公司始建于1958年，经过50年的发展，特别是改革开放以来，企业走出了一条滚动发展，自我改造的成功之路。多年来，公司不断加大技改投资力度，加快技术进步，使企业的生产规模、技术装备、管理水平有了很大的提高。目前，公司拥有草、木浆两条生产线，总资产2.8亿元，年产各类生活用纸5.5万吨（其中木浆高档纸1.5万吨），产值2.17亿元，年创利税1 000余万元，现有员工1 500余人。是西北地区大型的生活用纸专业生产企业之一和全国生活用纸行业十强之一。

企业的主导产品有“美洁牌”、“滩羊牌”、“双喜牌”高档盒装面巾纸、手帕纸、餐巾纸、卷纸及中低档面巾纸、卫生纸、无芯卷筒纸、餐巾纸等两大系列近百个规格品种。产品畅销全国二十多个省、市，已形成了健全的销售网络。“美洁”、“滩羊”商标先后被自治区技术监督局、工商局、消费者协会评为宁夏著名商标、名牌产品、向消费者推荐品牌等，企业已连续多年荣获“中国造纸协会生活用纸专业委员会消费者满意产品”称号。公司建立了科学的质量管理体系，在同行业率先通过了ISO9000：2000质量体系认证。企业在生产发展的同时十分重视环保工作，先后实现了烟尘、废气、废水达标排放，并通过了银川市清洁生产审核验收。

宁夏兴唐米业集团有限公司

宁夏兴唐米业集团有限公司是国家级农业产业化重点龙头企业。总资产1.8亿元，引进世界先进的瑞士布勒和日本佐竹四条大米生产线，年处理水稻18万吨，生产大米12万吨，实现销售收入3.5亿元。企业生产规模、技术装备水平达到国内领先水平，并拥有6万吨原料仓储能力，成为西北最大的大米加工企业。目前已开发有机米、富硒米、香米、黑米、珍珠米、红米、糙米等十五个系列92种规格，远销全国二十几个大中城市，在市场中享有很高知名度。产品被认定为绿色食品、有机食品认证（被评委第四届中国国际有机食品博览会金奖），荣获两个宁夏名牌产品（大米和谷物加工品）。2008年8月被农业部等9个部委命名为国家级农业产业化重点龙头企业，先后荣获全国第一批农产品加工示范企业，全国放心粮油进农村进社区“先进单位”，商务部农产品流通骨干企业，银川市小巨人企业等殊荣；2010年1月“兴唐”商标被认定为中国驰名商标。并创建了宁夏粮食加工企业唯一一家自治区级企业技术中心。

宁夏银星能源股份有限公司

宁夏银星能源股份有限公司前身吴忠仪表厂始建于1959年，具有50年机械制造历史，是国家重点高新技术企业，拥有国家级企业技术中心和博士后科研工作站。1998年在深圳证券交易所挂牌上市，股票代码：000862，宁夏发电集团是公司第一大股东。

公司主营业务：自动化仪表、风力发电设备、太阳能发电设备制造和风力发电。截至2009年年底，公司资产总额21.89亿元。现有员工1 655人，其中：工程技术人员389人，具有高级职称的50人，高级以上技术工人占职工人数60%以上。

1. 自动化仪表

吴忠仪表有限责任公司是银星能源股份有限公司与中国自动化集团公司、科文（香港）公司共同出资组建的合资公司。承接50年的调节阀生产历史，拥有经验丰富的工程技术人员和能工巧匠，有日本、意大利等国最先进的柔性加工设备30多台，各类精确加工设备520多台。调节阀产品服务于石油、天然气、化工、冶金、电站、船舶、水系统等流程工业自动控制。各种碳钢、不锈钢及有色金属铸件产品除为自身提供铸件的同时面向国内外销售。公司先后通过了ISO9001国际质量体系认证；ISO14001 环境管理体系认证；GB/T19002.1（ISO10012－1）完善计量检测体系认证等多项国际国内认证。在行业内形成具有影响力的品牌效应。是仪器仪表行业执行器协会多年来的理事长单位。

2. 风力发电

公司控股的银仪风力发电有限公司主要从事风力发电项目的开发、建设、经营及相关产业经营等业务，已建成长山头和红寺堡 10 万千瓦风电场。公司所属的中宁风力发电分公司、盐池风力发电分公司 15 万千瓦风电场正在建设并陆续并网发电。到 2015 年公司将建设 4～8 个风电场，风力发电装机总容量达到 100 万千瓦。

3. 风电设备制造

银星能源风电设备制造公司，专门从事风电机组生产，主要生产三菱 MWT65－1000A 机型。现有 10 000 平方米的厂房和 8 个工位的整机组装线。与国内清华大学、国网南瑞、西北轴承等进行合作，加快核心部件研发，提升风电设备国产化制造水平。有 50 家国内外知名企业为公司提供配套，具备年产 300 台风机生产能力。引进的三菱 2.5 兆瓦级以上风力发电机组，计划在 2010 年年底投入生产。

发电设备构件公司主要生产风机塔筒及相关配件，目前生产三菱 MWT65－1000A 型塔筒、金风 S750kW 型塔筒、Nordex（恩德）S77 型等塔筒。现有厂房面积 18 000 平方米，拥有龙门吊、卷板机等设备 50 多台，具有表面处理，无损检测等可靠检测手段，年生产能力 300 套。

4. 太阳能发电设备制造

公司引进捷克、德国太阳能跟踪装置生产制造技术，产品已在太阳山等光伏发电站安装使用，目前已具备 100 兆瓦太阳能跟踪装置生产能力。

与美国霍尼韦尔公司、宁夏佳美迪新能源科技有限责任公司共同出资组建宁夏银新能源光伏发电设备制造有限公司，已形成 100 兆瓦太阳能光伏发电电池组件的生产能力。

大连通宝工艺品有限公司

大连“水晶牌”玻璃工艺制品曾荣获国内同行业最高奖——国家银质奖，曾一度有“南有北涪，北有大连”的说法。周恩来、朱德、董必武、邓颖超等党和国家领导人对于大连水晶给予高度关注，曾外销 56 个国家和地区，后一度陷入沉寂。大连通宝工艺品有限公司立志重新打造水晶民族品牌，继往开来，令同行瞩目，博世人喝彩。

2007 年在第二届中国国际日用、工艺玻璃制品展上，时任商务部部长的薄熙来高度赞扬了大连通宝工艺品有限公司的玻璃工艺产品，称其“真正发扬了大连的玻璃文化”。公司研制的高档工艺品已经成为市政府首选馈赠礼品，摆进了人民大会堂，打入了上海世博会。

通宝公司制定并实施了科技兴企与人才强企战略。在科技与人才的双轮驱动下，公司紧随世界最新设计理念前沿，引领我国水晶技术潮流，技师们运用自己精湛的技艺，赋予了产品活的艺术形态，开发专利 130 余件，广泛将专利技术应用于规模化生产，取得了可观的经济效益和品牌效益。其自主研发的高难度双色、多色水晶制品填补了国内空白，缩小了与捷克、意大利等水晶产品强国的技术差距。公司设计的三千多款花纹水晶玻璃制品正逐步走向世界，产品远销欧、美、亚等几十个国家，在国际玻璃制品博览会上深受欢迎，捷克驻华大使称大连的水晶产品完全可以与世界一流的水晶相媲美。

通宝人为传承和发扬大连历史悠久的“水晶之城”文化，丰富大连的旅游产品市场，正以全球化的视野建立水晶制品的生产基地，打造一个具备国内顶级玻璃器皿研发及制作技术的专业团队，大力拓展世界玻璃制品业高端市场。相信在未来五年大连城市文化建筑中，“通宝”将是标志，是品牌，是骄傲。

大连水晶在国内外博览会中获奖暨畅销作品：

首届中国轻工商品博览会获得“百花杯”创新产品金奖的作品《海幻》。

海幻　海之博大，幻之深远！在繁华的都市中，她是一方净土，象征着和谐；孕育了这座城市的勃勃生机……

登峰造极　两根向上的融角既象征着人生与艺术的高峰，又象征着奔腾的精神，人生的高峰永远没有极致，对艺术的追求永无止境。这件独一无二的作品是用太多汗水与热忱造就而成的，它透露着执著和希望，拼搏和坚持；它是目标的催化剂，它是成功的血液。

火种　火种是动力，是希望的源泉，象征着奋斗不息的拼搏精神。火种是你人生的理想，她给予你，伴随你，激励你。当希望变成辉煌时，可曾想起那并不遥远的火种。水晶玻璃作品《火种》荣获“第六届中国工艺美术博览会暨古典家具、收藏品博览会”、“中艺杯”优秀作品评比大赛金奖。

异彩　缤纷奇异的色彩，美好的意境。这件艺术精品让人在释放心情的同时迎来人生与事业无比的光辉灿烂，奇异的光彩，实现突出的成就。

激情　激情的飞扬，生命充满激情，才能拥抱不老的青春。她迸发的是灵感、积聚的是智慧、书写的是激情；她用金红的色彩昭示着充满希望的生命，叙写着辉煌灿烂的明天和未来！水晶玻璃作品《激情》荣获“第六届中国工艺美术博览会暨古典家具、收藏品博览会”、“中艺杯”优秀作品评比大赛特别金奖。

大连隆正光饰机制造有限公司

大连隆正光饰机制造有限公司是专门从事机械设计、机械制造、精密机械零部件加工的高新技术企业。

企业划分为制造业、研发中心两大模块，生产规模超亿元。主要产品有四大系列40多个品种规格型号的光饰机、校直机。拥有发明专利产品2项，实用新型专利产品40余项。其中2项通过市级科技成果鉴定，成果达到国际先进、国内领先水平；2项被大连市科技局和国家科技部立项为“创新基金项目”，得到创新基金的无偿资助；2009年9月首次被认定为“国家高新技术企业”；连续两届被大连市政府授予“大连名牌产品”；获得大连市科学技术奖励；被国家行业协会推荐为“优秀轴承工艺装备制造企业”；由隆正起草的“产学研项目”——《旋流全自动流水光饰机》行业标准，于2009年10月被国家工信部立项，它标志着隆正企业在该行业的领军地位。企业先后通过了ISO9001质量管理体系认证、ISO14001环境管理体系认证及CE欧洲安全认证，成为中国一重大连加氢、日本三菱重工等企业的协作配套企业，被日本三菱重工总部授予“优良协力工厂”。

目前产品已广泛应用于航空、汽车、轴承、造币、纺织、医疗器械、五金等行业，已装备于世界最大的链条生产制造商——英国雷诺德（杭州）传动有限公司及世界最大的压缩机制造商——丹麦丹佛斯、烟台铁姆肯，国内的哈、瓦、洛、沈阳造币等著名企业。部分产品出口日本、荷兰、英国、马来西亚等国家和地区。企业获得了较好的经济效益和社会效益，2008年被列入区域经济百强企业；被政府授予“先进企业”；公司法人刘承绩被授予“大连市劳动模范”、“大连市五一劳动奖章”、“辽宁省创业带头人标兵”等荣誉称号。

隆正企业在科技创新中健康成长。企业始终坚持“以科研开发新产品为依托，以主导产品制造业及机械零部件加工并举”的经营战略，遵循“原始创新与引进、消化、吸收再创新”的原则，不断加大对科技和高新技术产品的研制与开发的投入，不断提升机械制造业的综合能力。2009年5月建起了拥有行业一流的“技术研发中心”，“辽宁科技大学隆正公司科研基地”于2007年挂牌成立。

隆正企业在探索中奋力前行。面对新形势、新任务、新挑战，公司提出总的发展规划、目标是：以科技创新为支撑，以高新技术人才为保障，以科研院所为依托，坚持走产学研之路，实现“做精、做久、做强”，向集团化企业迈进的目标。五年内发展成集研发、生产、销售为一体的行业科技型领军企业。

隆正人肩负着民族工业振兴的使命，在公司董事长、总经理刘承绩的带领下，正以高昂的气魄，向着更高的目标前行！

大连开发区圣洁真空技术开发有限公司

大连开发区圣洁真空技术开发有限公司前身系圣洁热处理高新技术研究所，成立于1996年，是一家科技型民营企业，坐落于大连开发区董家沟。

大连圣洁公司已从创建初期的一个热处理专业厂发展到现在的一个研发中心，两个专业研究所，三个专业网站（中国热处理信息网 www. heatchina. com；中国热加工导航网 www. heat123. com；中国链条链轮信息网 www. chainchina. com），四个分厂和一个职业培训学校。公司于2004年通过了ISO9001质量体系认证，现已申报专利30余项，推广应用了几十项专有技术和科研成果，并且有五项专利专有技术已经产业化生产，其中两个产业化专利项目获得了国家和大连市的“科技型中小工业技术创新基金”的支持。

圣洁公司被授予辽宁省最佳诚信企业、辽宁地区具有公信度企业（品牌）、辽宁省重点支持保护企业，辽宁省AAA级信誉企业；2006年被中国热处理协会评为优秀会员单位；2006年被中国工业合作协会评为全国质量科技先进企业；2008年被评为全国质量诚信AAA级品牌企业和全国质量诚信AAA级品牌企业；2008年被评为大连开发区循环经济（生态工业园）促进中心会员和中国100家最具发展潜力品牌企业。

圣洁公司不断创新发展，客户数由原来的四十多家发展到现在的上千家，产值和利润每年都以30%以上的速度递增。

圣洁公司新开发的节能器已批量投放市场，在全国设立了28个特许经营店，同时申报了3项国家专利，利用专利技术生产的镀钛氮化的钻头达到业内领先水平，可提高钻头使用寿命1～20倍，该项专利技术市场潜力巨大，已成为圣洁公司未来发展的新亮点。

大连东方亿鹏设备制造有限公司

大连东方亿鹏设备制造有限公司位于大连市旅顺口经济开发区。西临旅顺新港万吨级港口5公里，北端是丹大高速公路旅顺新港入口，距大连周水子机场仅38公里，具有进出海陆空交通十分便利的条件。公司所处区域三面临海，气温常年在-8～32℃之间，非常适宜各种压力容器的生产与制造。

大连东方亿鹏设备制造有限公司是大连市科技型民营企业，占地面积158 000万平方米。办公及公寓楼12 000平方米；生产厂房面积58 000平方米，其中重型容器8 000平方米，容器车间10 000平方米；机加车间5 000平方米；不锈钢车间5 000平方米；30 000平方米核电厂房。

我公司是集科研、设计、生产制造、销售及服务为一体的高新技术企业，具有一、二、三类压力容器成套装置的设计与制造资质。通过了ISO9001—2000认证，持有美国机械工程师协会ASME认证，核电压力容器二级资质正在申报评审之中，是中国石化物资资源市场一级供应商，网上采购编号10030860，中石油资源市场一级供应商，编号MM08788061228。是国内专业生产专利产品——改进型螺旋折流板换热器（专利号：ZL02. 2. 40238. 1）的品牌企业。

公司实力雄厚，具有单台设备可达600吨，板厚150毫米的一整套下料、机加、焊接、热处理、起重、检测、试压等工艺及生产检验装备。公司所属起重公司具有各种吊车的生产资质。结构公司对外加工各种钢结构产品。焊接公司生产各种焊接设备。

公司技术先进，成熟的碳素钢、低合金结构钢、耐热钢、低温钢、不锈钢（奥氏体不锈钢、铁素体不锈钢、双相钢不锈钢等）、铬钼钢（15CrMoHIC、1.25Cr1Mo、2.25Cr1Mo）、有色金属（铝及铝合金、铜及铜合金、钛及钛合金、镍及镍合金）等钢的设计和制造经验及完善的质量管理体系。

公司所生产的高温高压加氢换热器、Ω环换热器、隔膜密封高压换热器、大型立式换热器、高压分离器、加氢反应器、成套低温塔器等已广泛应用于中石油、中石化、中海油、煤化工、化肥，并远销苏丹、伊朗、哈萨克斯坦等国。

大连百孚特线缆制造有限公司

大连百孚特线缆制造有限公司成立于2002年，注册资金15 100万元，占地面积15万平方米，是集电线电缆研发、生产、销售为一体的综合型企业，2009年11月搬迁至长兴岛船舶配套产业园，年实现销售收入15亿元。2009年3月在美国挂牌上市。

公司通过了ISO9001国际质量体系认证、3C认证、国家军品体系认证，先后荣获辽宁省著名商标、最具美誉度企业、最具成长力企业、百强民营企业、中国驰名商标。全国优秀福利企业、世界杰出华商协会理事单位、中国电气行业最具影响力十大品牌，董事长曹洪波被评为中国电气行业十大风云人物、辽宁省非公有制经济十大优秀青年企业家、辽宁省市场经济学会常务理事长。

公司主要是以船用电力电缆、船用控制电缆、船用通信电缆；舰船用电力电缆、舰船用控制电缆、舰船用对称式通信电缆；机车电缆、矿用电缆、石油石化类电缆、核电站用电缆、风能电缆、海底电缆等特种电缆为主营产品。产品适用于舰船建造工程、水上石油平台、海岸工程等执行船用标准的各个类别，包括传输电能、照明及信息处理设备中的信号传输、控制系统等。在全国具有独特的特种电缆制造优势，技术水平已经达到国际先进水平。其中核级电缆项目填补了国内空白，潜艇用水密电缆项目达到了国际先进水平；已经开发了风能电缆、太阳能电缆等高科技电缆。

公司已注册成立了大连百孚特电线电缆工程技术研发中心，已经获得7项国家专利，22项专利已申请受理，被评为大连市知识产权试点单位。公司先后获得了中国、日本、韩国、德国、意大利、美国等船级社的认证，使公司具备进入国际市场的资质。这些生产技术的储备使公司具备了广阔的市场空间，市场订单供不应求。公司分别在沈阳、北京、鞍山、吉林设立分公司及办事处，产品远销南非、越南、朝鲜等国外市场。

公司拥有一支高效的管理团队和研发团队，企业创建就把质量放在第一位，坚持以质量求生存，以信誉求发展的理念，在管理上先后引入了5S管理、精益六西格玛管理系统和绩效管理系统。先后被国家经贸委作为全国城乡电网设备改造推荐企业；被辽宁省质量监督检验所授予“质量信誉保证单位”；被大连市信誉评级委员会评定为“AAA”级信用企业；并多次荣获省市级“重合同，守信誉”单位，是大连市产品质量监督协会理事单位，是中国石油天然气集团公司电器设备网络成员单位。2002年获得国家技术监督局颁发的“国际标准产品标志证书”，成为大连市首批获得“质量检查合格证”企业。

裕祥科技集团公司

大连裕祥科技集团有限公司成立于1995年，注册地为大连，至今已发展成为集科研、生产、进出口贸易、仓储为一体的综合性化工企业集团，向客户提供涂料、树脂、催化剂、纳米浆等化学品，在中国包括港澳地区设有十几个分支机构。公司现有员工288人，其中技术人员70多人，全部拥有大专及以上学历。

裕祥是新中国成立以来我国涂料行业唯一一家承担国家科技支撑计划项目的涂料企业、国家高新技术企业、美国防护涂料协会SSPC（中国）分会创始会员、中国涂料工业协会理事单位。裕祥涂料在同行业中率先通过ISO9001质量体系认证、CCS中国船级社工厂认可、中国船级社质量体系认证、辽宁省计量合格认证，是首批获得辽宁省颁发的安全生产许可证的化工企业，公司先后获得辽宁省技术创新示范企业、辽宁省海外学子创业示范企业等光荣称号。公司主导产品“裕祥”牌涂料先后获得大连市和辽宁省著名商标、辽宁省名牌产品、辽宁省中小企业名优产品金奖、全国用户满意产品等荣誉。2008年公司涂料销量突破1万吨，市场占有率和产品销量稳居东北地区首位，目前是中国东北地区销量排名第一的工业涂料企业。企业实力雄厚，信誉良好，连续多年被评为大连市AAA级信用企业。

公司致力于以不断的技术进步提升企业竞争力，每年以超过销售额5%的资金投入研发，融合大连百年油漆历史底蕴和国际知名涂料品牌的技术力量，吸收消化、融合创新，建立了树脂和涂料等20个大类1 000多种产品制造技术体系和覆盖大多数工业行业防腐施工配套解决方案应用技术体系。在合成树脂、工业涂料、船舶海洋涂料、纳米涂料、纳米浆、钯碳催化剂等领域处于技术领先地位。公司所属的大连中科化工研究院和辽宁省工程技术中心，在积极引进培养国内高层次技术研发人员同时，加强同科研院所和大专院校的技术合作，和大连理工大学、东北大学、中国科学院金属研究所、大连海事大学、大连交通大学等建立了长期高效的产学研合作机制，在辽宁省政府支持下引进船舶海洋涂料海外研发团队，一同搭建了企业海内外开放合作的技术平台——辽宁大连裕祥科技工程技术研究中心。近三年来，承担各类研究开发项目38项，其中国家4项（国家科技支撑计划1项、国家“863”计划2项、中科院1项），辽宁省2项，大连市8项，企业24项；申请国家专利4项，已拥有国家发明专利29项（纳米材料28项），授权2项。20多项新产品投向市场，其中水性聚氨酯获得辽宁省科技进步二等奖。2009年公司的“船舶与大型海洋工程防护涂料及关键技术研发”获得国家科技部立项批准，成为新中国成立以来目前唯一一家涂料企业承担的国家科技支撑计划项目，本项目针对制约我国船舶海洋涂料发展的瓶颈问题，研究开发新一代长效无毒船舶海洋防污涂料、新一代高性能压载舱涂料、海洋平台纳米改性重防腐涂料三大系列产品及配套示范工程；建立具有自主知识产权、高附加值和环境友好型，产值超10亿元的船舶海洋涂料产业化基地，本项目由裕祥公司和中科院金属研究所共同承担。

裕祥涂料作为中国东北地区主要的工业涂料品牌企业，以满足客户需求为目标，依靠科技创新和产业链优势，在工业防护漆、船舶海洋重防腐漆、车辆漆、工程漆、涂料用树脂、纳米涂料、纳米浆等领域拥有20大类1 000多种产品的制造实力，大连生产厂区占地面积3.5万平方米，建筑面积2万平方米，年设计生产能力为涂料3万吨，树脂1万吨，2008年竣工投产的现代化涂料生产车间，大部分采用进口设备，设施先进，是东北地区最大和最先进的涂料单体生产车间之一。2010年收购的中科纳米涂料技术（苏州）有限公司，年产纳米浓缩浆液1 500吨、纳米涂料3 000吨。

今天，裕祥已经成为中国工业防护涂料市场最主要的涂料产品提供商之一，许多知名企业和重点工程都使用了裕祥涂料。相继和鞍钢、宝钢、中冶科工、中石油、国家电网、大船重工、中集、齐重数控、华锦、抚挖、三洋重工、重工·起重、一汽客车、东风汽车、空客天津基地、天净环保、沈阳机床、特变电工、冰山、大连港、印度米塔尔、韩国STX、日本丸佑金属、德国蒂森克虏伯等国内外知名品牌及行业龙头企业建立了长期、深入的合作关系，同时产品也出口到日本、巴西、南非等地区。裕祥工业防腐漆，具有优异的保护及美化功能，专用于保护海洋平台及陆地工业厂房装备和容器，抵抗高热、严寒、污染及化学品侵蚀及磨损，上海世博会主题馆、沈阳奥体中心、鞍钢鲅鱼圈生产基地、大连造船厂新建船舶、辽宁华锦盘锦石化基地、中石油大连1 000万吨炼油工程、新疆独山子国家石油战略储备库、巴西63万吨焦化项目、空中客车天津基地等一批国内外重点工程全部使用了裕祥涂料。

立足东北、面向全国、放眼世界，是裕祥的三步发展战略，裕祥将以技术进步和市场创新为根本、中国市场为重点、资本国际化为依托，力争在3年内销售额达到10亿元，5年内达到20亿元，涂料树脂业务进入全国前十名，面对未来，因需而变，全力为客户创造价值，成为国内一流的中国涂料民族工业品牌。

深圳市永丰源实业有限公司

1. 企业概况。深圳市永丰源实业有限公司（以下简称永丰源）成立于1982年，注册资本3 008万元，2009年销售收入2.5亿元，是一家集高档陶瓷产品的研发、设计、生产、销售为一体，靠自主创新走集团化经营管理模式的实业公司。永丰源前身为盛兴瓷艺有限公司，当时的制作仅限于彩瓷加工，全部出口海外市场。随着业务的扩大，原有厂房远远满足不了生产的需要，后来盛兴瓷艺有限公司在三饶购买了17.8亩土地，兴建了当时在当地属最具现代化规模、最大的新型彩瓷加工厂，正式更名为“广东永丰源陶瓷有限公司”。随着永丰源彩瓷技术的不断创新，永丰源在海外市场崭露头角，出口量快速增长。2003年，永丰源在深圳观澜买下120亩地，投资3亿多元人民币，经过3年多的时间建设完成集研发、设计、生产、包装、销售于一体的现代化、环保型陶瓷企业。目前，永丰源已成为一家拥有完整陶瓷产业链的集团化公司。旗下企业有广东永丰源陶瓷有限公司、深圳市永丰源瓷业有限公司、深圳市瑞琼陶瓷颜料有限公司、唐山永丰源花纸有限公司、深圳市永丰源酒店礼品有限公司、四川永丰源瓷业有限公司、上海永丰源家居用品有限公司、美国永丰源公司。

永丰源在深圳的建成投产，改写了深圳没有陶瓷生产的历史，同时，公司大力引进和使用高新技术，以清洁能源代替煤炭为燃烧原料，做到零污染、零排放，大大改变了陶瓷行业高能耗高污染的旧路子，开创出陶瓷行业“绿色制造”发展之路。永丰源以国际视野，配置全球优质资源，通过使用新西兰的高岭土、英国的骨瓷、日本的釉料、德国的颜料和金膏、中国台湾的石膏，通过聘请日本管理专家和德国技术专家等方式，把现代科技和文化元素融入传统产业，大大提升了企业品牌的价值，加快了传统企业的国际化、品牌化进程。

2. 成功经验。永丰源的成功经验大致可以总结为两个方面：一是公司高度重视品牌建设和推广。公司开始成立之际，就树立创品牌战略的方针，视品牌为市场、为企业的核心竞争力，把“争做世界第一”作为企业的奋斗目标。花11万欧元的资金，邀请德国、意大利的瓷艺专家，按照国际市场的接受原则进行品牌设计和商标设计，推出了“AURATIC”、“BABOO”、“CIP”。之后，又花10万美金在60多个国家注册了商标。其中“AURATIC”这一富含东方魅力、韵味的西式商标自从正式推出后，立即得到市场的认同。在春、秋两季的德国法兰克福展览和广交会上，永丰源陶瓷广受欢迎，成为陶瓷界的知名品牌。AURATIC被评为中国陶瓷行业名牌、广东省著名商标、深圳市知名品牌。二是永丰源高度重视研发设计。在生产技术研发方面，釉下雕花技术，半球浮雕技术，无铅无镉技术，色釉分离技术，新水晶“玲珑”镶嵌技术，浮雕金技术，超世纪强化瓷技术，“晶彩”技术，釉下彩技术均走在同行前列。在产品设计方面，永丰源的产品坚持新特优，开发新材料、新器型、新花面。每天平均1个器型，每天平均2个花面。2009年1月，国瓷永丰源的传统手工技艺《红釉彩瓷（满堂红）烧制技艺》项目被列入第二批市级非物质文化遗产名录。

深圳市腾邦国际票务股份有限公司

1. 企业概况。深圳市腾邦国际票务股份有限公司（以下简称腾邦票务）创立于1998年，是中国领先、华南地区最大的在线商旅服务提供商，主要为客户提供国际、国内机票预定，酒店预定，旅游度假服务、商旅管理、商旅方案设计等“一站式”的个性化定制服务。腾邦票务是国内最大的航空客运销售代理企业之一。2009年，公司完成机票销售总金额为30.20亿元，实现销售收入12 394万元，销售机票316万张，按售票量统计，占深圳市航空客运销售代理市场份额的20.70%，全国航空客运销售代理市场份额的1.37%；据中航信深圳民航凯亚公司统计，2008年，公司BSP机票出票量全国排名第二，华南地区排名第一。腾邦票务积极推行产学研结合发展，2008年，与美国麻省理工学院在供应链研究和实践领域展开合作；2009年，腾邦票务联合西安交通大学、厦门大学制定了未来五年的电子商务规划，计划五年内，通过国际商旅运营中心和营销服务中心项目的建设与完善，建成集产品设计、技术研发、营销网络整合、市场信息反馈、客户响应与服务、品牌传播与管理、电子商务服务于一体的行业领先的商旅运营平台和全球营销服务体系，使公司服务产品的销售规模和销售范围有根本性的提高。

2. 成功经验。腾邦票务通过开发可可西网站建立B2C业务平台，推出了网购电子客票交易平台，同时与银行和第三方支付平台合作，完善支付手段，创新利用电子商务模式，为企业发展提供了有力的支撑。其成功经验主要表现在以下几个创新点：（1）网购平台经营模式的创新。公司为把握电子客票全面推行的机遇，设立子公司网购科技独立运作网购B2B电子客票交易平台，把该平台建设成为开放、领先、竞价、中立、易用、共赢的B2B电子客票交易平台，用于行业内代理人共享，而不仅仅是一个公司的销售渠道。同时，网购平台还为公司合作伙伴提供网上业务流程服务，把传统合作销售业务流程统一在互联网上，大大提高工作效率，降低业务成本。（2）支付方式创新。腾邦票务充分利用其在航空客运销售代理服务方面积累的众多客户资源和市场地位，通过与国内主要的商业银行合作，整合支付宝、财务通、汇付天下等第三方支付平台，建立适合电子客票支付结算特点的综合支付平台，可以提供信用卡、借记卡支付服务，丰富了支付手段，方便了客户，保障了支付安全。（3）行业内首创机票价格指数——可可西指数。可可西指数被航空旅客视为机票市场的“风向标”，是公司推出的中国第一个机票行业的价格指数。此曲线客户可以了解和预知近期和未来数日的机票，价格趋势，对客户选择合适时间出行，起到了重要的参考作用。

深圳市红门科技股份有限公司

1. 企业概况。深圳市红门科技股份有限公司（以下简称红门科技）成立于1997年9月，前身是深圳市红门机电设备有限公司。2007年7月改为深圳市红门科技股份有限公司，注册资金6 000万元，资产规模超过2亿元。2009年获得“国家高新技术企业”认定。红门科技主要从事智能悬浮门和智能停车场管理系统的研发和生产，主要产品包括电动伸缩门、IC卡智能停车场管理系统、智能悬浮门、电动摆折门、道闸、岗亭、旗杆、围栏、交通护栏等，是全球最大的电动伸缩门研制基地，在国内市场占有率第一名，是行业内唯一的一家出口创汇企业。红门科技获“广东省名牌产品”、“广东省著名商标”、“深圳知名品牌”等称号。红门科技在全国有60多家经销商、直属经营部和300多个业务驻点，销售和售后服务网络覆盖全国100%地级及以上市、70%的县级市、50%的乡镇，并辐射到美国、沙特阿拉伯、印度尼西亚、马来西亚、新加坡、韩国、越南、中国台湾等10多个国家和地区。红门科技拥有科研人才和管理人员200多名，工人近千人。13年来，红门研发人员自主研制出21大系列100多种产品，获得100多项国家专利。

2. 成功经验。红门科技始终坚持走自主创新之路，重点开发高端产品，同时兼顾中低端市场，产品更新换代的速度快、产品线长，客户选择的余地和机会比较大；公司一贯重视产品质量和知识产权的积累和保护。红门科技在提供安保合格产品的同时，还注重其产品的规格、款式和颜色等外在因素，使其与建筑物风格、周围人文环境相协调，从而增加建筑物的美感。红门科技还积极争取政府的支持，电动伸缩门产品一直享有深圳市高新技术企业减免税收和研发经费加计扣除的优惠政策；一体化可移动智能停车场收费系统获得国家部委和市、区各级政府财政支持。

深圳市亿弘润实业发展有限公司

1. 企业概况。深圳市亿弘润实业发展有限公司（以下简称亿弘润）成立于1996年，是一家时尚女装集团公司，拥有“OZZO（欧尼迩）”和“NOWHere”两大著名女装品牌，是法国著名奢侈时装品牌“Rêves de Fleurs”（RDF）亚太地区独家代理商。目前，公司已在全国各主要城市拥有

500 家品牌专营店，并在深圳、北京、成都、广州、武汉、南京、东莞等七大中心城市设立了直属分公司。公司荣获“广东省著名商标”称号。

2. 成功经验。一是市场细分。亿弘润根据不同的品牌产品进行不同的市场定位。其中，OZZO 欧尼迩的品牌风格是快速时尚；NOWHere 艾希尔是个性时尚；RDF 则是奢侈消费品牌。通过差异化和市场细分，避免了同一集团下品牌的同质化竞争，三个品牌分别拥有不同客户群体，互补发展。二是快速反应。亿弘润认为“时尚”的“时”其实就代表速度，代表能够快速地从国际上吸取先进的设计概念，然后用最快的速度推出新品并上架销售。OZZO 部分产品推出新款时间只需要 2 周左右，比传统服装企业三到六个月的出新速度提高了近 10 倍。三是信息化管理。从 2002 年起，亿弘润先后引进了“志华”ERP 系统和 TPS 生产系统，自行开发 NOS 管理体系，是首家在服装企业中推行 TPS 系统的品牌公司。四是供应链强强联合。公司与国内外一流的原辅料供应商、生产商以及物流公司合作，构建了一个极为完整、稳健的供应链体系，降低了产品的生产成本，抢占市场先机。

柳州市中小企业服务中心

柳州市中小企业服务中心成立于 2004 年 4 月，是柳州市经委直属中小企业公益服务机构。主要职责是推进中小企业服务体系建设，建立了创业辅导与政务代理、信用与融资指导、技术创新、人力资源和公共信息五大服务平台。并不断完善平台功能。扎实开展各项服务。

2009 年围绕市政府“二次创业”工程，进一步加大为中小企业服务的力度，努力帮助中小企业应对金融危机的影响，协助 62 家中小企业获得银行贷款 4.7 亿元，为 100 多家中小企业提供了新办和专项政务代理；完成中小企业创新、技改和节能项目辅导、评估 151 项；举办中小企业政策、管理、安全等培训 32 期，培训人员 3 460 人，有效促进了中小企业的创办和发展，获得了广大中小企业的一致好评。

地址：柳州市北站路 28－1 号
邮编：545001
电话：0772－2830586
传真：0772－2822705
网址：www. smelz. gov. cn
邮箱：lizj@ lzet. com. cn

中小企业融资服务案例

中小企业金融服务主力军

中国农业银行

中国农业银行创建于1951年，1979年2月恢复成立；2009年1月15日，整体改制为中国农业银行股份有限公司；2010年7月15日、16日相继在上海证券交易所、香港联交所成功上市，一举成为A股第三大上市公司、全球第7大上市银行，连续多年被评为全球500强和中国十大企业。

中国农业银行股份有限公司秉承“大行德广 伴您成长”的品牌理念，坚持审慎稳健经营、可持续发展，立足城市、县域两大市场，发挥覆盖面最广的网点网络体系和信息科技优势，通过全国2.4万家分支机构、3万多台自动柜员机和遍布全球的1 171家境外代理行，以及404项城市业务产品、236项三农业务产品，为全球逾3.5亿客户提供便利、高效、优质的金融服务。

中小企业是吸纳就业、改善民生的重要载体，也是农业银行的重要客户群体。长期以来，农业银行充分发挥自身网点、网络、资金和专业等优势，不断改进服务方式，创新金融产品，积极支持中小企业发展壮大。自农业银行恢复成立以来，支持过的中小企业信贷客户数已超过百万户，中小企业始终是农行重要的客户基础，农业银行也一直是中国最大的中小企业银行之一。股份制改革以来，农业银行对中小企业金融服务工作更加重视，加快推进小企业业务经营转型，全面提高小企业业务专业化经营管理水平，全行小企业金融工作步入一个新的阶段。

截至2010年9月末，农业银行中小企业贷款余额达到1.8万亿元，其中，小企业贷款余额4 400多亿元。中小企业信贷客户数量6万多户，在全行法人信贷客户数占比超过90%。中小企业和小企业贷款增速分别高于全行法人客户贷款增速5.66个和5.21个百分点，已顺利完成了银监会提出的小企业信贷投放的增速要高于全部贷款增速，增量要高于上年的工作要求。

一、建立专业化的中小企业金融服务模式

建立专业化商业模式是银行开展中小企业业务的新思路。通过制度安排和体制设计的根本性变革，发挥专业化经营优势，将资源整合并集中服务于中小企业客户，提高业务效率和营运水平，从而构建服务中小企业的长效机制。设立专营机构是实施专营化商业模式的有效方式。一方面专营机构可以通过相对独立的运营机制保证银行资源投入于中小企业细分市场；另一方面专营机构有利于中小企业客户方便地找到适合自身需要的金融服务机构。

2009年3月，农业银行总行和各一级分行设立了一级部建制的小企业金融部。同时，以二级分行为重点，加快构建小企业金融服务专营机构。截至2010年9月底，全行共成立专营机构855家，为全面提升全行小企业业务的专业化经营管理水平奠定了基础。

二、创建符合中小企业金融业务特点的运作机制

大型银行在构建中小企业金融服务体系过程中必须实施变革，建立服务于中小企业业务的“流程银行”，通过再造业务流程、组织流程、管理流程，突破传统业务既有的运作模式，形成以服务中小企业客户需求为核心的全新业务体系。

农业银行根据银监会“六项机制”建设和“四单”管理的要求，不断完善全行小企业金融业务运作机制，保证经营行“能放贷”，保证小企业客户“进得来、贷得到、贷得快、贷得好”。一是单列信贷计划，配置相应信贷规模。确保“小企业贷款增量高于上年，增速快于平均贷款增速”。二是创新综合绩效考核，强化激励约束机制。加大对分行及其客户经理的绩效考核力度。三是完善评级模型，专门制定了小企业客户打分卡，实现差异化的客户准入标准。四是扩大小企业业务授权，优化业务运作流程，实现小企业信贷业务的“一次调查、一次审查、一次审批”，提高了小企业贷款的审批效率。在小企业金融服务专营机构探索实行审查人员、风险管理人员、独立审批人派驻制，实现小企业信贷业务的低平台、短流程运作。

三、提供符合中小企业需求的创新产品

中小企业涉及的行业十分广泛，经营模式也千差万别，不同类型的企业对金融服务的需求存在着较大差异，仅仅依靠传统的服务模式已经不能满足众多中小企业的需要。为此，农业银行通过客户细分，准确掌握不同类型、不同行业、不同经营模式、不同发展阶段中小企业资金需求特点和规律，分别制定金融服务专案，通过产品创新，有效提高服务的针对性。目前农业银行已打造融资融信、理财增值、支付结算、电子银行、代理业务和综合服务等六大系列的小企业金融服务产品。2010年研发改进了“简式贷”和“智动贷”两款小企业金融拳头产品。简式贷在落实全额有效抵（质）押担保的前提下，简化了评级和统一授信流程，主要根据借款人提供的抵（质）押物进行授信和办理贷款业务，与以往贷款需要1～2个月的审批时间相比，简式贷最快只需要几天。智动贷转变贷款发放与偿还的模式，客户可通过营业柜台和自助设备等渠道自主、循环使用贷款，随贷随还有效地提高了信贷资金的使用效率，极大地提高了业务办理的便利性。同时，农业银行各分行和各小企业金融服务专营机构根据辖内客户集群的经营特征及金融需求特点，积极研发具有区域特色的小企业金融产品，通过产品创新较好地解决了当地小企业融资难的问题。

四、加强与其他机构合作为中小企业提供多样化服务

农业银行与政府部门、社会团体、企事业单位等积极开展合作，发挥各自优势，共同服务中小企业、切实缓解中小企业融资难。与工业和信息化部签署《中华人民共和国工业和信息化部中国农业银行股份有限公司中小企业金融服务合作备忘录》；与中国中小企业协会签署《推进中小企业创新与发展金融服务合作协议》并当选为中国中小企业金融服务战略合作联盟第二届轮值主席单位；与中国移动集团公司等企业组成中小企业服务联盟，强强联合，共同支持中小企业成长壮大。

“兴业通”，祝您生意成长，一路畅通！

兴业银行

顺应国家扶持中小企业、促进个体私营经济发展的政策导向，2010年3月30日，兴业银行正式在全国范围内推出“兴业通”产品。“兴业通”涵盖“贷款融资、支付结算、家庭理财、贵宾服务与专属卡”为一体，是国内首个专门针对“成长型经营业主”量身定制的综合金融服务方案，提升了对经营业主的服务层次和水平，开创了国内经营业主金融服务领域的新局面。

一、“兴业通”产品介绍

（一）定义

“兴业通”是指兴业银行面向自雇人士、个体工商户、合伙人和私营业主等“成长型经营业主”群体量身定制的集“贷款融资、支付结算、理财规划与贵宾服务”为一体的全方位、多层次的综合金融服务方案。“兴业通”业务致力于扶持成长型经营业主事业成长，并助其建立科学的财务规划，实现财富与生活品质的同步提升，是兴业银行“真诚服务，相伴成长”理念的重要体现。

（二）“兴业通”的五大特色服务

1. 贷款融资服务。

贷款审批快捷，如申请资料齐全，则5个工作日内完成审批，授信项下贷款可当天发放；提供抵押、质押、专业机构保证、自然人保证、市场方担保、商铺使用权质押、联保、互保等灵活多样的担保方式；申请手续简便，单次授信期限可达10年，额度可循环使用。

2. 支付结算服务。

由网点柜台、自助银行、网上银行、电话银行、手机银行和银银平台六大渠道组成的全方位支付结算体系覆盖全国，资金流通安全便捷；提供及时到账的业主收款服务；使用“兴业通”卡收付款、转账、取现，享受手续费优惠。

3. 家庭理财服务。

为客户制定个性化的财务规划方案，并提供多种现金管理工具以及多样化的投资理财渠道，助经营业主巧用闲余资金实现个人、家庭财富保值增值；提供人生意外险等保障计划，让经营业主专心事业、后顾无忧。

4. 贵宾增值服务。

对于达到黑金、白金层级的“兴业通”客户，配备“一对一”的专属理财经理，并提供贵宾窗口和贵宾理财服务区，办理业务时可享受全面优先和手续费减免待遇，更提供健康医疗、机场贵宾服务、免费赠书、时尚高尔夫等增值服务，全面提升成长型经营业主的生活品质。

5. 专属认同服务。

兴业银行为“兴业通”客户设计了专属的“兴业通”卡片，作为“兴业通”客户在兴业银行办理各类业务的载体。“兴业通”黑金、白金客户凭“兴业通”卡即可享受相应的贵宾服务。

（三）“兴业通”五大特色服务高度关联

1.“贷款融资”（个人经营贷款）是切入点，作为大多数成长型经营业主最迫切需要的金融服务，是“兴业通”的“领头产品”。

2.“支付结算”是基础，是“兴业通”业务的起点和落脚点，为客户提供安全便捷的资金流通渠道。

3.“个人理财”是关联产品，帮助客户巧用闲余资金实现财富的保值增值。

4.“贵宾服务”是附加价值，关心客户的健康和生活品质。

5.“兴业通”卡（银联借记卡）专属于“兴业通”产品，是“兴业通”各类服务的载体。

案例一：“兴业通”快速贷款：融资“及时雨”，生意好伙伴！

手续繁杂、流程冗长让许多个体私营业主在向银行申请贷款时苦不堪言。往往是费尽九牛二虎之力，补齐了银行要求的所有材料，再经过银行内部层层审批，待到放款，商机已然错失。而郑州好友商贸有限公司的王总却无须为此担心。几天前，她刚刚从兴业银行获得了一笔200万元的“兴业通”快速贷款，及时支持了她的周转需要。

好友商贸有限公司成立于2002年，主要经营粮油食品、副食品的批发销售。王总是兴业银行的老朋友了，早在2008年兴业银行推出“兴业通”机具服务时，因为看中“兴业通”电话POS具有实时到账、手续费优惠、功能齐全等优点，王总就办理了这项业务，并从此成为“兴业通”的忠实用户。截至2009年年底，王总通过“兴业通”电话POS进行的月均交易额达到400多万元，日均存款达到100多万元。

最近，王总接到一笔大订单，发货时间紧迫，但手头的流动资金有限，这可急坏了王总。长期为王总提供专业金融服务的兴业银行客户经理小吴知晓情况后，立即向王总推荐了兴业银行2010年新推出的“兴业通”快速贷款业务。据小吴介绍，“兴业通”快速贷款是兴业银行针对个体工商户、私营业主等“成长型经营业主”群体“短、频、急、快”的用款特征量身定制的产品。与一般的银行贷款强调抵押担保、提供财务报表不同，“兴业通”快速贷款主要以客户日常的业务结算量、存款沉淀量作为参考指标，结合客户的行业从业经验、经营能力等基本情况，并接受保证担保、信用免担保等形式，从而快速为客户核定基本贷款额度，帮助经营业主把握商机，大展宏图！

果然，基于好友商贸有限公司的“兴业通”电话POS关联账户连续稳定的交易记录，王总的这笔流动资金贷款从递交申请材料到审批通过仅用了2个工作日，这让王总无比惊喜：“没想到兴业银行的贷款效率这么高！批发业对贷款的要求就是一定要快，错过了商机，贷款再多也没有意义。‘兴业通’快速贷款真是一场及时雨啊！”

案例二：“兴业通”贷款：担保灵活，额度提高！

张先生是一名水产品干货批发商户。由于供给酒店的货品的销货款往往是按月或按季结算，随着生意慢慢做大，张先生出现了100万元的流动资金缺口。可是自己的房产经评估后也只有100万元，按照银行的抵押率标准，最多只能贷70万元，还有30万元无法落实。兴业银行的客户经理小吴听说后，给张先生推荐了“兴业通”，并根据其抵押物不足值的情况为之设计了组合担保方案，即：采用“抵押＋担保”的方式，在办理房产的最高额抵押后，再选择一家专业担保公司或是具备相应担保能力的自然人来承担保证担保，如此，贷款额度可达抵押物价值的100%。张先生引入了专业担保公司提供保证担保。在提供了水产品购销单、银行账户流水等简易材料并办妥了相关的担保手续后，不到5个工作日，100万元的贷款额度就审批通过了。张先生的水产品生意是越做越红火了！

案例三：“兴业通”贷款：随借随还，省心省息！

李先生是一名个体工商户，经营一家茶叶批发行。与茶叶的购销淡旺季相匹配，李先生对资金的需求也具有明显的阶段性特征，一般集中在4～5月，以及9～10月这两个时段。以前李先生因为担心银行审批贷款速度慢，且分次申请贷款也比较麻烦，所以总是在年初申请1年期贷款，到期归还。这样一来，即使李先生真正使用贷款的时间只有4个月，但仍要按照1年的资金占用时间来计算贷款利息。假设贷款金额为100万元，按7%的贷款利率计算，他1年的贷款成本为：100万元×7%×1年＝7万元。

在得知兴业银行的“兴业通”贷款具有“循环授信、随借随还”功能后，李先生遂在年初向兴业银行申请并顺利获得了一笔100万元的“兴业通”授信额度，额度项下贷款支用，手续简便，且额度不支用，不计息。李先生就每次在进货前两三天，向银行提出贷款支用申请，由于是授信客户，申请当天资金就到账了，一点儿也不耽误上货。一旦销售款回笼，李先生就及时归还了贷款，有需要时再支用。这样一来，贷款的支用时间与购销周期相吻合，大大减少了不必要的银行资金占用时间，财务费用自然大大降低。现在，李先生需要支付的贷款利息仅为：100万元×（7%÷12）×4个月＝2.33万元，节约利息达4.67万元！李先生觉得使用“兴业通”贷款特别划算！

办理“兴业通”循环授信前后的利息支出对比

贷款金额	贷款方式	贷款占用时间	贷款利息	节省利息
100万元	单笔贷款	12个月	7万元	/
100万元	授信额度	4个月	2.33万元	4.67万元

案例四：巧用“兴业通”：生意成长，一路畅通！

沈先生是一家餐饮连锁店的负责人。自2005年沈先生从兴业银行成功获得第一笔个人经营贷款至今，沈先生与兴业银行的合作已经持续了近5年。尤其是在兴业银行推出“兴业通”综合金融服务方案后，沈先生更是进一步感受到来自兴业银行“一站式”服务的贴心和实惠：除了继续从兴业银行获得便捷的融资服务外，沈先生办理了“兴业通”专属卡，把结算账户开立于兴业银行；安装了“兴业通”电话POS，享受业主收款的实时到账，提高了资金周转率；在“兴业通”理财经理的指导下，沈先生逐渐培养起理财观念，改变了以前将闲余资金都存在活期账户的做法，办理了“智能通知存款”（收益型）（收益率为活期存款的3.77倍），并合理分配资金用于基金定投、购买短期理财产品等风险相对较低、收益较为稳定的投资渠道。

一段时间下来，得益于“兴业通”贷款的配套支持，沈先生的餐饮主业的营业额成倍增长，财富也实现了保值增值。经过综合折算，沈先生已经达到“兴业通”黑金客户层级，可以享受兴业银行提供的全面优先优惠待遇以及多项贵宾礼遇，包括机场贵宾通道、健康体检、免费赠书和时尚高尔夫等，提升了生活品质。

不仅如此，基于沈先生良好的信用记录和其与兴业银行紧密的业务合作关系，作为对优质客户的回馈，兴业银行将沈先生的贷款利率从7%调低到6%，为沈先生减轻了贷款利息成本。有了“兴业通”，沈先生在兴业一家银行就能办理经营及生活所需的各项金融服务，大大节约了时间成本、信息成本、财务成本和生活成本，真正实现了“生意成长，一路畅通”！

联保贷款为东吴小企业注入金融新活力

——民生银行苏州分行商贷通项目客户调查

中国民生银行

纺织巨贾的"金融新经"

江苏省吴江市一家纺织企业总经理谢益美今年的生意红火得不得了，订单早已签到了8月份。在棉纺市场打拼多年的他和兄长一起建设起自己的家族企业集团，现在这个集团已经贯通了上下游、打造出了一条从棉花田到成品柜台的整体链条。

外貌朴实的谢益美让人很难将他与拥有家族集团的老板形象联系在一起。"作为从温州农村一步一步走出来的生意人，不注重外表是我们的共同特点。"谢益美笑着说："今天回想起以前的创业经历仍觉得很辛苦。最可惜的是当时对资金运作一窍不通，连跟银行借钱都不会，否则能少走很多弯路。"

现在的谢益美早已熟悉了和银行打交道的套路，但他仍然保持自己很干脆的商人特色。"和银行打交道的时候，通常是聊得来就多合作，聊得不投机就不合作。"目前和他保持稳定关系的银行有4家，他认为其中服务最好的是民生银行商贷通团队。热情上门的服务方式和快速高效的放款流程给谢益美留下了深刻印象，而抵押担保方式的灵活则是他最终选择与民生银行商贷通合作的原因。

谢益美在吴江占地100亩的工厂养活了近50名工人，他在湖北的工厂则养活了数十倍于此的工人，为解决地方就业提供了很大帮助。但随着纺织行业的进一步发展，这种传统意义上的劳动密集型产业开始向技术密集型转移，对于技术型人才和设备资金的需求超过了对劳动力的传统需求。

"现在我需要更多的资金来扩建厂房和进口国际先进设备，才能保持业内最先进的生产效率和产品质量，保持竞争优势。"谢益美一边指着厂房里从日本和欧洲进口的大型全自动棉纺机一边介绍道："民生银行的资金对于我来说就是雪中送炭。虽然即使不借钱我也能维持发展，但是大量资金的注入将为企业发展带来极大的提速。"

像谢益美这样拥有自己工厂和土地作为抵押的企业，获得贷款相对还容易。但与他们有密切生意往来的纯粹贸易商则缺乏实体抵押物，想通过正常的方式从拿到银行贷款的难度很大，这往往使一个较大规模的贸易商因为某个小额资金链断裂而走向破产。

民生银行的商贷通提供的联保贷款方式为这些纯贸易商带来了新的期盼。只要与几家拥有工厂实体的企业进行联保，即使是单纯从事贸易的商家也能够贷到资金，在"收益覆盖风险"的原则下，民生银行"商贷通"对贷款抵押方式的创新成为帮助江苏地区小企业最重要的途径。

作为吴江温州商会的秘书长，谢益美的想法是带领商会的会员与民生银行商贷通展开更加紧密的合作，让会员借助这个平台实现自己做强做大的想法。

无抵押贷款的新高度

"绕开国有银行传统的抵押借贷套路，开展以联保为主的无抵押贷款，是我们商贷通项目的最大特色。"民生银行吴江支行行长助理钮中伟认为这种做法既为客户节省了担保费用，同时也能够降低银行的风险。

据钮中伟介绍，吴江支行今年一季度放款3亿多元，其中的无抵押贷款占到70%以上，在各个支行中业绩突出，将无抵押贷款推到了一个新高度。他认为优秀业绩来源于对市场和客户的熟悉以及团队之间紧密的配合，客户经理对于每个客户的信用状况、偿还能力和个人嗜好都了如指掌，这些重要信息在客户选择上通常会提供关键作用。

同时，与当地政府管委会和各类商会的紧密合作是民生银行寻找优质客户的另一个重要办法。钮中伟说："我们只需要找到管委会去年颁布的优秀企业名单再进一步筛选，很快就能列出理想的客户名单。"

在相距吴江不远的常熟市支行，通过商会寻找优质客户的方法也同样得到了重用。常熟市河南商会在常熟招商城的商贷通项目中就担当了重要桥梁作用。

常熟招商城是常数最有特色的大型招商项目。经过20年的发展，现在规模庞大、市场成熟，而且由于经营状况非常良好，原本一些并不具备固定资产特性的资质在当地市场却可以在本地进行流通，比如常熟招商城店铺的长期（40年）租赁权。在常熟商人的眼中，店铺租赁权就是资金，可以变现也可以抵押。据常熟支行零售部副总经理周松介绍，目前常熟市的各家银行基本已经接受了这项常熟特色，开始将租赁权放在抵押物的范围内。

常熟市河南商会的常务副会长李辉与民生常熟支行就结缘于数年前他和民生银行做的店铺抵押贷款业务。商贷通项目推出之后，他和数名资产规模较大的会员一起牵头以联保的形式申请了一笔每人200万~300万元不等的贷款，这是他多年商旅生涯的第一次进行完全无抵押的联保贷款联保贷款。

李辉认为民生银行的服务快速周到是区别于其他银行最大的特点，便捷的审批链条和客户经理上门服务的意识让他印象深刻。他说："很多时候我们都急需能够快速到位的资金，最害怕一个贷款数月批不下来，生意早就黄了。在速度上，民生绝对是数一数二的。"

随着近年来常熟整个河南商圈里企业主的生意规模逐渐扩大，向外地拓展的行动在紧锣密鼓地筹划中，但资金仍然是关键点。民生银行高层表示，对于此类客户民生银行遍布全国的四百余个分支机构，都可以提供方便快捷的小微金融服务。

平安银行推出中小企业融资产品组合——平安一贷通

组合担保、信用增级、随借随还、综合金融四重举措支持中小企业发展

平安银行

2010年10月，平安银行重磅推出中小企业融资产品组合——平安一贷通。这是平安银行为解决中小企业融资难问题而专门推出的创新产品，具备担保组合、信用增级、随借随还、综合金融等四大优势和特色，能为符合条件的中小企业提供充分的融资支持，为中小企业打造一个真正灵活、快速、便捷的融资通道。

一贷通具备四大优势

据介绍，平安一贷通具备以下四大优势：

"担保通用"——中小企业可以组合各类有效资产（包括房产、存货、设备、车辆、应收账款、商标、专利等）作为担保，向平安银行获得充分的融资。众所周知，抵押难、担保难是制约中小企业获得充分融资的主要问题，中小企业往往难以提供足够的、银行认可的抵押物，即使获得融资，额度也无法满足实际经营需要。平安一贷通推出一个核心概念——组合担保，即中小企业可以把房产、设备、存货、应收账款乃至专利等各种有效资产组合在一起，到平安银行申请贷款。通过担保组合，达到"1+1>2"的目的，充分满足企业的融资需求，有效解决中小企业担保难的问题。

"信誉通达"——随着中小企业与平安银行合作年限加长，融资金额和抵押率将逐年获得提升，帮助中小企业逐年达成良好商业信誉。平安一贷通的另一个重要概念是信用增级，中小企业在与银行合作一年后，只要还款正常、销售收入有所提升，将可以获得信用放大，逐年提高抵押率和贷款金额。通过信用增级，平安银行也可以帮助中小企业积累信用，提升商业信誉。

"借还通畅"——中小企业可以通过网上银行，自由申请贷款，随借随还。金额小、频率高、需求急，是中小企业融资需求的特点，平安银行提供的网上循环额度的功能，将很好解决这一问题。客户获得一定循环额度之后，可以在网上自由申请，随借随还，免去贷款和还款的烦琐手续。同时，可以根据生意的旺季、淡季调节资金池，节省利息成本支出。

"服务通享"——中小企业在获得融资的同时，还可以享受到平安集团涵盖银行、保险、证券、信托、资产管理等全方位的综合金融服务。"综合金融"是平安银行独有的核心优势，在企业的创业、成长、扩张、上市、超越的全过程，平安银行能联合平安信托、平安证券等兄弟公司提供银行贷款、股权融资、上市辅导等专业服务。中小企业只要找到平安，就可以获得全程解决方案，享受多种金融服务优惠和便利。

一贷通给客户和银行带来巨大价值

对于中小企业客户来说，选择平安一贷通，将有几个明显的好处：一是获得充分的融资，平安银行可接受企业提供各种担保方式的组合，给予最大的融资支持；二是盘活各类有效资产，设备、存货、应收账款、专利等各类资产，都可以抵押申请贷款，获得更大资本运用空间；三是培育企业的良好信用记录，平安银行通过逐年提高客户的抵押率，帮助客户建立信用成长计划，达成更良好的商业信誉；四是享受到灵活、快捷的一站式综合金融服务，平安可以为中小企业提供涵盖银行、保险、信托、资产管理等一系列各类金融服务。

对平安银行来说，一贷通是产品的全新组合，是从产品组合方式到内部审批流程、风险管理模式的一次重大创新，有利于拓展更多优质中小企业客户，提高客户忠诚度，加快平安银行中小企业业务发展。

平安一贷通相对于此前市场上的类似产品，有几个突出的特点：接受抵押物范围更广，从房产、存货、应收账款、设备一直到专利、商标，均可作为抵押物；抵押成数更高，针对客户不同的信用等级和合作年限，确定不同的抵押率，信用等级高、合作年限长的客户，可获得更高的信用放大系数；贷款可操作性更强，平安一贷通为每个中小企业设计个性化融资方案，审批采取评分模板的方式，按照标准化的模式进行操作，大大提高了贷款效率，缩短了贷款审批环节。

平安银行中小企业业务持续快速发展

据了解，平安银行自成立之初就把中小企业业务作为战略重点，全面落实银监会六项机制要求：通过对中小企业客户及其业务的单独管理和统计，率先建立了独立核算机制；通过发布中小企业信贷政策，设立分行中小企业审批团队、小企业专属审贷官，初步建立起贷款高效审批机制；通过专门的考核办法，建立了有效的激励约束机制；通过有效的分类培训，建立了多层次的专业化培训机制；通过灵活的产品定价，推进建设风险定价机制；积极按照监管要求，落实违约信息通报机制。在制定战略规划、发布独立品牌、实现独立核算、建立专业化管理架构和营销团队、成立小企业专营机构等方面，平安银行都是国内最早实践的银行之一。

通过一系列有力举措，平安银行中小企业业务实现快速发展。2009年、2010年（截至10月底）贷款规模分别实现了62%和89%的高速增长。

通过积极推广批量营销和交叉销售模式，平安银行中小企业业务已在部分地区、部分业务领域创出品牌，如广州粮食行业、泉州石材行业、福州电机行业、深圳印刷行业、杭州的诸暨地区和上海的小额信用贷款业务等，都已在当地市场树立了领先优势。

线上供应链金融助力供应链协同 中小企业可在线融资

深圳发展银行

“银行追着大企业跑，小企业追着银行跑”，这就是中国银行业的现状。中小企业融资难与它的资产结构、社会地位、信用状况关联度很大。

2000 年，深圳发展银行（以下简称“深发展”）率先试水供应链金融业务，将中小企业置于供应链全局评估其信用水平，重点考察企业具体经营过程中的商业模式和供应链交易结构，考察对象从孤立、静态的企业个体和财务报表，转向企业经营的动态生意信息以及围绕上下游交易伙伴构成的供应链交易结构，从而做出综合评判。供应链金融使得一家中小企业即便财务报表不那么好看，而只要其商业模式好、生意稳定、自偿性能够实现，就可能获得深发展的融资支持，从而使得中小企业得以突破财务报表、传统抵押担保瓶颈获得银行融资。

10 年以来，深发展在供应链金融领域的不断创新，逐步确立了其行业引领者的地位，而近期推出的线上供应链金融服务平台，再次树起了供应链金融服务的新标杆。

2010 年 9 月 9 日，深发展宣布，该行推出的线上供应链金融正式突破 1 000 家用户，并协助 40 多家核心企业有效实施供应链协同战略。这标志着作为行业领先的线上供应链金融服务平台正式迈入成熟运作阶段，也意味着中小企业可以享有更为便利的线上金融服务。

深发展早于 2009 年年初即推出线上供应链金融服务，借助“线上供应链金融”这一独创的全新金融服务平台，深发展将物化的资金流转化为在线数据并与核心企业对接，在线链接供应链核心企业、经销商、供应商、物流公司和银行，向供应链“1 + N”全体企业提供在线融资、结算、理财等综合金融服务。

据深发展相关产品专家介绍，线上供应链金融可以在线嵌入核心企业的供应链电子商务平台，共享“1 + N”供应链实时交易信息，从而更便捷地提供供应链金融服务，真正实现供应链“商流—物流—资金流—信息流”的在线整合，为整个供应链的协同、中小企业供应链融资和财务供应链优化有着革新性的贡献。

供应链在线协同加速，财务协同成为“短板”

供应链是时下学术探讨和管理实践的热点。供应链通过核心企业“1”与上下游成员企业“N”的合理分工、发挥各自优势从而具有更高的生产效率。但供应链上各个企业之间信息流、物流和资金流的管理同时也变得更为复杂，这就要求核心企业具有较高的供应链管理水平。

金融危机的爆发加快了互联网技术的普及，同时也加速了供应链协同和供应链整体竞争的趋势。在产销畅旺的繁荣时期，供应链核心企业“1”往往居于强势地位，核心企业的“零库存”实际上是核心企业库存向上下游库存的转移，并不以共同利益为导向。在全球金融风暴引发经济下行危机之后，下游需求萎缩，核心企业开始从“四面墙”之外，着手强化上下游管理与合作，寻求在供应链管理上获得绩效提升的外部抓手。

2009 年以来，越来越多有远见的核心企业，开始依托电子商务平台，整合供应链以期增进供应链协同，消除环节浪费，降低链条交易成本。通过电子商务平台，核心企业将企业内部和外部的商务活动高度融合，包括企业内部“产—供—销”协同，以及企业与供应商、企业与客户、企业与物流之间的协调工作，实现需求和库存信息共享、同步计划制定和业务流程的在线协同。

在供应链管理的“商流—物流—信息流”协同层面，产业实践与学术研究已经基本同步。然而，供应链的资金流管理，亦即供应链中的支付结算问题，其作用和其中所蕴藏的巨大机会仍然没有得到应有的重视。这给供应链管理的有效性，以及商业银行供应链金融服务深化均带来了挑战。

一方面，供应链协同的基础在于各个节点的互信，要在“1”与“N”之间建立起有利于促进合作长期化的商业信用和结算安排。但缺乏财务协同的供应链，往往基于企业个体利益最大化考量而形成供应链伙伴之间“输—赢”的博弈关系，比如核心企业向上游赊购或采购库存前移、向下游预付款销售或成品库存后移造成上下游成员企业的资金缺口，存在供应链结构失衡和合作短期化的倾向。

“这种不均衡形成了一个巨大的中小企业贸易融资市场”，深发展公司产品管理部总经理金晓龙称，“2000 年，深发展率先试水供应链金融服务，后来逐渐探索出灵活运用动产与货权质押授信、应收账款融资和票据支付结算等产品组合多种模式，将资金注入中小企业，有效弥合了供应链‘1’与‘N’之间的资金与信用失衡状况。”现在，国内多数银行已经开办供应链金融服务。

但另一方面，供应链电子商务的协同管理，对供应链金融服务提出了全新的需求。其一，供应链电子商务，使得核心企业真正实现全国乃至全球“一盘棋”管理，整个链条的交易与办公无纸化在线高速实现，金融服务需要高速跨越时空；其二，这种提速并非简单的企业网银所能解决，因为供应链涉及到核心企业、成员企业，以及物流等多个主体，并且包括需求、生产、供应、物流等环节的信息实时传输与共享，远远超越了支付结算等一般金融服务，不仅要建立起多方衔接的渠道，更重要的是，需要根据供应链全程电子商务的实际，设计包括融资、支付结算和信息服务等在内的全面在线服务解决方案。在供应链电子商务的新模式下，金融如何注入供应链，并在调整与优化“1 + N”资金与信用结构、畅顺支付结算、促进链条贸易等方面做出更积极的作为，这是摆在商业银行面前的一个新课题。

线上供应链金融：多方协同共赢

早在2009年中，核心企业协同供应链管理意识增强、行动加速，供应链电子商务、电子物流应用日渐升温之际，线上供应链金融已悄然上市，深发展这家倾力发展供应链金融服务的银行，很低调地再领风气之先。

现在，深发展已经在汽车、钢铁、家电等行业应用了线上供应链金融系统服务。深发展称，线上供应链金融是指，通过银行服务平台与供应链协同电子商务平台、物流仓储管理平台无缝衔接，将供应链企业之间交易所引发的商流、资金流、物流展现在多方共用的网络平台之上，实现供应链服务和管理的整体电子化，该行据此为企业提供无纸化、标准化、便捷高效、低运营成本的金融服务。

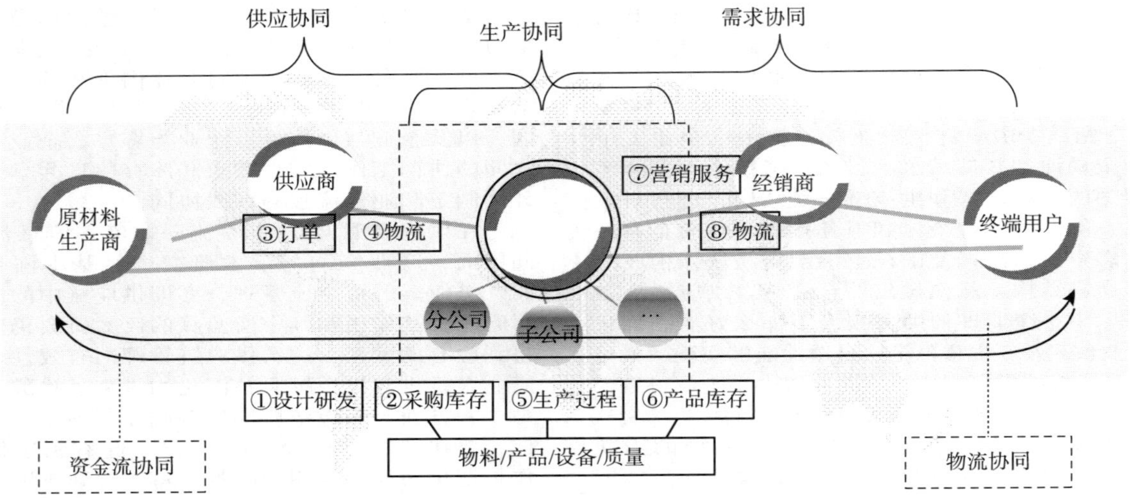

供应链协同模型

也就是说，"线上供应链金融"，这一独创的在线服务平台，将物化的资金流转化为在线数据，可以无缝嵌入核心企业的电子商务平台，从而在线连接供应链核心企业、经销商、供应商、物流公司和银行，把供应链交易所引发的资金流、物流、信息流实时传输与展现在共同的数据平台上并可授权共享，银行从而在线提供电子银行服务，构建对企业客户全方位、全流程、多层次的线上服务体系。

"一切都是可见的、实时的，并且可以授权共享。"江淮汽车股份有限公司财务部洪礼悦部长深有感触地说，"上下游企业在深发展有多少授信额度，还有多少库存、销量流转如何等，在网络平台上清晰罗列，这样我们采购、排产、销售就特别有底。"在线上供应链金融系统与核心企业电子商务平台对接之后，供应链企业即可在线下订单、签合约（包括贸易合约和授信合同）、选择融资与否、在线出账、支付结算和还款。

同时线上供应链金融系统还与物流公司对接，对于那些采用了动产与货权质押授信的客户，还可以在线办理抵/质押品入库、赎货，而物流监管公司则可以通过线上供应链金融系统实现全国各处分散监管驻点的统一管理，在线统计和管理抵/质押品，而且这些商品的信息（品名、规格和价格等）还可以从核心企业发货时自行取得，甚为方便。

概括地讲，通过线上供应链金融的对接嵌入，供应链协同电子商务得以完整实现"商流—资金流—物流—信息流"的所有功能在线提供、在线使用，这种将金融功能无缝嵌入供应链实体经济流转流程的安排，对于供应链管理实践和电子商务的应用具有革新意义。它为供应链参与各方提供了一个多方协同共赢的全新平台：

1. 核心企业可在线确认贸易背景，帮助经销商、供应商获得融资，实时了解上游发货情况、下游库存情况，有利于合理安排产供销进度，提升供应链管理效率；

2. 经销商、供应商通过与核心客户的线上贸易往来，获得银行信用支持，并能够方便快捷地在线办理融资及还款手续；

3. 物流企业可最大限度地发挥协同效应，实现物流运输和质押监管管理的电子化；

4. 银行可实时跟踪和监控整个供应链的商流、资金流、物流，及时掌握整条供应链的运转情况，从而进行融资决策和在线融资、支付结算服务，并可根据客户需要进一步提供账户管理、押品/保证金明细等业务往来信息咨询、现金管理等综合金融服务。

统一商品编码：给商品颁发通行证

长期以来，供应链协同难以推进的一个重要障碍在于，供应链"1 + N"成员企业之间，以及供应链与服务于供应链的各方协同主体（包括物流、银行、保险、行业信息服务机构等）之间，对于商品的识别难以统一，更遑谈多个行业、多个主体之间商品不同识别体系的编译、协同和实现数据化传输了。

这是实现线上供应链金融必须跨越的"鸿沟"。供应链金融涉及主体众多，行业广泛，深发展目前的供应链贸易融资服务涉及钢铁、汽车、有色金属、石油化工、煤炭、棉花、粮食、纺织、木材、造纸、塑料原材料等十几个国民经济重要行业，几十个大类、上百个品牌商品，要将这些商品一一编码，然后在“1 + N”供应链成员、物流公司和银行之间做到商品数据互联互通，共用共享。这是一个艰巨的协调难题。

深发展决定以标准商品编码为基准统一供应链金融的商品“语言”，给商品颁发一个自由穿行多个主体的“通行证”。2008 年中，一个集研究机构、企业、咨询服务中介各方力量的研究团队，开始实施《线上供应链金融标准商品编码》的编制工作，随后在北京、深圳、佛山等地开展了大量的调研。课题组系统研究了目前国际上通行的两套分类编码标准，并在考虑到物流公司、银行在实际工作需求基础上，独具匠心地以国际关税合作理事会组织制定的《商品名称与编码协调系统》（英文简称 HS）为基础，通过“标识代码 + 分类代码 + 属性代码”，将涉及国民经济行业可能作为押品的商品分类，按照部类、大类、中类、小类进行四级细分，进行简化编码。

线上供应链金融标准商品编码体系，可系统识别商品品名以及商品价值的关键要素，可以支持银行开展商品货权抵/质押业务的抵质押物品数据化管理，可以支持第三方服务商（如中华商务网）按统一商品编码向银行及供应链相关方提供商品的实时动态价格信息。对深发展研发的这套商品编码，中国社会科学院工业经济研究所的专家鉴定认为：“编码体系设计科学、编制规范，具有原创性、较强的兼容性和广泛应用价值，在国内外尚未见到同类编码体系。”标准编码的成功编制，攻克了各个产业供应链上下游之间，以及供应链与物流、资金流、信息流等服务主体之间，对不同商品识别体系的兼容问题——“线上供应链金融标准商品编码体系”由此成为协同供应链的数字化“世界语”，为供应链“商流—资金流—物流—信息流”在各利益相关方的数据传输与信息共享创设了基础条件。这是一个重大的原创性突破。

中小企业供应链融资在线实现

将中小企业置于供应链之中考量其融资问题，是供应链金融的重要创新价值。现在，在核心企业主导的“供应链协同电子商务平台 + 线上供应链金融系统”之上，中小企业享有的金融便利更加具有变革意义。

首先，供应链企业交易信息、押品信息、监管信息、额度信息在线上供应链金融平台“一切清晰可见”，更易融资。深发展产品专家介绍，该行自偿性贸易融资重点“看生意”，特别注重分析的关键信息，如做什么生意（商品）、和谁做生意（应收账款/货物的品质）、过往做得如何等，多数都可以从电子商务平台上共享到，这样既省却了银行的信息甄别成本，也增加了信息可信度，中小企业融资更加容易快捷。

其次，核心企业“有组织”的融资安排，中小企业融资更快、成本更低。本来，供应链中小企业成员的资金缺口，就往往由于核心企业转移流动资金压力造成，比如核心企业向上游赊购或采购库存前移、向下游预付款销售或成品库存后移。现在，核心企业凭着很高的信用等级，将经过信用考察评估之后的成员中小企业推荐给银行，并且开放与成员企业的交易信息，有的核心企业更进一步给予银行必要的协助，以帮助中小企业获得融资，银行得以引入核心企业作为风险控制的重要变量之后，风险控制就更有把握了。

最后，享有真正的在线融资。上下游中小企业在取得深发展授信额度并签署相关线上化合同、协议，开通企业网银线上供应链金融服务后，可通过网上银行或银企直联实现在线自助融资申请、在线保证金转入、在线提前还贷申请、在线质押申请、在线赎货申请等融资服务。

与其他银行传统的线上系统比较而言，深发展的“线上供应链金融”有显著的创新点。以融资业务为例：

1. 多方协同。国内其他银行线上融资系统基本上是银行内部的独立操作系统，无法与供应链上多方实现对接和交互，主要提供线上数据录入功能，客户需线下提交纸质审批资料并加盖公章，审批过程仍在线下进行。深发展“线上供应链金融”与核心企业及其上下游企业、物流企业等实现系统对接和数据交互，通过数字签名技术进行客户身份认证，客户在线提交电子资料，审批过程直接线上进行。

2. 服务全面。国内其他银行线上融资系统业务侧重于保理业务、应收账款融资等比较单一的融资模式。而深发展线上供应链金融开创了供应链上下游及终端消费全链条服务模式：包括上游供应商订单融资、下游经销商预付款融资，库存现货融资，终端消费贷款等，提供整套线上化融资方案。

3. 协同经营。更重要的是，深发展线上供应链金融的运作和企业的生产经营活动贴合，融资审批时间可缩短到不到一小时，赎货（还款）审批时间最短几分钟即可办结。

对于中小企业而言，更深远的意义在于，善用电子商务的中小企业具有更强的生存能力：商务部专家指出，“运用电子商务的中小企业生存状况远远好于运用传统模式的企业。……在金融危机中，未运用电子商务类的企业陷入困顿的比例达84.2%，而运用电子商务的企业陷入困顿的比例为16.8%”。大多数中小企业的 IT 需求主要受到：政府部门的相关政策（比如海关推行电子报关）以及供应链核心企业信息化的驱动，线上供应链金融有助于中小企业导入 IT 系统，更深度地融入供应链和协同于供应链，提高中小企业电子商务应用水平和持续发展能力。

构筑深发展供应链金融领先发展优势

作为领先的供应链金融服务银行，深发展此次线上供应链金融的全新力作，无疑为竞争者构筑了一个很高的技术门槛。历时一年多静悄悄的市场先导，已经使该行在某些行业占有先机。比如在 IT 应用水平较高的汽车行业，目前国内主要的主流核心厂商已经使用该行线上供应链金融服务，带动上下游企业使用的达到数百家；同时，统一商品标准编码的编制和应用，以及系统的开发等，也非一时之功。

“营销的网络化，业务经核心企业批量向供应链成员企业推荐之后已经呈现出比较乐观的增长，”金晓龙说，“更重要的是，线上供应链金融大大降低了银行的运营成本和风险。”

线上供应链金融的创新意义和效益是显而易见的。概括来说，除了业务营销的网络化，其对深发展的积极作用还包括：

产品的网银化。实现在企业网银上融资（出账）、赎货、还款，并且给予企业特别是经销商的融资直接打款给上游核心厂商用于采购，做到实贷实付，一笔一清。

服务的在线化。实现全流程信息实时操控、互联互通、共享公用。该行还针对这些企业经营与银行业务的全程信息，进一步提供在线信息服务。客户可通过网银、手机和邮箱等多种渠道实时获取业务信息。

风险控制的标准化。通过系统控制，实行一致的授信标准和贷后管理，同时对审贷要求的必达条款、提示条款等，适时控制和提醒。

业务合规的自动化。电子化作业能最大限度地减少人为干预、防止业务运营的随意性。

总之，线上供应链金融同时构筑了适应于多个行业“1＋N”供应链客户，满足多方无缝对接、可视界面统一、信息实时共享等条件的电子作业平台。跨行业、多主体、全面服务功能的电子平台“无缝对接”之后，供应链相关各方通过系统嵌入，相互融入对方的日常运营操作中，比如：网上批量处理事务更具人性化，不需要烦琐的传真邮件以及纸质资料的来回邮寄，弹指间收到票款，银行资金的获取从以工作日计变为以分钟计，授信项下质押货物的解质提取也由半个工作日变为“立等可取”，等等，对于提高供应链运转效率和竞争力，富有积极的探索意义。

中小企业客户的好朋友

广发银行

广东发展银行（以下简称“广发银行”）作为中国金融体制改革的试点银行，于1988年9月经国务院和中国人民银行批准在广州成立，是国内最早组建的股份制商业银行之一，20多年来栉风沐雨，艰苦创业，奋发图强，由一家区域性银行成长为具有一定竞争优势和影响力的全国性股份制商业银行。

2009年12月末，广发银行资本净额343亿元（人民币，下同），资产总额6 665亿元，本外币各项存款余额5 439亿元，各项贷款余额3 809亿元。截止目前，已在北京、上海、杭州、南京、澳门等中国经济发达城市设立了29家分行、529家营业网点，565家自助银行，近3 000台自助设备，在香港特区设有代表处，并与全球109个国家和地区的1 433家银行总部及其分支机构建立了代理行关系。根据英国《银行家》杂志对全球1 000家大银行排定的位次，广发银行已连续多年入选全球银行500强。

近年来，在银监会的政策指引下，广发银行积极采取有效的政策与措施，不断加大对中小企业的发展扶持力度，持续提升对中小企业的金融服务水平。广发银行对中小企业的服务不仅是锦上添花，更是雪中送炭，坚持为中小企业创造价值的经营理念，着力创新、不断开发出各种适合中小企业需求的产品，从商票贴现、“厂商银”授信、动产质押、到物流银行等业务，努力构建健康良性的银企合作关系，为中小企业提供全方位的支持和服务。

从2006～2009年四年间，广发银行中小企业贷款客户数和中小企业贷款额的年均复合增长率分别达到18.73%和19.12%，对中小企业的贷款投放呈现出较快的增长态势，为众多身陷金融危机的中小企业带来一场融资“及时雨”。目前，广发银行80%以上的公司客户为中小企业，50%以上贷款投向中小企业，中小企业授信客户1万多户，贷款余额超过1 600亿元。广发银行已经成为一家不折不扣的扎扎实实服务于中小企业的银行。

产品创新与机制创新一向是广发银行的立行之本。近年来，广发银行按照“六项机制”要求，在中小企业业务产品、组织架构、服务渠道与管理体系等方面持续创新，深化、实施专业的流程管理，为中小企业提供灵活便利的金融服务，主要表现在以下几方面。

一、创新、推广“好融通”中小企业融资解决方案

自2007年开始，广发银行与花旗银行技术支持团队紧密合作，结合国际先进银行经验、中小企业特点和该行的实际情况，创新了“好融通”中小企业融资解决方案。“好融通”以生产型和贸易型中小企业作为主要授信对象，在企业评价、担保条件、授信产品配置、额度调配和审批效率等方面进行积极创新和突破。“好融通”业务可接受的担保方式多达20余种，另根据企业的经营状况，提供较大比例的无抵押信用贷款。“好融通”业务在珠三角、长三角、环渤海经济圈的重点城市试点后，于2009年6月起推广到全行系统，取得了明显的效果。

在广发银行全行上下的大力推动与积极营销下，“好融通”业务呈现出快速增长的势头，树立了广发“好融通”中小企业服务品牌，赢得市场和客户的广泛赞誉和肯定。截至2010年6月末，全行“好融通”授信余额超过了300亿元，较年初增长近200亿元，增速132%，“好融通”授信客户3 000多户，较年初增加1 500多户，增速超过100%。“好融通”业务开展三年来，贷款质量优良，2010年6月末，全行“好融通”授信不良率不足0.1%。

二、设立中小企业金融服务机构

为落实国家支持中小企业发展的政策方针，在监管机构的指导下，广发银行于2009成立中小企业金融部，定位为全行中小企业业务的营销管理部门，“好融通”业务建设、维护、管理、推广及产品研发部门，业务支持部门，按照准事业部制模式运作，逐步完善“六项机制”建设，整合全行中小企业资源及中小企业各项政策，指导、推动全行中小企业金融业务发展。

同时，广发银行积极推动中小企业营销组织架构建设，打造服务于中小企业的专营机构和专业团队。结合该行中小企业业务发展规划、区域经济特点和分行业务发展情况等因素，规范分行中小企业机构设置，目前已经在杭州、郑州、南京等分行成立了中小企业金融部，稳步推进全行中小企业业务服务体系工作。

三、大力搭建“政银企”合作平台，加强市场拓展

广发银行不断加强与各级政府中小企业管理职能部门、产业/行业协会、商会、担保机构等开展总对总的合作，加强对分行市场策略和业务营销指引，拓宽营销渠道，不断增加优质中小企业客户群体。

2009年4月，广发银行参与广东省中小企业局和财政厅联合开展的“政银企”合作项目招标，成功中标。2009年12月，广发银行与广东省中小企业局签订了支持中小企业金融服务的全面合作协议，2010年度对广东省中小企业累计信贷投放将不少于800亿元人民币。2010年6月，广发银行与河南省工信厅、河南省金融办共同举行河南省中小企业融资服务洽谈会，签订了总额为200亿元的合作协议，全力支持中小企业的发展。

四、深入市场调研，制定中小企业业务三年发展规划方案

结合珠三角、长三角地区民营经济活跃、中小企业融资需求旺盛的特点，广发银行深入开展调研，了解各地的经济金融状况、银行同业竞争情况以及分行需求和建议。根据不同区域、市场的特点，积极探索信贷产品与服务创新，持续提升服务水平和市场竞争力。

在开展市场调研的基础上，广发银行结合全行公司业务发展战略的调整，立足于现有的资源、政策和能力，切合市场和客户需求，研究、制定了全行中小企业金融业务三年发展规划，明确业务发展方向和未来三年全行中小企业贷款年均复合增长率为40%以上的经营目标。

五、研究、完善中小企业信贷业务流程和风险管理体系

根据监管部门的政策要求和该行的实际情况，广发银行从2009年年初就开始研究并制定了中小企业金融服务实施方案。该行中小企业专营机构成立以来，广泛开展同业调研，充分交流、借鉴同业在中小企业金融服务的先进经验、理念以及推进中小企业专业化经营的架构、流程、机制、创新模式和产品，探索该行小企业信贷业务的风险管理方案，研究、推动小企业金融服务模式、管理机制和风险体系建设。

六、积极创新、整合针对中小企业的金融产品体系

广发银行不断改进、巩固和发展“好融通”中小企业业务，简化审批流程，细化操作和营销指引，不断创新、丰富适合中小企业需求的产品和服务，提升业务竞争力。

开发、丰富针对中小企业的标准化产品，包括“易押通”信贷业务、知识产权质押贷款及专业市场融资解决方案等，为小企业提供多元化、多层次的产品服务套餐。

七、强化中小企业条线管理，初步构建中小企业核算体系

2010年，广发银行首次将中小企业金融确定为全行八大业务条线之一，并单独下达中小企业年度信贷计划及任务指标。为此配套相关考核激励政策及资源，董事会确认了行长办公会议提出的2010年全行中小企业贷款增速高于全行公司贷款增速一个百分点以上的议案。目前，基于管理会计的中小企业条线财务核算体系正在逐步搭建，中小企业贷后管理系统和客户关系管理系统建设等工作也在稳步推进，以进一步提高中小企业业务的信息化管理和风险管理水平，为促进中小企业业务的稳健发展提供有力的支持和保障。

广发银行自成立以来，始终坚持以服务中小企业为己任，视中小企业为合作伙伴和朋友，今后仍将坚持中小企业发展战略不动摇，在监管部门的指导和支持下，继续夯实基础，深化改革，创新产品服务和体制机制，为探索金融支持中小企业发展、有效破解中小企业融资难问题做出应有贡献。

广发银行特色中小企业产品简介
中小企业融资解决方案——“好融通”

“好融通”是广发银行专为销售收入不超过3.9亿元的中小企业量身打造的标准化融资解决方案。“好融通”以12项评价指标、5个工作日内完成的高效审批、50%最高信用额度、10年最长还款期，有效满足中小企业的融资需求。

1. *产品特点及优势*

- 更客观的企业评价

针对中小企业特点，进行标准化、系统性评价；重点评价企业的成长性与可持续发展性，突破传统的财务指标束缚，增加多项非财务因素评价指标，如从业经验或经历等；针对不同行业实行差异性的客户选择标准，让更多的中小企业获得优质的融资服务。

- 更宽松的担保条件

可接受的抵质押品逾20余种，除了不动产抵押、担保公司担保外，还包括各类动产、仓单、保单、收费权、应收账款、股权、商标权、专利权等企业未来收益和权益担保，让更多的中小企业轻松地获得贷款。

- 更充足的融资额度

企业自身的发展潜力、赢利能力、信用记录、管理层经验等，均可为企业争取到高达 2 500 万元人民币的无抵押信用额度；总融资额度高达 5 000 万元人民币。

- 更灵活的产品服务

“好融通”授信额度不仅可以在短期融资产品之间灵活调节，满足企业采购、生产、销售，盘活存货和应收账款需求，更可最高调配 60% 的授信子额度，解决企业购买设备、建设厂房、购置物业等中长期融资问题，期限可长达 10 年。

- 更快捷的审批效率

改进了信贷审批流程，配套了信贷授权，设立了专职审批人员，实行标准化的流程；根据业务的风险程度和授信金额，分级授权审批，最快 3 天即可完成授信审批。

2. 业务流程

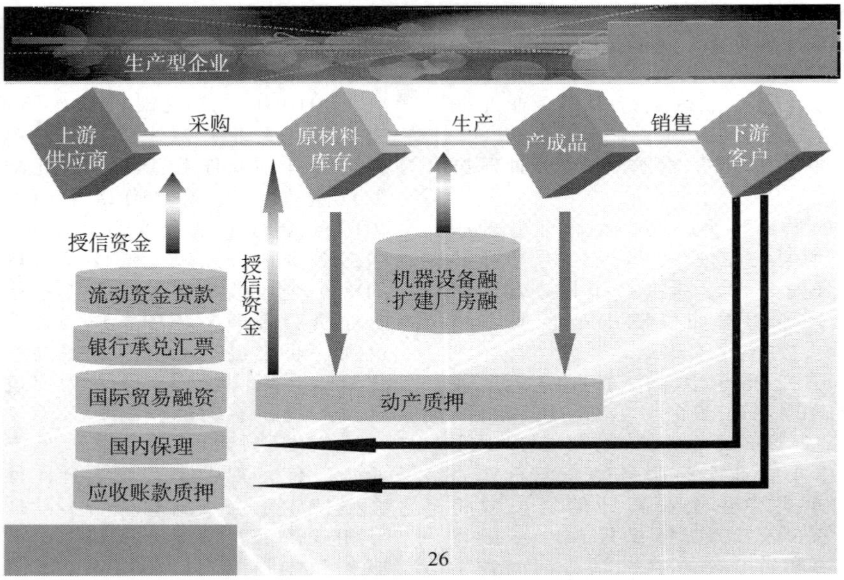

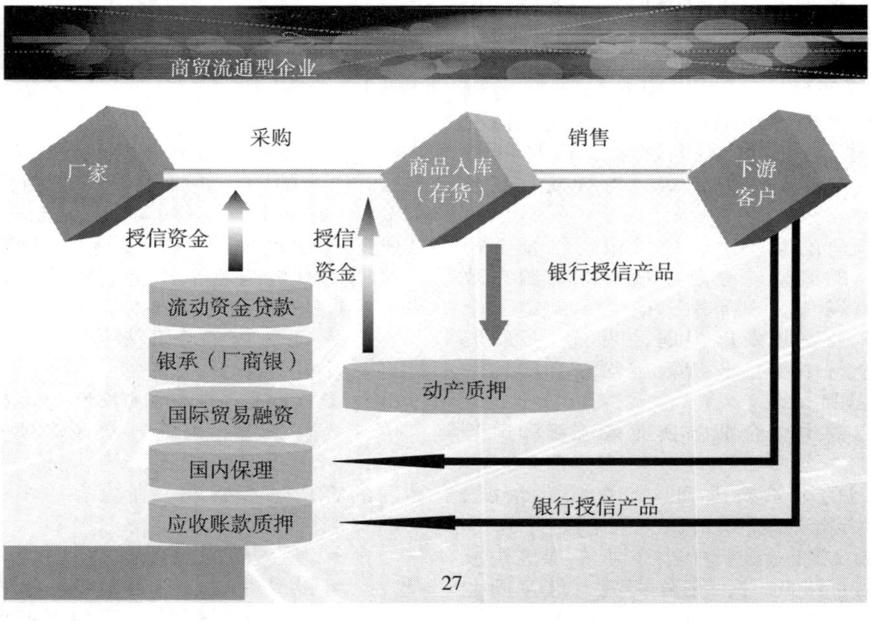

标准化小企业信贷业务——“易押通”

“易押通”是广发银行专门针对资产总额1 000万元以下或销售规模3 000万元以下的小企业客户打造的标准化“速贷类”产品。

产品特点及优势：

- 条件宽松

不限企业成立年限，不依赖企业财务报表，简化客户评级，让更多小企业获得融资支持。

- 审批高效

手续完备，一般2个工作日内完成审批。

- 抵押率高

接受住宅、商铺、厂房、写字楼等房产抵押，抵押率高达8成。

- 期限更长

单笔贷款期限可长达3年。

- 用款方便

授信额度内贷款循环使用，随借随还。

- 还款灵活

可采取灵活多样的分期还款方式，减轻企业还款压力。

- 费率优惠

特定房产免评估、免保险，优质客户给予利率、结算手续费优惠和多种增值服务。

“好融通”——企业腾飞的助推器

广东天际电器有限公司成立于1996年，注册资本4 050万元。企业主营业务是厨卫小家电生产，主打产品是电热壶和陶瓷内胆的电饭锅、煮粥锅、豆浆机等三大系列。企业曾先后获“广东省民营科技企业”、“高新技术企业”、“广东省著名商标”、“广东省名牌产品”等殊荣。

2002年广发银行即与企业建立了业务联系，自此以来，广发银行根据企业需求，不断创新服务，扶持企业快速发展。

2002年5月，办理了首笔900万元的“动产质押”业务。以动产作为质押，这在当时的银行还是非常少见的。通过创新，广发银行打开了和企业合作的契机，逐步争取将此企业业务转向该行办理。

2007年9月，根据企业的申请，广发银行批准了企业3 200万元人民币综合授信敞口额度，其中流动资金授信敞口额度2 200万元，中长期贷款单笔1 000万元，担保方式为企业所有的房产及土地使用权抵押。

2009年年底，企业接到了国土部门的通知，作为银行抵押物之一的国有土地必须在2010年7月31日前动工建设，否则国土部门将按闲置土地处理。企业面临的形势非常严峻：项目的开工建设需要企业投入一笔巨额资金，以自有资金投入将严重影响企业的正常经营，而再想向银行申请增加贷款，企业又实在拿不出来新的抵押物。

了解到客户的融资需求后，广发银行高度重视，急企业之所急，及时为企业量身定做了新的授信方案，并成功地借助该行最新推广的“好融通”融资方案，关键时刻再次向企业伸出了援助之手：2010年1月15日，广发银行批准了企业综合授信额度4 500万元的融资方案，其中新增了厂房建设贷款额度1 500万元，专项用于企业厂房的建设。

新的授信得以通过关键在于该行的“好融通”中小企业融资方案。它新增了企业信用等级、销售规模等综合考评指标，使抵押物的抵押率大大地提高。通过广发银行“好融通”方案，该企业抵押物的实际抵押率达到了100%，授信额度比原来提高了40%。

从2002～2009年，广发银行伴随企业共同成长，给予客户的信贷支持从900万元增长到了4 500万元，金额翻了4倍，该企业的销售收入从2002年的5 000多万元增长到了2009年的2.1亿元，7年时间里，整整扩大4倍。

在长期的业务往来中，广发银行坚持“以客户为中心、与客户共成长”的理念，高度重视客户需求，勇于创新。“好融通”中小企业融资方案就是这样一款创新产品，它从企业主的从业经历，企业信用等多个角度对企业进行客观评价，并给予企业灵活配置无抵押信用额度，以更加宽松的条件满足企业的融资需要，帮助企业实现事业的腾飞。

量身定做融资方案　助力云南大地生态开发有限公司展翅飞翔

中瑞信投资担保有限公司

一、宏观背景

1. 国家宏观政策层面对农业的支持力度持续加大。

党的十七大报告明确提出，“要加强农业基础地位，走中国特色农业现代化道路”，这为我国农业的发展指明了方向，也是今后一定时期内农经工作的总要求。“十一五”期间，中央继续安排专项投资，带动地方政府投资、信贷资金和民间资本，在全国扶持一批特色明显、布局合理、技术先进、投入集约、规模适度、管理水平高、体现不同地区现代农业发展方向的示范项目。通过项目建设，使农产品良种率明显提高，农业优质化标准化水平稳步发展，农业资源节约迈出较大步伐，农业科技创新能力明显增强，农业多功能性初步得到发挥，逐步形成专业化生产、产业化经营、社会化服务、科学化管理的现代农业格局，促进农业结构调整和农业增长方式转变，提高农村生产力水平和农民增收，为加快不同区域现代农业建设进程发挥辐射和带动作用。

2. 云南核桃产值超13.8亿元，核桃大省实至名归：云南94%的面积是山区、61%的土地为林业用地，由于核桃不但经济价值高，也特别适宜山区种植，推进核桃产业发展是成为云南发展地方特色经济的重要选择。目前云南核桃种植面积已经超过1 800万亩，年产量达30余万吨，产值超60亿元，核桃种植面积、产量、产值现均居全国之首，是名副其实的核桃种植大省。

为了进一步推进核桃产业发展，2008年云南省政府提出《关于加快核桃产业发展的意见》，计划2008年至2012年间每年发展400万亩核桃林，到2012年全省核桃面积达到3 000万亩以上，投产面积1 000万亩以上，核桃产量超过60万吨，产业综合产值超过120亿元；到2020年全省实现农民人均拥有1亩核桃林，投产面积3 000万亩以上，核桃产量200万吨，产业综合产值超过1 000亿元。

3. 政府推动打造核桃产业集团。云南省人民政府关于加快核桃产业发展的意见（云政发［2008］129号）：为加快核桃产业发展，促进林业增效、林农增收、山区发展，促进资源优势真正变成产业优势和经济优势，努力推动农村经济发展方式的转变，做大做强核桃产业有利于调整山区产业结构、推进现代林业建设，有利于增加农民收入、改变山区贫困面貌，有利于保护生态环境、绿化美化村庄，是云南省推进生态文明建设的重要举措，是建设特色现代林业的重要任务。

根据“意见”，2008年至2012年每年发展400万亩，到2012年全省核桃面积达到3 000万亩以上，投产面积1 000万亩以上，核桃产量超过60万吨，产业综合产值超过120亿元；到2020年全省实现农民人均拥有1亩核桃林，投产面积3 000万亩以上，核桃产量200万吨，产业综合产值超过1 000亿元。

二、项目情况

按照“生态建设产业化、产业发展生态化”的发展思路，实现云南省发展3 600万亩优良核桃的目标，大地生态公司拟建设5 140亩育种和示范种植基地。在完成种苗繁育、范围基地建设的基础上，根据市场情况，加大良种繁育、示范基地的投资；增加核桃果实深加工；使企业成为集核桃良种培育、示范基地和加工为一体的具有相当规模的产业。

尽管制定了科学合理的建设规划，然而，由于当时缺乏一个完整的投融资体制和成熟的融资平台，开发出现了很大困难。一方面，股东持续提供大量资金并不现实；另一方面，股东融资和信贷融资不分，难以适应前期基础设施投资和项目收益平衡的基本需要。生态产业基地的开发进程十分缓慢。巨大的资金“瓶颈”摆在发展面前。

三、中瑞信投资担保有限公司全力支持生态产业基地开发

面对资金“瓶颈”问题，大地生态仍然没有放弃开发的信念和努力，积极选择投融资主体。这时，长期致力于支持信用担保及衍生金融服务，兼顾政府政策目标和市场运行方式的中瑞信投资担保有限公司成为了首选。

中瑞信投资担保有限公司是由多家信誉良好、实力雄厚的商业、投资机构共同组建，经国家工商行政管理总局核准设立，主要从事信用担保、投资管理和相关金融服务于一体的综合性担保服务机构，在贵州、湖北、重庆、云南、安徽、四川、上海、湖南、甘肃、江苏等省市设有10家省级分（子）公司，立足中小企业的综合金融服务需求，积极投身担保、投资及相关金融服务领域，与国家开发银行、中国农业银行、中信银行等多家金融机构、创投机构、多省市工商业联合会、商业联合会和中小企业局等部门机构建立了良好的协作机制和长期战略合作关系，形成了具有相当规模优势的客户群体和综合金融服务功能。

通过整合公司内外相关经济、金融资源，开拓担保、投资以及相关金融服务市场，以金融服务为核心，以担保业务为主业，以增值投资为支持，通过“担保＋投资”功能的有机嫁接，打造企业综合金融服务平台，形成了有机的金融服务产业链。

云南大地生态开发有限公司牵手中瑞信投资担保有限公司体现了金融市场与项目合作的努力，增强了各方对产业建设前景的信心，迅速破解了项目基础设施建设的资金“瓶颈”。

从2008年年底开始，中瑞信根据企业不同阶段不同需求，为企业量身定制融资方案，切实帮助企业解决资金“瓶颈”。

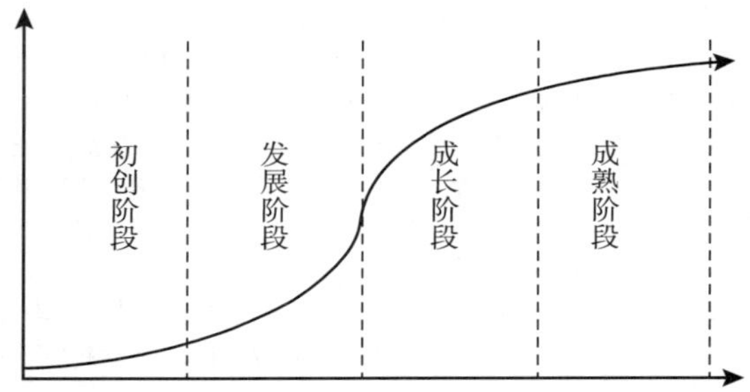

第一阶段　介入良种产业化和示范基地建设，树立信心

鉴于融资项目为新建项目，虽然云南省及有关部门关于调整产业结构、发展核桃产业的有关政策很明确，产品特点、市场环境存在不确定因素。且产品质量与农户的利益结合紧密，须以高标准建设良种和示范基地5 140亩，推广核桃新品种并进行产业化开发。

针对上述情况，中瑞信投资担保有限公司深入调查，由于新创企业急需注入大笔资金才能继续生存和发展，担保公司必须在尽量短的时间内做完考查工作，在尽量短的时间内，除了根据自己的观察结果给企业融资评价，而且对包括基础设施工程、设备购置费用、工程建设其他费用、基本预备费用、建设期借款及费用进行精确测算后，由通过担保方式为企业筹措了该项目急需的与项目建设匹配的长期建设资金，解决了企业因早期建设资金不足困难。

第二阶段　构建融资平台，企业经营步入正轨

完成一期融资后，企业经营尚存在诸多困难，还需资金支持日常运作。经过与中瑞信反复研究，

最终形成一个稳定的制度安排：由中瑞信联合商业性借款机构，在企业获得日常经营资金的同时，推动产业基地进入市场的步伐，培育“内部现金流”；同时嫁接政策支持，引入政府的财政补偿机制，将以生态产业建设等财政性支持资金转化为的“外部现金流”，使政府信用有效地转化为经营现金流。

截至 2010 年企业资产规模（万元）：

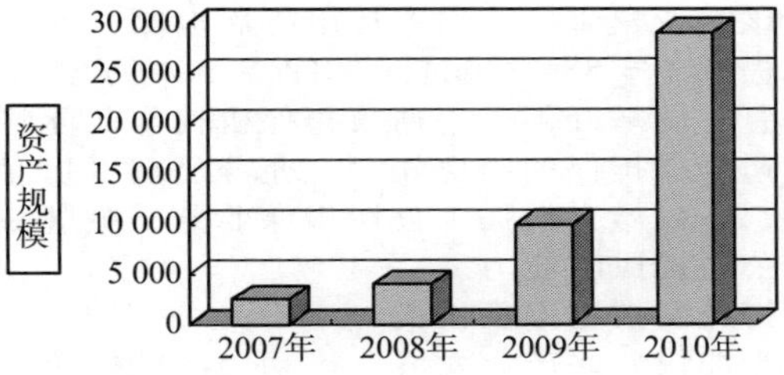

截至 2010 年企业盈利情况（万元）：

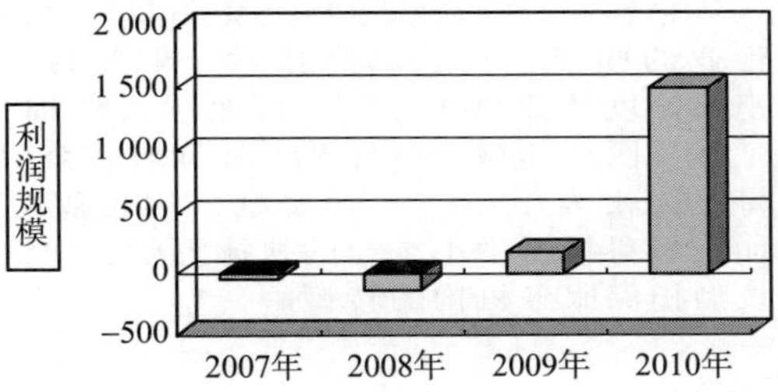

截至 2010 年，企业已直接解决 1 000 多名农村剩余劳动力的就业问题，有效增加农民收入和当地财政收入，充分整合利用土地资源，对遏制生态环境恶化产生了巨大作用。

第三阶段　金融创新服务，规划企业综合效益

中瑞信投资担保有限公司深入项目情况，通过风险识别和评估能力的培育，区别金融担保业务中的风险与传统担保业务中风险发生的原因和存在的方式，并采用新的风险计量理论和技术。利用金融创新整合资产效能，借助租赁、投资等手段筹措资金，满足基地建设开发、产业整合、招商引资等资金需求，促进全面发展，支持生态产业区形成“一区多层”的开发体系，完善功能配套和金融服务的软环境，增强产业区的科学发展能力竞争力，推动产业区内综合效益提升。

第四阶段　资本推动产业升级，实现可持续发展

为发挥产业园区整体功能效应，增强集聚辐射能力，规划形成系列核桃良种产业化繁育园、系列核桃良种集约化高效复合种植示范园、系列核桃深加工园等园区。

由中瑞信投资担保有限公司引入资本推力，形成核桃新品种产业化繁育体系、集约化高效复合种植技术示范生态核桃林，打造优势核桃产业品牌及深加工市场。

形成不同层次、各具特色的核桃产业化经营体系，打造核桃企业群体和产业集群，拓宽延长产业链，提高核桃综合利用水平和附加值，建设成档次高、规模大、功能全、辐射和吸引全国的核桃专业化市场和交易中心，实现可持续发展。

四、合作前景

随着国内担保公司的行业政策环境的改善。(1) 国家将更加重视中小企业发展和融资担保政策的逐步完善；(2) 银监会成立专门机构，将担保公司纳入金融监管行业，对行业地位的提升和洗牌作用巨大；(3) 银行进行战略和经营组织调整，将中小企业的融资支持纳入业务战略重点，对担保公司的担保合作需求越来越迫切。

作为一家率先在国内进行跨区域经营的担保公司，在各地政府部门、银行、投资机构等合作方的大力支持下，中瑞信必将实现公司进一步跨区域经营和跨越式发展，开发符合市场需求的服务产品，为中小企业提供全方位的金融服务，架起中小企业与金融企业之间合作的桥梁，推动中小企业良性经营的不断发展。

南通开发区惠民信用担保公司

南通开发区惠民信用担保有限公司是以政府投资为引导、按照市场化运作、实行企业化管理的一家政策性和商业性兼容的专业担保机构。公司于 2004 年 9 月 28 日正式挂牌运作，公司性质为：股份有限责任公司，注册资本人民币 11 199 万元，投资主体为：南通经济技术开发区财政资金以南通开发区总公司名义出资 800 万元，占比 7.15%；江苏安惠生物科技有限公司出资 6 330 万元，占比 56.52%；公司董事长陆汉萍出资 4 069 万元，占比 36.33%。公司目前有员工 13 人，均为金融、法律、财会方面的专业人才。

公司自成立以来累计为南通市中小企业提供担保 890 笔，担保总额 185 540 万元，公司目前在保笔数 132 笔，担保余额 39 584 万元。公司合作的银行有：农业银行南通分行、工商银行南通分行、中国银行南通分行、建设银行南通分行、江苏银行南通分行、交通银行南通分行、招商银行南通小贷中心、浦发银行南通分行、中信银行南通分行、民生银行南通分行、南通市农村商业银行、国家开发银行江苏省分行。

公司在运营中，注重风险内控，每一项目企业均有专人负责，从受理、保前调查、保后跟踪到贷款收回“一条龙”服务，有效地防范了担保风险。南通惠民担保以“高效、便捷、快速、优质”的服务获得了中小企业、合作银行以及政府的好评。在南通市经贸委及中国人民银行南通中心支行共同组织的行业专项评级中，公司连续 3 年被评为 A 级信用担保公司。

全心全意帮扶企业

惠民担保在解决中小企业贷款难、担保难问题的同时，能想企业之所想、急企业之所急，在控制风险的同时全力为中小企业服务。

南通怡芙塑胶有限公司是南通开发区一家专业

生产化妆品包装物的企业，产品质量在同行业处领先水平，企业为国际化妆品知名品牌欧莱雅、玫琳凯、雅芳等配套生产化妆品塑料包装。公司在对该企业的经营状况、财务情况、反担保措施等综合考量后为其提供了200万元贷款担保。在我公司担保期间，该企业由于操作工人操作不当发生意外火灾，造成重大损失，我公司项目经理第一时间赶赴火灾现场，调查了解事故造成的损失和影响，并向贷款银行出具了相关情况报告。在贷款到期后，企业抽出流动资金按时归还了贷款并向我公司提出继续担保的申请。我公司项目经理在对其尽职调查的过程中发现：该企业事故善后工作已基本结束，生产经营已恢复正常，订单充足，货款回笼稳定，然而原来反担保保证的企业却不愿为其反担保。在我公司的汇办评审会上，针对该企业的实际情况，我公司为其设计了合理的反担保措施：企业的主要生产设备抵押及法人的一套上海的房产二次抵押进行反担保。在发放了200万元流动资金贷款后，该企业生产销售步入正轨，销量同比上升了20%，实现了银、保、企共赢，取得了良好的社会效益和经济效益。

加入省再担保体系做大做强

2008年年底，为解决中小企业融资难问题、支持中小企业健康发展，江苏省省政府成立了江苏省信用再担保有限公司，并构建了覆盖全省市、区、县信用再担保体系，省再担保公司经过对我公司各项指标的考评，批准我公司纳入再担保体系，我公司成为再担保体系的主办机构。我公司在业务发展中注意与省再担保公司的合作，并取得了一定成效。

南通德尔物流有限公司为一家经营性物业企业，公司拥有商业房产24万平方米，因流动资金缺乏向我公司申请5 000万元贷款担保。根据《融资性担保公司管理暂行办法》，对单个担保企业担保责任余额不得超过净资产的10%，因此我公司单户担保金额不得超过1 119万元。我公司与省再担保公司沟通，与其联合对该企业调查后，由我公司对该企业提供了1 119万元贷款担保，省再担保公司提供了3 881万元贷款担保，解决了企业的燃眉之急。此举开创了南通市担保机构与江苏省再担保公司合作担保的历史先河，充分显现了担保体系作用，不仅做大做强了公司担保业务，更进一步提高了公司抗风险能力。

打造科技型担保机构

为加快新兴产业发展，推动经济结构转型，国家、省、市相继出台对高新技术担保融资扶持政策。我公司积极响应各级政府有关文件精神，大力扶持我市高新技术中小企业。2010年，我公司在继续扶持金属制品、纺织家纺、船舶制造、建筑等传统行业的同时，新增高新技术企业担保项目8家，担保额度达2 500万元，行业涉及精细化工、生物工程、医疗器械、软件开发等领域。今后，我公司将在为市内中小企业开展融资担保服务的同时，加大对科技型中小企业的扶持力度，加快公司向科技型担保服务机构的转型。

中小企业信息化服务案例

政企互动，助力中小物流企业腾飞

——山东省公共物流信息平台开通运营

中国联通

互联网蓬勃发展的今天，通信和信息技术日新月异，物流信息化进程大大加快。层出不穷的互联网新技术、新应用，推动着现代物流业向着“智慧物流”迅速迈进。加快建设全省统一的公共物流信息平台已经成为现代物流业发展的紧迫任务，是各物流企业尤其是中小物流企业的结构调整和发展转型的迫切需要。

9 月 30 日，山东省公共物流信息平台开通仪式在济南顺利召开！由山东省经济和信息化委员会主办，山东联通和山东中创联合共建的省级公共物流平台隆重亮相！在开通仪式上，山东省面向全国发布了山东省公共物流信息平台的核心内容和建设成果，集中展示山东省在公共物流信息服务建设方面的新突破、新成就、新经验。来自全省 14 个试点园区的代表与平台承建单位签署了跨园区信息共享和交换的战略合作协议，建立了全国第一个物流信息共享和互联互通园区联盟。

山东省公共物流信息平台是全国第一个按照“运营商 + IT 企业”的物流信息服务模式搭建的物流信息综合服务平台，是全国第一个由政府牵头、多个省级政府部门联合共建的省级公共物流信息服务平台，是全国第一个由示范园区带动全省物流园区联盟体系的支撑平台，是全国第一个由省直七部门联合打造的物流市场诚信服务平台。平台按照省政府相关领导关于加快建设我省公共物流信息平台的重要指示，旨在推进全省跨部门、跨行业、跨园区物流信息资源的共享共用，在全省构建统一的物流信息化服务体系，全面促进我省物流园区及相关企业信息化水平的不断提升。

山东省公共物流信息平台采用当今最成熟、最先进的 WCDMA，依托中国联通完善的宽带互联网、五星级 IDC 数据中心部署和实施，广泛引入和吸收国内外优秀的物流信息化技术和产品，真正实现了基础网络和信息服务的完美融合，面向物流作业的全流程提供标准化、模式化、移动化的物流信息应用工具，从而可以大大改进全省物流企业的生产流程，为物流企业和从业人员提供更多的便利。

山东省公共物流信息平台的开通标志着我省物流行业信息化建设工作又迈入了一个新的阶段。打造了全省跨部门、跨行业、跨地域的物流信息共享和交换体系。在山东省经信委的领导下，深入推动省交通厅、省工商局、省国税局、省地税局、青岛海关、人行济南分行等多部门的联合共建，真正实现跨部门、跨行业的信息化共享和交换；充分发挥社会各方力量，加快城市节点平台整合和建设，逐步实现跨地域物流信息的共享和交换。打造了全新的“物流园区联盟”物流信息共享和交换体系。首批选定济南盖世物流、临沂金兰物流、德州运达物流、寿光农产品物流园等 14 个园区，试点成立全省物流园区联盟，实现园区间资源共享、数据共用、信息互通。计划用 1 ~ 2 年的时间，逐步实现全省区域间，区域内物流园区、配送中心、物流中心、交易中心、物流企业间的横向整合，最大限度地优化配置社会物流资源、降低社会物流成本。打造了全国诚信度第一的物流市场诚信体系。平台有效推进了交通、公安、税务、银行等各部门的企业信用资源的整合，并结合诚信互评、电子商务、信息溯源等手段逐步构建平台诚信体系库，构建物流联盟诚信共享库，有效整顿物流信息服务和配货交易秩序，为全省物流企业提供安全、诚信、可靠的交易环境。提供了支撑物流作业全流程的物流信息应用工具。平台在原有技术优势的基础上，将着力物流信息应用工具的开发和改进，并积极引入第三方支付平台，为全省物流企业提供网上配货、网上交易、电子支付、在线保险等物流电子商务服务，致力于打造全国网上交易量第一的公共物流信息平台。

作为山东省公共物流平台的承建单位，山东联通将充分发挥公司全业务运营的优势和上下游信息化服务厂商的整合能力，全力推进跨园区、跨区域物流信息的共享交换和互联互通，积极引进开发基于物流作业全流程和宽带互联网的信息化产品和服务，加快推动物流市场诚信体系构建。同时，作为平台运营单位，依托专业的通信和信息化服务队伍，按照各园区的信息化建设需求，提供全面的宽带互联网接入、3G 移动互联网以及物流信息化服务产品和应用。

山东省公共物流信息平台的开通，是山东省物流行业信息化建设的又一项重大举措，对加快提升山东现代物流业的信息化水平具有重要的意义。必将为推动我省物流园区和相关企业的信息化水平再上一个新台阶，努力实现我省社会生产力的跨越式发展，为推进我省现代物流业的产业结构调整和发展方式转型做出新的贡献！

订餐宝产品介绍

北京联通

订餐宝又名客户订餐实时反馈系统，是针对餐饮娱乐等中小企业客户关系管理（CRM）的行业应用解决方案，用于稳定老客户、发展新客户。由前端系统和后端软件构成，前端系统由电子硬件设备构成，稳定可靠、操作简单；后端软件功能强大、操作方便。

订餐宝是帮助餐饮娱乐等中小企业管理客户资源、提升服务水平和营销能力的平台。订餐宝依托于无线通信网络，产品简单易用，适合餐饮企业人员流动性大，服务人员文化素质较低的情况。订餐宝适用于所有提供电话预订、咨询服务的餐饮、娱乐等中小企业。

主要价值表现在：

（1）实时发送短信预订确认，方便订餐顾客通知就餐者；

（2）实时短信互动营销，提高顾客回头率；

（3）自动建立客户信息库，提升商家客户资料管理效率；

（4）精准短信主动营销，提高客户量；

（5）自动分析客户结构，提供经营决策数据支撑；

（6）包间人性化服务，提高客户满意度和包间消费额；

（7）整合营销经理客户数据，减少人员流失带来的损失。

主要功能如下：

（1）智能来电显示：当顾客来电时订餐宝可以显示存储的顾客姓名、电话、工作单位、消费次数、上次消费时间和黑名单等信息。

（2）实时短信预订确认：当顾客预订结束挂电话后，订餐宝可以实时向顾客的手机发送包括饭店的地点、行车路线、预订的房间、时间和预订电话等信息的短信，方便客户及时把短信转发给其他共同就餐的客人，免去了自行编写短信的麻烦。

（3）精准互动营销：订餐宝可以把饭店的订餐卡电子化，并添加饭店最新的新推菜品、促销活动等内容，在顾客电话预订时实时发送到顾客手机上，并由顾客转发给被邀请的朋友，存储到手机上作为电子订餐卡随身携带。

（4）自动建立顾客信息库：订餐宝可以把存储的顾客姓名、电话、消费时间、消费次数等信息自动整理，建立顾客消费信息库，方便查询。

（5）顾客价值分析：订餐宝可以自动把饭店的顾客数据按照新客户、回头客、老顾客和需要挽留的顾客有效地区隔和分组，并按月分析不同类别顾客数量的变化，帮助饭店梳理出核心的高价值客户以及需要挽留的客户，针对不同类型的客户实施精准营销。

（6）精准主动营销：订餐宝可以根据顾客的消费时间、消费次数、消费喜好、消费记录、消费能力、顾客类别的不同，主动向顾客发送客户关怀或菜品促销的短信。

（7）纪念日提醒：订餐宝可以提前一周提醒顾客的生日或其他纪念日，并提醒餐厅向顾客致电或发送问候短信。

（8）包间人性化服务：通过订餐宝，包间服务人员可以提前掌握顾客的消费喜好、消费能力等信息，从而对顾客可以提供更加有针对性的服务。

（9）营销经理管理：通过订餐宝可以把掌握在营销经理手里的客户数据整理到订餐宝数据库中，从而在营销经理离职后减少客户的流失。

截止到目前，北京市多家著名餐饮企业也在使用该产品。如：便宜坊、全聚德前门店、五粮液财富会所、山东菜馆、权金城、金百万、大鸭梨、渝信川菜、东来顺、巴国布衣、眉州东坡、神农庄园、龙泉宾馆……多家有规模的餐饮企业开通使用了该套系统。

虚拟化：引领中小企业步入绿色发展之道

戴尔（中国）有限公司

当前的经济环境使企业都面临着巨大的挑战——设法使现金流动、保证收益率，以及满足瞬息万变的客户需求，所有这些即使对于经验丰富的企业经理也是一项严峻的考验。而对于中小型企业，还通常面临着这样一个进退两难的境地：尽管IT是满足客户和业务需求以及帮助企业扩展的关键，但是紧缩的预算又使其在IT方面的投入十分有限。面临如此问题，解决之道在何方？答案就在于虚拟化。

虚拟化之道

虚拟化是最近几年出现的最令人兴奋的IT技术之一，简单地说，就是将一台服务器需要独立完成的工作任务转换成由多台服务器完成，并以下列明显的优势：

- 减少购买的服务器数量，有助于控制IT预算；
- 减少部署的服务器数量意味着可以释放更多的设施空间；
- 降低电能和散热成本（硬件维护方面的主要部分）。

而成为企业“追求事半功倍”的绝佳途径——有助于企业削减IT预算，并且能以现有的资源完成更多的任务，从而引领中小型企业突破IT困境。

尽管虚拟化在目前仍然是一项相对较新的技术，但其显著的节约优势却已经获得不断的验证。与多数其他公司类似，戴尔通过最新的IT技术和资源来更好、更快地满足客户需求，并降低IT成本，已经利用虚拟化技术整合了8 000台服务器，成本节省2 900多万美元，从而成为虚拟化应用的极好案例。有分析显示：与部署和运行一台物理服务器相比，企业每部署一台非生产虚拟机即可节省大约6 500美元。也正是因此，虚拟化应用正得到越来越多企业的青睐，发展快速。Gartner预测，到2012年，大部分中型企业都会考虑实现100%的服务器虚拟化。

中小企业应用

对于普通中小型企业来说，这滚滚而来、在过去一直关注大型应用的虚拟化大潮意味着什么？透彻理解中小型企业需求的戴尔对IT变革有独到的见解，认为中小企业也可以轻松地使用虚拟化解决方案获得效益提升，实现绿色IT，并提出颇具优势的就绪型SMB虚拟化解决方案，配合自身在硬件方面的领先技术，让各种规模的企业客户都可以按照需求进行定制。

上海科企软件是中国最早提供虚拟化技术整体解决方案的公司之一，也是通过虚拟化应用推动企业获得高速发展的典型案例。

作为IT技术创新型企业，科企软件为了打造最稳定的研发和测试环境，科企软件大量采用了戴尔的服务器、存储、工作站和PC等硬件——主要型号有戴尔的R805服务器、R710服务器、MD1000存储、T5400系列图形工作站，组成测试虚拟化应用环境的平台。对设备要求严苛的科企软件之所以选用戴尔PowerEdge R805服务器作为主力研发服务器，其CEO徐斌道出了原委，那就是这款专门针对虚拟化应用而设计的服务器在硬件上进行了优化，理念超前：其处理器的直连构架可以降低延时，提高虚拟化应用执行效率，内存和I/O扩展能力也是同类2U机架服务器的两倍，可以应用更多的虚拟机。

而戴尔R710服务器被科企软件用来进行Web数据瓶颈的测试。这款设备有4个千兆网络接口，可以有效提升网络带宽，在虚拟化应用中能避免出现网络瓶颈，易于实现服务器的虚拟化整合优势。在侧重图形应用的桌面虚拟化产品方面，科企软件计划在基于3D图形处理协议的开发中，采用戴尔T5400图形工作站，缘由在于这款工作站采用目前最具性价比的nVIDIA Quadro显示方案，可为专业级3D应用程序提供最佳的质量、精准度、效能与可编程性。

无限的未来

随着发展低碳，赢取绿色发展观念深入人心，以及企业缩减开支需求的日益急切，虚拟化大趋势已经不可避免。据调查，现在国内拥有500台电脑和二三十台服务器规模的企业，绝大多数已开始试点虚拟化应用。而随着这一虚拟化应用的深入，系统终端的发展——用PC改造成的终端要么性能无法保证，要么造价昂贵，偏离了虚拟化的初衷而成为瓶颈。

或许一台售价不超过千元的瘦客户机是解决这个难题的钥匙——通过虚拟化应用，让瘦客户机只负责数据传输与I/O，运算和存储工作则由服务器承担，如此不但可以解决终端的性能瓶颈，还可以更好地保障数据安全，届时远程虚拟化桌面方案也将更成熟。“幸运的是，当所有软件企业在寻找突破口时，这种极具前瞻性的方案得到了戴尔这样同具前瞻性的虚拟化硬件厂商的全方位支持。也正是因此，我坚信虚拟化技术应用从现在起会走得更快，中小企业也会借助虚拟化更快地步入绿色发展之道。”科企软件CEO徐斌面对未来信誓旦旦。

用友畅捷通软件有限公司

用友畅捷通，中国中小企业管理软件市场全国用户量第一。

用友畅捷通软件有限公司（以下简称“用友畅捷通”）是用友软件股份有限公司的全资子公司。用友畅捷通以“信息化推动社会及商业进步”

为使命，致力于为中小企业、政府、公共事业及非营利组织提供专业、标准、灵活、易用的信息化产品及专业的服务，是中国最大的中小型企业管理软件产品和服务供应商。

用友畅捷通的前身是原用友集团小型管理软件事业部，于2005年1月成立。通过多年来与广大渠道伙伴的共赢合作，用友小型管理软件事业部已经发展成为中国最大的中小型企业管理软件产品和服务提供商。T系列软件连续5年荣获中国软件行业协会"中国优秀软件产品"称号，2007年起公司连续3年荣获CCID"中国小型管理软件市场年度成功企业"。

用友畅捷通主要产品分为面向中小企业的T系列企业管理软件，面向政府机关、公共事业单位及非营利组织的G系列政务管理软件，以及面向所有客户群提供互联网服务及软硬件工具类服务、运维支持服务的C系列信息化服务产品。T系列针对中小企业不同发展阶段，分别提供以"提升效益"为主的T6系列、以"提高效率"为主的T3系列、以"理清钱物"为主的T1系列、以"轻松计税、智能筹划"为主的T－Tax系列；针对政府机关、公共事业单位及非营利组织的各级政务管理，提供以"轻松核算、提高效率"的G3系列、以"规范管理、提升服务"为主的G6系列、以"垂直监管、高效协作"为主满足多级单位统一核算、统一监管需要的G9系列软件，以及针对税务机关征收管理的以"高效征管、精细评估"为主的G－Tax系列。

用友畅捷通目前已拥有70多万用户，2 000多家经销商、150多家授权服务机构遍布全国各地。首创的"全程服务模式"，根据客户在不同阶段所遇到的信息化管理问题，提供针对性的专业服务，包括经营诊断、在线服务、远程服务、现场服务、用户培训等客户定制化服务。

用友畅捷通将遵守"尊重合作，专业进取，幸福共赢"的创业宣言，专业助力中小企业幸福成长，为推动中小企业信息化、促进中小企业发展做出积极贡献！

■愿　景：成为世界前三、亚洲最大的中小企业及政府、非营利机构管理软件和服务供应商。

■使　命：信息化推动社会及商业进步。

■价值观：为梦想奋斗，做客户信赖的长期合作伙伴，专业化生存。

■创业宣言：尊重合作，专业进取，幸福共赢。

成功案例

用友畅捷通专注于为中小企业服务，到目前为止已经为50万家中小企业提供过服务，帮助广大中小企业减少库存积压、降低赊销风险、建立成本优势、快速响应订单、规范业务流程和提高管理效率。

以成都托克密封件有限责任公司（以下简称"成都托克"）为例，该公司主要生产各类型油封、O型圈、皮碗等橡胶制品，年生产能力达8 000万件，已获准国际ISO/TS16949质量认证，并为多家汽车发动机客户提供高品质的橡胶密封件产品。

2009年年初，在对全球经济形势的准确判断，以及对自身产品质量的信心下，公司提出要实现3年10倍速的发展目标。业务的快速增长，以及市场的快速变化，对公司的管理运营提出了新的挑战。公司上下一致认识到信息化促进工业化、信息化促进企业发展的作用，因此借助信息化应用，实现资源共享、提高人均产能成为公司的当务之急。

信息化应用将数据有机整合，从采购、库管、材料会计、总账会计跨接企业各个部门业务，通过采购订单自动生成入库单，自动登记材料各种账簿，系统自动生成采购专用发票，形成应付款并生成凭证。各部门真正消除信息孤岛，通过一个交易业务入口，取消二次录入，不仅提高了工作效率，还消除纸张单据传递的方式，实现业务过程数字化。

信息系统让成都托克对业务过程的监控更加精细，往来的监控，缩短了回款周期，大大降低坏账风险：通过系统自动出具的客户余额表进行对账；当客户数据销售与财务对不上时，不用翻账本、查原始单据，只要双击页面几秒钟就可以联查出对应单据。现在的财务部真正起到了监控的作用。

海尔品牌之路

海尔集团创立于1984年，崛起于改革大潮之中，经过20多年的艰苦奋斗和卓越创新，海尔已经从一个濒临倒闭的集体小厂发展壮大为成为国内外享有较高美誉的跨国企业。海尔集团在首席执行官张瑞敏确立的名牌战略指导下，先后实施名牌战略、多元化战略和国际化战略，经过25年的发展，海尔品牌在世界范围的美誉度大幅提升。

名牌战略阶段，海尔以质量为突破口，从亏损147万元的小厂，变成了中国冰箱行业第一品牌。

多元化战略阶段，海尔从一个产品向多个产品发展，从一个名牌扩展到了名牌群，从白色家电进入黑色家电领域，以"吃休克鱼"的方式进行资本运营，以无形资产盘活有形资产，使海尔从中国冰箱行业第一品牌，变成了中国家电第一品牌。

国际化战略阶段，海尔实施三步走战略，在美洲、欧洲、中东非、亚太、东盟、南亚6个大区，陆续建立了设计、生产、营销"三位一体"的运营框架和模式，产品进入全球160多个国家和地区，实现了在国际舞台上的角逐。

全球化战略阶段，海尔提出并推进战略转型，转型的目标是：成为"领先时代，永续发展，有第一竞争力的美好住居生活解决方案提供商"。

2008年，作为奥运会唯一的白电家电赞助商，海尔秉承"绿色奥运、科技奥运"理念开发了系列"绿色奥运产品"。北京奥运期间，海尔冰箱、空调、洗衣机、热水器等31个大类、6万多件绿色产品，进入了国家体育场、水立方、青岛奥帆基地等全部37个奥运比赛场馆，海尔为"绿色奥运"所做的贡献受到绿色和平组织的好评，被评为"为奥运会做出突出贡献的赞助商"。

2010年世博会在上海举行，青岛海尔、美国海尔、欧洲海尔、澳洲海尔，先后与山东馆、美国馆、意大利馆、新西兰馆、世贸中心协会馆建立赞助合作关系，成为百年世博史上第一家由全球各地分公司同时赞助多个世博馆的企业。专家们认为，这种创新凸显了海尔在全球各地的本土化实力，也借助世博平台向世界展示了海尔全球化战略的成果，同时也把世界多元文化和消费理念带入世博。

全球著名市场研究机构益普索（Ipsos）公司，对中国城市消费者钟爱的世博概念品牌进行的调查报告。数据显示，海尔在总评榜上排名第一。此外，海尔在“最契合‘以人为本’的品牌”、“最契合‘富有社会责任感’的品牌”等7个分项指标中，亦囊获5项第一。

经过多年的发展，海尔集团已经成为世界白色家电第一品牌、中国最具价值品牌。海尔在全球建立了29个制造基地，8个综合研发中心，19个海外贸易公司，全球员工总数超过6万人，已发展成为大规模的跨国企业集团。其影响力正随着全球市场的扩张和品牌美誉度的提升而快速增强。

从规模来看，海尔2009年全球的营业额达到了1 243亿元人民币。据世界著名消费市场研究机构欧睿国际（Euromonitor）发布最新数据显示，海尔在世界白色家电品牌中排名第一，全球市场占有率5.1%。这是中国白色家电首次成为全球第一品牌。同时，海尔冰箱、海尔洗衣机分别以10.4%与8.4%的全球市场占有率，在行业中均排名第一。

与此同时，海尔品牌也正向着全球化知名品牌的目标一步步迈进。2010年，海尔品牌价值855.26亿元，自2002年以来，海尔品牌价值连续9年蝉联中国最有价值品牌榜首；在核心技术方面，海尔4项冰箱技术提案成为国际标准，改写了中国冰箱企业没有掌握核心国际标准的历史；在环保节能方面，海尔由于积极推广节能环保技术在家电产品领域中的努力而获得了美国《商业周刊》中文版评选的“中国绿色经济大奖企业奖”；在社会公益方面，海尔集团获“2009中国企业社会责任特别大奖”，“一枚金牌一所希望小学”活动案例荣获“2009中国企业履行社会责任优秀案例”。

截止到2009年年底，海尔累计申请专利9 738项，其中发明专利2 799项，居中国家电企业榜首。仅2009年，海尔就申请专利943项，其中发明专利538项，平均每个工作日申请2项发明专利。在自主知识产权的基础上，海尔已参与23项国际标准的制定，其中无粉洗涤技术、防电墙技术等7项国际标准已经发布实施，这表明海尔自主创新技术在国际标准领域得到了认可。

在创新实践中，海尔探索实施的“日事日毕，日清日高”的“OEC”（Overall Every Control and Clear）管理模式、“市场链”管理及“人单合一”发展模式引起国际管理界高度关注。目前，已有美国哈佛大学、南加州大学、瑞士IMD国际管理学院、法国的欧洲管理学院、日本神户大学等商学院专门对此进行案例研究。海尔的30余个管理案例被世界12所大学写入案例库，其中，“海尔文化激活休克鱼”管理案例被纳入哈佛大学商学院案例库，海尔“市场链”管理被纳入欧盟案例库。

在未来的征程中，海尔不仅要成为全球各个市场消费者喜爱的本土化知名品牌，为全球消费者提供家居解决方案，创造美好生活体验，海尔还将更好地贡献社会，在绿色环保和社会公益事业方面有所作为，最终实现为全球消费者提供美好住居生活的、最受尊敬的、一流的世界品牌的理想。

南京百敖软件股份有限公司

2006年年初，北京中科院软件中心有限公司和海外归国人员组成的创业团队在南京市高新技术产业开发区投资成立了南京百敖软件股份有限公司（简称“百敖软件”）。

作为英特尔公司在中国BIOS（固件）领域唯一的战略合作伙伴，英特尔公司授权的全球四家之一、国内唯一一家的专业BIOS（固件）产品及服务供应商，专注于计算机、嵌入式系统领域的BIOS（固件）技术的融合与发展，面向计算机、嵌入式设备的OEM和ODM厂商提供新一代UEFI BIOS（固件）产品与服务，产品应用覆盖计算机和工业控制、消费类电子等领域。

百敖软件的发展得到了国家工业和信息化部、国家科技部、江苏省政府和南京市政府的高度重视和大力支持。先后承担了国家“核高基重大专项”、“863计划”、“电子发展基金”、“科技创新计划”等多个重点项目。

百敖软件通过自主创新，完全掌握了BIOS（固件）的核心技术，获得了多项具有我国自主知识产权的软件产品。产品包括：计算机通用BIOS（固件）、嵌入式系统的专用BIOS（固件）、满足我国可信计算体系的安全BIOS（固件）以及基于BIOS（固件）的各种应用产品和工具。填补了我国BIOS（固件）技术领域的空白，彻底地解决了BIOS（固件）产品长期依赖进口的局面，进一步改变了我国计算机产业由于缺乏核心技术，在技术、设计方面创新不足的现状。历经技术引进、吸收、再创新的发展过程，百敖软件不仅自己走出了一条自主创新的发展之路，也为国内计算机软硬件厂商自主创新的发展提供了良好的借鉴。

未来，百敖软件将立足自主创新，坚持广泛合作。以BIOS（固件）核心技术及其安全应用、增值应用为发展方向，与我国计算机整机、CPU、板卡、操作系统和应用软件厂商开展全方位合作。力争形成优势互补、合作共赢、密切协同、务实高效的创新利益共同体。加强计算机共性核心技术的攻关和产业化应用，为振兴我国计算机产业的崛起贡献力量。

随着全球计算机和嵌入式技术的不断发展，国内已经形成一个潜力巨大的BIOS（固件）市场，百敖软件也正面临着前所未有的发展机遇！